소방공무원 **합격교재**

소방관계법규
단원별 기출문제

15개년 문제수록(2007-2021)

1차
필기

기초이론 정립을 위한 **체계화된 내용정리!**
완벽한 시험대비를 위한 난이도 있는 **다양한 문제 수록!**
최근 개정된 법령을 반영한 **최신 수험서!**

소방관계법규 단원별 기출문제
머리말

본 교재는 단원별로 소방공무원 소방관계법규 기출문제로 구성하였습니다. 많은 문제와 해설로 소방공무원 시험의 합격에 큰 도움이 될 것입니다.

■ 본서의 특징

1. 본 교재를 동영상 강의와 연계하여 학습하면 기초실력을 향상하는 데 도움이 됩니다.
2. 대영소방전문학원 홈페이지에서 계속 변경되는 강의내용을 확인할 수 있습니다.
3. 대영소방전문학원 홈페이지 및 유튜브(대영소방전문학원)에서 지속적으로 변경되는 법을 확인할 수 있고 질문에 대해 쉽게 답변받을 수 있습니다.

이 책이 소방공무원 수험생에게 좋은 길잡이가 되기를 바라며 교재 출간에 도움을 주신 예문사 정용수 사장님과 편집부 직원들에게 감사드립니다. 소방분야 수험생 여러분들의 합격을 기원합니다.

대영소방전문학원 홈페이지 : www.dyedu24.com
대영소방전문학원 유튜브 : YouTube – 대영소방전문학원

저 자
김 종 상, 정 치 근

수험정보

>>> 합격전략

① 기출문제 분석
② 용어의 이해 및 암기
③ 챕터별 출제빈도 파악 및 요점정리

>>> 출제빈도 및 시험범위

공채	소방기본법/시행령/시행규칙	5문항[25%]
	소방시설공사업법/시행령/시행규칙	5문항[25%]
	소방시설법/시행령/시행규칙	5문항[25%]
	위험물안전관리법/시행령/시행규칙	5문항[25%]
경채[학과]	소방기본법/시행령	10문항[50%]
	소방시설법/시행령	10문항[50%]

01 | 응시자격

공무원 임용의 결격사유가 없어야 하고, 기본적으로 학력의 제한은 없으나 운전면허(제1종 보통 면허 또는 대형면허)를 소지하여야 한다. 경력경쟁채용시험의 응시자격은 별도로 정한다.

»» 응시연령

계급별	공개경쟁채용시험	경력경쟁채용시험
소방령 이상	25세 이상 40세 이하	20세 이상 45세 이하
소방경 소방위		23세 이상 40세 이하 (사업 · 운송용 조종사 또는 항공 · 항공공장정비사는 23세 이상 45세 이하)
소방장 소방교		20세 이상 40세 이하 (사업 · 운송용 조종사 또는 항공 · 항공공장정비사는 23세 이상 40세 이하)
소방사	18세 이상 40세 이하	20세 이상 40세 이하

※ 간부후보생(소방위) : 21세 이상 40세 이하
※ 군복무기간 1년 미만은 1세, 1년 이상 2년 미만은 2세, 2년 이상은 3세 연장

»» 신체검사

부분별	합격기준
체격	양팔과 양다리가 완전하며, 가슴 · 배 · 입 · 구강 및 내장의 질환이 없어야 한다.
시력	두 눈의 맨눈 시력이 각각 0.3 이상이거나 교정시력이 각각 0.8 이상이어야 한다.
색각(色覺)	색맹 또는 적색약(赤色弱, 약도는 제외)이 아니어야 한다.
청력	청력이 완전하여야 한다.
혈압	고혈압(수축기혈압이 145mmHg을 초과하거나 확장기혈압이 90mmHg을 초과하는 것) 또는 저혈압(수축기혈압이 90mmHg 미만이거나 확장기혈압이 60mmHg 미만인 것)이 아니어야 한다.
운동신경	운동신경이 발달하고 신경 및 신체에 각종 질환의 후유증으로 인한 기능상 장애가 없어야 한다.

>>> 경력경쟁채용의 요건 등

경력경쟁채용 대상	경력경쟁채용 요건	채용계급 등
퇴직소방관	특정 사유로 퇴직한 소방공무원 중 퇴직한 날부터 3년 이내인 자(종전의 재직기관에서 감봉 이상의 징계처분을 받지 아니한 자)	퇴직 시 계급
자격증 소지자	임용예정분야별 특정 자격증 소지자로서 해당 분야 2년 이상 경력자	소방령 이하
특정 근무실적 또는 연구 실적이 있는 자	• 국가기관 · 지자체 · 공공기관 등에서 임용예정 직위에 관련하는 직무분야의 근무 또는 연구경력이 3년 이상(다만, 소방기관의 특수기술부문 근무경력자를 소방공무원으로 특채하는 경우에는 2년 이상)으로서 임용예정계급에 상응하는 경력 1년 이상자 • 퇴직소방관으로 임용예정계급 근무경력 1년 이상자 • 의무소방원 전역자	소방령 이하
소방에 관한 전문 기술 교육을 받은 자	채용예정계급에 해당하는 학력 등이 있는 자	소방경 이하
5급 공무원 공채 또는 사법시험 합격자	• 사법시험 합격자 • 5급 공채시험(고등고시) 합격자	소방령 이하
소방 장학생	장학금 지급이 중단되지 않은 자	• 4년제 : 소방장 이하 • 전문대 : 소방교 이하 • 고등학교 : 소방사
외국어 능통자	학사학위소지자로서 해당 외국어를 모국어로 사용하는 국가의 고등학교 졸업 정도의 수준	소방위 이하
경찰공무원	경위 이하로서 화재감식 또는 범죄수사업무에 최근 5년 이내에 2년 이상 경력자	소방위 이하
의용소방대원	소방관서가 처음 설치되는 지역에 5년 이상 근무한 의용소방대원	소방사

① 경력경쟁채용 응시자격 구분표

임용예정분야	응시자격
소방분야	소방기술사, 소방시설관리사, 소방설비기사(기계, 전기) · 소방설비산업기사(기계, 전기)
구급분야	응급구조사(1 · 2급), 간호사, 의사
화학분야	화학 직무분야 기술사 · 기능장 · 기사 · 산업기사 · 기능사
기계분야	기계 직무분야 기술사 · 기능장 · 기사 · 산업기사 · 기능사

임용예정분야	응시자격
건축분야	건축 중직무분야 기술사 · 기능장 · 기사 · 산업기사 · 기능사
전기 · 전자분야	전기 · 전자 직무분야 기술사 · 기능장 · 기사 · 산업기사 · 기능사
정보통신분야	정보통신 직무분야 기술사 · 기능장 · 기사 · 산업기사 · 기능사
안전관리분야	안전관리 직무분야 기술사 · 기능장 · 기사 · 산업기사 · 기능새(소방분야 응시자격은 제외)
소방정 · 항공분야	1~6급 항해사 · 기관사 · 운항사 · 소형선박조종사, 잠수기능사, 잠수산업기사, 잠수기능장, 사업용 조종사, 운송용 조종사, 항공정비사, 항공교통관제사, 운항관리사
자동차 정비분야	「국가기술자격법 시행규칙」 별표 2 「국가기술자격의 직무분야 및 국가기술자격의 종목」 중 자동차 중직무분야 기술사 · 기능장 · 기사 · 산업기사 · 기능사
자동차 운전분야	제1종 대형운전면허, 제1종 특수면허 ※ 소방사에 한한다.

비고(채용계급)

1. 의사 : 소방령 이하
2. 기술사, 기능장, 1~4급 항해사 · 기관사 · 운항사, 사업용 조종사, 운송용 조종사, 항공정비사, 항공교통관제사, 운항관리사 : 소방경 이하
3. 기사, 5~6급 항해사 · 기관사 · 소방시설관리사 : 소방장 이하
4. 제1종 대형면허, 제1종 특수면허 : 소방사
5. 제1호부터 제4호까지에서 규정한 자격 외의 자격 : 소방교 이하

② 계급환산 기준표

구분 / 계급	국가 · 지방 공무원 또는 별정직 공무원	경찰 공무원	군인	교육공무원 초 · 중 · 고등학교 교원	교육공무원 전문대학 교원	교육공무원 4년제 대학 교원	정부 관리 기업체
소방령	5급		소령	18~23호봉	13~18호봉	11~16호봉	과장, 차장
소방경	6급 (3년 이상)		대위	14~17호봉	11~12호봉	9~10호봉	계장, 대리 (3년 이상)
소방위	6급	경위	중위, 소위, 준위	11~13호봉	9~10호봉	7~8호봉	계장, 대리
소방장	7급	경사	상사	9~10호봉	8호봉 이하	6호봉 이하	평사원 (3년 이상)
소방교	8급	경장	중사	4~8호봉			평사원
소방사	9급	순경	하사(병)	3호봉 이하			평사원

비고

1. 위 표에 의한 해당 경력 또는 그 이상의 경력이 달한 후 「소방공무원임용령」 제15조 제4항(근무실적 또는 연구실적이 있는 자 특채) 및 제8항(경찰공무원 특채)의 규정에 의한 기간 이상의 근무경력이 있는 자에 한하여 경력경쟁채용한다.
2. 교육공무원란 중 초ㆍ중ㆍ고등학교 교원의 호봉은 「공무원보수규정」 별표 11의 규정에 의한 호봉을 말하고, 전문대학 및 4년제대학 교원의 호봉은 「공무원보수규정」 별표 12의 규정에 의한 호봉을 말한다.
3. 군인란 중 괄호 안에 표시된 계급은 의무소방원을 경력경쟁채용하는 경우에 한하여 적용한다.

≫ 경력경쟁채용 응시교육과정 기준표

임용예정직무분야	응시교육과정
소방분야	소방학과ㆍ소방안전공학과ㆍ소방방재학과ㆍ소방행정학과ㆍ소방안전관리과나 그 밖에 이와 유사한 학과에 재학 중이거나 재학했던 사람으로서 소방청장이 정하는 소방관련 과목을 45학점 이상 이수한 사람
구급분야	응급구조학과ㆍ간호학과ㆍ의학과나 그 밖에 이와 유사한 학과를 졸업한 사람
화학분야	화학과ㆍ응용화학과ㆍ화학공학과ㆍ정밀공업화학과나 그 밖에 이와 유사한 학과를 졸업한 사람
기계분야	기계과ㆍ기계공학과ㆍ기계설계공학과나 그 밖에 이와 유사한 학과를 졸업한 사람
전기분야	전기과ㆍ전기공학과나 그 밖에 이와 유사한 학과를 졸업한 사람
건축분야	건축과ㆍ건축학과ㆍ건축공학과나 그 밖에 이와 유사한 학과를 졸업한 사람

비고

1. 박사학위 소지자는 소방경 이하의 계급으로 석사학위 소지자는 소방위 이하의 계급으로, 학사학위 소지자는 소방장 이하의 계급으로, 고등학교 이상 전문대학 이하 졸업자는 소방교 이하의 계급으로 채용한다.
2. 유사한 학과의 범위에 대해서는 소방청장이 따로 정한다.

02 출제수준

① **소방위 이상 및 소방간부후보생 선발시험** : 소방행정의 기획 및 관리에 필요한 능력 · 지식을 검정할 수 있는 정도
② **소방장 및 소방교** : 소방업무수행에 필요한 전문적 능력 · 지식을 검정할 수 있는 정도
③ **소방사** : 소방업무수행에 필요한 기본적인 능력 · 지식을 검정할 수 있는 정도

03 공개경쟁채용시험

필기시험 → 체력시험 → 신체 · 적성검사 → 면접시험 순으로 실시하며, 전 단계의 시험에 합격하지 아니하면 다음 단계의 시험에 응시할 수 없다.

① **필기시험** : 매 과목 40% 이상, 전 과목 총점의 60% 이상 득점자 중에서 선발예정인원의 3배수의 범위에서 시험성적을 고려하여 점수가 높은 사람부터 차례로 합격자를 결정한다.
② **체력시험** : 6개 종목에 대한 평가점수를 합산하여 총점의 50%(30점) 이상을 득점한 자를 합격자로 결정한다.
③ **신체검사** : 신체조건 및 건강상태에 적합한 사람 모두를 합격자로 한다.
④ **면접시험** : 각 평정요소(적성, 전문지식, 품행, 봉사성, 창의력 등)에 대한 시험위원의 점수를 합산하여 총점의 50% 이상을 득점한 사람으로 한다. 다만, 시험위원의 과반수가 어느 하나의 평정요소에 대하여 40% 미만의 점수를 평정한 경우 불합격으로 한다.
⑤ **최종합격자의 결정**은 필기시험성적 75%, 체력시험성적 15% 및 면접시험성적 10%의 비율로 합산한 성적의 순위에 따른다.

⋙ 필기시험

구 분 \ 과목별	제1차 시험과목	제2차 시험과목	
	필수과목	필수과목	선택과목
소방령 공개경쟁채용시험	한국사, 헌법, 영어	행정법, 소방학개론	물리학개론, 화학개론, 건축공학개론, 형법, 경제학 중 2과목
소방사 공개경쟁채용시험	소방학개론, 소방관계법규, 행정법총론, 한국사, 영어		

비고

1. 소방학개론은 소방조직, 재난관리, 연소·화재이론, 소화이론 분야로 하고, 분야별 세부내용은 소방청장이 정한다.
2. 소방관계법규는 다음 각 목의 법령으로 한다.
   가. 「소방기본법」, 같은 법 시행령 및 같은 법 시행규칙
   나. 「소방시설공사업법」, 같은 법 시행령 및 같은 법 시행규칙
   다. 「화재예방, 소방시설 설치·유지 및 안전관리에 관한 법률」, 같은 법 시행령 및 같은 법 시행규칙
   라. 「위험물안전관리법」, 같은 법 시행령 및 같은 법 시행규칙

⋙ 체력시험

종목	성별	평가점수									
		1	2	3	4	5	6	7	8	9	10
악력(kg)	남	45.3~48.0	48.1~50.0	50.1~51.5	51.6~52.8	52.9~54.1	54.2~55.4	55.5~56.7	56.8~58.0	58.1~59.9	60.0 이상
	여	27.6~28.9	29.0~30.2	30.3~31.1	31.2~31.9	32.0~32.9	33.0~33.7	33.8~34.6	34.7~35.7	35.8~36.9	37.0 이상
배근력 (kg)	남	147~153	154~158	159~165	166~169	170~173	174~178	179~185	186~194	195~205	206 이상
	여	85~91	92~95	96~98	99~101	102~104	105~107	108~110	111~114	115~120	121 이상
앉아 윗몸 앞으로 굽히기 (cm)	남	16.1~17.3	17.4~18.3	18.4~19.8	19.9~20.6	20.7~21.6	21.7~22.4	22.5~23.2	23.3~24.2	24.3~25.7	25.8 이상
	여	19.5~20.6	20.7~21.6	21.7~22.6	22.7~23.4	23.5~24.8	24.9~25.4	25.5~26.1	26.2~26.7	26.8~27.9	28.0 이상

종목	성별	평가점수									
		1	2	3	4	5	6	7	8	9	10
제자리 멀리뛰기 (cm)	남	223~ 231	232~ 236	237~ 239	240~ 242	243~ 245	246~ 249	250~ 254	255~ 257	258~ 262	263 이상
	여	160~ 164	165~ 168	169~ 172	173~ 176	177~ 180	181~ 184	185~ 188	189~ 193	194~ 198	199 이상
윗몸 일으키기 (회/분)	남	43	44	45	46	47	48	49	50	51	52 이상
	여	33	34	35	36	37	38	39	40	41	42 이상
왕복오래 달리기(회)	남	57~59	60~61	62~63	64~67	68~71	72~74	75	76	77	78 이상
	여	28	29~30	31	32~33	34~36	37~39	40	41	42	43 이상

>>> 면접시험

단 계	평가요소	평가점수(60점)
1단계(집단면접)	① 전문지식 · 기술과 그 응용능력	10점
	② 창의력 · 의지력, 그 밖의 발전가능성	10점
	③ 의사발표의 정확성과 논리성	10점
2단계(개별면접)	④ 소방공무원으로서의 적성	20점
	⑤ 예의 · 품행 · 성실성 및 봉사정신	10점

※ 소방공무원으로서의 적성 등을 평가하기 위하여 적성검사 및 신원조회를 사전에 실시한다.

① 제1단계 면접(집단면접)

- 면접시험위원은 3~5명으로 구성하되, 소방장 · 소방위 · 소방경 계급의 소방공무원 중에서 선발한다. 단, 소방간부후보생 채용시험 및 소방위 이상의 계급으로 채용하는 경우에는 소방경 이상의 소방공무원 중에서 선발 · 구성한다.
- 면접 조편성 : 10명 내외의 적정인원을 1개 조로 편성(A조, B조, C조, ……)한다.
- 각 조별로 순차적으로 면접대기실(면접번호 부여실)에 입실한다.
- 면접번호 부여 후 각 조별로 그룹을 편성하여 면접시험장에 3명 내외의 수험생이 동시 입실한다.
- 면접위원은 수험생의 인적사항과 관련한 일체의 자료 없이 면접(블라인드 면접)을 실시한다.

• 다음의 평가지표에 의하여 각 평가요소별 점수 부여

평가요소(3개 분야 30점)	수		우		양		가
	A⁺	A⁰	B⁺	B⁰	C⁺	C⁰	D
① 전문지식 · 기술과 응용능력(10점)	10	8.5	7	5.5	4	2.5	1
② 창의력 · 의지력, 발전가능성(10점)	10	8.5	7	5.5	4	2.5	1
③ 의사발표의 정확성 · 논리성(10점)	10	8.5	7	5.5	4	2.5	1

② 제2단계 면접(개별면접)

• 2단계(개별면접) 면접시험위원은 3~5명으로 구성하되, 소방경 · 소방령 · 소방정 계급 소방공무원 또는 외부전문가로 하며, 외부전문가를 50% 이상 참여시킨다.

• 면접위원은 수험생의 적성검사 및 신원조회결과 등의 자료와 수험생에게 질문 등을 통하여 다각적으로 평가한다.

• 다음의 평가지표에 의하여 각 평가요소별 점수를 부여한다.

평가요소(2개 분야 30점)	수		우		양		가
	A⁺	A⁰	B⁺	B⁰	C⁺	C⁰	D
① 소방공무원으로서의 적성(20점)	20	17	14	11	9	6	3
② 예의 · 품행 · 성실성 및 봉사정신(10점)	10	8.5	7	5.5	4	2.5	1

>>> 합격자 결정

1단계(집단면접)와 2단계(개별면접)의 평가점수를 합산하여 면접시험위원의 평균점수가 30점 이상(총점의 50% 이상)인 경우 합격으로 결정

※ 불합격 기준

• 5개의 평가요소 중 어느 하나의 평가요소에 대하여 면접시험위원의 과반수가 40% 미만의 점수를 평정한 경우

• 1단계 면접과 2단계 면접의 평가점수를 합산한 면접시험위원의 평균점수가 30점 미만 (총점의 50% 미만)인 경우

• 자격증 등 소지자 가점(소방사 · 지방소방사 공채시험 및 소방간부후보생 선발시험에 한함)

가점비율 분야	0.5할	0.3할	0.1할
자격증 (면허증)	1. 소방 관련 국가기술자격 중 기술사 · 기능장 2. 1~4급 항해사 · 기관사 · 운항사 3. 사업용 조종사, 운송용 조종사, 항공정비사, 항공교통관제사, 운항관리사 4. 잠수기능장 5. 의사, 변호사 6. 소방시설관리사	1. 소방 관련 국가기술자격 중 기사 2. 5급 또는 6급 항해사 · 기관사 3. 응급구조사(1급), 간호사 4. 소방안전 교육사	1. 소방 관련 국가기술자격 중 산업기사 · 기능사 2. 소형선박조종사, 잠수산업기사, 잠수기능사 3. 제1종 특수면허 중 대형견인차면허, 제1종 대형면허 4. 응급구조사(2급)
사무관리		컴퓨터활용능력 1급	컴퓨터활용능력 2급

비고

1. 소방 관련 국가기술자격 : 건축, 건설기계운전, 기계장비설비 · 설치, 철도, 조선, 항공, 자동차, 화공, 위험물, 전기, 전자, 정보기술, 방송 · 무선, 통신, 안전관리, 비파괴검사, 에너지 · 기상

2. 자격증(면허증), 사무관리의 2개 분야로 나누어 가점하되, 각 분야별로 유리한 것 하나에만 가점하고, 자격증(면허증) 가점과 사무관리 가점은 합산하여 5%를 초과할 수 없다.

04 경력경쟁채용시험

>>> 경력경쟁채용시험 대상에 따른 시험방법

특채 대상	시험방법
퇴직소방관	• 서류전형과 면접시험(필요시 체력시험 병행 가능) • 소방준감 · 지방소방준감 이상은 서류전형만 실시
5급 공무원 공채 또는 사법시험 합격자	서류전형과 면접시험(필요시 체력시험 병행 가능)
• 자격증 소지자 • 특정 근무실적 또는 연구 실적이 있는 자 • 소방에 관한 전문 기술교육을 받은 자 • 외국어 능통자 • 경찰공무원 • 의용소방대원	서류전형 · 체력시험 · 면접시험과 필기시험 또는 실기시험(필요시 필기시험과 실기시험 모두 병행 가능)
소방 장학생	서류전형 · 체력시험 및 면접시험(필요시 필기시험 병행 가능)

>>> 필기시험과목

- 일반분야

과목별 구 분	필수과목	선택과목
소방정 소방령	한국사, 영어, 행정법, 소방학개론	물리학개론, 화학개론, 건축공학개론, 형법, 경제학 중 2과목
소방경 소방위	한국사, 영어, 행정법, 소방학개론	물리학개론, 화학개론, 건축공학개론, 형법, 경제학 중 2과목
소방장 소방교 소방사	국어, 영어, 소방학개론	

- 소방분야 및 항공분야의 경우〈시행 : 2016.1.1.〉

과목별 구 분	필수과목	선택과목
소방위 이하(항공분야)	항공법규, 항공영어	비행이론, 항공기상, 항공역학, 항공기체, 항공장비, 항공전자, 항공엔진 중 1과목
소방사(소방분야)	국어, 소방학개론, 소방관계법규	

- 필기시험 또는 실기시험 : 매 과목 40% 이상, 전 과목 총점의 60% 이상 득점자 중에서 선발 예정인원의 3배수의 범위에서 시험성적을 고려하여 점수가 높은 사람부터 차례로 합격자를 결정한다.
- 체력시험, 신체검사, 면접시험에 관하여는 공채와 같다.

>>> 최종합격자 결정 기준

- 면접시험만을 실시하는 경우 : 면접시험성적 100%
- 필기시험과 면접시험을 실시하는 경우 : 필기시험성적 75% 및 면접시험성적 25%의 비율로 합산한 성적
- 체력시험과 면접시험을 실시하는 경우 : 체력시험성적 15% 및 면접시험성적 85%의 비율로 합산한 성적
- 실기시험과 면접시험을 실시하는 경우 : 실기시험성적 75% 및 면접시험성적 25%의 비율로 합산한 성적
- 필기시험ㆍ체력시험 및 면접시험을 실시하는 경우 : 필기시험성적 75%, 체력시험성적 15% 및 면접시험성적 10%의 비율로 합산한 성적

- 체력시험 · 실기시험 및 면접시험을 실시하는 경우 : 체력시험성적 15%, 실기시험성적 75% 및 면접시험성적 10%의 비율로 합산한 성적
- 필기시험 · 체력시험 · 실기시험 및 면접시험을 실시하는 경우 : 필기시험성적 40%, 체력 시험성적 15%, 실기시험성적 35% 및 면접시험성적 10%의 비율로 합산한 성적

05 　소방간부후보생 선발시험

① 소방간부후보생 공개경쟁시험에 의하여 선발되면 소방간부후보생 신분으로서 1년간 중앙소 방학교의 교육기간을 거쳐 졸업과 동시에 소방위 · 지방소방위로 신규 채용된다.
② 1977년 제1기 40명을 배출한 이래 2~3년에 한 번씩 자연계 · 인문계로 나누어 40~50명을 선발 하였고, 2011년(제17기)부터는 매년 20명을 선발하고 있다.
③ 소방간부후보생 선발시험은 필기시험 → 체력시험 → 신체검사 → 면접시험 순으로 실시되며 필기시험과목을 제외하고는 소방사 · 지방소방사 공개경쟁채용시험과 동일하다.
④ 필기시험과목

구 분 　　　　과목별	필수과목(4)	선택과목(2)
인문사회 계열	헌법, 영어, 한국사, 행정법	행정학, 민법총칙, 형사소송법, 경제학, 소방학개론
자연 계열	헌법, 영어, 한국사, 자연과학개론	화학개론, 물리학개론, 건축공학개론, 전기공학개론, 소방학개론

※ 소방학개론은 소방조직, 재난관리, 연소 · 화재이론, 소화이론 분야로 하고, 분야별 세부내용은 소방청장이 정한다.

구 분	토플(TOEFL)	토익(TOEIC)	텝스(TEPS)	지텔프(G-TELP)	플렉스(FLEX)
기준점수	PBT 490점 이상 IBT 58점 이상	625점 이상	280점 이상 (2018.5.12. 이후에 실시된 시험)	Level 2의 50점 이상	520점 이상

차 례

Commentary of Fire Protection Law

소방기본법
기출문제
(2007~2020)

소방기본법

01 다음에서 소방용수시설에 관한 내용이 아닌 것은?   [07 광주]

① 소방용수시설은 시 · 도지사가 설치 및 관리한다.
② 상수도소화전은 그 설치자가 유지 · 관리한다.
③ 소방용수시설은 그 지역의 시장 · 군수가 설치한다.
④ 소방용수 및 지리조사는 월 1회 이상 실시한다.

해설 소방용수시설

1) 시 · 도지사는 소방활동에 필요한 소화전(消火栓) · 급수탑(給水塔) · 저수조(貯水槽)(이하 "소방용수시설"이라 한다)를 설치하고 유지 · 관리하여야 한다.
2) 시 · 도지사는 제21조제1항에 따른 소방자동차의 진입이 곤란한 지역 등 화재발생 시에 초기대응이 필요한 지역으로서 대통령령으로 정하는 지역에 소방호스 또는 호스릴 등을 소방용수시설에 연결하여 화재를 진압하는 시설이나 장치(이하 "비상소화장치"라 한다)를 설치하고 유지 · 관리할 수 있다.
3) 소방용수시설과 비상소화장치의 설치기준은 행정안전부령으로 정한다.
4) 소방용수시설 설치기준
   1. 공통기준
      • 주거지역 · 상업지역 및 공업지역 : 수평거리 100m 이하
      • 그 외의 지역에 설치하는 경우 : 수평거리 140m 이하
   2. 소방용수시설별 설치기준
      가. 소화전의 설치기준 : 상수도와 연결하여 지하식 또는 지상식의 구조로 하고, 소방용호스와 연결하는 소화전의 연결금속구의 구경은 65밀리미터로 할 것
      나. 급수탑의 설치기준 : 급수배관의 구경은 100밀리미터 이상으로 하고, 개폐밸브는 지상에서 1.5미터 이상 1.7미터 이하의 위치에 설치하도록 할 것
      다. 저수조의 설치기준
         (1) 지면으로부터의 낙차가 4.5미터 이하일 것
         (2) 흡수부분의 수심이 0.5미터 이상일 것
         (3) 소방펌프자동차가 쉽게 접근할 수 있도록 할 것
         (4) 흡수에 지장이 없도록 토사 및 쓰레기 등을 제거할 수 있는 설비를 갖출 것
         (5) 흡수관의 투입구가 사각형의 경우에는 한 변의 길이가 60센티미터 이상, 원형의 경우에는 지름이 60센티미터 이상일 것
         (6) 저수조에 물을 공급하는 방법은 상수도에 연결하여 자동으로 급수되는 구조일 것

정답 01 ③

소방용수시설 및 지리에 대한 조사

1) 소방본부장 또는 소방서장은 원활한 소방활동을 위하여 다음 각 호의 조사를 월 1회 이상 실시하여야 한다.
    1. 법 제10조의 규정에 의하여 설치된 소방용수시설에 대한 조사
    2. 소방대상물에 인접한 도로의 폭·교통상황, 도로주변의 토지의 고저·건축물의 개황 그 밖의 소방활동에 필요한 지리에 대한 조사
2) 제1항제1호의 조사는 별지 제2호 서식에 의하고, 제1항제2호의 조사는 별지 제3호 서식에 의하되, 그 조사결과를 2년간 보관하여야 한다.

02 소방업무의 상호응원협정사항에서 소방활동에 관한 사항이 아닌 것은? [07 광주]

① 화상환자의 치료
② 화재의 경계, 진압활동
③ 구조·구급업무의 지원
④ 화재조사활동

해설 소방업무의 응원

1) 소방본부장이나 소방서장은 소방활동을 할 때에 긴급한 경우에는 이웃한 소방본부장 또는 소방서장에게 소방업무의 응원(應援)을 요청할 수 있다.
2) 제1항에 따라 소방업무의 응원 요청을 받은 소방본부장 또는 소방서장은 정당한 사유 없이 그 요청을 거절하여서는 아니 된다.
3) 제1항에 따라 소방업무의 응원을 위하여 파견된 소방대원은 응원을 요청한 소방본부장 또는 소방서장의 지휘에 따라야 한다.
4) 시·도지사는 제1항에 따라 소방업무의 응원을 요청하는 경우를 대비하여 출동대상 지역 및 규모와 필요한 경비의 부담 등에 관하여 필요한 사항을 행정안전부령으로 정하는 바에 따라 이웃하는 시·도지사와 협의하여 미리 규약(規約)으로 정하여야 한다.
5) 시·도지사들 간의 상호응원협정사항
    1. 다음 각목의 소방활동에 관한 사항
        가. 화재의 경계·진압활동
        나. 구조·구급업무의 지원
        다. 화재조사활동
    2. 응원출동대상 지역 및 규모
    3. 다음 각목의 소요경비의 부담에 관한 사항
        가. 출동대원의 수당·식사 및 피복의 수선
        나. 소방장비 및 기구의 정비와 연료의 보급
        다. 그 밖의 경비
    4. 응원출동의 요청방법
    5. 응원출동 훈련 및 평가

정답 02 ①

03 소방력의 기준에 따라 관할구역 안의 소방력을 확충하기 위한 필요계획을 수립하여 시행하는 사람은? [07 광주]

① 소방서장　　　　　　　　　　② 소방본부장
③ 시 · 도지사　　　　　　　　　④ 자치소방대장

> **해설** 제8조(소방력의 기준 등)
> ① 소방기관이 소방업무를 수행하는 데 필요한 인력과 장비 등 ["소방력(消防力)"]에 관한 기준은 행정안전부령으로 정한다.
> ② 시 · 도지사는 ①에 따른 소방력의 기준에 따라 관할구역의 소방력을 확충하기 위하여 필요한 계획을 수립하여 시행하여야 한다.

04 다음 중 화재 시 확대가 빠른 물품인 특수가연물로서 대통령령으로 정하지 않는 것은? [07 중앙]

① 특수인화물　　　　　　　　　② 가연성 액체
③ 가연성 고체　　　　　　　　　④ 석탄, 목탄

> **해설** 특수가연물(제6조 관련)
>
> | 품명 | | 수량 |
> |---|---|---|
> | 면화류 | | 200킬로그램 이상 |
> | 나무껍질 및 대팻밥 | | 400킬로그램 이상 |
> | 넝마 및 종이 부스러기 | | 1,000킬로그램 이상 |
> | 사류(絲類) | | 1,000킬로그램 이상 |
> | 볏짚류 | | 1,000킬로그램 이상 |
> | 가연성 고체류 | | 3,000킬로그램 이상 |
> | 석탄 · 목탄류 | | 10,000킬로그램 이상 |
> | 가연성 액체류 | | 2세제곱미터 이상 |
> | 목재가공품 및 나무 부스러기 | | 10세제곱미터 이상 |
> | 합성수지류 | 발포시킨 것 | 20세제곱미터 이상 |
> | | 그 밖의 것 | 3,000킬로그램 이상 |

05 다음 중 시 · 도의 조례로 규정할 수 있는 것은? [07 중앙]

① 소방체험관 설립 · 운영　　　② 소방력에 관한 기준
③ 소방신호의 종류와 방법　　　④ 위험물 운반에 관한기준

① 소방체험관 설립 · 운영 : 시도의 조례
② 소방력에 관한 기준 : 행정안전부령
③ 소방신호의 종류와 방법 : 행정안전부령
④ 위험물 운반에 관한기준 : 행정안전부령

06 화재조사에 대한 설명 중 가장 맞는 것은? [07 중앙]

① 화재조사는 소방본부장 또는 소방서장이 화재사실을 인지함과 동시에 실시한다.
② 화재조사에는 화재원인 조사 및 소방시설 등의 조사가 있다.
③ 화재피해 조사에는 소방시설의 사용 또는 작동상황 조사도 포함된다.
④ 화재원인 조사에는 소화활동 중 물로 인한 피해도 해당된다.

해설 화재의 조사(원인조사, 피해조사)
1) 소방청장, 소방본부장 또는 소방서장은 화재가 발생하였을 때에는 화재의 원인 및 피해 등에 대한 조사(이하 "화재조사"라 한다)를 하여야 한다.
2) 화재조사는 제12조제4항의 규정에 의한 장비를 활용하여 **화재사실을 인지함과 동시에 실시**되어야 한다.
3) 화재조사의 종류와 범위
    1. 화재원인 조사

종류	조사범위
가. 발화원인 조사	화재가 발생한 과정, 화재가 발생한 지점 및 불이 붙기 시작한 물질
나. 발견 · 통보 및 초기 소화상황 조사	화재의 발견 · 통보 및 초기소화 등 일련의 과정
다. 연소상황 조사	화재의 연소경로 및 확대원인 등의 상황
라. 피난상황 조사	피난경로, 피난상의 장애요인 등의 상황
마. 소방시설 등 조사	소방시설의 사용 또는 작동 등의 상황

    2. 화재피해 조사

종류	조사범위
가. 인명피해 조사	(1) 소방활동 중 발생한 사망자 및 부상자 (2) 그 밖에 화재로 인한 사망자 및 부상자
나. 재산피해 조사	(1) 열에 의한 탄화, 용융, 파손 등의 피해 (2) 소화활동 중 사용된 물로 인한 피해 (3) 그 밖에 연기, 물품반출, 화재로 인한 폭발 등에 의한 피해

07 소방장비 등에 대한 국고보조 대상사업의 범위와 기준보조율은 무엇으로 정하는가?

[07 중앙]

① 행정안전부령
② 대통령령
③ 시 · 도의 조례
④ 국토교통부령

> **해설** 제9조(소방장비 등에 대한 국조보조)
> 1. 국가는 소방장비의 구입 등 시 · 도의 소방업무에 필요한 경비의 일부를 보조한다.
> 2. 제1항에 따른 보조 대상사업의 범위와 기준보조율은 대통령령으로 정한다.

08 화재경계지구 지정대상으로 틀린 것은?

[07 중앙]

① 전통한옥이 밀집한 지역
② 유치원 및 대학교가 한 부지 내에 있는 곳
③ 피해가 클 것으로 예상되는 지역으로서 시 · 도지사가 지정한 지역
④ 화재 발생 시 그로 인하여 피해가 클 것으로 예상되는 지역

> **해설** 화재경계지구의 지정 등
> 1) 시 · 도지사는 다음의 지역 중 화재피해가 클 지역을 화재경계지구(火災警戒地區)로 지정할 수 있다.
>   1. 시장지역
>   2. 공장 · 창고가 밀집한 지역
>   3. 목조건물이 밀집한 지역
>   4. 위험물의 저장 및 처리 시설이 밀집한 지역
>   5. 석유화학제품을 생산하는 공장이 있는 지역
>   6. 「산업입지 및 개발에 관한 법률」 제2조제8호에 따른 산업단지
>   7. 소방시설 · 소방용수시설 또는 소방출동로가 없는 지역
>   8. 그 밖에 제1호부터 제7호까지에 준하는 지역으로서 소방청장 · 소방본부장 또는 소방서 장이 화재경계지구로 지정할 필요가 있다고 인정하는 지역

09 다음 중 화재경계지구가 아닌 것은?

[07 서울]

① 학교가 밀집된 지역
② 목조건물이 밀집된 지역
③ 공장 · 창고가 밀집한 지역
④ 위험물 저장 및 처리시설이 밀집한 지역

10 소방용수설비가 아닌 것은?　　　　　　　　　　　　　　　　　　[07 서울]

① 급수탑

② 저수조

③ 상수도 소화전설비

④ 옥외소화전설비

해설 **소방용수시설**

시 · 도지사는 소방활동에 필요한 **소화전(消火栓)** · **급수탑(給水塔)** · **저수조(貯水槽)**(이하 "소방용수시설"이라 한다)를 설치하고 유지 · 관리하여야 한다.

11 다음의 설명 중 맞는 것은?　　　　　　　　　　　　　　　　　　[07 서울]

① 소방특별조사를 할 때는 12시간 전에 관계인에게 알리고 하도록 한다.

② 소방대상물의 분류 중 소방자동차는 소방대상물이 아니다.

③ 이상기상의 예보 또는 특보가 있을 때 소방본부장 또는 소방서장이 경계발령을 발할 수 있다.

④ 화재경계지구는 소방본부장 또는 소방서장이 지정한다.

해설 ① 소방특별조사 통보 : 7일 전까지(조사 3일 전 연기신청 가능)

② 소방대상물

건축물, 차량, 선박(「선박법」 제1조의2 제1항에 따른 선박으로서 항구에 매어둔 선박만 해당한다), 선박건조구조물, 산림, 그 밖의 인공구조물 또는 물건을 말한다.

③ 화재에 관한 위험경보

소방본부장이나 소방서장은 [기상법] 제에 따른 이상기상의 예보 또는 특보가 있을 때에는 화재에 관한 경보를 발령하고 그에 따른 조치를 할 수 있다.

④ 화재경계지구의 지정 등

1) 시 · 도지사는 다음의 지역 중 화재피해가 클 지역을 화재경계지구(火災警戒地區)로 지정할 수 있다.

1. 시장지역

2. 공장 · 창고가 밀집한 지역

3. 목조건물이 밀집한 지역

4. 위험물의 저장 및 처리 시설이 밀집한 지역

5. 석유화학제품을 생산하는 공장이 있는 지역

6. 「산업입지 및 개발에 관한 법률」 제2조제8호에 따른 산업단지

7. 소방시설 · 소방용수시설 또는 소방출동로가 없는 지역

8. 그 밖에 제1호부터 제7호까지에 준하는 지역으로서 **소방청장 · 소방본부장 또는 소방서장이 화재경계지구로 지정할 필요가 있다고 인정하는 지역**

2) 시 · 도지사가 화재경계지구로 지정할 필요가 있는 지역을 화재경계지구로 지정하지 아니하는 경우 소방청장은 해당 시 · 도지사에게 해당 지역의 화재경계지구 지정을 요청할 수 있다.

3) 소방본부장이나 소방서장은 대통령령으로 정하는 바에 따라 제1항에 따른 화재경계지구 안의 소방대상물의 위치·구조 및 설비 등에 대하여 「화재예방, 소방시설 설치·유지 및 안전관리에 관한 법률」 제4조에 따른 소방특별조사를 하여야 한다.

4) 소방본부장 또는 소방서장은 법 제13조제3항에 따라 화재경계지구 안의 소방대상물의 위치·구조 및 설비 등에 대한 소방특별조사를 연 1회 이상 실시하여야 한다.

5) 소방본부장 또는 소방서장은 법 제13조제5항에 따라 화재경계지구 안의 관계인에 대하여 소방상 필요한 훈련 및 교육을 연 1회 이상 실시할 수 있다.

6) 소방본부장 또는 소방서장은 제3항의 규정에 의한 소방상 필요한 훈련 및 교육을 실시하고자 하는 때에는 화재경계지구 안의 관계인에게 훈련 또는 교육 10일 전까지 그 사실을 통보하여야 한다.

7) 시·도지사는 법 제13조제6항에 따라 다음 각 호의 사항을 행정안전부령으로 정하는 화재경계지구 관리대장에 작성하고 관리하여야 한다.

12 소방본부장 또는 소방서장 화재예방조치에 관하여 맞지 않는 것은? [07 서울]

① 불장난, 모닥불, 흡연, 화기취급 금지

② 타고남은 불 또는 화기의 우려가 있는 재의 처리

③ 함부로 버려두거나 그냥 둔 위험물을 옮기거나 치우게 하는 등의 조치

④ 위험물처리·보관·제조에 관한 사항

해설 화재의 예방조치등

1) 소방본부장이나 소방서장은 다음 각 호의 명령을 할 수 있다.

   1. 불장난, 모닥불, 흡연, 화기(火氣) 취급, 풍등 등 소형 열기구 날리기, 그 밖에 화재예방상 위험하다고 인정되는 행위의 금지 또는 제한

   2. 타고 남은 불 또는 화기가 있을 우려가 있는 재의 처리

   3. 함부로 버려두거나 그냥 둔 위험물, 그 밖에 불에 탈 수 있는 물건을 옮기거나 치우게 하는 등의 조치

2) 소방본부장이나 소방서장은 제2항에 따라 옮기거나 치운 위험물 또는 물건을 보관하여야 한다.

3) 소방본부장이나 소방서장은 제3항에 따라 위험물 또는 물건을 보관하는 경우에는 그 날부터 14일 동안 소방본부 또는 소방서의 게시판에 그 사실을 공고하여야 한다.

4) 법 제12조제5항의 규정에 의한 위험물 또는 물건의 보관기간은 법 제12조제4항의 규정에 의하여 소방본부 또는 소방서의 게시판에 공고하는 기간의 종료일 다음 날부터 7일로 한다.

5) 소방본부장 또는 소방서장은 제2항의 규정에 의하여 매각되거나 폐기된 위험물 또는 물건의 소유자가 보상을 요구하는 경우에는 보상금액에 대하여 소유자와 협의를 거쳐 이를 보상하여야 한다.

13 소방기본법에서 규정하는 소방용수시설에 대한 설명으로 틀린 것은?　　　　　[07 충북]

① 시·도지사는 소방활동에 필요한 소화전·급수탑·저수조를 설치하고 유지·관리하여야 한다.

② 소방본부장 또는 소방서장은 원활한 소방활동을 위하여 소방용수시설에 대한 조사를 월 1회 이상 실시하여야 한다.

③ 소방용수시설 조사의 결과는 2년간 보관하여야 한다.

④ 수도법의 규정에 따라 설치된 소화전도 시·도지사가 유지·관리해야 한다.

> **해설** 제10조(소방용수시설의 설치 및 관리 등)
> ① 시·도지사는 소방활동에 필요한 소화전(消火栓)·급수탑(給水塔)·저수조(貯水槽)(이하 "소방용수 시설"이라 한다)를 설치하고 유지·관리하여야 한다. 다만, 「수도법」 제45조에 따라 소화전을 설치하는 일반수도사업자는 관할 소방서장과 사전협의를 거친 후 소화전을 설치하여야 하며, 설치 사실을 관할 소방서장에게 통지하고, 그 소화전을 유지·관리하여야 한다.

14 화재의 예방조치 등과 관련하여 불장난, 모닥불, 흡연, 화기 취급, 그 밖에 화재예방상 위험하다고 인정되는 행위의 금지 또는 제한의 명령을 할 수 있는 자는?　　　　　[07 충북]

① 시·도지사　　　　　② 국무총리
③ 소방청장　　　　　④ 소방본부장

> **해설** 화재의 예방조치등
> 1) 소방본부장이나 소방서장은 다음 각 호의 명령을 할 수 있다.
>   1. 불장난, 모닥불, 흡연, 화기(火氣) 취급, 풍등 등 소형 열기구 날리기, 그 밖에 화재예방상 위험하다고 인정되는 행위의 금지 또는 제한
>   2. 타고 남은 불 또는 화기가 있을 우려가 있는 재의 처리
>   3. 함부로 버려두거나 그냥 둔 위험물, 그 밖에 불에 탈 수 있는 물건을 옮기거나 치우게 하는 등의 조치

15 시·도의 화재 예방·경계·진압 및 조사와 화재, 재난·재해 그 밖의 위급한 상황에서의 구조·구급 등의 업무를 수행하는 소방기관의 설치에 관하여 필요한 사항은 무엇으로 정하는가?　　　　　[07 전남]

① 시·도 조례　　　　　② 행정안전부령
③ 대통령령　　　　　④ 소방청 규칙

소방기관의 설치
　　1) 소방기관의 설치 – 대통령령(별도 법률)
　　2) 소방업무(예방·경계·진압 및 조사, 소방안전교육·홍보와 화재, 재난·재해, 그 밖의 위급한 상황에서의 구조·구급)를 수행하는 소방본부장 또는 소방서장은 그 소재지를 관할하는 특별시장·광역시장·특별자치시장·도지사 또는 특별자치도지사(이하 "시·도지사"라 한다)의 지휘와 감독을 받는다.

16 다음은 소방기본법상에서 규정하고 있는 사항이다. 바른 것은?　　　　　[07 전남]

① 소방대상물로서 선박이라 함은 항구 안에 매어둔 선박과 항해 중인 선박에 한하여 소방대상물로 한다.
② 관계인이라 함은 소유자·관계자·점유자 중 소유자 또는 점유자가 됨이 가장 일반적이다.
③ 소방본부장이라 함은 이 법상 소방업무의 책임을 맡고 있는 기관으로서 각종 소방업무와 관련하여 법률상 책임을 지고 있는 사람을 말한다.
④ 소방대장이라 함은 소방관서의 직제를 말하는 것이 아니라 화재 등의 현장에서 실제 소방대를 지휘하는 현장지휘관(Incident Commander)을 말한다.

① "소방대상물"이란 건축물, 차량, 선박(「선박법」 제1조의2 제1항에 따른 선박으로서 항구에 매어둔 선박만 해당한다), 선박건조구조물, 산림, 그 밖의 인공구조물 또는 물건을 말한다.
② "관계인"이란 소방대상물의 소유자·관리자 또는 점유자를 말한다.
③ "소방본부장"이란 특별시·광역시·특별자치시·도 또는 특별자치도(이하 "시·도"라 한다)에서 화재의 예방·경계·진압·조사 및 구조·구급 등의 업무를 담당하는 부서의 장을 말한다.

17 다음의 화재경계지구에 대한 설명 중 틀린 것은?　　　　　[07 전남]

① 화재경계지구 지정권자는 소방본부장 및 소방서장이다.
② 화재가 발생할 경우 그로 인해 피해가 많을 것으로 예상되는 지역이다.
③ 도시의 건물밀집지역 등 화재발생 우려가 높은 지역이다.
④ 화재경계지구는 시·도지사가 지정하는 지역이다.

18 다음 중 화재원인 조사가 아닌 것은? [07 전남]

① 발화원인 조사   ② 인명 · 재산 피해 조사

③ 초기 소화상황 조사   ④ 소방시설 등 조사

해설 화재의 조사[원인조사, 피해조사]

1) 소방청장, 소방본부장 또는 소방서장은 화재가 발생하였을 때에는 화재의 원인 및 피해 등에 대한 조사(이하 "화재조사"라 한다)를 하여야 한다.

2) 화재조사는 제12조제4항의 규정에 의한 장비를 활용하여 화재사실을 인지함과 동시에 실시되어야 한다.

3) 화재조사의 종류와 범위

    1. 화재원인 조사

종류	조사범위
가. 발화원인 조사	화재가 발생한 과정, 화재가 발생한 지점 및 불이 붙기 시작한 물질
나. 발견 · 통보 및 초기 소화상황 조사	화재의 발견 · 통보 및 초기소화 등 일련의 과정
다. 연소상황 조사	화재의 연소경로 및 확대원인 등의 상황
라. 피난상황 조사	피난경로, 피난상의 장애요인 등의 상황
마. 소방시설 등 조사	소방시설의 사용 또는 작동 등의 상황

    2. 화재피해 조사

종류	조사범위
가. 인명피해 조사	(1) 소방활동 중 발생한 사망자 및 부상자 (2) 그 밖에 화재로 인한 사망자 및 부상자
나. 재산피해 조사	(1) 열에 의한 탄화, 용융, 파손 등의 피해 (2) 소화활동 중 사용된 물로 인한 피해 (3) 그 밖에 연기, 물품반출, 화재로 인한 폭발 등에 의한 피해

19 관할구역 안에서 발생하는 화재, 재난, 재해 그 밖의 위급한 상황에 있어서 필요한 소방 업무를 수행하여야 할 책임이 있는 사람은? [07 울산]

① 행정안전부장관   ② 소방청장   ③ 시 · 도지사

④ 소방본부장   ⑤ 소방서장

해설 소방업무에 관한 종합계획의 수립, 시행 등(기본법 제6조)

1) 소방업무에 관한 종합계획 수립 시행 : 소방청장(5년마다)

2) 종합계획 포함사항

    1. 소방서비스의 질 향상을 위한 정책의 기본방향

    2. 소방업무에 필요한 체계의 구축, 소방기술의 연구 · 개발 및 보급

정답 **18** ②   **19** ③

3. 소방업무에 필요한 장비의 구비

4. 소방전문인력 양성

5. 소방업무에 필요한 기반조성

6. 소방업무의 교육 및 홍보(제21조에 따른 소방자동차의 우선 통행 등에 관한 홍보를 포함한다)

7. 그 밖에 소방업무의 효율적 수행을 위하여 필요한 사항으로서 대통령령으로 정하는 사항

그밖 대통령령 : 1. 재난·재해 환경 변화에 따른 소방업무에 필요한 대응체계 마련

2. 장애인, 노인, 임산부, 영유아 및 어린이등 이동이 어려운 사람을 대상으로 한 소방활동에 필요한 조치

3) 시·도지사는 관할 지역의 특성을 고려하여 종합계획의 시행에 필요한 세부계획을 매년 수립하여 소방청장에게 제출하여야 하며, 세부계획에 따른 소방업무를 성실히 수행하여야 한다.

4) 소방청장은 소방업무의 체계적 수행을 위하여 필요한 경우 제4항에 따라 시·도지사가 제출한 세부계획의 보완 또는 수정을 요청할 수 있다.

5) 소방청장은 「소방기본법」(이하 "법"이라 한다) 제6조제1항에 따른 소방업무에 관한 종합계획을 관계 중앙행정기관의 장과의 협의를 거쳐 계획 시행 전년도 10월 31일까지 수립하여야 한다.

6) 특별시장·광역시장·특별자치시장·도지사 또는 특별자치도지사는 법 제6조제4항에 따른 종합계획의 시행에 필요한 세부계획을 계획 시행 전년도 12월 31일까지 수립하여 소방청장에게 제출하여야 한다.

20 화재조사의 내용 중 틀린 것은? [07 울산]

① 소방시설의 사용 또는 작동 등의 조사도 포함된다.

② 화재사실을 인지함과 동시에 실시한다.

③ 수사기관은 소방본부장 또는 소방서장의 신속한 화재조사를 위하여 특별한 사유가 없는 한 조사에 협조하여야 한다.

④ 화재조사를 위한 장비의 관리운영에 관한 사항은 화재조사 전담부서에서 추진할 사안이다.

⑤ 인명피해 조사는 화재원인 조사에 해당된다.

해설 18번 문제 해설 참조

21 소방신호의 종류가 아닌 것은? [07 울산]

① 발화신호　　　　② 출동신호　　　　③ 경계신호

④ 해제신호　　　　⑤ 훈련신호

소방신호

    1) 화재예방, 소방활동 또는 소방훈련을 위하여 사용되는 소방신호의 종류와 방법은 행정안전
       부령으로 정한다.

    2) 소방신호의 종류

       1. 경계신호 : 화재예방상 필요하다고 인정되거나 법 제14조의 규정에 의한 화재위험경보
           시 발령

       2. 발화신호 : 화재가 발생한 때 발령

       3. 해제신호 : 소화활동이 필요없다고 인정되는 때 발령

       4. 훈련신호 : 훈련상 필요하다고 인정되는 때 발령

    3) 소방신호

신호방법 종별	타종 신호	사이렌 신호
경계신호	1타와 연2타를 반복	5초 간격을 두고 30초씩 3회
발화신호	난타	5초 간격을 두고 5초씩 3회
해제신호	상당한 간격을 두고 1타씩 반복	1분간 1회
훈련신호	연3타 반복	10초 간격을 두고 1분씩 3회

22 다음은 소방기본법의 목적이다. ( ) 안에 들어갈 알맞은 말은?   [07 울산]

> 이 법은 화재를 ( )·경계하거나 ( )하고 화재, 재난·재해 그 밖의 위급한 상황에서의 구조
> ·구급활동 등을 통하여 국민의 생명·신체 및 재산을 보호함으로써 공공의 안녕질서 유지와
> 복리증진에 이바지함을 목적으로 한다.

① 분석, 관리   ② 예방, 진압   ③ 소화, 방지
④ 예방, 관리   ⑤ 방지, 분석

소방기본법의 목적

    이 법은 화재를 예방·경계하거나 진압하고 화재, 재난·재해, 그 밖의 위급한 상황에서의 구
    조·구급 활동 등을 통하여 국민의 생명·신체 및 재산을 보호함으로써 공공의 안녕 및 질서 유
    지와 복리증진에 이바지함을 목적으로 한다.

23 다음 중 화재경계지구의 지정권자는?   [07 경남]

① 시·도지사   ② 소방청장
③ 소방본부장   ④ 행정안전부장관

24 소방대장은 화재, 재난 · 재해, 그 밖의 위급한 상황이 발생한 현장에 소방활동구역을 정하여 지정한 사람 외에는 그 구역에 출입하는 것을 제한할 수 있다. 소방활동구역을 출입할 수 없는 사람은? [07 경남]

① 의사 · 간호사 그 밖의 구조 · 구급업무에 종사하는 사람

② 수사업무에 종사하는 사람

③ 소방활동구역 밖의 소방대상물을 소유한 사람

④ 전기 · 가스 등의 업무에 종사하는 사람으로서 원활한 소방활동을 위하여 필요한 사람

> **해설** 시행령 제8조(소방활동구역의 출입자)
> 1. 소방활동구역 안에 있는 소방대상물의 소유자 · 관리자 또는 점유자
> 2. 전기 · 가스 · 수도 · 통신 · 교통의 업무에 종사하는 사람으로서 원활한 소방활동을 위하여 필요한 사람
> 3. 의사 · 간호사 그 밖의 구조 · 구급업무에 종사하는 사람
> 4. 취재인력 등 보도업무에 종사하는 사람
> 5. 수사업무에 종사하는 사람
> 6. 그 밖에 소방대장이 소방활동을 위하여 출입을 허가한 사람

25 다음 중 소방업무의 책임자는? [07 경기]

① 대통령   ② 행정안전부장관

③ 시 · 도지사   ④ 소방서장

> **해설** 소방기관의 설치(소방기본법 제3조)
> 1) 소방기관의 설치 – 대통령령(별도 법률)
> 2) 소방업무(예방 · 경계 · 진압 및 조사, 소방안전교육 · 홍보와 화재, 재난 · 재해, 그 밖의 위급한 상황에서의 구조 · 구급)를 수행하는 소방본부장 또는 소방서장은 그 소재지를 관할하는 특별시장 · 광역시장 · 특별자치시장 · 도지사 또는 특별자치도지사(이하 "시 · 도지사"라 한다)의 지휘와 감독을 받는다.

26 소방의 역사와 안전문화를 발전시키고 국민의 안전의식을 높이기 위하여 소방박물관을 설립 및 운영할 수 있는 자는? [07 경기]

① 소방청장   ② 행정안전부장관

③ 시 · 도지사   ④ 대통령

소방박물관 및 소방체험관

1) 소방박물관 설립운영권자 : 소방청장
2) 소방체험관 설립운영권자 : 시 · 도지사
3) 소방박물관 설립운영에 관하여 필요한 사항 : 행정안전부령
4) 소방체험관 설립운영에 관하여 필요한 사항 : 시도의 조례
5) 소방청장은 법 제5조제2항의 규정에 의하여 소방박물관을 설립 · 운영하는 경우에는 소방박물관에 소방박물관장 1인과 부관장 1인을 두되, 소방박물관장은 소방공무원 중에서 소방청장이 임명한다.
6) 소방박물관에는 그 운영에 관한 중요한 사항을 심의하기 위하여 7인 이내의 위원으로 구성된 운영위원회를 둔다.

27 다음은 소방기본법의 목적을 기술한 것이다. (㉠), (㉡), (㉢)에 들어갈 내용으로 알맞은 것은?　　　　　　　　　　　　　　　　　　　　　　　　　　　　　　　　[07 충남]

"화재를 (㉠) · (㉡)하거나 (㉢)하고 화재, 재난 · 재해 그 밖의 위급한 상황에서의 구조 · 구급활동 등을 통하여 국민의 생명 · 신체 및 재산을 보호함으로써 공공의 안녕질서 유지와 복리증진에 이바지함을 목적으로 한다."

① ㉠ 예방, ㉡ 경계, ㉢ 복구　　　　② ㉠ 경보, ㉡ 소화, ㉢ 복구
③ ㉠ 예방, ㉡ 경계, ㉢ 진압　　　　④ ㉠ 경계, ㉡ 통제, ㉢ 진압

소방기본법(제1조)

이 법은 화재를 예방 · 경계하거나 진압하고 화재, 재난 · 재해 그 밖의 위급한 상황에서의 구조 · 구급활동 등을 통하여 국민의 생명 · 신체 및 재산을 보호함으로써 공공의 안녕 및 질서 유지와 복리증진에 이바지함을 목적으로 한다.

28 소방용수시설의 사용을 방해한 자에 대한 벌칙은?　　　　　　　　　　　　[07 충남]

① 1년 이하의 징역 또는 1천만 원 이하의 벌금
② 3년 이하의 징역 또는 3천만 원 이하의 벌금
③ 5년 이하의 징역 또는 3천만 원 이하의 벌금
④ 5년 이하의 징역 또는 5천만 원 이하의 벌금

벌칙

1) 5년 이하의 징역 또는 5,000만 원 이하의 벌금
　1. 소방활동 방해
　　가. 위력(威力)을 사용하여 출동한 소방대의 화재진압 · 인명구조 또는 구급활동을 방해하는 행위

나. 소방대가 화재진압 · 인명구조 또는 구급활동을 위하여 현장에 출동하거나 현장에 출입하는 것을 고의로 방해하는 행위

　　다. 출동한 소방대원에게 폭행 또는 협박을 행사하여 화재진압 · 인명구조 또는 구급활동을 방해하는 행위

　　라. 출동한 소방대의 소방장비를 파손하거나 그 효용을 해하여 화재진압 · 인명구조 또는 구급활동을 방해하는 행위

　2. 소방자동차의 출동을 방해한 사람

　3. 사람을 구출하는 일 또는 불을 끄거나 불이 번지지 아니하도록 하는 일을 방해한 사람

　4. 정당한 사유 없이 소방용수시설 또는 비상소화장치를 사용하거나 소방용수시설 또는 비상소화장치의 효용을 해치거나 그 정당한 사용을 방해한 사람

2) 3년 이하의 징역 또는 3,000만 원 이하의 벌금 : 강제처분방해

3) 300만 원 이하의 벌금 : 외의 대상물 강제처분방해, 주차된 차량 강제처분방해, 비밀누설자

4) 200만 원 이하의 벌금

　1. 예방조치명령 거부방해

　2. 화재조사 거부방해

5) 100만 원 이하의 벌금

　1. 화재경계지구 안의 소방대상물에 대한 소방특별조사를 거부 · 방해 또는 기피한 자

　2. 정당한 사유 없이 소방대의 생활안전활동을 방해한 자

　3. 정당한 사유 없이 소방대가 현장에 도착할 때까지 사람을 구출하는 조치 또는 불을 끄거나 불이 번지지 아니하도록 하는 조치를 하지 아니한 사람(관계인)

　4. 피난 명령을 위반한 사람

　5. 긴급조치 : 정당한 사유 없이 물의 사용이나 수도의 개폐장치의 사용 또는 조작을 하지 못하게 하거나 방해한 자

　6. 긴급조치 : 가스차단 등의 조치를 정당한 사유 없이 방해한 자

6) 200만 원 이하의 과태료

　1. 제13조제4항에 따른 소방용수시설, 소화기구 및 설비 등의 설치 명령을 위반한 자

　2. 제15조제1항에 따른 불을 사용할 때 지켜야 하는 사항 및 같은 조제2항에 따른 특수가연물의 저장 및 취급 기준을 위반한 자[최대 100]

　3. 제19조제1항을 위반하여 화재 또는 구조 · 구급이 필요한 상황을 거짓으로 알린 사람

　3의2. 제21조제3항을 위반하여 소방자동차의 출동에 지장을 준 자

　4. 제23조제1항을 위반하여 소방활동구역을 출입한 사람[100만 원]

　5. 제30조제1항에 따른 명령을 위반하여 보고 또는 자료 제출을 하지 아니하거나 거짓으로 보고 또는 자료 제출을 한 자

　6. 제44조의3을 위반하여 한국소방안전원 또는 이와 유사한 명칭을 사용한 자

7) 100만 원 이하의 과태료 : 전용구역에 차를 주차하거나 전용구역에의 진입을 가로막는 등의 방해행위를 한 자에게는 100만 원 이하의 과태료를 부과한다.

8) 20만 원 이하의 과태료 : 제19조제2항에 따른 신고를 하지 아니하여 소방자동차를 출동하게 한 자에게는 20만 원 이하의 과태료를 부과한다.

29 다음 화재경계지구에 대한 설명 중 옳은 것은?　　　　　　　　　　　　　　[07 충남]

① 고층건물 밀집지역 화재경계지구 지정대상이다.

② 내화구조건물 밀집지역도 화재경계지구에 포함된다.

③ 화재경계지구는 소방서장이 지정한다.

④ 소방시설, 소방용수시설, 소방출동로가 없는 지역도 포함대상이다.

해설 제13조(화재경계지구의 지정 등)

① 시·도지사는 다음 각 호의 어느 하나에 해당하는 지역 중 화재가 발생할 우려가 높거나 화재가 발생하는 경우 그로 인하여 피해가 클 것으로 예상되는 지역을 화재경계지구(火災警戒地區)로 지정할 수 있다.
1. 시장지역
2. 공장·창고가 밀집한 지역
3. 목조건물이 밀집한 지역
4. 위험물의 저장 및 처리 시설이 밀집한 지역
5. 석유화학제품을 생산하는 공장이 있는 지역
6. 「산업입지 및 개발에 관한 법률」 제2조제8호에 따른 산업단지
7. 소방시설·소방용수시설 또는 소방출동로가 없는 지역
8. 그 밖에 제1호부터 제7호까지에 준하는 지역으로서 소방청장·소방본부장 또는 소방서장이 화재경계지구로 지정할 필요가 있다고 인정하는 지역

② 제1항에도 불구하고 시·도지사가 화재경계지구로 지정할 필요가 있는 지역을 화재경계지구로 지정하지 아니하는 경우 소방청장은 해당 시·도지사에게 해당 지역의 화재경계지구 지정을 요청할 수 있다.

③ 소방본부장이나 소방서장은 대통령령으로 정하는 바에 따라 제1항에 따른 화재경계지구 안의 소방대상물의 위치·구조 및 설비 등에 대하여 「화재예방, 소방시설 설치·유지 및 안전관리에 관한 법률」 제4조에 따른 소방특별조사를 하여야 한다.

④ 소방본부장이나 소방서장은 제3항에 따른 소방특별조사를 한 결과 화재의 예방과 경계를 위하여 필요하다고 인정할 때에는 관계인에게 소방용수시설, 소화기구, 그 밖에 소방에 필요한 설비의 설치를 명할 수 있다.

⑤ 소방본부장이나 소방서장은 화재경계지구 안의 관계인에 대하여 대통령령으로 정하는 바에 따라 소방에 필요한 훈련 및 교육을 실시할 수 있다.

⑥ 시·도지사는 대통령령으로 정하는 바에 따라 제1항에 따른 화재경계지구의 지정 현황, 제3항에 따른 소방특별조사의 결과, 제4항에 따른 소방설비 설치 명령 현황, 제5항에 따른 소방교육의 현황 등이 포함된 화재경계지구에서의 화재예방 및 경계에 필요한 자료를 매년 작성·관리하여야 한다.

30 다음 중 저수조 설치기준이 틀린 것은? [07 충남]

① 지면으로부터 낙차가 4.5m 이하일 것

② 흡수부분의 수심이 1.5m 이상일 것

③ 소방펌프차 접근이 가능할 것

④ 흡수관 투입구가 사각형 또는 원형의 경우 한 변의 길이 및 지름이 60cm 이상일 것

해설 저수조의 설치기준
  1) 지면으로부터의 낙차가 4.5미터 이하일 것
  2) 흡수부분의 수심이 0.5미터 이상일 것
  3) 소방펌프자동차가 쉽게 접근할 수 있도록 할 것
  4) 흡수에 지장이 없도록 토사 및 쓰레기 등을 제거할 수 있는 설비를 갖출 것
  5) 흡수관의 투입구가 사각형의 경우에는 한 변의 길이가 60센티미터 이상, 원형의 경우에는 지름이 60센티미터 이상일 것
  6) 저수조에 물을 공급하는 방법은 상수도에 연결하여 자동으로 급수되는 구조일 것

31 소방박물관 등의 설립과 운영에 관한 사항으로 옳지 않은 것은? [07 부산]

① 소방의 역사와 안전문화를 발전시키고 국민의 안전의식을 높이기 위하여 설치한다.

② 소방청장이 소방공무원 중 소방박물관장을 임명한다.

③ 구성은 소방박물관장 1인, 부관장 1인과 운영위원 7인으로 한다.

④ 소방청장이 소방체험관을 설립하고, 시·도지사가 소방박물관을 설립·운영한다.

해설 소방박물관 및 소방체험관
  1) 소방박물관 설립운영권자 : 소방청장
  2) 소방체험관 설립운영권자 : 시·도지사
  3) 소방박물관 설립운영에 관하여 필요한 사항 : 행정안전부령
  4) 소방체험관 설립운영에 관하여 필요한 사항 : 시도의 조례
  5) 소방청장은 법 제5조제2항의 규정에 의하여 소방박물관을 설립·운영하는 경우에는 소방박물관에 소방박물관장 1인과 부관장 1인을 두되, 소방박물관장은 소방공무원 중에서 소방청장이 임명한다.
  6) 소방박물관에는 그 운영에 관한 중요한 사항을 심의하기 위하여 7인 이내의 위원으로 구성된 운영위원회를 둔다.

32 다음은 소방기본법 제1조의 목적에 대한 내용이다. (   )에 들어갈 말로 옳지 않은 것은?

[07 부산]

> 이 법은 화재를 (㉠)하거나 진압하고 화재, (㉡) 그 밖의 위급한 상황에서의 **구조·구급활동** 등을 통하여 (㉢)을 보호함으로써 (㉣)에 이바지함을 목적으로 한다.

① ㉠ : 방화·극복
② ㉡ : 재난·재해
③ ㉢ : 국민의 생명·신체 및 재산
④ ㉣ : 공공의 안녕 및 질서 유지와 복리증진

해설 **소방기본법의 목적**
이 법은 화재를 예방·경계하거나 진압하고 화재, 재난·재해, 그 밖의 위급한 상황에서의 구조·구급활동 등을 통하여 국민의 생명·신체 및 재산을 보호함으로써 공공의 안녕 및 질서 유지와 복리증진에 이바지함을 목적으로 한다.

33 다음 중 소방대에 해당하지 않은 것은?

[07 부산]

① 소방공무원
② 의용소방대원
③ 자위소방대원
④ 의무소방대원

해설 **소방대**
화재를 진압하고 화재, 재난·재해, 그 밖의 위급한 상황에서 구조·구급활동 등을 하기 위하여 다음 각목의 사람으로 구성된 조직체를 말한다.
가. 「소방공무원법」에 따른 소방공무원
나. 「의무소방대 설치법」 제3조에 따라 임용된 의무소방원(義務消防員)
다. 「의용소방대 설치 및 운영에 관한 법률」에 따른 의용소방대원(義勇消防隊員)

34 다음 소방특별조사에 대한 설명 중 옳지 않은 것은?

[07 부산]

① 개인의 주거에 있어서는 관계인의 승낙이 있거나 화재발생의 우려가 뚜렷하여 긴급한 필요가 있는 때에 한한다.
② 소방특별조사를 위하여 출입·검사업무를 수행하는 관계공무원은 관계인의 정당한 업무를 방해하거나 출입·검사업무를 수행하면서 알게 된 비밀을 다른 자에게 누설하여서는 아니 된다.
③ 화재가 발생할 우려가 뚜렷하여 긴급하게 검사할 필요가 있는 경우라도 24시간 전에 관계인에게 소방특별조사를 알려야 한다.
④ 소방특별조사를 위하여 출입·검사업무를 수행하는 관계공무원은 그 권한을 표시하는 증표를 지니고 이를 관계인에게 내보여야 한다.

정답 **32** ① **33** ③ **34** ③

③의 경우 24시간이 아니라 '7일 전'이다, 긴급한 경우 알리지 않을 수 있다.

35 소방활동에 관련된 설명으로 옳지 않은 것은? [07 부산]

① 화재를 발견한 사람은 소방서 또는 관계행정기관에 지체없이 알려야 한다.
② 소방자동차가 소방훈련을 위하여 필요한 때에는 사이렌을 사용할 수 있다.
③ 사이렌에 의한 경계신호는 5초 간격을 두고 30초씩 3회이다.
④ 소방자동차의 우선 통행 시 소방기본법의 적용을 받는다.

해설 소방신호

1) 화재예방, 소방활동 또는 소방훈련을 위하여 사용되는 소방신호의 종류와 방법은 행정안전부령으로 정한다.
2) 소방신호의 종류
   1. 경계신호 : 화재예방상 필요하다고 인정되거나 법 제14조의 규정에 의한 화재위험경보 시 발령
   2. 발화신호 : 화재가 발생한 때 발령
   3. 해제신호 : 소화활동이 필요없다고 인정되는 때 발령
   4. 훈련신호 : 훈련상 필요하다고 인정되는 때 발령
3) 소방신호

종별 \ 신호방법	타종 신호	사이렌 신호
경계신호	1타와 연2타를 반복	5초 간격을 두고 30초씩 3회
발화신호	난타	5초 간격을 두고 5초씩 3회
해제신호	상당한 간격을 두고 1타씩 반복	1분간 1회
훈련신호	연3타 반복	10초 간격을 두고 1분씩 3회

― 소방자동차 사이렌
소방자동차가 화재진압 및 구조·구급활동을 위하여 출동하거나 훈련을 위하여 필요할 때에는 사이렌을 사용할 수 있다.

― 소방자동차의 우선 통행 등(제21조)
① 모든 차와 사람은 소방자동차(지휘를 위한 자동차와 구조·구급차를 포함한다. 이하 같다)가 화재진압 및 구조·구급활동을 위하여 출동을 할 때에는 이를 방해하여서는 아니 된다.
② 소방자동차가 화재진압 및 구조·구급활동을 위하여 출동하거나 훈련을 위하여 필요할 때에는 사이렌을 사용할 수 있다.
③ 모든 차와 사람은 소방자동차가 화재진압 및 구조·구급활동을 위하여 제2항에 따라 사이렌을 사용하여 출동하는 경우에는 다음 각 호의 행위를 하여서는 아니 된다.
   1. 소방자동차에 진로를 양보하지 아니하는 행위
   2. 소방자동차 앞에 끼어들거나 소방자동차를 가로막는 행위

3. 그 밖에 소방자동차의 출동에 지장을 주는 행위

④ 제3항의 경우를 제외하고 소방자동차의 우선 통행에 관하여는 **도로교통법**에서 정하는 바에 따른다.

36 다음 중 화재경계지구지정 지역이 아닌 것은? [07 부산]

① 건축물이 밀집한 지역

② 시장지역

③ 공장, 창고가 밀집한 지역

④ 소방출동로가 없는 지역

해설 29번 문제 해설 참조

37 다음 중 소방활동구역을 출입할 수 있는 자가 아닌 것은? [07 부산]

① 소방활동구역 내의 소유자, 관리자 또는 점유자

② 전기 · 가스 등의 업무에 종사하는 자로서 원활한 소방활동을 위하여 필요한 자

③ 자원봉사자

④ 의사, 간호사 그 밖의 구조 · 구급업무에 종사하는 자

해설 소방활동구역 출입자

1. 소방활동구역 안에 있는 소방대상물의 소유자 · 관리자 또는 점유자
2. 전기 · 가스 · 수도 · 통신 · 교통의 업무에 종사하는 사람으로서 원활한 소방활동을 위하여 필요한 사람
3. 의사 · 간호사 그 밖의 구조 · 구급업무에 종사하는 사람
4. 취재인력 등 보도업무에 종사하는 사람
5. 수사업무에 종사하는 사람
6. 그 밖에 소방대장이 소방활동을 위하여 출입을 허가한 사람

38 다음 화재조사에 대한 내용 중 잘못된 것은? [07 부산]

① 소방본부 · 소방서등 소방기관과 관계 보험회사는 화재가 발생한 경우 그 원인 및 피해상황의 조사에 있어서 필요한 사항에 대하여 서로 협력하여야 한다.

② 소방본부장 또는 소방서장은 수사기관이 방화(放火) 또는 실화(失火)의 혐의가 있어서 이미 피의자를 체포하였거나 증거물을 압수한 때에 화재조사를 위하여 필요한 경우에는 수사에 지장을 주지 아니하는 범위 안에서 그 피의자 또는 압수된 증거물에 대한 조사를 할 수 있다.

③ 수사기관은 소방본부장 또는 소방서장의 신속한 화재조사를 위하여 특별한 사유가 없는 한 조사에 협조하여야 한다.

④ 소방본부장 또는 소방서장은 화재조사 결과 방화 또는 실화의 혐의가 있다고 인정되는 때에는 지체 없이 필요한 증거를 수집 · 보존하여 그 조사에 착수하여야 한다.

> **해설** 수사기관에 체포된 사람에 대한 조사(제31조)
> 소방청장, 소방본부장 또는 소방서장은 수사기관이 방화 또는 실화의 혐의가 있어서 이미 피의자를 체포하였거나 증거물을 압수하였을 때에 화재조사를 위하여 필요한 경우에는 수사에 지장을 주지 아니하는 범위에서 그 피의자 또는 압수된 증거물에 대한 조사를 할 수 있다. 이 경우 수사기관은 소방청장, 소방본부장 또는 소방서장의 신속한 화재조사를 위하여 특별한 사유가 없으면 조사에 협조하여야 한다.
>
> ━ 소방공무원과 국가경찰공무원의 협력 등(제32조)
> ① 소방공무원과 국가경찰공무원은 화재조사를 할 때에 서로 협력하여야 한다.
> ② 소방본부장이나 소방서장은 화재조사 결과 방화 또는 실화의 혐의가 있다고 인정되면 지체 없이 관할 경찰서장에게 그 사실을 알리고 필요한 증거를 수집 · 보존하여 그 범죄수사에 협력하여야 한다.
>
> ━ 소방기관과 관계 보험회사의 협력(제33조)
> 소방본부, 소방서 등 소방기관과 관계 보험회사는 화재가 발생한 경우 그 원인 및 피해상황을 조사할 때 필요한 사항에 대하여 서로 협력하여야 한다.

39 소방대상물의 개수명령권자는 누구인가? [07부산]

① 소방본부장 및 소방서장　　　　② 시 · 도지사
③ 행정안전부장관　　　　　　　　④ 소방대장 및 소방서장

> **해설** 소방청장, 소방본부장 및 소방서장은 관계인에게 그 소방대상물의 개수(改修) · 이전 · 제거, 사용의 금지 또는 제한, 사용폐쇄, 공사의 정지 또는 중지, 그 밖의 필요한 조치를 명할 수 있다.

40 다음 중 국고보조 대상이 아닌 것은? [08 서울]

① 소방전용 통신시설   ② 소방용수

③ 소방자동차   ④ 방화복

> **해설** **소방장비등에 대한 국고보조**
> 1) 국가는 소방장비의 구입 등 시 · 도의 소방업무에 필요한 경비의 일부를 보조한다.
> 2) 보조 대상사업의 범위와 기준보조율은 대통령령으로 정한다.
> 3) 국고보조 대상사업의 범위
>   1. 다음 각 목의 소방활동장비와 설비의 구입 및 설치
>   가. 소방자동차
>   나. 소방헬리콥터 및 소방정
>   다. 소방전용통신설비 및 전산설비
>   라. 그 밖에 방화복 등 소방활동에 필요한 소방장비
>   2. 소방관서용 청사의 건축(「건축법」 제2조제1항제8호에 따른 건축을 말한다)
> 4) 국고보조 소방활동장비 및 설비의 종류와 규격은 행정안전부령으로 정한다.

41 다음 중 소방본부장의 권한인 것은? [08 서울]

① 화재경계지구의 지정   ② 소방업무 응원요청

③ 소방시설 등의 착공신고   ④ 공사감리자 지정

> **해설** ① 시 · 도지사는 다음의 지역 중 화재피해가 클 지역을 화재경계지구(火災警戒地區)로 지정할
> 수 있다.
>   1. 시장지역
>   2. 공장 · 창고가 밀집한 지역
>   3. 목조건물이 밀집한 지역
>   4. 위험물의 저장 및 처리 시설이 밀집한 지역
>   5. 석유화학제품을 생산하는 공장이 있는 지역
>   6. 「산업입지 및 개발에 관한 법률」 제2조제8호에 따른 산업단지
>   7. 소방시설 · 소방용수시설 또는 소방출동로가 없는 지역
>   8. 그 밖에 제1호부터 제7호까지에 준하는 지역으로서 소방청장 · 소방본부장 또는 소방서
>   장이 화재경계지구로 지정할 필요가 있다고 인정하는 지역
> ② 소방본부장이나 소방서장은 소방활동을 할 때에 긴급한 경우에는 이웃한 소방본부장 또는
>   소방서장에게 소방업무의 응원(應援)을 요청할 수 있다.
> ③ 착공신고 : 공사업자는 대통령령으로 정하는 소방시설공사를 하려면 행정안전부령으로 정
>   하는 바에 따라 그 공사의 내용, 시공 장소, 그 밖에 필요한 사항을 소방본부장이나 소방서장
>   에게 신고하여야 한다.

④ 감리자의 지정 : 대통령령으로 정하는 특정소방대상물의 관계인이 특정소방대상물에 대하여 자동화재탐지설비, 옥내소화전설비 등 대통령령으로 정하는 소방시설을 시공할 때에는 소방시설공사의 감리를 위하여 감리업자를 공사감리자로 지정하여야 한다. – 미지정 관계인 [1년 이하 징역 또는 1,000만 원 이하의 벌금]

42 소방용수시설 저수조의 설치기준이 아닌 것은? [08 서울]

① 지면으로부터 낙차가 4.5m 이하일 것
② 흡수부분의 수심이 2m 이상일 것
③ 저수조에 물을 공급하는 방법은 상수도에 연결하여 자동으로 급수되는 구조일 것
④ 토사 및 쓰레기 등을 제거할 수 있는 설비를 갖출 것

해설 저수조의 설치기준
1. 지면으로부터의 낙차가 4.5미터 이하일 것
2. 흡수부분의 수심이 0.5미터 이상일 것
3. 소방펌프자동차가 쉽게 접근할 수 있도록 할 것
4. 흡수에 지장이 없도록 토사 및 쓰레기 등을 제거할 수 있는 설비를 갖출 것
5. 흡수관의 투입구가 사각형의 경우에는 한 변의 길이가 60센티미터 이상, 원형의 경우에는 지름이 60센티미터 이상일 것
6. 저수조에 물을 공급하는 방법은 상수도에 연결하여 자동으로 급수되는 구조일 것

43 다음 중 한국소방안전원의 업무가 아닌 것은? [08 서울]

① 화재예방과 안전관리의식 고취를 위한 대국민 홍보
② 소방기술과 안전관리에 관한 각종 간행물의 발간
③ 소방기술과 안전관리에 관한 교육 및 조사 · 연구
④ 소방시설 및 위험물안전에 관한 조사연구 및 기술지원

해설 안전원의 업무(제41조)
안전원은 다음 각 호의 업무를 수행한다.
1. 소방기술과 안전관리에 관한 교육 및 조사 · 연구
2. 소방기술과 안전관리에 관한 각종 간행물 발간
3. 화재예방과 안전관리의식 고취를 위한 대국민 홍보
4. 소방업무에 관하여 행정기관이 위탁하는 업무
5. 소방안전에 관한 국제협력
6. 그 밖에 회원에 대한 기술지원 등 정관으로 정하는 사람

44 소방공무원의 출입·조사·검사에 관한 설명 중 틀린 것은? [08 서울]

① 출입하는 관계공무원은 증표를 보여야한다.

② 출입조사 시 관계공무원은 관계인에게 질문할 수 있다.

③ 관계공무원은 관계장소에 출입하여 화재의 원인과 피해상황을 조사할 수 있다.

④ 소방본부장 또는 소방서장은 소방특별조사를 하고자 하는 때에는 48시간 전에 관계인에게 알려야 한다.

해설 34번 문제 해설 참조

---

45 화재로 오인할 만한 불을 피우거나 연막 소독을 실시할 때 신고하지 않아도 되는 지역은? [08 서울]

① 시장이 밀집한 지역

② 공장·창고가 밀집한 지역

③ 소방시설 소방용수시설 또는 소방출동로가 없는 지역

④ 석유화학제품을 생산하는 공장이 밀집한 지역

해설 화재 등의 통지(화재경계지구와 구분)

1) 다음 각 호의 어느 하나에 해당하는 지역 또는 장소에서 화재로 오인할 만한 우려가 있는 불을 피우거나 연막(煙幕) 소독을 하려는 자는 시·도의 조례로 정하는 바에 따라 관할 소방본부장 또는 소방서장에게 신고하여야 한다.
   - 신고하지 아니하여 오인신고, 출동하게 한 자 : 20만 원 이하 과태료
   1. 시장지역
   2. 공장·창고가 밀집한 지역
   3. 목조건물이 밀집한 지역
   4. 위험물의 저장 및 처리시설이 밀집한 지역
   5. 석유화학제품을 생산하는 공장이 있는 지역
   6. 그 밖에 시·도의 조례로 정하는 지역 또는 장소

---

46 다음 중 화재조사자가 아닌 사람은? [08 서울]

① 소방청장　　　② 소방본부장　　　③ 소방서장　　　④ 경찰서장

해설 수사 및 조사

소방청장, 소방본부장 또는 소방서장은 수사기관이 방화(放火) 또는 실화(失火)의 혐의가 있어서 이미 피의자를 체포하였거나 증거물을 압수하였을 때에 화재조사를 위하여 필요한 경우에는 수사에 지장을 주지 아니하는 범위에서 그 피의자 또는 압수된 증거물에 대한 조사를 할 수 있다. 이 경우 수사기관은 소방청장, 소방본부장 또는 소방서장의 신속한 화재조사를 위하여 특별한 사유가 없으면 조사에 협조하여야 한다.

정답　**44** ④　**45** ③　**46** ④

47 다음 중 시 · 도지사와 관련된 내용이 아닌 것은?   [08 광주]

① 소방체험관의 설립 및 운영   ② 소방용수시설의 설치 · 유지 · 관리

③ 이웃하는 시 · 도 간의 소방응원협정   ④ 화재의 예방조치

해설 화재의 예방조치 등

1) 소방본부장이나 소방서장은 다음 각 호의 명령을 할 수 있다.
   1. 불장난, 모닥불, 흡연, 화기(火氣) 취급, 풍등 등 소형 열기구 날리기, 그 밖에 화재예방상 위험하다고 인정되는 행위의 금지 또는 제한
   2. 타고 남은 불 또는 화기가 있을 우려가 있는 재의 처리
   3. 함부로 버려두거나 그냥 둔 위험물, 그 밖에 불에 탈 수 있는 물건을 옮기거나 치우게 하는 등의 조치
2) 소방본부장이나 소방서장은 제2항에 따라 옮기거나 치운 위험물 또는 물건을 보관하여야 한다.
3) 소방본부장이나 소방서장은 제3항에 따라 위험물 또는 물건을 보관하는 경우에는 그 날부터 14일 동안 소방본부 또는 소방서의 게시판에 그 사실을 공고하여야 한다.
4) 법 제12조제5항의 규정에 의한 위험물 또는 물건의 보관기간은 법 제12조제4항의 규정에 의하여 소방본부 또는 소방서의 게시판에 공고하는 기간의 종료일 다음 날부터 7일로 한다.
5) 소방본부장 또는 소방서장은 제2항의 규정에 의하여 매각되거나 폐기된 위험물 또는 물건의 소유자가 보상을 요구하는 경우에는 보상금액에 대하여 소유자와 협의를 거쳐 이를 보상하여야 한다.

---

48 다음 중 화재경계지구에 해당하지 않는 것은?   [08 광주]

① 시장지역 또는 공장 · 창고 등이 밀집한 지역

② 고층 건축물이 밀집한 지역

③ 위험물저장 및 처리시설이 밀집한 지역

④ 소방시설 및 소방용수시설 또는 소방출동로가 없는 지역

---

49 다음 화재조사와 관련된 내용을 설명한 것으로 옳지 않은 것은?   [08 인천]

① 화재조사는 화재의 원인을 규명하는 것에 한하여 실시한다.

② 소방본부장 또는 소방서장은 관할구역 내의 화재에 대하여 조사를 하여야 한다.

③ 본부장 또는 서장은 조사관 및 조사자에 대하여 조사업무의 관련교육, 연구회 개최 및 과제를 부여 또는 국내 · 외 소방 관련 전문기관에 위탁교육을 실시하는 등 화재조사능력 향상에 노력하여야 한다.

④ 운행 중인 차량, 선박 및 항공기에서 발생한 화재는 소화활동을 행한 장소를 관할하는 본부장 또는 서장이 조사하여야 한다.

정답 **47** ④   **48** ②   **49** ①

제29조(화재의 원인 및 피해 조사)

① 소방청장, 소방본부장 또는 소방서장은 화재가 발생하였을 때에는 화재의 원인 및 피해 등에 대한 조사(이하 "화재조사"라 한다)를 하여야 한다.

시행규칙 제12조(화재조사전담부서의 설치 · 운영 등)

③ 화재조사전담부서의 장은 소속 소방공무원 가운데 다음 각 호의 어느 하나에 해당하는 자로서 소방청장이 실시하는 화재조사에 관한 시험에 합격한 자로 하여금 화재조사를 실시하도록 하여야 한다. 다만, 화재조사에 관한 시험에 합격한 자가 없는 경우에는 소방공무원 중「국가기술자격법」에 따른 건축 · 위험물 · 전기 · 안전관리(가스 · 소방 · 소방설비 · 전기안전 · 화재감식평가종목에 한한다) 분야 산업기사 이상의 자격을 취득한 자 또는 소방공무원으로서 화재조사분야에서 1년 이상 근무한 자로 하여금 화재조사를 실시하도록 할 수 있다.
  1. 소방교육기관(중앙 · 지방소방학교 및 시 · 도에서 설치 · 운영하는 소방교육대를 말한다. 이하 같다)에서 8주 이상 화재조사에 관한 전문교육을 이수한 자
  2. 국립과학수사연구원 또는 외국의 화재조사관련 기관에서 8주 이상 화재조사에 관한 전문교육을 이수한 자
⑤ 소방청장 · 소방본부장 또는 소방서장은 화재조사전담부서에서 근무하는 자의 업무능력 향상을 위하여 국내 · 외의 소방 또는 안전에 관련된 전문기관에 위탁교육을 실시할 수 있다.

> **참고** 화재조사권자(법 제29조제1항)
> 소방청장, 소방본부장이나 소방서장(운행 중인 차량, 선박 및 항공기에서 발생한 화재는 소화활동을 행한 장소를 관할하는 본부장 또는 서장)

50 소방자동차가 화재의 현장으로 출동할 때에는 모든 차와 사람은 통로를 양보하여야 하는데, 이를 위반하여 소방자동차의 출동을 고의로 방해한 자의 벌칙은? [08 인천]

① 1년 이하의 징역 또는 1천만 원 이하의 벌금

② 3년 이하의 징역 또는 3천만 원 이하의 벌금

③ 5년 이하의 징역 또는 5천만 원 이하의 벌금

④ 7년 이하의 징역 또는 7천만 원 이하의 벌금

벌칙

1) 5년 이하의 징역 또는 5,000만 원 이하의 벌금
  1. 소방활동 방해
    가. 위력(威力)을 사용하여 출동한 소방대의 화재진압 · 인명구조 또는 구급활동을 방해하는 행위
    나. 소방대가 화재진압 · 인명구조 또는 구급활동을 위하여 현장에 출동하거나 현장에 출입하는 것을 고의로 방해하는 행위

다. 출동한 소방대원에게 폭행 또는 협박을 행사하여 화재진압 · 인명구조 또는 구급활동을 방해하는 행위

라. 출동한 소방대의 소방장비를 파손하거나 그 효용을 해하여 화재진압 · 인명구조 또는 구급활동을 방해하는 행위

2. 소방자동차의 출동을 방해한 사람

3. 사람을 구출하는 일 또는 불을 끄거나 불이 번지지 아니하도록 하는 일을 방해한 사람

4. 정당한 사유 없이 소방용수시설 또는 비상소화장치를 사용하거나 소방용수시설 또는 비상소화장치의 효용을 해치거나 그 정당한 사용을 방해한 사람

2) 3년 이하의 징역 또는 3,000만 원 이하의 벌금 : 강제처분방해, 비밀누설자

3) 300만 원 이하의 벌금 : 외의 대상물 강제처분방해, 주차된 차량 강제처분방해, 비밀누설자

4) 200만 원 이하의 벌금

1. 예방조치명령 거부방해

2. 화재조사 거부방해

5) 100만 원 이하의 벌금

1. 화재경계지구 안의 소방대상물에 대한 소방특별조사를 거부 · 방해 또는 기피한 자

2. 정당한 사유 없이 소방대의 생활안전활동을 방해한 자

3. 정당한 사유 없이 소방대가 현장에 도착할 때까지 사람을 구출하는 조치 또는 불을 끄거나 불이 번지지 아니하도록 하는 조치를 하지 아니한 사람(관계인)

4. 피난명령을 위반한 사람

5. 긴급조치 : 정당한 사유 없이 물의 사용이나 수도의 개폐장치의 사용 또는 조작을 하지 못하게 하거나 방해한 자

6. 긴급조치 : 가스차단 등의 조치를 정당한 사유 없이 방해한 자

6) 200만 원 이하의 과태료

1. 제13조제4항에 따른 소방용수시설, 소화기구 및 설비 등의 설치 명령을 위반한 자

2. 제15조제1항에 따른 불을 사용할 때 지켜야 하는 사항 및 같은 조 제2항에 따른 특수가연물의 저장 및 취급 기준을 위반한 자 [최대100]

3. 제19조제1항을 위반하여 화재 또는 구조 · 구급이 필요한 상황을 거짓으로 알린 사람

3의2. 제21조제3항을 위반하여 소방자동차의 출동에 지장을 준 자

4. 제23조제1항을 위반하여 소방활동구역을 출입한 사람[100만 원]

5. 제30조제1항에 따른 명령을 위반하여 보고 또는 자료 제출을 하지 아니하거나 거짓으로 보고 또는 자료 제출을 한 자

6. 제44조의3을 위반하여 한국소방안전원 또는 이와 유사한 명칭을 사용한 자

7) 100만 원 이하의 과태료 : 전용구역에 차를 주차하거나 전용구역에의 진입을 가로막는 등의 방해행위를 한 자에게는 100만 원 이하의 과태료를 부과한다.

8) 20만 원 이하의 과태료 : 제19조제2항에 따른 신고를 하지 아니하여 소방자동차를 출동하게 한 자에게는 20만 원 이하의 과태료를 부과한다.

51 다음 중 소방기본법에서 규정하는 소방대상물이 아닌 것은? [08 인천]

① 선박건조구조물   ② 항해 중인 선박

③ 물건   ④ 공작물

해설 소방대상물

건축물, 차량, 선박(「선박법」 제1조의2 제1항에 따른 선박으로서 항구에 매어둔 선박만 해당한다), 선박 건조구조물, 산림, 그 밖의 인공구조물 또는 물건을 말한다.

52 다음 중 한국소방안전원의 업무내용이 아닌 것은? [08 충북]

① 화재예방과 안전관리의식의 고취를 위한 대국민 홍보

② 소방기술과 안전관리에 관한 교육 및 조사 · 연구

③ 소방기술과 안전관리에 관한 각종 간행물의 발간

④ 소방산업의 육성과 소방산업 기술진흥을 위한 정책 · 제도의 조사 · 연구

해설 안전원의 업무(제41조)

안전원은 다음 각 호의 업무를 수행한다.

1. 소방기술과 안전관리에 관한 교육 및 조사 · 연구
2. 소방기술과 안전관리에 관한 각종 간행물 발간
3. 화재예방과 안전관리의식 고취를 위한 대국민 홍보
4. 소방업무에 관하여 행정기관이 위탁하는 업무
5. 소방안전에 관한 국제협력
6. 그 밖에 회원에 대한 기술지원 등 정관으로 정하는 사람

53 다음 중 소방용어의 설명이 옳은 것은? [08 충북]

① "소방대장(消防隊長)"이라 함은 소방본부장 또는 소방서장 등 화재, 재난 · 재해 그 밖의 위급한 상황이 발생한 현장에서 소방대를 지휘하는 자를 말한다.

② "소방본부장"이라 함은 특별시 · 광역시 또는 도에서 화재의 예방 · 경계 · 진압 · 조사 및 구조 · 구급 등의 업무를 담당하는 공무원을 말한다.

③ "소방시설"이라 함은 소방시설과 비상구 그 밖에 소방 관련 시설로서 대통령령이 정하는 것을 말한다.

④ "특정소방대상물"이라 함은 소화기(消火器) · 소화약제(消化藥劑) · 방염도료(防炎塗料) 그 밖에 소방시설을 구성하는 기기로서 대통령령이 정하는 것을 말한다.

② "소방본부장"이란 특별시·광역시·특별자치시·도 또는 특별자치도(이하 "시·도"라 한다)에서 화재의 예방·경계·진압·조사 및 구조·구급 등의 업무를 담당하는 부서의 장을 말한다.

③ "소방시설 등"이라 함은 소방시설과 비상구 그 밖에 소방 관련 시설로서 대통령령이 정하는 것을 말한다.

④ "특정소방대상물" : 소방시설을 설치하는 소방대상물

54 다음 중 소방대에 포함되지 않는 것은? [08 충북]

① 소방공무원 ② 의용소방대원

③ 의무소방원 ④ 자위소방대

"소방대"(消防隊)란 화재를 진압하고 화재, 재난·재해, 그 밖의 위급한 상황에서 구조·구급 활동 등을 하기 위하여 다음 각 목의 사람으로 구성된 조직체를 말한다.

가. 「소방공무원법」에 따른 소방공무원

나. 「의무소방대설치법」 제3조에 따라 임용된 의무소방원(義務消防員)

다. 「의용소방대 설치 및 운영에 관한 법률」에 따른 의용소방대원(義勇消防隊員)

55 한국소방안전원의 장은 소방안전관리자의 강습교육의 일정·횟수 등에 관하여 연간계획을 수립하여 실시하여야 한다. 그 실시시기와 횟수로 옳은 것은? [08 충북]

① 1년에 1회 이상 ② 1년에 2회 이상

③ 2년마다 1회 이상 ④ 2년마다 2회 이상

소방안전관리자에 대한 강습교육의 실시

1. 소방안전관리자의 강습교육의 일정·횟수 등에 관하여 필요한 사항은 한국소방안전원의 장이 연간계획을 수립하여 실시하여야 한다.

2. 안전원장은 강습교육을 실시하고자 하는 때에는 강습교육 실시 20일 전까지 일시·장소 그 밖의 강습교육 실시에 관하여 필요한 사항을 인터넷 홈페이지 및 게시판에 공고하여야 한다.

3. 안전원장 강습교육을 실시한 때에는 수료자에게 수료증을 교부하고 강습교육 수료자 명부대장을 강습교육의 종류별로 작성·보관하여야 한다.

4. 강습교육을 받는 자가 3시간 이상 결강한 때에는 수료증을 교부하지 아니한다.

5. 강습교육 과목, 시간 및 운영방법 등(제32조 관련)

① 교육과정별 과목 및 시간

구분	교육과목	교육시간
가. 특급 소방 안전관리자	직업윤리 및 리더십	80시간
	소방관계법령	
	건축 · 전기 · 가스 관계법령 및 안전관리	
	재난관리 일반 및 관련법령	
	초고층특별법	
	소방기초이론	
	연소 · 방화 · 방폭공학	
	고층건축물 소방시설 적용기준	
	소방시설의 구조 · 점검 · 실습 · 평가	
	공사장 안전관리계획 및 화기취급 감독	
	종합방재실 운용	
	고층건축물 화재 등 재난사례 및 대응방법	
	화재원인 조사실무	
	위험성 평가기법 및 성능위주 설계	
	소방계획 수립 이론 · 실습 · 평가	
	방재계획 수립 이론 · 실습 · 평가	
	작동기능점검표 작성 실습 · 평가	
	구조 및 응급처치 이론 · 실습 · 평가	
	소방안전교육 및 훈련 이론 · 실습 · 평가	
	화재대응 및 피난 실습 · 평가	
	화재피해 복구	
	초고층 건축물 안전관리 우수사례 토의	
	소방신기술 동향	
	시청각 교육	
나. 1급 소방 안전관리자	소방관계법령	40시간
	건축관계법령	
	소방학개론	
	화기취급감독(위험물 · 전기 · 가스 안전관리 등)	
	종합방재실 운영	
	소방시설의 구조 · 점검 · 실습 · 평가	
	소방계획 수립 이론 · 실습 · 평가	
	작동기능점검표 작성 실습 · 평가	
	구조 및 응급처치 이론 · 실습 · 평가	
	소방안전교육 및 훈련 이론 · 실습 · 평가	
	화재대응 및 피난 실습 · 평가	
	형성평가(시험)	

		소방관계법령	
다. 공공기관 소방안전관리자		건축관계법령	40시간
		공공기관 소방안전규정의 이해	
		소방학개론	
		소방시설의 구조 · 점검 · 실습 · 평가	
		종합방재실 운영	
		소방안전관리 업무대행 감독	
		공사장 안전관리 계획 및 감독	
		화기취급감독(위험물 · 전기 · 가스 안전관리 등)	
		소방계획 수립 이론 · 실습 · 평가	
		외관점검표 작성 실습 · 평가	
		응급처치 이론 · 실습 · 평가	
		소방안전교육 및 훈련 이론 · 실습 · 평가	
		화재대응 및 피난 실습 · 평가	
		공공기관 소방안전관리 우수사례 토의	
라. 2급 소방 안전관리자		소방관계법령(건축관계법령 포함)	32시간
		소방학개론	
		화기취급감독(위험물 · 전기 · 가스 안전관리 등)	
		소방시설(소화설비, 경보설비, 피난설비)의 구조 · 점검 · 실습 · 평가	
		소방계획 수립 이론 · 실습 · 평가	
		작동기능점검 방법 및 점검표 작성방법 실습 · 평가	
		응급처치 이론 · 실습 · 평가	
		소방안전교육 및 훈련 이론 · 실습 · 평가	
		화재대응 및 피난 실습 · 평가	
		형성평가(시험)	
마. 3급 소방 안전관리자		화재예방, 소방시설 설치 · 유지 및 안전관리에 관한 법령	24시간
		화재일반	
		화기취급감독(위험물 · 전기 · 가스 안전관리 등)	
		소방시설(소화기, 경보설비, 피난설비)의 구조 · 점검 · 실습 · 평가	
		소방계획 수립 이론 · 실습 · 평가	
		작동기능점검표 작성 실습 · 평가	
		응급처치 이론 · 실습 · 평가	
		소방안전교육 및 훈련 이론 · 실습 · 평가	
		화재대응 및 피난 실습 · 평가	
		형성평가(시험)	

② 교육운영방법 등(교육과정별 교육시간 운영 편성기준)

구분	이론(30%)	실무(70%)	
		일반 (30%)	실습 및 평가 (40%)
특급 소방안전관리자	24시간	24시간	32시간
1급 및 공공기관 소방안전관리자	12시간	12시간	16시간
2급 소방안전관리자	9시간	10시간	13시간
3급 소방안전관리자	7시간	7시간	10시간

— 실무교육
1. 안전원장은 소방안전관리자 및 소방안전관리보조자에 대한 실무교육의 교육대상, 교육일정 등 실무교육에 필요한 계획을 수립하여 매년 소방청장의 승인을 얻어 교육 실시 30일 전까지 교육대상자에게 통보하여야 한다.
2. 소방안전관리자는 그 선임된 날부터 6개월 이내에 실무교육을 받아야 하며, 그 후에는 2년마다 1회 이상 실무교육을 받아야 한다. 다만, 소방안전관리 강습교육 또는 실무교육을 받은 후 1년 이내에 소방안전관리자로 선임된 사람은 해당 강습교육 또는 실무교육을 받은 날에 실무교육을 받은 것으로 본다.
3. 소방안전관리보조자는 그 선임된 날부터 6개월(소방안전관리대상물에서 소방안전 관련 업무에 5년 이상 근무한 경력이 있는 사람을 소방안전관리보조자로 지정된 사람의 경우 3개월을 말한다) 이내에 실무교육을 받아야 하며, 그 후에는 2년마다 1회 이상 실무교육을 받아야 한다. 다만, 소방안전관리자 강습교육 또는 실무교육이나 소방안전관리보조자 실무교육을 받은 후 1년 이내에 소방안전관리보조자로 선임된 사람은 해당 강습교육 또는 실무교육을 받은 날에 실무교육을 받은 것으로 본다.
4. 소방본부장 또는 소방서장은 소방안전관리자나 소방안전관리보조자의 선임신고를 받은 경우에는 신고일부터 1개월 이내에 그 내용을 안전원장에게 통보하여야 한다.
5. 안전원장은 해당 연도의 실무교육이 끝난 날부터 30일 이내에 그 결과를 통보를 한 소방본부장 또는 소방서장에게 알려야 한다.

56 다음 설명 중 옳은 것은? [08 충북]

① 소방본부장·소방서장은 화재, 재난, 재해 그 밖의 위급한 상황에 있어서 시·도의 소방업무를 수행한다.
② 행정안전부장관은 소방활동을 위한 정보를 수집·전파하기 위하여 종합상황실을 설치·운영한다.
③ 소방기관이 소방업무를 수행하는 데 필요한 인력과 장비 등의 소방력 계획 수립 시 그 기준은 행정안전부령으로 정한다.
④ 소방청장, 소방본부장 및 소방서장은 화재조사를 하면서 관계인에게 필요한 사항을 보고하게 하거나 자료제출을 명할 수 없다.

정답 56 ③

② 종합상황실 설치운영권자 : 소방청장, 소방본부장 및 소방서장

119종합상황실의 설치 · 운영에 필요한 사항은 행정안전부령으로 정한다.

③ 소방력의 기준

1) 소방력 : 인력, 장비, 용수

2) 소방력의 기준 : 행정안전부령으로 정함

3) 시 · 도지사는 관할구역의 소방력을 확충하기 위하여 필요한 계획을 수립하여 시행하여야 한다.

④ 출입 조사등

1) 소방청장, 소방본부장 또는 소방서장은 화재조사를 하기 위하여 필요하면 관계인에게 보고 또는 자료 제출을 명하거나 관계 공무원으로 하여금 관계 장소에 출입하여 화재의 원인과 피해의 상황을 조사하거나 관계인에게 질문하게 할 수 있다.

2) 화재조사를 하는 관계 공무원은 관계인의 정당한 업무를 방해하거나 화재조사를 수행하면서 알게 된 비밀을 다른 사람에게 누설하여서는 아니 된다. (비밀누설자 300만 원 이하의 벌금)

57 다음 중 소방활동구역에 출입할 수 있는 사람이 아닌 것은? [08 충북]

① 소방활동구역 외의 관계인

② 수사기관 및 가스안전공사 직원

③ 취재인력 등 보도업무에 종사하는 자

④ 소방대장이 소방활동을 위하여 출입을 허가한 자

소방활동구역 출입자

1. 소방활동구역 안에 있는 소방대상물의 소유자 · 관리자 또는 점유자

2. 전기 · 가스 · 수도 · 통신 · 교통의 업무에 종사하는 사람으로서 원활한 소방활동을 위하여 필요한 사람

3. 의사 · 간호사 그 밖의 구조 · 구급업무에 종사하는 사람

4. 취재인력 등 보도업무에 종사하는 사람

5. 수사업무에 종사하는 사람

6. 그 밖에 소방대장이 소방활동을 위하여 출입을 허가한 사람

58 인접하고 있는 시 · 도 간 소방업무의 상호응원협정 사항이 아닌 것은? [08 중앙]

① 화재조사 활동 ② 응원출동의 요청방법

③ 소방교육 및 응원출동훈련 ④ 응원출동 대상지역 및 규모

시행규칙 제8조(소방업무의 상호응원협정) 참고

〈시 · 도지사가 이웃하는 다른 시 · 도지사와 소방업무에 관한 상호응원협정을 체결할 때 포함시켜야 할 사항〉

1. 다음 각목의 소방활동에 관한 사항

        ㉠ 화재의 경계 · 진압활동
        ㉡ 구조 · 구급업무의 지원
        ㉢ 화재조사활동
  2. 응원출동 대상지역 및 규모
  3. 다음 각목의 소요경비의 부담에 관한 사항
        ㉠ 출동대원의 수당 · 식사 및 피복의 수선
        ㉡ 소방장비 및 기구의 정비와 연료의 보급
        ㉢ 그 밖의 경비
  4. 응원출동의 요청방법
  5. 응원출동 훈련 및 평가

59 다음 설명 중 옳지 않은 것은? [08 중앙]

① 방화범의 수사 · 체포권은 소방본부장 또는 소방서장에게 있다.

② 화재현장 또는 구조 · 구급이 필요한 사고현장을 발견한 사람은 그 현장 상황을 소방본부 · 소방서 또는 관계행정기관에 지체 없이 알려야 한다.

③ 모든 차와 사람은 소방자동차가 화재진압 및 구조 · 구급활동을 위하여 출동을 하는 때에는 이를 방해하여서는 아니 된다.

④ 소방본부장 · 소방서장 또는 소방대장은 사람을 구출하거나 불이 번지는 것을 막기 위하여 인정되는 때에는 소방대상물 또는 토지 이외의 소방대상물과 토지에 대하여 강제처분을 할 수 있다.

> **해설** 수사 및 조사
> 소방청장, 소방본부장 또는 소방서장은 수사기관이 방화(放火) 또는 실화(失火)의 혐의가 있어서 이미 피의자를 체포하였거나 증거물을 압수하였을 때에 화재조사를 위하여 필요한 경우에는 수사에 지장을 주지 아니하는 범위에서 그 피의자 또는 압수된 증거물에 대한 조사를 할 수 있다. 이 경우 수사기관은 소방청장, 소방본부장 또는 소방서장의 신속한 화재조사를 위하여 특별한 사유가 없으면 조사에 협조하여야 한다.

정답 59 ①

60 신고를 하지 않고 불을 피우거나 연막소독을 실시하여 소방관이 화재로 오인하여 소방차를 출동하게 했을 경우 과태료는 얼마 이하인가? [08 중앙]

① 10만 원
② 20만 원
③ 30만 원
④ 40만 원

해설 화재 등의 통지

1) 다음 각 호의 어느 하나에 해당하는 지역 또는 장소에서 화재로 오인할 만한 우려가 있는 불을 피우거나 연막(煙幕) 소독을 하려는 자는 시·도의 조례로 정하는 바에 따라 관할 소방본부장 또는 소방서장에게 신고하여야 한다.
   −신고하지 아니하여 오인신고, 출동하게 한 자 : 20만 원 이하 과태료
   1. 시장지역
   2. 공장·창고가 밀집한 지역
   3. 목조건물이 밀집한 지역
   4. 위험물의 저장 및 처리시설이 밀집한 지역
   5. 석유화학제품을 생산하는 공장이 있는 지역
   6. 그 밖에 시·도의 조례로 정하는 지역 또는 장소

61 다음 설명 중 옳지 않은 것은? [08 중앙]

① 소방대상물은 산림, 건축물, 차량 항해 중인 선박 등이 해당된다.
② "지정수량"이란 대통령령이 정하는 위험물의 수량을 말한다.
③ 소방대상물의 개수명령권자는 소방본부장 및 소방서장이다.
④ "소방대"라 함은 화재를 진압하는 소방공무원, 의무소방원, 의용소방대원으로 구성된 단체를 말한다.

해설 ① "소방대상물"이란 건축물, 차량, 선박(「선박법」제1조의2 제1항에 따른 선박으로서 항구에 매어둔 선박만 해당한다), 선박건조구조물, 산림, 그 밖의 인공구조물 또는 물건을 말한다.
② "지정수량"이라 함은 위험물의 종류별로 위험성을 고려하여 대통령령이 정하는 수량으로서 제6호의 규정에 의한 제조소 등의 설치허가 등에 있어서 최저의 기준이 되는 수량을 말한다.
④ "소방대"(消防隊)란 화재를 진압하고 화재, 재난·재해, 그 밖의 위급한 상황에서 구조·구급활동 등을 하기 위하여 다음 각 목의 사람으로 구성된 조직체를 말한다.
   가. 「소방공무원법」에 따른 소방공무원
   나. 「의무소방대설치법」제3조에 따라 임용된 의무소방원(義務消防員)
   다. 「의용소방대 설치 및 운영에 관한 법률」에 따른 의용소방대원(義勇消防隊員)

62 지리 및 소방용수시설의 조사와 관련한 다음 설명 중 적절하지 않은 것은?　　[08 중앙]

① 지리 및 소방용수시설의 조사는 월 2회 이상 실시하여야 한다.

② 지리조사는 간선 또는 지선도로의 폭과 거리는 물론 토지의 고저상황도 조사해야 한다.

③ 관계부책의 보관기간은 2년이다.

④ 지리 및 소방용수시설조사는 소방본부장 또는 소방서장이 실시한다.

해설 소방용수시설 및 지리에 대한 조사

1) 소방본부장 또는 소방서장은 원활한 소방활동을 위하여 다음 각호의 조사를 월 1회 이상 실시하여야 한다.

　1. 법 제10조의 규정에 의하여 설치된 소방용수시설에 대한 조사

　2. 소방대상물에 인접한 도로의 폭 · 교통상황, 도로주변의 토지의 고저 · 건축물의 개황 그 밖의 소방활동에 필요한 지리에 대한 조사

2) 제1항제1호의 조사는 별지 제2호 서식에 의하고, 제1항제2호의 조사는 별지 제3호 서식에 의하되, 그 조사결과를 2년간 보관하여야 한다.

63 종합상황실의 실장은 보고상황이 발생하는 때에는 그 사실을 지체없이 서면 · 모사전송 또는 컴퓨터통신 등으로 소방서의 종합상황실의 경우는 소방본부의 종합상황실에, 소방본부의 종합상황실의 경우는 소방청의 종합상황실에 각각 보고하여야 한다. 이에 해당하지 않는 것은?　　[08 중앙]

① 사망자가 5인 이상 발생하거나 사상자가 10인 이상 발생한 화재

② 이재민이 50인 이상 발생한 화재

③ 재산피해액이 50억 원 이상 발생한 화재

④ 관공서 · 학교 · 정부미도정공장 · 문화재 · 지하철 또는 지하구의 화재

해설 상부 종합상황실 보고사항

1. 다음 각목의 1에 해당하는 화재

　가. 사망자가 5인 이상 발생하거나 사상자가 10인 이상 발생한 화재

　나. 이재민이 100인 이상 발생한 화재

　다. 재산피해액이 50억 원 이상 발생한 화재

　라. 관공서 · 학교 · 정부미도정공장 · 문화재 · 지하철 또는 지하구의 화재

　마. 관광호텔, 층수(「건축법 시행령」 제119조제1항제9호의 규정에 의하여 산정한 층수를 말한다. 이하 이 목에서 같다)가 11층 이상인 건축물, 지하상가, 시장, 백화점, 「위험물 안전관리법」 제2조제2항의 규정에 의한 지정수량의 3천배 이상의 위험물의 제조소 · 저장소 · 취급소, 층수가 5층 이상이거나 객실이 30실 이상인 숙박시설, 층수가 5층 이상이거나 병상이 30개 이상인 종합병원 · 정신병원 · 한방병원 · 요양소, 연면적 1만5천 제곱미터 이상인 공장 또는 소방기본법 시행령(이하 "영"이라 한다) 제4조제1항 각 목에 따른 화재경계지구에서 발생한 화재

바. 철도차량, 항구에 매어둔 총 톤수가 1천톤 이상인 선박, 항공기, 발전소 또는 변전소에서 발생한 화재

사. 가스 및 화약류의 폭발에 의한 화재

아. 「다중이용업소의 안전관리에 관한 특별법」 제2조에 따른 다중이용업소의 화재

64 다음 중 화재경계지구에 해당하지 않는 것은? [08 경남]

① 목조건물이 밀집한 지역   ② 고층아파트가 밀집한 지역

③ 시장지역   ④ 공장, 창고 등이 밀집한 지역

65 다음 중 소방대원에 포함되지 않는 것은? [08 경남]

① 소방공무원   ② 의무소방원(義務消防員)

③ 의용소방대원(義勇消防隊員)   ④ 자위소방대

> **해설** "소방대"(消防隊)란 화재를 진압하고 화재, 재난·재해, 그 밖의 위급한 상황에서 구조·구급 활동 등을 하기 위하여 다음 각 목의 사람으로 구성된 조직체를 말한다.
> 1. 「소방공무원법」에 따른 소방공무원
> 2. 「의무소방대설치법」 제3조에 따라 임용된 의무소방원(義務消防員)
> 3. 「의용소방대 설치 및 운영에 관한 법률」에 따른 의용소방대원(義勇消防隊員)

66 종합상황실의 실장은 보고상황이 발생하는 때에는 그 사실을 지체없이 서면·모사전송 또는 컴퓨터통신 등으로 소방서의 종합상황실의 경우는 소방본부의 종합상황실에, 소방본부의 종합상황실의 경우는 소방방재청의 종합상황실에 각각 보고하여야 한다. 이에 해당하지 않는 것은? [08 경남]

① 사망자가 5인 이상 발생하거나 사상자가 10인 이상 발생한 화재

② 이재민이 100인 이상 발생한 화재

③ 재산피해액이 10억 원 이상 발생한 화재

④ 관공서·학교·정부미 도정공장·문화재·지하철 또는 지하구의 화재

> **해설** 상부 종합상황실 보고사항
> 1. 다음 각목의 1에 해당하는 화재
> 가. 사망자가 5인 이상 발생하거나 사상자가 10인 이상 발생한 화재
> 나. 이재민이 100인 이상 발생한 화재
> 다. 재산피해액이 50억 원 이상 발생한 화재

정답 **64** ②   **65** ④   **66** ③

라. 관공서 · 학교 · 정부미도정공장 · 문화재 · 지하철 또는 지하구의 화재

마. 관광호텔, 층수(「건축법 시행령」 제119조제1항제9호의 규정에 의하여 산정한 층수를 말한다. 이하 이 목에서 같다)가 11층 이상인 건축물, 지하상가, 시장, 백화점, 「위험물안전관리법」 제2조제2항의 규정에 의한 지정수량의 3천배 이상의 위험물의 제조소 · 저장소 · 취급소, 층수가 5층 이상이거나 객실이 30실 이상인 숙박시설, 층수가 5층 이상이거나 병상이 30개 이상인 종합병원 · 정신병원 · 한방병원 · 요양소, 연면적 1만5천제곱미터 이상인 공장 또는 소방기본법 시행령(이하 "영"이라 한다) 제4조제1항 각 목에 따른 화재경계지구에서 발생한 화재

바. 철도차량, 항구에 매어둔 총 톤수가 1천톤 이상인 선박, 항공기, 발전소 또는 변전소에서 발생한 화재

사. 가스 및 화약류의 폭발에 의한 화재

아. 「다중이용업소의 안전관리에 관한 특별법」 제2조에 따른 다중이용업소의 화재

67 다음 화재원인 조사의 내용이 아닌 것은? [08 경남]

① 피난상황 조사 ② 발화원인 조사 ③ 연소상황 조사 ④ 화재피해 조사

해설 18번 문제 해설 참조

68 다음 중 소방활동에서 사용하는 소방신호에 해당하지 않는 것은? [08 경남]

① 비상신호 ② 훈련신호 ③ 경계신호 ④ 발화신호

해설 소방신호

1) 화재예방, 소방활동 또는 소방훈련을 위하여 사용되는 소방신호의 종류와 방법은 행정안전부령으로 정한다.

2) 소방신호의 종류
1. 경계신호 : 화재예방상 필요하다고 인정되거나 법 제14조의 규정에 의한 화재위험경보 시 발령
2. 발화신호 : 화재가 발생한 때 발령
3. 해제신호 : 소화활동이 필요없다고 인정되는 때 발령
4. 훈련신호 : 훈련상 필요하다고 인정되는 때 발령

3) 소방신호

종별＼신호방법	타종 신호	사이렌 신호
경계신호	1타와 연2타를 반복	5초 간격을 두고 30초씩 3회
발화신호	난타	5초 간격을 두고 5초씩 3회
해제신호	상당한 간격을 두고 1타씩 반복	1분간 1회
훈련신호	연3타 반복	10초 간격을 두고 1분씩 3회

69 다음 중 소방안전교육사의 배치대상이 아닌 것은? [08 경기]

① 소방청　　　　　　　　　　② 가스안전공사

③ 한국소방산업기술원　　　　④ 한국소방안전원

해설 소방안전교육사 배치기준

배치대상	배치기준(단위 : 명)	비고
1. 소방청	2 이상	
2. 소방본부	2 이상	
3. 소방서	1 이상	
4. 한국소방안전원	• 본원 : 2 이상　• 시 · 도지부 : 1 이상	
5. 한국소방산업기술원	2 이상	

70 시 · 도지사가 이웃하는 다른 시 · 도지사와 소방업무에 관하여 상호응원협정을 체결할 때 협정내용에 포함되지 않는 것은? [08 경기]

① 화재의 경계 · 진압활동 및 구조 · 구급업무의 지원

② 화재조사활동

③ 응원출동대상지역의 민간단체 간 협조사항

④ 출동대원의 수당 · 식사 및 피복의 수선 및 소방장비 및 기구의 정비와 연료의 보급

해설 시 · 도지사들 간의 상호응원 협정사항

　1. 다음 각목의 소방활동에 관한 사항

　　가. 화재의 경계 · 진압활동

　　나. 구조 · 구급업무의 지원

　　다. 화재조사활동

　2. 응원출동대상 지역 및 규모

　3. 다음 각목의 소요경비의 부담에 관한 사항

　　가. 출동대원의 수당 · 식사 및 피복의 수선

　　나. 소방장비 및 기구의 정비와 연료의 보급

　　다. 그 밖의 경비

　4. 응원출동의 요청방법

　5. 응원출동 훈련 및 평가

71 소방활동 출입구역에 출입할 수 없는 자는? [08 경기]

① 소방활동구역 안에 있는 소방대상물의 소유자 · 관리자 또는 점유자

② 전기 · 가스 · 수도 · 통신 · 교통의 업무에 종사하는 자로서 원활한 소방활동을 위하여 필요한 자

③ 취재인력 등 보도업무에 종사하는 자

④ 민간구호단체의 자원봉사자

해설 소방활동구역 출입자

1. 소방활동구역 안에 있는 소방대상물의 소유자 · 관리자 또는 점유자
2. 전기 · 가스 · 수도 · 통신 · 교통의 업무에 종사하는 사람으로서 원활한 소방활동을 위하여 필요한 사람
3. 의사 · 간호사 그 밖의 구조 · 구급업무에 종사하는 사람
4. 취재인력 등 보도업무에 종사하는 사람
5. 수사업무에 종사하는 사람
6. 그 밖에 소방대장이 소방활동을 위하여 출입을 허가한 사람

72 다음 중 시 · 도지사의 업무내용이 아닌 것은? [08 대구]

① 화재경계지구의 지정

② 위험물운송자에 대한 안전교육

③ 소방체험관의 설립 및 운영

④ 소방응원협약

해설 안전교육

1) 안전관리자 · 탱크시험자 · 위험물운송자 등 위험물의 안전관리와 관련된 업무를 수행하는 자로서 대통령령이 정하는 자는 해당 업무에 관한 능력의 습득 또는 향상을 위하여 소방청장이 실시하는 교육을 받아야 한다.
2) 안전교육대상자
   1. 안전관리자로 선임된 자
   2. 탱크시험자의 기술인력으로 종사하는 자
   3. 위험물운송자로 종사하는 자
3) 안전교육실시자 : 소방청장

73 다음 중 소방안전교육의 실시권자가 아닌 자는? [08 대구]

① 소방청장
② 소방본부장
③ 소방서장
④ 행정안전부장관

해설 제9조(소방교육 · 훈련의 종류 등)

1. 법 제17조제1항에 따라 소방대원에게 실시할 교육 · 훈련의 종류, 해당 교육 · 훈련을 받아야 할 대상자 및 교육 · 훈련기간 등은 별표 3의2와 같다.
2. 법 제17조제2항에 따른 소방안전에 관한 교육과 훈련(이하 "소방안전교육훈련"이라 한다)에 필요한 시설, 장비, 강사자격 및 교육방법 등의 기준은 별표 3의3과 같다.
3. 소방청장, 소방본부장 또는 소방서장은 소방안전교육훈련을 실시하려는 경우 매년 12월 31일까지 다음 해의 소방안전교육훈련 운영계획을 수립하여야 한다.
4. 소방청장은 제3항에 따른 소방안전교육훈련 운영계획의 작성에 필요한 지침을 정하여 소방본부장과 소방서장에게 매년 10월 31일까지 통보하여야 한다.

74 수소가스를 넣거나 뺄 때 지켜야 할 사항으로 옳지 않은 것은? [08 대구]

① 전기시설이 부착된 경우는 전원을 차단하고 할 것
② 수소가스를 넣을 때는 통풍이 없는 옥내에서 할 것
③ 수소가스는 90vol% 이상을 유지할 것
④ 수소가스를 넣을 때 기구 내 수소 또는 공기를 제거한 후 감압기를 사용할 것

해설 기본법 시행령 별표 1[보일러 등의 위치 · 구조 및 관리와 화재예방을 위하여 불의 사용에 있어서 지켜야 하는 사항(제5조 관련)]

1) 수소가스를 넣거나 빼는 때에는 다음 각목의 사항을 지켜야 한다.
　가. 통풍이 잘 되는 옥외의 장소에서 할 것
　나. 조작자 외의 사람이 접근하지 아니하도록 할 것
　다. 전기시설이 부착된 경우에는 전원을 차단하고 할 것
　라. 마찰 또는 충격을 주는 행위를 하지 말 것
　마. 수소가스를 넣을 때에는 기구 안에 수소가스 또는 공기를 제거한 후 감압기를 사용할 것
2) 수소가스는 용량의 90퍼센트 이상을 유지하여야 한다.

75 다음 중 화재로 인한 재산피해의 범위에 해당되지 않는 것은? [08 대구]

① 화재 시 연기로 인한 피해
② 화재로 인한 영업손실에 따른 정신적 피해
③ 소화활동으로 발생한 수손피해
④ 화재 시 물품반출 중 발생한 피해

76 다음 설명 중 옳지 않은 것은? [08 대구]

① 소방본부장 또는 소방서장은 도시의 건물밀집지역 등 화재가 발생할 우려가 높거나 화재가 발생하는 경우 그로 인하여 피해가 클 것으로 예상되는 일정한 구역으로서 대통령령이 정하는 지역을 화재경계지구(火災警戒地區)로 지정할 수 있다.

② 소방본부장 또는 소방서장은 대통령령이 정하는 바에 따라 화재경계지구 안의 소방대상물의 위치 · 구조 및 설비 등에 대하여 소방특별조사를 하여야 한다.

③ 소방본부장 또는 소방서장은 소방특별조사를 한 결과 화재의 예방과 경계를 위하여 필요하다고 인정하는 때에는 관계인에 대하여 소방용수시설 · 소화기구 그 밖에 소방에 필요한 설비의 설치를 명할 수 있다.

④ 소방본부장 또는 소방서장은 화재경계지구 안의 관계인에 대하여 대통령령이 정하는 바에 따라 소방상 필요한 훈련 및 교육을 실시할 수 있다.

해설 화재경계지구의 지정 등

1) 시 · 도지사는 다음의 지역 중 화재피해가 클 지역을 화재경계지구(火災警戒地區)로 지정할 수 있다.
   1. 시장지역
   2. 공장 · 창고가 밀집한 지역
   3. 목조건물이 밀집한 지역
   4. 위험물의 저장 및 처리시설이 밀집한 지역
   5. 석유화학제품을 생산하는 공장이 있는 지역
   6. 「산업입지 및 개발에 관한 법률」제2조제8호에 따른 산업단지
   7. 소방시설 · 소방용수시설 또는 소방출동로가 없는 지역
   8. 그 밖에 제1호부터 제7호까지에 준하는 지역으로서 소방청장 · 소방본부장 또는 소방서장이 화재경계지구로 지정할 필요가 있다고 인정하는 지역

2) 시 · 도지사가 화재경계지구로 지정할 필요가 있는 지역을 화재경계지구로 지정하지 아니하는 경우 소방청장은 해당 시 · 도지사에게 해당 지역의 화재경계지구 지정을 요청할 수 있다.

3) 소방본부장이나 소방서장은 대통령령으로 정하는 바에 따라 제1항에 따른 화재경계지구 안의 소방대상물의 위치 · 구조 및 설비 등에 대하여 「화재예방, 소방시설 설치 · 유지 및 안전관리에 관한 법률」제4조에 따른 소방특별조사를 하여야 한다.

4) 소방본부장 또는 소방서장은 법 제13조제3항에 따라 화재경계지구 안의 소방대상물의 위치 · 구조 및 설비 등에 대한 소방특별조사를 연 1회 이상 실시하여야 한다.

5) 소방본부장 또는 소방서장은 법 제13조제5항에 따라 화재경계지구 안의 관계인에 대하여 소방상 필요한 훈련 및 교육을 연 1회 이상 실시할 수 있다.

6) 소방본부장 또는 소방서장은 제3항의 규정에 의한 소방상 필요한 훈련 및 교육을 실시하고자 하는 때에는 화재경계지구 안의 관계인에게 훈련 또는 교육 10일 전까지 그 사실을 통보하여야 한다.

7) 시 · 도지사는 법 제13조제6항에 따라 다음 각 호의 사항을 행정안전부령으로 정하는 화재경계지구 관리대장에 작성하고 관리하여야 한다.

정답 **76** ①

77 다음 중 소방용수시설의 기준으로 적합하지 못한 것은 어느 것인가? [08 대구]

① 상업지역 및 공업지역에 설치하는 경우에는 소방대상물과의 수평거리를 100미터 이하가 되도록 한다.

② 주거지역 · 상업지역 및 공업지역 외의 지역에 설치하는 경우에는 소방대상물과의 수평거리를 140m 이하가 되도록 한다.

③ 소화전은 상수도와 연결하여 지하식 또는 지상식의 구조로 하고, 소방용 호스와 연결하는 소화전의 연결금속구의 구경은 65밀리미터로 한다.

④ 급수탑의 급수배관의 구경은 100밀리미터 이상으로 하고, 개폐밸브는 지상에서 1미터 이하의 위치에 설치하도록 한다.

해설 소방용수시설

1) 시 · 도지사는 소방활동에 필요한 소화전(消火栓) · 급수탑(給水塔) · 저수조(貯水槽)(이하 "소방용수시설"이라 한다)를 설치하고 유지 · 관리하여야 한다.

2) 시 · 도지사는 제21조제1항에 따른 소방자동차의 진입이 곤란한 지역 등 화재발생 시에 초기대응이 필요한 지역으로서 대통령령으로 정하는 지역에 소방호스 또는 호스릴 등을 소방용수시설에 연결하여 화재를 진압하는 시설이나 장치(이하 "비상소화장치"라 한다)를 설치하고 유지 · 관리할 수 있다.

3) 소방용수시설과 비상소화장치의 설치기준은 행정안전부령으로 정한다.

4) 소방용수시설 설치기준

  1. 공통기준
    • 주거지역 · 상업지역 및 공업지역 : 수평거리 100m 이하
    • 그 외의 지역에 설치하는 경우 : 수평거리 140m 이하

  2. 소방용수시설별 설치기준
    가. 소화전의 설치기준 : 상수도와 연결하여 지하식 또는 지상식의 구조로 하고, 소방용호스와 연결하는 소화전의 연결금속구의 구경은 65밀리미터로 할 것
    나. 급수탑의 설치기준 : 급수배관의 구경은 100밀리미터 이상으로 하고, 개폐밸브는 지상에서 1.5미터 이상 1.7미터 이하의 위치에 설치하도록 할 것
    다. 저수조의 설치기준
      (1) 지면으로부터의 낙차가 4.5미터 이하일 것
      (2) 흡수부분의 수심이 0.5미터 이상일 것
      (3) 소방펌프자동차가 쉽게 접근할 수 있도록 할 것
      (4) 흡수에 지장이 없도록 토사 및 쓰레기 등을 제거할 수 있는 설비를 갖출 것
      (5) 흡수관의 투입구가 사각형의 경우에는 한 변의 길이가 60센티미터 이상, 원형의 경우에는 지름이 60센티미터 이상일 것
      (6) 저수조에 물을 공급하는 방법은 상수도에 연결하여 자동으로 급수되는 구조일 것

78 다음 중 화재현장에서의 소방활동 종사명령에 관한 설명으로 바르지 못한 것은? [08 대구]

① 명령권자는 소방본부장·소방서장 또는 소방대장이다.

② 긴급하다고 인정될 때에 한하여 명령할 수 있다.

③ 그 관할구역 안에 사는 자 또는 그 현장에 있는 자에게 명령한다.

④ 사람을 구출하는 일 또는 불을 끄거나 불이 번지지 아니하도록 하는 일을 하게 할 수 있다.

> **해설** 소방활동 종사명령
> 1) 소방본부장, 소방서장 또는 소방대장은 화재, 재난·재해, 그 밖의 위급한 상황이 발생한 현장에서 소방활동을 위하여 필요할 때에는 그 관할구역에 사는 사람 또는 그 현장에 있는 사람으로 하여금 사람을 구출하는 일 또는 불을 끄거나 불이 번지지 아니하도록 하는 일을 하게 할 수 있다.
> 2) 제1항에 따른 명령에 따라 소방활동에 종사한 사람은 시·도지사로부터 소방활동의 비용을 지급받을 수 있다. 다만, 다음 각 호의 어느 하나에 해당하는 사람의 경우에는 그러하지 아니하다.
>   1. 소방대상물에 화재, 재난·재해, 그 밖의 위급한 상황이 발생한 경우 그 관계인
>   2. 고의 또는 과실로 화재 또는 구조·구급활동이 필요한 상황을 발생시킨 사람
>   3. 화재 또는 구조·구급현장에서 물건을 가져간 사람

79 다음 중 화재경계지구의 지정대상 지역 등에 대한 설명 중 옳지 않은 것은? [08 부산]

① 위험물 처리시설이 밀집한 지역은 대상이 된다.

② 소방용수시설 또는 소방출동로가 있는 지역은 대상이 된다.

③ 소방본부장은 소방대상물의 위치·구조 및 설비 등에 대한 소방특별조사를 연 1회 이상 실시하여야 한다.

④ 소방서장은 소방훈련을 실시하고자 하는 때에는 화재경계지구 안의 관계인에게 훈련 10일 전까지 그 사실을 통보하여야 한다.

> **해설** 화재경계지구의 지정 등
> 1) 시·도지사는 다음의 지역 중 화재피해가 클 지역을 화재경계지구(火災警戒地區)로 지정할 수 있다.
>   1. 시장지역
>   2. 공장·창고가 밀집한 지역
>   3. 목조건물이 밀집한 지역
>   4. 위험물의 저장 및 처리 시설이 밀집한 지역
>   5. 석유화학제품을 생산하는 공장이 있는 지역
>   6. 「산업입지 및 개발에 관한 법률」 제2조제8호에 따른 산업단지
>   7. 소방시설·소방용수시설 또는 소방출동로가 없는 지역
>   8. 그 밖에 제1호부터 제7호까지에 준하는 지역으로서 소방청장·소방본부장 또는 소방서장이 화재경계지구로 지정할 필요가 있다고 인정하는 지역

2) 시 · 도지사가 화재경계지구로 지정할 필요가 있는 지역을 화재경계지구로 지정하지 아니하는 경우 소방청장은 해당 시 · 도지사에게 해당 지역의 화재경계지구 지정을 요청할 수 있다.

3) 소방본부장이나 소방서장은 대통령령으로 정하는 바에 따라 제1항에 따른 화재경계지구 안의 소방대상물의 위치 · 구조 및 설비 등에 대하여 「화재예방, 소방시설 설치 · 유지 및 안전관리에 관한 법률」 제4조에 따른 소방특별조사를 하여야 한다.

4) 소방본부장 또는 소방서장은 법 제13조제3항에 따라 화재경계지구 안의 소방대상물의 위치 · 구조 및 설비 등에 대한 **소방특별조사를 연 1회 이상 실시하여야** 한다.

5) 소방본부장 또는 소방서장은 법 제13조제5항에 따라 화재경계지구 안의 관계인에 대하여 소방상 필요한 훈련 및 교육을 연 1회 이상 실시할 수 있다.

6) 소방본부장 또는 소방서장은 제3항의 규정에 의한 소방상 필요한 훈련 및 교육을 실시하고자 하는 때에는 화재경계지구 안의 관계인에게 훈련 또는 교육 10일 전까지 그 사실을 통보하여야 한다.

7) 시 · 도지사는 법 제13조제6항에 따라 다음 각 호의 사항을 행정안전부령으로 정하는 화재경계지구 관리대장에 작성하고 관리하여야 한다.

80 화재조사에 관한 설명으로 옳지 않은 것은?　　　　　　　　　　　　　　　[08 부산]

① 화재조사는 화재의 원인 및 피해에 대한 조사를 말한다.

② 화재조사자를 위하여 관계인을 소환하여 조사해야 한다.

③ 화재조사를 하기 위하여 필요한 때에는 관계인에 대하여 필요한 보고 또는 자료의 제출을 명할 수 있다.

④ 관계장소에 출입하여 화재원인과 피해의 상황을 조사하거나 관계인에게 질문을 할 수 있다.

81 다음은 소방기본법의 목적이다. (　)에 가장 적합한 말은?　　　　　　　　　[08 부산]

소방기본법 제1조 (목적) 이 법은 화재를 예방 · (　)하거나 (　)하고 화재, 재난재해 그 밖의 위급한 상황에서의 구조 · 구급활동 등을 통하여 국민의 생명 · 신체 및 재산을 보호함으로써 공공의 (　)유지와 복리증진에 이바지함을 목적으로 한다.

① 경계, 진압, 안녕질서　　　　　　　② 소화, 진압, 안전

③ 경계, 소화, 복지　　　　　　　　　④ 예방, 소화, 사회질서

해설 소방기본법의 목적

이 법은 화재를 예방 · 경계하거나 진압하고 화재, 재난 · 재해, 그 밖의 위급한 상황에서의 구조 · 구급활동 등을 하여 국민의 생명 · 신체 및 재산을 보호함으로써 공공의 안녕 및 질서 유지와 복리증진에 이바지함을 목적으로 한다.

82 다음 중 화재예방조치에 대한 설명으로 옳지 않은 것은? [08 부산]

① 소방서장은 화재의 예방상 위험하다고 인정되는 행위를 하는 사람에게 이의 중지를 명할 수 있다.

② 소방서장은 타고 남은 불 또는 화기의 우려가 있는 경우 재의 처리를 요구할 수 있다.

③ 소방서장은 강제처분한 물건을 21일 동안 소방서의 게시판에 공고하여야 한다.

④ 방치된 위험물이 관계인에 대한 연고를 알 수 없는 경우 소속공무원으로 하여금 그 위험물을 옮기거나 치우게 하는 등의 강제처분을 할 수 있다.

해설 화재의 예방조치 등

1) 소방본부장이나 소방서장은 다음 각 호의 명령을 할 수 있다.
  1. 불장난, 모닥불, 흡연, 화기(火氣) 취급, 풍등 등 소형 열기구 날리기, 그 밖에 화재예방상 위험하다고 인정되는 행위의 금지 또는 제한
  2. 타고 남은 불 또는 화기가 있을 우려가 있는 재의 처리
  3. 함부로 버려두거나 그냥 둔 위험물, 그 밖에 불에 탈 수 있는 물건을 옮기거나 치우게 하는 등의 조치
2) 소방본부장이나 소방서장은 제2항에 따라 옮기거나 치운 위험물 또는 물건을 보관하여야 한다.
3) 소방본부장이나 소방서장은 제3항에 따라 위험물 또는 물건을 보관하는 경우에는 그 날부터 14일 동안 소방본부 또는 소방서의 게시판에 그 사실을 공고하여야 한다.
4) 법 제12조제5항의 규정에 의한 위험물 또는 물건의 보관기간은 법 제12조제4항의 규정에 의하여 소방본부 또는 소방서의 게시판에 공고하는 기간의 종료일 다음 날부터 7일로 한다.
5) 소방본부장 또는 소방서장은 제2항의 규정에 의하여 매각되거나 폐기된 위험물 또는 물건의 소유자가 보상을 요구하는 경우에는 보상금액에 대하여 소유자와 협의를 거쳐 이를 보상하여야 한다.

---

83 다음 중 소방업무의 상호응원협정에 관한 내용으로 옳은 것은? [08 부산]

① 소방본부장 또는 소방서장은 소방활동에 있어서 긴급한 때에는 이웃한 소방본부장 또는 소방서장에게 소방업무의 응원(應援)을 요청할 수 있으며, 소방업무의 응원 요청을 받은 소방본부장 또는 소방서장은 정당한 사유가 있으면 거절할 수 있다.

② 소방업무의 응원요청에 따라 소방업무의 응원을 위하여 파견된 소방대원은 응원을 지원한 소방본부장 또는 소방서장의 지휘에 따라야 한다.

③ 시·도지사는 소방업무의 응원을 요청하는 경우를 대비하여 출동의 대상지역 및 규모와 소요경비의 부담 등에 관하여 필요한 사항을 행정안전부령이 정하는 바에 따라 이웃하는 시·도지사와 협의하여 미리 규약(規約)으로 정할 필요는 없다.

④ 자체소방대를 두는 사업소가 다른 사업소와 상호 응원협정을 맺을 경우에는 화학소방차 1대당 조작 인원의 수를 3명 이상으로 한다.

소방업무의 응원

1) 소방본부장이나 소방서장은 소방활동을 할 때에 긴급한 경우에는 이웃한 소방본부장 또는 소방서장에게 소방업무의 응원(應援)을 요청할 수 있다.

2) 제1항에 따라 소방업무의 응원 요청을 받은 소방본부장 또는 소방서장은 정당한 사유 없이 그 요청을 거절하여서는 아니 된다.

3) 제1항에 따라 소방업무의 응원을 위하여 파견된 소방대원은 응원을 요청한 소방본부장 또는 소방서장의 지휘에 따라야 한다.

4) 시 · 도지사는 제1항에 따라 소방업무의 응원을 요청하는 경우를 대비하여 출동대상 지역 및 규모와 필요한 경비의 부담 등에 관하여 필요한 사항을 행정안전부령으로 정하는 바에 따라 이웃하는 시 · 도지사와 협의하여 미리 규약(規約)으로 정하여야 한다.

5) 시 · 도지사들 간의 상호응원협정사항
   1. 다음 각목의 소방활동에 관한 사항
      가. 화재의 경계 · 진압활동
      나. 구조 · 구급업무의 지원
      다. 화재조사활동
   2. 응원출동대상 지역 및 규모
   3. 다음 각목의 소요경비의 부담에 관한 사항
      가. 출동대원의 수당 · 식사 및 피복의 수선
      나. 소방장비 및 기구의 정비와 연료의 보급
      다. 그 밖의 경비
   4. 응원출동의 요청방법
   5. 응원출동 훈련 및 평가

제74조(자체소방대 편성의 특례)
영 제18조제3항 단서의 규정에 의하여 2 이상의 사업소가 상호응원에 관한 협정을 체결하고 있는 경우에는 당해 모든 사업소를 하나의 사업소로 보고 제조소 또는 취급소에서 취급하는 제4류 위험물을 합산한 양을 하나의 사업소에서 취급하는 제4류 위험물의 최대수량으로 간주하여 동항 본문의 규정에 의한 화학소방자 동차의 대수 및 자체소방대원을 정할 수 있다. 이 경우 상호응원에 관한 협정을 체결하고 있는 각 사업소의 자체소방대에는 영 제18조제3항 본문의 규정에 의한 화학소방차 대수의 2분의 1 이상의 대수와 **화학소방자동차마다 5인 이상의 자체소방대원을 두어야 한다.**

84 소화활동과 관련하여 잘못 설명하고 있는 것은?　　　　　　　　　　　　[08 부산]

① 소방자동차의 우선통행에 관하여는 행정안전부령으로 정한다.

② 화재 발생 시 소방대상물의 관계인은 소방대 도착 전에 화재진압과 인명구조활동을 하여야 한다.

③ 소방대장은 화재현장에 소화활동구역을 설정할 수 있다.

④ 소방서장은 화재로 인한 피난명령을 할 때에는 관할경찰서장에게 협조를 요청할 수 있다.

해설 **제21조(소방자동차의 우선 통행 등)**

① 모든 차와 사람은 소방자동차(지휘를 위한 자동차와 구조·구급차를 포함한다. 이하 같다)가 화재진압 및 구조·구급활동을 위하여 출동을 할 때에는 이를 방해하여서는 아니 된다.

③ 소방자동차가 화재진압 및 구조·구급활동을 위하여 출동하거나 훈련을 위하여 필요할 때에는 사이렌을 사용할 수 있다.

④ 소방자동차의 우선 통행에 관하여는 「도로교통법」에서 정하는 바에 따른다.

■ **제23조(소방활동구역의 설정)**

① 소방대장은 화재, 재난·재해, 그 밖의 위급한 상황이 발생한 현장에 소방활동구역을 정하여 소방활동에 필요한 사람으로서 대통령령으로 정하는 사람 외에는 그 구역에 출입하는 것을 제한할 수 있다.

■ **제26조(피난 명령)**

① 소방본부장, 소방서장 또는 소방대장은 화재, 재난·재해, 그 밖의 위급한 상황이 발생하여 사람의 생명을 위험하게 할 것으로 인정할 때에는 일정한 구역을 지정하여 그 구역에 있는 사람에게 그 구역 밖으로 피난할 것을 명할 수 있다.

② 소방본부장, 소방서장 또는 소방대장은 제1항에 따른 명령을 할 때 필요하면 관할 경찰서장 또는 자치경찰단장에게 협조를 요청할 수 있다.

85 다음 중 그 주체가 다른 하나는? [08 부산]

① 화재원인 및 피해재산 조사

② 실화혐의자에 대한 질문 및 압수된 증거물 조사

③ 관계보험회사의 화재원인과 피해상황 조사의 허용

④ 화재에 의한 피해자의 손실보상

해설 **제29조(화재의 원인 및 피해 조사)**

① 소방청장, 소방본부장 또는 소방서장은 화재가 발생하였을 때에는 화재의 원인 및 피해 등에 대한 조사(이하 "화재조사"라 한다)를 하여야 한다.

■ **제31조(수사기관에 체포된 사람에 대한 조사)**

소방청장, 소방본부장 또는 소방서장은 수사기관이 방화(放火) 또는 실화(失火)의 혐의가 있어서 이미 피의자를 체포하였거나 증거물을 압수하였을 때에 화재조사를 위하여 필요한 경우에는 수사에 지장을 주지 아니하는 범위에서 그 피의자 또는 압수된 증거물에 대한 조사를 할 수 있다.

■ **제33조(소방기관과 관계 보험회사의 협력)**

소방본부, 소방서 등 소방기관과 관계 보험회사는 화재가 발생한 경우 그 원인 및 피해상황을 조사할 때 필요한 사항에 대하여 서로 협력하여야 한다.

■ **제49조의2(손실보상)**

① 소방청장 또는 시·도지사는 손실보상에 해당하는 자에게 제3항의 손실보상심의위원회의 심사·의결에 따라 정당한 보상을 하여야 한다.

정답 **85** ④

86 일반음식점에서 조리를 위해 불을 사용하는 설비를 설치할 때 지켜야 할 사항의 기준으로 옳지 않은 것은? [08 부산]

① 주방시설에는 동물 또는 식물의 기름을 제거할 수 있는 필터 등을 설치할 것

② 열을 발생하는 조리기구는 반자 또는 선반에서 50cm 이상 떨어지게 할 것

③ 주방시설에 부속된 배기덕트는 0.5mm 이상의 아연도금강판 또는 이와 동등 이상의 내식성 불연재료로 설치할 것

④ 열을 발생하는 조리기구로 부터 15cm 이내의 거리에 있는 가연성 주요구조부는 석면판 또는 단열성이 있는 불연재료로 덮어 씌울 것

> **해설** 일반음식점에서 조리를 위하여 불을 사용하는 설비를 설치하는 경우에는 다음 각목의 사항을 지켜야 한다.
> 가. 주방설비에 부속된 배기덕트는 0.5밀리미터 이상의 아연도금강판 또는 이와 동등 이상의 내식성 불연재료로 설치할 것
> 나. 주방시설에는 동물 또는 식물의 기름을 제거할 수 있는 필터 등을 설치할 것
> 다. 열을 발생하는 조리기구는 반자 또는 선반으로부터 0.6미터 이상 떨어지게 할 것
> 라. 열을 발생하는 조리기구로부터 0.15미터 이내의 거리에 있는 가연성 주요구조부는 석면판 또는 단열성이 있는 불연재료로 덮어 씌울 것

87 소방안전교육사에 대한 설명 중 틀린 것은? [08 대전]

① 소방안전교육사 1차 시험과목은 소방학개론, 구급 및 응급처치론, 재난관리론 및 교육학개론이다.

② 시험실시는 2년마다 1회 시행함을 원칙으로 하되 소방청장이 필요하다고 인정할 때에는 그 횟수를 증감할 수 있다.

③ 소방안전교육사 응시자격에서 소방안전 관련학과 졸업자로서 교육학 및 심리학 각각 3학점 이상 이수한 자

④ 소방서에는 1인 이상의 안전교육사를 배치하여야 한다.

> **해설** 소방안전교육사(2년마다 1회 시행)
> 1) 소방청장이 실시한 시험에 합격한 사람에게 소방안전교육사 자격을 부여한다.
> 2) 소방안전교육사 시험의 응시자격, 시험방법, 시험과목, 시험위원, 그 밖에 소방안전교육사 시험의 실시에 필요한 사항은 대통령령으로 정한다.
> 3) 1차시험과 2차시험으로 구분, 제1차 시험 : 소방학개론, 구급ㆍ응급처치론, 재난관리론 및 교육학개론 중 응시자가 선택하는 3과목. 제2차 시험 : 국민안전교육 실무
> 4) 응시 결격사유
>   1. 피성년후견인 또는 피한정후견인
>   2. 금고 이상의 실형을 선고받고 그 집행이 끝나거나(집행이 끝난 것으로 보는 경우를 포함한다) 집행이 면제된 날부터 2년이 지나지 아니한 사람

---

3. 금고 이상의 형의 집행유예를 선고받고 그 유예기간 중에 있는 사람
4. 법원의 판결 또는 다른 법률에 따라 자격이 정지되거나 상실된 사람

5) 소방안전교육사 배치기준

배치대상	배치기준(단위 : 명)	비고
1. 소방청	2 이상	
2. 소방본부	2 이상	
3. 소방서	1 이상	
4. 한국소방안전원	• 본원 : 2 이상 • 시 · 도지부 : 1 이상	
5. 한국소방산업기술원	2 이상	

6) 소방안전교육사시험의 응시자격(제7조의2 관련)
　1. 「소방공무원법」 제2조에 따른 소방공무원으로 다음 각 목의 어느 하나에 해당하는 사람
　　가. 소방공무원으로 3년 이상 근무한 경력이 있는 사람
　　나. 중앙소방학교 또는 지방소방학교에서 2주 이상의 소방안전교육사 관련 전문교육과
　　　정을 이수한 사람
　2. 「초 · 중등교육법」 제21조에 따라 교원의 자격을 취득한 사람
　3. 「유아교육법」 제22조에 따라 교원의 자격을 취득한 사람
　4. 「영유아보육법」 제21조에 따라 어린이집의 원장 또는 보육교사의 자격을 취득한 사람(보
　　육교사 자격을 취득한 사람은 보육교사 자격을 취득한 후 3년 이상의 보육업무 경력이 있
　　는 사람만 해당한다)
　5. 다음 각 목의 어느 하나에 해당하는 기관에서 소방안전교육 관련 교과목(응급구조학과,
　　교육학과 또는 제15조제2호에 따라 소방청장이 정하여 고시하는 소방 관련학과에 개설
　　된 전공과목을 말한다)을 총 6학점 이상 이수한 사람
　　가. 「고등교육법」 제2조제1호부터 제6호까지의 규정의 어느 하나에 해당하는 학교
　　나. 「학점인정 등에 관한 법률」 제3조에 따라 학습과정의 평가인정을 받은 교육훈련기관
　6. 「국가기술자격법」 제2조제3호에 따른 국가기술자격의 직무분야 중 안전관리 분야(국가
　　기술자격의 직무분야 및 국가기술자격의 종목 중 중직무분야의 안전관리를 말한다. 이하
　　같다)의 기술사 자격을 취득한 사람
　7. 「화재예방, 소방시설 설치 · 유지 및 안전관리에 관한 법률」 제26조에 따른 소방시설관
　　리사 자격을 취득한 사람
　8. 「국가기술자격법」 제2조제3호에 따른 국가기술자격의 직무분야 중 안전관리 분야의 기
　　사 자격을 취득한 후 안전관리 분야에 1년 이상 종사한 사람
　9. 「국가기술자격법」 제2조제3호에 따른 국가기술자격의 직무분야 중 안전관리 분야의 산
　　업기사 자격을 취득한 후 안전관리 분야에 3년 이상 종사한 사람
　10. 「의료법」 제7조에 따라 간호사 면허를 취득한 후 간호업무 분야에 1년 이상 종사한 사람
　11. 「응급의료에 관한 법률」 제36조제2항에 따라 1급 응급구조사 자격을 취득한 후 응급의
　　료 업무 분야에 1년 이상 종사한 사람
　12. 「응급의료에 관한 법률」 제36조제3항에 따라 2급 응급구조사 자격을 취득한 후 응급의
　　료 업무 분야에 3년 이상 종사한 사람
　13. 「화재예방, 소방시설 설치 · 유지 및 안전관리에 관한 법률 시행령」 제23조제1항 각 호
　　의 어느 하나에 해당 하는 사람
　14. 「화재예방, 소방시설 설치 · 유지 및 안전관리에 관한 법률 시행령」 제23조제2항 각 호

의 어느 하나에 해당하는 자격을 갖춘 후 소방안전관리대상물의 소방안전관리에 관한 실무경력이 1년 이상 있는 사람

15. 「화재예방, 소방시설 설치·유지 및 안전관리에 관한 법률 시행령」 제23조제3항 각 호의 어느 하나에 해당하는 자격을 갖춘 후 소방안전관리대상물의 소방안전관리에 관한 실무경력이 3년 이상 있는 사람

16. 「의용소방대 설치 및 운영에 관한 법률」 제3조에 따라 의용소방대원으로 임명된 후 5년 이상 의용소방대 활동을 한 경력이 있는 사람

88 소방기본법 용어에 대한 설명으로 맞는 것은? [08 대전]

① 주거, 상업, 공업지역의 소화용수 설치기준은 소방대상물과 100m 이하이어야 한다.

② 소방호스와 연결하는 소화전의 연결금속구의 구경은 반드시 65mm 이상으로 해야 한다.

③ 급수탑의 구경은 100cm 이상으로 한다.

④ 흡수관 투입구가 사각의 경우 한 변의 길이 60cm 이하, 원형의 경우 지름 60cm 이하로 해야 한다.

해설 소방용수시설

1) 시·도지사는 소방활동에 필요한 소화전(消火栓)·급수탑(給水塔)·저수조(貯水槽)(이하 "소방용수시설"이라 한다)를 설치하고 유지·관리하여야 한다.

2) 시·도지사는 제21조제1항에 따른 소방자동차의 진입이 곤란한 지역 등 화재 발생 시에 초기 대응이 필요한 지역으로서 대통령령으로 정하는 지역에 소방호스 또는 호스릴 등을 소방용수시설에 연결하여 화재를 진압하는 시설이나 장치(이하 "비상소화장치"라 한다)를 설치하고 유지·관리할 수 있다.

3) 소방용수시설과 비상소화장치의 설치기준은 행정안전부령으로 정한다.

4) 소방용수시설 설치기준

　　1. 공통기준
　　　• 주거지역·상업지역 및 공업지역 : 수평거리 100m 이하
　　　• 그 외의 지역에 설치하는 경우 : 수평거리 140m 이하

　　2. 소방용수시설별 설치기준
　　　가. 소화전의 설치기준 : 상수도와 연결하여 지하식 또는 지상식의 구조로 하고, 소방용 호스와 연결하는 소화전의 연결금속구의 구경은 65밀리미터로 할 것
　　　나. 급수탑의 설치기준 : 급수배관의 구경은 100밀리미터 이상으로 하고, 개폐밸브는 지상에서 1.5미터 이상 1.7미터 이하의 위치에 설치하도록 할 것
　　　다. 저수조의 설치기준
　　　　(1) 지면으로부터의 낙차가 4.5미터 이하일 것
　　　　(2) 흡수부분의 수심이 0.5미터 이상일 것
　　　　(3) 소방펌프자동차가 쉽게 접근할 수 있도록 할 것
　　　　(4) 흡수에 지장이 없도록 토사 및 쓰레기 등을 제거할 수 있는 설비를 갖출 것
　　　　(5) 흡수관의 투입구가 사각형의 경우에는 한 변의 길이가 60센티미터 이상, 원형의 경우에는 지름이 60센티미터 이상일 것

정답 **88** ①

(6) 저수조에 물을 공급하는 방법은 상수도에 연결하여 자동으로 급수되는 구조일 것

〈현행 소방용수시설의 설치기준〉

구분		거리 기준	저수조 설치기준	소화전 기준	급수탑 기준	소방용수 시설조사
국토의 계획 및 이용에 관한 법률에 의한 기준	상업 지역	100m 이하	• 지면으로부터의 낙차가 4.5m 이하일 것 • 흡수부분의 수심이 0.5m 이상일 것 • 소방펌프자동차가 쉽게 접근할 수 있을 것 • 흡수에 지장이 없도록 토사, 쓰레기 등을 제거할 수 있는 설비를 갖출 것 • 흡수관의 투입구가 사각형의 경우에는 한 변의 길이가 60cm 이상, 원형의 경우에는 지름이 60cm 이상일 것 • 저수조에 물을 공급하는 방법은 상수도에 연결하여 자동으로 급수되는 구조일 것	• 구조 : 지하식 또는 지상식 • 연결금속구 구경 : 65mm	• 배관구경 : 100mm 이상 • 개폐밸브 위치 : 지상에서 1.5m 이상 1.7m 이하	월 1회 이상
	공업 지역					
	주거 지역					
그 밖의 지역		140m 이하				

89 다음 설명 중 틀린 것은? [08 대전]

① 시장, 고층건물이 밀집한 지역은 화재경계지구 지정지역이다.
② 소방본부장, 소방서장은 연 1회 이상 소방특별조사를 실시하여야 한다.
③ 소방본부장, 소방서장은 연 1회 이상 소방훈련을 실시할 수 있다.
④ 소방특별조사는 위치, 구조, 설비에 대한 소방특별조사를 실시한다.

해설 **화재경계지구의 지정 등**

1) 시 · 도지사는 다음의 지역 중 화재피해가 클 지역을 화재경계지구(火災警戒地區)로 지정할 수 있다.
  1. 시장지역
  2. 공장 · 창고가 밀집한 지역
  3. 목조건물이 밀집한 지역
  4. 위험물의 저장 및 처리시설이 밀집한 지역
  5. 석유화학제품을 생산하는 공장이 있는 지역
  6. 「산업입지 및 개발에 관한 법률」 제2조제8호에 따른 산업단지
  7. 소방시설 · 소방용수시설 또는 소방출동로가 없는 지역
  8. 그 밖에 제1호부터 제7호까지에 준하는 지역으로서 소방청장 · 소방본부장 또는 소방서장이 화재경계지구로 지정할 필요가 있다고 인정하는 지역
2) 시 · 도지사가 화재경계지구로 지정할 필요가 있는 지역을 화재경계지구로 지정하지 아니하는 경우 소방청장은 해당 시 · 도지사에게 해당 지역의 화재경계지구 지정을 요청할 수 있다.
3) 소방본부장이나 소방서장은 대통령령으로 정하는 바에 따라 제1항에 따른 화재경계지구 안의 소

정답 **89** ①

방대상물의 위치·구조 및 설비 등에 대하여 「화재예방, 소방시설 설치·유지 및 안전관리에 관한 법률」 제4조에 따른 소방특별조사를 하여야 한다.

4) 소방본부장 또는 소방서장은 법 제13조제3항에 따라 화재경계지구 안의 소방대상물의 위치·구조 및 설비 등에 대한 소방특별조사를 연 1회 이상 실시하여야 한다.

5) 소방본부장 또는 소방서장은 법 제13조제5항에 따라 화재경계지구 안의 관계인에 대하여 소방상 필요한 훈련 및 교육을 연 1회 이상 실시할 수 있다.

6) 소방본부장 또는 소방서장은 제3항의 규정에 의한 소방상 필요한 훈련 및 교육을 실시하고자 하는 때에는 화재경계지구 안의 관계인에게 훈련 또는 교육 10일 전까지 그 사실을 통보하여야 한다.

7) 시·도지사는 법 제13조제6항에 따라 다음 각 호의 사항을 행정안전부령으로 정하는 화재경계지구 관리대장에 작성하고 관리하여야 한다.

90 소방자동차의 출동을 방해하면 받게 되는 벌칙은?　　　　　　　　　　　　[08 대전]

① 1년 이상 10년 이하의 징역에 처한다.

② 7년 이하의 금고 또는 2천만 원 이하의 벌금형에 처한다.

③ 5년 이상 5,000만 원 이상의 벌금형에 처한다.

④ 3년 이상 3,500만 원 이상의 벌금형에 처한다.

해설 벌칙

1) 5년 이하의 징역 또는 5,000만 원 이하의 벌금
  1. 소방활동 방해
    가. 위력(威力)을 사용하여 출동한 소방대의 화재진압·인명구조 또는 구급활동을 방해하는 행위
    나. 소방대가 화재진압·인명구조 또는 구급활동을 위하여 현장에 출동하거나 현장에 출입하는 것을 고의로 방해하는 행위
    다. 출동한 소방대원에게 폭행 또는 협박을 행사하여 화재진압·인명구조 또는 구급활동을 방해하는 행위
    라. 출동한 소방대의 소방장비를 파손하거나 그 효용을 해하여 화재진압·인명구조 또는 구급활동을 방해하는 행위
  2. 소방자동차의 출동을 방해한 사람
  3. 사람을 구출하는 일 또는 불을 끄거나 불이 번지지 아니하도록 하는 일을 방해한 사람
  4. 정당한 사유 없이 소방용수시설 또는 비상소화장치를 사용하거나 소방용수시설 또는 비상소화장치의 효용을 해치거나 그 정당한 사용을 방해한 사람
2) 3년 이하의 징역 또는 3,000만 원 이하의 벌금 : 강제처분방해
3) 300만 원 이하의 벌금 : 외의 대상물 강제처분방해, 주차된 차량 강제처분방해, 비밀누설자
4) 200만 원 이하의 벌금
  1. 예방조치명령 거부방해
  2. 화재조사 거부방해

5) 100만 원 이하의 벌금

   1. 화재경계지구 안의 소방대상물에 대한 소방특별조사를 거부 · 방해 또는 기피한 자

   2. 정당한 사유 없이 소방대의 생활안전활동을 방해한 자

   3. 정당한 사유 없이 소방대가 현장에 도착할 때까지 사람을 구출하는 조치 또는 불을 끄거나 불이 번지지 아니하도록 하는 조치를 하지 아니한 사람(관계인)

   4. 피난 명령을 위반한 사람

   5. 긴급조치 : 정당한 사유 없이 물의 사용이나 수도의 개폐장치의 사용 또는 조작을 하지 못하게 하거나 방해한 자

   6. 긴급조치 : 가스차단 등의 조치를 정당한 사유 없이 방해한 자

6) 200만 원 이하의 과태료

   1. 제13조제4항에 따른 소방용수시설, 소화기구 및 설비 등의 설치 명령을 위반한 자

   2. 제15조제1항에 따른 불을 사용할 때 지켜야 하는 사항 및 같은 조 제2항에 따른 특수가연물의 저장 및 취급 기준을 위반한 자 [최대100]

   3. 제19조제1항을 위반하여 화재 또는 구조 · 구급이 필요한 상황을 거짓으로 알린 사람

   3의2. 제21조제3항을 위반하여 소방자동차의 출동에 지장을 준 자

   4. 제23조제1항을 위반하여 소방활동구역을 출입한 사람[100만 원]

   5. 제30조제1항에 따른 명령을 위반하여 보고 또는 자료 제출을 하지 아니하거나 거짓으로 보고 또는 자료 제출을 한 자

   6. 제44조의3을 위반하여 한국소방안전원 또는 이와 유사한 명칭을 사용한 자

7) 100만 원 이하의 과태료 : 전용구역에 차를 주차하거나 전용구역에의 진입을 가로막는 등의 방해행위를 한 자에게는 100만 원 이하의 과태료를 부과한다.

8) 20만 원 이하의 과태료 : 제19조제2항에 따른 신고를 하지 아니하여 소방자동차를 출동하게 한 자에게는 20만 원 이하의 과태료를 부과한다.

91 다음 중 종합상황실의 상황 보고대상으로 옳은 것은? [08 대전]

① 사망자가 3인 이상 발생하거나 사상자가 10인 이상 발생한 화재

② 이재민이 50인 이상 발생한 화재

③ 재산피해액이 10억 원 이상 발생한 화재

④ 철도차량, 항구에 매어둔 총 톤수가 1천톤 이상인 선박, 항공기, 발전소 또는 변전소에서 발생한 화재

해설 상부 종합상황실 보고사항

  1. 다음 각목의 1에 해당하는 화재

    가. 사망자가 5인 이상 발생하거나 사상자가 10인 이상 발생한 화재

    나. 이재민이 100인 이상 발생한 화재

    다. 재산피해액이 50억 원 이상 발생한 화재

    라. 관공서 · 학교 · 정부미도정공장 · 문화재 · 지하철 또는 지하구의 화재

    마. 관광호텔, 층수(「건축법 시행령」 제119조제1항제9호의 규정에 의하여 산정한 층수를

말한다. 이하 이 목에서 같다)가 11층 이상인 건축물, 지하상가, 시장, 백화점, 「위험물 안전관리법」 제2조제2항의 규정에 의한 지정수량의 3천배 이상의 위험물의 제조소 · 저장소 · 취급소, 층수가 5층 이상이거나 객실이 30실 이상인 숙박시설, 층수가 5층 이상이거나 병상이 30개 이상인 종합병원 · 정신병원 · 한방병원 · 요양소, 연면적 1만5천제곱미터 이상인 공장 또는 소방기본법 시행령(이하 "영"이라 한다) 제4조제1항 각 목에 따른 화재경계지구에서 발생한 화재

바. 철도차량, 항구에 매어둔 총 톤수가 1천톤 이상인 선박, 항공기, 발전소 또는 변전소에서 발생한 화재

사. 가스 및 화약류의 폭발에 의한 화재

아. 「다중이용업소의 안전관리에 관한 특별법」 제2조에 따른 다중이용업소의 화재

92 화재경계지구에 해당되지 않는 지역은? [08 경북]

① 시장지역
② 고층 건축물이 밀집한 지역
③ 위험물의 저장 및 처리시설이 밀집한 지역
④ 석유화학제품을 생산하는 공장이 있는 지역

해설 화재경계지구의 지정 등

1) 시 · 도지사는 다음의 지역 중 화재피해가 클 지역을 화재경계지구(火災警戒地區)로 지정할 수 있다.
   1. 시장지역
   2. 공장 · 창고가 밀집한 지역
   3. 목조건물이 밀집한 지역
   4. 위험물의 저장 및 처리시설이 밀집한 지역
   5. 석유화학제품을 생산하는 공장이 있는 지역
   6. 「산업입지 및 개발에 관한 법률」 제2조제8호에 따른 산업단지
   7. 소방시설 · 소방용수시설 또는 소방출동로가 없는 지역
   8. 그 밖에 제1호부터 제7호까지에 준하는 지역으로서 소방청장 · 소방본부장 또는 소방서장이 화재경계지구로 지정할 필요가 있다고 인정하는 지역

93 다음 중 화재원인 및 피해조사는 언제 시작하여야 하는가? [08 경북]

① 출동과 동시
② 화재사실을 인지함과 동시
③ 잔화정리와 동시
④ 현장지휘관 도착과 동시

해설 화재조사 시점

소화활동과 동시에 실시되어야 한다고 규정하고 있으며 여기에서 소화활동의 개념에는 소방기

관에서 화재발생을 인지한 때(신고접수시점 또는 화재각지시점), 출동 도중 정보수집, 현장도착시 정보수집, 진화단계, 진화정리단계 등을 포함하는 개념이다. 따라서 "소화활동과 동시"라는 것은 현장진화단계의 개념이 아니라 신고접수시점으로 보는 것이 타당하다 할 수 있다.

94 소방안전교육사의 2차 시험과목으로 옳은 것은? [08 경북]

① 국민안전교육 실무 　　　　　② 소방학개론
③ 구급 및 응급처치론 　　　　　④ 재난관리론

> **해설** 소방안전교육사(2년마다 1회 시행)
>
> 1) 소방청장이 실시한 시험에 합격한 사람에게 소방안전교육사 자격을 부여한다.
> 2) 방안전교육사 시험의 응시자격, 시험방법, 시험과목, 시험위원, 그 밖에 소방안전교육사 시험의 실시에 필요한 사항은 대통령령으로 정한다.
> 3) 1차시험과 2차시험으로 구분, 제1차 시험 : 소방학개론, 구급 · 응급처치론, 재난관리론 및 교육학개론 중 응시자가 선택하는 3과목. 제2차 시험 : 국민안전교육 실무
> 4) 응시 결격사유
>   1. 피성년후견인 또는 피한정후견인
>   2. 금고 이상의 실형을 선고받고 그 집행이 끝나거나(집행이 끝난 것으로 보는 경우를 포함한다) 집행이 면제된 날부터 2년이 지나지 아니한 사람
>   3. 금고 이상의 형의 집행유예를 선고받고 그 유예기간 중에 있는 사람
>   4. 법원의 판결 또는 다른 법률에 따라 자격이 정지되거나 상실된 사람
> 5) 소방안전교육사 배치기준

배치대상	배치기준(단위 : 명)	비고
1. 소방청	2 이상	
2. 소방본부	2 이상	
3. 소방서	1 이상	
4. 한국소방안전원	•본원 : 2 이상　　•시 · 도지부 : 1 이상	
5. 한국소방산업기술원	2 이상	

95 다음 중 소방업무의 상호응원협정에 관한 내용으로 잘못된 것은 어느 것인가? [08 경기]

① 소방본부장 또는 소방서장은 소방활동에 있어서 긴급한 때에는 이웃한 소방본부장 또는 소방서장에게 소방업무의 응원(應援)을 요청할 수 있으며, 소방업무의 응원 요청을 받은 소방본부장 또는 소방서장은 정당한 사유 없이 이를 거절하여서는 아니 된다.
② 소방업무의 응원요청에 따라 소방업무의 응원을 위하여 파견된 소방대원은 응원을 요청한 소방본부장 또는 소방서장의 지휘에 따라야 한다.

③ 시·도지사는 소방업무의 응원을 요청하는 경우를 대비하여 출동의 대상지역 및 규모와 소요경비의 부담 등에 관하여 필요한 사항을 행정안전부령이 정하는 바에 따라 이웃하는 시·도지사와 협의하여 미리 규약(規約)으로 정하여야 한다.

④ 소방업무에 관하여 상호응원협정을 체결하고자 하는 때에는 재난방어활동 및 예방업무, 공무재해보상 등을 포함하여 이웃하는 시·도와 협의하여 미리 규약으로 정하여야 한다.

> **해설** 소방업무의 응원
>
> 1) 소방본부장이나 소방서장은 소방활동을 할 때에 긴급한 경우에는 이웃한 소방본부장 또는 소방서장에게 소방업무의 응원(應援)을 요청할 수 있다.
> 2) 제1항에 따라 소방업무의 응원 요청을 받은 소방본부장 또는 소방서장은 정당한 사유 없이 그 요청을 거절하여서는 아니 된다.
> 3) 제1항에 따라 소방업무의 응원을 위하여 파견된 소방대원은 응원을 요청한 소방본부장 또는 소방서장의 지휘에 따라야 한다.
> 4) 시·도지사는 제1항에 따라 소방업무의 응원을 요청하는 경우를 대비하여 출동대상 지역 및 규모와 필요한 경비의 부담 등에 관하여 필요한 사항을 행정안전부령으로 정하는 바에 따라 이웃하는 시·도지사와 협의하여 미리 규약(規約)으로 정하여야 한다.
> 5) 시·도지사들 간의 상호응원협정사항
>   1. 다음 각목의 소방활동에 관한 사항
>   가. 화재의 경계·진압활동
>   나. 구조·구급업무의 지원
>   다. 화재조사활동
>   2. 응원출동 대상지역 및 규모
>   3. 다음 각목의 소요경비의 부담에 관한 사항
>   가. 출동대원의 수당·식사 및 피복의 수선
>   나. 소방장비 및 기구의 정비와 연료의 보급
>   다. 그 밖의 경비
>   4. 응원출동의 요청방법
>   5. 응원출동 훈련 및 평가

96 소방용수시설의 소화전과 급수탑의 설치기준으로 옳지 않은 것은?　　　　　　[08 경기]

① 소화전은 상수도와 연결하여 지하식 또는 지상식의 구조로 할 것

② 소방용 호스의 연결금속구의 구경은 65mm로 설치할 것

③ 급수탑의 급수배관의 구경은 100mm 이상으로 할 것

④ 개폐밸브는 지상에서 1.5m 이상 2.0m 이하의 위치에 설치할 것

> **해설** 소방용수시설별 설치기준
>
> 1) 소화전의 설치기준 : 상수도와 연결하여 지하식 또는 지상식의 구조로 하고, 소방용 호스와 연결하는 소화전의 연결금속구의 구경은 65밀리미터로 할 것

2) 급수탑의 설치기준 : 급수배관의 구경은 100밀리미터 이상으로 하고, 개폐밸브는 지상에서 1.5 미터 이상 1.7미터 이하의 위치에 설치하도록 할 것

3) 저수조의 설치기준

    1. 지면으로부터의 낙차가 4.5미터 이하일 것

    2. 흡수부분의 수심이 0.5미터 이상일 것

    3. 소방펌프자동차가 쉽게 접근할 수 있도록 할 것

    4. 흡수에 지장이 없도록 토사 및 쓰레기 등을 제거할 수 있는 설비를 갖출 것

    5. 흡수관의 투입구가 사각형의 경우에는 한 변의 길이가 60센티미터 이상, 원형의 경우에는 지름이 60센티미터 이상일 것

    6. 저수조에 물을 공급하는 방법은 상수도에 연결하여 자동으로 급수되는 구조일 것

97 다음 중 화재피해 조사의 내용이 아닌 것은 어느 것인가? [08 경기]

① 소화활동 중 발생한 사망자
② 화재로 인한 영업중단 피해
③ 열에 의한 탄화, 용융, 파손 피해
④ 소화활동 중 사용한 물로 인한 피해

98 다음 중 소방기본법의 목적으로 볼 수 없는 것은? [08 전북]

① 화재를 예방, 경계, 진압
② 화재, 재난, 재해 그 밖의 위급한 상황에서의 구조, 구급활동
③ 국민의 생명, 신체 및 재산을 보호
④ 공공의 안녕 및 질서유지와 국민경제에 이바지함

> **해설** 소방기본법의 목적
> 이 법은 화재를 예방·경계하거나 진압하고 화재, 재난·재해, 그 밖의 위급한 상황에서의 구조·구급활동 등을 통하여 국민의 생명·신체 및 재산을 보호함으로써 공공의 안녕 및 질서 유지와 복리증진에 이바지함을 목적으로 한다.

99 다음 중 소방서의 종합상황실장이 소방본부의 종합상황실에 보고해야 할 의무가 있는 사항이 아닌 것은? [08 전북]

① 사상자가 10인 이상 발생한 화재
② 이재민이 100인 이상 발생한 화재
③ 재산피해액이 10억 원 이상 발생한 화재
④ 11층 이상의 건축물에 발생한 화재

정답 97 ② 98 ④ 99 ③

상부 종합상황실 보고사항

1. 다음 각목의 1에 해당하는 화재
   가. 사망자가 5인 이상 발생하거나 사상자가 10인 이상 발생한 화재
   나. 이재민이 100인 이상 발생한 화재
   다. 재산피해액이 50억 원 이상 발생한 화재
   라. 관공서·학교·정부미도정공장·문화재·지하철 또는 지하구의 화재
   마. 관광호텔, 층수(「건축법 시행령」제119조제1항제9호의 규정에 의하여 산정한 층수를 말한다. 이하 이 목에서 같다)가 11층 이상인 건축물, 지하상가, 시장, 백화점, 「위험물안전관리법」제2조제2항의 규정에 의한 지정수량의 3천배 이상의 위험물의 제조소·저장소·취급소, 층수가 5층 이상이거나 객실이 30실 이상인 숙박시설, 층수가 5층 이상이거나 병상이 30개 이상인 종합병원·정신병원·한방병원·요양소, 연면적 1만5천제곱미터 이상인 공장 또는 소방기본법 시행령(이하 "영"이라 한다) 제4조제1항 각 목에 따른 화재경계지구에서 발생한 화재
   바. 철도차량, 항구에 매어둔 총 톤수가 1천톤 이상인 선박, 항공기, 발전소 또는 변전소에서 발생한 화재
   사. 가스 및 화약류의 폭발에 의한 화재
   아. 「다중이용업소의 안전관리에 관한 특별법」제2조에 따른 다중이용업소의 화재

100 다음 중 소방용수시설의 설치기준에 관한 설명으로 옳지 않은 것은?　　　　[08 전북]

① 저수조는 흡수부분의 수심이 0.5m 이상일 것
② 저수조는 지면으로부터의 낙차가 6m 이하일 것
③ 소화전은 상수도와 연결하여 지하식 또는 지상식의 구조로 하고, 소방용 호스와 연결하는 소화전의 연결금속구의 구경은 65mm로 할 것
④ 급수탑은 급수배관의 구경을 100mm 이상으로 하고, 개폐밸브는 지상에서 1.5m 이상 1.7m 이하의 위치에 설치하도록 할 것

해설 소방용수시설별 설치기준
1) 소화전의 설치기준 : 상수도와 연결하여 지하식 또는 지상식의 구조로 하고, 소방용 호스와 연결하는 소화전의 연결금속구의 구경은 65밀리미터로 할 것
2) 급수탑의 설치기준 : 급수배관의 구경은 100밀리미터 이상으로 하고, 개폐밸브는 지상에서 1.5미터 이상 1.7미터 이하의 위치에 설치하도록 할 것
3) 저수조의 설치기준
   1. **지면**으로부터의 낙차가 4.5미터 이하일 것
   2. **흡수부분**의 수심이 0.5미터 이상일 것
   3. 소방펌프자동차가 쉽게 접근할 수 있도록 할 것
   4. 흡수에 지장이 없도록 토사 및 쓰레기 등을 제거할 수 있는 설비를 갖출 것
   5. 흡수관의 투입구가 사각형의 경우에는 한 변의 길이가 60센티미터 이상, 원형의 경우에

는 지름이 60센티미터 이상일 것

6. 저수조에 물을 공급하는 방법은 상수도에 연결하여 자동으로 급수되는 구조일 것일 것

101 다음 중 5년 이하의 징역 또는 5천만 원 이하의 벌금에 해당하지 않는 것은? [08 전북]

① 소방대상물 및 토지의 강제처분을 방해한 자

② 소방자동차의 출동을 방해한 자

③ 사람을 구출하는 일 또는 불을 끄거나 불이 번지지 아니하도록 하는 일을 방해한 자

④ 정당한 사유 없이 소방용수시설을 사용하거나 소방용수시설의 효용을 해하거나 그 정당한 사용을 방해한 자

해설 벌칙

1) 5년 이하의 징역 또는 5,000만 원 이하의 벌금

1. 소방활동 방해

가. 위력(威力)을 사용하여 출동한 소방대의 화재진압 · 인명구조 또는 구급활동을 방해하는 행위

나. 소방대가 화재진압 · 인명구조 또는 구급활동을 위하여 현장에 출동하거나 현장에 출입하는 것을 고의로 방해하는 행위

다. 출동한 소방대원에게 폭행 또는 협박을 행사하여 화재진압 · 인명구조 또는 구급활동을 방해하는 행위

라. 출동한 소방대의 소방장비를 파손하거나 그 효용을 해하여 화재진압 · 인명구조 또는 구급활동을 방해하는 행위

2. 소방자동차의 출동을 방해한 사람

3. 사람을 구출하는 일 또는 불을 끄거나 불이 번지지 아니하도록 하는 일을 방해한 사람

4. 정당한 사유 없이 소방용수시설 또는 비상소화장치를 사용하거나 소방용수시설 또는 비상소화장치의 효용을 해치거나 그 정당한 사용을 방해한 사람

2) 3년 이하의 징역 또는 3,000만 원 이하의 벌금 : 강제처분방해

3) 300만 원 이하의 벌금 : 외의 대상물 강제처분방해, 주차된 차량 강제처분방해, 비밀누설자

4) 200만 원 이하의 벌금

1. 예방조치명령 거부방해

2. 화재조사 거부방해

5) 100만 원 이하의 벌금

1. 화재경계지구 안의 소방대상물에 대한 소방특별조사를 거부 · 방해 또는 기피한 자

2. 정당한 사유 없이 소방대의 생활안전활동을 방해한 자

3. 정당한 사유 없이 소방대가 현장에 도착할 때까지 사람을 구출하는 조치 또는 불을 끄거나 불이 번지지 아니하도록 하는 조치를 하지 아니한 사람(관계인)

4. 피난 명령을 위반한 사람

5. 긴급조치 : 정당한 사유 없이 물의 사용이나 수도의 개폐장치의 사용 또는 조작을 하지 못하게 하거나 방해한 자

정답 101 ①

6. 긴급조치 : 가스차단 등의 조치를 정당한 사유 없이 방해한 자
6) 200만 원 이하의 과태료
  1. 제13조제4항에 따른 소방용수시설, 소화기구 및 설비 등의 설치 명령을 위반한 자
  2. 제15조제1항에 따른 불을 사용할 때 지켜야 하는 사항 및 같은 조 제2항에 따른 특수가연
    물의 저장 및 취급 기준을 위반한 자 [최대100]
  3. 제19조제1항을 위반하여 화재 또는 구조 · 구급이 필요한 상황을 거짓으로 알린 사람
  3의2. 제21조제3항을 위반하여 소방자동차의 출동에 지장을 준 자
  4. 제23조제1항을 위반하여 소방활동구역을 출입한 사람[100만 원]
  5. 제30조제1항에 따른 명령을 위반하여 보고 또는 자료 제출을 하지 아니하거나 거짓으로
    보고 또는 자료 제출을 한 자
  6. 제44조의3을 위반하여 한국소방안전원 또는 이와 유사한 명칭을 사용한 자
7) 100만 원 이하의 과태료 : 전용구역에 차를 주차하거나 전용구역에의 진입을 가로막는 등의
  방해행위를 한 자에게는 100만 원 이하의 과태료를 부과한다.
8) 20만 원 이하의 과태료 : 제19조제2항에 따른 신고를 하지 아니하여 소방자동차를 출동하게
  한 자에게는 20만 원 이하의 과태료를 부과한다.

102 다음 중 소방기본법에서 규정하는 소방활동구역에 출입할 수 없는 자는?   [08 전북]

① 소방활동구역 외에 있는 소방대상물의 소유자 · 관리자 또는 점유자
② 전기 · 가스 · 수도 · 통신 · 교통의 업무에 종사하는 자로서 원활한 소방활동을 위하여 필
  요한 자
③ 의사 · 간호사 그 밖의 구조 · 구급업무에 종사하는 자
④ 취재인력 등 보도업무에 종사하는 자

해설 소방활동구역 출입자
  1. 소방활동구역 안에 있는 소방대상물의 소유자 · 관리자 또는 점유자
  2. 전기 · 가스 · 수도 · 통신 · 교통의 업무에 종사하는 사람으로서 원활한 소방활동을 위하여 필요
    한 사람
  3. 의사 · 간호사 그 밖의 구조 · 구급업무에 종사하는 사람
  4. 취재인력 등 보도업무에 종사하는 사람
  5. 수사업무에 종사하는 사람
  6. 그 밖에 소방대장이 소방활동을 위하여 출입을 허가한 사람

103 소방용수시설 중 급수탑에 관한 설명으로 옳지 않은 것은? [08 전북]

① 급수탑 및 지상에 설치하는 소화전 · 저수조의 경우 소방용수 표지의 문자는 백색, 내측
   바탕은 적색, 외측 바탕은 청색으로 하고 반사도료를 사용하여야 한다.
② 급수배관의 구경은 100mm 이상으로 한다.
③ 개폐밸브는 지상에서 1.5m 이상 2.0m 이하의 위치에 설치하도록 한다.
④ 표지를 세우는 것이 매우 어렵거나 부적당한 경우에는 그 규격 등을 다르게 할 수 있다.

해설 소방용수시설별 설치기준

가. 소화전의 설치기준 : 상수도와 연결하여 지하식 또는 지상식의 구조로 하고, 소방용 호스와
   연결하는 소화전의 연결금속구의 구경은 65밀리미터로 할 것
나. 급수탑의 설치기준 : 급수배관의 구경은 100밀리미터 이상으로 하고, 개폐밸브는 지상에서 1.5
   미터 이상 1.7미터 이하의 위치에 설치하도록 할 것
다. 저수조의 설치기준
   (1) 지면으로부터의 낙차가 4.5미터 이하일 것
   (2) 흡수부분의 수심이 0.5미터 이상일 것
   (3) 소방펌프자동차가 쉽게 접근할 수 있도록 할 것
   (4) 흡수에 지장이 없도록 토사 및 쓰레기 등을 제거할 수 있는 설비를 갖출 것
   (5) 흡수관의 투입구가 사각형의 경우에는 한 변의 길이가 60센티미터 이상, 원형의 경우에
      는 지름이 60센티미터 이상일 것
   (6) 저수조에 물을 공급하는 방법은 상수도에 연결하여 자동으로 급수되는 구조일 것

소방용수표지(제6조제1항 관련)

1. 지하에 설치하는 소화전 또는 저수조의 경우 소방용수 표지는 다음 각목의 기준에 의한다.
   가. 맨홀뚜껑은 지름 648밀리미터 이상의 것으로 할 것. 다만, 승하강식 소화전의 경우에는
      이를 적용하지 아니한다.
   나. 맨홀뚜껑에는 "소화전 · 주정차금지" 또는 "저수조 · 주정차금지"의 표시를 할 것
   다. 맨홀뚜껑 부근에는 황색반사도료로 폭 15센티미터의 선을 그 둘레를 따라 칠할 것
2. 급수탑 및 지상에 설치하는 소화전 · 저수조의 경우 소방용수 표지는 다음과 같다.

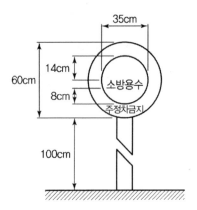

[비고]
1. 안쪽 문자는 백색, 바깥쪽 문자는 황색으로, 내측 바탕은 적색, 외측 바탕은 청색으로 하고 반사
도료를 사용하여야 한다.
2. 위의 표지를 세우는 것이 매우 어렵거나 부적당한 경우에는 그 규격 등을 다르게 할 수 있다.

104 다음 중 한국소방안전원의 업무가 아닌 것은?　　　　　　　　　　　　　　　[08 전북]

① 소방기술과 안전관리에 관한 교육 및 조사 · 연구
② 소방기술과 안전관리에 관한 각종 간행물의 발간
③ 화재예방과 안전관리의식의 고취를 위한 대국민홍보
④ 소방시설 설치유지 및 안전관리에 관한 법률에서 규정하고 있는 일정 규모 이상의 특정소
방대상물에 대한 정기점검 업무

> **해설** 안전원의 업무(제41조)
> 안전원은 다음 각 호의 업무를 수행한다.
> 1. 소방기술과 안전관리에 관한 교육 및 조사 · 연구
> 2. 소방기술과 안전관리에 관한 각종 간행물 발간
> 3. 화재 예방과 안전관리의식 고취를 위한 대국민 홍보
> 4. 소방업무에 관하여 행정기관이 위탁하는 업무
> 5. 소방안전에 관한 국제협력
> 6. 그 밖에 회원에 대한 기술지원 등 정관으로 정하는 사람

105 소방신호의 종류 및 방법에 대한 설명으로 옳지 않은 것은?　　　　　　　　　[08 전북]

① 게시판을 철거하거나 통풍대 또는 기를 내리는 것으로 소방활동이 시작되었음을 알린다.
② 경계신호 : 화재예방상 필요하다고 인정되거나 화재위험경보 시 발령
③ 발화신호 : 화재가 발생한 때 발령
④ 훈련신호 : 훈련상 필요하다고 인정되는 때 발령

> **해설** 소방신호
> 1) 화재예방, 소방활동 또는 소방훈련을 위하여 사용되는 소방신호의 종류와 방법은 행정안전
> 부령으로 정한다.
> 2) 소방신호의 종류
> 　1. 경계신호 : 화재예방상 필요하다고 인정되거나 법 제14조의 규정에 의한 화재위험경보
> 　　시 발령
> 　2. 발화신호 : 화재가 발생한 때 발령
> 　3. 해제신호 : 소화활동이 필요없다고 인정되는 때 발령
> 　4. 훈련신호 : 훈련상 필요하다고 인정되는 때 발령

3) 소방신호

종별\신호방법	타종 신호	사이렌 신호
경계신호	1타와 연2타를 반복	5초 간격을 두고 30초씩 3회
발화신호	난타	5초 간격을 두고 5초씩 3회
해제신호	상당한 간격을 두고 1타씩 반복	1분간 1회
훈련신호	연3타 반복	10초 간격을 두고 1분씩 3회

그 밖의 신호		
통풍대	게시판	기
적색 / 백색	화재경보발령중	적색 / 백색

※ 소방신호는 타종 신호와 사이렌 신호 외에도 통풍대, 게시판, 기를 사용할 수 있다.

106 다음 중 특수가연물의 저장 및 취급의 기준에 관한 설명으로 옳지 않은 것은?　　[08 전북]

① 특수가연물을 저장 또는 취급하는 장소에는 품명 · 최대수량 및 화기취급의 금지표지를 설치할 것
② 쌓는 부분의 바닥면적 사이는 2미터 이상이 되도록 할 것
③ 쌓는 부분의 바닥면적은 50제곱미터(석탄 · 목탄류의 경우에는 200제곱미터) 이하가 되도록 할 것
④ 쌓는 높이는 10미터 이하가 되도록 할 것

해설 제7조(특수가연물의 저장 및 취급의 기준)
법 제15조제2항에 따른 특수가연물의 저장 및 취급의 기준은 다음 각 호와 같다.
〈개정 2005.10.20., 2008.1.22.〉
1. 특수가연물을 저장 또는 취급하는 장소에는 품명 · 최대수량 및 화기취급의 금지표지를 설치할 것
2. 다음 각 목의 기준에 따라 쌓아 저장할 것. 다만, 석탄 · 목탄류를 발전(發電)용으로 저장하는 경우에는 그러하지 아니하다.
　가. 품명별로 구분하여 쌓을 것
　나. 쌓는 높이는 10미터 이하가 되도록 하고, 쌓는 부분의 바닥면적은 50제곱미터(석탄 · 목탄류의 경우에는 200제곱미터) 이하가 되도록 할 것. 다만, 살수설비를 설치하거나, 방사능력 범위에 해당 특수가연물이 포함되도록 대형수동식소화기를 설치하는 경우에는 쌓는 높이를 15미터 이하, 쌓는 부분의 바닥면적을 200제곱미터(석탄 · 목탄류의 경우

에는 300제곱미터) 이하로 할 수 있다.

다. 쌓는 부분의 바닥면적 사이는 1미터 이상이 되도록 할 것

107 다음 중 관할 지역의 특성을 고려하여 종합계획의 시행에 필요한 세부계획을 매년 수립하고, 세부계획에 따른 소방업무를 성실히 수행하여야 하는 사람은? [09 서울]

① 소방청장
② 시·도지사
③ 시·도 소방본부장
④ 시·도 소방서장

해설 제6조(소방업무에 관한 종합계획의 수립·시행 등)

① 소방청장은 화재, 재난·재해, 그 밖의 위급한 상황으로부터 국민의 생명·신체 및 재산을 보호하기 위하여 소방업무에 관한 종합계획(이하 이 조에서 "종합계획"이라 한다)을 5년마다 수립·시행하여야 하고, 이에 필요한 재원을 확보하도록 노력하여야 한다. 〈개정 2015. 7. 24., 2017. 7. 26.〉

② 종합계획에는 다음 각 호의 사항이 포함되어야 한다. 〈신설 2015. 7. 24.〉

1. 소방서비스의 질 향상을 위한 정책의 기본방향
2. 소방업무에 필요한 체계의 구축, 소방기술의 연구·개발 및 보급
3. 소방업무에 필요한 장비의 구비
4. 소방전문인력 양성
5. 소방업무에 필요한 기반 조성
6. 소방업무의 교육 및 홍보(제21조에 따른 소방자동차의 우선 통행 등에 관한 홍보를 포함한다)
7. 그 밖에 소방업무의 효율적 수행을 위하여 필요한 사항으로서 대통령령으로 정하는 사항

③ 소방청장은 제1항에 따라 수립한 종합계획을 관계 중앙행정기관의 장, 시·도지사에게 통보하여야 한다. 〈신설 2015. 7. 24., 2017. 7. 26.〉

④ 시·도지사는 관할 지역의 특성을 고려하여 종합계획의 시행에 필요한 세부계획(이하 이 조에서 "세부계획"이라 한다)을 매년 수립하여 소방청장에게 제출하여야 하며, 세부계획에 따른 소방업무를 성실히 수행하여야 한다. 〈개정 2015. 7. 24., 2017. 7. 26.〉

⑤ 소방청장은 소방업무의 체계적 수행을 위하여 필요한 경우 제4항에 따라 시·도지사가 제출한 세부계획의 보완 또는 수정을 요청할 수 있다. 〈신설 2015. 7. 24., 2017. 7. 26.〉

⑥ 그 밖에 종합계획 및 세부계획의 수립·시행에 필요한 사항은 대통령령으로 정한다. 〈신설 2015. 7. 24.〉 [전문개정 2011. 7. 14.]

108 소방용수시설의 설치 및 관리에 관한 설명으로 바르지 못한 것은? [09 서울]

① 소방용수시설은 주거지역 · 상업지역 및 공업지역에 설치하는 경우에는 소방대상물과의 수평거리를 100m 이하가 되도록 하여야 한다.

② 소방용 호스와 연결하는 소화전의 연결금속구의 구경은 65mm로 하여야 한다.

③ 급수탑의 급수배관의 구경은 100mm 이하로 하고, 개폐밸브는 지상에서 1.5m 이상 1.7m 이하의 위치에 설치하도록 하여야 한다.

④ 저수조는 지면으로부터 낙차가 4.5m 이하이어야 한다.

해설 소방용수시설별 설치기준

　가. 소화전의 설치기준 : 상수도와 연결하여 지하식 또는 지상식의 구조로 하고, **소방용 호스와 연결하는 소화전의 연결금속구의 구경은 65밀리미터로 할 것**

　나. 급수탑의 설치기준 : 급수배관의 구경은 **100밀리미터 이상으로 하고**, 개폐밸브는 지상에서 1.5미터 이상 1.7미터 이하의 위치에 설치하도록 할 것

　다. 저수조의 설치기준

　　(1) **지면으로부터의 낙차가 4.5미터 이하일 것**

　　(2) 흡수부분의 수심이 0.5미터 이상일 것

　　(3) 소방펌프자동차가 쉽게 접근할 수 있도록 할 것

　　(4) 흡수에 지장이 없도록 토사 및 쓰레기 등을 제거할 수 있는 설비를 갖출 것

　　(5) 흡수관의 투입구가 사각형의 경우에는 한 변의 길이가 60센티미터 이상, 원형의 경우에는 지름이 60센티미터 이상일 것

　　(6) 저수조에 물을 공급하는 방법은 상수도에 연결하여 자동으로 급수되는 구조일 것

109 다음 중 특수가연물에 대한 설명 중 옳지 않은 것은? [09 서울]

① "면화류"라 함은 불연성 또는 난연성이 아닌 면상 또는 팽이모양의 섬유와 마사(麻絲) 원료를 말한다.

② 넝마 및 종이 부스러기는 불연성 또는 난연성이 아닌 것(동식물유가 깊이 스며들어 있는 옷감 · 종이 및 이들의 제품을 포함한다)에 한한다.

③ "볏짚류"라 함은 젖은 볏짚 · 마른 북데기와 이들의 제품 및 건초를 말한다.

④ 석탄 · 목탄류에는 코크스, 석탄가루를 물에 갠 것, 조개탄, 연탄, 석유코크스, 활성탄 및 이와 유사한 것을 포함한다.

특수가연물(제6조 관련)

품명		수량
면화류		200킬로그램 이상
나무껍질 및 대팻밥		400킬로그램 이상
넝마 및 종이 부스러기		1,000킬로그램 이상
사류(絲類)		1,000킬로그램 이상
볏짚류		1,000킬로그램 이상
가연성 고체류		3,000킬로그램 이상
석탄 · 목탄류		10,000킬로그램 이상
가연성 액체류		2세제곱미터 이상
목재가공품 및 나무 부스러기		10세제곱미터 이상
합성수지류	발포시킨 것	20세제곱미터 이상
	그 밖의 것	3,000킬로그램 이상

[비고]

1. "면화류"라 함은 불연성 또는 난연성이 아닌 면상 또는 팽이모양의 섬유와 마사(麻絲) 원료를 말한다.

2. 넝마 및 종이 부스러기는 불연성 또는 난연성이 아닌 것(동식물유가 깊이 스며들어 있는 옷감 · 종이 및 이들의 제품을 포함한다)에 한한다.

3. "사류"라 함은 불연성 또는 난연성이 아닌 실(실 부스러기와 솜털을 포함한다)과 누에고치를 말한다.

4. "볏짚류"라 함은 마른 볏짚 · 마른 북데기와 이들의 제품 및 건초를 말한다.

5. "가연성 고체류"라 함은 고체로서 다음 각목의 것을 말한다.

   가. 인화점이 섭씨 40도 이상 100도 미만인 것

   나. 인화점이 섭씨 100도 이상 200도 미만이고, 연소열량이 1그램당 8킬로칼로리 이상인 것

   다. 인화점이 섭씨 200도 이상이고 연소열량이 1그램당 8킬로칼로리 이상인 것으로서 융점이 100도 미만인 것

   라. 1기압과 섭씨 20도 초과 40도 이하에서 액상인 것으로서 인화점이 섭씨 70도 이상 섭씨 200도 미만이거나 나목 또는 다목에 해당하는 것

6. 석탄 · 목탄류에는 코크스, 석탄가루를 물에 갠 것, 조개탄, 연탄, 석유코크스, 활성탄 및 이와 유사한 것을 포함한다.

7. "가연성 액체류"라 함은 다음 각목의 것을 말한다.

   가. 1기압과 섭씨 20도 이하에서 액상인 것으로서 가연성 액체량이 40중량퍼센트 이하이면서 인화점이 섭씨 40도 이상 섭씨 70도 미만이고 연소점이 섭씨 60도 이상인 물품

   나. 1기압과 섭씨 20도에서 액상인 것으로서 가연성 액체량이 40중량퍼센트 이하이고 인화점이 섭씨 70도 이상 섭씨 250도 미만인 물품

다. 동물의 기름기와 살코기 또는 식물의 씨나 과일의 살로부터 추출한 것으로서 다음의 1에 해당하는 것

(1) 1기압과 섭씨 20도에서 액상이고 인화점이 250도 미만인 것으로서 「위험물안전관리법」 제20조제1항의 규정에 의한 용기기준과 수납 · 저장기준에 적합하고 용기 외부에 물품명 · 수량 및 "화기엄금" 등의 표시를 한 것

(2) 1기압과 섭씨 20도에서 액상이고 인화점이 섭씨 250도 이상인 것

8. "합성수지류"라 함은 불연성 또는 난연성이 아닌 고체의 합성수지제품, 합성수지반제품, 원료합성수지 및 합성수지 부스러기(불연성 또는 난연성이 아닌 고무제품, 고무반제품, 원료고무 및 고무 부스러기를 포함한다)를 말한다. 다만, 합성수지의 섬유 · 옷감 · 종이 및 실과 이들의 넝마와 부스러기를 제외한다.

110 다음 중 소방대상물이 아닌 것은? [09 서울]

① 운전 중인 차량
② 항해 중인 선박
③ 비행기
④ 산림

해설 "소방대상물"이란 건축물, 차량, 선박(「선박법」 제1조의2 제1항에 따른 선박으로서 항구에 매어둔 선박만 해당한다), 선박건조구조물, 산림, 그 밖의 인공구조물 또는 물건을 말한다.

111 다음 중 소방안전교육사에 대한 설명으로 옳지 않은 것은? [09 경남]

① 소방학교에서 소방안전교육의 기획 · 진행 · 분석 · 평가 및 교수업무를 한다.
② 피성년후견인은 소방안전교육사가 될 수 없다.
③ 소방안전교육사는 소방안전교육사의 시험을 출제할 수 있다.
④ 시험위원은 출제위원을 3명으로 하고 채점위원은 5인(제2차 시험의 경우)으로 한다.

해설 소방안전교육사(2년마다 1회 시행)
1) 소방청장이 실시한 시험에 합격한 사람에게 소방안전교육사 자격을 부여한다.
2) 소방안전교육사 시험의 응시자격, 시험방법, 시험과목, 시험위원, 그 밖에 소방안전교육사 시험의 실시에 필요한 사항은 대통령령으로 정한다.
3) 1차시험과 2차시험으로 구분, 제1차 시험 : 소방학개론, 구급 · 응급처치론, 재난관리론 및 교육학개론 중 응시자가 선택하는 3과목. 제2차 시험 : 국민안전교육 실무
4) 응시 결격사유
   1. 피성년후견인 또는 피한정후견인
   2. 금고 이상의 실형을 선고받고 그 집행이 끝나거나(집행이 끝난 것으로 보는 경우를 포함한다) 집행이 면제된 날부터 2년이 지나지 아니한 사람

정답 110 ② 111 ①

3. 금고 이상의 형의 집행유예를 선고받고 그 유예기간 중에 있는 사람

4. 법원의 판결 또는 다른 법률에 따라 자격이 정지되거나 상실된 사람

5) 소방안전교육사 배치기준

배치대상	배치기준(단위 : 명)	비고
1. 소방청	2 이상	
2. 소방본부	2 이상	
3. 소방서	1 이상	
4. 한국소방안전원	• 본원 : 2 이상 • 시 · 도지부 : 1 이상	
5. 한국소방산업기술원	2 이상	

6) 소방안전교육사의 업무

1. 소방안전교육의 기획

2. 소방안전교육의 진행

3. 소방안전교육의 분석

4. 소방안전교육의 평가

5. 소방안전교육의 교수업무

7) 소방안전교육사시험 응시자격심사위원 및 시험위원(영 제7조의5)

1. 소방청장은 소방안전교육사시험 응시자격심사, 출제 및 채점을 위하여 다음 각 호의 어느 하나에 해당하는 사람을 응시자격심사위원 및 시험위원으로 임명 또는 위촉하여야 한다.

① 소방 관련 학과, 교육학과 또는 응급구조학과 박사학위 취득자

② 「고등교육법」 제2조제1호부터 제6호까지의 규정 중 어느 하나에 해당하는 학교에서 소방 관련 학과, 교육학과 또는 응급구조학과에서 조교수 이상으로 2년 이상 재직한 자

③ 소방위 또는 지방소방위 이상의 소방공무원

④ 소방안전교육사 자격을 취득한 자

2. 응시자격심사위원 및 시험위원의 수

① 응시자격심사위원 : 3명

② 시험위원 중 출제위원 : 시험과목별 3명

③ 시험위원 중 채점위원 : 5명

3. 응시자격심사위원 및 시험위원으로 임명 또는 위촉된 자는 소방청장이 정하는 시험문제 등의 작성 시 유의사항 및 서약서 등에 따른 준수사항을 성실히 이행

4. 임명 또는 위촉된 응시자격심사위원 및 시험위원과 시험감독업무에 종사하는 자에 대하여는 예산의 범위에서 수당 및 여비를 지급

112 다음 중 화재경계지구로 지정할 수 있는 지역이 아닌 것은? [09 경남]

① 재래시장이 밀집한 지역

② 소방시설 및 소방용수시설이 없는 지역

③ 위험물의 저장 및 처리시설이 밀집한 지역

④ 소방출동로가 미흡한 지역

정답 112 ④

해설 화재경계지구의 지정 등

　　1) 시 · 도지사는 다음의 지역 중 화재피해가 클 지역을 화재경계지구(火災警戒地區)로 지정할
　　　수 있다.

　　　1. 시장지역
　　　2. 공장 · 창고가 밀집한 지역
　　　3. 목조건물이 밀집한 지역
　　　4. 위험물의 저장 및 처리시설이 밀집한 지역
　　　5. 석유화학제품을 생산하는 공장이 있는 지역
　　　6. 「산업입지 및 개발에 관한 법률」 제2조제8호에 따른 산업단지
　　　7. 소방시설 · 소방용수시설 또는 소방출동로가 없는 지역
　　　8. 그 밖에 제1호부터 제7호까지에 준하는 지역으로서 소방청장 · 소방본부장 또는 소방서
　　　　장이 화재경계지구로 지정할 필요가 있다고 인정하는 지역

113 다음 중 용어의 정의가 옳지 않은 것은? [09 경남]

　① "소방서장"이라 함은 시 · 도에서 화재의 예방 · 경계 · 진압 · 조사 및 구조 · 구급 등의
　　업무를 담당하는 부서의 장을 말한다.
　② "관계지역"이라 함은 소방대상물이 있는 장소 및 그 이웃지역으로 화재의 예방 · 경계 ·
　　진압하고 구조 · 구급 등의 활동에 필요한 지역을 말한다.
　③ "관계인"이라 함은 소방대상물의 소유자, 관리자 또는 점유자를 말한다.
　④ "소방대장"이라 함은 소방본부장 또는 소방서장 등 화재, 재난 · 재해 그 밖의 위급한 상
　　황이 발생한 현장에서 소방대를 지휘하는 자를 말한다.

해설
　① "소방본부장"이란 특별시 · 광역시 · 특별자치시 · 도 또는 특별자치도(이하 "시 · 도"라 한
　　다)에서 화재의 예방 · 경계 · 진압 · 조사 및 구조 · 구급 등의 업무를 담당하는 부서의 장을
　　말한다.
　② "관계지역"이란 소방대상물이 있는 장소 및 그 이웃 지역으로서 화재의 예방 · 경계 · 진압,
　　구조 · 구급 등의 활동에 필요한 지역을 말한다.
　③ "관계인"이란 소방대상물의 소유자 · 관리자 또는 점유자를 말한다.
　④ "소방대장"(消防隊長)이란 소방본부장 또는 소방서장 등 화재, 재난 · 재해, 그 밖의 위급한
　　상황이 발생한 현장에서 소방대를 지휘하는 사람을 말한다.

114 다음 중 소방장비 등의 국고보조에 대한 설명으로 알맞지 않은 것은? [09 경남]

① 국고보조산정을 위한 기준가격 중 국내조달품은 정부고시가격으로 한다.

② 국고보조산정을 위한 기준가격 중 수입물품은 조달청에서 조사한 해외시장의 시가로 한다.

③ 소방관서용 청사의 건축은 국고보조 대상사업의 범위에 해당한다.

④ 정부고시가격 또는 조달청에서 조사한 해외시장의 시가가 없는 물품은 소요비용의 2분의 1 이상을 국고보조 한다.

해설 소방장비 등에 대한 국고보조

1) 국가는 소방장비의 구입 등 시·도의 소방업무에 필요한 경비의 일부를 보조한다.

2) 보조 대상사업의 범위와 기준보조율은 대통령령으로 정한다.

3) 국고보조 대상사업의 범위

  1. 다음 각 목의 소방활동장비와 설비의 구입 및 설치

    가. 소방자동차

    나. 소방헬리콥터 및 소방정

    다. 소방전용통신설비 및 전산설비

    라. 그 밖에 방화복 등 소방활동에 필요한 소방장비

  2. 소방관서용 청사의 건축(「건축법」 제2조제1항제8호에 따른 건축을 말한다)

4) 국고보조 소방활동장비 및 설비의 종류와 규격은 행정안전부령으로 정한다.

━━ 시행규칙 제5조(소방활동장비 및 설비의 규격 및 종류와 기준가격)

① 영 제2조제2항의 규정에 의한 국고보조의 대상이 되는 소방활동장비 및 설비의 종류 및 규격은 별표 1의2와 같다. 〈개정 2007. 2. 1., 2017. 7. 6.〉

② 영 제2조제2항의 규정에 의한 국고보조산정을 위한 기준가격은 다음 각호와 같다.

  1. 국내조달품 : 정부고시가격

  2. 수입물품 : 조달청에서 조사한 해외시장의 시가

  3. 정부고시가격 또는 조달청에서 조사한 해외시장의 시가가 없는 물품 : 2 이상의 공신력 있는 물가조사기관에서 조사한 가격의 평균가격

115 소방업무를 수행하는 소방본부장 또는 소방서장은 누구의 지휘와 감독을 받는가?[09 경북]

① 그 소재지를 관할하는 시·도지사   ② 국무총리

③ 대통령   ④ 소방청장

해설 제6조(소방업무에 관한 종합계획의 수립·시행 등)

① 소방청장은 화재, 재난·재해, 그 밖의 위급한 상황으로부터 국민의 생명·신체 및 재산을 보호하기 위하여 소방업무에 관한 종합계획(이하 이 조에서 "종합계획"이라 한다)을 5년마다 수립·시행하여야 하고, 이에 필요한 재원을 확보하도록 노력하여야 한다. 〈개정 2015. 7. 24., 2017. 7. 26.〉

② 종합계획에는 다음 각 호의 사항이 포함되어야 한다. 〈신설 2015. 7. 24.〉

1. 소방서비스의 질 향상을 위한 정책의 기본방향
2. 소방업무에 필요한 체계의 구축, 소방기술의 연구 · 개발 및 보급
3. 소방업무에 필요한 장비의 구비
4. 소방전문인력 양성
5. 소방업무에 필요한 기반조성
6. 소방업무의 교육 및 홍보(제21조에 따른 소방자동차의 우선 통행 등에 관한 홍보를 포함한다)
7. 그 밖에 소방업무의 효율적 수행을 위하여 필요한 사항으로서 대통령령으로 정하는 사항

③ 소방청장은 제1항에 따라 수립한 종합계획을 관계 중앙행정기관의 장, 시 · 도지사에게 통보하여야 한다. 〈신설 2015. 7. 24., 2017. 7. 26.〉

④ 시 · 도지사는 관할 지역의 특성을 고려하여 종합계획의 시행에 필요한 세부계획(이하 이 조에서 "세부계획"이라 한다)을 매년 수립하여 소방청장에게 제출하여야 하며, 세부계획에 따른 소방업무를 성실히 수행하여야 한다. 〈개정 2015. 7. 24., 2017. 7. 26.〉

⑤ 소방청장은 소방업무의 체계적 수행을 위하여 필요한 경우 제4항에 따라 시 · 도지사가 제출한 세부계획의 보완 또는 수정을 요청할 수 있다. 〈신설 2015. 7. 24., 2017. 7. 26.〉

⑥ 그 밖에 종합계획 및 세부계획의 수립 · 시행에 필요한 사항은 대통령령으로 정한다. 〈신설 2015. 7. 24.〉

[전문개정 2011. 7. 14.]

116 다음 중 소방기본법에 규정된 소방용수시설이 아닌 것은? [09 경북]

① 소화전(消火栓)
② 급수탑(給水塔)
③ 저수조(貯水槽)
④ 소방호스

해설 소방용수시설

1) 시 · 도지사는 소방활동에 필요한 소화전(消火栓) · 급수탑(給水塔) · 저수조(貯水槽)(이하 "소방용수시설"이라 한다)를 설치하고 유지 · 관리하여야 한다

2) 시 · 도지사는 제21조제1항에 따른 소방자동차의 진입이 곤란한 지역 등 화재발생 시에 초기대응이 필요한 지역으로서 대통령령으로 정하는 지역에 소방호스 또는 호스릴 등을 소방용수시설에 연결하여 화재를 진압하는 시설이나 장치(이하 "비상소화장치"라 한다)를 설치하고 유지 · 관리할 수 있다.

3) 소방용수시설과 비상소화장치의 설치기준은 행정안전부령으로 정한다.

4) 소방용수시설 설치기준

1. 공통기준
   • 주거지역 · 상업지역 및 공업지역 : 수평거리 100m 이하
   • 그 외의 지역에 설치하는 경우 : 수평거리 140m 이하

2. 소방용수시설별 설치기준
   가. 소화전의 설치기준 : 상수도와 연결하여 지하식 또는 지상식의 구조로 하고, 소방용호스와 연결하는 소화전의 연결금속구의 구경은 65밀리미터로 할 것
   나. 급수탑의 설치기준 : 급수배관의 구경은 100밀리미터 이상으로 하고, 개폐밸브는 지

상에서 1.5미터 이상 1.7미터 이하의 위치에 설치하도록 할 것

  다. 저수조의 설치기준

    (1) 지면으로부터의 낙차가 4.5미터 이하일 것

    (2) 흡수부분의 수심이 0.5미터 이상일 것

    (3) 소방펌프자동차가 쉽게 접근할 수 있도록 할 것

    (4) 흡수에 지장이 없도록 토사 및 쓰레기 등을 제거할 수 있는 설비를 갖출 것

    (5) 흡수관의 투입구가 사각형의 경우에는 한 변의 길이가 60센티미터 이상, 원형의 경우에는 지름이 60센티미터 이상일 것

    (6) 저수조에 물을 공급하는 방법은 상수도에 연결하여 자동으로 급수되는 구조일 것

117 다음 중 소방활동구역에 출입이 제한되는 사람은? [09 경북]

① 소방활동구역 안에 있는 소방대상물의 관계인

② 소방대장이 소방활동을 위하여 출입을 허가한 구급대원

③ 관계 보험회사의 직원

④ 보도업무에 종사하는 사람

해설 **소방활동구역 출입자**

1. 소방활동구역 안에 있는 소방대상물의 소유자 · 관리자 또는 점유자
2. 전기 · 가스 · 수도 · 통신 · 교통의 업무에 종사하는 사람으로서 원활한 소방활동을 위하여 필요한 사람
3. 의사 · 간호사 그 밖의 구조 · 구급업무에 종사하는 사람
4. 취재인력 등 보도업무에 종사하는 사람
5. 수사업무에 종사하는 사람
6. 그 밖에 소방대장이 소방활동을 위하여 출입을 허가한 사람

118 소방기본법에 규정된 내용으로 옳은 것은? [09 경북]

① 소방용수시설 설치의 기준은 시 · 도의 조례로 정한다.

② 누구든지 소방용수시설을 사용할 수 있다.

③ 화재, 재난 · 재해 그 밖의 위급한 상황이 발생한 현장에서 소방대를 지휘하는 소방대장에는 소방본부장이 포함된다.

④ 소방자동차가 훈련을 할 때에는 사이렌을 사용할 수 없다.

해설 1) 소방용수시설과 비상소화장치의 설치기준은 행정안전부령으로 정한다.

  2) 5년 이하의 징역 또는 5,000만 원 이하의 벌금

    ① 소방활동 방해

가. 위력(威力)을 사용하여 출동한 소방대의 화재진압 · 인명구조 또는 구급활동을 방해하는 행위

나. 소방대가 화재진압 · 인명구조 또는 구급활동을 위하여 현장에 출동하거나 현장에 출입하는 것을 고의로 방해하는 행위

다. 출동한 소방대원에게 폭행 또는 협박을 행사하여 화재진압 · 인명구조 또는 구급활동을 방해하는 행위

라. 출동한 소방대의 소방장비를 파손하거나 그 효용을 해하여 화재진압 · 인명구조 또는 구급활동을 방해하는 행위

② 소방자동차의 출동을 방해한 사람

③ 사람을 구출하는 일 또는 불을 끄거나 불이 번지지 아니하도록 하는 일을 방해한 사람

④ 정당한 사유 없이 소방용수시설 또는 비상소화장치를 사용하거나 소방용수시설 또는 비상소화장치의 효용을 해치거나 그 정당한 사용을 방해한 사람

3) "소방대장"(消防隊長)이란 소방본부장 또는 소방서장 등 화재, 재난 · 재해, 그 밖의 위급한 상황이 발생한 현장에서 소방대를 지휘하는 사람을 말한다.

4) 소방자동차가 화재진압 및 구조 · 구급활동을 위하여 출동하거나 훈련을 위하여 필요할 때에는 사이렌을 사용할 수 있다.

119 시 · 도지사가 이웃하는 다른 시 · 도지사와 소방업무에 관하여 상호응원협정을 체결하고자 할 때 포함되도록 하여야 하는 사항과 거리가 먼 것은?　　　　　　　　　[09 경북]

① 화재의 경계 · 진압활동 등 소방활동에 관한 사항

② 응원출동 대상지역 및 규모

③ 출동대원의 수당 · 식사 및 피복의 수선 등 소요경비의 부담에 관한 사항

④ 소방용수시설의 사용에 관한 사항

해설 소방업무의 응원

1) 소방본부장이나 소방서장은 소방활동을 할 때에 긴급한 경우에는 이웃한 소방본부장 또는 소방서장에게 소방업무의 응원(應援)을 요청할 수 있다.

2) 제1항에 따라 소방업무의 응원 요청을 받은 소방본부장 또는 소방서장은 정당한 사유 없이 그 요청을 거절하여서는 아니 된다.

3) 제1항에 따라 소방업무의 응원을 위하여 파견된 소방대원은 응원을 요청한 소방본부장 또는 소방서장의 지휘에 따라야 한다.

4) 시 · 도지사는 제1항에 따라 소방업무의 응원을 요청하는 경우를 대비하여 출동대상 지역 및 규모와 필요한 경비의 부담 등에 관하여 필요한 사항을 행정안전부령으로 정하는 바에 따라 이웃하는 시 · 도지사와 협의하여 미리 규약(規約)으로 정하여야 한다

5) 시 · 도지사들 간의 상호응원협정사항

　1. 다음 각목의 소방활동에 관한 사항

　　가. 화재의 경계 · 진압활동

　　나. 구조 · 구급업무의 지원

다. 화재조사활동
2. 응원출동 대상지역 및 규모
3. 다음 각목의 소요경비의 부담에 관한 사항
    가. 출동대원의 수당 · 식사 및 피복의 수선
    나. 소방장비 및 기구의 정비와 연료의 보급
    다. 그 밖의 경비
4. 응원출동의 요청방법
5. 응원출동 훈련 및 평가

120 소방신호의 종류 및 방법에 대한 설명으로 옳지 않은 것은? [09 대구]

① 소방대의 비상소집을 하는 경우에는 훈련신호를 사용할 수 있다.
② 해제신호는 5초 간격을 두고 30초씩 3회 사이렌을 울린다.
③ 경계신호는 화재예방상 필요하다고 인정되거나 화재위험경보 시 발령한다.
④ 게시판을 철거하거나 통풍대 또는 기를 내리는 것으로 소방활동이 해제되었음을 알린다.

해설 소방신호
1) 화재예방, 소방활동 또는 소방훈련을 위하여 사용되는 소방신호의 종류와 방법은 행정안전부령으로 정한다.
2) 소방신호의 종류
    1. 경계신호 : 화재예방상 필요하다고 인정되거나 법 제14조의 규정에 의한 화재위험경보 시 발령
    2. 발화신호 : 화재가 발생한 때 발령
    3. 해제신호 : 소화활동이 필요없다고 인정되는 때 발령
    4. 훈련신호 : 훈련상 필요하다고 인정되는 때 발령
3) 소방신호

종별 \ 신호방법	타종 신호	사이렌 신호
경계신호	1타와 연2타를 반복	5초 간격을 두고 30초씩 3회
발화신호	난타	5초 간격을 두고 5초씩 3회
해제신호	상당한 간격을 두고 1타씩 반복	1분간 1회
훈련신호	연3타 반복	10초 간격을 두고 1분씩 3회

121 소방활동구역에 출입할 수 있는 사람이 아닌 자는?   [09 대구]

① 소방활동구역 안에 있는 소방대상물의 소유자·관리자 또는 점유자
② 전기·가스·수도·통신·교통의 업무에 종사하는 자로서 원활한 소방활동을 위하여 필요한 자
③ 취재인력 등 보도업무에 종사하는 자
④ 화재와 관계있는 보험회사의 직원

> **해설** 소방활동구역 출입자
> 1. 소방활동구역 안에 있는 소방대상물의 소유자·관리자 또는 점유자
> 2. 전기·가스·수도·통신·교통의 업무에 종사하는 사람으로서 원활한 소방활동을 위하여 필요한 사람
> 3. 의사·간호사 그 밖의 구조·구급업무에 종사하는 사람
> 4. 취재인력 등 보도업무에 종사하는 사람
> 5. 수사업무에 종사하는 사람
> 6. 그 밖에 소방대장이 소방활동을 위하여 출입을 허가한 사람

122 다음 중 소방기본법에 규정된 용어의 정의가 옳지 않은 것은?   [09 대구]

① "소방본부장"이라 함은 시·도에서 화재의 예방·경계·진압·조사 및 구조·구급 등의 업무를 담당하는 부서의 장을 말한다.
② "관계지역"이란 소방대상물이 있는 장소 및 그 이웃 지역으로서 화재의 예방·경계·진압, 구조·구급 등의 활동에 필요한 지역을 말한다.
③ "소방대상물"이란 건축물, 차량, 선박, 항공기, 철도, 선박건조구조물, 산림, 그 밖의 인공구조물 또는 물건을 말한다.
④ "소방대장(消防隊長)"이라 함은 화재를 진압하고 화재, 재난·재해 그 밖의 위급한 상황에서의 구조·구급활동 등을 하기 위하여 소방공무원, 의무소방원, 의용소방대원으로 구성된 조직체를 말한다.

> **해설** ① "소방본부장"이란 특별시·광역시·특별자치시·도 또는 특별자치도(이하 "시·도"라 한다)에서 화재의 예방·경계·진압·조사 및 구조·구급 등의 업무를 담당하는 부서의 장을 말한다.
> ② "관계지역"이란 소방대상물이 있는 장소 및 그 이웃 지역으로서 화재의 예방·경계·진압, 구조·구급 등의 활동에 필요한 지역을 말한다.
> ③ "소방대상물"이란 건축물, 차량, 선박(「선박법」 제1조의2 제1항에 따른 선박으로서 항구에 매어둔 선박만 해당한다), 선박건조구조물, 산림, 그 밖의 인공구조물 또는 물건을 말한다.
> ④ "소방대장"(消防隊長)이란 소방본부장 또는 소방서장 등 화재, 재난·재해, 그 밖의 위급한 상황이 발생한 현장에서 소방대를 지휘하는 사람을 말한다.

123 다음 중 소방자동차의 우선통행에 관한 내용으로 옳은 것은?　　　　　　　[09 대구]

① 소방자동차가 소방용수를 확보하기 위하여 주행할 때라도 모든 차와 사람은 통로를 양보하여야 한다.

② 소방자동차가 소방훈련을 할 때에는 사이렌을 사용하면 안 된다.

③ 소방자동차의 우선 통행에 관하여는 도로교통법이 정하는 바에 따른다.

④ 소방자동차의 우선통행 및 특례에 관한 도로교통법은 전혀 적용되지 않는다.

해설 제21조(소방자동차의 우선 통행 등)

① 모든 차와 사람은 소방자동차(지휘를 위한 자동차와 구조 · 구급차를 포함한다. 이하 같다)가 화재진압 및 구조 · 구급활동을 위하여 출동을 할 때에는 이를 방해하여서는 아니 된다.

② 소방자동차의 우선 통행에 관하여는 「도로교통법」에서 정하는 바에 따른다.

③ 소방자동차가 화재진압 및 구조 · 구급활동을 위하여 출동하거나 훈련을 위하여 필요할 때에는 사이렌을 사용할 수 있다.

124 소방활동 종사 명령에 대한 설명 중 옳지 않은 것은?　　　　　　　[09 대구]

① 소방본부장, 소방서장 또는 소방대장은 소방활동에 필요한 보호장구를 지급하는 등 안전을 위한 조치를 하여야 한다.

② 소방활동에 종사한 자는 시 · 도지사로부터 소방활동의 비용을 지급받을 수 있다.

③ 소방본부장은 소방활동에 종사한 자가 이로 인하여 사망하거나 부상을 입은 경우에는 이를 보상하여야 한다.

④ 소방대상물에 화재, 재난 · 재해 그 밖의 위급한 상황이 발생한 경우 그 관계인에게는 소방활동의 비용을 지급하지 않는다.

해설 제24조(소방활동 종사 명령)

① 소방본부장, 소방서장 또는 소방대장은 화재, 재난 · 재해, 그 밖의 위급한 상황이 발생한 현장에서 소방활동을 위하여 필요할 때에는 그 관할구역에 사는 사람 또는 그 현장에 있는 사람으로 하여금 사람을 구출하는 일 또는 불을 끄거나 불이 번지지 아니하도록 하는 일을 하게 할 수 있다. 이 경우 소방본부장, 소방서장 또는 소방대장은 소방활동에 필요한 보호장구를 지급하는 등 안전을 위한 조치를 하여야 한다.

② 삭제 〈2017. 12. 26.〉

③ 제1항에 따른 명령에 따라 소방활동에 종사한 사람은 시 · 도지사로부터 소방활동의 비용을 지급받을 수 있다. 다만, 다음 각 호의 어느 하나에 해당하는 사람의 경우에는 그러하지 아니하다.

　1. 소방대상물에 화재, 재난 · 재해, 그 밖의 위급한 상황이 발생한 경우 그 관계인

　2. 고의 또는 과실로 화재 또는 구조 · 구급활동이 필요한 상황을 발생시킨 사람

　3. 화재 또는 구조 · 구급현장에서 물건을 가져간 사람

[전문개정 2011. 5. 30.]

━ 제49조의2(손실보상)

① 소방청장 또는 시·도지사는 다음 각 호의 어느 하나에 해당하는 자에게 제3항의 손실보상심의위원회의 심사·의결에 따라 정당한 보상을 하여야 한다.

1. 제16조의3 제1항에 따른 조치로 인하여 손실을 입은 자
2. 제24조제1항 전단에 따른 소방활동 종사로 인하여 사망하거나 부상을 입은 자
3. 제25조제2항 또는 제3항에 따른 처분으로 인하여 손실을 입은 자. 다만, 같은 조 제3항에 해당하는 경우로서 법령을 위반하여 소방자동차의 통행과 소방활동에 방해가 된 경우는 제외한다.
4. 제27조제1항 또는 제2항에 따른 조치로 인하여 손실을 입은 자
5. 그 밖에 소방기관 또는 소방대의 적법한 소방업무 또는 소방활동으로 인하여 손실을 입은 자

125 화재의 원인과 피해 조사를 위하여 소방청, 시·도의 소방본부와 소방서에 화재조사를 전담하는 부서를 설치·운영하는데, 다음 중 화재조사자의 조사 내용이 아닌 것은?   [09 대구]

① 발견·통보 및 초기 소화상황 조사   ② 연소상황 조사
③ 소방시설 등 조사   ④ 재산규모 조사

126 다음 중 국고보조 대상 소방활동장비와 설비에 해당하는 것은?   [09 대구]

① 소방자동차, 소방정, 소방전용통신설비, 소방관서용 청사의 건축
② 소방대원의 인건비, 전산설비, 소방자동차
③ 소화전설비, 소방용수설비, 소방전용통신설비 및 전산설비
④ 비상방송설비, 소방용수설비, 소방헬리콥터 및 소방정

해설 국고보조 대상사업의 범위

1. 다음 각 목의 소방활동장비와 설비의 구입 및 설치
   가. 소방자동차
   나. 소방헬리콥터 및 소방정
   다. 소방전용통신설비 및 전산설비
   라. 그 밖에 방화복 등 소방활동에 필요한 소방장비
2. 소방관서용 청사의 건축(「건축법」 제2조제1항제8호에 따른 건축을 말한다.)

127 출동의 대상지역 및 규모와 소요경비의 부담 등에 관하여 시·도지사는 이웃하는 시·도지사와 소방업무에 관하여 미리 규약으로 정하여 체결하는 것을 무엇이라 하는가? [09 부산]

① 응원협정   ② 진압협정

③ 예방협정   ④ 출동협정

해설 제11조(소방업무의 응원)

① 소방본부장이나 소방서장은 소방활동을 할 때에 긴급한 경우에는 이웃한 소방본부장 또는 소방서장에게 소방 업무의 응원(應援)을 요청할 수 있다.

② 제1항에 따라 소방업무의 응원 요청을 받은 소방본부장 또는 소방서장은 정당한 사유 없이 그 요청을 거절하여서는 아니 된다.

③ 제1항에 따라 소방업무의 응원을 위하여 파견된 소방대원은 응원을 요청한 소방본부장 또는 소방서장의 지휘에 따라야 한다.

④ 시·도지사는 제1항에 따라 소방업무의 응원을 요청하는 경우를 대비하여 출동대상 지역 및 규모와 필요한 경비의 부담 등에 관하여 필요한 사항을 행정안전부령으로 정하는 바에 따라 이웃하는 시·도지사와 협의하여 미리 규약(規約)으로 정하여야 한다. 〈개정 2013. 3. 23., 2014. 11. 19., 2017. 7. 26.〉[전문개정 2011. 5. 30.]

128 다음 중 사람을 구출하거나 불이 번지는 것을 막기 위하여 필요한 때에 취하는 강제처분에 대한 설명으로 옳지 않은 것은? [09 부산]

① 강제처분에 대하여 명령권자는 소방본부장, 소방서장, 소방대장이다.

② 사람을 구출하거나 불이 번지는 것을 막기 위하여 필요할 때에는 화재가 발생하거나 불이 번질 우려가 있는 소방대상물 및 토지를 일시적으로 사용하거나 그 사용을 제한할 수 있다.

③ 법령을 위반하여 소방자동차의 통행과 소방활동에 방해가 된 경우라도 손실이 있으면 보상해야 한다.

④ 시·도지사는 규정에 따른 처분으로 인하여 손실을 받은 자가 있는 경우에는 그 손실을 보상해야 한다.

해설 제25조(강제처분 등)

① 소방본부장, 소방서장 또는 소방대장은 사람을 구출하거나 불이 번지는 것을 막기 위하여 필요할 때에는 화재가 발생하거나 불이 번질 우려가 있는 소방대상물 및 토지를 일시적으로 사용하거나 그 사용의 제한 또는 소방활동에 필요한 처분을 할 수 있다.

② 소방본부장, 소방서장 또는 소방대장은 사람을 구출하거나 불이 번지는 것을 막기 위하여 긴급하다고 인정할 때에는 제1항에 따른 소방대상물 또는 토지 외의 소방대상물과 토지에 대하여 제1항에 따른 처분을 할 수 있다.

③ 소방본부장, 소방서장 또는 소방대장은 소방활동을 위하여 긴급하게 출동할 때에는 소방자동차의 통행과 소방활동에 방해가 되는 주차 또는 정차된 차량 및 물건 등을 제거하거나 이동시킬 수 있다.

④ 소방본부장, 소방서장 또는 소방대장은 제3항에 따른 소방활동에 방해가 되는 주차 또는 정차된 차량의 제거나 이동을 위하여 관할 지방자치단체 등 관련 기관에 견인차량과 인력 등에 대한 지원을 요청할 수 있고, 요청을 받은 관련 기관의 장은 정당한 사유가 없으면 이에 협조하여야 한다. 〈신설 2018. 3. 27.〉

⑤ 시·도지사는 제4항에 따라 견인차량과 인력 등을 지원한 자에게 시·도의 조례로 정하는 바에 따라 비용을 지급할 수 있다. 〈신설 2018. 3. 27.〉

[전문개정 2011. 5. 30.]

129 다음 중 소방안전교육사에 대한 설명으로 옳지 않은 것은? [09 부산]

① 시험위원 중 출제위원은 시험과목별 3인으로 하고 채점위원은 시험과목별 5인(제2차 시험의 경우)으로 한다.

② 파산선고를 받고 복권되지 아니한 자는 소방안전교육사가 될 수 없다.

③ 소방안전교육사는 소방안전교육사의 시험을 출제할 수 있다.

④ 소방안전교육사 시험의 실시권자는 소방청장이다.

해설 소방안전교육사(2년마다 1회 시행)

1) 소방청장이 실시한 시험에 합격한 사람에게 소방안전교육사 자격을 부여한다.

2) 소방안전교육사 시험의 응시자격, 시험방법, 시험과목, 시험위원, 그 밖에 소방안전교육사 시험의 실시에 필요한 사항은 대통령령으로 정한다.

3) 1차시험과 2차시험으로 구분, 제1차 시험 : 소방학개론, 구급·응급처치론, 재난관리론 및 교육학개론 중 응시자가 선택하는 3과목. 제2차 시험 : 국민안전교육 실무

4) 응시 결격사유

   1. 피성년후견인 또는 피한정후견인

   2. 금고 이상의 실형을 선고받고 그 집행이 끝나거나(집행이 끝난 것으로 보는 경우를 포함한다) 집행이 면제된 날부터 2년이 지나지 아니한 사람

   3. 금고 이상의 형의 집행유예를 선고받고 그 유예기간 중에 있는 사람

   4. 법원의 판결 또는 다른 법률에 따라 자격이 정지되거나 상실된 사람

5) 소방안전교육사 배치기준

배치대상	배치기준(단위 : 명)	비고
1. 소방청	2 이상	
2. 소방본부	2 이상	
3. 소방서	1 이상	
4. 한국소방안전원	• 본원 : 2 이상 • 시·도지부 : 1 이상	
5. 한국소방산업기술원	2 이상	

130 다음 중 소방용수시설의 설치·유지·관리권자는? [09 부산]

① 소방청장 　　　② 시·도지사 　　　③ 국무총리 　　　④ 소방본부장

해설 소방용수시설

1) 시·도지사는 소방활동에 필요한 소화전(消火栓)·급수탑(給水塔)·저수조(貯水槽)(이하 "소방용수시설"이라 한다)를 설치하고 유지·관리하여야 한다.
2) 시·도지사는 제21조제1항에 따른 소방자동차의 진입이 곤란한 지역 등 화재발생 시에 초기대응이 필요한 지역으로서 대통령령으로 정하는 지역에 소방호스 또는 호스릴 등을 소방용수시설에 연결하여 화재를 진압하는 시설이나 장치(이하 "비상소화장치"라 한다)를 설치하고 유지·관리할 수 있다.
3) 소방용수시설과 비상소화장치의 설치기준은 행정안전부령으로 정한다.

131 다음 설명 중 옳지 않은 것은? [09 부산]

① 소방본부장이나 소방서장은 화재경계지구 안의 관계인에 대하여 대통령령으로 정하는 바에 따라 소방에 필요한 훈련 및 교육을 실시할 수 있다.
② 전문소방공사감리업의 영업범위는 모든 특정소방대상물에 설치되는 소방시설공사 감리이다.
③ 운송책임자의 감독·지원을 받아 운송하여야 하는 위험물에는 알킬알루미늄, 알킬리튬 및 알킬알루미늄, 알킬리튬을 함유하는 위험물 등이 있다.
④ 소방업무의 응원을 위하여 파견된 소방대원은 응원을 지원한 소방본부장 또는 소방서장의 지휘에 따라야 한다.

해설 소방업무의 응원

1) 소방본부장이나 소방서장은 소방활동을 할 때에 긴급한 경우에는 이웃한 소방본부장 또는 소방서장에게 소방업무의 응원(應援)을 요청할 수 있다.
2) 제1항에 따라 소방업무의 응원 요청을 받은 소방본부장 또는 소방서장은 정당한 사유 없이 그 요청을 거절하여서는 아니 된다.
3) 제1항에 따라 소방업무의 응원을 위하여 파견된 소방대원은 **응원을 요청한 소방본부장 또는 소방서장의 지휘에 따라야 한다.**
4) 시·도지사는 제1항에 따라 소방업무의 응원을 요청하는 경우를 대비하여 출동대상 지역 및 규모와 필요한 경비의 부담 등에 관하여 필요한 사항을 행정안전부령으로 정하는 바에 따라 이웃하는 시·도지사와 협의하여 미리 규약(規約)으로 정하여야 한다.

132 소방용수시설의 설치기준으로 적절하지 않은 것은? [09 부산]

① 소화전은 상수도와 연결하여 지하식 또는 지상식의 구조로 하고, 소방용 호스와 연결하는 소화전의 연결금속구의 구경은 65mm로 할 것

② 저수조는 지면으로부터의 낙차가 4.5m 이상일 것

③ 급수탑의 급수배관의 구경은 100mm 이상으로 하고, 개폐밸브는 지상에서 1.5m 이상 1.7m 이하의 위치에 설치하도록 할 것

④ 「국토의 계획 및 이용에 관한 법률」의 규정에 의한 주거지역·상업지역 및 공업지역에 설치하는 경우 소방대상물과의 수평거리를 100m 이하가 되도록 할 것

133 화재경계지구의 지정대상지역이 아닌 것은? [09 부산]

① 공장·창고가 밀집한 지역

② 위험물의 저장 및 처리시설이 밀집한 지역

③ 석유화학제품을 전시·판매·진열하는 지역

④ 화재가 발생할 우려가 높거나 화재가 발생하는 경우 그로 인하여 피해가 클 것으로 인정하는 지역

[해설] 화재경계지구의 지정 등

1) 시·도지사는 다음의 지역 중 화재가 발생할 우려가 높거나 화재가 발생하는 경우 그로 인하여 피해가 클 것으로 예상되는 지역을 화재경계지구(火災警戒地區)로 지정할 수 있다.

1. 시장지역
2. 공장·창고가 밀집한 지역
3. 목조건물이 밀집한 지역
4. 위험물의 저장 및 처리 시설이 밀집한 지역
5. 석유화학제품을 생산하는 공장이 있는 지역
6. 「산업입지 및 개발에 관한 법률」 제2조제8호에 따른 산업단지
7. 소방시설·소방용수시설 또는 소방출동로가 없는 지역
8. 그 밖에 제1호부터 제7호까지에 준하는 지역으로서 소방청장·소방본부장 또는 소방서장이 화재경계지구로 지정할 필요가 있다고 인정하는 지역

134 다음 중 소방활동구역에 출입할 수 없는 사람은 ? [09 부산]

① 소방활동구역 안에 있는 소방대상물의 소유자·관리자 또는 점유자

② 전기·가스·수도·통신·교통의 업무에 종사하는 자로서 원활한 소방활동을 위하여 필요한 자

③ 수사업무에 종사하는 자

④ 관계공무원

> **해설** 소방활동구역 출입자
> 1. 소방활동구역 안에 있는 소방대상물의 소유자·관리자 또는 점유자
> 2. 전기·가스·수도·통신·교통의 업무에 종사하는 사람으로서 원활한 소방활동을 위하여 필요한 사람
> 3. 의사·간호사 그 밖의 구조·구급업무에 종사하는 사람
> 4. 취재인력 등 보도업무에 종사하는 사람
> 5. 수사업무에 종사하는 사람
> 6. 그 밖에 소방대장이 소방활동을 위하여 출입을 허가한 사람

135 다음 중 소방기본법에 규정된 용어를 잘못 설명한 것은? [09 부산]

① 차량은 소방대상물이다.

② 관계인에는 소방대상물의 관리자도 해당된다.

③ "소방대장(消防隊長)"이라 함은 시·도에서 화재의 예방·경계·진압·조사 및 구조·구급 등의 업무를 담당하는 부서의 장을 말한다.

④ "관계지역"이란 소방대상물이 있는 장소 및 그 이웃지역으로서 화재의 예방·경계·진압, 구조·구급 등의 활동에 필요한 지역을 말한다.

> **해설** ① "소방대상물"이란 건축물, 차량, 선박(「선박법」 제1조의2 제1항에 따른 선박으로서 항구에 매어둔 선박만 해당한다), 선박건조구조물, 산림, 그 밖의 인공구조물 또는 물건을 말한다.
> ② "관계인"이란 소방대상물의 소유자·관리자 또는 점유자를 말한다.
> ③ "소방대장"(消防隊長)이란 소방본부장 또는 소방서장 등 화재, 재난·재해, 그 밖의 위급한 상황이 발생한 현장에서 소방대를 지휘하는 사람을 말한다.
> ④ "관계지역"이란 소방대상물이 있는 장소 및 그 이웃지역으로서 화재의 예방·경계·진압, 구조·구급 등의 활동에 필요한 지역을 말한다.

136 소방교육 · 훈련의 종류에 해당하지 않는 것은? [09 전북]

① 화재진압훈련   ② 화재예방훈련

③ 응급처치훈련   ④ 인명대피훈련

해설 소방교육 및 훈련

1) 소방청장, 소방본부장 또는 소방서장은 소방업무를 전문적이고 효과적으로 수행하기 위하여 소방대원에게 필요한 교육 · 훈련을 실시하여야 한다.

2) 다음 각 호 대상으로 소방안전교육 및 훈련을 실시할 수 있다.
  1. 「영유아보육법」 제2조에 따른 어린이집의 영유아
  2. 「유아교육법」 제2조에 따른 유치원의 유아
  3. 「초 · 중등교육법」 제2조에 따른 학교의 학생

3) 소방대원에 대한 교육 및 훈련(2년마다 1회, 2주 이상)

종류	교육 · 훈련을 받아야 할 대상자
가. 화재진압훈련	1) 화재진압업무를 담당하는 소방공무원 2) 「의무소방대설치법 시행령」 제20조제1항제1호에 따른 임무를 수행하는 의무소방원 3) 「의용소방대 설치 및 운영에 관한 법률」 제3조에 따라 임명된 의용소방대원
나. 인명구조훈련	1) 구조업무를 담당하는 소방공무원 2) 「의무소방대설치법 시행령」 제20조제1항제1호에 따른 임무를 수행하는 의무소방원 3) 「의용소방대 설치 및 운영에 관한 법률」 제3조에 따라 임명된 의용소방대원
다. 응급처치훈련	1) 구급업무를 담당하는 소방공무원 2) 「의무소방대설치법」 제3조에 따라 임용된 의무소방원 3) 「의용소방대 설치 및 운영에 관한 법률」 제3조에 따라 임명된 의용소방대원
라. 인명대피훈련	1) 소방공무원 2) 「의무소방대설치법」 제3조에 따라 임용된 의무소방원 3) 「의용소방대 설치 및 운영에 관한 법률」 제3조에 따라 임명된 의용소방대원
마. 현장지휘훈련	소방공무원 중 다음의 계급에 있는 사람 1) 지방소방정 2) 지방소방령 3) 지방소방경 4) 지방소방위

137 불의 사용에 있어서 지켜야 하는 사항을 위반하였지만 위반행위로 인하여 화재가 발생하지 않은 경우 과태료 부과기준이 옳은 것은? [09 전북]

① 1회－50만 원, 2회－100만 원, 3회 －150만 원, 4회 이상－200만 원

② 1회－100만 원, 2회－150만 원, 3회－200만 원, 4회 이상－200만 원

③ 1회－100만 원, 2회－150만 원, 3회－200만 원, 4회 이상－500만 원

④ 1회－20만 원, 2회－50만 원, 3회－100만 원, 4회 이상－100만 원

1. 일반기준

　가. 과태료 부과권자는 위반행위자가 다음 중 어느 하나에 해당하는 경우에는 제2호 각 목의 과태료 금액의 100분의 50의 범위에서 그 금액을 감경하여 부과할 수 있다. 다만, 감경할 사유가 여러 개 있는 경우라도 「질서위반행위규제법」 제18조에 따른 감경을 제외하고는 감경의 범위는 100분의 50을 넘을 수 없다.

　　1) 위반행위자가 「질서위반행위규제법 시행령」 제2조의2제1항 각 호의 어느 하나에 해당하는 경우

　　2) 위반행위자가 화재 등 재난으로 재산에 현저한 손실이 발생한 경우 또는 사업의 부도·경매 또는 소송 계속 등 사업여건이 악화된 경우로서 과태료 부과권자가 자체위원회의 의결을 거쳐 감경하는 것이 타당하다고 인정하는 경우[위반행위자가 최근 1년 이내에 소방 관계 법령(「소방기본법」, 「소방시설설치유지 및 안전관리에 관한 법률」, 「소방시설공사업법」, 「위험물안전관리법」, 「다중이용업소의 안전관리에 관한 특별법」 및 그 하위법령을 말한다)을 2회 이상 위반한 자는 제외한다]

　　3) 위반행위자가 위반행위로 인한 결과를 시정하거나 해소한 경우

　나. 위반행위의 횟수에 따른 과태료의 가중된 부과기준은 최근 1년간 같은 위반행위로 과태료 부과처분을 받은 경우에 적용한다. 이 경우 기간의 계산은 위반행위에 대하여 과태료 부과처분을 받은 날과 그 처분 후 다시 같은 위반행위를 하여 적발된 날을 기준으로 한다.

　다. 나목에 따라 가중된 부과처분을 하는 경우 가중처분의 적용 차수는 그 위반행위 전 부과처분 차수(나목에 따른 기간 내에 과태료 부과처분이 둘 이상 있었던 경우에는 높은 차수를 말한다)의 다음 차수로 한다.

2. 개별기준

위반행위	근거 법조문	과태료 금액(만 원)			
		1회	2회	3회	4회 이상
가. 법 제13조제4항에 따른 소방용수시설·소화기구 및 설비 등의 설치명령을 위반한 경우	법 제56조제1항 제1호	50	100	150	200
나. 법 제15조제1항에 따른 불의 사용에 있어서 지켜야 하는 사항을 위반한 경우	법 제56조제1항 제2호				
1) 위반행위로 인하여 화재가 발생한 경우		100	150	200	200
2) 위반행위로 인하여 화재가 발생하지 않은 경우		50	100	150	200
다. 법 제15조제2항에 따른 특수가연물의 저장 및 취급의 기준을 위반한 경우	법 제56조제1항 제2호	20	50	100	100
라. 법 제19조제1항을 위반하여 화재 또는 구조·구급이 필요한 상황을 허위로 알린 경우	법 제56조제1항 제3호	100	150	200	200
마. 법 제21조제3항을 위반하여 소방자동차의 출동에 지장을 준 경우	법 제56조제1항 제3호의2	100			
바. 법 제21조의2제2항을 위반하여 전용구역에 차를 주차하거나 전용구역에의 진입을 가로막는 등의 방해행위를 한 경우	법 제56조제2항	50	100	100	100

위반행위	근거 법조문	과태료 금액(만 원)			
		1회	2회	3회	4회 이상
사. 법 제23조제1항을 위반하여 소방활동구역을 출입한 경우	법 제56조제1항 제4호	100			
아. 법 제30조제1항에 따른 명령을 위반하여 보고 또는 자료제출을 하지 아니하거나 거짓으로 보고 또는 자료 제출을 한 경우	법 제56조제1항 제5호	50	100	150	200
자. 법 제44조의3을 위반하여 한국소방안전원 또는 이와 유사한 명칭을 사용한 경우	법 제56조제1항 제6호	200			

138 다음 중 소방본부장, 소방서장 또는 소방대장의 소방활동 종사명령에 따라 종사하였을 경우 시·도지사로부터 소방활동의 비용을 지급받을 수 있는 사람은? [09 전북]

① 소방대상물에 화재, 재난·재해, 그 밖의 위급한 상황이 발생한 경우 그 관계인
② 고의 또는 과실로 화재 또는 구조·구급활동이 필요한 상황을 발생시킨 사람
③ 화재 또는 구조·구급현장에서 물건을 가져간 사람
④ 그 관할구역에 사는 사람

해설 소방활동 종사명령

1) 소방본부장, 소방서장 또는 소방대장은 화재, 재난·재해, 그 밖의 위급한 상황이 발생한 현장에서 소방활동을 위하여 필요할 때에는 그 관할구역에 사는 사람 또는 그 현장에 있는 사람으로 하여금 사람을 구출하는 일 또는 불을 끄거나 불이 번지지 아니하도록 하는 일을 하게할 수 있다.
2) 제1항에 따른 명령에 따라 소방활동에 종사한 사람은 시·도지사로부터 소방활동의 비용을 지급받을 수 있다. 다만, 다음 각 호의 어느 하나에 해당하는 사람의 경우에는 그러하지 아니하다.
   1. 소방대상물에 화재, 재난·재해, 그 밖의 위급한 상황이 발생한 경우 그 관계인
   2. 고의 또는 과실로 화재 또는 구조·구급활동이 필요한 상황을 발생시킨 사람
   3. 화재 또는 구조·구급현장에서 물건을 가져간 사람

139 다음 중 법 제1조 내지 제4조란 무엇을 의미하는가? [09 전북]

① 법 제1조와 제4조를 말한다.
② 법 제1조와 제2조 및 제4조를 말한다.
③ 법 제2조와 제3조를 말한다.
④ 법 제1조, 제2조, 제3조, 제4조를 말한다.

해설 1조 내지 4조라는 표현은 1조부터 4조까지를 뜻한다.

140 다음 중 벌칙의 부과내용이 다른 것은? [09 전북]

① 소방자동차의 출동을 방해한 사람

② 소방대상물 및 토지의 강제처분을 방해한 자 또는 정당한 사유 없이 그 처분에 따르지 아니한 자

③ 사람을 구출하는 일 또는 불을 끄거나 불이 번지지 아니하도록 하는 일을 방해한 사람

④ 정당한 사유 없이 소방용수시설을 사용하거나 소방용수시설의 효용을 해치거나 그 정당한 사용을 방해한 사람

해설 ①, ③, ④ : 5년 이하의 징역 또는 5,000만 원 이하의 벌금
② : 3년 이하의 징역 또는 3,000만 원 이하의 벌금

---

141 다음 중 소방장비 등의 국고보조에 대한 설명으로 옳지 않은 것은? [09 전북]

① 보조 대상사업의 범위와 기준보조율은 대통령령으로 정한다.

② 소방관서용 청사의 건축은 국고보조 대상이다.

③ 소방활동장비 및 설비의 종류와 규격은 시 · 도의 조례로 정한다.

④ 국내조달품의 기준가격은 정부고시가격으로 수입물품의 기준가격은 조달청에서 조사한 해외시장의 시가로 한다.

해설 소방장비등에 대한 국고보조
1) 국가는 소방장비의 구입 등 시 · 도의 소방업무에 필요한 경비의 일부를 보조한다.
2) 보조 대상사업의 범위와 기준보조율은 대통령령으로 정한다.
3) 국고보조 대상사업의 범위
　　1. 다음 각 목의 소방활동장비와 설비의 구입 및 설치
　　　　가. 소방자동차
　　　　나. 소방헬리콥터 및 소방정
　　　　다. 소방전용통신설비 및 전산설비
　　　　라. 그 밖에 방화복 등 소방활동에 필요한 소방장비
　　2. 소방관서용 청사의 건축(「건축법」 제2조제1항제8호에 따른 건축을 말한다)
4) 국고보조 소방활동장비 및 설비의 종류와 규격은 행정안전부령으로 정한다.

─ 시행규칙 제5조(소방활동장비 및 설비의 규격 및 종류와 기준가격)
　① 영 제2조제2항의 규정에 의한 국고보조의 대상이 되는 소방활동장비 및 설비의 종류 및 규격은 별표 1의2와 같다. 〈개정 2007. 2. 1., 2017. 7. 6.〉
　② 영 제2조제2항의 규정에 의한 국고보조산정을 위한 기준가격은 다음 각호와 같다.
　　1. 국내조달품 : 정부고시가격
　　2. 수입물품 : 조달청에서 조사한 해외시장의 시가
　　3. 정부고시가격 또는 조달청에서 조사한 해외시장의 시가가 없는 물품 : 2 이상의 공신력 있는 물가조사기관에서 조사한 가격의 평균가격

142 다음 중 소방교육 · 훈련의 종류와 종류별 소방교육 · 훈련의 대상자가 잘못 연결된 것은?

[09 전북]

① 화재진압훈련 : 화재진압을 담당하는 소방공무원과 화재 등 현장활동의 보조임무를 수행하는 의무소방원 및 의용소방대원
② 인명구조훈련 : 구조업무를 담당하는 소방공무원과 화재 등 현장활동의 보조임무를 수행하는 의무소방원 및 의용소방대원
③ 응급처치훈련 : 구급업무를 담당하는 소방공무원과 의무소방원 및 자체소방대원
④ 현장지휘훈련 : 지방소방위 · 지방소방경 · 지방소방령 및 지방소방정

해설 소방교육 및 훈련

1) 소방청장, 소방본부장 또는 소방서장은 소방업무를 전문적이고 효과적으로 수행하기 위하여 소방대원에게 필요한 교육 · 훈련을 실시하여야 한다.
2) 다음 각 호 대상으로 소방안전교육 및 훈련을 실시할 수 있다.
    1. 「영유아보육법」 제2조에 따른 어린이집의 영유아
    2. 「유아교육법」 제2조에 따른 유치원의 유아
    3. 「초 · 중등교육법」 제2조에 따른 학교의 학생
3) 소방대원에 대한 교육 및 훈련(2년마다 1회, 2주 이상)

종류	교육 · 훈련을 받아야 할 대상자
가. 화재진압훈련	1) 화재진압업무를 담당하는 소방공무원 2) 「의무소방대설치법 시행령」 제20조제1항제1호에 따른 임무를 수행하는 의무소방원 3) 「의용소방대 설치 및 운영에 관한 법률」 제3조에 따라 임명된 의용소방대원
나. 인명구조훈련	1) 구조업무를 담당하는 소방공무원 2) 「의무소방대설치법 시행령」 제20조제1항제1호에 따른 임무를 수행하는 의무소방원 3) 「의용소방대 설치 및 운영에 관한 법률」 제3조에 따라 임명된 의용소방대원
다. 응급처치훈련	1) 구급업무를 담당하는 소방공무원 2) 「의무소방대설치법」 제3조에 따라 임용된 의무소방원 3) 「의용소방대 설치 및 운영에 관한 법률」 제3조에 따라 임명된 의용소방대원
라. 인명대피훈련	1) 소방공무원 2) 「의무소방대설치법」 제3조에 따라 임용된 의무소방원 3) 「의용소방대 설치 및 운영에 관한 법률」 제3조에 따라 임명된 의용소방대원
마. 현장지휘훈련	소방공무원 중 다음의 계급에 있는 사람 1) 지방소방정 2) 지방소방령 3) 지방소방경 4) 지방소방위

143 다음 소방용수시설의 설치기준에 관한 설명 중 옳지 않은 것은?   [09 전북]

① 저수조에 물을 공급하는 방법은 상수도 연결하여 수동으로 급수되는 구조일 것

② 급수탑의 급수배관의 구경은 100mm 이상으로 할 것

③ 저수조는 지면으로부터의 낙차가 4.5m 이하일 것

④ 소화전의 연결금속구의 구경은 65mm로 할 것

> **해설** 저수조에 물을 공급하는 방법은 상수도에 연결하여 자동으로 급수되는 구조일 것

144 다음 중 대통령령으로 정하는 특수가연물(特殊可燃物)에 해당하는 것은?   [09 전북]

① 300kg의 나무껍질 및 대팻밥

② 700kg의 볏짚류

③ 150kg의 면화류

④ 15m³의 목재가공품 및 나무 부스러기

> **해설** 특수가연물의 종류

품명		수량
면화류		200킬로그램 이상
나무껍질 및 대팻밥		400킬로그램 이상
넝마 및 종이 부스러기		1,000킬로그램 이상
사류(絲類)		1,000킬로그램 이상
볏짚류		1,000킬로그램 이상
가연성 고체류		3,000킬로그램 이상
석탄·목탄류		10,000킬로그램 이상
가연성 액체류		2세제곱미터 이상
목재가공품 및 나무 부스러기		10세제곱미터 이상
합성수지류	발포시킨 것	20세제곱미터 이상
	그 밖의 것	3,000킬로그램 이상

145 '소방산업의 육성 · 진흥 및 지원 등'과 관련한 국가의 책무가 아닌 것은? [09 전북]

① 소방기술과 안전관리에 관한 각종 간행물 발간

② 국민의 생명과 재산을 보호하기 위하여 기관이나 단체로 하여금 소방기술의 연구 · 개발 사업을 수행

③ 소방산업과 관련된 기술의 개발을 촉진하기 위하여 기술개발을 실시하는 자에게 그 기술 개발에 드는 자금의 전부나 일부를 출연하거나 보조

④ 소방기술 및 소방산업의 국제경쟁력과 국제적 통용성을 높이는 데에 필요한 기반 조성을 촉진하기 위한 시책 마련

> **해설** 제39조의3(국가의 책무)
> 국가는 소방산업(소방용 기계 · 기구의 제조, 연구 · 개발 및 판매 등에 관한 일련의 산업을 말한다. 이하 같다)의 육성 · 진흥을 위하여 필요한 계획의 수립 등 행정상 · 재정상의 지원시책을 마련하여야 한다.
>
> ━ 제39조의4 삭제 〈2008.6.5.〉
>
> ━ 제39조의5(소방산업과 관련된 기술개발 등의 지원)
> ① 국가는 소방산업과 관련된 기술(이하 "소방기술"이라 한다)의 개발을 촉진하기 위하여 기술 개발을 실시하는 자에게 그 기술개발에 드는 자금의 전부나 일부를 출연하거나 보조할 수 있다.
> ② 국가는 우수소방제품의 전시 · 홍보를 위하여 「대외무역법」 제4조제2항에 따른 무역전시장 등을 설치한 자에게 다음 각 호에서 정한 범위에서 재정적인 지원을 할 수 있다.
> 1. 소방산업전시회 운영에 따른 경비의 일부
> 2. 소방산업전시회 관련 국외 홍보비
> 3. 소방산업전시회 기간 중 국외의 구매자 초청 경비
>
> ━ 제39조의6(소방기술의 연구 · 개발사업 수행)
> ① 국가는 국민의 생명과 재산을 보호하기 위하여 다음 각 호의 어느 하나에 해당하는 기관이나 단체로 하여금 소방기술의 연구 · 개발사업을 수행하게 할 수 있다. 〈개정 2016.3.22.〉
> 1. 국공립 연구기관
> 2. 「과학기술분야 정부출연연구기관 등의 설립 · 운영 및 육성에 관한 법률」에 따라 설립된 연구기관
> 3. 「특정연구기관 육성법」 제2조에 따른 특정연구기관
> 4. 「고등교육법」에 따른 대학 · 산업대학 · 전문대학 및 기술대학
> 5. 「민법」이나 다른 법률에 따라 설립된 소방기술 분야의 법인인 연구기관 또는 법인 부설 연구소
> 6. 「기초연구진흥 및 기술개발지원에 관한 법률」 제14조의2 제1항에 따라 인정받은 기업부설연구소
> 7. 「소방산업의 진흥에 관한 법률」 제14조에 따른 한국소방산업기술원
> 8. 그 밖에 대통령령으로 정하는 소방에 관한 기술개발 및 연구를 수행하는 기관 · 협회
> ② 국가가 제1항에 따른 기관이나 단체로 하여금 소방기술의 연구 · 개발사업을 수행하게 하는 경우에는 필요한 경비를 지원하여야 한다.

정답 **145** ①

— 제39조의7(소방기술 및 소방산업의 국제화사업)

① 국가는 소방기술 및 소방산업의 국제경쟁력과 국제적 통용성을 높이는 데에 필요한 기반 조성을 촉진하기 위한 시책을 마련하여야 한다.

② 소방청장은 소방기술 및 소방산업의 국제경쟁력과 국제적 통용성을 높이기 위하여 다음 각 호의 사업을 추진하여야 한다. 〈개정 2014.11.19.〉

1. 소방기술 및 소방산업의 국제 협력을 위한 조사 · 연구
2. 소방기술 및 소방산업에 관한 국제전시회, 국제학술회의 개최 등 국제 교류
3. 소방기술 및 소방산업의 국외시장 개척
4. 그 밖에 소방기술 및 소방산업의 국제경쟁력과 국제적 통용성을 높이기 위하여 필요하다고 인정하는 사업

146 다음 중 소방신호의 방법 중 사이렌 신호에 관한 설명이 옳은 것은?　　　　　[09 전북]

① 화재예방상 필요하다고 인정되거나 화재위험경보 시 발령하는 경계신호는 5초 간격을 두고 10초씩 3회를 울린다.

② 소화활동이 필요없다고 인정되는 때 발령하는 해제신호는 10분간 1회를 울린다.

③ 화재가 발생한 때 발령하는 발화신호는 5초 간격을 두고 10초씩 3회를 울린다.

④ 소방대의 비상소집을 하는 경우에 발령하는 훈련신호는 10초 간격을 두고 1분씩 3회를 울린다.

해설 소방신호

1) 화재예방, 소방활동 또는 소방훈련을 위하여 사용되는 소방신호의 종류와 방법은 행정안전부령으로 정한다.

2) 소방신호의 종류

1. 경계신호 : 화재예방상 필요하다고 인정되거나 법 제14조의 규정에 의한 화재위험경보 시 발령
2. 발화신호 : 화재가 발생한 때 발령
3. 해제신호 : 소화활동이 필요없다고 인정되는 때 발령
4. 훈련신호 : 훈련상 필요하다고 인정되는 때 발령

3) 소방신호

종별　　　　신호방법	타종 신호	사이렌 신호
경계신호	1타와 연2타를 반복	5초 간격을 두고 30초씩 3회
발화신호	난타	5초 간격을 두고 5초씩 3회
해제신호	상당한 간격을 두고 1타씩 반복	1분간 1회
훈련신호	연3타 반복	10초 간격을 두고 1분씩 3회

147 화재원인 조사에 해당하지 않는 것은? [09 전북]

① 화재가 발생한 과정, 화재가 발생한 지점 및 불이 붙기 시작한 물질
② 소방활동 중 발생한 사망자 및 부상자
③ 화재의 연소경로 및 확대원인 등의 상황
④ 소방시설의 사용 또는 작동 등의 상황

148 다음 중 소방기본법에서 규정하고 있는 과태료부과권자가 아닌 것은? [09 광주]

① 소방본부장
② 소방서장
③ 시 · 도지사
④ 소방청장

> **해설** 과태료는 대통령령으로 정하는 바에 따라 관할 시 · 도지사, 소방본부장 또는 소방서장이 부
> 과 · 징수한다.

149 시 · 도지사는 도시의 건물 밀집지역 등 화재가 발생할 우려가 높거나 화재가 발생하는 경우
그로 인하여 피해가 클 것으로 예상되는 일정한 구역을 무엇으로 지정할 수 있는가?

[09 광주]

① 방화경계지구
② 소방활동 대상구역
③ 화재경계지구
④ 대형화재 취약대상지역

150 화재가 발생한 때에는 화재의 원인 및 피해 등에 대한 조사를 하여야 한다. 다음 중 화재조사
권자가 아닌 사람은? [09 광주]

① 시 · 도지사
② 소방청장
③ 소방본부장
④ 소방서장

> **해설** 화재의 조사(원인조사, 피해조사)
> 소방청장, 소방본부장 또는 소방서장은 화재가 발생하였을 때에는 화재의 원인 및 피해 등에 대
> 한 조사(이하 "화재조사"라 한다)를 하여야 한다.

151 소방장비 등의 국고보조에 대한 설명으로 옳지 않은 것은? [09 광주]

① 국가는 소방장비의 구입 등 시·도의 소방업무에 필요한 경비의 일부를 보조한다.

② 보조 대상사업의 범위와 기준보조율은 행전안전부령으로 정한다.

③ 국고보조산정을 위한 기준가격은 수입물품의 경우 조달청에서 조사한 해외시장의 시가로 한다.

④ 방화복 등 소방활동에 필요한 소방장비도 국고보조 대상이다.

해설 소방장비등에 대한 국고보조

1) 국가는 소방장비의 구입 등 시·도의 소방업무에 필요한 경비의 일부를 보조한다.

2) 보조 대상사업의 범위와 기준보조율은 대통령령으로 정한다.

3) 국고보조 대상사업의 범위
   1. 다음 각 목의 소방활동장비와 설비의 구입 및 설치
      가. 소방자동차
      나. 소방헬리콥터 및 소방정
      다. 소방전용통신설비 및 전산설비
      라. 그 밖에 방화복 등 소방활동에 필요한 소방장비
   2. 소방관서용 청사의 건축(「건축법」 제2조제1항제8호에 따른 건축을 말한다)

4) 국고보조 소방활동장비 및 설비의 종류와 규격은 행정안전부령으로 정한다.

— 시행규칙 제5조(소방활동장비 및 설비의 규격 및 종류와 기준가격)

① 영 제2조제2항의 규정에 의한 국고보조의 대상이 되는 소방활동장비 및 설비의 종류 및 규격은 별표 1의2와 같다. 〈개정 2007. 2. 1., 2017. 7. 6.〉

② 영 제2조제2항의 규정에 의한 국고보조 산정을 위한 기준가격은 다음 각호와 같다.
   1. 국내조달품 : 정부고시가격
   2. 수입물품 : 조달청에서 조사한 해외시장의 시가
   3. 정부고시가격 또는 조달청에서 조사한 해외시장의 시가가 없는 물품 : 2 이상의 공신력 있는 물가조사기관에서 조사한 가격의 평균가격

152 소방교육·훈련의 종류와 종류별 소방교육·훈련의 대상자가 옳지 않은 것은? [09 전남]

① 인명구조훈련 : 구조업무를 담당하는 소방공무원, 의무소방원, 의용소방대원

② 화재진압훈련 : 화재진압업무를 담당하는 소방공무원, 의무소방원, 의용소방대원

③ 현장지휘훈련 : 소방공무원, 의무소방원, 의용소방대원

④ 인명대피훈련 : 소방공무원, 의무소방원, 의용소방대원

해설 현장지휘훈련 : 소방공무원 중 다음의 계급에 있는 사람
   1) 지방소방정   2) 지방소방령
   3) 지방소방경   4) 지방소방위

153 화재경계지구의 지정권자와 지정대상이 맞게 연결된 것은? [09 전남]

① 시 · 도지사 – 공장, 창고 등이 밀집한 지역

② 소방청장 – 시장지역

③ 소방본부장 – 목조건물이 밀집한 지역

④ 국무총리 – 석유화학제품을 생산하는 공장이 있는 지역

154 다음 소방기본법 제1조에서 명시하고 있는 소방기본법의 목적 중에서 가장 궁극적인 목적은 무엇인가? [09 전남]

① 화재를 예방 · 경계하거나 진압

② 화재, 재난 · 재해 그 밖의 위급한 상황에서의 구조 · 구급활동

③ 국민의 생명 · 신체 및 재산을 보호

④ 공공의 안녕질서 유지와 복리증진에 이바지

> **해설** 소방기본법의 목적
> 이 법은 화재를 예방 · 경계하거나 진압하고 화재, 재난 · 재해, 그 밖의 위급한 상황에서의 구조 · 구급활동 등을 통하여 국민의 생명 · 신체 및 재산을 보호함으로써 공공의 안녕 및 질서 유지와 복리증진에 이바지함을 목적으로 한다.

155 소방자동차의 출동을 방해한 사람에 대한 처벌이 바르게 된 것은? [09 제주]

① 3년 이하의 징역 또는 3천만 원 이하의 벌금

② 3년 이하의 징역 또는 5천만 원 이하의 벌금

③ 5년 이하의 징역 또는 5천만 원 이하의 벌금

④ 5년 이하의 징역 또는 3천만 원 이하의 벌금

156 소방기관이 소방업무를 수행하는 데 필요한 인력과 장비 등에 관한 기준은 무엇으로 정하는가? [09 제주]

① 대통령령   ② 행정안전부령

③ 시 · 도의 조례   ④ 소방청 고시

정답 **153** ①   **154** ④   **155** ③   **156** ②

157 종합상황실을 설치 · 운영하는 것은 화재, 재난 · 재해 그 밖에 구조 · 구급이 필요한 상황이 발생한 때에 신속한 소방활동을 위한 정보를 수집 · 전파하기 위함이다. 화재로 인한 피해나 발생장소가 다음과 같은 경우 소방본부의 종합상황실장이 소방청의 종합상황실에 보고하여야 할 사항으로 옳은 것은? [09 제주]

① 재산피해액이 10억 원 발생하였다.

② 이재민이 50인 발생하였다.

③ 사망자가 3인 발생하고 사상자가 5인 발생하였다.

④ 연면적 15,000m²인 공장에서 화재가 발생하였다.

해설 상부 종합상황실 보고사항

    1. 다음 각목의 1에 해당하는 화재

      가. 사망자가 5인 이상 발생하거나 사상자가 10인 이상 발생한 화재

      나. 이재민이 100인 이상 발생한 화재

      다. 재산피해액이 50억 원 이상 발생한 화재

      라. 관공서 · 학교 · 정부미도정공장 · 문화재 · 지하철 또는 지하구의 화재

      마. 관광호텔, 층수(「건축법 시행령」 제119조제1항제9호의 규정에 의하여 산정한 층수를 말한다. 이하 이 목에서 같다)가 11층 이상인 건축물, 지하상가, 시장, 백화점, 「위험물 안전관리법」 제2조제2항의 규정에 의한 지정수량의 3천배 이상의 위험물의 제조소 · 저장소 · 취급소, 층수가 5층 이상이거나 객실이 30실 이상인 숙박시설, 층수가 5층 이상이거나 병상이 30개 이상인 종합병원 · 정신병원 · 한방병원 · 요양소, **연면적 1만5천제곱미터 이상인 공장** 또는 소방기본법 시행령(이하 "영"이라 한다) 제4조제1항 각 목에 따른 화재경계지구에서 발생한 화재

      바. 철도차량, 항구에 매어둔 총 톤수가 1천톤 이상인 선박, 항공기, 발전소 또는 변전소에서 발생한 화재

      사. 가스 및 화약류의 폭발에 의한 화재

      아. 「다중이용업소의 안전관리에 관한 특별법」 제2조에 따른 다중이용업소의 화재

158 다음 중 소방대상물에 해당하는 것은? [09 제주]

① 인축

② 항구 안에 매어둔 선박

③ 운항 중인 비행기

④ 지하 매설물

해설 "소방대상물"이란 건축물, 차량, 선박(「선박법」 제1조의2 제1항에 따른 선박으로서 항구에 매어둔 선박만 해당한다), 선박건조구조물, 산림, 그 밖의 인공구조물 또는 물건을 말한다.

159 다음 중 이웃하는 시 · 도지사 간의 소방업무 응원요청에 대한 설명으로 옳은 것은?

[09 강원]

① 시 · 도지사는 소방활동을 할 때에 긴급한 경우에는 이웃한 소방본부장 또는 소방서장에게 소방업무의 응원(應援)을 요청할 수 있다.

② 소방업무의 응원 요청을 받은 시 · 도지사는 정당한 사유 없이 그 요청을 거절하여서는 아니 된다.

③ 소방업무의 응원을 위하여 파견된 소방대원은 응원을 요청한 소방본부장 또는 소방서장의 지휘에 따라야 한다.

④ 소방본부장 또는 소방서장은 소방업무의 응원을 요청하는 경우를 대비하여 출동대상 지역 및 규모와 필요한 경비의 부담 등에 관하여 필요한 사항을 행전안전부령으로 정하는 바에 따라 이웃하는 소방본부장 또는 소방서장과 협의하여 미리 규약(規約)으로 정하여야 한다.

해설 소방업무의 응원

1) 소방본부장이나 소방서장은 소방활동을 할 때에 긴급한 경우에는 이웃한 소방본부장 또는 소방서장에게 소방업무의 응원(應援)을 요청할 수 있다.

2) 제1항에 따라 소방업무의 응원 요청을 받은 소방본부장 또는 소방서장은 정당한 사유 없이 그 요청을 거절하여서는 아니 된다.

3) 제1항에 따라 소방업무의 응원을 위하여 파견된 소방대원은 **응원을 요청한 소방본부장 또는 소방서장의 지휘에 따라야 한다.**

4) 시 · 도지사는 제1항에 따라 소방업무의 응원을 요청하는 경우를 대비하여 출동대상 지역 및 규모와 필요한 경비의 부담 등에 관하여 필요한 사항을 행정안전부령으로 정하는 바에 따라 이웃하는 시 · 도지사와 협의하여 미리 규약(規約)으로 정하여야 한다

5) 시 · 도지사들 간의 상호응원 협정사항
   1. 다음 각목의 소방활동에 관한 사항
      가. 화재의 경계 · 진압활동
      나. 구조 · 구급업무의 지원
      다. 화재조사활동
   2. 응원출동대상 지역 및 규모
   3. 다음 각목의 소요경비의 부담에 관한 사항
      가. 출동대원의 수당 · 식사 및 피복의 수선
      나. 소방장비 및 기구의 정비와 연료의 보급
      다. 그 밖의 경비
   4. 응원출동의 요청방법
   5. 응원출동 훈련 및 평가

160 다음 중 종합상황실의 실장이 지체없이 서면 · 모사전송 또는 컴퓨터통신 등으로 상급 종합상황실에 보고하여야 할 사항이 아닌 것은? [09 강원]

① 사망자가 5인 이상 발생하거나 사상자가 10인 이상 발생한 화재

② 이재민이 100인 이상 발생한 화재

③ 층수가 3층 이상이거나 병상이 20개 이상인 종합병원에 발생한 화재

④ 언론에 보도된 재난상황

해설 층수가 5층 이상이거나 병상이 30개 이상인 종합병원 · 정신병원 · 한방병원 · 요양소

---

161 다음 중 소방안전교육사시험의 시험위원의 규정과 맞지 않는 것은? [09 강원]

① 과장급 이상의 소방공무원

② 소방안전 관련 학과 · 교육학과 · 심리학과 또는 응급처치학과 박사학위 취득자

③ 응급처치학과 조교수 이상으로 2년 이상 재직한 자

④ 소방안전교육사 자격을 취득한 자

해설 제7조의5(시험위원 등)

① 소방청장은 소방안전교육사시험 응시자격심사, 출제 및 채점을 위하여 다음 각 호의 어느 하나에 해당하는 사람을 응시자격심사위원 및 시험위원으로 임명 또는 위촉하여야 한다. 〈개정 2009.5.21., 2014.11.19., 2016.6.30.〉

1. 소방 관련학과, 교육학과 또는 응급구조학과 박사학위 취득자
2. 「고등교육법」 제2조제1호부터 제6호까지의 규정 중 어느 하나에 해당하는 학교에서 소방 관련학과, 교육학과 또는 응급구조학과에서 조교수 이상으로 2년 이상 재직한 자
3. 소방위 또는 지방소방위 이상의 소방공무원
4. 소방안전교육사 자격을 취득한 자

② 제1항에 따른 응시자격심사위원 및 시험위원의 수는 다음 각 호와 같다. 〈개정 2009.5.21., 2016.6.30.〉

1. 응시자격심사위원 : 3명
2. 시험위원 중 출제위원 : 시험과목별 3명
3. 시험위원 중 채점위원 : 5명
4. 삭제 〈2016.6.30.〉

③ 제1항에 따라 응시자격심사위원 및 시험위원으로 임명 또는 위촉된 자는 소방청장이 정하는 시험문제 등의 작성 시 유의사항 및 서약서 등에 따른 준수사항을 성실히 이행해야 한다. 〈개정 2014.11.19.〉

④ 제1항에 따라 임명 또는 위촉된 응시자격 심사위원 및 시험위원과 시험감독업무에 종사하는 자에 대하여는 예산의 범위에서 수당 및 여비를 지급할 수 있다. [본조신설 2007.2.1.]

162 다음 중 소방용수시설의 설치 및 관리 등에 설명이 옳지 않은 것은?   [09 강원]

① 소방본부장 또는 소방서장은 원활한 소방활동을 위하여 소방용수시설에 대한 조사를 연 1회 이상 실시하여야 한다.

② 소방본부장 또는 소방서장은 소방대상물에 인접한 도로의 폭·교통상황, 도로주변의 토지의 고저·건축물의 개황 그 밖의 소방활동에 필요한 지리에 대한 조사를 실시하여야 한다.

③ 조사결과는 전자적 처리가 불가능한 특별한 사유가 없으면 전자적 처리가 가능한 방법으로 작성·관리하여야 한다.

④ 소방용수시설에 대한 조사 및 소방활동에 필요한 지리에 대한 조사 결과를 2년간 보관하여야 한다.

해설 소방용수시설

1) 시·도지사는 소방활동에 필요한 소화전(消火栓)·급수탑(給水塔)·저수조(貯水槽)(이하 "소방용수시설"이라 한다)를 설치하고 유지·관리하여야 한다

2) 시·도지사는 제21조제1항에 따른 소방자동차의 진입이 곤란한 지역 등 화재발생 시에 초기대응이 필요한 지역으로서 대통령령으로 정하는 지역에 소방호스 또는 호스릴 등을 소방용수시설에 연결하여 화재를 진압하는 시설이나 장치(이하 "비상소화장치"라 한다)를 설치하고 유지·관리할 수 있다.

3) 소방용수시설과 비상소화장치의 설치기준은 행정안전부령으로 정한다.

4) 소방용수시설 설치기준

  1. 공통기준
    • 주거지역·상업지역 및 공업지역 : 수평거리 100m 이하
    • 그 외의 지역에 설치하는 경우 : 수평거리 140m 이하

  2. 소방용수시설별 설치기준
    가. 소화전의 설치기준 : 상수도와 연결하여 지하식 또는 지상식의 구조로 하고, 소방용호스와 연결하는 소화전의 연결금속구의 구경은 65밀리미터로 할 것
    나. 급수탑의 설치기준 : 급수배관의 구경은 100밀리미터 이상으로 하고, 개폐밸브는 지상에서 1.5미터 이상 1.7미터 이하의 위치에 설치하도록 할 것
    다. 저수조의 설치기준
      (1) 지면으로부터의 낙차가 4.5미터 이하일 것
      (2) 흡수부분의 수심이 0.5미터 이상일 것
      (3) 소방펌프자동차가 쉽게 접근할 수 있도록 할 것
      (4) 흡수에 지장이 없도록 토사 및 쓰레기 등을 제거할 수 있는 설비를 갖출 것
      (5) 흡수관의 투입구가 사각형의 경우에는 한 변의 길이가 60센티미터 이상, 원형의 경우에는 지름이 60센티미터 이상일 것
      (6) 저수조에 물을 공급하는 방법은 상수도에 연결하여 자동으로 급수되는 구조일 것

정답 **162** ①

소방용수시설 및 지리에 대한 조사

1) 소방본부장 또는 소방서장은 원활한 소방활동을 위하여 다음 각 호의 조사를 월 1회 이상 실시하여야 한다.
   1. 법 제10조의 규정에 의하여 설치된 소방용수시설에 대한 조사
   2. 소방대상물에 인접한 도로의 폭·교통상황, 도로주변의 토지의 고저·건축물의 개황 그 밖의 소방활동에 필요한 지리에 대한 조사
2) 제1항제1호의 조사는 별지 제2호 서식에 의하고, 제1항제2호의 조사는 별지 제3호 서식에 의하되, 그 조사결과를 2년간 보관하여야 한다.

163 다음 중 하급 종합상황실에서 상급 종합상황실에 지체 없이 보고하여야 할 사항이 아닌 것은?
[09 충북]

① 사망자가 3인 이상 발생하거나 사상자가 10인 이상 발생한 화재
② 이재민이 100인 이상 발생한 화재
③ 재산피해액이 50억 원 이상 발생한 화재
④ 관공서·학교·정부미도정공장·문화재·지하철 또는 지하구의 화재

> **해설** 상부 종합상황실 보고사항
>
> 1. 다음 각목의 1에 해당하는 화재
>   가. 사망자가 5인 이상 발생하거나 사상자가 10인 이상 발생한 화재
>   나. 이재민이 100인 이상 발생한 화재
>   다. 재산피해액이 50억 원 이상 발생한 화재
>   라. 관공서·학교·정부미도정공장·문화재·지하철 또는 지하구의 화재
>   마. 관광호텔, 층수(「건축법 시행령」 제119조제1항제9호의 규정에 의하여 산정한 층수를 말한다. 이하 이 목에서 같다)가 11층 이상인 건축물, 지하상가, 시장, 백화점, 「위험물 안전관리법」 제2조제2항의 규정에 의한 지정수량의 3천배 이상의 위험물의 제조소·저장소·취급소, 층수가 5층 이상이거나 객실이 30실 이상인 숙박시설, 층수가 5층 이상이거나 병상이 30개 이상인 종합병원·정신병원·한방병원·요양소, 연면적 1만5천 제곱미터 이상인 공장 또는 소방기본법 시행령(이하 "영"이라 한다) 제4조제1항 각 목에 따른 화재경계지구에서 발생한 화재
>   바. 철도차량, 항구에 매어둔 총 톤수가 1천톤 이상인 선박, 항공기, 발전소 또는 변전소에서 발생한 화재
>   사. 가스 및 화약류의 폭발에 의한 화재
>   아. 「다중이용업소의 안전관리에 관한 특별법」 제2조에 따른 다중이용업소의 화재

164 다음 중 국가에서 소방장비의 구입 등 시·도의 소방업무에 필요한 경비의 일부를 보조하는 대상이 아닌 것은? [09 충북]

① 소방자동차

② 소방전용 통신설비 및 전산설비

③ 시·도의 조례로 정하는 소방활동장비와 설비

④ 국내조달품

해설 소방장비등에 대한 국고보조

1) 국가는 소방장비의 구입 등 시·도의 소방업무에 필요한 경비의 일부를 보조한다.

2) 보조 대상사업의 범위와 기준보조율은 대통령령으로 정한다.

3) 국고보조 대상사업의 범위

　　1. 다음 각 목의 소방활동장비와 설비의 구입 및 설치

　　　가. 소방자동차

　　　나. 소방헬리콥터 및 소방정

　　　다. 소방전용통신설비 및 전산설비

　　　라. 그 밖에 방화복 등 소방활동에 필요한 소방장비

　　2. 소방관서용 청사의 건축(「건축법」 제2조제1항제8호에 따른 건축을 말한다)

4) 국고보조 소방활동장비 및 설비의 종류와 규격은 행정안전부령으로 정한다.

시행규칙 제5조(소방활동장비 및 설비의 규격 및 종류와 기준가격)

① 영 제2조제2항의 규정에 의한 국고보조의 대상이 되는 소방활동장비 및 설비의 종류 및 규격은 별표 1의2와 같다. 〈개정 2007. 2. 1., 2017. 7. 6.〉

② 영 제2조제2항의 규정에 의한 국고보조산정을 위한 기준가격은 다음 각호와 같다.

　　1. 국내조달품 : 정부고시가격

　　2. 수입물품 : 조달청에서 조사한 해외시장의 시가

　　3. 정부고시가격 또는 조달청에서 조사한 해외시장의 시가가 없는 물품 : 2 이상의 공신력 있는 물가조사기관에서 조사한 가격의 평균가격

165 화재경계지구의 지정대상 지역으로 볼 수 없는 곳은? [09 충북]

① 목조건물이 밀집한 지역

② 위험물 저장 및 처리시설이 밀집한 지역

③ 석유화학제품을 저장하는 공장이 있는 지역

④ 시장지역

해설 화재경계지구의 지정 등

1) 시·도지사는 다음의 지역 중 화재피해가 클 지역을 화재경계지구(火災警戒地區)로 지정할 수 있다.

1. 시장지역
2. 공장 · 창고가 밀집한 지역
3. 목조건물이 밀집한 지역
4. 위험물의 저장 및 처리시설이 밀집한 지역
5. 석유화학제품을 생산하는 공장이 있는 지역
6. 「산업입지 및 개발에 관한 법률」 제2조제8호에 따른 산업단지
7. 소방시설 · 소방용수시설 또는 소방출동로가 없는 지역
8. 그 밖에 제1호부터 제7호까지에 준하는 지역으로서 소방청장 · 소방본부장 또는 소방서장이 화재경계지구로 지정할 필요가 있다고 인정하는 지역

166 소방안전교육사에 대한 설명으로 옳은 것은? [09 충북]

① 소방안전교육사시험의 실시권자는 소방안전원이다.
② 소방안전교육사는 소방안전교육의 기획 · 진행 · 분석 · 평가 및 교수업무를 수행한다.
③ 소방안전교육사시험의 실시에 필요한 사항은 행전안전부령으로 정한다.
④ 소방안전교육사 자격을 취득하였다 하더라도 시험위원은 될 수 없다.

해설 소방안전교육사(2년마다 1회 시행)
1) 소방청장이 실시한 시험에 합격한 사람에게 소방안전교육사 자격을 부여한다.
2) 방안전교육사 시험의 응시자격, 시험방법, 시험과목, 시험위원, 그 밖에 소방안전교육사 시험의 실시에 필요한 사항은 대통령령으로 정한다.
3) 1차시험과 2차시험으로 구분, 제1차 시험 : 소방학개론, 구급 · 응급처치론, 재난관리론 및 교육학개론 중 응시자가 선택하는 3과목. 제2차 시험 : 국민안전교육 실무
4) 응시 결격사유
   1. 피성년후견인 또는 피한정후견인
   2. 금고 이상의 실형을 선고받고 그 집행이 끝나거나(집행이 끝난 것으로 보는 경우를 포함한다) 집행이 면제된 날부터 2년이 지나지 아니한 사람
   3. 금고 이상의 형의 집행유예를 선고받고 그 유예기간 중에 있는 사람
   4. 법원의 판결 또는 다른 법률에 따라 자격이 정지되거나 상실된 사람
5) 소방안전교육사 배치기준

배치대상	배치기준(단위 : 명)	비고
1. 소방청	2 이상	
2. 소방본부	2 이상	
3. 소방서	1 이상	
4. 한국소방안전원	• 본원 : 2 이상 • 시 · 도지부 : 1 이상	
5. 한국소방산업기술원	2 이상	

제7조의5(시험위원 등)

① 소방청장은 소방안전교육사시험 응시자격심사, 출제 및 채점을 위하여 다음 각 호의 어느 하나에 해당하는 사람을 응시자격심사위원 및 시험위원으로 임명 또는 위촉하여야 한다. 〈개정 2009.5.21., 2014.11.19., 2016.6.30.〉

  1. 소방 관련학과, 교육학과 또는 응급구조학과 박사학위 취득자

  2. 「고등교육법」 제2조제1호부터 제6호까지의 규정 중 어느 하나에 해당하는 학교에서 소방 관련학과, 교육학과 또는 응급구조학과에서 조교수 이상으로 2년 이상 재직한 자

  3. 소방위 또는 지방소방위 이상의 소방공무원

  4. 소방안전교육사 자격을 취득한 자

② 제1항에 따른 응시자격심사위원 및 시험위원의 수는 다음 각 호와 같다. 〈개정 2009.5.21., 2016.6.30.〉

  1. 응시자격심사위원 : 3명

  2. 시험위원 중 출제위원 : 시험과목별 3명

  3. 시험위원 중 채점위원 : 5명

  4. 삭제 〈2016.6.30.〉

③ 제1항에 따라 응시자격심사위원 및 시험위원으로 임명 또는 위촉된 자는 소방청장이 정하는 시험문제 등의 작성 시 유의사항 및 서약서 등에 따른 준수사항을 성실히 이행해야 한다. 〈개정 2014.11.19.〉

④ 제1항에 따라 임명 또는 위촉된 응시자격 심사위원 및 시험위원과 시험감독업무에 종사하는 자에 대하여는 예산의 범위에서 수당 및 여비를 지급할 수 있다. [본조신설 2007.2.1.]

167 다음 중 소방활동구역에 출입할 수 없는 사람은? [09 충북]

① 소방활동구역 내에 있는 소방대상물의 관계인 또는 근무자

② 전기 · 가스 · 수도 · 통신 · 교통 등의 업무에 종사하는 자

③ 의사 · 간호사 그 밖의 구조 · 구급업무에 종사하는 자

④ 수사업무에 종사하는 자

해설 소방활동구역 출입자

  1. 소방활동구역 안에 있는 소방대상물의 소유자 · 관리자 또는 점유자

  2. 전기 · 가스 · 수도 · 통신 · 교통의 업무에 종사하는 사람으로서 원활한 소방활동을 위하여 필요한 사람

  3. 의사 · 간호사 그 밖의 구조 · 구급업무에 종사하는 사람

  4. 취재인력 등 보도업무에 종사하는 사람

  5. 수사업무에 종사하는 사람

  6. 그 밖에 소방대장이 소방활동을 위하여 출입을 허가한 사람

168 다음 중 소방활동 종사명령에 따라 소방활동에 종사한 자로서 시·도지사로부터 소방활동의 비용 또는 보상을 받을 수 있는 자는? [09 충북]

① 소방활동에 종사하다 부상을 입은 관할구역에 사는 사람
② 소방대상물에 화재, 재난·재해 그 밖의 위급한 상황이 발생한 경우 그 관계인
③ 고의 또는 과실로 인하여 화재 또는 구조·구급활동이 필요한 상황을 발생시킨 자
④ 화재 또는 구조·구급현장에서 물건을 가져간 자

> **해설** 소방활동 종사명령
> 1) 소방본부장, 소방서장 또는 소방대장은 화재, 재난·재해, 그 밖의 위급한 상황이 발생한 현장에서 소방활동을 위하여 필요할 때에는 그 관할구역에 사는 사람 또는 그 현장에 있는 사람으로 하여금 사람을 구출하는 일 또는 불을 끄거나 불이 번지지 아니하도록 하는 일을 하게 할 수 있다.
> 2) 제1항에 따른 명령에 따라 소방활동에 종사한 사람은 시·도지사로부터 소방활동의 비용을 지급받을 수 있다. 다만, 다음 각 호의 어느 하나에 해당하는 사람의 경우에는 그러하지 아니하다.
>   1. 소방대상물에 화재, 재난·재해, 그 밖의 위급한 상황이 발생한 경우 그 관계인
>   2. 고의 또는 과실로 화재 또는 구조·구급활동이 필요한 상황을 발생시킨 사람
>   3. 화재 또는 구조·구급현장에서 물건을 가져간 사람

169 다음 중 시·도지사가 지정하는 화재경계지구의 대상지역이 아닌 것은? [09 인천]

① 문화재
② 시장지역
③ 목조건물이 밀집한 지역
④ 위험물 저장 및 처리시설이 밀집한 지역

> **해설** 화재경계지구의 지정 등
> 1) 시·도지사는 다음의 지역 중 화재피해가 클 지역을 화재경계지구(火災警戒地區)로 지정할 수 있다.
>   1. 시장지역
>   2. 공장·창고가 밀집한 지역
>   3. 목조건물이 밀집한 지역
>   4. 위험물의 저장 및 처리시설이 밀집한 지역
>   5. 석유화학제품을 생산하는 공장이 있는 지역
>   6. 「산업입지 및 개발에 관한 법률」 제2조제8호에 따른 산업단지
>   7. 소방시설·소방용수시설 또는 소방출동로가 없는 지역
>   8. 그 밖에 제1호부터 제7호까지에 준하는 지역으로서 소방청장·소방본부장 또는 소방서장이 화재경계지구로 지정할 필요가 있다고 인정하는 지역

170 다음 중 우리나라 '소방의 날'은 몇 월 며칠인가? [09 인천]

① 3월 11일　　② 1월 19일　　③ 11월 9일　　④ 5월 29일

> **해설** 소방의날
> 1) 소방의 날 : 매년 11월 9일
> 2) 소방의 날 행사에 관하여 필요한 사항 : 소방청장 또는 시 · 도지사가 따로 정하여 시행할 수 있다.

171 다음 중 소방기본법의 목적에 해당되지 않는 것은? [09 인천]

① 화재를 예방 · 경계 · 진압하는 것
② 위급한 상황에서 구조 · 구급활동을 하는 것
③ 공공 및 소방의 구조 · 구급의 질서 유지에 이바지하는 것
④ 국민의 생명 · 신체 및 재산을 보호하는 것

> **해설** 소방기본법의 목적
> 이 법은 화재를 예방 · 경계하거나 진압하고 화재, 재난 · 재해, 그 밖의 위급한 상황에서의 구조 · 구급활동 등을 통하여 국민의 생명 · 신체 및 재산을 보호함으로써 공공의 안녕 및 질서 유지와 복리증진에 이바지함을 목적으로 한다.

172 다음 중 소방기본법에 규정된 용어의 정의가 옳은 것은? [09 대전]

① "소방대장"(消防隊長)이란 소방본부장 또는 소방서장으로서 화재, 재난 · 재해, 그 밖의 위급한 상황이 발생한 경우 소방서에서 소방대를 지휘하는 사람을 말한다.
② "관계인"이란 소방대상물의 소유자 · 관계자 또는 점유자를 말한다.
③ "관계지역"이란 소방대상물이 있는 장소 및 그 이웃 지역으로서 화재의 예방 · 경계 · 진압, 구조 · 구급 등의 활동에 필요한 지역을 말한다.
④ "소방본부장"이란 시 · 군 · 구에서 화재의 예방 · 경계 · 진압 · 조사 및 구조 · 구급 등의 업무를 담당하는 부서의 장을 말한다.

> **해설** ① "소방대장"(消防隊長)이란 소방본부장 또는 소방서장 등 화재, 재난 · 재해, 그 밖의 위급한 상황이 발생한 현장에서 소방대를 지휘하는 사람을 말한다.
> ② "관계인"이란 소방대상물의 소유자 · 관리자 또는 점유자를 말한다.
> ③ "관계지역"이란 소방대상물이 있는 장소 및 그 이웃 지역으로서 화재의 예방 · 경계 · 진압, 구조 · 구급 등의 활동에 필요한 지역을 말한다.
> ④ "소방본부장"이란 특별시 · 광역시 · 특별자치시 · 도 또는 특별자치도(이하 "시 · 도"라 한다)에서 화재의 예방 · 경계 · 진압 · 조사 및 구조 · 구급 등의 업무를 담당하는 부서의 장을 말한다.

정답　170 ③　　171 ③　　172 ③

173 소방자동차 등 소방장비의 분류 · 표준화와 그 관리 등에 필요한 사항은 무엇으로 정하는가?

[09 대전]

① 대통령령　　　　　　　　　　② 행정안전부령
③ 시 · 도조례　　　　　　　　　④ 소방청 고시

> **해설** 소방력의 기준
> 1. 소방력 : 인력 , 장비 , 용수
> 2. 소방력의 기준 : 행정안전부령으로 정함
> 3. 시 · 도지사는 관할구역의 소방력을 확충하기 위하여 필요한 계획을 수립하여 시행하여야 한다.

174 다음 중 소방기본법에 규정된 시 · 도지사의 업무가 아닌 것은?　　　　　　[09 대전]

① 소방활동에 필요한 소화전(消火栓) · 급수탑(給水塔) · 저수조(貯水槽)의 설치 · 유지 · 관리
② 대통령령으로 정하는 지역을 화재경계지구(火災警戒地區)로 지정
③ 이웃하는 다른 시 · 도지사와 소방업무에 관하여 상호응원협정 체결
④ 화재, 재난 · 재해, 그 밖의 위급한 상황이 발생한 현장에서 소방대를 지휘

> **해설** ① 시 · 도지사는 소방활동에 필요한 소화전(消火栓) · 급수탑(給水塔) · 저수조(貯水槽)(이하 "소방용수시설"이라 한다)를 설치하고 유지 · 관리하여야 한다.
> ② 시 · 도지사는 다음의 지역 중 화재피해가 클 지역을 화재경계지구(火災警戒地區)로 지정할 수 있다.
> ③ 시 · 도지사는 제1항에 따라 소방업무의 응원을 요청하는 경우를 대비하여 출동대상 지역 및 규모와 필요한 경비의 부담 등에 관하여 필요한 사항을 행정안전부령으로 정하는 바에 따라 이웃하는 시 · 도지사와 협의하여 미리 규약(規約)으로 정하여야 한다.

175 다음 중 국가에서 소방장비의 구입 등 시 · 도의 소방업무에 필요한 경비의 일부를 보조하는 대상이 아닌 것은?

[09 대전]

① 소방자동차　　　　　　　　　② 소방전용통신설비
③ 전산설비　　　　　　　　　　④ 무선통신보조설비

> **해설** 소방장비등에 대한 국고보조
> 1) 국가는 소방장비의 구입 등 시 · 도의 소방업무에 필요한 경비의 일부를 보조한다.
> 2) 보조 대상사업의 범위와 기준보조율은 대통령령으로 정한다.

3) 국고보조 대상사업의 범위
　　1. 다음 각 목의 소방활동장비와 설비의 구입 및 설치
　　　　가. **소방자동차**
　　　　나. 소방헬리콥터 및 소방정
　　　　다. **소방전용통신설비 및 전산설비**
　　　　라. 그 밖에 방화복 등 소방활동에 필요한 소방장비
　　2. 소방관서용 청사의 건축(「건축법」 제2조제1항제8호에 따른 건축을 말한다)
4) 국고보조 소방활동장비 및 설비의 종류와 규격은 행정안전부령으로 정한다.

176 화재원인 조사 중 발화원인 조사의 범위에 해당하는 것은?　　　　　　　　[09 대전]
① 화재가 발생한 과정, 화재가 발생한 지점 및 불이 붙기 시작한 물질
② 화재의 발견 · 통보 및 초기소화 등 일련의 과정
③ 화재의 연소경로 및 확대원인 등의 상황
④ 소방시설의 사용 또는 작동 등의 상황

해설 화재의 조사[원인조사, 피해조사]
1) 소방청장, 소방본부장 또는 소방서장은 화재가 발생하였을 때에는 화재의 원인 및 피해 등에 대한 조사(이하 "화재조사"라 한다)를 하여야 한다.
2) 화재조사는 제12조제4항의 규정에 의한 장비를 활용하여 화재사실을 인지함과 동시에 실시 되어야 한다.
3) 화재조사의 종류와 범위
　　1. 화재원인 조사

종류	조사범위
가. 발화원인 조사	화재가 발생한 과정, 화재가 발생한 지점 및 불이 붙기 시작한 물질
나. 발견 · 통보 및 초기 소화상황 조사	화재의 발견 · 통보 및 초기소화 등 일련의 과정
다. 연소상황 조사	화재의 연소경로 및 확대원인 등의 상황
라. 피난상황 조사	피난경로, 피난상의 장애요인 등의 상황
마. 소방시설 등 조사	소방시설의 사용 또는 작동 등의 상황

　　2. 화재피해 조사

종류	조사범위
가. 인명피해 조사	(1) 소방활동 중 발생한 사망자 및 부상자 (2) 그 밖에 화재로 인한 사망자 및 부상자
나. 재산피해 조사	(1) 열에 의한 탄화, 용융, 파손 등의 피해 (2) 소화활동 중 사용된 물로 인한 피해 (3) 그 밖에 연기, 물품반출, 화재로 인한 폭발 등에 의한 피해

화재조사 전담부서의 장은 소속 소방공무원 가운데 다음 각 호의 어느 하나에 해당하는 자로서 소방청장이 실시하는 화재조사에 관한 시험에 합격한 자로 하여금 화재조사를 실시하도록 하여야 한다. 다만, 화재조사에 관한 시험에 합격한 자가 없는 경우에는 소방공무원 중 「국가기술자격법」에 의한 소방 · 건축 · 가스 · 전기 · 위험물분야 자격증을 취득한 자 또는 소방공무원으로서 화재조사분야에서 1년 이상 근무한 자로 하여금 화재조사를 실시하도록 할 수 있다.
1. 소방교육기관(중앙 · 지방소방학교 및 시 · 도에서 설치 · 운영하는 소방교육대를 말한다. 이하 같다)에서 8주 이상 화재조사에 관한 전문교육을 이수한 자
2. 국립과학수사연구원 또는 외국의 화재조사 관련기관에서 8주 이상 화재조사에 관한 전문교육을 이수한 자

177 다음 보기에서 소방활동에 종사하여도 시 · 도지사로부터 비용을 지급받을 수 없는 사람은?

[10 충남]

㉠ 소방대상물에 화재, 재난 · 재해, 그 밖의 위급한 상황이 발생한 경우 그 관계인
㉡ 고의 또는 과실로 화재 또는 구조 · 구급활동이 필요한 상황을 발생시킨 사람
㉢ 화재 또는 구조 · 구급현장에서 물건을 가져간 사람
㉣ 보호장구를 착용하지 않아 사상을 입은 사람

① ㉠
② ㉠, ㉡
③ ㉠, ㉡, ㉢
④ ㉠, ㉡, ㉢, ㉣

해설 **소방활동 종사명령**
1) 소방본부장, 소방서장 또는 소방대장은 화재, 재난 · 재해, 그 밖의 위급한 상황이 발생한 현장에서 소방활동을 위하여 필요할 때에는 그 관할구역에 사는 사람 또는 그 현장에 있는 사람으로 하여금 사람을 구출하는 일 또는 불을 끄거나 불이 번지지 아니하도록 하는 일을 하게 할 수 있다.
2) 제1항에 따른 명령에 따라 소방활동에 종사한 사람은 시 · 도지사로부터 소방활동의 비용을 지급받을 수 있다. 다만, 다음 각 호의 어느 하나에 해당하는 사람의 경우에는 그러하지 아니하다.
   1. 소방대상물에 화재, 재난 · 재해, 그 밖의 위급한 상황이 발생한 경우 그 관계인
   2. 고의 또는 과실로 화재 또는 구조 · 구급활동이 필요한 상황을 발생시킨 사람
   3. 화재 또는 구조 · 구급현장에서 물건을 가져간 사람

178 소방활동을 위하여 긴급하게 출동할 때에는 소방자동차의 통행과 소방활동에 방해가 되는 주차 또는 정차된 차량 및 물건 등을 제거하거나 이동시키는 처분을 방해한 자 또는 정당한 사유 없이 그 처분에 따르지 아니한 자에 대한 벌칙은?　　　　　　　　　　　　[10 충남]

① 3년 이하의 징역 또는 3천만 원 이하의 벌금
② 5년 이하의 징역 또는 5천만 원 이하의 벌금
③ 200만 원 이하의 벌금
④ 300만 원 이하의 벌금

> **해설** 300만 원 이하의 벌금
> 불이 나거나 화재가 발생할 우려가 없는 대상물 강제처분 방해, 주차된 차량 강제처분 방해

179 다음 중 화재의 원인조사의 종류가 아닌 것은?　　　　　　　　　　　　[10 충남]

① 피해상황조사
② 발견 · 통보 및 초기 소화상황 조사
③ 연소상황 조사
④ 피난상황 조사

180 다음 중 소방활동구역을 출입할 수 있는 사람이 아닌 것은?　　　　　　　　[10 충남]

① 전기 · 가스 · 수도 · 통신 · 교통의 업무에 종사하는 사람
② 의사 · 간호사 그 밖의 구조 · 구급업무에 종사하는 사람
③ 취재인력 등 보도업무에 종사하는 사람
④ 소방대장이 소방활동을 위하여 출입을 허가한 사람

> **해설** 소방활동구역 출입자
> 1. 소방활동구역 안에 있는 소방대상물의 소유자 · 관리자 또는 점유자
> 2. 전기 · 가스 · 수도 · 통신 · 교통의 업무에 종사하는 사람으로서 원활한 소방활동을 위하여 필요한 사람
> 3. 의사 · 간호사 그 밖의 구조 · 구급업무에 종사하는 사람
> 4. 취재인력 등 보도업무에 종사하는 사람
> 5. 수사업무에 종사하는 사람
> 6. 그 밖에 소방대장이 소방활동을 위하여 출입을 허가한 사람

181 다음 중 종합상황실의 실장이 지체 없이 서면 · 모사전송 또는 컴퓨터통신 등으로 상급 종합 상황실에 보고하여야 할 사항이 아닌 것은? [10 충남]

① 사망자가 5인 이상 발생하거나 사상자가 10인 이상 발생한 화재

② 이재민이 100인 이상 발생한 화재

③ 층수가 3층 이상이거나 병상이 20개 이상인 종합병원에 발생한 화재

④ 언론에 보도된 재난상황

해설 │ 상부 종합상황실 보고사항

1. 다음 각목의 1에 해당하는 화재
   가. 사망자가 5인 이상 발생하거나 사상자가 10인 이상 발생한 화재
   나. 이재민이 100인 이상 발생한 화재
   다. 재산피해액이 50억 원 이상 발생한 화재
   라. 관공서 · 학교 · 정부미도정공장 · 문화재 · 지하철 또는 지하구의 화재
   마. 관광호텔, 층수(「건축법 시행령」 제119조제1항제9호의 규정에 의하여 산정한 층수를 말한다. 이하 이 목에서 같다)가 11층 이상인 건축물, 지하상가, 시장, 백화점, 「위험물 안전관리법」 제2조제2항의 규정에 의한 지정수량의 3천배 이상의 위험물의 제조소 · 저 장소 · 취급소, 층수가 5층 이상이거나 객실이 30실 이상인 숙박시설, 층수가 5층 이상 이거나 병상이 30개 이상인 종합병원 · 정신병원 · 한방병원 · 요양소, 연면적 1만5천 제곱미터 이상인 공장 또는 소방기본법 시행령(이하 "영"이라 한다) 제4조제1항 각 목에 따른 화재경계지구에서 발생한 화재
   바. 철도차량, 항구에 매어둔 총 톤수가 1천톤 이상인 선박, 항공기, 발전소 또는 변전소에서 발생한 화재
   사. 가스 및 화약류의 폭발에 의한 화재
   아. 「다중이용업소의 안전관리에 관한 특별법」 제2조에 따른 다중이용업소의 화재
2. 「긴급구조대응활동 및 현장지휘에 관한 규칙」에 의한 통제단장의 현장지휘가 필요한 재난 상황
3. 언론에 보도된 재난상황
4. 그 밖에 소방청장이 정하는 재난상황

182 다음 중 화재경계지구의 지정대상지역 등에 해당하지 않는 것은? [10 충남]

① 노유자시설이 밀집한 지역

② 석유화학제품을 생산하는 공장이 있는 지역

③ 목조건물이 밀집한 지역

④ 소방시설 · 소방용수시설 또는 소방출동로가 없는 지역

해설 화재경계지구의 지정 등

1) 시·도지사는 다음의 지역 중 화재피해가 클 지역을 화재경계지구(火災警戒地區)로 지정할 수 있다.

    1. 시장지역

    2. 공장·창고가 밀집한 지역

    3. 목조건물이 밀집한 지역

    4. 위험물의 저장 및 처리시설이 밀집한 지역

    5. 석유화학제품을 생산하는 공장이 있는 지역

    6. 「산업입지 및 개발에 관한 법률」 제2조제8호에 따른 산업단지

    7. 소방시설·소방용수시설 또는 소방출동로가 없는 지역

    8. 그 밖에 제1호부터 제7호까지에 준하는 지역으로서 소방청장·소방본부장 또는 소방서장이 화재경계지구로 지정할 필요가 있다고 인정하는 지역

2) 시·도지사가 화재경계지구로 지정할 필요가 있는 지역을 화재경계지구로 지정하지 아니하는 경우 소방청장은 해당 시·도지사에게 해당 지역의 화재경계지구 지정을 요청할 수 있다.

3) 소방본부장이나 소방서장은 대통령령으로 정하는 바에 따라 제1항에 따른 화재경계지구 안의 소방대상물의 위치·구조 및 설비 등에 대하여 「화재예방, 소방시설 설치·유지 및 안전관리에 관한 법률」 제4조에 따른 소방특별조사를 하여야 한다.

4) 소방본부장 또는 소방서장은 법 제13조제3항에 따라 화재경계지구 안의 소방대상물의 위치·구조 및 설비 등에 대한 소방특별조사를 연 1회 이상 실시하여야 한다.

5) 소방본부장 또는 소방서장은 법 제13조제5항에 따라 화재경계지구 안의 관계인에 대하여 소방상 필요한 훈련 및 교육을 연 1회 이상 실시할 수 있다.

6) 소방본부장 또는 소방서장은 제3항의 규정에 의한 소방상 필요한 훈련 및 교육을 실시하고자 하는 때에는 화재경계지구 안의 관계인에게 훈련 또는 교육 10일 전까지 그 사실을 통보하여야 한다.

7) 시·도지사는 법 제13조제6항에 따라 다음 각 호의 사항을 행정안전부령으로 정하는 화재경계지구 관리대장에 작성하고 관리하여야 한다.

183 다음 중 소방기본법에 규정된 특수가연물이 아닌 것은? [10 충남]

① 가연성 고체류
② 가연성 액체류
③ 합성수지류
④ 동·식물유류

해설 특수가연물의 종류

품명	수량
면화류	200킬로그램 이상
나무껍질 및 대팻밥	400킬로그램 이상
넝마 및 종이 부스러기	1,000킬로그램 이상

품명		수량
사류(絲類)		1,000킬로그램 이상
볏짚류		1,000킬로그램 이상
가연성 고체류		3,000킬로그램 이상
석탄·목탄류		10,000킬로그램 이상
가연성 액체류		2세제곱미터 이상
목재가공품 및 나무 부스러기		10세제곱미터 이상
합성수지류	발포시킨 것	20세제곱미터 이상
	그 밖의 것	3,000킬로그램 이상

184 다음 벌칙 중 그 부과 금액이 다른 하나는? [10 충남]

① 소방자동차의 출동을 방해한 사람

② 사람을 구출하는 일 또는 불을 끄거나 불이 번지지 아니하도록 하는 일을 방해한 사람

③ 소방대상물 및 토지의 강제처분을 방해한 자 또는 정당한 사유 없이 그 처분에 따르지 아니한 사람

④ 정당한 사유 없이 소방용수시설을 사용하거나 소방용수시설의 효용을 해치거나 그 정당한 사용을 방해한 사람

해설 ①, ②, ④ : 5년 이하의 징역 또는 5천만 원 이하의 벌금
③ : 3년 이하의 징역 또는 3천만 원 이하의 벌금

185 화재를 진압하고 화재, 재난, 재해 그 밖의 위급한 상황에서의 구조·구급활동 등을 하는 소방대에 해당하지 않는 것은? [10 경기]

① 의용소방대원

② 소방공무원

③ 의무소방원

④ 자위소방대원

해설 "소방대"(消防隊)란 화재를 진압하고 화재, 재난·재해, 그 밖의 위급한 상황에서 구조·구급활동 등을 하기 위하여 다음 각 목의 사람으로 구성된 조직체를 말한다.
가. 「소방공무원법」에 따른 소방공무원
나. 「의무소방대설치법」 제3조에 따라 임용된 의무소방원(義務消防員)
다. 「의용소방대 설치 및 운영에 관한 법률」에 따른 의용소방대원(義勇消防隊員)

186 다음 중 화재경계지구의 지정대상지역이 아닌 것은? [10 경기]

① 백화점 및 대형 판매시설이 있는 지역
② 석유화학제품을 생산하는 공장이 있는 지역
③ 시장지역 또는 공장 · 창고 등이 밀집한 지역
④ 목조건물이 밀집한 지역

187 (   )는 관할지역의 특성을 고려하여 종합계획의 시행에 필요한 세부계획을 매년 수립하여 소방청장에게 제출하여야 하며, 세부계획에 따른 소방업무를 성실히 수행하여야 한다. (   )에 들어갈 알맞은 말은? [10 경기]

① 시 · 도지사   ② 소방본부장
③ 소방서장   ④ 소방청장

해설 소방업무에 관한 종합계획의 수립,시행 등

1) 소방업무에 관한 종합계획 수립 시행 : 소방청장 (5년마다)
2) 종합계획 포함사항
   1. 소방서비스의 질 향상을 위한 정책의 기본방향
   2. 소방업무에 필요한 체계의 구축, 소방기술의 연구 · 개발 및 보급
   3. 소방업무에 필요한 장비의 구비
   4. 소방전문인력 양성
   5. 소방업무에 필요한 기반조성
   6. 소방업무의 교육 및 홍보(제21조에 따른 소방자동차의 우선 통행 등에 관한 홍보를 포함한다)
   7. 그 밖에 소방업무의 효율적 수행을 위하여 필요한 사항으로서 대통령령으로 정하는 사항
      그 밖에 대통령령 : 1. 재난 · 재해 환경 변화에 따른 소방업무에 필요한 대응체계 마련
                       2. 장애인, 노인, 임산부, 영유아 및 어린이 등 이동이 어려운 사람을 대상으로 한 소방활동에 필요한 조치
3) 세부계획 수립 시행 : 시 · 도지사(매년마다)
4) 소방청장은 소방업무의 체계적 수행을 위하여 필요한 경우 제4항에 따라 시 · 도지사가 제출한 세부계획의 보완 또는 수정을 요청할 수 있다.
5) 소방청장은 「소방기본법」(이하 "법"이라 한다) 제6조제1항에 따른 소방업무에 관한 종합계획을 관계 중앙행정기관의 장과의 협의를 거쳐 계획 시행 전년도 10월 31일까지 수립하여야 한다.
6) 특별시장 · 광역시장 · 특별자치시장 · 도지사 또는 특별자치도지사는 법 제6조제4항에 따른 종합계획의 시행에 필요한 세부계획을 계획 시행 전년도 12월 31일까지 수립하여 소방청장에게 제출하여야 한다.

188 다음 설명 중 옳지 않은 것은? [10 경기]

① 소방대는 긴급한 때 일반적으로 쓰이지 아니한 도로, 빈터, 물위로 통행할 수 없다.

② 관계인은 소방대가 현장에 도착할 때까지 경보를 울리거나 소화작업 등의 조치를 필요한 조치를 하여야 한다.

③ 소방대장은 화재, 재난·재해 그 밖의 위급한 상황이 발생한 현장에 소방활동구역을 정하여 소방활동에 필요한 자로서 대통령령이 정하는 자 외의 자에 대하여는 그 구역에의 출입을 제한할 수 있다.

④ 소방자동차가 화재진압 및 구조·구급활동을 위하여 출동하거나 훈련을 위하여 필요한 때에는 사이렌을 사용할 수 있다.

> **해설** ① 소방대 긴급통행 : 소방대는 화재, 재난·재해, 그 밖의 위급한 상황이 발생한 현장에 신속하게 출동하기 위하여 긴급할 때에는 일반적인 통행에 쓰이지 아니하는 도로·빈터 또는 물위로 통행할 수 있다.
>
> ② 관계인의 소방활동 : 관계인은 소방대상물에 화재, 재난·재해, 그 밖의 위급한 상황이 발생한 경우에는 소방대가 현장에 도착할 때까지 경보를 울리거나 대피를 유도하는 등의 방법으로 사람을 구출하는 조치 또는 불을 끄거나 불이 번지지 아니하도록 필요한 조치를 하여야 한다.
>
> ③ 소방활동구역 : 소방대장은 화재, 재난·재해, 그 밖의 위급한 상황이 발생한 현장에 소방활동구역을 정하여 소방활동에 필요한 사람으로서 대통령령으로 정하는 사람 외에는 그 구역에 출입하는 것을 제한할 수 있다.
>
> ④ 소방자동차 사이렌 : 소방자동차가 화재진압 및 구조·구급활동을 위하여 출동하거나 훈련을 위하여 필요할 때에는 사이렌을 사용할 수 있다.

189 다음 중 이상기상(異常氣象)의 예보 또는 특보가 있을 때 화재에 관한 경보를 발하는 사람은? [10 부산]

① 시·도지사

② 기상대장

③ 민방위본부장

④ 소방본부장 또는 소방서장

> **해설** 화재에 관한 위험경보
> 소방본부장이나 소방서장은 「기상법」 제13조제1항에 따른 이상기상(異常氣象)의 예보 또는 특보가 있을 때에는 화재에 관한 경보를 발령하고 그에 따른 조치를 할 수 있다.

190 다음 중 소방기본법에서 사용하는 용어의 내용으로 옳지 않은 것은? [10 부산]

① "소방대상물"이란 건축물, 차량, 선박(항구에 매어둔 선박만 해당한다), 선박건조구조물, 산림, 그 밖의 인공구조물 또는 물건을 말한다.

② "관계지역"이란 소방대상물이 있는 장소 및 그 이웃지역으로서 화재의 예방·경계·진압, 구조·구급 등의 활동에 필요한 지역을 말한다.

③ "관계인"이란 소방대상물의 소유자·관리자 또는 점유자를 말한다.

④ "소방대"(消防隊)란 화재를 예방·경계·진압하고 구조·구급활동 등을 하기 위한 소방공무원·의무소방원·직장자위소방대원을 말한다.

191 다음 중 행정안전부령으로 정하는 것이 아닌 것은? [10 부산]

① 소방용수시설 설치기준 및 소방력 기준
② 소방교육·훈련의 실시에 필요한 사항 및 화재조사에 필요한 사항
③ 소방업무에 관한 종합계획의 수립·시행
④ 소방신호와 종류·방법 및 소방활동장비 및 설비의 종류와 규격

해설 **소방용수시설의 설치 및 관리 등**

1) 시·도지사는 소방활동에 필요한 소화전(消火栓)·급수탑(給水塔)·저수조(貯水槽)(이하 "소방용수시설"이라 한다)를 설치하고 유지·관리하여야 한다. 다만, 「수도법」 제45조에 따라 소화전을 설치하는 일반수도사업자는 관할 소방서장과 사전협의를 거친 후 소화전을 설치하여야 하며, 설치 사실을 관할 소방서장에게 통지하고, 그 소화전을 유지·관리하여야 한다.

2) 시·도지사는 제21조제1항에 따른 소방자동차의 진입이 곤란한 지역 등 화재발생 시에 초기대응이 필요한 지역으로서 대통령령으로 정하는 지역에 소방호스 또는 호스 릴 등을 소방용수시설에 연결하여 화재를 진압하는 시설이나 장치(이하 "비상소화장치"라 한다)를 설치하고 유지·관리할 수 있다.

3) 제1항에 따른 소방용수시설과 제2항에 따른 비상소화장치의 설치기준은 행정안전부령으로 정한다.

— **소방력의 기준 등**

1) 소방기관이 소방업무를 수행하는 데에 필요한 인력과 장비 등[이하 "소방력"(消防力)이라 한다]에 관한 기준은 행정안전부령으로 정한다.

2) 시·도지사는 제1항에 따른 소방력의 기준에 따라 관할구역의 소방력을 확충하기 위하여 필요한 계획을 수립하여 시행하여야 한다.

3) 소방자동차 등 소방장비의 분류·표준화와 그 관리 등에 필요한 사항은 따로 법률에서 정한다.

▬ 소방교육 · 훈련

1) 소방청장, 소방본부장 또는 소방서장은 소방업무를 전문적이고 효과적으로 수행하기 위하여 소방대원에게 필요한 교육 · 훈련을 실시하여야 한다.

2) 소방청장, 소방본부장 또는 소방서장은 화재를 예방하고 화재 발생 시 인명과 재산피해를 최소화하기 위하여 다음 각 호에 해당하는 사람을 대상으로 행정안전부령으로 정하는 바에 따라 소방안전에 관한 교육과 훈련을 실시할 수 있다. 이 경우 소방청장, 소방본부장 또는 소방서장은 해당 어린이집 · 유치원 · 학교의 장과 교육일정 등에 관하여 협의하여야 한다.

  1. 「영유아보육법」 제2조에 따른 어린이집의 영유아
  2. 「유아교육법」 제2조에 따른 유치원의 유아
  3. 「초 · 중등교육법」 제2조에 따른 학교의 학생

3) 소방청장, 소방본부장 또는 소방서장은 국민의 안전의식을 높이기 위하여 화재 발생 시 피난 및 행동 방법 등을 홍보하여야 한다. 〈개정 2014. 11. 19., 2017. 7. 26.〉

4) 제1항에 따른 교육 · 훈련의 종류 및 대상자, 그 밖에 교육 · 훈련의 실시에 필요한 사항은 행정안전부령으로 정한다.

▬ 화재의 원인 및 피해 조사

1) 소방청장, 소방본부장 또는 소방서장은 화재가 발생하였을 때에는 화재의 원인 및 피해 등에 대한 조사(이하 "화재조사"라 한다)를 하여야 한다.

2) 제1항에 따른 화재조사의 방법 및 전담조사반의 운영과 화재조사자의 자격 등 화재조사에 필요한 사항은 행정안전부령으로 정한다.

▬ 소방업무에 관한 종합계획의 수립 · 시행 등

1) 소방청장은 화재, 재난 · 재해, 그 밖의 위급한 상황으로부터 국민의 생명 · 신체 및 재산을 보호하기 위하여 소방업무에 관한 종합계획(이하 이 조에서 "종합계획"이라 한다)을 5년마다 수립 · 시행하여야 하고, 이에 필요한 재원을 확보하도록 노력하여야 한다. 〈개정 2015. 7. 24., 2017. 7. 26.〉

2) 종합계획에는 다음 각 호의 사항이 포함되어야 한다. 〈신설 2015. 7. 24.〉

  1. 소방서비스의 질 향상을 위한 정책의 기본방향
  2. 소방업무에 필요한 체계의 구축, 소방기술의 연구 · 개발 및 보급
  3. 소방업무에 필요한 장비의 구비
  4. 소방전문인력 양성
  5. 소방업무에 필요한 기반조성
  6. 소방업무의 교육 및 홍보(제21조에 따른 소방자동차의 우선 통행 등에 관한 홍보를 포함한다)
  7. 그 밖에 소방업무의 효율적 수행을 위하여 필요한 사항으로서 대통령령으로 정하는 사항

3) 소방청장은 제1항에 따라 수립한 종합계획을 관계 중앙행정기관의 장, 시 · 도지사에게 통보하여야 한다.

4) 시 · 도지사는 관할지역의 특성을 고려하여 종합계획의 시행에 필요한 세부계획(이하 이 조에서 "세부계획"이라 한다)을 매년 수립하여 소방청장에게 제출하여야 하며, 세부계획에 따른 소방업무를 성실히 수행하여야 한다.

5) 소방청장은 소방업무의 체계적 수행을 위하여 필요한 경우 제4항에 따라 시·도지사가 제출한 세부계획의 보완 또는 수정을 요청할 수 있다. 〈신설 2015. 7. 24., 2017. 7. 26.〉

6) 그 밖에 종합계획 및 세부계획의 수립·시행에 필요한 사항은 대통령령으로 정한다.

— 소방신호

화재예방, 소방활동 또는 소방훈련을 위하여 사용되는 소방신호의 종류와 방법은 행정안전부령으로 정한다.

192 다음 중 소방본부장, 소방서장 또는 소방대장의 권한 사항이 아닌 것은?(단서규정 제외)

[10 부산]

① 화재의 예방상 위험하다고 인정되는 행위를 하는 사람에 대한 화재의 예방조치 명령

② 소방활동에 필요한 소화전(消火栓)·급수탑(給水塔)·저수조(貯水槽)의 설치·유지 및 관리

③ 소방활동에 있어서 긴급한 때 이웃한 소방본부장에게 소방업무의 응원 요청

④ 화재, 재난·재해 그 밖의 위급한 상황이 발생한 현장에 소방활동구역의 설정

해설 ② 시·도지사는 소방활동에 필요한 소화전(消火栓)·급수탑(給水塔)·저수조(貯水槽)(이하 "소방용수시설"이라 한다)를 설치하고 유지·관리하여야 한다. 다만, 「수도법」 제45조에 따라 소화전을 설치하는 일반수도사업자는 관할 소방서장과 사전협의를 거친 후 소화전을 설치하여야 하며, 설치 사실을 관할 소방서장에게 통지하고, 그 소화전을 유지·관리하여야 한다.

193 다음 중 소방기본법상의 벌칙 규정이 다른 하나는?

[10 부산]

① 소방대상물 및 토지의 강제처분을 방해한 자 또는 정당한 사유 없이 그 처분에 따르지 아니한 자

② 소방자동차의 출동을 방해한 자

③ 사람을 구출하는 일 또는 불을 끄거나 불이 번지지 아니하도록 하는 일을 방해한 자

④ 정당한 사유 없이 소방용수시설을 사용하거나 소방용수시설의 효용을 해치거나 그 정당한 사용을 방해한 사람

해설 ① : 3년 이하의 징역 또는 3천만 원 이하의 벌금

②, ③, ④ : 5년 이하의 징역 또는 5천만 원 이하의 벌금

194 시장지역에서 화재로 오인할 만한 우려가 있는 불을 피우거나 연막(煙幕) 소독을 하려는 자가 시·도의 조례로 정하는 바에 따라 관할 소방본부장 또는 소방서장에게 신고하지 아니하여 소방자동차를 출동하게 한 경우 벌칙 및 관련 내용으로 옳은 것은? [10 부산]

① 20만 원 이하의 과태료를 부과한다.

② 100만 원 이하의 과태료를 부과한다.

③ 200만 원 이하의 과태료를 부과한다.

④ 500만 원 이하의 과태료를 부과한다.

해설 화재 등의 통지

1) 다음 각 호의 어느 하나에 해당하는 지역 또는 장소에서 화재로 오인할 만한 우려가 있는 불을 피우거나 연막(煙幕) 소독을 하려는 자는 시·도의 조례로 정하는 바에 따라 관할 소방본부장 또는 소방서장에게 신고하여야 한다.
　－신고하지 아니하여 오인신고로 인하여 출동하게 한 자 : 20만 원 이하 과태료
　1. 시장지역
　2. 공장·창고가 밀집한 지역
　3. 목조건물이 밀집한 지역
　4. 위험물의 저장 및 처리시설이 밀집한 지역
　5. 석유화학제품을 생산하는 공장이 있는 지역
　6. 그 밖에 시·도의 조례로 정하는 지역 또는 장소

195 소방기본법에서 정하는 소방활동 종사명령에 관한 내용 중 옳지 않은 것은? [10 부산]

① 소방본부장, 소방서장 또는 소방대장은 화재, 재난·재해, 그 밖의 위급한 상황이 발생한 현장에서 소방활동을 위하여 필요할 때에는 그 관할구역에 사는 사람 또는 그 현장에 있는 사람으로 하여금 사람을 구출하는 일 또는 불을 끄거나 불이 번지지 아니하도록 하는 일을 하게 할 수 있다.

② 시·도지사는 소방활동에 종사한 사람이 그로 인하여 사망하거나 부상을 입은 경우에는 보상하여야 한다.

③ 소방본부장, 소방서장 또는 소방대장의 소방활동 종사 명령에 따라 소방활동을 한 그 소방대상물의 관계인은 소방활동의 비용을 지급받을 수 있다.

④ 사람을 구출하는 일 또는 불을 끄거나 불이 번지지 아니하도록 하는 일을 방해한 사람은 5년 이하의 징역 또는 5천만 원 이하의 벌금에 처한다.

소방활동 종사명령

1) 소방본부장, 소방서장 또는 소방대장은 화재, 재난 · 재해, 그 밖의 위급한 상황이 발생한 현장에서 소방활동을 위하여 필요할 때에는 그 관할구역에 사는 사람 또는 그 현장에 있는 사람으로 하여금 사람을 구출하는 일 또는 불을 끄거나 불이 번지지 아니하도록 하는 일을 하게 할 수 있다.
2) 제1항에 따른 명령에 따라 소방활동에 종사한 사람은 시 · 도지사로부터 소방활동의 비용을 지급받을 수 있다. 다만, 다음 각 호의 어느 하나에 해당하는 사람의 경우에는 그러하지 아니하다.
   1. 소방대상물에 화재, 재난 · 재해, 그 밖의 위급한 상황이 발생한 경우 그 관계인
   2. 고의 또는 과실로 화재 또는 구조 · 구급활동이 필요한 상황을 발생시킨 사람
   3. 화재 또는 구조 · 구급현장에서 물건을 가져간 사람

196 화재경계지구의 지정과 관련하여 옳지 않은 것은?   [10 부산]

① 지정구역은 화재발생 우려가 많은 구역 및 피해가 많을 것으로 예상되는 구역으로 한다.
② 화재경계지구로 지정 가능한 지역은 목조건물이 밀집한 지역 및 고층건물이 밀집한 지역 등이다.
③ 지정권자는 시 · 도지사이다.
④ 화재경계지구 안에서 소방서장 등의 업무는 소방특별조사, 소방훈련 및 교육이다.

197 다음 중 화재원인 조사의 범위에 해당하는 것은?   [10 부산]

① 소방활동 중 발생한 사망자 및 부상자
② 소화활동 중 사용된 물로 인한 피해조사
③ 열에 의한 탄화, 용융, 파손 등의 피해조사
④ 피난경로, 피난상의 장애요인 등의 상황조사

해설 1) 화재원인 조사
   ① 발화원인 조사 : 화재가 발생한 과정, 화재가 발생한 지점 및 불이 붙기 시작한 물질
   ② 발견 · 통보 및 초기소화상황 조사 : 화재의 발견 · 통보 및 초기소화 등 일련의 과정
   ③ 연소상황 조사 : 화재의 연소경로 및 확대원인 등의 상황
   ④ 피난상황 조사 : 피난경로, 피난상의 장애요인 등의 상황
   ⑤ 소방시설 등 조사 : 소방시설의 사용 또는 작동 등의 상황
2) 화재피해 조사(화재 또는 소화로 생긴 손해)
   ① 인명피해
      • 소방활동 중 발생한 사망자 및 부상자

- 그 밖에 화재로 인한 사망자 및 부상자
  ※ 부상의 정도는 의사의 진단을 기초로 중상의 경우 3주 이상의 입원치료를 필요로 하는 부상을, 경상의 경우 중상 이외의(입원치료를 필요로 하지 않는 것도 포함한다) 부상을 말한다.
  ② 재산피해
  - 소실피해 : 열에 의한 탄화, 용융, 파손 등의 피해
  - 수손피해 : 소화활동 중 사용된 물로 인한 피해
  - 기타피해 : 연기, 물품반출, 화재로 인한 폭발 등에 의한 피해

198 다음 중 소방안전교육사의 배치대상별 배치기준이 틀린 것은? [10 부산]

① 소방청 – 2인 이상

② 소방서 – 1인 이상

③ 한국소방안전원 – 2인 이상

④ 한국소방산업기술원 – 1인 이상

해설 소방안전교육사 배치기준

배치대상	배치기준(단위 : 명)	비고
1. 소방청	2 이상	
2. 소방본부	2 이상	
3. 소방서	1 이상	
4. 한국소방안전협회	• 본회 : 2 이상　　• 시 · 도지부 : 1 이상	
5. 한국소방산업기술원	2 이상	

199 다음 중 국가가 소방장비의 구입 등 시 · 도의 소방업무에 필요한 경비의 일부를 보조하는 하는 것이 아닌 것은? [10 경북]

① 소방자동차의 구입

② 소방관서용 청사의 건축

③ 소방공무원의 인건비

④ 방화복 등 소방활동에 필요한 소방장비 구입

해설 소방장비등에 대한 국고보조
1) 국가는 소방장비의 구입 등 시 · 도의 소방업무에 필요한 경비의 일부를 보조한다.
2) 보조 대상사업의 범위와 기준보조율은 대통령령으로 정한다.
3) 국고보조 대상사업의 범위
　1. 다음 각 목의 소방활동장비와 설비의 구입 및 설치
　　가. 소방자동차
　　나. 소방헬리콥터 및 소방정

다. 소방전용통신설비 및 전산설비

라. 그 밖에 방화복 등 소방활동에 필요한 소방장비

2. 소방관서용 청사의 건축(「건축법」 제2조제1항제8호에 따른 건축을 말한다)

4) 국고보조 소방활동장비 및 설비의 종류와 규격은 행정안전부령으로 정한다.

200 다음 중 소방용수시설의 설치기준으로 옳지 않은 것은? [10 경북]

① 주거지역·상업지역 및 공업지역에 설치하는 경우 소방대상물과의 수평거리를 100미터 이하가 되도록 할 것

② 소화전은 상수도와 연결하여 지하식 또는 지상식의 구조로 하고, 소방용 호스와 연결하는 소화전의 연결금속구의 구경은 65밀리미터로 할 것

③ 급수탑의 급수배관의 구경은 100밀리미터 이상으로 하고, 개폐밸브는 지상에서 1.5미터 이상 1.7미터 이하의 위치에 설치하도록 할 것

④ 저수조는 지면으로부터의 낙차가 5.5미터 이하일 것

201 다음 중 대통령령이 정하는 화재경계지구 대상 지역으로 옳지 않은 것은? [10 경북]

① 시장지역

② 문화재

③ 목조건물 밀집지역

④ 위험물의 저장 및 처리시설이 밀집한 지역

202 소방신호에서 발화신호의 타종 신호방법으로 옳은 것은? [10 경북]

① 연 3타 반복

② 난타

③ 1타와 2연타를 반복

④ 상당한 간격을 두고 1타씩 반복

해설 소방신호

1) 화재예방, 소방활동 또는 소방훈련을 위하여 사용되는 소방신호의 종류와 방법은 행정안전부령으로 정한다.

2) 소방신호의 종류

1. 경계신호 : 화재예방상 필요하다고 인정되거나 법 제14조의 규정에 의한 화재위험경보 시 발령

정답 **200** ④ **201** ② **202** ②

2. 발화신호 : 화재가 발생한 때 발령

3. 해제신호 : 소화활동이 필요없다고 인정되는 때 발령

4. 훈련신호 : 훈련상 필요하다고 인정되는 때 발령

3) 소방신호

종별 \ 신호방법	타종 신호	사이렌 신호
경계신호	1타와 연2타를 반복	5초 간격을 두고 30초씩 3회
발화신호	난타	5초 간격을 두고 5초씩 3회
해제신호	상당한 간격을 두고 1타씩 반복	1분간 1회
훈련신호	연3타 반복	10초 간격을 두고 1분씩 3회

203 다음 중 소방본부장 또는 소방서장의 권한이나 업무가 아닌 것은? [10 경북]

① 화재위험경보 발령

② 화재의 예방조치

③ 소방응원협약

④ 화재조사

해설 **소방업무의 응원**

1) 소방본부장이나 소방서장은 소방활동을 할 때에 긴급한 경우에는 이웃한 소방본부장 또는 소방서장에게 소방업무의 응원(應援)을 요청할 수 있다.

2) 제1항에 따라 소방업무의 응원 요청을 받은 소방본부장 또는 소방서장은 정당한 사유 없이 그 요청을 거절하여서는 아니 된다.

3) 제1항에 따라 소방업무의 응원을 위하여 파견된 소방대원은 응원을 요청한 소방본부장 또는 소방서장의 지휘에 따라야 한다.

4) 시 · 도지사는 제1항에 따라 소방업무의 응원을 요청하는 경우를 대비하여 출동대상 지역 및 규모와 필요한 경비의 부담 등에 관하여 필요한 사항을 행정안전부령으로 정하는 바에 따라 이웃하는 시 · 도지사와 협의하여 미리 규약(規約)으로 정하여야 한다.

5) 시 · 도지사들 간의 상호응원 협정사항

1. 다음 각목의 소방활동에 관한 사항

가. 화재의 경계 · 진압활동

나. 구조 · 구급업무의 지원

다. 화재조사활동

2. 응원출동 대상지역 및 규모

3. 다음 각목의 소요경비의 부담에 관한 사항

가. 출동대원의 수당 · 식사 및 피복의 수선

나. 소방장비 및 기구의 정비와 연료의 보급

다. 그 밖의 경비

4. 응원출동의 요청방법

5. 응원출동 훈련 및 평가

204 다음 중 소방안전교육사의 업무가 아닌 것은?　　　　　　　　　　　　[10 경북]

① 소방안전교육의 기획　　　　　　② 소방안전교육의 감사

③ 소방안전교육의 분석　　　　　　④ 소방안전교육의 평가

> **해설** 소방안전교육사
>
> 1) 소방청장은 제17조제2항에 따른 소방안전교육을 위하여 소방청장이 실시하는 시험에 합격한 사람에게 소방안전교육사 자격을 부여한다.
> 2) 소방안전교육사는 소방안전교육의 기획 · 진행 · 분석 · 평가 및 교수 업무를 수행한다.
> 3) 제1항에 따른 소방안전교육사 시험의 응시자격, 시험방법, 시험과목, 시험위원, 그 밖에 소방안전교육사 시험의 실시에 필요한 사항은 대통령령으로 정한다.
> 4) 제1항에 따른 소방안전교육사 시험에 응시하려는 사람은 대통령령으로 정하는 바에 따라 수수료를 내야 한다.

205 다음 중 관할구역 안에서 소방업무를 수행하는 소방서장을 지휘, 감독할 수 있는 사람이 아닌 것은?　　　　　　　　　　　　　　　　　　　　　　　　[10 경북]

① 시장, 군수　　　② 도지사　　　③ 광역시장　　　④ 특별시장

> **해설** 소방업무를 수행하는 소방본부장 또는 소방서장은 그 소재지를 관할하는 특별시장 · 광역시장 · 특별자치시장 · 도지사 또는 특별자치도지사(이하 "시 · 도지사"라 한다)의 지휘와 감독을 받는다.

206 다음 설명 중 옳지 않은 것은?　　　　　　　　　　　　　　　　　　[10 경북]

① 운항 중인 선박은 소방대상물에 속한다.

② 관계인은 소방대상물의 소유자, 관리자, 점유자를 말한다.

③ 소방대의 구성은 소방공무원, 의무소방원, 의용소방대원으로 구성된다.

④ 화재, 재난 · 재해 그 밖의 위급한 상황이 발생한 현장에서 소방대를 지휘하는 자를 소방대장이라 한다.

207 다음 중 소방안전교육사 시험의 제1차 시험과목이 아닌 것은?　　　　[10 경북]

① 구급 및 응급처치론　　　　　　② 소방학개론

③ 재난관리론　　　　　　　　　　④ 교육학원론

1차시험과 2차시험으로 구분
- 제1차시험 : 소방학개론, 구급 · 응급처치론, 재난관리론 및 교육학개론 중 응시자가 선택하는 3과목
- 제2차시험 : 국민안전교육 실무

208 다음 중 소방장비 등에 대한 국고보조 대상사업의 범위에 해당하지 않는 것은?   [10 대구]

① 방화복
② 소방관서용 청사
③ 소방용수설비
④ 전산설비

1) 국가는 소방장비의 구입 등 시 · 도의 소방업무에 필요한 경비의 일부를 보조한다.
2) 보조 대상사업의 범위와 기준보조율은 대통령령으로 정한다.
3) 국고보조 대상사업의 범위
    1. 다음 각 목의 소방활동장비와 설비의 구입 및 설치
        가. 소방자동차
        나. 소방헬리콥터 및 소방정
        다. 소방전용통신설비 및 전산설비
        라. 그 밖에 방화복 등 소방활동에 필요한 소방장비
    2. 소방관서용 청사의 건축(「건축법」 제2조제1항제8호에 따른 건축을 말한다)
4) 국고보조 소방활동장비 및 설비의 종류와 규격은 행정안전부령으로 정한다.

209 다음 중 종합상황실의 실장이 상급 종합상황실에 지체 없이 보고하여야 할 사항이 아닌 것은?   [10 대구]

① 30실 이상의 숙박시설
② 가스 및 화약류 폭발화재
③ 연면적 15,000m² 이상의 공장
④ 철도차량, 정박된 100톤 이상의 선박화재

1. 다음 각목의 1에 해당하는 화재
    가. 사망자가 5인 이상 발생하거나 사상자가 10인 이상 발생한 화재
    나. 이재민이 100인 이상 발생한 화재
    다. 재산피해액이 50억 원 이상 발생한 화재
    라. 관공서 · 학교 · 정부미도정공장 · 문화재 · 지하철 또는 지하구의 화재

마. 관광호텔, 층수(「건축법 시행령」제119조제1항제9호의 규정에 의하여 산정한 층수를 말한다. 이하 이 목에서 같다)가 11층 이상인 건축물, 지하상가, 시장, 백화점, 「위험물 안전관리법」제2조제2항의 규정에 의한 지정수량의 3천배 이상의 위험물의 제조소·저장소·취급소, 층수가 5층 이상이거나 객실이 30실 이상인 숙박시설, 층수가 5층 이상이거나 병상이 30개 이상인 종합병원·정신병원·한방병원·요양소, 연면적 1만 5천 제곱미터 이상인 공장 또는 소방기본법 시행령(이하 "영"이라 한다) 제4조제1항 각 목에 따른 화재경계지구에서 발생한 화재
바. 철도차량, 항구에 매어둔 총 톤수가 1천톤 이상인 선박, 항공기, 발전소 또는 변전소에서 발생한 화재
사. 가스 및 화약류의 폭발에 의한 화재
아. 「다중이용업소의 안전관리에 관한 특별법」제2조에 따른 다중이용업소의 화재
2. 「긴급구조대응활동 및 현장지휘에 관한 규칙」에 의한 통제단장의 현장지휘가 필요한 재난상황
3. 언론에 보도된 재난상황
4. 그 밖에 소방청장이 정하는 재난상황

210 다음 중 5년 이하의 징역 또는 5천만 원 이하의 벌금에 해당하는 것은? [10 대구]

① 소방특별조사를 거부·방해 또는 기피한 자
② 정당한 사유 없이 소방용수시설을 사용한 자
③ 소방대상물 및 토지의 강제처분을 방해한 자
④ 화재의 예방조치 명령에 따르지 아니한 자

해설 ① 소방특별조사를 거부·방해 또는 기피한 자 : 100만 원 이하의 벌금
② 누구든지 정당한 사유 없이 제1항에 따라 출동한 소방대의 화재진압 및 인명구조·구급 등 소방활동을 방해하여서는 아니 된다. : 5년 이하의 징역 또는 5,000만 원 이하의 벌금
③ 3년 이하의 징역 또는 3,000만 원 이하의 벌금 : 강제처분방해
④ 200만 원 이하의 벌금
1) 예방조치명령 거부방해
2) 화재조사 거부방해

211 다음 중 소방기본법에 규정된 "소방대(消防隊)"에 해당되지 않는 사람은? [10 대구]

① 소방공무원
② 의무소방원
③ 의용소방대원
④ 자체소방대원

해설 "소방대"(消防隊)란 화재를 진압하고 화재, 재난·재해, 그 밖의 위급한 상황에서 구조·구급 활동 등을 하기 위하여 다음 각 목의 사람으로 구성된 조직체를 말한다.
가. 「소방공무원법」에 따른 소방공무원

나. 「의무소방대설치법」 제3조에 따라 임용된 의무소방원(義務消防員)

다. 「의용소방대 설치 및 운영에 관한 법률」에 따른 의용소방대원(義勇消防隊員)

212 다음 중 소방기본법에서 규정하고 있는 소방대상물이 아닌 것은? [10 대구]

① 선박건조구조물
② 메어진 부선
③ 항해 중인 선박
④ 삭도

해설
- "소방대상물" : 건축물, 차량, 선박(「선박법」 제1조의2 제1항에 따른 선박으로서 항구에 매어둔 선박만 해당한다), 선박건조구조물, 산림, 그 밖의 인공구조물 또는 물건을 말한다.
- "삭도" : 공중에 로프를 가설하고 여기에 운반기구(차량)를 걸어 동력 또는 운반기구의 자체무게를 이용하여 운전하는 것

213 다음 중 대통령령으로 정하는 화재경계지구의 지정대상 지역이 아닌 것은? [10 중앙]

① 고층 건축물이 밀집한 지역
② 공장·창고가 밀집한 지역
③ 목조건물이 밀집한 지역
④ 시장지역

214 주거지역·상업지역 및 공업지역에 설치하는 소방용수시설은 소방대상물과의 수평거리를 몇 미터 이하가 되도록 하여야 하는가? [10 중앙]

① 250미터
② 100미터
③ 120미터
④ 200미터

해설 소방용수시설 설치기준
1. 공통기준
   - 주거지역·상업지역 및 공업지역 : 수평거리 100m 이하
   - 그 외의 지역에 설치하는 경우 : 수평거리 140m 이하

215 다음 화재조사와 관련된 설명 중 가장 옳지 않은 것은?   [10 중앙]

① 화재조사는 화재가 진압됨과 동시에 실시한다.

② 소방청장, 소방본부장 또는 소방서장은 화재조사를 하기 위하여 필요하면 관계인에게 보고 또는 자료 제출을 명할 수 있다.

③ 화재조사를 하는 관계 공무원은 그 권한을 표시하는 증표를 지니고 이를 관계인에게 보여 주어야 한다.

④ 화재조사를 하는 관계 공무원은 관계인의 정당한 업무를 방해하거나 화재조사를 수행하면서 알게 된 비밀을 다른 사람에게 누설하여서는 아니 된다.

해설 화재조사는 관계공무원이 화재사실을 인지하는 즉시 제12조제4항에 따른 장비를 활용하여 실시되어야 한다.

216 다음 중 소방활동구역에 출입할 수 없는 사람은?   [10 중앙]

① 구급업무에 종사하는 사람

② 수사업무에 종사하는 사람

③ 취재인력 등 보도업무에 종사하는 사람

④ 보험증권회사의 직원

해설 소방활동구역 출입자
1. 소방활동구역 안에 있는 소방대상물의 소유자 · 관리자 또는 점유자
2. 전기 · 가스 · 수도 · 통신 · 교통의 업무에 종사하는 사람으로서 원활한 소방활동을 위하여 필요한 사람
3. 의사 · 간호사 그 밖의 구조 · 구급업무에 종사하는 사람
4. 취재인력 등 보도업무에 종사하는 사람
5. 수사업무에 종사하는 사람
6. 그 밖에 소방대장이 소방활동을 위하여 출입을 허가한 사람

217 다음 중 소방훈련의 종류가 아닌 것은?   [10 광주]

① 현장지휘훈련   ② 화재진압훈련

③ 인명구조훈련   ④ 대테러훈련

218 다음 중 불을 피우거나 연막소독을 실시할 때 화재로 오인하여 소방차가 출동한 때 미리 신고하지 않은 자가 20만 원 이하의 과태료를 부과하는 지역이 아닌 것은? [10 광주]

① 소방출동로가 없는 지역
② 목조건물이 밀집한 지역
③ 시 · 도 조례로 정하는 지역
④ 시장지역

> **해설** 화재등의 통지
>
> 1) 다음 각 호의 어느 하나에 해당하는 지역 또는 장소에서 화재로 오인할 만한 우려가 있는 불을 피우거나 연막(煙幕) 소독을 하려는 자는 시 · 도의 조례로 정하는 바에 따라 관할 소방본부장 또는 소방서장에게 신고하여야 한다.
>
> — 신고하지 아니하여 오인신고로 인하여 출동하게 한 자 : 20만 원 이하 과태료
>
> 1. 시장지역
> 2. 공장 · 창고가 밀집한 지역
> 3. 목조건물이 밀집한 지역
> 4. 위험물의 저장 및 처리시설이 밀집한 지역
> 5. 석유화학제품을 생산하는 공장이 있는 지역
> 6. 그 밖에 시 · 도의 조례로 정하는 지역 또는 장소

219 도시의 건물 밀집지역 등 화재가 발생할 우려가 높거나 화재가 발생하는 경우 그로 인하여 피해가 클 것으로 예상되는 지역을 무엇이라고 하는가? [10 광주]

① 화재경계지구
② 화재예방지구
③ 방화경계지구
④ 방화예방지구

> **해설** 시 · 도지사가 화재경계지구로 지정할 필요가 있는 지역을 화재경계지구로 지정하지 아니하는 경우 소방청장은 해당 시 · 도지사에게 해당 지역의 화재경계지구 지정을 요청할 수 있다.

220 다음 중 소방용수시설의 설치기준이 옳은 것은? [10 광주]

① 소화전의 연결금속구의 구경은 40mm 이상으로 한다.
② 급수배관 구경은 65mm 이상으로 한다.
③ 저수조는 지면으로부터의 낙차가 4.5m 이상이어야 한다.
④ 급수탑 개폐밸브는 1.5m 이상~1.7m 이하에 설치한다.

> **해설** ① 연결금속구 구경은 65mm로 할 것
> ② 급수배관 구경은 100mm 이상으로 할 것
> ③ 저수조는 지면으로부터 낙차가 4.5m 이하이어야 한다.

221 다음 중 소방기본법의 목적이 아닌 것은?　　　　　　　　　　　　　　[10 광주]

① 화재를 예방, 경계, 진압한다.

② 국민의 생명 · 신체 및 재산을 보호한다.

③ 공공의 안녕 및 질서 유지와 복리증진에 이바지한다.

④ 소방안전교육의 질을 높인다.

> **해설** **소방기본법의 목적**
> 이 법은 화재를 예방 · 경계하거나 진압하고 화재, 재난 · 재해, 그 밖의 위급한 상황에서의 구조 · 구급활동 등을 통하여 국민의 생명 · 신체 및 재산을 보호함으로써 공공의 안녕 및 질서 유지와 복리증진에 이바지함을 목적으로 한다.

222 소방대장이 소방활동을 위하여 출입을 허가한 사람이 아닌 사람은?　　　　[10 광주]

① 가스안전공사 직원

② 보도업무종사자 및 의사

③ 소방대장이 소방활동을 위해 출입을 허가한 자

④ 수사업무에 종사하는 자

> **해설** **소방활동구역 출입자**
> 1. 소방활동구역 안에 있는 소방대상물의 소유자 · 관리자 또는 점유자
> 2. 전기 · 가스 · 수도 · 통신 · 교통의 업무에 종사하는 사람으로서 원활한 소방활동을 위하여 필요한 사람
> 3. 의사 · 간호사 그 밖의 구조 · 구급업무에 종사하는 사람
> 4. 취재인력 등 보도업무에 종사하는 사람
> 5. 수사업무에 종사하는 사람
> 6. 그 밖에 소방대장이 소방활동을 위하여 출입을 허가한 사람

223 화재를 진압하고 화재 · 재난 · 재해 그 밖의 위급한 상황에서 구조 · 구급활동 등을 하기 위한 조직체는?　　　　　　　　　　　　　　　　　　　　　　　　[10 광주]

① 소방대장　　　　　　　　　　　② 소방대

③ 자위소방대　　　　　　　　　　④ 안전관리자

> **해설** "소방대"(消防隊)란 화재를 진압하고 화재, 재난 · 재해, 그 밖의 위급한 상황에서 구조 · 구급활동 등을 하기 위하여 다음 각 목의 사람으로 구성된 조직체를 말한다.
> 가. 「소방공무원법」에 따른 소방공무원
> 나. 「의무소방대설치법」 제3조에 따라 임용된 의무소방원(義務消防員)
> 다. 「의용소방대 설치 및 운영에 관한 법률」에 따른 의용소방대원(義勇消防隊員)

224 다음 설명 중 옳지 않은 것은? [10 광주]

① 소방기관이 소방업무를 수행하는 데에 필요한 인력과 장비 등을 소방력이라 하며 소방력 계획 수립은 시·도지사가 한다.

② 소방력 계획을 수립함에 있어서 국고보조 산정을 위한 기준가격은 행정안전부령으로 정한다.

③ 일부국고 보조대상사업의 범위와 기준보조율은 대통령령으로 정한다.

④ 국내조달품은 조달청에서 조사한 해외시장의 시가로 한다.

> **해설** 소방장비등에 대한 국고보조
> 1) 국가는 소방장비의 구입 등 시·도의 소방업무에 필요한 경비의 일부를 보조한다.
> 2) 보조 대상사업의 범위와 기준보조율은 대통령령으로 정한다.
> 3) 국고보조 대상사업의 범위
>   1. 다음 각 목의 소방활동장비와 설비의 구입 및 설치
>   가. 소방자동차
>   나. 소방헬리콥터 및 소방정
>   다. 소방전용통신설비 및 전산설비
>   라. 그 밖에 방화복 등 소방활동에 필요한 소방장비
>   2. 소방관서용 청사의 건축(「건축법」 제2조제1항제8호에 따른 건축을 말한다)
> 4) 국고보조 소방활동장비 및 설비의 종류와 규격은 행정안전부령으로 정한다.
>
> — 시행규칙 제5조(소방활동장비 및 설비의 규격 및 종류와 기준가격)
>   ① 영 제2조제2항의 규정에 의한 국고보조의 대상이 되는 소방활동장비 및 설비의 종류 및 규격은 별표 1의2와 같다.
>   ② 영 제2조제2항의 규정에 의한 국고보조 산정을 위한 기준가격은 다음 각 호와 같다.
>   1. 국내조달품 : 정부고시가격
>   2. 수입물품 : 조달청에서 조사한 해외시장의 시가
>   3. 정부고시가격 또는 조달청에서 조사한 해외시장의 시가가 없는 물품 : 2 이상의 공신력 있는 물가조사기관에서 조사한 가격의 평균가격

225 다음 중 과태료를 부과할 수 없는 사람은? [10 충북]

① 대통령 ② 시·도지사 ③ 소방본부장 ④ 소방서장

226 다음 중 소방대의 구성원이 될 수 없는 사람은? [10 충북]

① 자위소방대 ② 소방공무원
③ 의무소방원 ④ 의용소방대원

해설 "소방대"(消防隊)란 화재를 진압하고 화재, 재난·재해, 그 밖의 위급한 상황에서 구조·구급
활동 등을 하기 위하여 다음 각 목의 사람으로 구성된 조직체를 말한다.
가. 「소방공무원법」에 따른 소방공무원
나. 「의무소방대설치법」 제3조에 따라 임용된 의무소방원(義務消防員)
다. 「의용소방대 설치 및 운영에 관한 법률」에 따른 의용소방대원(義勇消防隊員)

227 다음 중 소방용수시설의 설치·유지·관리권자는?　　　　　　　　　　[10 충북]

① 시·도지사　　　　　　　　　　② 소방본부장

③ 소방서장　　　　　　　　　　④ 수도관리사업소장

해설 시·도지사는 소방활동에 필요한 소화전(消火栓)·급수탑(給水塔)·저수조(貯水槽)(이하 "소
방용수시설"이라 한다)를 설치하고 유지·관리하여야 한다.

228 소방청장, 시·도지사, 소방본부장, 소방서장의 업무에 대한 설명으로 옳은 것은?

[10 충북]

① 소방청장 : 화재, 재난·재해 등 위급한 상황이 발생한 현장에서 소방대를 지휘하는 자

② 시·도지사 : 시·도의 관할구역 내의 소방업무에 대한 책임자

③ 소방본부장 : 시·도의 화재의 예방·경계·진압·조사 및 구조·구급 등의 업무를 담
당하는 부서의 장

④ 소방서장 : 소방박물관을 설립·운영하는 책임자

해설 1. "소방본부장"이란 특별시·광역시·특별자치시·도 또는 특별자치도(이하 "시·도"라 한
다)에서 화재의 예방·경계·진압·조사 및 구조·구급 등의 업무를 담당하는 부서의 장을
말한다.
2. "소방대장"(消防隊長)이란 소방본부장 또는 소방서장 등 화재, 재난·재해, 그 밖의 위급한
상황이 발생한 현장에서 소방대를 지휘하는 사람을 말한다.
3. 소방박물관 설립운영권자 : 소방청장

229 다음 중 5년 이하의 징역 또는 5천만 원 이하의 벌금에 해당하는 것은?　　　　[10 충북]

① 강제처분을 방해한 자

② 화재경계지구 안의 소방특별조사를 기피한 자

③ 예방조치명령에 따르지 아니하거나 이를 방해한 자

④ 정당한 사유 없이 소방용수시설을 사용하거나 효용을 해하거나 사용을 방해한 자

① 3년 이하의 징역 또는 3,000만 원 이하의 벌금
② 100만 원 이하의 벌금
③ 200만 원 이하의 벌금
④ 5년 이하의 징역 또는 5,000만 원 이하의 벌금

230 시 · 도지사는 도시의 건물 밀집지역 등 화재가 발생할 우려가 높거나 화재가 발생하는 경우 그로 인하여 피해가 클 것으로 예상되는 일정한 구역으로서 대통령령으로 정하는 지역을 화재경계지구(火災警戒地區)로 지정할 수 있는데, 다음 중 화재경계지구 지정대상 지역이 아닌 것은? [10 충북]

① 주택이 밀집한 지역
② 공장 · 창고가 밀집한 지역
③ 위험물의 저장 및 처리시설이 밀집한 지역
④ 소방시설 · 소방용수시설 또는 소방출동로가 없는 지역

231 다음 중 소방기본법에 규정된 용어의 정의가 옳은 것은? [10 서울]

① "관계지역"이란 소방대상물이 있는 장소 및 그 이웃 지역으로서 화재의 예방 · 경계 · 진압, 구조 · 구급 등의 활동에 필요한 지역을 말한다.
② "소방대상물"이란 건축물, 차량, 선박(항해 중인 선박 포함), 선박건조구조물, 산림, 그 밖의 인공구조물 또는 물건을 말한다.
③ "관계인"이란 소방대상물을 소유하고 있거나 관리하는 자를 말한다.
④ "소방대장"(消防隊長)이란 시 · 도지사, 소방본부장 또는 소방서장 등 화재, 재난 · 재해, 그 밖의 위급한 상황이 발생한 현장에서 소방대를 지휘하는 사람을 말한다.

232 시 · 도지사가 이웃하는 다른 시 · 도지사와 소방업무에 관하여 상호응원협정을 체결하고자 할 때 규약(規約)에 포함되어야 하는 사항이 아닌 것은? [10 서울]

① 화재의 경계 · 진압활동
② 구조 · 구급업무의 지원
③ 출동대원의 수당 · 식사 및 피복의 수선
④ 지휘권의 관할 범위

해설 시 · 도지사들 간의 상호응원협정사항

1. 다음 각목의 소방활동에 관한 사항
   가. 화재의 경계 · 진압활동
   나. 구조 · 구급업무의 지원
   다. 화재조사활동
2. 응원출동대상 지역 및 규모
3. 다음 각목의 소요경비의 부담에 관한 사항
   가. 출동대원의 수당 · 식사 및 피복의 수선
   나. 소방장비 및 기구의 정비와 연료의 보급
   다. 그 밖의 경비
4. 응원출동의 요청방법
5. 응원출동 훈련 및 평가

233 다음 중 특수가연물과 수량의 연결이 잘못된 것은?　　　　　　　　　　[10 서울]

① 면화류 – 200kg 이상
② 가연성 액체류 – 1m³ 이상
③ 가연성 고체류 – 3,000kg 이상
④ 목재가공품 – 10m³ 이상

해설 특수가연물의 종류

품명		수량
면화류		200킬로그램 이상
나무껍질 및 대팻밥		400킬로그램 이상
넝마 및 종이 부스러기		1,000킬로그램 이상
사류(絲類)		1,000킬로그램 이상
볏짚류		1,000킬로그램 이상
가연성 고체류		3,000킬로그램 이상
석탄 · 목탄류		10,000킬로그램 이상
가연성 액체류		2세제곱미터 이상
목재가공품 및 나무 부스러기		10세제곱미터 이상
합성수지류	발포시킨 것	20세제곱미터 이상
	그 밖의 것	3,000킬로그램 이상

234 다음 보기의 빈칸에 들어갈 알맞은 말을 순서대로 바르게 배열한 것은?　　　[10 서울]

> ㉠ 소방의 역사와 안전문화를 발전시키고 국민의 안전의식을 높이기 위하여 (　　)은 소방박물
> 관을, (　　)는 소방체험관을 설립하여 운영할 수 있다.
> ㉡ 국민의 안전의식과 화재에 대한 경각심을 높이고 안전문화를 정착시키기 위하여 매년
> (　　)을 소방의 날로 정하여 기념행사를 한다.

① 소방청장 – 시 · 도지사 – 11월 9일
② 시 · 도지사 – 소방청장 – 11월 9일
③ 소방청장 – 시 · 도지사 – 1월 19일
④ 시 · 도지사 – 소방청장 – 1월 19일

해설 소방박물관 및 소방체험관
1) 소방박물관 설립운영권자 : 소방청장
2) 소방체험관 설립운영권자 : 시 · 도지사
3) 소방박물관 설립운영에 관하여 필요한 사항 : 행정안전부령
4) 소방체험관 설립운영에 관하여 필요한 사항 : 시도의 조례
5) 소방청장은 법 제5조제2항의 규정에 의하여 소방박물관을 설립 · 운영하는 경우에는 소방박
　물관에 소방박물관장 1인과 부관장 1인을 두되, 소방박물관장은 소방공무원 중에서 소방청
　장이 임명한다.
6) 소방박물관에는 그 운영에 관한 중요한 사항을 심의하기 위하여 7인 이내의 위원으로 구성된
　운영위원회를 둔다.

235 다음 중 국고보조 대상사업의 범위에 대한 설명으로 옳지 않은 것은?　　　[10 서울]

① 보조 대상사업의 범위와 기준보조율은 대통령령으로 정한다.
② 국내조달품은 국내 시장가격을 기준가격으로 한다.
③ 수입물품은 조달청에서 조사한 해외시장의 시가를 기준가격으로 한다.
④ 소방활동장비 및 설비의 종류와 규격은 행정안전부령으로 정한다.

해설 소방장비등에 대한 국고보조
1) 국가는 소방장비의 구입 등 시 · 도의 소방업무에 필요한 경비의 일부를 보조한다.
2) 보조 대상사업의 범위와 기준보조율은 대통령령으로 정한다.
3) 국고보조 대상사업의 범위
　1. 다음 각 목의 소방활동장비와 설비의 구입 및 설치
　　가. 소방자동차
　　나. 소방헬리콥터 및 소방정
　　다. 소방전용통신설비 및 전산설비
　　라. 그 밖에 방화복 등 소방활동에 필요한 소방장비

2. 소방관서용 청사의 건축(「건축법」 제2조제1항제8호에 따른 건축을 말한다)
4) 국고보조 소방활동장비 및 설비의 종류와 규격은 행정안전부령으로 정한다.

시행규칙 제5조(소방활동장비 및 설비의 규격 및 종류와 기준가격)

① 영 제2조제2항의 규정에 의한 국고보조의 대상이 되는 소방활동장비 및 설비의 종류 및 규격은 별표 1의2와 같다.

② 영 제2조제2항의 규정에 의한 국고보조 산정을 위한 기준가격은 다음 각 호와 같다.

1. 국내조달품 : 정부고시가격
2. 수입물품 : 조달청에서 조사한 해외시장의 시가
3. 정부고시가격 또는 조달청에서 조사한 해외시장의 시가가 없는 물품 : 2 이상의 공신력 있는 물가조사기관에서 조사한 가격의 평균가격

236 소방용수시설의 설치 및 관리에 관한 설명으로 틀린 것은? [10 경남]

① 소방용수시설 및 지리조사는 분기별로 1회 이상 실시한다.

② 소방용수시설 및 지리조사는 소방본부장이나 소방서장이 실시한다.

③ 소방용수시설은 소화전, 급수탑, 저수조를 말한다.

④ 소방용수시설의 설치ㆍ유지 및 관리는 시ㆍ도지사가 한다.

237 다음 중 시ㆍ도의 조례로 정하는 것이 아닌 것은? [10 경남]

① 소방체험관 설립ㆍ운영에 관한 사항

② 소방신호의 종류와 방법에 관한 사항

③ 지정수량 미만인 위험물의 저장ㆍ취급에 관한 사항

④ 지정수량 이상의 위험물을 90일 이내 임시로 저장ㆍ취급에 관한 사항

해설 ① 소방체험관 설립운영권자 : 시ㆍ도지사/소방체험관 설립운영에 관하여 필요한 사항 : 시도의 조례

② 화재예방, 소방활동 또는 소방훈련을 위하여 사용되는 소방신호의 종류와 방법은 행정안전부령으로 정한다.

③ 지정수량 미만인 위험물의 저장, 취급 : 지정수량 미만인 위험물의 저장 또는 취급에 관한 기술상의 기준은 시ㆍ도의 조례로 정한다.

④ 제조소 등이 아닌 장소에서 지정수량 이상의 위험물을 취급할 수 있는 경우 : 시ㆍ도의 조례가 정하는 바에 따라 관할소방서장의 승인을 받아 지정수량 이상의 위험물을 90일 이내의 기간 동안 임시로 저장 또는 취급하는 경우

238 다음 중 화재경계지구 지정대상 지역이 아닌 것은? [10 경남]

① 목조건물이 밀집한 지역　　　② 석유화학제품 생산공장이 있는 지역

③ 소방출동로가 없는 지역　　　④ 고층건물 밀집지역

239 다음 중 국고 보조대상 사업의 범위에 해당하지 않는 것은? [10 경남]

① 소방헬리콥터　　　　　　　② 소방관서용 청사의 건축

③ 소방복　　　　　　　　　　④ 전산설비

240 다음 중 연관된 내용의 연결이 옳지 않은 것은? [10 경남]

① 소방체험관 설립·운영 － 시·도지사

② 소방업무에 관한 종합계획의 수립·시행 등 － 소방청장

③ 특정소방대상물에 대한 강제처분 － 소방본부장이나 소방서장 또는 소방대장

④ 소방기관의 설치 등에 관한 사항 － 행정안전부령

241 다음 중 소방기본법에서 규정하고 있는 화재조사에 관한 설명으로 옳지 않은 것은?

[10 경남]

① 화재조사권자는 소방청장, 소방본부장 또는 소방서장이다.

② 화재조사는 화재사실을 인지함과 동시에 실시한다.

③ 소화활동 중 사용된 물로 인한 피해는 재산피해 조사에 해당된다.

④ 피난상황조사는 화재원인 조사에 포함되지 않는다.

242 소방대장이 책임자로서 대통령령이 정하는 자 외의 자에 대한 출입을 제한하는 곳은?

[10 전남]

① 소화활동구역　　　　　　　② 소방활동구역

③ 관계지역　　　　　　　　　④ 화재경계지구

> **해설** 소방대장은 화재, 재난·재해, 그 밖의 위급한 상황이 발생한 현장에 소방활동구역을 정하여 소방활동에 필요한 사람으로서 대통령령으로 정하는 사람 외에는 그 구역에 출입하는 것을 제한할 수 있다.

정답　**238** ④　　**239** ③　　**240** ④　　**241** ④　　**242** ②

243 다음 중 화재원인 조사의 종류가 아닌 것은?　　　　　　　　　　　　　[10 전남]

① 소방시설 등 조사　　　　　　　　② 발화원인조사

③ 피난상황조사　　　　　　　　　　④ 재산피해조사

244 다음 중 의용소방대원이 받는 훈련이 아닌 것은?　　　　　　　　　　[10 전남]

① 인명구조훈련　　　　　　　　　　② 화재진압훈련

③ 현장지휘훈련　　　　　　　　　　④ 응급처치훈련

해설 소방교육 및 훈련

1) 소방청장, 소방본부장 또는 소방서장은 소방업무를 전문적이고 효과적으로 수행하기 위하여 소방대원에게 필요한 교육·훈련을 실시하여야 한다.

2) 다음 각 호 대상으로 소방안전교육 및 훈련을 실시할 수 있다.
　1. 「영유아보육법」 제2조에 따른 어린이집의 영유아
　2. 「유아교육법」 제2조에 따른 유치원의 유아
　3. 「초·중등교육법」 제2조에 따른 학교의 학생

3) 소방대원에 대한 교육 및 훈련(2년마다 1회, 2주 이상)

종류	교육·훈련을 받아야 할 대상자
가. 화재진압훈련	1) 화재진압업무를 담당하는 소방공무원 2) 「의무소방대설치법 시행령」 제20조제1항제1호에 따른 임무를 수행하는 의무소방원 3) 「의용소방대 설치 및 운영에 관한 법률」 제3조에 따라 임명된 **의용소방대원**
나. 인명구조훈련	1) 구조업무를 담당하는 소방공무원 2) 「의무소방대설치법 시행령」 제20조제1항제1호에 따른 임무를 수행하는 의무소방원 3) 「의용소방대 설치 및 운영에 관한 법률」 제3조에 따라 임명된 **의용소방대원**
다. 응급처치훈련	1) 구급업무를 담당하는 소방공무원 2) 「의무소방대설치법」 제3조에 따라 임용된 의무소방원 3) 「의용소방대 설치 및 운영에 관한 법률」 제3조에 따라 임명된 **의용소방대원**
라. 인명대피훈련	1) 소방공무원 2) 「의무소방대설치법」 제3조에 따라 임용된 의무소방원 3) 「의용소방대 설치 및 운영에 관한 법률」 제3조에 따라 임명된 **의용소방대원**
마. 현장지휘훈련	소방공무원 중 다음의 계급에 있는 사람 1) 지방소방정　2) 지방소방령　3) 지방소방경　4) 지방소방위

245 소방본부장, 소방서장, 소방대장은 화재, 재난, 재해, 위급한 상황 발생 시 필요한 때 그 관할 구역 안에 사는 자 또는 그 현장에 있는 자로 하여금 사람을 구출하는 일 또는 불을 끄거나 번 지지 아니하도록 하는 일을 하게 할 수 있다. 이 경우 소화활동에 종사한 자는 시·도지사로 부터 소방활동의 비용을 지급받을 수 있다. 다음 중 소방활동의 비용을 지급받을 수 있는 대 상은? [10 전남]

① 소방대장의 지시로 불이 난 옆 건축물에서 소화활동을 한 자
② 화재 또는 구조·구급현장에서 물건을 가져간 자
③ 소방대상물에 화재, 재난·재해 그 밖의 위급한 상황이 발생한 경우 그 관계인
④ 고의 또는 과실로 인하여 화재 또는 구조·구급활동이 필요한 상황을 발생시킨 자

해설 소방활동 종사명령

1) 소방본부장, 소방서장 또는 소방대장은 화재, 재난·재해, 그 밖의 위급한 상황이 발생한 현 장에서 소방활동을 위하여 필요할 때에는 그 관할구역에 사는 사람 또는 그 현장에 있는 사람 으로 하여금 사람을 구출하는 일 또는 불을 끄거나 불이 번지지 아니하도록 하는 일을 하게 할 수 있다.
2) 제1항에 따른 명령에 따라 소방활동에 종사한 사람은 시·도지사로부터 소방활동의 비용을 지급받을 수 있다. 다만, 다음 각 호의 어느 하나에 해당하는 사람의 경우에는 그러하지 아니 하다.
　1. 소방대상물에 화재, 재난·재해, 그 밖의 위급한 상황이 발생한 경우 그 관계인
　2. 고의 또는 과실로 화재 또는 구조·구급활동이 필요한 상황을 발생시킨 사람
　3. 화재 또는 구조·구급현장에서 물건을 가져간 사람

246 119종합상황실의 실장이 상급 119종합상황실에 지체 없이 보고해야 하는 상황이 아닌 것은? [10 전남]

① 사망자가 5인 이상 발생한 화재
② 사상자가 10인 이상 발생한 화재
③ 재산피해액이 10억 원 이상 발생한 화재
④ 이재민이 100인 이상 발생한 화재

해설 상부 종합상황실 보고사항

1. 다음 각목의 1에 해당하는 화재
　가. 사망자가 5인 이상 발생하거나 사상자가 10인 이상 발생한 화재
　나. 이재민이 100인 이상 발생한 화재
　다. 재산피해액이 50억 원 이상 발생한 화재
　라. 관공서·학교·정부미도정공장·문화재·지하철 또는 지하구의 화재
　마. 관광호텔, 층수(「건축법 시행령」 제119조제1항제9호의 규정에 의하여 산정한 층수를 말한다. 이하 이 목에서 같다)가 11층 이상인 건축물, 지하상가, 시장, 백화점, 「위험물

안전관리법」제2조제2항의 규정에 의한 지정수량의 3천배 이상의 위험물의 제조소 · 저장소 · 취급소, 층수가 5층 이상이거나 객실이 30실 이상인 숙박시설, 층수가 5층 이상이거나 병상이 30개 이상인 종합병원 · 정신병원 · 한방병원 · 요양소, 연면적 1만5천제곱미터 이상인 공장 또는 소방기본법 시행령(이하 "영"이라 한다) 제4조제1항 각 목에 따른 화재경계지구에서 발생한 화재

바. 철도차량, 항구에 매어둔 총 톤수가 1천톤 이상인 선박, 항공기, 발전소 또는 변전소에서 발생한 화재

사. 가스 및 화약류의 폭발에 의한 화재

아. 「다중이용업소의 안전관리에 관한 특별법」제2조에 따른 다중이용업소의 화재

2. 「긴급구조대응활동 및 현장지휘에 관한 규칙」에 의한 통제단장의 현장지휘가 필요한 재난상황

3. 언론에 보도된 재난상황

4. 그 밖에 소방청장이 정하는 재난상황

247 다음 중 저수조의 설치기준으로 옳지 않은 것은? [10 전남]

① 지면으로부터의 낙차가 4.5m 이하일 것

② 흡수부분의 수심이 0.5m 이상일 것

③ 흡수관의 투입구가 사각형인 경우에는 한 변의 길이가 60cm 이하일 것

④ 저수조에 물을 공급하는 방법은 상수도에 연결하여 자동으로 급수되는 구조일 것

> **해설** 저수조의 설치기준
>
> (1) 지면으로부터의 낙차가 4.5미터 이하일 것
> (2) 흡수부분의 수심이 0.5미터 이상일 것
> (3) 소방펌프자동차가 쉽게 접근할 수 있도록 할 것
> (4) 흡수에 지장이 없도록 토사 및 쓰레기 등을 제거할 수 있는 설비를 갖출 것
> (5) 흡수관의 투입구가 사각형의 경우에는 한 변의 길이가 60센티미터 이상, 원형의 경우에는 지름이 60센티미터 이상일 것
> (6) 저수조에 물을 공급하는 방법은 상수도에 연결하여 자동으로 급수되는 구조일 것

248 다음 중 불을 사용하는 설비에 있어서 지켜야 하는 사항으로 옳은 것은? [10 전남]

① 보일러와 벽, 천장 사이의 거리는 0.5m 이상으로 할 것

② 보일러의 경우 개폐밸브는 연료탱크로부터 0.6m 이내 설치할 것

③ 노, 화덕 주위에는 높이 0.1m 이상의 턱을 설치할 것

④ 수소가스는 90vol% 이하를 유지할 것

> **해설** [별표 1] 〈개정 2012.7.10〉 보일러 등의 위치 · 구조 및 관리와 화재예방을 위하여 불의 사용에 있어서 지켜야 하는 사항(제5조 관련)

종류	내용
보일러	1. 가연성 벽·바닥 또는 천장과 접촉하는 증기기관 또는 연통의 부분은 규조토·석면 등 난연성 단열재로 덮어씌워야 한다. 2. 경유·등유 등 액체연료를 사용하는 경우에는 다음 각목의 사항을 지켜야 한다. 　가. 연료탱크는 보일러 본체로부터 수평거리 1미터 이상의 간격을 두어 설치할 것 　나. 연료탱크에는 화재 등 긴급상황이 발생하는 경우 연료를 차단할 수 있는 개폐밸브를 연료탱크로부터 0.5미터 이내에 설치할 것 　다. 연료탱크 또는 연료를 공급하는 배관에는 여과장치를 설치할 것 　라. 사용이 허용된 연료 외의 것을 사용하지 아니할 것 　마. 연료탱크에는 불연재료(「건축법 시행령」 제2조제10호의 규정에 의한 것을 말한다. 이하 이 표에서 같다)로 된 받침대를 설치하여 연료탱크가 넘어지지 아니하도록 할 것 3. 기체연료를 사용하는 경우에는 다음 각목에 의한다. 　가. 보일러를 설치하는 장소에는 환기구를 설치하는 등 가연성 가스가 머무르지 아니하도록 할 것 　나. 연료를 공급하는 배관은 금속관으로 할 것 　다. 화재 등 긴급 시 연료를 차단할 수 있는 개폐밸브를 연료용기 등으로부터 0.5미터 이내에 설치할 것 　라. 보일러가 설치된 장소에는 가스누설경보기를 설치할 것 4. 보일러와 벽·천장 사이의 거리는 0.6미터 이상 되도록 하여야 한다. 5. 보일러를 실내에 설치하는 경우에는 콘크리트 바닥 또는 금속 외의 불연재료로 된 바닥 위에 설치하여야 한다.
난로	1. 연통은 천장으로부터 0.6미터 이상 떨어지고, 건물 밖으로 0.6미터 이상 나오게 설치하여야 한다. 2. 가연성 벽·바닥 또는 천장과 접촉하는 연통의 부분은 규조토·석면 등 난연성 단열재로 덮어씌워야 한다. 3. 이동식 난로는 다음 각목의 장소에서 사용하여서는 아니 된다. 다만, 난로가 쓰러지지 아니하도록 받침대를 두어 고정시키거나 쓰러지는 경우 즉시 소화되고 연료의 누출을 차단할 수 있는 장치가 부착된 경우에는 그러하지 아니하다. 　가. 「다중이용업소의 안전관리에 관한 특별법」 제2조제1항제1호에 따른 다중이용업의 영업소 　나. 「학원의 설립·운영 및 과외교습에 관한 법률」 제2조제1호의 규정에 의한 학원 　다. 「학원의 설립·운영 및 과외교습에 관한 법률 시행령」 제2조제1항제4호의 규정에 의한 독서실 　라. 「공중위생관리법」 제2조제1항제2호·제3호 및 제6호의 규정에 의한 숙박업·목욕장업·세탁업의 영업장 　마. 「의료법」 제3조제2항의 규정에 의한 종합병원·병원·치과병원·한방병원·요양병원·의원·치과의원·한의원 및 조산원 　바. 「식품위생법 시행령」 제21조제8호에 따른 휴게음식점영업, 일반음식점영업, 단란주점영업, 유흥주점영업 및 제과점영업의 영업장 　사. 「영화 및 비디오물의 진흥에 관한 법률」 제2조제10호에 따른 영화상영관 　아. 「공연법」 제2조제4호의 규정에 의한 공연장 　자. 「박물관 및 미술관 진흥법」 제2조제1호 및 제2호의 규정에 의한 박물관 및 미술관 　차. 「유통산업발전법」 제2조제6호의 규정에 의한 상점가 　카. 「건축법」 제20조에 따른 가설건축물 　타. 역·터미널

종류	내용
건조설비	1. 건조설비와 벽·천장 사이의 거리는 0.5미터 이상 되도록 하여야 한다. 2. 건조물품이 열원과 직접 접촉하지 아니하도록 하여야 한다. 3. 실내에 설치하는 경우에 벽·천장 또는 바닥은 불연재료로 하여야 한다.
수소 가스를 넣는 기구	1. 연통 그 밖의 화기를 사용하는 시설의 부근에서 띄우거나 머물게 하여서는 아니 된다. 2. 건축물의 지붕에서 띄워서는 아니 된다. 다만, 지붕이 불연재료로 된 평지붕으로서 그 넓이가 기구 지름의 2배 이상인 경우에는 그러지 아니하다. 3. 다음 각목의 장소에서 운반하거나 취급하여서는 아니 된다. 　가. 공연장 : 극장·영화관·연예장·음악당·서커스장 그 밖의 이와 비슷한 것 　나. 집회장 : 회의장·공회장·예식장 그 밖의 이와 비슷한 것 　다. 관람장 : 운동경기관람장(운동시설에 해당하는 것을 제외한다)·경마장·자동차 경주장 그 밖의 이와 비슷한 것
수소 가스를 넣는 기구	라. 전시장 : 박물관·미술관·과학관·기념관·산업전시장·박람회장 그 밖의 이와 비슷한 것 4. 수소가스를 넣거나 빼는 때에는 다음 각목의 사항을 지켜야 한다. 　가. 통풍이 잘 되는 옥외의 장소에서 할 것 　나. 조작자 외의 사람이 접근하지 아니하도록 할 것 　다. 전기시설이 부착된 경우에는 전원을 차단하고 할 것 　라. 마찰 또는 충격을 주는 행위를 하지 말 것 　마. 수소가스를 넣을 때에는 기구 안에 수소가스 또는 공기를 제거한 후 감압기를 사용할 것 5. 수소가스는 용량의 90퍼센트 이상을 유지하여야 한다. 6. 띄우거나 머물게 하는 때에는 감시인을 두어야 한다. 다만, 건축물 옥상에서 띄우거나 머물게 하는 경우에는 그러하지 아니하다. 7. 띄우는 각도는 지표면에 대하여 45도 이하로 유지하고 바람이 초속 7미터 이상 부는 때에는 띄워서는 아니 된다.
불꽃을 사용하는 용접· 용단 기구	용접 또는 용단 작업장에서는 다음 각 호의 사항을 지켜야 한다. 다만, 「산업안전보건법」 제23조의 적용을 받는 사업장의 경우에는 적용하지 아니한다. 1. 용접 또는 용단 작업자로부터 반경 5m 이내에 소화기를 갖추어 둘 것 2. 용접 또는 용단 작업장 주변 반경 10m 이내에는 가연물을 쌓아두거나 놓아두지 말 것. 다만, 가연물의 제거가 곤란하여 방지포 등으로 방호조치를 한 경우는 제외한다.
전기시설	1. 전류가 통하는 전선에는 과전류차단기를 설치하여야 한다. 2. 전선 및 접속기구는 내열성이 있는 것으로 하여야 한다.
노·화덕 설비	1. 실내에 설치하는 경우에는 흙바닥 또는 금속 외의 불연재료로 된 바닥이나 흙바닥에 설치하여야 한다. 2. 노 또는 화덕을 설치하는 장소의 벽·천장은 불연재료로 된 것이어야 한다. 3. 노 또는 화덕의 주위에는 녹는 물질이 확산되지 아니하도록 높이 0.1미터 이상의 턱을 설치하여야 한다. 4. 시간당 열량이 30만킬로칼로리 이상인 노를 설치하는 경우에는 다음 각목의 사항을 지켜야 한다. 　가. 주요구조부(「건축법」 제2조제1항제7호에 따른 것을 말한다. 이하 이 표에서 같다)는 불연재료로 할 것 　나. 창문과 출입구는 「건축법 시행령」 제64조의 규정에 의한 갑종방화문 또는 을종방화문으로 설치할 것 　다. 노 주위에는 1미터 이상 공간을 확보할 것

종류	내용
음식 조리를 위하여 설치하는 설비	일반음식점에서 조리를 위하여 불을 사용하는 설비를 설치하는 경우에는 다음 각목의 사항을 지켜야 한다. 가. 주방설비에 부속된 배기덕트는 0.5밀리미터 이상의 아연도금강판 또는 이와 동등 　　이상의 내식성 불연재료로 설치할 것 나. 주방시설에는 동물 또는 식물의 기름을 제거할 수 있는 필터 등을 설치할 것 다. 열을 발생하는 조리기구는 반자 또는 선반으로부터 0.6미터 이상 떨어지게 할 것 라. 열을 발생하는 조리기구로부터 0.15미터 이내의 거리에 있는 가연성 주요구조부는 　　석면판 또는 단열성이 있는 불연재료로 덮어 씌울 것

249 다음 중 소방신호의 종류가 아닌 것은? [10 전북]

① 발화신호　　　　② 경계신호　　　　③ 출동신호　　　　④ 해제신호

해설 소방신호

종별 ＼ 신호방법	타종 신호	사이렌 신호
경계신호	1타와 연2타를 반복	5초 간격을 두고 30초씩 3회
발화신호	난타	5초 간격을 두고 5초씩 3회
해제신호	상당한 간격을 두고 1타씩 반복	1분간 1회
훈련신호	연3타 반복	10초 간격을 두고 1분씩 3회

250 불을 사용하는 설비 중 공간을 확보해야 하는 노·화덕 설비의 방출 열량은 시간당 얼마 이상
인가? [10 전북]

① 5만kcal　　　② 10만kcal　　　③ 20만kcal　　　④ 30만kcal

해설 248번 문제 해설 참조

251 다음 중 소방기관이 소방업무를 수행하는 데에 필요한 인력과 장비 등["소방력"(消防力)]에
관한 기준은 무엇으로 정하는가? [10 전북]

① 대통령령　　　② 행정안전부령　　　③ 시·도의 조례　　　④ 행정자치부령

해설 소방력의 기준
　1) 소방력 : 인력, 장비, 용수
　2) 소방력의 기준 : 행정안전부령으로 정함
　3) 시·도지사는 관할구역의 소방력을 확충하기 위하여 필요한 계획을 수립하여 시행하여야 한다.

252 소방기본법에 규정되어 있는 화재, 재난 · 재해, 그 밖의 위급한 상황이 발생한 현장에서 소방대를 지휘하는 사람은? [10 전북]

① 소방본부장 　　② 소방서장 　　③ 소방대장 　　④ 소방청장

> **해설** "소방대장"(消防隊長)이란 소방본부장 또는 소방서장 등 화재, 재난 · 재해, 그 밖의 위급한 상황이 발생한 현장에서 소방대를 지휘하는 사람을 말한다.

253 다음 중 소방기본법의 목적이 아닌 것은? [10 전북]

① 화재를 예방 · 경계 · 진압한다.
② 국민의 편의와 행복한 생활을 추구하고 쾌적한 환경을 유지한다.
③ 국민의 생명 · 신체 및 재산을 보호한다.
④ 공공의 안녕 및 질서 유지와 복리증진에 이바지함을 목적으로 한다.

> **해설** 소방기본법의 목적
> 이 법은 화재를 예방 · 경계하거나 진압하고 화재, 재난 · 재해, 그 밖의 위급한 상황에서의 구조 · 구급활동 등을 통하여 국민의 생명 · 신체 및 재산을 보호함으로써 공공의 안녕 및 질서 유지와 복리증진에 이바지함을 목적으로 한다.

254 다음 화재경계지구와 관련된 설명 중 옳지 않은 것은? [10 전북]

① 소방본부장이나 소방서장은 대통령령으로 정하는 바에 따라 화재경계지구 안의 소방대상물의 위치 · 구조 및 설비 등에 대하여 소방특별조사를 하여야 한다.
② 소방시설 · 소방용수시설 또는 소방 출동로가 없는 지역은 화재경계지구의 지정대상이다.
③ 소방본부장이나 소방서장은 화재경계지구 안의 관계인에 대하여 대통령령으로 정하는 바에 따라 소방에 필요한 훈련 및 교육을 실시할 수 있다.
④ 석조건물이 밀집된 고층건축물은 화재경계지구로 지정할 수 있다.

255 소방교육 · 훈련의 종류와 종류별 소방교육 · 훈련의 대상자 등에 대한 설명이 옳지 않은 것은? [10 강원]

① 화재진압훈련 : 화재진압업무를 담당하는 소방공무원과 화재 등 현장활동의 보조임무를 수행하는 의무소방원 및 의용소방대원
② 인명구조훈련 : 구조업무를 담당하는 소방공무원과 화재 등 현장활동의 보조임무를 수행하는 의무소방원 및 의용소방대원

정답 **252** ③ 　**253** ② 　**254** ④ 　**255** ④

③ 현장지휘훈련 : 지방소방위 · 지방소방경 · 지방소방령 및 지방소방정

④ 소방대원에 대한 교육 · 훈련은 연 1회 이상 실시하되, 교육 · 훈련기간은 2주 이상으로 한다.

> **해설** 소방대원에 대한 교육 및 훈련(2년마다 1회, 2주 이상)

256 다음 중 화재경계지구의 지정대상 지역과 거리가 먼 것은? [10 강원]

① 시장지역
② 소방용수시설이 없는 지역
③ 11층 이상의 아파트
④ 목조건물이 밀집한 지역

257 다음 중 종합상황실의 실장이 지체 없이 서면 · 모사전송 또는 컴퓨터통신 등으로 상급 종합상황실에 보고하여야 할 사항이 아닌 것은? [10 강원]

① 사망자가 5인 이상 발생하거나 사상자가 10인 이상 발생한 화재
② 이재민이 100인 이상 발생한 화재
③ 층수가 3층 이상이거나 병상이 20개 이상인 종합병원에 발생한 화재
④ 언론에 보도된 재난상황

258 다음 중 화재원인 조사의 종류에 해당되지 않는 것은? [10 강원]

① 대국민홍보
② 소방시설 등 조사
③ 발화원인 조사
④ 연소상황 조사

259 다음 중 보일러 등의 위치 · 구조 및 관리와 화재예방을 위하여 불의 사용에 있어서 지켜야 하는 사항이 아닌 것은? [10 강원]

① 보일러와 벽 · 천장 사이의 거리는 0.6미터 이상 되도록 하여야 한다.
② 난로의 연통은 천장으로부터 0.6미터 이상 떨어지고, 건물 밖으로 0.6미터 이상 나오게 설치하여야 한다.
③ 실내에 설치하는 경우에 벽 · 천장 또는 바닥은 난연재료로 하여야 한다.
④ 노 또는 화덕의 주위에는 녹는 물질이 확산되지 아니하도록 높이 0.1미터 이상의 턱을 설치하여야 한다.

> **해설** 보일러를 실내에 설치하는 경우에는 콘크리트 바닥 또는 금속 외의 불연재료로 된 바닥 위에 설치하여야 한다.

정답 256 ③　257 ③　258 ①　259 ③

260 다음 보기의 빈칸에 들어갈 알맞은 말을 고르시오.

> (   )는(은) 도시의 건물 밀집지역 등 화재가 발생할 우려가 높거나 화재가 발생하는 경우 그로 인하여 피해가 클 것으로 예상되는 일정한 구역으로서 대통령령으로 정하는 지역을 화재경계지구(火災警戒地區)로 지정할 수 있다.

① 시 · 도지사
② 소방본부장 또는 소방서장
③ 대통령
④ 소방청장

261 다음 중 국가에서 시 · 도의 소방업무에 필요한 경비의 일부를 보조하는 소방활동 장비 및 설비가 아닌 것은? [11 부산]

① 소방자동차
② 소방관서용 청사의 건축
③ 소방박물관
④ 소방전용통신설비 및 전산설비

262 다음 보기의 빈 칸에 들어갈 알맞은 말을 순서대로 바르게 배열한 것은? [11 부산]

> 소방의 역사와 안전문화를 발전시키고 국민의 안전의식을 높이기 위하여 소방청장은 (   )을(를), 시 · 도지사는 (   )을(를) 설립하여 운영할 수 있다.

① 소방박물관 – 소방체험관
② 소방체험관 – 소방박물관
③ 한국소방안전원 – 한국소방산업기술원
④ 한국소방산업기술원 – 한국소방안전원

263 다음 중 화재 또는 구조 · 구급이 필요한 상황을 거짓으로 알린 사람에 대한 벌칙은?

[11 부산]

① 100만 원 이하의 과태료 부과
② 200만 원 이하의 과태료 부과
③ 100만 원 이하의 벌금 부과
④ 200만 원 이하의 벌금 부과

해설 200만 원 이하의 과태료
1. 제13조제4항에 따른 소방용수시설, 소화기구 및 설비 등의 설치 명령을 위반한 자
2. 제15조제1항에 따른 불을 사용할 때 지켜야 하는 사항 및 같은 조 제2항에 따른 특수가연물의 저장 및 취급 기준을 위반한 자[최대 100]

정답 **260** ① **261** ③ **262** ① **263** ②

3. 제19조제1항을 위반하여 화재 또는 구조 · 구급이 필요한 상황을 거짓으로 알린 사람

3의2. 제21조제3항을 위반하여 소방자동차의 출동에 지장을 준 자

4. 제23조제1항을 위반하여 소방활동구역을 출입한 사람[100만 원]

5. 제30조제1항에 따른 명령을 위반하여 보고 또는 자료 제출을 하지 아니하거나 거짓으로 보고 또는 자료 제출을 한 자

6. 제44조의3을 위반하여 한국소방안전원 또는 이와 유사한 명칭을 사용한 자

264 다음 중 화재경계지구의 지정대상지역이 아닌 것은? [11부산]

① 문화재가 밀집한 지역 ② 공장 · 창고가 밀집한 지역

③ 목조건물이 밀집한 지역 ④ 위험물의 저장 및 처리시설이 밀집한 지역

265 다음 중 소방기본법에 규정된 소방교육 · 훈련의 종류가 아닌 것은? [11부산]

① 화재진압훈련 ② 응급처치훈련

③ 현장지휘훈련 ④ 수습복구훈련

266 다음 중 화재를 진압하고 화재, 재난 · 재해, 그 밖의 위급한 상황에서 구조 · 구급활동 등을 하기 위한 소방대를 구성하는 사람이 아닌 것은? [11부산]

① 소방공무원 ② 의무소방원

③ 의용소방대원 ④ 자체소방대원

267 소방기본법에서 규정하고 있는 용어가 옳지 않은 것은? [11 울산]

① "관계지역"이란 소방대상물이 있는 장소 및 그 이웃 지역으로서 화재의 예방 · 경계 · 진압, 구조 · 구급 등의 활동에 필요한 지역을 말한다.

② "소방대"(消防隊)란 화재를 진압하고 화재, 재난 · 재해, 그 밖의 위급한 상황에서 구조 · 구급활동 등을 하기 위하여 구성된 소방공무원만을 지칭한다.

③ "관계인"이란 소방대상물의 소유자 · 관리자 또는 점유자를 말한다.

④ "소방대장"(消防隊長)이란 소방본부장 또는 소방서장 등 화재, 재난 · 재해, 그 밖의 위급한 상황이 발생한 현장에서 소방대를 지휘하는 사람을 말한다.

268 다음 중 특수가연물의 저장 및 취급의 기준으로 옳지 않은 것은?　　　　[11 울산]

① 특수가연물을 저장 또는 취급하는 장소에는 품명·최대수량 및 화기취급의 금지표지를 설치할 것
② 품명별로 구분하여 쌓고 쌓는 높이는 10미터 이하가 되도록 할 것
③ 살수설비를 설치하거나, 방사능력 범위에 해당 특수가연물이 포함되도록 대형 수동식 소화기를 설치하는 경우에는 쌓는 부분의 바닥면적을 석탄·목탄류는 50제곱미터 이하로 할 수 있다.
④ 쌓는 부분의 바닥면적 사이는 1미터 이상이 되도록 할 것

해설 특수가연물의 저장 및 취급기준
1. 특수가연물을 저장 또는 취급하는 장소에는 품명·최대수량 및 화기취급의 금지표지를 설치할 것
2. 다음 각 목의 기준에 따라 쌓아 저장할 것. 다만, 석탄·목탄류를 발전(發電)용으로 저장하는 경우에는 그러하지 아니하다.
　가. 품명별로 구분하여 쌓을 것
　나. 쌓는 높이는 10미터 이하가 되도록 하고, 쌓는 부분의 바닥면적은 50제곱미터(석탄·목탄류의 경우에는 200제곱미터) 이하가 되도록 할 것. 다만, 살수설비를 설치하거나 방사능력 범위에 해당 특수가연물이 포함되도록 대형 수동식 소화기를 설치하는 경우에는 쌓는 높이를 15미터 이하, 쌓는 부분의 바닥면적을 200제곱미터(석탄·목탄류의 경우에는 300제곱미터) 이하로 할 수 있다.
　다. 쌓는 부분의 바닥면적 사이는 1미터 이상이 되도록 할 것

269 다음 중 소방기본법의 목적으로 볼 수 없는 것은?　　　　[11 울산]

① 화재를 예방, 경계하거나 진압한다.
② 국민의 생명·신체 및 재산을 보호한다.
③ 공공의 안녕 및 질서 유지를 하달한다.
④ 복리증진에 이바지한다.

270 다음 중 119종합상황실의 설치·운영하여야 하는 곳이 아닌 것은?　　　　[11 울산]

① 소방청　　　　　　　　　② 시·도의 소방본부
③ 시·도의 소방서　　　　　④ 시·도지사실

271 종합상황실의 실장이 지체 없이 소방서의 종합상황실의 경우에는 소방본부의 종합상황실에, 소방본부의 종합상황실의 경우에는 소방청의 종합상황실에 각각 보고하여야 할 사항이 아닌 것은? [11 서울]

① 사망자가 5인 이상 발생하거나 사상자가 10인 이상 발생한 화재

② 이재민이 100인 이상 발생한 화재

③ 재산피해액이 10억 원 이상 발생한 화재

④ 관공서 · 학교 · 정부미도정공장 · 문화재 · 지하철 또는 지하구의 화재

해설 상부 종합상황실 보고사항

1. 다음 각목의 1에 해당하는 화재

   가. 사망자가 5인 이상 발생하거나 사상자가 10인 이상 발생한 화재

   나. 이재민이 100인 이상 발생한 화재

   다. 재산피해액이 50억 원 이상 발생한 화재

   라. 관공서 · 학교 · 정부미도정공장 · 문화재 · 지하철 또는 지하구의 화재

   마. 관광호텔, 층수(「건축법 시행령」 제119조제1항제9호의 규정에 의하여 산정한 층수를 말한다. 이하 이 목에서 같다)가 11층 이상인 건축물, 지하상가, 시장, 백화점, 「위험물안전관리법」 제2조제2항의 규정에 의한 지정수량의 3천배 이상의 위험물의 제조소 · 저장소 · 취급소, 층수가 5층 이상이거나 객실이 30실 이상인 숙박시설, 층수가 5층 이상이거나 병상이 30개 이상인 종합병원 · 정신병원 · 한방병원 · 요양소, 연면적 1만5천제곱미터 이상인 공장 또는 소방기본법 시행령(이하 "영"이라 한다) 제4조제1항 각 목에 따른 화재경계지구에서 발생한 화재

   바. 철도차량, 항구에 매어둔 총 톤수가 1천톤 이상인 선박, 항공기, 발전소 또는 변전소에서 발생한 화재

   사. 가스 및 화약류의 폭발에 의한 화재

   아. 「다중이용업소의 안전관리에 관한 특별법」 제2조에 따른 다중이용업소의 화재

2. 「긴급구조대응활동 및 현장지휘에 관한 규칙」에 의한 통제단장의 현장지휘가 필요한 재난상황

3. 언론에 보도된 재난상황

4. 그 밖에 소방청장이 정하는 재난상황

---

272 다음 중 소방기본법에서 규정하고 있는 소방대상물이 아닌 것은? [11 서울]

① 산림

② 달리는 차량

③ 항해 중인 선박

④ 철도차량

---

273 다음 중 소방용수시설의 설치기준이 옳지 않은 것은?　　　　　　　　　　　　[11 서울]

① 주거지역 · 상업지역 및 공업지역에 설치하는 경우 : 소방대상물과의 수평거리를 100미터 이하가 되도록 할 것
② 소화전의 설치기준 : 상수도와 연결하여 지하식 또는 지상식의 구조로 하고, 소방용 호스와 연결하는 소화전의 연결금속구의 구경은 65밀리미터로 할 것
③ 급수탑의 설치기준 : 급수배관의 구경은 100밀리미터 이상으로 하고, 개폐밸브는 지상에서 1.5미터 이상 1.7미터 이하의 위치에 설치하도록 할 것
④ 저수조의 설치기준 : 지면으로부터의 낙차가 4.5미터 이상일 것

해설 4.5m 이하일 것

274 다음 중 특수가연물의 저장 및 취급의 기준이 잘못된 것은?　　　　　　　　　　[11 중앙]

① 석탄 · 목탄류를 발전(發電)용으로 저장하는 경우 쌓는 부분의 바닥면적을 200제곱미터 이하가 되도록 할 것
② 특수가연물을 저장 또는 취급하는 장소에는 품명 · 최대수량 및 화기취급의 금지표지를 설치할 것
③ 품명별로 구분하여 쌓을 것
④ 쌓는 부분의 바닥면적 사이는 1미터 이상이 되도록 할 것

해설 석탄, 목탄류를 발전용으로 저장하는 경우 제외

275 다음 설명 중 옳지 않은 것은?　　　　　　　　　　　　　　　　　　　　　　[11 중앙]

① 소방대에는 의용소방대원(義勇消防隊員)도 포함된다.
② "소방대장"(消防隊長)이란 소방본부장 또는 소방서장 등 화재, 재난 · 재해, 그 밖의 위급한 상황이 발생한 현장에서 소방대를 지휘하는 사람을 말한다.
③ 소방대장은 불이 번질 우려가 있는 소방대상물 및 토지를 일시적으로 사용하거나 그 사용의 제한 또는 소방활동에 필요한 처분을 할 수 있다.
④ 소방업무를 수행하는 소방본부장 또는 소방서장은 그 소재지를 관할하는 시 · 군 · 구청장의 지휘와 감독을 받는다.

소방기관의 설치

1) 소방기관의 설치 – 대통령령[별도 법률]
2) 소방업무(예방·경계·진압 및 조사, 소방안전교육·홍보와 화재, 재난·재해, 그 밖의 위급한 상황에서의 구조·구급)를 수행하는 소방본부장 또는 소방서장은 그 소재지를 관할하는 특별시장·광역시장·특별자치시장·도지사 또는 특별자치도지사(이하 "시·도지사"라 한다)의 지휘와 감독을 받는다.

276 다음 중 소방기본법에 규정된 소방대상물이 아닌 것은? [11 중앙]

① 건축물 　　　　　　　　　　　② 항구에 매어둔 선박
③ 비행 중인 항공기 　　　　　　　④ 산림

"소방대상물"이란 건축물, 차량, 선박(「선박법」 제1조의2 제1항에 따른 선박으로서 항구에 매어둔 선박만 해당한다), 선박건조구조물, 산림, 그 밖의 인공구조물 또는 물건을 말한다.

277 다음 중 소방업무의 응원에 대한 설명으로 옳지 않은 것은? [11 중앙]

① 소방업무의 응원을 위하여 파견된 소방대원은 응원을 지원한 소방본부장 또는 소방서장의 지휘에 따라야 한다.
② 소방본부장이나 소방서장은 소방활동을 할 때에 긴급한 경우에는 이웃한 소방본부장 또는 소방서장에게 소방업무의 응원(應援)을 요청할 수 있다.
③ 시·도지사는 소방업무의 응원을 요청하는 경우를 대비하여 출동대상 지역 및 규모와 필요한 경비의 부담 등에 관하여 필요한 사항을 행정안전부령으로 정하는 바에 따라 이웃하는 시·도지사와 협의하여 미리 규약(規約)으로 정하여야 한다.
④ 소방업무의 응원 요청을 받은 소방본부장 또는 소방서장은 정당한 사유 없이 그 요청을 거절하여서는 아니 된다.

소방업무의 응원을 위하여 파견된 소방대원은 응원을 요청한 소방본부장 또는 소방서장의 지휘에 따라야 한다.

278 다음 중 소방활동에 필요한 소화전(消火栓)·급수탑(給水塔)·저수조(貯水槽)를 설치하고 유지·관리하여야 하는 사람은? [11 중앙]

① 국무총리 　　　　　　　　　　　② 소방청장
③ 시·도지사 　　　　　　　　　　　④ 소방본부장

해설 시·도지사는 소방활동에 필요한 소화전(消火栓)·급수탑(給水塔)·저수조(貯水槽)(이하 "소방용수시설"이라 한다)를 설치하고 유지·관리하여야 한다.

279 다음 중 소방업무에 대한 설명으로 옳지 않은 것은? [11 전남]

① 시·도지사는 관할지역의 특성을 고려하여 종합계획의 시행에 필요한 세부계획을 매년 수립하여 소방청장에게 제출하여야 하며, 세부계획에 따른 소방업무를 성실히 수행하여야 한다.

② 소방활동에 종사한 사람은 시·도지사로부터 소방활동의 비용을 지급받을 수 있다.

③ 시·도지사는 소방업무의 응원을 요청하는 경우 출동대상 지역 및 규모와 경비의 부담 등에 관하여 화재가 끝난 후 이웃하는 시·도지사와 협의하여야 한다.

④ 소방본부장이나 소방서장은 소방활동을 할 때에 긴급한 경우에는 이웃한 소방본부장 또는 소방서장에게 소방업무의 응원(應援)을 요청할 수 있다.

해설 소방업무에 관한 종합계획의 수립, 시행 등
1) 소방업무에 관한 종합계획 수립 시행 : 소방청장(5년마다)
2) 종합계획 포함사항
　1. 소방서비스의 질 향상을 위한 정책의 기본방향
　2. 소방업무에 필요한 체계의 구축, 소방기술의 연구·개발 및 보급
　3. 소방업무에 필요한 장비의 구비
　4. 소방전문인력 양성
　5. 소방업무에 필요한 기반조성
　6. 소방업무의 교육 및 홍보(제21조에 따른 소방자동차의 우선 통행 등에 관한 홍보를 포함한다)
　7. 그 밖에 소방업무의 효율적 수행을 위하여 필요한 사항으로서 대통령령으로 정하는 사항
　　그밖 대통령령 : 1. 재난·재해 환경 변화에 따른 소방업무에 필요한 대응 체계 마련
　　　　　　　　　2. 장애인, 노인, 임산부, 영유아 및 어린이 등 이동이 어려운 사람을 대상으로 한 소방활동에 필요한 조치
3) 세부계획 수립 시행 : 시·도지사(매년마다)
4) 소방청장은 소방업무의 체계적 수행을 위하여 필요한 경우 제4항에 따라 시·도지사가 제출한 세부계획의 보완 또는 수정을 요청할 수 있다.
5) 소방청장은 「소방기본법」(이하 "법"이라 한다) 제6조제1항에 따른 소방업무에 관한 종합계획을 관계 중앙행정기관의 장과의 협의를 거쳐 계획 시행 전년도 10월 31일까지 수립하여야 한다.
6) 특별시장·광역시장·특별자치시장·도지사 또는 특별자치도지사는 법 제6조제4항에 따른 종합계획의 시행에 필요한 세부계획을 계획 시행 전년도 12월 31일까지 수립하여 소방청장에게 제출하여야 한다.

정답 279 ③

280 다음 중 소방활동구역에 출입할 수 없는 사람은? [11 전남]

① 전기 · 가스 · 수도 · 통신 · 교통의 업무에 종사하는 사람

② 소방활동구역 안에 있는 관계인

③ 취재인력 등 보도업무에 종사하는 사람

④ 소방대장이 소방활동을 위하여 출입을 허가한 사람

281 다음 중 소방기본법에 규정된 관계인에 해당하지 않는 것은? [11 전남]

① 소유자   ② 관리자   ③ 신고자   ④ 점유자

─────────────────────────────────
해설 관계인 : 소유자, 관리자, 점유자

282 지하에 설치하는 소화전 또는 저수조의 경우 소방용수표지의 맨홀뚜껑은 지름 몇 밀리미터 이상의 것으로 해야 하는가?(단, 승하강식 소화전의 경우에는 이를 적용하지 아니한다.) [11 전남]

① 65밀리미터   ② 100밀리미터
③ 348밀리미터   ④ 648밀리미터

─────────────────────────────────
해설 소방용수표지(제6조제1항 관련)
  1. 지하에 설치하는 소화전 또는 저수조의 경우 소방용수표지는 다음 각목의 기준에 의한다.
    가. 맨홀뚜껑은 지름 648밀리미터 이상의 것으로 할 것. 다만, 승하강식 소화전의 경우에는 이를 적용하지 아니한다.
    나. 맨홀뚜껑에는 "소화전 · 주정차금지" 또는 "저수조 · 주정차금지"의 표시를 할 것
    다. 맨홀뚜껑 부근에는 황색반사도료로 폭 15센티미터의 선을 그 둘레를 따라 칠할 것
  2. 급수탑 및 지상에 설치하는 소화전 · 저수조의 경우 소방용수표지는 다음과 같다.

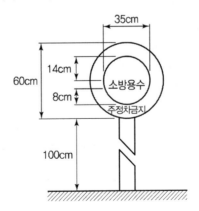

1. 안쪽 문자는 백색, 바깥쪽 문자는 황색으로, 내측 바탕은 적색, 외측 바탕은 청색으로 하고 반사도료를 사용하여야 한다.
2. 위의 표지를 세우는 것이 매우 어렵거나 부적당한 경우에는 그 규격 등을 다르게 할 수 있다.

283 다음 중 5년 이하의 징역 또는 5천만 원 이하의 벌금형에 해당하지 않는 것은?   [11 전남]

① 소방자동차의 출동을 방해한 사람
② 사람을 구출하는 일 또는 불을 끄거나 불이 번지지 아니하도록 하는 일을 방해한 사람
③ 화재경계지구 안의 소방대상물에 대한 소방특별조사를 거부·방해 또는 기피한 자
④ 정당한 사유 없이 소방용수시설을 사용하거나 소방용수시설의 효용을 해치거나 그 정당한 사용을 방해한 사람

해설 벌칙

1) 5년 이하의 징역 또는 5,000만 원 이하의 벌금
   1. **소방활동 방해**
      가. 위력(威力)을 사용하여 출동한 소방대의 화재진압·인명구조 또는 구급활동을 방해하는 행위
      나. 소방대가 화재진압·인명구조 또는 구급활동을 위하여 현장에 출동하거나 현장에 출입하는 것을 고의로 방해하는 행위
      다. 출동한 소방대원에게 폭행 또는 협박을 행사하여 화재진압·인명구조 또는 구급활동을 방해하는 행위
      라. 출동한 소방대의 소방장비를 파손하거나 그 효용을 해하여 화재진압·인명구조 또는 구급활동을 방해하는 행위
   2. 소방자동차의 출동을 방해한 사람
   3. 사람을 구출하는 일 또는 불을 끄거나 불이 번지지 아니하도록 하는 일을 방해한 사람
   4. 정당한 사유 없이 소방용수시설 또는 비상소화장치를 사용하거나 소방용수시설 또는 비상소화장치의 효용을 해치거나 그 정당한 사용을 방해한 사람
2) 3년 이하의 징역 또는 3,000만 원 이하의 벌금 : 강제처분방해
3) 300만 원 이하의 벌금 : 외의 대상물 강제처분방해, 주차된 차량 강제처분방해, 비밀누설자
4) 200만 원 이하의 벌금
   1. 예방조치명령 거부방해
   2. 화재조사 거부방해
5) 100만 원 이하의 벌금
   1. 화재경계지구 안의 소방대상물에 대한 소방특별조사를 거부·방해 또는 기피한 자
   2. 정당한 사유 없이 소방대의 생활안전활동을 방해한 자
   3. 정당한 사유 없이 소방대가 현장에 도착할 때까지 사람을 구출하는 조치 또는 불을 끄거나 불이 번지지 아니하도록 하는 조치를 하지 아니한 사람(관계인)
   4. 피난명령을 위반한 사람

정답 **283** ③

5. 긴급조치 : 정당한 사유 없이 물의 사용이나 수도의 개폐장치의 사용 또는 조작을 하지 못하게 하거나 방해한 자

6. 긴급조치 : 가스차단 등의 조치를 정당한 사유 없이 방해한 자

6) 200만 원 이하의 과태료

1. 제13조제4항에 따른 소방용수시설, 소화기구 및 설비 등의 설치 명령을 위반한 자

2. 제15조제1항에 따른 불을 사용할 때 지켜야 하는 사항 및 같은 조 제2항에 따른 특수가연물의 저장 및 취급 기준을 위반한 자[최대 100]

3. 제19조제1항을 위반하여 화재 또는 구조·구급이 필요한 상황을 거짓으로 알린 사람

3의2. 제21조제3항을 위반하여 소방자동차의 출동에 지장을 준 자

4. 제23조제1항을 위반하여 소방활동구역을 출입한 사람[100만 원]

5. 제30조제1항에 따른 명령을 위반하여 보고 또는 자료 제출을 하지 아니하거나 거짓으로 보고 또는 자료 제출을 한 자

6. 제44조의3을 위반하여 한국소방안전원 또는 이와 유사한 명칭을 사용한 자

7) 100만 원 이하의 과태료 : 전용구역에 차를 주차하거나 전용구역에의 진입을 가로막는 등의 방해행위를 한 자에게는 100만 원 이하의 과태료를 부과한다.

8) 20만 원 이하의 과태료 : 제19조제2항에 따른 신고를 하지 아니하여 소방자동차를 출동하게 한 자에게는 20만 원 이하의 과태료를 부과한다.

284 다음 중 국가가 소방장비의 구입 등 시·도의 소방업무에 필요한 경비의 일부를 보조하는 국고보조 대상사업의 범위에 해당하지 않는 것은 ? [11 서울]

① 소방관서용 청사의 건축 ② 소방헬리콥터 및 소방정
③ 통신설비 ④ 방화복 등 소방활동에 필요한 소방장비

해설 국고보조 대상사업의 범위

1. 다음 각 목의 소방활동장비와 설비의 구입 및 설치

가. 소방자동차
나. 소방헬리콥터 및 소방정
다. 소방전용통신설비 및 전산설비
라. 그 밖에 방화복 등 소방활동에 필요한 소방장비

2. 소방관서용 청사의 건축(「건축법」 제2조제1항제8호에 따른 건축을 말한다.)

285 소방청장은 화재, 재난·재해, 그 밖의 위급한 상황으로부터 국민의 생명·신체 및 재산을 보호하기 위하여 소방업무에 관한 종합계획("종합계획")을 몇 년마다 수립·시행하여야 하는가? [11 서울]

① 1년 ② 3년
③ 5년 ④ 7년

소방업무에 관한 종합계획의 수립, 시행 등

1) 소방업무에 관한 종합계획 수립 시행 : 소방청장(5년마다)

2) 종합계획 포함사항

  1. 소방서비스의 질 향상을 위한 정책의 기본방향

  2. 소방업무에 필요한 체계의 구축, 소방기술의 연구 · 개발 및 보급

  3. 소방업무에 필요한 장비의 구비

  4. 소방전문인력 양성

  5. 소방업무에 필요한 기반 조성

  6. 소방업무의 교육 및 홍보(제21조에 따른 소방자동차의 우선 통행 등에 관한 홍보를 포함한다)

  7. 그 밖에 소방업무의 효율적 수행을 위하여 필요한 사항으로서 대통령령으로 정하는 사항

    그밖 대통령령 : 1. 재난 · 재해 환경 변화에 따른 소방업무에 필요한 대응체계 마련

               2. 장애인, 노인, 임산부, 영유아 및 어린이 등 이동이 어려운 사람을 대상으로 한 소방활동에 필요한 조치

3) 세부계획 수립 시행 : 시 · 도지사(매년마다)

4) 소방청장은 소방업무의 체계적 수행을 위하여 필요한 경우 제4항에 따라 시 · 도지사가 제출한 세부계획의 보완 또는 수정을 요청할 수 있다.

5) 소방청장은 「소방기본법」(이하 "법"이라 한다) 제6조제1항에 따른 소방업무에 관한 종합계획을 관계 중앙행정기관의 장과의 협의를 거쳐 계획 시행 전년도 10월 31일까지 수립하여야 한다.

6) 특별시장 · 광역시장 · 특별자치시장 · 도지사 또는 특별자치도지사는 법 제6조제4항에 따른 종합계획의 시행에 필요한 세부계획을 계획 시행 전년도 12월 31일까지 수립하여 소방청장에게 제출하여야 한다.

286 다음 중 소방기본법에 규정된 용어의 정의가 옳지 않은 것은?   [11 서울]

① "소방대장"(消防隊長)이란 소방본부장 또는 의용소방대장 등 화재, 재난 · 재해, 그 밖의 위급한 상황이 발생한 현장에서 소방대를 지휘하는 사람을 말한다.

② "소방본부장"이란 특별시 · 광역시 · 특별자치시 · 도 또는 특별자치도(이하 "시 · 도"라 한다)에서 화재의 예방 · 경계 · 진압 · 조사 및 구조 · 구급 등의 업무를 담당하는 부서의 장을 말한다.

③ "소방대상물"이란 건축물, 차량, 선박(「선박법」 제1조의2 제1항에 따른 선박으로서 항구에 매어둔 선박만 해당한다), 선박건조구조물, 산림, 그 밖의 인공구조물 또는 물건을 말한다.

④ "관계인"이란 소방대상물의 소유자 · 관리자 또는 점유자를 말한다.

해설 "소방대장"(消防隊長)이란 소방본부장 또는 소방서장 등 화재, 재난 · 재해, 그 밖의 위급한 상황이 발생한 현장에서 소방대를 지휘하는 사람을 말한다.

287 다음 중 소방안전교육사의 결격사유가 아닌 것은?　　　　　　　　　　　[11 서울]

① 금고 이상의 실형을 선고받고 그 집행이 끝나거나(집행이 끝난 것으로 보는 경우를 포함한다) 집행이 면제된 날부터 5년이 지나지 아니한 사람

② 금고 이상의 형의 집행유예를 선고받고 그 유예기간 중에 있는 사람

③ 법원의 판결 또는 다른 법률에 따라 자격이 정지되거나 상실된 사람

④ 피성년후견인

해설 소방안전교육사(2년마다 1회 시행)

1) 소방청장이 실시한 시험에 합격한 사람에게 소방안전교육사 자격을 부여한다.

2) 소방안전교육사 시험의 응시자격, 시험방법, 시험과목, 시험위원, 그 밖에 소방안전교육사 시험의 실시에 필요한 사항은 대통령령으로 정한다.

3) 1차시험과 2차시험으로 구분. 제1차 시험 : 소방학개론, 구급·응급처치론, 재난관리론 및 교육학개론 중 응시자가 선택하는 3과목. 제2차 시험 : 국민안전교육 실무

4) 응시 결격사유

　1. 피성년후견인 또는 피한정후견인

　2. 금고 이상의 실형을 선고받고 그 집행이 끝나거나(집행이 끝난 것으로 보는 경우를 포함한다) 집행이 면제된 날부터 2년이 지나지 아니한 사람

　3. 금고 이상의 형의 집행유예를 선고받고 그 유예기간 중에 있는 사람

　4. 법원의 판결 또는 다른 법률에 따라 자격이 정지되거나 상실된 사람

5) 소방안전교육사 배치기준

배치대상	배치기준(단위 : 명)	비고
1. 소방청	2 이상	
2. 소방본부	2 이상	
3. 소방서	1 이상	
4. 한국소방안전원	•본원 : 2 이상　　•시·도지부 : 1 이상	
5. 한국소방산업기술원	2 이상	

288 다음 보기에서 소방기본법에서 규정하고 있는 소방대상물에 해당하는 것을 고르시오.

[12 전북]

㉠ 인공구조물	㉡ 건축물	㉢ 산림
㉣ 달리는 차량	㉤ 비행 중인 비행기	㉥ 항해 중인 선박

① ㉠, ㉡, ㉢　　　　　　　　　　　② ㉠, ㉡, ㉢, ㉣

③ ㉠, ㉡, ㉢, ㉣, ㉤　　　　　　　④ ㉠, ㉡, ㉢, ㉣, ㉤, ㉥

"소방대상물"이란 건축물, 차량, 선박(「선박법」 제1조의2 제1항에 따른 선박으로서 항구에 매어둔 선박만 해당한다), 선박건조구조물, 산림, 그 밖의 인공구조물 또는 물건을 말한다.

289 다음 중 화재경계지구의 지정대상지역이 아닌 것은? [11 서울]

① 공장 · 창고가 밀집한 지역 ② 목조건물이 밀집한 지역
③ 소방출동로가 없는 지역 ④ 고층 건축물이 밀집한 지역

290 다음 보기에서 바르게 설명한 것을 모두 고르시오. [12 전북]

> ㉠ 소방자동차 등 소방장비의 분류 · 표준화와 그 관리 등에 필요한 사항은 별도의 법률로 정한다.
> ㉡ 국고보조 대상사업의 범위와 기준보조율은 대통령령으로 정한다.
> ㉢ 소방기관이 소방업무를 수행하는 데에 필요한 인력과 장비 등에 관한 기준은 시 · 도의 조례로 정한다.

① ㉠ ② ㉠, ㉡ ③ ㉡, ㉢ ④ ㉠, ㉡, ㉢

㉠ 소방자동차 등 소방장비의 분류 · 표준화와 그 관리 등에 필요한 사항은 행정안전부령으로 정한다.
㉡ 국고보조 대상사업의 범위와 기준보조율은 대통령령으로 정한다.
㉢ 소방력의 기준 : 행정안전부령으로 정한다.

291 다음 중 강제처분에 대한 설명으로 옳지 않은 것은? [12 전북]

① 소방본부장, 소방서장 또는 소방대장은 사람을 구출하거나 불이 번지는 것을 막기 위하여 필요할 때에는 화재가 발생하거나 불이 번질 우려가 있는 소방대상물 및 토지를 일시적으로 사용하거나 그 사용의 제한 또는 소방활동에 필요한 처분을 할 수 있다.
② 소방본부장, 소방서장 또는 소방대장은 사람을 구출하거나 불이 번지는 것을 막기 위하여 긴급하다고 인정할 때에는 소방대상물 또는 토지 외의 소방대상물과 토지에 대하여 처분을 할 수 있다.
③ 소방본부장, 소방서장 또는 소방대장은 소방활동을 위하여 긴급하게 출동할 때에는 소방자동차의 통행과 소방활동에 방해가 되는 주차 또는 정차된 차량 및 물건 등을 제거하거나 이동시킬 수 있다.
④ 소방본부장, 소방서장 또는 소방대장은 강제처분으로 인하여 손실을 입은 자가 있는 경우에는 그 손실을 보상하여야 한다.

해설 제25조(강제처분 등)

① 소방본부장, 소방서장 또는 소방대장은 사람을 구출하거나 불이 번지는 것을 막기 위하여 필요할 때에는 화재가 발생하거나 불이 번질 우려가 있는 소방대상물 및 토지를 일시적으로 사용하거나 그 사용의 제한 또는 소방활동에 필요한 처분을 할 수 있다.

② 소방본부장, 소방서장 또는 소방대장은 사람을 구출하거나 불이 번지는 것을 막기 위하여 긴급하다고 인정할 때에는 제1항에 따른 소방대상물 또는 토지 외의 소방대상물과 토지에 대하여 제1항에 따른 처분을 할 수 있다.

③ 소방본부장, 소방서장 또는 소방대장은 소방활동을 위하여 긴급하게 출동할 때에는 소방자동차의 통행과 소방활 동에 방해가 되는 주차 또는 정차된 차량 및 물건 등을 제거하거나 이동시킬 수 있다.

④ 소방본부장, 소방서장 또는 소방대장은 제3항에 따른 소방활동에 방해가 되는 주차 또는 정차된 차량의 제거나 이동을 위하여 관할 지방자치단체 등 관련 기관에 견인차량과 인력 등에 대한 지원을 요청할 수 있고, 요청을 받은 관련 기관의 장은 정당한 사유가 없으면 이에 협조하여야 한다.〈신설 2018. 3. 27.〉

⑤ 시 · 도지사는 제4항에 따라 견인차량과 인력 등을 지원한 자에게 시 · 도의 조례로 정하는 바에 따라 비용을 지급할 수 있다.〈신설 2018. 3. 27.〉 [전문 개정 2011. 5. 30.]

시 · 도지사는 제2항 또는 제3항에 따른 처분으로 인하여 손실을 입은 자가 있는 경우에는 그 손실을 보상하여야 한다. 다만, 제3항에 해당하는 경우로서 법령을 위반하여 소방자동차의 통행과 소방활동에 방해가 된 경우에는 그러하지 아니하다. [2017.12월 이전 기준]

━ 제49조의2(손실보상)

① 소방청장 또는 시 · 도지사는 다음 각 호의 어느 하나에 해당하는 자에게 제3항의 손실보상심의위원회의 심사 · 의결에 따라 정당한 보상을 하여야 한다.

　　1. 제16조의3 제1항[생활안전활동]에 따른 조치로 인하여 손실을 입은 자

　　2. 제24조제1항 전단[소방활동종사명령]에 따른 소방활동 종사로 인하여 사망하거나 부상을 입은 자

　　3. 제25조제2항 또는 제3항[강제처분]에 따른 처분으로 인하여 손실을 입은 자. 다만, 같은 조 제3항에 해당하는 경우로서 법령을 위반하여 소방자동차의 통행과 소방활동에 방해가 된 경우는 제외한다.

　　4. 제27조제1항 또는 제2항[긴급조치명령]에 따른 조치로 인하여 손실을 입은 자

　　5. 그 밖에 소방기관 또는 소방대의 적법한 소방업무 또는 소방활동으로 인하여 손실을 입은 자

② 제1항에 따라 손실보상을 청구할 수 있는 권리는 손실이 있음을 안 날부터 3년, 손실이 발생한 날부터 5년간 행사하지 아니하면 시효의 완성으로 소멸한다.

③ 제1항에 따른 손실보상청구 사건을 심사 · 의결하기 위하여 손실보상심의위원회를 둔다.

④ 제1항에 따른 손실보상의 기준, 보상금액, 지급절차 및 방법, 제3항에 따른 손실보상심의위원회의 구성 및 운영, 그 밖에 필요한 사항은 대통령령으로 정한다.

[본조신설 2017. 12. 26.]

292 소방청장은 화재, 재난·재해, 그 밖의 위급한 상황으로부터 국민의 생명·신체 및 재산을 보호하기 위하여 소방업무에 관한 종합계획을 몇 년마다 수립·시행하여야 하는가?

[12 전북]

① 1년　　　　② 2년　　　　③ 3년　　　　④ 5년

해설 소방업무에 관한 종합계획의 수립, 시행 등
　　1) 소방업무에 관한 종합계획 수립 시행 : 소방청장(5년마다)
　　2) 종합계획 포함사항
　　　　1. 소방서비스의 질 향상을 위한 정책의 기본방향
　　　　2. 소방업무에 필요한 체계의 구축, 소방기술의 연구·개발 및 보급
　　　　3. 소방업무에 필요한 장비의 구비
　　　　4. 소방전문인력 양성
　　　　5. 소방업무에 필요한 기반 조성
　　　　6. 소방업무의 교육 및 홍보(제21조에 따른 소방자동차의 우선 통행 등에 관한 홍보를 포함한다)
　　　　7. 그 밖에 소방업무의 효율적 수행을 위하여 필요한 사항으로서 대통령령으로 정하는 사항
　　　　　 그밖 대통령령 : 1. 재난·재해 환경 변화에 따른 소방업무에 필요한 대응체계 마련
　　　　　　　　　　　　　 2. 장애인, 노인, 임산부, 영유아 및 어린이 등 이동이 어려운 사람을 대상으로 한 소방활동에 필요한 조치
　　3) 세부계획 수립 시행 : 시·도지사(매년마다)
　　4) 소방청장은 소방업무의 체계적 수행을 위하여 필요한 경우 제4항에 따라 시·도지사가 제출한 세부계획의 보완 또는 수정을 요청할 수 있다.
　　5) 소방청장은 「소방기본법」(이하 "법"이라 한다) 제6조제1항에 따른 소방업무에 관한 종합계획을 관계 중앙행정기관의 장과의 협의를 거쳐 계획 시행 전년도 10월 31일까지 수립하여야 한다.
　　6) 특별시장·광역시장·특별자치시장·도지사 또는 특별자치도지사는 법 제6조제4항에 따른 종합계획의 시행에 필요한 세부계획을 계획 시행 전년도 12월 31일까지 수립하여 소방청장에게 제출하여야 한다.

293 보일러 등의 위치·구조 및 관리와 화재예방을 위하여 불의 사용에 있어서 지켜야 하는 사항 중 보일러에 기체연료를 사용하는 경우 지켜야 하는 사항으로 옳지 않은 것은?　[12 전북]

① 보일러를 설치하는 장소에는 환기구를 설치하는 등 가연성 가스가 머무르지 아니하도록 할 것

② 연료를 공급하는 배관은 금속관 또는 플라스틱 합성관으로 할 것

③ 화재 등 긴급 시 연료를 차단할 수 있는 개폐밸브를 연료용기 등으로부터 0.5미터 이내에 설치할 것

④ 보일러를 실내에 설치하는 경우에는 콘크리트 바닥 또는 금속 외의 불연재료로 된 바닥 위에 설치하여야 한다.

기본법 시행령 [별표 1] [보일러 등의 위치·구조 및 관리와 화재예방을 위하여 불의 사용에 있어서 지켜야 하는 사항(제5조 관련)]

보일러에 기체연료를 사용하는 경우에는 다음 각목에 의한다.

가. 보일러를 설치하는 장소에는 환기구를 설치하는 등 가연성 가스가 머무르지 아니하도록 할 것

나. 연료를 공급하는 배관은 금속관으로 할 것

다. 화재 등 긴급 시 연료를 차단할 수 있는 개폐밸브를 연료용기 등으로부터 0.5미터 이내에 설치할 것

라. 보일러가 설치된 장소에는 가스누설경보기를 설치할 것

294 특수가연물의 저장 및 취급의 기준이 옳지 않은 것은? [12 전북]

① 특수가연물을 저장 또는 취급하는 장소에는 품명·최대수량 및 안전관리자의 성명을 기재하여 설치할 것

② 품명별로 구분하여 쌓을 것

③ 살수설비를 설치하거나 방사능력 범위에 해당 특수가연물이 포함되도록 대형수동식 소화기를 설치하는 경우에는 쌓는 높이를 15미터 이하, 쌓는 부분의 바닥면적을 200제곱미터(석탄·목탄류의 경우에는 300제곱미터) 이하로 할 수 있다.

④ 쌓는 부분의 바닥면적 사이는 1미터 이상이 되도록 할 것

특수가연물의 저장 및 취급기준

1. 특수가연물을 저장 또는 취급하는 장소에는 품명·최대수량 및 화기취급의 금지표지를 설치할 것

2. 다음 각 목의 기준에 따라 쌓아 저장할 것. 다만, 석탄·목탄류를 발전(發電)용으로 저장하는 경우에는 그러하지 아니하다.

   가. 품명별로 구분하여 쌓을 것

   나. 쌓는 높이는 10미터 이하가 되도록 하고, 쌓는 부분의 바닥면적은 50제곱미터(석탄·목탄류의 경우에는 200제곱미터) 이하가 되도록 할 것. 다만, 살수설비를 설치하거나 방사능력 범위에 해당 특수가연물이 포함되도록 대형수동식 소화기를 설치하는 경우에는 쌓는 높이를 15미터 이하, 쌓는 부분의 바닥면적을 200제곱미터(석탄·목탄류의 경우에는 300제곱미터) 이하로 할 수 있다.

   다. 쌓는 부분의 바닥면적 사이는 1미터 이상이 되도록 할 것

295 다음 화재조사와 관련된 설명 중 옳지 않은 것은? [12 전북]

① 소방청장, 소방본부장 또는 소방서장은 화재조사를 하기 위하여 필요하면 관계인에게 보고 또는 자료 제출을 명하거나 관계 공무원으로 하여금 관계 장소에 출입하여 화재의 원인과 피해의 상황을 조사하거나 관계인에게 질문하게 할 수 있다.

② 소방청장, 소방본부장 또는 소방서장은 방화(放火) 또는 실화(失火)의 혐의가 있을 경우 증거물을 압수할 수 있다.

③ 소방공무원과 국가경찰공무원은 화재조사를 할 때에 서로 협력하여야 한다.

④ 소방본부, 소방서 등 소방기관과 관계 보험회사는 화재가 발생한 경우 그 원인 및 피해상황을 조사할 때 필요한 사항에 대하여 서로 협력하여야 한다.

296 다음 중 소방활동구역을 출입할 수 없는 사람은? [12 전북]

① 소방활동구역 안에 있는 소방대상물의 소유자 · 관리자 또는 점유자

② 경찰서장이 소방활동을 위하여 출입을 허가한 사람

③ 취재인력 등 보도업무에 종사하는 사람

④ 수사업무에 종사하는 사람

297 다음 중 소방대장이 할 수 있는 강제처분 및 위험시설 등에 대한 긴급조치에 관한 설명으로 옳지 않은 것은? [12 전북]

① 사람을 구출하거나 불이 번지는 것을 막기 위하여 필요할 때에는 화재가 발생하거나 불이 번질 우려가 있는 소방대상물 및 토지를 일시적으로 사용하거나 그 사용의 제한 또는 소방활동에 필요한 처분을 할 수 있다.

② 강제처분으로 인하여 손실을 입은 자가 있는 경우에는 반드시 그 손실을 보상하여야 한다.

③ 화재 진압 등 소방활동을 위하여 필요할 때에는 소방용수 외에 댐 · 저수지 또는 수영장 등의 물을 사용하거나 수도(水道)의 개폐장치 등을 조작할 수 있다.

④ 화재 발생을 막거나 폭발 등으로 화재가 확대되는 것을 막기 위하여 가스 · 전기 또는 유류 등의 시설에 대하여 위험물질의 공급을 차단하는 등 필요한 조치를 할 수 있다.

해설 **강제처분등**

> 1) 소방본부장, 소방서장 또는 소방대장은 사람을 구출하거나 불이 번지는 것을 막기 위하여 필요할 때에는 화재가 발생하거나 불이 번질 우려가 있는 소방대상물 및 토지를 일시적으로 사용하거나 그 사용의 제한 또는 소방활동에 필요한 처분을 할 수 있다. : 3년 이하 징역 또는 3,000만 원 이하의 벌금

정답 **295** ② **296** ② **297** ②

2) 소방대상물 또는 토지 외의 소방대상물과 토지에 대하여 제1항에 따른 처분을 할 수 있다.
   : 300만 원 이하의 벌금
3) 소방자동차의 통행과 소방활동에 방해가 되는 주차 또는 정차된 차량 및 물건 등을 제거하거나 이동시킬 수 있다. : 300만 원 이하의 벌금

■ 긴급조치

1) 소방본부장, 소방서장 또는 소방대장은 화재 진압 등 소방활동을 위하여 필요할 때에는 소방용수 외에 댐 · 저수지 또는 수영장 등의 물을 사용하거나 수도(水道)의 개폐장치 등을 조작할 수 있다.
2) 소방본부장, 소방서장 또는 소방대장은 화재 발생을 막거나 폭발 등으로 화재가 확대되는 것을 막기 위하여 가스 · 전기 또는 유류 등의 시설에 대하여 위험물질의 공급을 차단하는 등 필요한 조치를 할 수 있다.

298 화재로 오인할 만한 우려가 있는 불을 피우거나 연막(煙幕) 소독을 하려는 자는 시 · 도의 조례로 정하는 바에 따라 관할 소방본부장 또는 소방서장에게 신고하여야 하는데, 다음 중 이에 해당하지 않는 것은? [12 전북]

① 공장 · 창고가 밀집한 지역
② 아파트 지역
③ 위험물의 저장 및 처리시설이 밀집한 지역
④ 석유화학제품을 생산하는 공장이 있는 지역

299 소방의 역사와 안전문화를 발전시키고 국민의 안전의식을 높이기 위하여 소방체험관을 설립하여 운영할 수 있는 사람은? [12 중앙]

① 소방청장   ② 시 · 도지사
③ 소방본부장   ④ 소방서장

해설 소방박물관 및 소방체험관

1) 소방박물관 설립운영권자 : 소방청장
2) 소방체험관 설립운영권자 : 시 · 도지사
3) 소방박물관 설립운영에 관하여 필요한 사항 : 행정안전부령
4) 소방체험관 설립운영에 관하여 필요한 사항 : 시도의 조례
5) 소방청장은 법 제5조제2항의 규정에 의하여 소방박물관을 설립 · 운영하는 경우에는 소방박물관에 소방박물관장 1인과 부관장 1인을 두되, 소방박물관장은 소방공무원 중에서 소방청장이 임명한다.
6) 소방박물관에는 그 운영에 관한 중요한 사항을 심의하기 위하여 7인 이내의 위원으로 구성된 운영위원회를 둔다.

300 보일러 등의 위치 · 구조 및 관리와 화재예방을 위하여 불의 사용에 있어서 지켜야 하는 사항 중 보일러에 대한 설명으로 옳지 않은 것은? [12 중앙]

① 가연성 벽 · 바닥 또는 천장과 접촉하는 증기기관 또는 연통의 부분은 규조토 · 석면 등 난연성 단열재로 덮어 씌워야 한다.

② 액체연료를 사용하는 경우 보일러가 설치된 장소에는 가스누설경보기를 설치해야 한다.

③ 보일러와 벽 · 천장 사이의 거리는 0.6미터 이상 되도록 하여야 한다.

④ 보일러를 실내에 설치하는 경우에는 콘크리트 바닥 또는 금속 외의 불연재료로 된 바닥 위에 설치하여야 한다.

해설

종류	내용
보일러	1. 가연성 벽 · 바닥 또는 천장과 접촉하는 증기기관 또는 연통의 부분은 규조토 · 석면 등 난연성 단열재로 덮어씌워야 한다. 2. 경유 · 등유 등 액체연료를 사용하는 경우에는 다음 각목의 사항을 지켜야 한다. 　가. 연료탱크는 보일러 본체로부터 수평거리 1미터 이상의 간격을 두어 설치할 것 　나. 연료탱크에는 화재 등 긴급상황이 발생하는 경우 연료를 차단할 수 있는 개폐밸브를 연료탱크로부터 0.5미터 이내에 설치할 것 　다. 연료탱크 또는 연료를 공급하는 배관에는 여과장치를 설치할 것 　라. 사용이 허용된 연료 외의 것을 사용하지 아니할 것 　마. 연료탱크에는 불연재료(「건축법 시행령」 제2조제10호의 규정에 의한 것을 말한다. 이하 이 표에서 같다)로 된 받침대를 설치하여 연료탱크가 넘어지지 아니하도록 할 것 3. 기체연료를 사용하는 경우에는 다음 각목에 의한다. 　가. 보일러를 설치하는 장소에는 환기구를 설치하는 등 가연성 가스가 머무르지 아니하도록 할 것 　나. 연료를 공급하는 배관은 금속관으로 할 것 　다. 화재 등 긴급 시 연료를 차단할 수 있는 개폐밸브를 연료용기 등으로부터 0.5미터 이내에 설치할 것 　라. 보일러가 설치된 장소에는 가스누설경보기를 설치할 것 4. 보일러와 벽 · 천장 사이의 거리는 0.6미터 이상 되도록 하여야 한다. 5. 보일러를 실내에 설치하는 경우에는 콘크리트 바닥 또는 금속 외의 불연재료로 된 바닥 위에 설치하여야 한다.

301 다음 중 소방안전교육사의 배치대상별 배치기준으로 옳은 것은? [12 중앙]

① 소방청 – 3명 이상

② 소방본부 – 1명 이상

③ 소방서 – 2명 이상

④ 한국소방산업기술원 – 2명 이상

소방안전교육사 배치기준

배치대상	배치기준(단위 : 명)	비고
1. 소방청	2 이상	
2. 소방본부	2 이상	
3. 소방서	1 이상	
4. 한국소방안전원	• 본원 : 2 이상 • 시 · 도지부 : 1 이상	
5. 한국소방산업기술원	2 이상	

302 다음 중 특수가연물의 저장 및 취급의 기준에 대한 설명으로 옳은 것은?　　　　[12 중앙]

① 석탄 · 목탄류를 발전(發電)용으로 저장하는 경우에는 품명별로 구분하여 쌓을 것

② 살수설비를 설치하거나 방사능력 범위에 해당 특수가연물이 포함되도록 대형수동식 소화기를 설치하는 경우에는 쌓는 높이를 20미터 이하, 쌓는 부분의 바닥면적을 200제곱미터 이하로 할 수 있다.

③ 쌓는 부분의 바닥면적은 50제곱미터(석탄 · 목탄류의 경우에는 200제곱미터) 이하가 되도록 할 것

④ 쌓는 부분의 바닥면적 사이는 2미터 이상이 되도록 할 것

특수가연물의 저장 및 취급기준

　1. 특수가연물을 저장 또는 취급하는 장소에는 품명 · 최대수량 및 화기취급의 금지표지를 설치할 것

　2. 다음 각 목의 기준에 따라 쌓아 저장할 것. 다만, 석탄 · 목탄류를 발전(發電)용으로 저장하는 경우에는 그러하지 아니하다.

　　가. 품명별로 구분하여 쌓을 것

　　나. 쌓는 높이는 10미터 이하가 되도록 하고, 쌓는 부분의 바닥면적은 50제곱미터(석탄 · 목탄류의 경우에는 200제곱미터) 이하가 되도록 할 것. 다만, 살수설비를 설치하거나 방사능력 범위에 해당 특수가연물이 포함되도록 대형수동식 소화기를 설치하는 경우에는 쌓는 높이를 15미터 이하, 쌓는 부분의 바닥면적을 200제곱미터(석탄 · 목탄류의 경우에는 300제곱미터) 이하로 할 수 있다.

　　다. 쌓는 부분의 바닥면적 사이는 1미터 이상이 되도록 할 것

303 기본법 제21조 '소방자동차의 우선통행 등' 및 제22조, '소방대의 긴급통행'에 대한 설명으로 옳은 것은? [12 중앙]

① 모든 차와 사람은 소방자동차가 화재진압 및 구조 · 구급활동 후 복귀할 때에는 이를 방해하여서는 아니 된다.

② 소방자동차의 우선 통행에 관하여는 「소방기본법」에서 정하는 바에 따른다.

③ 소방자동차가 훈련을 할 때에는 사이렌을 사용하여서는 아니 된다.

④ 소방대는 화재, 재난 · 재해, 그 밖의 위급한 상황이 발생한 현장에 신속하게 출동하기 위하여 긴급할 때에는 일반적인 통행에 쓰이지 아니하는 도로 · 빈터 또는 물 위로 통행할 수 있다.

해설 제21조(소방자동차의 우선 통행 등)

① 모든 차와 사람은 소방자동차(지휘를 위한 자동차와 구조 · 구급차를 포함한다. 이하 같다)가 화재진압 및 구조 · 구급활동을 위하여 출동을 할 때에는 이를 방해하여서는 아니 된다.

② 소방자동차가 화재진압 및 구조 · 구급활동을 위하여 출동하거나 훈련을 위하여 필요할 때에는 사이렌을 사용할 수 있다. 〈개정 2017. 12. 26.〉

③ 모든 차와 사람은 소방자동차가 화재진압 및 구조 · 구급활동을 위하여 제2항에 따라 사이렌을 사용하여 출동하는 경우에는 다음 각 호의 행위를 하여서는 아니 된다.
〈신설 2017. 12. 26.〉
1. 소방자동차에 진로를 양보하지 아니하는 행위
2. 소방자동차 앞에 끼어들거나 소방자동차를 가로막는 행위
3. 그 밖에 소방자동차의 출동에 지장을 주는 행위

④ 제3항의 경우를 제외하고 소방자동차의 우선 통행에 관하여는 「도로교통법」에서 정하는 바에 따른다. 〈신설 2017. 12. 26.〉 [전문개정 2011. 5. 30.]

▬ 제21조의2(소방자동차 전용구역 등)

① 「건축법」 제2조제2항제2호에 따른 공동주택 중 대통령령으로 정하는 공동주택의 건축주는 제16조제1항에 따른 소방활동의 원활한 수행을 위하여 공동주택에 소방자동차 전용구역(이하 "전용구역"이라 한다)을 설치하여야 한다.

② 누구든지 전용구역에 차를 주차하거나 전용구역에의 진입을 가로막는 등의 방해행위를 하여서는 아니 된다.

③ 전용구역의 설치 기준 · 방법, 제2항에 따른 방해행위의 기준, 그 밖의 필요한 사항은 대통령령으로 정한다. [본조신설 2018. 2. 9.]

▬ 제22조(소방대의 긴급통행)

소방대는 화재, 재난 · 재해, 그 밖의 위급한 상황이 발생한 현장에 신속하게 출동하기 위하여 긴급할 때에는 일반적인 통행에 쓰이지 아니하는 도로 · 빈터 또는 물 위로 통행할 수 있다.

304 다음 중 「소방기본법」에서 규정하고 있는 소방활동구역에 대한 설명으로 옳지 않은 것은?

[12 중앙]

① 의용소방대장은 화재, 재난·재해, 그 밖의 위급한 상황이 발생한 현장에 소방활동구역을 정할 수 있다.

② 소방활동에 필요한 사람으로서 대통령령으로 정하는 사람 외에는 그 구역에 출입하는 것을 제한할 수 있다.

③ 경찰공무원은 소방대가 소방활동구역에 있지 아니하거나 소방대장의 요청이 있을 때에는 출입을 제한할 수 있다.

④ 취재인력 등 보도업무에 종사하는 자는 소방활동구역에 출입할 수 있다.

> **해설** 소방활동구역
> 소방대장은 화재, 재난·재해, 그 밖의 위급한 상황이 발생한 현장에 소방활동구역을 정하여 소방활동에 필요한 사람으로서 대통령령으로 정하는 사람 외에는 그 구역에 출입하는 것을 제한할 수 있다.

305 화재원인 조사의 종류 및 조사범위에 해당하지 않는 것은?

[12중앙]

① 화재가 발생한 과정, 화재가 발생한 지점 및 불이 붙기 시작한 물질

② 화재의 연소경로 및 확대원인 등의 상황

③ 소방시설의 사용 또는 작동 등의 상황

④ 소방활동 중 발생한 사망자 및 부상자

306 화재의 '출입·조사 등'의 내용이 아닌 것은?

[12중앙]

① 소방청장, 소방본부장 또는 소방서장은 화재조사를 하기 위하여 필요하면 관계인에게 보고 또는 자료 제출을 명할 수 있다.

② 화재조사를 하는 관계 공무원은 그 권한을 표시하는 증표를 지니고 이를 관계인에게 보여주어야 한다.

③ 화재조사를 하는 관계 공무원은 관계인의 정당한 업무를 방해하거나 화재조사를 수행하면서 알게 된 비밀을 다른 사람에게 누설하여서는 아니 된다.

④ 화재조사를 위하여 필요한 경우에는 수사에 지장을 주지 아니하는 범위에서 그 피의자에 대하여 압수 수사할 수 있다.

307 다음 중 소방기본법에서 규정하고 있는 소방대상물이 아닌 것은?   [13 통합 · 공채]

① 차량　　　　　　　　　　② 정박 중인 선박

③ 항해 중인 선박　　　　　　④ 항공기 격납고

308 다음 중 종합상황실의 실장이 지체 없이 서면 · 모사전송 또는 컴퓨터통신 등으로 상급 종합
상황실에 보고하여야 할 사항이 아닌 것은?   [13 통합 · 공채]

① 사망자가 5인 이상 발생한 화재

② 사상자가 10인 이상 발생한 화재

③ 이재민이 50인 이상 발생한 화재

④ 재산피해액이 50억 원 이상 발생한 화재

309 다음 설명 중 옳지 않은 것은?   [13 통합 · 공채]

① 소방기관의 설치에 필요한 사항은 대통령령으로 정한다.

② 소방청장은 소방박물관을, 소방본부장은 소방체험관을 설립하여 운영할 수 있다.

③ 소방기관이 소방업무를 수행하는 데에 필요한 인력과 장비 등에 관한 기준은 행정안전부
령으로 정한다.

④ 국가는 국민의 생명과 재산을 보호하기 위하여 한국소방산업기술원에서 소방기술의 연
구 · 개발사업을 수행하게 할 수 있다.

310 다음 중 법률적 성격이 다른 하나는?   [13 통합 · 공채]

① 119종합상황실의 설치와 운영

② 소방력에 관한 기준

③ 소방용수시설과 비상소화장치의 설치기준

④ 국고보조 대상사업의 범위와 기준보조율

해설 ① 119종합상황실의 설치와 운영 : 행정안전부령

② 소방력에 관한 기준 : 행정안전부령

③ 소방용수시설과 비상소화장치의 설치기준 : 행정안전부령

④ 국고보조 대상사업의 범위와 기준보조율 : 대통령령

정답　**307** ③　　**308** ③　　**309** ②　　**310** ④

311 다음 중 화재조사의 종류 및 조사의 범위에 대한 설명으로 옳지 않은 것은?

[13 통합 · 공채]

① 소방청장, 소방본부장 또는 소방서장은 화재가 발생하였을 때에는 화재조사를 하여야 한다.

② 화재피해 조사 중 재산피해 조사의 범위는 화재의 연소경로 및 확대원인 등의 상황이다.

③ 화재의 원인과 피해 조사를 위하여 소방청, 시 · 도의 소방본부와 소방서에 화재조사를 전담하는 부서를 설치 · 운영한다.

④ 화재조사의 방법 및 전담조사반의 운영과 화재조사자의 자격 등 화재조사에 필요한 사항은 행정안전부령으로 정한다.

312 다음 중 소방기본법에서 규정하고 있는 용어의 정의가 옳지 않은 것은?　　[13 통합 · 경채]

① "소방대상물"이란 건축물, 차량, 항해 중인 선박, 선박건조구조물, 산림, 그 밖의 인공구조물 또는 물건을 말한다.

② "소방대장"(消防隊長)이란 소방본부장 또는 소방서장 등 화재, 재난 · 재해, 그 밖의 위급한 상황이 발생한 현장에서 소방대를 지휘하는 사람을 말한다.

③ "소방대"(消防隊)란 화재를 진압하고 화재, 재난 · 재해, 그 밖의 위급한 상황에서 구조 · 구급활동 등을 하기 위하여 소방공무원, 의무소방원, 의용소방대원으로 구성된 조직체를 말한다.

④ "관계지역"이란 소방대상물이 있는 장소 및 그 이웃 지역으로서 화재의 예방 · 경계 · 진압, 구조 · 구급 등의 활동에 필요한 지역을 말한다.

313 다음 중 법률적 성격이 다른 하나는?　　[13 통합 · 경채]

① 119종합상황실의 설치와 운영

② 소방력에 관한 기준

③ 소방용수시설과 비상소화장치의 설치기준

④ 국고보조 대상사업의 범위와 기준보조율

해설 ① 119종합상황실의 설치와 운영 : 행정안전부령

② 소방력에 관한 기준 : 행정안전부령

③ 소방용수시설과 비상소화장치의 설치기준 : 행정안전부령

④ 국고보조 대상사업의 범위와 기준보조율 : 대통령령

---

314 다음 중 소방업무의 응원에 대한 설명으로 옳지 않은 것은? [13 통합 · 경채]

① 소방본부장이나 소방서장은 소방활동을 할 때에 긴급한 경우에는 이웃한 소방본부장 또는 소방서장에게 소방업무의 응원(應援)을 요청할 수 있다.

② 소방업무의 응원 요청을 받은 소방본부장 또는 소방서장은 정당한 사유 없이 그 요청을 거절하여서는 아니 된다.

③ 소방업무의 응원을 위하여 파견된 소방대원은 응원을 요청한 소방본부장 또는 소방서장의 지휘에 따라야 한다.

④ 소방본부장 또는 소방서장은 소방업무의 응원을 요청하는 경우를 대비하여 출동대상 지역 및 규모와 필요한 경비의 부담 등에 관하여 필요한 사항을 시 · 도의 조례로 정하는 바에 따라 이웃하는 소방본부장 또는 소방서장과 협의하여 미리 규약(規約)으로 정하여야 한다.

> **해설** 소방업무의 응원
>
> 1) 소방본부장이나 소방서장은 소방활동을 할 때에 긴급한 경우에는 이웃한 소방본부장 또는 소방서장에게 소방업무의 응원(應援)을 요청할 수 있다.
> 2) 제1항에 따라 소방업무의 응원 요청을 받은 소방본부장 또는 소방서장은 정당한 사유 없이 그 요청을 거절하여서는 아니 된다.
> 3) 제1항에 따라 소방업무의 응원을 위하여 파견된 소방대원은 응원을 요청한 소방본부장 또는 소방서장의 지휘에 따라야 한다.
> 4) 시 · 도지사는 제1항에 따라 소방업무의 응원을 요청하는 경우를 대비하여 출동대상 지역 및 규모와 필요한 경비의 부담 등에 관하여 필요한 사항을 행정안전부령으로 정하는 바에 따라 이웃하는 시 · 도지사와 협의하여 미리 규약(規約)으로 정하여야 한다.

315 다음 중 소방안전교육사시험에 관한 설명으로 옳지 않은 것은? [13 통합 · 경채]

① 소방안전교육사시험 응시자격심사, 출제, 채점 및 실기 · 면접시험을 위하여 소방경 또는 지방소방경 이상의 소방공무원을 응시 자격심사위원 및 시험위원으로 임명 또는 위촉해야 한다.

② 시험위원 중 출제위원의 수는 시험과목별 3인이다.

③ 소방청장은 소방안전교육사시험을 시행하려는 때에는 응시자격 · 시험과목 · 일시 · 장소 및 응시절차 등에 관하여 필요한 사항을 모든 응시 희망자가 알 수 있도록 소방안전교육사시험의 시행일 90일 전까지 1개 이상의 일간신문 · 소방기관의 게시판 또는 인터넷 홈페이지 그 밖의 효과적인 방법에 따라 공고해야 한다.

④ 소방청장은 소방안전교육사시험에서 부정한 행위를 한 자에 대하여는 그 시험을 무효로 하고, 그 처분이 있은 날부터 2년간 이 영에 따른 소방안전교육사시험의 응시자격을 정지한다.

해설 소방안전교육사(2년마다 1회 시행)

1) 소방청장이 실시한 시험에 합격한 사람에게 소방안전교육사 자격을 부여한다.

2) 소방안전교육사 시험의 응시자격, 시험방법, 시험과목, 시험위원, 그 밖에 소방안전교육사 시험의 실시에 필요한 사항은 대통령령으로 정한다.

3) 1차시험과 2차시험으로 구분
   - 제1차 시험 : 소방학개론, 구급 · 응급처치론, 재난관리론 및 교육학개론 중 응시자가 선택하는 3과목
   - 제2차 시험 : 국민안전교육 실무

4) 응시 결격사유
   1. 피성년후견인 또는 피한정후견인
   2. 금고 이상의 실형을 선고받고 그 집행이 끝나거나(집행이 끝난 것으로 보는 경우를 포함한다) 집행이 면제된 날부터 2년이 지나지 아니한 사람
   3. 금고 이상의 형의 집행유예를 선고받고 그 유예기간 중에 있는 사람
   4. 법원의 판결 또는 다른 법률에 따라 자격이 정지되거나 상실된 사람

5) 소방안전교육사 배치기준

배치대상	배치기준(단위 : 명)	비고
1. 소방청	2 이상	
2. 소방본부	2 이상	
3. 소방서	1 이상	
4. 한국소방안전원	• 본원 : 2 이상 • 시 · 도지부 : 1 이상	
5. 한국소방산업기술원	2 이상	

6) 시험위원 등
   ① 소방청장은 소방안전교육사시험 응시자격심사, 출제 및 채점을 위하여 다음 각 호의 어느 하나에 해당하는 사람을 응시자격심사위원 및 시험위원으로 임명 또는 위촉하여야 한다.
   1. 소방 관련학과, 교육학과 또는 응급구조학과 박사학위 취득자
   2. 「고등교육법」 제2조제1호부터 제6호까지의 규정 중 어느 하나에 해당하는 학교에서 소방 관련학과, 교육학과 또는 응급구조학과에서 조교수 이상으로 2년 이상 재직한 자
   3. 소방위 또는 지방소방위 이상의 소방공무원
   4. 소방안전교육사 자격을 취득한 자
   ② 제1항에 따른 응시자격심사위원 및 시험위원의 수는 다음 각 호와 같다.
   1. 응시자격심사위원 : 3명
   2. 시험위원 중 출제위원 : 시험과목별 3명
   3. 시험위원 중 채점위원 : 5명
   ③ 제1항에 따라 응시자격심사위원 및 시험위원으로 임명 또는 위촉된 자는 소방청장이 정하는 시험문제 등의 작성 시 유의사항 및 서약서 등에 따른 준수사항을 성실히 이행해야 한다.
   ④ 제 1항에 따라 임명 또는 위촉된 응시자격심사위원 및 시험위원과 시험감독업무에 종사하는 자에 대하여는 예산의 범위에서 수당 및 여비를 지급할 수 있다.

316 다음 중 화재경계지구의 지정대상 지역 등에 해당하지 않는 것은? [13 통합 · 경채]

① 시장지역 및 공장 · 창고가 밀집한 지역

② 고층 건축물이 밀집한 지역

③ 석유화학제품을 생산하는 공장이 있는 지역

④ 소방시설 · 소방용수시설 또는 소방출동로가 없는 지역

317 다음 중 한국소방안전원의 업무가 아닌 것은? [13 통합 · 경채]

① 소방기술과 안전관리에 관한 교육 및 조사 · 연구

② 소방기술과 안전관리에 관한 각종 간행물 발간

③ 화재예방과 안전관리의식 고취를 위한 대국민 홍보

④ 소방업무에 관하여 행정기관을 지정하는 업무

> **해설** 제41조(안전원의 업무)
> 1. 소방기술과 안전관리에 관한 교육 및 조사 · 연구
> 2. 소방기술과 안전관리에 관한 각종 간행물 발간
> 3. 화재 예방과 안전관리의식 고취를 위한 대국민 홍보
> 4. 소방업무에 관하여 행정기관이 위탁하는 업무
> 5. 소방안전에 관한 국제협력
> 6. 그 밖에 회원에 대한 기술지원 등 정관으로 정하는 사항

318 소방기술 및 소방산업의 국제경쟁력과 국제적 통용성을 높이는 데에 필요한 기반 조성을 촉진하기 위한 시책을 마련하여야 하는 주체는? [13 통합 · 경채]

① 국가   ② 소방본부장   ③ 소방청장   ④ 시 · 도지사

> **해설** 제39조의7(소방기술 및 소방산업의 국제화사업)
> ① 국가는 소방기술 및 소방산업의 국제경쟁력과 국제적 통용성을 높이는 데에 필요한 기반 조성을 촉진하기 위한 시책을 마련하여야 한다.
> ② 소방청장은 소방기술 및 소방산업의 국제경쟁력과 국제적 통용성을 높이기 위하여 다음 각 호의 사업을 추진하여야 한다.
> 1. 소방기술 및 소방산업의 국제협력을 위한 조사 · 연구
> 2. 소방기술 및 소방산업에 관한 국제전시회, 국제학술회의 개최 등 국제교류
> 3. 소방기술 및 소방산업의 국외시장 개척
> 4. 그 밖에 소방기술 및 소방산업의 국제경쟁력과 국제적 통용성을 높이기 위하여 필요하다고 인정하는 사업

319 다음 중 화재조사의 종류 및 조사의 범위에 대한 설명으로 옳지 않은 것은?

[13 통합 · 경채]

① 소방청장, 소방본부장 또는 소방서장은 화재가 발생하였을 때에는 화재조사를 하여야 한다.

② 화재피해 조사 중 재산피해 조사의 범위는 화재의 연소경로 및 확대원인 등의 상황이다.

③ 화재의 원인과 피해 조사를 위하여 소방청, 시 · 도의 소방본부와 소방서에 화재조사를 전담하는 부서를 설치 · 운영한다.

④ 화재조사의 방법 및 전담조사반의 운영과 화재조사자의 자격 등 화재조사에 필요한 사항은 행정안전부령으로 정한다.

320 다음 중 소방본부장 또는 소방서장의 권한이나 업무가 아닌 것은? [13 통합 · 경채]

① 화재위험경보 발령   ② 화재의 예방조치

③ 소방응원협약   ④ 화재조사

해설 화재에 관한 위험경보

소방본부장이나 소방서장은 「기상법」 제13조제1항에 따른 이상기상(異常氣象)의 예보 또는 특보가 있을 때에는 화재에 관한 경보를 발령하고 그에 따른 조치를 할 수 있다.

화재의 예방조치 등

1) 소방본부장이나 소방서장은 다음 각 호의 명령을 할 수 있다.

    1. 불장난, 모닥불, 흡연, 화기(火氣) 취급, 풍등 등 소형 열기구 날리기, 그 밖에 화재예방상 위험하다고 인정되는 행위의 금지 또는 제한

    2. 타고 남은 불 또는 화기가 있을 우려가 있는 재의 처리

    3. 함부로 버려두거나 그냥 둔 위험물, 그 밖에 불에 탈 수 있는 물건을 옮기거나 치우게 하는 등의 조치

2) 소방본부장이나 소방서장은 제2항에 따라 옮기거나 치운 위험물 또는 물건을 보관하여야 한다.

3) 소방본부장이나 소방서장은 제3항에 따라 위험물 또는 물건을 보관하는 경우에는 그 날부터 14일 동안 소방본부 또는 소방서의 게시판에 그 사실을 공고하여야 한다.

4) 법 제12조제5항의 규정에 의한 위험물 또는 물건의 보관기간은 법 제12조제4항의 규정에 의하여 소방본부 또는 소방서의 게시판에 공고하는 기간의 종료일 다음 날부터 7일로 한다.

5) 소방본부장 또는 소방서장은 제2항의 규정에 의하여 매각되거나 폐기된 위험물 또는 물건의 소유자가 보상을 요구하는 경우에는 보상금액에 대하여 소유자와 협의를 거쳐 이를 보상하여야 한다.

소방업무의 응원

소방본부장이나 소방서장은 소방활동을 할 때에 긴급한 경우에는 이웃한 소방본부장 또는 소방서장에게 소방업무의 응원(應援)을 요청할 수 있다.

— 화재의 조사

소방청장, 소방본부장 또는 소방서장은 화재가 발생하였을 때에는 화재의 원인 및 피해 등에 대한 조사(이하 "화재조사"라 한다)를 하여야 한다.

321 다음 중 원활한 소방활동을 위하여 소방본부장 또는 소방서장이 월1회 실시하는 지리조사에 해당하지 않는 것은?　　　　　　　　　　　　　　　　　　　　　　　　　[13 전북 · 공채]

① 소방대상물에 인접한 소방용수시설에 대한 조사

② 소방대상물에 인접한 도로의 폭 조사

③ 소방대상물에 인접한 교통상황 조사

④ 소방대상물에 인접한 도로 주변의 토지의 고저 조사

해설 소방용수시설 및 지리에 대한 조사

1) 소방본부장 또는 소방서장은 원활한 소방활동을 위하여 다음 각호의 조사를 월 1회 이상 실시하여야 한다.

　　1. 법 제10조의 규정에 의하여 설치된 소방용수시설에 대한 조사

　　2. 소방대상물에 인접한 도로의 폭 · 교통상황, 도로 주변의 토지의 고저 · 건축물의 개황 그 밖의 소방활동에 필요한 지리에 대한 조사

2) 제1항제1호의 조사는 별지 제2호 서식에 의하고, 제1항제2호의 조사는 별지 제3호 서식에 의하되, 그 조사결과를 2년간 보관하여야 한다.

322 다음 중 소방기본법에서 규정하고 있는 소방대상물은?　　　　　　　　　　　[13 전북 · 경채]

① 차량　　　　　　　　　　　　　② 지하매설물

③ 철도　　　　　　　　　　　　　④ 비행 중인 항공기

해설 "소방대상물"이란 건축물, 차량, 선박(「선박법」 제1조의2 제1항에 따른 선박으로서 항구에 매어둔 선박만 해당한다), 선박건조구조물, 산림, 그 밖의 인공구조물 또는 물건을 말한다.

323 소방대상물이 있는 장소 및 그 이웃 지역으로서 화재의 예방 · 경계 · 진압, 구조 · 구급 등의 활동에 필요한 지역을 무엇이라 하는가?　　　　　　　　　　　　　　　　　[13 전북 · 경채]

① 위험대상지역　　　　　　　　　② 위험지역

③ 관계지역　　　　　　　　　　　④ 소방활동지역

"관계지역"이란 소방대상물이 있는 장소 및 그 이웃 지역으로서 화재의 예방 · 경계 · 진압, 구조 · 구급 등의 활동에 필요한 지역을 말한다.

324 다음 중 보일러 등의 위치 · 구조 및 관리와 화재예방을 위하여 불의 사용에 있어서 지켜야 하는 사항이 옳지 않은 것은?   [13 전북 · 경채]

① 난로의 연통은 천장으로부터 0.5미터 이상 떨어지고, 건물 밖으로 0.3미터 이상 나오게 설치하여야 한다.

② 보일러를 실내에 설치하는 경우에는 콘크리트 바닥 또는 금속 외의 불연재료로 된 바닥 위에 설치하여야 한다.

③ 건조설비와 벽 · 천장 사이의 거리는 0.5미터 이상 되도록 하여야 한다.

④ 수소가스는 용량의 90퍼센트 이상을 유지하여야 한다.

시행령 [별표 1] 〈개정 2012.7.10〉 [보일러 등의 위치 · 구조 및 관리와 화재예방을 위하여 불의 사용에 있어서 지켜야 하는 사항(제5조 관련)]

종류	내용
보일러	1. 가연성 벽 · 바닥 또는 천장과 접촉하는 증기기관 또는 연통의 부분은 규조토 · 석면 등 난연성 단열재로 덮어씌워야 한다. 2. 경유 · 등유 등 액체연료를 사용하는 경우에는 다음 각목의 사항을 지켜야 한다. 　가. 연료탱크는 보일러 본체로부터 수평거리 1미터 이상의 간격을 두어 설치할 것 　나. 연료탱크에는 화재 등 긴급상황이 발생하는 경우 연료를 차단할 수 있는 개폐밸브를 연료탱크로부터 0.5미터 이내에 설치할 것 　다. 연료탱크 또는 연료를 공급하는 배관에는 여과장치를 설치할 것 　라. 사용이 허용된 연료 외의 것을 사용하지 아니할 것 　마. 연료탱크에는 불연재료(「건축법 시행령」 제2조제10호의 규정에 의한 것을 말한다. 이하 이 표에서 같다)로 된 받침대를 설치하여 연료탱크가 넘어지지 아니하도록 할 것 3. 기체연료를 사용하는 경우에는 다음 각목에 의한다. 　가. 보일러를 설치하는 장소에는 환기구를 설치하는 등 가연성 가스가 머무르지 아니하도록 할 것 　나. 연료를 공급하는 배관은 금속관으로 할 것 　다. 화재 등 긴급 시 연료를 차단할 수 있는 개폐밸브를 연료용기 등으로부터 0.5미터 이내에 설치할 것 　라. 보일러가 설치된 장소에는 가스누설경보기를 설치할 것 4. 보일러와 벽 · 천장 사이의 거리는 0.6미터 이상 되도록 하여야 한다. 5. 보일러를 실내에 설치하는 경우에는 콘크리트 바닥 또는 금속 외의 불연재료로 된 바닥 위에 설치하여야 한다.

종류	내용
난로	1. 연통은 천장으로부터 0.6미터 이상 떨어지고, 건물 밖으로 0.6미터 이상 나오게 설치하여야 한다. 2. 가연성 벽·바닥 또는 천장과 접촉하는 연통의 부분은 규조토·석면 등 난연성 단열재로 덮어씌워야 한다. 3. 이동식 난로는 다음 각목의 장소에서 사용하여서는 아니된다. 다만, 난로가 쓰러지지 아니하도록 받침대를 두어 고정시키거나 쓰러지는 경우 즉시 소화되고 연료의 누출을 차단할 수 있는 장치가 부착된 경우에는 그러하지 아니하다. 　가.「다중이용업소의 안전관리에 관한 특별법」제2조제1항제1호에 따른 다중이용업의 영업소 　나.「학원의 설립·운영 및 과외교습에 관한 법률」제2조제1호의 규정에 의한 학원 　다.「학원의 설립·운영 및 과외교습에 관한 법률 시행령」제2조제1항제4호의 규정에 의한 독서실 　라.「공중위생관리법」제2조제1항제2호·제3호 및 제6호의 규정에 의한 숙박업·목욕장업·세탁업의 영업장 　마.「의료법」제3조제2항의 규정에 의한 종합병원·병원·치과병원·한방병원·요양병원·의원·치과의원·한의원 및 조산원 　바.「식품위생법 시행령」제21조제8호에 따른 휴게음식점영업, 일반음식점영업, 단란주점영업, 유흥주점영업 및 제과점영업의 영업장 　사.「영화 및 비디오물의 진흥에 관한 법률」제2조제10호에 따른 영화상영관 　아.「공연법」제2조제4호의 규정에 의한 공연장 　자.「박물관 및 미술관 진흥법」제2조제1호 및 제2호의 규정에 의한 박물관 및 미술관 　차.「유통산업발전법」제2조제6호의 규정에 의한 상점가 　카.「건축법」제20조에 따른 가설건축물 　타. 역·터미널
건조설비	1. 건조설비와 벽·천장 사이의 거리는 0.5미터 이상 되도록 하여야 한다. 2. 건조물품이 열원과 직접 접촉하지 아니하도록 하여야 한다. 3. 실내에 설치하는 경우에 벽·천장 또는 바닥은 불연재료로 하여야 한다.
수소 가스를 넣는 기구	1. 연통 그 밖의 화기를 사용하는 시설의 부근에서 띄우거나 머물게 하여서는 아니 된다. 2. 건축물의 지붕에서 띄워서는 아니 된다. 다만, 지붕이 불연재료로 된 평지붕으로서 그 넓이가 기구 지름의 2배 이상인 경우에는 그러지 아니하다. 3. 다음 각목의 장소에서 운반하거나 취급하여서는 아니 된다. 　가. 공연장 : 극장·영화관·연예장·음악당·서커스장 그 밖의 이와 비슷한 것 　나. 집회장 : 회의장·공회장·예식장 그 밖의 이와 비슷한 것 　다. 관람장 : 운동경기관람장(운동시설에 해당하는 것을 제외한다)·경마장·자동차경주장 그 밖의 이와 비슷한 것 　라. 전시장 : 박물관·미술관·과학관·기념관·산업전시장·박람회장 그 밖의 이와 비슷한 것 4. 수소가스를 넣거나 빼는 때에는 다음 각목의 사항을 지켜야 한다. 　가. 통풍이 잘 되는 옥외의 장소에서 할 것 　나. 조작자 외의 사람이 접근하지 아니하도록 할 것 　다. 전기시설이 부착된 경우에는 전원을 차단한 후 할 것

종류	내용
수소 가스를 넣는 기구	라. 마찰 또는 충격을 주는 행위를 하지 말 것 마. 수소가스를 넣을 때에는 기구 안에 수소가스 또는 공기를 제거한 후 감압기를 사용할 것 5. 수소가스는 용량의 90퍼센트 이상을 유지하여야 한다. 6. 띄우거나 머물게 하는 때에는 감시인을 두어야 한다. 다만, 건축물 옥상에서 띄우거나 머물게 하는 경우에는 그러하지 아니하다. 7. 띄우는 각도는 지표면에 대하여 45도 이하로 유지하고 바람이 초속 7미터 이상 부는 때에는 띄워서는 아니 된다.

325 다음 설명 중 소방기본법에서 규정하고 있는 강제처분에 해당하는 것은?　　[13 전북 · 경채]

① 소방본부장, 소방서장 또는 소방대장은 화재 진압 등 소방활동을 위하여 필요할 때에는 소방용수 외에 댐 · 저수지 또는 수영장 등의 물을 사용하거나 수도(水道)의 개폐장치 등을 조작할 수 있다.

② 화재현장 또는 구조 · 구급이 필요한 사고 현장을 발견한 사람은 그 현장의 상황을 소방본부, 소방서 또는 관계 행정기관에 지체 없이 알려야 한다.

③ 소방본부장, 소방서장 또는 소방대장은 사람을 구출하거나 불이 번지는 것을 막기 위하여 필요할 때에는 화재가 발생하거나 불이 번질 우려가 있는 소방대상물 및 토지를 일시적으로 사용하거나 그 사용의 제한 또는 소방활동에 필요한 처분을 할 수 있다.

④ 소방본부장, 소방서장 또는 소방대장은 화재, 재난 · 재해, 그 밖의 위급한 상황이 발생하여 사람의 생명을 위험하게 할 것으로 인정할 때에는 일정한 구역을 지정하여 그 구역에 있는 사람에게 그 구역 밖으로 피난할 것을 명할 수 있다.

해설 강제처분등
1) 소방본부장, 소방서장 또는 소방대장은 사람을 구출하거나 불이 번지는 것을 막기 위하여 필요할 때에는 화재가 발생하거나 불이 번질 우려가 있는 소방대상물 및 토지를 일시적으로 사용하거나 그 사용의 제한 또는 소방활동에 필요한 처분을 할 수 있다. : 3년 이하징역 또는 3,000만 원 이하의 벌금
2) 소방대상물 또는 토지 외의 소방대상물과 토지에 대하여 제1항에 따른 처분을 할 수 있다. : 300만 원 이하의 벌금
3) 소방자동차의 통행과 소방활동에 방해가 되는 주차 또는 정차된 차량 및 물건 등을 제거하거나 이동시킬 수 있다. : 300만 원 이하의 벌금

— 긴급조치
1) 소방본부장, 소방서장 또는 소방대장은 화재진압 등 소방활동을 위하여 필요할 때에는 소방용수 외에 댐 · 저수지 또는 수영장 등의 물을 사용하거나 수도(水道)의 개폐장치 등을 조작할 수 있다.

2) 소방본부장, 소방서장 또는 소방대장은 화재 발생을 막거나 폭발 등으로 화재가 확대되는 것을 막기 위하여 가스·전기 또는 유류 등의 시설에 대하여 위험물질의 공급을 차단하는 등 필요한 조치를 할 수 있다.

▬ 피난명령

1) 소방본부장, 소방서장 또는 소방대장은 화재, 재난·재해, 그 밖의 위급한 상황이 발생하여 사람의 생명을 위험하게 할 것으로 인정할 때에는 일정한 구역을 지정하여 그 구역에 있는 사람에게 그 구역 밖으로 피난할 것을 명할 수 있다. : 피난명령 거부방해 100만 원 이하 벌금
2) 소방본부장, 소방서장 또는 소방대장은 제1항에 따른 명령을 할 때 필요하면 관할 경찰서장 또는 자치경찰단장에게 협조를 요청할 수 있다.

▬ 화재 등의 통지

1) 화재 현장 또는 구조·구급이 필요한 사고현장을 발견한 사람은 그 현장의 상황을 소방본부, 소방서 또는 관계 행정기관에 지체 없이 알려야 한다.
2) 다음 각 호의 어느 하나에 해당하는 지역 또는 장소에서 화재로 오인할 만한 우려가 있는 불을 피우거나 연막(煙 幕) 소독을 하려는 자는 시·도의 조례로 정하는 바에 따라 관할 소방본부장 또는 소방서장에게 신고하여야 한다.
   1. 시장지역
   2. 공장·창고가 밀집한 지역
   3. 목조건물이 밀집한 지역
   4. 위험물의 저장 및 처리시설이 밀집한 지역
   5. 석유화학제품을 생산하는 공장이 있는 지역
   6. 그 밖에 시·도의 조례로 정하는 지역 또는 장소

326 다음 중 소방장비 등에 대한 국고보조 대상사업의 범위에 해당하지 않는 것은?

[13 전북 · 경채]

① 소방자동차
② 소방헬리콥터 및 소방정
③ 소방전용통신설비 및 전산설비
④ 소방용수시설

해설 소방장비등에 대한 국고보조

1) 국가는 소방장비의 구입 등 시·도의 소방업무에 필요한 경비의 일부를 보조한다.
2) 보조 대상사업의 범위와 기준보조율은 대통령령으로 정한다.
3) 국고보조 대상사업의 범위
   1. 다음 각 목의 소방활동장비와 설비의 구입 및 설치
      가. 소방자동차
      나. 소방헬리콥터 및 소방정
      다. 소방전용 통신설비 및 전산설비
      라. 그 밖에 방화복 등 소방활동에 필요한 소방장비
   2. 소방관서용 청사의 건축(「건축법」 제2조제1항제8호에 따른 건축을 말한다)
4) 국고보조 소방활동장비 및 설비의 종류와 규격은 행정안전부령으로 정한다.

327 다음 보기는 소방업무에 관한 종합계획의 수립 · 시행 등에 관한 내용이다. 빈 칸에 들어갈 가장 알맞은 말을 순서대로 바르게 나열한 것은?   [13 전북 · 경채]

> (   )은(는) 화재, 재난 · 재해, 그 밖의 위급한 상황으로부터 국민의 생명 · 신체 및 재산을 보호하기 위하여 소방업무에 관한 (   )을 (   )마다 수립 · 시행하여야 하고, 이에 필요한 재원을 확보하도록 노력하여야 한다.

① 소방청장 – 종합계획 – 5년
② 행정안전부장관 – 기본계획 – 5년
③ 시 · 도지사 – 기본계획 – 1년
④ 소방본부장 – 종합계획 – 5년

해설 소방업무에 관한 종합계획의 수립, 시행 등
1) 소방업무에 관한 종합계획 수립 시행 : 소방청장(5년마다)
2) 종합계획 포함사항
 1. 소방서비스의 질 향상을 위한 정책의 기본방향
 2. 소방업무에 필요한 체계의 구축, 소방기술의 연구 · 개발 및 보급
 3. 소방업무에 필요한 장비의 구비
 4. 소방전문인력 양성
 5. 소방업무에 필요한 기반 조성
 6. 소방업무의 교육 및 홍보(제21조에 따른 소방자동차의 우선 통행 등에 관한 홍보를 포함한다)
 7. 그 밖에 소방업무의 효율적 수행을 위하여 필요한 사항으로서 대통령령으로 정하는 사항
  그밖 대통령령 : 1. 재난 · 재해 환경 변화에 따른 소방업무에 필요한 대응체계 마련
         2. 장애인, 노인, 임산부, 영유아 및 어린이 등 이동이 어려운 사람을 대상으로 한 소방활동에 필요한 조치
3) 세부계획 수립 시행 : 시 · 도지사(매년마다)
4) 소방청장은 소방업무의 체계적 수행을 위하여 필요한 경우 제4항에 따라 시 · 도지사가 제출한 세부계획의 보완 또는 수정을 요청할 수 있다.
5) 소방청장은 「소방기본법」(이하 "법"이라 한다) 제6조제1항에 따른 소방업무에 관한 종합계획을 관계 중앙행정기관의 장과의 협의를 거쳐 계획 시행 전년도 10월 31일까지 수립하여야 한다.
6) 특별시장 · 광역시장 · 특별자치시장 · 도지사 또는 특별자치도지사는 법 제6조제4항에 따른 종합계획의 시행에 필요한 세부계획을 계획 시행 전년도 12월 31일까지 수립하여 소방청장에게 제출하여야 한다.

328 다음 중 100만 원 이하의 벌금에 해당되지 않는 것은? [13 전북·경채]

① 화재경계지구 안의 소방대상물에 대한 소방특별조사를 거부·방해 또는 기피한 자

② 사람을 구출하는 일 또는 불을 끄거나 불이 번지지 아니하도록 하는 일을 방해한 사람

③ 정당한 사유 없이 물의 사용이나 수도의 개폐장치의 사용 또는 조작을 하지 못하게 하거나 방해한 자

④ 정당한 사유 없이 소방대가 현장에 도착할 때까지 사람을 구출하는 조치 또는 불을 끄거나 불이 번지지 아니하도록 하는 조치를 하지 아니한 관계인

> **해설** 100만 원 이하의 벌금
> ① 화재경계지구 안의 소방대상물에 대한 소방특별조사를 거부·방해 또는 기피한 자
> ② 정당한 사유 없이 소방대의 생활안전활동을 방해한 자
> ③ 정당한 사유 없이 소방대가 현장에 도착할 때까지 사람을 구출하는 조치 또는 불을 끄거나 불이 번지지 아니하도록 하는 조치를 하지 아니한 사람(관계인)
> ④ 피난 명령을 위반한 사람
> ⑤ 긴급조치 : 정당한 사유 없이 물의 사용이나 수도의 개폐장치의 사용 또는 조작을 하지 못하게 하거나 방해한 자
> ⑥ 긴급조치 : 가스차단등의 조치를 정당한 사유 없이 방해한 자

329 다음 중 소방안전교육사시험의 응시자격에 해당하지 않는 것은? [13 전북·경채]

① 소방공무원으로서 중앙·지방소방학교에서 소방안전교육사 관련 전문교육과정을 2주 이상 이수한 자

② 소방안전교육 관련 교과목을 총 3학점 이상 이수한 자

③ 소방시설관리사 자격을 취득한 자

④ 안전관리 분야의 기사 자격을 취득한 후 안전관리 분야에 1년 이상 종사한 사람

> **해설** [별표 2의2] 〈개정 2017. 7. 26.〉 소방안전교육사시험의 응시자격(제7조의2 관련)
> 1. 「소방공무원법」 제2조에 따른 소방공무원으로 다음 각 목의 어느 하나에 해당하는 사람
>   가. 소방공무원으로 3년 이상 근무한 경력이 있는 사람
>   나. 중앙소방학교 또는 지방소방학교에서 2주 이상의 소방안전교육사 관련 전문교육과정을 이수한 사람
> 2. 「초·중등교육법」 제21조에 따라 교원의 자격을 취득한 사람
> 3. 「유아교육법」 제22조에 따라 교원의 자격을 취득한 사람
> 4. 「영유아보육법」 제21조에 따라 어린이집의 원장 또는 보육교사의 자격을 취득한 사람(보육교사 자격을 취득한 사람은 보육교사 자격을 취득한 후 3년 이상의 보육업무 경력이 있는 사람만 해당한다)
> 5. 다음 각 목의 어느 하나에 해당하는 기관에서 소방안전교육 관련 교과목(응급구조학과, 교육학과 또는 제15조제2호에 따라 소방청장이 정하여 고시하는 소방 관련학과에 개설된 전공과목을 말한다)을 총 6학점 이상 이수한 사람

가. 「고등교육법」 제2조제1호부터 제6호까지의 규정의 어느 하나에 해당하는 학교

나. 「학점인정 등에 관한 법률」 제3조에 따라 학습과정의 평가인정을 받은 교육훈련기관

6. 「국가기술자격법」 제2조제3호에 따른 국가기술자격의 직무분야 중 안전관리 분야(국가기술자격의 직무분야 및 국가기술자격의 종목 중 중직무분야의 안전관리를 말한다. 이하 같다)의 기술사 자격을 취득한 사람

7. 「화재예방, 소방시설 설치ㆍ유지 및 안전관리에 관한 법률」 제26조에 따른 소방시설관리사 자격을 취득한 사람

8. 「국가기술자격법」 제2조제3호에 따른 국가기술자격의 직무분야 중 안전관리 분야의 기사 자격을 취득한 후 안전관리 분야에 1년 이상 종사한 사람

9. 「국가기술자격법」 제2조제3호에 따른 국가기술자격의 직무분야 중 안전관리 분야의 산업기사 자격을 취득한 후 안전관리 분야에 3년 이상 종사한 사람

10. 「의료법」 제7조에 따라 간호사 면허를 취득한 후 간호업무 분야에 1년 이상 종사한 사람

11. 「응급의료에 관한 법률」 제36조제2항에 따라 1급 응급구조사 자격을 취득한 후 응급의료 업무 분야에 1년 이상 종사한 사람

12. 「응급의료에 관한 법률」 제36조제3항에 따라 2급 응급구조사 자격을 취득한 후 응급의료 업무 분야에 3년 이상 종사한 사람

13. 「화재예방, 소방시설 설치ㆍ유지 및 안전관리에 관한 법률 시행령」 제23조제1항 각 호의 어느 하나에 해당하는 사람

14. 「화재예방, 소방시설 설치ㆍ유지 및 안전관리에 관한 법률 시행령」 제23조제2항 각 호의 어느 하나에 해당하는 자격을 갖춘 후 소방안전관리대상물의 소방안전관리에 관한 실무경력이 1년 이상 있는 사람

15. 「화재예방, 소방시설 설치ㆍ유지 및 안전관리에 관한 법률 시행령」 제23조제3항 각 호의 어느 하나에 해당하는 자격을 갖춘 후 소방안전관리대상물의 소방안전관리에 관한 실무경력이 3년 이상 있는 사람

16. 「의용소방대 설치 및 운영에 관한 법률」 제3조에 따라 의용소방대원으로 임명된 후 5년 이상 의용소방대 활동을 한 경력이 있는 사람

330 다음 중 소방업무의 응원에 대한 설명으로 옳지 않은 것은? [13 경기ㆍ공채]

① 소방본부장이나 소방서장은 소방활동을 할 때에 긴급한 경우에는 이웃한 소방본부장 또는 소방서장에게 소방업무의 응원(應援)을 요청할 수 있다.

② 소방업무의 응원 요청을 받은 소방본부장 또는 소방서장은 정당한 사유 없이 그 요청을 거절하여서는 아니 된다.

③ 소방업무의 응원을 위하여 파견된 소방대원은 응원을 요청받은 소방본부장 또는 소방서장의 지휘에 따라야 한다.

④ 시ㆍ도지사는 제1항에 따라 소방업무의 응원을 요청하는 경우를 대비하여 출동대상 지역 및 규모와 필요한 경비의 부담 등에 관하여 필요한 사항을 행정안전부령으로 정하는 바에 따라 이웃하는 시ㆍ도지사와 협의하여 미리 규약(規約)으로 정하여야 한다.

소방업무의 응원

1) 소방본부장이나 소방서장은 소방활동을 할 때에 긴급한 경우에는 이웃한 소방본부장 또는 소방서장에게 소방업무의 응원(應援)을 요청할 수 있다.

2) 제1항에 따라 소방업무의 응원 요청을 받은 소방본부장 또는 소방서장은 정당한 사유 없이 그 요청을 거절하여서는 아니 된다.

3) 제1항에 따라 소방업무의 응원을 위하여 파견된 소방대원은 응원을 요청한 소방본부장 또는 소방서장의 지휘에 따라야 한다.

4) 시·도지사는 제1항에 따라 소방업무의 응원을 요청하는 경우를 대비하여 출동대상 지역 및 규모와 필요한 경비의 부담 등에 관하여 필요한 사항을 행정안전부령으로 정하는 바에 따라 이웃하는 시·도지사와 협의하여 미리 규약(規約)으로 정하여야 한다.

5) 시·도지사들 간의 상호응원협정사항
   1. 다음 각목의 소방활동에 관한 사항
      가. 화재의 경계·진압활동
      나. 구조·구급업무의 지원
      다. 화재조사활동
   2. 응원출동대상 지역 및 규모
   3. 다음 각목의 소요경비의 부담에 관한 사항
      가. 출동대원의 수당·식사 및 피복의 수선
      나. 소방장비 및 기구의 정비와 연료의 보급
      다. 그 밖의 경비
   4. 응원출동의 요청방법
   5. 응원출동 훈련 및 평가

331 다음 보기의 빈칸에 들어갈 알맞은 말을 순서대로 바르게 배열한 것은?   [13 경기·공채]

이 법은 화재를 예방·경계하거나 진압하고 화재, (　) · 재해, 그 밖의 (　)한 상황에서의 (　) · 구급활동 등을 통하여 국민의 생명·신체 및 재산을 보호함으로써 공공의 (　) 및 질서 유지와 복리증진에 이바지함을 목적으로 한다.

① 재난-안전-구조-복지   ② 재난-안전-소화-복지
③ 재난-위급-구조-안녕   ④ 재난-위급-소화-안녕

소방기본법의 목적

이 법은 화재를 예방·경계하거나 진압하고 화재, 재난·재해, 그 밖의 위급한 상황에서의 구조·구급활동 등을 통하여 국민의 생명·신체 및 재산을 보호함으로써 공공의 안녕 및 질서 유지와 복리증진에 이바지함을 목적으로 한다.

332 소방용수시설의 설치기준이 옳지 않은 것은?　　　　　　　　　　　　　[13 경기 · 공채]

① 주거지역 · 상업지역 및 공업지역에 설치하는 경우 소방대상물과의 수평거리를 100미터 이하가 되도록 할 것

② 저수조는 지면으로부터의 낙차가 4.5미터 이상이 되도록 설치할 것

③ 급수탑의 개폐밸브는 지상에서 1.5미터 이상 1.7미터 이하의 위치에 설치하도록 할 것

④ 저수조는 흡수관의 투입구가 사각형의 경우에는 한 변의 길이가 60센티미터 이상, 원형의 경우에는 지름이 60센티미터 이상이 되도록 설치할 것

333 소방신호의 종류 및 방법에 대한 설명이 옳지 못한 것은?　　　　　　　　[13 경기 · 공채]

① 발화신호 – 화재가 발생한 때 발령

② 훈련신호 – 훈련상 필요하다고 인정되는 때 발령

③ 해제신호 – 소화활동이 필요없다고 인정되는 때 발령

④ 경보신호 – 화재예방상 필요하다고 인정되거나 화재위험경보 시 발령

해설 소방신호

1) 화재예방, 소방활동 또는 소방훈련을 위하여 사용되는 소방신호의 종류와 방법은 행정안전부령으로 정한다.

2) 소방신호의 종류

　　1. 경계신호 : 화재예방상 필요하다고 인정되거나 법 제14조의 규정에 의한 화재위험경보 시 발령

　　2. 발화신호 : 화재가 발생한 때 발령

　　3. 해제신호 : 소화활동이 필요없다고 인정되는 때 발령

　　4. 훈련신호 : 훈련상 필요하다고 인정되는 때 발령

3) 소방신호

신호방법 / 종별	타종 신호	사이렌 신호
경계신호	1타와 연2타를 반복	5초 간격을 두고 30초씩 3회
발화신호	난타	5초 간격을 두고 5초씩 3회
해제신호	상당한 간격을 두고 1타씩 반복	1분간 1회
훈련신호	연3타 반복	10초 간격을 두고 1분씩 3회

334 다음 특수가연물의 저장 및 취급의 기준에 대한 설명 중 옳지 않은 것은? [13 경기 · 공채]

① 쌓는 부분의 바닥면적 사이는 1미터 미만이 되도록 할 것

② 특수가연물을 저장 또는 취급하는 장소에는 품명 · 최대수량 및 화기취급의 금지표지를 설치할 것

③ 목탄류를 발전(發電)용으로 저장하는 경우를 제외한 나머지는 품명별로 구분하여 쌓을 것

④ 쌓는 높이는 10미터 이하가 되도록 하고, 쌓는 부분의 바닥면적은 50제곱미터(석탄 · 목탄류의 경우에는 200제곱미터) 이하가 되도록 할 것

335 다음 중 소방용수시설의 설치기준에 대한 설명으로 옳은 것은? [14 통합 · 공채]

① 저수조는 지면으로부터의 낙차가 5미터 이하일 것

② 주거지역 · 상업지역 및 공업지역에 설치하는 경우는 소방대상물과의 수평거리를 100미터 이하가 되도록 할 것

③ 개폐밸브는 지상에서 1.4미터 이상 1.6미터 이하의 위치에 설치하도록 할 것

④ 흡수부분의 수심이 0.4미터 이상일 것

336 소방업무의 상호응원협정 중 소방활동에 관한 사항이 아닌 것은? [14 통합 · 공채]

① 화재조사활동   ② 구조 · 구급업무의 지원

③ 화재의 경계 · 진압활동   ④ 피복의 수선

해설 시 · 도지사들 간의 상호응원 협정사항

1. 다음 각목의 소방활동에 관한 사항
   가. 화재의 경계 · 진압활동
   나. 구조 · 구급업무의 지원
   다. 화재조사활동
2. 응원출동대상 지역 및 규모
3. 다음 각목의 소요경비의 부담에 관한 사항
   가. 출동대원의 수당 · 식사 및 피복의 수선
   나. 소방장비 및 기구의 정비와 연료의 보급
   다. 그 밖의 경비
4. 응원출동의 요청방법
5. 응원출동 훈련 및 평가

337 소방활동 종사명령에 대한 설명으로 옳지 않은 것은? [14 통합·공채]

① 소방활동 종사명령은 관계인에게 한정된다.

② 시·도지사는 소방활동에 종사한 사람이 그로 인하여 사망하거나 부상을 입은 경우에는 보상하여야 한다.

③ 소방활동구역 안에 있는 소방대상물의 소유자·관리자 또는 점유자는 소방활동구역에 출입할 수 있다.

④ 소방활동 종사 명령권자는 소방본부장, 소방서장 또는 소방대장이다.

> **해설** **소방활동 종사명령**
>
> 1) 소방본부장, 소방서장 또는 소방대장은 화재, 재난·재해, 그 밖의 위급한 상황이 발생한 현장에서 소방활동을 위하여 필요할 때에는 그 관할구역에 사는 사람 또는 그 현장에 있는 사람으로 하여금 사람을 구출하는 일 또는 불을 끄거나 불이 번지지 아니하도록 하는 일을 하게 할 수 있다.
> 2) 제1항에 따른 명령에 따라 소방활동에 종사한 사람은 시·도지사로부터 소방활동의 비용을 지급받을 수 있다. 다만, 다음 각 호의 어느 하나에 해당하는 사람의 경우에는 그러하지 아니하다.
>   1. 소방대상물에 화재, 재난·재해, 그 밖의 위급한 상황이 발생한 경우 그 관계인
>   2. 고의 또는 과실로 화재 또는 구조·구급활동이 필요한 상황을 발생시킨 사람
>   3. 화재 또는 구조·구급현장에서 물건을 가져간 사람

338 다음 중 현장지휘훈련의 대상자가 아닌 것은? [14 통합·공채]

① 지방소방위 ② 지방소방경

③ 지방소방정 ④ 소방준감

339 화재원인 조사의 범위에 해당하지 않는 것은? [14 통합·공채]

① 발화원인 조사 ② 인명피해 조사

③ 연소상황 조사 ④ 피난상황 조사

340 다음 중 특수가연물과 수량의 연결이 잘못된 것은? [14 통합·공채]

① 면화류 – 200kg 이상 ② 가연성 액체류 – 1m³ 이상

③ 가연성 고체류 – 3,000kg 이상 ④ 목재가공품 – 10m³ 이상

> **해설** 가연성 액체류 – 2m³ 이상

정답 **337** ① **338** ④ **339** ② **340** ②

341 소방활동을 위한 소방차의 통행 및 출동에 대한 설명 중 옳지 않은 것은? [14 통합 · 경채]

① 소방자동차의 우선 통행에 관하여는 「도로교통법」에서 정하는 바에 따른다.

② 모든 차와 사람은 소방자동차의 출동을 방해하여서는 아니 된다.

③ 일반적인 통행에 쓰이지 아니하는 도로 · 빈터 또는 물 위로 통행하는 것은 소방대의 긴급 통행에 해당한다.

④ 소방자동차는 구조 · 구급활동에 한하여 사이렌을 사용할 수 있다.

> **해설** 제21조(소방자동차의 우선 통행 등)
> ① 모든 차와 사람은 소방자동차(지휘를 위한 자동차와 구조 · 구급차를 포함한다. 이하 같다) 가 화재진압 및 구조 · 구급활동을 위하여 출동을 할 때에는 이를 방해하여서는 아니 된다.
> ② 소방자동차가 화재진압 및 구조 · 구급활동을 위하여 출동하거나 훈련을 위하여 필요할 때 에는 사이렌을 사용할 수 있다.
> ③ 모든 차와 사람은 소방자동차가 화재진압 및 구조 · 구급활동을 위하여 제2항에 따라 사이렌 을 사용하여 출동하는 경우에는 다음 각 호의 행위를 하여서는 아니 된다.
> 　1. 소방자동차에 진로를 양보하지 아니하는 행위
> 　2. 소방자동차 앞에 끼어들거나 소방자동차를 가로막는 행위
> 　3. 그 밖에 소방자동차의 출동에 지장을 주는 행위
> ④ 제3항의 경우를 제외하고 소방자동차의 우선 통행에 관하여는 「도로교통법」에서 정하는 바 에 따른다.
>
> ― 제22조(소방대의 긴급통행)
> 소방대는 화재, 재난 · 재해, 그 밖의 위급한 상황이 발생한 현장에 신속하게 출동하기 위하여 긴급할 때에는 일반적인 통행에 쓰이지 아니하는 도로 · 빈터 또는 물 위로 통행할 수 있다.

342 관계인의 소방활동에 대한 설명 중 옳지 않은 것은? [14 통합 · 경채]

① 사람을 구출하는 조치를 취할 것

② 불을 끄거나 번지지 아니하도록 할 것

③ 경보를 울릴 것

④ 소방활동구역을 설정하고 통제할 것

> **해설** 소방활동구역은 소방대장의 업무사항

343 다음 중 소방기본법에서 규정하고 있는 소방대상물이 아닌 것은? [14 통합 · 경채]

① 항해 중인 선박　　　　　　　② 지방 공공기관의 청사

③ 도로를 질주하는 차량　　　　④ 공항에 있는 비행기

344 사람을 구출하거나 불이 번지는 것을 막기 위하여 필요할 때에는 화재가 발생하거나 불이 번질 우려가 있는 소방대상물 및 토지를 일시적으로 사용하거나 그 사용의 제한 또는 소방활동에 필요한 처분을 할 수 있는데, 다음 중 그 처분권자에 해당하지 않는 것은?

[14 통합 · 경채]

① 소방본부장　　　　　　　　　② 소방서장
③ 소방대장　　　　　　　　　　④ 시 · 도지사

> **해설** 강제처분등
> 1) 소방본부장, 소방서장 또는 소방대장은 사람을 구출하거나 불이 번지는 것을 막기 위하여 필요할 때에는 화재가 발생하거나 불이 번질 우려가 있는 소방대상물 및 토지를 일시적으로 사용하거나 그 사용의 제한 또는 소방활동에 필요한 처분을 할 수 있다. : 3년 이하징역 또는 3,000만 원 이하의 벌금
> 2) 소방대상물 또는 토지 외의 소방대상물과 토지에 대하여 제1항에 따른 처분을 할 수 있다. : 300만 원 이하의 벌금
> 3) 소방자동차의 통행과 소방활동에 방해가 되는 주차 또는 정차된 차량 및 물건 등을 제거하거나 이동시킬 수 있다. : 300만 원 이하의 벌금

345 다음 중 소방박물관 등의 설립과 운영에 대한 설명으로 옳은 것은?　　　[14 통합 · 경채]

① 소방박물관의 설립과 운영에 필요한 사항은 대통령령으로 정한다.
② 소방체험관의 설립과 운영에 필요한 사항은 행정안전부령에 따른다.
③ 소방청장은 소방박물관을, 시 · 도지사는 소방체험관을 설립하여 운영할 수 있다.
④ 소방박물관의 관광업무 · 조직 · 운영위원회의 구성 등에 관하여 필요한 사항은 시 · 도지사가 정한다.

> **해설** 소방박물관 및 소방체험관
> 1) 소방박물관 설립운영권자 : 소방청장
> 2) 소방체험관 설립운영권자 : 시 · 도지사
> 3) 소방박물관 설립운영에 관하여 필요한 사항 : 행정안전부령
> 4) 소방체험관 설립운영에 관하여 필요한 사항 : 시도의 조례
> 5) 소방청장은 법 제5조제2항의 규정에 의하여 소방박물관을 설립 · 운영하는 경우에는 소방박물관에 소방박물관장 1인과 부관장 1인을 두되, 소방박물관장은 소방공무원 중에서 소방청장이 임명한다.
> 6) 소방박물관에는 그 운영에 관한 중요한 사항을 심의하기 위하여 7인 이내의 위원으로 구성된 운영위원회를 둔다.

346 다음 중 국고보조 대상사업의 범위가 아닌 것은?　　　　　　　　　　[14 통합 · 경채]

① 소방관서용 청사의 건축　　　　② 소화전

③ 소방자동차　　　　　　　　　　④ 소방헬리콥터 및 소방정

347 소방기본법에서 정하는 특수가연물의 저장 및 취급 기준으로 옳은 것은?　　[14 통합 · 경채]

① 면화류 저장 취급 시 지정수량은 150kg 이상이다.

② 특수가연물을 저장 또는 취급하는 장소에는 화기취급의 금지표지만 설치한다.

③ 석탄 · 목탄류를 발전(發電)용으로 저장하는 경우를 제외하고는 쌓는 부분의 바닥면적 사이는 1미터 이상이 되도록 하여야 한다.

④ 쌓는 높이를 무조건 15m 이하로 하여야 한다.

> **해설** 불을 사용하는 설비 등의 관리와 특수가연물의 저장취급기준
>
> 1) 보일러, 난로, 건조설비, 가스 · 전기시설, 그 밖에 화재 발생 우려가 있는 설비 또는 기구 등의 위치 · 구조 및 관리와 화재 예방을 위하여 불을 사용할 때 지켜야 하는 사항은 대통령령으로 정한다.
> 2) 화재가 발생하는 경우 불길이 빠르게 번지는 고무류 · 면화류 · 석탄 및 목탄 등 대통령령으로 정하는 특수가연물(特殊可燃物)의 저장 및 취급 기준은 대통령령으로 정한다.
> 3) 보일러등 기준 [별표 1]
> 4) 특수가연물의 종류

품명		수량
면화류		200킬로그램 이상
나무껍질 및 대팻밥		400킬로그램 이상
넝마 및 종이 부스러기		1,000킬로그램 이상
사류(絲類)		1,000킬로그램 이상
볏짚류		1,000킬로그램 이상
가연성 고체류		3,000킬로그램 이상
석탄 · 목탄류		10,000킬로그램 이상
가연성 액체류		2세제곱미터 이상
목재가공품 및 나무 부스러기		10세제곱미터 이상
합성수지류	발포시킨 것	20세제곱미터 이상
	그 밖의 것	3,000킬로그램 이상

> "가연성 고체류"라 함은 고체로서 다음 각목의 것을 말한다.
> 1. 인화점이 섭씨 40도 이상 100도 미만인 것
> 2. 인화점이 섭씨 100도 이상 200도 미만이고, 연소열량이 1그램당 8킬로칼로리 이상인 것

3. 인화점이 섭씨 200도 이상이고 연소열량이 1그램당 8킬로칼로리 이상인 것으로서 융점이 100도 미만인 것

4. 1기압과 섭씨 20도 초과 40도 이하에서 액상인 것으로서 인화점이 섭씨 70도 이상 섭씨 200도 미만이거나 나목 또는 다목에 해당하는 것

5) 특수가연물의 저장 및 취급기준

1. 특수가연물을 저장 또는 취급하는 장소에는 품명·최대수량 및 화기취급의 금지표지를 설치할 것

2. 다음 각 목의 기준에 따라 쌓아 저장할 것. 다만, 석탄·목탄류를 발전(發電)용으로 저장하는 경우에는 그러하지 아니하다.

가. 품명별로 구분하여 쌓을 것

나. 쌓는 높이는 10미터 이하가 되도록 하고, 쌓는 부분의 바닥면적은 50제곱미터(석탄·목탄류의 경우에는 200제곱미터) 이하가 되도록 할 것. 다만, 살수설비를 설치하거나, 방사능력 범위에 해당 특수가연물이 포함되도록 대형수동식 소화기를 설치하는 경우에는 쌓는 높이를 15미터 이하, 쌓는 부분의 바닥면적을 200제곱미터(석탄·목탄류의 경우에는 300제곱미터) 이하로 할 수 있다.

다. 쌓는 부분의 바닥면적 사이는 1미터 이상이 되도록 할 것

348 다음 소방기본법에서 정하는 벌칙 중 그 성격이 다른 하나는? [14 통합·경채]

① 화재 또는 구조·구급에 필요한 사항을 거짓으로 알린 사람

② 출동한 소방대원에게 폭행 또는 협박을 행사하여 화재진압·인명구조 또는 구급활동을 방해하는 행위

③ 사람을 구출하는 일 또는 불을 끄거나 불이 번지지 아니하도록 하는 일을 방해한 사람

④ 소방대가 화재진압·인명구조 또는 구급활동을 위하여 현장에 출동하거나 현장에 출입하는 것을 고의로 방해하는 행위

해설 ① : 200만 원 이하 과태료

━ 벌칙

1) 5년 이하의 징역 또는 5000만 원 이하의 벌금

1. 소방활동 방해

가. 위력(威力)을 사용하여 출동한 소방대의 화재진압·인명구조 또는 구급활동을 방해하는 행위

나. 소방대가 화재진압·인명구조 또는 구급활동을 위하여 현장에 출동하거나 현장에 출입하는 것을 고의로 방해하는 행위

다. 출동한 소방대원에게 폭행 또는 협박을 행사하여 화재진압·인명구조 또는 구급활동을 방해하는 행위

라. 출동한 소방대의 소방장비를 파손하거나 그 효용을 해하여 화재진압·인명구조 또는 구급활동을 방해하는 행위

2. 소방자동차의 출동을 방해한 사람

3. 사람을 구출하는 일 또는 불을 끄거나 불이 번지지 아니하도록 하는 일을 방해한 사람

4. 정당한 사유 없이 소방용수시설 또는 비상소화장치를 사용하거나 소방용수시설 또는 비상소화장치의 효용을 해치거나 그 정당한 사용을 방해한 사람

2) 3년 이하의 징역 또는 3000만 원 이하의 벌금 : 강제처분방해

3) 300만 원 이하의 벌금 : 외의 대상물 강제처분방해, 주차된 차량 강제처분방해, 비밀누설자

4) 200만 원 이하의 벌금

1. 예방조치명령 거부방해

2. 화재조사 거부방해

5) 100만 원 이하의 벌금

1. 화재경계지구 안의 소방대상물에 대한 소방특별조사를 거부·방해 또는 기피한 자

2. 정당한 사유 없이 소방대의 생활안전활동을 방해한 자

3. 정당한 사유 없이 소방대가 현장에 도착할 때까지 사람을 구출하는 조치 또는 불을 끄거나 불이 번지지 아니하도록 하는 조치를 하지 아니한 사람(관계인)

4. 피난명령을 위반한 사람

5. 긴급조치 : 정당한 사유 없이 물의 사용이나 수도의 개폐장치의 사용 또는 조작을 하지 못하게 하거나 방해한 자

6. 긴급조치 : 가스차단등의 조치를 정당한 사유 없이 방해한 자

6) 200만 원 이하의 과태료

1. 제13조제4항에 따른 소방용수시설, 소화기구 및 설비 등의 설치명령을 위반한 자

2. 제15조제1항에 따른 불을 사용할 때 지켜야 하는 사항 및 같은 조 제2항에 따른 특수가연물의 저장 및 취급 기준을 위반한 자[최대100]

3. 제19조제1항을 위반하여 화재 또는 구조·구급이 필요한 상황을 거짓으로 알린 사람

3의2. 제21조제3항을 위반하여 소방자동차의 출동에 지장을 준 자

4. 제23조제1항을 위반하여 소방활동구역을 출입한 사람[100만 원]

5. 제30조제1항에 따른 명령을 위반하여 보고 또는 자료 제출을 하지 아니하거나 거짓으로 보고 또는 자료 제출을 한 자

6. 제44조의3을 위반하여 한국소방안전원 또는 이와 유사한 명칭을 사용한 자

7) 100만 원 이하의 과태료 : 전용구역에 차를 주차하거나 전용구역에의 진입을 가로막는 등의 방해행위를 한 자에게는 100만 원 이하의 과태료를 부과한다.

8) 20만 원 이하의 과태료 : 제19조제2항에 따른 신고를 하지 아니하여 소방자동차를 출동하게 한 자에게는 20만 원 이하의 과태료를 부과한다.

349 다음 중 한국소방안전원의 업무에 해당하는 것은? [14 통합·경채]

① 소방기술 및 소방산업의 국제 협력을 위한 조사·연구

② 화재 예방과 안전관리의식 고취를 위한 대국민 홍보

③ 소방기술 및 소방산업의 국외시장 개척

④ 소방기술 및 소방산업에 관한 국제전시회, 국제학술회의 개최 등 국제교류

해설 2제41조(안전원의 업무)
   1. 소방기술과 안전관리에 관한 교육 및 조사·연구
   2. 소방기술과 안전관리에 관한 각종 간행물 발간
   3. 화재 예방과 안전관리의식 고취를 위한 대국민 홍보
   4. 소방업무에 관하여 행정기관이 위탁하는 업무
   5. 소방안전에 관한 국제협력
   6. 그 밖에 회원에 대한 기술지원 등 정관으로 정하는 사항

350 화재로 오인할 만한 우려가 있는 불을 피우거나 연막(煙幕) 소독을 하려는 자가 시·도의 조례로 정하는 바에 따라 관할 소방본부장 또는 소방서장에게 신고하여야 할 내용이 아닌 것은?   [14 통합·경채]

① 석유화학제품을 생산하는 공장이 있는 지역
② 소방시설, 소방용수시설 또는 소방출동로가 없는 지역
③ 위험물의 저장 및 처리시설이 밀집한 지역
④ 목조건물이 밀집한 지역

해설 화재등의 통지
   1) 다음 각 호의 어느 하나에 해당하는 지역 또는 장소에서 화재로 오인할 만한 우려가 있는 불을 피우거나 연막(煙幕) 소독을 하려는 자는 시·도의 조례로 정하는 바에 따라 관할 소방본부장 또는 소방서장에게 신고하여야 한다.
      − 신고하지 아니하여 오인신고로 인하여 출동하게 한 자 : 20만 원 이하 과태료
      1. 시장지역
      2. 공장·창고가 밀집한 지역
      3. 목조건물이 밀집한 지역
      4. 위험물의 저장 및 처리시설이 밀집한 지역
      5. 석유화학제품을 생산하는 공장이 있는 지역
      6. 그 밖에 시·도의 조례로 정하는 지역 또는 장소

351 다음 중 그 권한권자가 다른 하나는?   [14 전북·공채]

① 화재경계지구의 지정   ② 소방용수시설의 설치·유지 및 관리
③ 소방용품의 형식승인   ④ 방염처리업의 등록

해설 ①, ②, ④ : 시·도지사
   ③ : 소방청장

352 5년 이하의 징역 또는 5천만 원 이하의 벌금에 해당하지 않는 것은?　　[14 전북 · 공채]

① 위력(威力)을 사용하여 출동한 소방대의 화재진압 · 인명구조 또는 구급활동을 방해하는 행위

② 소방대가 화재진압 · 인명구조 또는 구급활동을 위하여 현장에 출동하거나 현장에 출입하는 것을 고의로 방해하는 행위

③ 출동한 소방대원에게 폭행 또는 협박을 행사하여 화재진압 · 인명구조 또는 구급활동을 방해하는 행위

④ 수도의 개폐장치의 사용 또는 조작을 하지 못하게 하거나 방해한 자

해설 ④ : 100만 원 이하의 벌금

벌칙
1) 5년 이하의 징역 또는 5,000만 원 이하의 벌금
   1. 소방활동 방해
      가. 위력(威力)을 사용하여 출동한 소방대의 화재진압 · 인명구조 또는 구급활동을 방해하는 행위
      나. 소방대가 화재진압 · 인명구조 또는 구급활동을 위하여 현장에 출동하거나 현장에 출입하는 것을 고의로 방해하는 행위
      다. 출동한 소방대원에게 폭행 또는 협박을 행사하여 화재진압 · 인명구조 또는 구급활동을 방해하는 행위
      라. 출동한 소방대의 소방장비를 파손하거나 그 효용을 해하여 화재진압 · 인명구조 또는 구급활동을 방해하는 행위
   2. 소방자동차의 출동을 방해한 사람
   3. 사람을 구출하는 일 또는 불을 끄거나 불이 번지지 아니하도록 하는 일을 방해한 사람
   4. 정당한 사유 없이 소방용수시설 또는 비상소화장치를 사용하거나 소방용수시설 또는 비상소화장치의 효용을 해치거나 그 정당한 사용을 방해한 사람
2) 3년 이하의 징역 또는 3,000만 원 이하의 벌금 : 강제처분방해
3) 300만 원 이하의 벌금 : 외의 대상물 강제처분방해, 주차된 차량 강제처분방해, 비밀누설자
4) 200만 원 이하의 벌금
   1. 예방조치명령 거부방해
   2. 화재조사 거부방해
5) 100만 원 이하의 벌금
   1. 화재경계지구 안의 소방대상물에 대한 소방특별조사를 거부 · 방해 또는 기피한 자
   2. 정당한 사유 없이 소방대의 생활안전활동을 방해한 자
   3. 정당한 사유 없이 소방대가 현장에 도착할 때까지 사람을 구출하는 조치 또는 불을 끄거나 불이 번지지 아니하도록 하는 조치를 하지 아니한 사람(관계인)
   4. 피난 명령을 위반한 사람
   5. 긴급조치 : 정당한 사유 없이 물의 사용이나 수도의 개폐장치의 사용 또는 조작을 하지 못하게 하거나 방해한 자
   6. 긴급조치 : 가스차단등의 조치를 정당한 사유 없이 방해한 자

6) 200만 원 이하의 과태료

    1. 제13조제4항에 따른 소방용수시설, 소화기구 및 설비 등의 설치 명령을 위반한 자

    2. 제15조제1항에 따른 불을 사용할 때 지켜야 하는 사항 및 같은 조 제2항에 따른 특수가연
       물의 저장 및 취급 기준을 위반한 자[최대 100]

    3. 제19조제1항을 위반하여 화재 또는 구조 · 구급이 필요한 상황을 거짓으로 알린 사람

    3의2. 제21조제3항을 위반하여 소방자동차의 출동에 지장을 준 자

    4. 제23조제1항을 위반하여 소방활동구역을 출입한 사람[100만 원]

    5. 제30조제1항에 따른 명령을 위반하여 보고 또는 자료 제출을 하지 아니하거나 거짓으로
       보고 또는 자료 제출을 한 자

    6. 제44조의3을 위반하여 한국소방안전원 또는 이와 유사한 명칭을 사용한 자

7) 100만 원 이하의 과태료 : 전용구역에 차를 주차하거나 전용구역에의 진입을 가로막는 등의
   방해행위를 한 자에게는 100만 원 이하의 과태료를 부과한다.

8) 20만 원 이하의 과태료 : 제19조제2항에 따른 신고를 하지 아니하여 소방자동차를 출동하게
   한 자에게는 20만 원 이하의 과태료를 부과한다.

---

353 소방용수시설의 설치 및 관리 등에 대한 설명으로 옳지 않은 것은?   [14 전북 · 공채]

① 시 · 도지사는 소방활동에 필요한 소화전(消火栓) · 급수탑(給水塔) · 저수조(貯水槽)를
   설치하고 유지 · 관리하여야 한다.

② 소화전을 설치하는 일반수도사업자는 관할 소방서장과 사전협의를 거친 후 소화전을 설
   치하여야 한다.

③ 소화전을 설치하는 일반수도사업자는 설치 사실을 관할 소방서장에게 통지하고, 그 소화
   전을 유지 · 관리하여야 한다.

④ 소방용수시설 설치의 기준은 시 · 도의 조례로 정한다.

해설 소방용수시설 설치기준은 행정안전부령으로 정한다.

▬ 제10조(소방용수시설의 설치 및 관리 등)

    ① 시 · 도지사는 소방활동에 필요한 소화전(消火栓) · 급수탑(給水塔) · 저수조(貯水槽)(이하
    "소방용수시설"이라 한다)를 설치하고 유지 · 관리하여야 한다. 다만, 「수도법」 제45조에
    따라 소화전을 설치하는 일반수도사업자는 관할 소방서장과 사전협의를 거친 후 소화전을
    설치하여야 하며, 설치 사실을 관할 소방서장에게 통지하고, 그 소화전을 유지 · 관리하여야
    한다. 〈개정 2007. 4. 11., 2011. 3. 8.〉

    ② 시 · 도지사는 제21조제1항에 따른 소방자동차의 진입이 곤란한 지역 등 화재발생 시에 초기
    대응이 필요한 지역으로서 대통령령으로 정하는 지역에 소방호스 또는 호스 릴 등을 소방용
    수시설에 연결하여 화재를 진압하는 시설이나 장치(이하 "비상소화장치"라 한다)를 설치하
    고 유지 · 관리할 수 있다. 〈개정 2017. 12. 26.〉

    ③ 제1항에 따른 소방용수시설과 제2항에 따른 비상소화장치의 설치기준은 행정안전부령으로
    정한다. 〈신설 2017.12. 26.〉

354 다음 중 소방본부장의 권한으로 볼 수 없는 것은? [14 전북 · 공채]

① 소방대상물의 강제처분 및 피난명령

② 위험시설 등에 대한 긴급조치

③ 소방특별조사 결과에 따른 조치명령에 의한 손실보상

④ 소방활동구역 설정 및 소방활동 종사명령

해설 제23조(소방활동구역의 설정)

① 소방대장은 화재, 재난 · 재해, 그 밖의 위급한 상황이 발생한 현장에 소방활동구역을 정하여 소방활동에 필요한 사람으로서 대통령령으로 정하는 사람 외에는 그 구역에 출입하는 것을 제한할 수 있다.

— 제24조(소방활동 종사명령)

① 소방본부장, 소방서장 또는 소방대장은 화재, 재난 · 재해, 그 밖의 위급한 상황이 발생한 현장에서 소방활동을 위하여 필요할 때에는 그 관할구역에 사는 사람 또는 그 현장에 있는 사람으로 하여금 사람을 구출하는 일 또는 불을 끄거나 불이 번지지 아니하도록 하는 일을 하게 할 수 있다. 이 경우 소방본부장, 소방서장 또는 소방대장은 소방활동에 필요한 보호장구를 지급하는 등 안전을 위한 조치를 하여야 한다.

— 제25조(강제처분 등)

① 소방본부장, 소방서장 또는 소방대장은 사람을 구출하거나 불이 번지는 것을 막기 위하여 필요할 때에는 화재가 발생하거나 불이 번질 우려가 있는 소방대상물 및 토지를 일시적으로 사용하거나 그 사용의 제한 또는 소방활동에 필요한 처분을 할 수 있다.

— 제26조(피난명령)

① 소방본부장, 소방서장 또는 소방대장은 화재, 재난 · 재해, 그 밖의 위급한 상황이 발생하여 사람의 생명을 위험하게 할 것으로 인정할 때에는 일정한 구역을 지정하여 그 구역에 있는 사람에게 그 구역 밖으로 피난할 것을 명할 수 있다.

— 제27조(위험시설 등에 대한 긴급조치)

① 소방본부장, 소방서장 또는 소방대장은 화재진압 등 소방활동을 위하여 필요할 때에는 소방용수 외에 댐 · 저수지 또는 수영장 등의 물을 사용하거나 수도(水道)의 개폐장치 등을 조작할 수 있다.

— 제49조의2(손실보상)

① 소방청장 또는 시 · 도지사는 다음 각 호의 어느 하나에 해당하는 자에게 제3항의 손실보상 심의위원회의 심사 · 의결에 따라 정당한 보상을 하여야 한다.

1. 제16조의3 제1항[생활안전활동]에 따른 조치로 인하여 손실을 입은 자

2. 제24조제1항 전단[소방활동종사명령]에 따른 소방활동 종사로 인하여 사망하거나 부상을 입은 자

3. 제25조제2항 또는 제3항[강제처분]에 따른 처분으로 인하여 손실을 입은 자. 다만, 같은 조 제3항에 해당하는 경우로서 법령을 위반하여 소방자동차의 통행과 소방활동에 방해가 된 경우는 제외한다.

4. 제27조제1항 또는 제2항[긴급조치명령]에 따른 조치로 인하여 손실을 입은 자

5. 그 밖에 소방기관 또는 소방대의 적법한 소방업무 또는 소방활동으로 인하여 손실을 입은 자

② 제1항에 따라 손실보상을 청구할 수 있는 권리는 손실이 있음을 안 날부터 3년, 손실이 발생한 날부터 5년간 행사하지 아니하면 시효의 완성으로 소멸한다.

③ 제1항에 따른 손실보상청구 사건을 심사·의결하기 위하여 손실보상심의위원회를 둔다.

④ 제1항에 따른 손실보상의 기준, 보상금액, 지급절차 및 방법, 제3항에 따른 손실보상심의위원회의 구성 및 운영, 그 밖에 필요한 사항은 대통령령으로 정한다.

[본조신설 2017. 12. 26.]

355 다음 중 국고보조 대상 소방활동장비와 설비에 해당하는 것은?　　　　[14 전북·공채]

① 소방자동차, 소방정, 소방전용통신설비, 소방관서용 청사의 건축

② 소방대원의 인건비, 전산설비, 소방자동차

③ 소화전설비, 소방용수설비, 소방전용통신설비 및 전산설비

④ 비상방송설비, 소방용수설비, 소방헬리콥터 및 소방정

356 다음 중 화재경계지구에 대한 설명으로 옳은 것은?　　　　[14 전북·공채]

① 목조건물이 있는 지역

② 석유화학제품을 생산하는 공장이 있는 지역

③ 위험물의 저장 및 처리시설이 있는 지역

④ 공장·창고가 있는 지역

해설 제13조(화재경계지구의 지정 등)

① 시·도지사는 다음 각 호의 어느 하나에 해당하는 지역 중 화재가 발생할 우려가 높거나 화재가 발생하는 경우 그로 인하여 피해가 클 것으로 예상되는 지역을 화재경계지구(火災警戒地區)로 지정할 수 있다. 〈개정 2016. 1. 27., 2017. 7. 26.〉

1. 시장지역
2. 공장·창고가 밀집한 지역
3. 목조건물이 밀집한 지역
4. 위험물의 저장 및 처리 시설이 밀집한 지역
5. 석유화학제품을 생산하는 공장이 있는 지역
6. 「산업입지 및 개발에 관한 법률」 제2조제8호에 따른 산업단지
7. 소방시설·소방용수시설 또는 소방출동로가 없는 지역
8. 그 밖에 제1호부터 제7호까지에 준하는 지역으로서 소방청장·소방본부장 또는 소방서장이 화재경계지구로 지정할 필요가 있다고 인정하는 지역

② 제1항에도 불구하고 시·도지사가 화재경계지구로 지정할 필요가 있는 지역을 화재경계지구로 지정하지 아니하는 경우 소방청장은 해당 시·도지사에게 해당 지역의 화재경계지구 지정을 요청할 수 있다. 〈신설 2016. 1. 27.,2017. 7. 26.〉

357 다음 중 특수가연물의 저장 및 취급기준으로 옳지 않은 것은? [14 전북 · 공채]

① 쌓는 높이는 10미터 이하가 되도록 하여야 한다.

② 석탄 · 목탄류를 발전(發電)용으로 저장하는 경우에는 품명별로 구분하여 쌓지 않아도 된다.

③ 석탄 · 목탄류의 경우에는 쌓는 부분의 바닥면적은 100제곱미터 이하가 되도록 한다.

④ 품명별로 구분하여 쌓아야 하며, 쌓는 부분의 바닥면적 사이는 1미터 이상이 되도록 하여야 한다.

> **해설** 석탄 · 목탄류의 경우에는 쌓는 부분의 바닥면적은 200제곱미터 이하가 되도록 한다.

358 소방청장, 소방본부장 또는 소방서장은 화재를 예방하고 화재 발생 시 인명과 재산피해를 최소화하기 위하여 행정안전부령으로 정하는 바에 따라 소방안전에 관한 교육과 훈련을 실시하는 대상이 아닌 사람은? [14 전북 · 공채]

① 대규모 아파트의 입주민

② 의용소방대원

③ 「유아교육법」에 따른 유치원의 유아

④ 「초 · 중등교육법」에 따른 학교의 학생

> **해설** 소방교육 및 훈련
>
> 1) 소방청장, 소방본부장 또는 소방서장은 소방업무를 전문적이고 효과적으로 수행하기 위하여 소방대원에게 필요한 교육 · 훈련을 실시하여야 한다.
> 2) 다음 각 호 대상으로 소방안전교육 및 훈련을 실시할 수 있다.
>   1. 「영유아보육법」 제2조에 따른 어린이집의 영유아
>   2. 「유아교육법」 제2조에 따른 유치원의 유아
>   3. 「초 · 중등교육법」 제2조에 따른 학교의 학생
> 3) 소방대원에 대한 교육 및 훈련(2년마다 1회, 2주 이상)
>
> | 종류 | 교육 · 훈련을 받아야 할 대상자 |
> | --- | --- |
> | 가. 화재진압훈련 | 1) 화재진압업무를 담당하는 소방공무원
2) 「의무소방대설치법 시행령」 제20조제1항제1호에 따른 임무를 수행하는 의무소방원
3) 「의용소방대 설치 및 운영에 관한 법률」 제3조에 따라 임명된 의용소방대원 |
> | 나. 인명구조훈련 | 1) 구조업무를 담당하는 소방공무원
2) 「의무소방대설치법 시행령」 제20조제1항제1호에 따른 임무를 수행하는 의무소방원
3) 「의용소방대 설치 및 운영에 관한 법률」 제3조에 따라 임명된 의용소방대원 |

종류	교육 · 훈련을 받아야 할 대상자
다. 응급처치훈련	1) 구급업무를 담당하는 소방공무원 2) 「의무소방대설치법」 제3조에 따라 임용된 의무소방원 3) 「의용소방대 설치 및 운영에 관한 법률」 제3조에 따라 임명된 의용소방대원
라. 인명대피훈련	1) 소방공무원 2) 「의무소방대설치법」 제3조에 따라 임용된 의무소방원 3) 「의용소방대 설치 및 운영에 관한 법률」 제3조에 따라 임명된 의용소방대원
마. 현장지휘훈련	소방공무원 중 다음의 계급에 있는 사람 1) 지방소방정 2) 지방소방령 3) 지방소방경 4) 지방소방위

359 다음 중 소방안전교육사를 배치하여야 하는 기관이 아닌 것은?   [14 전북 · 공채]

① 소방청
② 의용소방대
③ 소방본부
④ 한국소방안전원

360 소방기본법에서 규정하고 있는 특수가연물 중 가연성 액체류에 대한 설명이 옳지 못한 것은?
[14 전북 · 공채]

① 1기압과 섭씨 20도 이하에서 액상인 것으로서 가연성 액체량이 40중량퍼센트 이하이면서 인화점이 섭씨 40도 이상 섭씨 100도 미만인 물품
② 1기압과 섭씨 20도에서 액상인 것으로서 가연성 액체량이 40중량퍼센트 이하이고 인화점이 섭씨 70도 이상 섭씨 250도 미만인 물품
③ 동물의 기름기와 살코기 또는 식물의 씨나 과일의 살로부터 추출한 것으로서 1기압과 섭씨 20도에서 액상이고 인화점이 250도 이상인 것
④ 동물의 기름기와 살코기 또는 식물의 씨나 과일의 살로부터 추출한 것으로서 1기압과 섭씨 20도에서 액상이고 인화점이 250도 미만인 것으로서 「위험물안전관리법」의 규정에 의한 용기기준과 수납 · 저장기준에 적합하고 용기 외부에 물품명 · 수량 및 "화기엄금" 등의 표시를 한 것

해설 "가연성 액체류"라 함은 다음 각목의 것을 말한다.
    가. 1기압과 섭씨 20도 이하에서 액상인 것으로서 가연성 액체량이 40중량퍼센트 이하이면서 인화점이 섭씨 40도 이상 섭씨 70도 미만이고 연소점이 섭씨 60도 이상인 물품
    나. 1기압과 섭씨 20도에서 액상인 것으로서 가연성 액체량이 40중량퍼센트 이하이고 인화점이 섭씨 70도 이상 섭씨 250도 미만인 물품

다. 동물의 기름기와 살코기 또는 식물의 씨나 과일의 살로부터 추출한 것으로서 다음의 1에 해당하는 것
　　(1) 1기압과 섭씨 20도에서 액상이고 인화점이 250도 미만인 것으로서 「위험물안전관리법」 제20조제1항의 규정에 의한 용기기준과 수납ㆍ저장기준에 적합하고 용기 외부에 물품명ㆍ수량 및 "화기엄금" 등의 표시를 한 것
　　(2) 1기압과 섭씨 20도에서 액상이고 인화점이 섭씨 250도 이상인 것

361 다음 중 한국소방안전원의 업무가 아닌 것은?　　　　　　　　　　　[14 전북ㆍ공채]

① 소방기술 및 소방산업의 국제협력을 위한 조사ㆍ연구
② 소방기술과 안전관리에 관한 각종 간행물 발간
③ 화재예방과 안전관리의식 고취를 위한 대국민 홍보
④ 소방업무에 관하여 행정기관이 위탁하는 업무

> **해설** 제41조(안전원의 업무)
> 1. 소방기술과 안전관리에 관한 교육 및 조사ㆍ연구
> 2. 소방기술과 안전관리에 관한 각종 간행물 발간
> 3. 화재 예방과 안전관리의식 고취를 위한 대국민 홍보
> 4. 소방업무에 관하여 행정기관이 위탁하는 업무
> 5. 소방안전에 관한 국제협력
> 6. 그 밖에 회원에 대한 기술지원 등 정관으로 정하는 사항

362 "소방대장"(消防隊長)이란 소방본부장 또는 소방서장 등 화재, 재난ㆍ재해, 그 밖의 위급한 상황이 발생한 현장에서 소방대를 지휘하는 사람을 말하는데, 이러한 소방대장의 업무로 볼 수 없는 것은?　　　　　　　　　　　[15 전북ㆍ공채]

① 소방자동차의 우선 통행에 관하여는 소방대장이 정하는 바에 따른다.
② 화재, 재난ㆍ재해, 그 밖의 위급한 상황이 발생한 현장에 소방활동구역을 정하여 대통령령으로 정하는 사람 외에는 그 구역에 출입하는 것을 제한할 수 있다.
③ 사람을 구출하거나 불이 번지는 것을 막기 위하여 필요할 때에는 화재가 발생하거나 불이 번질 우려가 있는 소방대상물 및 토지를 일시적으로 사용하거나 그 사용의 제한 또는 소방활동에 필요한 처분을 할 수 있다.
④ 화재 발생을 막거나 폭발 등으로 화재가 확대되는 것을 막기 위하여 가스ㆍ전기 또는 유류 등의 시설에 대하여 위험물질의 공급을 차단하는 등 필요한 조치를 할 수 있다.

> **해설** 소방자동차의 우선 통행에 관하여는 도로교통법이 정하는 바에 따른다.

363 다음 벌칙 중 그 성격이 다른 것은? [15 전북·공채]

① 정당한 사유 없이 소방대가 현장에 도착할 때까지 사람을 구출하는 조치 또는 불을 끄거나 불이 번지지 아니하도록 하는 조치를 하지 아니한 사람

② 소방대가 화재진압·인명구조 또는 구급활동을 위하여 현장에 출동하거나 현장에 출입하는 것을 고의로 방해하는 행위

③ 출동한 소방대의 소방장비를 파손하거나 그 효용을 해하여 화재진압·인명구조 또는 구급활동을 방해하는 행위

④ 정당한 사유 없이 소방용수시설을 사용하거나 소방용수시설의 효용을 해치거나 그 정당한 사용을 방해한 사람

> **해설** ① : 100만 원 이하의 벌금
> ②,③,④ : 5년 이하의 징역 또는 5,000만 원 이하의 벌금

364 다음 중 화재경계지구의 지정대상지역에 해당하는 것은? [15 전북·공채]

① 시장지역
② 아파트지역
③ 고층건물이 밀집한 지역
④ 내화구조로 된 건축물이 있는 지역

365 다음 설명 중 옳지 않은 것은? [15 전북·공채]

① 화재현장 또는 구조·구급이 필요한 사고현장을 발견한 사람은 그 현장의 상황을 소방본부, 소방서 또는 관계 행정기관에 지체 없이 알려야 한다.

② 소방자동차의 우선 통행에 관하여는 「도로교통법」에서 정하는 바에 따른다.

③ 소방자동차가 화재진압 및 구조·구급활동을 위하여 출동하거나 훈련을 위하여 필요할 때에는 사이렌을 사용할 수 있다.

④ 소방자동차가 소방용수 보충을 위하여 출동을 할 때에는 이를 방해하여서는 아니 된다.

366 다음 중 소방본부장 및 소방서장의 권한 및 업무에 해당하는 것은? [15 전북·공채]

① 이상기상(異常氣象)의 예보 또는 특보가 있을 때에는 화재에 관한 경보를 발령하고 그에 따른 조치를 할 수 있다.

② 화재경계지구를 지정할 수 있다.

③ 소방박물관을 설립하여 운영할 수 있다.

④ 한국소방안전원의 업무를 감독할 수 있다.

② 시 · 도지사
③ 소방청장
④ 소방청장

367 다음 중 화재조사에 대한 설명으로 옳지 않은 것은?　　　　　　　　　　　　[15 전북 · 공채]

① 화재조사를 하기 위하여 필요하면 관계인에게 보고 또는 자료 제출을 명할 수 있다.

② 관계 공무원으로 하여금 관계 장소에 출입하여 화재의 원인과 피해의 상황을 조사하거나 관계인에게 질문하게 할 수 있다.

③ 화재조사를 위하여 필요한 경우에는 수사기관에 압수된 증거물에 대한 조사를 할 수 있다.

④ 방화(放火) 또는 실화(失火)의 혐의가 있으면 증거물을 압수할 수 있다.

368 소방본부장이나 소방서장이 화재의 예방상 위험하다고 인정되는 행위를 하는 사람이나 소화(消火) 활동에 지장이 있다고 인정되는 물건의 소유자 · 관리자 또는 점유자에게 할 수 있는 명령에 해당하지 않는 것은?　　　　　　　　　　　　[15 전북 · 공채]

① 화재예방상 위험하다고 인정되는 행위의 금지 또는 제한

② 타고 남은 불 또는 화기가 있을 우려가 있는 재의 처리

③ 함부로 버려두거나 그냥 둔 위험물을 옮기거나 치우게 하는 등의 조치

④ 자연재해에 따른 급수 · 배수 및 제설 등 지원활동

소방본부장이나 소방서장은 다음 각 호의 명령을 할 수 있다.
　　1. 불장난, 모닥불, 흡연, 화기(火氣) 취급, 풍등 등 소형 열기구 날리기, 그 밖에 화재예방상 위험하다고 인정되는 행위의 금지 또는 제한
　　2. 타고 남은 불 또는 화기가 있을 우려가 있는 재의 처리
　　3. 함부로 버려두거나 그냥 둔 위험물, 그 밖에 불에 탈 수 있는 물건을 옮기거나 치우게 하는 등의 조치

369 다음 중 국고보조 대상사업의 범위에 해당하는 소방활동장비와 설비가 아닌 것은?

　　　　　　　　　　　　[15 전북 · 공채]

① 소방전용통신설비 및 전산설비

② 소방활동을 위한 인건비

③ 방화복 등 소방활동에 필요한 소방장비

④ 소방관서용 청사의 건축

정답　367 ④　　368 ④　　369 ②

370 기본법에 규정된 소방 용어의 정의로 옳지 않은 것은? [15 통합·공채]

① 특정소방대상물이란 건축물, 차량, 선박(운항 중인 선박 포함), 선박건조구조물, 산림, 그 밖의 인공구조물 또는 물건을 말한다.

② 관계인이란 소방대상물의 소유자, 관리자, 점유자를 말한다.

③ 소방본부장은 특별시·광역시·도 또는 특별자치도에서 화재의 예방·경계·진압·조사 및 구조·구급 등의 업무를 담당하는 부서의 장이다.

④ 소방대장은 소방본부장 또는 소방서장 등 화재, 재난·재해 그 밖의 위급한 상황이 발생한 현장에서 소방대를 지휘하는 자를 말한다.

371 다음 중 화재의 예방조치 등에 대한 설명으로 옳지 않은 것은? [15 통합·공채]

① 소방본부장이나 소방서장은 위험물 또는 물건을 보관하는 경우에는 그 날부터 14일 동안 소방본부 또는 소방서의 게시판에 그 사실을 공고하여야 한다.

② 소방본부장 또는 소방서장은 보관기간이 종료되는 때에는 보관하고 있는 위험물 또는 물건을 매각하여야 한다.

③ 소방본부장 또는 소방서장은 보관하던 위험물 또는 물건을 매각한 경우에는 그날부터 7일 이내에 「국가재정법」에 의하여 세입 조치를 하여야 한다.

④ 소방본부장 또는 소방서장은 매각되거나 폐기된 위험물 또는 물건의 소유자가 보상을 요구하는 경우에는 보상금액에 대하여 소유자와 협의를 거쳐 이를 보상하여야 한다.

해설 제3조(위험물 또는 물건의 보관기간 및 보관기간 경과 후 처리 등)

① 법 제12조제5항의 규정에 의한 위험물 또는 물건의 보관기간은 법 제12조제4항의 규정에 의하여 소방본부 또는 소방서의 게시판에 공고하는 기간의 종료일 다음 날부터 7일로 한다.

② 소방본부장 또는 소방서장은 제1항의 규정에 의한 보관기간이 종료되는 때에는 보관하고 있는 위험물 또는 물건을 매각하여야 한다. 다만, 보관하고 있는 위험물 또는 물건이 부패·파손 또는 이와 유사한 사유로 소정의 용도에 계속 사용할 수 없는 경우에는 폐기할 수 있다.

③ 소방본부장 또는 소방서장은 보관하던 위험물 또는 물건을 제2항의 규정에 의하여 매각한 경우에는 지체 없이 「국가재정법」에 의하여 세입조치를 하여야 한다. 〈개정 2005. 10. 20., 2006. 12. 29.〉

④ 소방본부장 또는 소방서장은 제2항의 규정에 의하여 매각되거나 폐기된 위험물 또는 물건의 소유자가 보상을 요구하는 경우에는 보상금액에 대하여 소유자와 협의를 거쳐 이를 보상하여야 한다.

372 다음 중 특수가연물의 저장 및 취급의 기준으로 옳지 않은 것은? [15 통합 · 공채]

① 특수가연물을 저장 또는 취급하는 장소에는 품명 · 최대수량 및 화기취급의 금지표지를 설치할 것

② 특수가연물을 쌓아 저장할 경우 품명별로 구분하여 쌓을 것

③ 쌓는 높이는 10미터 이하가 되도록 하고, 쌓는 부분의 바닥면적은 50제곱미터(석탄 · 목탄류의 경우에는 200제곱미터) 이하가 되도록 할 것

④ 쌓는 부분의 바닥면적 사이는 1미터 이하가 되도록 할 것

> **해설** 쌓는 부분의 바닥면적 사이는 1미터 이상이 되도록 할 것

---

373 다음 중 소방지원활동에 해당하지 않는 것은? [15 통합 · 공채]

① 집회 · 공연 등 각종 행사 시 사고에 대비한 근접대기 등 지원활동

② 화재, 재난 · 재해로 인한 피해복구 지원활동

③ 자연재해에 따른 급수 · 배수 및 제설 등 지원활동

④ 화재 · 재난 · 재해 및 그 밖의 위급한 상황에서 구조 · 구급 및 위험제거활동

> **해설** ④는 소방활동에 대한 설명
>
> ━ **소방지원활동의 종류**
>   1) 산불에 대한 예방 · 진압 등 지원활동
>   2) 자연재해에 따른 급수 · 배수 및 제설 등 지원활동
>   3) 집회 · 공연 등 각종 행사 시 사고에 대비한 근접대기 등 지원활동
>   4) 화재, 재난 · 재해로 인한 피해복구 지원활동
>   5) 삭제 〈2015.7.24.〉
>   6) 그 밖에 행정안전부령으로 정하는 활동
>   1. 군 · 경찰 등 유관기관에서 실시하는 훈련지원 활동
>   2. 소방시설 오작동 신고에 따른 조치활동
>   3. 방송제작 또는 촬영 관련 지원활동

---

374 소방신호의 종류 및 방법에 대한 설명으로 옳지 않은 것은? [15 통합 · 공채]

① 경계신호(타종) − 1타 연 2타를 반복

② 발화신호(타종) − 난타

③ 해제신호(타종) − 상당한 간격을 두고 1타씩 반복

④ 소방대의 비상소집을 하는 경우에는 훈련신호를 사용할 수 없다.

---

375 소방기본법에서 규정하고 있는 과태료부과권자가 아닌 것은?　　　　　　　　　[15 경채]

① 소방본부장　　　② 소방서장　　　③ 시 · 도지사　　　④ 소방청장

376 화재로 오인할 만한 우려가 있는 지역에서 불을 피우거나 연막소독을 할 때 신고해야 하는 지역이 아닌 것은?　　　　　　　　　[15 경채]

① 공장 · 창고가 밀집한 지역
② 위험물의 저장 및 처리시설이 밀집한 지역
③ 석유화학제품을 생산하는 공장이 있는 지역
④ 소방시설 · 소방용수시설 또는 소방출동로가 없는 지역

377 소방자동차의 우선통행과 긴급통행에 대하여 옳지 않은 것은?　　　　　　　[15 경채]

① 모든 차와 사람은 소방자동차가 화재진압 및 구조 · 구급활동을 위하여 출동을 할 때에는 이를 방해하여서는 아니 된다.
② 소방자동차의 우선통행은 소방기본법을 따른다.
③ 소방자동차가 화재진압 및 구조 · 구급활동을 위하여 출동하거나 훈련을 위하여 필요할 때에는 사이렌을 사용할 수 있다.
④ 소방대는 화재, 재난 · 재해, 그 밖의 위급한 상황이 발생한 현장에 신속하게 출동하기 위하여 긴급할 때에는 일반적인 통행에 쓰이지 아니하는 도로 · 빈터 또는 물 위로 통행할 수 있다.

378 소방안전교육사 배치기준으로 옳지 않은 것은?　　　　　　　　　[15 경채]

① 소방청 : 2명 이상　　　　　　　② 소방본부 : 2명 이상
③ 소방서 : 2명 이상　　　　　　　④ 한국소방안전원 : 2명 이상

해설 | 소방안전교육사 배치기준

배치대상	배치기준(단위 : 명)	비고
1. 소방청	2 이상	
2. 소방본부	2 이상	
3. 소방서	1 이상	
4. 한국소방안전원	• 본원 : 2 이상　• 시 · 도지부 : 1 이상	
5. 한국소방산업기술원	2 이상	

정답　375 ④　　376 ④　　377 ②　　378 ③

379 소방활동구역에 출입할 수 있는 사람이 아닌 것은?   [15 경채]

① 의사 · 간호사 그 밖의 구조 · 구급업무에 종사하는 사람

② 전기 · 가스 · 수도 · 통신 · 교통의 업무에 종사하는 사람으로서 원활한 소방활동을 위하여 필요한 사람

③ 취재인력 등 보도업무에 종사하는 사람

④ 수사업무와 관련있는 사람

380 다음 중 화재의 예방조치명령으로 옳지 않은 것은?   [15 경채]

① 소방본부장이나 소방서장은 화재의 예방상 위험하다고 인정되는 행위를 하는 사람이나 소화(消火)활동에 지장이 있다고 인정되는 물건의 소유자 · 관리자 또는 점유자에게 불장난, 모닥불, 흡연, 화기(火氣) 취급, 그 밖에 화재예방상 위험하다고 인정되는 행위의 금지 또는 제한의 명령을 할 수 있다.

② 소방본부장이나 소방서장은 그 위험물 또는 물건의 소유자 · 관리자 또는 점유자의 주소와 성명을 알 수 없어서 필요한 명령을할 수 없을 때에는 관계자로 하여금 그 위험물 또는 물건을 옮기거나 치우게 할 수 있다.

③ 위험물 또는 물건을 보관하는 경우에는 그 날부터 14일 동안 소방본부 또는 소방서의 게시판에 그 사실을 공고하여야 한다.

④ 소방본부장이나 소방서장이 보관하는 위험물 또는 물건의 보관기간 및 보관기간 경과 후 처리 등에 대하여는 행정안전부령으로 정한다.

해설 제3항에 따라 소방본부장이나 소방서장이 보관하는 위험물 또는 물건의 보관기간 및 보관기간 경과 후 처리 등에 대하여는 대통령령으로 정한다.

— 제12조(화재의 예방조치 등)

② 소방본부장이나 소방서장은 제1항제3호에 해당하는 경우로서 그 위험물 또는 물건의 소유자 · 관리자 또는 점유자의 주소와 성명을 알 수 없어서 필요한 명령을 할 수 없을 때에는 소속 공무원으로 하여금 그 위험물 또는 물건을 옮기거나 치우게 할 수 있다.

③ 소방본부장이나 소방서장은 제2항에 따라 옮기거나 치운 위험물 또는 물건을 보관하여야 한다.

④ 소방본부장이나 소방서장은 제3항에 따라 위험물 또는 물건을 보관하는 경우에는 그 날부터 14일 동안 소방본부 또는 소방서의 게시판에 그 사실을 공고하여야 한다.

⑤ 제3항에 따라 소방본부장이나 소방서장이 보관하는 위험물 또는 물건의 보관기간 및 보관기간 경과 후 처리 등에 대하여는 대통령령으로 정한다.

정답 **379** ④   **380** ②, ④

381 화재경계지구의 지정대상지역 등에 해당하지 않는 것은? [15 경채]

① 소방출동로가 없는 지역

② 석유화학제품을 생산하는 공장이 있는 지역

③ 위험물의 저장 및 처리시설이 밀집한 지역

④ 대형화재 및 대형재난 발생지역

382 다음 중 시·도지사로부터 비용을 지급받을 수 있는 사람은? [15 경채]

① 소방대상물에 화재, 재난·재해, 그 밖의 위급한 상황이 발생한 경우 그 관계인

② 고의 또는 과실로 화재 또는 구조·구급활동이 필요한 상황을 발생시킨 사람

③ 화재 또는 구조·구급현장에서 물건을 가져간 사람

④ 화재, 재난·재해, 그 밖의 위급한 상황이 발생한 현장에서 사람을 구출하는 일 또는 불을 끄거나 불이 번지지 아니하도록 하는 일을 한 사람

383 다음 중 벌칙 또는 과태료 부과기준이 다른 것은? [15 경채]

① 화재경계지구 안의 소방대상물에 대한 소방특별조사를 거부·방해 또는 기피한 자

② 불을 사용할 때 지켜야 하는 사항 및 특수가연물의 저장 및 취급 기준을 위반한 자

③ 소방활동구역 출입을 위반한 사람

④ 소방용수시설, 소화기구 및 설비 등의 설치명령을 위반한 자

해설 ① 100만 원 이하의 벌금   ② 200만 원 이하 과태료
      ③ 200만 원 이하 과태료   ④ 200만 원 이하 과태료

384 용어의 정의가 옳지 않은 것은? [15 경채]

① "소방대상물"이란 건축물, 차량, 선박(「선박법」 제1조의2 제1항에 따른 선박으로서 항구에 매어둔 선박만 해당한다), 선박건조구조물, 산림, 그 밖의 인공구조물 또는 물건을 말한다.

② "소방대"(消防隊)란 화재를 진압하고 화재, 재난·재해, 그 밖의 위급한 상황에서 구조·구급활동 등을 하기 위하여 소방공무원, 사회복무요원 등으로 구성된 조직체를 말한다.

③ "관계인"이란 소방대상물의 소유자·관리자 또는 점유자를 말한다.

④ "소방본부장"이란 특별시·광역시·특별자치시·도 또는 특별자치도(이하 "시·도"라 한다)에서 화재의 예방·경계·진압·조사 및 구조·구급 등의 업무를 담당하는 부서의 장을 말한다.

385 다음 중 소방용수시설을 설치하고 유지 · 관리해야 하는 사람은? [15 공채]

① 소방청장
② 시 · 도지사
③ 소방본부장
④ 소방서장

386 화재로 오인할 만한 우려가 있는 불을 피우거나 연막(煙幕) 소독을 하려는 자는 시 · 도의 조례로 정하는 바에 따라 관할 소방본부장, 소방서장에게 신고하여야 하는데, 다음 중 그 신고 대상지역이 아닌 것은? [15 공채]

① 시장지역
② 위험물의 저장 및 처리시설이 밀집한 지역
③ 소방시설, 소방용수시설 또는 출동로가 없는 지역
④ 석유화학제품을 생산하는 공장이 있는 지역

387 소방대상물이 있는 장소 및 그 이웃 지역으로서 화재의 예방 · 경계 · 진압, 구조 · 구급 등의 활동에 필요한 지역을 무엇이라 하는가? [15 공채]

① 관계지역
② 위험지역
③ 관할지역
④ 선포지역

388 화재의 원인조사 중 발화원인 조사의 범위에 해당하지 않는 것은? [15 공채]

① 화재가 발생한 과정
② 화재가 발생한 지점
③ 불이 붙기 시작한 물질
④ 화재의 연소경로

해설 화재원인 조사

종류	조사범위
가. 발화원인 조사	화재가 발생한 과정, 화재가 발생한 지점 및 불이 붙기 시작한 물질
나. 발견 · 통보 및 초기 소화상황 조사	화재의 발견 · 통보 및 초기소화 등 일련의 과정
다. 연소상황 조사	화재의 연소경로 및 확대원인 등의 상황
라. 피난상황 조사	피난경로, 피난상의 장애요인 등의 상황
마. 소방시설 등 조사	소방시설의 사용 또는 작동 등의 상황

정답 **385** ② **386** ③ **387** ① **388** ④

389 화재의 원인과 피해 조사를 위하여 소방청, 시·도의 소방본부와 소방서에 화재조사를 전담하는 부서를 설치·운영하는데, 다음 중 화재조사자의 조사 내용이 아닌 것은?   [15 공채]

① 발견·통보 및 초기 소화상황 조사   ② 연소상황 조사

③ 소방시설 등 조사   ④ 재산규모 조사

390 다음 중 과태료에 대한 설명으로 옳은 것은?   [15 공채]

① 과태료는 행정처분에 갈음하여 부과하는 제재적 금전부담이다.

② 화재경계지구 안의 소방대상물에 대한 소방특별조사를 거부·방해 또는 기피한 자

③ 정당한 사유 없이 소방대가 현장에 도착할 때까지 사람을 구출하는 조치 또는 불을 끄거나 불이 번지지 아니하도록 하는 조치를 하지 아니한 사람에게 부과

④ 소방본부장이나 소방서장의 소방용수시설, 소화기구, 그 밖에 소방에 필요한 설비의 설치 명령을 위반한 자

> **해설** ① 과징금이란 영업정지처분에 갈음하여 부과징수는 금액이다.
> ② 화재경계지구안의 소방대상물에 대한 소방특별조사를 거부방해하는 경우 100만 원 이하의 벌금에 처한다.
> ③ 정당한 사유없이 소방대가 현장에 도착할 때까지 사람을 구출하는 조치 또는 불을 끄거나 불이 번지지 아니하도록 하는 조치를 하지 아니한 사람에게는 100만 원 이하의 벌금을 부과한다.
> ④ 소방용수시설, 소화기구, 그 밖에 소방에 필요한 설비의 설치 명령을 위반한 자는 200만 원 이하의 과태료를 부과한다.

391 다음 ( ) 안에 들어가는 알맞은 것은?   [16 공채]

"(   )"이란 건축물, 차량, 항구에 매어둔 선박, 선박건조구조물, 산림, 그 밖의 인공구조물 또는 물건을 말한다.

① 소방시설   ② 소방시설 등   ③ 소방대상물   ④ 특정소방대상물

392 소방신호의 방법 중 사이렌 신호가 잘못된 것은?   [16 공채]

① 경계신호 : 5초 간격을 두고 30초씩 3회

② 발화신호 : 5초 간격을 두고 5초씩 3회

③ 해제신호 : 1분간 1회

④ 훈련신호 : 5초 간격을 두고 1분씩 3회

소방신호

1) 화재예방, 소방활동 또는 소방훈련을 위하여 사용되는 소방신호의 종류와 방법은 행정안전 부령으로 정한다.

2) 소방신호의 종류

   1. 경계신호 : 화재예방상 필요하다고 인정되거나 법 제14조의 규정에 의한 화재위험경보 시 발령

   2. 발화신호 : 화재가 발생한 때 발령

   3. 해제신호 : 소화활동이 필요없다고 인정되는 때 발령

   4. 훈련신호 : 훈련상 필요하다고 인정되는 때 발령

3) 소방신호

종별 \ 신호방법	타종 신호	사이렌 신호
경계신호	1타와 연2타를 반복	5초 간격을 두고 30초씩 3회
발화신호	난타	5초 간격을 두고 5초씩 3회
해제신호	상당한 간격을 두고 1타씩 반복	1분간 1회
훈련신호	연3타 반복	10초 간격을 두고 1분씩 3회

393 지하에 설치하는 소화전 또는 저수조의 경우 맨홀뚜껑은 지름 몇 mm 이상이어야 하는가?

① 600mm   ② 620mm   ③ 648mm   ④ 660mm

소방용수표지(제6조제1항 관련)

1. 지하에 설치하는 소화전 또는 저수조의 경우 소방용수표지는 다음 각목의 기준에 의한다.

   가. 맨홀뚜껑은 지름 648밀리미터 이상의 것으로 할 것. 다만, 승하강식 소화전의 경우에는 이를 적용하지 아니한다.

   나. 맨홀뚜껑에는 "소화전 · 주정차금지" 또는 "저수조 · 주정차금지"의 표시를 할 것

   다. 맨홀뚜껑 부근에는 황색반사도료로 폭 15센티미터의 선을 그 둘레를 따라 칠할 것

2. 급수탑 및 지상에 설치하는 소화전 · 저수조의 경우 소방용수표지는 다음과 같다.

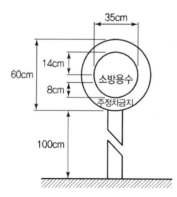

[비고]

1. 안쪽 문자는 백색, 바깥쪽 문자는 황색으로, 내측 바탕은 적색, 외측 바탕은 청색으로 하고 반사도료를 사용하여야 한다.

2. 위의 표지를 세우는 것이 매우 어렵거나 부적당한 경우에는 그 규격 등을 다르게 할 수 있다.

394 다음 중 화재경계지구의 대상지역이 아닌 것은? [16 공채]

① 상가지역
② 공장 · 창고가 밀집한 지역
③ 목조건물이 밀집한 지역
④ 산업단지

> **해설** 화재경계지구의 지정 등
> 1) 시 · 도지사는 다음의 지역 중 화재피해가 클 지역을 화재경계지구(火災警戒地區)로 지정할
>   수 있다.
>   1. 시장지역
>   2. 공장 · 창고가 밀집한 지역
>   3. 목조건물이 밀집한 지역
>   4. 위험물의 저장 및 처리시설이 밀집한 지역
>   5. 석유화학제품을 생산하는 공장이 있는 지역
>   6. 「산업입지 및 개발에 관한 법률」 제2조제8호에 따른 산업단지
>   7. 소방시설 · 소방용수시설 또는 소방출동로가 없는 지역
>   8. 그 밖에 제1호부터 제7호까지에 준하는 지역으로서 소방청장 · 소방본부장 또는 소방서
>   장이 화재경계지구로 지정할 필요가 있다고 인정하는 지역

395 다음 중 화재조사와 관련된 설명으로 옳지 않은 것은? [16 공채]

① 화재조사는 규정에 의한 장비를 활용하여 화재사실을 인지함과 동시에 실시되어야 한다.
② 시 · 도지사는 화재조사에 관한 시험에 합격한 자에게 2년마다 전문보수교육을 실시하여
   야 한다.
③ 화재의 원인과 피해조사를 위하여 소방청, 시 · 도의 소방본부와 소방서에 화재조사를 전
   담하는 부서를 설치 · 운영한다.
④ 수사기관이 방화(放火) 또는 실화(失火)의 혐의가 있어서 이미 피의자를 체포하였거나 증
   거물을 압수하였을 때에 화재조사를 위하여 필요한 경우에는 수사에 지장을 주지 아니하
   는 범위에서 그 피의자 또는 압수된 증거물에 대한 조사를 할 수 있다.

> **해설** 소방청장은 화재조사에 관한 시험에 합격한 자에게 2년마다 전문보수교육을 실시하여야 한다.

396 다음 중 특수가연물의 지정수량이 옳은 것은? [16 경채]

① 볏짚류 – 200킬로그램 이상
② 넝마 – 1,000킬로그램 이상
③ 가연성 고체류 – 1,000킬로그램 이상
④ 석탄 · 목탄류 – 3,000킬로그램 이상

특수가연물의 종류

품명		수량
면화류		200킬로그램 이상
나무껍질 및 대팻밥		400킬로그램 이상
넝마 및 종이 부스러기		1,000킬로그램 이상
사류(絲類)		1,000킬로그램 이상
볏짚류		1,000킬로그램 이상
가연성 고체류		3,000킬로그램 이상
석탄·목탄류		10,000킬로그램 이상
가연성 액체류		2세제곱미터 이상
목재가공품 및 나무 부스러기		10세제곱미터 이상
합성수지류	발포시킨 것	20세제곱미터 이상
	그 밖의 것	3,000킬로그램 이상

397 소방지원활동은 공공의 안녕질서 유지 또는 복리증진을 위하여 필요한 경우 소방활동 이외에 할 수 있는 활동이다. 다음 중 소방지원활동에 속하지 않는 것은? [16 경채]

① 산불에 대한 예방·진압 등 지원활동
② 군·경찰 등 유관기관에서 실시하는 훈련지원활동
③ 집회·공연 등 각종 행사 시 사고에 대비한 근접대기 등 지원활동
④ 화재·재난·재해 및 그 밖의 위급한 상황에서 구조·구급 및 위험제거활동

④는 소방활동에 대한 설명

━ 소방지원활동의 종류
　1) 산불에 대한 예방·진압 등 지원활동
　2) 자연재해에 따른 급수·배수 및 제설 등 지원활동
　3) 집회·공연 등 각종 행사 시 사고에 대비한 근접대기 등 지원활동
　4) 화재, 재난·재해로 인한 피해복구 지원활동
　5) 삭제 〈2015.7.24.〉
　6) 그 밖에 행정안전부령으로 정하는 활동
　　1. 군·경찰 등 유관기관에서 실시하는 훈련지원활동
　　2. 소방시설 오작동 신고에 따른 조치활동
　　3. 방송제작 또는 촬영 관련 지원활동

━ 제16조의3(생활안전활동)
　① 소방청장·소방본부장 또는 소방서장은 신고가 접수된 생활안전 및 위험제거 활동(화재, 재난·재해, 그 밖의 위급한 상황에 해당하는 것은 제외한다)에 대응하기 위하여 소방대를 출

동시켜 다음 각 호의 활동(이하 "생활안전활동"이라 한다)을 하게 하여야 한다.
1. 붕괴, 낙하 등이 우려되는 고드름, 나무, 위험 구조물 등의 제거활동
2. 위해동물, 벌 등의 포획 및 퇴치 활동
3. 끼임, 고립 등에 따른 위험제거 및 구출 활동
4. 단전사고 시 비상전원 또는 조명의 공급
5. 그 밖에 방치하면 급박해질 우려가 있는 위험을 예방하기 위한 활동

398 다음 중 소방용수시설 설치기준으로 옳지 않은 것은?　　　　　　　　[16 경채]

① 주거지역 · 상업지역 및 공업지역에 설치하는 경우 소방대상물과의 수평거리를 100m 이하가 되도록 할 것

② 주거지역 · 상업지역 및 공업지역 외에 설치하는 경우 소방대상물과의 수평거리를 140m 이하가 되도록 할 것

③ 급수배관의 구경은 100mm 이상으로 하고, 개폐밸브는 지상에서 1.5m 이상 1.8m 이하의 위치에 설치하도록 할 것

④ 상수도와 연결하여 지하식 또는 지상식의 구조로 하고, 소방용 호스와 연결하는 소화전의 연결금속구의 구경은 65mm로 할 것

해설 개폐밸브는 지상에서 1.5m 이상 1.7m 이하가 되도록 할 것

399 다음 중 5년 이하의 징역 또는 5천만 원 이하의 벌금에 해당하지 않는 것은?　　　[16 경채]

① 소방자동차의 출동을 방해한 사람

② 사람을 구출하는 일 또는 불을 끄거나 불이 번지지 아니하도록 하는 일을 방해한 사람

③ 사람을 구출하거나 불이 번지는 것을 막기 위하여 필요할 때에는 화재가 발생하거나 불이 번질 우려가 있는 소방대상물 및 토지를 일시적으로 사용하거나 그 사용의 제한 또는 소방활동에 필요한 처분을 방해한 자 또는 정당한 사유 없이 그 처분에 따르지 아니한 자

④ 위력(威力)을 사용하여 출동한 소방대의 화재진압, 인명구조 또는 구급활동을 방해하는 행위

해설 3년 이하의 징역 또는 3,000만 원 이하의 벌금 : 강제처분방해

400 특수가연물 중 가연성 고체류에 속하지 않는 것은? [16 경채]

① 인화점이 섭씨 40도 이상 100도 미만인 것

② 인화점이 섭씨 100도 이상 200도 미만이고, 연소열량이 1그램당 8킬로칼로리 이상인 것

③ 인화점이 섭씨 200도 이상이고 연소열량이 1그램당 8킬로칼로리 이상인 것으로서 융점이 200도 미만인 것

④ 1기압과 섭씨 20도 초과 40도 이하에서 액상인 것으로서 인화점이 섭씨 70도 이상 섭씨 200도 미만인 것

> **해설** "가연성 고체류"라 함은 고체로서 다음 각목의 것을 말한다.
> 가. 인화점이 섭씨 40도 이상 100도 미만인 것
> 나. 인화점이 섭씨 100도 이상 200도 미만이고, 연소열량이 1그램당 8킬로칼로리 이상인 것
> 다. 인화점이 섭씨 200도 이상이고 연소열량이 1그램당 8킬로칼로리 이상인 것으로서 융점이 100도 미만인 것
> 라. 1기압과 섭씨 20도 초과 40도 이하에서 액상인 것으로서 인화점이 섭씨 70도 이상 섭씨 200도 미만이거나 나목 또는 다목에 해당하는 것

401 정당한 사유 없이 소방용수시설을 사용하거나 소방용수시설의 효용을 해치거나 그 정당한 사용을 방해한 사람에 대한 벌칙은? [16 경채]

① 5년 이하의 징역 또는 5천만 원 이하의 벌금

② 3년 이하의 징역 또는 3천만 원 이하의 벌금

③ 300만 원 이하의 벌금

④ 200만 원 이하의 벌금

> **해설** 벌칙
> 1) 5년 이하의 징역 또는 5,000만 원 이하의 벌금
>   1. 소방활동 방해
>   가. 위력(威力)을 사용하여 출동한 소방대의 화재진압·인명구조 또는 구급활동을 방해하는 행위
>   나. 소방대가 화재진압·인명구조 또는 구급활동을 위하여 현장에 출동하거나 현장에 출입하는 것을 고의로 방해하는 행위
>   다. 출동한 소방대원에게 폭행 또는 협박을 행사하여 화재진압·인명구조 또는 구급활동을 방해하는 행위
>   라. 출동한 소방대의 소방장비를 파손하거나 그 효용을 해하여 화재진압·인명구조 또는 구급활동을 방해하는 행위
>   2. 소방자동차의 출동을 방해한 사람
>   3. 사람을 구출하는 일 또는 불을 끄거나 불이 번지지 아니하도록 하는 일을 방해한 사람
>   4. 정당한 사유 없이 소방용수시설 또는 비상소화장치를 사용하거나 소방용수시설 또는 비

상소화장치의 효용을 해치거나 그 정당한 사용을 방해한 사람

2) 3년 이하의 징역 또는 3,000만 원 이하의 벌금 : 강제처분방해

3) 300만 원 이하의 벌금 : 외의 대상물 강제처분방해, 주차된 차량 강제처분방해, 비밀누설자

4) 200만 원 이하의 벌금

　　1. 예방조치명령 거부방해

　　2. 화재조사 거부방해

5) 100만 원 이하의 벌금

　　1. 화재경계지구 안의 소방대상물에 대한 소방특별조사를 거부 · 방해 또는 기피한 자

　　2. 정당한 사유 없이 소방대의 생활안전활동을 방해한 자

　　3. 정당한 사유 없이 소방대가 현장에 도착할 때까지 사람을 구출하는 조치 또는 불을 끄거나 불이 번지지 아니하도록 하는 조치를 하지 아니한 사람(관계인)

　　4. 피난명령을 위반한 사람

　　5. 긴급조치 : 정당한 사유 없이 물의 사용이나 수도의 개폐장치의 사용 또는 조작을 하지 못하게 하거나 방해한 자

　　6. 긴급조치 : 가스차단 등의 조치를 정당한 사유 없이 방해한 자

6) 200만 원 이하의 과태료

　　1. 제13조제4항에 따른 소방용수시설, 소화기구 및 설비 등의 설치명령을 위반한 자

　　2. 제15조제1항에 따른 불을 사용할 때 지켜야 하는 사항 및 같은 조 제2항에 따른 특수가연물의 저장 및 취급 기준을 위반한 자[최대 100]

　　3. 제19조제1항을 위반하여 화재 또는 구조 · 구급이 필요한 상황을 거짓으로 알린 사람

　　3의2. 제21조제3항을 위반하여 소방자동차의 출동에 지장을 준 자

　　4. 제23조제1항을 위반하여 소방활동구역을 출입한 사람[100만 원]

　　5. 제30조제1항에 따른 명령을 위반하여 보고 또는 자료 제출을 하지 아니하거나 거짓으로 보고 또는 자료 제출을 한 자

　　6. 제44조의3을 위반하여 한국소방안전원 또는 이와 유사한 명칭을 사용한 자

7) 100만 원 이하의 과태료 : 전용구역에 차를 주차하거나 전용구역에의 진입을 가로막는 등의 방해행위를 한 자에게는 100만 원 이하의 과태료를 부과한다.

8) 20만 원 이하의 과태료 : 제19조제2항에 따른 신고를 하지 아니하여 소방자동차를 출동하게 한 자에게는 20만 원 이하의 과태료를 부과한다.

402 화재경계지구의 지정대상지역 등에 대한 설명으로 옳지 않은 것은? [16 경채]

① 소방본부장 또는 소방서장은 제3항의 규정에 의한 소방상 필요한 훈련 및 교육을 실시하고자 하는 때에는 화재경계지구 안의 관계 인에게 훈련 또는 교육 15일 전까지 그 사실을 통보하여야 한다.

② 소방본부장 또는 소방서장은 화재경계지구 안의 소방대상물의 위치 · 구조 및 설비 등에 대한 소방특별조사를 연 1회 이상 실시하여야 한다.

③ 소방본부장 또는 소방서장은 화재경계지구 안의 관계인에 대하여 소방상 필요한 훈련 및 교육을 연 1회 이상 실시할 수 있다.

④ 소방본부장 또는 소방서장이 화재가 발생할 우려가 높거나 화재가 발생하는 경우 그로 인하여 피해가 클 것으로 인정하는 지역을 화재경계지구로 지정할 수 있다.

해설 소방본부장 또는 소방서장은 제3항의 규정에 의한 소방상 필요한 훈련 및 교육을 실시하고자 하는 때에는 화재경계지구 안의 관계인에게 훈련 또는 교육 10일 전까지 그 사실을 통보하여야 한다.

■ 제13조(화재경계지구의 지정 등)

① 시·도지사는 다음 각 호의 어느 하나에 해당하는 지역 중 화재가 발생할 우려가 높거나 화재가 발생하는 경우 그로 인하여 피해가 클 것으로 예상되는 지역을 화재경계지구로 지정할 수 있다.

1. 시장지역
2. 공장·창고가 밀집한 지역
3. 목조건물이 밀집한 지역
4. 위험물의 저장 및 처리 시설이 밀집한 지역
5. 석유화학제품을 생산하는 공장이 있는 지역
6. 「산업입지 및 개발에 관한 법률」 제2조제8호에 따른 산업단지
7. 소방시설·소방용수시설 또는 소방출동로가 없는 지역
8. 그 밖에 제1호부터 제7호까지에 준하는 지역으로서 소방청장·소방본부장 또는 소방서장이 화재경계지구로 지정할 필요가 있다고 인정하는 지역

② 제1항에도 불구하고 시·도지사가 화재경계지구로 지정할 필요가 있는 지역을 화재경계지구로 지정하지 아니하는 경우 소방청장은 해당 시·도지사에게 해당 지역의 화재경계지구 지정을 요청할 수 있다.

③ 소방본부장이나 소방서장은 대통령령으로 정하는 바에 따라 제1항에 따른 화재경계지구 안의 소방대상물의 위치·구조 및 설비 등에 대하여 「화재예방, 소방시설 설치·유지 및 안전관리에 관한 법률」 제4조에 따른 소방특별조사를 하여야 한다.

④ 소방본부장이나 소방서장은 제3항에 따른 소방특별조사를 한 결과 화재의 예방과 경계를 위하여 필요하다고 인정할 때에는 관계인에게 소방용수시설, 소화기구, 그 밖에 소방에 필요한 설비의 설치를 명할 수 있다.

⑤ 소방본부장이나 소방서장은 화재경계지구 안의 관계인에 대하여 대통령령으로 정하는 바에 따라 소방에 필요한 훈련 및 교육을 실시할 수 있다.

⑥ 시·도지사는 대통령령으로 정하는 바에 따라 제1항에 따른 화재경계지구의 지정 현황, 제3항에 따른 소방특별조사의 결과, 제4항에 따른 소방설비 설치 명령 현황, 제5항에 따른 소방교육의 현황 등이 포함된 화재경계지구에서의 화재예방 및 경계에 필요한 자료를 매년 작성·관리하여야 한다.

403 다음 중 소방기본법의 총칙에 포함되지 않는 것은? [16 경채]

ㄱ. 소방기관의 설치 등 ㄴ. 소방업무에 관한 종합계획의 수립 · 시행 등
ㄷ. 소방의 날 제정과 운영 등 ㄹ. 소방력의 기준 등
ㅁ. 화재의 예방과 경계(警戒)

① ㄱ, ㄷ ② ㄷ, ㄹ ③ ㄴ, ㄷ ④ ㄹ, ㅁ

해설 제1장 총칙 〈개정 2011. 5. 30〉
- 제1조 목적
- 제2조 정의
- 제2조의2 국가와 지방자치단체의 책무
- 제3조 소방기관의 설치 등
- 제3조의2 소방공무원의 배치
- 제3조의3 다른 법률과의 관계
- 제4조 119종합상황실의 설치와 운영
- 제5조 소방박물관 등의 설립과 운영
- 제6조 소방업무에 관한 종합계획의 수립 · 시행 등
- 제7조 소방의 날 제정과 운영

404 다음 중 화재경계지구의 지정대상 지역이 아닌 것은? [16 경채]

① 상가지역
② 석유화학제품을 생산하는 공장이 있는 지역
③ 소방시설 · 소방용수시설 또는 소방출동로가 없는 지역
④ 목조건물이 밀집한 지역

405 다음 중 건축물, 차량, 선박(선박법 제1조의2 제1항에 따른 선박으로서 항구에 매어둔 선박만 해당한다), 선박건조구조물, 산림 그 밖의 인공구조물 또는 물건을 무엇이라고 하는가? [16 경채]

① 관계지역 ② 소방대상물
③ 특정소방대상물 ④ 소방대

406 다음 중 화재를 진압하고 화재, 재난·재해, 그 밖의 위급한 상황에서 구조·구급활동 등을 하기 위하여 조직된 소방대(消防隊)의 구성원이 될 수 있는 사람은? [16 경채]

① 의용소방대원   ② 자위소방대

③ 위험물안전관리자   ④ 소방안전관리자

> **해설** "소방대"(消防隊)란 화재를 진압하고 화재, 재난·재해, 그 밖의 위급한 상황에서 구조·구급
> 활동 등을 하기 위하여 다음 각 목의 사람으로 구성된 조직체를 말한다.
> 가. 「소방공무원법」에 따른 소방공무원
> 나. 「의무소방대설치법」 제3조에 따라 임용된 의무소방원(義務消防員)
> 다. 「의용소방대 설치 및 운영에 관한 법률」에 따른 의용소방대원(義勇消防隊員)

407 다음 중 실시권자가 다른 하나는? [16 경채]

① 화재의 예방조치   ② 소방교육·훈련

③ 소방지원활동   ④ 유치원 유아에 대한 소방교육·훈련

> **해설** ① 화재의 예방조치 : 소방본부장 또는 소방서장
> ② 소방교육, 훈련 : 소방청장, 소방본부장 또는 소방서장
> ③ 소방지원활동 : 소방청장, 소방본부장 또는 소방서장
> ④ 유치원 유아에 대한 소방교육, 훈련 : 소방청장, 소방본부장 또는 소방서장

— 제12조(화재의 예방조치 등)

① 소방본부장이나 소방서장은 화재의 예방상 위험하다고 인정되는 행위를 하는 사람이나 소화(消火) 활동에 지장이 있다고 인정되는 물건의 소유자·관리자 또는 점유자에게 다음 각 호의 명령을 할 수 있다.

   1. 불장난, 모닥불, 흡연, 화기(火氣) 취급, 풍등 등 소형 열기구 날리기, 그 밖에 화재예방상 위험하다고 인정되는 행위의 금지 또는 제한

   2. 타고 남은 불 또는 화기가 있을 우려가 있는 재의 처리

   3. 함부로 버려두거나 그냥 둔 위험물, 그 밖에 불에 탈 수 있는 물건을 옮기거나 치우게 하는 등의 조치

② 소방본부장이나 소방서장은 제1항제3호에 해당하는 경우로서 그 위험물 또는 물건의 소유자·관리자 또는 점유자의 주소와 성명을 알 수 없어서 필요한 명령을 할 수 없을 때에는 소속공무원으로 하여금 그 위험물 또는 물건을 옮기거나 치우게 할 수 있다.

③ 소방본부장이나 소방서장은 제2항에 따라 옮기거나 치운 위험물 또는 물건을 보관하여야 한다.

④ 소방본부장이나 소방서장은 제3항에 따라 위험물 또는 물건을 보관하는 경우에는 그 날부터 14일 동안 소방본부 또는 소방서의 게시판에 그 사실을 공고하여야 한다.

⑤ 제3항에 따라 소방본부장이나 소방서장이 보관하는 위험물 또는 물건의 보관기간 및 보관기간 경과 후 처리 등에 대하여는 대통령령으로 정한다.

408 소방안전교육사의 결격사유에 해당하지 않은 것은? [16 경채]

① 피성년후견인 또는 피한정후견인

② 금고 이상의 형의 집행유예를 선고받고 그 유예기간 중에 있는 자

③ 법원의 판결 또는 다른 법률에 의하여 자격이 정지 또는 상실된 자

④ 금고 이상의 실형을 선고받고 그 집행이 끝나거나(집행이 끝나는 것으로 보는 경우를 포함한다) 집행이 면제된 날부터 2년이 경과된 사람

해설 응시 결격사유

1. 피성년후견인 또는 피한정후견인
2. 금고 이상의 실형을 선고받고 그 집행이 끝나거나(집행이 끝난 것으로 보는 경우를 포함한다) 집행이 면제된 날부터 2년이 지나지 아니한 사람
3. 금고 이상의 형의 집행유예를 선고받고 그 유예기간 중에 있는 사람
4. 법원의 판결 또는 다른 법률에 따라 자격이 정지되거나 상실된 사람

409 소방활동 종사명령에 대한 설명 중 옳은 것은? [17 상반기 공채]

① 관계인이 소방활동 업무를 돕다가 부상 혹은 사망했을 경우 시·도에서 보상한다.

② 소방활동에 종사한 관계인은 시·도지사로부터 비용을 지급받을 수 있다.

③ 소방서장은 인근 사람에게 인명구출, 화재진압, 화재조사를 명할 수 있다.

④ 소방활동을 방해한 사람은 5년 이하의 징역 또는 5천만 원 이하의 벌금에 처한다.

해설 소방활동 종사명령

1) 소방본부장, 소방서장 또는 소방대장은 화재, 재난·재해, 그 밖의 위급한 상황이 발생한 현장에서 소방활동을 위하여 필요할 때에는 그 관할구역에 사는 사람 또는 그 현장에 있는 사람으로 하여금 사람을 구출하는 일 또는 불을 끄거나 불이 번지지 아니하도록 하는 일을 하게 할 수 있다.
2) 제1항에 따른 명령에 따라 소방활동에 종사한 사람은 시·도지사로부터 소방활동의 비용을 지급받을 수 있다. 다만, 다음 각 호의 어느 하나에 해당하는 사람의 경우에는 그러하지 아니하다.
   1. 소방대상물에 화재, 재난·재해, 그 밖의 위급한 상황이 발생한 경우 그 관계인
   2. 고의 또는 과실로 화재 또는 구조·구급활동이 필요한 상황을 발생시킨 사람
   3. 화재 또는 구조·구급현장에서 물건을 가져간 사람

제49조의2(손실보상)

① 소방청장 또는 시·도지사는 다음 각 호의 어느 하나에 해당하는 자에게 제3항의 손실보상 심의위원회의 심사·의결에 따라 정당한 보상을 하여야 한다.
   1. 제16조의3 제1항(생활안전활동)에 따른 조치로 인하여 손실을 입은 자
   2. 제24조제1항 전단(소방활동 종사명령)에 따른 소방활동 종사로 인하여 사망하거나 부상을 입은 자

정답 **408** ④ **409** ④

3. 제25조제2항 또는 제3항에 따른 처분으로 인하여 손실을 입은 자. 다만, 같은 조 제3항에 해당하는 경우로서 법령을 위반하여 소방자동차의 통행과 소방활동에 방해가 된 경우는 제외한다.

4. 제27조제1항 또는 제2항에 따른 조치로 인하여 손실을 입은 자

5. 그 밖에 소방기관 또는 소방대의 적법한 소방업무 또는 소방활동으로 인하여 손실을 입은 자

② 제1항에 따라 손실보상을 청구할 수 있는 권리는 손실이 있음을 안 날부터 3년, 손실이 발생한 날부터 5년간 행사하지 아니하면 시효의 완성으로 소멸한다.

③ 제1항에 따른 손실보상청구 사건을 심사·의결하기 위하여 손실보상심의위원회를 둔다.

④ 제1항에 따른 손실보상의 기준, 보상금액, 지급절차 및 방법, 제3항에 따른 손실보상심의위원회의 구성 및 운영, 그 밖에 필요한 사항은 대통령령으로 정한다.

410 소방활동 등에 대한 설명으로 옳은 것은?   [17 상반기 공채]

① 생활안전활동에는 소방시설 오작동 신고에 따른 조치활동이 포함된다.

② 소방지원활동에는 단전사고 시 비상전원 또는 조명의 공급이 있다.

③ 소방활동은 소방지원활동 수행에 지장을 주지 아니하는 범위에서 할 수 있다.

④ 유관기관, 단체 등의 요청에 따른 소방지원활동에 드는 비용은 지원요청을 한 유관기관, 단체 등에게 부담하게 할 수 있다.

해설 **소방지원활동**

1) 소방청장·소방본부장 또는 소방서장은 공공의 안녕질서 유지 또는 복리증진을 위하여 필요한 경우 소방활동 외에 다음 각 호의 활동(이하 "소방지원활동"이라 한다)을 하게 할 수 있다.

2) 소방지원활동의 종류

1. 산불에 대한 예방·진압 등 지원활동

2. 자연재해에 따른 급수·배수 및 제설 등 지원활동

3. 집회·공연 등 각종 행사 시 사고에 대비한 근접대기 등 지원활동

4. 화재, 재난·재해로 인한 피해복구 지원활동

5. 삭제 〈2015.7.24.〉

6. 그 밖에 행정안전부령으로 정하는 활동

가. 군·경찰 등 유관기관에서 실시하는 훈련지원 활동

나. 소방시설 오작동 신고에 따른 조치활동

다. 방송제작 또는 촬영 관련 지원활동

3) 소방지원활동은 제16조의 소방활동 수행에 지장을 주지 아니하는 범위에서 할 수 있다.

4) 유관기관·단체 등의 요청에 따른 소방지원활동에 드는 비용은 지원요청을 한 유관기관·단체 등에게 부담하게 할 수 있다. 다만, 부담금액 및 부담방법에 관하여는 지원요청을 한 유관기관·단체 등과 협의하여 결정한다.

— **생활안전활동**

1) 소방청장·소방본부장 또는 소방서장은 신고가 접수된 생활안전 및 위험제거활동(화재, 재난·재해, 그 밖의 위급한 상황에 해당하는 것은 제외한다)에 대응하기 위하여 소방대를 출

동시켜 다음 각 호의 활동(이하 "생활안전활동"이라 한다)을 하게 하여야 한다.

2) 생활안전활동의 종류

1. 붕괴, 낙하 등이 우려되는 고드름, 나무, 위험 구조물 등의 제거활동
2. 위해동물, 벌 등의 포획 및 퇴치 활동
3. 끼임, 고립 등에 따른 위험제거 및 구출활동
4. 단전사고 시 비상전원 또는 조명의 공급
5. 그 밖에 방치하면 급박해질 우려가 있는 위험을 예방하기 위한 활동

3) 누구든지 정당한 사유 없이 제1항에 따라 출동하는 소방대의 생활안전활동을 방해하여서는 아니 된다.

※ 생활안전활동 방해 100만 원 이하의 벌금

411 화재의 예방조치 등에 대한 설명으로 옳지 않은 것은? [17 상반기 공채]

① 소방본부장이나 소방서장은 위험물 또는 물건의 소유자·관리자 또는 점유자의 주소와 성명을 알 수 없어서 필요한 명령을 할 수 없을 때에는 소속 공무원으로 하여금 그 위험물 또는 물건을 옮기거나 치우게 할 수 있다.

② 소방본부장이나 소방서장은 옮기거나 치운 위험물 또는 물건을 보관하여야 한다.

③ 위험물 또는 물건을 보관하는 경우에는 소방본부 또는 소방서의 게시판에 그 사실을 공고 하여야 한다.

④ 위험물 또는 물건의 보관기간은 소방본부 또는 소방서의 게시판에 공고하는 기간의 종료 일 다음 날부터 14일로 한다.

해설 제12조(화재의 예방조치 등)

④ 소방본부장이나 소방서장은 제3항에 따라 위험물 또는 물건을 보관하는 경우에는 그 날부터 14일 동안 소방본부 또는 소방서의 게시판에 그 사실을 공고하여야 한다.

— 시행령 제3조(위험물 또는 물건의 보관기간 및 보관기간 경과후 처리 등)

① 법 제12조제5항의 규정에 의한 위험물 또는 물건의 보관기간은 법 제12조제4항의 규정에 의 하여 소방본부 또는 소방서의 게시판에 공고하는 기간의 종료일 다음 날부터 7일로 한다.

412 다음 중 화재원인 조사의 내용에 해당되지 않은 것은? [17 상반기 공채]

① 발화원인 조사

② 소화활동 중 사용된 물로 인한 피해조사

③ 화재의 발견 · 통보 및 초기 소화상황 조사

④ 연소상황 조사

해설 화재의 조사[원인조사, 피해조사]

1) 소방청장, 소방본부장 또는 소방서장은 화재가 발생하였을 때에는 화재의 원인 및 피해 등에 대한 조사(이하 "화재조사"라 한다)를 하여야 한다.

2) 화재조사는 제12조제4항의 규정에 의한 장비를 활용하여 화재사실을 인지함과 동시에 실시되어야 한다.

3) 화재조사의 종류와 범위

1. 화재원인 조사

종류	조사범위
가. 발화원인 조사	화재가 발생한 과정, 화재가 발생한 지점 및 불이 붙기 시작한 물질
나. 발견 · 통보 및 초기 소화상황 조사	화재의 발견 · 통보 및 초기소화 등 일련의 과정
다. 연소상황 조사	화재의 연소경로 및 확대원인 등의 상황
라. 피난상황 조사	피난경로, 피난상의 장애요인 등의 상황
마. 소방시설 등 조사	소방시설의 사용 또는 작동 등의 상황

2. 화재피해 조사

종류	조사범위
가. 인명피해 조사	(1) 소방활동 중 발생한 사망자 및 부상자 (2) 그 밖에 화재로 인한 사망자 및 부상자
나. 재산피해 조사	(1) 열에 의한 탄화, 용융, 파손 등의 피해 (2) 소화활동 중 사용된 물로 인한 피해 (3) 그 밖에 연기, 물품반출, 화재로 인한 폭발 등에 의한 피해

413 다음 중 종합상황실의 실장이 상급 종합상황실에 즉시 보고하여야 할 사항이 아닌 것은? [17 상반기 공채]

① 사망자가 5인 이상 발생한 화재

② 재산피해액 50억 원 이상 발생한 화재

③ 이재민이 50명 이상 발생한 화재

④ 사상자가 10명 이상 발생한 화재

해설 이재민 100인 이상

정답 **412** ② **413** ③

414 다음 중 종합상황실의 실장이 상급기관에 보고 하여야 사유로 옳지 않은 것은? [17 하반기 공채]

① 사망자가 5인 이상 발생한 화재
② 사상자가 10인 이상 발생한 화재
③ 재산피해액이 10억 원 이상 발생한 화재
④ 이재민이 100인 이상 발생한 화재

해설 재산피해액 50억 이상

415 다음 중 위력(威力)을 사용하여 출동한 소방대의 화재진압·인명구조 또는 구급활동을 방해하는 행위를 한 경우 벌칙 규정은? [17 하반기 공채]

① 5년 이하의 징역 또는 5천만 원 이하의 벌금
② 5년 이하의 징역 또는 3천만 원 이하의 벌금
③ 3년 이하의 징역 또는 3천만 원 이하의 벌금
④ 3년 이하의 징역 또는 1,500만 원 이하의 벌금

416 다음 중 화재조사를 실시하는 시기로 옳은 것은? [17 하반기 공채]

① 조사요원이 현장에 도착한 후
② 소화활동을 종료한 후에
③ 화재사실을 인지함과 동시에
④ 소방서장이 현장에 도착한 후에

417 다음 중 소방업무의 응원협정에 대한 설명으로 옳지 않은 것은? [17 하반기 공채]

① 소방본부장이나 소방서장은 소방활동을 할 때에 긴급한 경우에는 이웃한 소방본부장 또는 소방서장에게 소방업무의 응원(應援)을 요청할 수 있다.
② 소방업무의 응원 요청을 받은 소방본부장 또는 소방서장은 정당한 사유 없이 그 요청을 거절하여서는 아니 된다.
③ 소방업무의 응원을 위하여 파견된 소방대원은 응원을 요청받은 소방본부장 또는 소방서장의 지휘에 따라야 한다.
④ 시·도지사는 제1항에 따라 소방업무의 응원을 요청하는 경우를 대비하여 출동대상 지역 및 규모와 필요한 경비의 부담 등에 관하여 필요한 사항을 행정안전부령으로 정하는 바에 따라 이웃하는 시·도지사와 협의하여 미리 규약(規約)으로 정하여야 한다.

소방업무의 응원을 위하여 파견된 소방대원은 응원을 요청한 소방본부장 또는 소방서장의 지휘에 따라야 한다.

418 다음 중 노 · 화덕 설비의 설치기준으로 옳지 않은 것은? [17 하반기 공채]

① 시간당 열량이 30만 킬로칼로리 이상인 노를 설치하는 경우에는 주요구조부는 난연재료로 한다.

② 시간당 열량이 30만 킬로칼로리 이상인 노를 설치하는 경우에는 노 주위에는 1미터 이상 공간을 확보한다.

③ 노 또는 화덕의 주위에는 녹는 물질이 확산되지 아니하도록 높이 0.1미터 이상의 턱을 설치하여야 한다.

④ 실내에 설치하는 경우에는 흙바닥 또는 금속 외의 불연재료로 된 바닥이나 흙바닥에 설치하여야 한다.

노 · 화덕설비 설치기준

1. 실내에 설치하는 경우에는 흙바닥 또는 금속 외의 불연재료로 된 바닥이나 흙바닥에 설치하여야 한다.
2. 노 또는 화덕을 설치하는 장소의 벽 · 천장은 불연재료로 된 것이어야 한다.
3. 노 또는 화덕의 주위에는 녹는 물질이 확산되지 아니하도록 높이 0.1미터 이상의 턱을 설치하여야 한다.
4. 시간당 열량이 30만킬로칼로리 이상인 노를 설치하는 경우에는 다음 각목의 사항을 지켜야 한다.
    가. 주요구조부(「건축법」 제2조제1항제7호에 따른 것을 말한다. 이하 이 표에서 같다)는 불연재료로 할 것
    나. 창문과 출입구는 「건축법 시행령」 제64조의 규정에 의한 갑종방화문 또는 을종방화문으로 설치할 것
    다. 노 주위에는 1미터 이상 공간을 확보할 것

419 다음 중 소방박물관, 소방체험관의 설립 운영자는? [17 상반기 경채]

① 소방청장, 시 · 도지사
② 문화재청장, 소방박물관
③ 문화재청장, 소방청장
④ 시 · 도지사, 소방청장

420 다음 중 소방안전원에 대하여 옳지 않은 것은? [17 상반기 경채]

① 소방안전원은 법인으로 한다.

② 소방안전관리자 또는 소방기술자로 선임된 사람도 회원이 될 수 있다.

③ 안전원의 운영경비는 국가 보조금으로 충당한다.

④ 안전원은 정관을 변경하려면 소방청장의 인가를 받아야 한다.

해설 제40조(한국소방안전원의 설립 등)

① 소방기술과 안전관리기술의 향상 및 홍보, 그 밖의 교육 · 훈련 등 행정기관이 위탁하는 업무의 수행과 소방 관계 종사자의 기술 향상을 위하여 한국소방안전원(이하 "안전원"이라 한다)을 소방청장의 인가를 받아 설립한다.

② 제1항에 따라 설립되는 안전원은 법인으로 한다. 〈개정 2017. 12. 26.〉

③ 안전원에 관하여 이 법에 규정된 것을 제외하고는 「민법」 중 재단법인에 관한 규정을 준용한다.

— 제42조(회원의 관리)

안전원은 소방기술과 안전관리 역량의 향상을 위하여 다음 각 호의 사람을 회원으로 관리할 수 있다. 〈개정 2011. 8. 4., 2017. 12. 26.〉

1. 「화재예방, 소방시설 설치 · 유지 및 안전관리에 관한 법률」, 「소방시설공사업법」 또는 「위험물안전관리법」에 따라 등록을 하거나 허가를 받은 사람으로서 회원이 되려는 사람

2. 「화재예방, 소방시설 설치 · 유지 및 안전관리에 관한 법률」, 「소방시설공사업법」 또는 「위험물안전관리법」에 따라 소방안전관리자, 소방기술자 또는 위험물안전관리자로 선임되거나 채용된 사람으로서 회원이 되려는 사람

3. 그 밖에 소방 분야에 관심이 있거나 학식과 경험이 풍부한 사람으로서 회원이 되려는 사람

— 제43조(안전원의 정관)

① 안전원의 정관에는 다음 각 호의 사항이 포함되어야 한다.

1. 목적
2. 명칭
3. 주된 사무소의 소재지
4. 사업에 관한 사항
5. 이사회에 관한 사항
6. 회원과 임원 및 직원에 관한 사항
7. 재정 및 회계에 관한 사항
8. 정관의 변경에 관한 사항

② 안전원은 정관을 변경하려면 소방청장의 인가를 받아야 한다.

— 제44조(안전원의 운영 경비)

안전원의 운영 및 사업에 소요되는 경비는 다음 각 호의 재원으로 충당한다.

1. 제41조제1호 및 제4호의 업무 수행에 따른 수입금
2. 제42조에 따른 회원의 회비
3. 자산운영수익금
4. 그 밖의 부대수입

421 다음 중 화재경계지구 지정에 관한 것으로 옳지 않은 것은?　　　　[17 상반기 경채]

① 시 · 도지사가 화재경계지구 지정하지 않으면 소방청장이 지정할 수 있다.

② 소방본부장이나 소방서장은 화재경계지구 안의 소방대상물의 위치, 구조, 설비 등에 대하여 소방특별조사를 하여야 한다.

③ 소방본부장이나 소방서장은 화재경계지구 안의 관계인에 대하여 대통령령으로 정하는 바에 따라 훈련 및 교육을 실시할 수 있다.

④ 시 · 도지사는 화재경계지구 지정현황, 소방특별조사의 결과 등 화재경계지구에서의 화재 및 경계에 필요한 자료를 매년 작성 · 관리하여야 한다.

> **해설** 시 · 도지사가 화재경계지구로 지정할 필요가 있는 지역을 화재경계지구로 지정하지 아니하는 경우 소방청장은 해당 시 · 도지사에게 해당 지역의 화재경계지구 지정을 요청할 수 있다.

422 5년 이하의 징역 또는 5,000만 원 이하의 벌금이 아닌 것은?　　　　[17 상반기 경채]

① 정당한 사유 없이 소방대가 현장에 도착할 때까지 사람을 구출하는 조치 또는 불을 끄거나 불이 번지지 아니하도록 하는 조치를 하지 아니한 사람

② 위력을 사용하여 출동한 소방대의 화재진압 · 인명구조 또는 구급활동을 방해하는 행위

③ 사람을 구출하는 일 또는 불을 끄거나 불이 번지지 아니하도록 하는 일을 방해한 사람

④ 출동한 소방대원에게 폭행 또는 협박을 행사하여 화재진압 · 인명구조 또는 구급활동을 방해하는 행위

> **해설** ① 100만 원 이하의 벌금

423 다음 중 소방지원활동이 아닌 것은?　　　　[17 상반기 경채]

① 단전사고 시 비상전원 조명의 공급 지원활동

② 산불에 대한 예방진압 등 지원활동

③ 자연재해에 따른 급수 배수 제설 등 지원활동

④ 화재 재난 · 재해로 인한 피해복구 지원활동

> **해설** ① 단전사고 시 비상전원 또는 조명의 공급은 생활안전활동임

424 다음 중 강제처분에 대하여 옳은 것은? [17 상반기 경채]

① 소방본부장, 소방서장, 소방대장은 사람을 구출하거나 불이 번지는 것을 막기 위하여 필요할 때에는 불이 번질 우려가 있는 토지를 일시적으로 사용할 수 없다.

② 시·도지사는 법령을 위반하여 소방자동차의 통행과 소방활동에 방해가 된 경우도 보상하여야 한다.

③ 시·도지사는 강제처분으로 인하여 손실을 입은 자가 있는 경우에는 그 손실을 보상하여야 한다.

④ 소방본부장, 소방서장, 소방대장은 긴급한 토지 외에는 소방활동에 필요한 처분을 할 수 없다.

425 소방산업의 육성·진흥 및 지원 등에서 틀린 것은? [17 상반기 경채]

① 국가는 소방산업의 육성·진흥을 위하여 필요한 계획의 수립 등 행정상·재정상의 지원시책을 마련하여야 한다.

② 국가는 소방산업과 관련된 기술의 개발을 촉진하기 위하여 기술개발을 실시하는 자에게 그 기술개발에 드는 자금의 전부를 출연하거나 보조할 수 있다.

③ 국가는 우수소방제품의 전시·홍보를 위하여 무역전시장 등을 설치한 자에게 정한 범위에서 재정적인 지원을 할 수 있다.

④ 국가는 국민의 생명과 재산을 보호하기 위하여 기관이나 단체로 하여금 소방기술의 연구·개발 사업을 수행하게 할 수 있다.

> **해설** 국가는 소방산업과 관련된 기술(이하 "소방기술"이라 한다)의 개발을 촉진하기 위하여 기술개발을 실시하는 자에게 그 기술개발에 드는 자금의 전부나 일부를 출연하거나 보조할 수 있다.

426 「소방기본법」상 정의로 옳은 것은? [18 상반기 공채]

① 관계인이란 소방대상물의 소유자·관리자 또는 점유자를 말한다.

② 소방대상물이란 건축물, 차량, 항해 중인 선박, 선박건조구조물, 산림, 그 밖의 인공구조물 또는 물건을 말한다.

③ 관계지역이란 소방대상물이 있는 장소 및 그 이웃 지역만을 말한다.

④ 소방대장이란 소방본부장 또는 소방서장만으로서 소방대를 지휘하는 사람을 말한다.

> **해설** 1. "소방대상물"이란 건축물, 차량, 선박(「선박법」 제1조의2 제1항에 따른 선박으로서 항구에 매어둔 선박만 해당한다), 선박 건조 구조물, 산림, 그 밖의 인공 구조물 또는 물건을 말한다.

2. "관계지역"이란 소방대상물이 있는 장소 및 그 이웃 지역으로서 화재의 예방 · 경계 · 진압, 구조 · 구급 등의 활동에 필요한 지역을 말한다.
3. "관계인"이란 소방대상물의 소유자 · 관리자 또는 점유자를 말한다.

427 「소방기본법」상 시 · 도지사가 화재경계지구로 지정할 필요가 있는 지역을 화재경계지구로 지정하지 아니하는 경우 해당 시 · 도지사에게 해당 지역의 화재경계지구 지정을 요청할 수 있는 사람은?   [18 상반기 공채]

① 행정안전부장관   ② 소방청장
③ 소방본부장   ④ 소방서장

해설 시 · 도지사가 화재경계지구로 지정할 필요가 있는 지역을 화재경계지구로 지정하지 아니하는 경우 소방청장은 해당 시 · 도지사에게 해당 지역의 화재경계지구 지정을 요청할 수 있다.

428 「소방기본법」상 화재예방을 위하여 불을 사용할 때 지켜야 하는 사항에서 수소가스를 넣는 기구에 대한 설명으로 옳지 않은 것은?   [18 상반기 공채]

① 바람이 초속 6미터 이상 부는 때에는 띄워서는 아니 된다.
② 연통 그 밖의 화기를 사용하는 시설의 부근에서 띄우거나 머물게 하여서는 아니 된다.
③ 수소가스는 용량의 90퍼센트 이상을 유지하여야 한다.
④ 띄우는 각도는 지표면에 대하여 45도 이하로 유지한다.

해설 수소가스를 넣는 기구 설치기준
1. 연통 그 밖의 화기를 사용하는 시설의 부근에서 띄우거나 머물게 하여서는 아니 된다.
2. 건축물의 지붕에서 띄워서는 아니 된다. 다만, 지붕이 불연재료로 된 평지붕으로서 그 넓이가 기구 지름의 2배 이상인 경우에는 그러지 아니하다.
3. 다음 각목의 장소에서 운반하거나 취급하여서는 아니 된다.
   가. 공연장 : 극장 · 영화관 · 연예장 · 음악당 · 서커스장 그 밖의 이와 비슷한 것
   나. 집회장 : 회의장 · 공회장 · 예식장 그 밖의 이와 비슷한 것
   다. 관람장 : 운동경기관람장(운동시설에 해당하는 것을 제외한다) · 경마장 · 자동차경주장 그 밖의 이와 비슷한 것
   라. 전시장 : 박물관 · 미술관 · 과학관 · 기념관 · 산업전시장 · 박람회장 그 밖의 이와 비슷한 것
4. 수소가스를 넣거나 빼는 때에는 다음 각목의 사항을 지켜야 한다.
   가. 통풍이 잘 되는 옥외의 장소에서 할 것
   나. 조작자 외의 사람이 접근하지 아니하도록 할 것
   다. 전기시설이 부착된 경우에는 전원을 차단하고 할 것
   라. 마찰 또는 충격을 주는 행위를 하지 말 것

마. 수소가스를 넣을 때에는 기구 안에 수소가스 또는 공기를 제거한 후 감압기를 사용할 것

5. 수소가스는 용량의 90퍼센트 이상을 유지하여야 한다.

6. 띄우거나 머물게 하는 때에는 감시인을 두어야 한다. 다만, 건축물 옥상에서 띄우거나 머물게 하는 경우에는 그러하지 아니하다.

7. 띄우는 각도는 지표면에 대하여 45도 이하로 유지하고 바람이 초속 7미터 이상 부는 때에는 띄워서는 아니 된다.

429 「소방기본법」상 특수가연물로 볼 수 없는 것은? [18 상반기 공채]

① 1,200kg의 사류
② 200kg의 면화류
③ 350kg의 나무껍질
④ 1,000kg의 넝마

해설 특수가연물의 종류

품명		수량
면화류		200킬로그램 이상
나무껍질 및 대팻밥		400킬로그램 이상
넝마 및 종이 부스러기		1,000킬로그램 이상
사류(絲類)		1,000킬로그램 이상
볏짚류		1,000킬로그램 이상
가연성 고체류		3,000킬로그램 이상
석탄 · 목탄류		10,000킬로그램 이상
가연성 액체류		2세제곱미터 이상
목재가공품 및 나무 부스러기		10세제곱미터 이상
합성수지류	발포시킨 것	20세제곱미터 이상
	그 밖의 것	3,000킬로그램 이상

430 「소방기본법」상 소방신호에 대한 방법을 옳게 설명한 것은? [18 상반기 공채]

① 경계신호의 타종은 1타와 연2타를 반복과 사이렌은 5초 간격을 두고 30초씩 3회
② 발화신호의 타종은 연2타 반복과 사이렌은 5초 간격을 두고 10초씩 3회
③ 해제신호의 타종은 상당한 간격을 두고 연2타씩 반복과 사이렌은 30초간 1회
④ 훈련신호의 타종은 연2타와 연3타를 반복과 사이렌은 30초 간격을 두고 1분씩 2회

종별 \ 신호방법	타종 신호	사이렌 신호
경계신호	1타와 연2타를 반복	5초 간격을 두고 30초씩 3회
발화신호	난타	5초 간격을 두고 5초씩 3회
해제신호	상당한 간격을 두고 1타씩 반복	1분간 1회
훈련신호	연3타 반복	10초 간격을 두고 1분씩 3회

431 다음 중 화재로 오인할 만한 우려가 있는 불을 피우거나 연막(煙幕) 소독을 하려는 자가 관할 소방본부장 또는 소방서장에게 신고하지 않아도 되는 지역은? [18 상반기 경채]

① 소방출동로가 없는 지역　　② 시·도의 조례로 정하는 지역
③ 목조건물 밀집　　④ 석유화학제품 생산

해설 다음 각 호의 어느 하나에 해당하는 지역 또는 장소에서 화재로 오인할 만한 우려가 있는 불을 피우거나 연막(煙幕) 소독을 하려는 자는 시·도의 조례로 정하는 바에 따라 관할 소방본부장 또는 소방서장에게 신고하여야 한다.
－신고하지 아니하여 오인신고, 출동하게 한 자 : 20만 원 이하 과태료
1. 시장지역
2. 공장·창고가 밀집한 지역
3. 목조건물이 밀집한 지역
4. 위험물의 저장 및 처리시설이 밀집한 지역
5. 석유화학제품을 생산하는 공장이 있는 지역
6. 그 밖에 시·도의 조례로 정하는 지역 또는 장소

432 다음 중 소방본부장, 소방서장 또는 소방대장이 행사할 수 있는 권한이 아닌 것은?
[18 상반기 경채]

① 강제처분
② 피난명령
③ 소방활동 종사명령
④ 이상기상의 예보에 따른 화재에 관한 위험경보

해설 이상기상의 예보에 따른 화재에 관한 위험경보 : 소방본부장 또는 소방서장

433 다음 중 소방장비 등에 대한 국고보조 대상사업의 범위에 해당하지 않는 것은?

[18 상반기 경채]

① 소방자동차
② 소방정
③ 소방전용통신설비 전산설비의 구입 및 설치
④ 소방 전기 · 기계설비의 구입 및 설치

해설 국고보조 대상사업의 범위
    1. 다음 각 목의 소방활동장비와 설비의 구입 및 설치
      가. 소방자동차
      나. 소방헬리콥터 및 소방정
      다. 소방전용 통신설비 및 전산설비
      라. 그 밖에 방화복 등 소방활동에 필요한 소방장비
    2. 소방관서용 청사의 건축(「건축법」 제2조제1항제8호에 따른 건축을 말한다)

434 소방업무에 관한 종합계획은 언제까지 수립하여야 하는가?

[18 상반기 경채]

① 계획 시행 연도 10월 31일까지
② 계획 시행 전년도 10월 31일까지
③ 계획 시행 연도 12월 31일까지
④ 계획 시행 전년도 12월 31일까지

해설
  • 소방청장은 「소방기본법」(이하 "법"이라 한다) 제6조제1항에 따른 소방업무에 관한 종합계획을 관계 중앙행정기관의 장과의 협의를 거쳐 계획 시행 전년도 10월 31일까지 수립하여야 한다.
  • 특별시장 · 광역시장 · 특별자치시장 · 도지사 또는 특별자치도지사는 법 제6조제4항에 따른 종합계획의 시행에 필요한 세부계획을 계획 시행 전년도 12월 31일까지 수립하여 소방청장에게 제출하여야 한다.

435 다음 중 119종합상황실의 설치와 운영권자는?

[18 상반기 경채]

① 시 · 도지사
② 119구조본부장
③ 소방본부장
④ 중앙소방학교장

해설 종합상황실 설치운영권자 : 소방청장, 소방본부장 및 소방서장

436 다음 중 소방대의 생활안전활동이 아닌 것은?   [18 상반기 경채]

① 끼임, 고립 등에 따른 위험제거 및 구출활동
② 위해동물, 벌 등의 포획 및 퇴치 활동
③ 자연재해에 따른 급수 · 배수 및 제설
④ 단전사고 시 비상전원 또는 조명의 공급

> **해설** 생활안전활동
>
> 1) 소방청장 · 소방본부장 또는 소방서장은 신고가 접수된 생활안전 및 위험제거활동(화재, 재난 · 재해, 그 밖의 위급한 상황에 해당하는 것은 제외한다)에 대응하기 위하여 소방대를 출동시켜 다음 각 호의 활동(이하 "생활안전활동"이라 한다)을 하게 하여야 한다.
> 2) 생활안전활동의 종류
>   1. 붕괴, 낙하 등이 우려되는 고드름, 나무, 위험 구조물 등의 제거활동
>   2. 위해동물, 벌 등의 포획 및 퇴치 활동
>   3. 끼임, 고립 등에 따른 위험제거 및 구출활동
>   4. 단전사고 시 비상전원 또는 조명의 공급
>   5. 그 밖에 방치하면 급박해질 우려가 있는 위험을 예방하기 위한 활동
> 3) 누구든지 정당한 사유 없이 제1항에 따라 출동하는 소방대의 생활안전활동을 방해하여서는 아니 된다.
>   ※ 생활안전활동 방해 100만 원 이하의 벌금

437 다음 중 안전교육사에 대한 설명으로 틀린 것은?   [18 상반기 경채]

① 소방안전교육사는 소방안전교육의 기획 · 진행 · 분석 · 평가 및 교수업무를 수행한다.
② 금고 이상의 실형을 선고받고 그 집행이 끝나거나 집행이 면제된 날부터 2년이 지나지 아니한 사람은 결격사유에 해당한다.
③ 2급 응급구조사 자격을 취득한 후 응급의료업무 분야에 2년 이상 종사한 사람은 소방안전교육사시험에 응시할 수 있다.
④ 제1차 시험과목은 소방학개론, 구급 · 응급처치론, 재난관리론 및 교육학개론 중 응시자가 선택하는 3과목이며, 제2차 시험과목은 국민안전교육 실무이다.

> **해설** 소방안전교육사(2년마다 1회 시행)
>
> 1) 소방청장이 실시한 시험에 합격한 사람에게 소방안전교육사 자격을 부여한다.
> 2) 소방안전교육사 시험의 응시자격, 시험방법, 시험과목, 시험위원, 그 밖에 소방안전교육사 시험의 실시에 필요한 사항은 대통령령으로 정한다.
> 3) 1차시험과 2차시험으로 구분, 제1차 시험 : 소방학개론, 구급 · 응급처치론, 재난관리론 및 교육학개론 중 응시자가 선택하는 3과목. 제2차 시험 : 국민안전교육 실무
> 4) 응시결격사유
>   1. 피성년후견인 또는 피한정후견인

정답 **436** ③   **437** ③

2. 금고 이상의 실형을 선고받고 그 집행이 끝나거나(집행이 끝난 것으로 보는 경우를 포함한다) 집행이 면제된 날부터 2년이 지나지 아니한 사람

3. 금고 이상의 형의 집행유예를 선고받고 그 유예기간 중에 있는 사람

4. 법원의 판결 또는 다른 법률에 따라 자격이 정지되거나 상실된 사람

5) 소방안전교육사 배치기준

배치대상	배치기준(단위 : 명)	비고
1. 소방청	2 이상	
2. 소방본부	2 이상	
3. 소방서	1 이상	
4. 한국소방안전원	• 본원 : 2 이상 • 시 · 도지부 : 1 이상	
5. 한국소방산업기술원	2 이상	

6) 시험위원 등

① 소방청장은 소방안전교육사시험 응시자격심사, 출제 및 채점을 위하여 다음 각 호의 어느 하나에 해당하는 사람을 응시자격심사위원 및 시험위원으로 임명 또는 위촉하여야 한다.

1. 소방 관련학과, 교육학과 또는 응급구조학과 박사학위 취득자

2. 「고등교육법」 제2조제1호부터 제6호까지의 규정 중 어느 하나에 해당하는 학교에서 소방 관련학과, 교육학과 또는 응급구조학과에서 조교수 이상으로 2년 이상 재직한 자

3. 소방위 또는 지방소방위 이상의 소방공무원

4. 소방안전교육사 자격을 취득한 자

② 제1항에 따른 응시자격심사위원 및 시험위원의 수는 다음 각 호와 같다.

1. 응시자격심사위원 : 3명

2. 시험위원 중 출제위원 : 시험과목별 3명

3. 시험위원 중 채점위원 : 5명

③ 제1항에 따라 응시자격심사위원 및 시험위원으로 임명 또는 위촉된 자는 소방청장이 정하는 시험문제 등의 작성 시 유의사항 및 서약서 등에 따른 준수사항을 성실히 이행해야 한다.

④ 제1항에 따라 임명 또는 위촉된 응시자격심사위원 및 시험위원과 시험감독업무에 종사하는 자에 대하여는 예산의 범위에서 수당 및 여비를 지급할 수 있다.

━ [별표 2의2] 〈개정 2020. 3. 10〉 소방안전교육사시험의 응시자격(제7조의2 관련)

1. 소방공무원으로서 다음 각 목의 어느 하나에 해당하는 사람

가. 소방공무원으로 3년 이상 근무한 경력이 있는 사람

나. 중앙소방학교 또는 지방소방학교에서 2주 이상의 소방안전교육사 관련 전문교육과정을 이수한 사람

2. 「초 · 중등교육법」 제21조에 따라 교원의 자격을 취득한 사람

3. 「유아교육법」 제22조에 따라 교원의 자격을 취득한 사람

4. 「영유아보육법」 제21조에 따라 어린이집의 원장 또는 보육교사의 자격을 취득한 사람(보육교사 자격을 취득한 사람은 보육교사 자격을 취득한 후 3년 이상의 보육업무 경력이 있는 사람만 해당한다)

5. 다음 각 목의 어느 하나에 해당하는 기관에서 소방안전교육 관련 교과목(응급구조학과, 교육

학과 또는 제15조제2호에 따라 소방청장이 정하여 고시하는 소방 관련 학과에 개설된 전공과목을 말한다)을 총 6학점 이상 이수한 사람

　가. 「고등교육법」 제2조제1호부터 제6호까지의 규정의 어느 하나에 해당하는 학교

　나. 「학점인정 등에 관한 법률」 제3조에 따라 학습과정의 평가인정을 받은 교육훈련기관

6. 「국가기술자격법」 제2조제3호에 따른 국가기술자격의 직무분야 중 안전관리 분야(국가기술자격의 직무분야 및 국가기술자격의 종목 중 중직무분야의 안전관리를 말한다. 이하 같다)의 기술사 자격을 취득한 사람

7. 「화재예방, 소방시설 설치·유지 및 안전관리에 관한 법률」 제26조에 따른 소방시설관리사 자격을 취득한 사람

8. 「국가기술자격법」 제2조제3호에 따른 국가기술자격의 직무분야 중 안전관리 분야의 기사 자격을 취득한 후 안전관리 분야에 1년 이상 종사한 사람

9. 「국가기술자격법」 제2조제3호에 따른 국가기술자격의 직무분야 중 안전관리 분야의 산업기사 자격을 취득한 후 안전관리 분야에 3년 이상 종사한 사람

10. 「의료법」 제7조에 따라 간호사 면허를 취득한 후 간호업무 분야에 1년 이상 종사한 사람

11. 「응급의료에 관한 법률」 제36조제2항에 따라 1급 응급구조사 자격을 취득한 후 응급의료 업무 분야에 1년 이상 종사한 사람

12. 「응급의료에 관한 법률」 제36조제3항에 따라 2급 응급구조사 자격을 취득한 후 응급의료 업무 분야에 3년 이상 종사한 사람

13. 「화재예방, 소방시설 설치·유지 및 안전관리에 관한 법률 시행령」 제23조제1항 각 호의 어느 하나에 해당하는 사람

14. 「화재예방, 소방시설 설치·유지 및 안전관리에 관한 법률 시행령」 제23조제2항 각 호의 어느 하나에 해당하는 자격을 갖춘 후 소방안전관리대상물의 소방안전관리에 관한 실무경력이 1년 이상 있는 사람

15. 「화재예방, 소방시설 설치·유지 및 안전관리에 관한 법률 시행령」 제23조제3항 각 호의 어느 하나에 해당하는 자격을 갖춘 후 소방안전관리대상물의 소방안전관리에 관한 실무경력이 3년 이상 있는 사람

16. 「의용소방대 설치 및 운영에 관한 법률」 제3조에 따라 의용소방대원으로 임명된 후 5년 이상 의용소방대 활동을 한 경력이 있는 사람

438 소방업무의 응원에 관한 설명이 틀린 것은?　　　　　　　　　[18 상반기 경채]

① 소방본부장이나 소방서장은 소방활동을 할 때에 긴급한 경우에는 이웃한 소방본부장 또는 소방서장에게 소방업무의 응원(應援)을 요청할 수 있다.

② 소방업무의 응원 요청을 받은 소방본부장 또는 소방서장은 정당한 사유 없이 그 요청을 거절하여서는 아니 된다.

③ 소방업무의 응원을 위하여 파견된 소방대원은 응원을 요청한 소방본부장 또는 소방서장의 지휘에 따라야 한다.

④ 시·도지사는 시도의 조례로 정하는 바에 따라 이웃한 시·도지사와 협의하여 미리 규약으로 정하여야 한다.

해설 시 · 도지사는 제1항에 따라 소방업무의 응원을 요청하는 경우를 대비하여 출동대상 지역 및 규모와 필요한 경비의 부담 등에 관하여 필요한 사항을 행정안전부령으로 정하는 바에 따라 이웃하는 시 · 도지사와 협의하여 미리 규약(規約)으로 정하여야 한다.

439 다음 중 특수가연물 저장기준이 옳지 않은 것은?　　　　　　　　　　[18 상반기 경채]

① 특수가연물을 저장 또는 취급하는 장소에는 품명 · 최대수량 및 화기취급의 금지표지를 설치할 것

② 쌓는 부분의 바닥면적은 200제곱미터 이하가 되도록 할 것

③ 석탄 · 목탄류를 발전(發電)용으로 저장하는 경우를 제외하고는 품명별로 구분하여 쌓을 것

④ 쌓는 부분의 바닥면적 사이는 1미터 이상이 되도록 할 것

해설 **특수가연물의 저장 및 취급기준**

1. 특수가연물을 저장 또는 취급하는 장소에는 품명 · 최대수량 및 화기취급의 금지표지를 설치할 것

2. 다음 각 목의 기준에 따라 쌓아 저장할 것. 다만, 석탄 · 목탄류를 발전(發電)용으로 저장하는 경우에는 그러하지 아니하다.

　가. 품명별로 구분하여 쌓을 것

　나. 쌓는 높이는 10미터 이하가 되도록 하고, 쌓는 부분의 바닥면적은 50제곱미터(석탄 · 목탄류의 경우에는 200제곱미터) 이하가 되도록 할 것. 다만, 살수설비를 설치하거나 방사능력 범위에 해당 특수가연물이 포함되도록 대형수동식 소화기를 설치하는 경우에는 쌓는 높이를 15미터 이하, 쌓는 부분의 바닥면적을 200제곱미터(석탄 · 목탄류의 경우에는 300제곱미터) 이하로 할 수 있다.

　다. 쌓는 부분의 바닥면적 사이는 1미터 이상이 되도록 할 것

440 다음 중 소방활동구역에 출입할 수 없는 사람은?　　　　　　　　　　[18 상반기 경채]

① 취재인력 등 보도업무에 종사하는 사람

② 수사업무에 종사하는 사람

③ 전기 · 가스 · 수도 · 통신 · 교통의 업무에 종사하는 사람

④ 소방대상물과 가까운 거리에 있는 건물의 관계인

정답 **439** ②　　**440** ④

해설 소방활동구역 출입자

1. 소방활동구역 안에 있는 소방대상물의 소유자 · 관리자 또는 점유자
2. 전기 · 가스 · 수도 · 통신 · 교통의 업무에 종사하는 사람으로서 원활한 소방활동을 위하여 필요한 사람
3. 의사 · 간호사 그 밖의 구조 · 구급업무에 종사하는 사람
4. 취재인력 등 보도업무에 종사하는 사람
5. 수사업무에 종사하는 사람
6. 그 밖에 소방대장이 소방활동을 위하여 출입을 허가한 사람

441 「소방기본법」상 화재경계지구의 지정에 대한 내용으로 옳지 않은 것은? [18 하반기 공채]

① 소방본부장 또는 소방서장은 화재가 발생하는 경우 그로 인하여 피해가 클 것으로 예상되는 지역을 화재경계지구로 지정할 수 있다.
② 석유화학제품을 생산하는 공장이 있는 지역을 화재경계지구로 지정할 수 있다.
③ 위험물의 저장 및 처리시설이 밀집한 지역을 화재경계지구로 지정할 수 있다.
④ 공장 · 창고가 밀집한 지역을 화재경계지구로 지정할 수 있다.

해설 시 · 도지사는 다음의 지역 중 화재피해가 클 지역을 화재경계지구(火災警戒地區)로 지정할 수 있다.

442 「소방기본법」상 소방청장 또는 시 · 도지사가 손실보상 심의위원회의 심사 · 의결에 따라 정당한 손실보상을 하여야 하는 대상으로 옳지 않은 것은? [18 하반기 공채]

① 생활안전활동에 따른 조치로 인하여 손실을 입은 자
② 화재가 확대되는 것을 막기 위하여 가스 · 전기 또는 유류 등의 시설에 대하여 위험물질의 공급을 차단하는 등의 조치로 인하여 손실을 입은 자
③ 소방활동 종사명령으로 인하여 사망하거나 부상을 입은 자
④ 소방활동에 방해가 되는 불법주차차량을 제거하거나 이동시키는 처분으로 인하여 손실을 입은 자

해설 소방활동에 방해가 되는 불법주차차량을 제거하거나 이동시키는 처분으로 인하여 손실을 입은 자는 손실보상을 받을 수 없다.

443 「소방기본법」및 같은 법 시행규칙상 소방지원활동으로 옳지 않은 것은? [18 하반기 공채]

① 집회 · 공연 등 각종 행사 시 사고에 대비한 근접대기 등 지원활동

② 소방시설 오작동 신고에 따른 조치활동

③ 방송제작 또는 촬영 관련 지원활동

④ 위해동물, 벌 등의 포획 및 퇴치활동

해설 소방지원활동

1) 소방청장 · 소방본부장 또는 소방서장은 공공의 안녕질서 유지 또는 복리증진을 위하여 필요한 경우 소방활동 외에 다음 각 호의 활동(이하 "소방지원활동"이라 한다)을 하게 할 수 있다.

2) 소방지원활동의 종류

   1. 산불에 대한 예방 · 진압 등 지원활동
   2. 자연재해에 따른 급수 · 배수 및 제설 등 지원활동
   3. 집회 · 공연 등 각종 행사 시 사고에 대비한 근접대기 등 지원활동
   4. 화재, 재난 · 재해로 인한 피해복구 지원활동
   5. 삭제 〈2015.7.24.〉
   6. 그 밖에 행정안전부령으로 정하는 활동
      가. 군 · 경찰 등 유관기관에서 실시하는 훈련지원 활동
      나. 소방시설 오작동 신고에 따른 조치활동
      다. 방송제작 또는 촬영 관련 지원활동

444 「소방기본법 시행규칙」상 저수조의 설치기준으로 옳지 않은 것은? [18 하반기 공채]

① 지면으로부터의 낙차가 10미터 이하일 것

② 흡수부분의 수심이 0.5미터 이상일 것

③ 흡수관의 투입구가 사각형의 경우에는 한 변의 길이가 60센티미터 이상, 원형의 경우에는 지름이 60센티미터 이상일 것

④ 저수조에 물을 공급하는 방법은 상수도에 연결하여 자동으로 급수되는 구조일 것

해설 저수조의 설치기준

1) 지면으로부터의 낙차가 4.5미터 이하일 것
2) 흡수부분의 수심이 0.5미터 이상일 것
3) 소방펌프자동차가 쉽게 접근할 수 있도록 할 것
4) 흡수에 지장이 없도록 토사 및 쓰레기 등을 제거할 수 있는 설비를 갖출 것
5) 흡수관의 투입구가 사각형의 경우에는 한 변의 길이가 60센티미터 이상, 원형의 경우에는 지름이 60센티미터 이상일 것
6) 저수조에 물을 공급하는 방법은 상수도에 연결하여 자동으로 급수되는 구조일 것

445 「소방기본법 시행규칙」상 급수탑 및 지상에 설치하는 소화전 · 저수조의 소방용수 표지기준으로 옳은 것은?　　　　　　　　　　　　　　　　　　　　　　[18 하반기 공채]

	문자	내측 바탕	외측 바탕		문자	내측 바탕	외측 바탕
①	백색	적색	청색	②	적색	백색	청색
③	청색	백색	청색	④	백색	청색	적색

해설 소방용수표지(제6조제1항 관련)

1. 지하에 설치하는 소화전 또는 저수조의 경우 소방용수표지는 다음 각목의 기준에 의한다.
   가. 맨홀뚜껑은 지름 648밀리미터 이상의 것으로 할 것. 다만, 승하강식 소화전의 경우에는 이를 적용하지 아니한다.
   나. 맨홀뚜껑에는 "소화전 · 주정차금지" 또는 "저수조 · 주정차금지"의 표시를 할 것
   다. 맨홀뚜껑 부근에는 황색반사도료로 폭 15센티미터의 선을 그 둘레를 따라 칠할 것
2. 급수탑 및 지상에 설치하는 소화전 · 저수조의 경우 소방용수표지는 다음과 같다.

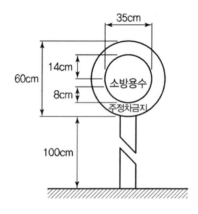

[비고]

1. 안쪽 문자는 백색, 바깥쪽 문자는 황색으로, 내측 바탕은 적색, 외측 바탕은 청색으로 하고 반사도료를 사용하여야 한다.
2. 위의 표지를 세우는 것이 매우 어렵거나 부적당한 경우에는 그 규격 등을 다르게 할 수 있다.

446 「소방기본법 시행령」상 보일러 등의 위치 · 구조 및 관리와 화재예방을 위하여 불의 사용에 있어서 지켜야 하는 사항 중 '난로'에 대한 설명이다. ( ) 안의 내용으로 옳게 연결된 것은?　　　　　　　　[18 하반기 경채]

연통은 천장으로부터 (㉠)m 이상 떨어지고, 건물 밖으로 (㉡)m 이상 나오게 설치하여야 한다.

	㉠	㉡		㉠	㉡
①	0.5	0.6	②	0.6	0.6
③	0.5	0.5	④	0.6	0.5

난로설치기준

1. 연통은 천장으로부터 0.6미터 이상 떨어지고, 건물 밖으로 0.6미터 이상 나오게 설치하여야 한다.
2. 가연성 벽·바닥 또는 천장과 접촉하는 연통의 부분은 규조토·석면 등 난연성 단열재로 덮어씌워야 한다.

447 「소방기본법 시행령」상 규정하고 있는 특수가연물의 품명과 기준수량의 연결이 옳지 않은 것은? [18 하반기 경채]

① 면화류 : 1,000kg 이상
② 사류 : 1,000kg 이상
③ 볏짚류 : 1,000kg 이상
④ 넝마 및 종이 부스러기 : 1,000kg 이상

해설 특수가연물의 종류

품명		수량
면화류		200킬로그램 이상
나무껍질 및 대팻밥		400킬로그램 이상
넝마 및 종이 부스러기		1,000킬로그램 이상
사류(絲類)		1,000킬로그램 이상
볏짚류		1,000킬로그램 이상
가연성 고체류		3,000킬로그램 이상
석탄·목탄류		10,000킬로그램 이상
가연성 액체류		2세제곱미터 이상
목재가공품 및 나무 부스러기		10세제곱미터 이상
합성수지류	발포시킨 것	20세제곱미터 이상
	그 밖의 것	3,000킬로그램 이상

448 「소방기본법」상 사람을 구출하거나 불이 번지는 것을 막기 위하여 필요한 때에는 강제처분 등을 할 수 있다. 이와 같은 권한을 가진 자로 옳지 않은 것은? [18 하반기 경채]

① 행정안전부장관
② 소방본부장
③ 소방서장
④ 소방대장

> **해설** 소방본부장, 소방서장 또는 소방대장은 사람을 구출하거나 불이 번지는 것을 막기 위하여 필요할 때에는 화재가 발생하거나 불이 번질 우려가 있는 소방대상물 및 토지를 일시적으로 사용하거나 그 사용의 제한 또는 소방활동에 필요한 처분을 할 수 있다.

449 「소방기본법」상 화재조사를 할 수 있는 권한을 가진 자로 옳은 것은? [18 하반기 경채]

① 행정안전부장관, 소방청장, 소방본부장
② 행정안전부장관, 소방본부장, 소방서장
③ 소방청장, 소방본부장, 소방서장
④ 소방청장, 경찰청장, 소방서장

> **해설** 소방청장, 소방본부장 또는 소방서장은 화재가 발생하였을 때에는 화재의 원인 및 피해 등에 대한 조사(이하 "화재조사"라 한다)를 하여야 한다.

450 「소방기본법」상 규정하는 소방지원활동과 생활안전활동을 옳게 연결한 것은?

[18 하반기 경채]

가. 산불에 대한 예방·진압 등 지원활동
나. 자연재해에 따른 급수·배수 및 제설 등 지원활동
다. 집회·공연 등 각종 행사 시 사고에 대비한 근접대기 등 지원활동
라. 화재, 재난·재해로 인한 피해복구 지원활동
마. 붕괴, 낙하 등이 우려되는 고드름, 나무, 위험 구조물 등의 제거활동
바. 위해동물, 벌 등의 포획 및 퇴치활동
사. 끼임, 고립 등에 따른 위험제거 및 구출활동
아. 단전사고 시 비상전원 또는 조명의 공급

	소방지원활동	생활안전활동
①	가-나-다-라	마-바-사-아
②	가-라-마-사	나-다-바-아
③	마-바-사-아	가-나-다-라
④	나-다-바-아	가-라-마-사

> **해설** 소방지원활동
> 1) 소방청장·소방본부장 또는 소방서장은 공공의 안녕질서 유지 또는 복리증진을 위하여 필요한 경우 소방활동 외에 다음 각 호의 활동(이하 "소방지원활동"이라 한다)을 하게 할 수 있다.

2) 소방지원활동의 종류

  1. 산불에 대한 예방 · 진압 등 지원활동

  2. 자연재해에 따른 급수 · 배수 및 제설 등 지원활동

  3. 집회 · 공연 등 각종 행사 시 사고에 대비한 근접대기 등 지원활동

  4. 화재, 재난 · 재해로 인한 피해복구 지원활동

  5. 삭제 〈2015.7.24.〉

  6. 그 밖에 행정안전부령으로 정하는 활동

    가. 군 · 경찰 등 유관기관에서 실시하는 훈련지원활동

    나. 소방시설 오작동 신고에 따른 조치활동

    다. 방송제작 또는 촬영 관련 지원활동

━ 생활안전활동

1) 소방청장 · 소방본부장 또는 소방서장은 신고가 접수된 생활안전 및 위험제거활동(화재, 재난 · 재해, 그 밖의 위급한 상황에 해당하는 것은 제외한다)에 대응하기 위하여 소방대를 출동시켜 다음 각 호의 활동(이하 "생활안전활동"이라 한다)을 하게 하여야 한다.

2) 생활안전활동의 종류

  1. 붕괴, 낙하 등이 우려되는 고드름, 나무, 위험구조물 등의 제거활동

  2. 위해동물, 벌 등의 포획 및 퇴치활동

  3. 끼임, 고립 등에 따른 위험제거 및 구출활동

  4. 단전사고 시 비상전원 또는 조명의 공급

  5. 그 밖에 방치하면 급박해질 우려가 있는 위험을 예방하기 위한 활동

---

451 「소방기본법」상 화재의 예방조치 등에 대한 설명이다. ( ) 안의 내용으로 옳은 것은?

[18 하반기 경채]

> 소방본부장이나 소방서장은 함부로 버려두거나 그냥 둔 위험물 또는 불에 탈 수 있는 물건을 보관하는 경우에는 그 날부터 ( )일 동안 소방본부 또는 소방서의 게시판에 그 사실을 공고하여야 한다.

① 7   ② 10

③ 12   ④ 14

해설 화재의 예방조치등

소방본부장이나 소방서장은 제3항에 따라 위험물 또는 물건을 보관하는 경우에는 그 날부터 14일 동안 소방본부 또는 소방서의 게시판에 그 사실을 공고하여야 한다.

---

452 「소방기본법」상 규정하는 용어의 정의를 옳게 연결한 것은?　　　　　　　[18 하반기 경채]

가. (㉠)이란 건축물, 차량, 선박(「선박법」제1조의2 제1항에 따른 선박으로서 항구에 매어둔 선박만 해당한다), 선박건조구조물, 산림, 그 밖의 인공구조물 또는 물건을 말한다.

나. (㉡)이란 소방대상물이 있는 장소 및 그 이웃 지역으로서 화재의 예방·경계·진압, 구조·구급 등의 활동에 필요한 지역을 말한다.

다. (㉢)이란 소방대상물의 소유자·관리자 또는 점유자를 말한다.

라. (㉣)이란 특별시·광역시·특별자치시·도 또는 특별자치도에서 화재의 예방·경계·진압·조사 및 구조·구급 등의 업무를 담당하는 부서의 장을 말한다.

마. (㉤)란 화재를 진압하고 화재, 재난·재해, 그 밖의 위급한 상황에서 구조·구급활동 등을 하기 위하여 소방공무원, 의무소방원, 의용소방대원으로 구성된 조직체를 말한다.

바. (㉥)이란 소방본부장 또는 소방서장 등 화재, 재난·재해, 그 밖의 위급한 상황이 발생한 현장에서 소방대를 지휘하는 사람을 말한다.

	㉠	㉡	㉢	㉣	㉤	㉥
①	소방대상물	관계지역	관계인	소방본부장	소방대	소방조장
②	방호대상물	경계지역	입회인	소방서장	지역대	소방대장
③	방호대상물	경계지역	입회인	소방서장	지역대	소방조장
④	소방대상물	관계지역	관계인	소방본부장	소방대	소방대장

해설 정의

1. "소방대상물"이란 건축물, 차량, 선박(「선박법」제1조의2 제1항에 따른 선박으로서 항구에 매어둔 선박만 해당한다), 선박건조구조물, 산림, 그 밖의 인공구조물 또는 물건을 말한다.

2. "관계지역"이란 소방대상물이 있는 장소 및 그 이웃 지역으로서 화재의 예방·경계·진압, 구조·구급 등의 활동에 필요한 지역을 말한다.

3. "관계인"이란 소방대상물의 소유자·관리자 또는 점유자를 말한다.

4. "소방본부장"이란 특별시·광역시·특별자치시·도 또는 특별자치도(이하 "시·도"라 한다)에서 화재의 예방·경계·진압·조사 및 구조·구급 등의 업무를 담당하는 부서의 장을 말한다.

5. "소방대"(消防隊)란 화재를 진압하고 화재, 재난·재해, 그 밖의 위급한 상황에서 구조·구급활동 등을 하기 위하여 다음 각 목의 사람으로 구성된 조직체를 말한다.

6. "소방대장"(消防隊長)이란 소방본부장 또는 소방서장 등 화재, 재난·재해, 그 밖의 위급한 상황이 발생한 현장에서 소방대를 지휘하는 사람을 말한다.

453 「소방기본법」상 규정하고 있는 소방자동차의 우선 통행 등에 대한 설명으로 옳지 않은 것은?

[18 하반기 경채]

① 모든 차와 사람은 소방자동차가 화재진압 및 구조 · 구급활동을 위하여 출동을 할 때에는 이를 방해하여서는 아니 된다.

② 소방자동차의 우선통행에 관하여는 「자동차 관리법」에서 정하는 바에 따른다.

③ 소방자동차는 화재진압 및 구조 · 구급활동을 위하여 출동하거나 훈련을 위하여 필요할 때에는 사이렌을 사용할 수 있다.

④ 소방자동차의 화재진압 출동을 고의로 방해한 자는 5년 이하의 징역 또는 5천만 원 이하의 벌금에 처한다.

해설 소방자동차의 우선통행에 관하여는 「도로교통법」에서 정하는 바에 따른다.

454 「소방기본법 시행령」상 규정하는 소방자동차 전용구역 방해행위 기준으로 옳지 않은 것은?

[18 하반기 경채]

① 전용구역에 물건 등을 쌓거나 주차하는 행위

② 「주차장법」 제19조에 따른 부설주차장의 주차구획 내에 주차하는 행위

③ 전용구역 진입로에 물건 등을 쌓거나 주차하여 전용구역으로의 진입을 가로막는 행위

④ 전용구역 노면표지를 지우거나 훼손하는 행위

해설 시행령 제7조의14(전용구역 방해행위의 기준)

법 제21조의2제2항에 따른 방해행위의 기준은 다음 각 호와 같다.

1. 전용구역에 물건 등을 쌓거나 주차하는 행위
2. 전용구역의 앞면, 뒷면 또는 양 측면에 물건 등을 쌓거나 주차하는 행위. 다만, 「주차장법」 제19조에 따른 부설주차장의 주차구획 내에 주차하는 경우는 제외한다.
3. 전용구역 진입로에 물건 등을 쌓거나 주차하여 전용구역으로의 진입을 가로막는 행위
4. 전용구역 노면표지를 지우거나 훼손하는 행위
5. 그 밖의 방법으로 소방자동차가 전용구역에 주차하는 것을 방해하거나 전용구역으로 진입하는 것을 방해하는 행위

455 「소방기본법 시행령」상 규정하고 있는 설명으로 (   ) 안에 들어갈 숫자를 옳게 연결한 것은?

[18 하반기 경채]

> 가. 화재경계지구에서 소방본부장 또는 소방서장은 소방상 필요한 훈련 및 교육을 실시하고자
>   하는 때에는 화재경계지구 안의 관계인에게 훈련 또는 교육(㉠)일 전까지 그 사실을 통보
>   하여야 한다.
> 나. 특수가연물의 쌓는 높이는 (㉡)미터 이하가 되도록 하고, 쌓는 부분의 바닥면적은 50제곱
>   미터(석탄 · 목탄류의 경우에는 200제곱미터) 이하가 되도록 할 것. 다만, 살수설비를 설치
>   하거나, 방사능력 범위에 해당 특수가연물이 포함되도록 대형수동식 소화기를 설치하는 경
>   우에는 쌓는 높이를 (㉢)미터 이하, 쌓는 부분의 바닥면적을 200제곱미터(석탄 · 목탄류
>   의 경우에는 300제곱미터) 이하로 할 수 있다.
> 다. 소방청장 등은 손실보상심의위원회의 심사 · 의결을 거쳐 특별한 사유가 없으면 보상금 지
>   급 청구서를 받은 날부터 (㉣)일 이내에 보상금 지급 여부 및 보상금액을 결정하여야 한다.
> 라. 소방청장 등은 보상금 지급 여부 및 보상금액 결정일부터 (㉤)일 이내에 행정안전부령으
>   로 정하는 바에 따라 결정 내용을 청구인에게 통지하고, 보상금을 지급하기로 결정한 경우
>   에는 특별한 사유가 없으면 통지한 날부터 (㉥)일 이내에 보상금을 지급하여야 한다.

	㉠	㉡	㉢	㉣	㉤	㉥			㉠	㉡	㉢	㉣	㉤	㉥
①	7	7	14	40	15	30		②	7	10	15	60	15	20
③	10	7	14	40	10	20		④	10	10	15	60	10	30

해설 제49조의2(손실보상)

① 소방청장 또는 시 · 도지사는 다음 각 호의 어느 하나에 해당하는 자에게 제3항의 손실보상심
의위원회의 심사 · 의결에 따라 정당한 보상을 하여야 한다.

② 제1항에 따라 손실보상을 청구할 수 있는 권리는 손실이 있음을 안 날부터 3년, 손실이 발생한
날부터 5년간 행사하지 아니하면 시효의 완성으로 소멸한다.

— 시행령 제12조(손실보상의 지급절차 및 방법)

① 법 제49조의2 제1항에 따라 소방기관 또는 소방대의 적법한 소방업무 또는 소방활동으로 인
하여 발생한 손실을 보상받으려는 자는 행정안전부령으로 정하는 보상금 지급 청구서에 손
실내용과 손실금액을 증명할 수 있는 서류를 첨부하여 소방청장 또는 시 · 도지사에게 제출
하여야 한다.

② 소방청장등은 제13조에 따른 손실보상심의위원회의 심사 · 의결을 거쳐 특별한 사유가 없으
면 보상금 지급 청구서를 받은 날부터 60일 이내에 보상금 지급 여부 및 보상금액을 결정하여야
한다.

④ 소방청장등은 결정일부터 10일 이내에 행정안전부령으로 정하는 바에 따라 결정 내용을 청구
인에게 통지하고, 보상금을 지급하기로 결정한 경우에는 특별한 사유가 없으면 **통지한 날부**
터 30일 이내에 보상금을 지급하여야 한다.

456 「소방기본법」상 불을 사용하는 설비의 관리기준 등에 대한 설명이다. (   ) 안에 들어갈 숫자로 옳은 것은? [19 공채]

○ 보일러 : 보일러와 벽·천장 사이의 거리는 (가)미터 이상 되도록 하여야 한다.
○ 난로 : 연통은 천장으로부터 (나)미터 이상 떨어지고, 건물 밖으로 0.6미터 이상 나오게 설치하여야 한다.
○ 건조설비 : 건조설비와 벽·천장 사이의 거리는 (다) 미터 이상 되도록 하여야 한다.
○ 음식조리를 위하여 설치하는 설비 : 열을 발생하는 조리기구는 반자 또는 선반으로부터 (라)미터 이상 떨어지게 해야 한다.

	(가)	(나)	(다)	(라)		(가)	(나)	(다)	(라)
①	0.5	0.6	0.6	0.6	②	0.6	0.6	0.5	0.6
③	0.6	0.5	0.6	0.6	④	0.6	0.6	0.5	0.5

해설 • 보일러와 벽·천장 사이거리는 0.6m 이상 되도록 할 것
• 난로의 연통은 천장으로부터 0.6m 이상 떨어지고 건물 밖으로 0.6m 이상 나오게 설치할 것
• 건조설비와 벽·천장 사이의 거리는 0.5m 이상이 되도록 할 것
• 음식조리를 위하여 설치하는 조리기구는 반자 또는 선반으로부터 0.6m 이상 떨어지게 할 것

457 「소방기본법 시행령」상 소방안전교육사시험 응시자격에 대한 설명으로 옳은 것은? [19 공채]

ㄱ. 「영유아보육법」 제21조에 따라 보육교사 자격을 취득한 후 2년 이상의 보육업무 경력이 있는 사람
ㄴ. 「국가기술자격법」 제2조제3호에 따른 국가기술자격의 직무분야 중 안전관리분야의 산업기사 자격을 취득한 후 안전관리분야에 3년 이상 종사한 사람
ㄷ. 「의료법」 제7조에 따라 간호조무사 자격을 취득한 후 간호업무분야에 2년 이상 종사한 사람
ㄹ. 「응급의료에 관한 법률」 제36조제3항에 따라 2급 응급구조사 자격을 취득한 후 응급의료업무분야에 3년 이상 종사한 사람
ㅁ. 「소방공무원법」 제2조에 따른 소방공무원으로 2년 이상 근무한 경력이 있는 사람
ㅂ. 「의용소방대 설치 및 운영에 관한 법률」 제3조에 따라 의용소방대원으로 임명된 후 5년 이상 의용소방대 활동을 한 경력이 있는 사람

① ㄱ, ㄷ, ㅁ
② ㄴ, ㄹ, ㅂ
③ ㄷ, ㄹ, ㅁ
④ ㄹ, ㅁ, ㅂ

해설 [별표 2의2] 〈개정 2020. 3. 10〉 소방안전교육사시험의 응시자격(제7조의2 관련)

1. 소방공무원으로서 다음 각 목의 어느 하나에 해당하는 사람
   가. 소방공무원으로 3년 이상 근무한 경력이 있는 사람
   나. 중앙소방학교 또는 지방소방학교에서 2주 이상의 소방안전교육사 관련 전문교육과정을

이수한 사람

2. 「초·중등교육법」 제21조에 따라 교원의 자격을 취득한 사람

3. 「유아교육법」 제22조에 따라 교원의 자격을 취득한 사람

4. 「영유아보육법」 제21조에 따라 어린이집의 원장 또는 보육교사의 자격을 취득한 사람(보육교사 자격을 취득한 사람은 보육교사 자격을 취득한 후 3년 이상의 보육업무 경력이 있는 사람만 해당한다)

5. 다음 각 목의 어느 하나에 해당하는 기관에서 소방안전교육 관련 교과목(응급구조학과, 교육학과 또는 제15조제2호에 따라 소방청장이 정하여 고시하는 소방 관련 학과에 개설된 전공과목을 말한다)을 총 6학점 이상 이수한 사람

   가. 「고등교육법」 제2조제1호부터 제6호까지의 규정의 어느 하나에 해당하는 학교

   나. 「학점인정 등에 관한 법률」 제3조에 따라 학습과정의 평가인정을 받은 교육훈련기관

6. 「국가기술자격법」 제2조제3호에 따른 국가기술자격의 직무분야 중 안전관리 분야(국가기술자격의 직무분야 및 국가기술자격의 종목 중 중직무분야의 안전관리를 말한다. 이하 같다)의 기술사 자격을 취득한 사람

7. 「화재예방, 소방시설 설치·유지 및 안전관리에 관한 법률」 제26조에 따른 소방시설관리사 자격을 취득한 사람

8. 「국가기술자격법」 제2조제3호에 따른 국가기술자격의 직무분야 중 안전관리 분야의 기사 자격을 취득한 후 안전관리 분야에 1년 이상 종사한 사람

9. 「국가기술자격법」 제2조제3호에 따른 국가기술자격의 직무분야 중 안전관리 분야의 산업기사 자격을 취득한 후 안전관리 분야에 3년 이상 종사한 사람

10. 「의료법」 제7조에 따라 간호사 면허를 취득한 후 간호업무 분야에 1년 이상 종사한 사람

11. 「응급의료에 관한 법률」 제36조제2항에 따라 1급 응급구조사 자격을 취득한 후 응급의료 업무 분야에 1년 이상 종사한 사람

12. 「응급의료에 관한 법률」 제36조제3항에 따라 2급 응급구조사 자격을 취득한 후 응급의료 업무 분야에 3년 이상 종사한 사람

13. 「화재예방, 소방시설 설치·유지 및 안전관리에 관한 법률 시행령」 제23조제1항 각 호의 어느 하나에 해당하는 사람

14. 「화재예방, 소방시설 설치·유지 및 안전관리에 관한 법률 시행령」 제23조제2항 각 호의 어느 하나에 해당하는 자격을 갖춘 후 소방안전관리대상물의 소방안전관리에 관한 실무경력이 1년 이상 있는 사람

15. 「화재예방, 소방시설 설치·유지 및 안전관리에 관한 법률 시행령」 제23조제3항 각 호의 어느 하나에 해당하는 자격을 갖춘 후 소방안전관리대상물의 소방안전관리에 관한 실무경력이 3년 이상 있는 사람

16. 「의용소방대 설치 및 운영에 관한 법률」 제3조에 따라 의용소방대원으로 임명된 후 5년 이상 의용소방대 활동을 한 경력이 있는 사람

458 「소방기본법」 및 같은 법 시행령상 손실보상에 관한 설명 중 (   ) 안에 들어갈 숫자로 옳은 것은? [19 공채]

> ○ 손실보상을 청구할 수 있는 권리는 손실이 있음을 안 날부터 (가)년, 손실이 발생한 날부터 (나)년 간 행사하지 아니하면 시효의 완성으로 소멸한다.
> ○ 소방청장 등은 손실보상심의위원회의 심사·의결을 거쳐 특별한 사유가 없으면 보상금 지급 청구서를 받은 날부터 (다)일 이내에 보상금 지급 여부 및 보상금액을 결정하여야 한다.
> ○ 소방청장 등은 결정일부터 (라)일 이내에 행정안전부령으로 정하는 바에 따라 결정 내용을 청구인에게 통지하고, 보상금을 지급하기로 결정한 경우에는 특별한 사유가 없으면 통지한 날부터 (마)일 이내에 보상금을 지급하여야 한다.

	(가)	(나)	(다)	(라)	(마)		(가)	(나)	(다)	(라)	(마)
①	3	5	60	10	30	②	5	3	60	12	20
③	3	5	50	12	30	④	5	3	50	10	20

해설 ① 소방기관 또는 소방대의 적법한 소방업무 또는 소방활동으로 인하여 발생한 손실을 보상받으려는 자는 행정안전부령으로 정하는 보상금 지급 청구서에 손실내용과 손실금액을 증명할 수 있는 서류를 첨부하여 소방청장 또는 시·도지사(이하 "소방청장 등"이라 한다)에게 제출하여야 한다.
② 소방청장 등은 손실보상심의위원회의 심사·의결을 거쳐 특별한 사유가 없으면 보상금 지급 청구서를 받은 날부터 60일 이내에 보상금 지급 여부 및 보상금액을 결정하여야 한다.
③ 소방청장 등은 손실보상에 따른 결정일부터 10일 이내에 행정안전부령으로 정하는 바에 따라 결정 내용을 청구인에게 통지하고, 보상금을 지급하기로 결정한 경우에는 특별한 사유가 없으면 통지한 날부터 30일 이내에 보상금을 지급하여야 한다.
④ 보상금은 일시불로 지급하되, 예산 부족 등의 사유로 일시불로 지급할 수 없는 특별한 사정이 있는 경우에는 청구인의 동의를 받아 분할하여 지급할 수 있다.

459 「소방기본법」 및 같은 법 시행규칙상 소방용수시설 설치 기준 등에 대한 설명으로 옳지 않은 것은? [19 공채]

① 시·도지사는 소방활동에 필요한 소방용수시설을 설치하고 유지·관리하여야 하고, 「수도법」 제45조에 따라 소화전을 설치하는 일반수도사업자는 관할 소방서장과 사전협의를 거친 후 소화전을 설치하여야 하며, 설치 사실을 관할 소방서장에게 통지하고, 그 소화전은 소방 서장이 유지·관리하여야 한다.
② 정당한 사유 없이 소방용수시설 또는 비상소화장치를 사용하거나 소방용수시설 또는 비상소화장치의 효용을 해치거나 그 정당한 사용을 방해한 사람에 대해서는 5년 이하의 징역 또는 5천만 원 이하의 벌금에 처한다.
③ 소방본부장 또는 소방서장은 원활한 소방활동을 위하여 소방용수시설에 대한 조사, 소방

대상물에 인접한 도로의 폭·교통상황, 도로주변의 토지의 고저·건축물의 개황 그 밖의 소방활동에 필요한 지리에 대한 조사를 월 1회 이상 실시하여야 하며, 조사결과는 2년간 보관하여야 한다.

④ 소화전은 상수도와 연결하여 지하식 또는 지상식의 구조로 하고 소방용 호스와 연결하는 소화전의 연결 금속구의 구경은 65밀리미터로 하여야 하며, 급수탑은 급수배관의 구경을 100밀리미터 이상으로 하고 개폐 밸브는 지상에서 1.5미터 이상, 1.7미터 이하의 높이에 설치하여야 한다.

해설 ① 시·도지사는 소방활동에 필요한 소화전(消火栓)·급수탑(給水塔)·저수조(貯水槽)(이하 "소방용수시설"이라 한다)를 설치하고 유지·관리하여야 한다. 다만, 「수도법」 제45조에 따라 소화전을 설치하는 일반수도사업자는 관할 소방서장과 사전협의를 거친 후 소화전을 설치하여야 하며, 설치 사실을 관할 소방서장에게 통지하고, 그 소화전을 유지·관리하여야 한다.

460 「소방기본법」상 소방활동에 필요한 처분(강제처분 등)을 할 수 있는 처분권자로 옳은 것은?

[19 공채]

| ㉠ 소방서장 | ㉡ 소방본부장 | ㉢ 소방대장 |
| ㉣ 소방청장 | ㉤ 시·도지사 | |

① ㄱ, ㄴ, ㄷ

② ㄱ, ㄴ, ㄹ

③ ㄱ, ㄷ, ㅁ

④ ㄱ, ㄹ, ㅁ

해설 ① 소방청장, 소방본부장, 소방서장 : 종합상황실 설치, 소방활동, 소방지원활동, 생활안전활동, 소송지원, 소방교육 및 훈련(공무원, 초중등, 유아), 화재발생 시 피난 및 행동방법 홍보, 화재조사

② 소방본부장 또는 소방서장 : 시·도지사의 지휘와 감독을 받음, 소방업무응원요청, 이상기상예보 시 경보, 예방조치명령(보관 등), 화재경계지구에 대한 소방특별조사 실시, 설치명령, 화재경계지구 안의 관계인에 대한 훈련 및 교육

③ 소방청장 : 소방박물관 설립, 종합계획 5년마다 수립, 명예직소방대원 위촉, 소방력동원 요청, 화재경계지구지정 요청, 소방안전교육사 자격부여, 국제화사업 추진, 안전원은 소방청장의 인가 및 승인, 안전원업무 감독

④ 소방대장 : 소방활동구역 설정

⑤ 소방본부장, 소방서장 또는 소방대장 : 소방활동종사명령, 강제처분명령, 피난명령, 긴급조치명령, 소방활동종사명령

⑥ 시·도지사는 대통령령으로 정하는 바에 따라 제1항에 따른 화재경계지구의 지정 현황, 제3항에 따른 소방특별조사의 결과, 제4항에 따른 소방설비 설치 명령 현황, 제5항에 따른 소방교육의 현황 등이 포함된 화재경계지구에서의 화재예방 및 경계에 필요한 자료를 매년 작성·관리하여야 한다. 〈신설 2016. 1. 27.〉

정답 **460** ①

461 「소방기본법」상 용어의 정의로 옳지 않은 것은? [19 경채]

① "소방대상물"이란 건축물, 차량, 선박(「선박법」제1조의2 제1항에 따른 선박으로서 항구에 매어둔 선박만 해당한다), 선박 건조 구조물, 산림, 그 밖의 인공 구조물 또는 물건을 말한다.

② "관계지역"이란 소방대상물이 있는 장소 및 그 이웃 지역으로서 화재의 예방·경계·진압, 구조·구급 등의 활동에 필요한 지역을 말한다.

③ "소방본부장"이란 특별시·광역시·특별자치시·도 또는 특별자치도에서 화재의 예방·경계·진압·조사 및 구조·구급 등의 업무를 담당하는 부서의 장을 말한다.

④ "소방대"란 화재를 진압하고 화재, 재난·재해, 그 밖의 위급한 상황에서 구조·구급 활동 등을 하기 위하여 소방공무원, 의무소방원, 자위소방대원으로 구성된 조직체를 말한다.

해설 소방대의 구성

소방공무원, 의무소방원, 의용소방대원

462 「소방기본법 시행령」상 화재경계지구에 관한 설명으로 옳은 것은? [19 경채]

① 소방청장, 소방본부장 또는 소방서장은 화재경계지구 안의 소방대상물의 위치·구조 및 설비 등에 대한 소방 특별조사를 연 1회 이상 실시하여야 한다.

② 소방본부장 또는 소방서장은 화재경계지구 안의 관계인에 대하여 소방상 필요한 훈련 및 교육을 연 1회 이상 실시할 수 있다.

③ 소방본부장 또는 소방서장은 소방상 필요한 훈련 및 교육을 실시하고자 하는 때에 화재경계지구 안의 관계인에게 훈련 또는 교육 30일 전까지 그 사실을 통보하여야 한다.

④ 소방청장은 화재경계지구의 지정 현황 등을 화재경계지구 관리대장에 작성하고 관리하여야 한다.

해설 시·도지사 작성관리업무사항

1) 소방본부장 또는 소방서장은 법 제13조제3항에 따라 화재경계지구 안의 소방대상물의 위치·구조 및 설비 등에 대한 소방특별조사를 연 (1)회 이상 실시하여야 한다. 〈개정 2012. 1. 31., 2018. 3. 20.〉

2) 소방본부장 또는 소방서장은 법 제13조제5항에 따라 화재경계지구 안의 관계인에 대하여 소방상 필요한 훈련 및 교육을 연 (1)회 이상 실시할 수 있다. 〈개정 2009. 5. 21., 2018. 3. 20.〉

3) 소방본부장 또는 소방서장은 제3항의 규정에 의한 소방상 필요한 훈련 및 교육을 실시하고자 하는 때에는 화재경계지구 안의 관계인에게 훈련 또는 교육 (10)일 전까지 그 사실을 통보하여야 한다.

463 「소방기본법」상 소방박물관 등의 설립과 운영에 관한 설명이다. (   ) 안의 내용으로 옳은 것은?   [19 경채]

> 소방의 역사와 안전문화를 발전시키고 국민의 안전 의식을 높이기 위하여 (가)은/는 소방박물관을, (나)은/는 소방체험관(화재 현장에서의 피난 등을 체험할 수 있는 체험관을 말한다)을 설립하여 운영할 수 있다.

　(가)　　　(나)　　　　　　　(가)　　　(나)
① 소방청장　시 · 도지사　　　② 소방청장　소방본부장
③ 시 · 도지사　소방본부장　　④ 시 · 도지사　소방청장

해설 소방박물관 및 소방체험관
　① 소방박물관 설립운영권자 : 소방청장
　② 소방체험관 설립운영권자 : 시 · 도지사
　③ 소방박물관 설립운영에 관하여 필요한 사항 : 행정안전부령
　④ 소방체험관 설립운영에 관하여 필요한 사항 : 시 · 도의 조례
　⑤ 소방청장은 법 제5조제2항의 규정에 의하여 소방박물관을 설립 · 운영하는 경우에는 소방박물관에 소방박물관장 1인과 부관장 1인을 두되, 소방박물관장은 소방공무원 중에서 소방청장이 임명한다.
　⑥ 소방박물관에는 그 운영에 관한 중요한 사항을 심의하기 위하여 7인 이내의 위원으로 구성된 운영위원회를 둔다.

464 「소방기본법 시행령」상 소방안전교육사의 배치대상별 배치기준에 관한 설명이다. (   ) 안의 내용으로 옳은 것은?   [19 경채]

> 소방안전교육사의 배치대상별 배치기준에 따르면 소방청 (가)명 이상, 소방본부 (나)명 이상, 소방서 (다)명 이상이다.

　(가) (나) (다)　　　　　　　(가) (나) (다)
①　1　　1　　1　　　　　② 　1　　2　　2
③　2　　1　　2　　　　　④ 　2　　2　　1

해설 소방청, 소방본부, 한국소방산업기술원, 한국소방안전원(본원) 2명 이상 소방서, 한국소방안전원(시 · 도, 지원) 1명 이상

465 「소방기본법」 및 같은 법 시행령상 손실보상에 관한 내용 중 소방청장 또는 시·도지사가 '손실보상심의위원회'의 심사·의결에 따라 정당한 보상을 하여야 하는 대상으로 옳지 않은 것은? [19 경채]

① 생활안전활동에 따른 조치로 인하여 손실을 입은 자

② 소방활동 종사 명령에 따른 소방활동 종사로 인하여 사망하거나 부상을 입은 자

③ 위험물 또는 물건의 보관기간 경과 후 매각이나 폐기로 손실을 입은 자

④ 소방기관 또는 소방대의 적법한 소방업무 또는 소방 활동으로 인하여 손실을 입은 자

해설 소방청장 또는 시·도지사는 다음 각 호의 어느 하나에 해당하는 자에게 제3항의 손실보상심의위원회의 심사·의결에 따라 정당한 보상을 하여야 한다.

1. 제16조의3제1항(생활안전활동)에 따른 조치로 인하여 손실을 입은 자
2. 제24조제1항 전단(소방활동종사명령)에 따른 소방활동 종사로 인하여 사망하거나 부상을 입은 자
3. 제25조제2항(불이 번질 우려가 있는 소방대상물 및 토지 외의 소방대상물 및 토지에 대한 강제처분) 또는 제3항(소방자동차의 통행과 소방활동에 방해가 되는 주차 또는 정차된 차량 및 물건 등을 제거하거나 이동시키는 강제처분)에 따른 처분으로 인하여 손실을 입은 자. 다만, 같은 조 제3항에 해당하는 경우로서 법령을 위반하여 소방자동차의 통행과 소방활동에 방해가 된 경우는 제외한다.
4. 제27조제1항(소방용수 외에 댐·저수지 또는 수영장 등의 물을 사용하거나 수도(水道)의 개폐장치 등을 조작) 또는 제2항(가스·전기 또는 유류 등의 시설에 대하여 위험물질의 공급을 차단하는 등) 조치로 인하여 손실을 입은 자
5. 그 밖에 소방기관 또는 소방대의 적법한 소방업무 또는 소방활동으로 인하여 손실을 입은 자

466 「소방기본법 시행령」상 소방활동구역의 출입자로 옳지 않은 것은? [19 경채]

① 소방활동구역 안에 있는 소방대상물의 관계인

② 구조·구급업무에 종사하는 사람

③ 수사업무에 종사하는 사람

④ 시·도지사가 출입을 허가한 사람

해설 소방활동구역 출입자

1. 소방활동구역 안에 있는 소방대상물의 소유자·관리자 또는 점유자
2. 전기·가스·수도·통신·교통의 업무에 종사하는 사람으로서 원활한 소방활동을 위하여 필요한 사람
3. 의사·간호사 그 밖의 구조·구급업무에 종사하는 사람
4. 취재인력 등 보도업무에 종사하는 사람
5. 수사업무에 종사하는 사람
6. 그 밖에 소방대장이 소방활동을 위하여 출입을 허가한 사람

467 「소방기본법」 및 같은 법 시행령상 소방자동차 전용구역의 설치 등에 관한 설명으로 옳지 않은 것은? [19 경채]

① 세대수가 100세대 이상인 아파트에는 소방자동차 전용 구역을 설치하여야 한다.

② 소방본부장 또는 소방서장은 소방자동차가 접근하기 쉽고 소방활동이 원활하게 수행될 수 있도록 공동주택의 각 동별 전면 또는 후면에 소방자동차 전용구역을 1개소 이상 설치하여야 한다.

③ 전용구역 노면표지 도료의 색채는 황색을 기본으로 하되, 문자(P, 소방차 전용)는 백색으로 표시한다.

④ 소방자동차 전용구역에 차를 주차하거나 전용구역에의 진입을 가로막는 등의 방해행위를 한 자에게는 100만 원 이하의 과태료를 부과한다.

해설 소방자동차 전용구역은 건축주가 설치

━━ 전용구역의 설치 방법(제7조의13 제2항 관련)

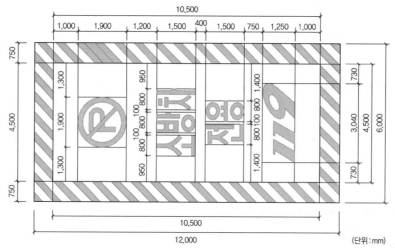

[비고]
1. 전용구역 노면표지의 외곽선은 빗금무늬로 표시하되, 빗금은 두께를 30센티미터로 하여 50센티미터 간격으로 표시한다.
2. 전용구역 노면표지 도료의 색채는 황색을 기본으로 하되, 문자(P, 소방차 전용)는 백색으로 표시한다.

468 「소방기본법 시행령」상 보일러 등의 위치·구조 및 관리와 화재예방을 위하여 불의 사용에 있어서 지켜야 하는 사항으로 옳지 않은 것은?   [19 경채]

① '보일러'와 벽·천장 사이의 거리는 0.6미터 이상 되도록 하여야 한다.

② '난로' 연통은 천장으로부터 0.6미터 이상 떨어지고, 건물 밖으로 0.6미터 이상 나오게 설치하여야 한다.

③ '건조설비'와 벽·천장 사이의 거리는 0.5미터 이상 되도록 하여야 한다.

④ '불꽃을 사용하는 용접·용단기구' 작업장에서는 용접 또는 용단 작업자로부터 반경 10미터 이내에 소화기를 갖추어야 한다.

해설 ① 용접 또는 용단 작업자로부터 반경 (5)m 이내에 소화기를 갖추어 둘 것

② 용접 또는 용단 작업장 주변 반경 (10)m 이내에는 가연물을 쌓아두거나 놓아두지 말 것. 다만, 가연물의 제거가 곤란하여 방지포 등으로 방호조치를 한 경우는 제외한다.

469 「소방기본법」상 소방력의 기준 등에 관한 설명으로 옳은 것은?   [19 경채]

① 소방업무를 수행하는 데에 필요한 소방력에 관한 기준은 대통령령으로 정한다.

② 소방청장은 소방력의 기준에 따라 관할구역의 소방력을 확충하기 위하여 필요한 계획을 수립하여 시행하여야 한다.

③ 소방자동차 등 소방장비의 분류·표준화와 그 관리 등에 필요한 사항은 따로 법률에서 정한다.

④ 국가는 소방장비의 구입 등 시·도의 소방업무에 필요한 경비의 일부를 보조하고, 보조 대상사업의 범위와 기준 보조율은 행정안전부령으로 정한다.

해설 제8조(소방력의 기준 등)

① 소방기관이 소방업무를 수행하는 데에 필요한 인력과 장비 등[이하 "소방력"(消防力)이라 한다]에 관한 기준은 행정안전부령으로 정한다.

② 시·도지사는 제1항에 따른 소방력의 기준에 따라 관할구역의 소방력을 확충하기 위하여 필요한 계획을 수립하여 시행하여야 한다.

③ 소방자동차 등 소방장비의 분류·표준화와 그 관리 등에 필요한 사항은 따로 법률에서 정한다.

470 「소방기본법」상 과태료 부과대상으로 옳은 것은? [19 경채]

① 화재 또는 구조·구급이 필요한 상황을 거짓으로 알린 사람

② 화재경계지구 안의 소방대상물에 대한 소방특별조사를 거부·방해 또는 기피한 자

③ 소방자동차가 화재진압 및 구조활동을 위하여 출동할 때, 소방자동차의 출동을 방해한 사람

④ 소방활동 종사 명령에 따라 사람을 구출하는 일 또는 불을 끄거나 불이 번지지 아니하도록 하는 일을 방해한 사람

> **해설** 제56조(과태료)
> ① 다음 각 호의 어느 하나에 해당하는 자에게는 200만 원 이하의 과태료를 부과한다.
>   1. 제13조제4항에 따른 소방용수시설, 소화기구 및 설비 등의 설치 명령을 위반한 자
>   2. 제15조제1항에 따른 불을 사용할 때 지켜야 하는 사항 및 같은 조 제2항에 따른 특수가연물의 저장 및 취급 기준을 위반한 자
>   3. 제19조제1항을 위반하여 화재 또는 구조·구급이 필요한 상황을 거짓으로 알린 사람
>   3의2. 제21조제3항을 위반하여 소방자동차의 출동에 지장을 준 자
>   4. 제23조제1항을 위반하여 소방활동구역을 출입한 사람
>   5. 제30조제1항에 따른 명령을 위반하여 보고 또는 자료 제출을 하지 아니하거나 거짓으로 보고 또는 자료 제출을 한 자
>   6. 제44조의3을 위반하여 한국소방안전원 또는 이와 유사한 명칭을 사용한 자
> ② 제21조의2제2항을 위반하여 전용구역에 차를 주차하거나 전용구역에의 진입을 가로막는 등의 방해행위를 한 자에게는 100만 원 이하의 과태료를 부과한다. 〈신설 2018. 2. 9.〉
> ③ 제1항 및 제2항에 따른 과태료는 대통령령으로 정하는 바에 따라 관할 시·도지사, 소방본부장 또는 소방서장이 부과·징수한다. 〈개정 2018. 2. 9.〉
>
> ━ 제57조(과태료)
> ① 제19조제2항에 따른 신고를 하지 아니하여 소방자동차를 출동하게 한 자에게는 20만 원 이하의 과태료를 부과한다.
> ② 제1항에 따른 과태료는 조례로 정하는 바에 따라 관할 소방본부장 또는 소방서장이 부과·징수한다.

471 「소방기본법」상 소방대의 생활안전활동으로 옳지 않은 것은? [20 공채]

① 단전사고 시 비상전원 또는 조명 공급

② 소방시설 오작동 신고에 따른 조치 활동

③ 위해동물, 벌 등의 포획 및 퇴치 활동

④ 끼임, 고립 등에 따른 위험제거 및 구출 활동

해설 생활안전활동

1) 소방청장·소방본부장 또는 소방서장은 신고가 접수된 생활안전 및 위험제거 활동(화재, 재난·재해, 그 밖의 위급한 상황에 해당하는 것은 제외한다)에 대응하기 위하여 소방대를 출동시켜 다음 각 호의 활동(이하 "생활안전활동"이라 한다)을 하게 하여야 한다.
2) 생활안전활동의 종류
   1. 붕괴, 낙하 등이 우려되는 고드름, 나무, 위험 구조물 등의 제거활동
   2. 위해동물, 벌 등의 포획 및 퇴치 활동
   3. 끼임, 고립 등에 따른 위험제거 및 구출 활동
   4. 단전사고 시 비상전원 또는 조명의 공급
   5. 그 밖에 방치하면 급박해질 우려가 있는 위험을 예방하기 위한 활동
3) 누구든지 정당한 사유 없이 제1항에 따라 출동하는 소방대의 생활안전활동을 방해하여서는 아니 된다. : 생활안전활동 방해 시 100만 원 이하의 벌금

472 「소방기본법」상 소방업무에 관한 종합계획의 수립·시행 등에 대한 설명이다. (   ) 안에 들어갈 내용으로 옳은 것은? [20 공채]

(가)은 화재, 재난·재해, 그 밖의 위급한 상황으로부터 국민의 생명·신체 및 재산을 보호하기 위하여 소방업무에 관한 종합계획을 (나)마다 수립·시행하여야 하고, 이에 필요한 재원을 확보하도록 노력하여야 한다.

	(가)	(나)
①	소방청장	3년
②	소방청장	5년
③	행정안전부장관	3년
④	행정안전부장관	5년

해설 제6조(소방업무에 관한 종합계획의 수립·시행 등)
① 소방청장은 화재, 재난·재해, 그 밖의 위급한 상황으로부터 국민의 생명·신체 및 재산을 보호하기 위하여 소방업무에 관한 종합계획(이하 이 조에서 "종합계획"이라 한다)을 5년마다 수립·시행하여야 하고, 이에 필요한 재원을 확보하도록 노력하여야 한다.

473 「소방기본법 시행령」상 보일러 등의 위치·구조 및 관리와 화재예방을 위하여 불의 사용에 있어서 지켜야 하는 사항으로, 용접 또는 용단 작업장에서 지켜야 할 사항이다. (   ) 안에 들어갈 내용으로 옳은 것은?(단, 「산업안전보건법」 제38조의 적용을 받는 사업장의 경우에는 적용하지 아니한다.)   [20 공채]

> • 용접 또는 용단 작업자로부터 (가) 이내에 소화기를 갖추어 둘 것
> • 용접 또는 용단 작업장 주변 (나) 이내에는 가연물을 쌓아두거나 놓아두지 말 것. 다만, 가연물의 제거가 곤란하여 방지포 등으로 방호조치를 한 경우는 제외한다.

	(가)	(나)		(가)	(나)
①	반경 5m	반경 10m	②	반경 6m	반경 12m
③	직경 5m	직경 10m	④	직경 6m	직경 12m

해설

종류	내용
불꽃을 사용하는 용접·용단기구	용접 또는 용단 작업장에서는 다음 각 호의 사항을 지켜야 한다. 다만, 「산업안전보건법」 제38조의 적용을 받는 사업장의 경우에는 적용하지 아니한다. 1. 용접 또는 용단 작업자로부터 반경 5m 이내에 소화기를 갖추어 둘 것 2. 용접 또는 용단 작업장 주변 반경 10m 이내에는 가연물을 쌓아두거나 놓아두지 말 것. 다만, 가연물의 제거가 곤란하여 방지포 등으로 방호조치를 한 경우는 제외한다.
전기시설	1. 전류가 통하는 전선에는 과전류차단기를 설치하여야 한다. 2. 전선 및 접속기구는 내열성이 있는 것으로 하여야 한다.

474 「소방기본법」상 시·도지사가 소방활동에 필요하여 설치하고 유지·관리하는 소방용수시설로 옳지 않은 것은?   [20 공채]

① 소화전
② 저수조
③ 급수탑
④ 상수도소화용수설비

해설 소방용수시설의 종류

소화전, 급수탑, 저수조

475 「소방기본법」상 소방대의 구성원으로 옳은 것은? [20 공채]

ㄱ. 소방안전관리자	ㄴ. 의무소방원
ㄷ. 자체소방대원	ㄹ. 의용소방대원
ㅁ. 자위소방대원	

① ㄱ, ㄷ   ② ㄴ, ㄹ   ③ ㄴ, ㅁ   ④ ㄷ, ㅁ

해설 "소방대"(消防隊)란 화재를 진압하고 화재, 재난·재해, 그 밖의 위급한 상황에서 구조·구급
활동 등을 하기 위하여 다음 각 목의 사람으로 구성된 조직체를 말한다.
가. 「소방공무원법」에 따른 소방공무원
나. 「의무소방대설치법」제3조에 따라 임용된 의무소방원
다. 「의용소방대 설치 및 운영에 관한 법률」에 따른 의용소방대원

476 「소방기본법」 및 같은 법 시행령상 소방안전교육사와 관련된 규정의 내용으로 옳지 않은 것
은? [20 경채]

① 소방안전교육사는 소방안전교육의 기획·진행·분석·평가 및 교수업무를 수행한다.

② 금고 이상의 형의 집행유예를 선고받고 그 유예기간 중에 있는 사람은 소방안전교육사가
될 수 없다.

③ 초등학교 등 교육기관에는 소방안전교육사를 1명 이상 배치하여야 한다.

④ 「유아교육법」에 따라 교원의 자격을 취득한 사람은 소방안전교육사 시험에 응시할 수 있다.

해설 • 소방청, 소방본부, 한국소방산업기술원, 한국소방안전원(본원) 2명 이상
• 소방서, 한국소방안전원(시·도, 지원) 1명 이상

477 「소방기본법」상 소방자동차가 화재진압을 위하여 출동하는 경우 소방자동차의 우선 통행에
관한 내용으로 옳지 않은 것은? [20 경채]

① 모든 차와 사람은 소방자동차가 화재진압을 위하여 출동을 할 때에는 이를 방해하여서는
아니 된다.

② 소방자동차가 화재진압을 위하여 출동하거나 훈련을 위하여 필요할 때에는 사이렌을 사
용할 수 있다.

③ 모든 차와 사람은 소방자동차가 화재진압을 위하여 사이렌을 사용하여 출동하는 경우에
는 소방자동차에 진로를 양보하지 아니하는 행위를 하여서는 아니 된다.

④ 모든 차와 사람은 소방자동차가 화재진압을 위하여 사이렌을 사용하여 출동하는 경우 소
방자동차의 우선 통행에 관하여는 「교통안전법」에서 정하는 바에 따른다.

해설 소방자동차의 우선 통행에 관하여는 「도로교통법」에서 정하는 바에 따른다.

478 「소방기본법 시행령」상 소방장비 등 국고보조 대상사업의 범위에 해당하지 않는 것은?

[20 경채]

① 소방자동차 구입
② 소방용수시설 설치
③ 소방헬리콥터 및 소방정 구입
④ 소방전용통신설비 및 전산설비 설치

> **해설** **소방장비 등에 대한 국고보조**
> 1) 국가는 소방장비의 구입 등 시·도의 소방업무에 필요한 경비의 일부를 보조한다.
> 2) 보조 대상사업의 범위와 기준보조율은 대통령령으로 정한다.
> 3) 국고보조 대상사업의 범위
>   1. 다음 각 목의 소방활동장비와 설비의 구입 및 설치
>   가. 소방자동차
>   나. 소방헬리콥터 및 소방정
>   다. 소방전용통신설비 및 전산설비
>   라. 그 밖에 방화복 등 소방활동에 필요한 소방장비
>   2. 소방관서용 청사의 건축(「건축법」 제2조제1항제8호에 따른 건축을 말한다)
> 4) 국고보조 소방활동장비 및 설비의 종류와 규격은 행정안전부령으로 정한다.

479 「소방기본법 시행령」상 일반음식점에서 조리를 위하여 불을 사용하는 설비를 설치할 때 지켜야 할 사항으로 옳지 않은 것은?

[20 경채]

① 주방시설에는 동물 또는 식물의 기름을 제거할 수 있는 필터 등을 설치할 것
② 열을 발생하는 조리기구는 반자 또는 선반으로부터 0.5미터 이상 떨어지게 할 것
③ 주방설비에 부속된 배기덕트는 0.5밀리미터 이상의 아연도금강판 또는 이와 동등 이상의 내식성 불연재료로 설치할 것
④ 열을 발생하는 조리기구로부터 0.15미터 이내의 거리에 있는 가연성 주요 구조부는 단열성이 있는 불연재료로 덮어 씌울 것

> **해설** 일반음식점에서 조리를 위하여 불을 사용하는 설비를 설치하는 경우에는 다음 각 목의 사항을 지켜야 한다.
>   가. 주방설비에 부속된 배기덕트는 0.5밀리미터 이상의 아연도금강판 또는 이와 동등 이상의 내식성 불연재료로 설치할 것
>   나. 주방시설에는 동물 또는 식물의 기름을 제거할 수 있는 필터 등을 설치할 것
>   다. 열을 발생하는 조리기구는 반자 또는 선반으로부터 0.6미터 이상 떨어지게 할 것
>   라. 열을 발생하는 조리기구로부터 0.15미터 이내의 거리에 있는 가연성 주요 구조부는 석면판 또는 단열성이 있는 불연재료로 덮어 씌울 것

480 「소방기본법 시행령」상 화재가 발생하는 경우 불길이 빠르게 번지는 고무류·면화류 등 대통령령으로 정하는 특수가연물의 저장 및 취급기준 중 다음 (   ) 안에 들어갈 숫자로 옳은 것은?(단, 석탄·목탄류의 경우는 제외한다.) [20 경채]

> 살수설비를 설치하거나, 방사능력 범위에 해당 특수가연물이 포함되도록 대형수동식소화기를 설치하는 경우에는 쌓는 높이를 (가)미터 이하, 쌓는 부분의 바닥면적을 (나)제곱미터 이하로 할 수 있다.

	(가)	(나)		(가)	(나)
①	10	200	②	10	300
③	15	200	④	15	300

해설 제7조(특수가연물의 저장 및 취급의 기준)
법 제15조제2항에 따른 특수가연물의 저장 및 취급의 기준은 다음 각 호와 같다. 〈개정 2005. 10. 20., 2008. 1. 22.〉
1. 특수가연물을 저장 또는 취급하는 장소에는 품명·최대수량 및 화기취급의 금지표지를 설치할 것
2. 다음 각 목의 기준에 따라 쌓아 저장할 것. 다만, 석탄·목탄류를 발전(發電)용으로 저장하는 경우에는 그러하지 아니하다.
  가. 품명별로 구분하여 쌓을 것
  나. 쌓는 높이는 10미터 이하가 되도록 하고, 쌓는 부분의 바닥면적은 50제곱미터(석탄·목탄류의 경우에는 200제곱미터) 이하가 되도록 할 것. 다만, 살수설비를 설치하거나, 방사능력 범위에 해당 특수가연물이 포함되도록 대형수동식소화기를 설치하는 경우에는 쌓는 높이를 15미터 이하, 쌓는 부분의 바닥면적을 200제곱미터(석탄·목탄류의 경우에는 300제곱미터) 이하로 할 수 있다.
  다. 쌓는 부분의 바닥면적 사이는 1미터 이상이 되도록 할 것

481 「소방기본법」상 강제처분과 위험시설 등에 대한 긴급조치에 관한 내용으로 옳지 않은 것은? [20 경채]

① 소방본부장, 소방서장 또는 소방대장은 사람을 구출하거나 불이 번지는 것을 막기 위하여 필요할 때에는 화재가 발생하거나 불이 번질 우려가 있는 소방대상물 및 토지를 일시적으로 사용하거나 그 사용의 제한 또는 소방활동에 필요한 처분을 할 수 있다.
② 소방본부장, 소방서장 또는 소방대장은 화재 진압 등 소방활동을 위하여 필요할 때에는 소방용수 외에 댐·저수지 또는 수영장 등의 물을 사용하거나 수도(水道)의 개폐장치 등을 조작할 수 있다.
③ 시·도지사는 소방활동에 방해가 되는 주차 또는 정차된 차량의 제거나 이동을 위하여 견인차량과 인력 등을 지원한 자에게 시·도의 조례로 정하는 바에 따라 비용을 지급할 수

있다.

④ 시·도지사는 화재 발생을 막거나 폭발 등으로 화재가 확대되는 것을 막기 위하여 가스·전기 또는 유류 등의 시설에 대하여 위험물질의 공급을 차단하는 등 필요한 조치를 할 수 있다.

> **해설** 소방본부장, 소방서장 또는 소방대장
> 소방활동종사명령, 강제처분명령, 피난명령, 긴급조치명령, 소방활동종사명령

482 「소방기본법」상 화재경계지구로 지정할 수 있는 대상을 모두 고른 것은? [20 경채]

> ㄱ. 시장지역
> ㄴ. 목조건물이 밀집한 지역
> ㄷ. 위험물의 저장 및 처리 시설이 밀집한 지역
> ㄹ. 석유화학제품을 생산하는 공장이 있는 지역

① ㄱ, ㄴ
② ㄷ, ㄹ
③ ㄱ, ㄷ, ㄹ
④ ㄱ, ㄴ, ㄷ, ㄹ

> **해설** 화재경계지구
> 1. 시장지역
> 2. 공장·창고가 밀집한 지역
> 3. 목조건물이 밀집한 지역
> 4. 위험물의 저장 및 처리 시설이 밀집한 지역
> 5. 석유화학제품을 생산하는 공장이 있는 지역
> 6. 「산업입지 및 개발에 관한 법률」제2조제8호에 따른 산업단지
> 7. 소방시설·소방용수시설 또는 소방출동로가 없는 지역
> 8. 그 밖에 제1호부터 제7호까지에 준하는 지역으로서 소방청장·소방본부장 또는 소방서장이 화재경계지구로 지정할 필요가 있다고 인정하는 지역

483 「소방기본법」상 소방지원활동으로 옳지 않은 것은? [20 경채]

① 붕괴, 낙하 등이 우려되는 고드름 등의 제거활동
② 화재, 재난·재해로 인한 피해복구 지원활동
③ 자연재해에 따른 급수·배수 및 제설 등 지원활동
④ 집회·공연 등 각종 행사 시 사고에 대비한 근접대기 등 지원활동

소방지원활동

1) 소방청장·소방본부장 또는 소방서장은 공공의 안녕질서 유지 또는 복리증진을 위하여 필요한 경우 소방활동 외에 다음 각 호의 활동(이하 "소방지원활동"이라 한다)을 하게 할 수 있다.

2) 소방지원활동의 종류

1. 산불에 대한 예방·진압 등 지원활동
2. 자연재해에 따른 급수·배수 및 제설 등 지원활동
3. 집회·공연 등 각종 행사 시 사고에 대비한 근접대기 등 지원활동
4. 화재, 재난·재해로 인한 피해복구 지원활동
5. 삭제〈2015.7.24.〉
6. 그 밖에 행정안전부령으로 정하는 활동
   가. 군·경찰 등 유관기관에서 실시하는 훈련지원 활동
   나. 소방시설 오작동 신고에 따른 조치활동
   다. 방송제작 또는 촬영 관련 지원활동

484 「소방기본법」상 소방력의 동원에 대한 설명이다. (   ) 안에 들어갈 용어로 옳은 것은?

[20 경채]

(가)은/는 해당 시·도의 소방력만으로는 소방활동을 효율적으로 수행하기 어려운 화재, 재난·재해, 그 밖의 구조·구급이 필요한 상황이 발생하거나 특별히 국가적 차원에서 소방활동을 수행할 필요가 인정될 때에는 각 (나)에게 행정안전부령으로 정하는 바에 따라 소방력을 동원할 것을 요청할 수 있다.

	(가)	(나)
①	소방청장	시·도지사
②	소방청장	소방본부장
③	시·도지사	시·도지사
④	시·도지사	소방본부장

시행규칙 제8조의2(소방력의 동원 요청)

① 소방청장은 법 제11조의2제1항에 따라 각 시·도지사에게 소방력 동원을 요청하는 경우 동원 요청 사실과 다음 각 호의 사항을 팩스 또는 전화 등의 방법으로 통지하여야 한다. 다만, 긴급을 요하는 경우에는 시·도 소방본부 또는 소방서의 종합상황실장에게 직접 요청할 수 있다.

1. 동원을 요청하는 인력 및 장비의 규모
2. 소방력 이송 수단 및 집결장소
3. 소방활동을 수행하게 될 재난의 규모, 원인 등 소방활동에 필요한 정보

② 제1항에서 규정한 사항 외에 그 밖의 시·도 소방력 동원에 필요한 사항은 소방청장이 정한다.

정답 **484** ①

485 「소방기본법」상 "소방대장"에 대한 용어의 뜻으로 옳은 것은?   [20 경채]

① 소방대상물의 소유자 · 관리자 또는 점유자

② 소방본부장 또는 소방서장 등 화재, 재난 · 재해, 그 밖의 위급한 상황이 발생한 현장에서 소방대를 지휘하는 사람

③ 화재를 진압하고 화재, 재난 · 재해, 그 밖의 위급한 상황에서 구조 · 구급 활동 등을 하기 위하여 소방공무원, 의무소방원, 자위소방대원으로 구성된 조직체

④ 특별시 · 광역시 · 특별자치시 · 도 또는 특별자치도에서 화재의 예방 · 경계 · 진압 · 조사 및 구조 · 구급 등의 업무를 담당하는 부서의 장

> **해설** "소방대장"(消防隊長)이란 소방본부장 또는 소방서장 등 화재, 재난 · 재해, 그 밖의 위급한 상황이 발생한 현장에서 소방대를 지휘하는 사람을 말한다.

정답 **485** ②

소방시설공사업법
기출문제
(2007~2020)

소방시설공사업법

01 다음 중 소방시설공사업법에서 규정하고 있는 중앙소방기술심의위원회의 심의사항이 아닌 것은? [07 광주]

① 화재안전기준에 관한 사항

② 소방시설의 구조와 원리 등에 있어서 공법이 특수한 설계 및 시공에 관한 사항

③ 소방시설공사 하자의 판단기준에 관한 사항

④ 소방시설에 대한 하자 여부의 판단에 관한 사항

해설 화재예방, 소방시설 설치·유지 및 안전관리에 관한 법률 제11조의2(소방기술심의위원회)

① 다음 각 호의 사항을 심의하기 위하여 소방청에 중앙소방기술심의위원회를 둔다. 〈개정 2017. 7. 26.〉

1. 화재안전기준에 관한 사항

2. 소방시설의 구조 및 원리 등에서 공법이 특수한 설계 및 시공에 관한 사항

3. 소방시설의 설계 및 공사감리의 방법에 관한 사항

4. 소방시설공사의 하자를 판단하는 기준에 관한 사항

5. 그 밖에 소방기술 등에 관하여 대통령령으로 정하는 사항

② 다음 각 호의 사항을 심의하기 위하여 특별시·광역시·특별자치시·도 및 특별자치도에 지방소방기술심의위원회(이하 "지방위원회"라 한다)를 둔다.

1. 소방시설에 하자가 있는지의 판단에 관한 사항

2. 그 밖에 소방기술 등에 관하여 대통령령으로 정하는 사항

③ 제1항과 제2항에 따른 중앙위원회 및 지방위원회의 구성·운영에 필요한 사항은 대통령령으로 정한다.

02 소방시설공사의 착공신고의 대상이 아닌 것은? [07 광주]

① 옥내소화전 옥외소화전설비 공사

② 스프링클러설비 간이스프링클러설비 공사

③ 가스누설경보기 탐지부 교체·보수공사

④ 비상경보설비 및 비상방송설비 신설공사

정답 **01** ④ **02** ③

제13조(착공신고)

① 공사업자는 대통령령으로 정하는 소방시설공사를 하려면 행정안전부령으로 정하는 바에 따라 그 공사의 내용, 시공 장소, 그 밖에 필요한 사항을 소방본부장이나 소방서장에게 신고하여야 한다. 〈개정 2017. 7. 26.〉

② 공사업자가 제1항에 따라 신고한 사항 가운데 행정안전부령으로 정하는 중요한 사항을 변경하였을 때에는 행정안전부령으로 정하는 바에 따라 변경신고를 하여야 한다. 이 경우 중요한 사항에 해당하지 아니하는 변경 사항은 다음 각 호의 어느 하나에 해당하는 서류에 포함하여 소방본부장이나 소방서장에게 보고하여야 한다. 〈개정 2020. 6. 9.〉

1. 제14조제1항 또는 제2항에 따른 완공검사 또는 부분완공검사를 신청하는 서류
2. 제20조에 따른 공사감리 결과보고서

③ 소방본부장 또는 소방서장은 제1항 또는 제2항 전단에 따른 착공신고 또는 변경신고를 받은 날부터 2일 이내에 신고수리 여부를 신고인에게 통지하여야 한다. 〈신설 2020. 6. 9.〉

④ 소방본부장 또는 소방서장이 제3항에서 정한 기간 내에 신고수리 여부 또는 민원 처리 관련 법령에 따른 처리기간의 연장을 신고인에게 통지하지 아니하면 그 기간(민원처리 관련 법령에 따라 처리기간이 연장 또는 재연장된 경우에는 해당 처리기간을 말한다)이 끝난 날의 다음 날에 신고를 수리한 것으로 본다. 〈신설 2020. 6. 9.〉

시행령 제4조(소방시설공사의 착공신고 대상)

법 제13조제1항에서 "대통령령으로 정하는 소방시설공사"란 다음 각 호의 어느 하나에 해당하는 소방시설공사를 말한다. 〈개정 2019. 12. 10.〉

1. 특정소방대상물(「위험물 안전관리법」 제2조제1항제6호에 따른 제조소등은 제외한다. 이하 제2호 및 제3호에서 같다)에 다음 각 목의 어느 하나에 해당하는 설비를 신설하는 공사
   가. 옥내소화전설비(호스릴옥내소화전설비를 포함한다. 이하 같다), 옥외소화전설비, 스프링클러설비·간이스프링클러설비(캐비닛형 간이스프링클러설비를 포함한다. 이하 같다) 및 화재조기진압용 스프링클러설비(이하 "스프링클러설비등"이라 한다), 물분무소화설비·포소화설비·이산화탄소소화설비·할론소화설비·할로겐화합물 및 불활성기체 소화설비·미분무소화설비·강화액소화설비 및 분말소화설비(이하 "물분무등소화설비"라 한다), 연결송수관설비, 연결살수설비, 제연설비(소방용 외의 용도와 겸용되는 제연설비를 「건설산업기본법 시행령」 별표 1에 따른 기계설비공사업자가 공사하는 경우는 제외한다), 소화용수설비(소화용수설비를 「건설산업기본법 시행령」 별표 1에 따른 기계설비공사업자 또는 상·하수도설비공사업자가 공사하는 경우는 제외한다) 또는 연소방지설비
   나. 자동화재탐지설비, 비상경보설비, 비상방송설비(소방용 외의 용도와 겸용되는 비상방송설비를 「정보통신공사업법」에 따른 정보통신공사업자가 공사하는 경우는 제외한다), 비상콘센트설비(비상콘센트설비를 「전기공사업법」에 따른 전기공사업자가 공사하는 경우는 제외한다) 또는 무선통신보조설비(소방용 외의 용도와 겸용되는 무선통신보조설비를 「정보통신공사업법」에 따른 정보통신공사업자가 공사하는 경우는 제외한다)
2. 특정소방대상물에 다음 각 목의 어느 하나에 해당하는 설비 또는 구역 등을 증설하는 공사
   가. 옥내·옥외소화전설비
   나. 스프링클러설비·간이스프링클러설비 또는 물분무등소화설비의 방호구역, 자동화재탐지설비의 경계구역, 제연설비의 제연구역(소방용 외의 용도와 겸용되는 제연설비를 「건

설산업기본법 시행령」별표 1에 따른 기계설비공사업자가 공사하는 경우는 제외한다), 연결살수설비의 살수구역, 연결송수관설비의 송수구역, 비상콘센트설비의 전용회로, 연소방지설비의 살수구역

3. 특정소방대상물에 설치된 소방시설등을 구성하는 다음 각 목의 어느 하나에 해당하는 것의 전부 또는 일부를 개설(改設), 이전(移轉) 또는 정비(整備)하는 공사. 다만, 고장 또는 파손 등으로 인하여 작동시킬 수 없는 소방시설을 긴급히 교체하거나 보수하여야 하는 경우에는 신고하지 않을 수 있다.

가. 수신반(受信盤)

나. 소화펌프

다. 동력(감시)제어반

시행규칙 제12조(착공신고 등)

① 소방시설공사업자는 소방시설공사를 하려면 법 제13조제1항에 따라 해당 소방시설공사의 착공 전까지 별지 제14호서식의 소방시설공사 착공(변경)신고서에 다음 각 호의 서류를 첨부하여 소방본부장 또는 소방서장에게 신고하여야 한다. 다만, 「전자정부법」제36조제1항에 따른 행정정보의 공동이용을 통하여 첨부서류에 대한 정보를 확인할 수 있는 경우에는 그 확인으로 첨부서류를 갈음할 수 있다. 〈개정 2020. 1. 15.〉

1. 공사업자의 소방시설공사업 등록증 사본 1부 및 등록수첩 사본 1부
2. 해당 소방시설공사의 책임시공 및 기술관리를 하는 기술인력의 기술등급을 증명하는 서류 사본 1부
3. 법 제21조의3 제2항에 따라 체결한 소방시설공사 계약서 사본 1부
4. 설계도서(설계설명서를 포함하되, 건축허가등의 동의요구서에 첨부된 서류 중 설계도서가 변경된 경우에만 첨부한다) 1부
5. 소방시설공사를 하도급하는 경우 다음 각 목의 서류
   가. 소방시설공사등의 하도급통지서 사본 1부
   나. 하도급대금 지급에 관한 서류

② 법 제13조제2항에서 "행정안전부령으로 정하는 중요한 사항"이란 다음 각 호의 어느 하나에 해당하는 사항을 말한다. 〈개정2017. 7. 26.〉

1. 시공자
2. 설치되는 소방시설의 종류
3. 책임시공 및 기술관리 소방기술자

③ 법 제13조제2항에 따라 공사업자는 제2항 각 호의 어느 하나에 해당하는 사항이 변경된 경우에는 변경일부터 30일 이내에 별지 제14호서식의 소방시설공사 착공(변경)신고서에 제1항 각 호의 서류 중 변경된 해당 서류를 첨부하여 소방본부장 또는 소방서장에게 신고하여야 한다.

④ 소방본부장 또는 소방서장은 소방시설공사 착공신고 또는 변경신고를 받은 경우에는 2일 이내에 처리하고 그 결과를 신고인에게 통보하며, 소방시설공사현장에 배치되는 소방기술자의 성명, 자격증 번호·등급, 시공현장의 명칭·소재지·면적 및 현장 배치기간을 소방시설업 종합정보시스템에 입력해야 한다. 이 경우 소방본부장 또는 소방서장은 소방시설 착공 및 완공대장에 필요한 사항을 기록하여 관리하여야 한다. 〈개정 2020. 1. 15.〉

⑤ 소방본부장 또는 소방서장은 소방시설공사 착공신고 또는 변경신고를 받은 경우에는 공사업자에게 소방시설공사현황 표지에 따른 소방시설공사현황의 게시를 요청할 수 있다.

03 다음의 소방공사감리원 배치에 관한 설명 중 틀린 것은? [07 광주]

① 연면적 3만m² 이상 20만m² 미만인 특정대상물은 특급소방감리원 이상의 감리원 1인을 배치한다.

② 지하층을 포함한 16층 이상 40층미만인 특정소 방대상물의 공사현장의 경우 특급소방감리원 이상의 감리원 1인을 배치한다.

③ 연면적 5천m² 이상 3만m² 미만인 특정대상물은 중급 이상의 소방감리원 1인을 배치한다.

④ 연면적 1만m² 이상은 초급 이상의 소방감리원 한 명을 배치한다.

해설 감리원 배치기준

감리원의 배치기준		소방시설공사현장의 기준
책임감리원	**보조감리원**	
1. 행정안전부령으로 정하는 특급감리원 중 소방기술사	행정안전부령으로 정하는 초급감리원 이상의 소방공사 감리원(기계분야 및 전기분야)	가. 연면적 20만제곱미터 이상인 특정소방대상물의 공사현장 나. 지하층을 포함한 층수가 40층 이상인 특정소방대상물의 공사현장
2. 행정안전부령으로 정하는 특급감리원 이상의 소방공사 감리원(기계분야 및 전기분야)	행정안전부령으로 정하는 초급감리원 이상의 소방공사 감리원(기계분야 및 전기분야)	가. 연면적 3만제곱미터 이상 20만제곱미터 미만인 특정소방대상물(아파트는 제외한다)의 공사현장 나. 지하층을 포함한 층수가 16층 이상 40층 미만인 특정소방대상물의 공사현장
3. 행정안전부령으로 정하는 고급감리원 이상의 소방공사 감리원(기계분야 및 전기분야)	행정안전부령으로 정하는 초급감리원 이상의 소방공사 감리원(기계분야 및 전기분야)	가. 물분무등소화설비(호스릴 방식의 소화설비는 제외한다) 또는 제연설비가 설치되는 특정소방대상물의 공사현장 나. 연면적 3만제곱미터 이상 20만제곱미터 미만인 아파트의 공사현장
4. 행정안전부령으로 정하는 중급감리원 이상의 소방공사 감리원(기계분야 및 전기분야)		연면적 5천제곱미터 이상 3만제곱미터 미만인 특정소방대상물의 공사현장
5. 행정안전부령으로 정하는 초급감리원 이상의 소방공사 감리원(기계분야 및 전기분야)		가. 연면적 5천제곱미터 미만인 특정소방대상물의 공사현장 나. 지하구의 공사현장

04 소방서장의 완공검사 시 당해 소방시설공사에 감리자가 지정되어 있는 경우 감리결과 보고서로 갈음하나 당해 소방시설공사가 감리결과 보고서대로 공사를 마쳤는지 여부를 공사현장에서 확인할 수 있는 특정소방대상물에 해당되지 않는 것은? [07 광주]

① 수련시설　　　　　　　　② 노유자시설
③ 판매시설　　　　　　　　④ 관광휴게시설

해설 완공검사

1) 공사업자는 소방시설공사를 완공하면 소방본부장 또는 소방서장의 완공검사를 받아야 한다.
2) 공사감리자가 지정되어 있는 경우에는 공사감리 결과보고서로 완공검사를 갈음하되, 대통령령으로 정하는 특정소방대상물의 경우에는 소방본부장이나 소방서장이 소방시설공사가 공사감리 결과보고서대로 완공되었는지를 현장에서 확인할 수 있다.
3) 현장확인 소방대상물
   1. 문화 및 집회시설, 종교시설, 판매시설, 노유자(老幼者)시설, 수련시설, 운동시설, 숙박시설, 창고시설, 지하상가 및 「다중이용업소의 안전관리에 관한 특별법」에 따른 다중이용업소
   2. 다음 각 목의 어느 하나에 해당하는 설비가 설치되는 특정소방대상물
      가. 스프링클러설비 등
      나. 물분무등소화설비(호스릴방식의 소화설비는 제외한다)
   3. 연면적 1만제곱미터 이상이거나 11층 이상인 특정소방대상물(아파트는 제외한다)
   4. 가연성 가스를 제조ㆍ저장 또는 취급하는 시설 중 지상에 노출된 가연성 가스탱크의 저장용량 합계가 1천톤 이상인 시설

05 관계인이 지위승계 행정처분 또는 휴업, 폐업 사실을 알리지 아니한 자 또는 거짓으로 알린 자의 2차 과태료는? [07 중앙]

① 50만 원
② 100만 원
③ 150만 원
④ 200만 원

해설 200만 원 이하의 과태료

1. 제6조, 제6조의2 제1항, 제7조제3항, 제13조제1항 및 제2항 전단, 제17조제2항을 위반하여 신고를 하지 아니하거나 거짓으로 신고한 자
2. 관계인에게 지위승계, 행정처분 또는 휴업ㆍ폐업의 사실을 거짓으로 알린 자
3. 제8조제4항을 위반하여 관계 서류를 보관하지 아니한 자
4. 소방기술자를 공사현장에 배치하지 아니한 자
5. 완공검사를 받지 아니한 자
6. 3일 이내에 하자를 보수하지 아니하거나 하자보수계획을 관계인에게 거짓으로 알린 자
7. 감리 관계 서류를 인수ㆍ인계하지 아니한 자
8. 감리원배치통보 및 변경통보를 하지 아니하거나 거짓으로 통보한 자
9. 제20조의2를 위반하여 방염성능기준 미만으로 방염을 한 자
10. 도급계약 체결 시 의무를 이행하지 아니한 자
11. 하도급 등의 통지를 하지 아니한 자
12. 자료제출을 거짓으로 한 자
13. 명령을 위반하여 보고 또는 자료 제출을 하지 아니하거나 거짓으로 보고 또는 자료 제출을 한 자

▬ 제40조(과태료)

① 다음 각 호의 어느 하나에 해당하는 자에게는 200만 원 이하의 과태료를 부과한다.

1. 제6조(등록사항 변경신고), 제6조의2 제1항(휴업ㆍ폐업 등의 신고), 제7조제3항(소방시설업자의 지위승계), 제13조제1항(착공신고) 및 제2항 전단(중요사항 변경), 제17조제2항(감리자 지정)을 위반하여 신고를 하지 아니하거나 거짓으로 신고한 자

2. 관계인에게 지위승계, 행정처분 또는 휴업ㆍ폐업의 사실을 거짓으로 알린 자

3. 제8조제4항을 위반하여 관계 서류를 보관하지 아니한 자

4. 소방기술자를 공사 현장에 배치하지 아니한 자

5. 완공검사를 받지 아니한 자

6. 3일 이내에 하자를 보수하지 아니하거나 하자보수계획을 관계인에게 거짓으로 알린 자

7. 삭제 〈2015. 7. 20.〉

8. 감리 관계 서류를 인수ㆍ인계하지 아니한 자

8의2. 감리원 배치통보 및 변경통보를 하지 아니하거나 거짓으로 통보한 자

9. 방염성능기준 미만으로 방염을 한 자

10. 방염처리능력 평가 자료제출을 거짓으로 한 자

10의2. 삭제 〈2018. 2. 9.〉

10의3. 제21조의3 제2항에 따른 도급계약 체결 시 의무를 이행하지 아니한 자

11. 제21조의3 제4항에 따른 하도급 등의 통지를 하지 아니한 자

12. 삭제 〈2011. 8. 4.〉

13. 삭제 〈2013. 5. 22.〉

13의2. 제26조제2항(시공능력 평가) 에 따른 자료제출을 거짓으로 한 자

14. 소방시설업의 감독을 위하여 필요할 때에는 소방시설업자나 관계인에게 필요한 보고나 자료제출 명하였으나 보고 또는 자료 제출을 하지 아니하거나 거짓으로 보고 또는 자료 제출을 한 자

〈개별 기준〉

위반행위	근거 법조문	과태료 금액(단위 : 만 원)		
		1차 위반	2차 위반	3차 이상 위반
가. 법 제6조, 제6조의2제1항, 제7조제3항, 제13조제1항 및 제2항 전단, 제17조제2항을 위반하여 신고를 하지 않거나 거짓으로 신고한 경우	법 제40조제1항 제1호	60	100	200
나. 법 제8조제3항을 위반하여 관계인에게 지위승계, 행정처분 또는 휴업ㆍ폐업의 사실을 거짓으로 알린 경우	법 제40조제1항 제2호	60	100	200
다. 법 제8조제4항을 위반하여 관계 서류를 보관하지 않은 경우	법 제40조제1항 제3호	200		
라. 법 제12조제2항을 위반하여 소방기술자를 공사 현장에 배치하지 않은 경우	법 제40조제1항 제4호	200		

마. 법 제14조제1항을 위반하여 완공검사를 받지 않은 경우	법 제40조제1항 제5호	200		
바. 법 제15조제3항을 위반하여 3일 이내에 하자를 보수하지 않거나 하자보수계획을 관계인에게 거짓으로 알린 경우	법 제40조제1항 제6호			
1) 4일 이상 30일 이내에 보수하지 않은 경우		60		
2) 30일을 초과하도록 보수하지 않은 경우		100		
3) 거짓으로 알린 경우		200		
사. 법 제17조제3항을 위반하여 감리 관계 서류를 인수 · 인계하지 않은 경우	법 제40조제1항 제8호	200		
아. 법 제18조제2항에 따른 배치통보 및 변경통보를 하지 않거나 거짓으로 통보한 경우	법 제40조제1항 제8호의2	60	100	200
자. 법 제20조의2를 위반하여 방염성능기준 미만으로 방염을 한 경우	법 제40조제1항 제9호	200		
차. 법 제20조의3제2항에 따른 자료제출을 거짓으로 한 경우	법 제40조제1항 제10호	200		
카. 법 제21조의3제2항에 따른 도급계약 체결 시 의무를 이행하지 않은 경우	법 제40조제1항 제10호의3	200		
타. 법 제21조의3제4항에 따른 하도급 등의 통지를 하지 않은 경우	법 제40조제1항 제11호	60	100	200
파. 법 제26조제2항에 따른 자료제출을 거짓으로 한 경우	법 제40조제1항 제13호의2	200		
하. 법 제31조제1항에 따른 명령을 위반하여 보고 또는 자료 제출을 하지 않거나 거짓으로 보고 또는 자료 제출을 한 경우	법 제40조제1항 제14호	60	100	200

06 다음 중 소방본부장 또는 소방서장 권한이 아닌 것은? [07 중앙]

① 소방시설업 완공검사에 관한 사항

② 소방시설업 등록취소 및 영업정지에 관한 사항

③ 소방시설업 착공신고에 관한 사항

④ 소방시설업 공사감리자 지정 후 신고 및 서류제출에 관한 사항

해설 ② 소방시설업 등록취소 및 영업정지에 관한 사항 : 시 · 도지사

정답 06 ②

07 「소방시설공사업법」 중 소방시설업이 아닌 것은? [07 서울]

① 소방시설 설계업   ② 소방시설 공사업

③ 소방공사 감리업   ④ 소방시설 관리업

[해설] "소방시설업"의 종류

가. 소방시설 설계업

나. 소방시설 공사업

다. 소방공사 감리업

라. 방염처리업(섬유류방염업, 합성수지류방염업, 합판목재류방염업)

08 다음 중 방염업 등록의 등록 취소사항에 해당하는 것은? [07 서울]

① 업무정지 시

② 등록 후 정당한 사유 없이 20일 동안 휴업 또는 폐업한 경우

③ 규정에 따른 등록기준에 미달한 때

④ 결격사유에 해당한 때

[해설] 제9조(등록취소와 영업정지 등)

① 시·도지사는 소방시설업자가 다음 각 호의 어느 하나에 해당하면 행정안전부령으로 정하는 바에 따라 그 등록을 취소하거나 6개월 이내의 기간을 정하여 시정이나 그 영업의 정지를 명할 수 있다. 다만, 제1호·제3호 또는 제7호에 해당하는 경우에는 그 등록을 취소하여야 한다.

1. 거짓이나 그 밖의 부정한 방법으로 등록한 경우

3. 제5조 각 호의 등록 결격사유에 해당하게 된 경우

7. 영업정지 기간 중에 소방시설공사등을 한 경우

— 제8조제1항을 위반하여 다른 자에게 등록증 또는 등록수첩을 빌려준 경우 : 벌금 300만 원

위반사항	근거법령	행정처분 기준		
		1차	2차	3차
바. 법 제8조제1항을 위반하여 다른 자에게 등록증 또는 등록수첩을 빌려준 경우	법 제9조	영업정지 6개월	등록취소	

09 다음 중 감리업자가 하는 일에 해당되지 않는 것은? [07 서울]

① 소방시설의 시공 설계도서 수정

② 소방시설등 설계변경사항의 적합성 검토

③ 소방시설등 설치계획표의 적법성 검토

④ 피난·방화시설의 적법성 검토

1. 소방시설등의 설치계획표의 적법성 검토
2. 소방시설등 설계도서의 적합성(적법성과 기술상의 합리성을 말한다. 이하 같다) 검토
3. 소방시설등 설계 변경사항의 적합성 검토
4. 「화재예방, 소방시설 설치·유지 및 안전관리에 관한 법률」 제2조제1항제4호의 소방용품의 위치·규격 및 사용 자재의 적합성 검토
5. 공사업자가 한 소방시설등의 시공이 설계도서와 화재안전기준에 맞는지에 대한 지도·감독
6. 완공된 소방시설등의 성능시험
7. 공사업자가 작성한 시공 상세 도면의 적합성 검토
8. 피난시설 및 방화시설의 적법성 검토
9. 실내장식물의 불연화(不燃化)와 방염물품의 적법성 검토

10 공사의 하자보수기간은 통보받은 공사업자는 며칠 이내에 이를 보수하여야 하는가?

[07 충북]

① 3일 이내   ② 5일 이내   ③ 7일 이내   ④ 30일 이내

해설 공사의 하자보수등
1) 하자보수 보증기간
   1. 피난기구, 유도등, 유도표지, 비상경보설비, 비상조명등, 비상방송설비 및 무선통신보조설비 : 2년
   2. 자동소화장치, 옥내소화전설비, 스프링클러설비, 간이스프링클러설비, 물분무등소화설비, 옥외소화전설비, 자동화재탐지설비, 상수도소화용수설비 및 소화활동설비(무선통신보조설비는 제외한다) : 3년
2) 관계인은 제1항에 따른 기간에 소방시설의 하자가 발생하였을 때에는 공사업자에게 그 사실을 알려야 하며, 통보를 받은 공사업자는 3일 이내에 하자를 보수하거나 보수 일정을 기록한 하자보수계획을 관계인에게 서면으로 알려야 한다.

11 다음은 소방시설공사업법에서 규정하고 있는 소방시설업에 관한 사항이다. 가장 바르지 않은 것은?

[07 충북]

① 소방공사 감리업의 등록기준은 기술인력과 장비가 있다.
② 소방시설 설계업의 등록기준은 기술인력이 필요하다.
③ 소방시설설계업과 소방공사감리업의 기계분야와 전기분야의 대상이 되는 소방시설의 범위는 동일하다.
④ 소방시설업의 업종 구분은 전문과 일반으로 구분하고 있으며 일반은 다시 기계 분야와 전기 분야로 나누고 있다.

해설 ① 소방공사 감리업의 등록기준은 기술인력이 필요하다.

12 다음 중 소방시설공사의 하자보증기간이 다른 하나는? [07 전남]

① 무선통신보조설비 　　　　② 자동소화장치

③ 자동화재탐지설비 　　　　④ 비상콘센트설비

해설 **공사의 하자보수등**

1) 하자보수 보증기간
   1. 피난기구, 유도등, 유도표지, 비상경보설비, 비상조명등, 비상방송설비 및 무선통신보조
      설비 : 2년
   2. 자동소화장치, 옥내소화전설비, 스프링클러설비, 간이스프링클러설비, 물분무등소화설
      비, 옥외소화전설비, 자동화재탐지설비, 상수도소화용수설비 및 소화활동설비(무선통신
      보조설비는 제외한다) : 3년
2) 관계인은 제1항에 따른 기간에 소방시설의 하자가 발생하였을 때에는 공사업자에게 그 사실
   을 알려야 하며, 통보를 받은 공사업자는 3일 이내에 하자를 보수하거나 보수 일정을 기록한
   하자보수계획을 관계인에게 서면으로 알려야 한다.

---

13 감리자의 업무에 해당되는 것이 아닌 것은? [07 전남]

① 소방시설 설계도서의 적합성 검토

② 소방기술자 적정 배치 여부

③ 소방시설의 설치계획표 적법성 검토

④ 완공된 소방시설 성능시험

해설 **감리의 업무**

1. 소방시설등의 설치계획표의 적법성 검토
2. 소방시설등 설계도서의 적합성(적법성과 기술상의 합리성을 말한다. 이하 같다) 검토
3. 소방시설등 설계 변경사항의 적합성 검토
4. 「화재예방, 소방시설 설치·유지 및 안전관리에 관한 법률」 제2조제1항제4호의 소방용품의
   위치·규격 및 사용 자재의 적합성 검토
5. 공사업자가 한 소방시설등의 시공이 설계도서와 화재안전기준에 맞는지에 대한 지도·감독
6. 완공된 소방시설등의 성능시험
7. 공사업자가 작성한 시공 상세 도면의 적합성 검토
8. 피난시설 및 방화시설의 적법성 검토
9. 실내장식물의 불연화(不燃化)와 방염 물품의 적법성 검토

14 소방시설공사의 완공검사에 있어서 감리결과보고서대로 마쳤는지 현장에서 확인할 수 있는 특정소방대상물이 아닌 것은? [07 전남]

① 수련시설
② 문화집회 및 운동시설
③ 판매시설
④ 복합건축물

해설 완공검사

1) 공사업자는 소방시설공사를 완공하면 소방본부장 또는 소방서장의 완공검사를 받아야 한다.
2) 공사감리자가 지정되어 있는 경우에는 공사감리 결과보고서로 완공검사를 갈음하되, 대통령령으로 정하는 특정소방대상물의 경우에는 소방본부장이나 소방서장이 소방시설공사가 공사감리 결과보고서대로 완공되었는지를 현장에서 확인할 수 있다.
3) 현장확인 소방대상물
   1. 문화 및 집회시설, 종교시설, 판매시설, 노유자(老幼者)시설, 수련시설, 운동시설, 숙박시설, 창고시설, 지하상가 및 「다중이용업소의 안전관리에 관한 특별법」에 따른 다중이용업소
   2. 다음 각 목의 어느 하나에 해당하는 설비가 설치되는 특정소방대상물
      가. 스프링클러설비 등
      나. 물분무등소화설비(호스릴방식의 소화설비는 제외한다)
   3. 연면적 1만제곱미터 이상이거나 11층 이상인 특정소방대상물(아파트는 제외한다)
   4. 가연성 가스를 제조·저장 또는 취급하는 시설 중 지상에 노출된 가연성 가스탱크의 저장용량 합계가 1천톤 이상인 시설

15 소방서장의 완공검사 시 당해 소방시설공사에 감리자가 지정되어 있는 경우 감리결과 보고서로 갈음하나 당해 소방시설공사가 감리결과 보고서대로 공사를 마쳤는지 여부를 공사현장에서 확인할 수 있는 특정소방대상물에 해당되는 것은? [07 경남]

① 영업시설
② 교정시설
③ 근린시설
④ 숙박시설

해설 완공검사

1) 공사업자는 소방시설공사를 완공하면 소방본부장 또는 소방서장의 완공검사를 받아야 한다.
2) 공사감리자가 지정되어 있는 경우에는 공사감리 결과보고서로 완공검사를 갈음하되, 대통령령으로 정하는 특정소방대상물의 경우에는 소방본부장이나 소방서장이 소방시설공사가 공사감리 결과보고서대로 완공되었는지를 현장에서 확인할 수 있다.
3) 현장확인 소방대상물
   1. 문화 및 집회시설, 종교시설, 판매시설, 노유자(老幼者)시설, 수련시설, 운동시설, 숙박시설, 창고시설, 지하상가 및 「다중이용업소의 안전관리에 관한 특별법」에 따른 다중이용업소
   2. 다음 각 목의 어느 하나에 해당하는 설비가 설치되는 특정소방대상물
      가. 스프링클러설비 등
      나. 물분무등소화설비(호스릴방식의 소화설비는 제외한다)
   3. 연면적 1만제곱미터 이상이거나 11층 이상인 특정소방대상물(아파트는 제외한다)
   4. 가연성 가스를 제조·저장 또는 취급하는 시설 중 지상에 노출된 가연성 가스탱크의 저장용량 합계가 1천톤 이상인 시설

16 소방시설업의 등록 기준사항이 아닌 것은?　　　　　　　　　　　　　　　[07 경기]

① 장비　　　　　　　　　　　　　② 기술자
③ 사무실　　　　　　　　　　　　④ 자본금

> **해설** 등록 기준사항
>
> 1) 설계업, 감리업 : 기술인력
> 2) 공사업 : 기술인력, 자본금 또는 자산 평가액
> 3) 방염업 : 기술인력, 장비, 실험실 1개 이상

17 소방시설공사업법에서 규정하고 있는 감리와 관련하여 상주공사감리에서 소방감리원을 1인 이상 배치해야 하는 경우가 아닌 것은?　　　　　　　　　　　　　　[07 충남]

① 연면적 30,000m² 이상인 아파트 공사
② 연면적 30,000m²로 스프링클러설비가 설치되는 병원
③ 지하층을 포함한 16층 이상으로서 500세대 이상인 아파트
④ 연면적 30,000m² 이상의 특정소방대상물에 대한 소방시설의 공사

> **해설** 감리의 종류, 방법, 대상(대통령령)
>
> | 종류 | 대상 | 방법 |
> |------|------|------|
> | 상주
공사감리 | 1. 연면적 3만제곱미터 이상의 특정소방대상물(아파트는 제외한다)에 대한 소방시설의 공사
2. 지하층을 포함한 층수가 16층 이상으로서 500세대 이상인 아파트에 대한 소방시설의 공사 | 1. 감리원은 행정안전부령으로 정하는 기간 동안 공사 현장에 상주하여 법 제16조제1항 각 호에 따른 업무를 수행하고 감리일지에 기록해야 한다. 다만, 법 제16조제1항제9호에 따른 업무는 행정안전부령으로 정하는 기간 동안 공사가 이루어지는 경우만 해당한다.
2. 감리원이 행정안전부령으로 정하는 기간 중 부득이한 사유로 1일 이상 현장을 이탈하는 경우에는 감리일지 등에 기록하여 발주청 또는 발주자의 확인을 받아야 한다. 이 경우 감리업자는 감리원의 업무를 대행할 사람을 감리현장에 배치하여 감리업무에 지장이 없도록 해야 한다.
3. 감리업자는 감리원이 행정안전부령으로 정하는 기간 중 법에 따른 교육이나 「민방위기본법」 또는 「예비군법」에 따른 교육을 받는 경우나 「근로기준법」에 따른 유급휴가로 현장을 이탈하게 되는 경우에는 감리업무에 지장이 없도록 감리원의 업무를 대행할 사람을 감리현장에 배치해야 한다. 이 경우 감리원은 새로 배치되는 업무대행자에게 업무 인수·인계 등의 필요한 조치를 해야 한다. |

종류	대상	방법
일반 공사감리	상주 공사감리에 해당하지 않는 소방 시설의 공사	1. 감리원은 공사 현장에 배치되어 법 제16조제1항 각 호에 따른 업무를 수행한다. 다만, 법 제16조 제1항제9호에 따른 업무는 행정안전부령으로 정하는 기간 동안 공사가 이루어지는 경우만 해 당한다. 2. 감리원은 행정안전부령으로 정하는 기간 중에는 주 1회 이상 공사 현장에 배치되어 제1호의 업무 를 수행하고 감리일지에 기록해야 한다. 3. 감리업자는 감리원이 부득이한 사유로 14일 이 내의 범위에서 제2호의 업무를 수행할 수 없는 경우에는 업무대행자를 지정하여 그 업무를 수 행하게 해야 한다. 4. 제3호에 따라 지정된 업무대행자는 주 2회 이상 공사 현장에 배치되어 제1호의 업무를 수행하 며, 그 업무수행 내용을 감리원에게 통보하고 감 리일지에 기록해야 한다.

18 소방시설업자를 6월 이내의 기간을 정하여 그 영업을 정지하게 할 수 있는 경우는?

[07 충남]

① 계속하여 6개월 이상 휴업한 때
② 등록증 분실 후 3개월 이내에 재발급받지 않은 때
③ 등록을 받은 후 정당한 사유 없이 6개월이 지난 때
④ 등록증을 다른 사람에게 대여한 때

해설 소방시설업에 대한 행정처분기준(제9조 관련)

위반사항	근거법령	행정처분 기준		
		1차	2차	3차
가. 거짓이나 그 밖의 부정한 방법으로 등록한 경우	법 제9조	등록취소		
나. 법 제4조제1항에 따른 등록기준에 미달하게 된 후 30일이 경과한 경우	법 제9조	경고 (시정명령)	영업정지 3개월	등록취소
다. 법 제5조 각 호의 등록 결격사유에 해당하게 된 경우	법 제9조	등록취소		
라. 등록을 한 후 정당한 사유 없이 1년이 지날 때까지 영업을 시작하지 아니하거나 계속하여 1년 이상 휴업한 때	법 제9조	경고 (시정명령)	등록취소	
마. 삭제 〈2013.11.22〉				
바. 법 제8조제1항을 위반하여 다른 자에게 등록증 또는 등록수첩을 빌려준 경우	법 제9조	영업정지 6개월	등록취소	

사. 법 제8조제2항을 위반하여 영업정지 기간 중에 소방시설공사등을 한 경우	법 제9조	등록취소		
아. 법 제8조제3항 또는 제4항을 위반하여 통지를 하지 아니하거나 관계서류를 보관하지 아니한 경우	법 제9조	경고 (시정명령)	영업정지 1개월	등록취소
자. 법 제11조 또는 제12조제1항을 위반하여 화재안전기준 등에 적합하게 설계·시공을 하지 아니하거나, 법 제16조제1항에 따라 적합하게 감리를 하지 아니한 경우	법 제9조	영업정지 1개월	영업정지 3개월	등록취소
차. 법 제11조, 제12조제1항, 제16조제1항 또는 제20조의2에 따른 소방시설공사등의 업무수행 의무 등을 고의 또는 과실로 위반하여 다른 자에게 상해를 입히거나 재산피해를 입힌 경우	법 제9조	영업정지 6개월	등록취소	
카. 법 제12조제2항을 위반하여 소속 소방기술자를 공사현장에 배치하지 아니하거나 거짓으로 한 경우	법 제9조	경고 (시정명령)	영업정지 1개월	등록취소
타. 법 제13조 또는 제14조를 위반하여 착공신고 (변경신고를 포함한다)를 하지 아니하거나 거짓으로 한 때 또는 완공검사(부분완공검사를 포함한다)를 받지 아니한 경우	법 제9조	경고 (시정명령)	영업정지 3개월	등록취소
파. 법 제13조제2항을 위반하여 착공신고사항 중 중요한 사항에 해당하지 아니하는 변경사항을 공사감리 결과보고서에 포함하여 보고하지 아니한 경우	법 제9조	경고 (시정명령)	영업정지 1개월	등록취소
하. 법 제15조제3항을 위반하여 하자보수 기간 내에 하자보수를 하지 아니하거나 하자보수계획을 통보하지 아니한 경우	법 제9조	경고 (시정명령)	영업정지 1개월	등록취소
거. 법 제17조제3항을 위반하여 인수·인계를 거부·방해·기피한 경우	법 제9조	영업정지 1개월	영업정지 3개월	등록취소
너. 법 제18조제1항을 위반하여 소속 감리원을 공사현장에 배치하지 아니하거나 거짓으로 한 경우	법 제9조	영업정지 1개월	영업정지 3개월	등록취소
더. 법 제18조제3항의 감리원 배치기준을 위반한 경우	법 제9조	경고 (시정명령)	영업정지 1개월	등록취소
러. 법 제19조제1항에 따른 요구에 따르지 아니한 경우	법 제9조	영업정지 1개월	영업정지 3개월	등록취소
머. 법 제19조제3항을 위반하여 보고하지 아니한 경우	법 제9조	경고시정 명령)	영업정지 1개월	등록취소
버. 법 제20조를 위반하여 감리 결과를 알리지 아니하거나 거짓으로 알린 경우 또는 공사감리 결과보고서를 제출하지 아니하거나 거짓으로 제출한 경우	법 제9조	경고 (시정명령)	영업정지 3개월	등록취소
서. 법 제20조의2를 위반하여 방염을 한 경우	법 제9조	영업정지 3개월	영업정지 6개월	등록취소

위반사항	근거법령	1차	2차	3차
어. 법 제22조제1항을 위반하여 하도급한 경우	법 제9조	영업정지 3개월	영업정지 6개월	등록취소
저. 법 제21조의3제4항을 위반하여 하도급 등에 관한 사항을 관계인과 발주자에게 알리지 아니하거나 거짓으로 알린 경우	법 제9조	경고 (시정명령)	영업정지 1개월	등록취소
처. 법 제22조의2제2항을 위반하여 정당한 사유 없이 하수급인 또는 하도급 계약내용의 변경 요구에 따르지 아니한 경우	법 제9조	경고 (시정명령)	영업정지 1개월	등록취소
커. 법 제22조의3을 위반하여 하수급인에게 대금을 지급하지 아니한 경우	법 제9조	영업정지 1개월	영업정지 3개월	등록취소
터. 법 제24조를 위반하여 시공과 감리를 함께 한 경우	법 제9조	영업정지 3개월	등록취소	
퍼. 법 제26조의2에 따른 사업수행능력 평가에 관한 서류를 위조하거나 변조하는 등 거짓이나 그 밖의 부정한 방법으로 입찰에 참여한 경우	법 제9조	영업정지 3개월	영업정지 6개월	등록취소
허. 법 제31조에 따른 명령을 위반하여 보고 또는 자료 제출을 하지 아니하거나 거짓으로 보고 또는 자료 제출을 한 경우	법 제9조	영업정지 3개월	영업정지 6개월	등록취소
고. 정당한 사유 없이 법 제31조에 따른 관계 공무원의 출입 또는 검사·조사를 거부·방해 또는 기피한 경우	법 제9조	영업정지 3개월	영업정지 6개월	등록취소

소방기술자의 자격의 정지 및 취소에 관한 기준(제25조 관련)

위반사항	근거법령	행정처분기준		
		1차	2차	3차
가. 거짓이나 그 밖의 부정한 방법으로 자격수첩 또는 경력수첩을 발급받은 경우	법 제28조 제4항	자격취소		
나. 법 제27조제2항을 위반하여 자격수첩 또는 경력수첩을 다른 자에게 빌려준 경우	법 제28조 제4항	자격취소		
다. 법 제27조제3항을 위반하여 동시에 둘 이상의 업체에 취업한 경우	법 제28조 제4항	자격정지 1년	자격취소	
라. 법 또는 법에 따른 명령을 위반한 경우	법 제28조 제4항			
1) 법 제27조제1항의 업무수행 중 해당 자격과 관련하여 고의 또는 중대한 과실로 다른 자에게 손해를 입히고 형의 선고를 받은 경우		자격취소		
2) 법 제28조제4항에 따라 자격정지처분을 받고도 같은 기간 내에 자격증을 사용한 경우		자격정지 1년	자격정지 2년	자격취소

19 공사감리자가 지정되어 있는 경우는 완공검사를 갈음하되 소방본부장 또는 소방서장이 소방시설 공사가 감리 결과보고서대로 공사를 마쳤는지의 여부를 현장 확인할 수 있는 대상이 아닌 것은? [08 서울]

① 숙박시설   ② 판매시설

③ 노유자시설   ④ 근린생활시설

해설 완공검사

1) 공사업자는 소방시설공사를 완공하면 소방본부장 또는 소방서장의 완공검사를 받아야 한다.
2) 공사감리자가 지정되어 있는 경우에는 공사감리 결과보고서로 완공검사를 갈음하되, 대통령령으로 정하는 특정소방대상물의 경우에는 소방본부장이나 소방서장이 소방시설공사가 공사감리 결과보고서대로 완공되었는지를 현장에서 확인할 수 있다.
3) 현장확인 소방대상물
  1. 문화 및 집회시설, 종교시설, 판매시설, 노유자(老幼者)시설, 수련시설, 운동시설, 숙박시설, 창고시설, 지하상가 및 「다중이용업소의 안전관리에 관한 특별법」에 따른 다중이용업소
  2. 다음 각 목의 어느 하나에 해당하는 설비가 설치되는 특정소방대상물
    가. 스프링클러설비 등
    나. 물분무등소화설비(호스릴방식의 소화설비는 제외한다)
  3. 연면적 1만제곱미터 이상이거나 11층 이상인 특정소방대상물(아파트는 제외한다)
  4. 가연성 가스를 제조·저장 또는 취급하는 시설 중 지상에 노출된 가연성 가스탱크의 저장용량 합계가 1천톤 이상인 시설

---

20 소방시설 공사업의 결격 사유가 아닌 것은? [08 서울]

① 피성년후견인
② 소방시설공사업의 등록이 취소된 날부터 2년이 지나지 아니한 자
③ 금고 이상의 실형의 선고를 받고 그 집행이 종료되거나 집행이 면제된 날부터 3년이 지나지 아니한 자
④ 금고 이상의 형의 집행유예선고를 받고 그 유예기간 중에 있는 자

해설 등록의 결격사유

  1. 피성년후견인
  2. 삭제 〈2015. 7. 20.〉
  3. 이 법, 「소방기본법」, 「화재예방, 소방시설 설치·유지 및 안전관리에 관한 법률」 또는 「위험물안전관리법」에 따른 금고 이상의 실형을 선고받고 그 집행이 끝나거나(집행이 끝난 것으로 보는 경우를 포함한다) 면제된 날부터 2년이 지나지 아니한 사람
  4. 이 법, 「소방기본법」, 「화재예방, 소방시설 설치·유지 및 안전관리에 관한 법률」 또는 「위험물안전관리법」에 따른 금고 이상의 형의 집행유예를 선고받고 그 유예기간 중에 있는 사람

---

5. 등록하려는 소방시설업 등록이 취소(제1호에 해당하여 등록이 취소된 경우는 제외한다)된 날부터 2년이 지나지 아니한 자
6. 법인의 대표자가 제1호부터 제5호까지의 규정에 해당하는 경우 그 법인
7. 법인의 임원이 제3호부터 제5호까지의 규정에 해당하는 경우 그 법인

21 다음 중 벌칙사항이 맞는 것은? [08 서울]

① 방염업 또는 관리업의 등록을 하지 아니하고 영업을 한 자는 1년 이하의 징역 또는 1천만 원 이하의 벌금에 처한다.
② 동시에 둘 이상의 업체에 취업한 사람은 1년 이하의 징역 또는 1천만 원 이하의 벌금에 처한다.
③ 소방기술자를 공사현장에 배치하지 아니한 자는 300만 원 이하의 벌금에 처한다.
④ 등록증이나 등록수첩을 다른 자에게 빌려준 자는 300만 원 이하의 벌금에 처한다.

해설 ① 미등록 영업 : 3년 이하의 징역 또는 3,000만 원 이하의 벌금
② 이중취업 : 300만 원 이하의 벌금
③ 소방기술자 미배치 : 200만 원 이하의 과태료
④ 등록증, 등록수첩 대여 : 300만 원 이하의 벌금

22 특정소방대상물의 소방시설에 대하여 설계 · 시공 또는 감리를 하고자 하는 자는 업종별로 대통령령이 정하는 사항을 갖추어 시 · 도지사에게 소방시설업의 등록을 하여야 한다. 자본, 기술인력을 갖추어야 하는 것은? [08 서울]

① 소방시설 설계업   ② 소방시설 공사업
③ 소방공사 감리업   ④ 방염처리업

해설 등록 기준사항
1) 설계업, 감리업 : 기술인력
2) 공사업 : 기술인력, 자본금 또는 자산 평가액
3) 방염업 : 기술인력, 장비, 실험실 1개 이상

23 소방시설 중 하자보수대상과 그 기간이 바르게 짝지어진 것은? [08 광주]

① 자동소화장치 – 3년　　　　② 무선통신보조설비 – 3년

③ 피난기구 – 1년　　　　　　④ 자동화재탐지설비 – 2년

> **해설** 공사의 하자보수등
>
> 1) 하자보수 보증기간
>
> 　　1. 피난기구, 유도등, 유도표지, 비상경보설비, 비상조명등, 비상방송설비 및 무선통신보조
> 　　설비 : 2년
>
> 　　2. 자동소화장치, 옥내소화전설비, 스프링클러설비, 간이스프링클러설비, 물분무등소화설
> 　　비, 옥외소화전설비, 자동화재탐지설비, 상수도소화용수설비 및 소화활동설비(무선통신
> 　　보조설비는 제외한다) : 3년
>
> 2) 관계인은 제1항에 따른 기간에 소방시설의 하자가 발생하였을 때에는 공사업자에게 그 사실
> 을 알려야 하며, 통보를 받은 공사업자는 3일 이내에 하자를 보수하거나 보수 일정을 기록한
> 하자보수계획을 관계인에게 서면으로 알려야 한다.

24 완공검사를 위한 현장확인 대상 특정소방대상물에 해당하지 않는 것은? [08 광주]

① 판매시설　　　　　　　　② 숙박시설

③ 지하구　　　　　　　　　④ 문화집회 및 운동시설

> **해설** 완공검사
>
> 1) 공사업자는 소방시설공사를 완공하면 소방본부장 또는 소방서장의 완공검사를 받아야 한다.
>
> 2) 공사감리자가 지정되어 있는 경우에는 공사감리 결과보고서로 완공검사를 갈음하되, 대통령
> 령으로 정하는 특정소방대상물의 경우에는 소방본부장이나 소방서장이 소방시설공사가 공
> 사감리 결과보고서대로 완공되었는지를 현장에서 확인할 수 있다.
>
> 3) 현장확인 소방대상물
>
> 　　1. 문화 및 집회시설, 종교시설, 판매시설, 노유자(老幼者)시설, 수련시설, 운동시설, 숙박시
> 　　설, 창고시설, 지하상가 및 「다중이용업소의 안전관리에 관한 특별법」에 따른 다중이용업소
>
> 　　2. 다음 각 목의 어느 하나에 해당하는 설비가 설치되는 특정소방대상물
> 　　　가. 스프링클러설비 등
> 　　　나. 물분무등소화설비(호스릴방식의 소화설비는 제외한다)
>
> 　　3. 연면적 1만제곱미터 이상이거나 11층 이상인 특정소방대상물(아파트는 제외한다)
>
> 　　4. 가연성 가스를 제조·저장 또는 취급하는 시설 중 지상에 노출된 가연성 가스탱크의 저장
> 　　용량 합계가 1천톤 이상인 시설

25 다음 중 일반공사감리업에 대한 설명 중 옳지 않은 것은? [08 광주]

① 책임감리원은 주1회 이상 소방공사감리현장을 방문하여 감리해야 한다.

② 일반공사감리업자는 연면적 10만 제곱미터 미만의 소방대상물에 한하여 감리를 할 수 있다.

③ 1인의 책임감리원이 담당하는 소방공사감리현장은 5개 이하이다.

④ 지하층을 포함한 층수가 16층 미만인 아파트의 경우 5개 이내의 공사현장을 감리할 수 있다.

해설 시행령 [별표 3] 〈개정 2019. 12. 10.〉

소방공사 감리의 종류, 방법 및 대상(제9조 관련)

종류	대상	방법
상주 공사감리	1. 연면적 3만제곱미터 이상의 특정 소방대상물(아파트는 제외한다) 에 대한 소방시설의 공사 2. 지하층을 포함한 층수가 16층 이 상으로서 500세대 이상인 아파트 에 대한 소방시설의 공사	1. 감리원은 행정안전부령으로 정하는 기간 동안 공사 현장에 상주하여 법 제16조제1항 각 호에 따른 업무를 수행하고 감리일지에 기록해야 한다. 다만, 법 제16조제1항제9호에 따른 업무는 행정안전부령으로 정하는 기간 동안 공사가 이루어지는 경우만 해당한다. 2. 감리원이 행정안전부령으로 정하는 기간 중 부득이한 사유로 1일 이상 현장을 이탈하는 경우에는 감리일지 등에 기록하여 발주청 또는 발주자의 확인을 받아야 한다. 이 경우 감리업자는 감리원의 업무를 대행할 사람을 감리현장에 배치하여 감리업무에 지장이 없도록 해야 한다. 3. 감리업자는 감리원이 행정안전부령으로 정하는 기간 중 법에 따른 교육이나 「민방위기본법」 또는 「예비군법」에 따른 교육을 받는 경우나 「근로기준법」에 따른 유급휴가로 현장을 이탈하게 되는 경우에는 감리업무에 지장이 없도록 감리원의 업무를 대행할 사람을 감리현장에 배치해야 한다. 이 경우 감리원은 새로 배치되는 업무대행자에게 업무 인수·인계 등의 필요한 조치를 해야 한다.
일반 공사감리	상주 공사감리에 해당하지 않는 소 방시설의 공사	1. 감리원은 공사 현장에 배치되어 법 제16조제1항 각 호에 따른 업무를 수행한다. 다만, 법 제16조제1항제9호에 따른 업무는 행정안전부령으로 정하는 기간 동안 공사가 이루어지는 경우만 해당한다. 2. 감리원은 행정안전부령으로 정하는 기간 중에는 주 1회 이상 공사 현장에 배치되어 제1호의 업무를 수행하고 감리일지에 기록해야 한다. 3. 감리업자는 감리원이 부득이한 사유로 14일 이내의 범위에서 제2호의 업무를 수행할 수 없는 경우에는 업무대행자를 지정하여 그 업무를 수행하게 해야 한다. 4. 제3호에 따라 지정된 업무대행자는 주 2회 이상 공사 현장에 배치되어 제1호의 업무를 수행하며, 그 업무수행 내용을 감리원에게 통보하고 감리일지에 기록해야 한다.

▬ 시행규칙 제16조(감리원의 세부 배치 기준 등)

① 법 제18조제3항에 따른 감리원의 세부적인 배치 기준은 다음 각 호의 구분에 따른다.

1. 영 별표 3에 따른 상주 공사감리 대상인 경우

　가. 기계분야의 감리원 자격을 취득한 사람과 전기분야의 감리원 자격을 취득한 사람 각 1명 이상을 감리원으로 배치할 것. 다만, 기계분야 및 전기분야의 감리원 자격을 함께 취득한 사람이 있는 경우에는 그에 해당하는 사람 1명 이상을 배치할 수 있다.

　나. 소방시설용 배관(전선관을 포함한다. 이하 같다)을 설치하거나 매립하는 때부터 소방시설 완공검사증명서를 발급받을 때까지 소방공사감리현장에 감리원을 배치할 것

2. 영 별표 3에 따른 일반 공사감리 대상인 경우

　가. 기계분야의 감리원 자격을 취득한 사람과 전기분야의 감리원 자격을 취득한 사람 각 1명 이상을 감리원으로 배치할 것. 다만, 기계분야 및 전기분야의 감리원 자격을 함께 취득한 사람이 있는 경우에는 그에 해당하는 사람 1명 이상을 배치할 수 있다.

　나. 별표 3에 따른 기간 동안 감리원을 배치할 것

　다. 감리원은 주 1회 이상 소방공사감리현장에 배치되어 감리할 것

　라. 1명의 감리원이 담당하는 소방공사감리현장은 5개 이하(자동화재탐지설비 또는 옥내소화전설비 중 어느 하나만 설치하는 2개의 소방공사감리현장이 최단 차량주행거리로 30킬로미터 이내에 있는 경우에는 1개의 소방공사감리현장으로 본다)로서 감리현장 연면적의 총 합계가 10만제곱미터 이하일 것. 다만, 일반 공사감리 대상인 아파트의 경우에는 연면적의 합계에 관계없이 1명의 감리원이 5개 이내의 공사현장을 감리할 수 있다.

② 영 별표 3 상주 공사감리의 방법란 각 호에서 "행정안전부령으로 정하는 기간"이란 소방시설용 배관을 설치하거나 매립하는 때부터 소방시설 완공검사증명서를 발급받을 때까지를 말한다.

---

26 소방시설업의 등록 시 시·도지사에게 제출하는 서류가 아닌 것은?　　　　　[08 광주]

① 소방기술자 경력수첩 및 기술자격증(자격수첩)

② 소방청장이 지정하는 금융회사 또는 소방산업공제조합에 출자·예치·담보한 금액확인서(소방시설공사업인 경우에 한한다.)

③ 신청일 전 최근 90일 이내에 작성한 자산평가액 또는 기업진단보고서(소방시설공사업인 경우에 한한다)

④ 법인등기부등본(법인의 경우에 한한다)

해설 필요서류

1. 신청인(외국인을 포함하되, 법인의 경우에는 대표자를 포함한 임원을 말한다)의 성명, 주민등록번호 및 주소지 등의 인적사항이 적힌 서류

2. 등록기준 중 기술인력에 관한 사항을 확인할 수 있는 다음 각 목의 어느 하나에 해당하는 서류(이하 "기술인력 증빙서류"라 한다)

　가. 국가기술자격증

　나. 법 제28조제2항에 따라 발급된 소방기술 인정 자격수첩(이하 "자격수첩"이라 한다) 또

정답 26 ④

는 소방기술자 경력수첩(이하 "경력수첩"이라 한다)

3. 영 제2조제2항에 따라 소방청장이 지정하는 금융회사 또는 소방산업공제조합에 출자·예치·담보한 금액 확인서(이하 "출자·예치·담보 금액 확인서"라 한다) 1부(소방시설공사업만 해당한다). 다만, 소방청장이 지정하는 금융회사 또는 소방산업공제조합에 해당 금액을 확인할 수 있는 경우에는 그 확인으로 갈음할 수 있다.

4. 다음 각 목의 어느 하나에 해당하는 자가 신청일 전 최근 90일 이내에 작성한 자산평가액 또는 소방청장이 정하여 고시하는 바에 따라 작성된 기업진단 보고서(소방시설공사업만 해당한다)
   가. 「공인회계사법」 제7조에 따라 금융위원회에 등록한 공인회계사
   나. 「세무사법」 제6조에 따라 기획재정부에 등록한 세무사
   다. 「건설산업기본법」 제49조제2항에 따른 전문경영진단기관

5. 신청인(법인인 경우에는 대표자를 말한다)이 외국인인 경우에는 법 제5조 각 호의 어느 하나에 해당하는 사유와 같거나 비슷한 사유에 해당하지 아니함을 확인할 수 있는 서류로서 다음 각 목의 어느 하나에 해당하는 서류
   가. 해당 국가의 정부나 공증인(법률에 따른 공증인의 자격을 가진 자만 해당한다), 그 밖의 권한이 있는 기관이 발행한 서류로서 해당 국가에 주재하는 우리나라 영사가 확인한 서류
   나. 「외국공문서에 대한 인증의 요구를 폐지하는 협약」을 체결한 국가의 경우에는 해당 국가의 정부나 공증인(법률에 따른 공증인의 자격을 가진 자만 해당한다), 그 밖의 권한이 있는 기관이 발행한 서류로서 해당 국가의 아포스티유(Apostille) 확인서 발급 권한이 있는 기관이 그 확인서를 발급한 서류

27 소방시설공사의 신설공사에서 착공신고 대상이 아닌 것은? [08 광주]

① 옥내소화전설비, 자동화재탐지설비

② 누전경보기, 자동화재속보설비

③ 스프링클러설비, 소화용수설비

④ 비상경보설비, 무선통신보조설비

해설 제13조(착공신고)

① 공사업자는 대통령령으로 정하는 소방시설공사를 하려면 행정안전부령으로 정하는 바에 따라 그 공사의 내용, 시공 장소, 그 밖에 필요한 사항을 소방본부장이나 소방서장에게 신고하여야 한다. [200만 원 이하의 과태료]

② 공사업자가 제1항에 따라 신고한 사항 가운데 **행정안전부령으로 정하는 중요한 사항**을 변경하였을 때에는 행정안전부령으로 정하는 바에 따라 변경신고를 하여야 한다. [200만 원 이하의 과태료]
이 경우 중요한 사항에 해당하지 아니하는 변경 사항은 제20조에 따른 공사감리 결과보고서에 포함하여 소방본부장이나 소방서장에게 보고하여야 한다.

③ 소방본부장 또는 소방서장은 제1항 또는 제2항 전단에 따른 **착공신고** 또는 **변경신고**를 받은 **날부터 2일 이내**에 신고수리 여부를 신고인에게 **통지하여야** 한다. 〈신설 2020. 6. 9.〉

④ 소방본부장 또는 소방서장이 제3항에서 정한 기간 내에 신고수리 여부 또는 민원 처리 관련

법령에 따른 처리기간의 연장을 신고인에게 통지하지 아니하면 그 기간(민원처리 관련 법령에 따라 처리기간이 연장 또는 재연장된 경우에는 해당 처리기간을 말한다)이 끝난 날의 다음 날에 신고를 수리한 것으로 본다. 〈신설 2020. 6. 9.〉

■ **시행령 제4조(소방시설공사의 착공신고 대상)**

법 제13조제1항에서 "대통령령으로 정하는 소방시설공사"란 다음 각 호의 어느 하나에 해당하는 소방시설공사를 말한다.

1. 특정소방대상물(「위험물 안전관리법」 제2조제1항제6호에 따른 제조소등은 제외한다. 이하 제2호 및 제3호에서 같다)에 다음 각 목의 어느 하나에 해당하는 설비를 신설하는 공사
   가. 옥내소화전설비(호스릴옥내소화전설비를 포함한다. 이하 같다), 옥외소화전설비, 스프링클러설비·간이스프링클러설비(캐비닛형 간이스프링클러설비를 포함한다. 이하 같다) 및 화재조기진압용 스프링클러설비(이하 "스프링클러설비등"이라 한다), 물분무소화설비·포소화설비·이산화탄소소화설비·할론소화설비·할로겐화합물 및 불활성기체 소화설비·미분무소화설비·강화액소화설비 및 분말소화설비(이하 "물분무등소화설비"라 한다), 연결송수관설비, 연결살수설비, 제연설비(소방용 외의 용도와 겸용되는 제연설비를 「건설산업기본법 시행령」 별표 1에 따른 기계설비공사업자가 공사하는 경우는 제외한다), 소화용수설비(소화용수설비를 「건설산업기본법 시행령」 별표 1에 따른 기계설비공사업자 또는 상·하수도설비공사업자가 공사하는 경우는 제외한다) 또는 연소방지설비
   나. 자동화재탐지설비, 비상경보설비, 비상방송설비(소방용 외의 용도와 겸용되는 비상방송설비를 「정보통신공사업법」에 따른 정보통신공사업자가 공사하는 경우는 제외한다), 비상콘센트설비(비상콘센트설비를 「전기공사업법」에 따른 전기공사업자가 공사하는 경우는 제외한다) 또는 무선통신보조설비(소방용 외의 용도와 겸용되는 무선통신보조설비를 「정보통신공사업법」에 따른 정보통신공사업자가 공사하는 경우는 제외한다)
2. 특정소방대상물에 다음 각 목의 어느 하나에 해당하는 설비 또는 구역 등을 증설하는 공사
   가. 옥내·옥외소화전설비
   나. 스프링클러설비·간이스프링클러설비 또는 물분무등소화설비의 방호구역, 자동화재탐지설비의 경계구역, 제연설비의 제연구역(소방용 외의 용도와 겸용되는 제연설비를 「건설산업기본법 시행령」 별표 1에 따른 기계설비공사업자가 공사하는 경우는 제외한다), 연결살수설비의 살수구역, 연결송수관설비의 송수구역, 비상콘센트설비의 전용회로, 연소방지설비의 살수구역
3. 특정소방대상물에 설치된 소방시설등을 구성하는 다음 각 목의 어느 하나에 해당하는 것의 전부 또는 일부를 개설(改設), 이전(移轉) 또는 정비(整備)하는 공사. 다만, 고장 또는 파손 등으로 인하여 작동시킬 수 없는 소방시설을 긴급히 교체하거나 보수하여야 하는 경우에는 신고하지 않을 수 있다.
   가. 수신반(受信盤)
   나. 소화펌프
   다. 동력(감시)제어반

■ **시행규칙 제12조(착공신고 등)**

① 소방시설공사업자는 소방시설공사를 하려면 법 제13조제1항에 따라 해당 소방시설공사의 착공 전까지 별지 제14호서식의 소방시설공사 착공(변경)신고서에 다음 각 호의 서류를 첨

부하여 소방본부장 또는 소방서장에게 신고하여야 한다. 다만, 행정정보의 공동이용을 통하여 첨부서류에 대한 정보를 확인할 수 있는 경우에는 그 확인으로 첨부서류를 갈음 할 수 있다. 〈개정 2020. 1. 15.〉

1. 공사업자의 소방시설공사업 등록증 사본 1부 및 등록수첩 사본 1부
2. 해당 소방시설공사의 책임시공 및 기술관리를 하는 기술인력의 기술등급을 증명하는 서류 사본 1부
3. 법 제21조의3 제2항에 따라 체결한 소방시설공사 계약서 사본 1부
4. 설계도서(설계설명서를 포함하되, 「화재예방, 소방시설 설치·유지 및 안전관리에 관한 법률 시행규칙」 제4조제2항에 따라 건축허가등의 동의요구서에 첨부된 서류 중 설계도서가 변경된 경우에만 첨부한다) 1부
5. 소방시설공사를 하도급하는 경우 다음 각 목의 서류
   가. 제20조제1항 및 별지 제31호서식에 따른 소방시설공사등의 하도급통지서 사본 1부
   나. 하도급대금 지급에 관한 다음의 어느 하나에 해당하는 서류
      1) 「하도급거래 공정화에 관한 법률」 제13조의2에 따라 공사대금 지급을 보증한 경우에는 하도급대금지급보증서 사본 1부
      2) 「하도급거래 공정화에 관한 법률」 제13조의2 제1항 각 호 외의 부분 단서 및 같은 법 시행령 제8조제1항에 따라 보증이 필요하지 않거나 보증이 적합하지 않다고 인정되는 경우에는 이를 증빙하는 서류 사본 1부

② 법 제13조제2항에서 "행정안전부령으로 정하는 중요한 사항"이란 다음 각 호의 어느 하나에 해당하는 사항을 말한다.
1. 시공자
2. 설치되는 소방시설의 종류
3. 책임시공 및 기술관리 소방기술자

③ 법 제13조제2항에 따라 공사업자는 제2항 각 호의 어느 하나에 해당하는 사항이 변경된 경우에는 변경일부터 30일 이내에 별지 제14호서식의 소방시설공사 착공(변경)신고서[전자문서로 된 소방시설공사 착공(변경)신고서를 포함한다]에 제1항 각 호의 서류(전자문서를 포함한다) 중 변경된 해당 서류를 첨부하여 소방본부장 또는 소방서장에게 신고하여야 한다.

④ 소방본부장 또는 소방서장은 소방시설공사 착공신고 또는 변경신고를 받은 경우에는 2일 이내에 처리하고 그 결과를 신고인에게 통보하며, 소방시설공사현장에 배치되는 소방기술자의 성명, 자격증 번호·등급, 시공현장의 명칭·소재지·면적 및 현장 배치기간을 소방시설업 종합정보시스템에 입력해야 한다. 이 경우 소방본부장 또는 소방서장은 별지 제15호서식의 소방시설 착공 및 완공대장에 필요한 사항을 기록하여 관리하여야 한다. 〈개정 2020. 1. 15.〉

⑤ 소방본부장 또는 소방서장은 소방시설공사 착공신고 또는 변경신고를 받은 경우에는 공사업자에게 별지 제16호서식의 소방시설공사현황 표지에 따른 소방시설공사현황의 게시를 요청할 수 있다.

28 다음 중 소방시설공사업 면허사항의 변경신고 항목이 아닌 것은? [08 인천]

① 영업소의 소재지
② 시설업의 업종변경
③ 상호 또는 명칭
④ 대표자 또는 기술인력

해설 제6조(등록사항의 변경신고) [200만 원 이하의 과태료]

소방시설업자는 제4조에 따라 등록한 사항 중 행정안전부령으로 정하는 중요 사항을 변경할 때에는 행정안전부령으로 정하는 바에 따라 시·도지사에게 신고하여야 한다.

— 시행규칙 제5조(등록사항의 변경신고사항)

법 제6조에서 "행정안전부령으로 정하는 중요 사항"이란 다음 각 호의 어느 하나에 해당하는 사항을 말한다.
1. 상호(명칭) 또는 영업소 소재지
2. 대표자
3. 기술인력

— 시행규칙 제6조(등록사항의 변경신고 등)

① 법 제6조에 따라 소방시설업자는 제5조 각 호의 어느 하나에 해당하는 등록사항이 변경된 경우에는 변경일부터 30일 이내에 별지 제7호서식의 소방시설업 등록사항 변경신고서에 변경사항별로 다음 각 호의 구분에 따른 서류를 첨부하여 협회에 제출하여야 한다. 다만, 행정정보의 공동이용을 통하여 첨부서류에 대한 정보를 확인할 수 있는 경우에는 그 확인으로 첨부서류를 갈음할 수 있다.
   1. 상호(명칭) 또는 영업소 소재지가 변경된 경우 : 소방시설업 등록증 및 등록수첩
   2. 대표자가 변경된 경우 : 다음 각 목의 서류
      가. 소방시설업 등록증 및 등록수첩
      나. 변경된 대표자의 성명, 주민등록번호 및 주소지 등의 인적사항이 적힌 서류
      다. 외국인인 경우에는 제2조제1항제5호 각 목의 어느 하나에 해당하는 서류
   3. 기술인력이 변경된 경우 : 다음 각 목의 서류
      가. 소방시설업 등록수첩
      나. 기술인력 증빙서류
② 제1항에 따른 신고서를 제출받은 협회는 행정정보의 공동이용을 통하여 다음 각 호의 서류를 확인하여야 한다. 다만, 신청인이 제2호부터 제4호까지의 서류의 확인에 동의하지 아니하는 경우에는 해당 서류를 제출하도록 하여야 한다.
   1. 법인등기사항 전부증명서(법인인 경우만 해당한다)
   2. 사업자등록증(개인인 경우만 해당한다)
   3. 「출입국관리법」 제88조제2항에 따른 외국인등록 사실증명(외국인인 경우만 해당한다)
   4. 국민연금가입자 증명서 또는 건강보험자격취득 확인서(기술인력을 변경하는 경우에만 해당한다)
③ 제1항에 따라 변경신고 서류를 제출받은 협회는 등록사항의 변경신고 내용을 확인하고 5일 이내에 제1항에 따라 제출된 소방시설업 등록증·등록수첩 및 기술인력 증빙서류에 그 변경된 사항을 기재하여 발급하여야 한다.
④ 제3항에도 불구하고 영업소 소재지가 등록된 특별시·광역시·특별자치시·도 및 특별자

정답 **28** ②

치도에서 다른 시·도로 변경된 경우에는 제1항에 따라 제출받은 변경신고 서류를 접수일로부터 7일 이내에 해당 시·도지사에게 보내야 한다. 이 경우 해당 시·도지사는 소방시설업 등록증 및 등록수첩을 협회를 경유하여 신고인에게 새로 발급하여야 한다.

⑤ 제1항에 따라 변경신고 서류를 제출받은 협회는 별지 제5호서식의 소방시설업 등록대장에 변경사항을 작성하여 관리하여야 한다.

⑥ 협회는 등록사항의 변경신고 접수현황을 매월 말일을 기준으로 작성하여 다음 달 10일까지 별지 제7호의2서식에 따라 시·도지사에게 알려야 한다.

⑦ 변경신고 서류의 보완에 관하여는 제2조의2를 준용한다. 이 경우 "소방시설업의 등록신청서류"는 "소방시설업의 등록사항 변경신고 서류"로 본다.

29 다음 중 소방시설의 증설공사 시 소방본부장 또는 소방서장에게 신고해야 할 대상이 아닌 것은?　　　　　　　　　　　　　　　　　　　　　　　　　　　　　[08 인천]

① 물분무등소화설비의 방호구역　　　　　② 비상콘센트설비의 전용회로
③ 비상경보설비의 발신기 위치　　　　　　④ 연소방지설비의 살수구역

해설 착공신고

1) 공사업자는 대통령령으로 정하는 소방시설공사를 하려면 행정안전부령으로 정하는 바에 따라 그 공사의 내용, 시공 장소, 그 밖에 필요한 사항을 소방본부장이나 소방서장에게 신고하여야 한다.

2) 공사업자가 제1항에 따라 신고한 사항 가운데 행정안전부령으로 정하는 중요한 사항을 변경하였을 때에는 행정안전부령으로 정하는 바에 따라 변경신고를 하여야 한다. 이 경우 중요한 사항에 해당하지 아니하는 변경사항은 제20조에 따른 공사감리 결과보고서에 포함하여 소방본부장이나 소방서장에게 보고하여야 한다.

3) 착공신고대상

1. 신축, 증축등 으로 신설하는 공사 : 전체 소방시설[제외되는 사항 정리필요]
제연설비(소방용 외의 용도와 겸용되는 제연설비를 「건설산업기본법 시행령」 별표 1에 따른 기계설비공사업자가 공사하는 경우는 제외한다), 소화용수설비(소화용수설비를 「건설산업기본법 시행령」 별표 1에 따른 기계설비공사업자 또는 상·하수도설비공사업자가 공사하는 경우는 제외한다)
비상방송설비(소방용 외의 용도와 겸용되는 비상방송설비를 「정보통신공사업법」에 따른 정보통신공사업자가 공사하는 경우는 제외한다), 비상콘센트설비(비상콘센트설비를 「전기공사업법」에 따른 전기공사업자가
공사하는 경우는 제외한다) 또는 무선통신보조설비(소방용 외의 용도와 겸용되는 무선통신보조설비를 「정보통신공사업법」에 따른 정보통신공사업자가 공사하는 경우는 제외한다)

2. 증축, 개축, 재축, 대수선 또는 구조변경·용도 변경되는 특정소방대상물에 다음 각 목의 어느 하나에 해당하는 설비 또는 구역 등을 증설하는 공사
가. 옥내·옥외소화전설비
나. 스프링클러설비·간이스프링클러설비 또는 물분무등소화설비의 방호구역, 자동화

재탐지설비의 경계구역, 제연설비의 제연구역(소방용 외의 용도와 겸용되는 제연설비를 「건설산업기본법 시행령」 별표 1에 따른 기계설비공사업자가 공사하는 경우는 제외한다), 연결살수설비의 살수구역, 연결송수관설비의 송수구역, 비상콘센트설비의 전용회로, 연소방지설비의 살수구역

3. 전부 또는 일부를 개설(改設), 이전(移轉) 또는 정비(整備)하는 공사. 다만, 고장 또는 파손 등으로 인하여 작동시킬 수 없는 소방시설을 긴급히 교체하거나 보수하여야 하는 경우에는 신고하지 않을 수 있다.

　가. 수신반(受信盤)

　나. 소화펌프

　다. 동력(감시)제어반

4) 착공신고 서류

1. 공사업자의 소방시설공사업 등록증 사본 1부 및 등록수첩 사본 1부

2. 해당 소방시설공사의 책임시공 및 기술관리를 하는 기술인력의 기술등급을 증명하는 서류 사본 1부

3. 법 제21조의3 제2항에 따라 체결한 소방시설공사 계약서 사본 1부

4. 설계도서(설계설명서를 포함하되, 「소방시설 설치·유지 및 안전관리에 관한 법률」 제7조에 따른 건축허가 동의 시 제출된 설계도서가 변경된 경우에만 첨부한다) 1부

5. 별지 제31호 서식의 소방시설공사 하도급통지서 사본(소방시설공사를 하도급하는 경우에만 첨부한다) 1부

5) 착공신고사항 중 중요한사항 변경사항들(변경일로부터 30일 이내 소방본부장또는소방서장에게 신고)

1. 시공자

2. 설치되는 소방시설의 종류

3. 책임시공 및 기술관리 소방기술자

6) 착공신고의 변경신고를 받은 경우 2일 이내에 공사현장에 배치되는 기술자 내용기재 발급. 7일 이내 협회에 통보

30 다음은 소방관련법령에서 규정하고 있는 각종 소방관련업에 관한 사항이다. 가장 바른 것은?

[08 인천]

① 동일인이 동일한 특정소방대상물의 소방시설공사와 소방공사감리를 함께할 수 없다.

② 동일인이 소방시설공사업과 소방시설감리업을 함께할 수 없다.

③ 동일인이 소방시설설계업과 소방시설관리유지업을 함께할 수 없다.

④ 동일인이 동일한 특정소방대상물의 소방시설에 대한 설계와 공사감리를 함께할 수 없다.

소방시설설계업을 하려는 자가 소방시설공사업, 「소방시설 설치·유지 및 안전관리에 관한 법률」 제29조에 따른 소방시설관리업(이하 "소방시설관리업"이라 한다) 또는 「다중이용업소의 안전관리에 관한 특별법」 제16조에 따른 화재위험평가 대행 업무(이하 "화재위험평가 대행업"이라 한다) 중 어느 하나를 함께 하려는 경우 소방시설공사업, 소방시설관리업 또는 화재위험평가 대행업 기술인력으로 등록된 기술인력은 다음 각 목의 기준에 따라 소방시설설계업 등록 시 갖추어야 하는 해당 자격을 가진 기술인력으로 볼 수 있다.

가. 전문 소방시설설계업과 소방시설관리업을 함께하는 경우 : 소방기술사 자격과 소방시설관리사 자격을 함께 취득한 사람

나. 전문 소방시설설계업과 전문 소방시설공사업을 함께하는 경우 : 소방기술사 자격을 취득한 사람

다. 전문 소방시설설계업과 화재위험평가 대행업을 함께하는 경우 : 소방기술사 자격을 취득한 사람

라. 일반 소방시설설계업과 소방시설관리업을 함께하는 경우 다음의 어느 하나에 해당하는 사람
    1) 소방기술사 자격과 소방시설관리사 자격을 함께 취득한 사람
    2) 기계분야 소방설비기사 또는 전기분야 소방설비기사 자격을 취득한 사람 중 소방시설관리사 자격을 취득한 사람

마. 일반 소방시설설계업과 일반 소방시설공사업을 함께하는 경우 : 소방기술사 자격을 취득하거나 기계분야 또는 전기분야 소방설비기사 자격을 취득한 사람

바. 일반 소방시설설계업과 전문 소방시설공사업을 함께하는 경우 : 소방기술사 자격을 취득하거나 기계분야 및 전기분야 소방설비기사 자격을 함께 취득한 사람

사. 전문 소방시설설계업과 일반 소방시설공사업을 함께하는 경우 : 소방기술사 자격을 취득한 사람

31 다음 중 하자보증기간이 다른 하나는?　　　　　　　　　　　　　　　　[08 인천]

① 피난기구　　　　　　　　　　　　② 자동화재탐지설비
③ 무선통신보조설비　　　　　　　　④ 유도등·유도표지

해설 공사의 하자보수등

1) 하자보수 보증기간
    1. 피난기구, 유도등, 유도표지, 비상경보설비, 비상조명등, 비상방송설비 및 무선통신보조설비 : 2년
    2. 자동소화장치, 옥내소화전설비, 스프링클러설비, 간이스프링클러설비, 물분무등소화설비, 옥외소화전설비, 자동화재탐지설비, 상수도소화용수설비 및 소화활동설비(무선통신보조설비는 제외한다) : 3년
2) 관계인은 제1항에 따른 기간에 소방시설의 하자가 발생하였을 때에는 공사업자에게 그 사실을 알려야 하며, 통보를 받은 공사업자는 3일 이내에 하자를 보수하거나 보수 일정을 기록한 하자보수계획을 관계인에게 서면으로 알려야 한다.

32 다음 중 소방시설업의 등록이 반드시 취소되는 사유에 해당하는 것은? [08 인천]

① 거짓, 그 밖의 부정한 방법으로 등록한 때

② 규정에 따른 등록기준에 미달한 때

③ 다른 자에게 등록증 또는 등록수첩을 빌려준 때

④ 정당한 사유 없이 1년 이상 영업을 개시하지 아니하거나 휴업한 때

해설 등록취소와 영업정지등

1) 시·도지사는 소방시설업자가 다음 각 호의 어느 하나에 해당하면 행정안전부령으로 정하는 바에 따라 그 등록을 취소하거나 6개월 이내의 기간을 정하여 시정이나 그 영업의 정지를 명할 수 있다.

2) 등록취소사유

　1. 거짓이나 그 밖의 부정한 방법으로 등록한 경우

　3. 제5조 각 호의 등록 결격사유에 해당하게 된 경우

　7. 제8조제2항을 위반하여 영업정지 기간 중에 소방시설공사 등을 한 경우

33 소방시설업의 등록 시 시·도지사에게 제출하는 서류가 아닌 것은? [08 인천]

① 소방기술자경력수첩 및 기술자격증(자격수첩)

② 등기부등본

③ 신청일 전 최근 90일 이내에 작성한 자산평가액 또는 기업진단보고서(소방시설공사업인 경우에 한한다)

④ 사무실 임대차 계약서

해설 필요서류

1. 신청인(외국인을 포함하되, 법인의 경우에는 대표자를 포함한 임원을 말한다)의 성명, 주민등록번호 및 주소지 등의 인적사항이 적힌 서류

2. 등록기준 중 기술인력에 관한 사항을 확인할 수 있는 다음 각 목의 어느 하나에 해당하는 서류(이하 "기술인력 증빙서류"라 한다)

　가. 국가기술자격증

　나. 법 제28조제2항에 따라 발급된 소방기술 인정 자격수첩(이하 "자격수첩"이라 한다) 또는 소방기술자 경력수첩(이하 "경력수첩"이라 한다)

3. 영 제2조제2항에 따라 소방청장이 지정하는 금융회사 또는 소방산업공제조합에 출자·예치·담보한 금액 확인서(이하 "출자·예치·담보 금액 확인서"라 한다) 1부(소방시설공사업만 해당한다). 다만, 소방청장이 지정하는 금융회사 또는 소방산업공제조합에 해당 금액을 확인할 수 있는 경우에는 그 확인으로 갈음할 수 있다.

4. 다음 각 목의 어느 하나에 해당하는 자가 신청일 전 최근 90일 이내에 작성한 자산평가액 또는 소방청장이 정하여 고시하는 바에 따라 작성된 기업진단 보고서(소방시설공사업만 해당한다)

    가. 「공인회계사법」 제7조에 따라 금융위원회에 등록한 공인회계사

    나. 「세무사법」 제6조에 따라 기획재정부에 등록한 세무사

    다. 「건설산업기본법」 제49조제2항에 따른 전문경영진단기관

5. 신청인(법인인 경우에는 대표자를 말한다)이 외국인인 경우에는 법 제5조 각 호의 어느 하나에 해당하는 사유와 같거나 비슷한 사유에 해당하지 아니함을 확인할 수 있는 서류로서 다음 각 목의 어느 하나에 해당하는 서류

    가. 해당 국가의 정부나 공증인(법률에 따른 공증인의 자격을 가진 자만 해당한다), 그 밖의 권한이 있는 기관이 발행한 서류로서 해당 국가에 주재하는 우리나라 영사가 확인한 서류

    나. 「외국공문서에 대한 인증의 요구를 폐지하는 협약」을 체결한 국가의 경우에는 해당 국가의 정부나 공증인(법률에 따른 공증인의 자격을 가진 자만 해당한다), 그 밖의 권한이 있는 기관이 발행한 서류로서 해당 국가의 아포스티유(Apostille) 확인서 발급 권한이 있는 기관이 그 확인서를 발급한 서류

34 소방시설공사업법령상 소방시설업자의 지위승계가 가능한 자에게 해당하는 것을 모두 고른 것은?
[08 인천]

ㄱ. 소방시설업자가 사망한 경우 그 상속인
ㄴ. 소방시설업자가 그 영업을 양도한 경우 그 양수인
ㄷ. 법인인 소방시설업자가 다른 법인과 합병한 경우 합병 후 존속하는 법인이나 합병으로 설립되는 법인
ㄹ. 폐업신고로 소방시설업 등록이 말소된 후 6개월 이내에 다시 소방시설업을 등록한 자

① ㄱ, ㄴ, ㄷ
② ㄱ, ㄷ, ㄹ
③ ㄴ, ㄷ, ㄹ
④ ㄱ, ㄴ, ㄷ, ㄹ

해설 제6조의2(휴업·폐업 등의 신고)

③ 제1항에 따른 폐업신고를 한 자가 제2항에 따라 소방시설업 등록이 말소된 후 6개월 이내에 같은 업종의 소방시설업을 다시 제4조에 따라 등록한 경우 해당 소방시설업자는 폐업신고 전 소방시설업자의 지위를 승계한다. 〈신설 2020. 6. 9.〉

— 제7조(소방시설업자의 지위승계)

① 다음 각 호의 어느 하나에 해당하는 자가 종전의 소방시설업자의 지위를 승계하려는 경우에는 그 상속일, 양수일 또는 합병일부터 30일 이내에 행정안전부령으로 정하는 바에 따라 그 사실을 시·도지사에게 신고하여야 한다. 〈개정 2020. 6. 9.〉

  1. 소방시설업자가 사망한 경우 그 상속인

  2. 소방시설업자가 그 영업을 양도한 경우 그 양수인

3. 법인인 소방시설업자가 다른 법인과 합병한 경우 합병 후 존속하는 법인이나 합병으로 설립되는 법인

4. 삭제 〈2020. 6. 9.〉

② 다음 각 호의 어느 하나에 해당하는 절차에 따라 소방시설업자의 소방시설의 전부를 인수한 자가 종전의 소방시설업자의 지위를 승계하려는 경우에는 그 인수일부터 30일 이내에 행정안전부령으로 정하는 바에 따라 그 사실을 시 · 도지사에게 신고하여야 한다. 〈개정 2020. 6. 9.〉

1. 「민사집행법」에 따른 경매

2. 「채무자 회생 및 파산에 관한 법률」에 따른 환가(換價)

3. 「국세징수법」, 「관세법」 또는 「지방세징수법」에 따른 압류재산의 매각

4. 그 밖에 제1호부터 제3호까지의 규정에 준하는 절차

③ 시 · 도지사는 제1항 또는 제2항에 따른 신고를 받은 경우 그 내용을 검토하여 이 법에 적합하면 신고를 수리하여야 한다. 〈개정 2020. 6. 9.〉

④ 제1항이나 제2항에 따른 지위승계에 관하여는 제5조를 준용한다. 다만, 상속인이 제5조 각 호의 어느 하나에 해당하는 경우 상속받은 날부터 3개월 동안은 그러하지 아니하다.

35 다음은 소방시설 중 소방시설공사업법에서 규정하고 있는 하자보수 대상의 소방시설과 하자보수 보증기간을 연결한 것이다. 잘못된 것은?　　　　　　　　　　　[08 인천]

① 자동소화장치 – 3년　　　　　　　　② 비상방송설비 – 2년

③ 자동화재탐지설비 – 2년　　　　　　④ 비상경보설비 – 2년

해설 공사의 하자보수등

1) 하자보수 보증기간

1. 피난기구, 유도등, 유도표지, 비상경보설비, 비상조명등, 비상방송설비 및 무선통신보조설비 : 2년

2. 자동소화장치, 옥내소화전설비, 스프링클러설비, 간이스프링클러설비, 물분무등소화설비, 옥외소화전설비, 자동화재탐지설비, 상수도소화용수설비 및 소화활동설비(무선통신보조설비는 제외한다) : 3년

2) 관계인은 제1항에 따른 기간에 소방시설의 하자가 발생하였을 때에는 공사업자에게 그 사실을 알려야 하며, 통보를 받은 공사업자는 3일 이내에 하자를 보수하거나 보수 일정을 기록한 하자보수계획을 관계인에게 서면으로 알려야 한다.

36 자동화재탐지설비의 일반 공사감리기간으로 포함시켜 산정할 수 있는 항목은?　　[08 인천]

① 고정금속구를 설치하는 기간　　　　② 전선관의 매립을 하는 공사기간

③ 공기유입구의 설치기간　　　　　　④ 소화약제 저장용기 설치기간

[별표 3] 〈개정 2010.11.1〉 일반 공사감리기간(제16조 관련)

1. 옥내소화전설비 · 스프링클러설비 · 포소화설비 · 물분무소화설비 · 연결살수설비 및 연소방지설비의 경우 : 가압송수장치의 설치, 가지배관의 설치, 개폐밸브 · 유수검지장치 · 체크밸브 · 템퍼스 위치의 설치, 앵글밸브 · 소화전함의 매립, 스프링클러헤드 · 포헤드 · 포방출구 · 포노즐 · 포호스릴 · 물분무헤드 · 연결살수헤드 · 방수구의 설치, 포소화약제 탱크 및 포혼합기의 설치, 포소화 약제의 충전, 입상배관과 옥상탱크의 접속, 옥외 연결송수구의 설치, 제어반의 설치, 동력전원 및 각종 제어회로의 접속, 음향장치의 설치 및 수동조작함의 설치를 하는 기간

2. 이산화탄소소화설비 · 할로겐화합물소화설비 · 할로겐화합물 및 불활성기체소화설비 및 분말소화설비의 경우 : 소화약제 저장용기와 집합관의 접속, 기동용기 등 작동장치의 설치, 제어반 · 화재표시반의 접속, 동력전원 및 각종 제어회로의 접속, 가지배관의 설치, 선택밸브의 설치, 분사헤드의 설치, 수동기동장치의 설치 및 음향경보장치의 설치를 하는 기간

3. 자동화재탐지설비 · 시각경보기 · 비상경보설비 · 비상방송설비 · 통합감시시설 · 유도등 · 비상콘센트설비 및 무선통신보조설비의 경우 : 전선관의 매립, 감지기 · 유도등 · 조명등 및 비상콘센트의 설치, 증폭기의 접속, 누설동축케이블 등의 부설, 무선기기의 접속단자 · 분배기 · 증폭기의 설치 및 동력전원의 접속공사를 하는 기간

4. 피난기구의 경우 : 고정금속구를 설치하는 기간

5. 제연설비의 경우 : 가동식 제연경계벽 · 배출구 · 공기유입구의 설치, 각종 댐퍼 및 유입구 폐쇄장치의 설치, 배출기 및 공기유입기의 설치 및 풍도와의 접속, 배출풍도 및 유입풍도의 설치 · 단열조치, 동력전원 및 제어회로의 접속, 제어반의 설치를 하는 기간

6. 비상전원이 설치되는 소방시설의 경우 : 비상전원의 설치 및 소방시설과의 접속을 하는 기간

[비고]

위 각 호에 따른 소방시설의 일반공사 감리기간은 소방시설의 성능시험, 소방시설 완공검사증명서의 발급 · 인수인계 및 소방공사의 정산을 하는 기간을 포함한다.

---

37 소방본부장 또는 소방서장의 완공검사를 위한 현장확인 특정소방대상물이 아닌 것은?

[08 중앙]

① 문화 및 집회시설　　　　　　　② 수련시설
③ 운동시설　　　　　　　　　　　④ 할로겐화합물소화설비(호스릴방식)

완공검사

1) 공사업자는 소방시설공사를 완공하면 소방본부장 또는 소방서장의 완공검사를 받아야 한다.

2) 공사감리자가 지정되어 있는 경우에는 공사감리 결과보고서로 완공검사를 갈음하되, 대통령령으로 정하는 특정소방대상물의 경우에는 소방본부장이나 소방서장이 소방시설공사가 공사감리 결과보고서대로 완공되었는지를 현장에서 확인할 수 있다.

3) 현장확인 소방대상물
　1. 문화 및 집회시설, 종교시설, 판매시설, 노유자(老幼者)시설, 수련시설, 운동시설, 숙박시설, 창고시설, 지하상가 및 「다중이용업소의 안전관리에 관한 특별법」에 따른 다중이용업소

---

2. 가스계(이산화탄소·할론·할로겐화합물 및 불활성기체) 소화설비(호스릴소화설비는 제외한다)가 설치되는 것
3. 연면적 1만제곱미터 이상이거나 11층 이상인 특정소방대상물(아파트는 제외한다)
4. 가연성 가스를 제조·저장 또는 취급하는 시설 중 지상에 노출된 가연성 가스탱크의 저장용량 합계가 1천톤 이상인 시설

38 소방시설업자의 특정소방대상물의 관계인에 대한 통보 의무사항이 아닌 것은?　　[08 중앙]

① 지위를 승계한 때
② 등록취소 또는 영업정지 처분을 받은 때
③ 휴업 또는 폐업한 때
④ 주소지가 변경된 때

해설 제8조(소방시설업의 운영) ③항
소방시설업자는 다음 각 호의 어느 하나에 해당하는 경우에는 소방시설공사 등을 맡긴 특정소방대상물의 관계인에게 지체없이 그 사실을 알려야 한다.
1. 제7조에 따라 소방시설업자의 지위를 승계한 경우
2. 제9조제1항에 따라 소방시설업의 등록취소처분 또는 영업정지처분을 받은 경우
3. 휴업하거나 폐업한 경우

39 다음 중 소방시설공사업법에서 규정하고 있는 감리업자의 업무에 해당되지 않는 것은?
　　[08 중앙]

① 소방용품의 위치·규격 및 사용자재에 대한 적합성 검토
② 소방시설등의 성능확인시험 및 성능인정시험
③ 피난·방화시설의 적법성 검토
④ 실내장식물의 불연화 및 방염물품의 적법성 검토

해설 감리의 업무
1. 소방시설등의 설치계획표의 적법성 검토
2. 소방시설등 설계도서의 적합성(적법성과 기술상의 합리성을 말한다. 이하 같다) 검토
3. 소방시설등 설계 변경 사항의 적합성 검토
4. 「화재예방, 소방시설 설치·유지 및 안전관리에 관한 법률」 제2조제1항제4호의 소방용품의 위치·규격 및 사용 자재의 적합성 검토
5. 공사업자가 한 소방시설등의 시공이 설계도서와 화재안전기준에 맞는지에 대한 지도·감독
6. 완공된 소방시설등의 성능시험
7. 공사업자가 작성한 시공 상세 도면의 적합성 검토
8. 피난시설 및 방화시설의 적법성 검토
9. 실내장식물의 불연화(不燃化)와 방염물품의 적법성 검토

40 소방시설업에서 관계인에게 그 사실을 지체 없이 통보하지 않아도 되는 것은?　　[08 중앙]

① 업체의 합병　　　　　　　　② 휴업 및 폐업

③ 지위승계　　　　　　　　　　④ 영업정지

> **해설** 소방시설업자는 다음 각 호의 어느 하나에 해당하는 경우에는 소방시설공사 등을 맡긴 특정소
> 방대상물의 관계인에게 지체 없이 그 사실을 알려야 한다.
> 1. 제7조에 따라 소방시설업자의 지위를 승계한 경우
> 2. 제9조제1항에 따라 소방시설업의 등록취소처분 또는 영업정지처분을 받은 경우
> 3. 휴업하거나 폐업한 경우

41 다음 중 소방시설공사의 하자보증기간이 다른 하나는?　　[08 경남]

① 무선통신보조설비　　　　　　② 자동소화장치

③ 자동화재탐지설비　　　　　　④ 비상콘센트설비

> **해설** 시행령 제6조(하자보수 대상 소방시설과 하자보수 보증기간)
> 법 제15조제1항에 따라 하자를 보수하여야 하는 소방시설과 소방시설별 하자보수 보증기간은
> 다음 각 호의 구분과 같다. 〈개정 2015. 1. 6.〉
> 1. 피난기구, 유도등, 유도표지, 비상경보설비, 비상조명등, 비상방송설비 및 무선통신보조설
> 　비 : 2년
> 2. 자동소화장치, 옥내소화전설비, 스프링클러설비, 간이스프링클러설비, 물분무등소화설비,
> 　옥외소화전설비, 자동화재탐지설비, 상수도소화용수설비 및 소화활동설비(무선통신보조설
> 　비는 제외한다) : 3년
>
> > **참고** 소화활동설비
> > 1) 제연설비　　　　2) 연결송수관설비　　3) 연결살수설비
> > 4) 비상콘센트설비　5) 무선통신설비　　　6) 연소방지설비

42 소방청장 또는 시 · 도지사가 행정처분을 하고자 하기 위해 청문을 실시하여야 하는 내용이 아닌 것은? [08 경남]

① 소방시설 설계업의 등록취소 ② 위험물탱크 안전성능 시험자의 등록취소
③ 소방안전관리자의 자격취소 및 정지 ④ 소방시설관리사의 자격취소

해설 청문
1) 소방시설업 등록취소처분이나 영업정지처분 청문권자 : 시 · 도지사
2) 소방기술인정 자격취소처분 청문권자 : 소방청장
3) 위험물탱크 안전성능시험자 취소처분 청문권자 : 시 · 도지사

43 다음 중 공사감리자를 지정하는 사람은? [08 경남]

① 관계인 ② 소방청장 ③ 시 · 도지사 ④ 소방본부장

해설 감리자의 지정
대통령령으로 정하는 특정소방대상물의 관계인이 특정소방대상물에 대하여 자동화재탐지설비, 옥내소화전설비 등 대통령령으로 정하는 소방시설을 시공할 때에는 소방시설공사의 감리를 위하여 감리업자를 공사감리자로 지정하여야 한다.
－미지정 관계인(1년 이하 징역 또는 1,000만 원 이하의 벌금)

44 소방시설공사의 완공검사필증을 교부받는 사람은? [08 경남]

① 소방시설 공사업자 ② 건축주
③ 소방시설 감리업자 ④ 소방시설 설계업자

해설 제14조(완공검사)
① 공사업자는 소방시설공사를 완공하면 소방본부장 또는 소방서장의 완공검사를 받아야 한다. [200만 원 이하의 과태료] 다만, 제17조제1항에 따라 공사감리자가 지정되어 있는 경우에는 공사감리 결과보고서로 완공검사를 갈음하되, 대통령령으로 정하는 특정소방대상물의 경우에는 소방본부장이나 소방서장이 소방시설공사가 공사감리 결과보고서대로 완공되었는지를 현장에서 확인할 수 있다.
② 공사업자가 소방대상물 일부분의 소방시설공사를 마친 경우로서 전체 시설이 준공되기 전에 부분적으로 사용할 필요가 있는 경우에는 그 일부분에 대하여 소방본부장이나 소방서장에게 완공검사(이하 "부분완공검사"라 한다)를 신청할 수 있다. 이 경우 소방본부장이나 소방서장은 그 일부분의 공사가 완공되었는지를 확인하여야 한다.

━ 시행령 제5조(완공검사를 위한 현장확인 대상 특정소방대상물의 범위)
법 제14조제1항 단서에서 "대통령령으로 정하는 특정소방대상물"이란 특정소방대상물 중 다음 각 호의 대상물을 말한다. 〈개정 2013. 11. 20., 2019. 12. 10.〉

정답 **42** ③ **43** ① **44** ①

1. 문화 및 집회시설, 종교시설, 판매시설, 노유자(老幼者)시설, 수련시설, 운동시설, 숙박시설, 창고시설, 지하상가 및 「다중이용업소의 안전관리에 관한 특별법」에 따른 다중이용업소
2. 다음 각 목의 어느 하나에 해당하는 설비가 설치되는 특정소방대상물
   가. 스프링클러설비등
   나. 물분무등소화설비(호스릴 방식의 소화설비는 제외한다)
3. 연면적 1만제곱미터 이상이거나 11층 이상인 특정소방대상물(아파트는 제외한다)
4. 가연성가스를 제조·저장 또는 취급하는 시설 중 지상에 노출된 가연성가스탱크의 저장용량 합계가 1천톤 이상인 시설

━ 시행규칙 제13조(소방시설의 완공검사 신청 등)
① 공사업자는 소방시설공사의 완공검사 또는 부분완공검사를 받으려면 소방시설공사 완공검사신청서 또는 소방시설 부분완공검사신청서를 소방본부장 또는 소방서장에게 제출하여야 한다. 다만, 행정정보의 공동이용을 통하여 첨부서류에 대한 정보를 확인할 수 있는 경우에는 그 확인으로 첨부서류를 갈음할 수 있다.
② 제1항에 따라 소방시설 완공검사신청 또는 부분완공검사신청을 받은 소방본부장 또는 소방서장은 현장 확인 결과 또는 감리 결과보고서를 검토한 결과 해당 소방시설공사가 법령과 화재안전기준에 적합하다고 인정하면 소방시설 완공검사증명서 또는 소방시설 부분완공검사증명서를 공사업자에게 발급하여야 한다.

45 다음 중 소방시설공사업법에서 규정하고 있는 감리업자의 업무에 해당되지 않는 것은?

[08 경남]

① 소방용품의 위치·규격 및 사용자재에 대한 적합성 검토
② 완공 후 사용 중인 소방시설등의 성능시험
③ 피난·방화시설의 적법성 검토
④ 실내장식물의 불연화 및 방염물품의 적법성 검토

해설 감리의 업무
1. 소방시설등의 설치계획표의 적법성 검토
2. 소방시설등 설계도서의 적합성(적법성과 기술상의 합리성을 말한다. 이하 같다) 검토
3. 소방시설등 설계변경사항의 적합성 검토
4. 「화재예방, 소방시설 설치·유지 및 안전관리에 관한 법률」 제2조제1항제4호의 소방용품의 위치·규격 및 사용 자재의 적합성 검토
5. 공사업자가 한 소방시설등의 시공이 설계도서와 화재안전기준에 맞는지에 대한 지도·감독
6. 완공된 소방시설등의 성능시험
7. 공사업자가 작성한 시공 상세 도면의 적합성 검토
8. 피난시설 및 방화시설의 적법성 검토
9. 실내장식물의 불연화(不燃化)와 방염물품의 적법성 검토

46 소방본부장 또는 소방서장의 완공검사를 위한 현장확인 대상 특정소방대상물이 아닌 것은?

[08 경남]

① 노유자시설　　　　　　　　　② 숙박시설
③ 수련시설　　　　　　　　　　④ 지하구

> **해설** 시행령 제5조(완공검사를 위한 현장확인 대상 특정소방대상물의 범위)
> 법 제14조제1항 단서에서 "대통령령으로 정하는 특정소방대상물"이란 특정소방대상물 중 다음
> 각 호의 대상물을 말한다. 〈개정 2013. 11. 20., 2019. 12. 10.〉
> 1. 문화 및 집회시설, 종교시설, 판매시설, 노유자(老幼者)시설, 수련시설, 운동시설, 숙박시
>   설, 창고시설, 지하상가 및 「다중이용업소의 안전관리에 관한 특별법」에 따른 다중이용업소
> 2. 다음 각 목의 어느 하나에 해당하는 설비가 설치되는 특정소방대상물
>   가. 스프링클러설비등
>   나. 물분무등소화설비(호스릴 방식의 소화설비는 제외한다)
> 3. 연면적 1만제곱미터 이상이거나 11층 이상인 특정소방대상물(아파트는 제외한다)
> 4. 가연성가스를 제조 · 저장 또는 취급하는 시설 중 지상에 노출된 가연성가스탱크의 저장용량
>   합계가 1천톤 이상인 시설

47 방염처리업의 등록에 있어서 결격사유에 해당하는 것은?

[08 경남]

① 금고 이상의 실형의 선고를 받고 그 집행이 종료되거나 집행이 면제된 날부터 2년이 지
　난 자
② 파산자로서 복권되지 아니한 자
③ 금고 이상의 형의 집행유예선고를 받고 그 유예기간 중에 있는 자
④ 방염업의 등록이 취소된 날부터 2년이 지난 자

> **해설** 등록의 결격사유
> 1. 피성년후견인
> 2. 삭제 〈2015. 7. 20.〉
> 3. 이 법, 「소방기본법」, 「화재예방, 소방시설 설치 · 유지 및 안전관리에 관한 법률」 또는 「위
>   험물안전관리법」에 따른 금고 이상의 실형을 선고받고 그 집행이 끝나거나(집행이 끝난 것
>   으로 보는 경우를 포함한다) 면제된 날부터 2년이 지나지 아니한 사람
> 4. 이 법, 「소방기본법」, 「화재예방, 소방시설 설치 · 유지 및 안전관리에 관한 법률」 또는 「위
>   험물안전관리법」에 따른 금고 이상의 형의 집행유예를 선고받고 그 유예기간 중에 있는 사람
> 5. 등록하려는 소방시설업 등록이 취소(제1호에 해당하여 등록이 취소된 경우는 제외한다)된
>   날부터 2년이 지나지 아니한 자
> 6. 법인의 대표자가 제1호부터 제5호까지의 규정에 해당하는 경우 그 법인
> 7. 법인의 임원이 제3호부터 제5호까지의 규정에 해당하는 경우 그 법인

정답 **46** ④　**47** ③

48 상주공사감리에서 '행정안전부령이 정하는 기간'이란? [08 경기]

① 착공신고 때부터 완공검사를 신청한 때까지

② 착공신고 때부터 완공검사 필증을 교부받는 때까지

③ 착공 때부터 완공 때까지

④ 소방시설용 배관을 설치하거나 매립하는 때부터 소방시설 완공검사필증을 교부받는 때까지

해설 감리원 세부 배치기준
1. 영 별표 3에 따른 상주 공사감리 대상인 경우
   가. 기계분야의 감리원 자격을 취득한 사람과 전기분야의 감리원 자격을 취득한 사람 각 1명 이상을 감리원으로 배치할 것. 다만, 기계분야 및 전기분야의 감리원 자격을 함께 취득한 사람이 있는 경우에는 그에 해당하는 사람 1명 이상을 배치할 수 있다.
   나. 소방시설용 배관(전선관을 포함한다. 이하 같다)을 설치하거나 매립하는 때부터 소방시설 완공검사증명서를 발급받을 때까지 소방공사감리현장에 감리원을 배치할 것
2. 영 별표 3에 따른 일반 공사감리 대상인 경우
   가. 기계분야의 감리원 자격을 취득한 사람과 전기분야의 감리원 자격을 취득한 사람 각 1명 이상을 감리원으로 배치할 것. 다만, 기계분야 및 전기분야의 감리원 자격을 함께 취득한 사람이 있는 경우에는 그에 해당하는 사람 1명 이상을 배치할 수 있다.
   나. 별표 3에 따른 기간 동안 감리원을 배치할 것
   다. 감리원은 주 1회 이상 소방공사감리현장에 배치되어 감리할 것
   라. 1명의 감리원이 담당하는 소방공사감리현장은 5개 이하(자동화재탐지설비 또는 옥내소화전설비 중 어느 하나만 설치하는 2개의 소방공사감리현장이 최단 차량주행거리로 30킬로미터 이내에 있는 경우에는 1개의 소방공사감리현장으로 본다)로서 감리현장 연면적의 총 합계가 10만제곱미터 이하일 것. 다만, 일반 공사감리 대상인 아파트의 경우에는 연면적의 합계에 관계없이 1명의 감리원이 5개 이내의 공사현장을 감리할 수 있다.

49 다음 소방시설 중 하자보수보증기간이 다른 것은? [08 경기]

① 옥내소화전설비   ② 비상방송설비

③ 자동화재탐지설비   ④ 상수도소화용수설비

해설 시행령 제6조(하자보수대상 소방시설과 하자보수보증기간) 참조
〈소방시설별 하자보증기간〉
① 피난기구 · 유도등 · 유도표지 · 비상경보설비 · 비상조명등 · 비상방송설비 및 무선통신보조설비 : 2년
② 자동소화장치 · 옥내소화전설비 · 스프링클러설비 · 간이스프링클러설비 · 물분무등소화설비 · 옥외소화전설비 · 자동화재탐지설비 · 상수도소화용수설비 및 소화활동설비(무선통신보조설비를 제외한다.) : 3년

50 다음 중 소방시설업의 도급계약의 해지사유에 해당하지 않는 것은? [08 경기]

① 소방시설업이 등록취소되거나 영업정지의 처분을 받은 때
② 소방시설업을 휴업 또는 폐업한 때
③ 정당한 사유 없이 10일 이상 소방시설공사를 계속하지 아니하는 때
④ 하도급의 통지를 받은 경우 그 하수급인이 적당하지 아니하다고 인정되어 하수급인의 변경을 요구하였으나 정당한 사유 없이 이에 따르지 아니한 때

해설 도급계약의 해지

1) 특정소방대상물의 관계인 또는 발주자는 해당 도급계약의 수급인이 다음 각 호의 어느 하나에 해당하는 경우에는 도급계약을 해지할 수 있다.
   1. 소방시설업이 등록취소되거나 영업정지된 경우
   2. 소방시설업을 휴업하거나 폐업한 경우
   3. 정당한 사유 없이 30일 이상 소방시설공사를 계속하지 아니하는 경우
   4. 제22조의2 제2항에 따른 요구에 정당한 사유 없이 따르지 아니하는 경우
      (하도급의 통지를 받은 경우 그 하수급인이 적당하지 아니하다고 인정되어 하수급인의 변경을 요구하였으나 정당한 사유 없이 이에 따르지 아니한 때)

51 특정소방대상물에 설치된 소방시설등을 구성하는 일부 또는 전부를 교체하거나 보수할 경우에는 착공신고를 하여야 하는 바 이 경우 착공신고 대상에 해당하지 않는 것은? [08 대구]

① 유도등 5개의 신설 및 완강기 3개를 증설하는 공사
② 물분무소화설비의 소화펌프의 교체
③ 포소화설비의 제어반(동력 및 감시제어반 포함) 의 교체
④ 수신반의 전부 교체 또는 일부의 보수

해설 착공신고대상

1) 신축, 증축 등으로 신설하는 공사 : 전체 소방시설(제외되는 사항 정리 필요)
   제연설비(소방용 외의 용도와 겸용되는 제연설비를 「건설산업기본법 시행령」 별표 1에 따른 기계설비공사업자가 공사하는 경우는 제외한다), 소화용수설비(소화용수설비를 「건설산업기본법 시행령」 별표 1에 따른 기계설비공사업자 또는 상·하수도설비공사업자가 공사하는 경우는 제외한다)
   비상방송설비(소방용 외의 용도와 겸용되는 비상방송설비를 「정보통신공사업법」에 따른 정보통신공사업자가 공사하는 경우는 제외한다), 비상콘센트설비(비상콘센트설비를 「전기공사업법」에 따른 전기공사업자가 공사하는 경우는 제외한다) 또는 무선통신보조설비(소방용 외의 용도와 겸용되는 무선통신보조설비를 「정보통신공사업법」에 따른 정보통신공사업자가 공사하는 경우는 제외한다)

2) 증축, 개축, 재축, 대수선 또는 구조변경 · 용도 변경되는 특정소방대상물에 다음 각 목의 어느 하나에 해당하는 설비 또는 구역 등을 증설하는 공사
　가. 옥내 · 옥외소화전설비
　나. 스프링클러설비 · 간이스프링클러설비 또는 물분무등소화설비의 방호구역, 자동화재탐지설비의 경계구역, 제연설비의 제연구역(소방용 외의 용도와 겸용되는 제연설비를 「건설산업기본법 시행령」 별표 1에 따른 기계설비공사업자가 공사하는 경우는 제외한다), 연결살수설비의 살수구역, 연결송수관설비의 송수구역, 비상콘센트설비의 전용회로, 연소방지설비의 살수구역
3) 전부 또는 일부를 개설(改設), 이전(移轉) 또는 정비(整備)하는 공사. 다만, 고장 또는 파손 등으로 인하여 작동시킬 수 없는 소방시설을 긴급히 교체거나 보수하여야 하는 경우에는 신고하지 않을 수 있다.
　가. 수신반(受信盤)
　나. 소화펌프
　다. 동력(감시)제어반

52 다음은 소방시설 중 소방시설공사업법에서 규정하고 있는 하자보수 대상의 소방시설과 하자보수 보증기간을 연결한 것이다. 잘못된 것은?　　　　　　　　　　　　　　　[08 대구]

① 무선통신보조설비, 자동화재탐지설비 – 2년
② 피난기구, 유도등, 유도표지 – 2년
③ 옥내소화전설비, 옥외소화전설비 – 3년
④ 물분무등소화설비, 상수도소화용수설비 – 3년

해설 하자보수 보증기간
1. 피난기구, 유도등, 유도표지, 비상경보설비, 비상조명등, 비상방송설비 및 무선통신보조설비 : 2년
2. 자동소화장치, 옥내소화전설비, 스프링클러설비, 간이스프링클러설비, 물분무등소화설비, 옥외소화전설비, 자동화재탐지설비, 상수도소화용수설비 및 소화활동설비(무선통신보조설비는 제외한다) : 3년

53 다음 중 소방시설공사에 사용할 수 있는 소방용 기계 · 기구(소방용품)가 아닌 것은?
　　　　　　　　　　　　　　　　　　　　　　　　　　　　　　　　　　　[08 부산]

① 형식승인을 받은 것
② 사후제품검사의 대상임을 표시한 것
③ 형식승인을 받고 난 후 형상 등을 신고 없이 임의로 변경한 것
④ 사후제품검사를 받지 아니한 것

해설 화재예방, 소방시설 설치 · 유지 및 안전관리에 관한 법률 제2조(정의)

① 이 법에서 사용하는 용어의 뜻은 다음과 같다

　　4. "소방용품"이란 소방시설등을 구성하거나 소방용으로 사용되는 제품 또는 기기로서 **대통령령**으로 정하는 것을 말한다.

■ 소방용품(제6조 관련)

1. 소화설비를 구성하는 제품 또는 기기
　가. 소화기구(소화약제 외의 것을 이용한 간이소화용구는 제외한다)
　나. 자동소화장치
　다. 소화설비를 구성하는 소화전, 관창(菅槍), 소방호스, 스프링클러헤드, 기동용 수압개폐장치, 유수제어밸브 및 가스관선택밸브

2. 경보설비를 구성하는 제품 또는 기기
　가. 누전경보기 및 가스누설경보기
　나. 경보설비를 구성하는 발신기, 수신기, 중계기, 감지기 및 음향장치(**경종만 해당한다**)

3. 피난구조설비를 구성하는 제품 또는 기기
　가. 피난사다리, 구조대, 완강기(**간이완강기 및 지지대를 포함한다**)
　나. 공기호흡기(**충전기를 포함한다**)
　다. 피난구유도등, 통로유도등, 객석유도등 및 예비 전원이 내장된 비상조명등

4. 소화용으로 사용하는 제품 또는 기기
　가. 소화약제 (자동소화장치와 소화설비용만 해당한다)
　나. 방염제(**방염액 · 방염도료 및 방염성물질을 말한다**)

5. 그 밖에 행정안전부령으로 정하는 소방 관련 제품 또는 기기

■ 제36조(소방용품의 형식승인 등)

⑥ 누구든지 다음 각 호의 어느 하나에 해당하는 소방용품을 판매하거나 판매 목적으로 진열하거나 소방시설공사에 사용할 수 없다.
　1. 형식승인을 받지 아니한 것
　2. 형상등을 임의로 변경한 것
　3. 제품검사를 받지 아니하거나 합격표시를 하지 아니한 것

54 소방시설공사업자가 착공신고서에 첨부하여야 할 서류가 아닌 것은?　　　　[08 부산]

① 설계도서
② 건축허가서
③ 기술관리를 하는 기술인력의 기술자격증 사본
④ 소방시설공사업 등록증 사본

해설 착공신고서류

1. 공사업자의 소방시설공사업 등록증 사본 1부 및 등록수첩 사본 1부
2. 해당 소방시설공사의 책임시공 및 기술관리를 하는 기술인력의 기술등급을 증명하는 서류 사본 1부

정답　**54** ②

3. 법 제21조의3제2항에 따라 체결한 소방시설공사 계약서 사본 1부
4. 설계도서(설계설명서를 포함하되, 「소방시설 설치 · 유지 및 안전관리에 관한 법률」 제7조에 따른 건축허가 동의 시 제출된 설계도서가 변경된 경우에만 첨부한다) 1부
5. 별지 제31호 서식의 소방시설공사 하도급통지서 사본(소방시설공사를 하도급하는 경우에만 첨부한다) 1부

55 다음 중 소방공사감리업자의 업무로 거리가 먼것은? [08 부산]

① 당해 공사업기술인력의 적법성 검토
② 피난 · 방화시설의 적법성 검토
③ 실내장식물의 불연화 및 방염물품의 적법성 검토
④ 소방시설 등 설계변경 사항의 적합성 검토

해설 감리의 업무

1. 소방시설등의 설치계획표의 적법성 검토
2. 소방시설등 설계도서의 적합성(적법성과 기술상의 합리성을 말한다. 이하 같다) 검토
3. 소방시설등 설계 변경 사항의 적합성 검토
4. 「화재예방, 소방시설 설치 · 유지 및 안전관리에 관한 법률」 제2조제1항제4호의 소방용품의 위치 · 규격 및 사용 자재의 적합성 검토
5. 공사업자가 한 소방시설등의 시공이 설계도서와 화재안전기준에 맞는지에 대한 지도 · 감독
6. 완공된 소방시설등의 성능시험
7. 공사업자가 작성한 시공 상세 도면의 적합성 검토
8. 피난시설 및 방화시설의 적법성 검토
9. 실내장식물의 불연화(不燃化)와 방염물품의 적법성 검토

56 소방시설업의 종류에 해당하지 않는 것은? [08 대전]

① 소방시설 설계업   ② 소방시설 점검업
③ 소방시설 공사업   ④ 소방공사 감리업

해설 "소방시설업"의 종류

가. 소방시설 설계업
나. 소방시설 공사업
다. 소방공사 감리업
라. 방염처리업(섬유류방염업, 합성수지류방염업, 합판목재류방염업)

57 다음 중 소방시설업을 등록할 수 있는 사람은? [08 대전]

① 피성년후견인

② 금고 이상의 실형을 받고 그 집행이 끝나거나 면제된 날부터 3년이 지나지 아니한 자

③ 금고 이상의 형의 집행유예를 받고 집행유예 기간 중에 있는 자

④ 소방시설업 등록이 취소된 날부터 2년이 지나지 아니한 자

해설 등록의 결격사유

1. 피성년후견인
2. 삭제 〈2015. 7. 20.〉
3. 이 법, 「소방기본법」, 「화재예방, 소방시설 설치·유지 및 안전관리에 관한 법률」 또는 「위험물안전관리법」에 따른 금고 이상의 실형을 선고받고 그 집행이 끝나거나(집행이 끝난 것으로 보는 경우를 포함한다) 면제된 날부터 2년이 지나지 아니한 사람
4. 이 법, 「소방기본법」, 「화재예방, 소방시설 설치·유지 및 안전관리에 관한 법률」 또는 「위험물안전관리법」에 따른 금고 이상의 형의 집행유예를 선고받고 그 유예기간 중에 있는 사람
5. 등록하려는 소방시설업 등록이 취소(제1호에 해당하여 등록이 취소된 경우는 제외한다)된 날부터 2년이 지나지 아니한 자
6. 법인의 대표자가 제1호부터 제5호까지의 규정에 해당하는 경우 그 법인
7. 법인의 임원이 제3호부터 제5호까지의 규정에 해당하는 경우 그 법인

58 소방시설공사업자의 시공능력 평가항목에 속하지 않는 것은? [08 대전]

① 실적평가액　　　　　　② 자본금평가액

③ 기술력평가액　　　　　④ 부채상환평가액

해설 시공능력평가액＝실적평가액＋자본금평가액＋기술력평가액＋경력평가액±신인도평가액

59 성능 위주의 설계를 해야 할 특정소방대상물의 범위에 해당하지 않는 신축건축물은?

[08 경북]

① 연면적 20만 제곱미터 이상인 특정소방대상물(단, 주택으로 쓰이는 층수가 5개 층 이상인 주택 제외)

② 건축물의 높이가 100미터 이상인 특정소방대상 물(단, 주택으로 쓰이는 층수가 5개 층 이상인 주택 제외)

③ 연면적 2만 제곱미터 이상인 철도역사·공항시설

④ 하나의 건축물에 영화상영관이 10개 이상인 특정소방대상물

해설 성능위주설계(소방시설법)의 대상

1. 연면적 20만제곱미터 이상인 특정소방대상물. 다만, 별표 2 제1호에 따른 공동주택 중 주택으로 쓰이는 층수가 5층 이상인 주택(이하 이 조에서 "아파트등"이라 한다)은 제외한다.
2. 다음 각 목의 어느 하나에 해당하는 특정소방대상물. 다만, 아파트등은 제외한다.
   가. 건축물의 높이가 100미터 이상인 특정소방대상물
   나. 지하층을 포함한 층수가 30층 이상인 특정소방대상물
3. 연면적 3만제곱미터 이상인 특정소방대상물로서 다음 각 목의 어느 하나에 해당하는 특정소방대상물
   가. 별표 2 제6호 나목의 철도 및 도시철도 시설
   나. 별표 2 제6호 다목의 공항시설
4. 하나의 건축물에 「영화 및 비디오물의 진흥에 관한 법률」 제2조제10호에 따른 영화상영관이 10개 이상인 특정소방대상물

60 소방시설업의 종류에 해당하지 않는 것은? [08 경북]

① 소방시설 설계업　　　　　　　② 소방시설 관리업
③ 소방시설 공사업　　　　　　　④ 소방공사 감리업

해설 56번 문제 해설 참조

61 다음 중 소방시설공사의 하자보수 보증기간이 다른 하나는? [08 경북]

① 피난기구　　　　　　　　　　② 유도등
③ 자동화재탐지설비　　　　　　④ 유도표지

해설 52번 문제 해설 참조

62 다음은 소방관련법령에서 규정하고 있는 각종 소방관련업에 관한 사항이다. 가장 바른 것은? [08 경기]

① 동일인이 동일한 특정소방대상물의 소방시설공사와 소방공사감리를 함께 할 수 없다.
② 동일인이 소방시설공사업과 소방시설감리업을 함께 할 수 없다.
③ 동일인이 소방시설설계업과 소방시설관리유지업을 함께 할 수 없다.
④ 동일인이 동일한 특정소방대상물의 소방시설에 대한 설계와 공사감리를 함께 할 수 없다.

해설 30번 문제 해설 참조

63 소방시설업의 등록사항이 반드시 취소되어야 하는 경우는? [08 경기]

① 기술능력 및 자본금이 등록기준에 미달될 경우

② 시설 또는 장비 등록기준에 미달될 경우

③ 거짓 또는 부정한 방법으로 등록을 한 경우

④ 영업의 정지기간 중 영업을 한 경우

해설 **등록취소와 영업정지등**

1) 시·도지사는 소방시설업자가 다음 각 호의 어느 하나에 해당하면 행정안전부령으로 정하는 바에 따라 그 등록을 취소하거나 6개월 이내의 기간을 정하여 시정이나 그 영업의 정지를 명할 수 있다.

2) 등록취소사유

1. 거짓이나 그 밖의 부정한 방법으로 등록한 경우

3. 제5조 각 호의 등록 결격사유에 해당하게 된 경우

7. 제8조제2항을 위반하여 영업정지 기간 중에 소방시설공사등을 한 경우

64 소방시설공사업법상 소방시설업 등록신청 신청서 및 첨부서류에 기재되어야 할 내용이 명확하지 아니한 경우 서류의 보완기간은 며칠 이내인가? [08 경기]

① 14　　　　② 10　　　　③ 7　　　　④ 5

해설 **시행규칙 제2의 2(등록신청 서류의 보완)**

소방시설업의 등록신청 서류가 다음 각 호의 어느 하나에 해당되는 경우에는 10일 이내의 기간을 정하여 이를 보완하게 할 수 있다.

1. 첨부서류가 첨부되지 아니한 경우

2. 신청서 및 첨부서류에 기재되어야 할 내용이 기재되어 있지 아니하거나 명확하지 아니한 경우

65 소방시설업의 등록증 및 등록수첩을 반납해야 할 사유가 아닌 것은? [08 경기]

① 소방시설업의 등록이 취소된 때

② 헐어 못쓰게 되어 재발급받은 경우

③ 등록증을 잃어버려 재발급받은 후 다시 찾은 경우

④ 소방시설업등록증 또는 등록수첩을 잃어버려 재교부를 받은 경우

해설 **제4조(소방시설업 등록증 또는 등록수첩의 재발급 및 반납)**

① 법 제4조제3항에 따라 소방시설업자는 소방시설업 등록증 또는 등록수첩을 잃어버리거나 소방시설업 등록증 또는 등록수첩이 헐어 못 쓰게 된 경우에는 시·도지사에게 소방시설업 등록증 또는 등록수첩의 재발급을 신청할 수 있다.

② 소방시설업자는 제1항에 따라 재발급을 신청하는 경우에는 별지 제6호 서식의 소방시설업 등록증(등록수첩) 재발급신청서[전자문서로 된 소방시설업 등록증(등록수첩) 재발급신청서를 포함한다]를 협회를 경유하여 시·도지사에게 제출하여야 한다. 〈개정 2015.8.4.〉

③ 시·도지사는 제2항에 따른 재발급신청서[전자문서로 된 소방시설업 등록증(등록수첩) 재발급신청서를 포함한다]를 제출받은 경우에는 3일 이내에 협회를 경유하여 소방시설업 등록증 또는 등록수첩을 재발급하여야 한다. 〈개정 2015.8.4.〉

④ 소방시설업자는 다음 각 호의 어느 하나에 해당하는 경우에는 지체 없이 협회를 경유하여 시·도지사에게 그 소방시설업 등록증 및 등록수첩을 반납하여야 한다. 〈개정 2015.8.4.〉
1. 법 제9조에 따라 소방시설업 등록이 취소된 경우
2. 삭제 〈2016.8.25.〉
3. 제1항에 따라 재발급을 받은 경우. 다만, 소방시설업 등록증 또는 등록수첩을 잃어버리고 재발급을 받은 경우에는 이를 다시 찾은 경우에만 해당한다.

66 소방시설공사업자가 착공신고서에 첨부하여야 할 서류가 아닌 것은?　　　　　[08 전북]

① 공사업자의 소방시설공사업등록증 사본 및 등록수첩
② 당해 소방시설공사의 책임시공 및 기술관리를 하는 기술인력의 기술자격증(자격수첩) 사본
③ 설계도서(시방서[설계설명서]를 포함)
④ 소방시설감리업자 자격증 사본

해설 착공신고서류
1. 공사업자의 소방시설공사업 등록증 사본 1부 및 등록수첩 사본 1부
2. 해당 소방시설공사의 책임시공 및 기술관리를 하는 기술인력의 기술등급을 증명하는 서류 사본 1부
3. 법 제21조의3 제2항에 따라 체결한 소방시설공사 계약서 사본 1부
4. 설계도서(설계설명서를 포함하되, 「소방시설 설치·유지 및 안전관리에 관한 법률」 제7조에 따른 건축허가 동의 시 제출된 설계도서가 변경된 경우에만 첨부한다) 1부
5. 별지 제31호 서식의 소방시설공사 하도급통지서 사본(소방시설공사를 하도급하는 경우에만 첨부한다) 1부

---

67 다음 중 소방시설의 착공신고 및 착공신고 대상에 관한 설명으로 옳지 않은 것은?

[08 전북]

① 공사업자가 대통령령이 정하는 소방시설공사를 하고자 하는 때에는 공사의 내용, 시공장소 그밖의 필요한 사항을 소방본부장 또는 소방서장에게 신고하여야 한다.

② 신축, 증축, 개축, 재축, 대수선 또는 구조 · 용도 변경되는 특정소방대상물에 옥내소화전 설비, 옥외소화전 설비를 신설하는 공사

③ 증축, 개축, 재축, 대수선 또는 구조 · 용도 변경되는 특정소방대상물에 스프링클러설비 · 간이 스프링클러 설비 또는 구역 등을 증설하는 공사

④ 소방시설을 작동시킬 수 없는 고장 또는 파손 등으로 인하여 소방시설을 긴급히 교체 또는 보수해야 하는 경우에도 착공신고는 해야 한다.

해설 착공신고

1) 공사업자는 대통령령으로 정하는 소방시설공사를 하려면 행정안전부령으로 정하는 바에 따라 그 공사의 내용, 시공장소, 그 밖에 필요한 사항을 소방본부장이나 소방서장에게 신고하여야 한다.

2) 공사업자가 제1항에 따라 신고한 사항 가운데 행정안전부령으로 정하는 중요한 사항을 변경하였을 때에는 행정안전부령으로 정하는 바에 따라 변경신고를 하여야 한다. 이 경우 중요한 사항에 해당하지 아니하는 변경 사항은 제20조에 따른 공사감리 결과보고서에 포함하여 소방본부장이나 소방서장에게 보고하여야 한다.

3) 착공신고대상

1. 신축, 증축 등으로 신설하는 공사 : 전체 소방시설(제외되는 사항 정리 필요)
   제연설비(소방용 외의 용도와 겸용되는 제연설비를 「건설산업기본법 시행령」 별표 1에 따른 기계설비공사업자가 공사하는 경우는 제외한다), 소화용수설비(소화용수설비를 「건설산업기본법 시행령」 별표 1에 따른 기계설비공사업자 또는 상 · 하수도설비공사업자가 공사하는 경우는 제외한다)
   비상방송설비(소방용 외의 용도와 겸용되는 비상방송설비를 「정보통신공사업법」에 따른 정보통신공사업자가 공사하는 경우는 제외한다), 비상콘센트설비(비상콘센트설비를 「전기공사업법」에 따른 전기공사업자가 공사하는 경우는 제외한다) 또는 무선통신보조설비(소방용 외의 용도와 겸용되는 무선통신보조설비를 「정보통신공사업법」에 따른 정보통신공사업자가 공사하는 경우는 제외한다)

2. 증축, 개축, 재축, 대수선 또는 구조변경 · 용도 변경되는 특정소방대상물에 다음 각 목의 어느 하나에 해당하는 설비 또는 구역 등을 증설하는 공사
   가. 옥내 · 옥외소화전설비
   나. 스프링클러설비 · 간이스프링클러설비 또는 물분무등소화설비의 방호구역, 자동화재탐지설비의 경계구역, 제연설비의 제연구역(소방용 외의 용도와 겸용되는 제연설비를 「건설산업기본법 시행령」 별표 1에 따른 기계설비공사업자가 공사하는 경우는 제외한다), 연결살수설비의 살수구역, 연결송수관설비의 송수구역, 비상콘센트설비의 전용회로, 연소방지설비의 살수구역

3. 전부 또는 일부를 개설(改設), 이전(移轉) 또는 정비(整備)하는 공사. 다만, 고장 또는 파

손 등으로 인하여 작동시킬 수 없는 소방시설을 긴급히 교체하거나 보수하여야 하는 경우에는 신고하지 않을 수 있다.

　　가. 수신반(受信盤)

　　나. 소화펌프

　　다. 동력(감시)제어반

4) 착공신고 서류

　　1. 공사업자의 소방시설공사업 등록증 사본 1부 및 등록수첩 사본 1부

　　2. 해당 소방시설공사의 책임시공 및 기술관리를 하는 기술인력의 기술등급을 증명하는 서류 사본 1부

　　3. 법 제21조의3 제2항에 따라 체결한 소방시설공사 계약서 사본 1부

　　4. 설계도서(설계설명서를 포함하되, 「소방시설 설치 · 유지 및 안전관리에 관한 법률」 제7조에 따른 건축허가 동의 시 제출된 설계도서가 변경된 경우에만 첨부한다) 1부

　　5. 별지 제31호 서식의 소방시설공사 하도급통지서 사본(소방시설공사를 하도급하는 경우에만 첨부한다) 1부

5) 착공신고사항 중 중요한 사항 변경사항들(변경일로부터 30일 이내 소방본부장 또는 소방서장에게 신고)

　　1. 시공자

　　2. 설치되는 소방시설의 종류

　　3. 책임시공 및 기술관리 소방기술자

6) 착공신고의 변경신고를 받은 경우 2일 이내에 공사현장에 배치되는 기술자 내용기재발급. 7일 이내 협회에 통보

68 다음 중 설계도서에 따라 소방시설을 신설 · 증설 · 개설 · 이전 및 정비하는 영업을 무엇이라 하는가?　　　　　　　　　　　　　　　　　　　　　　　　　　　　[09 서울]

① 소방시설 설계업　　　　　　　　　② 소방시설 공사업

③ 소방시설 감리업　　　　　　　　　④ 소방시설 기술업

69 소방시설 완공검사신청 또는 부분완공검사신청을 받은 소방본부장 또는 소방서장은 현장 확인 결과 또는 감리 결과보고서를 검토한 결과 해당 소방시설공사가 법령과 화재안전기준에 적합하다고 인정하면 완공검사증명서 또는 소방시설 부분완공 검사증명서를 발급하여야 하는데, 다음 중 완공검사증명서는 누구에게 발부하여야 하는가?　　　　　　　　[09 서울]

① 소방시설 공사업자　　　　　　　　② 건축주

③ 소방시설 감리업자　　　　　　　　④ 소방시설 설계업자

해설 제13조(소방시설의 완공검사 신청 등)

　① 공사업자는 소방시설공사의 완공검사 또는 부분완공검사를 받으려면 법 제14조제4항에 따

라 별지 제17호 서식의 소방시설공사 완공검사신청서(전자문서로 된 소방시설공사 완공검사신청서를 포함한다) 또는 별지 제18호 서식의 소방시설 부분완공검사신청서(전자문서로 된 소방시설 부분완공검사신청서를 포함한다)를 소방본부장 또는 소방서장에게 제출하여야 한다. 다만, 「전자정부법」 제36조제1항에 따른 행정정보의 공동이용을 통하여 첨부서류에 대한 정보를 확인할 수 있는 경우에는 그 확인으로 첨부서류를 갈음할 수 있다.

② 제1항에 따라 소방시설 완공검사신청 또는 부분완공검사신청을 받은 소방본부장 또는 소방서장은 법제14조제1항 및 제2항에 따른 현장 확인 결과 또는 감리 결과보고서를 검토한 결과 해당 소방시설공사가 법령과 화재안전기준에 적합하다고 인정하면 별지 제19호 서식의 소방시설 완공검사증명서 또는 별지 제20호 서식의 소방시설 부분완공검사증명서를 공사업자에게 발급하여야 한다.

70 다음은 소방시설 중 소방시설공사업법에서 규정하고 있는 하자보수 대상의 소방시설과 하자보수보증기간을 연결한 것이다. 잘못된 것은? [09 서울]

① 무선통신보조설비, 비상경보설비 – 2년

② 피난기구, 유도등, 유도표지 – 3년

③ 옥내소화전설비, 옥외소화전설비 – 3년

④ 물분무등소화설비, 상수도소화용수설비 – 3년

해설 피난기구, 유도등, 유도표지 : 2년

71 다음 중 소방시설공사업법에서 규정하고 있는 감리업자의 업무에 해당되지 않는 것은? [09 서울]

① 소방용품의 위치 · 규격 및 사용 자재의 적합성 검토

② 소방시설등의 착공신고

③ 피난시설 및 방화시설의 적법성 검토

④ 실내장식물의 불연화(不燃化)와 방염물품의 적법성 검토

해설 ② 착공신고는 공사업자의 업무

72 다음 중 소방공사감리업자의 업무내용이 아닌 것은? [09 경남]

① 소방시설의 하자보증의 적합성 검토

② 피난시설 및 방화시설의 적법성 검토

③ 실내장식물의 불연화(不燃化)와 방염물품의 적법성 검토

④ 소방시설등 설계도서의 적합성 검토

정답 70 ② 71 ② 72 ①

감리의 업무

1. 소방시설등의 설치계획표의 적법성 검토
2. 소방시설등 설계도서의 적합성(적법성과 기술상의 합리성을 말한다. 이하 같다) 검토
3. 소방시설등 설계변경사항의 적합성 검토
4. 「화재예방, 소방시설 설치·유지 및 안전관리에 관한 법률」 제2조제1항제4호의 소방용품의 위치·규격 및 사용 자재의 적합성 검토
5. 공사업자가 한 소방시설등의 시공이 설계도서와 화재안전기준에 맞는지에 대한 지도·감독
6. 완공된 소방시설등의 성능시험
7. 공사업자가 작성한 시공 상세 도면의 적합성 검토
8. 피난시설 및 방화시설의 적법성 검토
9. 실내장식물의 불연화(不燃化)와 방염물품의 적법성 검토

73 다음 중 성능위주설계에 대한 설명으로 알맞지 않은 것은? [09 경남]

① 성능위주설계를 할 수 있는 자의 자격, 기술인력 및 자격에 따른 설계의 범위와 그 밖에 필요한 사항은 대통령령으로 정한다.
② 건축물의 높이가 아파트를 제외한 100m 이상인 특정소방대상물은 성능위주설계의 대상에 해당한다.
③ 지하층을 포함한 층수가 30층 이상인 특정소방대상물도 해당된다.
④ 성능위주설계자는 소방기술사 1인 이상이 필요하다.

성능위주설계[소방시설법]

1) 대상
   1. 연면적 20만제곱미터 이상인 특정소방대상물. 다만, 별표 2 제1호에 따른 공동주택 중 주택으로 쓰이는 층수가 5층 이상인 주택(이하 이 조에서 "아파트등"이라 한다)은 제외한다.
   2. 다음 각 목의 어느 하나에 해당하는 특정소방대상물. 다만, 아파트등은 제외한다.
      가. 건축물의 높이가 100미터 이상인 특정소방대상물
      나. 지하층을 포함한 층수가 30층 이상인 특정소방대상물
   3. 연면적 3만제곱미터 이상인 특정소방대상물로서 다음 각 목의 어느 하나에 해당하는 특정소방대상물
      가. 별표 2 제6호 나목의 철도 및 도시철도 시설
      나. 별표 2 제6호 다목의 공항시설
   4. 하나의 건축물에 「영화 및 비디오물의 진흥에 관한 법률」 제2조제10호에 따른 영화상영관이 10개 이상인 특정소방대상물

— 제11조 설계
   ③ 성능위주설계를 할 수 있는 자의 자격, 기술인력 및 자격에 따른 설계의 범위와 그 밖에 필요한 사항은 대통령령으로 정한다.

74 다음 중 완공검사를 위해 현장 확인을 할 수 있는 특정소방대상물이 아닌 것은? [09 경남]

① 지하상가

② 가스계(이산화탄소·할론·할로겐화합물 및 불활성기체) 소화설비가 설치되는 것

③ 근린생활시설

④ 문화 및 집회시설

> **해설** 완공검사
>
> 1) 공사업자는 소방시설공사를 완공하면 소방본부장 또는 소방서장의 완공검사를 받아야 한다.
> 2) 공사감리자가 지정되어 있는 경우에는 공사감리 결과보고서로 완공검사를 갈음하되, 대통령령으로 정하는 특정소방대상물의 경우에는 소방본부장이나 소방서장이 소방시설공사가 공사감리 결과보고서대로 완공되었는지를 현장에서 확인할 수 있다.
> 3) 현장확인 소방대상물
>   1. 문화 및 집회시설, 종교시설, 판매시설, 노유자(老幼者)시설, 수련시설, 운동시설, 숙박시설, 창고시설, 지하상가 및 「다중이용업소의 안전관리에 관한 특별법」에 따른 다중이용업소
>   2. 다음 각 목의 어느 하나에 해당하는 설비가 설치되는 특정소방대상물
>   가. 스프링클러설비 등
>   나. 물분무등소화설비(호스릴방식의 소화설비는 제외한다)
>   3. 연면적 1만제곱미터 이상이거나 11층 이상인 특정소방대상물(아파트는 제외한다)
>   4. 가연성 가스를 제조·저장 또는 취급하는 시설 중 지상에 노출된 가연성 가스탱크의 저장용량 합계가 1천톤 이상인 시설

75 다음 중 소방시설업을 반드시 등록을 취소하여야 하는 경우는? [09 경북]

① 등록 결격사유에 해당하게 된 경우

② 등록기준에 미달하게 된 후 30일이 경과한 경우

③ 등록을 한 후 정당한 사유 없이 1년이 지날 때까지 영업을 시작하지 아니하거나 계속하여 1년 이상 휴업한 때

④ 점검을 하지 아니하거나 점검 결과를 거짓으로 보고한 경우

> **해설** 소방시설업에 대한 행정처분기준(제9조 관련)

위반사항	근거법령	행정처분기준		
		1차	2차	3차
가. 거짓이나 그 밖의 부정한 방법으로 등록한 경우	법 제9조	등록취소		
나. 법 제4조제1항에 따른 등록기준에 미달하게 된 후 30일이 경과한 경우	법 제9조	경고 (시정명령)	영업정지 3개월	등록취소
다. 법 제5조 각 호의 등록 결격사유에 해당하게 된 경우	법 제9조	등록취소		

위반사항	근거법령	행정처분 기준		
		1차	2차	3차
라. 등록을 한 후 정당한 사유 없이 1년이 지날 때까지 영업을 시작하지 아니하거나 계속하여 1년 이상 휴업한 때	법 제9조	경고 (시정명령)	등록취소	
마. 삭제 〈2013.11.22〉				
바. 법 제8조제1항을 위반하여 다른 자에게 등록증 또는 등록수첩을 빌려준 경우	법 제9조	영업정지 6개월	등록취소	
사. 법 제8조제2항을 위반하여 영업정지 기간 중에 소방시설공사등을 한 경우	법 제9조	등록취소		
아. 법 제8조제3항 또는 제4항을 위반하여 통지를 하지 아니하거나 관계서류를 보관하지 아니한 경우	법 제9조	경고 (시정명령)	영업정지 1개월	등록취소
자. 법 제11조 또는 제12조제1항을 위반하여 화재안전기준 등에 적합하게 설계·시공을 하지 아니하거나, 법 제16조제1항에 따라 적합하게 감리를 하지 아니한 경우	법 제9조	영업정지 1개월	영업정지 3개월	등록취소

76 시·도지사는 소방시설업 등록수첩을 신청인에게 며칠 이내에 협회를 경유하여 발급해 주어야 하는가?   [09 경북]

① 5일   ② 7일
③ 15일   ④ 20일

해설 **시행규칙 제3조(소방시설업 등록증 및 등록수첩의 발급)**
시·도지사는 제2조에 따른 접수일부터 15일 이내에 협회를 경유하여 별지 제3호서식에 따른 소방시설업 등록증 및 별지 제4호서식에 따른 소방시설업 등록수첩을 신청인에게 발급해 주어야 한다.

제4조(소방시설업 등록증 또는 등록수첩의 재발급 및 반납)
③ 시·도지사는 제2항에 따른 재발급신청서를 제출받은 경우에는 3일 이내에 협회를 경유하여 소방시설업 등록증 또는 등록수첩을 재발급하여야 한다.

제6조(등록사항의 변경신고 등)
③ 변경신고 서류를 제출받은 협회는 등록사항의 변경신고 내용을 확인하고 5일 이내에 제출된 소방시설업 등록증·등록수첩 및 기술인력 증빙서류에 그 변경된 사항을 기재하여 발급하여야 한다.
④ 제3항에도 불구하고 영업소 소재지가 등록된 시·도에서 다른 시·도로 변경된 경우에는 제출받은 변경신고 서류를 접수일로부터 7일 이내에 해당 시·도지사에게 보내야 한다. 이 경우 해당 시·도지사는 소방시설업 등록증 및 등록수첩을 협회를 경유하여 신고인에게 새로 발급하여야 한다.

77 소방시설공사의 하자보수에 대한 설명으로 옳은 것은? [09 경북]

① 공사업자는 소방시설공사 결과 자동화재탐지설비 등 대통령령으로 정하는 소방시설에 하자가 있을 때에는 대통령령으로 정하는 기간 동안 그 하자를 보수하여야 한다.

② 관계인은 대통령령으로 정하는 기간에 소방시설의 하자가 발생하였을 때에는 공사업자에게 그 사실을 알려야 하며, 통보를 받은 공사업자는 10일 이내에 하자를 보수하거나 보수일정을 기록한 하자보수계획을 설계업자에게 구두로 알려야 한다.

③ 관계인은 하자보수를 이행하지 아니한 경우 시 · 도지사에게 그 사실을 알려야 한다.

④ 시 · 도지사는 관계인으로부터 공사업자가 정해진 기간에 하자보수를 이행하지 아니한 경우 등의 통보를 받았을 때에는 지방소방기술심의위원회에 심의를 요청하여야 한다.

해설 ② 3일 이내

③ 관계인은 공사업자가 다음 각 호의 어느 하나에 해당하는 경우에는 소방본부장이나 소방서장에게 그 사실을 알릴 수 있다.
1. 제3항에 따른 기간에 하자보수를 이행하지 아니한 경우
2. 제3항에 따른 기간에 하자보수계획을 서면으로 알리지 아니한 경우
3. 하자보수계획이 불합리하다고 인정되는 경우

④ 소방본부장이나 소방서장은 제4항에 따른 통보를 받았을 때에는 「소방시설 설치 · 유지및 안전관리에 관한법률」 제11조의2 제2항에 따른 지방소방기술심의위원회에 심의를 요청하여야 하며, 그 심의 결과 제4항 각호의 어느 하나에 해당하는 것으로 인정할 때에는 시공자에게 기간을 정하여 하자보수를 명하여야 한다.

78 다음 중 소방공사업법에 규정된 감리업자의 업무가 아닌 것은? [09 대구]

① 실내장식물의 설계변경사항의 적합성 검토

② 공사업자가 작성한 시공상세도면의 적합성 검토

③ 소방시설등의 설치계획표의 적법성 검토

④ 소방시설등 설계도서의 적합성(적법성과 기술상의 합리성을 말한다.) 검토

79 다음 중 소방시설업자의 등록사항의 변경신고사항이 아닌 것은? [09 대구]

① 상호(명칭) 또는 영업소 소재지

② 대표자

③ 기술인력

④ 특정소방대상물의 구조 변경

변경신고

1) 소방시설업자는 제4조에 따라 등록한 사항 중 행정안전부령으로 정하는 중요사항을 변경할 때에는 행정안전부령으로 정하는 바에 따라 시·도지사에게 신고하여야 한다.(변경일로부터 30일 이내)

2) 변경신고 중요사항

  1. 상호(명칭) 또는 영업소 소재지

  2. 대표자

  3. 기술인력

3) 변경신고 필요서류

  1. 상호(명칭) 또는 영업소 소재지가 변경된 경우 : 소방시설업 등록증 및 등록수첩

  2. 대표자가 변경된 경우 : 다음 각 목의 서류

    가. 소방시설업 등록증 및 등록수첩

    나. 변경된 대표자의 성명, 주민등록번호 및 주소지 등의 인적사항이 적힌 서류

    다. 외국인인 경우에는 제2조제1항제5호 각 목의 어느 하나에 해당하는 서류

  3. 기술인력이 변경된 경우 : 다음 각 목의 서류

  가. 소방시설업 등록수첩

  나. 기술인력 증빙서류

  다. 삭제 〈2014. 9. 2.〉

4) 변경신고한 경우 재발급신청 : 5일 이내 재발급(타 시·도 변경의 경우 7일 이내)

80 '소방시설공사업법'에서 규정하고 있는 '소방시설공사업'에 관한 설명으로 옳지 않은 것은?

[09 부산]

① 공사업자는 소방시설공사 결과 자동화재탐지설비 등 대통령령이 정하는 소방시설에 하자가 있는 경우에는 대통령령이 정하는 기간 동안 그 하자를 보수하여야 한다.

② 공사업자는 대통령령으로 정하는 소방시설공사를 하려면 행정안전부령으로 정하는 바에 따라 그 공사의 내용, 시공 장소, 그 밖에 필요한 사항을 소방본부장이나 소방서장에게 신고하여야 한다.

③ 공사업자는 소방시설공사의 책임시공 및 기술관리를 위하여 대통령령으로 정하는 바에 따라 소속 소방기술자를 공사현장에 배치하여야 한다.

④ 공사업자는 소방시설공사 결과 소방시설에 하자가 있을 때에는 대통령령으로 정하는 기간인 5년 동안 그 하자를 보수해 주어야 한다.

해설 하자보수보증기간 : 2년 또는 3년

81 다음 중 소방시설공사업법에 규정된 소방기술자에 해당하지 않는 사람은?　　　[09 전북]

① 소방시설관리사　　　　　　　　② 소방설비기사
③ 위험물산업기사　　　　　　　　④ 소방시설안전관리자

> **해설**　"소방기술자"란 제28조에 따라 소방기술 경력 등을 인정받은 사람과 다음 각 목의 어느 하나에
> 해당하는 사람으로서 소방시설업과 「화재예방, 소방시설설치유지 및 안전관리에 관한 법률」에
> 따른 소방시설관리업의 기술인력으로 등록된 사람을 말한다.
> 가. 「소방시설설치유지 및 안전관리에 관한 법률」에 따른 소방시설관리사
> 나. 국가기술자격 법령에 따른 소방기술사, 소방설비기사, 소방설비산업기사, 위험물기능장,
> 　　위험물산업기사, 위험물기능사

82 소방시설공사의 착공신고 대상 중 신설공사에 해당하지 않는 것은?　　　[09 중앙]

① 옥내소화전　　　　　　　　　　② 비상경보설비
③ 소화용수설비　　　　　　　　　④ 피난기구

> **해설**　신축, 증축, 개축, 재축(再築), 대수선(大修繕) 또는 구조변경·용도 변경되는 특정소방대상물
> (「위험물 안전관리법」 제2조제1항제6호에 따른 제조소 등은 제외한다. 이하 제2호 및 제3호에
> 서 같다)에 다음 각 목의 어느 하나에 해당하는 설비를 신설하는 공사
> 가. 옥내소화전설비(호스릴옥내소화전설비를 포함한다. 이하 같다), 옥외소화전설비, 스프링
> 　　클러설비·간이스프링클러설비(캐비닛형 간이스프링클러설비를 포함한다. 이하 같다) 및
> 　　화재조기진압용 스프링클러설비(이하 "스프링클러설비등"이라 한다), 물분무소화설비·
> 　　포소화설비·이산화탄소소화설비·할로겐화합물소화설비·할로겐화합물 및 불활성기체
> 　　소화설비·미분무소화설비·강화액소화설비 및 분말소화설비(이하 "물분무등소화설비"
> 　　라 한다), 연결송수관설비, 연결살수설비, 제연설비(소방용 외의 용도와 겸용되는 제연설
> 　　비를 「건설산업기본법 시행령」 별표 1에 따른 기계설비공사업자가 공사하는 경우는 제외
> 　　한다), 소화용수설비(소화용수설비를 「건설산업기본법 시행령」 별표 1에 따른 기계설비공
> 　　사업자 또는 상·하수도설비공사업자가 공사하는 경우는 제외한다) 또는 연소방지설비
> 나. 자동화재탐지설비, 비상경보설비, 비상방송설비(소방용 외의 용도와 겸용되는 비상방송 설
> 　　비를 「정보통신공사업법」에 따른 정보통신공사업자가 공사하는 경우는 제외한다), 비상콘
> 　　센트설비(비상콘센트설비를 「전기공사업법」에 따른 전기공사업자가 공사하는 경우는 제외
> 　　한다) 또는 무선통신보조설비(소방용 외의 용도와 겸용되는 무선통신보조설비를 「정보통
> 　　신공사업법」에 따른 정보통신공사업자가 공사하는 경우는 제외한다)

83 소방시설업자는 등록한 사항 중 행정안전부령으로 정하는 중요사항을 변경하거나 소방시설 업을 휴업·폐업 또는 재개업한 때에는 행정안전부령으로 정하는 바에 따라 시·도지사에게 신고하여야 하는데, 다음 중 등록사항의 변경신고사항이 아닌 것은?　　　　　[09 중앙]

① 대표자
② 상호(명칭) 또는 영업소 소재지
③ 기술인력
④ 장비 변경

해설 변경신고

1) 소방시설업자는 제4조에 따라 등록한 사항 중 행정안전부령으로 정하는 중요사항을 변경할 때에는 행정안전부령으로 정하는 바에 따라 시·도지사에게 신고하여야 한다.(변경일로부터 30일 이내)

2) 변경신고 중요사항
 1. 상호(명칭) 또는 영업소 소재지
 2. 대표자
 3. 기술인력

3) 변경신고 필요서류
 1. 상호(명칭) 또는 영업소 소재지가 변경된 경우 : 소방시설업 등록증 및 등록수첩
 2. 대표자가 변경된 경우 : 다음 각 목의 서류
　가. 소방시설업 등록증 및 등록수첩
　나. 변경된 대표자의 성명, 주민등록번호 및 주소지 등의 인적사항이 적힌 서류
　다. 외국인인 경우에는 제2조제1항제5호 각 목의 어느 하나에 해당하는 서류
 3. 기술인력이 변경된 경우 : 다음 각 목의 서류
　가. 소방시설업 등록수첩
　나. 기술인력 증빙서류
　다. 삭제 〈2014. 9. 2.〉

4) 변경신고한 경우 재발급신청 : 5일 이내 재발급(타 시·도 변경의 경우 7일 이내)

84 다음 중 소방시설설계업의 등록기준 및 영업범위가 옳지 않은 것은?　　　　　[09 중앙]

① 전문소방시설설계업은 모든 특정소방대상물에 설치되는 소방시설 설계를 영업범위로 지정할 수 있다.
② 일반소방시설설계업의 기계분야는 아파트에 설치되는 제연설비를 설계할 수 있다.
③ 일반소방시설설계업의 기계분야 영업범위는 연면적 3만제곱미터(공장의 경우에는 1만제곱미터) 미만의 특정소방대상물(제연설비가 설치되는 특정소방대상물은 제외한다)에 설치되는 기계분야 소방시설의 설계이다.
④ 일반소방시설설계업의 전기분야 영업범위는 연면적 3만제곱미터(공장의 경우에는 1만제곱미터) 미만의 특정소방대상 물에 설치되는 전기분야 소방시설의 설계이다.

정답 83 ④　84 ②

소방시설설계업

업종별 \ 항목		기술인력	영업범위
전문 소방시설 설계업		가. 주된 기술인력 : 소방기술사 1명 이상 나. 보조기술인력 : 1명 이상	모든 특정소방대상물에 설치되는 소방시설의 설계
일반 소방 시설 설계업	기계 분야	가. 주된 기술인력 : 소방기술사 또는 기계분야 소방설비기사 1명 이상 나. 보조기술인력 : 1명 이상	가. 아파트에 설치되는 기계분야 소방시설(제연설비는 제외한다)의 설계 나. 연면적 3만제곱미터(공장의 경우에는 1만제곱미터) 미만 기계설계 다. 위험물 제조소 등에 설치되는 기계분야 소방시설의 설계
	전기 분야	가. 주된 기술인력 : 소방기술사 또는 전기분야 소방설비기사 1명 이상 나. 보조기술인력 : 1명 이상	가. 아파트에 설치되는 전기분야 소방시설의 설계 나. 연면적 3만제곱미터(공장의 경우에는 1만제곱미터) 미만 전기분야 소방시설의 설계 다. 위험물 제조소 등에 설치되는 전기분야 소방시설의 설계

85 다음중 소방기술자의 실무교육에 관하여 해당하지 않는 것은?　　　　　[09 중앙]

① 실무교육기관의 지정신청을 받은 소방청장은 지정기준을 충족하였는지를 현장 확인하여야 한다.

② 소방기술자는 실무교육을 2년마다 1회 이상 받아야 한다.

③ 소방청장은 신청자가 제출한 신청서 및 첨부서류가 미비되거나 현장확인 결과 지정기준을 충족하지 못하였을 때에는 15일 이내의 기간을 정하여 이를 보완하게 할 수 있다.

④ 실무교육기관으로 지정된 기관은 대표자 또는 각 지부의 책임임원을 변경하려면 변경일부터 14일 이내에 소방청장에게 보고하여야 한다.

제29조(소방기술자 실무교육기관의 지정기준)

① 법 제29조제4항에 따라 소방기술자에 대한 실무교육기관의 지정을 받으려는 자가 갖추어야 하는 실무교육에 필요한 기술인력 및 시설장비는 별표 6과 같다.

② 제1항에 따라 실무교육기관의 지정을 받으려는 자는 비영리법인이어야 한다.

━ 제30조(지정신청)

① 법 제29조제4항에 따라 실무교육기관의 지정을 받으려는 자는 별지 제41호 서식의 실무교육기관 지정신청서(전자문서로 된 실무교육기관 지정신청서를 포함한다)에 다음 각 호의 서류(전자문서를 포함한다)를 첨부하여 소방청장에게 제출하여야 한다. 다만, 「전자정부법」 제36조제1항에 따른 행정정보의 공동이용을 통하여 첨부서류에 대한 정보를 확인할 수 있는 경우에는 그 확인으로 첨부서류를 갈음할 수 있다.

1. 정관 사본 1부
2. 대표자, 각 지부의 책임임원 및 기술인력의 자격을 증명할 수 있는 서류(전자문서를 포함한다)와 기술인력의 명단 및 이력서 각 1부
3. 건물의 소유자가 아닌 경우 건물임대차계약서 사본 및 그 밖에 사무실 보유를 증명할 수 있는 서류(전자문서를 포함한다) 각 1부
4. 교육장 도면 1부
5. 시설 및 장비명세서 1부

② 제1항에 따른 신청서를 제출받은 담당 공무원은 「전자정부법」 제36조제1항에 따라 행정정보의 공동이용을 통하여 다음 각 호의 서류를 확인하여야 한다. 〈개정 2013. 11. 22.〉
1. 법인등기사항 전부증명서 1부
2. 건물등기사항 전부증명서(건물의 소유자인 경우에만 첨부한다)

제31조(서류심사 등)

① 제30조에 따라 실무교육기관의 지정신청을 받은 소방청장은 제29조의 지정기준을 충족하였는지를 현장 확인하여야 한다. 이 경우 소방청장은 「소방기본법」 제40조에 따른 한국소방안전협회에 소속된 사람을 현장 확인에 참여시킬 수 있다. 〈개정 2014. 11. 19., 2017. 7. 26.〉
② 소방청장은 신청자가 제출한 신청서(전자문서로 된 신청서를 포함한다) 및 첨부서류(전자문서를 포함한다)가 미비되거나 현장확인 결과 제29조에 따른 지정기준을 충족하지 못하였을 때에는 15일 이내의 기간을 정하여 이를 보완하게 할 수 있다. 이 경우 보완기간 내에 보완하지 않으면 신청서를 되돌려 보내야 한다.

제32조(지정서 발급 등)

① 소방청장은 제30조에 따라 제출된 서류(전자문서를 포함한다)를 심사하고 현장확인한 결과 제29조의 지정기준을 충족한 경우에는 신청일부터 30일 이내에 별지 제42호 서식의 실무교육기관 지정서(전자문서로 된 실무교육기관 지정서를 포함한다)를 발급하여야 한다. 〈개정 2014. 11. 19., 2017. 7. 26.〉
② 제1항에 따라 실무교육기관을 지정한 소방청장은 지정한 실무교육기관의 명칭, 대표자, 소재지, 교육실시 범위 및 교육업무 개시일 등 교육에 필요한 사항을 관보에 공고하여야 한다.

제33조(지정사항의 변경)

제32조제1항에 따라 실무교육기관으로 지정된 기관은 다음 각 호의 어느 하나에 해당하는 사항을 변경하려면 변경일부터 10일 이내에 소방청장에게 보고하여야 한다.
1. 대표자 또는 각 지부의 책임임원
2. 기술인력 또는 시설장비 등 지정기준
3. 교육기관의 명칭 또는 소재지

86 다음 중 감리업자의 업무가 아닌 것은? [09 중앙]

① 공사업자가 한 소방시설등의 시공이 설계도서와 화재안전기준에 맞는지에 대한 지도·감독

② 실내장식물의 불연화(不燃化)와 방염물품의 적법성 검토

③ 완공된 소방시설등의 성능시험

④ 소방시설공사의 하자를 판단하는 기준에 관한 사항

해설 소방시설공사의 하자를 판단하는 기준에 관한 사항은 중앙소방기술심의위원회에서 한다.

87 다음 중 소방시설공사업법에서 규정하고 있는 소방시설업 등록의 결격사유에 해당하는 것은? [09 광주]

① 피성년후견인

② 금고 이상의 실형의 선고를 받고 그 집행이 끝나거나 집행이 면제된 날부터 2년이 지난 자

③ 금고 이상의 형의 집행유예선고를 받고 그 유예기간이 끝난 자

④ 등록하려는 소방시설업 등록이 취소된 날부터 2년이 지난 자

해설 등록의 결격사유

1. 피성년후견인

2. 삭제 〈2015. 7. 20.〉

3. 이 법, 「소방기본법」, 「화재예방, 소방시설 설치·유지 및 안전관리에 관한 법률」 또는 「위험물안전관리법」에 따른 금고 이상의 실형을 선고받고 그 집행이 끝나거나(집행이 끝난 것으로 보는 경우를 포함한다) 면제된 날부터 2년이 지나지 아니한 사람

4. 이 법, 「소방기본법」, 「화재예방, 소방시설 설치·유지 및 안전관리에 관한 법률」 또는 「위험물안전관리법」에 따른 금고 이상의 형의 집행유예를 선고받고 그 유예기간 중에 있는 사람

5. 등록하려는 소방시설업 등록이 취소(제1호에 해당하여 등록이 취소된 경우는 제외한다)된 날부터 2년이 지나지 아니한 자

6. 법인의 대표자가 제1호부터 제5호까지의 규정에 해당하는 경우 그 법인

7. 법인의 임원이 제3호부터 제5호까지의 규정에 해당하는 경우 그 법인

88 대통령령이 정하는 특정소방대상물에 대하여 자동화재탐지설비, 옥내소화전설비 등 대통령령으로 정하는 소방시설을 시공할 때에는 소방시설공사의 감리를 위하여 감리업자를 공사감리자로 지정하여야 한다. 다음 중 공사감리자는 누가 지정하는가? [09 광주]

① 소방본부장　　　　　　　② 시·도지사

③ 소방청장　　　　　　　　④ 특정소방대상물의 관계인

감리자의 지정

대통령령으로 정하는 특정소방대상물의 관계인이 특정소방대상물에 대하여 자동화재탐지설비, 옥내소화전설비 등 대통령령으로 정하는 소방시설을 시공할 때에는 소방시설공사의 감리를 위하여 감리업자를 공사감리자로 지정하여야 한다.

– 미지정 관계인(1년 이하 징역 또는 1,000만 원 이하의 벌금)

89 다음 중 소방시설공사업법에서 규정하고 있는 하자보수 대상의 소방시설과 하자보수 보증기간을 잘못 연결한 것은? [09 광주]

① 자동소화장치 – 3년

② 비상방송설비 – 2년

③ 자동화재탐지설비 – 2년

④ 비상경보설비 – 2년

90 소방시설공사업법에서 규정하는 완공검사에 대한 설명으로 옳은 것은? [09 광주]

① 건축주는 소방시설공사를 완공하면 소방본부장 또는 소방서장의 완공검사를 받아야 한다.

② 공사업자가 소방대상물 일부분의 소방시설공사를 마친 경우로서 전체 시설이 준공되기 전에 부분적으로 사용할 필요가 있는 경우에는 그 일부분에 대하여 소방본부장이나 소방서장에게 완공검사를 신청할 수 있다.

③ 대통령령이 정하는 특정소방대상물의 경우에는 소방본부장 또는 소방서장이 소방시설공사가 감리결과보고서대로 공사를 마쳤는지의 여부를 현장에서 확인할 수 없다.

④ 공사업자는 완공검사나 부분완공검사를 하였을 때에는 완공검사증명서나 부분완공검사증명서를 발급하여야 한다.

해설 ① 공사업자는 소방시설공사를 완공하면 소방본부장 또는 소방서장의 완공검사를 받아야 한다.

③ 공사감리자가 지정되어 있는 경우에는 공사감리 결과보고서로 완공검사를 갈음하되, 대통령령으로 정하는 특정소방대상물의 경우에는 소방본부장이나 소방서장이 소방시설공사가 공사감리 결과보고서대로 완공되었는지를 현장에서 확인할 수 있다.

④ 소방본부장이나 소방서장은 제1항에 따른 완공검사나 제2항에 따른 부분완공검사를 하였을 때에는 완공검사증명서나 부분완공검사증명서를 발급하여야 한다.

91 다음 중 소방시설업 등록의 결격사유에 해당되지 않는 것은? [09 광주]

① 피성년후견인

② 금고 이상의 실형을 선고받고 그 집행이 끝나거나 면제된 날부터 3년이 지난 사람

③ 금고 이상의 형의 집행유예를 선고받고 그 유예기간 중에 있는 사람

④ 등록하려는 소방시설업 등록이 취소된 날부터 2년이 지나지 아니한 자

92 소방공사감리업자의 업무수행 내용이 아닌 것은? [09 전남]

① 소방시설등 설계변경 사항의 적합성 검토

② 피난·방화시설의 적법성 검토

③ 소방특별조사의 적합성 검토

④ 완공된 소방시설등의 성능시험

93 다음 중 소방시설공사업의 종류가 아닌 것은? [09 전남]

① 일반소방시설공사업(전기분야)

② 일반소방시설공사업(기계분야)

③ 전문소방시설공사업

④ 전문소방시설공사업(전기분야 및 기계분야)

해설 소방시설공사업

항목 업종별	기술인력	자본금 (자산평가액)	영업범위
전문 소방시설 공사업	가. 주된 기술인력 : 소방기술사 또는 기계분야와 전기분야의 소방설비기사 각 1명(기계분야 및 전기분야의 자격을 함께 취득한 사람 1명) 이상 나. 보조기술인력 : 2명 이상	가. 법인 : 1억 원 이상 나. 개인 : 자산평가액 1억 원 이상	특정소방대상물에 설치되는 기계분야 및 전기분야 소방시설의 공사·개설·이전 및 정비

항목 업종별		기술인력	자본금 (자산평가액)	영업범위
일반 소방 시설 공사업	기계 분야	가. 주된 기술인력 : 소방기술사 또는 기계분야 소방설 비기사 1명 이상 나. 보조기술인력 : 1명 이상	가. 법인 : 1억 원 이상 나. 개인 : 자산평가액 1억 원 이상	가. 연면적 1만제곱미터 미만의 특 정소방대상물에 설치되는 기계 분야 소방시설의 공사·개설· 이전 및 정비 나. 위험물 제조소 등에 설치되는 기 계분야 소방시설의 공사·개 설·이전 및 정비
	전기 분야	가. 주된 기술인력 : 소방기술사 또는 전기분야 소방설 비 기사 1명 이상 나. 보조기술인력 : 1명 이상	가. 법인 : 1억 원 이상 나. 개인 : 자산평가액 1억 원 이상	가. 연면적 1만제곱미터 미만의 특 정소방대상물에 설치되는 전기 분야 소방시설의 공사·개설· 이전·정비 나. 위험물 제조소 등에 설치되는 전 기분야 소방시설의 공사·개 설·이전·정비

94 다음 중 소방시설업의 종류에 해당하지 않는 것은? [09 전남]

① 소방시설 설계업
② 소방시설 공사업
③ 소방공사 감리업
④ 소방시설 하자보수업

해설 "소방시설업"의 종류
가. 소방시설 설계업
나. 소방시설 공사업
다. 소방공사 감리업
라. 방염처리업

95 다음 중 방염업의 종류가 아닌 것은? [09 제주]

① 섬유류 방염업
② 합성수지류 방염업
③ 고무류 방염업
④ 합판·목재류 방염업

해설 "방영업"의 종류
가. 섬유류 방염업
나. 합성수지류 방염업
다. 합판·목재류 방염업

96 다음 설문 중 소방공사감리업을 등록한 자의 업무만을 나타낸 것은? [09 제주]

> ㉠ 소방시설 등의 설치계획표의 적법성을 검토한다.
> ㉡ 소방시설에 대한 하자보수보증 등을 이행한다.
> ㉢ 소방시설 등 설계변경사항의 적합성을 검토한다.
> ㉣ 소방용 기계·기구 등의 위치·규격 및 사용자재에 대한 적합성을 검토한다.
> ㉤ 공사업자의 소방시설 등의 시공능력을 평가한다.
> ㉥ 완공된 소방시설 등의 성능시험을 한다.
> ㉦ 공사업자가 공사한 소방시설의 완공검사를 신청한다.

① ㉠, ㉢, ㉣, ㉥
② ㉡, ㉣, ㉤, ㉦
③ ㉡, ㉣, ㉤, ㉥
④ ㉠, ㉤, ㉥, ㉦

해설 감리의 업무
1. 소방시설등의 설치계획표의 적법성 검토
2. 소방시설등 설계도서의 적합성(적법성과 기술상의 합리성을 말한다. 이하 같다) 검토
3. 소방시설등 설계변경사항의 적합성 검토
4. 「화재예방, 소방시설 설치·유지 및 안전관리에 관한 법률」 제2조제1항제4호의 소방용품의 위치·규격 및 사용 자재의 적합성 검토
5. 공사업자가 한 소방시설등의 시공이 설계도서와 화재안전기준에 맞는지에 대한 지도·감독
6. 완공된 소방시설등의 성능시험
7. 공사업자가 작성한 시공상세도면의 적합성 검토
8. 피난시설 및 방화시설의 적법성 검토
9. 실내장식물의 불연화(不燃化)와 방염물품의 적법성 검토
라. 방염처리업(섬유류방염업, 합성수지류방염업, 합판목재류방염업)

97 소방시설업을 하는 사람이 소방서에 전화를 걸어 다음 내용을 물었다. 대답으로 옳은 것은? [09 제주]

> ㉠ 등록사항의 변경이 있는데 소방시설업 등록사항변경신고서를 누구에게 며칠 이내에 제출하는가?
> ㉡ 소방시설업 합병신고서로 소방시설업의 지위를 승계시키고자 할 때 누구에게 제출하는가?
> ㉢ 소방시설공사의 착공 전까지 소방시설공사 착공(변경)신고서를 누구에게 신고하는가?

① ㉠ 시·도지사, 60일/ ㉡ 소방본부장 또는 소방서장/ ㉢ 시·도지사
② ㉠ 협회, 30일/ ㉡ 협회/ ㉢ 소방본부장 또는 소방서장
③ ㉠ 소방본부장 또는 소방서장, 30일/ ㉡ 소방본부장 또는 소방서장/ ㉢ 시·도지사
④ ㉠ 소방본부장 또는 소방서장, 60일/ ㉡ 시·도지사/ ㉢ 소방본부장 또는 소방서장

제6조(등록사항의 변경신고 등)

① 법 제6조에 따라 소방시설업자는 제5조 각 호의 어느 하나에 해당하는 등록사항이 변경된 경우에는 변경일부터 30일 이내에 별지 제7호 서식의 소방시설업 등록사항 변경신고서(전자문서로 된 소방시설업 등록사항 변경신고서를 포함한다)에 변경사항별로 다음 각 호의 구분에 따른 서류(전자문서를 포함한다)를 첨부하여 협회에 제출하여야 한다. 다만, 「전자정부법」 제36조제1항에 따른 행정정보의 공동이용을 통하여 첨부서류에 대한 정보를 확인할 수 있는 경우에는 그 확인으로 첨부서류를 갈음할 수 있다.

  1. 상호(명칭) 또는 영업소 소재지가 변경된 경우 : 소방시설업 등록증 및 등록수첩

  2. 대표자가 변경된 경우 : 다음 각 목의 서류

    가. 소방시설업 등록증 및 등록수첩

    나. 변경된 대표자의 성명, 주민등록번호 및 주소지 등의 인적사항이 적힌 서류

    다. 외국인인 경우에는 제2조제1항제5호 각 목의 어느 하나에 해당하는 서류

  3. 기술인력이 변경된 경우 : 다음 각 목의 서류

    가. 소방시설업 등록수첩

    나. 기술인력 증빙서류

    다. 삭제 〈2014.9.2.〉

98 다음은 소방시설 중 소방시설공사업법에서 규정하고 있는 하자보수 대상의 소방시설과 하자보수 보증기간을 연결한 것이다. 잘못된 것은?   [09 충북]

① 유도등 : 2년

② 무선통신보조설비 : 2년

③ 비상방송설비 : 3년

④ 상수도소화용수설비 : 3년

99 소방공사감리업자의 업무내용이 아닌 것은?   [09 충북]

① 소방시설등 설계변경사항의 적합성 검토

② 공사업자가 한 소방시설등의 시공이 설계도서와 화재안전기준에 맞는지에 대한 지도ㆍ감독

③ 소방시설등의 설치계획표의 작성

④ 완공된 소방시설등의 성능시험

제16조(감리)

① 제4조제1항에 따라 소방공사감리업을 등록한 자(이하 "감리업자"라 한다)는 소방공사를 감리할 때 다음 각 호의 업무를 수행하여야 한다. 〈개정 2018. 2. 9.〉

1. 소방시설등의 설치계획표의 적법성 검토
2. 소방시설등 설계도서의 적합성(적법성과 기술상의 합리성을 말한다. 이하 같다) 검토
3. 소방시설등 설계 변경 사항의 적합성 검토
4. 「화재예방, 소방시설 설치·유지 및 안전관리에 관한 법률」 제2조제1항제4호의 소방용품의 위치·규격 및 사용 자재의 적합성 검토
5. 공사업자가 한 소방시설등의 시공이 설계도서와 화재안전기준에 맞는지에 대한 지도·감독
6. 완공된 소방시설등의 성능시험
7. 공사업자가 작성한 시공 상세 도면의 적합성 검토
8. 피난시설 및 방화시설의 적법성 검토
9. 실내장식물의 불연화(不燃化)와 방염 물품의 적법성 검토

100 다음 중 공사감리자 지정대상 특정소방대상물의 범위에 해당하지 않는 것은?   [09 충북]

① 옥내소화전설비를 신설·개설 또는 증설할 때

② 스프링클러설비등(캐비닛형 간이스프링클러설비는 제외한다)을 신설·개설하거나 방호·방수구역을 증설할 때

③ 옥외소화전설비를 신설·개설 또는 증설할 때

④ 펌프를 수리, 교체할 때

> **해설** 감리지정대상 특정소방대상물
> 1. 옥내소화전설비를 신설·개설 또는 증설할 때
> 2. 스프링클러설비등(캐비닛형 간이스프링클러설비는 제외한다)을 신설·개설하거나 방호·방수 구역을 증설할 때
> 3. 물분무등소화설비(호스릴 방식의 소화설비는 제외한다)를 신설·개설하거나 방호·방수 구역을 증설할 때
> 4. 옥외소화전설비를 신설·개설 또는 증설할 때
> 5. 자동화재탐지설비를 신설·개설하거나 경계구역을 증설할 때
> 6. 통합감시시설을 신설 또는 개설할 때
> 7. 소화용수설비를 신설 또는 개설할 때
> 8. 다음 각 목에 따른 소화활동설비에 대하여 각 목에 따른 시공을 할 때
>   가. 제연설비를 신설·개설하거나 제연구역을 증설할 때
>   나. 연결송수관설비를 신설 또는 개설할 때
>   다. 연결살수설비를 신설·개설하거나 송수구역을 증설할 때
>   라. 비상콘센트설비를 신설·개설하거나 전용회로를 증설할 때
>   마. 무선통신보조설비를 신설 또는 개설할 때
>   바. 연소방지설비를 신설·개설하거나 살수구역을 증설할 때

101 다음 중 소방시설공사업에서 기계분야의 대상이 되는 소방시설은? [09 충북]

① 비상경보설비   ② 연결살수설비

③ 자동화재속보설비   ④ 통합감시시설

102 다음 중 소방시설공사업법에 규정된 소방시설업이 아닌 것은? [09 인천]

① 소방시설 설계업   ② 소방시설 공사업

③ 소방시설 관리업   ④ 소방공사 감리업

103 공사감리자 지정대상 특정소방대상물의 범위에 해당하지 않는 것은? [09 인천]

① 물분무등소화설비(호스릴 방식의 소화설비는 제외한다)를 신설·개설하거나 방호·방수구역을 증설할 때

② 옥외소화전설비를 신설·개설 또는 증설할 때

③ 자동소화장치를 신설할 때

④ 통합감시시설을 신설 또는 개설할 때

> **해설** 문제 100번 문제 해설 참조

104 다음 중 소방시설공사의 착공신고 대상이 아닌 것은? [09 대전]

① 수신반(受信盤) 정비공사   ② 소화펌프 이전공사

③ 단독경보형 감지기 신설공사   ④ 옥내·옥외소화전설비 증설공사

> **해설** 시행령 제4조(소방시설공사의 착공신고 대상)
> 법 제13조제1항에서 "대통령령으로 정하는 소방시설공사"란 다음 각 호의 어느 하나에 해당하는 소방시설공사를 말한다.
> 1. 특정소방대상물(「위험물 안전관리법」 제2조제1항제6호에 따른 제조소등은 제외한다. 이하 제2호 및 제3호에서 같다)에 다음 각 목의 어느 하나에 해당하는 설비를 신설하는 공사
>   가. 옥내소화전설비(호스릴옥내소화전설비를 포함한다. 이하 같다), 옥외소화전설비, 스프링클러설비·간이스프링클러설비(캐비닛형 간이스프링클러설비를 포함한다. 이하 같다) 및 화재조기진압용 스프링클러설비(이하 "스프링클러설비등"이라 한다), 물분무소화설비·포소화설비·이산화탄소소화설비·할론소화설비·할로겐화합물 및 불활성기체 소화설비·미분무소화설비·강화액소화설비 및 분말소화설비(이하 "물분무등소화설비"라 한다), 연결송수관설비, 연결살수설비, 제연설비(소방용 외의 용도와 겸용되는 제연설비를 「건설산업기본법 시행령」 별표 1에 따른 기계설비공사업자가 공사하는 경우는 제외한

다), **소화용수설비**(소화용수설비를 「건설산업기본법 시행령」 별표 1에 따른 기계설비공사업자 또는 상·하수도설비공사업자가 공사하는 경우는 제외한다) 또는 **연소방지설비**

나. **자동화재탐지설비, 비상경보설비, 비상방송설비**(소방용 외의 용도와 겸용되는 비상방송설비를 「정보통신공사업법」에 따른 정보통신공사업자가 공사하는 경우는 제외한다), **비상콘센트설비**(비상콘센트설비를 「전기공사업법」에 따른 전기공사업자가 공사하는 경우는 제외한다) 또는 **무선통신보조설비**(소방용 외의 용도와 겸용되는 무선통신보조설비를 「정보통신공사업법」에 따른 정보통신공사업자가 공사하는 경우는 제외한다)

2. 특정소방대상물에 다음 각 목의 어느 하나에 해당하는 설비 또는 구역 등을 증설하는 공사

가. 옥내·옥외소화전설비

나. 스프링클러설비·간이스프링클러설비 또는 물분무등소화설비의 **방호구역**, 자동화재탐지설비의 **경계구역**, 제연설비의 **제연구역**(소방용 외의 용도와 겸용되는 제연설비를 「건설산업기본법 시행령」 별표 1에 따른 기계설비공사업자가 공사하는 경우는 제외한다), 연결살수설비의 **살수구역**, 연결송수관설비의 **송수구역**, 비상콘센트설비의 **전용회로**, 연소방지설비의 **살수구역**

3. 특정소방대상물에 설치된 소방시설등을 구성하는 다음 각 목의 어느 하나에 해당하는 것의 전부 또는 일부를 개설(改設), 이전(移轉) 또는 정비(整備)하는 공사. 다만, 고장 또는 파손 등으로 인하여 작동시킬 수 없는 소방시설을 긴급히 교체하거나 보수하여야 하는 경우에는 신고하지 않을 수 있다.

가. 수신반(受信盤)

나. 소화펌프

다. 동력(감시)제어반

105 감리업자가 감리를 할 때 소방시설공사가 설계도서나 화재안전기준에 맞지 않은 경우 취하여야 할 조치로 옳은 것은?   [09 대전]

① 관계인에게 알리고, 공사업자에게 그 공사의 시정 또는 보완 등을 요구하여야 한다.

② 대통령령으로 정하는 바에 따라 소방본부장이나 소방서장에게 그 사실을 보고하여야 한다.

③ 공사업자의 보완에 따라야 한다.

④ 감리의 대가 지급을 거부하거나 지연시키거나 그 밖의 불이익을 준다.

해설 제19조(위반사항에 대한 조치)

① 감리업자는 감리를 할 때 소방시설공사가 설계도서나 화재안전기준에 맞지 아니할 때에는 관계인에게 알리고, 공사업자에게 그 공사의 시정 또는 보완 등을 요구하여야 한다.

② 공사업자가 제1항에 따른 요구를 받았을 때에는 그 요구에 따라야 한다.

③ 감리업자는 공사업자가 제1항에 따른 요구를 이행하지 아니하고 그 공사를 계속할 때에는 행정안전부령으로 정하는 바에 따라 소방본부장이나 소방서장에게 그 사실을 보고하여야 한다.

④ 관계인은 감리업자가 제3항에 따라 소방본부장이나 소방서장에게 보고한 것을 이유로 감리계약을 해지하거나 감리의 대가 지급을 거부하거나 지연시키거나 그 밖의 불이익을 주어서는 아니 된다.

정답 **105** ①

106 소방시설업의 업종별 등록기준 및 영업범위에서 주된 기술인력으로 소방기술사만을 필요로 하는 업종은? [09 대전]

① 전문소방시설공사업   ② 일반소방시설설계업

③ 전문소방시설설계업   ④ 전문소방공사감리업

해설 1) 전문설계업 기술인력 : 주된 기술인력은 소방기술사1명 이상, 보조기술인력 1명 이상

    2) 전문감리업 기술인력

      가. 소방기술사 1명 이상

      나. 기계분야 및 전기분야의 특급 감리원 각 1명(기계분야 및 전기분야의 자격을 함께 가지고 있는 사람이 있는 경우에는 그에 해당하는 사람 1명. 이하 다목부터 마목까지에서 같다) 이상

      다. 기계분야 및 전기분야의 고급 감리원 이상의 감리원 각 1명 이상

      라. 기계분야 및 전기분야의 중급 감리원 이상의 감리원 각 1명 이상

      마. 기계분야 및 전기분야의 초급 감리원 이상의 감리원 각 1명 이상

---

107 공사업자는 대통령령으로 정하는 소방시설공사를 하려면 행정안전부령으로 정하는 바에 따라 그 공사의 내용, 시공 장소, 그 밖에 필요한 사항을 누구에게 신고하여야 하는가? [09 경남 2회]

① 소방본부장이나 소방서장   ② 소방청장이나 소방본부장

③ 소방청장이나 시 · 도지사   ④ 대통령이나 국무총리

---

108 다음 소방시설 중 하자보수 보증기간이 가장 긴 것은? [09 경남 2회]

① 비상조명등   ② 비상경보설비

③ 무선통신보조설비   ④ 자동화재탐지설비

---

109 시공능력 평가 및 공시와 관련하여 다음 보기의 빈칸에 들어갈 말로 알맞은 것은? [09 경남2회]

> 소방청장은 관계인 또는 발주자가 적절한 공사업자를 선정할 수 있도록 하기 위하여 공사업자의 신청이 있으면 그 공사업자의 소방시설공사 실적, 자본금 등에 따라 (　　　　　　　　　)

① 경영능력을 평가하여 공시할 수 있다.

② 신인도를 평가하여 공시할 수 있다.

③ 시공능력을 평가하여 공시할 수 있다.

④ 실적을 평가하여 공시할 수 있다.

제26조(시공능력 평가 및 공시)
① 소방청장은 관계인 또는 발주자가 적절한 공사업자를 선정할 수 있도록 하기 위하여 공사업자의 신청이 있으면 그 공사업자의 소방시설공사 실적, 자본금 등에 따라 **시공능력을 평가하여 공시할 수 있다.**

110 소방본부장이나 소방서장이 소방시설공사가 공사감리 결과보고서대로 완공되었는지를 현장에서 확인할 수 있는 특정소방대상물이 아닌 것은? [09 전북 2회]

① 문화 및 집회시설　　　　　　　② 수련시설
③ 11층 이상인 아파트　　　　　　④ 지하상가

완공검사 현장확인 소방대상물
1. 문화 및 집회시설, 종교시설, 판매시설, 노유자(老幼者)시설, 수련시설, 운동시설, 숙박시설, 창고시설, 지하상가 및 「다중이용업소의 안전관리에 관한 특별법」에 따른 다중이용업소
2. 가스계(이산화탄소ㆍ할론ㆍ할로겐화합물 및 불활성기체) 소화설비(호스릴소화설비는 제외한다)가 설치되는 것
3. 연면적 1만제곱미터 이상이거나 11층 이상인 특정소방대상물(아파트는 제외한다)
4. 가연성 가스를 제조ㆍ저장 또는 취급하는 시설 중 지상에 노출된 가연성 가스탱크의 저장용량 합계가 1천톤 이상인 시설

111 다음 중 하자보수 대상 소방시설과 하자보수 보증기간이 잘못 연결된 것은? [09 경북 2회]

① 자동소화장치 – 2년　　　　　　② 피난기구 – 2년
③ 자동화재탐지설비 – 3년　　　　④ 비상콘센트설비 – 3년

112 다음 중 감리업자가 소방공사를 감리할 때 수행해야 할 업무가 아닌 것은? [09 경남 2회]

① 소방시설의 설치ㆍ유지 및 관리
② 소방시설등의 설치계획표의 적법성 검토
③ 소방시설등 설계도서의 적합성(적법성과 기술상의 합리성을 말한다.) 검토
④ 소방시설등 설계 변경 사항의 적합성 검토

113 증축, 개축, 재축, 대수선 또는 구조변경·용도 변경되는 특정소방대상물에 설비 또는 구역 등을 증설하는 공사의 경우 착공신고대상에 해당하는데, 다음 중 이에 해당하지 않는 것은?

[09 경북 2회]

① 비상경보설비
② 제연설비의 제연구역
③ 연결송수관설비의 송수구역
④ 비상콘센트설비의 전용회로

> **해설** 착공신고대상
>
> 증축, 개축, 재축, 대수선 또는 구조변경·용도 변경되는 특정소방대상물에 다음 각 목의 어느 하나에 해당하는 설비 또는 구역 등을 증설하는 공사
> 가. 옥내·옥외소화전설비
> 나. 스프링클러설비·간이스프링클러설비 또는 물분무등소화설비의 방호구역, 자동화재탐지설비의 경계구역, 제연설비의 제연구역(소방용 외의 용도와 겸용되는 제연설비를 「건설산업기본법 시행령」 별표 1에 따른 기계설비공사업자가 공사하는 경우는 제외한다), 연결살수설비의 살수구역, 연결송수관설비의 송수구역, 비상콘센트설비의 전용회로, 연소방지설비의 살수구역

114 다음 중 감리원의 세부 배치기준 등에 대한 설명으로 옳지 않은 것은? [10 충남]

① 상주 공사감리 대상인 경우 소방시설용 배관을 설치하거나 매립하는 때부터 소방시설 완공검사증명서를 발급받을 때까지 소방 공사감리현장에 감리원을 배치할 것
② 일반 공사감리 대상인 경우 1명의 감리원이 담당하는 소방공사감리현장은 5개 이하로서 감리현장 연면적의 총 합계가 10만제곱미터 이하일 것. 다만, 상주 공사감리 대상에 해당하지 않는 아파트의 경우에는 연면적의 합계에 관계없이 1명의 감리원이 5개 이내의 공사현장을 감리할 수 있다.
③ 일반 공사감리 대상인 경우 감리원은 주 2회 이상 소방공사감리현장을 방문하여 감리할 것
④ 상주 공사감리 대상인 경우 기계분야의 감리원 자격을 취득한 사람과 전기분야의 감리원 자격을 취득한 사람 각 1명 이상을 감리원으로 배치할 것. 다만, 기계분야 및 전기분야의 감리원 자격을 함께 취득한 사람이 있는 경우에는 그에 해당하는 사람 1명 이상을 배치할 수 있다.

> **해설** 감리원 세부 배치기준
>
> 1) 영 별표 3에 따른 상주 공사감리 대상인 경우
> 　가. 기계분야의 감리원 자격을 취득한 사람과 전기분야의 감리원 자격을 취득한 사람 각 1명 이상을 감리원으로 배치할 것. 다만, 기계분야 및 전기분야의 감리원 자격을 함께 취득한 사람이 있는 경우에는 그에 해당하는 사람 1명 이상을 배치할 수 있다.
> 　나. 소방시설용 배관(전선관을 포함한다. 이하 같다)을 설치하거나 매립하는 때부터 소방시

설 완공검사증명서를 발급받을 때까지 소방공사감리현장에 감리원을 배치할 것

2) 영 별표 3에 따른 일반 공사감리 대상인 경우

가. 기계분야의 감리원 자격을 취득한 사람과 전기분야의 감리원 자격을 취득한 사람 각 1명 이상을 감리원으로 배치할 것. 다만, 기계분야 및 전기분야의 감리원 자격을 함께 취득한 사람이 있는 경우에는 그에 해당하는 사람 1명 이상을 배치할 수 있다.

나. 별표 3에 따른 기간 동안 감리원을 배치할 것

다. 감리원은 주 1회 이상 소방공사감리현장에 배치되어 감리할 것

라. 1명의 감리원이 담당하는 소방공사감리현장은 5개 이하(자동화재탐지설비 또는 옥내소화전설비 중 어느 하나만 설치하는 2개의 소방공사감리현장이 최단 차량주행거리로 30킬로미터 이내에 있는 경우에는 1개의 소방공사감리현장으로 본다)로서 감리현장 연면적의 총 합계가 10만제곱미터 이하일 것. 다만, 일반 공사감리 대상인 아파트의 경우에는 연면적의 합계에 관계없이 1명의 감리원이 5개 이내의 공사현장을 감리할 수 있다.

115 소방시설업의 영업과 관련된 관계서류의 보관 연도는? [10 충남]

① 1년
② 5년
③ 10년
④ 하자보수 보증기간 동안

해설 제8조(소방시설업의 운영)

④ 소방시설업자는 행정안전부령으로 정하는 관계 서류를 제15조제1항에 따른 하자보수 보증기간 동안 보관하여야 한다.

116 다음 중 상주공사감리의 대상인 것은? [10 충남]

① 연면적 1만제곱미터 이상의 특정소방대상물
② 연면적 2만제곱미터 이상의 특정소방대상물
③ 연면적 3만제곱미터 이상의 특정소방대상물
④ 연면적 1천제곱미터 이상의 특정소방대상물

해설 감리의 종류, 방법, 대상(대통령령)

1) 상주공사감리[연면적 3만제곱미터 이상(아파트 제외), 지하층 포함 16층 이상으로서 500세대 이상 아파트]

2) 일반공사감리(상주공사감리 대상이 아닌 것)

3) 일반공사감리 시 주 1회 방문, 14일 이내 부득이한 사유가 없는 경우 업무대행자 지정, 주 2회 방문

117 다음 소방기술자의 기술등급자격 중 고급기술자에 해당하는 것은? [10 충남]

① 소방설비기사 자격을 취득한 후 3년 이상 소방 관련 업무를 수행한 사람 또는 소방설비산업기사 자격을 취득한 후 5년 이상 소방 관련 업무를 수행한 사람

② 소방설비기사 자격을 취득한 후 5년 이상 소방 관련 업무를 수행한 사람 또는 소방설비산업기사 자격을 취득한 후 8년 이상 소방 관련 업무를 수행한 사람

③ 소방설비기사 자격을 취득한 후 5년 이상 소방 관련 업무를 수행한 사람 또는 소방설비산업기사 자격을 취득한 후 5년 이상 소방 관련 업무를 수행한 사람

④ 소방설비기사 자격을 취득한 후 3년 이상 소방 관련 업무를 수행한 사람 또는 소방설비산업기사 자격을 취득한 후 8년 이상 소방 관련 업무를 수행한 사람

등급	기계분야	전기분야
특급 기술자	• 소방기술사 • 소방시설관리사 자격을 취득한 후 5년 이상 소방 관련 업무를 수행한 사람	
	• 건축사, 건축기계설비기술사, 공조냉동기계기술사, 화공기술사, 가스기술사 자격을 취득한 후 5년 이상 소방 관련 업무를 수행한 사람	• 건축전기설비기술사 자격을 취득한 후 5년 이상 소방 관련 업무를 수행한 사람
	• 소방설비기사 기계분야의 자격을 취득한 후 8년 이상 소방 관련 업무를 수행한 사람	• 소방설비기사 전기분야의 자격을 취득한 후 8년 이상 소방 관련 업무를 수행한 사람
	• 소방설비산업기사 기계분야의 자격을 취득한 후 11년 이상 소방 관련 업무를 수행한 사람	• 소방설비산업기사 전기분야의 자격을 취득한 후 11년 이상 소방 관련 업무를 수행한 사람
고급 기술자	• 소방시설관리사	
	• 건축사, 건축기계설비기술사, 공조냉동기계기술사, 화공기술사, 가스기술사 자격을 취득한 후 3년 이상 소방 관련 업무를 수행한 사람	• 건축전기설비기술사 자격을 취득한 후 3년 이상 소방 관련 업무를 수행한 사람
	• 소방설비기사 기계분야의 자격을 취득한 후 5년 이상 소방 관련 업무를 수행한 사람	• 소방설비기사 전기분야의 자격을 취득한 후 5년 이상 소방 관련 업무를 수행한 사람
	• 소방설비산업기사 기계분야의 자격을 취득한 후 8년 이상 소방 관련 업무를 수행한 사람	• 소방설비산업기사 전기분야의 자격을 취득한 후 8년 이상 소방 관련 업무를 수행한 사람
중급 기술자	• 건축사, 건축기계설비기술사, 공조냉동기계기술사, 화공기술사, 가스기술사, 소방설비기사(기계분야)	• 건축전기설비기술사 · 소방설비기사(전기분야)
	• 건축기사, 화공기사, 가스기사의 자격을 취득한 후 5년 이상 소방 관련 업무를 수행한 사람	• 전기기능장, 전기기사, 전기공사기사 자격을 취득한 후 5년 이상 소방 관련 업무를 수행한 사람

등급	기계분야	전기분야
중급 기술자	• 소방설비산업기사 기계분야의 자격을 취득 한 후 3년 이상 소방 관련 업무를 수행한 사람	• 소방설비산업기사 전기분야의 자격을 취득 한 후 3년 이상 소방 관련 업무를 수행한 사람
초급 기술자	• 소방설비산업기사(기계분야)	• 소방설비산업기사(전기분야)

118 소방시설공사업법에 규정된 소방시설업이 아닌 것은? [10 충남]

① 소방시설 설계업　　　　　　　② 소방시설 공사업
③ 소방공사 감리업　　　　　　　④ 소방시설 관리업

119 다음 중 소방시설업에 해당하지 않는 것은? [10 부산]

① 소방시설 설비업　　　　　　　② 소방시설 공사업
③ 소방공사 감리업　　　　　　　④ 소방시설 설계업

120 다음 중 공사업자가 대통령령으로 정하는 소방시설공사를 하기 위해 행정안전부령으로 정하는 바에 따라 그 공사의 내용, 시공 장소, 그 밖에 필요한 사항을 소방본부장이나 소방서장에게 신고하여야 하는데, 다음 중 신고 대상이 아닌 것은? [10 부산]

① 비상경보설비를 증설할 때
② 옥내소화전설비의 소화펌프를 교체할 때
③ 간이스프링클러설비를 신설할 때
④ 포소화설비를 신설할 때

> **해설** 증축, 개축, 재축, 대수선 또는 구조변경·용도 변경되는 특정소방대상물에 다음 각 목의 어느
> 하나에 해당하는 설비 또는 구역 등을 증설하는 공사
> 가. 옥내·옥외소화전설비
> 나. 스프링클러설비·간이스프링클러설비 또는 물분무등 소화설비의 방호구역, 자동화재탐지
> 설비의 경계구역, 제연설비의 제연구역(소방용 외의 용도와 겸용되는 제연설비를 「건설산
> 업기본법 시행령」 별표 1에 따른 기계설비공사업자가 공사하는 경우는 제외한다), 연결살
> 수설비의 살수구역, 연결송수관설비의 송수구역, 비상콘센트설비의 전용회로, 연소방지설
> 비의 살수구역

121 자동화재탐지설비의 일반 공사감리기간으로 포함시켜 산정할 수 있는 항목은?　　[10 부산]

① 고정금속구를 설치하는 기간
② 전선관의 매립을 하는 공사기간
③ 공기유입구의 설치기간
④ 소화약제 저장용기 설치기간

해설 공사업법 시행규칙 [별표 3] 일반공사 감리기간

1. 옥내소화전설비 · 스프링클러설비 · 포소화설비 · 물분무소화설비 · 연결살수설비 및 연소방지설비의 경우 : 가압송수장치의 설치, 가지배관의 설치, 개폐밸브 · 유수검지장치 · 체크밸브 · 템퍼스위치의 설치, 앵글밸브 · 소화전함의 매립, 스프링클러헤드 · 포헤드 · 포방출구 · 포노즐 · 포호스릴 · 물분무헤드 · 연결살수헤드 · 방수구의 설치, 포소화약제 탱크 및 포혼합기의 설치, 포소화약제의 충전, 입상배관과 옥상탱크의 접속, 옥외 연결송수구의 설치, 제어반의 설치, 동력전원 및 각종 제어회로의 접속, 음향장치의 설치 및 수동조작함의 설치를 하는 기간

2. 이산화탄소소화설비 · 할로겐화합물소화설비 · 할로겐화합물 및 불활성기체소화설비 및 분말소화설비의 경우 : 소화약제 저장용기와 집합관의 접속, 기동용기 등 작동장치의 설치, 제어반 · 화재표시반의 설치, 동력전원 및 각종 제어회로의 접속, 가지배관의 설치, 선택밸브의 설치, 분사헤드의 설치, 수동기동장치의 설치 및 음향경보장치의 설치를 하는 기간

3. 자동화재탐지설비 · 시각경보기 · 비상경보설비 · 비상방송설비 · 통합감시시설 · 유도등 · 비상콘센트설비 및 무선통신보조설비의 경우 : 전선관의 매립, 감지기 · 유도등 · 조명등 및 비상콘센트의 설치, 증폭기의 접속, 누설동축케이블 등의 부설, 무선기기의 접속단자 · 분배기 · 증폭기의 설치 및 동력전원의 접속공사를 하는 기간

4. 피난기구의 경우 : 고정금속구를 설치하는 기간

5. 제연설비의 경우 : 가동식 제연경계벽 · 배출구 · 공기유입구의 설치, 각종 댐퍼 및 유입구 폐쇄장치의 설치, 배출기 및 공기유입기의 설치 및 풍도와의 접속, 배출풍도 및 유입풍도의 설치 · 단열조치, 동력전원 및 제어회로의 접속, 제어반의 설치를 하는 기간

6. 비상전원이 설치되는 소방시설의 경우 : 비상전원의 설치 및 소방시설과의 접속을 하는 기간

122 다음 중 시 · 도지사가 소방시설업의 등록을 반드시 취소해야 하는 경우는?　　[10 경북]

① 등록기준에 미달하게 된 후 30일이 경과한 경우
② 거짓이나 그 밖의 부정한 방법으로 등록한 경우
③ 다른 자에게 등록증 또는 등록수첩을 빌려준 경우
④ 동일인이 시공과 감리를 함께 한 경우

해설 등록취소 사유

1. 거짓이나 그 밖의 부정한 방법으로 등록한 경우
3. 제5조 각 호의 등록 결격사유에 해당하게 된 경우
7. 제8조제2항을 위반하여 영업정지기간 중에 소방시설공사등을 한 경우

123 다음 중 하자보수 보증기간이 3년이 아닌 것은? [10 경북]

① 자동소화장치 ② 비상경보설비

③ 스프링클러설비 ④ 자동화재탐지설비

124 다음 중 방염처리업의 종류가 아닌 것은? [10 경북]

① 섬유류 방염업 ② 합성수지류 방염업

③ 합판 · 목재류 방염업 ④ 종이류 방염업

125 다음 중 소방시설의 하자보수 보증기간이 다른 하나는? [10 대구]

① 옥내소화전소화설비 ② 간이스프링클러설비

③ 비상방송설비 ④ 소화용수시설

126 감리업자는 소방공사의 감리를 마쳤을 때에는 행정안전부령으로 정하는 바에 따라 그 감리 결과를 서면으로 알려야 하는데, 다음 중 그 대상이 아닌 것은? [10 대구]

① 그 소방공사의 행정기관

② 그 특정소방대상물의 관계인

③ 그 소방시설공사의 도급인

④ 그 특정소방대상물의 공사를 감리한 건축사

> **해설** 제20조(공사감리 결과의 통보 등)
> 감리업자는 소방공사의 감리를 마쳤을 때에는 행정안전부령으로 정하는 바에 따라 그 감리 결과를 그 특정소방대상물의 관계인, 소방시설공사의 도급인, 그 특정소방대상물의 공사를 감리한 건축사에게 서면으로 알리고, 소방본부장이나 소방서장에게 공사감리 결과보고서를 제출하여야 한다.

127 다음 중 소방시설업에 해당하지 않는 것은? [10 대구]

① 소방시설설계업 ② 소방시설공사업

③ 소방공사감리업 ④ 소방시설관리업

정답 **123** ② **124** ④ **125** ③ **126** ① **127** ④

128 다음 중 시 · 도지사가 행정안전부령으로 정하는 바에 따라 그 등록을 반드시 취소하여야 하는 경우는? [10 대구]

① 거짓 그 밖의 부정한 방법으로 등록했을 경우
② 등록기준에 미달하게 된 후 30일이 경과한 경우
③ 다른 자에게 등록증 또는 등록수첩을 빌려준 경우
④ 동일인이 시공과 감리를 함께 한 경우

해설 소방시설업에 대한 행정처분기준(제9조 관련)

위반사항	근거법령	행정처분기준		
		1차	2차	3차
가. 거짓이나 그 밖의 부정한 방법으로 등록한 경우	법 제9조	등록취소		
나. 법 제4조제1항에 따른 등록기준에 미달하게 된 후 30일이 경과한 경우	법 제9조	경고 (시정명령)	영업정지 3개월	등록취소
다. 법 제5조 각 호의 등록 결격사유에 해당하게 된 경우	법 제9조	등록취소		
라. 등록을 한 후 정당한 사유 없이 1년이 지날 때까지 영업을 시작하지 아니하거나 계속하여 1년 이상 휴업한 때	법 제9조	경고 (시정명령)	등록취소	
마. 삭제 〈2013.11.22〉				
바. 법 제8조제1항을 위반하여 다른 자에게 등록증 또는 등록수첩을 빌려준 경우	법 제9조	영업정지 6개월	등록취소	
사. 법 제8조제2항을 위반하여 영업정지 기간 중에 소방시설공사등을 한 경우	법 제9조	등록취소		
아. 법 제8조제3항 또는 제4항을 위반하여 통지를 하지 아니하거나 관계서류를 보관하지 아니한 경우	법 제9조	경고 (시정명령)	영업정지 1개월	등록취소
자. 법 제11조 또는 제12조제1항을 위반하여 화재안전기준 등에 적합하게 설계 · 시공을 하지 아니하거나, 법 제16조제1항에 따라 적합하게 감리를 하지 아니한 경우	법 제9조	영업정지 1개월	영업정지 3개월	등록취소
차. 법 제11조, 제12조제1항, 제16조제1항 또는 제20조의2에 따른 소방시설공사등의 업무수행의무 등을 고의 또는 과실로 위반하여 다른 자에게 상해를 입히거나 재산피해를 입힌 경우	법 제9조	영업정지 6개월	등록취소	
카. 법 제12조제2항을 위반하여 소속 소방기술자를 공사현장에 배치하지 아니하거나 거짓으로 한 경우	법 제9조	경고 (시정명령)	영업정지 1개월	등록취소
타. 법 제13조 또는 제14조를 위반하여 착공신고(변경신고를 포함한다)를 하지 아니하거나 거짓으로 한 때 또는 완공검사(부분완공검사를 포함한다)를 받지 아니한 경우	법 제9조	경고 (시정명령)	영업정지 3개월	등록취소

	법 제9조	경고 (시정명령)	영업정지 1개월	등록취소
파. 법 제13조제2항을 위반하여 착공신고사항 중 중요한 사항에 해당하지 아니하는 변경사항을 공사감리 결과보고서에 포함하여 보고하지 아 니한 경우	법 제9조	경고 (시정명령)	영업정지 1개월	등록취소
하. 법 제15조제3항을 위반하여 하자보수 기간 내 에 하자보수를 하지 아니하거나 하자보수계획 을 통보하지 아니한 경우	법 제9조	경고 (시정명령)	영업정지 1개월	등록취소
거. 법 제17조제3항을 위반하여 인수 · 인계를 거 부 · 방해 · 기피한 경우	법 제9조	영업정지 1개월	영업정지 3개월	등록취소
너. 법 제18조제1항을 위반하여 소속 감리원을 공사 현장에 배치하지 아니하거나 거짓으로 한 경우	법 제9조	영업정지 1개월	영업정지 3개월	등록취소
더. 법 제18조제3항의 감리원 배치기준을 위반한 경우	법 제9조	경고 (시정명령)	영업정지 1개월	등록취소
러. 법 제19조제1항에 따른 요구에 따르지 아니한 경우	법 제9조	영업정지 1개월	영업정지 3개월	등록취소
머. 법 제19조제3항을 위반하여 보고하지 아니한 경우	법 제9조	경고시정 명령)	영업정지 1개월	등록취소
버. 법 제20조를 위반하여 감리 결과를 알리지 아 니하거나 거짓으로 알린 경우 또는 공사감리 결과보고서를 제출하지 아니하거나 거짓으로 제출한 경우	법 제9조	경고 (시정명령)	영업정지 3개월	등록취소
서. 법 제20조의2를 위반하여 방염을 한 경우	법 제9조	영업정지 3개월	영업정지 6개월	등록취소
어. 법 제22조제1항을 위반하여 하도급한 경우	법 제9조	영업정지 3개월	영업정지 6개월	등록취소
저. 법 제21조의3제4항을 위반하여 하도급 등에 관한 사항을 관계인과 발주자에게 알리지 아 니하거나 거짓으로 알린 경우	법 제9조	경고 (시정명령)	영업정지 1개월	등록취소
처. 법 제22조의2제2항을 위반하여 정당한 사유 없이 하수급인 또는 하도급 계약내용의 변경 요구에 따르지 아니한 경우	법 제9조	경고 (시정명령)	영업정지 1개월	등록취소
커. 법 제22조의3을 위반하여 하수급인에게 대금 을 지급하지 아니한 경우	법 제9조	영업정지 1개월	영업정지 3개월	등록취소
터. 법 제24조를 위반하여 시공과 감리를 함께 한 경우	법 제9조	영업정지 3개월	등록취소	
퍼. 법 제26조의2에 따른 사업수행능력 평가에 관 한 서류를 위조하거나 변조하는 등 거짓이나 그 밖의 부정한 방법으로 입찰에 참여한 경우	법 제9조	영업정지 3개월	영업정지 6개월	등록취소
허. 법 제31조에 따른 명령을 위반하여 보고 또는 자료 제출을 하지 아니하거나 거짓으로 보고 또는 자료 제출을 한 경우	법 제9조	영업정지 3개월	영업정지 6개월	등록취소
고. 정당한 사유 없이 법 제31조에 따른 관계 공무 원의 출입 또는 검사 · 조사를 거부 · 방해 또는 기피한 경우	법 제9조	영업정지 3개월	영업정지 6개월	등록취소

129 다음 중 소방기술자의 실무교육에 대한 설명으로 옳은 것은? [10 중앙]

① 소방기술자는 실무교육을 1년마다 1회 이상 받아야 한다.

② 소방기술자는 실무교육을 1년마다 2회 이상 받아야 한다.

③ 소방기술자는 실무교육을 2년마다 1회 이상 받아야 한다.

④ 소방기술자는 실무교육을 2년마다 3회 이상 받아야 한다.

[해설] 소방기술자 실무교육 : 2년마다 1회

한국소방안전원의 장은 소방기술자에 대한 실무교육을 실시하려면 교육일정 등 교육에 필요한 계획을 수립하여 소방청장에게 보고한 후 교육 10일 전까지 대상자에게 알려야 한다.

130 다음 중 소방시설업 등록의 결격사유가 아닌 것은? [10 중앙]

① 피성년후견인

② 파산선고를 받고 복권되지 아니한 자

③ 금고 이상의 형의 집행유예를 선고받고 그 유예기간 중에 있는 사람

④ 등록하려는 소방시설업 등록이 취소된 날부터 2년이 지나지 아니한 자

[해설] 등록의 결격사유

1. 피성년후견인
2. 삭제 〈2015. 7. 20.〉
3. 이 법, 「소방기본법」, 「화재예방, 소방시설 설치·유지 및 안전관리에 관한 법률」 또는 「위험물안전관리법」에 따른 금고 이상의 실형을 선고받고 그 집행이 끝나거나(집행이 끝난 것으로 보는 경우를 포함한다) 면제된 날부터 2년이 지나지 아니한 사람
4. 이 법, 「소방기본법」, 「화재예방, 소방시설 설치·유지 및 안전관리에 관한 법률」 또는 「위험물안전관리법」에 따른 금고 이상의 형의 집행유예를 선고받고 그 유예기간 중에 있는 사람
5. 등록하려는 소방시설업 등록이 취소(제1호에 해당하여 등록이 취소된 경우는 제외한다)된 날부터 2년이 지나지 아니한 자
6. 법인의 대표자가 제1호부터 제5호까지의 규정에 해당하는 경우 그 법인
7. 법인의 임원이 제3호부터 제5호까지의 규정에 해당하는 경우 그 법인

131 다음 중 소방시설공사와 관련된 설명 중 옳지 않은 것은? [10 중앙]

① 신축하는 특정소방대상물에 옥내소화전설비를 신설하는 공사의 경우 소방본부장이나 소방서장에게 신고하여야 한다.

② 공사업자가 특정소방대상물의 용도를 변경하였을 때에는 행정안전부령으로 정하는 바에 따라 변경신고를 하여야 한다.

③ 수련시설은 완공검사를 위한 현장확인 대상 특정소방대상물의 범위에 해당한다.

④ 옥내소화전설비의 하자보수 보증기간은 3년이다.

해설 특정소방대상물의 용도를 변경하는 것은 관계인이 신고하게 되며 이는 건축에 해당하는 사항이다.
공사업자가 착공신고사항 중 신고해야 할 중요한 변경사항들(변경일로부터 30일 이내 소방본부장 또는 소방서장에게 신고)
1. 시공자
2. 설치되는 소방시설의 종류
3. 책임시공 및 기술관리 소방기술자

132 다음 중 소방시설공사의 착공신고 대상이 아닌 것은? [10 중앙]

① 수신반(受信盤) 정비공사　　　　② 소화펌프 이전공사
③ 단독경보형 감지기 신설공사　　④ 옥내·옥외소화전설비 증설공사

133 다음 중 소방시설업에 해당하지 않은 것은? [10 중앙]

① 소방시설 설계업　　　　② 소방시설 관리업
③ 소방시설 공사업　　　　④ 소방공사 감리업

134 다음 중 소방시설의 하자보수 보증기간이 3년이 아닌 것은? [10 광주]

① 자동화재탐지설비　　　　② 비상콘센트
③ 비상방송설비　　　　　　④ 스프링클러설비

135 다음 중 전문소방시설공사업의 등록기준으로 옳은 것은? [10 광주]

① 주된 기술인력 1인, 보조기술인력 1인 이상

② 법인 자본금 5천만 원 이상

③ 개인 자산평가액 2억 원 이상

④ 개인 자산평가액 1억 원 이상

해설 소방시설공사업

업종별 \ 항목		기술인력	자본금 (자산평가액)	영업범위
전문소방시설 공사업		가. 주된 기술인력 : 소방기술사 또는 기계분야와 전기분야의 소방설비기사 각 1명(기계분야 및 전기분야의 자격을 함께 취득한 사람 1명) 이상 나. 보조기술인력 : 2명 이상	가. 법인 : 1억 원 이상 나. 개인 : 자산평가액 1억 원 이상	특정소방대상물에 설치되는 기계분야 및 전기분야 소방시설의 공사·개설·이전 및 정비
일반 소방 시설 공사업	기계 분야	가. 주된 기술인력 : 소방기술사 또는 기계분야 소방설비기사 1명 이상 나. 보조기술인력 : 1명 이상	가. 법인 : 1억 원 이상 나. 개인 : 자산평가액 1억 원 이상	가. 연면적 1만제곱미터 미만의 특정소방대상물에 설치되는 기계분야 소방시설의 공사·개설·이전 및 정비 나. 위험물 제조소 등에 설치되는 기계분야 소방시설의 공사·개설·이전 및 정비
	전기 분야	가. 주된 기술인력 : 소방기술사 또는 전기분야 소방설비 기사 1명 이상 나. 보조기술인력 : 1명 이상	가. 법인 : 1억 원 이상 나. 개인 : 자산평가액 1억 원 이상	가. 연면적 1만제곱미터 미만의 특정소방대상물에 설치되는 전기분야 소방시설의 공사·개설·이전·정비 나. 위험물 제조소 등에 설치되는 전기분야 소방시설의 공사·개설·이전·정비

136 다음 중 공사감리자 지정대상 특정소방대상물의 범위에 해당하지 않는 것은? [10 광주]

① 옥내소화전설비를 신설 · 개설 또는 증설할 때

② 스프링클러설비등(캐비닛형 간이스프링클러설비는 제외한다)을 신설 · 개설하거나 방호 · 방수구역을 증설할 때

③ 옥외소화전설비를 신설 · 개설 또는 증설할 때

④ 펌프를 수리, 교체할 때

해설 감리지정대상 특정소방대상물

1. 옥내소화전설비를 신설 · 개설 또는 증설할 때
2. 스프링클러설비등(캐비닛형 간이스프링클러설비는 제외한다)을 신설 · 개설하거나 방호 · 방수구역을 증설할 때
3. 물분무등소화설비(호스릴 방식의 소화설비는 제외한다)를 신설 · 개설하거나 방호 · 방수 구역을 증설할 때
4. 옥외소화전설비를 신설 · 개설 또는 증설할 때
5. 자동화재탐지설비를 신설 · 개설하거나 경계구역을 증설할 때
6. 통합감시시설을 신설 또는 개설할 때
7. 소화용수설비를 신설 또는 개설할 때
8. 다음 각 목에 따른 소화활동설비에 대하여 각 목에 따른 시공을 할 때
   가. 제연설비를 신설 · 개설하거나 제연구역을 증설할 때
   나. 연결송수관설비를 신설 또는 개설할 때
   다. 연결살수설비를 신설 · 개설하거나 송수구역을 증설할 때
   라. 비상콘센트설비를 신설 · 개설하거나 전용회로를 증설할 때
   마. 무선통신보조설비를 신설 또는 개설할 때
   바. 연소방지설비를 신설 · 개설하거나 살수구역을 증설할 때

137 소방시설업의 지위를 승계한 자는 그 지위를 승계한 날로부터 며칠 이내에 그 서류를 시 · 도지사에게 제출해야 하는가? [10 충북]

① 10일 ② 14일 ③ 15일 ④ 30일

해설 제7조(소방시설업자의 지위승계)

① 다음 각 호의 어느 하나에 해당하는 자가 종전의 소방시설업자의 지위를 승계하려는 경우에는 그 상속일, 양수일 또는 합병일부터 30일 이내에 행정안전부령으로 정하는 바에 따라 그 사실을 시 · 도지사에게 신고하여야 한다.

━ 시행규칙 제7조(지위승계 신고 등)

① 법 제7조제3항에 따라 소방시설업자 지위 승계를 신고하려는 자는 그 지위를 승계한 날부터 30일 이내에 다음 각 호의 구분에 따른 서류(전자문서를 포함한다)를 협회에 제출하여야 한다.

④ 제1항에 따른 지위승계 신고 서류를 제출받은 협회는 접수일부터 7일 이내에 지위를 승계한 사

실을 확인한 후 그 결과를 시·도지사에게 보고하여야 한다. 〈개정 2015. 8. 4., 2020. 1. 15.〉

⑤ 시·도지사는 제4항에 따라 소방시설업의 지위승계 신고의 확인 사실을 보고받은 날부터 3일 이내에 협회를 경유하여 법 제7조제1항에 따른 지위승계인에게 등록증 및 등록수첩을 발급하여야 한다. 〈신설 2020. 1. 15.〉

138 다음 중 소방시설의 하자보수 보증기간이 잘못된 것은? [10 충북]

① 비상조명등 - 2년
② 자동화재탐지설비 - 3년
③ 무선통신보조설비 - 3년
④ 스프링클러설비 - 3년

139 다음 중 소방시설업의 종류가 아닌 것은? [10 충북]

① 소방시설 설계업
② 소방시설 공사업
③ 소방시설 제조업
④ 소방공사 감리업

140 다음 보기의 빈칸에 들어갈 가장 알맞은 말을 순서대로 바르게 배열한 것은? [10 서울]

특정소방대상물의 소방시설공사등을 하려는 자는 (   )로 (   ), (   ) 등 대통령령으로 정하는 요건을 갖추어 특별시장·광역시장·특별자치시장·도지사 또는 특별자치도지사(이하 "시·도지사"라 한다)에게 소방시설업을 등록하여야 한다.

① 업종별 - 자본금 - 기술인력
② 시설별 - 자본금 - 기술인력
③ 업종별 - 사무실 - 기술인력
④ 시설별 - 사무실 - 기술인력

141 공사업자는 대통령령으로 정하는 소방시설공사를 하려면 행정안전부령으로 정하는 바에 따라 그 공사의 내용, 시공 장소, 그 밖에 필요한 사항을 소방본부장이나 소방서장에게 신고하여야 한다. 다음 중 소방시설 공사의 착공신고 대상이 아닌 것은? [10 서울]

① 소화펌프 전부를 이전(移轉)하는 공사
② 피난기구와 유도등을 신축하는 공사
③ 용도 변경되는 특정소방대상물에 연결살수설비를 신설하는 공사
④ 증축하는 특정소방대상물에 자동화재탐지설비를 신설하는 공사

> **해설** 신설공사 시 제외되는 착공신고대상 : 소화기구, 자동소화장치, 단독경보형 감지기, 자동화재속보설비 피난구조설비(유도등, 유도표지, 피난기구, 인명구조기구, 비상조명등, 휴대용비상조명등)

142 다음 중 소방시설업자가 보관하여야 하는 관계 서류가 아닌 것은? [10 서울]

① 소방시설 설계업 : 소방시설 설계기록부 및 소방시설 설계도서

② 소방시설 공사업 : 소방시설공사 기록부

③ 소방시설 점검업 : 소방시설점검기록부

④ 소방공사 감리업 : 소방공사 감리기록부, 소방공사 감리일지 및 소방시설의 완공 당시 설계도서

> **해설** 제8조(소방시설업자가 보관하여야 하는 관계 서류)
> 법 제8조제4항에서 "행정안전부령으로 정하는 관계 서류"란 다음 각 호의 구분에 따른 해당 서류(전자문서를 포함한다)를 말한다. 〈개정 2013.3.23., 2014.11.19.〉
> 1. 소방시설 설계업 : 별지 제10호 서식의 소방시설 설계기록부 및 소방시설 설계도서
> 2. 소방시설 공사업 : 별지 제11호 서식의 소방시설공사 기록부
> 3. 소방공사 감리업 : 별지 제12호 서식의 소방공사 감리기록부, 별지 제13호 서식의 소방공사 감리일지 및 소방시설의 완공 당시 설계도서

143 다음 중 소방시설업에 대한 설명이 옳지 않은 것은? [10 서울]

① 소방시설업은 시 · 도지사에게 등록해야 한다.

② 소방기술사는 소방시설 설계업의 보조인력이 가능하다.

③ 전문 소방시설공사업법에서 법인은 1억 원의 자본금이 필요하다.

④ 파산선고 받은 자는 소방시설업을 등록할 수 없다.

> **해설** "보조기술인력"이란 다음 각 목의 어느 하나에 해당하는 사람을 말한다.
> 가. 소방기술사, 소방설비기사 또는 소방설비산업기사 자격을 취득한 사람
> 나. 소방공무원으로 재직한 경력이 3년 이상인 사람으로서 자격수첩을 발급받은 사람
> 다. 법 제28조제3항에 따라 행정안전부령으로 정하는 소방기술과 관련된 자격 · 경력 및 학력을 갖춘 사람으로서 자격수첩을 발급받은 사람

144 소방시설업자가 등록사항의 변경 시 시 · 도지사에게 신고해야 하는 사항이 아닌 것은? [10 서울]

① 상호(명칭) 또는 영업소 소재지

② 자본금

③ 기술인력

④ 대표자

145 다음 중 소방공사감리업에 대한 설명 중 옳지 않은 것은? [10 서울]

① 전문소방공사 감리업은 기계분야, 전기분야의 모든 감리가 가능하다.
② 일반소방공사 감리업은 기계분야, 전기분야 중 하나의 분야로서 3만m² 미만의 감리만 가능하다.
③ 상주공사감리는 배관을 매립할 때부터 완공필증이 나올 때까지 매일 방문한다.
④ 일반공사감리는 주 2회 이상, 5곳 이하를 감리한다.

> **해설** 감리의 종류, 방법, 대상(대통령령)
> 1) 상주공사감리[연면적 3만제곱미터 이상(아파트 제외), 지하층 포함 16층 이상으로서 500세대 이상 아파트]
> 2) 일반공사감리(상주공사감리 대상이 아닌 것)
> 3) 일반공사감리시 주1회 방문, 14일 이내 부득이한 사유로 없는 경우 업무대행자 지정, 주2회 방문

146 다음 중 소방시설업 등록의 결격사유가 아닌 것은? [10 서울]

① 피성년후견인
② 등록하고자 하는 소방시설업의 등록이 취소된 날부터 2년이 지나지 아니한 자
③ 파산선고를 받고 복권되지 아니한 자
④ 집행유예선고를 받고 그 유예기간 중에 있는 자

147 대통령령으로 정하는 특정소방대상물의 경우에는 소방본부장이나 소방서장이 소방시설공사가 공사감리 결과보고서대로 완공되었는지를 현장에서 확인할 수 있다. 다음 중 완공검사를 위한 현장확인 대상 특정소방 대상물이 아닌 것은? [10 서울]

① 이산화탄소 소화설비　　② 11층 이상 아파트
③ 창고시설　　　　　　　　④ 운동시설

> **해설** 현장확인 소방대상물
> 1. 문화 및 집회시설, 종교시설, 판매시설, 노유자(老幼者)시설, 수련시설, 운동시설, 숙박시설, 창고시설, 지하상가 및 「다중이용업소의 안전관리에 관한 특별법」에 따른 다중이용업소
> 　2. 다음 각 목의 어느 하나에 해당하는 설비가 설치되는 특정소방대상물
> 　　　가. 스프링클러설비 등
> 　　　나. 물분무등소화설비(호스릴방식의 소화설비는 제외한다)
> 3. 연면적 1만제곱미터 이상이거나 11층 이상인 특정소방대상물(아파트는 제외한다)
> 4. 가연성 가스를 제조·저장 또는 취급하는 시설 중 지상에 노출된 가연성 가스탱크의 저장용량 합계가 1천톤 이상인 시설

148 다음 중 공사감리자 지정대상 특정소방대상물의 범위에 해당하지 않는 것은?   [10 전남]

① 옥내소화전설비를 신설 · 개설 또는 증설할 때

② 스프링클러설비등(캐비닛형 간이스프링클러설비는 제외한다)을 신설 · 개설하거나 방호 · 방수구역을 증설할 때

③ 옥외소화전설비를 신설 · 개설 또는 증설할 때

④ 펌프를 수리, 교체할 때

> **해설** 감리지정대상 특정소방대상물
> 1. 옥내소화전설비를 신설 · 개설 또는 증설할 때
> 2. 스프링클러설비등(캐비닛형 간이스프링클러설비는 제외한다)을 신설 · 개설하거나 방호 · 방수구역을 증설할 때
> 3. 물분무등소화설비(호스릴 방식의 소화설비는 제외한다)를 신설 · 개설하거나 방호 · 방수구역을 증설할 때
> 4. 옥외소화전설비를 신설 · 개설 또는 증설할 때
> 5. 자동화재탐지설비를 신설 · 개설하거나 경계구역을 증설할 때
> 6. 통합감시시설을 신설 또는 개설할 때
> 7. 소화용수설비를 신설 또는 개설할 때
> 8. 다음 각 목에 따른 소화활동설비에 대하여 각 목에 따른 시공을 할 때
>   가. 제연설비를 신설 · 개설하거나 제연구역을 증설할 때
>   나. 연결송수관설비를 신설 또는 개설할 때
>   다. 연결살수설비를 신설 · 개설하거나 송수구역을 증설할 때
>   라. 비상콘센트설비를 신설 · 개설하거나 전용회로를 증설할 때
>   마. 무선통신보조설비를 신설 또는 개설할 때
>   바. 연소방지설비를 신설 · 개설하거나 살수구역을 증설할 때

149 다음 중 소방시설의 하자보수에 대한 설명으로 옳지 않은 것은?   [10 전남]

① 공사업자는 소방시설공사 결과 자동화재탐지설비 등 대통령령으로 정하는 소방시설에 하자가 있을 때에는 대통령령으로 정하는 기간 동안 그 하자를 보수하여야 한다.

② 관계인은 대통령령으로 정하는 기간에 소방시설의 하자가 발생하였을 때에는 공사업자에게 그 사실을 알려야 한다.

③ 하자 발생 사실을 통보받은 공사업자는 14일 이내에 하자를 보수하거나 보수 일정을 기록한 하자보수계획을 관계인에게 서면으로 알려야 한다.

④ 관계인은 공사업자가 하자보수계획을 서면으로 알리지 아니한 경우 소방본부장이나 소방서장에게 그 사실을 알릴 수 있다.

> **해설** ③항은 3일 이내이다.

정답 **148** ④   **149** ③

150 공사업자가 한 소방시설등의 시공이 설계도서와 화재안전기준에 맞는지에 대한 지도 · 감독하고 완공된 소방시설등의 성능시험을 하는 사람은?   [10 전북]

① 소방공사감리업자　　　　　　② 소방시설공사업자
③ 소방시설설계업자　　　　　　④ 소방시설관리업자

151 다음 중 소방시설의 하자보수 보증기간이 옳지 않은 것은?   [10 전북]

① 비상경보설비 – 2년　　　　　② 무선통신보조설비 – 3년
③ 스프링클러설비 – 3년　　　　④ 자동화재탐지설비 – 3년

152 감리원의 세부 배치기준에 의할 때 일반 공사감리 대상에 대한 설명으로 옳지 않은 것은?   [10 전북]

① 기계분야 및 전기분야의 감리원 자격을 함께 취득한 자가 있는 경우에는 그에 해당하는 자 1인 이상을 배치할 수 있다.
② 감리원은 주 1회 이상 소방공사감리현장을 방문하여 감리할 것
③ 1명의 감리원이 담당하는 소방공사감리현장은 5개 이하로서 감리현장 연면적의 총 합계가 10만제곱미터 이하일 것
④ 상주 공사감리 대상에 해당하지 않는 아파트의 경우에는 연면적의 합계에 관계없이 1명의 감리원이 10개 이내의 공사현장을 감리할 수 있다.

> **해설** 1명의 감리원이 담당하는 소방공사감리현장은 5개 이하(자동화재탐지설비 또는 옥내소화전설비 중 어느 하나만 설치하는 2개의 소방공사감리현장이 최단 차량주행거리로 30킬로미터 이내에 있는 경우에는 1개의 소방공사감리현장으로 본다)로서 감리현장 연면적의 총 합계가 10만제곱미터 이하일 것. 다만, 일반 공사감리 대상인 아파트의 경우에는 연면적의 합계에 관계없이 1명의 감리원이 5개 이내의 공사현장을 감리할 수 있다.

153 다음 중 소방시설업의 등록사항의 변경신고사항이 아닌 것은?   [10 강원]

① 상호(명칭) 또는 영업소 소재지
② 대표자
③ 임대차계약서
④ 기술인력

정답　**150** ①　　**151** ②　　**152** ④　　**153** ③

154 공사업자는 대통령령으로 정하는 소방시설공사를 하려면 행정안전부령으로 정하는 바에 따라 그 공사의 내용, 시공 장소, 그 밖에 필요한 사항을 소방본부장이나 소방서장에게 신고하여야 한다. 다음 중 대통령령으로 정하는 소방시설공사에 해당하지 않는 것은?   [10 강원]

① 증축되는 특정소방대상물에 옥내 · 옥외소화전설비를 증설하는 공사
② 증축되는 특정소방대상물에 간이스프링클러설비의 방호구역을 증설하는 공사
③ 증축되는 특정소방대상물에 비상방송설비를 증설하는 공사
④ 증축되는 특정소방대상물에 자동화재탐지설비의 경계구역을 증설하는 공사

해설 시행령 제4조(소방시설공사의 착공신고 대상)

법 제13조제1항에서 "대통령령으로 정하는 소방시설공사"란 다음 각 호의 어느 하나에 해당하는 소방시설공사를 말한다.

1. 특정소방대상물(「위험물 안전관리법」 제2조제1항제6호에 따른 제조소등은 제외한다. 이하 제2호 및 제3호에서 같다)에 다음 각 목의 어느 하나에 해당하는 설비를 신설하는 공사
   가. 옥내소화전설비(호스릴옥내소화전설비를 포함한다. 이하 같다), 옥외소화전설비, 스프링클러설비 · 간이스프링클러설비(캐비닛형 간이스프링클러설비를 포함한다. 이하 같다) 및 화재조기진압용 스프링클러설비(이하 "스프링클러설비등"이라 한다), 물분무소화설비 · 포소화설비 · 이산화탄소소화설비 · 할론소화설비 · 할로겐화합물 및 불활성기체 소화설비 · 미분무소화설비 · 강화액소화설비 및 분말소화설비(이하 "물분무등소화설비"라 한다), 연결송수관설비, 연결살수설비, 제연설비(소방용 외의 용도와 겸용되는 제연설비를 「건설산업기본법 시행령」 별표 1에 따른 기계설비공사업자가 공사하는 경우는 제외한다), 소화용수설비(소화용수설비를 「건설산업기본법 시행령」 별표 1에 따른 기계설비공사업자 또는 상 · 하수도설비공사업자가 공사하는 경우는 제외한다) 또는 연소방지설비
   나. 자동화재탐지설비, 비상경보설비, 비상방송설비(소방용 외의 용도와 겸용되는 비상방송설비를 「정보통신공사업법」에 따른 정보통신공사업자가 공사하는 경우는 제외한다), 비상콘센트설비(비상콘센트설비를 「전기공사업법」에 따른 전기공사업자가 공사하는 경우는 제외한다) 또는 무선통신보조설비(소방용 외의 용도와 겸용되는 무선통신보조설비를 「정보통신공사업법」에 따른 정보통신공사업자가 공사하는 경우는 제외한다)

2. 특정소방대상물에 다음 각 목의 어느 하나에 해당하는 설비 또는 구역 등을 증설하는 공사
   가. 옥내 · 옥외소화전설비
   나. 스프링클러설비 · 간이스프링클러설비 또는 물분무등소화설비의 방호구역, 자동화재탐지설비의 경계구역, 제연설비의 제연구역(소방용 외의 용도와 겸용되는 제연설비를 「건설산업기본법 시행령」 별표 1에 따른 기계설비공사업자가 공사하는 경우는 제외한다), 연결살수설비의 살수구역, 연결송수관설비의 송수구역, 비상콘센트설비의 전용회로, 연소방지설비의 살수구역

3. 특정소방대상물에 설치된 소방시설 등을 구성하는 다음 각 목의 어느 하나에 해당하는 것의 전부 또는 일부를 개설(改設), 이전(移轉) 또는 정비(整備)하는 공사. 다만, 고장 또는 파손 등으로 인하여 작동시킬 수 없는 소방시설을 긴급히 교체하거나 보수하여야 하는 경우에는 신고하지 않을 수 있다.
   가. 수신반(受信盤)
   나. 소화펌프
   다. 동력(감시)제어반

155 다음 소방시설 중 하자보수 보증기간이 2년에 해당하는 것이 아닌 것은?　　　　[10 강원]

① 유도표지

② 자동소화장치

③ 무선통신보조설비

④ 비상경보설비

156 다음 보기에서 설명하는 내용에 해당하는 것은?　　　　[11 부산]

> 소방시설공사에 관한 발주자의 권한을 대행하여 소방시설공사가 설계도서와 관계 법령에 따라
> 적법하게 시공되는지를 확인하고, 품질 · 시공 관리에 대한 기술지도를 하는 영업

① 소방시설 설계업

② 소방시설 공사업

③ 소방공사 감리업

④ 소방시설 관계업

157 다음 중 하자보수 대상 소방시설과 하자보수 보증기간이 바르게 연결된 것은?　　　　[11 부산]

① 무선통신보조설비 – 2년

② 자동소화장치 – 2년

③ 비상조명등 – 3년

④ 비상방송설비 – 3년

158 소방시설공사업자가 완공검사를 받지 아니할 경우 받게 되는 벌칙은?　　　　[11 부산]

① 200만 원 이하의 벌금

② 500만 원 이하의 벌금

③ 200만 원 이하의 과태료

④ 500만 원 이하의 과태료

해설 **공사업법 벌칙**

　1) 3년 이하의 징역 또는 3,000만 원 이하의 벌금

　　소방시설업 등록을 하지 아니하고 영업을 한 자

　2) 1년 이하의 징역 또는 1,000만 원 이하의 벌금

　　1. 영업정지처분을 받고 그 영업정지 기간에 영업을 한 자

　　2. 불법으로(화재안전기준 위반) 설계나 시공을 한 자

　　3. 불법으로(규정을 위반) 감리를 하거나 거짓으로 감리한 자

　　4. 공사감리자를 지정하지 아니한 자

　　4의2. 공사업자에 대한 시정요구를 이행하지 않거나 그 사실 보고를 거짓으로 한 자

　　4의3. 공사감리 결과의 통보 또는 공사감리 결과보고서의 제출을 거짓으로 한 자

　　5. 해당 소방시설업자가 아닌 자에게 소방시설공사등을 도급한 자

　　6. 제3자에게 소방시설공사 시공을 하도급한 자

　　7. 법 또는 명령을 따르지 아니하고 업무를 수행한 자(기술자)

---

3) 300만 원 이하의 벌금

    1. 등록증이나 등록수첩을 다른 자에게 빌려준 자

    2. 소방시설 공사현장에 감리원을 배치하지 아니한 자

    3. 감리업자의 보완 요구에 따르지 아니한 자

    4. 공사감리 계약을 해지하거나 대가 지급을 거부하거나 지연시키거나 불이익을 준 자

    5. 자격수첩 또는 경력수첩을 빌려 준 사람

    6. 동시에 둘 이상의 업체에 취업한 사람

    7. 관계인의 정당한 업무를 방해하거나 업무상 알게 된 비밀을 누설한 사람

4) 100만 원 이하의 벌금

    1. 감독권자 명령위반하여 보고 또는 자료 제출을 하지 아니하거나 거짓으로 한 자

    2. 감독규정을 위반하여 정당한 사유 없이 관계 공무원의 출입 또는 검사·조사를 거부·방해 또는 기피한 자

5) 200만 원 이하의 과태료

    1. 제6조, 제6조의2 제1항, 제7조제3항, 제13조제1항 및 제2항 전단, 제17조제2항을 위반하여 신고를 하지 아니하거나 거짓으로 신고한 자

    2. 관계인에게 지위승계, 행정처분 또는 휴업·폐업의 사실을 거짓으로 알린 자

    3. 제8조제4항을 위반하여 관계 서류를 보관하지 아니한 자

    4. 소방기술자를 공사현장에 배치하지 아니한 자

    5. 완공검사를 받지 아니한 자

    6. 3일 이내에 하자를 보수하지 아니하거나 하자보수계획을 관계인에게 거짓으로 알린 자

    7. 감리 관계 서류를 인수·인계하지 아니한 자

    8. 감리원 배치 통보 및 변경통보를 하지 아니하거나 거짓으로 통보한 자

    9. 제20조의2를 위반하여 방염성능기준 미만으로 방염을 한 자

    10. 도급계약 체결 시 의무를 이행하지 아니한 자

    11. 하도급 등의 통지를 하지 아니한 자

    12. 자료제출을 거짓으로 한 자

    13. 명령을 위반하여 보고 또는 자료 제출을 하지 아니하거나 거짓으로 보고 또는 자료 제출을 한 자

159 다음 중 한 사람이 동일한 특정소방대상물의 소방시설에 대한 시공과 감리를 함께 할 수 있는 경우는?   [11 부산]

① 공사업자와 감리업자가 같은 자인 경우

② 기업집단의 관계인 경우

③ 법인과 그 법인의 임직원의 관계인 경우

④ 업무협약 관계인 경우

해설 제24조(공사업자의 감리제한)

다음 각 호의 어느 하나에 해당되면 동일한 특정소방대상물의 소방시설에 대한 시공과 감리를 함께 할 수 없다.

정답 **159** ④

1. 공사업자와 감리업자가 같은 자인 경우
2. 「독점규제 및 공정거래에 관한 법률」 제2조제2호에 따른 기업집단의 관계인 경우
3. 법인과 그 법인의 임직원의 관계인 경우
4. 「민법」 제777조에 따른 친족관계인 경우

160 다음 소방시설 중 하자보수 보증기간이 다른 것은? [11 부산]

① 무선통신보조설비　　　　　　② 자동소화장치
③ 옥내소화전설비　　　　　　　④ 스프링클러설비

161 다음 중 완공검사를 위한 현장확인 대상 특정소방대상물의 범위에 해당하지 않는 것은?
[11 부산]

① 문화 및 집회시설, 종교시설, 판매시설, 노유자(老幼者)시설, 수련시설, 운동시설, 숙박
시설, 창고시설, 지하상가 및 「다중이용업소의 안전관리에 관한 특별법」에 따른 다중이
용업소
② 가스계(이산화탄소·할론·할로겐화합물 및 불활성기체) 소화설비(호스릴소화설비는
제외한다)가 설치되는 것
③ 아파트를 포함한 연면적 1만제곱미터 이상이거나 11층 이상인 특정소방대상물
④ 가연성 가스를 제조·저장 또는 취급하는 시설 중 지상에 노출된 가연성 가스탱크의 저장
용량 합계가 1천톤 이상인 시설

해설 **완공검사**
1) 공사업자는 소방시설공사를 완공하면 소방본부장 또는 소방서장의 완공검사를 받아야 한다.
2) 공사감리자가 지정되어 있는 경우에는 공사감리 결과보고서로 완공검사를 갈음하되, 대통령
령으로 정하는 특정소방대상물의 경우에는 소방본부장이나 소방서장이 소방시설공사가 공
사감리 결과보고서대로 완공되었는지를 현장에서 확인할 수 있다.
3) 현장확인 소방대상물
　1. 문화 및 집회시설, 종교시설, 판매시설, 노유자(老幼者)시설, 수련시설, 운동시설, 숙박시
　　설, 창고시설, 지하상가 및 「다중이용업소의 안전관리에 관한 특별법」에 따른 다중이용업소
　2. 다음 각 목의 어느 하나에 해당하는 설비가 설치되는 특정소방대상물
　　가. 스프링클러설비 등
　　나. 물분무등소화설비(호스릴방식의 소화설비는 제외한다)
　3. 연면적 1만제곱미터 이상이거나 11층 이상인 특정소방대상물(아파트는 제외한다)
　4. 가연성 가스를 제조·저장 또는 취급하는 시설 중 지상에 노출된 가연성 가스탱크의 저장
　　용량 합계가 1천톤 이상인 시설

162 다음 중 감리업자가 소방공사를 감리할 때 수행하는 업무가 아닌 것은? [11 부산]

① 소방시설등의 설치계획표의 적법성 검토

② 착공된 소방시설 등의 성능시험

③ 공사업자가 작성한 시공 상세 도면의 적합성 검토

④ 피난시설 및 방화시설의 적법성 검토

> **해설** 완공된 소방시설 등의 성능시험

163 다음 중 방염처리업은 누구에게 등록하는가? [11 서울 1회]

① 소방청장   ② 시 · 도지사

③ 소방본부장   ④ 소방서장

> **해설** 제4조(소방시설업의 등록)
> ① 특정소방대상물의 소방시설공사등을 하려는 자는 업종별로 자본금(개인인 경우에는 자산평가액을 말한다), 기술인력 등 대통령령으로 정하는 요건을 갖추어 시 · 도지사에게 소방시설업을 등록하여야 한다.
> ② 제1항에 따른 소방시설업의 업종별 영업범위는 대통령령으로 정한다.
> ③ 제1항에 따른 소방시설업의 등록신청과 등록증 · 등록수첩의 발급 · 재발급 신청, 그 밖에 소방시설업등록에 필요한 사항은 행정안전부령으로 정한다.
> ④ 제1항에도 불구하고 공기업 · 준정부기관 및 지방공사나 지방공단이 다음 각 호의 요건을 모두 갖춘 경우에는 시 · 도지사에게 등록을 하지 아니하고 자체 기술인력을 활용하여 설계 · 감리를 할 수 있다. 이 경우 대통령령으로 정하는 기술인력을 보유하여야 한다.
> 1. 주택의 건설 · 공급을 목적으로 설립되었을 것
> 2. 설계 · 감리 업무를 주요 업무로 규정하고 있을 것

164 공사업자는 대통령령으로 정하는 소방시설공사를 하려면 행정안전부령으로 정하는 바에 따라 그 공사의 내용, 시공 장소, 그 밖에 필요한 사항을 신고하여야 하는데, 누구에게 신고하여야 하는가? [11 서울 1회]

① 소방본부장이나 소방서장   ② 대통령

③ 소방청장   ④ 시 · 도지사

> **해설** 착공신고
> 1) 공사업자는 대통령령으로 정하는 소방시설공사를 하려면 행정안전부령으로 정하는 바에 따라 그 공사의 내용, 시공 장소, 그 밖에 필요한 사항을 소방본부장이나 소방서장에게 신고하여야 한다.

정답 **162** ②   **163** ②   **164** ①

2) 공사업자가 제1항에 따라 신고한 사항 가운데 행정안전부령으로 정하는 중요한 사항을 변경하였을 때에는 행정안전부령으로 정하는 바에 따라 변경신고를 하여야 한다. 이 경우 중요한 사항에 해당하지 아니하는 변경사항은 제20조에 따른 공사감리 결과보고서에 포함하여 소방본부장이나 소방서장에게 보고하여야 한다.

3) 착공신고 서류

1. 공사업자의 소방시설공사업 등록증 사본 1부 및 등록수첩 사본 1부
2. 해당 소방시설공사의 책임시공 및 기술관리를 하는 기술인력의 기술등급을 증명하는 서류 사본 1부
3. 법 제21조의3제2항에 따라 체결한 소방시설공사 계약서 사본 1부
4. 설계도서(설계설명서를 포함하되,「소방시설 설치 · 유지 및 안전관리에 관한 법률」제7조에 따른 건축허가 동의 시 제출된 설계도서가 변경된 경우에만 첨부한다) 1부
5. 별지 제31호 서식의 소방시설공사 하도급통지서 사본(소방시설공사를 하도급하는 경우에만 첨부한다) 1부

4) 착공신고사항 중 중요한 사항 변경사항들[변경일로부터 30일 이내 소방본부장 또는 소방서장에게 신고]

1. 시공자
2. 설치되는 소방시설의 종류
3. 책임시공 및 기술관리 소방기술자

5) 착공신고의 변경신고를 받은 경우 2일 이내에 공사현장에 배치되는 기술자 내용기재발급. 7일 이내 협회에 통보

165 다음 중 감리업자가 소방공사를 감리할 때 수행하는 업무가 아닌 것은?　　　[11 서울 1회]

① 소방시설등의 설치계획표의 적법성 검토
② 공사예정공정표의 적합성 검토
③ 공사업자가 작성한 시공 상세도면의 적합성 검토
④ 실내장식물의 불연화(不燃化)와 방염물품의 적법성 검토

해설 감리의 업무

1. 소방시설등의 설치계획표의 적법성 검토
2. 소방시설등 설계도서의 적합성(적법성과 기술상의 합리성을 말한다. 이하 같다) 검토
3. 소방시설등 설계 변경 사항의 적합성 검토
4. 「화재예방, 소방시설 설치 · 유지 및 안전관리에 관한 법률」제2조제1항제4호의 소방용품의 위치 · 규격 및 사용 자재의 적합성 검토
5. 공사업자가 한 소방시설등의 시공이 설계도서와 화재안전기준에 맞는지에 대한 지도 · 감독
6. 완공된 소방시설등의 성능시험
7. 공사업자가 작성한 시공 상세 도면의 적합성 검토
8. 피난시설 및 방화시설의 적법성 검토
9. 실내장식물의 불연화(不燃化)와 방염 물품의 적법성 검토

166 다음 중 공사감리자 지정대상 특정소방대상물의 범위에 해당하지 않는 것은? [11 서울 1회]

① 옥내소화전설비를 신설 · 개설 또는 증설할 때

② 스프링클러설비등(캐비닛형 간이스프링클러설비는 제외한다)을 신설 · 개설하거나 방호 · 방수구역을 증설할 때

③ 옥외소화전설비를 신설 · 개설 또는 증설할 때

④ 펌프를 수리, 교체할 때

> **해설** 감리지정대상 특정소방대상물
>
> 1. 옥내소화전설비를 신설 · 개설 또는 증설할 때
> 2. 스프링클러설비등(캐비닛형 간이스프링클러설비는 제외한다)을 신설 · 개설하거나 방호 · 방수구역을 증설할 때
> 3. 물분무등소화설비(호스릴 방식의 소화설비는 제외한다)를 신설 · 개설하거나 방호 · 방수구역을 증설할 때
> 4. 옥외소화전설비를 신설 · 개설 또는 증설할 때
> 5. 자동화재탐지설비를 신설 · 개설하거나 경계구역을 증설할 때
> 6. 통합감시시설을 신설 또는 개설할 때
> 7. 소화용수설비를 신설 또는 개설할 때
> 8. 다음 각 목에 따른 소화활동설비에 대하여 각 목에 따른 시공을 할 때
>   가. 제연설비를 신설 · 개설하거나 제연구역을 증설할 때
>   나. 연결송수관설비를 신설 또는 개설할 때
>   다. 연결살수설비를 신설 · 개설하거나 송수구역을 증설할 때
>   라. 비상콘센트설비를 신설 · 개설하거나 전용회로를 증설할 때
>   마. 무선통신보조설비를 신설 또는 개설할 때
>   바. 연소방지설비를 신설 · 개설하거나 살수구역을 증설할 때

167 감리업자는 감리를 할 때 소방시설공사가 설계도서나 화재안전기준에 맞지 아니할 때 취할 수 있는 조치로 볼 수 없는 것은? [11 중앙]

① 관계인에게 알리고, 공사업자에게 그 공사의 시정 또는 보완 등을 요구하여야 한다.

② 공사업자가 요구를 이행하지 아니하고 그 공사를 계속할 때에는 행정안전부령으로 정하는 바에 따라 소방본부장이나 소방서장에게 그 사실을 보고하여야 한다.

③ 공사업자가 시정 또는 보완을 하지 않을 경우 공사를 중지시킬 수 있다.

④ 관계인은 감리업자가 소방본부장이나 소방서장에게 보고한 것을 이유로 감리계약을 해지하거나 감리의 대가 지급을 거부하거나 지연시키거나 그 밖의 불이익을 주어서는 아니 된다.

> **해설** 제19조(위반사항에 대한 조치)
>   ① 감리업자는 감리를 할 때 소방시설공사가 설계도서나 화재안전기준에 맞지 아니할 때에는

관계인에게 알리고, 공사업자에게 그 공사의 시정 또는 보완 등을 요구하여야 한다.

② 공사업자가 제1항에 따른 요구를 받았을 때에는 그 요구에 따라야 한다.

③ 감리업자는 공사업자가 제1항에 따른 요구를 이행하지 아니하고 그 공사를 계속할 때에는 행정안전부령으로 정하는 바에 따라 소방본부장이나 소방서장에게 그 사실을 보고하여야 한다.

④ 관계인은 감리업자가 제3항에 따라 소방본부장이나 소방서장에게 보고한 것을 이유로 감리 계약을 해지하거나 감리의 대가 지급을 거부하거나 지연시키거나 그 밖의 불이익을 주어서 는 아니 된다.

168 완공검사를 위한 현장확인 대상 특정소방대상물의 범위에 해당하는 것을 모두 고르시오.
[11 중앙]

| ㉠ 다중이용업소 | ㉡ 노유자시설 | ㉢ 지하상가 | ㉣ 판매시설 | ㉤ 창고 | ㉥ 운동시설 |

① ㉠, ㉡, ㉢

② ㉠, ㉡, ㉢, ㉣

③ ㉠, ㉡, ㉢, ㉣, ㉤

④ ㉠, ㉡, ㉢, ㉣, ㉤, ㉥

해설 현장확인 소방대상물

1. 문화 및 집회시설, 종교시설, 판매시설, 노유자(老幼者)시설, 수련시설, 운동시설, 숙박시설, 창 고시설, 지하상가 및 「다중이용업소의 안전관리에 관한 특별법」에 따른 다중이용업소
2. 다음 각 목의 어느 하나에 해당하는 설비가 설치되는 특정소방대상물
   가. 스프링클러설비 등
   나. 물분무등소화설비(호스릴방식의 소화설비는 제외한다)
3. 연면적 1만제곱미터 이상이거나 11층 이상인 특정소방대상물(아파트는 제외한다)
4. 가연성 가스를 제조·저장 또는 취급하는 시설 중 지상에 노출된 가연성 가스탱크의 저장용 량 합계가 1천톤 이상인 시설

169 다음 중 소방시설공사업법에서 사용하는 소방시설업에 대한 설명이 잘못된 것은?
[11 중앙]

① 소방시설설계업 : 소방시설공사에 기본이 되는 공사계획, 설계도면, 설계설명서, 기술계 산서 및 이와 관련된 서류를 작성하는 영업

② 소방시설공사업 : 설계도서에 따라 소방시설을 신설, 증설, 개설, 이전 및 정비하는 영업

③ 방염처리업 : 방염대상물품에 대하여 방염처리하는 영업

④ 소방공사감리업 : 소방시설공사에 관한 경영자의 권한을 대행하여 소방시설공사가 설계 도서와 관계 법령에 따라 적법하게 시공되는지를 확인하고, 품질·시공 관리에 대한 기술 지도를 하는 영업

"소방시설업"이란 다음 각 목의 영업을 말한다.

가. 소방시설설계업 : 소방시설공사에 기본이 되는 공사계획, 설계도면, 설계설명서, 기술계산서 및 이와 관련된 서류(이하 "설계도서"라 한다)를 작성(이하 "설계"라 한다)하는 영업

나. 소방시설공사업 : 설계도서에 따라 소방시설을 신설, 증설, 개설, 이전 및 정비(이하 "시공"이라 한다)하는 영업

다. 소방공사감리업 : 소방시설공사에 관한 발주자의 권한을 대행하여 소방시설공사가 설계도서와 관계 법령에 따라 적법하게 시공되는지를 확인하고, 품질·시공 관리에 대한 기술지도를 하는(이하 "감리"라 한다) 영업

라. 방염처리업 :「화재예방, 소방시설 설치·유지 및 안전관리에 관한 법률」제12조제1항에 따른 방염대상물품에 대하여 방염처리(이하 "방염"이라 한다)하는 영업

170 다음 중 대통령령으로 정하는 소방시설을 시공할 때 공사감리자를 지정하여야 하는 경우가 아닌 것은?　　　　　　　　　　　　　　　　　　　　　　　　　　　　[11 통합시·도]

① 옥내소화전설비를 신설·개설 또는 증설할 때

② 스프링클러설비등(캐비닛형 간이스프링클러설비는 제외한다)을 신설·개설하거나 방호·방수구역을 증설할 때

③ 옥외소화전설비를 신설·개설 또는 증설할 때

④ 펌프를 수리, 교체할 때

감리지정대상 특정소방대상물

1. 옥내소화전설비를 신설·개설 또는 증설할 때
2. 스프링클러설비등(캐비닛형 간이스프링클러설비는 제외한다)을 신설·개설하거나 방호·방수구역을 증설할 때
3. 물분무등소화설비(호스릴 방식의 소화설비는 제외한다)를 신설·개설하거나 방호·방수 구역을 증설할 때
4. 옥외소화전설비를 신설·개설 또는 증설할 때
5. 자동화재탐지설비를 신설·개설하거나 경계구역을 증설할 때
6. 통합감시시설을 신설 또는 개설할 때
7. 소화용수설비를 신설 또는 개설할 때
8. 다음 각 목에 따른 소화활동설비에 대하여 각 목에 따른 시공을 할 때
　　가. 제연설비를 신설·개설하거나 제연구역을 증설할 때
　　나. 연결송수관설비를 신설 또는 개설할 때
　　다. 연결살수설비를 신설·개설하거나 송수구역을 증설할 때
　　라. 비상콘센트설비를 신설·개설하거나 전용회로를 증설할 때
　　마. 무선통신보조설비를 신설 또는 개설할 때
　　바. 연소방지설비를 신설·개설하거나 살수구역을 증설할 때

171 다음 중 감리업자가 소방공사를 감리할 때 수행하여야 하는 업무에 해당하는 것은?

[11 전남]

① 소방용품의 위치 · 규격 및 사용 자재의 적합성 검토
② 소방시설등의 설치계획표의 적합성 검토
③ 피난시설 및 방화시설의 적합성 검토
④ 방염물품의 적합성 검토

> **해설** 감리의 업무
>
> 1. 소방시설등의 설치계획표의 적법성 검토
> 2. 소방시설등 설계도서의 적합성(적법성과 기술상의 합리성을 말한다. 이하 같다) 검토
> 3. 소방시설등 설계 변경 사항의 적합성 검토
> 4. 「화재예방, 소방시설 설치 · 유지 및 안전관리에 관한 법률」 제2조제1항제4호의 소방용품의 위치 · 규격 및 사용 자재의 적합성 검토
> 5. 공사업자가 한 소방시설등의 시공이 설계도서와 화재안전기준에 맞는지에 대한 지도 · 감독
> 6. 완공된 소방시설등의 성능시험
> 7. 공사업자가 작성한 시공 상세 도면의 적합성 검토
> 8. 피난시설 및 방화시설의 적법성 검토
> 9. 실내장식물의 불연화(不燃化)와 방염물품의 적법성 검토

172 다음 중 소방시설업을 등록할 수 없는 경우가 아닌 것은?   [11 전남]

① 피성년후견인
② 금고 이상의 실형을 선고받고 그 집행이 끝나거나 면제된 날부터 2년이 지나지 아니한 사람
③ 금고 이상의 형의 집행유예를 선고받고 그 유예기간이 2년이 지나지 아니한 사람
④ 등록하려는 소방시설업 등록이 취소된 날부터 2년이 지나지 아니한 자

> **해설** 유예기간 중에 있는 자가 등록할 수 없으므로 유예기간이 지난 사람은 등록할 수 있다.

173 다음 중 소방시설업자는 등록한 사항 중 행정안전부령으로 정하는 중요사항을 변경하거나 소방시설업을 휴업 · 폐업 또는 재개업한 때에는 행정안전부령으로 정하는 바에 따라 시 · 도지사에게 신고하여야 한다. 다음 중 행정안전부령으로 정하는 중요사항이 아닌 것은?

[11 전남]

① 상호(명칭)   ② 영업장 소재지
③ 기술인력   ④ 시설업의 재개

제6조의2(소방시설업의 휴업·폐업 등의 신고)

① 소방시설업자는 법 제6조의2 제1항에 따라 휴업·폐업 또는 재개업 신고를 하려면 휴업·폐업 또는 재개업일부터 30일 이내에 별지 제7호의3 서식의 소방시설업 휴업·폐업·재개업 신고서(전자문서로 된 신고서를 포함한다)에 다음 각 호의 구분에 따른 서류(전자문서를 포함한다)를 첨부하여 협회를 경유하여 시·도지사에게 제출하여야 한다. 다만, 「전자정부법」 제36조제1항에 따른 행정정보의 공동이용을 통하여 첨부서류에 대한 정보를 확인할 수 있는 경우에는 그 확인으로 첨부서류를 갈음할 수 있다.
1. 휴업·폐업의 경우 : 등록증 및 등록수첩
2. 재개업의 경우 : 제2조제1항제2호 및 제3호, 같은 조제3항제4호에 해당하는 서류

174 소방시설공사의 신고 대상 중 특정소방대상물에 설치된 소방시설등을 구성하는 것의 전부 또는 일부를 개설(改設), 이전(移 轉) 또는 정비(整備)하는 공사가 아닌 것은?　　　[11 전남]

① 수신반　　　　　　　　　　② 소화펌프
③ 동력(감시)제어반　　　　　④ 제연설비

전부 또는 일부를 개설(改設), 이전(移轉) 또는 정비(整備)하는 공사. 다만, 고장 또는 파손 등으로 인하여 작동시킬 수 없는 소방시설을 긴급히 교체하거나 보수하여야 하는 경우에는 신고하지 않을 수 있다.
가. 수신반(受信盤)
나. 소화펌프
다. 동력(감시)제어반

175 소방시설공사의 하자보수 등에 대한 설명이 옳지 않은 것은?　　　[11 전남]

① 공사업자는 소방시설공사 결과 자동화재탐지설비 등 대통령령으로 정하는 소방시설에 하자가 있을 때에는 대통령령으로 정하는 기간 동안 그 하자를 보수하여야 한다.
② 관계인은 소방시설의 하자가 발생하였을 때에는 공사업자에게 그 사실을 알려야 한다.
③ 하자 발생 통보를 받은 공사업자는 3일 이내에 하자를 보수하거나 보수 일정을 기록한 하자보수계획을 관계인에게 구두로 알려야 한다.
④ 관계인은 공사업자가 하자보수를 이행하지 아니한 경우 소방본부장이나 소방서장에게 그 사실을 알릴 수 있다.

제15조(공사의 하자보수 등)

① 공사업자는 소방시설공사 결과 자동화재탐지설비 등 대통령령으로 정하는 소방시설에 하자가 있을 때에는 대통령령으로 정하는 기간 동안 그 하자를 보수하여야 한다.
② 공사업자는 하자보수 이행을 보증하여야 한다.

정답　**174** ④　　**175** ③

③ 관계인은 제1항에 따른 기간에 소방시설의 하자가 발생하였을 때에는 공사업자에게 그 사실을 알려야 하며, 통보를 받은 공사업자는 3일 이내에 하자를 보수하거나 보수 일정을 기록한 하자보수계획을 관계인에게 서면으로 알려야 한다.

④ 관계인은 공사업자가 다음 각 호의 어느 하나에 해당하는 경우에는 소방본부장이나 소방서장에게 그 사실을 알릴 수 있다.
1. 제3항에 따른 기간에 하자보수를 이행하지 아니한 경우
2. 제3항에 따른 기간에 하자보수계획을 서면으로 알리지 아니한 경우
3. 하자보수계획이 불합리하다고 인정되는 경우

⑤ 소방본부장이나 소방서장은 제4항에 따른 통보를 받았을 때에는 「소방시설 설치·유지 및 안전관리에 관한 법률」 제11조의2 제2항에 따른 지방소방기술심의위원회에 심의를 요청하여야 하며, 그 심의 결과 제4항 각 호의 어느 하나에 해당하는 것으로 인정할 때에는 시공자에게 기간을 정하여 하자보수를 명하여야 한다.

176 다음 중 소방시설공사업법에서 규정하고 있는 소방시설업이 아닌 것은? [11 서울 2회]

① 소방시설 설계업
② 소방시설 공사업
③ 소방시설 관리업
④ 소방공사 감리업

177 다음 중 벌금의 부과 금액이 다른 하나는? [11 서울 2회]

① 소방시설공사현장에 감리원을 배치하지 아니한 자
② 공사감리자를 지정하지 아니한 자
③ 제3자에게 소방시설공사 시공을 하도급한 자
④ 화재안전기준을 위반하여 설계나 시공을 한 자

해설 소방시설공사업법 벌칙
1) 3년 이하의 징역 또는 1,500만 원 이하의 벌금(2019년 1월 이후 3,000만 원으로 변경)
   소방시설업 등록을 하지 아니하고 영업을 한 자
2) 1년 이하의 징역 또는 1,000만 원 이하의 벌금
   1. 영업정지처분을 받고 그 영업정지기간에 영업을 한 자
   2. 불법으로(화재안전기준 위반) 설계나 시공을 한 자
   3. 불법으로(규정을 위반) 감리를 하거나 거짓으로 감리한 자
   4. 공사감리자를 지정하지 아니한 자
   4의2. 공사업자에 대한 시정요구를 이행하지 않거나 그 사실 보고를 거짓으로 한 자
   4의3. 공사감리 결과의 통보 또는 공사감리 결과보고서의 제출을 거짓으로 한 자
   5. 해당 소방시설업자가 아닌 자에게 소방시설공사등을 도급한 자
   6. 제3자에게 소방시설공사 시공을 하도급한 자
   7. 법 또는 명령을 따르지 아니하고 업무를 수행한 자(기술자)

3) 300만 원 이하의 벌금
   1. 등록증이나 등록수첩을 다른 자에게 빌려준 자
   2. 소방시설공사현장에 감리원을 배치하지 아니한 자
   3. 감리업자의 보완 요구에 따르지 아니한 자
   4. 공사감리 계약을 해지하거나 대가 지급을 거부하거나 지연시키거나 불이익을 준 자
   5. 자격수첩 또는 경력수첩을 빌려 준 사람
   6. 동시에 둘 이상의 업체에 취업한 사람
   7. 관계인의 정당한 업무를 방해하거나 업무상 알게 된 비밀을 누설한 사람
4) 100만 원 이하의 벌금
   1. 감독권자 명령위반하여 보고 또는 자료 제출을 하지 아니하거나 거짓으로 한 자
   2. 감독규정을 위반하여 정당한 사유 없이 관계 공무원의 출입 또는 검사 · 조사를 거부 · 방해 또는 기피한 자
5) 200만 원 이하의 과태료
   1. 제6조, 제6조의2 제1항, 제7조제3항, 제13조제1항 및 제2항 전단, 제17조제2항을 위반하여 신고를 하지 아니하거나 거짓으로 신고한 자
   2. 관계인에게 지위승계, 행정처분 또는 휴업 · 폐업의 사실을 거짓으로 알린 자
   3. 제8조제4항을 위반하여 관계 서류를 보관하지 아니한 자
   4. 소방기술자를 공사현장에 배치하지 아니한 자
   5. 완공검사를 받지 아니한 자
   6. 3일 이내에 하자를 보수하지 아니하거나 하자보수계획을 관계인에게 거짓으로 알린 자
   7. 감리 관계 서류를 인수 · 인계하지 아니한 자
   8. 감리원 배치통보 및 변경통보를 하지 아니하거나 거짓으로 통보한 자
   9. 제20조의2를 위반하여 방염성능기준 미만으로 방염을 한 자
   10. 도급계약 체결 시 의무를 이행하지 아니한 자
   11. 하도급 등의 통지를 하지 아니한 자
   12. 자료제출을 거짓으로 한 자
   13. 명령을 위반하여 보고 또는 자료 제출을 하지 아니하거나 거짓으로 보고 또는 자료 제출을 한 자

178 다음 중 소방시설공사업법에서 규정하고 있는 청문 대상은?   [11 서울 2회]

① 소방기술 인정 자격취소처분   ② 소방공사업 휴업정지처분
③ 소방기술자의 실무교육   ④ 소방시설업의 자격정지

해설 **청문**
   1) 소방시설업 등록취소처분이나 영업정지처분 청문권자 : 시 · 도지사
   2) 소방기술인정자격취소처분 청문권자 : 소방청장

179 소방시설공사업법에서 규정하고 있는 도급계약의 해지기준이 아닌 것은? [13 통합 · 공채]

① 1회 이상의 경고를 받았을 경우

② 소방시설업이 등록취소되거나 영업정지된 경우

③ 소방시설업을 휴업하거나 폐업한 경우

④ 정당한 사유 없이 30일 이상 소방시설공사를 계속하지 아니하는 경우

> **해설** 도급계약의 해지
>
> 1) 특정소방대상물의 관계인 또는 발주자는 해당 도급계약의 수급인이 다음 각 호의 어느 하나
>   에 해당하는 경우에는 도급계약을 해지할 수 있다.
>   1. 소방시설업이 등록취소되거나 영업정지된 경우
>   2. 소방시설업을 휴업하거나 폐업한 경우
>   3. 정당한 사유 없이 30일 이상 소방시설공사를 계속하지 아니하는 경우
>   4. 제22조의2 제2항에 따른 요구에 정당한 사유 없이 따르지 아니하는 경우

180 소방시설설계업에서 전기분야의 대상이 되는 소방시설은? [13 통합 · 공채]

① 제연설비   ② 연결송수관설비   ③ 유도표지   ④ 연소방지설비

181 감리원의 세부 배치기준이 옳지 않은 것은? [13 통합 · 공채]

① 상주공사감리 대상에 해당하지 않는 아파트의 경우에는 연면적의 합계에 관계없이 1명의
   감리원이 5개 이내의 공사현장을 감리할 수 있다.

② 상주공사감리는 연면적 3만제곱미터 이상의 특정소방대상물(아파트는 제외한다)에 대한
   소방시설의 공사를 감리한다.

③ 일반공사감리의 감리원은 행정안전부령으로 정하는 기간 중에는 월 1회 이상 공사현장을
   방문하여 업무를 수행하고 감리일지에 기록해야 한다.

④ 상주공사감리 대상인 경우 소방시설용 배관(전선관을 포함한다. 이하 같다)을 설치하거
   나 매립하는 때부터 소방시설 완공검사증명서를 발급받을 때까지 소방공사감리현장에
   감리원을 배치하여야 한다.

> **해설** 감리의 종류, 방법, 대상(대통령령)
>
> 1) 상주공사감리[연면적 3만제곱미터 이상(아파트 제외), 지하층 포함 16층 이상으로서 500세
>   대 이상 아파트]
> 2) 일반공사감리(상주공사감리 대상이 아닌 것)
> 3) 일반공사감리시 주1회 방문, 14일 이내 부득이한 사유로 없는 경우 업무대행자 지정, 주2회
>   방문

정답 **179** ①   **180** ③   **181** ③

182 특정소방대상물에 설치된 소방시설등을 구성하는 것의 전부 또는 일부를 개설(改設), 이전(移轉) 또는 정비(整備)하는 공사를 하려면 행정안전부령으로 정하는 바에 따라 그 공사의 내용, 시공 장소, 그 밖에 필요한 사항을 소방본부장이나 소방서장에게 신고하여야 하는데, 다음 중 이에 해당하지 않는 것은? [13 통합 · 공채]

① 비상경보설비　　　　　　　　　② 수신반(受信盤)
③ 소화펌프　　　　　　　　　　　④ 동력(감시)제어반

183 소방시설업자는 등록한 사항 중 행정안전부령으로 정하는 중요사항을 변경하거나 소방시설업을 휴업 · 폐업 또는 재개업한 때에는 행정안전부령으로 정하는 바에 따라 시 · 도지사에게 신고하여야 하는데, 다음 중 행정안전부령으로 정하는 중요사항에 해당하지 않는 것은? [13 통합 · 공채]

① 점검기구 교체
② 상호(명칭) 또는 영업소 소재지
③ 대표자
④ 기술인력

> **해설** 시행규칙 제5조(등록사항의 변경신고사항)
> 법 제6조에서 "행정안전부령으로 정하는 중요 사항"이란 다음 각 호의 어느 하나에 해당하는 사항을 말한다.
> 1. 상호(명칭) 또는 영업소 소재지
> 2. 대표자
> 3. 기술인력

184 다음 중 방염처리업의 종류가 아닌 것은? [13 통합 · 경채]

① 섬유류 방염업　　　　　　　　　② 합성수지류 방염업
③ 합판 · 목재류 방염업　　　　　　④ 종이류 방염업

185 다음 중 하자보수 대상 소방시설의 하자보수 보증기간이 다른 하나는? [13 전북 · 공채]

① 자동화재탐지설비　　　　　　　② 무선통신보조설비
③ 옥내소화전　　　　　　　　　　④ 스프링클러설비

정답 **182** ①　　**183** ①　　**184** ④　　**185** ②

186 소방공사 감리원의 배치기준 및 소방시설공사현장의 기준이 잘못 연결된 것은?

[13 전북 · 공채]

① 행정안전부령으로 정하는 특급감리원 중 소방기술사 : 연면적 20만제곱미터 이상인 특정 소방대상물의 공사현장
② 행정안전부령으로 정하는 특급감리원 이상의 소방공사 감리원 : 연면적 3만제곱미터 이상 20만제곱미터 미만인 특정소방대상물(아파트는 제외한다)의 공사현장
③ 행정안전부령으로 정하는 고급감리원 이상의 소방공사 감리원 : 물분무등소화설비(호스 릴소화설비는 제외한다) 또는 제연설비가 설치되는 특정소방대상물의 공사현장
④ 행정안전부령으로 정하는 중급감리원 이상의 소방공사 감리원 : 연면적 5천제곱미터 미만인 특정소방대상물의 공사현장 또는 지하구 (地下溝)의 공사현장

해설 감리원 배치기준

감리원의 배치기준		소방시설공사현장의 기준
책임감리원	**보조감리원**	
1. 행정안전부령으로 정하는 특급감리원 중 소방기술사	행정안전부령으로 정하는 초급감리원 이상의 소방공사 감리원(기계분야 및 전기분야)	가. 연면적 20만제곱미터 이상인 특정소방대상물의 공사현장 나. 지하층을 포함한 층수가 40층 이상인 특정소방대상물의 공사현장
2. 행정안전부령으로 정하는 특급감리원 이상의 소방공사 감리원(기계분야 및 전기분야)	행정안전부령으로 정하는 초급감리원 이상의 소방공사 감리원(기계분야 및 전기분야)	가. 연면적 3만제곱미터 이상 20만제곱미터 미만인 특정소방대상물(아파트는 제외한다)의 공사현장 나. 지하층을 포함한 층수가 16층 이상 40층 미만인 특정소방대상물의 공사현장
3. 행정안전부령으로 정하는 고급감리원 이상의 소방공사 감리원(기계분야 및 전기분야)	행정안전부령으로 정하는 초급감리원 이상의 소방공사 감리원(기계분야 및 전기분야)	가. 물분무등소화설비(호스릴 방식의 소화설비는 제외한다) 또는 제연설비가 설치되는 특정소방대상물의 공사현장 나. 연면적 3만제곱미터 이상 20만제곱미터 미만인 아파트의 공사현장
4. 행정안전부령으로 정하는 중급감리원 이상의 소방공사 감리원(기계분야 및 전기분야)		연면적 5천제곱미터 이상 3만제곱미터 미만인 특정소방대상물의 공사현장
5. 행정안전부령으로 정하는 초급감리원 이상의 소방공사 감리원(기계분야 및 전기분야)		가. 연면적 5천제곱미터 미만인 특정소방대상물의 공사현장 나. 지하구의 공사현장

187 특정소방대상물에 설치된 소방시설등을 구성하는 것의 전부 또는 일부를 개설(改設), 이전(移轉) 또는 정비(整備)하는 공사를 하려면 행정안전부령으로 정하는 바에 따라 그 공사의 내용, 시공 장소, 그 밖에 필요한 사항을 소방본부장이나 소방서장에게 신고하여야 하는데, 다음 중 이에 해당하지 않는 것은? [13 전북·공채]

① 비상콘센트설비의 전용회로   ② 수신반(受信盤)
③ 소화펌프   ④ 동력(감시)제어반

188 다음 중 소방시설공사업법에 규정된 벌금의 부과금액이 다른 것은? [13 전북·공채]

① 소방시설공사현장에 감리원을 배치하지 아니한 자
② 화재안전기준을 위반하여 설계나 시공을 한 자
③ 공사감리자를 지정하지 아니한 관계인
④ 소방시설공사업자가 아닌 제3자에게 소방시설공사 시공을 하도급한 자

> **해설** ②, ③, ④ 1년 이하의 징역 또는 1,000만 원 이하의 벌금
> ① 300만 원 이하의 벌금

189 완공검사를 위한 현장확인 대상 특정소방대상물의 범위에 해당하지 않는 것은? [13 경기·공채]

① 수련시설, 창고시설, 방송통신시설
② 가스계(이산화탄소·할론·할로겐화합물 및 불활성기체) 소화설비(호스릴소화설비는 제외한다)가 설치되는 것
③ 연면적 1만제곱미터 이상이거나 11층 이상인 특정소방대상물(아파트는 제외한다)
④ 가연성 가스를 제조·저장 또는 취급하는 시설 중 지상에 노출된 가연성 가스탱크의 저장용량 합계가 1천톤 이상인 시설

> **해설** 현장확인 소방대상물
> 1. 문화 및 집회시설, 종교시설, 판매시설, 노유자(老幼者)시설, 수련시설, 운동시설, 숙박시설, 창고시설, 지하상가 및 「다중이용업소의 안전관리에 관한 특별법」에 따른 다중이용업소
> 2. 다음 각 목의 어느 하나에 해당하는 설비가 설치되는 특정소방대상물
>   가. 스프링클러설비 등
>   나. 물분무등소화설비(호스릴방식의 소화설비는 제외한다)
> 3. 연면적 1만제곱미터 이상이거나 11층 이상인 특정소방대상물(아파트는 제외한다)
> 4. 가연성 가스를 제조·저장 또는 취급하는 시설 중 지상에 노출된 가연성 가스탱크의 저장용량 합계가 1천톤 이상인 시설

190 다음 중 소방시설공사의 하자보수 등에 대한 설명으로 옳지 않은 것은? [13 경기·공채]

① 공사업자는 소방시설공사 결과 자동화재탐지설비 등 대통령령으로 정하는 소방시설에 하자가 있을 때에는 대통령령으로 정하는 기간 동안 그 하자를 보수하여야 한다.

② 관계인은 제1항에 따른 기간에 소방시설의 하자가 발생하였을 때에는 공사업자에게 그 사실을 알려야 하며, 통보를 받은 공사업자는 3일 이내에 하자를 보수하거나 보수 일정을 기록한 하자보수계획을 관계인에게 서면으로 알려야 한다.

③ 관계인은 공사업자가 하자보수를 이행하지 아니한 경우 소방본부장이나 소방서장에게 그 사실을 알릴 수 있다.

④ 자동소화장치, 옥내소화전설비, 스프링클러설비, 간이스프링클러설비, 물분무등소화설비, 옥외소화전설비, 자동화재탐지설비, 상수 도소화용수설비 및 소화활동설비(무선통신보조설비는 제외한다) 등의 하자보수 보증기간은 2년이다.

해설 ④항의 보증기간은 3년이다.

191 소방공사 감리원의 배치기준 및 소방시설공사현장의 기준이 바르게 연결된 것은?

[13 경기·공채]

① 행정안전부령으로 정하는 특급감리원 중 소방기술사 : 연면적 20만제곱미터 이상인 특정소방대상물의 공사현장

② 행정안전부령으로 정하는 특급감리원 이상의 소방공사 감리원 : 연면적 1만5천제곱미터 이상 20만제곱미터 미만인 특정소방대상물(아 파트는 제외한다)의 공사현장

③ 행정안전부령으로 정하는 고급감리원 이상의 소방공사 감리원 : 연면적 5천제곱미터 이상 3만제곱미터 미만인 특정소방대상물의 공사현장

④ 행정안전부령으로 정하는 중급감리원 이상의 소방공사 감리원 : 물분무등소화설비(호스릴소화설비는 제외한다) 또는 제연설비가 설치되는 특정소방대상물의 공사현장

해설 감리원 배치기준

감리원의 배치기준		소방시설공사현장의 기준
책임감리원	보조감리원	
1. 행정안전부령으로 정하는 특급감리원 중 소방기술사	행정안전부령으로 정하는 초급감리원 이상의 소방공사 감리원(기계분야 및 전기분야)	가. 연면적 20만제곱미터 이상인 특정소방대상물의 공사현장 나. 지하층을 포함한 층수가 40층 이상인 특정소방대상물의 공사현장

감리원의 배치기준		소방시설공사현장의 기준
책임감리원	보조감리원	
2. 행정안전부령으로 정하는 특급감리원 이상의 소방공사 감리원(기계분야 및 전기분야)	행정안전부령으로 정하는 초급감리원 이상의 소방공사 감리원(기계분야 및 전기분야)	가. 연면적 3만제곱미터 이상 20만제곱미터 미만인 특정소방대상물(아파트는 제외한다)의 공사현장 나. 지하층을 포함한 층수가 16층 이상 40층 미만인 특정소방대상물의 공사현장
3. 행정안전부령으로 정하는 고급감리원 이상의 소방공사 감리원(기계분야 및 전기분야)	행정안전부령으로 정하는 초급감리원 이상의 소방공사 감리원(기계분야 및 전기분야)	가. 물분무등소화설비(호스릴 방식의 소화설비는 제외한다) 또는 제연설비가 설치되는 특정소방대상물의 공사현장 나. 연면적 3만제곱미터 이상 20만제곱미터 미만인 아파트의 공사현장
4. 행정안전부령으로 정하는 중급감리원 이상의 소방공사 감리원(기계분야 및 전기분야)		연면적 5천제곱미터 이상 3만제곱미터미만인 특정소방대상물의 공사현장
5. 행정안전부령으로 정하는 초급감리원 이상의 소방공사 감리원(기계분야 및 전기분야)		가. 연면적 5천제곱미터 미만인 특정소방대상물의 공사현장 나. 지하구의 공사현장

192 소방시설업 등록사항의 변경신고 등에 대한 설명 중 옳은 것은?　　　　　[14 경기·공채]

① 상호(명칭) 또는 영업소 소재지가 변경된 경우 소방시설업 등록증 및 등록수첩을 첨부하여 협회에 제출한다.

② 대표자를 변경하는 경우 소방시설업 등록수첩을 시·도지사에게 제출한다.

③ 등록사항이 변경된 경우에는 변경일부터 10일 이내에 서류를 첨부하여 협회에 제출해야 한다.

④ 변경신고 서류를 제출받은 협회는 등록사항의 변경신고 내용을 확인하고 7일 이내에 제출된 소방시설업 등록증·등록수첩 및기술인력 증빙서류에 그 변경된 사항을 기재하여 발급하여야 한다.

해설 제6조(등록사항의 변경신고 등)

① 법 제6조에 따라 소방시설업자는 제5조 각 호의 어느 하나에 해당하는 등록사항이 변경된 경우에는 변경일부터 30일 이내에 별지 제7호 서식의 소방시설업 등록사항 변경신고서(전자문서로 된 소방시설업 등록사항 변경신고서를 포함한다)에 변경사항별로 다음 각 호의 구분에 따른 서류(전자문서를 포함한다)를 첨부하여 협회에 제출하여야 한다. 다만, 「전자정부법」 제36조제1항에 따른 행정정보의 공동이용을 통하여 첨부서류에 대한 정보를 확인할 수 있는 경우에는 그 확인으로 첨부서류를 갈음할 수 있다. 〈개정 2014.9.2., 2015.8.4.〉

　1. 상호(명칭) 또는 영업소 소재지가 변경된 경우 : 소방시설업 등록증 및 등록수첩

　2. 대표자가 변경된 경우 : 다음 각 목의 서류

　　가. 소방시설업 등록증 및 등록수첩

나. 변경된 대표자의 성명, 주민등록번호 및 주소지 등의 인적사항이 적힌 서류

다. 외국인인 경우에는 제2조제1항제5호 각 목의 어느 하나에 해당하는 서류

3. 기술인력이 변경된 경우 : 다음 각 목의 서류

가. 소방시설업 등록수첩

나. 기술인력 증빙서류

다. 삭제 〈2014.9.2.〉

③ 제1항에 따라 변경신고 서류를 제출받은 협회는 등록사항의 변경신고 내용을 확인하고 5일 이내에 제1항에 따라 제출된 소방시설업 등록증·등록수첩 및 기술인력 증빙서류에 그 변경된 사항을 기재하여 발급하여야 한다.

④ 제3항에도 불구하고 영업소 소재지가 등록된 시·도에서 다른 시·도로 변경된 경우에는 변경신고서류를 접수일로부터 7일 이내에 해당 시·도지사에게 보내야 한다.

193 소방시설업자가 설계, 시공 또는 감리를 맡긴 특정소방대상물의 관계인에게 지체 없이 그 사실을 알려야 하는 사항이 아닌 것은?   [14 경기·공채]

① 소방시설업자의 지위를 승계한 경우

② 소방시설업의 등록취소처분 또는 영업정지처분을 받은 경우

③ 휴업하거나 폐업한 경우

④ 기술인력을 교체한 경우

해설 소방시설업자는 다음 각 호의 어느 하나에 해당하는 경우에는 소방시설공사등을 맡긴 특정소방대상물의 관계인에게 지체 없이 그 사실을 알려야 한다.

1. 제7조에 따라 소방시설업자의 지위를 승계한 경우
2. 제9조제1항에 따라 소방시설업의 등록취소처분 또는 영업정지처분을 받은 경우
3. 휴업하거나 폐업한 경우

194 소방시설공사업법의 벌칙에서 1년 이하의 징역 또는 1천만 원 이하의 벌금에 해당하지 않는 것은?   [14 경기·공채]

① 영업정지처분을 받고 그 영업정지기간에 영업을 한 자

② 공사감리자를 지정하지 아니한 자

③ 제3자에게 소방시설공사 시공을 하도급한 자

④ 동시에 둘 이상의 업체에 취업한 사람

해설 ④항은 300만 원 이하의 벌금에 해당한다.

195 다음 중 하자보수 대상 소방시설과 하자보수 보증기간의 연결이 올바른 것은?

[14 경기 · 공채]

① 물분무등소화설비, 비상경보설비 – 2년
② 피난기구, 소화활동설비 – 2년
③ 자동화재탐지설비, 간이스프링클러설비 – 3년
④ 유도등, 유도표지 – 3년

196 신축으로 자동화재탐지설비와 옥내소화전설비를 신설해야 하는 연면적 $1,500m^2$인 특정소방대상물(업무시설)인 경우 소방시설의 설치에서 완공까지의 절차를 순서대로 바르게 나열한 것은?(감리자 지정 및 감리원 배치 등 감리 결과에 관한 절차는 제외한다.)

[15 통합 · 공채]

① 착공신고 – 시공 및 공사완료 – 완공검사 신청 – 감리결과보고서로 갈음 – 완공검사필증 발급
② 시공 – 착공신고 – 공사완료 – 완공검사 신청 – 감리결과보고서로 갈음 – 완공검사필증 발급
③ 착공신고 – 시공 및 공사완료 – 완공검사 신청 – 완공검사(현장확인) – 완공검사필증 발급
④ 시공 – 착공신고 – 공사완료 – 완공검사 신청 – 완공검사(현장확인) – 완공검사필증 발급

해설 제14조(완공검사)

공사업자는 소방시설공사를 완공하면 소방본부장 또는 소방서장의 완공검사를 받아야 한다. 다만, 제17조제1항에 따라 공사감리자가 지정되어 있는 경우에는 공사감리 결과보고서로 완공검사를 갈음하되, 대통령령으로 정하는 특정소방대상물의 경우에는 소방본부장이나 소방서장이 소방시설공사가 공사감리 결과보고서대로 완공되었는지를 현장에서 확인할 수 있다.

— 시행령 제5조(완공검사를 위한 현장확인 대상 특정소방대상물의 범위)

법 제14조제1항 단서에서"대통령령이 정하는 특정소방대상물"이라 함은 특정소방대상물 중 다음 각 호의 대상물을 말한다.
1. 문화 및 집회시설, 종교시설, 판매시설, 노유자(老幼者)시설, 수련시설, 운동시설, 숙박시설, 창고시설, 지하상가 및 「다중이용업소의 안전관리에 관한 특별법」에 따른 다중이용업소
2. 가스계(이산화탄소 · 할론 · 할로겐화합물 및 불활성기체)소화설비(호스릴소화설비는 제외한다)가 설치되는 것
3. 연면적 1만제곱미터 이상이거나 11층 이상인 특정소방대상물(아파트는 제외한다)
4. 가연성 가스를 제조 · 저장 또는 취급하는 시설 중 지상에 노출된 가연성 가스탱크의 저장용량 합계가 1천톤 이상인 시설

---

197 소방시설공사의 착공신고 대상이 아닌 것은?

① 비상콘센트설비의 전용회로 증설공사
② 소화펌프 일부를 보수하는 공사
③ 감시제어반 일부를 교체하는 공사
④ 정보통신공사업법에 의한 정보통신공사업자가 행하는 무선통신보조설비를 신설하는 공사

해설 시행령 제4조(소방시설공사의 착공신고 대상)

법 제13조제1항에서 "대통령령으로 정하는 소방시설공사"란 다음 각 호의 어느 하나에 해당하는 소방시설공사를 말한다. 〈개정 2015.1.6., 2015.6.22.〉

1. 신축, 증축, 개축, 재축(再築), 대수선(大修繕) 또는 구조변경·용도 변경되는 특정 소방대상물(「위험물 안전관리법」 제2조제1항제6호에 따른 제조소 등은 제외한다. 이하 제2호 및 제3호에서 같다)에 다음 각 목의 어느 하나에 해당하는 설비를 신설하는 공사

   가. 옥내소화전설비(호스릴옥내소화전설비를 포함한다. 이하 같다), 옥외소화전설비, 스프링클러설비·간이스프링클러설비(캐비닛형 간이스프링클러설비를 포함한다. 이하 같다) 및 화재조기진압용 스프링클러설비(이하 "스프링클러설비등"이라 한다), 물분무소화설비·포소화설비·이산화탄소소화설비·할로겐화합물소화설비·할로겐화합물 및 불활성기체소화설비·미분무소화설비·강화액소화설비 및 분말소화설비(이하 "물분무등소화설비"라 한다), 연결송수관 설비, 연결살수설비, 제연설비(소방용 외의 용도와 겸용되는 제연설비를 「건설산업기본법 시행령」 별표 1에 따른 기계설비공사업자가 공사하는 경우는 제외한다), 소화용수설비(소화용수설비를 「건설산업기본법 시행령」 별표 1에 따른 기계설비공사업자 또는 상·하수도설비공사업자가 공사하는 경우는 제외한다) 또는 연소방지설비

   나. 자동화재탐지설비, 비상경보설비, 비상방송설비(소방용 외의 용도와 겸용되는 비상방송설비를 「정보통신공사업법」에 따른 정보통신공사업자가 공사하는 경우는 제외한다), 비상콘센트설비(비상콘센트설비를 「전기공사업법」에 따른 전기공사업자가 공사하는 경우는 제외한다) 또는 무선통신보조설 비(소방용 외의 용도와 겸용되는 무선통신보조설비를 「정보통신공사업법」에 따른 정보통신공 사업자가 공사하는 경우는 제외한다)

2. 증축, 개축, 재축, 대수선 또는 구조변경·용도 변경되는 특정소방대상물에 다음 각 목의 어느 하나에 해당하는 설비 또는 구역 등을 증설하는 공사

   가. 옥내·옥외소화전설비

   나. 스프링클러설비·간이스프링클러설비 또는 물분무등소화설비의 방호구역, 자동화재탐지설비의 경계구역, 제연설비의 제연구역(소방용 외의 용도와 겸용되는 제연설비를 「건설산업기본법 시행령」 별표 1에 따른 기계설비공사업자가 공사하는 경우는 제외한다), 연결살수설비의 살수구역, 연결송수 관설비의 송수구역, 비상콘센트설비의 전용회로, 연소방지설비의 살수구역

3. 특정소방대상물에 설치된 소방시설등을 구성하는 다음 각 목의 어느 하나에 해당하는 것의 전부 또는 일부를 개설(改設), 이전(移轉) 또는 정비(整備)하는 공사. 다만, 고장 또는 파손 등으로 인하여 작동시킬 수 없는 소방시설을 긴급히 교체하거나 보수하여야 하는 경우에는 신고하지 않을 수 있다.

가. 수신반(受信盤)

나. 소화펌프

다. 동력(감시)제어반

198 다음 ㉠, ㉡에 들어갈 사항으로 바른 것은? [15 통합·공채]

> 이 법은 소방시설공사 및 소방기술의 관리에 필요한 사항을 규정함으로써 소방시설업을 건전하게 발전시키고 (㉠)시켜 화재로부터 (㉡)하고 국민경제에 이바지함을 목적으로 한다.

① ㉠ 소방기술을 혁신, ㉡ 공공의 안전을 확보

② ㉠ 소방기술을 혁신, ㉡ 국민의 생명, 신체를 보호

③ ㉠ 소방기술을 진흥, ㉡ 공공의 안전을 확보

④ ㉠ 소방기술을 진흥, ㉡ 국민의 생명, 신체를 보호

해설 제1조(목적)

이 법은 소방시설공사 및 소방기술의 관리에 관하여 필요한 사항을 규정함으로써 소방시설업을 건전하게 발전시키고 소방기술을 진흥시켜 화재로부터 공공의 안전을 확보하고 국민경제에 이바지함을 목적으로 한다.

199 소방시설공사업법에서 완공검사를 위한 현장확인 대상 특정소방대상물의 범위가 아닌 것은? [15 통합·공채]

① 다중이용업소

② 가연성 가스를 제조·저장 또는 취급하는 시설 중 지상에 노출된 가연성 가스탱크의 저장 용량 합계가 1천톤 이상인 시설

③ 지하상가

④ 연면적 3천제곱미터 이상이거나 11층 이상인 아파트

해설 제14조(완공검사)

① 공사업자는 소방시설공사를 완공하면 소방본부장 또는 소방서장의 완공검사를 받아야 한다. 다만, 제17조제1항에 따라 공사감리자가 지정되어 있는 경우에는 공사감리 결과보고서로 완공검사를 갈음하되, 대통령령으로 정하는 특정소방대상물의 경우에는 소방본부장이나 소방서장이 소방시설공사가 공사감리 결과보고서대로 완공되었는지를 현장에서 확인할 수 있다.

② 공사업자가 소방대상물 일부분의 소방시설공사를 마친 경우로서 전체 시설이 준공되기 전에 부분적으로 사용할 필요가 있는 경우에는 그 일부분에 대하여 소방본부장이나 소방서장에게 완공검사(이하 "부분완공검사"라 한다)를 신청할 수 있다. 이 경우 소방본부장이나 소방서장

은 그 일부분의 공사가 완공되었는지를 확인하여야 한다.

③ 소방본부장이나 소방서장은 제1항에 따른 완공검사나 제2항에 따른 부분완공검사를 하였을 때에는 완공검사증명서나 부분완공검사증명서를 발급하여야 한다.

④ 제1항부터 제3항까지의 규정에 따른 완공검사 및 부분완공검사의 신청과 검사증명서의 발급, 그 밖에 완공검사 및 부분완공검사에 필요한 사항은 행정안전부령으로 정한다.

— **시행령 제5조(완공검사를 위한 현장확인 대상 특정소방대상물의 범위)**

법 제14조제1항 단서에서 "대통령령으로 정하는 특정소방대상물"이란 특정소방대상물 중 다음 각 호의 대상물을 말한다.

1. 문화 및 집회시설, 종교시설, 판매시설, 노유자(老幼者)시설, 수련시설, 운동시설, 숙박시설, 창고시설, 지하상가 및 「다중이용업소의 안전관리에 관한 특별법」에 따른 다중이용업소

2. 다음 각 목의 어느 하나에 해당하는 설비가 설치되는 특정소방대상물
   가. 스프링클러설비 등
   나. 물분무등소화설비(호스릴방식의 소화설비는 제외한다)

3. 연면적 1만제곱미터 이상이거나 11층 이상인 특정소방대상물(아파트는 제외한다)

4. 가연성 가스를 제조·저장 또는 취급하는 시설 중 지상에 노출된 가연성 가스탱크의 저장용량 합계가 1천톤 이상인 시설

200 다음 중 소방공사 감리업자가 수행하여야 하는 업무가 아닌 것은? [15 공채]

① 실내장식물의 불연화 및 방염물품의 적법성 검토

② 소방시설등의 설치계획표의 적법성 검토

③ 공사업자가 한 소방시설등의 시공이 설계도서와 화재안전기준에 맞는지에 대한 지도·감독

④ 설치 중인 소방시설등의 성능시험

해설 제16조(감리)

① 제4조제1항에 따라 소방공사감리업을 등록한 자(이하 "감리업자"라 한다)는 소방공사를 감리할 때 다음 각 호의 업무를 수행하여야 한다.

1. 소방시설등의 설치계획표의 적법성 검토

2. 소방시설등 설계도서의 적합성(적법성과 기술상의 합리성을 말한다. 이하 같다) 검토

3. 소방시설등 설계 변경 사항의 적합성 검토

4. 「화재예방, 소방시설 설치·유지 및 안전관리에 관한 법률」 제2조제1항제4호의 소방용품의 위치·규격 및 사용 자재의 적합성 검토

5. 공사업자가 한 소방시설등의 시공이 설계도서와 화재안전기준에 맞는지에 대한 지도·감독

6. 완공된 소방시설등의 성능시험

7. 공사업자가 작성한 시공 상세 도면의 적합성 검토

8. 피난시설 및 방화시설의 적법성 검토

9. 실내장식물의 불연화(不燃化)와 방염물품의 적법성 검토

201 다음 중 방염처리업의 종류가 아닌 것은? [15 공채]

① 섬유류 방염업　　　　　　　② 합성수지류 방염업
③ 합판 · 목재류 방염업　　　　④ 커튼 · 종이벽지류 방염업

해설 **방염업의 종류**
① 섬유류 방염업
② 합성수지류 방염업
③ 합판 · 목재류 방염업

202 [소방시설공사업법상 (　)처분에 갈음하여 최대 (　) 이하의 과징금을 부과할 수 있으며, 위반 행위의 종류와 위반 정도 등에 따른 과징금에 필요한 사항은 (　　　)(으)로 정한다]에서 괄호순 서대로 올바르게 답한 것은? [15 공채]

① 영업취소, 3천만 원, 대통령령　　② 영업정지, 5천만 원, 행정안전부령
③ 영업정지, 3천만 원, 행정안전부령　④ 영업취소, 3천만 원, 대통령령

203 다음 중 소방시설의 하자보수 보증기간이 옳은 것은? [15 공채]

① 자동소화장치 – 2년　　　　② 간이스프링클러설비 – 1년
③ 자동화재탐지설비 – 3년　　④ 무선통신보조설비 – 3년

해설 **시행령 제6조(하자보수 대상 소방시설과 하자보수 보증기간)**
법 제15조제1항에 따라 하자를 보수하여야 하는 소방시설과 소방시설별 하자보수 보증기간은
다음 각 호의 구분과 같다.
1. 피난기구, 유도등, 유도표지, 비상경보설비, 비상조명등, 비상방송설비 및 무선통신보조설비 : 2년
2. 자동소화장치, 옥내소화전설비, 스프링클러설비, 간이스프링클러설비, 물분무등소화설비, 옥외소화전설비, 자동화재탐지설비, 상수도소화용수설비 및 소화활동설비(무선통신보조설비는 제외한다) : 3년

204 다음 중 소방시설공사업자의 시공능력을 평가하여 공시하는 사람은? [16 공채]

① 대통령　　　　　　② 소방기술사
③ 소방청장　　　　　④ 소방시설업자협회

제26조(시공능력 평가 및 공시)

① 소방청장은 관계인 또는 발주자가 적절한 공사업자를 선정할 수 있도록하기 위하여 공사업자의 신청이 있으면 그 공사업자의 소방시설공사 실적, 자본금 등에 따라 시공능력을 평가하여 공시할 수 있다.

② 제1항에 따른 평가를 받으려는 공사업자는 전년도 소방시설공사 실적, 자본금, 그 밖에 행정안전부령으로 정하는 사항을 소방청장에게 제출하여야 한다.

③ 제1항 및 제2항에 따른 시공능력 평가신청 절차, 평가방법, 공시방법 등에 관하여 필요한 사항은 행정안전부령으로 정한다.

205 다음 중 특정소방대상물의 관계인이 특정소방대상물에 대하여 대통령령으로 정하는 소방시설을 시공할 때에 소방시설공사의 감리를 위하여 감리업자를 공사감리자로 지정하여야 하는 경우가 아닌 것은? [16 공채]

① 옥내소화전설비를 신설·개설 또는 증설할 때

② 비상경보설비를 신설·개설 또는 증설할 때

③ 자동화재탐지설비를 신설·개설하거나 경계구역을 증설할 때

④ 연결살수설비를 신설·개설하거나 송수구역을 증설할 때

제17조(공사감리자의 지정 등)

① 대통령령으로 정하는 특정소방대상물의 관계인이 특정소방대상물에 대하여 자동화재탐지설비, 옥내소화전설비 등 대통령령으로 정하는 소방시설을 시공할 때에는 소방시설공사의 감리를 위하여 감리업자를 공사 감리자로 지정하여야 한다. 다만, 제11조제1항 단서와 제12조제1항 후단에 따라 설계·시공하는 소방시설공사의 경우에는 그 설계업자를 공사감리자로 지정할 수 있다.

② 관계인은 제1항에 따라 공사감리자를 지정하였을 때에는 행정안전부령으로 정하는 바에 따라 소방 본부장이나 소방서장에게 신고하여야 한다. 공사감리자를 변경하였을 때에도 또한 같다.

③ 관계인이 제1항에 따른 공사감리자를 변경하였을 때에는 새로 지정된 공사감리자와 종전의 공사감리자는 감리업무 수행에 관한 사항과 관계 서류를 인수·인계하여야 한다.

━ 시행령 제10조(공사감리자 지정대상 특정소방대상물의 범위)

① 법 제17조제1항 본문에서 "대통령령으로 정하는 특정소방대상물"이란「화재예방, 소방시설 설치·유지 및 안전관리에 관한 법률」제2조제1항제3호의 특정소방대상물을 말한다.

② 법 제17조제1항 본문에서 "자동화재탐지설비, 옥내소화전설비 등 대통령령으로 정하는 소방시설을 시공할 때"란 다음 각 호의 어느 하나에 해당하는 소방시설을 시공할 때를 말한다.

1. 옥내소화전설비를 신설·개설 또는 증설할 때

2. 스프링클러설비등(캐비닛형 간이스프링클러설비는 제외한다)을 신설·개설하거나 방호·방수구역을 증설할 때

3. 물분무등소화설비(호스릴 방식의 소화설비는 제외한다)를 신설·개설하거나 방호·방

수구역을 증설할 때

4. 옥외소화전설비를 신설·개설 또는 증설할 때

5. 자동화재탐지설비를 신설·개설하거나 경계구역을 증설할 때

6. 통합감시시설을 신설 또는 개설할 때

7. 소화용수설비를 신설 또는 개설할 때

8. 다음 각 목에 따른 소화활동설비에 대하여 각 목에 따른 시공을 할 때

　가. 제연설비를 신설·개설하거나 제연구역을 증설할 때

　나. 연결송수관설비를 신설 또는 개설할 때

　다. 연결살수설비를 신설·개설하거나 송수구역을 증설할 때

　라. 비상콘센트설비를 신설·개설하거나 전용회로를 증설할 때

　마. 무선통신보조설비를 신설 또는 개설할 때

　바. 연소방지설비를 신설·개설하거나 살수구역을 증설할 때

9. 제4조제3호 각 목의 어느 하나에 해당하는 설비의 전부 또는 일부를 개설·이전하거나 정비할 때

206 소방시설업자협회의 정관에 포함되어야 할 사항이 아닌 것은? [16 공채]

① 명칭
② 회원의 가입 및 탈퇴에 관한 사항
③ 사업에 관한 사항
④ 대표자의 성명

해설 시행령 제19조의3(정관의 기재사항)

협회의 정관에는 다음 각 호의 사항이 포함되어야 한다.

1. 목적
2. 명칭
3. 주된 사무소의 소재지
4. 사업에 관한 사항
5. 회원의 가입 및 탈퇴에 관한 사항
6. 회비에 관한 사항
7. 자산과 회계에 관한 사항
8. 임원의 정원·임기 및 선출방법
9. 기구와 조직에 관한 사항
10. 총회와 이사회에 관한 사항
11. 정관의 변경에 관한 사항

207 다음 감리원의 세부 배치 기준 등에 대한 설명 중 옳지 <u>않은</u> 것은? [16 공채]

① 상주 공사감리 대상인 경우 기계분야 및 전기분야의 감리원 자격을 함께 취득한 사람이 있는 경우에는 그에 해당하는 사람 1명 이상을 배치할 수 있다.

② 일반 공사감리 대상인 경우 감리원은 주 1회 이상 소방공사감리현장을 방문하여 감리해야 한다.

③ 일반 공사감리 대상인 경우 1명의 감리원이 담당하는 소방공사감리현장은 5개 이하로서 감리현장 연면적의 총 합계가 10만제곱미터 이하이어야 한다.

④ 일반 공사감리 대상인 아파트의 경우에는 연면적의 합계에 관계없이 1명의 감리원이 6개 이내의 공사현장을 감리할 수 있다.

해설 시행규칙 제16조(감리원의 세부 배치 기준 등)

① 법 제18조제3항에 따른 감리원의 세부적인 배치기준은 다음 각 호의 구분에 따른다.

1. 영 별표 3에 따른 상주 공사감리 대상인 경우

가. 기계분야의 감리원 자격을 취득한 사람과 전기분야의 감리원 자격을 취득한 사람 각 1명 이상을 감리원으로 배치할 것. 다만, 기계분야 및 전기분야의 감리원 자격을 함께 취득한 사람이 있는 경우에는 그에 해당하는 사람 1명 이상을 배치할 수 있다.

나. 소방시설용 배관(전선관을 포함한다. 이하 같다)을 설치하거나 매립하는 때부터 소방시설 완공검사증명서를 발급받을 때까지 소방공사감리현장에 감리원을 배치할 것

2. 영 별표 3에 따른 일반 공사감리 대상인 경우

가. 기계분야의 감리원 자격을 취득한 사람과 전기분야의 감리원 자격을 취득한 사람 각 1명 이상을 감리원으로 배치할 것. 다만, 기계분야 및 전기분야의 감리원 자격을 함께 취득한 사람이 있는 경우에는 그에 해당하는 사람 1명 이상을 배치할 수 있다.

나. 별표 3에 따른 기간 동안 감리원을 배치할 것

다. 감리원은 주 1회 이상 소방공사감리현장을 방문하여 감리할 것

라. 1명의 감리원이 담당하는 소방공사감리현장은 5개 이하(자동화재탐지설비 또는 옥내소화전설비 중 어느 하나만 설치하는 2개의 소방공사감리현장이 최단 차량주행거리로 30킬로미터 이내에 있는 경우에는 1개의 소방공사감리현장으로 본다)로서 감리현장 연면적의 총 합계가 10만제곱미터 이하일 것. 다만, 일반 공사감리 대상인 아파트의 경우에는 연면적의 합계에 관계 없이 1명의 감리 원이 5개 이내의 공사현장을 감리할 수 있다.

② 영 별표 3 상주 공사감리의 방법란 각 호에서 "행정안전부령으로 정하는 기간"이란 소방시설용 배관을 설치하거나 매립하는 때부터 소방시설 완공검사증명서를 발급받을 때까지를 말한다.

③ 영 별표 3 일반공사감리의 방법란 제1호 및 제2호에서 "행정안전부령으로 정하는 기간"이란 별표 3에 따른 기간을 말한다.

208 완공검사를 위한 현장확인 대상 특정소방대상물이 아닌 것은? [16 공채]

① 가스계 소화설비가 설치되는 것

② 문화 및 집회시설, 종교시설, 의료시설

③ 가연성 가스를 제조 · 저장 또는 취급하는 시설 중 지상에 노출된 가연성 가스탱크의 저장 용량 합계가 1천톤 이상인 시설

④ 연면적 1만제곱미터 이상이거나 11층 이상인 고층 건축물

> **해설** 시행령 제5조(완공검사를 위한 현장확인 대상 특정소방대상물의 범위)
>
> 법 제14조제1항 단서에서 "대통령령으로 정하는 특정소방대상물"이란 특정소방대상물 중 다음 각 호의 대상물을 말한다.
> 1. 문화 및 집회시설, 종교시설, 판매시설, 노유자(老幼者)시설, 수련시설, 운동시설, 숙박시설, 창고시설, 지하상가 및 「다중이용업소의 안전관리에 관한 특별법」에 따른 다중이용업소
> 2. 다음 각 목의 어느 하나에 해당하는 설비가 설치되는 특정소방대상물
>   가. 스프링클러설비 등
>   나. 물분무등소화설비(호스릴방식의 소화설비는 제외한다)
> 3. 연면적 1만제곱미터 이상이거나 11층 이상인 특정소방대상물(아파트는 제외한다)
> 4. 가연성 가스를 제조 · 저장 또는 취급하는 시설 중 지상에 노출된 가연성 가스탱크의 저장용량 합계가 1천톤 이상인 시설

209 다음 중 소방시설업의 무조건 등록취소 사유에 해당하는 것은? [16 공채]

① 영업정지기간 중에 소방시설공사등을 한 경우

② 등록기준에 미달하게 된 후 30일이 경과한 경우

③ 등록을 한 후 정당한 사유 없이 1년이 지날 때까지 영업을 시작하지 아니하거나 계속하여 1년 이상 휴업한 때

④ 다른 자에게 등록증 또는 등록수첩을 빌려준 경우

> **해설** 제9조(등록취소와 영업정지 등)
> ① 등록취소
> ②, ③, ④ 등록을 취소하거나 6개월 이내의 기간을 정하여 시정이나 그 영업의 정지

210 다음 중 소방시설공사업법의 목적으로 볼 수 없는 것은? [16 공채]

① 소방시설업 발전 및 소방기술 진흥

② 공공의 안전 확보

③ 국가와 지방자치단체의 복리 증진

④ 국민경제에 이바지

제1조(목적)

이 법은 소방시설공사 및 소방기술의 관리에 필요한 사항을 규정함으로써 소방시설업을 건전하게 발전시키고 소방기술을 진흥시켜 화재로부터 공공의 안전을 확보하고 국민경제에 이바지함을 목적으로 한다.

211 다음 중 공사감리자 지정대상 특정소방대상물이 아닌 것은?　　　　　[17 공채 상반기]

① 자동화재탐지설비를 신설 · 개설하거나 경계구역을 증설할 때

② 옥 · 내소화전설비를 신설 · 개설 또는 증설할 때

③ 비상경보설비를 신설, 개설, 증설할 때

④ 소화용수설비 및 통합감시시설을 신설 또는 개설할 때

시행령 제10조(공사감리자 지정대상 특정소방대 상물의 범위)

1. 옥내소화전설비를 신설 · 개설 또는 증설할 때
2. 스프링클러설비등(캐비닛형 간이스프링클러설비는 제외한다)을 신설 · 개설하거나 방호 · 방수구역을 증설할 때
3. 물분무등소화설비(호스릴 방식의 소화설비는 제외한다)를 신설 · 개설하거나 방호 · 방수구역을 증설할 때
4. 옥외소화전설 비를 신설 · 개설 또는 증설할 때
5. 자동화재탐지설비를 신설 · 개설하거나 경계구역을 증설할 때
6. 통합감시시설을 신설 또는 개설할 때
7. 소화용수설비를 신설 또는 개설할 때
8. 다음 각 목에 따른 소화활동설비에 대하여 각 목에 따른 시공을 할 때
   가. 제연설비를 신설 · 개설하거나 제연구역을 증설할 때
   나. 연결송수관설비를 신설 또는 개설할 때
   다. 연결살수설비를 신설 · 개설하거나 송수구역을 증설할 때
   라. 비상콘센트설비를 신설 · 개설하거나 전용회로를 증설할 때
   마. 무선통신보조설비를 신설 또는 개설할 때
   바. 연소방지설비를 신설 · 개설하거나 살수구역을 증설할 때
9. 수신반, 소화 펌프, 동력(감시)제어반 설비의 전부 또는 일부를 개설 · 이전하거나 정비할 때

212 다음 중 소방시설업의 등록사항의 변경신고사항이 아닌 것은?　　　　　[17 공채 상반기]

① 상호(명칭)　　　　　　　　② 대표자

③ 기술인력　　　　　　　　　④ 자본금

시행규칙 제5조(등록사항의 변경신고사항)

법 제6조에서 "행정안전부령으로 정하는 중요사항"이란 다음 각 호의 어느 하나에 해당하는 사항을 말한다.

1. 상호(명칭) 또는 영업소 소재지
2. 대표자
3. 기술인력

213 다음 중 완공검사를 위한 현장확인 대상 특정소방대상물이 아닌 것은? [17 공채 상반기]

① 문화 및 집회시설

② 가스계(이산화탄소 · 할론 · 할로겐화합물 및 불활성기체) 소화설비(호스릴소화설비는 제외한다)가 설치되는 것

③ 가연성 가스를 제조 · 저장 또는 취급하는 시설 중 지상에 노출된 가연성 가스탱크의 저장용량 합계가 1천톤 이상인 시설

④ 11층 이상인 특정소방대상물(아파트는 포함한다)

시행령 제5조(완공검사를 위한 현장확인 대상 특정소방대상물의 범위)

법 제14조제1항 단서에서 "대통령령으로 정하는 특정소방대상물"이란 특정소방대상물 중 다음 각 호의 대상물을 말한다.

1. 문화 및 집회시설, 종교시설, 판매시설, 노유자(老幼者)시설, 수련시설, 운동시설, 숙박시설, 창고시설, 지하상가 및 「다중이용업소의 안전관리에 관한 특별법」에 따른 다중이용업소
2. 다음 각 목의 어느 하나에 해당하는 설비가 설치되는 특정소방대상물
   가. 스프링클러설비 등
   나. 물분무등소화설비(호스릴방식의 소화설비는 제외한다)
3. 연면적 1만제곱미터 이상이거나 11층 이상인 특정소방대상물(아파트는 제외한다)
4. 가연성 가스를 제조 · 저장 또는 취급하는 시설 중 지상에 노출된 가연성 가스탱크의 저장용량 합계가 1천톤 이상인 시설

214 다음 중 소방시설의 하자보증기간이 다른 것은? [17 공채 상반기]

① 유도등
② 자동화재탐지설비
③ 자동소화장치
④ 물분무등소화설비

제6조(하자보수 대상 소방시설과 하자보수 보증기간)

① 2년
②, ③, ④ 3년

정답 213 ④　214 ①

215 다음 보기의 (   )에 들어갈 알맞은 것은? [17 공채 상반기]

정당한 사유 없이 (   ) 이상 소방시설공사를 계속하지 않은 경우에는 관계인은 수급인에게 도급계약을 해지할 수 있다.

① 7일　　　　　　　　　　　　　② 15일
③ 30일　　　　　　　　　　　　④ 60일

해설 제23조(도급계약의 해지)
특정소방대상물의 관계인 또는 발주자는 해당 도급계약의 수급인이 다음 각 호의 어느 하나에 해당하는 경우에는 도급계약을 해지할 수 있다.
1. 소방시설업이 등록취소되거나 영업정지된 경우
2. 소방시설업을 휴업하거나 폐업한 경우
3. 정당한 사유 없이 30일 이상 소방시설공사를 계속하지 아니하는 경우
4. 제22조의2 제2항에 따른 요구에 정당한 사유 없이 따르지 아니하는 경우

216 다음 중 감리업자의 업무내용으로 옳지 않은 것은? [17 공채 하반기]

① 소방시설등의 설치계획표의 적법성 검토
② 피난시설 및 방화시설의 유지관리
③ 완공된 소방시설등의 성능시험
④ 소방시설등 설계 변경 사항의 적합성 검토

해설 화재예방, 소방시설 설치·유지 및 안전관리에 관한 법률 제10조
피난시설 및 방화시설의 유지관리는 관계인이 하는 일이다.

─ 제16조
　1. 소방시설등의 설치계획표의 적법성 검토
　2. 소방시설등 설계도서의 적합성(적법성과 기술상의 합리성을 말한다. 이하 같다) 검토
　3. 소방시설등 설계 변경 사항의 적합성 검토
　4.「소방시설 설치·유지 및 안전관리에 관한 법률」제2조제1항제4호의 소방용품의 위치·규격 및 사용 자재의 적합성 검토
　5. 공사업자가 한 소방시설등의 시공이 설계도서와 화재안전기준에 맞는지에 대한 지도·감독
　6. 완공된 소방시설등의 성능시험
　7. 공사업자가 작성한 시공 상세도면의 적합성 검토
　8. 피난시설 및 방화시설의 적법성 검토
　9. 실내장식물의 불연화(不燃化)와 방염물품의 적법성 검토

217 다음 중 소방시설업의 등록, 운영, 취소에 대한 설명 중 가장 옳은 것은? [17 공채 하반기]

① 소방시설업의 영업정지처분을 받은 경우 즉시 감리업자에 알려야 한다.

② 소방시설업의 영업정지기간 중에 소방시설공사 등을 한 경우 영업정지기간을 연장한다.

③ 소방시설업의 등록의 취소권자는 소방본부장 또는 소방서장이 한다.

④ 영업정지 처분기간 중 영업정지에 해당하는 위반사항이 있는 경우에는 종전의 처분기간 만료일의 다음날부터 새로운 위반사항에 대한 영업정지의 행정처분을 한다.

> **해설** ① 소방시설업의 등록취소처분 또는 영업정지처분을 받은 경우 소방시설업자는 소방시설공사 등을 맡긴 특정소방대상물의 관계인에게 지체 없이 그 사실을 알려야 한다.
> ② [소방시설공사업법 제8조제3항] 영업정지 기간 중에 소방시설공사 등을 한 경우 그 등록을 취소하여야 한다.
> ③ [소방시설공사업법 제9조] 소방시설업의 등록의 취소권자는 시 · 도지사이다.
> ④ [소방시설공사업법 제9조] 시행규칙 별표 1, 1. 일반기준(나항)

218 다음 중 반드시 착공신고를 해야 하는 경우로 옳은 것은? [17 공채 하반기]

① 단독경보형 감지기를 설치하는 경우

② 소화용수설비를 「건설산업기본법 시행령」에 따른 기계설비공사업자 공사하는 경우

③ 신축하는 특정대상물에 옥내소화전설비를 신설하는 경우

④ 동력(감시)제어반을 고장 또는 파손 등으로 인하여 작동시킬 수 없어 긴급히 교체하거나 보수하여야 하는 경우

> **해설** 시행령 제4조 착공신고 대상
> ① 단독경보형 감지기는 착공신고 대상이 아니다.
> ② 소화용수설비를 「건설산업기본법 시행령」 별표 1에 따른 기계설비공사업자 또는 상 · 하수도설비공사업자가 공사하는 경우는 제외한다.
> ③ 신축하는 특정대상물에 옥내소화전설비를 신설하는 경우는 반드시 착공신고해야 하는 대상이다.
> ④ 수신반(受信盤), 소화펌프, 동력(감시)제어반 고장 또는 파손 등으로 인하여 작동시킬 수 없는 소방시설을 긴급히 교체하거나 보수하여야 하는 경우에는 신고하지 않을 수 있다.

219 다음 중 완공검사에 대한 설명이 옳지 않은 것은? [17 공채 하반기]

① 공사업자는 소방시설공사를 완공하면 소방본부장 또는 소방서장의 완공검사를 받아야 한다.

② 대통령령으로 정하는 특정소방대상물의 경우에는 소방본부장이나 소방서장이 소방시설 공사가 공사감리 결과보고서대로 완공되었는지를 현장에서 확인할 수 있다.

③ 공사업자가 소방대상물 일부분의 소방시설공사를 마친 경우 그 일부분에 대하여 소방본 부장이나 소방서장에게 완공검사를 신청할 수 없다.

④ 소방본부장이나 소방서장은 완공검사를 하였을 때에는 완공검사증명서를 발급하여야 한다.

해설 제14조 ②항

공사업자가 소방대상물 일부분의 소방시설공사를 마친 경우로서 전체 시설이 준공되기 전에 부분적으로 사용할 필요가 있는 경우에는 그 일부분에 대하여 소방본부장이나 소방서장에게 완공검사(이하 "부분완공검사"라 한다)를 신청할 수 있다. 이 경우 소방본부장이나 소방서장은 그 일부분의 공사가 완공되었는지를 확인하여야 한다.

220 다음 중 상주공사감리 대상으로 옳은 것은? [17 공채 하반기]

① 연면적 3만제곱미터 이상의 특정소방대상물(아파트는 제외)

② 연면적 3만제곱미터 이상의 특정소방대상물(아파트는 포함)

③ 지하층을 포함한 층수가 11층 이상으로서 500세대 이상인 특정소방대상물(아파트 제외)

④ 지하층을 포함한 층수가 11층 이상으로서 500세대 이상인 특정소방대상물(아파트 포함)

해설 시행령 별표 3

1. 연면적 3만제곱미터 이상의 특정소방대상물(아파트는 제외한다)
2. 지하층을 포함한 층수가 16층 이상으로서 500세대 이상인 아파트

221 「소방시설공사업법」상 용어의 정의로 옳지 않은 것은? [18 상반기 공채]

① 소방시설업자란 소방시설업을 경영하기 위하여 소방시설업을 등록한 자를 말한다.

② 감리원이란 소방공사감리업자에 소속된 소방기술자로서 해당 소방시설공사를 감리하는 사람을 말한다.

③ 발주자란 소방시설의 설계, 시공, 감리 및 방염(이하 "소방시설공사등"이라 한다)을 소방 시설업자에게 도급하는 자를 말한다.

④ 소방시설설계업자란 소방시설공사가 설계도서와 관계 법령에 따라 적법하게 시공되는지 를 확인하고, 품질·시공 관리에 대한 기술지도를 하는 영업을 하는 자

해설 제2조(정의)

① 이 법에서 사용하는 용어의 뜻은 다음과 같다.

1. "소방시설업"이란 다음 각 목의 영업을 말한다.

　　가. 소방시설설계업 : 소방시설공사에 기본이 되는 공사계획, 설계도면, 설계설명서, 기술계산서 및 이와 관련된 서류(이하 "설계도서"라 한다)를 작성(이하 "설계"라 한다)하는 영업

　　나. 소방시설공사업 : 설계도서에 따라 소방시설을 신설, 증설, 개설, 이전 및 정비(이하 "시공"이라 한다)하는 영업

　　다. 소방공사감리업 : 소방시설공사에 관한 발주자의 권한을 대행하여 소방시설공사가 설계도서와 관계 법령에 따라 적법하게 시공되는지를 확인하고, 품질·시공 관리에 대한 기술지도를 하는(이하 "감리"라 한다) 영업

　　라. 방염처리업 : 「화재예방, 소방시설 설치·유지 및 안전관리에 관한 법률」 제12조제1항에 따른 방염대상물품에 대하여 방염처리(이하 "방염"이라 한다)하는 영업

2. "소방시설업자"란 소방시설업을 경영하기 위하여 제4조에 따라 소방시설업을 등록한 자를 말한다.

3. "감리원"이란 소방공사감리업자에 소속된 소방기술자로서 해당 소방시설공사를 감리하는 사람을 말한다.

4. "소방기술자"란 제28조에 따라 소방기술 경력 등을 인정받은 사람과 다음 각 목의 어느 하나에 해당하는 사람으로서 소방시설업과 「화재예방, 소방시설 설치·유지 및 안전관리에 관한 법률」에 따른 소방시설관리업의 기술인력으로 등록된 사람을 말한다.

　　가. 「화재예방, 소방시설 설치·유지 및 안전관리에 관한 법률」에 따른 소방시설관리사

　　나. 국가기술자격 법령에 따른 소방기술사, 소방설비기사, 소방설비산업기사, 위험물기능장, 위험물산업기사, 위험물기능사

5. "발주자"란 소방시설의 설계, 시공, 감리 및 방염(이하 "소방시설공사등"이라 한다)을 소방시설업자에게 도급하는 자를 말한다. 다만, 수급인으로서 도급받은 공사를 하도급하는 자는 제외한다.

222 「소방시설공사업법」상 소방시설공사업 등록기준으로 옳은 것은?　　　　[18 공채 상반기]

① 기술인력, 장비

② 사무실, 기술인력

③ 자본금(개인은 자산평가액), 기술인력

④ 사무실, 장비

해설 제4조(소방시설업의 등록)

① 특정소방대상물의 소방시설공사등을 하려는 자는 업종별로 자본금(개인인 경우에는 자산평가액을 말한다), 기술인력 등 대통령령으로 정하는 요건을 갖추어 특별시장·광역시장·특별자치시장·도지사 또는 특별자치도지사(이하 "시·도지사"라 한다)에게 소방시설업을 등록하여야 한다.

정답　222 ③

223 「소방시설공사업법 시행규칙」상 일반기준에 대한 사항으로 다음에 들어갈 말로 적당한 것은?   [18 공채 상반기]

> 위반행위의 차수에 따른 행정처분기준은 최근 (㉠) 같은 위반행위로 행정처분을 받은 경우에 적용한다. 이 경우 기준 적용일은 위반사항에 대한 (㉡)과 그 처분 후 다시 적발한 날을 기준으로 한다.

① 6개월간 – 위반일   ② 6개월간 – 행정처분일
③ 1년간 – 위반일   ④ 1년간 – 행정처분일

해설 시행규칙 [별표 1] 제1호
　　　 다. 위반행위의 차수에 따른 행정처분 기준은 최근 1년간 같은 위반행위로 행정처분을 받은 경우에 적용한다. 이 경우 기준 적용일은 위반사항에 대한 행정처분일과 그 처분 후 다시 적발한 날을 기준으로 한다.

224 「소방시설공사업법」상 소방공사현장에 감리원을 배치하여야 한다. 고급감리원 배치 대상에 해당하는 것은?   [18 공채 상반기]

① 지하층을 포함한 층수가 40층 이상인 특정소방대 상물의 공사현장
② 연면적 3만제곱미터 이상 20만제곱미터 미만인 특정소방대상물(아파트는 제외한다)의 공사현장
③ 지하층을 포함한 층수가 16층 이상 40층 미만인 특정소방대상물의 공사현장
④ 제연설비가 설치되는 특정소방대상물의 공사현장

해설 시행령 제18조(감리원의 배치 등)
　　　 ① 감리업자는 소방시설공사의 감리를 위하여 소속 감리원을 대통령령으로 정하는 바에 따라 소방시설공사현장에 배치하여야 한다.

　━━ 시행령 [별표 4] 소방공사 감리원의 배치기준(제11조 관련)

감리원의 배치기준		소방시설공사현장의 기준
책임감리원	보조감리원	
1. 행정안전부령으로 정하는 특급감리원 중 소방기술사	행정안전부령으로 정하는 초급감리원 이상의 소방공사 감리원(기계분야 및 전기분야)	가. 연면적 20만제곱미터 이상인 특정소방대상물의 공사현장 나. 지하층을 포함한 층수가 40층 이상인 특정소방대상물의 공사현장
2. 행정안전부령으로 정하는 특급감리원 이상의 소방공사 감리원(기계분야 및 전기분야)	행정안전부령으로 정하는 초급감리원 이상의 소방공사 감리원(기계분야 및 전기분야)	가. 연면적 3만제곱미터 이상 20만제곱미터 미만인 특정소방대상물(아파트는 제외한다)의 공사현장 나. 지하층을 포함한 층수가 16층 이상 40층 미만인 특정소방대상물의 공사현장

감리원의 배치기준		소방시설공사현장의 기준
책임감리원	보조감리원	
3. 행정안전부령으로 정하는 고급감리원 이상의 소방공사 감리원(기계분야 및 전기분야)	행정안전부령으로 정하는 초급감리원 이상의 소방공사 감리원(기계분야 및 전기분야)	가. 물분무등소화설비(호스릴 방식의 소화설비는 제외한다) 또는 제연설비가 설치되는 특정소방대상물의 공사현장 나. 연면적 3만제곱미터 이상 20만제곱미터 미만인 아파트의 공사현장
4. 행정안전부령으로 정하는 중급감리원 이상의 소방공사 감리원(기계분야 및 전기분야)		연면적 5천제곱미터 이상 3만제곱미터 미만인 특정소방대상물의 공사현장
5. 행정안전부령으로 정하는 초급감리원 이상의 소방공사 감리원(기계분야 및 전기분야)		가. 연면적 5천제곱미터 미만인 특정소방대상물의 공사현장 나. 지하구의 공사현장

[비고]
1. "책임감리원"이란 해당 공사 전반에 관한 감리업무를 총괄하는 사람을 말한다.
2. "보조감리원"이란 책임감리원을 보좌하고 책임감리원의 지시를 받아 감리업무를 수행하는 사람을 말한다.
3. 소방시설공사현장의 연면적 합계가 20만 제곱미터 이상인 경우에는 20만제곱미터를 초과하는 연면적에 대하여 10만제곱미터(연면적이 10만제곱미터에 미달하는 경우에는 10만제곱미터로 본다)마다 보조감리원 1명 이상을 추가로 배치해야 한다.
4. 위 표에도 불구하고 상주공사감리에 해당하지 않는 소방시설의 공사에는 보조감리원을 배치하지 않을 수 있다.

225 「소방시설공사업법」상 소방시설업에 해당하는 것을 옳게 고른 것은? [18 공채 상반기]

ㄱ. 소방공사감리업	ㄴ. 방염처리업
ㄷ. 소방시설설계업	ㄹ. 소방시설관리업
ㅁ. 소방시설공사업	ㅂ. 소방시설점검업

① ㄱ, ㄷ, ㄹ, ㅁ ② ㄴ, ㄹ
③ ㄱ, ㄴ, ㄷ, ㅁ ④ ㄴ, ㄷ, ㅂ

해설 제2조(정의)

① 이 법에서 사용하는 용어의 뜻은 다음과 같다.
  1. "소방시설업"이란 다음 각 목의 영업을 말한다.
    가. 소방시설설계업 : 소방시설공사에 기본이 되는 공사계획, 설계도면, 설계설명서, 기술계산서 및 이와 관련된 서류(이하 "설계도서"라 한다)를 작성(이하 "설계"라 한다)하는 영업
    나. 소방시설공사업 : 설계도서에 따라 소방시설을 신설, 증설, 개설, 이전 및 정비(이하 "시공"이라 한다)하는 영업
    다. 소방공사감리업 : 소방시설공사에 관한 발주자의 권한을 대행하여 소방시설공사가

설계도서와 관계 법령에 따라 적법하게 시공되는지를 확인하고, 품질·시공 관리에 대한 기술지도를 하는(이하 "감리"라 한다) 영업

　라. 방염처리업 : 「화재예방, 소방시설 설치·유지 및 안전관리에 관한 법률」 제12조제 1항에 따른 방염대상물품에 대하여 방염처리(이하 "방염"이라 한다)하는 영업

226 「소방시설공사업법 시행령」상 소방시설공사의 착공신고 대상으로 옳지 않은 것은?

[18 공채 상반기]

① 비상경보설비를 신설하는 특정소방대상물 신축공사
② 자동화재속보설비를 신설하는 특정소방대상물 신축공사
③ 연결송수관설비의 송수구역을 증설하는 특정소방대상물 증축공사
④ 자동화재탐지설비의 경계구역을 증설하는 특정소방대상물 증축공사

해설 시행령 제4조(소방시설공사의 착공신고 대상)

법 제13조제1항에서 "대통령령으로 정하는 소방시설공사"란 다음 각 호의 어느 하나에 해당하는 소방시설 공사를 말한다. 〈개정 2015.1.6., 2015.6.22.〉

1. 신축, 증축, 개축, 재축(再築), 대수선(大修繕) 또는 구조변경·용도 변경되는 특정소방대상물(「위험물 안전관리법」 제2조제1항제6호에 따른 제조소 등은 제외한다. 이하 제2호 및 제3호에서 같다)에 다음 각 목의 어느 하나에 해당하는 설비를 신설하는 공사

　가. 옥내소화전설비(호스릴옥내소화전설비를 포함한다. 이하 같다), 옥외소화전설비, 스프링클러설비·간이스프링클러설비(캐비닛형 간이스프링클러설비를 포함한다. 이하 같다) 및 화재조기진압용 스프링클러설비(이하 "스프링클러설비등"이라 한다), 물분무소화설비·포소화설비·이산화탄소소화설비·할로겐화합물소화설비·할로겐화합물 및 불활성기체소화설비·미분무소화설비·강화액소화설비 및 분말소화설비(이하 "물분무등소화설비"라 한다), 연결송수관설비, 연결살수설비, 제연설비(소방용 외의 용도와 겸용되는 제연설비를 「건설산업기본법 시행령」 별표 1에 따른 기계설비공사업자가 공사하는 경우는 제외한다), 소화용수설비(소화용수설비를 「건설산업기본법 시행령」 별표 1에 따른 기계설비공사업자 또는 상·하수도설비공사업자가 공사하는 경우는 제외한다) 또는 연소방지설비

　나. 자동화재탐지설비, 비상경보설비, 비상방송설비(소방용 외의 용도와 겸용되는 비상방송설비를 「정보통신공사업법」에 따른 정보통신공사업자가 공사하는 경우는 제외한다), 비상콘센트설비(비상콘센트설비를 「전기공사업법」에 따른 전기공사업자가 공사하는 경우는 제외한다) 또는 무선통신보조설비(소방용 외의 용도와 겸용되는 무선통신보조설비를 「정보통신공사업법」에 따른 정보통신공사업자가 공사하는 경우는 제외한다)

2. 증축, 개축, 재축, 대수선 또는 구조변경·용도 변경되는 특정소방대상물에 다음 각 목의 어느 하나에 해당하는 설비 또는 구역 등을 증설하는 공사

　가. 옥내·옥외소화전설비

　나. 스프링클러설비·간이스프링클러설비 또는 물분무등소화설비의 방호구역, 자동화재탐지설비의 경계구역, 제연설비의 제연구역(소방용 외의 용도와 겸용되는 제연설비를 「건

설산업기본법 시행령」 별표 1에 따른 기계설비공사업자가 공사하는 경우는 제외한다), 연결살수설비의 살수구역, 연결송수관설비의 송수구역, 비상콘센트설비의 전용회로, 연소방지설비의 살수구역

3. 전부 또는 일부를 개설(改設), 이전(移轉) 또는 정비(整備)하는 공사. 다만, 고장 또는 파손 등으로 인하여 작동시킬 수 없는 소방시설을 긴급히 교체하거나 보수하여야 하는 경우에는 신고하지 않을 수 있다.
    가. 수신반(受信盤)
    나. 소화펌프
    다. 동력(감시)제어반

227 「소방시설공사업법 시행령」상 업무의 위탁에 대한 설명으로 옳지 않은 것은?
[18 공채 하반기]

① 시·도지사는 소방시설업 등록신청의 접수 및 신청내용의 확인에 관한 업무를 소방시설업자협회에 위탁한다.
② 소방청장은 소방기술과 관련된 자격·학력·경력의 인정 업무를 소방시설업자협회, 소방기술과 관련된 법인 또는 단체에 위탁한다.
③ 소방청장은 소방시설공사업을 등록한 자의 시공능력 평가 및 공시에 관한 업무를 소방시설업자협회에 위탁한다.
④ 소방청장은 소방기술자 실무교육에 관한 업무를 소방청장이 지정하는 실무교육기관 또는 대한소방공제회에 위탁한다.

해설 ④ 소방청장은 소방기술자 실무교육에 관한 업무를 소방청장이 지정하는 실무교육기관 또는 한국소방안전협회(한국소방안전원)에 위탁한다.

228 「소방시설공사업법 시행규칙」상 감리업자가 소방공사의 감리를 마쳤을 때, 소방공사감리 결과보고(통보)서를 알려야 하는 대상으로 옳지 않은 것은?
[18 공채 상반기]

① 소방시설공사의 도급인
② 특정소방대상물의 관계인
③ 소방시설설계업의 설계사
④ 특정소방대상물의 공사를 감리한 건축사

해설 감리결과 통보 및 보고
    1) 감리업자는 공사가 완료된 날부터 7일 이내에 서면으로 관계인, 도급인, 공사를 감리한 건축사에게 통보
    2) 감리업자는 공사가 완료된 날부터 7일 이내에 소방본부장 또는 소방서장에게 감리결과보고서 제출

229 「소방시설공사업법」상 '소방시설업'의 영업에 해당하지 않는 것은?　　　[18 공채 상반기]

① 소방시설공사에 기본이 되는 공사계획, 설계도면, 설계설명서, 기술계산서 및 이와 관련된 서류를 작성하는 영업

② 설계도서에 따라 소방시설을 신설, 증설, 개설, 이전 및 정비하는 영업

③ 소방안전관리업무의 대행 또는 소방시설등의 점검 및 유지 · 관리하는 영업

④ 방염대상물품에 대하여 방염처리하는 영업

> **해설** 용어정의
> "소방시설업"이란 다음 각 목의 영업을 말한다.
> 　가. 소방시설설계업 : 소방시설공사에 기본이 되는 공사계획, 설계도면, 설계설명서, 기술계산서 및 이와 관련된 서류(이하 "설계도서"라 한다)를 작성(이하 "설계"라 한다)하는 영업
> 　나. 소방시설공사업 : 설계도서에 따라 소방시설을 신설, 증설, 개설, 이전 및 정비(이하 "시공"이라 한다)하는 영업
> 　다. 소방공사감리업 : 소방시설공사에 관한 발주자의 권한을 대행하여 소방시설공사가 설계도서와 관계 법령에 따라 적법하게 시공되는지를 확인하고, 품질 · 시공 관리에 대한 기술지도를 하는(이하 "감리"라 한다) 영업
> 　라. 방염처리업 : 「화재예방, 소방시설 설치 · 유지 및 안전관리에 관한 법률」 제12조제1항에 따른 방염대상물품에 대하여 방염처리(이하 "방염"이라 한다)하는 영업

230 「소방시설공사업법 시행령」상 업무의 위탁에 대한 설명으로 옳지 않은 것은?

[18 공채 하반기]

① 시 · 도지사는 소방시설업 등록신청의 접수 및 신청내용의 확인에 관한 업무를 소방시설업자협회에 위탁한다.

② 소방청장은 소방기술과 관련된 자격 · 학력 · 경력의 인정 업무를 소방시설업자협회, 소방기술과 관련된 법인 또는 단체에 위탁한다.

③ 소방청장은 소방시설공사업을 등록한 자의 시공능력 평가 및 공시에 관한 업무를 소방시설업자협회에 위탁한다.

④ 소방청장은 소방기술자 실무교육에 관한 업무를 소방청장이 지정하는 실무교육기관 또는 대한소방공제회에 위탁한다.

> **해설** 소방청장은 소방기술자 실무교육에 관한 업무를 소방청장이 지정하는 실무교육기관 또는 한국소방안전협회(한국소방안전원)에 위탁한다.

231 「소방시설공사업법 시행령」상 소방시설공사의 착공신고 대상으로 옳지 않은 것은?

[18 공채 하반기]

① 비상경보설비를 신설하는 특정소방대상물 신축공사
② 자동화재속보설비를 신설하는 특정소방대상물 신축공사
③ 연결송수관설비의 송수구역을 증설하는 특정소방대상물 증축공사
④ 자동화재탐지설비의 경계구역을 증설하는 특정소방대상물 증축공사

해설 시행령 제4조(소방시설공사의 착공신고 대상)

법 제13조제1항에서 "대통령령으로 정하는 소방시설공사"란 다음 각 호의 어느 하나에 해당하는 소방시설 공사를 말한다. 〈개정 2015.1.6., 2015.6.22.〉

1. 신축, 증축, 개축, 재축(再築), 대수선(大修繕) 또는 구조변경·용도 변경되는 특정소방대상물(「위험물 안전관리법」 제2조제1항제6호에 따른 제조소 등은 제외한다. 이하 제2호 및 제3호에서 같다)에 다음 각 목의 어느 하나에 해당하는 설비를 신설하는 공사
   가. 옥내소화전설비(호스릴옥내소화전설비를 포함한다. 이하 같다), 옥외소화전설비, 스프링클러설비·간이스프링클러설비(캐비닛형 간이스프링클러설비를 포함한다. 이하 같다) 및 화재조기진압용 스프링클러설비(이하 "스프링클러설비등"이라 한다), 물분무소화설비·포소화설비·이산화탄소소화설비·할로겐화합물소화설비·할로겐화합물 및 불활성기체소화설비·미분무소화설비·강화액소화설비 및 분말소화설비(이하 "물분무등소화설비"라 한다), 연결송수관설비, 연결살수설비, 제연설비(소방용 외의 용도와 겸용되는 제연설비를 「건설산업기본법 시행령」 별표 1에 따른 기계설비공사업자가 공사하는 경우는 제외한다), 소화용수설비(소화용수설비를 「건설산업기본법 시행령」 별표 1에 따른 기계설비공사업자 또는 상·하수도설비공사업자가 공사하는 경우는 제외한다) 또는 연소방지설비
   나. 자동화재탐지설비, 비상경보설비, 비상방송설비(소방용 외의 용도와 겸용되는 비상방송설비를 「정보통신공사업법」에 따른 정보통신공사업자가 공사하는 경우는 제외한다), 비상콘센트설비(비상콘센트설비를 「전기공사업법」에 따른 전기공사업자가 공사하는 경우는 제외한다) 또는 무선통신보조설비(소방용 외의 용도와 겸용되는 무선통신보조설비를 「정보통신공사업법」에 따른 정보통신공사업자가 공사하는 경우는 제외한다)
2. 증축, 개축, 재축, 대수선 또는 구조변경·용도 변경되는 특정소방대상물에 다음 각 목의 어느 하나에 해당하는 설비 또는 구역 등을 증설하는 공사
   가. 옥내·옥외소화전설비
   나. 스프링클러설비·간이스프링클러설비 또는 물분무등소화설비의 방호구역, 자동화재탐지설비의 경계구역, 제연설비의 제연구역(소방용 외의 용도와 겸용되는 제연설비를 「건설산업기본법 시행령」 별표 1에 따른 기계설비공사업자가 공사하는 경우는 제외한다), 연결살수설비의 살수구역, 연결송수관설비의 송수구역, 비상콘센트설비의 전용회로, 연소방지설비의 살수구역
3. 전부 또는 일부를 개설(改設), 이전(移轉) 또는 정비(整備)하는 공사. 다만, 고장 또는 파손 등으로 인하여 작동시킬 수 없는 소방시설을 긴급히 교체하거나 보수하여야 하는 경우에는 신고하지 않을 수 있다.
   가. 수신반(受信盤)

정답 **231** ②

나. 소화펌프

다. 동력(감시)제어반

232 「소방시설공사업법 시행규칙」상 감리업자가 소방공사의 감리를 마쳤을 때, 소방공사감리 결과보고(통보)서를 알려야 하는 대상으로 옳지 않은 것은? [18 공채 하반기]

① 소방시설공사의 도급인

② 특정소방대상물의 관계인

③ 소방시설설계업의 설계사

④ 특정소방대상물의 공사를 감리한 건축사

해설 감리결과 통보 및 보고

1) 감리업자는 공사가 완료된 날부터 7일 이내에 서면으로 관계인, 도급인, 공사를 감리한 건축사에게 통보

2) 감리업자는 공사가 완료된 날부터 7일 이내에 소방본부장 또는 소방서장에게 감리결과보고서 제출

233 「소방시설공사업법」상 '소방시설업'의 영업에 해당하지 않는 것은? [18 공채 하반기]

① 소방시설공사에 기본이 되는 공사계획, 설계도면, 설계설명서, 기술계산서 및 이와 관련된 서류를 작성하는 영업

② 설계도서에 따라 소방시설을 신설, 증설, 개설, 이전 및 정비하는 영업

③ 소방안전관리업무의 대행 또는 소방시설등의 점검 및 유지 · 관리하는 영업

④ 방염대상물품에 대하여 방염처리하는 영업

해설 용어정의

"소방시설업"이란 다음 각 목의 영업을 말한다.

가. 소방시설설계업 : 소방시설공사에 기본이 되는 공사계획, 설계도면, 설계설명서, 기술계산서 및 이와 관련된 서류(이하 "설계도서"라 한다)를 작성(이하 "설계"라 한다)하는 영업

나. 소방시설공사업 : 설계도서에 따라 소방시설을 신설, 증설, 개설, 이전 및 정비(이하 "시공"이라 한다)하는 영업

다. 소방공사감리업 : 소방시설공사에 관한 발주자의 권한을 대행하여 소방시설공사가 설계도서와 관계 법령에 따라 적법하게 시공되는지를 확인하고, 품질 · 시공 관리에 대한 기술지도를 하는(이하 "감리"라 한다) 영업

라. 방염처리업 : 「화재예방, 소방시설 설치 · 유지 및 안전관리에 관한 법률」 제12조제1항에 따른 방염대상물품에 대하여 방염처리(이하 "방염"이라 한다)하는 영업

234 「소방시설공사업법」상 소방시설업자가 소방시설공사등을 맡긴 특정소방대상물의 관계인에게 지체 없이 그 사실을 알려야 하는 사항으로 옳지 않은 것은? [19 공채]

① 소방시설업을 휴업한 경우
② 소방시설업자의 지위를 승계한 경우
③ 소방시설업에 대한 행정처분 중 등록취소 처분을 받은 경우
④ 소방시설업에 대한 행정처분 중 영업정지 또는 경고처분을 받은 경우

> **해설** 제8조(소방시설업의 운영) ③항
> 소방시설업자는 다음 각 호의 어느 하나에 해당하는 경우에는 소방시설공사 등을 맡긴 특정소방대상물의 관계인에게 지체없이 그 사실을 알려야 한다.
> 1. 제7조에 따라 소방시설업자의 지위를 승계한 경우
> 2. 제9조제1항에 따라 소방시설업의 등록취소처분 또는 영업정지처분을 받은 경우
> 3. 휴업하거나 폐업한 경우

235 「소방시설공사업법 시행령」상 소방시설공사가 공사감리 결과보고서대로 완공되었는지를 현장에서 확인할 수 있는 대상으로 옳은 것은? [19 공채]

① 창고시설 또는 수련시설
② 호스릴소화설비를 설치하는 소방시설공사
③ 연면적 1만제곱미터 이상의 아파트에 설치하는 소방시설공사
④ 가연성 가스를 제조·저장 또는 취급하는 시설 중 지하에 매립된 가연성 가스탱크의 저장용량 합계가 1천톤 이상인 시설

> **해설** 완공검사 현장확인 소방대상물
> 1. 문화 및 집회시설, 종교시설, 판매시설, 노유자(老幼者)시설, 수련시설, 운동시설, 숙박시설, 창고시설, 지하상가 및 「다중이용업소의 안전관리에 관한 특별법」에 따른 다중이용업소
> 2. 다음 각 목의 어느 하나에 해당하는 설비가 설치되는 특정소방대상물
>   가. 스프링클러설비 등
>   나. 물분무등소화설비(호스릴방식의 소화설비는 제외한다)
> 3. 연면적 1만제곱미터 이상이거나 11층 이상인 특정소방대상물(아파트는 제외한다)
> 4. 가연성 가스를 제조·저장 또는 취급하는 시설 중 지상에 노출된 가연성 가스탱크의 저장용량 합계가 1천톤 이상인 시설

236 「소방시설공사업법」상 행정처분 전에 청문을 하여야 하는 대상으로 옳지 않은 것은? [19 공채]

① 소방시설업의 등록취소 처분   ② 소방기술 인정 자격취소 처분
③ 소방시설업의 영업정지 처분   ④ 소방기술 인정 자격정지 처분

해설 청문
1) 소방시설업 등록취소처분 이나 영업정지처분 청문권자 : 시도지사
2) 소방기술인정자격취소처분 청문권자 : 소방청장

237 「소방시설공사업법」상 ( ) 안에 들어갈 내용으로 옳은 것은? [19 공채]

> 시·도지사는 소방시설공사업자가 소방시설 공사현장에 감리원 배치기준을 위반한 경우로서 영업정지가 그 이용자에게 불편을 주거나 그 밖에 공익을 해칠 우려가 있을 때에는 영업정지처분을 갈음하여 ( ) 이하의 과징금을 부과할 수 있다.

① 2,000만 원
② 2,500만 원
③ 3,000만 원
④ 3,500만 원

해설 소방시설공사업법 과징금 3,000만 원

238 「소방시설공사업법 시행령」상 소방시설공사 결과 하자보수 대상과 하자보수 보증기간의 연결이 옳은 것은? [19 공채]

하자보수대상 소방시설	하자보수 보증기간
① 비상경보설비, 자동소화장치	2년
② 무선통신보조설비, 비상조명등	2년
③ 피난기구, 소화활동설비	3년
④ 비상방송설비, 간이스프링클러설비	3년

해설 공사의 하자보수등
1) 하자보수 보증기간
   1. 피난기구, 유도등, 유도표지, 비상경보설비, 비상조명등, 비상방송설비 및 무선통신보조설비 : 2년
   2. 자동소화장치, 옥내소화전설비, 스프링클러설비, 간이스프링클러설비, 물분무등소화설비, 옥외소화전설비, 자동화재탐지설비, 상수도소화용수설비 및 소화활동설비(무선통신보조설비는 제외한다) : 3년
2) 관계인은 제1항에 따른 기간에 소방시설의 하자가 발생하였을 때에는 공사업자에게 그 사실을 알려야 하며, 통보를 받은 공사업자는 3일 이내에 하자를 보수하거나 보수 일정을 기록한 하자보수계획을 관계인에게 서면으로 알려야 한다.

239 「소방시설공사업법 시행령」상 소방본부장 또는 소방서장의 소방시설공사 완공검사를 위한 현장확인 대상 특정소방대상물로 옳지 않은 것은? [20 공채]

① 창고시설
② 스프링클러설비 등이 설치되는 특정소방대상물
③ 연면적 1만제곱미터 이상이거나 11층 이상인 아파트
④ 가연성가스를 제조·저장 또는 취급하는 시설 중 지상에 노출된 가연성가스탱크의 저장 용량 합계가 1천톤 이상인 시설

해설 완공검사 현장확인 소방대상물

1. 문화 및 집회시설, 종교시설, 판매시설, 노유자(老幼者)시설, 수련시설, 운동시설, 숙박시설, 창고시설, 지하상가 및 「다중이용업소의 안전관리에 관한 특별법」에 따른 다중이용업소
2. 다음 각 목의 어느 하나에 해당하는 설비가 설치되는 특정소방대상물
   가. 스프링클러설비 등
   나. 물분무등소화설비(호스릴 방식의 소화설비는 제외한다)
3. 연면적 1만제곱미터 이상이거나 11층 이상인 특정소방대상물(아파트는 제외한다)
4. 가연성가스를 제조·저장 또는 취급하는 시설 중 지상에 노출된 가연성가스탱크의 저장용량 합계가 1천톤 이상인 시설

240 「소방시설공사업법」상 감리업자가 감리를 할 때 위반사항에 대하여 조치하여야 할 사항이다. ( ) 안에 들어갈 용어로 옳은 것은? [20 공채]

> 감리업자는 감리를 할 때 소방시설공사가 설계도서나 화재안전기준에 맞지 아니할 때에는 (가)에게 알리고, (나)에게 그 공사의 시정 또는 보완 등을 요구하여야 한다.

	(가)	(나)		(가)	(나)
①	관계인	공사업자	②	관계인	소방서장
③	소방본부장	공사업자	④	소방본부장	소방서장

해설 제19조(위반사항에 대한 조치)

① 감리업자는 감리를 할 때 소방시설공사가 설계도서나 화재안전기준에 맞지 아니할 때에는 관계인에게 알리고, 공사업자에게 그 공사의 시정 또는 보완 등을 요구하여야 한다.
② 공사업자가 제1항에 따른 요구를 받았을 때에는 그 요구에 따라야 한다.
③ 감리업자는 공사업자가 제1항에 따른 요구를 이행하지 아니하고 그 공사를 계속할 때에는 행정안전부령으로 정하는 바에 따라 소방본부장이나 소방서장에게 그 사실을 보고하여야 한다.
④ 관계인은 감리업자가 제3항에 따라 소방본부장이나 소방서장에게 보고한 것을 이유로 감리계약을 해지하거나 감리의 대가 지급을 거부하거나 지연시키거나 그 밖의 불이익을 주어서는 아니 된다.

241 「소방시설공사업법」상 공사의 도급에 관한 사항으로 옳지 않은 것은?　　　　　[20 공채]

① 특정소방대상물의 관계인 또는 발주자는 소방시설공사 등을 도급할 때에는 해당 소방시설업자에게 도급하여야 한다.

② 공사업자가 도급받은 소방시설공사의 도급금액 중 그 공사(하도급한 공사를 포함한다)의 근로자에게 지급하여야 할 노임(勞賃)에 해당하는 금액은 압류할 수 없다.

③ 도급을 받은 자는 소방시설공사의 전부를 한 번만 제3자에게 하도급할 수 있다.

④ 도급을 받은 자가 해당 소방시설공사 등을 하도급할 때에는 행정안전부령으로 정하는 바에 따라 미리 관계인과 발주자에게 알려야 한다.

해설 시행령 제12조(소방시설공사의 시공을 하도급할 수 있는 경우)

① 법 제22조제1항 단서에서 "대통령령으로 정하는 경우"란 소방시설공사업과 다음 각 호의 어느 하나에 해당하는 사업을 함께 하는 소방시설공사업자가 소방시설공사와 해당 사업의 공사를 함께 도급받은 경우를 말한다. 〈개정 2016. 8. 11.〉
　1. 「주택법」 제4조에 따른 주택건설사업
　2. 「건설산업기본법」 제9조에 따른 건설업
　3. 「전기공사업법」 제4조에 따른 전기공사업
　4. 「정보통신공사업법」 제14조에 따른 정보통신공사업

▬ 제21조의2(노임에 대한 압류의 금지)

① 공사업자가 도급받은 소방시설공사의 도급금액 중 그 공사(하도급한 공사를 포함한다)의 근로자에게 지급하여야 할 노임(勞賃)에 해당하는 금액은 압류할 수 없다

▬ 제21조의3(도급의 원칙 등)

① 소방시설공사등의 도급 또는 하도급의 계약당사자는 서로 대등한 입장에서 합의에 따라 공정하게 계약을 체결하고, 신의에 따라 성실하게 계약을 이행하여야 한다.

② 소방시설공사등의 도급 또는 하도급의 계약당사자는 그 계약을 체결할 때 도급 또는 하도급 금액, 공사기간, 그 밖에 대통령령으로 정하는 사항을 계약서에 분명히 밝혀야 하며, 서명날인한 계약서를 서로 내주고 보관하여야 한다. [200만 원 이하의 과태료]

③ 수급인은 하수급인에게 하도급과 관련하여 자재구입처의 지정 등 하수급인에게 불리하다고 인정되는 행위를 강요하여서는 아니 된다.

④ 제21조에 따라 도급을 받은 자가 해당 소방시설공사등을 하도급할 때에는 행정안전부령으로 정하는 바에 따라 미리 관계인과 발주자에게 알려야 한다. 하수급인을 변경하거나 하도급 계약을 해지할 때에도 또한 같다. [200만 원 이하의 과태료]

▬ 제22조(하도급의 제한) [1년 이하의 징역 또는 1천만 원 이하의 벌금]

① 제21조에 따라 도급을 받은 자는 소방시설의 설계, 시공, 감리를 제3자에게 하도급할 수 없다. 다만, 시공의 경우에는 대통령령으로 정하는 바에 따라 도급받은 소방시설공사의 일부를 다른 공사업자에게 하도급할 수 있다. 〈개정 2020. 6. 9.〉

② 하수급인은 제1항 단서에 따라 하도급받은 소방시설공사를 제3자에게 다시 하도급할 수 없다.

정답　**241** ③

242 「소방시설공사업법」상 벌칙 중 1년 이하의 징역 또는 1천만 원 이하의 벌금에 해당하는 자로 옳지 않은 것은? [20 공채]

① 소방시설업 등록을 하지 아니하고 영업을 한 자
② 영업정지처분을 받고 그 영업정지 기간에 영업을 한 자
③ 소방시설업자가 아닌 자에게 소방시설공사 등을 도급한 자
④ 공사감리 결과의 통보 또는 공사감리 결과보고서의 제출을 거짓으로 한 자

해설 ① 미등록영업의 경우 3년 이하의 징역 또는 3,000만 원 이하의 벌금이 부과된다.

━ 공사업법 벌칙
  1) 3년 이하의 징역 또는 3,000만 원 이하의 벌금
     소방시설업 등록을 하지 아니하고 영업을 한 자
  2) 1년 이하의 징역 또는 1,000만 원 이하의 벌금
     ① 영업정지처분을 받고 그 영업정지 기간에 영업을 한 자
     ② 불법으로(화재안전기준 위반) 설계나 시공을 한 자
     ③ 불법으로(규정을 위반) 감리를 하거나 거짓으로 감리한 자
     ④ 공사감리자를 지정하지 아니한 자
     ④의2. 공사업자에 대한 시정요구를 이행하지 않거나 그 사실 보고를 거짓으로 한 자
     ④의3. 공사감리 결과의 통보 또는 공사감리 결과보고서의 제출을 거짓으로 한 자
     ⑤ 해당 소방시설업자가 아닌 자에게 소방시설공사 등을 도급한 자
     ⑥ 제3자에게 소방시설공사 시공을 하도급한 자
     ⑦ 법 또는 명령을 따르지 아니하고 업무를 수행한 자(기술자)

화재예방, 소방시설 설치유지 및 안전관리에 관한 법률 기출문제 (2007~2020)

화재예방, 소방시설 설치유지 및 안전관리에 관한 법률

01 다음 중 소방안전관리대상물의 소방계획이 아닌 것은? [07 광주]

① 화재예방을 위한 자체점검계획 및 진압대책

② 소방장비 및 소방시설 배치에 관한 사항

③ 자위소방대 조직과 대원의 임무에 관한 사항

④ 공동 및 분임소방안전관리에 관한 사항

해설 제24조(소방안전관리대상물의 소방계획서 작성 등)

① 법 제20조제6항제1호에 따른 소방계획서에는 다음 각 호의 사항이 포함되어야 한다.

1. 소방안전관리대상물의 위치 · 구조 · 연면적 · 용도 및 수용인원 등 일반 현황

2. 소방안전관리대상물에 설치한 소방시설 · 방화시설(防火施設), 전기시설 · 가스시설 및 위험물시설의 현황

3. **화재예방을 위한 자체점검계획 및 진압대책**

4. 소방시설 · 피난시설 및 방화시설의 점검 · 정비계획

5. 피난층 및 피난시설의 위치와 피난경로의 설정, 장애인 및 노약자의 피난계획 등을 포함한 피난계획

6. 방화구획, 제연구획, 건축물의 내부 마감재료(불연재료 · 준불연재료 또는 난연재료로 사용된 것을 말한다) 및 방염물품의 사용현황과 그 밖의 방화구조 및 설비의 유지 · 관리계획

7. 법 제22조에 따른 소방훈련 및 교육에 관한 계획

8. 법 제22조를 적용받는 특정소방대상물의 근무자 및 거주자의 **자위소방대 조직과 대원의 임무**(장애인 및 노약자의 피난보조 임무를 포함한다)에 관한 사항

9. 화기 취급 작업에 대한 사전 안전조치 및 감독 등 공사 중 소방안전관리에 관한 사항

10. **공동 및 분임 소방안전관리에 관한 사항**

11. 소화와 연소 방지에 관한 사항

12. 위험물의 저장 · 취급에 관한 사항(「위험물안전관리법」 제17조에 따라 예방규정을 정하는 제조소 등은 제외한다)

13. 그 밖에 소방안전관리를 위하여 소방본부장 또는 소방서장이 소방안전관리대상물의 위치 · 구조 · 설비 또는 관리 상황 등을 고려하여 소방안전관리에 필요하여 요청하는 사항

② 소방본부장 또는 소방서장은 제1항에 따른 특정소방대상물의 소방계획의 작성 및 실시에 관하여 지도 · 감독한다.

정답 01 ②

02 다음 중 소방용품의 종류가 아닌 것은?   [07 중앙]

① 소방호스   ② 방염제

③ 결합금속구   ④ 이산화탄소 소화약제

> **해설** 소방용품(제6조 관련)
>
> 1. 소화설비를 구성하는 제품 또는 기기
>   가. 별표 1 제1호가목의 소화기구(소화약제 외의 것을 이용한 간이소화용구는 제외한다)
>   나. 별표 1 제1호나목의 자동소화장치
>   다. 소화설비를 구성하는 소화전, 관창(菅槍), 소방호스, 스프링클러헤드, 기동용 수압개폐장치, 유수제어밸브 및 가스관 선택밸브
> 2. 경보설비를 구성하는 제품 또는 기기
>   가. 누전경보기 및 가스누설경보기
>   나. 경보설비를 구성하는 발신기, 수신기, 중계기, 감지기 및 음향장치(경종만 해당한다)
> 3. 피난구조설비를 구성하는 제품 또는 기기
>   가. 피난사다리, 구조대, 완강기(간이완강기 및 지지대를 포함한다)
>   나. 공기호흡기(충전기를 포함한다)
>   다. 피난구유도등, 통로유도등, 객석유도등 및 예비전원이 내장된 비상조명등
> 4. 소화용으로 사용하는 제품 또는 기기
>   가. 소화약제(별표 1 제1호 나목 2)와 3)의 자동소화장치와 같은 호 마목 3)부터 8)까지의 소화설비용만 해당한다)
>   나. 방염제(방염액·방염도료 및 방염성 물질을 말한다)
> 5. 그 밖에 행정안전부령으로 정하는 소방 관련 제품 또는 기기

03 관계인이 지위승계 행정처분 또는 휴업. 폐업 사실을 알리지 아니한 자 또는 거짓으로 알린 자의 1차 과태료는?   [07 중앙]

① 50만 원   ② 100만 원   ③ 150만 원   ④ 200만 원

> **해설** 개별기준
>
> | 위반행위 | 근거 법조문 | 과태료 금액(만 원) | | |
> |---|---|---|---|---|
> | | | 1차 위반 | 2차 위반 | 3차 이상 위반 |
> | 가. 법 제9조제1항 전단을 위반한 경우 | 법 제53조 제1항제1호 | | | |
> | 1) 2) 및 3)의 규정을 제외하고 소방시설을 최근 1년 이내에 2회 이상 화재안전기준에 따라 관리·유지하지 않은 경우 | | | 100 | |
> | 2) 소방시설을 다음에 해당하는 고장 상태 등으로 방치한 경우 | | | 200 | |

위반행위	근거 법조문	과태료 금액(만 원)		
		1차 위반	2차 위반	3차 이상 위반
가) 소화펌프를 고장 상태로 방치한 경우 나) 수신반, 동력(감시)제어반 또는 소방시설용 비상전원을 차단하거나, 고장난 상태로 방치하거나, 임의로 조작하여 자동으로 작동이 되지 않도록 한 경우 다) 소방시설이 작동하는 경우 소화배관을 통하여 소화수가 방수되지 않는 상태 또는 는 소화약제가 방출되지 않는 상태로 방치한 경우				
3) 소방시설을 설치하지 않은 경우		300		
나. 법 제10조제1항을 위반하여 피난시설, 방화구획 또는 방화시설을 폐쇄·훼손·변경하는 등의 행위를 한 경우	법 제53조제1항 제2호	100	200	300
다. 법 제12조제1항을 위반한 경우(방염성능기준 X)	법 제53조제2항 제1호	200		
라. 법 제20조제4항·제31조 또는 제32조제3항에 따른 신고를 하지 않거나 거짓으로 신고한 경우	법 제53조제2항 제3호			
1) 지연신고기간이 1개월 미만인 경우		30		
2) 지연신고기간이 1개월 이상 3개월 미만인 경우		50		
3) 지연신고기간이 3개월 이상이거나 신고를 하지 않은 경우		100		
4) 거짓으로 신고한 경우		200		
사. 법 제20조제1항을 위반하여 소방안전관리 업무를 수행하지 않은 경우	법 제53조제2항 제5호	50	100	200
아. 특정소방대상물의 관계인 또는 소방안전관리대상물의 소방안전관리자가 법 제20조제6항에 따른 소방안전관리 업무를 하지 않은 경우	법 제53조제2항 제6호	50	100	200
자. 법 제20조제7항을 위반하여 소방안전관리대상물의 관계인이 소방안전관리자에 대한 지도와 감독을 하지 않은 경우	법 제53조제2항 제7호	200		
차. 법 제21조의2제3항을 위반하여 피난유도 안내정보를 제공하지 아니한 경우	법 제53조제2항 제7호의2	50	100	200
카. 법 제22조제1항을 위반하여 소방훈련 및 교육을 하지 않은 경우	법 제53조제2항 제8호	50	100	200
타. 법 제24조제1항을 위반하여 소방안전관리 업무를 하지 않은 경우	법 제53조제2항 제9호	50	100	200

위반행위	근거 법조문	과태료 금액(만 원)		
		1차 위반	2차 위반	3차 이상 위반
파. 법 제25조제2항을 위반하여 소방시설 등의 점검결과를 보고하지 않거나 거짓으로 보고한 경우	법 제53조제2항 제10호			
1) 지연보고기간이 1개월 미만인 경우			30	
2) 지연보고기간이 1개월 이상 3개월 미만인 경우			50	
3) 지연보고기간이 3개월 이상 또는 보고하지 않은 경우			100	
4) 거짓으로 보고한 경우			200	
하. 관리업자가 법 제33조제2항을 위반하여 지위승계, 행정처분 또는 휴업·폐업의 사실을 특정소방대상물의 관계인에게 알리지 않거나 거짓으로 알린 경우	법 제53조제2항 제11호		200	
거. 관리업자가 법 제33조제3항을 위반하여 기술인력의 참여 없이 자체점검을 실시한 경우	법 제53조제2항제 12호		200	
너. 관리업자가 법 제33조의2제2항에 따른 서류를 거짓으로 제출한 경우	법 제53조제2항 제12호의2		200	
더. 소방안전관리자 및 소방안전관리보조자가 법 제41조제1항제1호 또는 제2호를 위반하여 실무 교육을 받지 않은 경우	법 제53조제3항		50	
러. 법 제46조제1항에 따른 명령을 위반하여 보고 또는 자료제출을 하지 않거나 거짓으로 보고 또는 자료제출을 한 경우 또는 정당한 사유 없이 관계 공무원의 출입 또는 조사·검사를 거부·방해 또는 기피한 경우	법 제53조제2항 제13호	50	100	200

04 근린생활시설 복합건축물 및 위락시설 등에서 자동화재탐지설비를 설치해야 하는 면적은?

[07 중앙]

① 300m²
② 600m²
③ 1000m²
④ 2000m²

해설 자동화재탐지설비를 설치하여야 하는 특정소방대상물은 다음의 어느 하나와 같다.

1) 근린생활시설(목욕장은 제외한다), 의료시설(정신의료기관 또는 요양병원은 제외한다), 숙박시설, 위락시설, 장례시설 및 **복합건축물로서 연면적 600m² 이상인 것**

2) 공동주택, 근린생활시설 중 목욕장, 문화 및 집회시설, 종교시설, 판매시설, 운수시설, 운동시설, 업무시설, 공장, 창고시설, 위험물 저장 및 처리시설, 항공기 및 자동차 관련 시설, 교정 및 군사시설 중 국방·군사시설, 방송통신시설, 발전시설, 관광 휴게시설, 지하가(터널은 제외한다)로서 연면적 1천m² 이상인 것

3) 교육연구시설(교육시설 내에 있는 기숙사 및 합숙소를 포함한다), 수련시설(수련시설 내에 있는 기숙사 및 합숙소를 포함하며, 숙박시설이 있는 수련시설은 제외한다), 동물 및 식물 관련 시설(기둥과 지붕만으로 구성되어 외부와 기류가 통하는 장소는 제외한다), 분뇨 및 쓰레기 처리시설, 교정 및 군사시설(국방·군사시설은 제외한다) 또는 묘지 관련 시설로서 연면적 2천m² 이상인 것

4) 지하구

5) 지하가 중 터널로서 길이가 1천m 이상인 것

6) 노유자 생활시설

7) 6)에 해당하지 않는 노유자시설로서 연면적 400m² 이상인 노유자시설 및 숙박시설이 있는 수련시설로서 수용인원 100명 이상인 것

8) 2)에 해당하지 않는 공장 및 창고시설로서 「소방기본법 시행령」 별표 2에서 정하는 수량의 500배 이상의 특수가연물을 저장·취급하는 것

9) 의료시설 중 정신의료기관 또는 요양병원으로서 다음의 어느 하나에 해당하는 시설
   가) 요양병원(정신병원과 의료재활시설은 제외한다)
   나) 정신의료기관 또는 의료재활시설로 사용되는 바닥면적의 합계가 300m² 이상인 시설
   다) 정신의료기관 또는 의료재활시설로 사용되는 바닥면적의 합계가 300m² 미만이고, 창살(철재·플라스틱 또는 목재 등으로 사람의 탈출 등을 막기 위하여 설치한 것을 말하며, 화재 시 자동으로 열리는 구조로 되어 있는 창살은 제외한다)이 설치된 시설

10) 판매시설 중 전통시장

05 무창층에 대한 개구부 설명 중 틀린 것은?

[07 중앙]

① 무창층은 개구부가 바닥면적의 1/30 이하가 되는 층을 말한다.
② 개구부 밑부분까지의 높이가 해당 층의 바닥으로부터 1.2m 이내가 되어야 한다.
③ 무창층 개구부 크기는 가로 75cm 이상 세로 150cm 이상이어야 한다.
④ 개구부는 내부 또는 외부에서 쉽게 파괴·개방될 수 있을 것

"무창층"(無窓層)이란 지상층 중 다음 각 목의 요건을 모두 갖춘 개구부(건축물에서 채광·환기·통풍 또는 출입 등을 위하여 만든 창·출입구, 그 밖에 이와 비슷한 것을 말한다)의 면적의 합계가 해당 층의 바닥면적(「건축법 시행령」 제119조제1항제3호에 따라 산정된 면적을 말한다. 이하 같다)의 30분의 1 이하가 되는 층을 말한다.

가. 크기는 지름 50센티미터 이상의 원이 내접(內接)할 수 있는 크기일 것
나. 해당 층의 바닥면으로부터 개구부 밑부분까지의 높이가 1.2미터 이내일 것
다. 도로 또는 차량이 진입할 수 있는 빈터를 향할 것
라. 화재 시 건축물로부터 쉽게 피난할 수 있도록 창살이나 그 밖의 장애물이 설치되지 아니할 것
마. 내부 또는 외부에서 쉽게 부수거나 열 수 있을 것

06 다음 설비 중 같은 것끼리 짝지어지지 않은 것은? [07 중앙]

① 공기안전매트 – 방열복 – 비상벨
② 자동식사이렌설비 – 비상경보설비 – 통합감시시설
③ 소화설비 – 작동확산소화기 – 옥내소화전설비
④ 소화용수설비 – 소화수조 – 상수도소화용수설비

해설 소방시설(제3조 관련)

1. 소화설비 : 물 또는 그 밖의 소화약제를 사용하여 소화하는 기계·기구 또는 설비로서 다음 각 목의 것
   가. 소화기구
      1) 소화기
      2) 간이소화용구 : 에어로졸식 소화용구, 투척용 소화용구 및 소화약제 외의 것을 이용한 간이소화용구
      3) 자동확산소화기
   나. 자동소화장치
      1) 주거용 주방자동소화장치
      2) 상업용 주방자동소화장치
      3) 캐비닛형 자동소화장치
      4) 가스자동소화장치
      5) 분말자동소화장치
      6) 고체에어로졸자동소화장치
   다. 옥내소화전설비(호스릴옥내소화전설비를 포함한다)
   라. 스프링클러설비등
      1) 스프링클러설비
      2) 간이스프링클러설비(캐비닛형 간이스프링클러설비를 포함한다)
      3) 화재조기진압용 스프링클러설비
   마. 물분무등소화설비
      1) 물 분무 소화설비

2) 미분무소화설비

3) 포소화설비

4) 이산화탄소소화설비

5) 할론소화설비

6) 할로겐화합물 및 불활성기체 소화설비

7) 분말소화설비

8) 강화액소화설비

9) 고체에어로졸소화설비

바. 옥외소화전설비

2. 경보설비 : 화재발생 사실을 통보하는 기계ㆍ기구 또는 설비로서 다음 각 목의 것

가. 단독경보형 감지기

나. 비상경보설비

1) 비상벨설비

2) 자동식사이렌설비

다. 시각경보기

라. 자동화재탐지설비

마. 비상방송설비

바. 자동화재속보설비

사. 통합감시시설

아. 누전경보기

자. 가스누설경보기

3. 피난구조설비 : 화재가 발생할 경우 피난하기 위하여 사용하는 기구 또는 설비로서 다음 각
목의 것

가. 피난기구

1) 피난사다리

2) 구조대

3) 완강기

4) 그 밖에 법 제9조제1항에 따라 소방청장이 정하여 고시하는 화재안전기준(이하 "화재
안전기준"이라 한다)으로 정하는 것

나. 인명구조기구

1) 방열복, 방화복(안전헬멧, 보호장갑 및 안전화를 포함한다)

2) 공기호흡기

3) 인공소생기

다. 유도등

1) 피난유도선

2) 피난구유도등

3) 통로유도등

4) 객석유도등

5) 유도표지

라. 비상조명등 및 휴대용비상조명등

4. 소화용수설비 : 화재를 진압하는 데 필요한 물을 공급하거나 저장하는 설비로서 다음 각 목

의 것

　　가. 상수도소화용수설비

　　나. 소화수조·저수조, 그 밖의 소화용수설비

5. 소화활동설비 : 화재를 진압하거나 인명구조활동을 위하여 사용하는 설비로서 다음 각 목의 것

　　가. 제연설비

　　나. 연결송수관설비

　　다. 연결살수설비

　　라. 비상콘센트설비

　　마. 무선통신보조설비

　　바. 연소방지설비

07 다음 설명 중 올바르지 않은 것은?　　　　　　　　　　　　　　　　　[07 중앙]

① 지하층 또는 무창층이 있는 건축물로서 바닥면적이 150제곱미터 이상인 층이 있는 것은 건축허가 동의를 받아야 한다.

② 건축허가 사용승인에 대한 동의는 완공필증으로 갈음할 수 있다.

③ 항공기격납고 위험물 제조소 등은 면적에 관계없이 건축허가 동의를 받아야 한다.

④ 건축허가 등에 있어서 소재지를 관할하는 시·도 지사의 허가 동의를 받아야 한다.

해설　④ 관할건축허가 행정기관이 관할 소방본부장 또는 소방서장에게 건축허가 동의를 받아야 한다. → 5일 이내 회신(특급 : 10일 이내), 서류보완 4일

08 다음 중 소방본부장 또는 소방서장의 건축허가 동의를 하지 않아도 되는 것은?　　[07 서울]

① 연면적 $500m^2$ 이상인 건축물

② 노유자시설 $100m^2$ 이상인 것

③ 차고·주차장 바닥면적 $15000m^2$ 이상인 것

④ 연면적 $500m^2$ 이상의 학교시설

해설　시행령 제12조(건축허가등의 동의대상물의 범위 등)

① 법 제7조제1항에 따라 건축허가등을 할 때 미리 소방본부장 또는 소방서장의 동의를 받아야 하는 건축물 등의 범위는 다음 각 호와 같다. 〈개정 2020. 9. 15.〉

　1. 연면적이 400제곱미터 이상인 건축물. 다만, 다음 각 목의 어느 하나에 해당하는 시설은 해당 목에서 정한 기준 이상인 건축물로 한다.

　　가. 학교시설 : 100제곱미터

　　나. 노유자시설(老幼者施設) 및 수련시설 : 200제곱미터

　　다. 정신의료기관(입원실이 없는 정신건강의학과 의원은 제외) : 300제곱미터

정답 07 ④　08 ②

라. 장애인 의료재활시설 : 300제곱미터
　1의2. 층수가 6층 이상인 건축물
　2. 차고·주차장 또는 주차용도로 사용되는 시설로서 다음 각 목의 어느 하나에 해당하는 것
　　가. 차고·주차장으로 사용되는 바닥면적이 200제곱미터 이상인 층이 있는 건축물이나 주차시설
　　나. 승강기 등 기계장치에 의한 주차시설로서 자동차 20대 이상을 주차할 수 있는 시설
　3. 항공기격납고, 관망탑, 항공관제탑, 방송용 송수신탑
　4. 지하층 또는 무창층이 있는 건축물로서 바닥면적이 150제곱미터(공연장의 경우에는 100 제곱미터) 이상인 층이 있는 것
　5. 별표 2의 특정소방대상물 중 위험물 저장 및 처리 시설, 지하구
　6. 제1호에 해당하지 않는 노유자시설 중 다음 각 목의 어느 하나에 해당하는 시설. 다만, 가목2) 및 나목부터 바목까지의 시설 중 단독주택 또는 공동주택에 설치되는 시설은 제외한다.
　　가. 별표 2 제9호가목에 따른 노인 관련 시설 중 다음의 어느 하나에 해당하는 시설
　　　1) 노인주거복지시설·노인의료복지시설 및 재가노인복지시설
　　　2) 학대피해노인 전용쉼터
　　나. 아동복지시설(아동상담소, 아동전용시설 및 지역아동센터는 제외한다)
　　다. 장애인 거주시설
　　라. 정신질환자 관련 시설
　　마. 노숙인 관련 시설 중 노숙인자활시설, 노숙인재활시설 및 노숙인 요양시설
　　바. 결핵환자나 한센인이 24시간 생활하는 노유자시설
　7. 요양병원. 다만, 정신의료기관 중 정신병원과 의료재활시설은 제외한다.
② 제1항에도 불구하고 다음 각 호의 어느 하나에 해당하는 특정소방대상물은 소방본부장 또는 소방서장의 **건축허가등의 동의대상에서 제외된다.** 〈개정 2019. 8. 6.〉
　1. 별표 5에 따라 특정소방대상물에 설치되는 소화기구, 누전경보기, 피난기구, 방열복·방화복·공기호흡기 및 인공소생기, 유도등 또는 유도표지가 법 제9조제1항 전단에 따른 화재안전기준에 적합한 경우 그 특정소방대상물
　2. 건축물의 증축 또는 용도변경으로 인하여 해당 특정소방대상물에 추가로 소방시설이 설치되지 아니하는 경우 그 특정소방대상물
　3. 법 제9조의3 제1항에 따라 성능위주설계를 한 특정소방대상물
③ 법 제7조제1항에 따라 건축허가등의 권한이 있는 행정기관은 건축허가등의 동의를 받으려는 경우에는 동의요구서에 행정안전부령으로 정하는 서류를 첨부하여 해당 건축물 등의 소재지를 관할하는 소방본부장 또는 소방서장에게 동의를 요구하여야 한다. 이 경우 동의 요구를 받은 소방본부장 또는 소방서장은 첨부서류가 미비한 경우에는 그 서류의 보완을 요구할 수 있다.

09 2급 소방안전관리자의 자격요건에 해당되지 않는 것은?   [07 서울]

① 3년 이상의 소방공무원

② 산업안전기사로서 2년 실무경력자

③ 의용소방대 2년 이상 경력자

④ 위험물기능사 자격을 가진 자

해설 화재예방, 소방시설 설치 · 유지 및 안전관리에 관한 법률 시행령

2급 소방안전관리대상물의 관계인은 다음 각 호의 어느 하나에 해당하는 사람 중에서 소방안전관리자를 선임하여야 한다. 다만, 제3호에 해당하는 사람은 보안관리자 또는 보안감독자로 선임된 해당 소방안전관리대상물의 소방안전관리자로만 선임할 수 있다.

1. 건축사 · 산업안전기사 · 산업안전산업기사 · 건축기사 · 건축산업기사 · 일반기계기사 · 전기기능장 · 전기기사 · 전기산업기사 · 전기공사기사 또는 전기공사산업기사 자격을 가진 사람

2. 위험물기능장 · 위험물산업기사 또는 위험물기능사 자격을 가진 사람

3. 광산보안기사 또는 광산보안산업기사 자격을 가진 사람으로서 광산안전관리직원(안전관리자 또는 안전감독자만 해당한다)으로 선임된 사람

4. **소방공무원으로 3년 이상 근무한 경력이 있는 사람**

5. 소방청장이 실시하는 2급 소방안전관리대상물의 소방안전관리에 관한 시험에 합격한 사람.

1급 소방안전관리대상물의 관계인은 다음 각 호의 어느 하나에 해당하는 사람 중에서 소방안전관리자를 선임하여야 한다. 다만, 제4호부터 제6호까지에 해당하는 사람은 안전관리자로 선임된 해당 소방안전관리대상물의 소방안전관리자로만 선임할 수 있다.

1. 소방설비기사 또는 소방설비산업기사의 자격이 있는 사람

2. 산업안전기사 또는 산업안전산업기사의 자격을 취득한 후 2년 이상 2급 소방안전관리대상물 또는 3급 소방안전관리대상물의 소방안전관리자로 근무한 실무경력이 있는 사람

3. **소방공무원으로 7년 이상 근무한 경력이 있는 사람**

4. 위험물기능장 · 위험물산업기사 또는 위험물기능사 자격을 가진 사람으로서 안전관리자로 선임된 사람

6. 전기안전관리자로 선임된 사람

7. 소방청장이 실시하는 1급 소방안전관리대상물의 소방안전관리에 관한 시험에 합격한 사람

특급 소방안전관리대상물의 관계인은 다음 각 호의 어느 하나에 해당하는 사람 중에서 소방안전관리자를 선임해야 한다. 〈개정 2020. 9. 15.〉

1. 소방기술사 또는 소방시설관리사의 자격이 있는 사람

2. 소방설비기사의 자격을 취득한 후 5년 이상 1급 소방안전관리대상물의 소방안전관리자로 근무한 실무경력이 있는 사람

3. 소방설비산업기사의 자격을 취득한 후 7년 이상 1급 소방안전관리대상물의 소방안전관리자로 근무한 실무경력이 있는 사람

4. 소방공무원으로 20년 이상 근무한 경력이 있는 사람

5. 소방청장이 실시하는 특급 소방안전관리대상물의 소방안전관리에 관한 시험에 합격한 사람.

10 다음 중 소방안전관리자의 업무가 아닌 것은? [07 서울]

① 화기 취급의 감독을 한다.
② 소방시설의 보수공사를 한다.
③ 소방시설을 유지 · 관리한다.
④ 대통령이 정하는 사항이 포함된 소방계획의 작성

해설

특정소방대상물의 관계인	소방안전관리대상물의 소방안전관리자
① 피난시설, 방화구획 및 방화시설의 유지 · 관리 ② 소방시설이나 그 밖의 소방 관련 시설의 유지 · 관리 ③ 화기(火氣) 취급의 감독 ④ 그 밖에 소방안전관리에 필요한 업무	① 피난계획에 관한 사항과 소방계획서의 작성 및 시행 ② 자위소방대(自衛消防隊) 및 초기대응체계의 구성 · 운영 · 교육 ③ 피난시설, 방화구획 및 방화시설의 유지 · 관리 ④ 소방훈련 및 교육 ⑤ 소방시설이나 그 밖의 소방 관련 시설의 유지 · 관리 ⑥ 화기(火氣) 취급의 감독 ⑦ 그 밖에 소방안전관리에 필요한 업무

11 다음 중 소방시설에 대한 것이 아닌 것은? [07 서울]

① 통합감시시설은 경보설비이다.
② 옥내소화전설비는 소화용수시설에 해당한다.
③ 인명구조기구는 피난구조설비이다.
④ 소화수조설비는 소화용수설비이다.

해설 ② 옥내소화전설비는 소화설비에 해당한다.

━ 소방시설(제3조 관련)

1. 소화설비 : 물 또는 그 밖의 소화약제를 사용하여 소화하는 기계 · 기구 또는 설비로서 다음 각 목의 것
   가. 소화기구
      1) 소화기
      2) 간이소화용구 : 에어로졸식 소화용구, 투척용 소화용구 및 소화약제 외의 것을 이용한 간이소화용구
      3) 자동확산소화기
   나. 자동소화장치
      1) 주거용 주방자동소화장치
      2) 상업용 주방자동소화장치
      3) 캐비닛형 자동소화장치
      4) 가스자동소화장치
      5) 분말자동소화장치

6) 고체에어로졸자동소화장치
다. 옥내소화전설비(호스릴옥내소화전설비를 포함한다)
라. 스프링클러설비등
1) 스프링클러설비
2) 간이스프링클러설비(캐비닛형 간이스프링클러설비를 포함한다)
3) 화재조기진압용 스프링클러설비
마. 물분무등소화설비
1) 물분무소화설비
2) 미분무소화설비
3) 포소화설비
4) 이산화탄소 소화설비
5) 할론소화설비
6) 할로겐화합물 및 불활성기체 소화설비
7) 분말소화설비
8) 강화액소화설비
9) 고체에어로졸 소화설비
바. 옥외소화전설비
2. 경보설비 : 화재발생 사실을 통보하는 기계 · 기구 또는 설비로서 다음 각 목의 것
가. 단독경보형 감지기
나. 비상경보설비
1) 비상벨설비
2) 자동식사이렌설비
다. 시각경보기
라. 자동화재탐지설비
마. 비상방송설비
바. 자동화재속보설비
사. 통합감시시설
아. 누전경보기
자. 가스누설경보기
3. 피난구조설비 : 화재가 발생할 경우 피난하기 위하여 사용하는 기구 또는 설비로서 다음 각
목의 것
가. 피난기구
1) 피난사다리
2) 구조대
3) 완강기
4) 그 밖에 법 제9조제1항에 따라 소방청장이 정하여 고시하는 화재안전기준(이하 "화재
안전기준"이라 한다)으로 정하는 것
나. 인명구조기구
1) 방열복, 방화복(안전헬멧, 보호장갑 및 안전화를 포함한다)
2) 공기호흡기
3) 인공소생기

다. 유도등
　　1) 피난유도선
　　2) 피난구유도등
　　3) 통로유도등
　　4) 객석유도등
　　5) 유도표지
라. 비상조명등 및 휴대용비상조명등
4. 소화용수설비 : 화재를 진압하는 데 필요한 물을 공급하거나 저장하는 설비로서 다음 각 목의 것
가. 상수도소화용수설비
나. 소화수조 · 저수조, 그 밖의 소화용수설비
5. 소화활동설비 : 화재를 진압하거나 인명구조활동을 위하여 사용하는 설비로서 다음 각 목의 것
가. 제연설비
나. 연결송수관설비
다. 연결살수설비
라. 비상콘센트설비
마. 무선통신보조설비
바. 연소방지설비

12 다음 소방특별조사의 설명 중 틀린 것은? [07 충북]

① 소방특별조사의 항목과 검사자의 자격 등 검사에 관하여 필요한 사항은 행정안전부령으로 정한다.
② 소방특별조사는 원칙적으로 해뜨기 전이나 해가 진 후에는 할 수 없다.
③ 특정소방대상물의 소방특별조사는 소방청장, 소방본부장 또는 소방서장이 실시한다.
④ 소방특별조사업무를 수행하는 관계 공무원 및 관계 전문가는 증표제시의 의무, 관계인의 정당한 업무방해 금지의 의무, 업무수행 중 취득한 비밀누설금지의 의무 등이 있다.

해설 ① 제1항부터 제5항까지에서 규정한 사항 외에 소방특별조사의 방법 및 절차에 필요한 사항은 대통령령으로 정한다.
② 통보예외사항/해가 진 뒤나 뜨기 전 조사/개인주거 승낙 없이 조사할 수 있는 사항
　1. 화재, 재난 · 재해가 발생할 우려가 뚜렷하여 긴급하게 조사할 필요가 있는 경우
　2. 소방특별조사의 실시를 사전에 통지하면 조사목적을 달성할 수 없다고 인정되는 경우
③ 소방특별조사권자 : 소방청장, 소방본부장, 소방서장
④ 증표의 제시 및 비밀유지 의무 등
　1. 소방특별조사업무를 수행하는 관계 공무원 및 관계 전문가는 그 권한 또는 자격을 표시하는 증표를 지니고 이를 관계인에게 내보여야 한다.
　2. 소방특별조사업무를 수행하는 관계 공무원 및 관계 전문가는 관계인의 정당한 업무를 방해하여서는 아니 되며, 조사업무를 수행하면서 취득한 자료나 알게 된 비밀을 다른 자에게 제공 또는 누설하거나 목적 외의 용도로 사용하여서는 아니 된다.

13 방염대상 물품에 해당하지 않는 것은?

[07 충북]

① 두께 5mm미만의 벽지류 중 종이벽지를 제외한 것

② 암막, 무대막(스크린 포함)

③ 무대용 · 전시용 합판 또는 섬유판

④ 커튼류(블라인드 포함)

해설 **방염대상 물품의 종류**

1. 제조 또는 가공 공정에서 방염처리를 한 물품(합판 · 목재류의 경우에는 설치 현장에서 방염처리를 한 것을 포함한다)으로서 다음 각 목의 어느 하나에 해당하는 것

   가. 창문에 설치하는 커튼류(블라인드를 포함한다)

   나. 카펫, 두께가 2밀리미터 미만인 벽지류(종이벽지는 제외한다)

   다. 전시용 합판 또는 섬유판, 무대용 합판 또는 섬유판

   라. 암막 · 무대막(영화상영관에 설치하는 스크린과 골프 연습장업에 설치하는 스크린을 포함한다)

   마. 섬유류 또는 합성수지류 등을 원료로 하여 제작된 소파 · 의자(단란주점영업, 유흥주점영업 및 노래연습장업의 영업장에 설치하는 것만 해당한다)

2. 건축물 내부의 천장이나 벽에 부착하거나 설치하는 것으로서 다음 각 목의 어느 하나에 해당하는 것을 말한다. 다만, 가구류(옷장, 찬장, 식탁, 식탁용 의자, 사무용 책상, 사무용 의자 및 계산대, 그 밖에 이와 비슷한 것을 말한다)와 너비 10센티미터 이하인 반자돌림대 등과 「건축법」 제52조에 따른 내부마감재료는 제외한다.

   가. 종이류(두께 2밀리미터 이상인 것을 말한다) · 합성수지류 또는 섬유류를 주원료로 한 물품

   나. 합판이나 목재

   다. 공간을 구획하기 위하여 설치하는 간이 칸막이(접이식 등 이동 가능한 벽체나 천장 또는 반자가 실내에 접하는 부분까지 구획하지 아니하는 벽체를 말한다)

   라. 흡음(吸音)이나 방음(防音)을 위하여 설치하는 흡음재(흡음용 커튼을 포함한다) 또는 방음재(방음용 커튼을 포함한다)

14 2급 소방안전관리대상물의 소방안전관리자가 될 수 없는 자는?

[07 충북]

① 소방공무원으로 3년 이상 근무한 경력이 있는 자

② 의용소방대원으로 3년 이상 근무한 경력이 있는 자

③ 위험물 기능장, 위험물 산업기사, 위험물 기능사 자격을 가진 자

④ 경찰공무원으로 3년 이상 근무한 경력이 있는 자

해설 ④ 경찰공무원으로 3년 이상 근무한 경력이 있는 자로서 시험에 합격한 자가 될 수 있다.

> **참고**
>
> 2급 소방안전관리대상물의 관계인은 다음 각 호의 어느 하나에 해당하는 사람 중에서 소방안전관리자를 선임하여야 한다.
>
> 1. 건축사 · 산업안전기사 · 산업안전산업기사 · 건축기사 · 건축산업기사 · 일반기계기사 · 전기기능장 · 전기기사 · 전기산업기사 · 전기공사기사 또는 전기공사산업기사 자격을 가진 사람
> 2. 위험물기능장 · 위험물산업기사 또는 위험물기능사 자격을 가진 사람
> 3. 광산보안기사 또는 광산보안산업기사 자격을 가진 사람으로서 「광산안전법」 제13조에 따라 광산안전관리직원(안전관리자 또는 안전감독자만 해당한다)으로 선임된 사람
> 4. 소방공무원으로 3년 이상 근무한 경력이 있는 사람
> 5. 소방청장이 실시하는 2급 소방안전관리대상물의 소방안전관리에 관한 시험에 합격한 사람. 이 경우 해당 시험은 다음 각 목의 어느 하나에 해당하는 사람만 응시할 수 있다.
>   가. 대학에서 소방안전관리학과를 전공하고 졸업한 사람(법령에 따라 이와 같은 수준의 학력이 있다고 인정되는 사람을 포함한다)
>   나. 다음 1)부터 3)까지의 어느 하나에 해당하는 사람
>   1) 대학에서 소방안전 관련 교과목을 6학점 이상 이수하고 졸업한 사람
>   2) 법령에 따라 1)에 해당하는 사람과 같은 수준의 학력이 있다고 인정되는 사람으로서 해당 학력 취득 과정에서 소방안전 관련 교과목을 6학점 이상 이수한 사람
>   3) 대학에서 소방안전 관련 학과를 전공하고 졸업한 사람(법령에 따라 이와 같은 수준의 학력이 있다고 인정되는 사람을 포함한다)
>   다. 소방본부 또는 소방서에서 1년 이상 화재진압 또는 그 보조 업무에 종사한 경력이 있는 사람
>   라. 의용소방대원으로 3년 이상 근무한 경력이 있는 사람
>   마. 군부대(주한 외국군부대를 포함한다) 및 의무소방대의 소방대원으로 1년 이상 근무한 경력이 있는 사람
>   바. 「위험물안전관리법」 제19조에 따른 자체소방대의 소방대원으로 3년 이상 근무한 경력이 있는 사람
>   사. 「대통령 등의 경호에 관한 법률」에 따른 경호공무원 또는 별정직공무원으로서 2년 이상 안전검측 업무에 종사한 경력이 있는 사람
>   아. 경찰공무원으로 3년 이상 근무한 경력이 있는 사람
>   자. 법 제41조제1항제3호 및 이 영 제38조에 따라 특급 소방안전관리대상물, 1급 소방안전관리대상물 또는 2급 소방안전관리대상물의 소방안전관리에 대한 강습교육을 수료한 사람
>   차. 제2항제7호바목에 해당하는 사람
>   카. 소방안전관리보조자로 선임될 수 있는 자격이 있는 사람으로서 특급 소방안전관리대상물, 1급 소방안전관리대상물, 2급 소방안전관리대상물 또는 3급 소방안전관리대상물의 소방안전관리보조자로 3년 이상 근무한 실무경력이 있는 사람
>   타. 3급 소방안전관리대상물의 소방안전관리자로 2년 이상 근무한 실무경력이 있는 사람

15 특정소방대상물의 소방안전관리업무에 관한 사항 중 옳은 것은? [07 충북]

① 피난시설, 방화시설 등의 유지, 관리
② 위험물 취급 및 저장에 관한사항
③ 화기 취급의 선임
④ 소방시설의 설치 및 관리

해설	특정소방대상물의 관계인	소방안전관리대상물의 소방안전관리자
	① 피난시설, 방화구획 및 방화시설의 유지·관리	① 피난계획에 관한 사항과 소방계획서의 작성 및 시행
	② 소방시설이나 그 밖의 소방 관련 시설의 유지·관리	② 자위소방대(自衛消防隊) 및 초기대응체계의 구성·운영·교육
	③ 화기(火氣) 취급의 감독	③ 피난시설, 방화구획 및 방화시설의 유지·관리
	④ 그 밖에 소방안전관리에 필요한 업무	④ 소방훈련 및 교육
		⑤ 소방시설이나 그 밖의 소방 관련 시설의 유지·관리
		⑥ 화기(火氣) 취급의 감독
		⑦ 그 밖에 소방안전관리에 필요한 업무

16 건축허가 등에 있어서 관할하는 소방본부장 또는 소방서장의 동의를 요구하는 곳은 어디인가? [07 충북]

① 소방감리업   ② 건축허가 행정기관
③ 소방시공업체   ④ 소방시설관리업

해설 관할건축허가 행정기관이 관할 소방본부장 또는 소방서장에게 건축허가 동의
→ 5일 이내 회신(특급 : 10일 이내), 서류보완 4일

17 특정소방대상물로서 공동소방안전관리자 선임대상이 아닌 것은? [07 전남]

① 도·소매시장   ② 복합건축물로 5,000m² 이상
③ 지하층   ④ 복합건축물로 층수가 5층 이상

해설 공동 소방안전관리자 선임대상
1. 고층 건축물(지하층을 제외한 층수가 11층 이상인 건축물만 해당한다)
2. 지하가(지하의 인공구조물 안에 설치된 상점 및 사무실, 그 밖에 이와 비슷한 시설이 연속하여 지하도에 접하여 설치된 것과 그 지하도를 합한 것을 말한다)
3. 그 밖에 대통령령으로 정하는 특정소방대상물
4. 복합건축물로서 연면적이 5천제곱미터 이상인 것 또는 층수가 5층 이상인 것
5. 판매시설 중 도매시장 및 소매시장
6. 소방본부장 또는 소방서장이 지정하는 것

18 다음은 소방시설 설치유지 및 안전관리에 관한 법률에서 규정하고 있는 소방특별조사와 관련하여 소방특별조사의 방법에 관한 사항이다. 가장 거리가 먼 것은? [07 전남]

① 소방서장은 필요 시 소방관련단체의 장과 협의하여 합동검사반을 편성하여 소방검사를 실시할 수 있다.

② 소방특별조사를 마친 때에는 소방특별조사서에 검사결과를 기재한 후 서명 또는 날인하여 그 부분을 관계인에게 즉시 교부하여야 한다.

③ 소방특별조사는 특정소방대상물에 한하여 실시하며 다만 화재경계지구에 있어서는 소방대상물에 대하여 연 2회 이상 소방특별조사를 실시하여야 한다.

④ 자동화재탐지설비가 설치되어 있는 소방대상물의 소방특별조사 시에는 소화펌프 또는 제어반이 설치된 층과 장소를 소방특별조사 시에 확인하여야 한다.

해설 ③ 소방본부장 또는 소방서장은 법 제13조제3항에 따라 화재경계지구 안의 소방대상물의 위치·구조 및 설비 등에 대한 소방특별조사를 연 1회 이상 실시하여야 한다.

19 건축물 등의 신축 등의 권한이 있는 행정기관이 건축허가 등을 함에 있어서 미리 그 건축물 등의 공사 시공지 또는 소재지를 관할하는 소방본부장 또는 소방서장의 건축허가 동의를 받아야 할 대상으로 옳지 않은 것은? [07 전남]

① 연면적 400제곱미터 이상인 것(학교, 노유자, 정신의료기관, 장애인의료재활시설 제외)

② 지하층 또는 무창층이 있는 건축물로서 공연장인 경우 바닥면적 250제곱미터 이상인 것

③ 특정소방대상물로서 가스시설과 지하구

④ 차고·주차장의 바닥면적이 200제곱미터 이상인 것

해설 건축허가 동의 대상물의 범위(대통령령)

1. 연면적 400제곱미터 이상인 건축물
   가. 학교시설 : 100제곱미터
   나. 노유자시설(老幼者施設) 및 수련시설 : 200제곱미터
   다. 정신의료기관 : 300제곱미터
   라. 장애인 의료재활시설(이하 "의료재활시설"이라 한다) : 300제곱미터
1의2. 층수가 6층 이상인 건축물
2. 차고·주차장 또는 주차용도로 사용되는 시설로서 다음 각 목의 어느 하나에 해당하는 것
   가. 차고·주차장으로 사용되는 바닥면적이 200제곱미터 이상인 층이 있는 건축물이나 주차시설
   나. 승강기 등 기계장치에 의한 주차시설로서 자동차 20대 이상을 주차할 수 있는 시설
3. 항공기격납고, 관망탑, 항공관제탑, 방송용 송수신탑
4. 지하층 또는 무창층이 있는 건축물로서 바닥면적이 150제곱미터(공연장의 경우에는 100제곱미터) 이상인 층이 있는 것

5. 별표 2의 특정소방대상물 중 위험물 저장 및 처리 시설, 지하구

> **참고** 위험물 저장 및 처리시설
> 가. 위험물 제조소 등
> 나. 가스시설 : 산소 또는 가연성 가스를 제조·저장 또는 취급하는 시설 중 지상에 노출된 산소 또는
> 가연성 가스 탱크의 저장용량의 합계가 100톤 이상이거나 저장용량이 30톤 이상인 탱크가 있는
> 가스시설로서 다음의 어느 하나에 해당하는 것
> 　1) 가스 제조시설
> 　　가)「고압가스 안전관리법」제4조제1항에 따른 고압가스의 제조허가를 받아야 하는 시설
> 　　나)「도시가스사업법」제3조에 따른 도시가스사업허가를 받아야 하는 시설
> 　2) 가스 저장시설
> 　　가)「고압가스 안전관리법」제4조제3항에 따른 고압가스 저장소의 설치허가를 받아야 하는 시설
> 　　나)「액화석유가스의 안전관리 및 사업법」제8조제1항에 따른 액화석유가스 저장소의 설치 허가
> 　　　를 받아야 하는 시설
> 　3) 가스 취급시설
> 　　「액화석유가스의 안전관리 및 사업법」제5조에 따른 액화석유가스 충전사업 또는 액화석유가
> 　　스 집단공급사업의 허가를 받아야 하는 시설

20 다음 중 피난구조설비가 아닌 것은?　　　　　　　　　　　　　　　　[07 전남]

① 인명구조기구　　　　　　　　　　② 휴대용비상조명등
③ 유도등, 유도표지　　　　　　　　④ 누전경보기

> **해설** ④ 누전경보기는 피난구조설비가 아니다. 누전경보기는 경보설비이다.

21 다음 중 중앙소방기술심의위원회에서 하는 일이 아닌 것은?　　　　　　　[07 울산]

① 화재안전기준에 관한 사항
② 소방시설공사 하자의 판단기준에 관한 사항
③ 소방시설의 구조와 원리 등에 있어서 공법이 특수한 설계 및 시공에 관한 사항
④ 연면적 100,000m² 이상의 특정소방대상물에 설치된 소방시설의 설계·시공·감리의
하자 유무에 관한 사항
⑤ 소방시설에 대한 하자 여부의 판단에 관한 사항

> **해설** 심의사항
> 1) 화재안전기준에 관한 사항
> 2) 소방시설의 구조 및 원리 등에서 공법이 특수한 설계 및 시공에 관한 사항
> 3) 소방시설의 설계 및 공사감리의 방법에 관한 사항

정답 **20** ④　**21** ⑤

4) 소방시설공사의 하자를 판단하는 기준에 관한 사항
5) 그 밖에 소방기술 등에 관하여 대통령령으로 정하는 사항
   1. 연면적 10만제곱미터 이상의 특정소방대상물에 설치된 소방시설의 설계·시공·감리의 하자유무에 관한 사항
   2. 새로운 소방시설과 소방용품 등의 도입 여부에 관한 사항
   3. 그 밖에 소방기술과 관련하여 소방청장이 심의에 부치는 사항

22 소방설비의 연결이 틀린 것은? [07 울산]

① 소화설비 – 통합감시시설
② 경보설비 – 자동화재속보설비
③ 피난구조설비 – 방열복
④ 소화용수설비 – 상수도소화용수설비
⑤ 소화활동설비 – 비상콘센트설비

해설 ① 경보설비 : 통합감시시설

23 다음 중 특정소방대상물의 소방계획의 작성에 포함되지 않은 것은? [07 울산]

① 자위소방대의 조직과 대원의 임무에 관한 사항
② 소화 및 연소방지에 관한 사항
③ 소방신호의 구성 및 건물 내 인원배치 계획
④ 소방교육 및 훈련에 관한 계획
⑤ 화재예방을 위한 자체점검계획 및 진압대책

해설 제24조(소방안전관리대상물의 소방계획서 작성 등)
① 법 제20조제6항제1호에 따른 소방계획서에는 다음 각 호의 사항이 포함되어야 한다.
   1. 소방안전관리대상물의 위치·구조·연면적·용도 및 수용인원 등 일반 현황
   2. 소방안전관리대상물에 설치한 소방시설·방화시설(防火施設), 전기시설·가스시설 및 위험물시설의 현황
   3. **화재예방을 위한 자체점검계획 및 진압대책**
   4. 소방시설·피난시설 및 방화시설의 점검·정비계획
   5. 피난층 및 피난시설의 위치와 피난경로의 설정, 장애인 및 노약자의 피난계획 등을 포함한 피난계획
   6. 방화구획, 제연구획, 건축물의 내부 마감재료(불연재료·준불연재료 또는 난연재료로 사용된 것을 말한다) 및 방염물품의 사용현황과 그 밖의 방화구조 및 설비의 유지·관리계획
   7. 법 제22조에 따른 소방훈련 및 교육에 관한 계획
   8. 법 제22조를 적용받는 특정소방대상물의 근무자 및 거주자의 자위소방대 조직과 대원의 임무(장애인 및 노약자의 피난 보조 임무를 포함한다)에 관한 사항

9. 화기 취급 작업에 대한 사전 안전조치 및 감독 등 공사 중 소방안전관리에 관한 사항

10. 공동 및 분임 소방안전관리에 관한 사항

11. **소화와 연소 방지에 관한 사항**

12. 위험물의 저장·취급에 관한 사항(「위험물안전관리법」 제17조에 따라 예방규정을 정하는 제조소 등은 제외 한다)

13. 그 밖에 소방안전관리를 위하여 소방본부장 또는 소방서장이 소방안전관리대상물의 위치·구조·설비 또는 관리 상황 등을 고려하여 소방안전관리에 필요하여 요청하는 사항

② 소방본부장 또는 소방서장은 제1항에 따른 특정소방대상물의 소방계획의 작성 및 실시에 관하여 지도·감독한다.

24 무창층이란 개구부가 바닥면적의 얼마 이하가 되는 층을 말하는가? [07 울산]

① 1/3
② 1/10
③ 1/30
④ 1/40
⑤ 1/50

해설 "무창층"(無窓層)이란 지상층 중 다음 각 목의 요건을 모두 갖춘 개구부(건축물에서 채광·환기·통풍 또는 출입 등을 위하여 만든 창·출입구, 그 밖에 이와 비슷한 것을 말한다)의 면적의 합계가 해당 층의 바닥면적(「건축법 시행령」 제119조제1항제3호에 따라 산정된 면적을 말한다. 이하 같다)의 30분의 1 이하가 되는 층을 말한다.
가. 크기는 지름 50센티미터 이상의 원이 내접(內接)할 수 있는 크기일 것
나. 해당 층의 바닥면으로부터 개구부 밑부분까지의 높이가 1.2미터 이내일 것
다. 도로 또는 차량이 진입할 수 있는 빈터를 향할 것
라. 화재 시 건축물로부터 쉽게 피난할 수 있도록 창살이나 그 밖의 장애물이 설치되지 아니할 것
마. 내부 또는 외부에서 쉽게 부수거나 열 수 있을 것

25 소방대상물의 소방특별조사에 대한 설명 중 옳지 않은 것은? [07 경남]

① 소방본부장 또는 소방서장은 소방특별조사를 하고자 하는 때에는 48시간 전에 관계인에게 이를 알려야 한다.

② 소방특별조사를 정당한 사유 없이 거부·방해 또는 기피한 자는 300만 원 이하의 벌금에 처한다.

③ 소방특별조사를 위하여 출입·검사업무를 수행하는 관계공무원은 그 권한을 표시하는 증표를 지니고 이를 관계인에게 내보여야 한다.

④ 소방특별조사를 위하여 출입·검사업무를 수행하는 관계공무원은 관계인의 정당한 업무를 방해하거나 출입·검사업무를 수행하면서 알게 된 비밀을 다른 자에게 누설하여서는 아니 된다.

26 다음 중 방염대상 특정소방대상물에 해당하지 않는 장소는? [07 경남]

① 영화관 ② 텔레비전 촬영소
③ 오피스텔 ④ 종합병원

해설 시행령 제19조(방염성능기준 이상의 실내장식물 등을 설치하여야 하는 특정소방대상물)

법 제12조제1항에서 "대통령령으로 정하는 특정소방대상물"이란 다음 각 호의 어느 하나에 해당하는 것을 말한다. 〈개정 2019. 8. 6.〉
1. 근린생활시설 중 의원, 체력단련장, 공연장 및 종교집회장
2. 건축물의 옥내에 있는 시설로서 다음 각 목의 시설
   가. 문화 및 집회시설
   나. 종교시설
   다. 운동시설(수영장은 제외한다)
3. 의료시설
4. 교육연구시설 중 합숙소
5. 노유자시설
6. 숙박이 가능한 수련시설
7. 숙박시설
8. 방송통신시설 중 방송국 및 촬영소
9. 다중이용업소
10. 제1호부터 제9호까지의 시설에 해당하지 않는 것으로서 층수가 11층 이상인 것(아파트는 제외한다)

27 다음 중 소화설비에 해당하지 않는 것은? [07 경남]

① 물분무소화설비 ② 포소화설비
③ 연결살수설비 ④ 스프링클러설비

해설 연결살수설비는 소화활동설비에 해당한다.

28 다음은 소방시설 설치유지 및 안전관리에 관한 법률에서 규정하고 있는 소방대상물 소방특별 조사 조치명령과 손실보상에 관한 사항이다. 바른 것은? [07 경남]

① 소방특별조사 조치명령으로 인하여 발생한 손실에 대해서는 보상하여야 하며 보상의 주체는 소방특별조사 조치명령을 행한 소방본부장 또는 소방서장이다.

② 법령에 위반하여 건축된 소방대상물에 대한 소방특별조사 조치명령으로 인하여 손실이 발생할 경우에도 이를 보상하여야 한다.

③ 소방특별조사 조치명령으로 인한 손실보상과 관련한 협의가 성립되지 아니한 경우에는 당사자에게 손실보상금을 지급할 수 없다.

④ 손실보상은 시가로 하여야 하며 손실을 받은 사람은 손실보상과 관련하여 불복이 있을 경우 토지수용위원회에 재결을 신청할 수 있다.

해설 제6조(손실 보상)

소방청장, 특별시장·광역시장·특별자치시장·도지사 또는 특별자치도지사(이하 "시·도지사"라 한다)는 제5조제1항에 따른 명령으로 인하여 손실을 입은 자가 있는 경우에는 대통령령으로 정하는 바에 따라 보상하여야 한다.

시행령 제11조(손실 보상)

① 법 제6조에 따라 시·도지사가 손실을 보상하는 경우에는 시가(時價)로 보상하여야 한다. 〈개정 2015. 6. 30., 2016. 1. 19.〉

② 제1항에 따른 손실 보상에 관하여는 시·도지사와 손실을 입은 자가 협의하여야 한다.

③ 제2항에 따른 보상금액에 관한 협의가 성립되지 아니한 경우에는 시·도지사는 그 보상금액을 지급하거나 공탁하고 이를 상대방에게 알려야 한다.

④ 제3항에 따른 보상금의 지급 또는 공탁의 통지에 불복하는 자는 지급 또는 공탁의 통지를 받은 날부터 30일 이내에 관할 토지수용위원회에 재결(裁決)을 신청할 수 있다.

29 소방시설관리업 자격의 취소사항이 아닌 것은? [07 경기]

① 부정한 방법으로 취득한 자

② 등록기준에 미달한 자

③ 결격사유에 해당하는 자

④ 타인에게 등록증을 대여한 자

해설 소방시설관리사에 대한 행정처분기준

위반사항	근거 법조문	행정처분기준		
		1차	2차	3차
(1) 거짓, 그 밖의 부정한 방법으로 시험에 합격한 경우	법 제28조제1호	자격취소		
(2) 법 제20조제6항에 따른 소방안전관리업무를 하지 않거나 거짓으로 한 경우	법 제28조제2호	경고 (시정명령)	자격정지 6월	자격취소
(3) 법 제25조에 따른 점검을 하지 않거나 거짓으로 한 경우	법 제28조제3호	경고 (시정명령)	자격정지 6월	자격취소
(4) 법 제26조제6항을 위반하여 소방시설관리증을 다른 자에게 빌려준 경우	법 제28조제4호	자격취소		
(5) 법 제26조제7항을 위반하여 동시에 둘 이상의 업체에 취업한 경우	법 제28조제5호	자격취소		
(6) 법 제26조제8항을 위반하여 성실하게 자체점검업무를 수행하지 아니한 경우	법 제28조제6호	경고	자격정지 6월	자격취소
(7) 법 제27조 각 호의 어느 하나의 결격사유에 해당하게 된 경우	법 제28조제7호	자격취소		

소방시설관리업에 대한 행정처분기준

위반사항	근거 법조문	행정처분기준		
		1차	2차	3차
(1) 거짓, 그 밖의 부정한 방법으로 등록을 한 경우	법 제34조제1항제1호	등록취소		
(2) 법 제25조제1항에 따른 점검을 하지 않거나 거짓으로 한 경우	법 제34조제1항제2호	경고 (시정명령)	영업정지 3개월	등록취소
(3) 법 제29조제2항에 따른 등록기준에 미달하게 된 경우. 다만, 기술인력이 퇴직하거나 해임되어 30일 이내에 재선임하여 신고하는 경우는 제외한다.	법 제34조제1항제3호	경고 (시정명령)	영업정지 3개월	등록취소
(4) 법 제30조 각 호의 어느 하나의 등록의 결격사유에 해당하게 된 경우	법 제34조제1항제4호	등록취소		
(5) 법 제33조제1항을 위반하여 다른 자에게 등록증 또는 등록수첩을 빌려준 경우	법 제34조제1항제7호	등록취소		

30 소방특별조사에 관한 내용으로 옳지 않은 것은?　　　　　　　　　　　　[07 경기]

① 소방본부장 또는 소방서장은 소방검사를 하고자 하는 때에는 48시간 전에 관계인에게 이를 알려야 한다.

② 소방특별조사의 세부항목과 구성, 운영에 관하여 필요한 사항은 대통령령으로 정한다.

③ 소방특별조사를 위하여 출입·검사업무를 수행하는 관계공무원은 그 권한을 표시하는 증표를 지니고 이를 관계인에게 내보여야 한다.

④ 소방특별조사를 위하여 출입·검사업무를 수행하는 관계공무원은 관계인의 정당한 업무를 방해하거나 출입·검사업무를 수행하면서 알게 된 비밀을 다른 자에게 누설하여서는 아니 된다.

> **해설** ① 소방청장, 소방본부장 또는 소방서장은 소방특별조사를 하려면 7일 전에 관계인에게 조사대상, 조사기간 및 조사사유 등을 서면으로 알려야 한다.

31 다음 중 소방특별조사에 대하여 옳지 않은 것은?　　　　　　　　　　　　[07 경기]

① 화재의 우려가 없더라도 소방본부장은 소방특별조사 조치명령을 할 수 있다.

② 소방특별조사 조치명령권자는 소방청장, 소방본부장, 소방서장이다.

③ 소방특별조사의 연기를 신청하려는 자는 소방특별조사 시작 3일 전까지 가능하다.

④ 소방특별조사 결과 그 위치·구조·설비에 대해 화재예방상 필요한 경우에 소방특별조사 조치명령을 할 수 있다.

> **해설** 제4조의3(소방특별조사의 방법·절차 등)
> ① 소방청장, 소방본부장 또는 소방서장은 소방특별조사를 하려면 7일 전에 관계인에게 조사대상, 조사기간 및 조사사유 등을 서면으로 알려야 한다. 다만, 다음 각 호의 어느 하나에 해당하는 경우에는 그러하지 아니하다. 〈개정 2017. 7. 26.〉
> 1. 화재, 재난·재해가 발생할 우려가 뚜렷하여 긴급하게 조사할 필요가 있는 경우
> 2. 소방특별조사의 실시를 사전에 통지하면 조사목적을 달성할 수 없다고 인정되는 경우
> ② 소방특별조사는 관계인의 승낙 없이 해가 뜨기 전이나 해가 진 뒤에 할 수 없다. 다만, 제1항 각 호의 어느 하나에 해당하는 경우에는 그러하지 아니하다.
> ③ 제1항에 따른 통지를 받은 관계인은 천재지변이나 그 밖에 대통령령으로 정하는 사유로 소방특별조사를 받기 곤란한 경우에는 소방특별조사를 통지한 소방청장, 소방본부장 또는 소방서장에게 대통령령으로 정하는 바에 따라 소방특별조사를 연기하여 줄 것을 신청할 수 있다.
>
> ━ 시행규칙 제1조의2(소방특별조사의 연기신청 등)
> ① 법 제4조의3 제3항 및 시행령」제8조제2항에 따라 소방특별조사의 연기를 신청하려는 자는 소방특별조사 시작 3일 전까지 소방특별조사 연기신청서에 소방특별조사를 받기가 곤란함을 증명할 수 있는 서류를 첨부하여 소방청장, 소방본부장 또는 소방서장에게 제출하여야 한다.

32 다음 중 공동소방안전관리자 선임 대상으로 틀린 것은?　　　　　　　　　　[07 충남]

① 지하가

② 지하층을 제외한 11층 이상 건축물

③ 지하층이 3층 이상인 건축물

④ 복합건축물 연면적 5천m² 이상 또는 층수가 5층 이상인 건축물

해설 공동 소방안전관리자 선임대상

1. 고층건축물(지하층을 제외한 층수가 11층 이상인 건축물만 해당한다)
2. 지하가(지하의 인공구조물 안에 설치된 상점 및 사무실, 그 밖에 이와 비슷한 시설이 연속하여 지하도에 접하여 설치된 것과 그 지하도를 합한 것을 말한다)
3. 그 밖에 대통령령으로 정하는 특정소방대상물
4. 복합건축물로서 연면적이 5천제곱미터 이상인 것 또는 층수가 5층 이상인 것
5. 판매시설 중 도매시장 및 소매시장
6. 소방본부장 또는 소방서장이 지정하는 것

33 소방시설관리업에 대한 행정처분기준으로 1차 취소인 경우가 아닌 것은?　　　　[07 충남]

① 등록기준에 미달하게 된 경우

② 거짓, 그 밖의 부정한 방법으로 등록을 한 경우

③ 등록의 결격사유에 해당하게 된 경우

④ 다른 자에게 등록증 또는 등록수첩을 빌려준 경우

해설 소방시설관리업에 대한 행정처분기준

위반사항	근거 법조문	행정처분기준		
		1차	2차	3차
(1) 거짓, 그 밖의 부정한 방법으로 등록을 한 경우	법 제34조제1항 제1호	등록취소		
(2) 법 제25조제1항에 따른 점검을 하지 않거나 거짓으로 한 경우	법 제34조제1항 제2호	경고 (시정명령)	영업정지 3개월	등록취소
(3) 법 제29조제2항에 따른 등록기준에 미달하게 된 경우. 다만, 기술인력이 퇴직하거나 해임되어 30일 이내에 재선임하여 신고하는 경우는 제외한다.	법 제34조제1항 제3호	경고 (시정명령)	영업정지 3개월	등록취소
(4) 법 제30조 각 호의 어느 하나의 등록의 결격사유에 해당하게 된 경우	법 제34조제1항 제4호	등록취소		

위반사항	근거 법조문	행정처분기준		
		1차	2차	3차
(5) 법 제33조제1항을 위반하여 다른 자에게 등록증 또는 등록수첩을 빌려준 경우	법 제34조제1항 제7호	등록취소		

34 다음 설명 중 맞지 않는 것은?   [07 충남]

① 특정소방대상물의 소방안전관리자는 특급, 1급, 2급, 3급으로 구분한다.

② 소방안전관리자 선임은 20일 이내에 해야 한다.

③ 소방시설의 자체점검은 연 1회로 한다.

④ 특정소방대상물의 관계인은 근무자에게 소화, 통보, 피난 등의 훈련을 실시할 수 있다.

> **해설** 특정소방대상물의 관계인은 법 제20조제2항 및 법 제21조에 따라 소방안전관리자를 다음 각 호의 어느 하나에 해당하는 날부터 30일 이내에 선임하여야 한다.

35 소방안전관리자가 없는 건물의 관계인이 하여야 하는 것은?   [07 부산]

① 자위소방대 조직   ② 소방계획서 작성

③ 화기취급의 감독   ④ 소방훈련 및 교육

> **해설**

특정소방대상물의 관계인	소방안전관리대상물의 소방안전관리자
① 피난시설, 방화구획 및 방화시설의 유지 · 관리 ② 소방시설이나 그 밖의 소방 관련 시설의 유지 · 관리 ③ 화기(火氣) 취급의 감독 ④ 그 밖에 소방안전관리에 필요한 업무	① 피난계획에 관한 사항과 소방계획서의 작성 및 시행 ② 자위소방대(自衛消防隊) 및 초기대응체계의 구성 · 운영 · 교육 ③ 피난시설, 방화구획 및 방화시설의 유지 · 관리 ④ 소방훈련 및 교육 ⑤ 소방시설이나 그 밖의 소방 관련 시설의 유지 · 관리 ⑥ 화기(火氣) 취급의 감독 ⑦ 그 밖에 소방안전관리에 필요한 업무

36 다음 소방특별조사에 대한 설명 중 옳지 않은 것은? [07 부산]

① 개인의 주거에 있어서는 관계인의 승낙이 있거나 화재발생의 우려가 뚜렷하여 긴급한 필요가 있는 때에 한한다.

② 소방특별조사를 위하여 출입 · 검사업무를 수행하는 관계공무원은 관계인의 정당한 업무를 방해하거나 출입 · 검사업무를 수행하면서 알게 된 비밀을 다른 자에게 누설하여서는 아니 된다.

③ 화재가 발생할 우려가 뚜렷하여 긴급하게 조사할 필요가 있는 경우라도 24시간 전에 관계인에게 소방검사를 알려야 한다.

④ 소방특별조사를 위하여 출입 · 검사업무를 수행하는 관계공무원은 그 권한을 표시하는 증표를 지니고 이를 관계인에게 내보여야 한다.

해설 소방청장, 소방본부장 또는 소방서장은 소방특별조사를 하려면 7일 전에 관계인에게 조사대상, 조사기간 및 조사사유 등을 서면으로 알려야 한다.

— 통보예외사항/해가 진 뒤나 뜨기 전 조사/개인주거 승낙 없이 조사할 수 있는 사항
1. 화재, 재난 · 재해가 발생할 우려가 뚜렷하여 긴급하게 조사할 필요가 있는 경우
2. 소방특별조사의 실시를 사전에 통지하면 조사목적을 달성할 수 없다고 인정되는 경우

37 다음 중 건축허가등의 동의 대상물에 해당하는 것은? [07 부산]

① 연면적 300m² 이상인 근린생활시설
② 차고 · 주차장으로 사용되는 층 중 바닥면이 150m² 이상인 층이 있는 시설
③ 승강기 등 기계장치에 의한 주차시설로서 자동차 15대 이상을 주차할 수 있는 시설
④ 가스시설

해설 건축허가 동의 대상물의 범위(대통령령)
1. 연면적 400제곱미터 이상인 건축물
    가. 학교시설 : 100제곱미터
    나. 노유자시설(老幼者施設) 및 수련시설 : 200제곱미터
    다. 정신의료기관 : 300제곱미터
    라. 장애인 의료재활시설(이하 "의료재활시설"이라 한다) : 300제곱미터
1의2. 층수가 6층 이상인 건축물
2. 차고 · 주차장 또는 주차용도로 사용되는 시설로서 다음 각 목의 어느 하나에 해당하는 것
    가. 차고 · 주차장으로 사용되는 바닥면적이 200제곱미터 이상인 층이 있는 건축물이나 주차시설
    나. 승강기 등 기계장치에 의한 주차시설로서 자동차 20대 이상을 주차할 수 있는 시설
3. 항공기격납고, 관망탑, 항공관제탑, 방송용 송수신탑
4. 지하층 또는 무창층이 있는 건축물로서 바닥면적이 150제곱미터(공연장의 경우에는 100제

곱미터) 이상인 층이 있는 것

5. 별표 2의 특정소방대상물 중 위험물 저장 및 처리시설, 지하구

> **참고** 위험물 저장 및 처리시설
>
> 가. 위험물 제조소 등
>
> 나. 가스시설 : 산소 또는 가연성 가스를 제조 · 저장 또는 취급하는 시설 중 지상에 노출된 산소 또는 가연성 가스 탱크의 저장용량의 합계가 100톤 이상이거나 저장용량이 30톤 이상인 탱크가 있는 가스시설로서 다음의 어느 하나에 해당하는 것
>
>   1) 가스 제조시설
>
>   가)「고압가스 안전관리법」제4조제1항에 따른 고압가스의 제조허가를 받아야 하는 시설
>
>   나)「도시가스사업법」제3조에 따른 도시가스사업허가를 받아야 하는 시설
>
>   2) 가스 저장시설
>
>   가)「고압가스 안전관리법」제4조제3항에 따른 고압가스 저장소의 설치허가를 받아야 하는 시설
>
>   나)「액화석유가스의 안전관리 및 사업법」제8조제1항에 따른 액화석유가스 저장소의 설치 허가를 받아야 하는 시설
>
>   3) 가스 취급시설
>
>   「액화석유가스의 안전관리 및 사업법」제5조에 따른 액화석유가스 충전사업 또는 액화석유가스 집단공급사업의 허가를 받아야 하는 시설

38 소방대상물의 소방특별조사 조치명령권자는 누구인가?   [07 부산]

① 소방청장, 소방본부장, 소방서장   ② 시 · 도지사

③ 행정안전부장관   ④ 소방대장 및 소방서장

> **해설** 소방특별조사결과 조치명령권자 : 소방청장, 소방본부장, 소방서장

39 다음 중 방염성능 기준이 아닌 것은?   [08 서울]

① 버너의 불꽃을 올리고 연소상태가 그칠 때까지의 시간은 20초 이내

② 버너의 불꽃을 올리지 아니하고 연소상태가 그칠 때까지의 시간은 30초 이내

③ 탄화한 면적 $50cm^2$, 탄화한 길이 20cm 이내

④ 연기밀도는 450 이하

> **해설** 방염성능기준(대통령령)
>
> 1. 버너의 불꽃을 제거한 때부터 불꽃을 올리며 연소하는 상태가 그칠 때까지 시간은 20초 이내일 것[잔염시간 : 20초 이내]
>
> 2. 버너의 불꽃을 제거한 때부터 불꽃을 올리지 아니하고 연소하는 상태가 그칠 때까지 시간은 30초 이내일 것[잔진시간 : 30초 이내]

정답 **38** ①   **39** ④

3. 탄화(炭化)한 면적은 50제곱센티미터 이내, 탄화한 길이는 20센티미터 이내일 것
4. 불꽃에 의하여 완전히 녹을 때까지 불꽃의 접촉 횟수는 3회 이상일 것
5. 소방청장이 정하여 고시한 방법으로 발연량(發煙量)을 측정하는 경우 최대 연기밀도는 400 이하일 것

40 다음 중 A · B에 알맞은 사람은? [08 서울]

- A : 특정 소방 대상물의 소방 계획의 작성 및 그 실시에 관하여 지도 · 감독하는 사람
- B : 소방안전관리자가 업무를 성실히 수행하는지 지도 · 감독하는 사람

① A : 관계인,   B : 관계인
② A : 소방서장,   B : 소방서장
③ A : 관계인,   B : 소방서장
④ A : 소방서장,   B : 관계인

> **해설**
> - A. 소방계획서 작성 및 그 실시에 관한 지도감독권자 : 소방본부장 및 소방서장
> - B. 소방안전관리자가 업무를 성실히 수행하는지 지도 · 감독하는 사람 : 관계인

41 소방공무원의 출입 · 조사 · 검사에 관한 설명 중 틀린 것은? [08 서울]

① 출입하는 관계공무원은 증표를 보여야한다.
② 출입조사 시 관계공무원은 관계인에게 질문할 수 있다.
③ 관계공무원은 관계장소에 출입하여 화재의 원인과 피해상황을 조사할 수 있다.
④ 소방본부장 또는 소방서장은 소방특별조사를 하고자 하는 때에는 48시간 전에 관계인에게 알려야 한다.

> **해설**
> 소방청장, 소방본부장 또는 소방서장은 소방특별조사를 하려면 7일 전에 관계인에게 조사대상, 조사기간 및 조사사유 등을 서면으로 알려야 한다.

42 소방대원의 활동에 사용하는 소화활동설비가 아닌 것은? [08 서울]

① 비상경보설비   ② 연결살수설비
③ 비상콘센트설비   ④ 무선통신보조설비

> **해설**
> 소화활동설비(화재를 진압하거나 인명구조활동을 위하여 사용하는 설비)
> 연결송수관설비, 연결살수설비, 무선통신보조설비, 비상콘센트설비, 제연설비, 연소방지설비

43 다음 중 벌칙사항이 맞는 것은? [08 서울]

① 관리업의 등록을 하지 아니하고 영업을 한 자는 1년 이하의 징역 또는 1천만 원 이하의 벌금에 처한다.

② 소방특별조사 조치명령위반자는 1년 이하의 징역 또는 1,000만 원 이하의 벌금에 처한다.

③ 소방안전관리자를 선임하지 아니한 자는 300만 원 이하의 벌금에 처한다.

④ 소방특별조사의 거부, 방해 또는 기피한 자는 200만 원 이하의 벌금에 처한다.

해설 ① 소방시설관리업 등록을 하지 아니하고 영업을 한 사람 : 3년 이하의 징역 또는 3천만 원 이하의 벌금

② 소방특별조사 결과에 따른 조치명령 등 위반한 사람 : 3년 이하의 징역 또는 3천만 원 이하의 벌금

③ 소방안전관리자 미선임 : 300만 원 이하의 벌금

④ 소방특별조사의 거부, 방해 또는 기피한 자 : 300만 원 이하 벌금

44 소방본부장 또는 소방서장의 소방특별조사 조치명령 내용이 아닌 것은? [08 서울]

① 개수 ② 증축
③ 사용의 금지 ④ 공사의 정지

해설 조치명령 내용
관계인에게 그 소방대상물의 개수(改修) · 이전 · 제거, 사용의 금지 또는 제한, 사용폐쇄, 공사의 정지 또는 중지, 그 밖의 필요한 조치를 명할 수 있다.

45 건축물 등의 신축 · 증축 등에 있어서 건축허가 동의를 요청하는 자는? [08 서울]

① 건축주
② 소방시설 설계업자
③ 사용승인의 권한이 있는 행정기관
④ 소방시설 공사업자

해설 관할건축허가 행정기관이 관할 소방본부장 또는 소방서장에게 건축허가 동의
→ 5일 이내 회신(특급 : 10일 이내), 서류보완 4일

46 다음 중 건축허가등의 동의 대상물이 아닌 것은? [08 광주]

① 학교시설 100m² 이상
② 노유자시설 100m² 이상
③ 수련시설 200m² 이상
④ 차고 · 주차장 200m² 이상

> **해설** 건축허가 동의 대상물의 범위(대통령령)
> 1. 연면적 400제곱미터 이상인 건축물
>   가. 학교시설 : 100제곱미터
>   나. 노유자시설(老幼者施設) 및 수련시설 : 200제곱미터
>   다. 정신의료기관 : 300제곱미터
>   라. 장애인 의료재활시설(이하 "의료재활시설"이라 한다) : 300제곱미터
> 1의2. 층수가 6층 이상인 건축물
> 2. 차고 · 주차장 또는 주차용도로 사용되는 시설로서 다음 각 목의 어느 하나에 해당하는 것
>   가. 차고 · 주차장으로 사용되는 바닥면적이 200제곱미터 이상인 층이 있는 건축물이나 주차시설
>   나. 승강기 등 기계장치에 의한 주차시설로서 자동차 20대 이상을 주차할 수 있는 시설
> 3. 항공기격납고, 관망탑, 항공관제탑, 방송용 송수신탑
> 4. 지하층 또는 무창층이 있는 건축물로서 바닥면적이 150제곱미터(공연장의 경우에는 100제곱미터) 이상인 층이 있는 것
> 5. 별표 2의 특정소방대상물 중 위험물 저장 및 처리시설, 지하구

47 다음 소방안전관리대상물에 대한 설명 중 옳지 않은 것은? [08 광주]

① 지하구는 2급 소방안전관리대상물이다.
② 가연성 가스를 1천 톤 이상 저장 · 취급하는 시설은 1급 소방안전관리대상물이다.
③ 복합건축물로서 11층 이상인 것은 1급 소방안전관리대상물이다.
④ 100세대 이상으로서 승강기가 설치된 공동주택 및 중앙집중식 난방방식의 공동주택은 2급 소방안전관리대상물이다.

> **해설**
>
> | | | | |
> |---|---|---|---|
> | 특급 | ① 50층 이상(지하층은 제외)이거나 지상으로부터 높이가 200미터 이상인 아파트
② 연면적 20만m² 이상
③ 지하층 포함 30층 이상(아파트는 제외)
④ 높이가 120미터 이상(아파트는 제외) | 제외 | • 공공기관
• 동 · 식물원
• 불연성 물품 창고
• 위험물 제조소 등
• 지하구 |
> | 1급 | ① 30층 이상(지하층은 제외)이거나 지상으로부터 높이가 120미터 이상인 아파트
② 연면적 1만5천제곱미터 이상인 것(아파트는 제외)
③ 층수가 11층 이상인 것(아파트는 제외)
④ 가연성 가스를 1천톤 이상 저장 · 취급하는 시설 | | |

2급	① 옥내소화전설비, 스프링클러설비, 간이스프링클러설비 또는 물분무등소화설비(호스릴 방식 제외)를 설치하는 특정소방대상물 ② 가스제조설비를 갖추고 도시가스사업의 허가를 받아야 하는 시설 또는 가연성 가스를 100톤 이상 1천톤 미만 저장·취급하는 시설 ④ 지하구 ⑤ 공동주택(300세대 이상, 승강기·중앙난방시설·주상복합건축물로 150세대 이상 등) ⑥ 보물 또는 국보로 지정된 목조건축물	제외	• 공공기관
3급	특급·1급·2급 소방안전관리 대상물에 해당하지 아니하는 특정소방대상물로서 **자동화재탐지설비**를 설치하는 특정소방대상물	제외	• 공공기관
비고	건축물대장의 건축물현황도에 표시된 대지경계선 안의 지역 또는 인접한 2개 이상의 대지에 소방안전관리자를 두어야 하는 특정소방대상물이 둘 이상 있고, 그 관리에 관한 권원을 가진 자가 동일인인 경우에는 이를 하나의 특정소방대상물로 보되, 그 특정소방대상물이 특급, 1급, 2급, 3급 소방안전관리대상물 중 둘 이상에 해당하는 경우에는 그중에서 **급수가 높은 특정소방대상물**로 본다.		

48 방염성능기준 이상의 실내장식물 등을 설치하여야 하는 특정소방대상물이 아닌 것은?

① 노유자시설
② 방송국, 촬영소
③ 옥외의 문화집회 및 운동시설
④ 종합병원

해설 방염성능기준 이상의 실내장식물 등을 설치하여야 하는 특정소방대상물의 종류
1. 근린생활시설 중 의원, 체력단련장, 공연장 및 종교집회장
2. 건축물의 옥내에 있는 시설로서 다음 각 목의 시설
    가. 문화 및 집회시설
    나. 종교시설
    다. 운동시설(수영장은 제외한다)
3. 의료시설
4. 교육연구시설 중 합숙소
5. 노유자시설
6. 숙박이 가능한 수련시설
7. 숙박시설
8. 방송통신시설 중 방송국 및 촬영소
9. 「다중이용업소의 안전관리에 관한 특별법」 제2조제1항제1호에 따른 다중이용업의 영업장
10. 제1호부터 제9호까지의 시설에 해당하지 아니하는 것으로서 층수(「건축법 시행령」 제119조 제1항제9호에 따라 산정한 층수를 말한다. 이하 같다)가 11층 이상인 것(아파트는 제외한다)

49 소방시설관리업 등록의 결격사유에 해당되지 않는 것은? [08 인천]

① 피성년후견인

② 금고 이상의 실형을 선고받고 그 집행이 끝나거나 집행이 면제된 날부터 2년이 지나지 아니한 사람

③ 소방시설관리업의 등록의 취소된 날로 부터 2년이 지난 자

④ 금고 이상의 형의 집행유예를 선고받고 그 유예기간 중에 있는 자

> **해설** 소방시설관리업 등록의 결격사유
> ㉠ 피성년후견인
> ㉡ 금고 이상의 실형을 선고받고 그 집행이 끝나거나 집행이 면제된 날부터 2년이 지나지 아니한 사람
> ㉢ 금고 이상의 형의 집행유예를 선고받고 그 유예기간 중에 있는 사람
> ㉣ 관리업의 등록이 취소된 날부터 2년이 지나지 아니한 자
> ㉤ 임원 중에 ㉠부터 ㉣까지의 어느 하나에 해당하는 사람이 있는 법인

50 건축허가 등의 동의에 있어서 소방본부장 또는 소방서장에게 착공신고를 해야 하는 대상이 아닌 것은? [08 인천]

① 연면적 400제곱미터 이상

② 학교시설로서 100제곱미터 이상

③ 차고 또는 주차장으로서 150제곱미터 이상

④ 가스시설 및 지하구

> **해설** 건축허가 동의 대상물의 범위(대통령령)
> 1. 연면적 400제곱미터 이상인 건축물
>   가. 학교시설 : 100제곱미터
>   나. 노유자시설(老幼者施設) 및 수련시설 : 200제곱미터
>   다. 정신의료기관 : 300제곱미터
>   라. 장애인 의료재활시설(이하 "의료재활시설"이라 한다) : 300제곱미터
> 1의2. 층수가 6층 이상인 건축물
> 2. 차고 · 주차장 또는 주차용도로 사용되는 시설로서 다음 각 목의 어느 하나에 해당하는 것
>   가. 차고 · 주차장으로 사용되는 바닥면적이 200제곱미터 이상인 층이 있는 건축물이나 주차시설
>   나. 승강기 등 기계장치에 의한 주차시설로서 자동차 20대 이상을 주차할 수 있는 시설
> 3. 항공기격납고, 관망탑, 항공관제탑, 방송용 송수신탑
> 4. 지하층 또는 무창층이 있는 건축물로서 바닥면적이 150제곱미터(공연장의 경우에는 100제곱미터) 이상인 층이 있는 것
> 5. 별표 2의 특정소방대상물 중 위험물 저장 및 처리시설, 지하구

51 다음 특정소방대상물 중 근린생활시설에 해당하는 것은? [08 인천]

① 예식장
② 어린이회관
③ 치과의원
④ 오피스텔

> **해설** ① 예식장 : 문화 및 집회시설
> ② 어린이회관 : 관광휴게시설
> ③ 치과의원 : 근린생활시설(cf. 치과병원 : 의료시설)
> ④ 오피스텔 : 업무시설

52 다음 중 소화활동설비가 아닌 것은? [08 인천]

① 연결송수관설비
② 무선통신보조설비
③ 비상콘센트설비
④ 소화용수설비

> **해설** **소화활동설비**
> 연결송수관설비, 연결살수설비, 무선통신보조설비, 비상콘센트설비, 제연설비

53 다음 특정소방대상물 중 방염대상물품이 아닌 것은? [08 인천]

① 전시용 합판
② 커튼
③ 소파
④ 블라인드

> **해설** **방염대상물품의 종류**
> 1. 제조 또는 가공 공정에서 방염처리를 한 물품(합판 · 목재류의 경우에는 설치현장에서 방염처리를 한 것을 포함한다)으로서 다음 각 목의 어느 하나에 해당하는 것
>   가. 창문에 설치하는 커튼류(블라인드를 포함한다)
>   나. 카펫, 두께가 2밀리미터 미만인 벽지류(종이벽지는 제외한다)
>   다. 전시용 합판 또는 섬유판, 무대용 합판 또는 섬유판
>   라. 암막 · 무대막(영화상영관에 설치하는 스크린과 골프 연습장업에 설치하는 스크린을 포함한다)
>   마. 섬유류 또는 합성수지류 등을 원료로 하여 제작된 소파 · 의자(단란주점영업, 유흥주점영업 및 노래연습장업의 영업장에 설치하는 것만 해당한다)
> 2. 건축물 내부의 천장이나 벽에 부착하거나 설치하는 것으로서 다음 각 목의 어느 하나에 해당하는 것을 말한다. 다만, 가구류(옷장, 찬장, 식탁, 식탁용 의자, 사무용 책상, 사무용 의자 및 계산대, 그 밖에 이와 비슷한 것을 말한다)와 너비 10센티미터 이하인 반자돌림대 등과 「건축법」 제52조에 따른 내부마감재료는 제외한다.
>   가. 종이류(두께 2밀리미터 이상인 것을 말한다) · 합성수지류 또는 섬유류를 주원료로 한 물품

나. 합판이나 목재

다. 공간을 구획하기 위하여 설치하는 간이 칸막이(접이식 등 이동 가능한 벽체나 천장 또는 반자가 실내에 접하는 부분까지 구획하지 아니하는 벽체를 말한다)

라. 흡음(吸音)이나 방음(防音)을 위하여 설치하는 흡음재(흡음용 커튼을 포함한다) 또는 방음재(방음용 커튼을 포함한다)

54 다음 중 납부해야 할 금액이 가장 많은 것은? [08 충북]

① 규정을 위반하여 소방용품의 형식승인을 얻지 아니하고 소방용품을 제조 또는 수입한 자

② 규정을 위반하여 소방시설 등에 대한 자체점검을 실시하지 아니하거나 관리업자 등으로 하여금 정기적으로 점검하게 하지 아니한 자

③ 규정을 위반하여 관리업의 등록증 또는 등록수첩을 다른 자에게 빌려준 자

④ 규정을 위반하여 관계인의 정당한 업무를 방해 하거나 조사업무를 수행하면서 알게 된 비밀을 누설한 자

해설 ① 소방용품의 형식승인을 받지 아니하고 소방용품을 제조하거나 수입한 자 : 3년 이하의 징역 또는 3천만 원 이하의 벌금

② 규정을 위반하여 소방시설 등에 대한 자체점검을 하지 아니하거나 관리업자 등으로 하여금 정기적으로 점검하게 하지 아니한 자 : 1년 이하의 징역 또는 1천만 원 이하의 벌금

③ 규정을 위반하여 관리업의 등록증이나 등록수첩을 다른 자에게 빌려준 자 : 1년 이하의 징역 또는 1천만 원 이하의 벌금

④ 소방특별조사 또는 감독업무 수행 시 관계인의 정당한 업무를 방해한 자, 조사·검사 업무를 수행하면서 알게 된 비밀을 제공 또는 누설하거나 목적 외의 용도로 사용한 자 : 1년 이하의 징역 또는 1천만 원 이하의 벌금

55 다음 중 중앙소방기술심의위원회의 심의사항이 아닌 것은? [08 충북]

① 소방시설의 구조와 원리 등에 있어서 공법이 특수한 설계 및 시공에 관한 사항

② 소방시설의 설계 및 공사감리의 방법에 관한 사항

③ 소방시설공사 하자의 판단기준에 관한 사항

④ 소방시설에 대한 하자의 판단기준에 관한사항

해설 심의사항

1) 화재안전기준에 관한 사항

2) 소방시설의 구조 및 원리 등에서 공법이 특수한 설계 및 시공에 관한 사항

3) 소방시설의 설계 및 공사감리의 방법에 관한 사항

4) 소방시설공사의 하자를 판단하는 기준에 관한 사항

5) 그 밖에 소방기술 등에 관하여 대통령령으로 정하는 사항
1. 연면적 10만제곱미터 이상의 특정소방대상물에 설치된 소방시설의 설계 · 시공 · 감리의 하자 유무에 관한 사항
2. 새로운 소방시설과 소방용품 등의 도입 여부에 관한 사항
3. 그 밖에 소방기술과 관련하여 소방청장이 심의에 부치는 사항

56 다음 특정소방대상물에 대한 설명 중 옳지 않은 것은? [08 충북]

① 근린생활시설 – 300m² 미만의 종교집회장
② 위락시설 – 투전기업소 및 카지노업소
③ 업무시설 – 발전소
④ 판매시설 및 영업시설 – 전시장

해설 전시장 : 문화집회 및 운동시설

━ 특정소방대상물(제5조 관련)

1. 공동주택
   가. 아파트 등 : 주택으로 쓰이는 층수가 5층 이상인 주택
   나. 기숙사 : 학교 또는 공장 등에서 학생이나 종업원 등을 위하여 쓰는 것으로서 공동취사 등을 할 수 있는 구조를 갖추되, 독립된 주거의 형태를 갖추지 않은 것(「교육기본법」 제27조제2항에 따른 학생복지주택을 포함한다)

2. 근린생활시설
   가. 슈퍼마켓과 일용품(식품, 잡화, 의류, 완구, 서적, 건축자재, 의약품, 의료기기 등) 등의 소매점으로서 같은 건축물(하나의 대지에 두 동 이상의 건축물이 있는 경우에는 이를 같은 건축물로 본다. 이하 같다)에 해당 용도로 쓰는 바닥면적의 합계가 1천m² 미만인 것
   나. 휴게음식점, 제과점, 일반음식점, 기원(棋院), 노래연습장 및 단란주점(단란주점은 같은 건축물에 해당 용도로 쓰는 바닥면적의 합계가 150m² 미만인 것만 해당한다)

   다. 이용원, 미용원, 목욕장 및 세탁소(공장이 부설된 것과 「대기환경보전법」, 「물환경보전법」 또는 「소음 · 진동관리법」에 따른 배출시설의 설치허가 또는 신고의 대상이 되는 것은 제외한다)
   라. 의원, 치과의원, 한의원, 침술원, 접골원(接骨院), 조산원(「모자보건법」 제2조제11호에 따른 산후조리원을 포함한다) 및 안마원(「의료법」 제82조제4항에 따른 안마시술소를 포함한다)
   마. 탁구장, 테니스장, 체육도장, 체력단련장, 에어로빅장, 볼링장, 당구장, 실내낚시터, 골프연습장, 물놀이형 시설(「관광진흥법」 제33조에 따른 안전성검사의 대상이 되는 물놀이형 시설을 말한다. 이하 같다), 그 밖에 이와 비슷한 것으로서 같은 건축물에 해당 용도로 쓰는 바닥면적의 합계가 500m² 미만인 것
   바. 공연장(극장, 영화상영관, 연예장, 음악당, 서커스장, 「영화 및 비디오물의 진흥에 관한 법률」 제2조제16호 가목에 따른 비디오물감상실업의 시설, 같은 호 나목에 따른 비디오

물소극장업의 시설, 그 밖에 이와 비슷한 것을 말한다. 이하 같다) 또는 종교집회장[교회, 성당, 사찰, 기도원, 수도원, 수녀원, 제실(祭室), 사당, 그 밖에 이와 비슷한 것을 말한다. 이하 같다]으로서 같은 건축물에 해당 용도로 쓰는 바닥면적의 합계가 300m² 미만인 것

　　사. 금융업소, 사무소, 부동산중개사무소, 결혼상담소 등 소개업소, 출판사, 서점, 그 밖에 이와 비슷한 것으로서 같은 건축물에 해당 용도로 쓰는 바닥면적의 합계가 500m² 미만인 것

　　아. 제조업소, 수리점, 그 밖에 이와 비슷한 것으로서 같은 건축물에 해당 용도로 쓰는 바닥면적의 합계가 500m² 미만이고, 「대기환경보전법」, 「물환경보전법」 또는 「소음·진동관리법」에 따른 배출시설의 설치허가 또는 신고의 대상이 아닌 것

　　자. 「게임산업진흥에 관한 법률」 제2조제6호의2에 따른 청소년게임제공업 및 일반게임제공업의 시설, 같은 조 제7호에 따른 인터넷컴퓨터게임시설제공업의 시설 및 같은 조 제8호에 따른 복합유통게임제공업의 시설로서 같은 건축물에 해당 용도로 쓰는 바닥면적의 합계가 500m² 미만인 것

　　차. 사진관, 표구점, 학원(같은 건축물에 해당 용도로 쓰는 바닥면적의 합계가 500m² 미만인 것만 해당하며, 자동차학원 및 무도학원은 제외한다), 독서실, 고시원(「다중이용업소의 안전관리에 관한 특별법」에 따른 다중이용업 중 고시원업의 시설로서 독립된 주거의 형태를 갖추지 않은 것으로서 같은 건축물에 해당 용도로 쓰는 바닥면적의 합계가 500m² 미만인 것을 말한다), 장의사, 동물병원, 총포판매사, 그 밖에 이와 비슷한 것

　　카. 의약품 판매소, 의료기기 판매소 및 자동차영업소로서 같은 건축물에 해당 용도로 쓰는 바닥면적의 합계가 1천m² 미만인 것

　　타. 삭제 〈2013.1.9〉

3. 문화 및 집회시설

　　가. 공연장으로서 근린생활시설에 해당하지 않는 것

　　나. 집회장 : 예식장, 공회당, 회의장, 마권(馬券) 장외발매소, 마권 전화투표소, 그 밖에 이와 비슷한 것으로서 근린생활시설에 해당하지 않는 것

　　다. 관람장 : 경마장, 경륜장, 경정장, 자동차 경기장, 그 밖에 이와 비슷한 것과 체육관 및 운동장으로서 관람석의 바닥면적의 합계가 1천m² 이상인 것

　　라. 전시장 : 박물관, 미술관, 과학관, 문화관, 체험관, 기념관, 산업전시장, 박람회장, 견본주택, 그 밖에 이와 비슷한 것

　　마. 동·식물원 : 동물원, 식물원, 수족관, 그 밖에 이와 비슷한 것

4. 종교시설

　　가. 종교집회장으로서 근린생활시설에 해당하지 않는 것

　　나. 가목의 종교집회장에 설치하는 봉안당(奉安堂)

5. 판매시설

　　가. 도매시장 : 「농수산물 유통 및 가격안정에 관한 법률」 제2조제2호에 따른 농수산물도매시장, 같은 조 제5호에 따른 농수산물공판장, 그 밖에 이와 비슷한 것(그 안에 있는 근린생활시설을 포함한다)

　　나. 소매시장 : 시장, 「유통산업발전법」 제2조제3호에 따른 대규모 점포, 그 밖에 이와 비슷한 것(그 안에 있는 근린생활시설을 포함한다)

　　다. 전통시장 : 「전통시장 및 상점가 육성을 위한 특별법」 제2조제1호에 따른 전통시장(그 안에 있는 근린생활시설을 포함하며, 노점형 시장은 제외한다)

라. 상점 : 다음의 어느 하나에 해당하는 것(그 안에 있는 근린생활시설을 포함한다)

    1) 제2호 가목에 해당하는 용도로서 같은 건축물에 해당 용도로 쓰는 바닥면적 합계가 1천m² 이상인 것

    2) 제2호 자목에 해당하는 용도로서 같은 건축물에 해당 용도로 쓰는 바닥면적 합계가 500m² 이상인 것

6. 운수시설

  가. 여객자동차터미널

  나. 철도 및 도시철도 시설(정비창 등 관련 시설을 포함한다)

  다. 공항시설(항공관제탑을 포함한다)

  라. 항만시설 및 종합여객시설

7. 의료시설

  가. 병원 : 종합병원, 병원, 치과병원, 한방병원, 요양병원

  나. 격리병원 : 전염병원, 마약진료소, 그 밖에 이와 비슷한 것

  다. 정신의료기관

  라. 「장애인복지법」 제58조제1항제4호에 따른 장애인 의료재활시설

8. 교육연구시설

  가. 학교

    1) 초등학교, 중학교, 고등학교, 특수학교, 그 밖에 이에 준하는 학교 : 「학교시설사업 촉진법」 제2조제1호 나목의 교사(校舍)(교실ㆍ도서실 등 교수ㆍ학습활동에 직접 또는 간접적으로 필요한 시설물을 말하되, 병설유치원으로 사용되는 부분은 제외한다. 이하 같다), 체육관, 「학교급식법」 제6조에 따른 급식시설, 합숙소(학교의 운동부, 기능선수 등이 집단으로 숙식하는 장소를 말한다. 이하 같다)

    2) 대학, 대학교, 그 밖에 이에 준하는 각종 학교 : 교사 및 합숙소

  나. 교육원(연수원, 그 밖에 이와 비슷한 것을 포함한다)

  다. 직업훈련소

  라. 학원(근린생활시설에 해당하는 것과 자동차운전학원ㆍ정비학원 및 무도학원은 제외한다)

  마. 연구소(연구소에 준하는 시험소와 계량계측소를 포함한다)

  바. 도서관

9. 노유자시설

  가. 노인 관련 시설 : 「노인복지법」에 따른 노인주거복지시설, 노인의료복지시설, 노인여가복지시설, 주ㆍ야간보호서비스나 단기보호서비스를 제공하는 재가노인복지시설(「노인장기요양보험법」에 따른 재가장기요양기관을 포함한다), 노인보호전문기관, 그 밖에 이와 비슷한 것

  나. 아동 관련 시설 : 「아동복지법」에 따른 아동복지시설, 「영유아보육법」에 따른 어린이집, 「유아교육법」에 따른 유치원[제8호 가목 1)에 따른 학교의 교사 중 병설유치원으로 사용되는 부분을 포함한다], 그 밖에 이와 비슷한 것

  다. 장애인 관련 시설 : 「장애인복지법」에 따른 장애인 거주시설, 장애인 지역사회재활시설(장애인 심부름센터, 한국수어통역센터, 점자도서 및 녹음서 출판시설 등 장애인이 직접 그 시설 자체를 이용하는 것을 주된 목적으로 하지 않는 시설은 제외한다), 장애인 직업재활시설, 그 밖에 이와 비슷한 것

  라. 정신질환자 관련 시설 : 「정신건강증진 및 정신질환자 복지서비스 지원에 관한 법률」에

따른 정신재활시설(생산품판매시설은 제외한다), 정신요양시설, 그 밖에 이와 비슷한 것

　마. 노숙인 관련 시설 : 「노숙인 등의 복지 및 자립지원에 관한 법률」 제2조제2호에 따른 노숙인복지시설(노숙인일시보호시설, 노숙인자활시설, 노숙인재활시설, 노숙인요양시설 및 쪽방상담소만 해당한다), 노숙인종합지원센터 및 그 밖에 이와 비슷한 것

　바. 가목부터 마목까지에서 규정한 것 외에 「사회복지사업법」에 따른 사회복지시설 중 결핵환자 또는 한센인 요양시설 등 다른 용도로 분류되지 않는 것

10. 수련시설

　가. 생활권 수련시설 : 「청소년활동 진흥법」에 따른 청소년수련관, 청소년문화의집, 청소년특화시설, 그 밖에 이와 비슷한 것

　나. 자연권 수련시설 : 「청소년활동 진흥법」에 따른 청소년수련원, 청소년야영장, 그 밖에 이와 비슷한 것

　다. 「청소년활동 진흥법」에 따른 유스호스텔

11. 운동시설

　가. 탁구장, 체육도장, 테니스장, 체력단련장, 에어로빅장, 볼링장, 당구장, 실내낚시터, 골프연습장, 물놀이형 시설, 그 밖에 이와 비슷한 것으로서 근린생활시설에 해당하지 않는 것

　나. 체육관으로서 관람석이 없거나 관람석의 바닥면적이 1천m^2 미만인 것

　다. 운동장 : 육상장, 구기장, 볼링장, 수영장, 스케이트장, 롤러스케이트장, 승마장, 사격장, 궁도장, 골프장 등과 이에 딸린 건축물로서 관람석이 없거나 관람석의 바닥면적이 1천m^2 미만인 것

12. 업무시설

　가. 공공업무시설 : 국가 또는 지방자치단체의 청사와 외국공관의 건축물로서 근린생활시설에 해당하지 않는 것

　나. 일반업무시설 : 금융업소, 사무소, 신문사, 오피스텔(업무를 주로 하며, 분양하거나 임대하는 구획 중 일부의 구획에서 숙식을 할 수 있도록 한 건축물로서 국토교통부장관이 고시하는 기준에 적합한 것을 말한다), 그 밖에 이와 비슷한 것으로서 근린생활시설에 해당하지 않는 것

　다. 주민자치센터(동사무소), 경찰서, 지구대, 파출소, 소방서, 119안전센터, 우체국, 보건소, 공공도서관, 국민건강보험공단, 그 밖에 이와 비슷한 용도로 사용하는 것

　라. 마을회관, 마을공동작업소, 마을공동구판장, 그 밖에 이와 유사한 용도로 사용되는 것

　마. 변전소, 양수장, 정수장, 대피소, 공중화장실, 그 밖에 이와 유사한 용도로 사용되는 것

13. 숙박시설

　가. 일반형 숙박시설 : 「공중위생관리법 시행령」 제4조제1호가목에 따른 숙박업의 시설

　나. 생활형 숙박시설 : 「공중위생관리법 시행령」 제4조제1호나목에 따른 숙박업의 시설

　다. 고시원(근린생활시설에 해당하지 않는 것을 말한다)

　라. 그 밖에 가목부터 다목까지의 시설과 비슷한 것

14. 위락시설

　가. 단란주점으로서 근린생활시설에 해당하지 않는 것

　나. 유흥주점, 그 밖에 이와 비슷한 것

　다. 「관광진흥법」에 따른 유원시설업(遊園施設業)의 시설, 그 밖에 이와 비슷한 시설(근린생활시설에 해당하는 것은 제외한다)

　라. 무도장 및 무도학원

마. 카지노영업소
15. 공장

물품의 제조·가공[세탁·염색·도장(塗裝)·표백·재봉·건조·인쇄 등을 포함한다] 또는 수리에 계속적으로 이용되는 건축물로서 근린생활시설, 위험물 저장 및 처리 시설, 항공기 및 자동차 관련 시설, 분뇨 및 쓰레기 처리시설, 묘지 관련 시설 등으로 따로 분류되지 않는 것

16. 창고시설(위험물 저장 및 처리시설 또는 그 부속용도에 해당하는 것은 제외한다)

가. 창고(물품저장시설로서 냉장·냉동 창고를 포함한다)

나. 하역장

다. 「물류시설의 개발 및 운영에 관한 법률」에 따른 물류터미널

라. 「유통산업발전법」 제2조제15호에 따른 집배송시설

17. 위험물 저장 및 처리시설

가. 위험물 제조소 등

나. 가스시설 : 산소 또는 가연성 가스를 제조·저장 또는 취급하는 시설 중 지상에 노출된 산소 또는 가연성 가스 탱크의 저장용량의 합계가 100톤 이상이거나 저장용량이 30톤 이상인 탱크가 있는 가스시설로서 다음의 어느 하나에 해당하는 것

1) 가스 제조시설

가) 「고압가스 안전관리법」 제4조제1항에 따른 고압가스의 제조허가를 받아야 하는 시설

나) 「도시가스사업법」 제3조에 따른 도시가스사업허가를 받아야 하는 시설

2) 가스 저장시설

가) 「고압가스 안전관리법」 제4조제3항에 따른 고압가스 저장소의 설치허가를 받아야 하는 시설

나) 「액화석유가스의 안전관리 및 사업법」 제8조제1항에 따른 액화석유가스 저장소의 설치 허가를 받아야 하는 시설

3) 가스 취급시설

「액화석유가스의 안전관리 및 사업법」 제5조에 따른 액화석유가스 충전사업 또는 액화석유가스 집단공급사업의 허가를 받아야 하는 시설

18. 항공기 및 자동차 관련 시설(건설기계 관련 시설을 포함한다)

가. 항공기격납고

나. 차고, 주차용 건축물, 철골 조립식 주차시설(바닥면이 조립식이 아닌 것을 포함한다) 및 기계장치에 의한 주차시설

다. 세차장

라. 폐차장

마. 자동차 검사장

바. 자동차 매매장

사. 자동차 정비공장

아. 운전학원·정비학원

자. 다음의 건축물을 제외한 건축물의 내부(「건축법 시행령」 제119조제1항제3호 다목에 따른 필로티와 건축물 지하를 포함한다)에 설치된 주차장

1) 「건축법 시행령」 별표 1 제1호에 따른 단독주택

2) 「건축법 시행령」 별표 1 제2호에 따른 공동주택 중 50세대 미만인 연립주택 또는 50세대 미만인 다세대주택

    차. 「여객자동차 운수사업법」, 「화물자동차 운수사업법」 및 「건설기계관리법」에 따른 차고 및 주기장(駐機場)

19. 동물 및 식물 관련 시설

    가. 축사[부화장(孵化場)을 포함한다]

    나. 가축시설 : 가축용 운동시설, 인공수정센터, 관리사(管理舍), 가축용 창고, 가축시장, 동물검역소, 실험동물 사육시설, 그 밖에 이와 비슷한 것

    다. 도축장

    라. 도계장

    마. 작물 재배사(栽培舍)

    바. 종묘배양시설

    사. 화초 및 분재 등의 온실

    아. 식물과 관련된 마목부터 사목까지의 시설과 비슷한 것(동·식물원은 제외한다)

20. 자원순환 관련 시설

    가. 하수 등 처리시설

    나. 고물상

    다. 폐기물재활용시설

    라. 폐기물처분시설

    마. 폐기물감량화시설

21. 교정 및 군사시설

    가. 보호감호소, 교도소, 구치소 및 그 지소

    나. 보호관찰소, 갱생보호시설, 그 밖에 범죄자의 갱생·보호·교육·보건 등의 용도로 쓰는 시설

    다. 치료감호시설

    라. 소년원 및 소년분류심사원

    마. 「출입국관리법」 제52조제2항에 따른 보호시설

    바. 「경찰관 직무집행법」 제9조에 따른 유치장

    사. 국방·군사시설(「국방·군사시설 사업에 관한 법률」 제2조제1호 가목부터 마목까지의 시설을 말한다)

22. 방송통신시설

    가. 방송국(방송프로그램 제작시설 및 송신·수신·중계시설을 포함한다)

    나. 전신전화국

    다. 촬영소

    라. 통신용 시설

    마. 그 밖에 가목부터 라목까지의 시설과 비슷한 것

23. 발전시설

    가. 원자력발전소

    나. 화력발전소

    다. 수력발전소(조력발전소를 포함한다)

    라. 풍력발전소

마. 그 밖에 가목부터 라목까지의 시설과 비슷한 것(집단에너지 공급시설을 포함한다)
24. 묘지 관련 시설
   가. 화장시설
   나. 봉안당(제4호 나목의 봉안당은 제외한다)
   다. 묘지와 자연장지에 부수되는 건축물
   라. 동물화장시설, 동물건조장(乾燥葬)시설 및 동물 전용의 납골시설
25. 관광 휴게시설
   가. 야외음악당
   나. 야외극장
   다. 어린이회관
   라. 관망탑
   마. 휴게소
   바. 공원 · 유원지 또는 관광지에 부수되는 건축물
26. 장례시설
   가. 장례식장[의료시설의 부수시설(「의료법」 제36조제1호에 따른 의료기관의 종류에 따른
      시설을 말한다)은 제외한다]
   나. 동물 전용의 장례식장
27. 지하가
   지하의 인공구조물 안에 설치되어 있는 상점, 사무실, 그 밖에 이와 비슷한 시설이 연속하여
   지하도에 면하여 설치된 것과 그 지하도를 합한 것
   가. 지하상가
   나. 터널 : 차량(궤도차량용은 제외한다) 등의 통행을 목적으로 지하, 해저 또는 산을 뚫어서
      만든 것
28. 지하구
   가. 전력 · 통신용의 전선이나 가스 · 냉난방용의 배관 또는 이와 비슷한 것을 집합수용하기
      위하여 설치한 지하 인공구조물로서 사람이 점검 또는 보수를 하기 위하여 출입이 가능
      한 것 중 폭 1.8m 이상이고 높이가 2m 이상이며 길이가 50m 이상(전력 또는 통신사업
      용인 것은 500m 이상)인 것
   나. 「국토의 계획 및 이용에 관한 법률」 제2조제9호에 따른 공동구
29. 문화재
   「문화재보호법」에 따라 문화재로 지정된 건축물
30. 복합건축물
   가. 하나의 건축물이 제1호부터 제27호까지의 것 중 둘 이상의 용도로 사용되는 것. 다만,
      다음의 어느 하나에 해당하는 경우에는 복합건축물로 보지 않는다.
      1) 관계 법령에서 주된 용도의 부수시설로서 그 설치를 의무화하고 있는 용도 또는 시설
      2) 「주택법」 제35조제1항제3호 및 제4호에 따라 주택 안에 부대시설 또는 복리시설이
         설치되는 특정소방대상물
      3) 건축물의 주된 용도의 기능에 필수적인 용도로서 다음의 어느 하나에 해당하는 용도
         가) 건축물의 설비, 대피 또는 위생을 위한 용도, 그 밖에 이와 비슷한 용도
         나) 사무, 작업, 집회, 물품저장 또는 주차를 위한 용도, 그 밖에 이와 비슷한 용도
         다) 구내식당, 구내세탁소, 구내운동시설 등 종업원후생복리시설(기숙사는 제외한

다) 또는 구내소각시설의 용도, 그 밖에 이와 비슷한 용도

　나. 하나의 건축물이 근린생활시설, 판매시설, 업무시설, 숙박시설 또는 위락시설의 용도와 주택의 용도로 함께 사용되는 것

[비고]

1. 내화구조로 된 하나의 특정소방대상물이 개구부(건축물에서 채광·환기·통풍·출입 등을 위하여 만든 창이나 출입구를 말한다)가 없는 내화구조의 바닥과 벽으로 구획되어 있는 경우에는 그 구획된 부분을 각각 별개의 특정소방대상물로 본다.

2. 둘 이상의 특정소방대상물이 다음 각 목의 어느 하나에 해당되는 구조의 복도 또는 통로(이하 이 표에서 "연결통로"라 한다)로 연결된 경우에는 이를 하나의 소방대상물로 본다.

　가. 내화구조로 된 연결통로가 다음의 어느 하나에 해당되는 경우

　　1) 벽이 없는 구조로서 그 길이가 6m 이하인 경우

　　2) 벽이 있는 구조로서 그 길이가 10m 이하인 경우. 다만, 벽 높이가 바닥에서 천장까지의 높이의 2분의 1 이상인 경우에는 벽이 있는 구조로 보고, 벽 높이가 바닥에서 천장까지의 높이의 2분의 1 미만인 경우에는 벽이 없는 구조로 본다.

　나. 내화구조가 아닌 연결통로로 연결된 경우

　다. 컨베이어로 연결되거나 플랜트설비의 배관 등으로 연결되어 있는 경우

　라. 지하보도, 지하상가, 지하가로 연결된 경우

　마. 방화셔터 또는 갑종 방화문이 설치되지 않은 피트로 연결된 경우

　바. 지하구로 연결된 경우

3. 제2호에도 불구하고 연결통로 또는 지하구와 소방대상물의 양쪽에 다음 각 목의 어느 하나에 적합한 경우에는 각각 별개의 소방대상물로 본다.

　가. 화재 시 경보설비 또는 자동소화설비의 작동과 연동하여 자동으로 닫히는 방화셔터 또는 갑종 방화문이 설치된 경우

　나. 화재 시 자동으로 방수되는 방식의 드렌처설비 또는 개방형 스프링클러헤드가 설치된 경우

4. 위 제1호부터 제30호까지의 특정소방대상물의 지하층이 지하가와 연결되어 있는 경우 해당 지하층의 부분을 지하가로 본다. 다만, 다음 지하가와 연결되는 지하층에 지하층 또는 지하가에 설치된 방화문이 자동폐쇄장치·자동화재탐지설비 또는 자동소화설비와 연동하여 닫히는 구조이거나 그 윗부분에 드렌처설비가 설치된 경우에는 지하가로 보지 않는다.

57 다음 중 경보설비의 종류가 아닌 것은? [08 충북]

① 무선통신보조설비   ② 비상방송설비

③ 단독경보형 감지기   ④ 통합감시시설

해설 ① 무선통신보조설비는 소화활동설비이다.

— **경보설비**

화재발생 사실을 통보하는 기계 · 기구 또는 설비로서 다음 각 목의 것

가. 단독경보형 감지기

나. 비상경보설비

     1) 비상벨설비

     2) 자동식 사이렌설비

다. 시각경보기

라. 자동화재탐지설비

마. 비상방송설비

바. 자동화재속보설비

사. 통합감시시설

아. 누전경보기

자. 가스누설경보기

58 한국소방안전원의 장은 소방안전관리자의 강습교육의 일정 · 횟수 등에 관하여 연간계획을 수립하여 실시하여야 한다. 그 실시시기와 횟수로 옳은 것은? [08 충북]

① 1년에 1회 이상   ② 1년에 2회 이상

③ 2년마다 1회 이상   ④ 2년마다 2회 이상

해설 소방안전관리자에 대한 강습교육의 실시

① 법 제41조제1항에 따른 소방안전관리자의 강습교육의 일정 · 횟수 등에 관하여 필요한 사항은 한국소방안전원의 장(이하 "안전원장"이라 한다)이 연간계획을 수립하여 실시하여야 한다.[매년]

59 다음 중 공공기관의 소방안전관리에 관한 적용 대상이 아닌 것은? [08 충북]

① 국가, 지방자치단체   ② 정부투자기관

③ 국공립학교   ④ 금융투자기관

공공기관의 소방안전관리

① 국가, 지방자치단체, 국공립학교 등 대통령령으로 정하는 공공기관의 장은 소관 기관의 근무자 등의 생명 · 신체와 건축물 · 인공구조물 및 물품 등을 화재로부터 보호하기 위하여 화재예방, 자위소방대의 조직 및 편성, 소방시설의 자체점검과 소방훈련 등의 소방안전관리를 하여야 한다.

② 제1항에 따른 공공기관에 대한 다음 각 호의 사항에 관하여는 제20조부터 제23조까지의 규정에도 불구하고 대통령령으로 정하는 바에 따른다.

1. 소방안전관리자의 자격, 책임 및 선임 등
2. 소방안전관리의 업무대행
3. 자위소방대의 구성, 운영 및 교육
4. 근무자 등에 대한 소방훈련 및 교육
5. 그 밖에 소방안전관리에 필요한 사항

60 소방특별조사 및 소방안전관리대상물에 대한 설명 중 옳은 것은? [08 충북]

① 소방대상물이 공개되거나 소방대상물에서 직원 등이 근무하고 있는 시간에는 관계인의 승낙 없이 해 뜨기 전이나 해가 진 뒤에도 할 수 있다.

② 개인주택의 경우도 수시 소방특별조사를 할 수 있다.

③ 검사 중 알게 된 비밀을 누설할 경우 벌칙은 3년 이하의 징역으로 한다.

④ 소방서장은 소방특별조사를 하고자 하는 때에는 12시간 전에 관계인에게 알려야 한다.

② 개인주택의 경우도 수시 소방특별조사를 할 수 없다.

③ 소방특별조사 중 알게 된 비밀을 누설할 경우 벌칙은 1년 이하의 징역 또는 1천만 원 이하의 벌금으로 한다.(기본법에서는 300벌금, 소방시설법에서는 1년, 1,000만 원)

④ 소방서장은 소방특별조사를 하고자 하는 때에는 7일 전에 관계인에게 알려야 한다.

61 다음 중 지방소방기술심의위원회에 해당되는 사항은? [08 충북]

① 소방시설의 구조와 원리 등에 있어서 공법이 특수한 설계 및 시공에 관한 사항

② 소방시설의 설계 및 공사감리의 방법에 관한 사항

③ 소방시설공사 하자의 판단기준에 관한 사항

④ 소방시설에 대한 하자가 있는지의 판단에 관한 사항

심의사항

1) 소방시설에 하자가 있는지의 판단에 관한 사항
2) 그 밖에 소방기술 등에 관하여 대통령령으로 정하는 사항
   1. 연면적 10만제곱미터 미만의 특정소방대상물에 설치된 소방시설의 설계 · 시공 · 감리의 하자 유무에 관한 사항

2. 소방본부장 또는 소방서장이 화재안전기준 또는 위험물 제조소 등의 시설기준의 적용에 관하여 기술검토를 요청하는 사항

3. 그 밖에 소방기술과 관련하여 시·도지사가 심의에 부치는 사항

62 다음 중 소방시설설계에 있어 성능 위주의 설계 대상이 아닌 것은? [08 중앙]

① 연면적 20만 제곱미터 이상인 특정소방대상물(단, 아파트는 제외)

② 건축물의 높이가 100미터 이상인 특정소방대상물 및 지하층을 제외한 층수가 30층 이상인 특정소방대상물(아파트 포함)

③ 연면적 3만 제곱미터 이상인 철도역사 및 공항시설

④ 영화상영관이 10개 이상인 특정소방대상물

해설 성능위주설계

1) 대상

1. 연면적 20만제곱미터 이상인 특정소방대상물. 다만, 별표 2 제1호에 따른 공동주택 중 주택으로 쓰이는 층수가 5층 이상인 주택(이하 이 조에서 "아파트등"이라 한다)은 제외한다.

2. 다음 각 목의 어느 하나에 해당하는 특정소방대상물. 다만, 아파트등은 제외한다.

　가. 건축물의 높이가 100미터 이상인 특정소방대상물

　나. 지하층을 포함한 층수가 30층 이상인 특정소방대상물

3. 연면적 3만제곱미터 이상인 특정소방대상물로서 다음 각 목의 어느 하나에 해당하는 특정소방대상물

　가. 별표 2 제6호 나목의 철도 및 도시철도시설

　나. 별표 2 제6호 다목의 공항시설

4. 하나의 건축물에 「영화 및 비디오물의 진흥에 관한 법률」 제2조제10호에 따른 영화상영관이 10개 이상인 특정소방대상물

63 소방안전관리대상물의 소방계획서 작성 내용이 아닌 것은? [08 중앙]

① 화재예방을 위한 자체점검계획 및 진압대책

② 특정소방대상물의 근무자 및 거주자의 자위소방대 조직과 대원의 임무에 관한 사항

③ 위험물안전관리법 제17조의 규정에 의한 예방 규정을 정하는 제조소 등의 위험물의 저장 및 취급에 관한 사항

④ 증축·개축·재축·이전·대수선 중인 특정소방대상물의 공사장의 소방안전관리에 관한 사항

제24조(소방안전관리대상물의 소방계획서 작성 등)

① 법 제20조제6항제1호에 따른 소방계획서에는 다음 각 호의 사항이 포함되어야 한다.

1. 소방안전관리대상물의 위치·구조·연면적·용도 및 수용인원 등 일반 현황

2. 소방안전관리대상물에 설치한 소방시설·방화시설(防火施設), 전기시설·가스시설 및 위험물시설의 현황

3. 화재예방을 위한 자체점검계획 및 진압대책

4. 소방시설·피난시설 및 방화시설의 점검·정비계획

5. 피난층 및 피난시설의 위치와 피난경로의 설정, 장애인 및 노약자의 피난계획 등을 포함한 피난계획

6. 방화구획, 제연구획, 건축물의 내부 마감재료(불연재료·준불연재료 또는 난연재료로 사용된 것을 말한다) 및 방염물품의 사용현황과 그 밖의 방화구조 및 설비의 유지·관리 계획

7. 법 제22조에 따른 소방훈련 및 교육에 관한 계획

8. 법 제22조를 적용받는 특정소방대상물의 근무자 및 거주자의 자위소방대 조직과 대원의 임무(장애인 및 노약자의 피난보조임무를 포함한다)에 관한 사항

9. 화기 취급 작업에 대한 사전 안전조치 및 감독 등 공사 중 소방안전관리에 관한 사항

10. 공동 및 분임 소방안전관리에 관한 사항

11. 소화와 연소 방지에 관한 사항

12. 위험물의 저장·취급에 관한 사항(「위험물안전관리법」 제17조에 따라 예방규정을 정하는 제조소 등은 제외한다)

13. 그 밖에 소방안전관리를 위하여 소방본부장 또는 소방서장이 소방안전관리대상물의 위치·구조·설비 또는 관리상황 등을 고려하여 소방안전관리에 필요하여 요청하는 사항

② 소방본부장 또는 소방서장은 제1항에 따른 특정소방대상물의 소방계획의 작성 및 실시에 관하여 지도·감독한다.

64 소방시설의 특례기준에 있어 강화된 기준을 적용하지 않는 소방시설은? [08 중앙]

① 비상방송설비 ② 비상경보설비

③ 소화기구 ④ 피난구조설비

대통령령 또는 화재안전기준이 변경되어 그 기준이 강화되는 경우

① 원칙 : 기존의 특정소방대상물(건축물의 신축·개축·재축·이전 및 대수선 중인 특정소방대상물을 포함한다)의 소방시설에 대하여는 변경 전의 대통령령 또는 화재안전기준을 적용한다.

② 예외 : 다음의 경우 강화된 기준을 적용한다.

1. 다음 소방시설 중 대통령령으로 정하는 것

가. 소화기구 나. 비상경보설비

다. 자동화재속보설비 라. 피난구조설비

2. 지하구 가운데 공동구에 설치하여야 하는 소방시설(소화기, 자동확산소화기, 자동화재탐지설비, 이상침수경보설비, 침입감지설비, 피난구조설비, 소화활동설비, 무선통신보조설비, 연소방지설비)
3. 노유자(老幼者)시설, 의료시설에 설치하여야 하는 소방시설 중 대통령령으로 정하는 것
   가. 노유자(老幼者)시설에 설치하는 간이스프링클러설비, 자동화재탐지설비 및 단독경보형 감지기
   나. 의료시설에 설치하는 스프링클러설비, 간이스프링클러설비, 자동화재탐지설비 및 자동화재속보설비

65 다음 중 종합정밀점검에 대한 설명으로 옳지 않은 것은? [08 중앙]

① 스프링클러설비가 설치된 5천 제곱미터 이상 또는 11층 이상의 아파트는 종합정밀점검 대상이다.
② 종합정밀점검은 작동기능점검을 포함한다.
③ 종합정밀점검은 연 1회 실시한다.
④ 소방안전관리자로 선임된 소방기술사, 소방시설관리사 자격을 가진 소방안전관리자가 실시할 수 있다.

해설 ① 스프링클러설비 또는 물분무등소화설비[호스릴(Hose Reel) 방식의 물분무등소화설비만을 설치한 경우는 제외한다]가 설치된 연면적 5,000m² 이상인 특정소방대상물(위험물 제조소 등은 제외한다). 다만, 아파트는 연면적 5,000m² 이상이고 11층 이상인 것만 해당한다.
현행 종합정밀점검은 특급대상물의 경우 연 2회 실시, 종합정밀점검이란 소방시설등의 작동기능점검을 포함하여 소방시설등의 설비별 주요 구성 부품의 구조기준이 법 제9조제1항에 따라 소방청장이 정하여 고시하는 화재안전기준 및 「건축법」 등 관련 법령에서 정하는 기준에 적합한지 여부를 점검하는 것을 말한다.

66 다음 중 특정소방대상물에 투척용 소화기를 설치하여 쉽게 사용할 수 있도록 한 시설에 해당하는 것은? [08 경남]

① 노유자시설
② 아파트
③ 위락시설
④ 근린생활시설

해설 화재안전기준에 따라 소화기구를 설치하여야 하는 특정소방대상물은 다음의 어느 하나와 같다.
1) 연면적 33m² 이상인 것. 다만, 노유자시설의 경우에는 투척용 소화용구 등을 화재안전기준에 따라 산정된 소화기 수량의 2분의 1 이상으로 설치할 수 있다.
2) 1)에 해당하지 않는 시설로서 지정문화재 및 가스시설
3) 터널

67 소방청장 또는 시·도지사가 행정처분을 하기 위해 청문을 실시하여야 하는 내용이 아닌 것은? [08 경남]

① 관리업의 등록취소 및 영업정지

② 소방용품의 형식승인 취소 및 제품검사 중지

③ 소방안전관리자의 자격취소 및 정지

④ 소방시설관리사의 자격취소

해설 청문

　　1) 청문실시권자 : 소방청장 또는 시·도지사

　　2) 청문사유 및 실시권자

　　　　① 관리업의 등록취소 및 영업정지 : 시·도지사

　　　　② 관리사 자격의 취소 및 정지 : 소방청장

　　　　③ 소방용품의 형식승인 취소 및 제품검사 중지 : 소방청장

　　　　④ 성능인증의 취소 : 소방청장

　　　　⑤ 우수품질인증의 취소 : 소방청장

　　　　⑥ 전문기관의 지정취소 및 업무정지 : 소방청장

68 다음 중 경보설비에 해당하는 것을 모두 고르시오. [08 경남]

가. 비상벨설비 및 자동식 사이렌설비	나. 단독경보형 감지기
다. 비상방송설비	라. 누전경보기
마. 유도등 및 유도표지	바. 비상콘센트설비

① 가, 나, 다, 라　　　　　　　　　② 나, 다, 라, 마

③ 다, 라, 마, 바　　　　　　　　　④ 가, 다, 라, 바

해설 경보설비

화재발생 사실을 통보하는 기계·기구 또는 설비로서 다음 각 목의 것

　　가. 단독경보형 감지기

　　나. 비상경보설비

　　　　1) 비상벨설비

　　　　2) 자동식 사이렌설비

　　다. 시각경보기

　　라. 자동화재탐지설비

　　마. 비상방송설비

　　바. 자동화재속보설비

　　사. 통합감시시설

　　아. 누전경보기

　　자. 가스누설경보기

69 소방본부장 또는 소방서장의 완공검사를 위한 현장확인 대상 특정소방대상물이 아닌 것은?

[08 경남]

① 노유자시설 ② 숙박시설

③ 수련시설 ④ 지하구

70 무창층이란 지상층 중 개구부의 면적의 합계가 당해 층의 바닥면적의 얼마 이하가 되는 층을 말하는가?

[08 경기]

① 10분의 1 이하 ② 20분의 1 이하

③ 30분의 1 이하 ④ 40분의 1 이하

> **해설** "무창층"(無窓層)이란 지상층 중 다음 각 목의 요건을 모두 갖춘 개구부(건축물에서 채광·환기·통풍 또는 출입 등을 위하여 만든 창·출입구, 그 밖에 이와 비슷한 것을 말한다)의 면적의 합계가 해당 층의 바닥면적(「건축법 시행령」 제119조제1항제3호에 따라 산정된 면적을 말한다. 이하 같다)의 30분의 1 이하가 되는 층을 말한다.
> 가. 크기는 지름 50센티미터 이상의 원이 내접(內接)할 수 있는 크기일 것
> 나. 해당 층의 바닥면으로부터 개구부 밑부분까지의 높이가 1.2미터 이내일 것
> 다. 도로 또는 차량이 진입할 수 있는 빈터를 향할 것
> 라. 화재 시 건축물로부터 쉽게 피난할 수 있도록 창살이나 그 밖의 장애물이 설치되지 아니할 것
> 마. 내부 또는 외부에서 쉽게 부수거나 열 수 있을 것

71 소방시설관리업의 주된 기술인력과 보조 기술인력으로 옳은 것은? [08 경기]

① 주된 기술인력 : 소방시설관리사 1인 이상, 보조 기술인력 : 1인 이상

② 주된 기술인력 : 소방시설관리사 1인 이상, 보조 기술인력 : 2인 이상

③ 주된 기술인력 : 소방시설관리사 2인 이상, 보조 기술인력 : 2인 이상

④ 주된 기술인력 : 소방시설관리사 2인 이상, 보조 기술인력 : 3인 이상

> **해설** 관리업의 등록
> ① 시·도지사에게 등록
> ② 등록기준
>   1. 인력기준
>   1) 주된 기술인력 : 소방시설관리사 1명 이상
>   2) 보조 기술인력 : 2명 이상
>   ① 소방설비기사 또는 소방설비산업기사
>   ② 소방공무원으로 3년 이상 근무한 사람(소방기술 인정 자격수첩을 발급받은 사람)
>   ③ 대학의 소방 관련학과를 졸업한 사람(소방기술 인정 자격수첩을 발급받은 사람)

정답 **69** ④ **70** ③ **71** ②

④ 행정안전부령으로 정하는 소방기술과 관련된 자격·경력 및 학력이 있는 사람(소방기술 인정 자격수첩을 발급받은 사람)

　2. 장비기준 - 삭제

③ 최초 등록 시 15일 이내 발급(서류보완 10일), 분실, 훼손 시 재발급신청 시 3일 이내 발급 변경신고 시 5일(타 시·도 7일) 이내 발급, 지위승계신고 시 10일 이내 발급

④ 변경신고사항, 등록결격사유 : 공사업법과 동일

72 소화기구를 설치하여야 하는 특정소방대상물 중에서 자동소화장치를 설치하여야 하는 대상은? [08 경기]

① 연면적 33m² 이상인 것　　　② 지정문화재 및 가스시설

③ 터널　　　④ 아파트

해설 화재안전기준에 따라 소화기구를 설치하여야 하는 특정소방대상물은 다음의 어느 하나와 같다.
　1) 연면적 33m² 이상인 것. 다만, 노유자시설의 경우에는 투척용 소화용구 등을 화재안전기준에 따라 산정된 소화기 수량의 2분의 1 이상으로 설치할 수 있다.
　2) 1)에 해당하지 않는 시설로서 지정문화재 및 가스시설
　3) 터널

━ **자동소화장치 설치대상**
　아파트 및 30층 이상 오피스텔

73 소방본부장 또는 소방서장은 행정안전부령이 정하는 바에 따라 소방대상물의 개수(改修) 명령을 할 수 있다. 다음 중 개수명령 등의 대상이 아닌 것은? [08 경기]

① 근린생활시설　　　② 위락시설

③ 노유자(老幼者)시설　　　④ 문화재시설

해설 특정소방대상물에 대한 개수명령(문화재는 특정소방대상물 해당사항이 아님)

74 다음 중 소방안전관리자의 업무가 아닌 것은? [08 경기]

① 화기 취급의 감독을 한다.

② 소방시설의 보수공사를 한다.

③ 소방시설을 유지·관리한다.

④ 대통령이 정하는 사항이 포함된 소방계획서를 작성한다.

해설 소방안전관리자의 업무

특정소방대상물의 관계인	소방안전관리대상물의 소방안전관리자
① 피난시설, 방화구획 및 방화시설의 유지·관리	① 피난계획에 관한 사항과 소방계획서의 작성 및 시행
② 소방시설이나 그 밖의 소방 관련 시설의 유지·관리	② 자위소방대(自衛消防隊) 및 초기대응체계의 구성·운영·교육
③ 화기(火氣) 취급의 감독	③ 피난시설, 방화구획 및 방화시설의 유지·관리
④ 그 밖에 소방안전관리에 필요한 업무	④ 소방훈련 및 교육
	⑤ 소방시설이나 그 밖의 소방 관련 시설의 유지·관리
	⑥ 화기(火氣) 취급의 감독
	⑦ 그 밖에 소방안전관리에 필요한 업무

75 다음 중 특정소방대상물이 아닌 것은? [08 경기]

① 단독주택　　　　　　　　　② 공동주택
③ 업무시설　　　　　　　　　④ 교육연구시설

76 방염성능기준 이상의 실내장식물 등을 설치하여야 하는 특정소방대상물이 아닌 것은?
[08 경기]

① 수영장　　　　　　　　　　② 숙박시설
③ 종합병원　　　　　　　　　④ 방송국 및 촬영소

해설 방염성능기준 이상의 실내장식물등을 설치하여야 하는 특정소방대상물의 종류
1. 근린생활시설 중 의원, 체력단련장, 공연장 및 종교집회장
2. 건축물의 옥내에 있는 시설로서 다음 각 목의 시설
   가. 문화 및 집회시설
   나. 종교시설
   다. 운동시설(수영장은 제외한다)
3. 의료시설
4. 교육연구시설 중 합숙소
5. 노유자시설
6. 숙박이 가능한 수련시설
7. 숙박시설
8. 방송통신시설 중 방송국 및 촬영소
9. 「다중이용업소의 안전관리에 관한 특별법」 제2조제1항제1호에 따른 다중이용업의 영업장
10. 제1호부터 제9호까지의 시설에 해당하지 아니하는 것으로서 층수(「건축법 시행령」 제119조 제1항제9호에 따라 산정한 층수를 말한다. 이하 같다)가 11층 이상인 것(아파트는 제외한다)

77 다음 소방시설 중 분류가 다른 하나는? [08 경기]

① 소화기구
② 상수도소화용수설비
③ 옥내소화전설비
④ 옥외소화전설비

해설 상수도소화용수설비는 소화용수설비에 해당한다.

78 다음 중 근린생활시설이 아닌 것은? [08 대구]

① 치과의원
② 헬스클럽장
③ 무도학원
④ 노래연습장 및 단란주점

해설 무도학원은 위락시설이다.

79 다음 설명 중 옳지 않은 것은? [08 대구]

① 소방용 기계 · 기구의 형상 · 구조 · 재질 · 성분 · 성능 등의 형식승인 및 제품검사의 기술기준 등에 관한 사항은 소방청장이 정하여 고시한다.
② 형식승인을 얻은 후 형상 등을 임의로 변경한 소방용 기계 · 기구는 판매하거나 또는 판매의 목적으로 진열하거나 소방시설공사에 사용할 수 있다.
③ 대통령령이 정하는 소방용 기계 · 기구를 제조하거나 수입하고자 하는 자는 소방청장의 형식승인을 얻어야 한다.
④ 형식승인을 얻은 자는 그 소방용 기계 · 기구에 대하여 소방청장이 실시하는 사전제품검사 또는 사후제품검사를 받아야 한다.

해설 형식승인을 얻은 후 형상 등을 임의로 변경한 소방용 기계 · 기구는 판매하거나 또는 판매의 목적으로 진열하거나 소방시설공사에 사용할 수 없다.

80 다음 설명 중 옳지 않은 것은? [08 대구]

① 소방안전관리자는 자위소방대를 조직할 수 있다.
② 층수가 10층 이하이고, 연면적이 10,000 제곱미터 미만인 특정소방대상물은 1급소방안전관리 대상물이다.
③ 특정소방대상물의 근무자에게 소방훈련을 실시할 수 있다.
④ 개수명령에는 소방대상물의 개수, 이전, 제거, 사용금지, 제한 등이 해당된다.

해설 소방안전관리대상물

특급	① 50층 이상(지하층은 제외)이거나 지상으로부터 높이가 200미터 이상인 아파트 ② 연면적 20만m² 이상 ③ 지하층 포함 30층 이상(아파트는 제외) ④ 높이가 120미터 이상(아파트는 제외)	제외	• 공공기관 • 동 · 식물원 • 불연성 물품 창고 • 위험물 제조소 등 • 지하구
1급	① 30층 이상(지하층은 제외)이거나 지상으로부터 높이가 120미터 이상인 아파트 ② 연면적 1만5천제곱미터 이상인 것(아파트는 제외) ③ 층수가 11층 이상인 것(아파트는 제외) ④ 가연성 가스를 1천톤 이상 저장 · 취급하는 시설		
2급	① 옥내소화전설비, 스프링클러설비, 간이스프링클러설비 또는 물분무등소화설비(호스릴 방식 제외)를 설치하는 특정소방대상물 ② 가스제조설비를 갖추고 도시가스사업의 허가를 받아야 하는 시설 또는 가연성 가스를 100톤 이상 1천톤 미만 저장 · 취급하는 시설 ④ 지하구 ⑤ 공동주택(300세대 이상, 승강기 · 중앙난방시설 · 주상복합건축물로 150세대 이상 등) ⑥ 보물 또는 국보로 지정된 목조건축물	제외	• 공공기관
3급	특급 · 1급 · 2급 소방안전관리 대상물에 해당하지 아니하는 특정소방대상물로서 **자동화재탐지설비**를 설치하는 특정소방대상물	제외	• 공공기관
비고	건축물대장의 건축물현황도에 표시된 대지경계선 안의 지역 또는 인접한 2개 이상의 대지에 소방안전관리자를 두어야 하는 특정소방대상물이 둘 이상 있고, 그 관리에 관한 권원을 가진 자가 동일인인 경우에는 이를 하나의 특정소방대상물로 보되, 그 특정소방대상물이 특급, 1급, 2급, 3급 소방안전관리대상물 중 둘 이상에 해당하는 경우에는 그중에서 급수가 높은 특정소방대상물로 본다.		

81 다음 중 지방소방기술심의위원회의 업무에 해당하는 것은? [08 대구]

① 소방시설의 구조와 원리 등에 있어서 공법이 특수한 설계 및 시공에 관한 사항
② 소방시설공사 하자가 있는지의 판단에 관한 사항
③ 소방시설의 설계 및 공사감리의 방법에 관한 사항
④ 화재안전기준에 관한 사항

1) 소방시설에 하자가 있는지의 판단에 관한 사항
2) 그 밖에 소방기술 등에 관하여 대통령령으로 정하는 사항
    1. 연면적 10만제곱미터 미만의 특정소방대상물에 설치된 소방시설의 설계 · 시공 · 감리의 하자 유무에 관한 사항
    2. 소방본부장 또는 소방서장이 화재안전기준 또는 위험물 제조소 등의 시설기준의 적용에 관하여 기술검토를 요청하는 사항
    3. 그 밖에 소방기술과 관련하여 시 · 도지사가 심의에 부치는 사항

82 다음 중 소방시설관리업자에게 연 1회 이상 종합 정밀점검을 받아야 하는 대상으로 맞는 것은? [08 부산]

① 연면적 5,000m² 이상 특정소방대상물
② 연면적 10,000m² 이상 특정소방대상물
③ 연면적 5,000m² 이상이고 층수가 15층 이상인 아파트
④ 스프링클러설비가 설치된 연면적 5,000m² 이상 특정소방대상물

해설 종합정밀점검은 다음의 어느 하나에 해당하는 특정소방대상물을 대상으로 한다.
1) 스프링클러설비가 설치된 특정소방대상물
2) 물분무등소화설비(호스릴방식의 물분무등소화설비만을 설치한 경우 제외)가 설치된 연면적 5,000m² 이상인 특정소방대상물(위험물제조소등은 제외한다)
3) 「다중이용업소의 안전관리에 관한 특별법 시행령」 제2조제1호 나목, 같은 조 제2호(비디오물소극장업은 제외한다) · 제6호 · 제7호 · 제7호의2 및 제7호의5의 다중이용업의 영업장이 설치된 특정소방대상물로서 연면적이 2,000m² 이상(노래연습장, 고시원, 산후조리원, 단란주점, 유흥주점, 비디오물감상실업, 안마시술소, 영화상영관, 복합영상물제공업)인 것
4) 제연설비가 설치된 터널
5) 「공공기관의 소방안전관리에 관한 규정」 제2조에 따른 공공기관 중 연면적(터널 · 지하구의 경우 그 길이와 평균폭을 곱하여 계산된 값을 말한다)이 1,000m² 이상인 것으로서 옥내소화전설비 또는 자동화재탐지설비가 설치된 것. 다만, 「소방기본법」 제2조제5호에 따른 소방대가 근무하는 공공기관은 제외한다.

83 다음은 건축허가등의 동의 요구 시 갖추어야 할 구비서류를 나열한 것이다. 옳은 것은? [08 부산]

① 건축물의 측면도 및 조감도   ② 건축 및 소방시설 시방서
③ 건축물배치도   ④ 단면도 및 주단면 상세도

해설 제1항 각 호의 어느 하나에 해당하는 기관은 영 제12조제3항에 따라 건축허가등의 동의를 요구하는 때에는 동의요구서(전자문서로 된 요구서를 포함한다)에 다음 각 호의 서류(전자문서를 포함한다)를 첨부하여야 한다.

1. 「건축법 시행규칙」 제6조·제8조 및 제12조의 규정에 의한 건축허가신청서 및 건축허가서 또는 건축·대수선·용도 변경신고서 등 건축허가등을 확인할 수 있는 서류의 사본. 이 경우 동의 요구를 받은 담당공무원은 특별한 사정이 없는 한 「전자정부법」 제36조제1항에 따른 행정정보의 공동이용을 통하여 건축허가서를 확인함으로써 첨부서류의 제출에 갈음하여야 한다.

2. 다음 각 목의 설계도서. 다만, 가목 및 다목의 설계도서는 「소방시설공사업법 시행령」 제4조에 따른 소방시설공사 착공신고대상에 해당되는 경우에 한한다.
   가. 건축물의 단면도 및 주단면 상세도(내장재료를 명시한 것에 한한다)
   나. 소방시설(기계·전기분야의 시설을 말한다)의 층별 평면도 및 층별 계통도(시설별 계산서를 포함한다)
   다. 창호도

3. 소방시설 설치계획표

4. 임시소방시설 설치계획서(설치 시기·위치·종류·방법 등 임시소방시설의 설치와 관련한 세부사항을 포함한다)

5. 소방시설설계업 등록증과 소방시설을 설계한 기술인력자의 기술자격증

84 다음 중 특정소방대상물의 연결이 바르지 않은 것은? [08 부산]

① 오피스텔은 교육연구시설이며 화장장, 고물상은 위생등 관련시설이다.

② 치과병원, 정신보건시설, 요양소, 마약진료소는 의료시설이다.

③ 150m² 미만의 단란주점과 한의원, 안마시술소, 산후조리원은 근린생활시설이다.

④ 학교, 교육원, 직업훈련소, 일반도서관은 교육연구시설이다.

해설 특정소방대상물(제5조 관련)
2. 근린생활시설
   가. 슈퍼마켓과 일용품(식품, 잡화, 의류, 완구, 서적, 건축자재, 의약품, 의료기기 등) 등의 소매점으로서 같은 건축물(하나의 대지에 두 동 이상의 건축물이 있는 경우에는 이를 같은 건축물로 본다. 이하 같다)에 해당 용도로 쓰는 바닥면적의 합계가 1천m² 미만인 것
   나. 휴게음식점, 제과점, 일반음식점, 기원(棋院), 노래연습장 및 단란주점(단란주점은 같은 건축물에 해당 용도로 쓰는 바닥면적의 합계가 150m² 미만인 것만 해당한다)
   다. 이용원, 미용원, 목욕장 및 세탁소 (면적규정 X)
   라. 의원, 치과의원, 한의원, 침술원, 접골원(接骨院), 조산원(산후조리원을 포함한다) 및 안마원 (면적규정 X)
   마. 탁구장, 테니스장, 체육도장, 체력단련장, 에어로빅장, 볼링장, 당구장, 실내낚시터, 골프연습장, 물놀이형 시설, 그 밖에 이와 비슷한 것으로서 같은 건축물에 해당 용도로 쓰는 바닥면적의 합계가 500m² 미만인 것

바. 공연장(극장, 영화상영관, 연예장, 음악당, 서커스장, 비디오물감상실업의 시설, 비디오물소
극장업의 시설, 그 밖에 이와 비슷한 것을 말한다. 이하 같다) 또는 종교집회장[교회, 성당,
사찰, 기도원, 수도원, 수녀원, 제실(祭室), 사당, 그 밖에 이와 비슷한 것을 말한다. 이하 같
다]으로서 같은 건축물에 해당 용도로 쓰는 바닥면적의 합계가 300m² 미만인 것

사. 금융업소, 사무소, 부동산중개사무소, 결혼상담소 등 소개업, 출판사, 서점, 그 밖에
이와 비슷한 것으로서 같은 건축물에 해당 용도로 쓰는 바닥면적의 합계가 500m² 미만
인 것

아. 제조업소, 수리점, 그 밖에 이와 비슷한 것으로서 같은 건축물에 해당 용도로 쓰는 바닥
면적의 합계가 500m² 미만이고, 「대기환경보전법」, 「물환경보전법」 또는 「소음 · 진동
관리법」에 따른 배출시설의 설치허가 또는 신고의 대상이 아닌 것

자. 청소년게임제공업 및 일반게임제공업의 시설, 인터넷컴퓨터게임시설제공업의 시설 및
복합유통게임제공업의 시설로서 같은 건축물에 해당 용도로 쓰는 바닥면적의 합계가
500m² 미만인 것

차. 사진관, 표구점, 학원(같은 건축물에 해당 용도로 쓰는 바닥면적의 합계가 500m² 미만
인 것만 해당하며, 자동차학원 및 무도학원은 제외한다), 독서실, 고시원(「다중이용업소
의 안전관리에 관한 특별법」에 따른 다중이용업 중 고시원업의 시설로서 독립된 주거의
형태를 갖추지 않은 것으로서 같은 건축물에 해당 용도로 쓰는 바닥면적의 합계가
500m² 미만인 것을 말한다), 장의사, 동물병원, 총포판매사, 그 밖에 이와 비슷한 것

카. 의약품 판매소, 의료기기 판매소 및 자동차영업소로서 같은 건축물에 해당 용도로 쓰는
바닥면적의 합계가 1천m² 미만인 것

12. 업무시설
가. 공공업무시설 : 국가 또는 지방자치단체의 청사와 외국공관의 건축물로서 근린생활시
설에 해당하지 않는 것

나. 일반업무시설 : 금융업소, 사무소, 신문사, 오피스텔, 그 밖에 이와 비슷한 것으로서 근
린생활시설에 해당하지 않는 것

다. 주민자치센터(동사무소), 경찰서, 지구대, 파출소, 소방서, 119안전센터, 우체국, 보건
소, 공공도서관, 국민건강보험공단, 그 밖에 이와 비슷한 용도로 사용하는 것

라. 마을회관, 마을공동작업소, 마을공동구판장, 그 밖에 이와 유사한 용도로 사용되는 것

마. 변전소, 양수장, 정수장, 대피소, 공중화장실, 그 밖에 이와 유사한 용도로 사용되는 것업무
시설

85 소방시설 설치유지 및 안전관리에 관한 법률에서 면적에 관계없이 건축허가등의 동의를 받아
야 하는 것은?   [08 대전]

① 학교시설, 청소년 · 노유자시설
② 지하층, 무창층의 건물
③ 항공기격납고, 관망탑, 항공관제탑, 방송용 송 · 수신탑
④ 차고 · 주차장, 승강기 등 기계장치에 의한 주차시설로서 자동차 주차시설

건축허가 동의 대상물의 범위(대통령령)

1. 연면적 400제곱미터 이상인 건축물
   가. 학교시설 : 100제곱미터
   나. 노유자시설(老幼者施設) 및 수련시설 : 200제곱미터
   다. 정신의료기관 : 300제곱미터
   라. 장애인 의료재활시설(이하 "의료재활시설"이라 한다) : 300제곱미터

1의2. 층수가 6층 이상인 건축물

2. 차고 · 주차장 또는 주차용도로 사용되는 시설로서 다음 각 목의 어느 하나에 해당하는 것
   가. 차고 · 주차장으로 사용되는 바닥면적이 200제곱미터 이상인 층이 있는 건축물이나 주차시설
   나. 승강기 등 기계장치에 의한 주차시설로서 자동차 20대 이상을 주차할 수 있는 시설

3. 항공기격납고, 관망탑, 항공관제탑, 방송용 송수신탑

4. 지하층 또는 무창층이 있는 건축물로서 바닥면적이 150제곱미터(공연장의 경우에는 100제곱미터) 이상인 층이 있는 것

5. 별표 2의 특정소방대상물 중 위험물 저장 및 처리시설, 지하구

6. 제1호에 해당하지 않는 노유자시설 중 다음 각 목의 어느 하나에 해당하는 시설. 다만, 나목부터 바목까지의 시설 중 「건축법 시행령」 별표 1의 단독주택 또는 공동주택에 설치되는 시설은 제외한다.
   가. 노인 관련 시설(「노인복지법」 제31조제3호 및 제5호에 따른 노인여가복지시설 및 노인보호전문기관은 제외한다)
   나. 「아동복지법」 제52조에 따른 아동복지시설(아동상담소, 아동전용시설 및 지역아동센터는 제외한다)
   다. 「장애인복지법」 제58조제1항제1호에 따른 장애인 거주시설
   라. 정신질환자 관련 시설
   마. 노숙인 관련 시설 중 노숙인자활시설, 노숙인재활시설 및 노숙인요양시설
   바. 결핵환자나 한센인이 24시간 생활하는 노유자시설

7. 「의료법」 제3조제2항제3호 라목에 따른 요양병원(이하 "요양병원"이라 한다). 다만, 정신의료기관 중 정신병원(이하 "정신병원"이라 한다)과 의료재활시설은 제외한다.

86 소방시설의 연결이 바르지 않은 것은? [08 대전]

① 소화설비 – 스프링클러설비, 연결살수설비
② 경보설비 – 비상방송설비, 시각경보기
③ 피난구조설비 – 비상조명등, 휴대용비상조명등
④ 소화활동설비 – 무선통신보조설비, 비상콘센트 설비

연결살수설비는 소화활동설비에 해당한다.

87 다음 설명 중 옳지 않은 것은? [08 대전]

① 내화구조로 된 하나의 특정소방대상물의 개구부가 없는 내화구조의 바닥과 벽으로 구획 되어 있는 경우 그 구획된 부분을 각각 별개의 특정 소방대상물로 본다.

② 지하보도, 지하상가, 지하가로 연결된 경우 이를 하나의 소방대상물로 본다.

③ 관계법령에서 주된 용도의 부수시설로서 그 설치를 의무화하고 있는 용도 또는 시설을 복합건축물로 본다.

④ 연결통로 지하구와 소방대상물의 양쪽에 화재 시 자동으로 방수되는 방식의 드렌처설비 또는 개방형 스프링클러헤드가 설치된 경우 별개의 소방대상물로 본다.

해설 **복합건축물**

1) 하나의 건축물이 제1호부터 제27호까지의 것 중 둘 이상의 용도로 사용되는 것. 다만, 다음의 어느 하나에 해당하는 경우에는 복합건축물로 보지 않는다.
   1. 관계 법령에서 주된 용도의 부수시설로서 그 설치를 의무화하고 있는 용도 또는 시설
   2. 「주택법」제35조제1항제3호 및 제4호에 따라 주택 안에 부대시설 또는 복리시설이 설치되는 특정소방대상물
   3. 건축물의 주된 용도의 기능에 필수적인 용도로서 다음의 어느 하나에 해당하는 용도
      가. 건축물의 설비, 대피 또는 위생을 위한 용도, 그 밖에 이와 비슷한 용도
      나. 사무, 작업, 집회, 물품저장 또는 주차를 위한 용도, 그 밖에 이와 비슷한 용도
      다. 구내식당, 구내세탁소, 구내운동시설 등 종업원후생복리시설(기숙사는 제외한다) 또는 구내소각시설의 용도, 그 밖에 이와 비슷한 용도
2) 하나의 건축물이 근린생활시설, 판매시설, 업무시설, 숙박시설 또는 위락시설의 용도와 주택의 용도로 함께 사용되는 것

88 다음 설명 중 옳지 않은 것은? [08 대전]

① 소방용품에는 소화약제, 방염도료는 포함되지 않는다.

② 과징금의 금액 그 밖의 필요한 사항은 행정안전부령으로 정한다.

③ 저장소는 지정수량 이상의 위험물을 저장하기 위해 대통령령이 정하는 장소로서 규정에 따른 허가를 받은 장소를 말한다.

④ 대지경계선 안에 2 이상의 건축물이 있는 경우 연소 우려가 있는 구조로 볼 수 있는 것은 2층 외벽으로부터 수평거리 10m 이하이고, 개구부가 다른 건축물을 향하여 설치된 구조이다.

해설 **소방용품(제6조 관련)**

1. 소화설비를 구성하는 제품 또는 기기
   가. 별표 1 제1호 가목의 소화기구(소화약제 외의 것을 이용한 간이소화용구는 제외한다)
   나. 별표 1 제1호 나목의 자동소화장치

다. 소화설비를 구성하는 소화전, 관창(菅槍), 소방호스, 스프링클러헤드, 기동용 수압개폐장치, 유수제어밸브 및 가스관선택밸브

2. 경보설비를 구성하는 제품 또는 기기

　가. 누전경보기 및 가스누설경보기

　나. 경보설비를 구성하는 발신기, 수신기, 중계기, 감지기 및 음향장치(경종만 해당한다)

3. 피난구조설비를 구성하는 제품 또는 기기

　가. 피난사다리, 구조대, 완강기(간이완강기 및 지지대를 포함한다)

　나. 공기호흡기(충전기를 포함한다)

　다. 피난구유도등, 통로유도등, 객석유도등 및 예비전원이 내장된 비상조명등

4. 소화용으로 사용하는 제품 또는 기기

　가. 소화약제(별표 1 제1호 나목 2)와 3)의 자동소화장치와 같은 호 마목 3)부터 8)까지의 소화설비용만 해당한다)

　나. 방염제(방염액 · 방염도료 및 방염성 물질을 말한다)

5. 그 밖에 행정안전부령으로 정하는 소방 관련 제품 또는 기기

제35조(과징금처분)

① 시 · 도지사는 제34조제1항에 따라 영업정지를 명하는 경우로서 그 영업정지가 국민에게 심한 불편을 주거나 그 밖에 공익을 해칠 우려가 있을 때에는 영업정지처분을 갈음하여 3천만 원 이하의 과징금을 부과할 수 있다.

② 제1항에 따른 과징금을 부과하는 위반행위의 종류와 위반 정도 등에 따른 과징금의 금액, 그 밖의 필요한 사항은 **행정안전부령**으로 정한다.

---

89 소방시설 설치유지 및 안전관리에 관한 법률에서 사용하는 용어의 정의로 옳지 않은 것은?

[08 대전]

① "소방시설"이라 함은 소화설비 · 경보설비 · 피난설비 · 소화용수설비 그 밖에 소화활동설비로서 대통령령이 정하는 것을 말한다.

② "소방시설등"이라 함은 소방시설과 비상구 그 밖에 소방 관련 시설로서 대통령령이 정하는 것을 말한다.

③ "특정소방대상물"이라 함은 소방시설을 설치하여야 하는 소방대상물로서 대통령령이 정하는 것을 말한다.

④ 무창층은 개구부의 크기가 지름 50센티미터 이하의 원이 내접할 수 있어야 하며, 해당층의 바닥면으로부터 개구부 밑부분까지의 높이가 1.2미터 이내여야 하며, 개구부는 도로 또는 차량이 진입할 수 있는 빈터를 향해야 하며, 화재 시 건축물로부터 쉽게 피난할 수 있도록 개구부에 창살 그 밖의 장애물이 설치되지 아니해야 하며, 내부 또는 외부에서 쉽게 파괴 또는 개방할 수 있어야 한다.

> **해설** 개구부의 크기가 지름 50cm 이상의 원이 내접할 수 있어야 한다.

정답 89 ④

90 소방시설관리업에서 과징금을 부과할 수 있는 위반행위의 종별 중 위반행위와 행정처분에 대한 설명 중 옳은 것은? [08 대전]

① 점검을 하지 아니하거나 점검결과를 거짓으로 보고한 때 1차 영업정지 3월, 2차 영업정지 6월
② 등록기준에 미달하게 된 경우 2차 영업정지 3월
③ 지위승계신고를 하지 아니하거나 또는 거짓으로 신고한 때 2차 영업정지 3월
④ 관계인에게 지위승계 등의 사실을 알리지 아니하거나 또는 거짓으로 알린 때 2차 영업정지 3월

해설 관리업에 대한 행정처분기준

위반사항	근거 법조문	행정처분기준		
		1차	2차	3차
(1) 거짓, 그 밖의 부정한 방법으로 등록을 한 경우	법 제34조제1항 제1호	등록취소		
(2) 법 제25조제1항에 따른 점검을 하지 않거나 거짓으로 한 경우	법 제34조제1항 제2호	경고 (시정명령)	영업정지 3개월	등록취소
(3) 법 제29조제2항에 따른 등록기준에 미달하게 된 경우. 다만, 기술인력이 퇴직하거나 해임되어 30일 이내에 재선임하여 신고하는 경우는 제외한다.	법 제34조제1항 제3호	경고 (시정명령)	영업정지 3개월	등록취소
(4) 법 제30조 각 호의 어느 하나의 등록의 결격사유에 해당하게 된 경우	법 제34조제1항 제4호	등록취소		
(5) 법 제33조제1항을 위반하여 다른 자에게 등록증 또는 등록수첩을 빌려준 경우	법 제34조제1항 제7호	등록취소		

과징금을 부과할 수 있는 관리업에 대한 행정처분기준

위반사항	근거 법조문	행정처분기준		
		1차	2차	3차
법 제25조제1항에 따른 점검을 하지 않거나 거짓으로 한 경우	법 제34조제1항 제2호		영업정지 3개월	
법 제29조제2항에 따른 등록기준에 미달하게 된 경우	법 제34조제1항 제3호		영업정지 3개월	

91 다음 중 방염물품에 해당되지 않는 것은? [08 대전]

① 2mm 이상의 종이벽지 ② 전시용 합판 또는 섬유판

③ 커튼류 ④ 침구류

해설 방염대상물품의 종류

1. 제조 또는 가공 공정에서 방염처리를 한 물품(합판·목재류의 경우에는 설치현장에서 방염처리를 한 것을 포함한다)으로서 다음 각 목의 어느 하나에 해당하는 것

   가. 창문에 설치하는 커튼류(블라인드를 포함한다)

   나. 카펫, 두께가 2밀리미터 미만인 벽지류(종이벽지는 제외한다)

   다. 전시용 합판 또는 섬유판, 무대용 합판 또는 섬유판

   라. 암막·무대막(영화상영관에 설치하는 스크린과 골프 연습장업에 설치하는 스크린을 포함한다)

   마. 섬유류 또는 합성수지류 등을 원료로 하여 제작된 소파·의자(단란주점영업, 유흥주점영업 및 노래연습장업의 영업장에 설치하는 것만 해당한다)

2. 건축물 내부의 천장이나 벽에 부착하거나 설치하는 것으로서 다음 각 목의 어느 하나에 해당하는 것을 말한다. 다만, 가구류(옷장, 찬장, 식탁, 식탁용 의자, 사무용 책상, 사무용 의자 및 계산대, 그 밖에 이와 비슷한 것을 말한다)와 너비 10센티미터 이하인 반자돌림대 등과 「건축법」제52조에 따른 내부마감재료는 제외한다.

   가. 종이류(두께 2밀리미터 이상인 것을 말한다)·합성수지류 또는 섬유류를 주원료로 한 물품

   나. 합판이나 목재

   다. 공간을 구획하기 위하여 설치하는 간이 칸막이(접이식 등 이동 가능한 벽체나 천장 또는 반자가 실내에 접하는 부분까지 구획하지 아니하는 벽체를 말한다)

   라. 흡음(吸音)이나 방음(防音)을 위하여 설치하는 흡음재(흡음용 커튼을 포함한다) 또는 방음재(방음용 커튼을 포함한다)

92 다음 중 제연설비의 점검기구에 속하지 않는 것은? [08 경기]

① 풍속풍압계 ② 절연저항계

③ 차압계 ④ 연기감지기시험기

해설 소방시설별 점검장비

소방시설	장비	규격
공통시설	방수압력측정계, 절연저항계, 전류전압측정계	
소화기구	저울	
옥내소화전설비 옥외소화전설비	소화전밸브압력계	

소방시설	장비	규격
스프링클러설비 포소화설비	헤드결합렌치	
이산화탄소소화설비 분말소화설비 할론소화설비 할로겐화합물 및 불활성 기체 소화설비	검량계, 기동관누설시험기, 그 밖에 소화약제의 저장량을 측정할 수 있는 점검기구	
자동화재탐지설비 시각경보기	열감지기시험기, 연(煙)감지기시험기, 공기주입시험기, 감지기시험기연결폴대, 음량계	
누전경보기	누전계	누전전류 측정용
무선통신보조설비	무선기	통화시험용
제연설비	풍속풍압계, 폐쇄력측정기, 차압계	
통로유도등 비상조명등	조도계	최소 눈금이 0.1럭스 이하인 것

[비고]
종합정밀점검의 경우에는 위 점검장비를 사용하여야 하며, 작동기능 점검의 경우에는 점검장비를 사용하지 않을 수 있다.

93 다음은 기존 특정소방대상물을 용도 변경하였을 시 소방시설등의 설치기준에 관한 사항이다. 바르지 않은 것은? [08 경기]

① 특정소방대상물이 용도 변경되는 경우 용도 변경되는 부분에 한하여 용도 변경 당시의 소방시설 등의 설치에 관한 기준을 적용한다.

② 일부분이 용도 변경되는 경우 기존 부분과 용도 변경되는 부분을 모두 감안하여 재용도를 산출한 후 이를 근거로 용도 변경되는 부분에 한하여 용도 변경 당시의 소방시설등의 적용기준을 적용한다.

③ 공연장, 집회장등 불특정다수인이 이용하는 시설을 일정한 근무자가 이용하는 용도로 변경하는 경우 용도 변경되기 전 종전의 소방시설등의 적용기준을 적용한다.

④ 판매 및 영업시설을 공장으로 용도 변경하는 경우 용도 변경 당시의 소방시설등의 설치에 관한 기준을 적용하지 않는다.

해설 시행령 제17조(특정소방대상물의 증축 또는 용도변경 시의 소방시설기준 적용의 특례)
② 법 제11조제3항에 따라 소방본부장 또는 소방서장은 특정소방대상물이 용도변경되는 경우에는 용도변경되는 부분에 대해서만 용도변경 당시의 소방시설의 설치에 관한 대통령령 또는 화재안전기준을 적용한다. 다만, 다음 각 호의 어느 하나에 해당하는 경우에는 특정 소방

대상물 전체에 대하여 용도변경 전에 해당 특정소방대상물에 적용되던 소방시설의 설치에 관한 대통령령 또는 화재안전기준을 적용한다.

1. 특정소방대상물의 구조·설비가 화재연소 확대 요인이 적어지거나 피난 또는 화재진압 활동이 쉬워지도록 변경되는 경우
2. 문화 및 집회시설 중 공연장·집회장·관람장, 판매시설, 운수시설, 창고시설 중 물류터미널이(공.집.관.판.운.물) 불특정 다수인이 이용하는 것이 아닌 일정한 근무자가 이용하는 용도로 변경되는 경우
3. 용도변경으로 인하여 천장·바닥·벽 등에 고정되어 있는 가연성 물질의 양이 줄어드는 경우
4. 다중이용업의 영업소, 문화 및 집회시설, 종교시설, 판매시설, 운수시설, 의료시설, 노유자시설, 수련시설, 운동시설, 숙박시설, 위락시설, 창고시설 중 물류터미널, 위험물 저장 및 처리 시설 중 가스시설, 장례식장이(다.문.집.종.판/운.의.노.수.운/숙.위.물.가.장) 각각 이 호에 규정된 시설 외의 용도로 변경되는 경우

제17조(특정소방대상물의 증축 또는 용도변경 시의 소방시설기준 적용의 특례)

① 법 제11조제3항에 따라 소방본부장 또는 소방서장은 특정소방대상물이 증축되는 경우에는 기존 부분을 포함한 특정소방대상물의 전체에 대하여 증축 당시의 소방시설의 설치에 관한 대통령령 또는 화재안전기준을 적용하여야 한다. 다만, 다음 각 호의 어느 하나에 해당하는 경우에는 기존 부분에 대해서는 증축 당시의 소방시설의 설치에 관한 대통령령 또는 화재안전기준을 적용하지 아니한다.

1. 기존 부분과 증축 부분이 내화구조(耐火構造)로 된 바닥과 벽으로 구획된 경우
2. 기존 부분과 증축 부분이「건축법 시행령」제64조에 따른 갑종 방화문(국토교통부장관이 정하는 기준에 적합한 자동방화셔터를 포함한다)으로 구획되어 있는 경우
3. 자동차 생산공장 등 화재 위험이 낮은 특정소방대상물 내부에 연면적 33제곱미터 이하의 직원 휴게실을 증축하는 경우
4. 자동차 생산공장 등 화재 위험이 낮은 특정소방대상물에 캐노피(3면 이상에 벽이 없는 구조의 캐노피를 말한다)를 설치하는 경우

94 다음 보기 중 옳은 것을 모두 고르시오. [08 경기]

> 가. 특정소방대상물의 관계인은 대통령령이 정하는 바에 따라 특정소방대상물의 규모ㆍ용도 및 수용인원 등을 고려하여 갖추어야 하는 소방시설등을 행정안전부장관이 정하여 고시하는 화재안전기준에 따라 설치 또는 유지ㆍ관리하여야 한다.
> 나. 피난시설ㆍ방화구획 또는 소방안전시설의 폐쇄ㆍ훼손ㆍ변경 등의 행위를 한 자는 300만 원 이하의 과태료에 처한다.
> 다. 소방본부장 또는 소방서장은 대통령령이 정하는 소방대상물에 대한 소방검사의 결과 그 위치ㆍ구조ㆍ설비 또는 관리의 상황에 관하여 화재예방을 위하여 필요하거나 화재가 발생하는 경우 인명 또는 재산의 피해가 클 것으로 예상되는 때에는 행정안전부령이 정하는 바에 따라 관계인에게 그 소방대상물의 개수(改修)ㆍ이전ㆍ제거, 사용의 금지 또는 제한, 공사의 정지 또는 중지 그 밖의 필요한 조치를 명할 수 있다.
> 라. 차고ㆍ주차장으로 사용되는 층 중 바닥면 적이 200제곱미터 이상인 층이 있는 시설은 건축허가등을 함에 있어서 미리 소방본부장 또는 소방서장의 동의를 받아야 한다.

① 가, 나, 다   ② 가, 다, 라
③ 나, 다, 라   ④ 가, 나, 라

해설 가. 소방청장이 정하여 고시하는 화재안전기준에 따라 설치 또는 유지관리하여야 한다.

95 다음 중 소방시설 설치유지 및 안전관리에 관한 법률에서 규정하고 있는 청문을 하여야 하는 처분에 해당되지 않는 것은? [08 경기]

① 관리사의 자격취소   ② 소방용품의 형식승인 취소
③ 전문기관의 지정취소   ④ 우수품질제품의 등록취소

해설 청문
  1) 청문실시권자 : 소방청장 또는 시ㆍ도지사
  2) 청문사유 및 실시권자
    ① 관리업의 등록취소 및 영업정지 : 시ㆍ도지사
    ② 관리사 자격의 취소 및 정지 : 소방청장
    ③ 소방용품의 형식승인 취소 및 제품검사 중지 : 소방청장
    ④ 성능인증의 취소 : 소방청장
    ⑤ 우수품질인증의 취소 : 소방청장
    ⑥ 전문기관의 지정취소 및 업무정지 : 소방청장

96 다음 중 청문에 관한 설명으로 옳지 않은 것은? [08 경기]

① 소방시설관리사가 그 자격증을 타인에게 대여하는 경우에는 관리사의 자격을 취소하여야 하며 이 경우 처분 전에 청문절차를 거쳐야 한다.

② 소방기본법에 의한 과태료 처분에 불복이 있을 경우 고지를 받은 날로부터 10일 이내에 이의를 제기할 수 있으며 이 경우 처분권자는 당사자와 청문 등의 협의를 하여야 한다.

③ 소방시설관리업 등록취소, 소방시설관리사 자격 취소, 소방용품 형식·승인 취소 시 시·도지사는 청문을 실시해야 한다.

④ 영업정지 사유에 해당하는 경우에도 청문을 실시할 수 있다.

> **해설** 관리업 등록취소는 시·도지사, 관리사자격, 형식승인 취소는 소방청장이 청문을 실시한다. 관리업의 경우 영업정지 시에도 시·도지사가 청문을 실시하여야 한다.

97 특정소방대상물의 증축 또는 용도 변경 시의 소방시설기준 적용의 특례에서 기존부분에 대하여는 증축 당시의 소방시설등의 설치에 관한 대통령령 또는 화재안전기준을 적용하지 아니하는 경우에 해당하지 않는 것은? [08 경기]

① 기존부분과 증축부분이 방화구조로 된 바닥과 벽으로 구획된 경우

② 기존부분과 증축부분이 갑종방화문으로 구획되어 있는 경우

③ 자동차생산공장 등 화재위험이 낮은 특정소방대상물 내부에 연면적 33제곱미터 이하의 직원 휴게실을 증축하는 경우

④ 자동차생산공장 등 화재위험이 낮은 특정소방대상물에 캐노피(3면 이상에 벽이 없는 구조의 캐노피를 말한다)를 설치하는 경우

> **해설** 93번 문제 해설 참조

98 다음 건축허가등의 동의 또는 건축허가등의 동의 대상물의 범위 등에 대한 설명 중 옳지 않은 것은? [08 경기]

① 건축물 등의 신축·증축·개축·재축 또는 이전의 허가·협의 및 사용승인의 권한이 있는 행정기관은 건축허가등을 함에 있어서 미리 그 건축물 등의 공사시공지(工事施工地) 또는 소재지를 관할하는 소방본부장 또는 소방서장의 동의를 받아야 한다.

② 소방본부장 또는 소방서장은 동의요구서 및 첨부서류의 보완이 필요한 경우에는 4일 이내의 기간을 정하여 보완을 요구할 수 있다.

③ 건축허가등의 동의를 요구한 건축허가청 등이그 건축허가 등을 취소한 때에는 취소한 날부터 7일 이내에 그 사실을 소방본부장 또는 소방서장에게 통보하여야 한다.

④ 연면적이 3만제곱미터 이상인 건축물 등의 동의요구를 받은 소방본부장 또는 소방서장은 건축허가등의 동의요구서류를 접수한 날부터 7일 이내에 건축허가등의 동의 여부를 회신하여야 한다.

> **해설** 건축허가등의 동의
> • 관할건축허가 행정기관이 관할 소방본부장 또는 소방서장에게 건축허가 동의
> • 이 경우 5일 이내 회신(특급 : 10일 이내), 서류보완 4일
> • 건축허가등의 동의를 요구한 기관이 그 건축허가등을 취소하였을 때에는 취소한 날부터 7일 이내에 건축물 등의 시공지 또는 소재지를 관할하는 소방본부장 또는 소방서장에게 그 사실을 통보하여야 한다.

99 다음 중 경보설비에 속하는 것은? [08 경기]

① 인명구조기구
② 휴대용 비상조명등
③ 유도등, 유도표지
④ 자동화재탐지설비

100 다음 중 건축허가등을 함에 있어서 미리 소방본부장 또는 소방서장의 동의를 받아야 하는 건축물 중 면적에 상관없이 동의를 받아야 하는 것은? [08 전북]

① 학교시설
② 수련시설 및 노유자시설
③ 항공기격납고, 관망탑, 항공관제탑, 방송용 송·수신탑
④ 지하층 또는 무창층이 있는 건축물

101 다음 중 피난층에 대한 정의로 옳은 것은? [08 전북]

① 직접 지상으로 통하는 출입구가 있는 층

② 건축물 중 지상1층

③ 직접 지상으로 통하는 계단과 연결된 지하2층 이상의 층

④ 옥상의 지하층으로서 옥상으로 직접 피난할 수 있는 층

102 다음 중 노유자시설에 해당하는 것은? [08 전북]

① 장애인거주시설 　　　　② 정신의료기관

③ 어린이회관 　　　　　　④ 초등학교에 부속된 병설유치원

해설 ② 정신의료기관 : 의료시설
③ 어린이회관 : 관광휴게시설
④ 초등학교 부설 유치원 : 교육연구시설에서 노유자시설로 변경

━ 노유자시설

　가. 노인 관련 시설 : 「노인복지법」에 따른 노인주거복지시설, 노인의료복지시설, 노인여가복지시설, 주·야간보호서비스나 단기보호서비스를 제공하는 재가노인복지시설(「노인장기요양보험법」에 따른 재가장기요양기관을 포함한다), 노인보호전문기관, 그 밖에 이와 비슷한 것

　나. 아동 관련 시설 : 「아동복지법」에 따른 아동복지시설, 「영유아보육법」에 따른 어린이집, 「유아교육법」에 따른 유치원[제8호 가목 1)에 따른 학교의 교사 중 병설유치원으로 사용되는 부분을 포함한다], 그 밖에 이와 비슷한 것

　다. 장애인 관련 시설 : 「장애인복지법」에 따른 장애인 거주시설, 장애인 지역사회재활시설(장애인 심부름센터, 한국수어통역센터, 점자도서 및 녹음서 출판시설 등 장애인이 직접 그 시설 자체를 이용하는 것을 주된 목적으로 하지 않는 시설은 제외한다), 장애인 직업재활시설, 그 밖에 이와 비슷한 것

　라. 정신질환자 관련 시설 : 「정신건강증진 및 정신질환자 복지서비스 지원에 관한 법률」에 따른 정신재활시설(생산품판매시설은 제외한다), 정신요양시설, 그 밖에 이와 비슷한 것

　마. 노숙인 관련 시설 : 「노숙인 등의 복지 및 자립지원에 관한 법률」 제2조제2호에 따른 노숙인복지시설(노숙인일시보호시설, 노숙인자활시설, 노숙인재활시설, 노숙인요양시설 및 쪽방상담소만 해당한다), 노숙인종합지원센터 및 그 밖에 이와 비슷한 것

　바. 가목부터 마목까지에서 규정한 것 외에 「사회복지사업법」에 따른 사회복지시설 중 결핵환자 또는 한센인 요양시설 등 다른 용도로 분류되지 않는 것

103 다음 중 건축허가등의 동의권자는? [08 전북]

① 관계인 ② 시 · 도지사

③ 행정기관 ④ 소방본부장 또는 소방서장

> **해설** 관할건축허가 행정기관이 관할 소방본부장 또는 소방서장에게 건축허가 동의를 받는다.

104 다음 중 소방안전관리대상물에 있어 소방안전관리업무 중 소방계획서에 포함되어야 할 사항이 아닌 것은? [08 전북]

① 화재예방을 위한 자체점검계획 및 진압대책

② 소방시설, 피난시설 및 소방안전시설의 점검 · 정비계획

③ 소방교육 및 훈련에 관한 계획

④ 예방규정을 정하는 제조소 등에 있어 예방규정의 준수 및 관리계획

> **해설** 예방규정은 위험물안전관리법 내용이다.

105 다음 소방시설 중 피난구조설비에 해당하지 않는 것은? [08 전북]

① 미끄럼대 · 피난사다리 · 구조대 · 완강기 · 피난교 · 피난밧줄 · 공기안전매트

② 방열복 · 공기호흡기 및 인공소생기

③ 비상방송설비 및 자동화재속보설비

④ 비상조명등 및 휴대용비상조명등

> **해설** 3. 피난구조설비 : 화재가 발생할 경우 피난하기 위하여 사용하는 기구 또는 설비로서 다음 각 목의 것
> 가. 피난기구
>   1) 피난사다리
>   2) 구조대
>   3) 완강기
>   4) 그 밖에 법 제9조제1항에 따라 소방청장이 정하여 고시하는 화재안전기준(이하 "화재안전기준"이라 한다)으로 정하는 것
> 나. 인명구조기구
>   1) 방열복, 방화복(안전헬멧, 보호장갑 및 안전화를 포함한다)
>   2) 공기호흡기
>   3) 인공소생기
> 다. 유도등
>   1) 피난유도선
>   2) 피난구유도등

            3) 통로유도등
            4) 객석유도등
            5) 유도표지
        라. 비상조명등 및 휴대용비상조명등
    2. 경보설비 : 화재발생 사실을 통보하는 기계ㆍ기구 또는 설비로서 다음 각 목의 것
        가. 단독경보형 감지기
        나. 비상경보설비
            1) 비상벨설비
            2) 자동식사이렌설비
        다. 시각경보기
        라. 자동화재탐지설비
        마. 비상방송설비
        바. 자동화재속보설비
        사. 통합감시시설
        아. 누전경보기
        자. 가스누설경보기

106 다음 중 관할구역에 있는 소방대상물, 관계지역 또는 관계인에 대하여 소방시설등이 이 법 또는 소방 관계 법령에 적합하게 설치ㆍ유지ㆍ관리되고 있는지, 소방대상물에 화재, 재난ㆍ재해 등의 발생위험이 있는지 등을 확인하기 위하여 관계 공무원으로 하여금 소방안전관리에 관한 특별조사를 하게 할 수 있는 사람은?   [09 서울]

① 소방본부장 또는 소방서장   ② 국무총리
③ 시ㆍ도지사   ④ 경찰청장

> **해설** 제4조(소방특별조사)
> ① 소방청장, 소방본부장 또는 소방서장은 관할구역에 있는 소방대상물, 관계 지역 또는 관계인에 대하여 소방시설등이 이 법 또는 소방 관계 법령에 적합하게 설치ㆍ유지ㆍ관리되고 있는지, 소방대상물에 화재, 재난ㆍ재해 등의 발생 위험이 있는지 등을 확인하기 위하여 관계 공무원으로 하여금 소방안전관리에 관한 특별조사를 하게 할 수 있다. 다만, 개인의 주거에 대하여는 관계인의 승낙이 있거나 화재발생의 우려가 뚜렷하여 긴급한 필요가 있는 때에 한정한다.

107 다음 중 설치가 면제되는 소방시설과 설치의 면제기준이 바르게 연결되지 않은 것은?

[09 서울]

① 옥내소화전설비를 설치하여야 하는 특정소방대상물에 자동화재탐지설비를 화재안전기준에 적합하게 설치한 경우

② 스프링클러설비를 설치하여야 하는 특정소방대상물에 물분무등소화설비를 화재안전기준에 적합하게 설치한 경우

③ 비상경보설비를 설치하여야 할 특정소방대상물에 단독경보형 감지기를 2개 이상의 단독경보형 감지기와 연동하여 설치하는 경우

④ 제연설비를 설치하여야 하는 특정소방대상물에 공기조화설비를 화재안전기준의 제연설비기준에 적합하게 설치하고 공기조화설비가 화재 시 제연설비기능으로 자동전환되는 구조로 설치되어 있는 경우

해설 소방시설 설치 면제기준

설치가 면제되는 소방시설	설치 면제기준
1. 스프링클러설비	스프링클러설비를 설치하여야 하는 특정소방대상물에 물분무등소화설비를 화재안전기준에 적합하게 설치한 경우에는 그 설비의 유효범위(해당 소방시설이 화재를 감지·소화 또는 경보할 수 있는 부분을 말한다. 이하 같다)에서 설치가 면제된다.
2. 물분무등소화설비	물분무등소화설비를 설치하여야 하는 차고·주차장에 스프링클러설비를 화재안전기준에 적합하게 설치한 경우에는 그 설비의 유효범위에서 설치가 면제된다.
3. 간이스프링클러설비	간이스프링클러설비를 설치하여야 하는 특정소방대상물에 스프링클러설비, 물분무소화설비 또는 미분무소화설비를 화재안전기준에 적합하게 설치한 경우에는 그 설비의 유효범위에서 설치가 면제된다.
4. 비상경보설비 또는 단독경보형 감지기	비상경보설비 또는 단독경보형 감지기를 설치하여야 하는 특정소방대상물에 자동화재탐지설비를 화재안전기준에 적합하게 설치한 경우에는 그 설비의 유효범위에서 설치가 면제된다.
5. 비상경보설비	비상경보설비를 설치하여야 할 특정소방대상물에 단독경보형 감지기를 2개 이상의 단독경보형 감지기와 연동하여 설치하는 경우에는 그 설비의 유효범위에서 설치가 면제된다.
6. 비상방송설비	비상방송설비를 설치하여야 하는 특정소방대상물에 자동화재탐지설비 또는 비상경보설비와 같은 수준 이상의 음향을 발하는 장치를 부설한 방송설비를 화재안전기준에 적합하게 설치한 경우에는 그 설비의 유효범위에서 설치가 면제된다.
7. 피난구조설비	피난구조설비를 설치하여야 하는 특정소방대상물에 그 위치·구조 또는 설비의 상황에 따라 피난상 지장이 없다고 인정되는 경우에는 화재안전기준에서 정하는 바에 따라 설치가 면제된다.

설치가 면제되는 소방시설	설치 면제기준
8. 연결살수설비	가. 연결살수설비를 설치하여야 하는 특정소방대상물에 송수구를 부설한 스프링클러설비, 간이스프링클러설비, 물분무소화설비 또는 미분무소화설비를 화재안전기준에 적합하게 설치한 경우에는 그 설비의 유효범위에서 설치가 면제된다. 나. 가스 관계 법령에 따라 설치되는 물분무장치 등에 소방대가 사용할 수 있는 연결송수구가 설치되거나 물분무장치 등에 6시간 이상 공급할 수 있는 수원(水源)이 확보된 경우에는 설치가 면제된다.

9. 제연설비	가. 제연설비를 설치하여야 하는 특정소방대상물(별표 5 제5호 가목 6)은 제외한다)에 다음의 어느 하나에 해당하는 설비를 설치한 경우에는 설치가 면제된다.
	  1) 공기조화설비를 화재안전기준의 제연설비기준에 적합하게 설치하고 공기조화설비가 화재 시 제연설비기능으로 자동전환되는 구조로 설치되어 있는 경우
	  2) 직접 외부 공기와 통하는 배출구의 면적의 합계가 해당 제연구역[제연경계(제연설비의 일부인 천장을 포함한다)에 의하여 구획된 건축물 내의 공간을 말한다] 바닥면적의 100분의 1 이상이고, 배출구부터 각 부분까지의 수평거리가 30m 이내이며, 공기유입구가 화재안전기준에 적합하게(외부 공기를 직접 자연 유입할 경우에 유입구의 크기는 배출구의 크기 이상이어야 한다) 설치되어 있는 경우
	나. 별표 5 제5호 가목 6)에 따라 제연설비를 설치하여야 하는 특정소방대상물 중 노대(露臺)와 연결된 특별피난계단 또는 노대가 설치된 비상용 승강기의 승강장에는 설치가 면제된다.

10. 비상조명등	비상조명등을 설치하여야 하는 특정소방대상물에 피난구유도등 또는 통로유도등을 화재안전기준에 적합하게 설치한 경우에는 그 유도등의 유효범위에서 설치가 면제된다.
11. 누전경보기	누전경보기를 설치하여야 하는 특정소방대상물 또는 그 부분에 아크경보기(옥내 배전선로의 단선이나 선로 손상 등으로 인하여 발생하는 아크를 감지하고 경보하는 장치를 말한다) 또는 전기 관련 법령에 따른 지락차단장치를 설치한 경우에는 그 설비의 유효범위에서 설치가 면제된다.
12. 무선통신보조설비	무선통신보조설비를 설치하여야 하는 특정소방대상물에 이동통신 구내 중계기 선로설비 또는 무선이동중계기(「전파법」 제58조의2에 따른 적합성평가를 받은 제품만 해당한다) 등을 화재안전기준의 무선통신보조설비기준에 적합하게 설치한 경우에는 설치가 면제된다.
13. 상수도소화용수 설비	가. 상수도소화용수설비를 설치하여야 하는 특정소방대상물의 각 부분으로부터 수평거리 140m 이내에 공공의 소방을 위한 소화전이 화재안전기준에 적합하게 설치되어 있는 경우에는 설치가 면제된다. 나. 소방본부장 또는 소방서장이 상수도소화용수설비의 설치가 곤란하다고 인정하는 경우로서 화재안전기준에 적합한 소화수조 또는 저수조가 설치되어 있거나 이를 설치하는 경우에는 그 설비의 유효범위에서 설치가 면제된다.
14. 연소방지설비	연소방지설비를 설치하여야 하는 특정소방대상물에 스프링클러설비, 물분무소화설비 또는 미분무소화설비를 화재안전기준에 적합하게 설치한 경우에는 그 설비의 유효범위에서 설치가 면제된다.

설치가 면제되는 소방시설	설치 면제기준
15. 연결송수관설비	연결송수관설비를 설치하여야 하는 소방대상물에 옥외에 연결송수구 및 옥내에 방수구가 부설된 옥내소화전설비, 스프링클러설비, 간이스프링클러설비 또는 연결살수설비를 화재안전기준에 적합하게 설치한 경우에는 그 설비의 유효범위에서 설치가 면제된다. 다만, 지표면에서 최상층 방수구의 높이가 70m 이상인 경우에는 설치하여야 한다.
16. 자동화재탐지설비	자동화재탐지설비의 기능(감지 · 수신 · 경보기능을 말한다)과 성능을 가진 스프링클러설비 또는 물분무등소화설비를 화재안전기준에 적합하게 설치한 경우에는 그 설비의 유효범위에서 설치가 면제된다.
17. 옥외소화전설비	옥외소화전설비를 설치하여야 하는 보물 또는 국보로 지정된 목조문화재에 상수도소화용수설비를 옥외소화전설비의 화재안전기준에서 정하는 방수압력 · 방수량 · 옥외소화전함 및 호스의 기준에 적합하게 설치한 경우에는 설치가 면제된다.
18. 옥내소화전설비	소방본부장 또는 소방서장이 옥내소화전설비의 설치가 곤란하다고 인정하는 경우로서 호스릴 방식의 미분무소화설비 또는 옥외소화전설비를 화재안전기준에 적합하게 설치한 경우에는 그 설비의 유효범위에서 설치가 면제된다.
19. 자동소화장치	자동소화장치(주거용 주방자동소화장치는 제외한다)를 설치하여야 하는 특정소방대상물에 물분무등소화설비를 화재안전기준에 적합하게 설치한 경우에는 그 설비의 유효범위에서 설치가 면제된다.

108 소방안전관리자를 두어야 하는 특정소방대상물 중 1급 소방안전관리대상물에 해당하는 것은? [09 서울]

① 스프링클러설비 · 간이스프링클러설비 또는 물분무등소화설비(호스릴 방식만을 설치한 경우를 제외한다)를 설치하는 특정소방대상물

② 아파트, 위험물 제조소 등, 지하구, 철강 등 불연성 물품을 저장 · 취급하는 창고 및 동식물원

③ 가연성 가스를 1,560톤 저장 · 취급하는 시설

④ 30층 이상(지하층을 포함한다)이거나 지상으로부터 높이가 120미터 이상인 특정소방대상물

특급	① 50층 이상(지하층은 제외)이거나 지상으로부터 높이가 200미터 이상인 아파트 ② 연면적 20만m² 이상 ③ 지하층 포함 30층 이상(아파트는 제외) ④ 높이가 120미터 이상(아파트는 제외)	제외	• 공공기관 • 동·식물원 • 불연성 물품 창고 • 위험물 제조소 등 • 지하구
1급	① 30층 이상(지하층은 제외)이거나 지상으로부터 높이가 120미터 이상인 아파트 ② 연면적 1만5천제곱미터 이상인 것(아파트는 제외) ③ 층수가 11층 이상인 것(아파트는 제외) ④ 가연성 가스를 1천톤 이상 저장·취급하는 시설		
2급	① 옥내소화전설비, 스프링클러설비, 간이스프링클러설비 또는 물분무등소화설비(호스릴 방식 제외)를 설치하는 특정소방대상물 ② 가스제조설비를 갖추고 도시가스사업의 허가를 받아야 하는 시설 또는 가연성 가스를 100톤 이상 1천톤 미만 저장·취급하는 시설 ③ 지하구 ⑤ 공동주택(300세대 이상, 승강기·중앙난방시설·주상복합건축물로 150세대 이상 등) ⑥ 보물 또는 국보로 지정된 목조건축물	제외	• 공공기관
3급	특급·1급·2급 소방안전관리 대상물에 해당하지 아니하는 특정소방대상물로서 자동화재탐지설비를 설치하는 특정소방대상물	제외	• 공공기관
비고	건축물대장의 건축물현황도에 표시된 대지경계선 안의 지역 또는 인접한 2개 이상의 대지에 소방안전관리자를 두어야 하는 특정소방대상물이 둘 이상 있고, 그 관리에 관한 권원을 가진 자가 동일인인 경우에는 이를 하나의 특정소방대상물로 보되, 그 특정소방대상물이 특급, 1급, 2급, 3급 소방안전관리대상물 중 둘 이상에 해당하는 경우에는 그 중에서 급수가 높은 특정소방대상물로 본다.		

109 다음 중 방염성능기준 이상의 실내장식물 등을 설치하여야 하는 특정소방대상물에 해당하지 않는 것은?

[09 서울]

① 근린생활시설 중 안마시술소 및 헬스클럽장

② 건축물의 옥내에 있는 문화집회 및 운동시설로서 수영장을 제외한 것

③ 숙박시설, 종합병원, 통신촬영시설 중 방송국 및 촬영소

④ 11층 이상인 아파트

해설 시행령 제19조(방염성능기준 이상의 실내장식물 등을 설치하여야 하는 특정소방대상물)

법 제12조제1항에서 "대통령령으로 정하는 특정소방대상물"이란 다음 각 호의 어느 하나에 해당하는 것을 말한다.

1. 근린생활시설 중 의원, 체력단련장, 공연장 및 종교집회장(근의체공종)
2. 건축물의 옥내에 있는 시설로서 다음 각 목의 시설
   가. 문화 및 집회시설
   나. 종교시설
   다. 운동시설(수영장은 제외한다)
3. 의료시설
4. 교육연구시설 중 합숙소
5. 노유자시설
6. 숙박이 가능한 수련시설
7. 숙박시설
8. 방송통신시설 중 방송국 및 촬영소
9. 다중이용업소
10. 제1호부터 제9호까지의 시설에 해당하지 않는 것으로서 층수가 11층 이상인 것(아파트는 제외한다)

110 방염성능기준 이상의 실내장식물 등을 설치하여야 하는 특정소방대상물이 아닌 것은?

[09 서울]

① 층수가 11층 이상인 아파트　　　　② 체력단련장
③ 방송국 및 촬영소　　　　　　　　　④ 종합병원

111 건축허가등의 동의에 대한 설명 중 옳은 것은?　　　　　　　　　　　[09 서울]

① 건축물 등의 신축·증축·개축·재축(再築)·이전·용도 변경 또는 대수선(大修繕)의 허가·협의 및 사용승인의 권한이 있는 행정기관은 건축허가등을 할 때 미리 그 건축물의 소유자가 거주하는 지역의 소방본부장이나 소방서장의 동의를 받아야 한다.

② 동의요구를 받은 소방본부장 또는 소방서장은 건축허가등의 동의요구서류를 접수한 날부터 20일 이내에 건축허가등의 동의 여부를 회신하여야 한다.

③ 소방본부장 또는 소방서장은 동의요구서 및 첨부서류의 보완이 필요한 경우에는 4일 이내의 기간을 정하여 보완을 요구할 수 있다.

④ 건축허가등의 동의를 요구한 기관이 그 건축허가등을 취소하였을 때에는 취소한 날부터 10일 이내에 건축물 등의 시공지 또는 소재지를 관할하는 소방본부장 또는 소방서장에게 그 사실을 통보하여야 한다.

해설 ① 건축물의 시공지를 관할하는
② 5일(특급 10일)
④ 7일 이내에 통보

112 다음 중 소화설비가 아닌 것은?　　　　　　　　　　　　　　　　　　[09 서울]

① 자동화재탐지설비
② 소화약제 외의 것을 이용한 간이소화용구
③ 옥내소화전설비
④ 스프링클러설비

해설 자동화재탐지설비는 경보설비에 해당한다.

113 다음 중 소방안전관리대상물의 소방안전관리자의 업무가 아닌 것은?　　　　[09 경남]

① 피난계획에 관한 사항과 소방계획서의 작성 및 시행
② 자위소방대(自衛消防隊) 및 초기대응체계의 구성 · 운영 · 교육
③ 소방시설이나 그 밖의 소방 관련 시설의 설치 · 유지 · 관리
④ 소방훈련 및 교육

해설 소방시설이나 소방관련시설의 유지, 관리는 업무에 해당하나 설치는 업무가 아니다.

114 다음 중 특정소방대상물의 구분으로 옳은 것은?　　　　　　　　　　　　[09 경남]

① 근린생활시설 : 독서실, 무도장
② 업무시설 : 공공도서관, 신문사
③ 교육연구시설 : 초등학교(병설유치원을 포함한다), 특수학교
④ 노유자시설 : 정신요양시설, 유치원(병설유치원은 제외한다.)

해설 특정소방대상물(제5조 관련)
8. 교육연구시설
　가. 학교
　　1) 초등학교, 중학교, 고등학교, 특수학교, 그 밖에 이에 준하는 학교 :「학교시설사업 촉
　　　진법」 제2조제1호나목의 교사(校舍)(교실 · 도서실 등 교수 · 학습활동에 직접 또는
　　　간접적으로 필요한 시설물을 말하되, 병설유치원으로 사용되는 부분은 제외한다. 이

하 같다), 체육관, 「학교급식법」 제6조에 따른 급식시설, 합숙소(학교의 운동부, 기능선수 등이 집단으로 숙식하는 장소를 말한다. 이하 같다)

9. 노유자시설

나. 아동 관련 시설 : 「아동복지법」에 따른 아동복지시설, 「영유아보육법」에 따른 어린이집, 「유아교육법」에 따른 유치원[제8호가목1)에 따른 학교의 교사 중 병설유치원으로 사용되는 부분을 포함한다], 그 밖에 이와 비슷한 것

14. 위락시설

가. 단란주점으로서 근린생활시설에 해당하지 않는 것

나. 유흥주점, 그 밖에 이와 비슷한 것

다. 「관광진흥법」에 따른 유원시설업(遊園施設業)의 시설, 그 밖에 이와 비슷한 시설(근린생활시설에 해당하는 것은 제외한다)

라. 무도장 및 무도학원

마. 카지노영업소

115 다음 중 소화활동설비로 알맞지 않은 것은? [09 경남]

① 제연설비
② 상수도소화용수설비
③ 연결살수설비
④ 연결송수관설비

해설 **소화활동설비**
화재를 진압하거나 인명구조활동을 위하여 사용하는 설비로서 다음 각 목의 것

가. 제연설비
나. 연결송수관설비
다. 연결살수설비
라. 비상콘센트설비
마. 무선통신보조설비
바. 연소방지설비

116 다음 중 소방시설을 설치하지 아니할 수 있는 특정소방대상물 및 소방시설의 범위가 잘못 연결된 것은? [09 경남]

① 화재위험도가 낮은 특정소방대상물 – 석재, 불연성 금속 – 옥외소화전 및 연결살수설비

② 화재안전기준을 적용하기 어려운 특정소방대상물 – 정수장, 수영장 – 옥내소화전설비, 스프링클러설비

③ 화재안전기준을 달리 적용하여야 하는 특수한 용도 또는 구조를 가진 특정소방대상물 – 원자력발전소, 핵폐기물처리 시설 – 연결송수관설비 및 연결살수설비

④ 화재안전기준을 적용하기 어려운 특정소방대상물 – 펄프공장의 작업장, 음료수 공장의 세정 또는 충전을 하는 작업장 – 상수도 소화용수설비 및 연결살수설비

소방시설을 설치하지 아니할 수 있는 특정소방대상물 및 소방시설의 범위

구분	특정소방대상물	소방시설
1. 화재위험도가 낮은 특정소방대상물	석재, 불연성금속, 불연성 건축재료 등의 가공공장·기계조립공장·주물공장 또는 불연성 물품을 저장하는 창고	옥외소화전 및 연결살수설비
	「소방기본법」 제2조제5호에 따른 소방대(消防隊)가 조직되어 24시간 근무하고 있는 청사 및 차고	옥내소화전설비, 스프링클러설비, 물분무등소화설비, 비상방송설비, 피난기구, 소화용수설비, 연결송수관설비, 연결살수설비
2. 화재안전기준을 적용하기 어려운 특정소방대상물	펄프공장의 작업장, 음료수 공장의 세정 또는 충전을 하는 작업장, 그 밖에 이와 비슷한 용도로 사용하는 것	스프링클러설비, 상수도소화용수설비 및 연결살수설비
	정수장, 수영장, 목욕장, 농예·축산·어류양식용 시설, 그 밖에 이와 비슷한 용도로 사용되는 것	자동화재탐지설비, 상수도소화용수설비 및 연결살수설비
3. 화재안전기준을 달리 적용하여야 하는 특수한 용도 또는 구조를 가진 특정소방대상물	원자력발전소, 핵폐기물처리시설	연결송수관설비 및 연결살수설비
4. 「위험물 안전관리법」 제19조에 따른 자체소방대가 설치된 특정소방대상물	자체소방대가 설치된 위험물 제조소 등에 부속된 사무실	옥내소화전설비, 소화용수설비, 연결살수설비 및 연결송수관설비

117 특정소방대상물에 설치하여야 하는 소방시설 가운데 기능과 성능이 유사한 소방시설의 설치를 면제할 수 있는데, 다음 중 이에 해당하지 않는 것은? [09 경남]

① 물분무등소화설비 ② 비상콘센트설비

③ 스프링클러설비 ④ 단독경보형 감지기

107번 문제 해설 참조(면제대상에 해당하지 않음)

118 다음 중 소방안전관리자를 두어야 하는 특정소방대상물 중 1급 소방안전관리대상물이 아닌 것은?

[09 경남]

① 연면적 1만5천제곱미터 이상인 관람장

② 충수가 11층 이상인 종합병원

③ 가연성 가스를 1천톤 이상 저장 · 취급하는 가스시설

④ 보물 또는 국보로 지정된 목조건축물

해설 시행령 제22조(소방안전관리자를 두어야 하는 특정소방대상물)

1. 특급 소방안전관리대상물

   가. 50층 이상(지하층은 제외한다)이거나 지상으로부터 높이가 200미터 이상인 아파트

   나. 30층 이상(지하층을 포함한다)이거나 지상으로부터 높이가 120미터 이상인 특정소방대상물(아파트는 제외한다)

   다. 나목에 해당하지 아니하는 특정소방대상물로서 연면적이 20만제곱미터 이상인 특정소방대상물(아파트는 제외한다)

2. 1급 소방안전관리대상물

   가. 30층 이상(지하층은 제외한다)이거나 지상으로부터 높이가 120미터 이상인 아파트

   나. 연면적 1만5천제곱미터 이상인 특정소방대상물(아파트는 제외한다)

   다. 나목에 해당하지 아니하는 특정소방대상물로서 충수가 11층 이상인 특정소방대상물(아파트는 제외한다)

   라. 가연성 가스를 1천톤 이상 저장 · 취급하는 시설

3. 2급 소방안전관리대상물

   가. 별표 5 제1호다목부터 바목까지(옥내, SP, 간이SP, 물분무등소화설비)의 규정에 해당하는 특정소방대상물[호스릴(Hose Reel)방식의 물분무등소화설비만을 설치한 경우는 제외한다]

   나. 삭제 〈2017. 1. 26.〉

   다. 가스 제조설비를 갖추고 도시가스사업의 허가를 받아야 하는 시설 또는 가연성 가스를 100톤 이상 1천톤 미만 저장 · 취급하는 시설

   라. 지하구

   마. 「공동주택관리법 시행령」 제2조 각 호의 어느 하나에 해당하는 공동주택

   바. 「문화재보호법」 제23조에 따라 보물 또는 국보로 지정된 목조건축물

119 다음 중 성능위주설계에 대한 설명으로 알맞지 않은 것은?   [09 경남]

① 성능위주설계를 할 수 있는 자의 자격, 기술인력 및 자격에 따른 설계의 범위와 그 밖에 필요한 사항은 대통령령으로 정한다.

② 건축물의 높이가 아파트를 제외한 100m 이상인 특정소방대상물은 성능위주설계의 대상에 해당한다.

③ 지하층을 포함한 층수가 30층 이상인 특정소방대상물도 해당된다.

④ 성능위주설계자는 소방기술사 1인 이상이 필요하다.

해설 소방시설공사업법 시행령 [별표 1의2] 〈개정 2017. 7. 26.〉

1) 성능위주설계를 할 수 있는 자의 자격 · 기술인력 및 자격에 따른 설계범위(제2조의3 관련)

성능위주설계자의 자격	기술인력	설계범위
1. 법 제4조에 따라 전문 소방시설설계업을 등록한 자 2. 전문 소방시설설계업 등록기준에 따른 기술인력을 갖춘 자로서 소방청장이 정하여 고시하는 연구기관 또는 단체	소방기술사 2명 이상	「화재예방, 소방시설 설치 · 유지 및 안전관리에 관한 법률 시행령」 제15조의3에 따라 성능위주설계를 하여야 하는 특정소방대상물

2) 대상

1. 연면적 20만제곱미터 이상인 특정소방대상물. 다만, 별표 2 제1호에 따른 공동주택 중 주택으로 쓰이는 층수가 5층 이상인 주택(이하 이 조에서 "아파트등"이라 한다)은 제외한다.
2. 다음 각 목의 어느 하나에 해당하는 특정소방대상물. 다만, 아파트등은 제외한다.
   가. 건축물의 높이가 100미터 이상인 특정소방대상물
   나. 지하층을 포함한 층수가 30층 이상인 특정소방대상물
3. 연면적 3만제곱미터 이상인 특정소방대상물로서 다음 각 목의 어느 하나에 해당하는 특정소방대상물
   가. 별표 2 제6호나목의 철도 및 도시철도 시설
   나. 별표 2 제6호다목의 공항시설
4. 하나의 건축물에 「영화 및 비디오물의 진흥에 관한 법률」 제2조제10호에 따른 영화상영관이 10개 이상인 특정소방대상물

120 방염성능기준 이상의 실내장식물 등을 설치하여야 하는 특정소방대상물로 알맞지 않은 것은?   [09 경남]

① 근린생활시설 중 안마시술소, 건축물의 옥내에 있는 문화 및 집회시설

② 노유자시설 및 의료시설 중 종합병원

③ 층수가 11층 이상인 아파트

④ 다중이용업의 영업장

121 소방청장, 소방본부장 또는 소방서장은 소방특별조사를 하려면 며칠 전에 관계인에게 조사 대상, 조사기간 및 조사사유 등을 서면으로 알려야 하는가? [09 경북]

① 1일
② 7일
③ 14일
④ 20일

122 다음 중 소방안전관리대상물의 소방안전관리자의 업무가 아닌 것은? [09 경북]

① 피난계획에 관한 사항과 대통령령으로 정하는 사항이 포함된 소방계획서의 작성 및 시행
② 자위소방대(自衛消防隊) 및 초기대응체계의 구성 · 운영 · 교육
③ 위험물의 취급 및 감독
④ 소방훈련 및 교육

123 소방시설업자의 영업정지 처분이 그 이용자에게 심한 불편을 주거나 그 밖에 공익을 해칠 우려가 있을 경우 영업정지 처분에 갈음하여 3,000만 원을 초과하지 않는 범위 내에서 돈으로 납부할 수 있도록 하는 것은? [09 경북]

① 과태료
② 과징금
③ 과료
④ 가산금

124 다음 중 소방설비의 종류가 다른 하나는? [09 경북]

① 비상방송설비
② 누전경보기
③ 자동화재속보설비
④ 비상콘센트설비

> **해설** ①, ②, ③ 경보설비
> ④ 소화활동설비

125 다음 중 '피난층'에 대한 정의로 옳은 것은? [09 경북]

① 곧바로 지상으로 갈 수 있는 출입구가 있는 층
② 건축물 중 지상 1층
③ 직접 지상으로 통하는 계단과 연결된 지하 2층 이상의 층
④ 옥상의 밑층으로서 옥상으로 직접 피난할 수 있는 층

정답 **121** ② **122** ③ **123** ② **124** ④ **125** ①

126 다음 중 소방용품이 아닌 것은?

[09 경북]

① 소화기구

② 방염제

③ 경종을 제외한 음향장치

④ 소화약제

> **해설** 소방용품(제6조 관련)
>
> 1. 소화설비를 구성하는 제품 또는 기기
>   가. 별표 1 제1호가목의 소화기구(소화약제 외의 것을 이용한 간이소화용구는 제외한다)
>   나. 별표 1 제1호나목의 자동소화장치
>   다. 소화설비를 구성하는 소화전, 관창(菅槍), 소방호스, 스프링클러헤드, 기동용 수압개폐장치, 유수제어밸브 및 가스관선택밸브
> 2. 경보설비를 구성하는 제품 또는 기기
>   가. 누전경보기 및 가스누설경보기
>   나. 경보설비를 구성하는 발신기, 수신기, 중계기, 감지기 및 음향장치(경종만 해당한다)
> 3. 피난구조설비를 구성하는 제품 또는 기기
>   가. 피난사다리, 구조대, 완강기(간이완강기 및 지지대를 포함한다)
>   나. 공기호흡기(충전기를 포함한다)
>   다. 피난구유도등, 통로유도등, 객석유도등 및 예비 전원이 내장된 비상조명등
> 4. 소화용으로 사용하는 제품 또는 기기
>   가. 소화약제(별표 1 제1호나목2)와 3)의 자동소화장치와 같은 호 마목3)부터 8)까지의 소화설비용만 해당한다)
>   나. 방염제(방염액 · 방염도료 및 방염성물질을 말한다)
> 5. 그 밖에 행정안전부령으로 정하는 소방 관련 제품 또는 기기

127 다음 중 무창층의 개구부의 요건을 충족하지 못하는 것은?

[09 경북]

① 크기는 지름 50센티미터 이상의 원이 내접(內接)할 수 있는 크기일 것

② 해당 층의 바닥면으로부터 개구부 밑부분까지의 높이가 2미터 이내일 것

③ 도로 또는 차량이 진입할 수 있는 빈터를 향할 것

④ 화재 시 건축물로부터 쉽게 피난할 수 있도록 창살이나 그 밖의 장애물이 설치되지 아니할 것

> **해설** 시행령 제2조(정의)
>
> 이 영에서 사용하는 용어의 뜻은 다음과 같다.
> 1. "무창층"(無窓層)이란 지상층 중 다음 각 목의 요건을 모두 갖춘 개구부(건축물에서 채광 · 환기 · 통풍 또는 출입 등을 위하여 만든 창 · 출입구, 그 밖에 이와 비슷한 것을 말한다)의 면적의 합계가 해당 층의 바닥면적(「건축법 시행령」 제119조제1항제3호에 따라 산정된 면적을 말한다. 이하 같다)의 30분의 1 이하가 되는 층을 말한다.
>   가. 크기는 지름 50센티미터 이상의 원이 내접(內接)할 수 있는 크기일 것
>   나. 해당 층의 바닥면으로부터 개구부 밑부분까지의 높이가 1.2미터 이내일 것
>   다. 도로 또는 차량이 진입할 수 있는 빈터를 향할 것

라. 화재 시 건축물로부터 쉽게 피난할 수 있도록 창살이나 그 밖의 장애물이 설치되지 아니
    할 것

마. 내부 또는 외부에서 쉽게 부수거나 열 수 있을 것

2. "피난층"이란 곧바로 지상으로 갈 수 있는 출입구가 있는 층을 말한다.

128 다음 중 소방안전관리자의 선임신고 등에 관한 설명으로 옳은 것은? [09 대구]

① 증축으로 해당 특정소방대상물의 소방안전관리자를 신규로 선임하여야 하는 경우는 해당
   특정소방대상물의 완공검사 필증을 교부한 날로부터 30일 이내에 소방안전관리자를 선
   임하여야 한다.

② 기존의 소방안전관리자를 해임한 경우는 그 해임한 날로부터 14일 이내에 소방안전관리
   자를 선임하여야 한다.

③ 특정소방대상물을 양수하거나 경매, 환가 또는 압류재산의 매각 그 밖에 이에 준하는 절
   차에 의하여 관계인의 권리를 취득한 경우 해당 권리를 취득한 날 또는 관할 소방서장으
   로부터 소방안전관리자 선임 안내를 받은 날로부터 14 일 이내에 소방안전관리자를 선임
   하여야 한다.

④ 증축 또는 용도 변경으로 인하여 특정소방대상물이 특급·1급·2급 소방안전관리대상
   물로 된 경우 증축공사의 완공일 또는 용도 변경 사실을 건축물관리대장에 기재한 날로부
   터 30일 이내 소방안전관리자를 선임하여야 한다.

해설 ① 완공일로부터
        ② 30일 이내
        ③ 30일 이내

129 다음 중 소방특별조사에 대한 설명으로 옳지 않은 것은? [09 대구]

① 개인의 주거에 대하여는 관계인의 승낙이 있거나 화재발생의 우려가 뚜렷하여 긴급한 필
   요가 있는 때에 한정한다.

② 화재, 재난·재해가 발생할 우려가 뚜렷하여 긴급하게 조사할 필요가 있는 경우 소방특별
   조사를 하려면 7일 전에 관계인에게 조사대상, 조사기간 및 조사사유 등을 서면으로 알려
   야 한다.

③ 소방청장, 소방본부장 또는 소방서장은 소방특별조사를 하려면 7일 전에 관계인에게 조
   사대상, 조사기간 및 조사사유 등을 서면으로 알려야 한다.

④ 소방특별조사 업무를 수행하는 관계 공무원 및 관계 전문가는 그 권한 또는 자격을 표시하
   는 증표를 지니고 이를 관계인에게 내보여야 한다.

해설 통보예외사항/해가 진 뒤나 뜨기 전 조사/개인주거 승낙 없이 조사할 수 있는 사항
1. 화재, 재난 · 재해가 발생할 우려가 뚜렷하여 긴급하게 조사할 필요가 있는 경우
2. 소방특별조사의 실시를 사전에 통지하면 조사목적을 달성할 수 없다고 인정되는 경우

130 다음 중 소방용품이 아닌 것은?　　　　　　　　　　　　　　　　　　　　[09 대구]

① 캐비닛형 자동소화장치　　　　　　　② 기동용 수압개폐장치

③ 공기호흡기　　　　　　　　　　　　④ 소화약제 외의 것을 이용한 간이소화용구

해설 소방용품(제6조 관련)

1. 소화설비를 구성하는 제품 또는 기기
   가. 별표 1 제1호가목의 소화기구(소화약제 외의 것을 이용한 간이소화용구는 제외한다)
   나. 별표 1 제1호나목의 자동소화장치
   다. 소화설비를 구성하는 소화전, 관창(菅槍), 소방호스, 스프링클러헤드, 기동용 수압개폐
   　　장치, 유수제어밸브 및 가스관선택밸브

131 다음 소방안전관리자를 두어야 하는 특정소방대상물 중 1급 소방안전관리대상물이 아닌
것은?　　　　　　　　　　　　　　　　　　　　　　　　　　　　　　　[09 대구]

① 연면적 1만5천제곱미터 이상인 것

② 연면적 1만5천제곱미터 이상이 아닌 특정소방대상물로서 층수가 11층 이상인 것

③ 아파트, 동 · 식물원, 철강 등 불연성 물품을 저장 · 취급하는 창고, 위험물 저장 및 처리
   시설 중 위험물 제조소 등, 지하구

④ 가연성 가스를 1천톤 이상 저장 · 취급하는 시설

해설 2. 별표 2의 특정소방대상물 중 특급 소방안전관리대상물을 제외한 다음 각 목의 어느 하나에
   해당하는 것으로서 동 · 식물원, 철강 등 불연성 물품을 저장 · 취급하는 창고, 위험물 저장
   및 처리 시설 중 위험물 제조소등, 지하구를 제외한 것(이하 "1급 소방안전관리대상물" 이라
   한다)
   가. 30층 이상(지하층은 제외한다)이거나 지상으로부터 높이가 120미터 이상인 아파트
   나. 연면적 1만5천제곱미터 이상인 특정소방대상물(아파트는 제외한다)
   다. 나목에 해당하지 아니하는 특정소방대상물로서 층수가 11층 이상인 특정소방대상물(아
   　　파트는 제외한다)
   라. 가연성 가스를 1천톤 이상 저장 · 취급하는 시설

132 다음 중 특정소방대상물의 연결이 옳지 않은 것은? [09 대구]

① 근린생활시설 – 휴게음식점, 제과점

② 위락시설 – 무도장, 무도학원

③ 문화 및 집회시설 – 예식장, 경마장

④ 교육연구시설 – 청소년수련관

해설 3. 문화 및 집회시설

　가. 공연장으로서 근린생활시설에 해당하지 않는 것

　나. 집회장 : 예식장, 공회당, 회의장, 마권(馬券) 장외 발매소, 마권 전화투표소, 그 밖에 이와 비슷한 것으로서 근린생활시설에 해당하지 않는 것

　다. 관람장 : 경마장, 경륜장, 경정장, 자동차 경기장, 그 밖에 이와 비슷한 것과 체육관 및 운동장으로서 관람석의 바닥면적의 합계가 1천m² 이상인 것

　라. 전시장 : 박물관, 미술관, 과학관, 문화관, 체험관, 기념관, 산업전시장, 박람회장, 견본주택, 그 밖에 이와 비슷한 것

　마. 동 · 식물원 : 동물원, 식물원, 수족관, 그 밖에 이와 비슷한 것

10. 수련시설

　가. 생활권 수련시설 : 「청소년활동 진흥법」에 따른 청소년수련관, 청소년문화의집, 청소년특화시설, 그 밖에 이와 비슷한 것

　나. 자연권 수련시설 : 「청소년활동 진흥법」에 따른 청소년수련원, 청소년야영장, 그 밖에 이와 비슷한 것

　다. 「청소년활동 진흥법」에 따른 유스호스텔

133 다음 특정소방대상물 중 1급 소방안전관리대상물은? [09 대구]

① 연면적 1만 제곱미터 이상인 것

② 층수가 10층 이상인 것

③ 보물 또는 국보로 지정된 목조건축물

④ 가연성 가스를 1천톤 이상 저장 · 취급하는 시설

해설 1급대상물

　① 연면적 15,000m² 이상(아파트 제외)

　② 층수가 11층 이상(아파트 제외)

　③ 가연성 가스 1천톤 이상 저장취급하는 시설

　④ 지하층 제외 30층 이상이거나 지상으로부터 높이가 120m 이상인 아파트

134 건축허가 동의요구는 누가 하는가? [09 대구]

① 건축주
② 건축허가등의 권한이 있는 행정기관
③ 소방시설공사업자
④ 소재지를 관할하는 소방본부장이나 소방서장

135 다음 설명 중 옳지 않은 것은? [09 대구]

① "소방시설"이란 소화설비, 경보설비, 피난구조설비, 소화용수설비, 그 밖에 소화활동설비로서 대통령령으로 정하는 것을 말한다.
② "경보설비"란 화재발생 사실을 통보하는 기계 · 기구 또는 설비를 말한다.
③ "피난구조설비"란 화재가 발생할 경우 피난하기 위하여 사용하는 기구 또는 설비를 말한다.
④ "소화설비"란 화재를 진압하거나 인명구조활동을 위하여 사용하는 설비를 말한다.

> **해설** "소방시설"이란 소화설비, 경보설비, 피난구조설비, 소화용수설비, 그 밖에 소화활동설비로서 대통령령으로 정하는 것을 말한다.
> 1. 소화설비 : 물 또는 그 밖의 소화약제를 사용하여 소화하는 기계 · 기구 또는 설비
> 2. 경보설비 : 화재발생 사실을 통보하는 기계 · 기구 또는 설비
> 3. 피난구조설비 : 화재가 발생할 경우 피난하기 위하여 사용하는 기구 또는 설비
> 4. 소화용수설비 : 화재를 진압하는 데 필요한 물을 공급하거나 저장하는 설비
> 5. 소화활동설비 : 화재를 진압하거나 인명구조활동을 위하여 사용하는 설비

136 다음 중 소방특별조사에 대한 설명이 옳은 것은? [09 대구]

① 개인의 주거에 있어서는 어떠한 경우에도 소방특별조사를 할 수 없다.
② 소방특별조사는 관계인의 승낙 없이 해가 뜨기 전이나 해가 진 뒤에도 할 수 있다.
③ 소방청장, 소방본부장 또는 소방서장은 소방특별조사를 마친 때에는 그 조사결과를 관계인에게 구두로 알려주어야 한다.
④ 소방청장, 소방본부장 또는 소방서장은 소방특별조사를 하려면 7일 전에 관계인에게 조사대상, 조사기간 및 조사사유 등을 서면으로 알려야 한다.

> **해설** ① 할 수 있다.
> ② 승낙 없이는 할 수 없다.
> ③ 소방특별조사를 마친 때에는 그 조사결과를 관계인에게 서면으로 통지하여야 한다.

137 다음 소방시설 중 성격이 하나 다른 것은? [09 대구]

① 비상벨설비 ② 비상방송설비

③ 자동화재속보설비 ④ 무선통신보조설비

138 소방특별조사의 방법·절차 등에 대한 설명으로 옳지 않은 것은? [09 전남]

① 개인의 주거에 대하여는 관계인의 승낙이 있거나 화재발생의 우려가 뚜렷하여 긴급한 필요가 있는 때에 한정한다.

② 소방특별조사는 관계인의 승낙 없이 해가 뜨기 전이나 해가 진 뒤에 할 수 없다.

③ 원칙적으로 화재발생의 우려가 현저하여 긴급을 요할 때의 검사는 소방공무원 신분증을 증명하는 증표를 제시하지 않고 실시할 수도 있다.

④ 소방청장, 소방본부장 또는 소방서장은 소방특별조사를 하려면 7일 전에 관계인에게 조사대상, 조사기간 및 조사사유 등을 서면으로 알려야 한다.

> **해설** 소방특별조사 업무를 수행하는 관계 공무원 및 관계 전문가는 그 권한 또는 자격을 표시하는 증표를 지니고 이를 관계인에게 내보여야 한다.

139 피난층에 대한 정의로 옳은 것은? [09 전남]

① 직접 지상으로 통하는 계단과 연결된 지하 2층 이상의 층

② 건축물 중 지상 1층

③ 곧바로 지상으로 갈 수 있는 출입구가 있는 층

④ 옥상의 지하층으로서 옥상으로 직접 피난할 수 있는 층

140 다음 중 소화활동설비가 아닌 것은? [09 전남]

① 옥내소화전설비 ② 연결살수설비

③ 연소방지설비 ④ 연결송수관설비

---

141 성능위주설계 시 고려하여야 하는 사항이 아닌 것은?(단, 신축의 경우에 한한다.) [09 전남]

① 특정소방대상물의 용도

② 특정소방대상물의 수용인원

③ 가연물(可燃物)의 종류 및 양

④ 특정소방대상물의 규모

해설 「화재예방, 소방시설 설치 · 유지 및 안전관리에 관한 법률」 제9조의3에 따른 특정소방대상물
(신축하는 것만 해당한다)에 대해서는 그 용도, 위치, 구조, 수용 인원, 가연물(可燃物)의 종류
및 양 등을 고려하여 설계(이하 "성능위주설계"라 한다)하여야 한다.

142 다음 중 1급 소방안전관리대상물이 아닌 것은? [09 제주]

① 보물로 지정된 목조건축물

② 층수가 11층 이상인 것

③ 연면적 15,000m² 이상인 것

④ 가연성 가스를 1,000톤 이상 저장 · 취급하는 시설

해설 국보로 지정된 목조건축물, 문화재는 2급대상물이다.

143 특정소방대상물의 방염성능기준으로 적합하지 않은 것은? [09 제주]

① 불꽃을 제거한 때부터 불꽃을 올리며 연소하는 상태가 그칠 때까지의 시간이 20초 이내
일 것

② 불꽃을 제거한 때부터 불꽃을 올리지 아니하고 연소하는 상태가 그칠 때까지의 시간이 30
초 이내일 것

③ 소방청장이 정하여 고시한 방법으로 발연량을 측정하는 경우 최소 연기밀도는 400 이상
일 것

④ 불꽃에 의하여 완전히 녹을 때까지 불꽃의 접촉횟수는 3회 이상일 것

해설 제20조(방염대상물품 및 방염성능기준)

② 법 제12조제3항에 따른 방염성능기준은 다음 각 호의 기준에 따르되, 제1항에 따른 방염대
상물품의 종류에 따른 구체적인 방염성능기준은 다음 각 호의 기준의 범위에서 소방청장이
정하여 고시하는 바에 따른다.

1. 버너의 불꽃을 제거한 때부터 불꽃을 올리며 연소하는 상태가 그칠 때까지 시간은 20초
   이내일 것(잔염시간)

2. 버너의 불꽃을 제거한 때부터 불꽃을 올리지 아니하고 연소하는 상태가 그칠 때까지 시간

은 30초 이내일 것(잔진시간)
3. 탄화(炭化)한 면적은 50제곱센티미터 이내, 탄화한 길이는 20센티미터 이내일 것
4. 불꽃에 의하여 완전히 녹을 때까지 불꽃의 접촉 횟수는 3회 이상일 것
5. 소방청장이 정하여 고시한 방법으로 발연량(發煙量)을 측정하는 경우 최대연기밀도는 400 이하일 것

144 소방시설관리업자가 점검을 하지 않거나 점검결과를 거짓으로 보고한 때의 2차 행정처분 기준은? [09 제주]

① 시정명령
② 영업정지 3월
③ 영업정지 6월
④ 등록취소

해설 관리업에 대한 행정처분기준

위반사항	근거 법조문	행정처분기준		
		1차	2차	3차
(1) 거짓, 그 밖의 부정한 방법으로 등록을 한 경우	법 제34조제1항 제1호	등록취소		
(2) 법 제25조제1항에 따른 점검을 하지 않거나 거짓으로 한 경우	법 제34조제1항 제2호	경고 (시정명령)	영업정지 3개월	등록취소
(3) 법 제29조제2항에 따른 등록기준에 미달하게 된 경우. 다만, 기술인력이 퇴직하거나 해임되어 30일 이내에 재선임하여 신고하는 경우는 제외한다.	법 제34조제1항 제3호	경고 (시정명령)	영업정지 3개월	등록취소
(4) 법 제30조 각 호의 어느 하나의 등록의 결격사유에 해당하게 된 경우	법 제34조제1항 제4호	등록취소		
(5) 법 제33조제1항을 위반하여 다른 자에게 등록증 또는 등록수첩을 빌려준 경우	법 제34조제1항 제7호	등록취소		

145 경보설비를 설치하여야 하는 특정소방대상물 중 시각경보기를 설치하여야 하는 특정소방대상물로서 옳지 않은 것은? [09 제주]

① 노유자시설
② 지하상가
③ 통신촬영시설 중 방송국
④ 교육연구시설 중 학교

해설 시각경보기를 설치하여야 하는 특정소방대상물은 라목에 따라 자동화재탐지설비를 설치하여야 하는 특정소방대상물 중 다음의 어느 하나에 해당하는 것과 같다.
1) 근린생활시설, 문화 및 집회시설, 종교시설, 판매시설, 운수시설, 운동시설, 위락시설, 창고시설 중 물류터미널
2) 의료시설, 노유자시설, 업무시설, 숙박시설, 발전시설 및 장례시설
3) 교육연구시설 중 도서관, 방송통신시설 중 방송국
4) 지하가 중 지하상가

146 휴게시설로서 지하층 또는 무창층의 바닥면적이 몇 m² 이상이면 제연설비를 설치하여야 하는가?　　　　　　　　　　　　　　　　　　　　　　　　　　　　　　　　[09 제주]

① 100　　　　　② 200　　　　　③ 500　　　　　④ 1,000

해설 제연설비를 설치하여야 하는 특정소방대상물은 다음의 어느 하나와 같다.
1) 문화 및 집회시설, 종교시설, 운동시설로서 무대부의 바닥면적이 200m² 이상 또는 문화 및 집회시설 중 영화상영관으로서 수용인원 100명 이상인 것
2) 지하층이나 무창층에 설치된 근린생활시설, 판매시설, 운수시설, 숙박시설, 위락시설, 의료시설, 노유자시설 또는 창고시설(물류터미널만 해당한다)로서 해당 용도로 사용되는 바닥면적의 합계가 1천m² 이상인 층
3) 운수시설 중 시외버스정류장, 철도 및 도시철도 시설, 공항시설 및 항만시설의 대합실 또는 휴게시설로서 지하층 또는 무창층의 바닥면적이 1천m² 이상인 것
4) 지하가(터널은 제외한다)로서 연면적 1천m² 이상인 것
5) 지하가 중 예상 교통량, 경사도 등 터널의 특성을 고려하여 행정안전부령으로 정하는 터널
6) 특정소방대상물(갓복도형 아파트등는 제외한다)에 부설된 특별피난계단 또는 비상용 승강기의 승강장

147 특정소방대상물의 관계인이 소방안전관리자 또는 공동소방안전관리자를 선임할 때 소방안전관리자 선임신고서에 첨부할 서류에 해당하지 않는 것은?　　　　　　　　　　[09 제주]

① 소방시설관리사 자격수첩

② 소방안전관리자 수첩

③ 소방안전관리학과를 졸업한 경우 졸업증명서

④ 소방시설관리업자에게 소방안전관리업무를 대행하게 한 사실을 증명할 수 있는 서류 1부

해설 제출서류
1. 소방시설관리사증
2. 제35조에 따른 소방안전관리자수첩(영 제23조제1항제2호부터 제5호까지, 같은 조 제2항제2호 · 제3호 및 제7호, 같은 조 제3항제4호 및 제5호, 같은 조 제4항제1호 및 제2호에 해당

하는 사람만 해당한다)

3. 소방안전관리대상물의 소방안전관리에 관한 업무를 감독할 수 있는 직위에 있는 자임을 증명하는 서류(법 제20조제3항에 따라 소방안전관리대상물의 관계인이 소방안전관리업무를 대행하게 하는 경우만 해당한다) 1부

4. 「위험물안전관리법」 제19조에 따른 자체소방대장임을 증명하는 서류 또는 소방시설관리업자에게 소방안전관리 업무를 대행하게 한 사실을 증명할 수 있는 서류(법 제20조제3항에 따라 소방대상물의 자체소방대장 또는 소방시설관리업자에게 소방안전관리 업무를 대행하게 한 경우에 한한다) 1부

5. 「기업활동 규제완화에 관한 특별조치법」 제29조제3항 또는 제30조제2항에 따라 해당 특정소방대상물의 소방안전관리자를 겸임할 수 있는 안전관리자로 선임된 사실을 증명할 수 있는 서류 또는 선임사항이 기록된 자격수첩

148 다음 중 3년 이하의 징역 또는 3,000만 원 이하의 벌금에 해당하는 것은? [09 제주]

① 영업정지처분을 받고 그 영업정지기간 중에 관리업의 업무를 한 사람

② 소방시설 등에 대한 자체점검을 하지 아니하거나 관리업자 등으로 하여금 정기적으로 점검하게 하지 아니한 사람

③ 소방시설관리사증을 다른 자에게 빌려주거나 같은 조 제7항을 위반하여 동시에 둘 이상의 업체에 취업한 사람

④ 소방용품의 형식승인을 받지 아니하고 소방용품을 제조하거나 수입한 자

해설 3년 이하의 징역 또는 3천만 원 이하의 벌금

1. 제5조 제1항·제2항, 제9조 제2항, 제10조 제2항, 제10조의2 제3항, 제12조 제2항, 제20조 제12항, 제20조 제13항, 제36조 제7항 또는 제40조의3 제2항에 따른 명령을 정당한 사유 없이 위반한 자

2. 관리업의 등록을 하지 아니하고 영업을 한 자

3. 소방용품의 형식승인을 받지 아니하고 소방용품을 제조하거나 수입한 자

4. 제품검사를 받지 아니한 자

5. 각 호의 어느 하나에 해당하는 소방용품을 판매·진열하거나 소방시설공사에 사용한 자
   – 형식승인을 받지 아니한 것
   – 형상등을 임의로 변경한 것
   – 제품검사를 받지 아니하거나 합격표시를 하지 아니한 것

6. 제품검사를 받지 아니하거나 합격표시를 하지 아니한 소방용품을 판매·진열하거나 소방시설공사에 사용한 자

7. 거짓이나 그 밖의 부정한 방법으로 제42조 제1항에 따른 전문기관으로 지정을 받은 자

1년 이하의 징역 또는 1천만 원 이하의 벌금

1. 소방공무원이 관계인의 정당한 업무를 방해, 조사·검사 업무를 수행하면서 알게 된 비밀을 제공 또는 누설하거나 목적 외의 용도로 사용한 자

2. 관리업의 등록증이나 등록수첩을 다른 자에게 빌려준 자

3. 영업정지처분을 받고 그 영업정지기간 중에 관리업의 업무를 한 자
4. 소방시설등에 대한 자체점검을 하지 아니하거나 관리업자 등으로 하여금 정기적으로 점검하게 하지 아니한 자
5. 소방시설관리사증을 다른 자에게 빌려주거나 동시에 둘 이상의 업체에 취업한 사람
6. 제품검사에 합격하지 아니한 제품에 합격표시를 하거나 합격표시를 위조 또는 변조하여 사용한 자
7. 형식승인의 변경승인을 받지 아니한 자
8. 제품검사에 합격하지 X 소방용품에 성능인증을 받았다는 표시 또는 제품검사에 합격하였다는 표시를 하거나 성능인증을 받았다는 표시 또는 제품검사에 합격하였다는 표시를 위조 또는 변조하여 사용한 자
9. 성능인증의 변경인증을 받지 아니한 자
10. 우수품질인증을 받지 아니한 제품에 우수품질인증 표시를 하거나 우수품질인증 표시를 위조하거나 변조하여 사용한 자

149 대통령령으로 정하는 소방용품을 제조하거나 수입하려는 자는 누구에게 형식승인을 받아야 하는가? [09 강원]

① 시·도지사　　　② 대통령　　　③ 국무총리　　　④ 소방청장

해설 소방용품을 수입, 제조하려는 자는 소방청장의 형식승인을 받아야 한다

150 다음 중 소방특별조사의 항목이 아닌 것은? [09 강원]

① 소방안전관리업무 수행에 관한 사항
② 소방계획서의 이행에 관한 사항
③ 화재의 예방조치 등에 관한 사항
④ 작동기능점검 및 종합정밀점검 등에 관한 사항

해설
1. 법 제20조 및 제24조에 따른 소방안전관리업무 수행에 관한 사항
2. 법 제20조제6항제1호에 따라 작성한 소방계획서의 이행에 관한 사항
3. 법 제25조제1항에 따른 자체점검 및 정기적 점검 등에 관한 사항
4. 「소방기본법」제12조에 따른 화재의 예방조치 등에 관한 사항
5. 「소방기본법」제15조에 따른 불을 사용하는 설비 등의 관리와 특수가연물의 저장·취급에 관한 사항
6. 「다중이용업소의 안전관리에 관한 특별법」제8조부터 제13조까지의 규정에 따른 안전관리에 관한 사항
7. 「위험물안전관리법」제5조·제6조·제14조·제15조 및 제18조에 따른 안전관리에 관한 사항

151 특정소방대상물의 관계인이 특정소방대상물의 규모·용도 및 수용인원 등을 고려하여 갖추어야 하는 소방시설등의 종류 중 자동화재탐지설비를 설치하여야 하는 특정소방대상물이 아닌 것은?

[09 강원]

① 근린생활시설(목욕장은 제외한다)로서 연면적 600m² 이상인 것

② 위락시설로서 연면적 400m² 이상인 것

③ 지하가 중 터널로서 길이가 1천m 이상인 것

④ 교육연구시설(교육시설 내에 있는 기숙사 및 합숙소를 포함한다)로서 연면적 2천m² 이상인 것

해설 자동화재탐지설비를 설치하여야 하는 특정소방대상물은 다음의 어느 하나와 같다.
1) 근린생활시설(목욕장은 제외한다), 의료시설(정신의료기관 또는 요양병원은 제외한다), 숙박시설, 위락시설, 장례시설 및 복합건축물로서 연면적 600m² 이상인 것
2) 공동주택, 근린생활시설 중 목욕장, 문화 및 집회시설, 종교시설, 판매시설, 운수시설, 운동시설, 업무시설, 공장, 창고시설, 위험물 저장 및 처리시설, 항공기 및 자동차 관련 시설, 교정 및 군사시설 중 국방·군사시설, 방송통신시설, 발전시설, 관광 휴게시설, 지하가(터널은 제외한다)로서 연면적 1천m² 이상인 것
3) 교육연구시설(교육시설 내에 있는 기숙사 및 합숙소를 포함한다), 수련시설(수련시설 내에 있는 기숙사 및 합숙소를 포함하며, 숙박시설이 있는 수련시설은 제외한다), 동물 및 식물 관련 시설(기둥과 지붕만으로 구성되어 외부와 기류가 통하는 장소는 제외한다), 분뇨 및 쓰레기 처리시설, 교정 및 군사시설(국방·군사시설은 제외한다) 또는 묘지 관련 시설로서 연면적 2천m² 이상인 것
4) 지하구
5) 지하가 중 터널로서 길이가 1천m 이상인 것
6) 노유자 생활시설
7) 6)에 해당하지 않는 노유자시설로서 연면적 400m² 이상인 노유자시설 및 숙박시설이 있는 수련시설로서 수용인원 100명 이상인 것
8) 2)에 해당하지 않는 공장 및 창고시설로서 「소방기본법 시행령」 별표 2에서 정하는 수량의 500배 이상의 특수가연물을 저장·취급하는 것
9) 의료시설 중 정신의료기관 또는 요양병원으로서 다음의 어느 하나에 해당하는 시설
   가) 요양병원(정신병원과 의료재활시설은 제외한다)
   나) 정신의료기관 또는 의료재활시설로 사용되는 바닥면적의 합계가 300m² 이상인 시설
   다) 정신의료기관 또는 의료재활시설로 사용되는 바닥면적의 합계가 300m² 미만이고, 창살(철재·플라스틱 또는 목재 등으로 사람의 탈출 등을 막기 위하여 설치한 것을 말하며, 화재 시 자동으로 열리는 구조로 되어 있는 창살은 제외한다)이 설치된 시설
10) 판매시설 중 전통시장

152 소방특별조사대상 선정위원회의 위원이 될 자격이 없는 사람은? [09 강원]

① 과장급 직위 이상의 소방공무원 또는 소방기술사
② 소방 관련 분야의 석사학위 이상을 취득한 사람
③ 소방 관련 법인 또는 단체에서 소방 관련 업무에 3년 이상 종사한 사람
④ 소방공무원 교육기관, 학교 또는 연구소에서 소방과 관련한 교육 또는 연구에 5년 이상 종사한 사람

해설 소방특별조사위원회 구성

① 법 제4조제3항에 따른 소방특별조사위원회(이하 이 조 및 제7조의3부터 제7조의5까지에서 "위원회"라 한다)는 위원장 1명을 포함한 7명 이내의 위원으로 성별을 고려하여 구성하고, 위원장은 소방본부장이 된다.

② 위원회의 위원은 다음 각 호의 어느 하나에 해당하는 사람 중에서 소방본부장이 임명하거나 위촉한다.
   1. 과장급 직위 이상의 소방공무원
   2. 소방기술사
   3. 소방시설관리사
   4. 소방 관련 분야의 석사학위 이상을 취득한 사람
   5. 소방 관련 법인 또는 단체에서 소방 관련 업무에 5년 이상 종사한 사람
   6. 소방공무원 교육기관, 「고등교육법」 제2조의 학교 또는 연구소에서 소방과 관련한 교육 또는 연구에 5년 이상 종사한 사람

153 관할구역에 있는 소방대상물, 관계 지역 또는 관계인에 대하여 소방시설등이 이 법 또는 소방 관계 법령에 적합하게 설치 · 유지 · 관리되고 있는지, 소방대상물에 화재, 재난 · 재해 등의 발생 위험이 있는지 등을 확인하기 위하여 실시하는 소방 특별조사에 대한 설명 중 옳지 않은 것은? [09 강원]

① 소방특별조사의 세부 항목, 제3항에 따른 소방특별조사위원회의 구성 · 운영에 필요한 사항은 대통령령으로 정한다.
② 소방특별조사 업무를 수행하는 관계 공무원 및 관계 전문가는 그 권한 또는 자격을 표시하는 증표를 지니고 이를 관계인에게 내보여야 한다.
③ 소방청장은 소방본부장 또는 소방서장에게 위험물안전관리에 관한 소방특별조사를 명령한다.
④ 개인의 주거에 대하여는 관계인의 승낙이 있거나 화재발생의 우려가 뚜렷하여 긴급한 필요가 있는 때로 한정한다.

154 다음 중 소방시설등의 자체점검(종합정밀점검)을 할 수 있는 자격이 있는 사람은?

[09 강원]

① 소방안전관리자로 선임된 소방시설관리사
② 특정소방대상물의 관계인
③ 소방안전관리자로 선임된 소방설비기사
④ 소방시설관리업자(소방시설관리사가 참여하지 않은 경우)

해설 종합정밀점검의 점검자 자격
① 소방시설관리업자(소방시설관리사가 참여한 경우만 해당)
② 소방안전관리자로 선임된 소방기술사 또는 소방시설관리사

155 다음 중 소방시설등을 구성하거나 소방용으로 사용되는 제품 또는 기기로서 대통령령으로 정하는 것이 아닌 것은?

[09 강원]

① 가스관선택밸브
② 음향장치(경종 및 사이렌)
③ 관창(菅槍)
④ 공기호흡기(충전기를 포함한다.)

해설 음향장치(경종만 해당)

156 소방시설기준 적용의 특례에서 대통령령 또는 화재안전기준의 변경으로 강화된 기준을 적용해야 하는 것은?

[09 강원]

① 자동화재속보설비
② 스프링클러설비
③ 자동화재탐지설비
④ 간이스프링클러설비

해설 다음의 경우 강화된 기준을 적용한다.
1. 다음 소방시설 중 대통령령으로 정하는 것
   가. 소화기구
   나. 비상경보설비
   다. 자동화재속보설비
   라. 피난구조설비
2. 지하구 가운데 공동구에 설치하여야 하는 소방시설
   (소화기, 자동확산소화기, 자동화재탐지설비, 이상침수경보설비, 침입감지설비, 피난구조설비, 소화활동설비, 무선통신보조설비, 연소방지설비)
3. 노유자(老幼者)시설, 의료시설에 설치하여야 하는 소방시설 중 대통령령으로 정하는 것
   가. 노유자(老幼者)시설에 설치하는 간이스프링클러설비, 자동화재탐지설비 및 단독경보형 감지기
   나. 의료시설에 설치하는 스프링클러설비, 간이스프링클러설비, 자동화재탐지설비 및 자동화재속보설비

157 다음 중 문화 및 집회시설이 아닌 것은?　　　　　　　　　　　　　[09 충북]

① 청소년야영장　　② 예식장　　　　③ 경마장　　　　④ 박람회장

[해설] 문화 및 집회시설

가. 공연장으로서 근린생활시설에 해당하지 않는 것
나. 집회장 : 예식장, 공회당, 회의장, 마권(馬券) 장외 발매소, 마권 전화투표소, 그 밖에 이와 비슷한 것으로서 근린생활시설에 해당하지 않는 것
다. 관람장 : 경마장, 경륜장, 경정장, 자동차 경기장, 그 밖에 이와 비슷한 것과 체육관 및 운동장으로서 관람석의 바닥면적의 합계가 1천m² 이상인 것
라. 전시장 : 박물관, 미술관, 과학관, 문화관, 체험관, 기념관, 산업전시장, 박람회장, 견본주택, 그 밖에 이와 비슷한 것
마. 동ㆍ식물원 : 동물원, 식물원, 수족관, 그 밖에 이와 비슷한 것

━ 수련시설

가. 생활권 수련시설 : 「청소년활동 진흥법」에 따른 청소년수련관, 청소년문화의집, 청소년특화시설, 그 밖에 이와 비슷한 것
나. 자연권 수련시설 : 「청소년활동 진흥법」에 따른 청소년수련원, 청소년야영장, 그 밖에 이와 비슷한 것
다. 「청소년활동 진흥법」에 따른 유스호스텔

158 소방특별조사의 결과에 따른 조치명령에 대한 설명 중 옳지 않은 것은?　　　[09 충북]

① 소방청장, 소방본부장 또는 소방서장은 소방특별조사 결과 화재가 발생하면 인명 또는 재산의 피해가 클 것으로 예상되는 때에는 관계인에게 그 소방대상물의 개수(改修)ㆍ이전ㆍ제거, 사용의 금지 또는 제한, 사용폐쇄, 공사의 정지 또는 중지, 그 밖의 필요한 조치를 명할 수 있다.

② 소방청장, 소방본부장 또는 소방서장은 소방특별조사 결과 소방대상물이 법령을 위반하여 건축 또는 설비되었을 경우에는 관계인에게 제1항에 따른 조치를 명하거나 관계 행정기관의 장에게 필요한 조치를 하여 줄 것을 요청할 수 있다.

③ 소방청장, 소방본부장 또는 소방서장은 관계인이 제1항 및 제2항에 따른 조치명령을 받고도 이를 이행하지 아니한 때에는 그 위반사실 등을 인터넷 등에 공개할 수 있다.

④ 위반사실 등의 공개 절차, 공개 기간, 공개 방법 등 필요한 사항은 행정안전부령으로 정한다.

[해설] 제5조(소방특별조사 결과에 따른 조치명령)

① 소방청장, 소방본부장 또는 소방서장은 소방특별조사 결과 소방대상물의 위치ㆍ구조ㆍ설비 또는 관리의 상황이 화재나 재난ㆍ재해 예방을 위하여 보완될 필요가 있거나 화재가 발생하면 인명 또는 재산의 피해가 클 것으로 예상되는 때에는 행정안전부령으로 정하는 바에 따라 관계인에게 그 소방대상물의 개수(改修)ㆍ이전ㆍ제거, 사용의 금지 또는 제한, 사용폐쇄,

공사의 정지 또는 중지, 그 밖의 필요한 조치를 명할 수 있다.

② 소방청장, 소방본부장 또는 소방서장은 소방특별조사 결과 소방대상물이 법령을 위반하여 건축 또는 설비되었거나 소방시설등, 피난시설·방화구획, 방화시설 등이 법령에 적합하게 설치·유지·관리되고 있지 아니한 경우에는 관계인에게 제1항에 따른 조치를 명하거나 관계 행정기관의 장에게 필요한 조치를 하여 줄 것을 요청할 수 있다.

③ 소방청장, 소방본부장 또는 소방서장은 관계인이 제1항 및 제2항에 따른 조치명령을 받고도 이를 이행하지 아니한 때에는 그 위반사실 등을 인터넷 등에 공개할 수 있다.

④ 제3항에 따른 위반사실 등의 공개절차, 공개기간, 공개방법 등 필요한 사항은 대통령령으로 정한다.

159 다음은 특정소방대상물의 종류와 그에 해당하는 특정소방대상물을 바르게 연결한 것은?

[09 충북]

① 의료시설 – 의원, 치과의원, 한의원

② 위락시설 – 야외음악당, 야외극장, 공원·유원지

③ 숙박시설 – 청소년야영장, 청소년수련관, 유스호스텔

④ 노유자시설 – 유치원 , 노인여가복지시설, 정신요양시설

해설 1. 의원은 근린생활시설

2. 야외음악당등은 관광휴게시설

3. 청소년야영장은 수련시설

4. 노유자시설

　가. 노인 관련 시설 : 노인주거복지시설, 노인의료복지시설, 노인여가복지시설, 주·야간보호서비스나 단기보호서비스를 제공하는 재가노인복지시설, 노인보호전문기관, 그 밖에 이와 비슷한 것

　나. 아동 관련 시설 : 아동복지시설, 어린이집, 유치원[제8호가목1)에 따른 학교의 교사 중 병설유치원으로 사용되는 부분을 포함한다], 그 밖에 이와 비슷한 것

　다. 장애인 관련 시설 : 장애인 거주시설, 장애인 지역사회재활시설, 장애인 직업재활시설, 그 밖에 이와 비슷한 것

　라. 정신질환자 관련 시설 : 정신재활시설, 정신요양시설, 그 밖에 이와 비슷한 것

　마. 노숙인 관련 시설 : 노숙인복지시설(노숙인일시보호시설, 노숙인자활시설, 노숙인재활시설, 노숙인요양시설 및 쪽방상담소만 해당한다), 노숙인종합지원센터 및 그 밖에 이와 비슷한 것

　바. 가목부터 마목까지에서 규정한 것 외에 결핵환자 또는 한센인 요양시설 등 다른 용도로 분류되지 않는 것

160 다음의 소방시설 중 수용인원을 고려하지 않고 설치해도 되는 것은? [09 충북]

① 제연설비   ② 자동화재탐재설비

③ 휴대용비상조명등설비   ④ 옥내소화전설비

해설 옥내소화전설비 설치대상

1) 연면적 3천m² 이상(지하가 중 터널은 제외한다)이거나 지하층·무창층(축사는 제외한다) 또는 층수가 4층 이상인 것 중 바닥면적이 600m² 이상인 층이 있는 것은 모든 층

2) 지하가 중 터널로서 다음에 해당하는 터널
  가) 길이가 1천미터 이상인 터널
  나) 예상교통량, 경사도 등 터널의 특성을 고려하여 총리령으로 정하는 터널

3) 1)에 해당하지 않는 근린생활시설, 판매시설, 운수시설, 의료시설, 노유자시설, 업무시설, 숙박시설, 위락시설, 공장, 창고시설, 항공기 및 자동차 관련 시설, 교정 및 군사시설 중 국방·군사시설, 방송통신시설, 발전시설, 장례시설 또는 복합건축물로서 연면적 1천5백m² 이상이거나 지하층·무창층 또는 층수가 4층 이상인 층 중 바닥면적이 300m² 이상인 층이 있는 것은 모든 층

4) 건축물의 옥상에 설치된 차고 또는 주차장으로서 차고 또는 주차의 용도로 사용되는 부분의 면적이 200m² 이상인 것

5) 1) 및 3)에 해당하지 않는 공장 또는 창고시설로서 「소방기본법 시행령」 별표 2에서 정하는 수량의 750배 이상의 특수가연물을 저장·취급하는 것

▬ 제연설비를 설치하여야 하는 특정소방대상물

1) 문화 및 집회시설, 종교시설, 운동시설로서 무대부의 바닥면적이 200m² 이상 또는 문화 및 집회시설 중 영화상영관으로서 수용인원 100명 이상인 것

▬ 자동화재탐지설비를 설치하여야 하는 특정소방대상물

6) 노유자 생활시설

7) 6)에 해당하지 않는 노유자시설로서 연면적 400m² 이상인 노유자시설 및 숙박시설이 있는 수련시설로서 수용인원 100명 이상인 것

▬ 휴대용 비상조명등을 설치하여야 하는 특정소방대상물

1) 숙박시설

2) 수용인원 100명 이상의 영화상영관, 판매시설 중 대규모점포, 철도 및 도시철도 시설 중 지하역사, 지하가 중 지하상가

161

다음 중 소방특별조사의 방법에 대한 설명으로 옳지 <u>않은</u> 것은? [09 인천]

① 소방청장, 소방본부장 또는 소방서장은 소방특별조사를 하려면 7일 전에 관계인에게 조사대상, 조사기간 및 조사사유 등을 서면으로 알려야 한다.

② 소방특별조사는 관계인의 승낙 없이 해가 뜨기 전이나 해가 진 뒤에 할 수 없다.

③ 소방청장, 소방본부장 또는 소방서장은 관계 중앙행정기관 및 시(행정시를 포함한다) · 군 · 자치구 기관의 장과 합동조사반을 편성하여 소방특별조사를 할 수 있다.

④ 소방특별조사를 마친 때에는 소방특별조사서에 검사결과를 소방대상물의 관계인에게 3일 이내에 교부하여야 한다.

> **해설** 소방청장, 소방본부장 또는 소방서장은 소방특별조사를 마친 때에는 그 조사결과를 관계인에게 서면으로 통지하여야 한다.(날의 제한은 없음)

162

소방청장이 실시하는 소방시설관리사가 되고자 하는 자의 자격으로서 옳지 <u>않은</u> 것은?

[09 인천]

① 소방설비기사 자격을 취득한 후 2년 이상 소방청장이 정하여 고시하는 소방에 관한 실무경력이 있는 사람

② 소방공무원으로 3년 이상 경력자

③ 대학에서 소방안전 관련 학과를 졸업한 후 3년 이상 소방실무경력이 있는 사람

④ 소방설비산업기사 자격을 취득한 후 3년 이상 소방실무경력이 있는 사람

> **해설** 소방시설관리사시험의 응시자격
> 1. 소방기술사 · 위험물기능장 · 건축사 · 건축기계설비기술사 · 건축전기설비기술사 또는 공조냉동기계기술사
> 2. 소방설비기사 자격을 취득한 후 2년 이상 소방청장이 정하여 고시하는 소방에 관한 실무경력(이하 "소방 실무경력"이라 한다)이 있는 사람
> 3. 소방설비산업기사 자격을 취득한 후 3년 이상 소방실무경력이 있는 사람
> 4. 「국가과학기술 경쟁력 강화를 위한 이공계 지원 특별법」 제2조제1호에 따른 이공계(이하 "이공계"라 한다) 분야를 전공한 사람으로서 다음 각 목의 어느 하나에 해당하는 사람
>   가. 이공계 분야의 박사학위를 취득한 사람
>   나. 이공계 분야의 석사학위를 취득한 후 2년 이상 소방실무경력이 있는 사람
>   다. 이공계 분야의 학사학위를 취득한 후 3년 이상 소방실무경력이 있는 사람
> 5. 소방안전공학(소방방재공학, 안전공학을 포함한다) 분야를 전공한 후 다음 각 목의 어느 하나에 해당하는 사람
>   가. 해당 분야의 석사학위 이상을 취득한 사람
>   나. 2년 이상 소방실무경력이 있는 사람
> 6. 위험물산업기사 또는 위험물기능사 자격을 취득한 후 3년 이상 소방실무경력이 있는 사람
> 7. 소방공무원으로 5년 이상 근무한 경력이 있는 사람

8. 소방안전 관련 학과의 학사학위를 취득한 후 3년 이상 소방실무경력이 있는 사람

9. 산업안전기사 자격을 취득한 후 3년 이상 소방실무경력이 있는 사람

10. 다음 각 목의 어느 하나에 해당하는 사람

가. 특급 소방안전관리대상물의 소방안전관리자로 2년 이상 근무한 실무경력이 있는 사람

나. 1급 소방안전관리대상물의 소방안전관리자로 3년 이상 근무한 실무경력이 있는 사람

다. 2급 소방안전관리대상물의 소방안전관리자로 5년 이상 근무한 실무경력이 있는 사람

라. 3급 소방안전관리대상물의 소방안전관리자로 7년 이상 근무한 실무경력이 있는 사람

마. 10년 이상 소방실무경력이 있는 사람

163 다음 중 무창층의 개구부에 대한 설명으로 옳지 않은 것은? [09 인천]

① 지름 50cm 이상의 원이 내접할 것

② 바닥으로부터 개구부 밑 부분까지의 높이가 1.5m 이내일 것

③ 도로 또는 차량이 진입할 수 있는 빈터를 향할 것

④ 창살 또는 장애물이 설치되지 아니할 것

해설 1.2m 이하일 것

164 다음 중 성능위주설계를 하여야 하는 특정소방대상물의 범위에 포함되지 않는 것은? [09 인천]

① 연면적 20만m² 이상인 특정소방대상물

② 건축물의 높이가 100m 이상인 특정소방대상물

③ 연면적 1만m² 이상인 철도 및 공항시설

④ 영화상영관이 10개 이상인 특정소방대상물

해설 대상

1. 연면적 20만제곱미터 이상인 특정소방대상물. 다만, 별표 2 제1호에 따른 공동주택 중 주택으로 쓰이는 층수가 5층 이상인 주택(이하 이 조에서 "아파트등"이라 한다)은 제외한다.

2. 다음 각 목의 어느 하나에 해당하는 특정소방대상물. 다만, 아파트등은 제외한다.

가. 건축물의 높이가 100미터 이상인 특정소방대상물

나. 지하층을 포함한 층수가 30층 이상인 특정소방대상물

3. 연면적 3만제곱미터 이상인 특정소방대상물로서 다음 각 목의 어느 하나에 해당하는 특정소방대상물

가. 별표 2 제6호나목의 철도 및 도시철도 시설

나. 별표 2 제6호다목의 공항시설

4. 하나의 건축물에 「영화 및 비디오물의 진흥에 관한 법률」 제2조제10호에 따른 영화상영관이 10개 이상인 특정소방대상물

165 다음 중 소방시설의 연결이 잘못된 것은? [09 인천]

① 소화설비 : 옥내소화전　　　　② 경보설비 : 통합감시시설
③ 피난구조설비 : 비상조명등　　　④ 소화활동설비 : 소화용수

166 다음 중 연면적에 관계없이 건축허가등의 동의를 받아야 하는 것은? [09 인천]

① 차고 · 주차장　　　　　　　　② 지하층 · 무창층
③ 방송용 송수신탑　　　　　　　④ 공연장

해설 건축허가 동의 대상물의 범위(대통령령)
　1. 연면적 400제곱미터 이상인 건축물
　　가. 학교시설 : 100제곱미터
　　나. 노유자시설(老幼者施設) 및 수련시설 : 200제곱미터
　　다. 정신의료기관 : 300제곱미터
　　라. 장애인 의료재활시설(이하 "의료재활시설"이라 한다) : 300제곱미터
　1의2. 층수가 6층 이상인 건축물
　2. 차고 · 주차장 또는 주차용도로 사용되는 시설로서 다음 각 목의 어느 하나에 해당하는 것
　　가. 차고 · 주차장으로 사용되는 바닥면적이 200제곱미터 이상인 층이 있는 건축물이나 주차시설
　　나. 승강기 등 기계장치에 의한 주차시설로서 자동차 20대 이상을 주차할 수 있는 시설
　3. 항공기격납고, 관망탑, 항공관제탑, 방송용 송수신탑
　4. 지하층 또는 무창층이 있는 건축물로서 바닥면적이 150제곱미터(공연장의 경우에는 100제곱미터) 이상인 층이 있는 것
　5. 별표 2의 특정소방대상물 중 위험물 저장 및 처리 시설, 지하구
　6. 제1호에 해당하지 않는 노유자시설 중 다음 각 목의 어느 하나에 해당하는 시설. 다만, 나목부터 바목까지의 시설 중 「건축법 시행령」 별표 1의 단독주택 또는 공동주택에 설치되는 시설은 제외한다.
　　가. 노인 관련 시설(「노인복지법」 제31조제3호 및 제5호에 따른 노인여가복지시설 및 노인보호전문기관은 제외한다)
　　나. 「아동복지법」 제52조에 따른 아동복지시설(아동상담소, 아동전용시설 및 지역아동센터는 제외한다)
　　다. 「장애인복지법」 제58조제1항제1호에 따른 장애인 거주시설
　　라. 정신질환자 관련 시설
　　마. 노숙인 관련 시설 중 노숙인자활시설, 노숙인재활시설 및 노숙인요양시설
　　바. 결핵환자나 한센인이 24시간 생활하는 노유자시설
　7. 「의료법」 제3조제2항제3호라목에 따른 요양병원(이하 "요양병원"이라 한다). 다만, 정신의료기관 중 정신병원(이하 "정신병원"이라 한다)과 의료재활시설은 제외한다.

167 다음 중 인명구조기구를 설치해야 하는 곳은?　　　　　　　　　　　　　　[09 인천]

① 지하층을 포함하는 층수가 3층 이상의 병원

② 지하층을 포함하는 층수가 5층 이상의 관광호텔

③ 지하층을 포함하는 층수가 4층 이상의 병원

④ 지하층을 포함하는 층수가 7층 이상인 관광호텔

해설 인명구조기구를 설치하여야 하는 특정소방대상물은 다음의 어느 하나와 같다.

　1) 방열복 또는 방화복(안전헬멧, 보호장갑 및 안전화를 포함한다), 인공소생기 및 공기호흡기를 설치하여야 하는 특정소방대상물 : 지하층을 포함하는 층수가 7층 이상인 관광호텔

　2) 방열복 또는 방화복(안전헬멧, 보호장갑 및 안전화를 포함한다) 및 공기호흡기를 설치하여야 하는 특정소방대상물 : 지하층을 포함하는 층수가 5층 이상인 병원

　3) 공기호흡기를 설치하여야 하는 특정소방대상물은 다음의 어느 하나와 같다.

　　가) 수용인원 100명 이상인 문화 및 집회시설 중 영화상영관

　　나) 판매시설 중 대규모점포

　　다) 운수시설 중 지하역사

　　라) 지하가 중 지하상가

　　마) 제1호바목 및 화재안전기준에 따라 이산화탄소 소화설비(호스릴 이산화탄소 소화설비는 제외한다)를 설치하여야 하는 특정소방대상물

168 특정소방대상물 중 유스호스텔은 어느 시설에 해당하는가?　　　　　　　　[09 인천]

① 근린생활시설　　　　　　　　　② 숙박시설

③ 업무시설　　　　　　　　　　　④ 수련시설

169 특정소방대상물의 관계인이 특정소방대상물의 규모·용도 및 수용인원 등을 고려하여 갖추어야 하는 소방시설등의 종류 중 인명구조기구를 설치하여야 하는 특정소방대상물은?

　　　　　　　　　　　　　　　　　　　　　　　　　　　　　　　　　　[09 인천]

① 지하층을 포함하는 층수가 7층 이상인 관광호텔

② 지하층을 포함하는 층수가 3층 이상인 병원

③ 수용인원 50명 이상인 문화 및 집회시설 중 영화상영관

④ 지하가 중 터널 및 지하구

170 다음 중 소방안전관리자 또는 소방안전관리보조자를 선임하지 아니한 자에 대한 벌칙은?

[09 인천]

① 200만 원 이하의 벌금   ② 300만 원 이하의 벌금

③ 500만 원 이하의 벌금   ④ 1천만 원 이하의 벌금

> **해설** 300만 원 이하의 벌금
> 1. 제4조제1항에 따른 소방특별조사를 정당한 사유 없이 거부·방해 또는 기피한 자
> 2. 삭제 〈2017. 12. 26.〉
> 3. 방염성능검사에 합격하지 아니한 물품에 합격표시를 하거나 합격표시를 위조하거나 변조하여 사용한 자
> 4. (방염)거짓 시료를 제출한 자
> 5. 소방안전관리자 또는 소방안전관리보조자를 선임하지 아니한 자
> 5의2. 공동 소방안전관리자를 선임하지 아니한 자
> 6. 소방시설·피난시설·방화시설 및 방화구획 등이 법령에 위반된 것을 발견하였음에도 필요한 조치를 할 것을 요구하지 아니한 소방안전관리자
> 7. (안전관리자 부당 해임) 소방안전관리자에게 불이익한 처우를 한 관계인
> 8. (점검실명제)를 위반하여 점검기록표를 거짓으로 작성하거나 해당 특정소방대상물에 부착하지 아니한 자
> 11. (위탁받은 업무 종사자) 위반하여 업무를 수행하면서 알게 된 비밀을 이 법에서 정한 목적 외의 용도로 사용하거나 다른 사람 또는 기관에 제공하거나 누설한 사람

171 소방시설법상 다음 중 소방청장 또는 시·도지사가 청문을 하지 않아도 되는 경우는?

[09 인천]

① 소방기술자 자격의 취소 및 정지
② 관리업의 등록취소 및 영업정지
③ 소방용품의 형식승인 취소 및 제품검사 중지
④ 우수품질인증의 취소

> **해설** 청문
>   1) 청문실시권자 : 소방청장 또는 시·도지사
>   2) 청문사유 및 실시권자
>   ① 관리업의 등록취소 및 영업정지 : 시·도지사
>   ② 관리사 자격의 취소 및 정지 : 소방청장
>   ③ 소방용품의 형식승인 취소 및 제품검사 중지 : 소방청장
>   ④ 성능인증의 취소 : 소방청장
>   ⑤ 우수품질인증의 취소 : 소방청장
>   ⑥ 전문기관의 지정취소 및 업무정지 : 소방청장

172 다음 중 건축허가등을 할 때 미리 소방본부장 또는 소방서장의 동의를 받아야 하는 건축물이 아닌 것은? [09 인천]

① 연면적이 400제곱미터 이상인 건축물

② 차고 · 주차장으로 사용되는 층 중 바닥면적이 200제곱미터 이상인 층이 있는 시설

③ 위험물 저장 및 처리시설, 지하구

④ 승강기 등 기계장치에 의한 주차시설로서 자동차 10대 이상을 주차할 수 있는 시설

해설 시행령 제12조(건축허가등의 동의대상물의 범위 등)

① 법 제7조제1항에 따라 건축허가등을 할 때 미리 소방본부장 또는 소방서장의 동의를 받아야 하는 건축물 등의 범위는 다음 각 호와 같다.

1. 연면적이 400제곱미터 이상인 건축물. 다만, 다음 각 목의 어느 하나에 해당하는 시설은 해당 목에서 정한 기준 이상인 건축물로 한다.
   가. 「학교시설사업 촉진법」 제5조의2 제1항에 따라 건축등을 하려는 학교시설 : 100제곱미터
   나. 노유자시설(老幼者施設) 및 수련시설 : 200제곱미터
   다. 정신의료기관(입원실이 없는 정신건강의학과 의원은 제외하며, 이하 "정신의료기관" 이라 한다) : 300제곱미터
   라. 장애인 의료재활시설(이하 "의료재활시설"이라 한다) : 300제곱미터

1의2. 층수6층 이상인 건축물

2. 차고 · 주차장 또는 주차용도로 사용되는 시설로서 다음 각 목의 어느 하나에 해당하는 것
   가. 차고 · 주차장으로 사용되는 바닥면적이 200제곱미터 이상인 층이 있는 건축물이나 주차시설
   나. 승강기 등 기계장치에 의한 주차시설로서 자동차 20대 이상을 주차할 수 있는 시설

3. 항공기격납고, 관망탑, 항공관제탑, 방송용 송수신탑

4. 지하층 또는 무창층이 있는 건축물로서 바닥면적이 150제곱미터(공연장의 경우에는 100제곱미터) 이상인 층이 있는 것

5. 별표 2의 특정소방대상물 중 위험물 저장 및 처리 시설, 지하구

173 다음 중 1차에 반드시 취소되는 행정처분을 받게 되는 경우에 해당하는 것은? [09 인천]

① 거짓이나 그 밖의 부정한 방법으로 시험에 합격한 경우

② 규정에 따른 소방안전관리업무를 하지 아니하거나 거짓으로 한 경우

③ 규정에 의한 위험물안전관리자를 선임하지 아니한 경우

④ 규정에 의한 소방청장의 지도 · 감독에 정당한 이유 없이 따르지 아니한 때

해설 제28조(자격의 취소 · 정지)

소방청장은 관리사가 다음 각 호의 어느 하나에 해당할 때에는 행정안전부령으로 정하는 바에 따라 그 자격을 취소하거나 2년 이내의 기간을 정하여 그 자격의 정지를 명할 수 있다. 다만, 제1호, 제4호, 제5호 또는 제7호에 해당하면 그 자격을 취소하여야 한다.

1. 거짓이나 그 밖의 부정한 방법으로 시험에 합격한 경우
2. 제20조제6항에 따른 소방안전관리 업무를 하지 아니하거나 거짓으로 한 경우
3. 제25조에 따른 점검을 하지 아니하거나 거짓으로 한 경우
4. 제26조제6항을 위반하여 소방시설관리사증을 다른 자에게 빌려준 경우
5. 제26조제7항을 위반하여 동시에 둘 이상의 업체에 취업한 경우
6. 제26조제8항을 위반하여 성실하게 자체점검 업무를 수행하지 아니한 경우
7. 제27조 각 호의 어느 하나에 따른 결격사유에 해당하게 된 경우

174 다음 중 소방용품을 판매하거나 판매 목적으로 진열하거나 소방시설공사에 사용할 수 없는 경우가 아닌 것은?　　　　　　　　　　　　　　　　　　　　　　　　　　　　　[09 인천]

① 형식승인을 받지 아니한 것
② 형상등을 임의로 변경한 것
③ 제품검사를 받지 아니하거나 합격표시를 하지 아니한 것
④ 심사를 받지 아니한 것

해설 누구든지 다음 각 호의 어느 하나에 해당하는 소방용품을 판매하거나 판매 목적으로 진열하거나 소방시설공사에 사용할 수 없다.

1. 형식승인을 받지 아니한 것
2. 형상 등을 임의로 변경한 것
3. 제품검사를 받지 아니하거나 합격표시를 하지 아니한 것

175 대통령령으로 정하는 특정소방대상물(신축하는 것만 해당한다)에 소방시설을 설치하려는 자는 그 용도, 위치, 구조, 수용 인원, 가연물(可燃物)의 종류 및 양 등을 고려하여 설계("성능위주설계"라 한다)하여야 한다. 다음 중 이러한 성능위주설계를 하여야 하는 특정 소방대상물의 범위에 해당하지 않는 것은?(단, 신축하는 것만 해당한다)　　　　　　　　　[09 인천]

① 3만제곱미터 이상의 근린생활시설과 오피스텔
② 연면적 20만제곱미터 이상인 특정소방대상물
③ 아파트를 제외한 건축물의 높이가 100미터 이상인 특정소방대상물
④ 하나의 건축물에 영화상영관이 10개 이상인 특정소방대상물

해설 연면적 3만제곱미터 이상인 특정소방대상물로서 다음 각 목의 어느 하나에 해당하는 특정소방대상물
　　가. 별표 2 제6호 나목의 철도 및 도시철도시설
　　나. 별표 2 제6호 다목의 공항시설

176 방염대상물품의 방염성능기준에 대한 설명으로 옳지 않은 것은?　　　　　[09 경남 2회]

① 버너의 불꽃을 제거한 때부터 불꽃을 올리며 연소하는 상태가 그칠 때까지 시간은 20초 이내일 것

② 버너의 불꽃을 제거한 때부터 불꽃을 올리지 아니하고 연소하는 상태가 그칠 때까지 시간은 30초 이내일 것

③ 탄화(炭化)한 면적은 60제곱센티미터 이내, 탄화한 길이는 30센티미터 이내일 것

④ 소방청장이 정하여 고시한 방법으로 발연량(發煙量)을 측정하는 경우 최대 연기밀도는 400 이하일 것

해설 탄화(炭化)한 면적은 50제곱센티미터 이내, 탄화한 길이는 20센티미터 이내일 것

177 다음 중 소방시설관리사 시험에 응시할 수 없는 사람은?　　　　　[09 경남 2회]

① 소방설비기사 자격을 취득한 후 1년 이상 소방청장이 정하여 고시하는 소방에 관한 실무경력이 있는 사람

② 위험물산업기사 또는 위험물기능사 자격을 취득한 후 3년 이상 소방실무경력이 있는 사람

③ 소방공무원으로 5년 이상 근무한 경력이 있는 사람

④ 10년 이상 소방실무경력이 있는 사람

해설 시행령 제27조(소방시설관리사시험의 응시자격)
법 제26조제2항에 따른 소방시설관리사시험에 응시할 수 있는 사람은 다음 각 호와 같다.
1. 소방기술사 · 위험물기능장 · 건축사 · 건축기계설비기술사 · 건축전기설비기술사 또는 공조냉동기계기술사
2. 소방설비기사 자격을 취득한 후 2년 이상 소방청장이 정하여 고시하는 소방에 관한 실무경력이 있는 사람
3. 소방설비산업기사 자격을 취득한 후 3년 이상 소방실무경력이 있는 사람
4. 이공계 분야를 전공한 사람으로서 다음 각 목의 어느 하나에 해당하는 사람
　　가. 이공계 분야의 박사학위를 취득한 사람
　　나. 이공계 분야의 석사학위를 취득한 후 2년 이상 소방실무경력이 있는 사람
　　다. 이공계 분야의 학사학위를 취득한 후 3년 이상 소방실무경력이 있는 사람

정답 **176** ③　　**177** ①

5. 소방안전공학(소방방재공학, 안전공학을 포함한다) 분야를 전공한 후 다음 각 목의 어느 하나에 해당하는 사람

가. 해당 분야의 석사학위 이상을 취득한 사람

나. 2년 이상 소방실무경력이 있는 사람

6. 위험물산업기사 또는 위험물기능사 자격을 취득한 후 3년 이상 소방실무경력이 있는 사람

7. 소방공무원으로 5년 이상 근무한 경력이 있는 사람

8. 소방안전 관련 학과의 학사학위를 취득한 후 3년 이상 소방실무경력이 있는 사람

9. 산업안전기사 자격을 취득한 후 3년 이상 소방실무경력이 있는 사람

10. 다음 각 목의 어느 하나에 해당하는 사람

가. 특급 소방안전관리대상물의 소방안전관리자로 2년 이상 근무한 실무경력이 있는 사람

나. 1급 소방안전관리대상물의 소방안전관리자로 3년 이상 근무한 실무경력이 있는 사람

다. 2급 소방안전관리대상물의 소방안전관리자로 5년 이상 근무한 실무경력이 있는 사람

라. 3급 소방안전관리대상물의 소방안전관리자로 7년 이상 근무한 실무경력이 있는 사람

마. 10년 이상 소방실무경력이 있는 사람

178 소방기술심의위원회에 대한 설명 중 옳지 않은 것은? [09 경남 2회]

① 중앙소방기술심의위원회는 위원장을 포함하여 60명 이내로 구성하고, 지방소방기술심의위원회는 위원장을 포함하여 5명 이상 9명 이하의 위원으로 구성한다.

② 중앙위원회의 회의는 위원장이 회의마다 지정하는 13명으로 구성하고, 중앙위원회는 분야별 소위원회를 구성·운영할 수 있다.

③ 지방위원회의 위원은 해당 특별시·광역시·특별자치시·도 및 특별자치도 소속 소방공무원과 소방기술사 등 요건을 갖춘 사람 중에서 소방본부장이 임명하거나 성별을 고려하여 위촉한다.

④ 중앙위원회의 위원장은 소방청장이 해당 위원 중에서 위촉하고, 지방위원회의 위원장은 시·도지사가 해당 위원 중에서 위촉한다.

해설 제18조의4(위원의 임명·위촉)

① 중앙위원회의 위원은 과장급 직위 이상의 소방공무원과 다음 각 호의 어느 하나에 해당하는 사람 중에서 소방청장이 임명하거나 성별을 고려하여 위촉한다.

1. 소방기술사

2. 석사 이상의 소방 관련 학위를 소지한 사람

3. 소방시설관리사

4. 소방 관련 법인·단체에서 소방 관련 업무에 5년 이상 종사한 사람

5. 소방공무원 교육기관, 대학교 또는 연구소에서 소방과 관련된 교육이나 연구에 5년 이상 종사한 사람

② 지방위원회의 위원은 해당 시·도 소속 소방공무원과 제1항 각 호의 어느 하나에 해당하는 사람 중에서 시·도지사가 임명하거나 성별을 고려하여 위촉한다. 〈개정 2020. 3. 10.〉

정답 178 ③

③ 중앙위원회의 위원장은 소방청장이 해당 위원 중에서 위촉하고, 지방위원회의 위원장은 시·도지사가 해당 위원 중에서 위촉한다.

④ 중앙위원회 및 지방위원회의 위원 중 위촉위원의 임기는 2년으로 하되, 한 차례만 연임할 수 있다.

179 소방시설관리업자의 지위를 승계한 자는 행정안전부령으로 정하는 바에 따라 누구에게 신고 하여야 하는가? [09 경남 2회]

① 시·도지사
② 국무총리
③ 소방본부장
④ 소방청장

180 소방시설등의 자체점검에 대한 설명 중 옳지 않은 것은? [09 경남 2회]

① 작동기능점검은 연 2회 이상 실시한다.

② 종합정밀점검을 실시할 수 있는 자의 자격은 소방시설관리업자(소방시설관리사가 참여 한 경우만 해당한다) 또는 소방안전관리자로 선임된 소방시설관리사·소방기술사 1명 이상을 점검자로 한다.

③ 작동기능점검은 소방시설등을 인위적으로 조작하여 정상적으로 작동하는지를 점검하는 것을 말한다.

④ 종합정밀점검은 소방시설등의 작동기능점검을 포함하여 소방시설등의 설비별 주요 구성 부품의 구조기준이 소방청장이 정하여 고시하는 화재안전기준 및 「건축법」 등 관련 법령 에서 정하는 기준에 적합한지 여부를 점검하는 것을 말한다.

해설 작동기능점검은 연 1회 실시
※ 제외대상 : 소화기구만 설치된 대상, 위험물 제조소 등, 특급대상물

181 다음 중 중앙소방기술심의위원회의 심의사항이 아닌 것은? [09 전북 2회]

① 화재안전기준에 관한 사항

② 소방시설에 하자가 있는지의 판단에 관한 사항

③ 소방시설의 구조 및 원리 등에서 공법이 특수한 설계 및 시공에 관한 사항

④ 소방시설의 설계 및 공사감리의 방법에 관한 사항

해설 하자판단 여부 확인은 지방소방기술심의위원회 업무

182 다음 중 화재예방, 소방시설 설치 · 유지 및 안전관리에 관한 법률에 규정된 내용에 대한 설명이 잘못된 것은? [09 전북 2회]

① "피난층"이란 곧바로 지상으로 갈 수 있는 출입구가 있는 층을 말한다.

② "무창층"(無窓層)이란 지상층 중 개구부 면적의 합계가 해당 층 바닥면적의 30분의 1 이하가 되는 층을 말한다.

③ "피난기구"란 피난사다리, 구조대, 완강기, 그 밖에 대통령령이 정하여 고시하는 화재안전기준으로 정하는 것을 말한다.

④ 간이소화용구란 에어로졸식 소화용구, 투척용 소화용구 및 소화약제 외의 것을 이용한 간이소화용구를 말한다.

해설 ③ 소방청장이 정하여 고시하는 것

183 다음 중 노유자시설이 아닌 것은? [09 전북 2회]

① 군 휴양시설   ② 장애인 직업재활시설

③ 노인의료복지시설   ④「유아교육법」에 따른 유치원

해설 노유자시설

가. 노인 관련 시설 :「노인복지법」에 따른 노인주거복지시설, 노인의료복지시설, 노인여가복지시설, 주 · 야간보호서비스나 단기보호서비스를 제공하는 재가노인복지시설(「노인장기요양보험법」에 따른 재가장기요양기관을 포함한다), 노인보호전문기관, 그 밖에 이와 비슷한 것

나. 아동 관련 시설 :「아동복지법」에 따른 아동복지시설,「영유아보육법」에 따른 어린이집,「유아교육법」에 따른 유치원[제8호 가목 1)에 따른 학교의 교사 중 병설유치원으로 사용되는 부분을 포함한다], 그 밖에 이와 비슷한 것

다. 장애인 관련 시설 :「장애인복지법」에 따른 장애인 거주시설, 장애인 지역사회재활시설(장애인 심부름센터, 한국수어통역센터, 점자도서 및 녹음서 출판시설 등 장애인이 직접 그 시

설 자체를 이용하는 것을 주된 목적으로 하지 않는 시설은 제외한다), 장애인 직업재활시설, 그 밖에 이와 비슷한 것

라. 정신질환자 관련 시설 : 「정신건강증진 및 정신질환자 복지서비스 지원에 관한 법률」에 따른 정신재활시설(생산품판매시설은 제외한다), 정신요양시설, 그 밖에 이와 비슷한 것

마. 노숙인 관련 시설 : 「노숙인 등의 복지 및 자립지원에 관한 법률」제2조제2호에 따른 노숙인복지시설(노숙인일시보호시설, 노숙인자활시설, 노숙인재활시설, 노숙인요양시설 및 쪽방삼당소만 해당한다), 노숙인종합지원센터 및 그 밖에 이와 비슷한 것

바. 가목부터 마목까지에서 규정한 것 외에 「사회복지사업법」에 따른 사회복지시설 중 결핵환자 또는 한센인 요양시설 등 다른 용도로 분류되지 않는 것

184 다음 중 방염대상물품이 아닌 것은?

[09 전북 2회]

① 카펫, 두께가 2밀리미터 미만인 벽지류
② 전시용 합판 또는 섬유판, 무대용 합판 또는 섬유판
③ 암막ㆍ무대막
④ 칸막이 합판

해설 방염대상물품의 종류

1. 제조 또는 가공 공정에서 방염처리를 한 물품(합판ㆍ목재류의 경우에는 설치 현장에서 방염처리를 한 것을 포함한다)으로서 다음 각 목의 어느 하나에 해당하는 것

가. 창문에 설치하는 커튼류(블라인드를 포함한다)
나. 카펫, 두께가 2밀리미터 미만인 벽지류(종이벽지는 제외한다)
다. 전시용 합판 또는 섬유판, 무대용 합판 또는 섬유판
라. 암막ㆍ무대막(영화상영관에 설치하는 스크린과 골프 연습장업에 설치하는 스크린을 포함한다)
마. 섬유류 또는 합성수지류 등을 원료로 하여 제작된 소파ㆍ의자(단란주점영업, 유흥주점영업 및 노래연습장업의 영업장에 설치하는 것만 해당한다)

2. 건축물 내부의 천장이나 벽에 부착하거나 설치하는 것으로서 다음 각 목의 어느 하나에 해당하는 것을 말한다. 다만, 가구류(옷장, 찬장, 식탁, 식탁용 의자, 사무용 책상, 사무용 의자 및 계산대, 그 밖에 이와 비슷한 것을 말한다)와 너비 10센티미터 이하인 반자돌림대 등과 「건축법」 제52조에 따른 내부마감재료는 제외한다.

가. 종이류(두께 2밀리미터 이상인 것을 말한다)ㆍ합성수지류 또는 섬유류를 주원료로 한 물품
나. 합판이나 목재
다. 공간을 구획하기 위하여 설치하는 간이 칸막이(접이식 등 이동 가능한 벽체나 천장 또는 반자가 실내에 접하는 부분까지 구획하지 아니하는 벽체를 말한다)
라. 흡음(吸音)이나 방음(防音)을 위하여 설치하는 흡음재(흡음용 커튼을 포함한다) 또는 방음재(방음용 커튼을 포함한다)

185 다음 중 소방시설관리업의 등록이 취소되거나 영업 정지되는 경우가 아닌 것은?

① 거짓이나 그 밖의 부정한 방법으로 등록을 한 경우

② 등록결격사유에 해당하게 된 경우

③ 6개월간 휴업한 경우

④ 다른 자에게 등록증이나 등록수첩을 빌려준 경우

해설 등록의 취소와 영업정지(6개월 이내) 사유

등록취소사유	1. 거짓이나 그 밖에 부정한 방법으로 등록을 한 경우 2. 등록의 결격사유에 해당하게 된 경우 　① 등록결격사유에 해당되는 법인으로서 결격사유에 해당하게 된 날부터 2개월 이내에 그 임원을 결격사유가 없는 임원으로 바꾸어 선임한 경우는 제외한다. 　② 관리업자의 지위를 승계한 상속인이 등록결격사유에 해당하는 경우에는 **상속을 개시한 날부터 6개월 동안** 등록취소를 적용하지 아니한다. 3. 위반하여 다른 자에게 등록증이나 등록수첩을 빌려준 경우
영업정지사유	1. 점검을 하지 아니하거나 거짓으로 한 경우 2. 등록기준에 미달하게 된 경우

186 다음 보기의 빈칸에 들어갈 말로 알맞은 것을 순서대로 바르게 배열한 것은? [09 전북 2회]

"행정안전부령으로 정하는 연소(延燒) 우려가 있는 구조"란 다음 각 호의 기준에 모두 해당하는 구조를 말한다.
1. (　　)의 건축물 현황도에 표시된 대지경계선 안에 둘 이상의 건축물이 있는 경우
2. 각각의 건축물이 다른 건축물의 (　　)으로부터 수평거리가 1층의 경우에는 6미터 이하, 2층 이상의 층의 경우에는 (　　) 이하인 경우
3. 개구부가 다른 건축물을 향하여 설치되어 있는 경우

① 건축물대장, 외벽, 10미터

② 지적도, 외벽, 10미터

③ 건축물대장, 기둥, 6미터

④ 지적도, 기둥, 6미터

187 다음 중 대통령령으로 정하는 특정소방대상물의 연결이 옳지 않은 것은? [09 전북 2회]

① 근린생활시설 : 종교집회장으로서 같은 건축물에 해당 용도로 쓰는 바닥면적의 합계가 300m² 미만인 것

② 항공기 및 자동차관련시설 : 여객자동차터미널, 철도 및 도시철도시설(정비창 등 관련 시설을 포함한다), 공항시설(항공관제탑을 포함한다)

③ 문화 및 집회시설 : 예식장, 동물원, 식물원

④ 업무시설 : 오피스텔, 공중화장실

해설 여객자동차터미널, 철도 및 도시철도시설(정비창 등 관련 시설을 포함한다), 공항시설(항공관제탑을 포함한다)은 운수시설에 해당한다.[항공기 및 자동차 관련 시설(건설기계 관련 시설을 포함한다)]

가. 항공기격납고

나. 차고, 주차용 건축물, 철골 조립식 주차시설(바닥면이 조립식이 아닌 것을 포함한다) 및 기계장치에 의한 주차시설

다. 세차장

라. 폐차장

마. 자동차 검사장

바. 자동차 매매장

사. 자동차 정비공장

아. 운전학원·정비학원

자. 다음의 건축물을 제외한 건축물의 내부(「건축법 시행령」 제119조제1항제3호다목에 따른 필로티와 건축물 지하를 포함한다)에 설치된 주차장

　　1) 「건축법 시행령」 별표 1 제1호에 따른 단독주택

　　2) 「건축법 시행령」 별표 1 제2호에 따른 공동주택 중 50세대 미만인 연립주택 또는 50세대 미만인 다세대주택

차. 「여객자동차 운수사업법」, 「화물자동차 운수사업법」 및 「건설기계관리법」에 따른 차고 및 주기장

188 다음 중 방염성능기준 이상의 실내장식물 등을 설치하여야 하는 특정소방대상물이 아닌 것은? [09 전북 2회]

① 옥외에 있는 문화 및 집회시설

② 근린생활시설 중 체력단련장, 숙박시설, 방송통신시설 중 방송국 및 촬영소

③ 의료시설 중 종합병원, 요양병원 및 정신의료기관

④ 노유자시설 및 숙박이 가능한 수련시설

해설 옥내에 있는 문화집회, 종교, 운동(수영장 제외)시설

189 다음 중 특정소방대상물의 관계인이 특정소방대상물의 수용인원을 고려하여 갖추어야 하는 소방시설이 아닌 것은? [09 전북 2회]

① 자동화재탐지설비
② 휴대용비상조명등
③ 간이스프링클러설비
④ 스프링클러설비

해설 • 자동화재탐지설비 : 노유자시설로서 연면적 400m² 이상인 노유자시설 및 숙박시설이 있는 수련시설로서 수용인원 100명 이상인 것
• 스프링클러설비 : 판매시설, 운수시설 및 창고시설(물류터미널에 한정한다)로서 바닥면적의 합계가 5천m² 이상이거나 수용인원이 500명 이상인 경우에는 모든 층
• 휴대용 비상조명등 : 숙박시설, 수용인원 100명 이상의 영화상영관, 판매시설 중 대규모점포, 철도 및 도시철도시설 중 지하역사, 지하가 중 지하상가

190 다음 중 소방특별조사에 참여할 수 있는 전문가가 아닌 것은? [09 경북 2회]

① 소방기술사
② 소방시설관리사
③ 소방안전교육사
④ 소방·방재 분야에 관한 전문지식을 갖춘 사람

해설 위원회의 위원은 다음 각 호의 어느 하나에 해당하는 사람 중에서 소방본부장이 임명하거나 위촉한다.
1. 과장급 직위 이상의 소방공무원
2. 소방기술사
3. 소방시설관리사
4. 소방 관련 분야의 석사학위 이상을 취득한 사람
5. 소방 관련 법인 또는 단체에서 소방 관련 업무에 5년 이상 종사한 사람
6. 소방공무원 교육기관, 「고등교육법」 제2조의 학교 또는 연구소에서 소방과 관련한 교육 또는 연구에 5년 이상 종사한 사람

191 다음 중 성능위주설계를 하여야 하는 특정소방대상물은?(단, 신축하는 것만 해당한다.) [09 경북 2회]

① 아파트를 포함한 연면적 20만 제곱미터 이상인 특정소방대상물
② 아파트를 포함한 건축물의 높이가 100미터 이상인 특정소방대상물
③ 하나의 건축물에 「영화 및 비디오물의 진흥에 관한 법률」에 따른 영화상영관이 10개 이상인 특정소방대상물
④ 연면적 1만 제곱미터 이상인 철도 및 도시철도시설

해설 성능위주소방설계 대상

1. 연면적 20만제곱미터 이상인 특정소방대상물. 다만, 별표 2 제1호에 따른 공동주택 중 주택으로 쓰이는 층수가 5층 이상인 주택(이하 이 조에서 "아파트등"이라 한다)은 제외한다.
2. 다음 각 목의 어느 하나에 해당하는 특정소방대상물. 다만, 아파트등은 제외한다.
   가. 건축물의 높이가 100미터 이상인 특정소방대상물
   나. 지하층을 포함한 층수가 30층 이상인 특정소방대상물
3. 연면적 3만제곱미터 이상인 특정소방대상물로서 다음 각 목의 어느 하나에 해당하는 특정소방대상물
   가. 별표 2 제6호 나목의 철도 및 도시철도 시설
   나. 별표 2 제6호 다목의 공항시설
4. 하나의 건축물에 「영화 및 비디오물의 진흥에 관한 법률」 제2조제10호에 따른 영화상영관이 10개 이상인 특정소방대상물

192 다음 중 중앙소방기술심의위원회의 심의사항에 해당하는 것은? [09 경북 2회]

① 연면적 10만제곱미터 미만의 특정소방대상물에 설치된 소방시설의 설계ㆍ시공ㆍ감리의 하자 유무에 관한 사항
② 새로운 소방시설과 소방용품 등의 도입 여부에 관한 사항
③ 소방본부장 또는 소방서장이 화재안전기준 또는 위험물 제조소 등의 시설기준의 적용에 관하여 기술검토를 요청하는 사항
④ 소방기술과 관련하여 시ㆍ도지사가 심의에 부치는 사항

해설 심의사항

1) 화재안전기준에 관한 사항
2) 소방시설의 구조 및 원리 등에서 공법이 특수한 설계 및 시공에 관한 사항
3) 소방시설의 설계 및 공사감리의 방법에 관한 사항
4) 소방시설공사의 하자를 판단하는 기준에 관한 사항
5) 그 밖에 소방기술 등에 관하여 대통령령으로 정하는 사항
   1. 연면적 10만제곱미터 이상의 특정소방대상물에 설치된 소방시설의 설계ㆍ시공ㆍ감리의 하자 유무에 관한 사항
   2. 새로운 소방시설과 소방용품 등의 도입 여부에 관한 사항
   3. 그 밖에 소방기술과 관련하여 소방청장이 심의에 부치는 사항

193 다음 중 소방특별조사 결과에 따른 조치를 명령할 수 있는 사람이 아닌 것은?

[09 경북 2회]

① 소방청장　　　　② 국무총리　　　　③ 소방본부장　　　　④ 소방서장

194 다음 중 방염성능기준 이상의 실내장식물 등을 설치하여야 하는 특정소방대상물이 아닌 것은? [09 경북 2회]

① 문화 및 집회시설

② 고층아파트

③ 노유자시설 및 숙박이 가능한 수련시설

④ 교육연구시설 중 합숙소

해설 방염성능기준 이상의 실내장식물 등을 설치하여야 하는 특정소방대상물의 종류

1. 근린생활시설 중 의원, 체력단련장, 공연장 및 종교집회장
2. 건축물의 옥내에 있는 시설로서 다음 각 목의 시설
   가. 문화 및 집회시설
   나. 종교시설
   다. 운동시설(수영장은 제외한다)
3. 의료시설
4. 교육연구시설 중 합숙소
5. 노유자시설
6. 숙박이 가능한 수련시설
7. 숙박시설
8. 방송통신시설 중 방송국 및 촬영소
9. 「다중이용업소의 안전관리에 관한 특별법」 제2조제1항제1호에 따른 다중이용업의 영업장
10. 제1호부터 제9호까지의 시설에 해당하지 아니하는 것으로서 층수(「건축법 시행령」 제119조 제1항제9호에 따라 산정한 층수를 말한다. 이하 같다)가 11층 이상인 것(아파트는 제외한다)

195 다음 중 1급 소방안전관리대상물에 해당하는 것은? [10 충남]

① 지하구

② 층수가 11층 이상인 것

③ 연면적 1만제곱미터 이상인 것

④ 보물 또는 국보로 지정된 목조건축물

해설 1급 소방안전관리대상물
   ① 연면적 15,000m² 이상(아파트 제외)
   ② 층수가 11층 이상(아파트 제외)
   ③ 가연성 가스 1천톤 이상 저장·취급하는 시설
   ④ 지하층제외 30층 이상이거나 지상으로부터 높이가 120m 이상인 아파트

196 다음 중 화재를 진압하거나 인명구조활동을 위하여 사용하는 설비인 소화활동설비에 해당하지 않는 것은? [10 충남]

① 제연설비

② 무선통신보조설비

③ 연결살수설비

④ 소화수조 · 저수조

197 다음 중 소방시설을 설치하지 아니할 수 있는 특정소방대상물 및 소방시설의 범위에 해당하지 않는 것은? [10 충남]

① 화재위험도가 낮은 특정소방대상물

② 화재안전기준을 적용하기 어려운 특정소방대상물

③ 화재안전기준을 달리 적용하여야 하는 특수한 용도 또는 구조를 가진 특정소방대상물

④ 소화용수설비가 설치된 특정소방대상물

해설 소방시설을 설치하지 아니할 수 있는 특정소방대상물 및 소방시설의 범위

구분	특정소방대상물	소방시설
1. 화재위험도가 낮은 특정소방대상물	석재, 불연성 금속, 불연성 건축재료 등의 가공공장 · 기계조립공장 · 주물공장 또는 불연성 물품을 저장하는 창고	옥외소화전 및 연결살수설비
	「소방기본법」제2조제5호에 따른 소방대(消防隊)가 조직되어 24시간 근무하고 있는 청사 및 차고	옥내소화전설비, 스프링클러설비, 물분무등소화설비, 비상방송설비, 피난기구, 소화용수설비, 연결송수관설비, 연결살수설비
2. 화재안전기준을 적용하기 어려운 특정소방대상물	펄프공장의 작업장, 음료수 공장의 세정 또는 충전을 하는 작업장, 그 밖에 이와 비슷한 용도로 사용하는 것	스프링클러설비, 상수도소화용수설비 및 연결살수설비
	정수장, 수영장, 목욕장, 농예 · 축산 · 어류양식용 시설, 그 밖에 이와 비슷한 용도로 사용되는 것	자동화재탐지설비, 상수도소화용수설비 및 연결살수설비
3. 화재안전기준을 달리 적용하여야 하는 특수한 용도 또는 구조를 가진 특정소방대상물	원자력발전소, 핵폐기물처리시설	연결송수관설비 및 연결살수설비
4. 「위험물 안전관리법」제19조에 따른 자체소방대가 설치된 특정소방대상물	자체소방대가 설치된 위험물 제조소 등에 부속된 사무실	옥내소화전설비, 소화용수설비, 연결살수설비 및 연결송수관설비

198 소방안전관리자 선임 연기 신청 및 업무정지에 대한 설명으로 옳지 않은 것은?　[10 충남]

① 소방안전관리자 선임의 연기를 신청하려는 소방안전관리대상물의 관계인은 소방본부장 또는 소방서장에게 신청하여야 한다.

② 모든 소방안전관리대상물의 소방안전관리자의 선임 연기 신청이 가능한 것은 아니다.

③ 소방본부장 또는 소방서장은 제1항에 따라 소방안전관리자 업무의 정지를 명하였을 때에는 그 사실을 시·도의 공보에 공고하고, 즉시 소방안전관리자수첩의 반납을 명할 수 있다.

④ 소방안전관리대상물의 관계인은 소방안전관리자 선임기간 내에 있지 아니하여 소방안전관리자를 선임할 수 없는 경우에는 소방안전관리자 선임의 연기를 신청할 수 있다.

> **해설** 제40조(소방안전관리자의 업무정지)
> ① 소방본부장 또는 소방서장은 소방안전관리자가 제36조제1항에 따른 실무교육을 받지 아니하면 법 제41조제2항에 따라 실무교육을 받을 때까지 그 업무의 정지 및 소방안전관리자수첩의 반납을 명할 수 있다.
> ② 소방본부장 또는 소방서장은 제1항에 따라 소방안전관리자 업무의 정지를 명하였을 때에는 그 사실을 시·도의 공보에 공고하고, 안전원장에게 통보하며, 소방안전관리자수첩에 적어 소방안전관리자에게 내주어야 한다.

199 특정소방대상물의 소방시설 설치의 면제기준 중 자동화재탐지설비의 설치 면제기준은?　　　　　　　　　　　　　　　　　　　　　　　　　　　　[10 충남]

① 스프링클러설비 또는 물분무등소화설비

② 건식 스프링클러설비

③ 습식 스프링클러설비

④ ESFR 스프링클러설비

> **해설** 자동화재탐지설비의 면제기준
> 자동화재탐지설비의 기능(감지·수신·경보기능을 말한다)과 성능을 가진 스프링클러설비 또는 물분무등소화설비를 화재안전기준에 적합하게 설치한 경우에는 그 설비의 유효범위에서 설치가 면제된다.

200 다음 소방시설 중 소화활동설비가 아닌 것은?　　　　　　　　　　[10 경기]

① 상수도소화용수설비　　　　　② 무선통신보조설비

③ 연결살수설비　　　　　　　　④ 연결송수관설비

201 다음 중 지방소방기술심의위원회의 심의사항인 것은?　　　　　　　　[10 경기]

① 화재안전기준에 관한 사항

② 소방시설에 하자가 있는지의 판단에 관한 사항

③ 소방시설의 설계 및 공사감리의 방법에 관한 사항

④ 소방시설공사 하자의 판단기준에 관한 사항

> **해설** 지방소방기술심의위원회 심의사항
> 1) 소방시설에 하자가 있는지의 판단에 관한 사항
> 2) 그 밖에 소방기술 등에 관하여 대통령령으로 정하는 사항
>   1. 연면적 10만제곱미터 미만의 특정소방대상물에 설치된 소방시설의 설계·시공·감리의 하자 유무에 관한 사항
>   2. 소방본부장 또는 소방서장이 화재안전기준 또는 위험물 제조소 등의 시설기준의 적용에 관하여 기술검토를 요청하는 사항
>   3. 그 밖에 소방기술과 관련하여 시·도지사가 심의에 부치는 사항

202 대통령령으로 정하는 소방용품을 제조하거나 수입하려는 자는 누구의 형식승인을 받아야 하는가?　　　　　　　　[10 경기]

① 소방본부장, 소방서장　　　　　② 대통령, 국무총리

③ 소방청장　　　　　　　　　　　④ 시·도지사

203 다음 중 1급 소방안전관리대상물이 아닌 것은?　　　　　　　　[10 경기]

① 층수가 11층 이상인 아파트

② 연면적 1만 5천m² 이상인 것

③ 가연성 가스 1천톤 이상 저장·취급시설

④ 고층 건축물(11층 이상 건축물)

204 다음 중 특정소방대상물의 분류가 옳지 않은 것은?　　　　　　　　[10 경기]

① 방송국 - 업무시설　　　　　　　② 박물관 - 문화 및 집회시설

③ 요양병원 - 의료시설　　　　　　④ 무도학원 - 위락시설

> **해설** 업무시설
> 가. 공공업무시설 : 국가 또는 지방자치단체의 청사와 외국공관의 건축물로서 근린생활시설에

해당하지 않는 것

나. 일반업무시설 : 금융업소, 사무소, 신문사, 오피스텔, 그 밖에 이와 비슷한 것으로서 근린생활시설에 해당하지 않는 것(바닥면적의 합계가 500m² 미만이면 근생)

다. 주민자치센터(동사무소), 경찰서, 지구대, 파출소, 소방서, 119안전센터, 우체국, 보건소, 공공도서관, 국민건강보험공단, 그 밖에 이와 비슷한 용도로 사용하는 것

라. 마을회관, 마을공동작업소, 마을공동구판장, 그 밖에 이와 유사한 용도로 사용되는 것

마. 변전소, 양수장, 정수장, 대피소, 공중화장실, 그 밖에 이와 유사한 용도로 사용되는 것

■ 방송통신시설

가. 방송국(방송프로그램 제작시설 및 송신 · 수신 · 중계시설을 포함한다)

나. 전신전화국

다. 촬영소

라. 통신용 시설

마. 그 밖에 가목부터 라목까지의 시설과 비슷한 것

205 다음 중 소방특별조사에 대한 설명으로 옳지 않은 것은? [10 경기]

① 개인의 주거에 대하여는 관계인의 승낙이 있거나 화재발생의 우려가 뚜렷하여 긴급한 필요가 있는 때에 한정하여 소방특별조사를 할 수 있다.

② 소방청장, 소방본부장 또는 소방서장은 필요하면 소방기술사, 소방시설관리사, 그 밖에 소방 · 방재 분야에 관한 전문지식을 갖춘 사람을 소방특별조사에 참여하게 할 수 있다.

③ 소방청장, 소방본부장 또는 소방서장은 소방특별조사를 하려면 7일 전에 관계인에게 조사대상, 조사기간 및 조사사유 등을 구두로 알려야 한다.

④ 소방청장, 소방본부장 또는 소방서장은 관할구역에 있는 소방대상물, 관계 지역 또는 관계인에 대하여 소방시설등이 이 법 또는 소방 관계 법령에 적합하게 설치 · 유지 · 관리되고 있는지, 소방대상물에 화재, 재난 · 재해 등의 발생 위험이 있는지 등을 확인하기 위하여 관계 공무원으로 하여금 소방안전관리에 관한 특별조사를 하게 할 수 있다.

> **해설** 소방청장, 소방본부장 또는 소방서장은 소방특별조사를 하려면 7일 전에 관계인에게 조사대상, 조사기간 및 조사사유 등을 서면으로 알려야 한다. 다만, 다음 각 호의 어느 하나에 해당하는 경우에는 그러하지 아니하다. 〈개정 2014. 11. 19., 2017. 7. 26.〉
> 1. 화재, 재난 · 재해가 발생할 우려가 뚜렷하여 긴급하게 조사할 필요가 있는 경우
> 2. 소방특별조사의 실시를 사전에 통지하면 조사목적을 달성할 수 없다고 인정되는 경우

206 다음 중 소방특별조사에 대한 설명으로 옳지 않은 것은? [10 부산]

① 소방특별조사는 관계인의 승낙 없이 해가 뜨기 전이나 해가 진 뒤에 할 수 없다.

② 개인의 주거에 대하여는 관계인의 승낙이 있는 경우에만 할 수 있다.

③ 소방특별조사 업무를 수행하는 관계 공무원 및 관계 전문가는 그 권한 또는 자격을 표시하는 증표를 지니고 이를 관계인에게 내보여야 한다.

④ 소방특별조사의 실시를 사전에 통지하면 조사목적을 달성할 수 없다고 인정되는 경우 관계인에게 알리지 않고 할 수 있다.

> **해설** 소방특별조사는 관계인의 승낙 없이 해가 뜨기 전이나 해가 진 뒤에 할 수 없다. 다만 다음의 경우 그러하지 아니하다.
> 1. 화재, 재난·재해가 발생할 우려가 뚜렷하여 긴급하게 조사할 필요가 있는 경우
> 2. 소방특별조사의 실시를 사전에 통지하면 조사목적을 달성할 수 없다고 인정되는 경우

207 다음 소방시설 중 소화활동설비에 해당하지 않는 것은? [10 부산]

① 제연설비　　② 연결송수관설비　　③ 비상콘센트설비　　④ 비상방송설비

208 다음 중 특정소방대상물의 구분이 잘못된 것은? [10 부산]

① 근린생활시설 : 독서실, 무도장
② 업무시설 : 공공도서관, 신문사
③ 교육연구시설 : 초등학교(병설유치원을 제외한다), 특수학교
④ 노유자시설 : 정신요양시설, 유치원(병설유치원을 포함한다)

> **해설** 무도장은 위락시설이며 현행 병설유치원도 노유자 시설에 포함된다.

209 다음 중 2급 소방안전관리대상물의 관계인이 소방안전관리자로 선임할 수 없는 사람은? [10 경북]

① 위험물기능장·위험물산업기사 또는 위험물기능사 자격을 가진 사람
② 소방공무원으로 3년 이상 근무한 경력이 있는 사람
③ 의용소방대원으로 3년 이상 근무한 경력이 있는 사람
④ 의무소방대의 소방대원으로 1년 이상 근무한 경력이 있는 사람으로서 소방청장이 실시하는 2급 소방안전관리대상물의 소방안전관리에 관한 시험에 합격한 사람

정답 **206** ②　**207** ④　**208** ①　**209** ③

해설 의용소방대원 3년 이상 근무한 경력이 있는 사람으로서 소방청장이 실시하는 2급 소방안전관리대상물의 소방안전관리에 관한 시험에 합격한 사람

참고

2급 소방안전관리대상물의 관계인은 다음 각 호의 어느 하나에 해당하는 사람 중에서 소방안전관리자를 선임하여야 한다.

1. 건축사 · 산업안전기사 · 산업안전산업기사 · 건축기사 · 건축산업기사 · 일반기계기사 · 전기기능장 · 전기기사 · 전기산업기사 · 전기공사기사 또는 전기공사산업기사 자격을 가진 사람
2. 위험물기능장 · 위험물산업기사 또는 위험물기능사 자격을 가진 사람
3. 광산보안기사 또는 광산보안산업기사 자격을 가진 사람으로서 「광산안전법」 제13조에 따라 광산안전관리직원(안전관리자 또는 안전감독자만 해당한다)으로 선임된 사람
4. 소방공무원으로 3년 이상 근무한 경력이 있는 사람
5. 소방청장이 실시하는 2급 소방안전관리대상물의 소방안전관리에 관한 시험에 합격한 사람. 이 경우 해당 시험은 다음 각 목의 어느 하나에 해당하는 사람만 응시할 수 있다.
   가. 대학에서 소방안전관리학과를 전공하고 졸업한 사람(법령에 따라 이와 같은 수준의 학력이 있다고 인정되는 사람을 포함한다)
   나. 다음 1)부터 3)까지의 어느 하나에 해당하는 사람
      1) 대학에서 소방안전 관련 교과목을 6학점 이상 이수하고 졸업한 사람
      2) 법령에 따라 1)에 해당하는 사람과 같은 수준의 학력이 있다고 인정되는 사람으로서 해당 학력 취득 과정에서 소방안전 관련 교과목을 6학점 이상 이수한 사람
      3) 대학에서 소방안전 관련 학과를 전공하고 졸업한 사람(법령에 따라 이와 같은 수준의 학력이 있다고 인정되는 사람을 포함한다)
   다. 소방본부 또는 소방서에서 1년 이상 화재진압 또는 그 보조업무에 종사한 경력이 있는 사람
   라. 의용소방대원으로 3년 이상 근무한 경력이 있는 사람
   마. 군부대(주한 외국군부대를 포함한다) 및 의무소방대의 소방대원으로 1년 이상 근무한 경력이 있는 사람
   바. 「위험물안전관리법」 제19조에 따른 자체소방대의 소방대원으로 3년 이상 근무한 경력이 있는 사람
   사. 「대통령 등의 경호에 관한 법률」에 따른 경호공무원 또는 별정직공무원으로서 2년 이상 안전검측 업무에 종사한 경력이 있는 사람
   아. 경찰공무원으로 3년 이상 근무한 경력이 있는 사람
   자. 법 제41조제1항제3호 및 이 영 제38조에 따라 특급 소방안전관리대상물, 1급 소방안전관리대상물 또는 2급 소방안전관리대상물의 소방안전관리에 대한 강습교육을 수료한 사람
   차. 제2항제7호 바목에 해당하는 사람
   카. 소방안전관리보조자로 선임될 수 있는 자격이 있는 사람으로서 특급 소방안전관리대상물, 1급 소방안전관리대상물, 2급 소방안전관리대상물 또는 3급 소방안전관리대상물의 소방안전관리보조자로 3년 이상 근무한 실무경력이 있는 사람
   타. 3급 소방안전관리대상물의 소방안전관리자로 2년 이상 근무한 실무경력이 있는 사람

210 다음 중 방염성능기준 이상의 실내장식물 등을 설치하여야 하는 특정소방대상물이 아닌 것은? [10 경북]

① 종합병원   ② 방송국 및 촬영소

③ 노유자시설   ④ 아파트

211 소방안전관리대상물의 관계인이 소방안전관리자를 선임한 경우에는 행정안전부령으로 정하는 바에 따라 선임한 날부터 며칠 이내에 소방본부장이나 소방서장에게 신고하여야 하는가? [10 경북]

① 7일   ② 10일   ③ 14일   ④ 30일

212 다음 중 방염성능기준 이상의 실내장식물 등을 설치하여야 하는 특정소방대상물이 아닌 것은? [10 대구]

① 옥내에 있는 운동시설   ② 정신의료기관

③ 층수가 16층인 아파트   ④ 방송국

213 다음 중 소방청장의 형식승인을 받아야 하는 소방용품이 아닌 것은? [10 대구]

① 관창(菅槍)

② 음향장치 중 사이렌

③ 기동용 수압개폐장치

④ 완강기(간이완강기 및 지지대를 포함한다.)

> **해설** 음향장치 중 경종만 해당된다.

214 소방시설기준 적용의 특례에서 대통령령 또는 화재안전기준의 변경으로 강화된 기준을 적용해야 하는 것은? [10 대구]

① 자동화재속보설비   ② 스프링클러설비

③ 자동화재탐지설비   ④ 간이스프링클러설비

해설 다음의 경우 강화된 기준을 적용한다.

1. 다음 소방시설 중 대통령령으로 정하는 것
   - 가. 소화기구
   - 나. 비상경보설비
   - 다. 자동화재속보설비
   - 라. 피난구조설비
2. 지하구 가운데 공동구에 설치하여야 하는 소방시설
   (소화기, 자동확산소화기, 자동화재탐지설비, 이상침수경보설비, 침입감지설비, 피난구조설비, 소화활동설비, 무선통신보조설비, 연소방지설비)
3. 노유자(老幼者)시설, 의료시설에 설치하여야 하는 소방시설 중 대통령령으로 정하는 것
   - 가. 노유자(老幼者)시설에 설치하는 간이스프링클러설비, 자동화재탐지설비 및 단독경보형 감지기
   - 나. 의료시설에 설치하는 스프링클러설비, 간이스프링클러설비, 자동화재탐지설비 및 자동화재속보설비

215 다음 중 특정소방대상물의 소방안전관리에 대한 설명으로 옳지 않은 것은? [10 대구]

① 소방공무원으로 7년 이상 근무한 경력이 있는 사람은 1급 소방안전관리대상물의 소방안전관리자로 선임될 수 있다.
② 지하구는 2급 소방안전관리대상물이다.
③ 소방안전관리자는 1급과 2급으로 구분한다.
④ 소방안전관리대상물의 관계인이 소방안전관리자를 선임한 경우에는 행정안전부령으로 정하는 바에 따라 선임한 날부터 14일 이내에 소방본부장이나 소방서장에게 신고하여야 한다.

해설 특급, 1급, 2급, 3급 소방안전관리자로 구분한다.

ㅡ 시행령 제23조(소방안전관리자 및 소방안전관리보조자의 선임대상자)

② 1급 소방안전관리대상물의 관계인은 다음 각 호의 어느 하나에 해당하는 사람 중에서 소방안전관리자를 선임하여야 한다. 다만, 제4호부터 제6호까지에 해당하는 사람은 안전관리자로 선임된 해당 소방안전관리대상물의 소방안전관리자로만 선임할 수 있다.

1. 소방설비기사 또는 소방설비산업기사의 자격이 있는 사람
2. 산업안전기사 또는 산업안전산업기사의 자격을 취득한 후 2년 이상 2급 소방안전관리 대상물 또는 3급 소방안전관리대상물의 소방안전관리자로 근무한 실무경력이 있는 사람
3. 소방공무원으로 7년 이상 근무한 경력이 있는 사람
4. 위험물기능장·위험물산업기사 또는 위험물기능사 자격을 가진 사람으로서 위험물안전관리자로 선임된 사람
5. 「고압가스 안전관리법」 제15조제1항, 「액화석유가스의 안전관리 및 사업법」 제34조제1항 또는 「도시가스사업법」 제29조제1항에 따라 안전관리자로 선임된 사람
6. 「전기사업법」 제73조제1항 및 제2항에 따라 전기안전관리자로 선임된 사람
7. 소방청장이 실시하는 1급 소방안전관리대상물의 소방안전관리에 관한 시험에 합격한 사람

216 다음 중 소방특별조사에 대한 설명이 옳지 않은 것은?　　　　　　　　　[10 대구]

① 소방청장, 소방본부장 또는 소방서장은 소방특별조사를 하려면 7일 전에 관계인에게 조사대상, 조사기간 및 조사사유 등을 서면으로 알려야 한다.

② 소방청장, 소방본부장 또는 소방서장은 관할구역에 있는 소방대상물에 한하여 소방시설등이 이 법 또는 소방 관계 법령에 적합하게 설치·유지·관리되고 있는지, 소방대상물에 화재, 재난·재해 등의 발생 위험이 있는지 등을 확인하기 위하여 관계 공무원으로 하여금 소방안전관리에 관한 특별조사를 하게 할 수 있다.

③ 소방청장, 소방본부장 또는 소방서장은 필요하면 소방기술사 자격이 있는 의용 소방대원을 소방특별조사에 참여하게 할 수 있다.

④ 소방특별조사는 한국화재보험협회와 합동조사반을 편성하여 할 수 있다.

> **해설** 소방청장, 소방본부장 또는 소방서장은 관할구역에 있는 소방대상물, 관계 지역 또는 관계인에 대하여 소방시설등이 이 법 또는 소방 관계 법령에 적합하게 설치·유지·관리되고 있는지, 소방대상물에 화재, 재난·재해 등의 발생 위험이 있는지 등을 확인하기 위하여 관계 공무원으로 하여금 소방안전관리에 관한 특별조사(이하 "소방특별조사"라 한다)를 하게 할 수 있다.
>
> ── 제4조의2(소방특별조사에의 전문가 참여)
> ① 소방청장, 소방본부장 또는 소방서장은 필요하면 소방기술사, 소방시설관리사, 그 밖에 소방·방재 분야에 관한 전문지식을 갖춘 사람을 소방특별조사에 참여하게 할 수 있다.

217 다음 중 무창층 및 피난층에 대한 설명으로 옳지 않은 것은?　　　　　　[10 대구]

① 무창층의 개구부는 도로 또는 차량이 진입할 수 있는 빈터를 향할 것

② 무창층의 개구부에는 화재 시 건축물로부터 쉽게 피난할 수 있도록 창살이나 그 밖의 장애물이 설치되지 아니할 것

③ 무창층의 개구부는 내부 또는 외부에서 쉽게 부수거나 열 수 있을 것

④ 피난층은 15층이 되는 층을 말한다.

> **해설** 피난층이란 곧바로 지상으로 갈 수 있는 출입구가 있는 층을 말한다.

218 소방안전관리대상물의 관계인이 소방안전관리자를 선임한 경우에는 행정안전부령으로 정하는 바에 따라 선임한 날부터 14일 이내에 신고하여야 하는데, 누구에게 신고하여야 하는가?
　　　　　　　　　　　　　　　　　　　　　　　　　　　　　　　　　　[10 중앙]

① 시·도지사　　　　　　　　　　② 소방본부장 또는 소방서장

③ 소방청장　　　　　　　　　　　④ 국무총리

정답　**216** ②　**217** ④　**218** ②

219 대통령령으로 정하는 특정소방대상물 중 소방관서용 청사는 어느 시설에 속하는가?

[10 중앙]

① 근린생활시설
② 업무시설
③ 복합건축물
④ 교육연구시설

220 다음 중 중앙소방기술심의위원회의 심의사항이 아닌 것은?　　　　　[10 중앙]

① 새로운 소방시설과 소방용품 등의 도입 여부에 관한 사항
② 소방시설의 구조 및 원리 등에서 공법이 특수한 설계 및 시공에 관한 사항
③ 소방시설공사의 하자를 판단하는 기준에 관한 사항
④ 소방시설업의 영업범위 및 등록기준에 관한 사항

해설 심의사항

1) 화재안전기준에 관한 사항
2) 소방시설의 구조 및 원리 등에서 공법이 특수한 설계 및 시공에 관한 사항
3) 소방시설의 설계 및 공사감리의 방법에 관한 사항
4) 소방시설공사의 하자를 판단하는 기준에 관한 사항
5) 그 밖에 소방기술 등에 관하여 대통령령으로 정하는 사항
　　1. 연면적 10만제곱미터 이상의 특정소방대상물에 설치된 소방시설의 설계 · 시공 · 감리의 하자 유무에 관한 사항
　　2. 새로운 소방시설과 소방용품 등의 도입 여부에 관한 사항
　　3. 그 밖에 소방기술과 관련하여 소방청장이 심의에 부치는 사항

221 다음 중 성능위주설계를 하여야 하는 특정소방대상물의 범위에 해당하는 것은?(단, 신축하는 것만 해당한다.)

[10 중앙]

① 연면적 20만제곱미터 이상인 아파트
② 지하층을 포함한 층수가 30층 이상인 아파트
③ 연면적 3만제곱미터 이상인 철도 및 도시철도시설
④ 연면적 2만제곱미터 이상인 공항시설

해설 대상

1. 연면적 20만제곱미터 이상인 특정소방대상물. 다만, 별표 2 제1호에 따른 공동주택 중 주택으로 쓰이는 층수가 5층 이상인 주택(이하 이 조에서 "아파트등"이라 한다)은 제외한다.
2. 다음 각 목의 어느 하나에 해당하는 특정소방대상물. 다만, 아파트등은 제외한다.
　　가. 건축물의 높이가 100미터 이상인 특정소방대상물
　　나. 지하층을 포함한 층수가 30층 이상인 특정소방대상물

3. 연면적 3만제곱미터 이상인 특정소방대상물로서 다음 각 목의 어느 하나에 해당하는 특정소
방대상물
가. 별표 2 제6호 나목의 철도 및 도시철도시설
나. 별표 2 제6호 다목의 공항시설
4. 하나의 건축물에 「영화 및 비디오물의 진흥에 관한 법률」 제2조제10호에 따른 영화상영관이
10개 이상인 특정소방대상물

222 특정소방대상물의 관계인이 특정소방대상물의 규모·용도 및 수용인원 등을 고려하여 갖추
어야 하는 소방시설등의 종류에서 지하가 중 터널에 설치해야 하는 소방시설이 아닌 것은?
[10 중앙]

① 소화기구
② 자동화재속보설비
③ 비상콘센트설비
④ 연결송수관설비

해설 터널 길이에 따른 소방시설의 종류
① 500m 이상 : 비상경보설비, 비상조명등설비, 비상콘센트설비, 무선통신보조설비
② 1,000m 이상 : 옥내소화전설비, 자동화재탐지설비, 연결송수관설비
③ 모든 터널 : 소화기
④ 지하가 중 예상 교통량, 경사도 등 터널의 특성을 고려하여 행정안전부령으로 정하는 위험등
급 이상에 해당하는 터널 : 물분무소화설비, 제연설비

223 다음 중 소방특별조사에 대한 설명으로 옳지 않은 것은? [10 중앙]
① 화재, 재난·재해가 발생할 우려가 뚜렷하여 긴급하게 조사할 필요가 있는 경우 관계인에
게 알리지 않고 소방특별조사를 할 수 있다.
② 소방청장, 소방본부장 또는 소방서장은 소방특별조사를 위하여 필요하면 관계 공무원으
로 하여금 관계인에게 필요한 보고를 하도록 하거나 자료의 제출을 명하게 할 수 있다.
③ 소방청장, 소방본부장 또는 소방서장은 소방특별조사를 위하여 필요하면 관계 공무원으
로 하여금 관계인에게 소방대상물의 위치·구조·설비 또는 관리 상황에 대하여 관계인
에게 질문하게 할 수 있다.
④ 소방청장, 소방본부장 또는 소방서장은 소방특별조사를 하려면 10일 전에 관계인에게 조
사대상, 조사기간 및 조사사유 등을 서면으로 알려야 한다.

해설 ④의 기간은 7일 전이다.

224 다음 중 소방시설관리사 자격을 반드시 취소하여야 하는 사유가 아닌 것은? [10 중앙]

① 거짓이나 그 밖의 부정한 방법으로 시험에 합격한 경우

② 소방시설관리사증을 다른 자에게 빌려준 경우

③ 동시에 둘 이상의 업체에 취업한 경우

④ 성실하게 자체점검 업무를 수행하지 아니한 경우

> **해설** 관리사 취소사유(1차)
> ① 거짓이나 그 밖의 부정한 방법으로 시험에 합격한 경우
> ② 소방시설관리사증을 다른 자에게 빌려준 경우
> ③ 동시에 둘 이상의 업체에 취업한 경우

225 다음 중 특정소방대상물이 바르게 연결된 것은? [10 중앙]

① 자원순환관련시설 – 고물상　　　　② 노유자시설 – 요양병원

③ 의료시설 – 치과의원　　　　　　　④ 위락시설 – 안마시술소

> **해설** 자원순환 관련 시설
> 가. 하수 등 처리시설　　　　　나. 고물상
> 다. 폐기물재활용시설　　　　　라. 폐기물처분시설
> 마. 폐기물감량화시설
>
> ━ 근린생활시설
> 치과의원, 안마원(안마시술소)(면적 ×)

226 다음 중 특정소방대상물로서 그 관리의 권원(權原)이 분리되어 있는 것 가운데 소방본부장이나 소방서장이 지정하는 특정 소방대상물의 관계인은 행정안전부령으로 정하는 바에 따라 대통령령으로 정하는 자를 공동 소방안전관리자로 선임하여야 하는 것은? [10 중앙]

① 고층 건축물(지하층을 제외한 층수가 11층 이상인 건축물만 해당한다.)

② 복합건축물로서 연면적이 3천제곱미터 이상인 것 또는 층수가 5층 이상인 것

③ 높이가 10미터 이상인 특정소방대상물

④ 지하구

> **해설** 공동 소방안전관리자 선임대상
> 1. 고층 건축물(지하층을 제외한 층수가 11층 이상인 건축물만 해당한다.)
> 2. 지하가(지하의 인공구조물 안에 설치된 상점 및 사무실, 그 밖에 이와 비슷한 시설이 연속하여 지하도에 접하여 설치된 것과 그 지하도를 합한 것을 말한다.)

정답　**224** ④　　**225** ①　　**226** ①

3. 그 밖에 대통령령으로 정하는 특정소방대상물
4. 복합건축물로서 연면적이 5천제곱미터 이상인 것 또는 층수가 5층 이상인 것
5. 판매시설 중 도매시장 및 소매시장
6. 소방본부장 또는 소방서장이 지정하는 것

227 다음 중 방염성능기준 이상의 실내 장식물을 설치해야 하는 특정소방대상물이 아닌 것은?

[10 광주]

① 안마시술소
② 11층 이상 고층 건축물
③ 노유자시설
④ 숙박이 불가능한 수련시설

해설 시행령 제19조(방염성능기준 이상의 실내장식물 등을 설치하여야 하는 특정소방대상물)
법 제12조제1항에서 "대통령령으로 정하는 특정소방대상물"이란 다음 각 호의 어느 하나에 해당하는 것을 말한다.
1. 근린생활시설 중 의원, 체력단련장, 공연장 및 종교집회장(근의체공종)
2. 건축물의 옥내에 있는 시설로서 다음 각 목의 시설
　가. 문화 및 집회시설
　나. 종교시설
　다. 운동시설(수영장은 제외한다)
3. 의료시설
4. 교육연구시설 중 합숙소
5. 노유자시설
6. 숙박이 가능한 수련시설
7. 숙박시설
8. 방송통신시설 중 방송국 및 촬영소
9. 다중이용업소
10. 제1호부터 제9호까지의 시설에 해당하지 않는 것으로서 층수가 11층 이상인 것(아파트는 제외한다)

228 다음 중 소방특별조사의 항목이 아닌 것은?

[10 광주]

① 소방안전관리 업무 수행에 관한 사항
② 소방계획서의 이행에 관한 사항
③ 자체점검 및 정기적 점검 등에 관한 사항
④ 불을 사용하는 설비 등의 관리와 특수인화물의 저장·취급에 관한 사항

해설 소방특별조사 항목

1. 법 제20조 및 제24조에 따른 소방안전관리 업무 수행에 관한 사항
2. 법 제20조제6항제1호에 따라 작성한 소방계획서의 이행에 관한 사항
3. 법 제25조제1항에 따른 자체점검 및 정기적 점검 등에 관한 사항
4. 「소방기본법」 제12조에 따른 화재의 예방조치 등에 관한 사항
5. 「소방기본법」 제15조에 따른 불을 사용하는 설비 등의 관리와 특수가연물의 저장·취급에 관한 사항
6. 「다중이용업소의 안전관리에 관한 특별법」 제8조부터 제13조까지의 규정에 따른 안전관리에 관한 사항
7. 「위험물안전관리법」 제5조·제6조·제14조·제15조 및 제18조에 따른 안전관리에 관한 사항

229 다음 중 소방용품을 판매하거나 판매 목적으로 진열하거나 소방시설공사에 사용할 수 있는 경우는?　　　　　　　　　　　　　　　　　　　　　　　　　　　　　　　[10 광주]

① 형식승인을 받지 아니한 것
② 형상 등을 임의로 변경한 것
③ 제품검사를 받지 아니한 것
④ 심사를 받지 아니한 것

해설 누구든지 다음 어느 하나에 해당하는 소방용품을 판매하거나 판매목적으로 진열하거나 공사에 사용할 수 없다.
① 형식승인을 받지 아니한 것
② 형상 등을 임의로 변경한 것
③ 제품검사를 받지 아니한 것
④ 합격표시를 하지 아니한 것

230 다음 중 특정소방대상물(소방안전관리대상물은 제외한다)의 관계인과 소방안전관리대상물의 소방안전관리자의 업무가 아닌 것은?　　　　　　　　　　　　　　　　[10 광주]

① 피난시설, 소방안전구획 및 소방안전시설의 유지·관리
② 소방 관련 시설의 유지·관리
③ 소방응원 요청
④ 화기(火氣) 취급의 감독

해설 관계인과 소방안전관리자의 업무사항

특정소방대상물의 관계인	소방안전관리대상물의 소방안전관리자
① 피난시설, 방화구획 및 방화시설의 유지·관리 ② 소방시설이나 그 밖의 소방 관련 시설의 유지·관리 ③ 화기(火氣) 취급의 감독 ④ 그 밖에 소방안전관리에 필요한 업무	① 피난계획에 관한 사항과 소방계획서의 작성 및 시행 ② 자위소방대(自衛消防隊) 및 초기대응체계의 구성·운영·교육 ③ 피난시설, 방화구획 및 방화시설의 유지·관리 ④ 소방훈련 및 교육 ⑤ 소방시설이나 그 밖의 소방 관련 시설의 유지·관리 ⑥ 화기(火氣) 취급의 감독 ⑦ 그 밖에 소방안전관리에 필요한 업무

231 다음 중 소방기술심의위원회의 심의사항이 아닌 것은? [10 광주]

① 소방시설 설계·시공·감리의 하자여부 등에 관한 사항

② 새로운 소방시설과 소방용 기계·기구 등의 도입 여부에 관한 사항

③ 소방기술과 관련하여 대통령령이 심의에 부치는 사항

④ 소방본부장이나 소방서장이 화재안전기준 또는 위험물 제조소 등의 시설기준 적용에 관하여 기술검토를 요청하는 사항

해설 중앙소방기술심의위원회 심의사항

1) 화재안전기준에 관한 사항
2) 소방시설의 구조 및 원리 등에서 공법이 특수한 설계 및 시공에 관한 사항
3) 소방시설의 설계 및 공사감리의 방법에 관한 사항
4) 소방시설공사의 하자를 판단하는 기준에 관한 사항
5) 그 밖에 소방기술 등에 관하여 대통령령으로 정하는 사항
    1. 연면적 10만제곱미터 이상의 특정소방대상물에 설치된 소방시설의 설계·시공·감리의 하자 유무에 관한 사항
    2. 새로운 소방시설과 소방용품 등의 도입 여부에 관한 사항
    3. 그 밖에 소방기술과 관련하여 소방청장이 심의에 부치는 사항

지방소방기술심의위원회 심의사항

1) 소방시설에 하자가 있는지의 판단에 관한 사항
2) 그 밖에 소방기술 등에 관하여 대통령령으로 정하는 사항
    1. 연면적 10만제곱미터 미만의 특정소방대상물에 설치된 소방시설의 설계·시공·감리의 하자 유무에 관한 사항
    2. 소방본부장 또는 소방서장이 화재안전기준 또는 위험물 제조소 등의 시설기준의 적용에 관하여 기술검토를 요청하는 사항
    3. 그 밖에 소방기술과 관련하여 시·도지사가 심의에 부치는 사항

232 특정소방대상물의 증축 또는 용도 변경 시의 소방시설기준 적용의 특례에 대한 설명이 옳지 못한 것은? [10 광주]

① 소방본부장, 소방서장은 특정소방대상물이 증축되는 경우에는 기존 부분을 포함한 소방 대상물의 전체에 대하여 증축 당시의 소방시설 등의 설치에 관한 대통령령 또는 화재안전 기준을 적용하여야 한다.

② 기존 부분과 증축 부분이 내화구조(耐火構造)로 된 바닥과 벽으로 구획된 경우에는 신설 부분에 대해서는 증축 당시의 소방시설의 설치에 관한 대통령령 또는 화재안전기준을 적 용하지 아니한다.

③ 소방본부장, 소방서장은 특정소방대상물이 용도 변경되는 경우에는 용도 변경되는 부분 에 한하여 용도 변경 당시의 소방시설 등의 설치에 관한 대통령령 또는 화재안전기준을 적용한다.

④ 다만 용도 변경 시에 대통령령으로 정하는 어느 하나에 해당하는 경우에는 특정소방대상 물 신축에 대하여 용도 변경되기 전에 당해 특정소방대상물에 적용되던 소방시설 등의 설 치에 관한 대통령령 또는 화재안전기준을 적용한다.

해설 증축되는 경우

① 원칙 : 소방본부장이나 소방서장은 기존의 특정소방대상물이 증축되는 경우에는 대통령령 으로 정하는 바에 따라 증축 당시의 소방시설의 설치에 관한 대통령령 또는 화재안전기준을 적용한다.

② 예외 : 다음의 경우 기존 부분에 대하여는 증축 당시의 기준을 적용하지 아니한다.

1. 기존 부분과 증축 부분이 내화구조(耐火構造)로 된 바닥과 벽으로 구획된 경우
2. 기존 부분과 증축 부분이 「건축법 시행령」 제64조에 따른 갑종 방화문(국토교통부장관이 정하는 기준에 적합한 자동방화셔터를 포함한다)으로 구획되어 있는 경우
3. 자동차 생산공장 등 화재위험이 낮은 특정소방대상물 내부에 연면적 33제곱미터 이하의 직원 휴게실을 증축하는 경우
4. 자동차 생산공장 등 화재위험이 낮은 특정소방대상물에 캐노피(3면 이상에 벽이 없는 구 조의 캐노피를 말한다)를 설치하는 경우

233 다음 중 소방안전관리자의 선임신고 등에 대한 설명이 옳지 못한 것은?　　　　　[10 광주]

① 특정소방대상물의 관계인은 신축·증축·개축·재축·대수선 또는 용도 변경으로 해당
　특정소방대상물의 소방안전관리자를 신규로 선임하여야 하는 경우 해당 특정소방대상물
　의 완공일로부터 30일 이내에 소방안전관리자를 선임하여야 한다.

② 특정소방대상물의 관계인은 소방안전관리자를 해임한 경우 소방안전관리자를 해임한 날
　로부터 30일 이내에 소방안전관리자를 선임하여야 한다.

③ 특정소방대상물의 관계인은 소방안전관리업무를 대행하는 자를 감독하는 자를 소방안전
　관리자로 선임한 경우로서 그 업무대행 계약이 해지 또는 종료된 경우 소방안전관리 업무
　대행이 끝난 날로부터 30일 이내에 소방안전관리자를 선임하여야 한다.

④ 소방안전관리대상물의 관계인이 소방안전관리자를 선임한 경우에는 대통령령으로 정하는
　바에 따라 선임한 날부터 14일 이내에 소방본부장이나 소방서장에게 신고하여야 한다.

> **해설** 소방안전관리대상물의 관계인이 소방안전관리자를 선임한 경우에는 행정안전부령으로 정하는
> 바에 따라 선임한 날부터 14일 이내에 소방본부장이나 소방서장에게 신고하고, 소방안전관리
> 대상물의 출입자가 쉽게 알 수 있도록 소방안전관리자의 성명과 그 밖에 행정안전부령으로 정
> 하는 사항을 게시하여야 한다.

234 다음 중 특정소방대상물의 소방안전관리에 대한 설명이 옳지 못한 것은?　　　　　[10 광주]

① 소방안전관리대상물의 관계인이 소방안전관리자를 선임한 경우에는 행정안전부령으로
　정하는 바에 따라 선임한 날부터 30일 이내에 소방본부장이나 소방서장에게 신고하여야
　한다.

② 연면적 1만제곱미터인 특정소방대상물로서 층수가 11층 이상인 것은 1급 소방안전관리
　대상물이다.

③ 소방설비기사 또는 소방설비산업기사의 자격이 있는 사람은 소방청장이 실시하는 1급 소
　방안전관리대상물의 소방안전관리에 관한 시험에 합격하지 않아도 1급 소방안전관리자
　가 될 수 있다.

④ 의용소방대원으로 3년 이상 근무한 경력이 있는 사람으로서 소방청장이 실시하는 2급 소
　방안전관리대상물의 소방안전관리에 관한 시험에 합격한 사람은 2급 소방안전관리자가
　될 수 있다.

> **해설** 14일 이내에 신고

235 다음 중 중앙소방기술심의위원회의 심의사항이 아닌 것은? [10 충북]

① 소방시설의 구조 및 원리 중 공법이 특수한 설계 및 시공

② 소방기술과 관련하여 소방청장이 심의에 부치는 사항

③ 새로운 소방시설과 소방용 기계·기구의 도입 여부에 관한 사항

④ 연면적 10만m² 이하 소방시설 설계, 시공, 감리의 하자 여부

해설 연면적 10만m² 이상 소방시설 설계, 시공, 감리의 하자 여부

236 다음 중 방염대상물품에 해당하는 것은? [10 충북]

① 두께가 2밀리미터 미만인 종이벽지

② 침구류

③ 칸막이 합판

④ 창문에 설치하는 커튼류(블라인드를 포함한다.)

해설 방염대상물품의 종류

1. 제조 또는 가공 공정에서 방염처리를 한 물품(합판·목재류의 경우에는 설치 현장에서 방염처리를 한 것을 포함한다)으로서 다음 각 목의 어느 하나에 해당하는 것

   가. 창문에 설치하는 커튼류(블라인드를 포함한다)

   나. 카펫, 두께가 2밀리미터 미만인 벽지류(종이벽지는 제외한다)

   다. 전시용 합판 또는 섬유판, 무대용 합판 또는 섬유판

   라. 암막·무대막(영화상영관에 설치하는 스크린과 골프 연습장업에 설치하는 스크린을 포함한다)

   마. 섬유류 또는 합성수지류 등을 원료로 하여 제작된 소파·의자(단란주점영업, 유흥주점영업 및 노래연습장업의 영업장에 설치하는 것만 해당한다)

2. 건축물 내부의 천장이나 벽에 부착하거나 설치하는 것으로서 다음 각 목의 어느 하나에 해당하는 것을 말한다. 다만, 가구류(옷장, 찬장, 식탁, 식탁용 의자, 사무용 책상, 사무용 의자 및 계산대, 그 밖에 이와 비슷한 것을 말한다)와 너비 10센티미터 이하인 반자돌림대 등과 「건축법」 제52조에 따른 내부마감재료는 제외한다.

   가. 종이류(두께 2밀리미터 이상인 것을 말한다)·합성수지류 또는 섬유류를 주원료로 한 물품

   나. 합판이나 목재

   다. 공간을 구획하기 위하여 설치하는 간이 칸막이(접이식 등 이동 가능한 벽체나 천장 또는 반자가 실내에 접하는 부분까지 구획하지 아니하는 벽체를 말한다)

   라. 흡음(吸音)이나 방음(防音)을 위하여 설치하는 흡음재(흡음용 커튼을 포함한다) 또는 방음재(방음용 커튼을 포함한다)

237 다음 중 공동소방안전관리자 선임대상 특정소방대상물이 아닌 것은?　　　　[10 충북]

① 지하가

② 지하층을 제외한 11층 이상의 고층 건축물

③ 도 · 소매시장

④ 복합건축물로서 연면적 5천m² 이하 또는 층수 5층 이하인 것

> **해설** 복합건축물로서 연면적 5천m² 이상 또는 층수 5층 이상인 것

238 다음 소방시설의 분류 중 소화설비가 아닌 것은?　　　　[10 충북]

① 자동소화장치　　　　② 자동화재속보설비

③ 스프링클러설비　　　　④ 물분무소화설비

239 다음 중 소방특별조사에 대한 설명이 옳지 않은 것은?　　　　[10 충북]

① 소방특별조사의 권한권자는 소방청장, 소방본부장 또는 소방서장이다.

② 소방청장, 소방본부장 또는 소방서장은 소방특별조사를 하려면 7일 전에 관계인에게 조사대상, 조사기간 및 조사사유 등을 서면으로 알려야 한다.

③ 관계인의 승낙이 있거나 화재발생의 우려가 뚜렷하여 긴급한 필요가 있는 때라 할지라도 개인의 주거에 대하여는 소방특별조사를 할 수 없다.

④ 관계인이 질병, 장기출장 등으로 소방특별조사에 참여할 수 없는 경우 소방특별조사 시작 3일 전까지 소방특별조사 연기신청서(전자문서로 된 신청서를 포함한다)에 소방특별조사를 받기가 곤란함을 증명할 수 있는 서류(전자문서로 된 서류를 포함한다)를 첨부하여 소방청장, 소방본부장 또는 소방서장에게 제출하여야 한다.

240 다음 중 무창층의 개구부에 대한 설명이 옳지 않은 것은?　　　　[10 충북]

① 지름 50cm 이상의 원이 내접할 것

② 도로, 차량이 진입할 수 있는 빈터를 향할 것

③ 바닥으로부터 개구부 밑 부분까지의 높이가 1.2m 이내일 것

④ 도난방지를 위해 손쉽게 개방할 수 없는 구조로 할 것

241 다음 중 의료시설이 아닌 것은? [10 충북]

① 요양병원 　　　　　　　　　② 한방병원

③ 정신의료기관 　　　　　　　④ 정신요양시설

> **해설** 정신요양시설은 정신질환자 관련 시설로서 노유자시설에 포함된다.

— 의료시설

가. 병원 : 종합병원, 병원, 치과병원, 한방병원, 요양병원

나. 격리병원 : 전염병원, 마약진료소, 그 밖에 이와 비슷한 것

다. 정신의료기관

라. 「장애인복지법」 제58조제1항제4호에 따른 장애인 의료재활시설

242 대통령령으로 정하는 특정소방대상물(신축하는 것만 해당한다)에 소방시설을 설치하려는 자는 그 용도, 위치, 구조, 수용 인원, 가연물(可燃物)의 종류 및 양 등을 고려하여 설계("성능위주설계"라 한다)하여야 한다. 다음 중 이러한 성능위주설계를 하여야 하는 특정소방대상물의 범위에 해당하지 않는 것은? [10 서울]

① 3만제곱미터 이상의 근린생활시설과 오피스텔

② 연면적 20만제곱미터 이상인 특정소방대상물

③ 아파트를 제외한 건축물의 높이가 100미터 이상인 특정소방대상물

④ 하나의 건축물에 영화상영관이 10개 이상인 특정소방대상물

> **해설** 대상

1. 연면적 20만제곱미터 이상인 특정소방대상물. 다만, 별표 2 제1호에 따른 공동주택 중 주택으로 쓰이는 층수가 5층 이상인 주택(이하 이 조에서 "아파트등"이라 한다)은 제외한다.

2. 다음 각 목의 어느 하나에 해당하는 특정소방대상물. 다만, 아파트등은 제외한다.

　가. 건축물의 높이가 100미터 이상인 특정소방대상물

　나. 지하층을 포함한 층수가 30층 이상인 특정소방대상물

3. 연면적 3만제곱미터 이상인 특정소방대상물로서 다음 각 목의 어느 하나에 해당하는 특정소방대상물

　가. 별표 2 제6호 나목의 철도 및 도시철도 시설

　나. 별표 2 제6호 다목의 공항시설

4. 하나의 건축물에 「영화 및 비디오물의 진흥에 관한 법률」 제2조제10호에 따른 영화상영관이 10개 이상인 특정소방대상물

243 다음 중 방염성능기준 이상의 실내장식물 등을 설치하여야 하는 특정소방대상물이 아닌 것은? [10 서울]

① 방송국 및 촬영소
② 25층 이상의 아파트
③ 정신의료기관 및 숙박이 가능한 수련시설
④ 노유자시설

해설 아파트 제외

244 다음 중 특정소방대상물의 연결이 옳은 것은? [10 서울]

① 묘지 관련 시설 : 봉안당, 화장시설
② 판매시설 : 철도역사, 공항시설, 항만시설
③ 의료시설 : 종합병원, 노숙인재활시설, 요양병원
④ 교육연구시설 : 학원, 무도학원

해설 ②는 운수시설이다.
③ 노숙인재활시설은 노유자시설이다.
④ 무도학원은 위락시설이다.

■ 묘지 관련 시설
가. 화장시설
나. 봉안당(제4호나목의 봉안당은 제외한다)
다. 묘지와 자연장지에 부수되는 건축물
라. 동물화장시설, 동물건조장(乾燥葬)시설 및 동물 전용의 납골시설

■ 종교시설
가. 종교집회장으로서 근린생활시설에 해당하지 않는 것
나. 가목의 종교집회장에 설치하는 봉안당

245 다음 중 건축허가등의 동의 대상물의 범위에 해당하지 않는 것은? [10 서울]

① 연면적이 400제곱미터 이상인 건축물
② 차고ㆍ주차장으로 사용되는 층 중 바닥면적이 200제곱미터 이상인 층이 있는 시설
③ 항공기격납고, 관망탑, 항공관제탑, 방송용 송수신탑
④ 지하층 또는 무창층이 있는 건축물로서 바닥면적이 100제곱미터(공연장의 경우에는 50제곱미터) 이상인 층이 있는 것

해설 건축허가 동의 대상물의 범위(대통령령)

1. 연면적 400제곱미터 이상인 건축물

　가. 학교시설 : 100제곱미터

　나. 노유자시설(老幼者施設) 및 수련시설 : 200제곱미터

　다. 정신의료기관 : 300제곱미터

　라. 장애인 의료재활시설(이하 "의료재활시설"이라 한다) : 300제곱미터

1의2. 층수가 6층 이상인 건축물

2. 차고·주차장 또는 주차용도로 사용되는 시설로서 다음 각 목의 어느 하나에 해당하는 것

　가. 차고·주차장으로 사용되는 바닥면적이 200제곱미터 이상인 층이 있는 건축물이나 주차시설

　나. 승강기 등 기계장치에 의한 주차시설로서 자동차 20대 이상을 주차할 수 있는 시설

3. 항공기격납고, 관망탑, 항공관제탑, 방송용 송수신탑

4. 지하층 또는 무창층이 있는 건축물로서 바닥면적이 150제곱미터(공연장의 경우에는 100제곱미터) 이상인 층이 있는 것

5. 별표 2의 특정소방대상물 중 위험물 저장 및 처리시설, 지하구

6. 제1호에 해당하지 않는 노유자시설 중 다음 각 목의 어느 하나에 해당하는 시설. 다만, 나목부터 바목까지의 시설 중 「건축법 시행령」 별표 1의 단독주택 또는 공동주택에 설치되는 시설은 제외한다.

　가. 노인 관련 시설(「노인복지법」 제31조제3호 및 제5호에 따른 노인여가복지시설 및 노인보호전문기관은 제외한다)

　나. 「아동복지법」 제52조에 따른 아동복지시설(아동상담소, 아동전용시설 및 지역아동센터는 제외한다)

　다. 「장애인복지법」 제58조제1항제1호에 따른 장애인 거주시설

　라. 정신질환자 관련 시설

　마. 노숙인 관련 시설 중 노숙인자활시설, 노숙인재활시설 및 노숙인요양시설

　바. 결핵환자나 한센인이 24시간 생활하는 노유자시설

7. 「의료법」 제3조제2항제3호 라목에 따른 요양병원(이하 "요양병원"이라 한다). 다만, 정신의료기관 중 정신병원(이하 "정신병원"이라 한다)과 의료재활시설은 제외한다.

246 다음 중 소방시설의 연결이 옳지 않은 것은?　　　　　　　　　　　　　　[10 서울]

① 경보설비 – 비상방송설비, 시각경보기

② 소화설비 – 옥내소화전설비, 수동식 소화기

③ 소화활동설비 – 제연설비, 상수도소화용수설비

④ 피난구조설비 – 비상조명등, 완강기

247 소방본부장 또는 소방서장이 다중이용업소 · 의료시설 · 노유자시설 · 숙박시설 또는 장례식장에서 방염처리가 필요하다고 인정되는 경우에는 방염처리된 제품을 사용하도록 권장하는 물품에 해당하지 않는 것은? [10 서울]

① 침구류   ② 소파   ③ 의자   ④ 섬유판

해설 제20조(방염대상물품 및 방염성능기준)
③ 소방본부장 또는 소방서장은 제1항에 따른 물품 외에 다음 각 호의 어느 하나에 해당 하는 물품의 경우에는 방염처리된 물품을 사용하도록 권장할 수 있다.
1. 다중이용업소, 의료시설, 노유자시설, 숙박시설 또는 장례식장에서 사용하는 침구류 · 소파 및 의자
2. 건축물 내부의 천장 또는 벽에 부착하거나 설치하는 가구류

248 다음 중 특정소방대상물의 관계인이 특정소방대상물의 규모 · 용도 및 수용인원 등을 고려하여 갖추어야 하는 소방시설등의 종류 중 700미터의 터널에 설치해야 하는 설비가 아닌 것은? [10 서울]

① 무선통신보조설비
② 자동화재탐지설비
③ 비상경보설비
④ 비상조명등

해설 터널 길이에 따른 소방시설의 종류
① 500m 이상 : 비상경보설비, 비상조명등설비, 비상콘센트설비, 무선통신보조설비
② 1,000m 이상 : 옥내소화전설비, 자동화재탐지설비, 연결송수관설비
③ 모든 터널 : 소화기
④ 지하가 중 예상 교통량, 경사도 등 터널의 특성을 고려하여 행정안전부령으로 정하는 위험등급 이상에 해당하는 터널 : 물분무소화설비, 제연설비

249 다음 중 1급 소방안전관리대상물이 아닌 것은? [10 서울]
① 연면적 1만5천제곱미터 이상인 시설
② 층수가 11층 이상인 시설
③ 가연성 가스를 1천톤 이상 저장 · 취급하는 시설
④ 층수가 5층 이상인 아파트

특급	① 50층 이상(지하층은 제외)이거나 지상으로부터 높이가 200미터 이상인 아파트 ② 연면적 20만m² 이상 ③ 지하층 포함 30층 이상(아파트는 제외) ④ 높이가 120미터 이상(아파트는 제외)	제외	• 공공기관 • 동 · 식물원 • 불연성 물품 창고 • 위험물 제조소 등 • 지하구
1급	① 30층 이상(지하층은 제외)이거나 지상으로부터 높이가 120미터 이상인 아파트 ② 연면적 1만5천제곱미터 이상인 것(아파트는 제외) ③ 층수가 11층 이상인 것(아파트는 제외) ④ 가연성 가스를 1천톤 이상 저장 · 취급하는 시설		
2급	① 옥내소화전설비, 스프링클러설비, 간이스프링클러설비 또는 물분무등소화설비(호스릴 방식 제외)를 설치하는 특정소방대상물 ② 가스제조설비를 갖추고 도시가스사업의 허가를 받아야 하는 시설 또는 가연성 가스를 100톤 이상 1천톤 미만 저장 · 취급하는 시설 ④ 지하구 ⑤ 공동주택(300세대 이상, 승강기 · 중앙난방시설 · 주상복합건축물로 150세대 이상 등) ⑥ 보물 또는 국보로 지정된 목조건축물	제외	• 공공기관
3급	특급 · 1급 · 2급 소방안전관리 대상물에 해당하지 아니하는 특정소방대상물로서 **자동화재탐지설비**를 설치하는 특정소방대상물	제외	• 공공기관
비고	건축물대장의 건축물현황도에 표시된 대지경계선 안의 지역 또는 인접한 2개 이상의 대지에 소방안전관리자를 두어야 하는 특정소방대상물이 둘 이상 있고, 그 관리에 관한 권원을 가진 자가 **동일인인 경우**에는 이를 하나의 특정소방대상물로 보되, 그 특정소방대상물이 특급, 1급, 2급, 3급 소방안전관리대상물 중 둘 이상에 해당하는 경우에는 그 중에서 급수가 높은 특정소방대상물로 본다.		

250 다음 설명 중 옳지 않은 것은? [10 경남]

① 건축사는 1급 소방안전관리자 선임대상자이다.

② 지하구는 소방안전관리대상물 중 2급 소방안전관리대상물이다.

③ 특정소방대상물의 근무자 및 거주자는 소방훈련과 교육을 연 1회 이상 받아야 한다.

④ 소방안전관리자는 14일 이내에 소방본부장이나 소방서장에게 선임 신고를 해야 한다.

해설 1급 소방안전관리자 선임대상자

1. 소방설비기사 또는 소방설비산업기사의 자격이 있는 사람
2. 산업안전기사 또는 산업안전산업기사의 자격을 취득한 후 2년 이상 2급 소방안전관리대상

물 또는 3급 소방안전관리대상물의 소방안전관리자로 근무한 실무경력이 있는 사람

3. 소방공무원으로 7년 이상 근무한 경력이 있는 사람
4. 위험물기능장ㆍ위험물산업기사 또는 위험물기능사 자격을 가진 사람으로서 「위험물안전관리법」 제15조제1항에 따라 위험물안전관리자로 선임된 사람
5. 「고압가스 안전관리법」 제15조제1항, 「액화석유가스의 안전관리 및 사업법」 제34조제1항 또는 「도시가스사업법」 제29조제1항에 따라 안전관리자로 선임된 사람
6. 「전기사업법」 제73조제1항 및 제2항에 따라 전기안전관리자로 선임된 사람
7. 소방청장이 실시하는 1급 소방안전관리대상물의 소방안전관리에 관한 시험에 합격한 사람. 이 경우 해당 시험은 다음 각 목의 어느 하나에 해당하는 사람만 응시할 수 있다.
   가. 대학에서 소방안전관리학과를 전공하고 졸업한 사람(법령에 따라 이와 같은 수준의 학력이 있다고 인정되는 사람을 포함한다)으로서 해당 학과를 졸업한 후 2년 이상 2급 소방안전관리대상물 또는 3급 소방안전관리대상물의 소방안전관리자로 근무한 실무경력이 있는 사람」
   나. 다음 1)부터 3)까지의 어느 하나에 해당하는 사람으로서 해당 요건을 갖춘 후 3년 이상 2급 소방안전관리대상물 또는 3급 소방안전관리대상물의 소방안전관리자로 근무한 실무경력이 있는 사람
      1) 대학에서 소방안전 관련 교과목을 12학점 이상 이수하고 졸업한 사람
      2) 법령에 따라 1)에 해당하는 사람과 같은 수준의 학력이 있다고 인정되는 사람으로서 해당 학력 취득 과정에서 소방안전 관련 교과목을 12학점 이상 이수한 사람
      3) 대학에서 소방안전 관련 학과를 전공하고 졸업한 사람(법령에 따라 이와 같은 수준의 학력이 있다고 인정되는 사람을 포함한다)
   다. 소방행정학(소방학, 소방방재학을 포함한다) 또는 소방안전공학(소방방재공학, 안전공학을 포함한다) 분야에서 석사학위 이상을 취득한 사람
   라. 가목 및 나목에 해당하는 경우 외에 5년 이상 2급 소방안전관리대상물의 소방안전관리자로 근무한 실무경력이 있는 사람
   마. 법 제41조제1항제3호 및 이 영 제38조에 따라 특급 소방안전관리대상물 또는 1급 소방안전관리대상물의 소방안전관리에 대한 강습교육을 수료한 사람
   바. 「공공기관의 소방안전관리에 관한 규정」 제5조제1항제2호 나목에 따른 강습교육을 수료한 사람
   사. 2급 소방안전관리대상물의 소방안전관리자로 선임될 수 있는 자격이 있는 사람으로서 특급 또는 1급 소방안전관리대상물의 소방안전관리보조자로 5년 이상 근무한 실무경력이 있는 사람
   아. 2급 소방안전관리대상물의 소방안전관리자로 선임될 수 있는 자격이 있는 사람으로서 2급 소방안전관리대상물의 소방안전관리보조자로 7년 이상 근무한 실무경력(특급 또는 1급 소방안전관리대상물의 소방안전관리보조자로 근무한 5년 미만의 실무경력이 있는 경우에는 이를 포함하여 합산한다)이 있는 사람
8. 제1항에 따라 특급 소방안전관리대상물의 소방안전관리자 자격이 인정되는 사람

> **참고** 건축사
> 2급 소방안전관리대상물

251 다음 중 특정소방대상물의 분류가 잘못된 것은? [10 경남]

① 근린생활시설 – 안마시술소
② 노유자시설 – 장애인 거주시설
③ 판매시설 – 마권(馬券) 장외 발매소
④ 문화 및 집회시설 – 예식장

해설 **판매시설**

가. 도매시장 : 「농수산물 유통 및 가격안정에 관한 법률」제2조제2호에 따른 농수산물도매시장, 같은 조 제5호에 따른 농수산물공판장, 그 밖에 이와 비슷한 것(그 안에 있는 근린생활시설을 포함한다)

나. 소매시장 : 시장, 「유통산업발전법」제2조제3호에 따른 대규모점포, 그 밖에 이와 비슷한 것(그 안에 있는 근린생활시설을 포함한다)

다. 전통시장 : 「전통시장 및 상점가 육성을 위한 특별법」제2조제1호에 따른 전통시장(그 안에 있는 근린생활시설을 포함하며, 노점형 시장은 제외한다)

라. 상점 : 다음의 어느 하나에 해당하는 것(그 안에 있는 근린생활시설을 포함한다)

1) 제2호 가목에 해당하는 용도로서 같은 건축물에 해당 용도로 쓰는 바닥면적 합계가 1천m² 이상인 것

2) 제2호 자목에 해당하는 용도로서 같은 건축물에 해당 용도로 쓰는 바닥면적 합계가 500m² 이상인 것

문화 및 집회시설

가. 공연장으로서 근린생활시설에 해당하지 않는 것

나. 집회장 : 예식장, 공회당, 회의장, 마권(馬券) 장외 발매소, 마권 전화투표소, 그 밖에 이와 비슷한 것으로서 근린생활시설에 해당하지 않는 것

다. 관람장 : 경마장, 경륜장, 경정장, 자동차 경기장, 그 밖에 이와 비슷한 것과 체육관 및 운동장으로서 관람석의 바닥면적의 합계가 1천m² 이상인 것

라. 전시장 : 박물관, 미술관, 과학관, 문화관, 체험관, 기념관, 산업전시장, 박람회장, 견본주택, 그 밖에 이와 비슷한 것

마. 동·식물원 : 동물원, 식물원, 수족관, 그 밖에 이와 비슷한 것

252 다음 중 자동화재탐지설비에 관한 설명으로 옳지 않은 것은? [10 경남]

① 자동화재탐지설비의 기능과 성능을 가진 스프링클러설비 또는 물분무등소화설비를 화재안전기준에 적합하게 설치한 경우에는그 설비의 유효범위에서 설치가 면제된다.

② 자동화재탐지설비는 소방시설 중 피난구조설비이다.

③ 특수가연물의 저장·취급량 500배 이상은 자동화재탐지설비 설치대상물이다.

④ 400m² 이상인 노유자시설은 자동화재탐지설비 설치대상물이다.

253 다음 중 공동 소방안전관리자 선임대상 특정소방대상물이 아닌 것은? [10 경남]

① 지하가

② 지하층을 제외한 층수가 11층 이상인 복합건축물

③ 시·도지사가 지정한 지역

④ 도·소매시장

> **해설** 공동 소방안전관리자 선임대상
> 1. 고층 건축물(지하층을 제외한 층수가 11층 이상인 건축물만 해당한다)
> 2. 지하가(지하의 인공구조물 안에 설치된 상점 및 사무실, 그 밖에 이와 비슷한 시설이 연속하여 지하도에 접하여 설치된 것과 그 지하도를 합한 것을 말한다)
> 3. 그 밖에 대통령령으로 정하는 특정소방대상물
> 4. 복합건축물로서 연면적이 5천제곱미터 이상인 것 또는 층수가 5층 이상인 것
> 5. 판매시설 중 도매시장 및 소매시장
> 6. 소방본부장 또는 소방서장이 지정하는 것

254 다음 중 소방특별조사 결과에 따른 조치명령이 아닌 것은? [10 경남]

① 개수(改修)·이전·제거 ② 용도의 변경

③ 사용의 금지 또는 제한 ④ 공사의 정지 또는 중지

> **해설** 조치명령 내용
> 관계인에게 그 소방대상물의 개수(改修)·이전·제거, 사용의 금지 또는 제한, 사용폐쇄, 공사의 정지 또는 중지, 그 밖의 필요한 조치를 명할 수 있다.

255 다음 중 방염성능기준 이상의 실내장식물 등을 설치하여야 하는 특정소방대상물이 아닌 것은? [10 경남]

① 옥외에 있는 문화 및 집회시설

② 근린생활시설 중 체력단련장, 숙박시설, 방송통신시설 중 방송국 및 촬영소

③ 의료시설 중 종합병원, 요양병원 및 정신의료기관

④ 노유자시설 및 숙박이 가능한 수련시설

> **해설** 옥내에 있는 문화 및 집회시설

256 다음 중 소방시설 등의 자체점검사항에 대한 설명으로 옳은 것은? [10 경남]

① 작동기능점검은 분기별 1회 이상으로 한다.

② 종합정밀점검은 연 1회 이상으로 한다.

③ 작동기능점검 결과보고서는 10일 이내 소방본부장이나 소방서장에게 제출한다.

④ 종합정밀점검 결과보고서는 2년간 자체 보관한다.

> **해설** 작동기능점검 연 1회, 결과보고는 7일 이내 제출, 2년간 자체보관은 작동기능점검표

257 건축물 등의 신축 · 증축 · 개축 · 재축(再築) · 이전 · 용도 변경 또는 대수선(大修繕)의 허가 · 협의 및 사용승인의 권한이 있는 행정기관은 건축허가등을 할 때 미리 그 건축물 등의 시공지(施工地) 또는 소재지를 관할하는 소방본부장이나 소방서장의 동의를 받아야 한다. 다음 중 건축허가등의 동의 대상물이 아닌 것은? [10 전남]

① 관망탑

② 바닥면적 200m²의 차고

③ 바닥면적 150m²의 일반건축물

④ 지하층 또는 무창층의 바닥면적 100m²의 공연장

> **해설** 건축허가 동의 대상물의 범위(대통령령)
>
> 1. 연면적 400제곱미터 이상인 건축물
>   가. 학교시설 : 100제곱미터
>   나. 노유자시설(老幼者施設) 및 수련시설 : 200제곱미터
>   다. 정신의료기관 : 300제곱미터
>   라. 장애인 의료재활시설(이하 "의료재활시설"이라 한다) : 300제곱미터
> 1의2. 층수가 6층 이상인 건축물
> 2. 차고 · 주차장 또는 주차용도로 사용되는 시설로서 다음 각 목의 어느 하나에 해당하는 것
>   가. 차고 · 주차장으로 사용되는 바닥면적이 200제곱미터 이상인 층이 있는 건축물이나 주차시설
>   나. 승강기 등 기계장치에 의한 주차시설로서 자동차 20대 이상을 주차할 수 있는 시설
> 3. 항공기격납고, 관망탑, 항공관제탑, 방송용 송수신탑
> 4. 지하층 또는 무창층이 있는 건축물로서 바닥면적이 150제곱미터(공연장의 경우에는 100제곱미터) 이상인 층이 있는 것
> 5. 별표 2의 특정소방대상물 중 위험물 저장 및 처리시설, 지하구
> 6. 제1호에 해당하지 않는 노유자시설 중 다음 각 목의 어느 하나에 해당하는 시설. 다만, 나목부터 바목까지의 시설 중 「건축법 시행령」 별표 1의 단독주택 또는 공동주택에 설치되는 시설은 제외한다.
>   가. 노인 관련 시설(「노인복지법」 제31조제3호 및 제5호에 따른 노인여가복지시설 및 노인보호전문기관은 제외한다)

나. 「아동복지법」 제52조에 따른 아동복지시설(아동상담소, 아동전용시설 및 지역아동센터는 제외한다)

다. 「장애인복지법」 제58조제1항제1호에 따른 장애인 거주시설

라. 정신질환자 관련 시설

마. 노숙인 관련 시설 중 노숙인자활시설, 노숙인재활시설 및 노숙인요양시설

바. 결핵환자나 한센인이 24시간 생활하는 노유자시설

7. 「의료법」 제3조제2항제3호 라목에 따른 요양병원(이하 "요양병원"이라 한다). 다만, 정신의료기관 중 정신병원(이하 "정신병원"이라 한다)과 의료재활시설은 제외한다.

258 다음 중 중앙소방기술심의위원회의 심의사항이 아닌 것은? [10 전남]

① 화재안전기준에 관한 사항

② 소방시설의 구조 및 원리 등에서 공법이 특수한 설계 및 시공에 관한 사항

③ 소방시설의 설계 및 공사감리의 방법에 관한 사항

④ 소방시설에 하자가 있는지의 판단에 관한 사항

해설 ④는 지방소방기술심의위원회 업무이다.

259 다음 중 성능위주설계를 해야 하는 특정소방대상물(신축하는 것만 해당한다)에 해당하는 것은? [10 전남]

① 연면적 10만m²인 특정소방대상물

② 연면적 2만m²인 철도역사

③ 하나의 건축물에 영화관이 5개 이상인 특정소방대상물

④ 건축물의 높이가 120m인 특정소방대상물

해설 성능위주설계 대상

1. 연면적 20만제곱미터 이상인 특정소방대상물. 다만, 별표 2 제1호에 따른 공동주택 중 주택으로 쓰이는 층수가 5층 이상인 주택(이하 이 조에서 "아파트등"이라 한다)은 제외한다.

2. 다음 각 목의 어느 하나에 해당하는 특정소방대상물. 다만, 아파트등은 제외한다.

가. 건축물의 높이가 100미터 이상인 특정소방대상물

나. 지하층을 포함한 층수가 30층 이상인 특정소방대상물

3. 연면적 3만제곱미터 이상인 특정소방대상물로서 다음 각 목의 어느 하나에 해당하는 특정소방대상물

가. 별표 2 제6호 나목의 철도 및 도시철도시설

나. 별표 2 제6호 다목의 공항시설

4. 하나의 건축물에 「영화 및 비디오물의 진흥에 관한 법률」 제2조제10호에 따른 영화상영관이 10개 이상인 특정소방대상물

260 다음 중 소방본부장 또는 소방서장이 대통령령 또는 화재안전기준의 변경으로 그 기준이 강화되는 경우라도 그 강화된 기준을 적용하지 않아도 되는 것은?　　　　　[10 전남]

① 소화기구 · 자동화재속보설비

② 비상경보설비

③ 옥내소화전

④ 지하구 가운데 공동구에 설치하는 소방시설 등

해설 대통령령 또는 화재안전기준이 변경되어 그 기준이 강화되는 경우

　① 원칙 : 기존의 특정소방대상물(건축물의 신축 · 개축 · 재축 · 이전 및 대수선 중인 특정소방대상물을 포함한다)의 소방시설에 대하여는 변경 전의 대통령령 또는 화재안전기준을 적용한다.

　② 예외 : 다음의 경우 강화된 기준을 적용한다.

　　1. 다음 소방시설 중 대통령령으로 정하는 것

　　　가. 소화기구

　　　나. 비상경보설비

　　　다. 자동화재속보설비

　　　라. 피난구조설비

　　2. 지하구 가운데 공동구에 설치하여야 하는 소방시설

　　　[소화기, 자동확산소화기, 자동화재탐지설비, 이상침수경보설비, 침입감지설비, 피난구조설비, 소화활동설비, 무선통신보조설비, 연소방지설비]

　　3. 노유자(老幼者)시설, 의료시설에 설치하여야 하는 소방시설 중 대통령령으로 정하는 것

　　　가. 노유자(老幼者)시설에 설치하는 간이스프링클러설비, 자동화재탐지설비 및 단독경보형 감지기

　　　나. 의료시설에 설치하는 스프링클러설비, 간이스프링클러설비, 자동화재탐지설비 및 자동화재속보설비

261 대통령령으로 정하는 특정소방대상물(신축하는 것만 해당한다)에 소방시설을 설치하려는 자는 그 용도, 위치, 구조, 수용 인원, 가연물(可燃物)의 종류 및 양 등을 고려하여 설계하는 것을 무엇이라 하는가?　　　　　[10 전남]

① 성능위주설계　　　　　　　　② 구조위주설계

③ 용도위주설계　　　　　　　　④ 특수위주설계

해설 「화재예방, 소방시설 설치 · 유지 및 안전관리에 관한 법률」 제9조의3에 따른 특정소방대상물(신축하는 것만 해당한다)에 대해서는 그 용도, 위치, 구조, 수용 인원, 가연물(可燃物)의 종류 및 양 등을 고려하여 설계(이하 "성능위주설계"라 한다)하여야 한다.

262 다음 중 화재예방, 소방시설 설치·유지 및 안전관리에 관한 법률에 규정된 용어의 설명이 잘못된 것은? [10 전남]

① "무창층"(無窓層)이란 지상층 중 개구부의 면적의 합계가 해당 층의 바닥면적의 30분의 1 이하가 되는 층을 말한다.

② "피난층"이란 곧바로 1층으로 갈 수 있는 출입구가 있는 층을 말한다.

③ "소방시설등"이란 소방시설과 비상구(非常口), 그 밖에 소방 관련 시설로서 대통령령으로 정하는 것을 말한다.

④ "특정소방대상물"이란 소방시설을 설치하여야 하는 소방대상물로서 대통령령으로 정하는 것을 말한다.

> **해설** "피난층"이란 곧바로 지상으로 갈 수 있는 출입구가 있는 층을 말한다.

263 다음 특정소방대상물 중 1급 소방안전관리대상물인 것은? [10 전남]

① 목조건축물 ② 지하구
③ 아파트 ④ 가연성 가스를 1천톤 이상 취급하는 시설

> **해설** 소방안전관리자를 두어야 하는 특정소방대상물의 분류

특급	① 50층 이상(지하층은 제외)이거나 지상으로부터 높이가 200미터 이상인 아파트 ② 연면적 20만m² 이상 ③ 지하층 포함 30층 이상(아파트는 제외) ④ 높이가 120미터 이상(아파트는 제외)	제외	• 공공기관 • 동·식물원 • 불연성 물품 창고 • 위험물 제조소 등 • 지하구
1급	① 30층 이상(지하층은 제외)이거나 지상으로부터 높이가 120미터 이상인 아파트 ② 연면적 1만5천제곱미터 이상인 것(아파트는 제외) ③ 층수가 11층 이상인 것(아파트는 제외) ④ 가연성 가스를 1천톤 이상 저장·취급하는 시설	제외	
2급	① 옥내소화전설비, 스프링클러설비, 간이스프링클러설비 또는 물분무등소화설비(호스릴 방식 제외)를 설치하는 특정소방대상물 ② 가스제조설비를 갖추고 도시가스사업의 허가를 받아야 하는 시설 또는 가연성 가스를 100톤 이상 1천톤 미만 저장·취급하는 시설 ④ 지하구 ⑤ 공동주택(300세대 이상, 승강기·중앙난방시설·주상복합건축물로 150세대 이상 등) ⑥ 보물 또는 국보로 지정된 목조건축물	제외	• 공공기관

3급	특급·1급·2급 소방안전관리 대상물에 해당하지 아니하는 특정소방대상물로서 **자동화재탐지설비**를 설치하는 특정소방대상물	제외	• 공공기관
비고	건축물대장의 건축물현황도에 표시된 대지경계선 안의 지역 또는 인접한 2개 이상의 대지에 소방안전관리자를 두어야 하는 특정소방대상물이 둘 이상 있고, 그 관리에 관한 권원을 가진 자가 동일인인 경우에는 이를 하나의 특정소방대상물로 보되, 그 특정소방대상물이 특급, 1급, 2급, 3급 소방안전관리대상물 중 둘 이상에 해당하는 경우에는 그 중에서 급수가 높은 특정소방대상물로 본다.		

264 다음 중 방염성능기준이 옳지 않은 것은? [10 전남]

① 불꽃을 제거한 때부터 불꽃을 올리고 연소상태가 그칠 때까지의 시간은 20초 이내

② 불꽃을 제거한 때부터 불꽃을 올리지 아니하고 연소상태가 그칠 때까지 30초 이내

③ 탄화면적 50m² 이내, 탄화길이 50cm 이내

④ 불꽃에 의해 완전히 녹을 때까지 불꽃의 접촉횟수 3회 이상

해설 방염성능기준(대통령령)
1. 버너의 불꽃을 제거한 때부터 불꽃을 올리며 연소하는 상태가 그칠 때까지 시간은 20초 이내일 것[잔염시간 : 20초 이내]
2. 버너의 불꽃을 제거한 때부터 불꽃을 올리지 아니하고 연소하는 상태가 그칠 때까지 시간은 30초 이내일 것[잔진시간 : 30초 이내]
3. 탄화(炭化)한 면적은 50제곱센티미터 이내, 탄화한 길이는 20센티미터 이내일 것
4. 불꽃에 의하여 완전히 녹을 때까지 불꽃의 접촉횟수는 3회 이상일 것
5. 소방청장이 정하여 고시한 방법으로 발연량(發煙量)을 측정하는 경우 최대 연기밀도는 400 이하일 것

265 특정소방대상물의 증축 또는 용도 변경 시의 소방시설기준 적용의 특례에 대한 설명이 옳지 못한 것은? [10 전북]

① 소방본부장, 소방서장은 특정소방대상물이 증축되는 경우에는 기존 부분을 포함한 소방대상물의 전체에 대하여 증축 당시의 소방시설 등의 설치에 관한 대통령령 또는 화재안전기준을 적용하여야 한다.

② 기존 부분과 증축 부분이 내화구조(耐火構造)로 된 바닥과 벽으로 구획된 경우에는 신설 부분에 대해서는 증축 당시의 소방시설의 설치에 관한 대통령령 또는 화재안전기준을 적용하지 아니한다.

③ 소방본부장, 소방서장은 특정소방대상물이 용도 변경되는 경우에는 용도 변경되는 부분에 한하여 용도 변경 당시의 소방시설 등의 설치에 관한 대통령령 또는 화재안전기준을 적용한다.

④ 용도 변경 시에 대통령령으로 정하는 어느 하나에 해당하는 경우에는 특정소방대상물 전체에 대하여 용도 변경되기 전에 당해 특정소방대상물에 적용되던 소방시설 등의 설치에 관한 대통령령 또는 화재안전기준을 적용한다.

[해설] 증축되는 경우
① 원칙 : 소방본부장이나 소방서장은 기존의 특정소방대상물이 증축되는 경우에는 대통령령으로 정하는 바에 따라 증축 당시의 소방시설의 설치에 관한 대통령령 또는 화재안전기준을 적용한다.
② 예외 : 다음의 경우 기존 부분에 대하여는 증축 당시의 기준을 적용하지 아니한다.
1. 기존 부분과 증축 부분이 내화구조(耐火構造)로 된 바닥과 벽으로 구획된 경우
2. 기존 부분과 증축 부분이 「건축법 시행령」 제64조에 따른 갑종 방화문(국토교통부장관이 정하는 기준에 적합한 자동방화셔터를 포함한다)으로 구획되어 있는 경우
3. 자동차 생산공장 등 화재위험이 낮은 특정소방대상물 내부에 연면적 33제곱미터 이하의 직원 휴게실을 증축하는 경우
4. 자동차 생산공장 등 화재위험이 낮은 특정소방대상물에 캐노피(3면 이상에 벽이 없는 구조의 캐노피를 말한다)를 설치하는 경우

266 다음 특정소방대상물 중 1급 소방안전관리대상물인 것은? [10 전북]
① 연면적 1만 5천m² 이상인 것
② 층수가 5층 이상인 것
③ 가연성 가스 1백톤 이상 저장·취급시설
④ 물분무등소화설비(호스릴방식 제외)

267 다음 중 소방특별조사 결과에 따른 조치명령권자는? [10 전북]
① 시·도지사, 소방본부장
② 국무총리, 소방청장
③ 대통령, 소방청장
④ 소방청장, 소방본부장, 소방서장

268 다음 중 건축허가등의 동의 대상물이 아닌 것은? [10 전북]
① 연면적이 400제곱미터 이상인 건축물
② 연면적이 200제곱미터 이상인 노유자시설
③ 차고·주차장으로 사용되는 층 중 바닥면적이 100제곱미터 이상인 층이 있는 시설
④ 지하층 또는 무창층이 있는 건축물로서 바닥면적이 150제곱미터(공연장의 경우에는 100제곱미터) 이상인 층이 있는 것

정답 **266** ① **267** ④ **268** ③

해설 차고 · 주차장으로 사용되는 층 중 바닥면적이 200제곱미터 이상인 층이 있는 시설

269 다음 중 방염성능기준을 잘못 설명한 것은? [10 전북]

① 버너의 불꽃을 제거한 때부터 불꽃을 올리며 연소하는 상태가 그칠 때까지 시간은 20초 이내일 것

② 버너의 불꽃을 제거한 때부터 불꽃을 올리지 아니하고 연소하는 상태가 그칠 때까지 시간은 30초 이내일 것

③ 탄화(炭化)한 면적은 50제곱센티미터 이내, 탄화한 길이는 20센티미터 이내일 것

④ 불꽃에 의하여 완전히 녹을 때까지 불꽃의 접촉횟수는 2회 이상일 것

해설 불꽃의 접촉횟수는 3회 이상이다.

270 소방안전관리자를 선임한 후 며칠 이내에 소방본부장 또는 소방서장에게 신고해야 하는가? [10 전북]

① 7일 이내   ② 10일 이내   ③ 14일 이내   ④ 30일 이내

해설 선임일로부터 14일 이내 신고

271 다음 중 성능위주설계를 해야 하는 특정소방대상물(신축하는 것만 해당한다)에 해당하는 것은? [10 전북]

① 연면적 10만m²인 특정소방대상물

② 연면적 2만m²인 철도역사

③ 하나의 건축물에 영화관이 5개 이상인 특정소방대상물

④ 건축물의 높이가 120m인 특정소방대상물

해설 성능위주설계 대상(소방시설법)

1. 연면적 20만제곱미터 이상인 특정소방대상물. 다만, 별표 2 제1호에 따른 공동주택 중 주택으로 쓰이는 층수가 5층 이상인 주택(이하 이 조에서 "아파트등"이라 한다)은 제외한다.
2. 다음 각 목의 어느 하나에 해당하는 특정소방대상물. 다만, 아파트등은 제외한다.
   가. 건축물의 높이가 100미터 이상인 특정소방대상물
   나. 지하층을 포함한 층수가 30층 이상인 특정소방대상물
3. 연면적 3만제곱미터 이상인 특정소방대상물로서 다음 각 목의 어느 하나에 해당하는 특정소방대상물

가. 별표 2 제6호 나목의 철도 및 도시철도 시설

나. 별표 2 제6호 다목의 공항시설

4. 하나의 건축물에 「영화 및 비디오물의 진흥에 관한 법률」 제2조제10호에 따른 영화상영관이
10개 이상인 특정소방대상물

272 다음 중 건축허가등을 할 때 미리 소방본부장 또는 소방서장의 동의를 받아야 하는 건축물이
아닌 것은? [10 강원]

① 연면적이 400제곱미터 이상인 건축물

② 차고·주차장으로 사용되는 층 중 바닥면적이 200제곱미터 이상인 층이 있는 시설

③ 200제곱미터 이상인 정신의료기관

④ 승강기 등 기계장치에 의한 주차시설로서 자동차 20대 이상을 주차할 수 있는 시설

해설 건축허가 동의 대상물의 범위(대통령령)

1. 연면적 400제곱미터 이상인 건축물
   가. 학교시설 : 100제곱미터
   나. 노유자시설(老幼者施設) 및 수련시설 : 200제곱미터
   다. 정신의료기관 : 300제곱미터
   라. 장애인 의료재활시설(이하 "의료재활시설"이라 한다) : 300제곱미터
   1의2. 층수가 6층 이상인 건축물
2. 차고·주차장 또는 주차용도로 사용되는 시설로서 다음 각 목의 어느 하나에 해당하는 것
   가. 차고·주차장으로 사용되는 바닥면적이 200제곱미터 이상인 층이 있는 건축물이나 주차시설
   나. 승강기 등 기계장치에 의한 주차시설로서 자동차 20대 이상을 주차할 수 있는 시설
3. 항공기격납고, 관망탑, 항공관제탑, 방송용 송수신탑
4. 지하층 또는 무창층이 있는 건축물로서 바닥면적이 150제곱미터(공연장의 경우에는 100제
   곱미터) 이상인 층이 있는 것
5. 별표 2의 특정소방대상물 중 위험물 저장 및 처리시설, 지하구
6. 제1호에 해당하지 않는 노유자시설 중 다음 각 목의 어느 하나에 해당하는 시설. 다만, 나목
   부터 바목까지의 시설 중 「건축법 시행령」 별표 1의 단독주택 또는 공동주택에 설치되는 시
   설은 제외한다.
   가. 노인 관련 시설(「노인복지법」 제31조제3호 및 제5호에 따른 노인여가복지시설 및 노인
       보호전문기관은 제외한다)
   나. 「아동복지법」 제52조에 따른 아동복지시설(아동상담소, 아동전용시설 및 지역아동센터
       는 제외한다)
   다. 「장애인복지법」 제58조제1항제1호에 따른 장애인 거주시설
   라. 정신질환자 관련 시설
   마. 노숙인 관련 시설 중 노숙인자활시설, 노숙인재활시설 및 노숙인요양시설
   바. 결핵환자나 한센인이 24시간 생활하는 노유자시설
7. 「의료법」 제3조제2항제3호 라목에 따른 요양병원(이하 "요양병원"이라 한다). 다만, 정신의
   료기관 중 정신병원(이하 "정신병원"이라 한다)과 의료재활시설은 제외한다.

273 다음 소방용품 중 소화설비를 구성하는 제품 또는 기기에 해당하지 않는 것은? [10 강원]

① 소화약제 외의 것을 이용한 간이소화용구

② 자동소화장치

③ 관창(菅槍)

④ 가스관 선택밸브

해설 소화설비를 구성하는 제품 또는 기기

가. 별표 1 제1호 가목의 소화기구(소화약제 외의 것을 이용한 간이소화용구는 제외한다)

나. 별표 1 제1호 나목의 자동소화장치

다. 소화설비를 구성하는 소화전, 관창(菅槍), 소방호스, 스프링클러헤드, 기동용 수압개폐장
치, 유수제어밸브 및 가스관 선택밸브

---

274 다음 소방시설 중 노유자시설에 해당되지 않는 것은? [10 강원]

① 장애인 직업재활시설   ② 장애인 의료재활시설

③ 아동복지시설   ④ 재가노인복지시설

해설 노유자시설

가. 노인 관련 시설 : 「노인복지법」에 따른 노인주거복지시설, 노인의료복지시설, 노인여가복
지시설, 주ㆍ야간보호서비스나 단기보호서비스를 제공하는 재가노인복지시설(「노인장기
요양보험법」에 따른 재가장기요양기관을 포함한다), 노인보호전문기관, 그 밖에 이와 비슷
한 것

나. 아동 관련 시설 : 「아동복지법」에 따른 아동복지시설, 「영유아보육법」에 따른 어린이집,
「유아교육법」에 따른 유치원[제8호가목1)에 따른 학교의 교사 중 병설유치원으로 사용되
는 부분을 포함한다], 그 밖에 이와 비슷한 것

다. 장애인 관련 시설 : 「장애인복지법」에 따른 장애인 거주시설, 장애인 지역사회재활시설(장
애인 심부름센터, 한국수어통역센터, 점자도서 및 녹음서 출판시설 등 장애인이 직접 그 시
설 자체를 이용하는 것을 주된 목적으로 하지 않는 시설은 제외한다), 장애인 직업재활시설,
그 밖에 이와 비슷한 것

라. 정신질환자 관련 시설 : 「정신건강증진 및 정신질환자 복지서비스 지원에 관한 법률」에 따
른 정신재활시설(생산품판매시설은 제외한다), 정신요양시설, 그 밖에 이와 비슷한 것

마. 노숙인 관련 시설 : 「노숙인 등의 복지 및 자립지원에 관한 법률」제2조제2호에 따른 노숙
인복지시설(노숙인일시보호시설, 노숙인자활시설, 노숙인재활시설, 노숙인요양시설 및 쪽
방상담소만 해당한다), 노숙인종합지원센터 및 그 밖에 이와 비슷한 것

바. 가목부터 마목까지에서 규정한 것 외에 「사회복지사업법」에 따른 사회복지시설 중 결핵환
자 또는 한센인 요양시설 등 다른 용도로 분류되지 않는 것

━ 의료시설

가. 병원 : 종합병원, 병원, 치과병원, 한방병원, 요양병원

나. 격리병원 : 전염병원, 마약진료소, 그 밖에 이와 비슷한 것

다. 정신의료기관

라. 「장애인복지법」 제58조제1항제4호에 따른 장애인 의료재활시설

275 다음 중 소방청장의 형식승인을 받아야 하는 소방용품이 아닌 것은? [10 강원]

① 누전경보기

② 공기호흡기(충전기를 포함한다.)

③ 완강기(간이완강기 및 지지대를 포함한다.)

④ 표시등

해설 소방용품(제6조 관련)

1. 소화설비를 구성하는 제품 또는 기기

    가. 별표 1 제1호가목의 소화기구(소화약제 외의 것을 이용한 간이소화용구는 제외한다)

    나. 별표 1 제1호나목의 자동소화장치

    다. 소화설비를 구성하는 소화전, 관창(菅槍), 소방호스, 스프링클러헤드, 기동용 수압개폐
        장치, 유수제어밸브 및 가스관선택밸브

2. 경보설비를 구성하는 제품 또는 기기

    가. 누전경보기 및 가스누설경보기

    나. 경보설비를 구성하는 발신기, 수신기, 중계기, 감지기 및 음향장치(경종만 해당한다)

3. 피난구조설비를 구성하는 제품 또는 기기

    가. 피난사다리, 구조대, 완강기(간이완강기 및 지지대를 포함한다)

    나. 공기호흡기(충전기를 포함한다)

    다. 피난구유도등, 통로유도등, 객석유도등 및 예비 전원이 내장된 비상조명등

4. 소화용으로 사용하는 제품 또는 기기

    가. 소화약제(별표 1 제1호나목2)와 3)의 자동소화장치와 같은 호 마목3)부터 8)까지의 소
        화설비용만 해당한다)

    나. 방염제(방염액 · 방염도료 및 방염성물질을 말한다)

5. 그 밖에 행정안전부령으로 정하는 소방 관련 제품 또는 기기

276 다음 소방시설 중 소화활동설비가 아닌 것은? [10 강원]

① 비상콘센트설비 ② 상수도소화설비

③ 연결살수설비 ④ 제연설비

277 다음 소방시설 중 경보설비가 아닌 것은? [10 강원]

① 비상방송설비　　　　　　② 자동화재탐지설비
③ 유도등　　　　　　　　　④ 누전경보기

278 다음 중 소방안전관리대상물의 소방계획서에 포함되어야 하는 사항이 아닌 것은?

[11 부산]

① 소방안전관리대상물의 위치 · 구조 · 연면적 · 용도 및 수용인원 등 일반 현황
② 화재예방을 위한 자체점검계획 및 진압대책
③ 피난시설의 규모와 피난 수용인원의 설정 등을 포함한 피난계획
④ 소방시설 · 피난시설 및 소방안전시설의 점검 · 정비계획

해설 제24조(소방안전관리대상물의 소방계획서 작성 등)
　① 법 제20조제6항제1호에 따른 소방계획서에는 다음 각 호의 사항이 포함되어야 한다.
　　1. 소방안전관리대상물의 위치 · 구조 · 연면적 · 용도 및 수용인원 등 일반 현황
　　2. 소방안전관리대상물에 설치한 소방시설 · 방화시설(防火施設), 전기시설 · 가스시설 및 위험물시설의 현황
　　3. **화재예방을 위한 자체점검계획 및 진압대책**
　　4. 소방시설 · 피난시설 및 방화시설의 점검 · 정비계획
　　5. 피난층 및 피난시설의 위치와 피난경로의 설정, 장애인 및 노약자의 피난계획 등을 포함한 피난계획
　　6. 방화구획, 제연구획, 건축물의 내부 마감재료(불연재료 · 준불연재료 또는 난연재료로 사용된 것을 말한다) 및 방염물품의 사용현황과 그 밖의 방화구조 및 설비의 유지 · 관리계획
　　7. 법 제22조에 따른 소방훈련 및 교육에 관한 계획
　　8. 법 제22조를 적용받는 특정소방대상물의 근무자 및 거주자의 **자위소방대 조직과 대원의 임무**(장애인 및 노약자의 피난 보조 임무를 포함한다)에 관한 사항
　　9. 화기 취급 작업에 대한 사전 안전조치 및 감독 등 공사 중 소방안전관리에 관한 사항
　　10. 공동 및 분임 소방안전관리에 관한 사항
　　11. 소화와 연소 방지에 관한 사항
　　12. 위험물의 저장 · 취급에 관한 사항(「위험물안전관리법」 제17조에 따라 예방규정을 정하는 제조소 등은 제외한다)
　　13. 그 밖에 소방안전관리를 위하여 소방본부장 또는 소방서장이 소방안전관리대상물의 위치 · 구조 · 설비 또는 관리 상황 등을 고려하여 소방안전관리에 필요하여 요청하는 사항

279 다음 중 소방청장의 형식승인을 받아야 하는 소방용품이 아닌 것은? [11 부산]

① 분말자동소화장치

② 소화약제 외의 것을 이용한 간이소화용구

③ 기동용 수압개폐장치

④ 가스관선택밸브

280 다음 중 건축허가등의 동의를 요구할 때 동의요구서에 첨부하여야 하는 서류가 아닌 것은? [11 부산]

① 건축허가신청서 및 건축허가서 또는 건축 · 대수선 · 용도 변경신고서 등 건축허가등을 확인할 수 있는 서류의 사본

② 소방시설의 층별 평면도 및 층별 계통도

③ 소방시설공사업등록증과 소방시설을 설계한 기술인력자의 기술자격증

④ 소방시설 설치계획표

해설 **건축허가 동의 시 제출서류**

① 건축허가신청서 및 건축허가서 또는 건축 · 대수선 · 용도 변경신고서 등 건축허가등을 확인할 수 있는 서류의 사본

② 설계도서

ㄱ. 건축물의 단면도 및 주단면 상세도(내장재료를 명시한 것에 한한다.)

(⇨ 소방시설공사 착공신고대상에 해당되는 경우에 한한다.)

ㄴ. 소방시설(기계 · 전기분야의 시설을 말한다.)의 층별 평면도 및 층별 계통도(시설별 계산서를 포함한다.)

ㄷ. 창호도(⇨ 소방시설공사 착공신고대상에 해당되는 경우에 한한다.)

③ 소방시설 설치계획표

④ 임시소방시설 설치계획서

⑤ 소방시설설계업등록증과 소방시설을 설계한 기술인력자의 기술자격증사본

⑥ 소방시설설계계약서 사본 1부

281 다음 중 소방대상물의 방염에 대한 설명으로 옳지 않은 것은? [11 부산]

① 숙박이 가능한 수련시설에 실내장식 등의 목적으로 설치 또는 부착하는 물품은 방염성능기준 이상의 것으로 설치하여야 한다.

② 11층 이상의 아파트는 방염 대상 특정소방대상물이다.

③ 노래연습장업의 영업장에 설치하는 섬유류 또는 합성수지류 등을 원료로 한 소파 · 의자는 제조 또는 가공 공정에서 방염처리를 한 물품을 사용하여야 한다.

④ 방염성능의 기준 중 탄화(炭化)한 면적은 50제곱센티미터 이내, 탄화한 길이는 20센티미터 이내여야 한다.

282 특정소방대상물의 관계인이 특정소방대상물에 소방시설을 설치할 때 고려해야 할 사항으로 옳은 것은? [11 부산]

① 규모, 층수, 면적
② 구조, 위치, 연면적
③ 구조, 위치, 설비
④ 규모, 용도, 수용인원

해설 제9조의4(특정소방대상물별로 설치하여야 하는 소방시설의 정비 등)

① 제9조제1항에 따라 대통령령으로 소방시설을 정할 때에는 특정소방대상물의 규모·용도 및 수용인원 등을 고려하여야 한다.

283 다음 중 소방시설을 설치하지 아니할 수 있는 특정소방대상물 및 소방시설의 범위가 아닌 것은? [11 부산]

① 화재위험도가 높은 특정소방대상물
② 화재안전기준을 적용하기 어려운 특정소방대상물
③ 화재안전기준을 달리 적용하여야 하는 특수한 용도 또는 구조를 가진 특정소방대상물
④ 자체소방대가 설치된 특정소방대상물

해설 소방시설을 설치하지 아니할 수 있는 특정소방대상물 및 소방시설의 범위

구분	특정소방대상물	소방시설
1. 화재위험도가 낮은 특정소방대상물	석재, 불연성 금속, 불연성 건축재료 등의 가공공장·기계조립공장·주물공장 또는 불연성 물품을 저장하는 창고	옥외소화전 및 연결살수설비
	「소방기본법」 제2조제5호에 따른 소방대(消防隊)가 조직되어 24시간 근무하고 있는 청사 및 차고	옥내소화전설비, 스프링클러설비, 물분무등소화설비, 비상방송설비, 피난기구, 소화용수설비, 연결송수관설비, 연결살수설비
2. 화재안전기준을 적용하기 어려운 특정소방대상물	펄프공장의 작업장, 음료수 공장의 세정 또는 충전을 하는 작업장, 그 밖에 이와 비슷한 용도로 사용하는 것	스프링클러설비, 상수도소화용수설비 및 연결살수설비
	정수장, 수영장, 목욕장, 농예·축산·어류양식용 시설, 그 밖에 이와 비슷한 용도로 사용되는 것	자동화재탐지설비, 상수도소화용수설비 및 연결살수설비
3. 화재안전기준을 달리 적용하여야 하는 특수한 용도 또는 구조를 가진 특정소방대상물	원자력발전소, 핵폐기물처리시설	연결송수관설비 및 연결살수설비
4. 「위험물 안전관리법」 제19조에 따른 자체소방대가 설치된 특정소방대상물	자체소방대가 설치된 위험물 제조소 등에 부속된 사무실	옥내소화전설비, 소화용수설비, 연결살수설비 및 연결송수관설비

284 다음 중 소방용품의 형식승인 등에 대한 설명으로 옳지 <u>않은</u> 것은? [11 부산]

① 대통령령으로 정하는 소방용품을 제조하거나 수입하려는 자는 소방청장의 형식승인을 받아야 한다.

② 형식승인을 받으려는 자는 행정안전부령으로 정하는 기준에 따라 형식승인을 위한 시험시설을 갖추고 소방청장의 심사를 받아야 한다.

③ 형식승인을 받은 자는 그 소방용품에 대하여 소방청장이 실시하는 제품검사를 받아야 한다.

④ 소방용품을 수입하는 자가 판매를 목적으로 하지 아니하는 경우에는 시험시설을 갖추어야 한다.

> **해설** 제36조(소방용품의 형식승인 등)
> ① 대통령령으로 정하는 소방용품을 제조하거나 수입하려는 자는 소방청장의 형식승인을 받아야 한다. 다만, 연구개발 목적으로 제조하거나 수입하는 소방용품은 그러하지 아니하다. 〈개정 2014. 1. 7., 2014. 11. 19., 2017. 7. 26.〉
> ② 제1항에 따른 형식승인을 받으려는 자는 행정안전부령으로 정하는 기준에 따라 형식승인을 위한 시험시설을 갖추고 소방청장의 심사를 받아야 한다. 다만, 소방용품을 수입하는 자가 판매를 목적으로 하지 아니하고 자신의 건축물에 직접 설치하거나 사용하려는 경우 등 행정안전부령으로 정하는 경우에는 시험시설을 갖추지 아니할 수 있다. 〈개정 2013. 3. 23., 2014. 1. 7., 2014. 11. 19., 2017. 7. 26.〉

285 다음 중 소방특별조사에 대한 설명으로 옳지 <u>않은</u> 것은? [11 울산]

① 소방청장, 소방본부장 또는 소방서장은 관할구역에 있는 소방대상물, 관계 지역 또는 관계인에 대하여 소방시설등이 이 법 또는 소방 관계 법령에 적합하게 설치·유지·관리되고 있는지, 소방대상물에 화재, 재난·재해 등의 발생위험이 있는지 등을 확인하기 위하여 관계 공무원으로 하여금 소방안전관리에 관한 특별조사를 하게 할 수 있다.

② 소방특별조사는 관할구역의 소방대상물이나 관계지역에 대해서는 시간 및 절차에 구애받지 않고 실시할 수 있다.

③ 소방특별조사는 관계인이 법령에 따라 실시하는 소방시설등, 소방안전시설, 피난시설 등에 대한 자체점검 등이 불성실하거나 불완전하다고 인정되는 경우 실시한다.

④ 소방청장, 소방본부장 또는 소방서장은 소방특별조사의 연기를 승인한 경우라도 연기기간이 끝나기 전에 연기사유가 없어졌거나 긴급히 조사를 하여야 할 사유가 발생하였을 때에는 관계인에게 통보하고 소방특별조사를 할 수 있다.

286 소방안전관리대상물의 관계인이 소방안전관리자를 선임한 경우에는 행정안전부령으로 정하는 바에 따라 선임한 날부터 며칠 이내에 소방본부장이나 소방서장에게 신고하여야 하는가?

[11 울산]

① 7일   ② 10일

③ 14일   ④ 30

287 다음 중 소방시설에 대한 설명이 옳지 않은 것은?

[11 울산]

① 경보설비는 화재발생 사실을 통보하는 기계 · 기구 또는 설비이다.

② 소화설비는 화재를 진압하는 데 필요한 물을 공급하거나 저장하는 설비이다.

③ 소화용수설비는 화재를 진압하는 데 필요한 물을 공급하거나 저장하는 설비이다.

④ 소화활동설비는 화재를 진압하거나 인명구조활동을 위하여 사용하는 설비이다.

> **해설** 소화설비 : 물 또는 그 밖의 소화약제를 사용하여 소화하는 기계 · 기구 또는 설비

288 소방시설법상 소방청장 또는 시 · 도지사가 어떠한 처분을 하기 위해 청문을 하여야 하는데, 이에 해당하지 않는 것은?

[11 울산]

① 방염업의 등록취소

② 관리사 자격의 취소 및 정지

③ 관리업의 등록취소 및 영업정지

④ 소방용품의 형식승인 취소 및 제품검사 중지

> **해설** 소방시설법상 청문
> 1) 청문실시권자 : 소방청장 또는 시 · 도지사
> 2) 청문사유 및 실시권자
>   ① 관리업의 등록취소 및 영업정지 : 시 · 도지사
>   ② 관리사 자격의 취소 및 정지 : 소방청장
>   ③ 소방용품의 형식승인 취소 및 제품검사 중지 : 소방청장
>   ④ 성능인증의 취소 : 소방청장
>   ⑤ 우수품질인증의 취소 : 소방청장
>   ⑥ 전문기관의 지정취소 및 업무정지 : 소방청장

289 특별시·광역시·특별자치시·도 및 특별자치도에 두는 지방소방기술심의위원회의 심의 사항이 아닌 것은?   [11 울산]

① 소방시설의 설계 및 공사감리의 방법에 관한 사항

② 소방시설에 하자가 있는지의 판단에 관한 사항

③ 연면적 10만제곱미터 미만의 특정소방대상물에 설치된 소방시설의 설계·시공·감리의 하자 유무에 관한 사항

④ 소방본부장 또는 소방서장이 화재안전기준 또는 위험물 제조소 등의 시설기준의 적용에 관하여 기술검토를 요청하는 사항

[해설] 소방시설의 설계 및 공사감리의 방법에 관한 사항은 중앙소방기술심의위원회의 업무이다.

---

290 다음 중 특정소방대상물의 분류가 옳은 것은?   [11 울산]

① 항공기 및 자동차관련시설 : 항공기격납고, 폐차장, 자동차 검사장

② 의료시설 : 치과병원, 유스호스텔, 종합병원, 요양병원, 마약진료소

③ 관광휴게시설 : 관망탑, 촬영소, 군휴양시설, 유원지 또는 관광지에 부수되는 건축물

④ 묘지관련시설 : 화장장, 봉안당(종교집회장에 설치된 봉안당)

---

291 소방안전관리대상물 중 1급 소방안전관리대상물에 해당하지 않는 것은?   [11 울산]

① 연면적 1만5천제곱미터 이상인 것

② 특정소방대상물로서 층수가 11층 이상인 것

③ 가연성 가스를 1천톤 이상 저장·취급하는 시설

④ 가연성 가스를 100톤 이상 1천톤 미만 저장·취급하는 시설

[해설] 1급대상물

① 연면적 15,000m² 이상(아파트 제외)

② 층수가 11층 이상(아파트 제외)

③ 가연성 가스 1천톤 이상 저장취급하는 시설

④ 지하층 제외 30층 이상이거나 지상으로부터 높이가 120m 이상인 아파트

292 다음 중 행정안전부령으로 정하는 연소 우려가 있는 건축물의 구조에 해당하지 않는 것은?

[11 서울 1회]

① 건축물대장의 건축물 현황도에 표시된 대지경계선 안에 둘 이상의 건축물이 있는 경우
② 각각의 건축물이 다른 건축물의 외벽으로부터 수평거리가 1층의 경우에는 6미터 이하인 경우
③ 각각의 건축물이 다른 건축물의 외벽으로부터 수평거리가 2층 이상의 층의 경우에는 15미터 이하인 경우
④ 개구부가 다른 건축물을 향하여 설치되어 있는 경우

> **해설** 시행규칙 제7조(연소 우려가 있는 건축물의 구조)
> 영 별표 5 제1호 사목 1) 후단에서 "행정안전부령으로 정하는 연소(延燒) 우려가 있는 구조"란 다음 각 호의 기준에 모두 해당하는 구조를 말한다. 〈개정 2014. 7. 8., 2014. 11. 19., 2017. 7. 26.〉
> 1. 건축물대장의 건축물 현황도에 표시된 대지경계선 안에 둘 이상의 건축물이 있는 경우
> 2. 각각의 건축물이 다른 건축물의 외벽으로부터 수평거리가 1층의 경우에는 6미터 이하, 2층 이상의 층의 경우에는 10미터 이하인 경우
> 3. 개구부(영 제2조제1호에 따른 개구부를 말한다)가 다른 건축물을 향하여 설치되어 있는 경우

293 다음 소방시설의 분류 중 소화활동설비에 해당하는 것은?

[11 서울 1회]

① 옥내소화전　　　　　　　　② 누전경보기
③ 연소방지설비　　　　　　　　④ 자동화재탐지설비

294 다음 보기의 빈칸에 들어갈 알맞은 말을 순서대로 바르게 배열한 것은?

[11 서울 1회]

> 특정소방대상물의 (　　)은 대통령령으로 정하는 바에 따라 특정소방대상물의 규모·용도·위험 특성·이용자 특성 및 (　　) 등을 고려하여 갖추어야 하는 소방시설을 소방청장이 정하여 고시하는 (　　)에 따라 설치 또는 유지·관리하여야 한다.

① 관계인 – 수용인원 – 소방시설　　② 관계인 – 수용인원 – 화재안전기준
③ 소방안전관리자 – 수용인원 – 소방시설　④ 소방안전관리자 – 수용인원 – 화재안전기준

> **해설** 시행령 제15조(특정소방대상물의 규모 등에 따라 갖추어야 하는 소방시설)
> 법 제9조제1항 전단 및 제9조의4 제1항에 따라 특정소방대상물의 관계인이 특정소방대상물의 규모·용도 및 별표 4에 따라 산정된 수용 인원(이하 "수용인원"이라 한다) 등을 고려하여 갖추어야 하는 소방시설의 종류는 별표 5와 같다.

295 건축허가등의 동의대상물의 범위에 해당하지 않는 것은? [11 서울 1회]

① 승강기 등 기계장치에 의한 주차시설로서 자동차 10대 이상을 주차할 수 있는 시설
② 연면적이 400제곱미터 이상인 건축물
③ 지하층 또는 무창층이 있는 건축물로서 바닥면적이 150제곱미터(공연장의 경우에는 100 제곱미터) 이상인 층이 있는 것
④ 특정소방대상물 중 위험물 저장 및 처리시설, 지하구

해설 20대 이상

296 소방안전관리자를 선임하여야 하는 특정소방대상물 중 1급 소방안전관리대상물이 아닌 것은? [11 서울 1회]

① 연면적 1만5천제곱미터 이상인 것
② 위험물 저장 및 처리시설 중 위험물 제조소 등, 지하구를 포함하는 것
③ 연면적 1만5천제곱미터 이상인 것에 해당하지 아니하는 특정소방대상물로서 층수가 11 층 이상인 것
④ 가연성 가스를 1천톤 이상 저장·취급하는 시설

해설 위험물 저장 및 처리시설 중 위험물 제조소 등, 지하구 제외

297 다음 중 1급 소방안전관리대상물의 관계인이 선임하는 소방안전관리자로 볼 수 없는 사람은? [11 서울 1회]

① 소방공무원으로 5년 이상 근무한 경력이 있는 사람
② 산업안전기사 또는 산업안전산업기사의 자격을 취득한 후 2년 이상 2급 소방안전관리대상물의 소방안전관리자로 근무한 실무경력이 있는 사람
③ 2급 소방안전관리대상물의 소방안전관리자로 선임될 수 있는 자격이 있는 사람으로서 특급 또는 1급 소방안전관리대상물의 소방안전관리보조자로 5년 이상 근무한 실무경력이 있는 사람으로서 소방청장이 실시하는 1급 소방안전관리대상물의 소방안전관리에 관한 시험에 합격한 사람
④ 2급 소방안전관리대상물의 소방안전관리자로 선임될 수 있는 자격이 있는 사람으로서 2급 소방안전관리대상물의 소방안전관리 보조자로 7년 이상 근무한 실무경력(특급 또는 1급 소방안전관리대상물의 소방안전관리보조자로 근무한 5년 미만의 실무경력이 있는 경우에는 이를 포함하여 합산한다)이 있는 사람으로서 소방청장이 실시하는 1급 소방안전관리대상물의 소방안전관리에 관한 시험에 합격한 사람

정답 295 ① 296 ② 297 ①

해설 1급 소방안전관리자 선임대상자

1. 소방설비기사 또는 소방설비산업기사의 자격이 있는 사람
2. 산업안전기사 또는 산업안전산업기사의 자격을 취득한 후 2년 이상 2급 소방안전관리대상물 또는 3급 소방안전관리대상물의 소방안전관리자로 근무한 실무경력이 있는 사람
3. 소방공무원으로 7년 이상 근무한 경력이 있는 사람
4. 위험물기능장·위험물산업기사 또는 위험물기능사 자격을 가진 사람으로서 「위험물안전관리법」 제15조제1항에 따라 위험물안전관리자로 선임된 사람
5. 「고압가스 안전관리법」 제15조제1항, 「액화석유가스의 안전관리 및 사업법」 제34조제1항 또는 「도시가스사업법」 제29조제1항에 따라 안전관리자로 선임된 사람
6. 「전기사업법」 제73조제1항 및 제2항에 따라 전기안전관리자로 선임된 사람
7. 소방청장이 실시하는 1급 소방안전관리대상물의 소방안전관리에 관한 시험에 합격한 사람. 이 경우 해당 시험은 다음 각 목의 어느 하나에 해당하는 사람만 응시할 수 있다.

    가. 대학에서 소방안전관리학과를 전공하고 졸업한 사람(법령에 따라 이와 같은 수준의 학력이 있다고 인정되는 사람을 포함한다)으로서 해당 학과를 졸업한 후 2년 이상 2급 소방안전관리대상물 또는 3급 소방안전관리대상물의 소방안전관리자로 근무한 실무경력이 있는 사람

    나. 다음 1)부터 3)까지의 어느 하나에 해당하는 사람으로서 해당 요건을 갖춘 후 3년 이상 2급 소방안전관리대상물 또는 3급 소방안전관리대상물의 소방안전관리자로 근무한 실무경력이 있는 사람

    1) 대학에서 소방안전 관련 교과목을 12학점 이상 이수하고 졸업한 사람

    2) 법령에 따라 1)에 해당하는 사람과 같은 수준의 학력이 있다고 인정되는 사람으로서 해당 학력 취득 과정에서 소방안전 관련 교과목을 12학점 이상 이수한 사람

    3) 대학에서 소방안전 관련 학과를 전공하고 졸업한 사람(법령에 따라 이와 같은 수준의 학력이 있다고 인정되는 사람을 포함한다)

    다. 소방행정학(소방학, 소방방재학을 포함한다) 또는 소방안전공학(소방방재공학, 안전공학을 포함한다) 분야에서 석사학위 이상을 취득한 사람

    라. 가목 및 나목에 해당하는 경우 외에 5년 이상 2급 소방안전관리대상물의 소방안전관리자로 근무한 실무경력이 있는 사람

    마. 법 제41조제1항제3호 및 이 영 제38조에 따라 특급 소방안전관리대상물 또는 1급 소방안전관리대상물의 소방안전관리에 대한 강습교육을 수료한 사람

    바. 「공공기관의 소방안전관리에 관한 규정」 제5조제1항제2호 나목에 따른 강습교육을 수료한 사람

    사. 2급 소방안전관리대상물의 소방안전관리자로 선임될 수 있는 자격이 있는 사람으로서 특급 또는 1급 소방안전관리대상물의 소방안전관리보조자로 5년 이상 근무한 실무경력이 있는 사람

    아. 2급 소방안전관리대상물의 소방안전관리자로 선임될 수 있는 자격이 있는 사람으로서 2급 소방안전관리대상물의 소방안전관리보조자로 7년 이상 근무한 실무경력(특급 또는 1급 소방안전관리대상물의 소방안전관리보조자로 근무한 5년 미만의 실무경력이 있는 경우에는 이를 포함하여 합산한다)이 있는 사람

8. 제1항에 따라 특급 소방안전관리대상물의 소방안전관리자 자격이 인정되는 사람

298 다음 중 공동 소방안전관리자 선임대상 특정소방대상물이 아닌 것은? [11 서울 1회]

① 지하층을 포함한 층수가 11층 이상인 고층 건축물

② 복합건축물로서 연면적이 5천제곱미터 이상인 것 또는 층수가 5층 이상인 것

③ 판매시설 중 도매시장 및 소매시장

④ 특정소방대상물 중 소방본부장 또는 소방서장이 지정하는 것

> **해설** 공동 소방안전관리자 선임대상
> 1. 고층 건축물(지하층을 제외한 층수가 11층 이상인 건축물만 해당한다)
> 2. 지하가(지하의 인공구조물 안에 설치된 상점 및 사무실, 그 밖에 이와 비슷한 시설이 연속하여 지하도에 접하여 설치된 것과 그 지하도를 합한 것을 말한다)
> 3. 그 밖에 대통령령으로 정하는 특정소방대상물
> 4. 복합건축물로서 연면적이 5천제곱미터 이상인 것 또는 층수가 5층 이상인 것
> 5. 판매시설 중 도매시장 및 소매시장
> 6. 소방본부장 또는 소방서장이 지정하는 것

299 다음 중 대통령령으로 정하는 특정소방대상물에 실내장식 등의 목적으로 설치 또는 부착하는 물품으로서 대통령령으로 정하는 물품이 아닌 것은? [11 서울 1회]

① 창문에 설치하는 커튼류(블라인드를 포함한다.)

② 카펫, 두께가 2밀리미터 미만인 벽지류(종이벽지는 제외한다.)

③ 전시용 합판 또는 섬유판, 무대용 합판 또는 섬유판

④ 10센티미터 이하의 반자돌림대

> **해설** 10센티미터 이하의 반자돌림대는 해당사항이 아니다.

300 다음 중 중앙소방기술심의위원회의 심의사항이 아닌 것은? [11 서울 1회]

① 화재안전기준에 관한 사항

② 소방시설의 설계 및 공사감리의 방법에 관한 사항

③ 소방시설에 하자가 있는지의 판단에 관한 사항

④ 소방시설의 구조 및 원리 등에서 공법이 특수한 설계 및 시공에 관한 사항

> **해설** ③의 내용은 지방소방기술심의위원회의 심의사항이 아니라 업무사항이다.

정답 **298** ① **299** ④ **300** ③

301 다음 중 소방용품이 아닌 것은?　　　　　　　　　　　　　　　　[11 중앙]

① 가스누설경보기　　　　　　　　　② 방염제
③ 관창(菅槍)　　　　　　　　　　　④ 완강기(간이완강기 제외)

해설 소방용품(제6조 관련)
　　1. 소화설비를 구성하는 제품 또는 기기
　　　　가. 소화기구(소화약제 외의 것을 이용한 간이소화용구는 제외한다)
　　　　나. 자동소화장치
　　　　다. 소화설비를 구성하는 소화전, 관창(菅槍), 소방호스, 스프링클러헤드, 기동용 수압개폐
　　　　　　장치, 유수제어밸브 및 가스관선택밸브
　　2. 경보설비를 구성하는 제품 또는 기기
　　　　가. 누전경보기 및 가스누설경보기
　　　　나. 경보설비를 구성하는 발신기, 수신기, 중계기, 감지기 및 음향장치(경종만 해당한다)
　　3. 피난구조설비를 구성하는 제품 또는 기기
　　　　가. 피난사다리, 구조대, 완강기(간이완강기 및 지지대를 포함한다)
　　　　나. 공기호흡기(충전기를 포함한다)
　　　　다. 피난구유도등, 통로유도등, 객석유도등 및 예비 전원이 내장된 비상조명등
　　4. 소화용으로 사용하는 제품 또는 기기
　　　　가. 소화약제(소화설비용만 해당한다)
　　　　나. 방염제(방염액 · 방염도료 및 방염성물질을 말한다)

302 소방특별조사 결과 소방대상물의 위치 · 구조 · 설비 또는 관리의 상황이 화재나 재난 · 재해
예방을 위하여 보완될 필요가 있거나 화재가 발생하면 인명 또는 재산의 피해가 클 것으로 예상
되는 때에는 관계인에게 그 소방대상물의 개수(改修) · 이전 · 제거, 사용의 금지 또는 제한, 사
용폐쇄, 공사의 정지 또는 중지, 그 밖의 필요한 조치를 명할 수 있는 사람은?　　　[11 중앙]

① 국무총리　　　　② 대통령　　　　③ 시 · 도지사　　　　④ 소방본부장

해설 소방특별조사결과 조치명령권자 : 소방청장, 소방본부장, 소방서장

303 다음 특정소방대상물의 소방안전관리에 대한 설명 중 옳은 것은?　　　　　　[11 중앙]

① 소방안전관리대상물의 관계인이 소방안전관리자를 선임한 경우에는 행정안전부령으로
　 정하는 바에 따라 선임한 날부터 30일 이내에 소방본부장이나 소방서장에게 신고하여야
　 한다.
② 1급 소방안전관리대상물에 연면적이 8천제곱미터인 특정소방대상물로서 층수가 11층
　 이상인 것이 포함된다.

③ 소방설비기사는 1급 소방안전관리대상물의 소방안전관리자로 선임될 수 있으나, 소방설비산업기사는 1급 소방안전관리대상물의 소방안전관리자로 선임될 수 없다.

④ 의용소방대원으로 1년 이상 근무한 경력이 있는 사람은 2급 소방안전관리자로 선임될 수 있다.

> **해설** **1급 소방안전관리대상물**
> [동·식물원, 철강 등 불연성 물품을 저장·취급하는 창고, 위험물 저장 및 처리 시설 중 위험물 제조소등, 지하구를 제외한 것]
> 가. 30층 이상(지하층은 제외한다)이거나 지상으로부터 높이가 120미터 이상인 아파트
> 나. 연면적 1만5천제곱미터 이상인 특정소방대상물(아파트는 제외한다)
> 다. 나목에 해당하지 아니하는 특정소방대상물로서 층수가 11층 이상인 특정소방대상물(아파트는 제외한다)
> 라. 가연성 가스를 1천톤 이상 저장·취급하는 시설

304 다음 중 화재예방, 소방시설 설치·유지 및 안전관리에 관한 법률에서 규정하고 있는 소방시설이 아닌 것은? [11 중앙]

① 누전차단기　　　　　　　　② 캐비닛형 자동소화장치
③ 연소방지설비　　　　　　　　④ 통합감지시설

> **해설** **경보설비**
> 화재발생 사실을 통보하는 기계·기구 또는 설비로서 다음 각 목의 것
> 가. 단독경보형 감지기
> 나. 비상경보설비
> 　1) 비상벨설비
> 　2) 자동식사이렌설비
> 다. 시각경보기
> 라. 자동화재탐지설비
> 마. 비상방송설비
> 바. 자동화재속보설비
> 사. 통합감시시설
> 아. 누전경보기
> 자. 가스누설경보기

305 다음 중 소화활동설비에 해당하지 않는 것은? [11 중앙]

① 제연설비　　　　　　　　② 비상콘센트설비
③ 연소방지설비　　　　　　④ 이산화탄소소화설비

306 다음 중 과태료 처분대상에 해당하지 않는 것은?　　　　　　　　　　　　[11 중앙]

① 소방특별조사를 정당한 사유 없이 거부 · 방해 또는 기피한 자

② 피난시설, 방화구획 또는 방화시설의 폐쇄 · 훼손 · 변경 등의 행위를 한 자

③ 소방시설등의 점검결과를 보고하지 아니한 자 또는 거짓으로 보고한 자

④ 지위승계, 행정처분 또는 휴업 · 폐업의 사실을 특정소방대상물의 관계인에게 알리지 아니하거나 거짓으로 알린 관리업자

해설 소방특별조사를 정당한 사유 없이 거부 · 방해 또는 기피한 자 : 300만 원 이하의 벌금

307 다음 중 화재예방, 소방시설 설치 · 유지 및 안전관리에 관한 법률에서 규정하고 있는 과징금의 최대 부과 금액은?　　　　　　　　　　　　[11 통합시 · 도]

① 1천만 원 이하　　　　　　　② 2천만 원 이하

③ 3천만 원 이하　　　　　　　④ 4천만 원 이하

해설 소방법 과징금 : 3,000만 원

308 다음 중 소방시설의 연결이 옳지 않은 것은?　　　　　　　　　　　　[11 통합시 · 도]

① 소화설비 – 소화기구　　　　　　② 경보설비 – 시각경보기

③ 피난구조설비 – 제연설비　　　　④ 소화활동설비 – 무선통신보조설비

309 다음 중 소방용품의 형식승인 등에 대한 설명으로 옳지 않은 것은?　　　　[11 통합시 · 도]

① 소화기구 중 소화약제 외의 것을 이용한 간이소화용구는 소방청장의 형식승인을 받아야 한다.

② 소화약제의 형식승인을 받으려는 자는 행정안전부령으로 정하는 기준에 따라 형식승인을 위한 시험시설을 갖추고 소방청장의 심사를 받아야 한다.

③ 송수구의 형식승인을 받은 자는 그 소방용품에 대하여 소방청장이 실시하는 제품검사를 받아야 한다.

④ 자동소화장치의 형상 · 구조 · 재질 · 성분 · 성능 등 (이하 "형상등"이라 한다)의 형식승인 및 제품검사의 기술기준 등에 관한 사항은 소방청장이 정하여 고시한다.

해설 소화기구 중 소화약제 외의 것을 이용한 간이소화용구는 소방용품 제외 대상이다.

310 다음 보기의 빈칸에 들어갈 알맞은 말을 순서대로 바르게 배열한 것은?　　[11 통합시·도]

> "행정안전부령으로 정하는 연소(延燒) 우려가 있는 구조"란 다음 각 호의 기준에 모두 해당하는 구조를 말한다.
> 1. 건축물대장의 건축물 현황도에 표시된 대지경계선 안에 둘 이상의 건축물이 있는 경우
> 2. 각각의 건축물이 다른 건축물의 외벽으로부터 (　)거리가 1층의 경우에는 (　) 이하, 2층 이상의 층의 경우에는 (　) 이하인 경우
> 3. 개구부(영 제2조제1호에 따른 개구부를 말한다)가 다른 건축물을 향하여 설치되어 있는 경우

① 수평 – 6미터 – 10미터　　　　② 상하 – 6미터 – 10미터
③ 수평 – 3미터 – 6미터　　　　　④ 상하 – 3미터 – 6미터

해설 시행규칙 제7조(연소 우려가 있는 건축물의 구조)
"행정안전부령으로 정하는 연소(延燒) 우려가 있는 구조"란 다음 각 호의 기준에 모두 해당하는 구조를 말한다.
1. 건축물대장의 건축물 현황도에 표시된 대지경계선 안에 둘 이상의 건축물이 있는 경우
2. 각각의 건축물이 다른 건축물의 외벽으로부터 수평거리가 1층의 경우에는 6미터 이하, 2층 이상의 층의 경우에는 10미터 이하인 경우
3. 개구부가 다른 건축물을 향하여 설치되어 있는 경우

311 관리업자의 지위를 승계한 자는 행정안전부령으로 정하는 바에 따라 시·도지사에게 신고하여야 하는데, 승계한 날부터 며칠 이내에 신고서류를 첨부하여 누구에게 제출하여야 하는가?
　　[11 통합시·도]

① 14일 이내에 소방서장에게　　　② 14일 이내에 시·도지사에게
③ 30일 이내에 소방서장에게　　　④ 30일 이내에 시·도지사에게

해설 시행규칙 제26조(지위승계신고 등)
① 소방시설관리업자의 지위를 승계한 자는 그 지위를 승계한 날부터 30일 이내에 상속인, 영업을 양수한 자 또는 시설의 전부를 인수한 자는 소방시설관리업지위승계신고서에, 합병후 존속하는 법인 또는 합병에 의하여 설립되는 법인은 소방시설관리업합병신고서에 각각 다음 각 호의 서류를 첨부하여 시·도지사에게 제출하여야 한다.
1. 소방시설관리업등록증 및 등록수첩
2. 계약서사본 등 지위승계를 증명하는 서류 1부
3. 삭제 〈2006. 9. 7.〉
4. 삭제 〈2006. 9. 7.〉
5. 소방기술인력연명부 및 기술자격증(자격수첩)

312 다음 중 물분무등소화설비에 해당하지 않는 것은?　　　　　　　　　　　　[11 통합시·도]

① 이산화탄소소화설비　　　　　　② 미분무소화설비

③ 간이스프링클러설비　　　　　　④ 할로겐화합물소화설비

> 해설 **물분무등소화설비**
> 1) 물 분무 소화설비
> 2) 미분무소화설비
> 3) 포소화설비
> 4) 이산화탄소소화설비
> 5) 할론소화설비
> 6) 할로겐화합물 및 불활성기체 소화설비
> 7) 분말소화설비
> 8) 강화액소화설비
> 9) 고체에어로졸소화설비

313 다음 중 물 또는 그 밖의 소화약제를 사용하여 소화하는 기계·기구 또는 설비인 소화설비에
해당하지 않는 것은?　　　　　　　　　　　　　　　　　　　　　　　　　[11 전남]

① 옥내소화전설비　　　　　　② 옥외소화전설비

③ 미분무소화설비　　　　　　④ 상수도소화설비

> 해설 **소화용수설비**
> 화재를 진압하는 데 필요한 물을 공급하거나 저장하는 설비로서 다음 각 목의 것
> 가. 상수도소화용수설비
> 나. 소화수조·저수조, 그 밖의 소화용수설비

314 다음 중 방염대상물품 및 방염성능기준에 대한 설명으로 옳지 않은 것은?　　[11 전남]

① 버너의 불꽃을 제거한 때부터 불꽃을 올리며 연소하는 상태가 그칠 때까지 시간은 30초
이내일 것

② 버너의 불꽃을 제거한 때부터 불꽃을 올리지 아니하고 연소하는 상태가 그칠 때까지 시간
은 30초 이내일 것

③ 탄화(炭化)한 면적은 50제곱센티미터 이내, 탄화한 길이는 20센티미터 이내일 것

④ 불꽃에 의하여 완전히 녹을 때까지 불꽃의 접촉횟수는 3회 이상일 것

> 해설 **방염성능기준**
> 1. 버너의 불꽃을 제거한 때부터 불꽃을 올리며 연소하는 상태가 그칠 때까지 시간은 20초 이내

일 것(잔염시간)

2. 버너의 불꽃을 제거한 때부터 불꽃을 올리지 아니하고 연소하는 상태가 그칠 때까지 시간은 30초 이내일 것(잔진시간)

3. 탄화(炭化)한 면적은 50제곱센티미터 이내, 탄화한 길이는 20센티미터 이내일 것

4. 불꽃에 의하여 완전히 녹을 때까지 불꽃의 접촉 횟수는 3회 이상일 것

5. 소방청장이 정하여 고시한 방법으로 발연량(發煙量)을 측정하는 경우 최대연기밀도는 400 이하일 것

315 다음 중 화재예방, 소방시설 설치·유지 및 안전관리에 관한 법률에 규정된 무창층 조건 중 개구부에 해당하지 않는 것은? [11 전남]

① 개구부의 크기는 지름 50센티미터 이상의 원이 내접(內接)할 수 있는 크기일 것

② 내부 또는 외부에서 쉽게 부수거나 열 수 있을 것

③ 개구부가 도로 또는 차량이 진입할 수 있는 빈터를 향할 것

④ 해당 층의 바닥면으로부터 개구부 밑부분까지의 높이가 1.5미터 이내일 것

해설 1.2m 이내

316 다음 중 관계 지역 또는 관계인에 대하여 소방시설등이 이 법 또는 소방 관계 법령에 적합하게 설치·유지·관리되고 있는지, 소방대상물에 화재, 재난·재해 등의 발생위험이 있는지 등을 확인하기 위하여 관계 공무원으로 하여금 소방안전관리에 관한 특별조사(이하 "소방특별조사"라 한다)를 하게 할 수 있는 권한자는? [11 전남]

① 대통령   ② 총리

③ 소방본부장   ④ 시장·군수·구청장

해설 소방청장, 소방본부장, 소방서장

317 소방안전관리자를 두어야 하는 특정소방대상물 중 1급 소방안전관리대상물에 해당하는 것은? [11 전남]

① 연면적 1만5천제곱미터 이상인 위락시설

② 공공건물

③ 지하구

④ 위험물 제조소 등

318 다음 중 소방청장의 형식승인을 받아야 하는 소방용품이 아닌 것은? [11 서울 2회]

① 주거용 주방자동소화장치
② 가스누설경보기 및 누전경보기
③ 음향장지(경종을 제외한다)
④ 공기호흡기(충전기를 포함한다.)

> **해설** 음향장치(경종만 해당)

319 건축허가등을 할 때 미리 소방본부장 또는 소방서장의 동의를 받아야 하는 건축물 등의 범위가 아닌 것은? [11 서울 2회]

① 연면적이 400제곱미터 이상인 건축물
② 승강기 등 기계장치에 의한 주차시설로서 자동차 10대 이상을 주차할 수 있는 시설
③ 항공기격납고, 관망탑, 항공관제탑, 방송용 송수신탑
④ 지하층 또는 무창층이 있는 건축물로서 바닥면적이 150제곱미터(공연장의 경우에는 100 제곱미터) 이상인 층이 있는 것

> **해설** 20대

320 대통령령 또는 화재안전기준의 변경으로 강화된 기준을 적용해야 하는 소방시설이 아닌 것은? [11 서울 2회]

① 소화기구
② 비상경보설비
③ 자동화재속보설비
④ 옥내소화전설비

321 다음 중 관할구역에 있는 소방대상물, 관계 지역 또는 관계인에 대하여 소방시설등이 이 법 또는 소방 관계 법령에 적합하게 설치·유지·관리되고 있는지, 소방대상물에 화재, 재난·재해 등의 발생 위험이 있는지 등을 확인하기 위하여 관계 공무원으로 하여금 소방안전관리에 관한 특별조사를 하게 할 수 있는 권한권자가 아닌 사람은? [11 서울 2회]

① 소방청장
② 시·도지사
③ 소방본부장
④ 소방서장

322 다음 중 특정소방대상물의 관계인이 행정안전부령으로 정하는 바에 따라 대통령령으로 정하는 자를 공동 소방안전관리자로 선임하여야 하는 경우가 아닌 것은? [11 서울 2회]

① 복합건축물로서 연면적이 3천제곱미터 이상인 것 또는 층수가 3층 이상인 것

② 지하층을 제외한 층수가 11층 이상인 건축물

③ 지하가

④ 판매시설 중 도매시장 및 소매시장

해설 복합건축물로서 연면적이 5천제곱미터 이상인 것 또는 층수가 5층 이상인 것

323 다음 중 성능위주설계를 하여야 하는 특정소방대상물의 범위에 해당하지 않는 것은? [11 서울 2회]

① 연면적 2만제곱미터 이상인 특정소방대상물로서 철도 및 도시철도 시설

② 연면적 20만제곱미터 이상인 특정소방대상물

③ 영화상영관이 10개 이상인 특정소방대상물

④ 건축물의 높이가 100미터 이상인 특정소방대상물

해설 연면적 3만제곱미터 이상인 특정소방대상물로서 철도 및 도시철도시설

324 다음 각종 신고일에 대한 설명 중 옳지 않은 것은? [11 서울 2회]

① 소방안전관리대상물의 관계인이 소방안전관리자를 선임한 경우에는 행정안전부령으로 정하는 바에 따라 선임한 날부터 60일 이내에 소방본부장이나 소방서장에게 신고하여야 한다.

② 소방시설관리업자의 지위를 승계한 자는 그 지위를 승계한 날부터 30일 이내에 상속인, 영업을 양수한 자 또는 시설의 전부를 인수한 자는 소방시설관리업지위승계신고서(전자문서로 된 신고서를 포함한다)에, 합병 후 존속하는 법인 또는 합병에 의하여 설립되는 법인은 소방시설관리업 합병신고서(전자문서로 된 신고서를 포함한다)에 서류(전자문서를 포함한다)를 첨부하여 시·도지사에게 제출하여야 한다.

③ 공사업자는 사항이 변경된 경우에는 변경일부터 30일 이내에 소방시설공사 착공(변경)신고서[전자문서로 된 소방시설공사 착공(변경)신고서를 포함한다]에 서류(전자문서를 포함한다) 중 변경된 해당 서류를 첨부하여 소방본부장 또는 소방서장에게 신고하여야 한다.

④ 관계인은 소방시설의 하자가 발생하였을 때에는 공사업자에게 그 사실을 알려야 하며, 통보를 받은 공사업자는 3일 이내에 하자를 보수하거나 보수 일정을 기록한 하자보수계획을 관계인에게 서면으로 알려야 한다.

해설 ①의 내용에 해당하는 기간은 14일 이내이다.

325 다음 중 화재를 진압하거나 인명구조활동을 위하여 사용하는 설비인 소화활동설비에 해당하지 않는 것은? [11 서울 2회]

① 제연설비
② 연결송수관설비
③ 비상콘센트설비
④ 통합감시시설

326 특정소방대상물 중 지하구는 전력·통신용의 전선이나 가스·냉난방용의 배관 또는 이와 비슷한 것을 집합수용하기 위하여 설치한 지하 인공구조물로서 사람이 점검 또는 보수를 하기 위하여 출입이 가능한 것 중 폭 1.8m 이상이고 높이가 2m 이상이며 길이가 50m 이상[전력 또는 통신사업용인 것은 (   )m 이상]인 것이다. (   )에 들어갈 알맞은 것은? [12 전북·경채]

① 50
② 100
③ 500
④ 1,000

해설 지하구

가. 전력·통신용의 전선이나 가스·냉난방용의 배관 또는 이와 비슷한 것을 집합수용하기 위하여 설치한 지하 인공구조물로서 사람이 점검 또는 보수를 하기 위하여 출입이 가능한 것 중 폭 1.8m 이상이고 높이가 2m 이상이며 길이가 50m 이상(전력 또는 통신사업용인 것은 500m 이상)인 것
나. 공동구

327 다음 중 화재예방, 소방시설 설치·유지 및 안전관리에 관한 법률에서 규정하고 있는 소방시설관리업에 해당하지 않는 것은? [12 전북·경채]

① 소방시설등의 설치
② 소방시설등의 점검
③ 소방시설등의 유지
④ 소방시설등의 관리

328 다음 중 화재를 진압하거나 인명구조활동을 위하여 사용하는 소화활동설비에 해당하는 것은? [12 전북·경채]

① 제연설비
② 옥내소화전설비
③ 통합감시시설
④ 인명구조기구

정답 325 ④   326 ③   327 ①   328 ①

329 건축허가등을 할 때 미리 소방본부장 또는 소방서장의 동의를 받아야 하는 건축물 등의 범위가 옳은 것은? [12 전북·경채]

① 120제곱미터 이상의 노유자시설(老幼者施設) 및 수련시설

② 차고·주차장으로 사용되는 층 중 바닥면적이 150제곱미터 이상인 층이 있는 시설

③ 지하층 또는 무창층이 있는 건축물로서 바닥면적이 150제곱미터(공연장의 경우에는 100제곱미터) 이상인 층이 있는 것

④ 승강기 등 기계장치에 의한 주차시설로서 자동차 10대 이상을 주차할 수 있는 시설

해설 건축허가 동의 대상물의 범위(대통령령)

1. 연면적 400제곱미터 이상인 건축물
    가. 학교시설 : 100제곱미터
    나. 노유자시설(老幼者施設) 및 수련시설 : 200제곱미터
    다. 정신의료기관 : 300제곱미터
    라. 장애인 의료재활시설(이하 "의료재활시설"이라 한다) : 300제곱미터
1의2. 층수가 6층 이상인 건축물
2. 차고·주차장 또는 주차용도로 사용되는 시설로서 다음 각 목의 어느 하나에 해당하는 것
    가. 차고·주차장으로 사용되는 바닥면적이 200제곱미터 이상인 층이 있는 건축물이나 주차시설
    나. 승강기 등 기계장치에 의한 주차시설로서 자동차 20대 이상을 주차할 수 있는 시설
3. 항공기격납고, 관망탑, 항공관제탑, 방송용 송수신탑
4. 지하층 또는 무창층이 있는 건축물로서 바닥면적이 150제곱미터(공연장의 경우에는 100제곱미터) 이상인 층이 있는 것
5. 별표 2의 특정소방대상물 중 위험물 저장 및 처리시설, 지하구

---

330 다음 중 방염대상물품이 아닌 것은? [12 전북·경채]

① 커튼류(블라인드 포함)   ② 침구류, 소파
③ 암막, 무대막   ④ 전시용 합판, 섬유판

---

331 다음 보기의 빈칸에 들어갈 알맞은 말을 순서대로 바르게 배열한 것은? [12 전북·경채]

소방본부장이나 소방서장은 기존의 특정소방대상물이 (   )되거나 (   )되는 경우에는 대통령령으로 정하는 바에 따라 (   ) 또는 (   ) 당시의 소방시설의 설치에 관한 대통령령 또는 화재안전기준을 적용한다.

① 신축−증축   ② 증축−개축
③ 신축−용도 변경   ④ 증축−용도 변경

해설 소방본부장이나 소방서장은 기존의 특정소방대상물이 증축되거나 용도 변경되는 경우에는 대통령령으로 정하는 바에 따라 증축 또는 용도 변경 당시의 소방시설의 설치에 관한 대통령령 또는 화재안전기준을 적용한다.

332 특정소방대상물의 관계인이 특정소방대상물의 규모·용도 및 수용인원 등을 고려하여 갖추어야 하는 소방시설등의 종류 중 방열복, 인공소생기 및 공기호흡기 등의 인명구조기구를 설치하여야 하는 특정소방대상물에 해당하는 것은? [12 전북·경채]

① 지하층을 포함한 층수가 7층 이상인 관광호텔
② 지하층을 제외한 층수가 5층 이상인 관광호텔
③ 지하층을 포함한 층수가 3층 이상인 병원
④ 지하층을 제외한 층수가 5층 이상인 병원

해설 인명구조기구를 설치하여야 하는 특정소방대상물은 다음의 어느 하나와 같다.
1) 방열복 또는 방화복(안전헬멧, 보호장갑 및 안전화를 포함한다), 인공소생기 및 공기호흡기를 설치하여야 하는 특정소방대상물 : 지하층을 포함하는 층수가 7층 이상인 관광호텔
2) 방열복 또는 방화복(안전헬멧, 보호장갑 및 안전화를 포함한다) 및 공기호흡기를 설치하여야 하는 특정소방대상물 : 지하층을 포함하는 층수가 5층 이상인 병원
3) 공기호흡기를 설치하여야 하는 특정소방대상물은 다음의 어느 하나와 같다.
   가) 수용인원 100명 이상인 문화 및 집회시설 중 영화상영관
   나) 판매시설 중 대규모 점포
   다) 운수시설 중 지하역사
   라) 지하가 중 지하상가
   마) 제1호 바목 및 화재안전기준에 따라 이산화탄소소화설비(호스릴이산화탄소 소화설비는 제외한다)를 설치하여야 하는 특정소방대상물

333 다음 특정소방대상물 중 동물 및 식물 관련 시설만 묶은 것은? [12 중앙·경채]

| 가. 도축장 | 나. 도계장 | 다. 수족관 | 라. 동물원 | 마. 식물원 | 바. 박물관 | 사. 경마장 |

① 가, 나
② 가, 나, 다, 마
③ 가, 나, 다, 바
④ 가, 다, 라, 사

해설 동물 및 식물 관련 시설
가. 축사[부화장(孵化場)을 포함한다]
나. 가축시설 : 가축용 운동시설, 인공수정센터, 관리사(管理舍), 가축용 창고, 가축시장, 동물검역소, 실험동물 사육시설, 그 밖에 이와 비슷한 것

정답 **332** ① **333** ①

다. 도축장

라. 도계장

마. 작물 재배사(栽培舍)

바. 종묘배양시설

사. 화초 및 분재 등의 온실

아. 식물과 관련된 마목부터 사목까지의 시설과 비슷한 것(동ㆍ식물원은 제외한다.)

334 다음 중 "무창층(無窓層)"에 대한 설명으로 옳지 않은 것은?　　　　　　[12 중앙ㆍ경채]

① 개구부의 크기가 지름 50센티미터 이상의 원이 내접할 수 있을 것

② 해당 층의 바닥면으로부터 개구부 상단까지의 높이가 1.2미터 이내일 것

③ 화재 시 건축물로부터 쉽게 피난할 수 있도록 개구부에 창살 그 밖의 장애물이 설치되지 아니할 것

④ 내부 또는 외부에서 쉽게 파괴 또는 개방할 수 있을 것

> **해설** 개구부 하단까지의 높이가 1.2m 이내일 것

335 다음 특정소방대상물의 관계인이 특정소방대상물의 규모ㆍ용도 및 수용인원 등을 고려하여 갖추어야 하는 소방시설등의 종류 중에서 '지하가(터널은 제외한다)로서 연면적 1천제곱미터 이상인 것'에 해당하지 않는 것은?　　　　　　[12 중앙ㆍ경채]

① 스프링클러설비　　　　　　② 자동화재탐지설비

③ 제연설비　　　　　　④ 비상콘센트설비

> **해설** 비상콘센트설비를 설치하여야 하는 특정소방대상물(위험물 저장 및 처리시설 중 가스시설 또는 지하구는 제외한다)은 다음의 어느 하나와 같다.
> 1) 층수가 11층 이상인 특정소방대상물의 경우에는 11층 이상의 층
> 2) 지하층의 층수가 3층 이상이고 지하층의 바닥면적의 합계가 1천m² 이상인 것은 지하층의 모든 층
> 3) 지하가 중 터널로서 길이가 500m 이상인 것

336 다음 소방시설 중 피난구조설비에 해당하지 않는 것은?　　　　　　[12 중앙ㆍ경채]

① 구조대　　　　　　② 연소방지설비

③ 방열복　　　　　　④ 공기호흡기

정답　**334** ②　　**335** ④　　**336** ②

피난구조설비 : 화재가 발생할 경우 피난하기 위하여 사용하는 기구 또는 설비로서 다음 각 목의 것

    가. 피난기구
        1) 피난사다리
        2) 구조대
        3) 완강기
        4) 그 밖에 소방청장이 정하여 고시하는 화재안전기준으로 정하는 것
    나. 인명구조기구
        1) 방열복, 방화복(안전헬멧, 보호장갑 및 안전화를 포함한다)
        2) 공기호흡기
        3) 인공소생기
    다. 유도등
        1) 피난유도선
        2) 피난구유도등
        3) 통로유도등
        4) 객석유도등
        5) 유도표지
    라. 비상조명등 및 휴대용비상조명등

337 다음 중 '소방특별조사'에 대한 설명으로 옳지 않은 것은? [12 중앙·경채]

① 소방특별조사대상선정위원회의 위원장은 소방본부장 또는 소방서장이 된다.

② 개인의 주거에 대하여는 관계인의 승낙이 있거나 화재 발생의 우려가 뚜렷하여 긴급한 필요가 있는 때에 한정한다.

③ 관계인이 실시하는 소방시설등, 소방안전시설, 피난시설 등에 대한 자체점검 등이 불성실하거나 불완전하다고 인정되는 경우에 실시한다.

④ 조사에 참여하는 외부 전문가에게는 예산의 범위에서 수당, 여비, 그 밖에 필요한 경비를 지급할 수 있다.

해설 소방특별조사위원회 구성권자 : 소방본부장

소방특별조사위원회 구성

① 법 제4조제3항에 따른 소방특별조사위원회(이하 이 조 및 제7조의3부터 제7조의5까지에서 "위원회"라 한다)는 위원장 1명을 포함한 7명 이내의 위원으로 성별을 고려하여 구성하고, 위원장은 소방본부장이 된다.

② 위원회의 위원은 다음 각 호의 어느 하나에 해당하는 사람 중에서 소방본부장이 임명하거나 위촉한다.
    1. 과장급 직위 이상의 소방공무원
    2. 소방기술사

3. 소방시설관리사

4. 소방 관련 분야의 석사학위 이상을 취득한 사람

5. 소방 관련 법인 또는 단체에서 소방 관련 업무에 5년 이상 종사한 사람

6. 소방공무원 교육기관, 「고등교육법」 제2조의 학교 또는 연구소에서 소방과 관련한 교육 또는 연구에 5년 이상 종사한 사람

> **참고** 중앙소방특별조사단 편성운영권자 : 소방청장

338 건축허가 등을 할 때 미리 소방본부장 또는 소방서장의 동의를 받아야 하는 건축물 등의 범위에 대한 설명으로 옳지 않은 것은? [12 중앙 · 경채]

① 차고 · 주차장으로 사용되는 층 중 바닥면적이 150제곱미터 이상인 층이 있는 시설

② 승강기 등 기계장치에 의한 주차시설로서 자동차 20대 이상을 주차할 수 있는 시설

③ 항공기격납고, 관망탑, 항공관제탑, 방송용 송 · 수신탑

④ 지하층 또는 무창층이 있는 건축물로서 바닥면적이 150제곱미터(공연장의 경우에는 100제곱미터) 이상인 층이 있는 것

> **해설** 차고 · 주차장으로 사용되는 층 중 바닥면적이 200제곱미터 이상인 층이 있는 시설

339 방염성능기준 이상의 실내장식물 등을 설치하여야 하는 특정소방대상물 방염대상물이 아닌 것은? [12 중앙 · 경채]

① 방송국 및 촬영소   ② 종합병원

③ 안마시술소   ④ 연구시설

> **해설** 제19조(방염성능기준 이상의 실내장식물 등을 설치하여야 하는 특정소방대상물)
> 1. 근린생활시설 중 의원, 체력단련장, 공연장 및 종교집회장
> 2. 건축물의 옥내에 있는 시설로서 다음 각 목의 시설
>   가. 문화 및 집회시설
>   나. 종교시설
>   다. 운동시설(수영장은 제외한다)
> 3. 의료시설
> 4. 교육연구시설 중 합숙소
> 5. 노유자시설
> 6. 숙박이 가능한 수련시설
> 7. 숙박시설
> 8. 방송통신시설 중 방송국 및 촬영소

9. 다중이용업소
10. 층수가 11층 이상인 것(아파트는 제외한다)

340 다음 중 공동소방안전관리자 선임대상 특정소방대상물에 해당하는 것은? [12 중앙·경채]

① 고층 건축물(지하층을 제외한 층수가 11층 이상인 건축물만 해당한다.)
② 복합건축물로서 연면적이 3천제곱미터 이상인 것 또는 층수가 5층 이상인 것
③ 위락시설 중 근린생활시설에 해당하지 아니하는 단란주점
④ 특정소방대상물 중 소방청장이 지정하는 것

해설 공동 소방안전관리자 선임대상
1. 고층 건축물(지하층을 제외한 층수가 11층 이상인 건축물만 해당한다)
2. 지하가(지하의 인공구조물 안에 설치된 상점 및 사무실, 그 밖에 이와 비슷한 시설이 연속하여 지하도에 접하여 설치된 것과 그 지하도를 합한 것을 말한다)
3. 그 밖에 대통령령으로 정하는 특정소방대상물
4. 복합건축물로서 연면적이 5천제곱미터 이상인 것 또는 층수가 5층 이상인 것
5. 판매시설 중 도매시장 및 소매시장
6. 소방본부장 또는 소방서장이 지정하는 것

341 다음 중 소방시설관리사 자격이 반드시 취소되는 사유가 아닌 것은? [12 중앙·경채]

① 부정한 방법으로 시험에 합격한 경우
② 소방시설관리사증을 다른 자에게 빌려준 경우
③ 점검을 하지 아니하거나 거짓으로 한 경우
④ 동시에 둘 이상의 업체에 취업한 경우

해설 관리사 취소사유(1차)
① 거짓, 그 밖에 부정한 방법으로 시험에 합격한 경우
② 결격사유에 해당하는 경우
③ 소방시설관리사증을 다른 자에게 빌려준 경우
④ 동시에 둘 이상의 업체에 취업한 경우

342 다음 중 벌칙의 내용이 나머지 셋과 다른 것은? [12 중앙 · 경채]

① 소방시설에 폐쇄 · 차단 등의 행위를 한 자
② 관리업의 등록을 하지 아니하고 영업을 한 자
③ 소방용품의 형식승인을 받지 아니하고 소방용품을 제조하거나 수입한 자
④ 제품검사를 받지 아니한 자

> **해설** ②, ③, ④는 3년 이하의 징역 또는 3천만 원 이하의 벌금에 해당한다.
>
> **— 5년 이하의 징역 또는 5천만 원 이하의 벌금**
> • 소방시설의 기능과 성능에 지장을 초래하는 폐쇄 · 차단 등의 행위를 한 자
> • 사람을 상해에 이르게 한 때에는 7년 이하의 징역 또는 7천만 원 이하의 벌금
> • 사망에 이르게 한 때에는 10년 이하의 징역 또는 1억 원 이하의 벌금

343 다음 중 소방청장 또는 시 · 도지사 청문을 하여야 하는 처분에 해당하지 않는 것은? [12 중앙 · 경채]

① 관리사 자격의 취소 및 정지
② 관리업의 등록취소 및 영업정지
③ 소방용품의 형식승인 취소 및 제품검사 중지
④ 전문기관의 허가취소

> **해설** 청문
> 1) 청문실시권자 : 소방청장 또는 시 · 도지사
> 2) 청문사유 및 실시권자
>   ① 관리업의 등록취소 및 영업정지 : 시 · 도지사
>   ② 관리사 자격의 취소 및 정지 : 소방청장
>   ③ 소방용품의 형식승인 취소 및 제품검사 중지 : 소방청장
>   ④ 성능인증의 취소 : 소방청장
>   ⑤ 우수품질인증의 취소 : 소방청장
>   ⑥ 전문기관의 지정취소 및 업무정지 : 소방청장

344 다음 보기의 빈칸에 들어갈 가장 알맞은 말을 순서대로 나열한 것은? [13 통합 · 공채]

> 소방본부장이나 소방서장이 지정하는 특정소방대상물의 관계인은 (   )(으)로 정하는 바에 따라 (   )(으)로 정하는 자를 공동 소방안전관리자로 선임하여야 한다.

① 행정안전부령, 대통령령   ② 대통령령, 행정안전부령
③ 행정안전부령, 시 · 도조례   ④ 시 · 도조례, 행정안전부령

정답 **342** ①   **343** ④   **344** ①

공동 소방안전관리

다음 각 호의 어느 하나에 해당하는 특정소방대상물로서 그 관리의 권원(權原)이 분리되어 있는 것 가운데 소방본부장이나 소방서장이 지정하는 특정소방대상물의 관계인은 행정안전부령으로 정하는 바에 따라 대통령령으로 정하는 자를 공동 소방안전관리자로 선임하여야 한다.

1. 고층 건축물(지하층을 제외한 층수가 11층 이상인 건축물만 해당한다)
2. 지하가(지하의 인공구조물 안에 설치된 상점 및 사무실, 그 밖에 이와 비슷한 시설이 연속하여 지하도에 접하여 설치된 것과 그 지하도를 합한 것을 말한다)
3. 그 밖에 대통령령으로 정하는 특정소방대상물
   1) 복합건축물로서 연면적이 5천제곱미터 이상인 것 또는 층수가 5층 이상인 것
   2) 판매시설 중 도매시장 및 소매시장
   3) 특정소방대상물 중 소방본부장 또는 소방서장이 지정하는 것

345 소방특별조사를 실시하는 경우에 해당하지 않는 것은? [13 통합·공채]

① 소방시설등, 방화시설, 피난시설 등에 대한 자체점검 등이 불성실하거나 불완전하다고 인정되는 경우
② 화재경계지구에 대한 소방특별조사 등 다른 법률에서 소방특별조사를 실시하도록 한 경우
③ 화재가 자주 발생하였거나 발생할 우려가 뚜렷한 곳에 대한 점검이 필요한 경우
④ 태풍, 홍수 등 재난이 발생하여 소방대상물을 관리하기가 매우 어려운 경우

해설 소방특별조사는 다음 각 호의 어느 하나에 해당하는 경우에 실시한다.

1. 관계인이 이 법 또는 다른 법령에 따라 실시하는 소방시설등, 방화시설, 피난시설 등에 대한 자체점검 등이 불성실하거나 불완전하다고 인정되는 경우
2. 「소방기본법」제13조에 따른 화재경계지구에 대한 소방특별조사 등 다른 법률에서 소방특별조사를 실시하도록 한 경우
3. 국가적 행사 등 주요 행사가 개최되는 장소 및 그 주변의 관계 지역에 대하여 소방안전관리 실태를 점검할 필요가 있는 경우
4. 화재가 자주 발생하였거나 발생할 우려가 뚜렷한 곳에 대한 점검이 필요한 경우
5. 재난예측정보, 기상예보 등을 분석한 결과 소방대상물에 화재, 재난·재해의 발생위험이 높다고 판단되는 경우
6. 제1호부터 제5호까지에서 규정한 경우 외에 화재, 재난·재해, 그 밖의 긴급한 상황이 발생할 경우 인명 또는 재산 피해의 우려가 현저하다고 판단되는 경우

346 다음 중 방염대상물품 및 방염성능기준이 옳은 것은? [13 통합 · 공채]

① 버너의 불꽃을 제거한 때부터 불꽃을 올리며 연소하는 상태가 그칠 때까지 시간은 20초 이내일 것

② 버너의 불꽃을 제거한 때부터 불꽃을 올리지 아니하고 연소하는 상태가 그칠 때까지 시간은 20초 이내일 것

③ 탄화(炭化)한 면적은 40제곱센티미터 이내, 탄화한 길이는 30센티미터 이내일 것

④ 불꽃에 의하여 완전히 녹을 때까지 불꽃의 접촉횟수는 2회 이상일 것

해설 방염성능기준(대통령령)

1. 버너의 불꽃을 제거한 때부터 불꽃을 올리며 연소하는 상태가 그칠 때까지 시간은 20초 이내일 것[잔염시간 : 20초 이내]

2. 버너의 불꽃을 제거한 때부터 불꽃을 올리지 아니하고 연소하는 상태가 그칠 때까지 시간은 30초 이내일 것[잔진시간 : 30초 이내]

3. 탄화(炭化)한 면적은 50제곱센티미터 이내, 탄화한 길이는 20센티미터 이내일 것

4. 불꽃에 의하여 완전히 녹을 때까지 불꽃의 접촉횟수는 3회 이상일 것

5. 소방청장이 정하여 고시한 방법으로 발연량(發煙量)을 측정하는 경우 최대 연기밀도는 400 이하일 것

347 다음 중 방염성능기준 이상의 실내장식물 등을 설치하여야 하는 특정소방대상물이 아닌 것은? [13 통합 · 공채]

① 숙박시설   ② 노유자시설
③ 의료시설 중 종합병원   ④ 층수가 11층 이상인 모든 특정소방대상물

해설 제19조(방염성능기준 이상의 실내장식물 등을 설치하여야 하는 특정소방대상물)

1. 근린생활시설 중 의원, 체력단련장, 공연장 및 종교집회장

2. 건축물의 옥내에 있는 시설로서 다음 각 목의 시설
   가. 문화 및 집회시설
   나. 종교시설
   다. 운동시설(수영장은 제외한다)

3. 의료시설

4. 교육연구시설 중 합숙소

5. 노유자시설

6. 숙박이 가능한 수련시설

7. 숙박시설

8. 방송통신시설 중 방송국 및 촬영소

9. 다중이용업소

10. 층수가 11층 이상인 것(아파트는 제외한다)

348 다음 중 소방안전관리자의 실무교육 등에 대한 설명이 옳지 않은 것은? [13 통합 · 공채]

① 안전원장은 소방안전관리자 및 소방안전관리보조자에 대한 실무교육의 교육대상, 교육 일정 등 실무교육에 필요한 계획을 수립하여 매년 소방청장의 승인을 얻어 교육 실시 30일 전까지 교육대상자에게 통보하여야 한다.

② 소방안전관리자는 그 선임된 날부터 6개월 이내에 실무교육을 받아야 하며, 그 후에는 2년마다 1회 이상 실무교육을 받아야 한다.

③ 소방본부장 또는 소방서장은 소방안전관리자나 소방안전관리보조자의 선임신고를 받은 경우에는 신고일부터 1개월 이내에 그 내용을 안전원장에게 통보하여야 한다.

④ 소방본부장 또는 소방서장은 소방안전관리자가 실무교육을 받지 아니하면 자격을 취소하여야 한다.

해설 소방안전관리자 및 소방안전관리보조자의 실무교육 등

① 안전원장은 법 제41조제1항에 따른 소방안전관리자 및 소방안전관리보조자에 대한 실무교육의 교육대상, 교육일정 등 실무교육에 필요한 계획을 수립하여 매년 소방청장의 승인을 얻어 교육실시 30일 전까지 교육대상자에게 통보하여야 한다.

② 소방안전관리자는 그 선임된 날부터 6개월 이내에 법 제41조제1항에 따른 실무교육을 받아야 하며, 그 후에는 2년마다(최초 실무교육을 받은 날을 기준일로 하여 매 2년이 되는 해의 기준일과 같은 날 전까지를 말한다) 1회 이상 실무교육을 받아야 한다. 다만, 소방안전관리 강습교육 또는 실무교육을 받은 후 1년 이내에 소방안전관리자로 선임된 사람은 해당 강습교육 또는 실무교육을 받은 날에 실무교육을 받은 것으로 본다.

③ 소방안전관리보조자는 그 선임된 날부터 6개월(영 제23조제5항제4호에 따라 소방안전관리보조자로 지정된 사람의 경우 3개월을 말한다) 이내에 법 제41조에 따른 실무교육을 받아야 하며, 그 후에는 2년마다(최초 실무교육을 받은 날을 기준일로 하여 매 2년이 되는 해의 기준일과 같은 날 전까지를 말한다) 1회 이상 실무교육을 받아야 한다. 다만, 소방안전관리자 강습교육 또는 실무교육이나 소방안전관리보조자 실무교육을 받은 후 1년 이내에 소방안전관리보조자로 선임된 사람은 해당 강습교육 또는 실무교육을 받은 날에 실무교육을 받은 것으로 본다.

④ 소방본부장 또는 소방서장은 제14조 및 제14조의2에 따라 소방안전관리자나 소방안전관리보조자의 선임신고를 받은 경우에는 신고일부터 1개월 이내에 별지 제42호 서식에 따라 그 내용을 안전원장에게 통보하여야 한다.

━ 소방안전관리자의 업무정지

① 소방본부장 또는 소방서장은 소방안전관리자가 제36조제1항에 따른 실무교육을 받지 아니하면 법 제41조제2항에 따라 실무교육을 받을 때까지 그 업무의 정지 및 소방안전관리자수첩의 반납을 명할 수 있다.

② 소방본부장 또는 소방서장은 제1항에 따라 소방안전관리자 업무의 정지를 명하였을 때에는 그 사실을 시 · 도의 공보에 공고하고, 안전원장에게 통보하며, 소방안전관리자수첩에 적어 소방안전관리자에게 내주어야 한다.

349 특정소방대상물의 관계인이 특정소방대상물의 규모 · 용도 및 수용인원 등을 고려하여 갖추어야 하는 소방시설등의 종류에서 지하가 중 터널에 설치해야 하는 소방시설이 아닌 것은?

[13 통합 · 경채]

① 소화기구

② 자동화재속보설비

③ 비상콘센트설비

④ 연결송수관설비

해설 터널 길이에 따른 소방시설의 종류

① 500m 이상 : 비상경보설비, 비상조명등설비, 비상콘센트설비, 무선통신보조설비

② 1,000m 이상 : 옥내소화전설비, 자동화재탐지설비, 연결송수관설비

③ 모든 터널 : 소화기

④ 지하가 중 예상 교통량, 경사도 등 터널의 특성을 고려하여 행정안전부령으로 정하는 위험등급 이상에 해당하는 터널 : 물분무소화설비, 제연설비

---

350 다음 중 소방시설등의 자체점검의 구분과 그 대상, 점검자의 자격, 점검 방법 · 횟수 및 시기에 대한 설명이 옳지 않은 것은?

[13 통합 · 공채]

① 작동기능점검은 소방시설등을 인위적으로 조작하여 정상적으로 작동하는지를 점검하는 것이다.

② 작동기능점검은 연 1회 이상 실시한다.

③ 종합정밀점검은 모든 특정소방대상물이 연 1회 이상 실시한다.

④ 하나의 대지경계선 안에 2개 이상의 점검 대상 건축물이 있는 경우에는 그 건축물 중 사용승인일이 가장 빠른 건축물의 사용승인일을 기준으로 점검할 수 있다.

해설 자체점검(보고서는 7일 이내에 제출)

	대상	횟수, 시기	점검자
작동기능 점검	모든 특정소방대상물 [예외대상] • 특급 소방안전관리대상물 (종합점검 연 2회) • 소화기구만 설치 • 위험물 제조소 등	연 1회 1. 종합정밀점검 대상 × 　(1) 3급 이상(보고서 제출) 　　: 안전관리대상물 사용승인일이 속하는 달의 말일까지 　(2) 3급 미만(보고서 제출 ×) 　　: 연중 1회 2. 종합정밀점검 대상 ○ 　: 종합실시월로부터 6개월이 되는 달의 말일까지	• 관계인 • 소방안전관리자 • 소방시설유지 관리업자

	대상	횟수, 시기	점검자
종합정밀 점검	스프링클러설비가 설치된 특정 소방대상물	• 연 1회(사용승인일이 속하는 달 의 말일까지) －학교 : 1~6월 → 6월 말일까지 • 특급소방안전관리대상물 : 연 2회(반기별 1회)(작동기능 점검은 제외)	• 소방안전관리자 (소방기술사, 소 방시설관리사) • 소방시설유지 관리업자
	물분무등 소화설비 설치가 된 연면적 5,000m² 이상		
	연면적 2,000m² 이상 다중이용 업소(노·고·산·단·유· 비·안·영·복)		
	옥내, 자탐설비가 설치된 연면 적 1,000m² 이상 공공기관 (소방대 근무장소 제외)		
	제연설비가 설치된 터널		

351 화재예방, 소방시설 설치 · 유지 및 안전관리에 관한 법률에 의한 용어의 정의가 옳은 것은?

[13 통합 · 경채]

① "소방시설"이란 소화설비, 경보설비, 피난구조설비, 소화용수설비, 그 밖에 소화활동설
비로서 행정안전부령으로 정하는 것을 말한다.

② "소방시설등"이란 소방시설과 비상구(非常口), 그 밖에 소방 관련 시설로서 행정안전부령
으로 정하는 것을 말한다.

③ "특정소방대상물"이란 소방시설을 설치하여야 하는 소방대상물로서 행정안전부령으로
정하는 것을 말한다.

④ "소방용품"이란 소방시설등을 구성하거나 소방용으로 사용되는 제품 또는 기기로서 대통
령령으로 정하는 것을 말한다.

해설 ① "소방시설"이란 소화설비, 경보설비, 피난구조설비, 소화용수설비, 그 밖에 소화활동설비로
서 대통령령으로 정하는 것을 말한다.

② "소방시설등"이란 소방시설과 비상구(非常口), 그 밖에 소방 관련 시설로서 대통령령으로 정
하는 것을 말한다. [방화문, 방화셔터]

③ "특정소방대상물"이란 소방시설을 설치하여야 하는 소방대상물로서 대통령령으로 정하는
것을 말한다.

④ "소방용품"이란 소방시설등을 구성하거나 소방용으로 사용되는 제품 또는 기기로서 대통령
령으로 정하는 것을 말한다.

352 특정소방대상물의 관계인이 특정소방대상물의 규모·용도 및 수용인원 등을 고려하여 갖추어야 하는 소방시설의 종류에서 수용인원의 산정방법이 잘못된 것은? [13 통합·경채]

① 침대가 없는 숙박시설 : 해당 특정소방물의 종사자 수에 침대 수(2인용 침대는 2개로 산정한다)를 합한 수

② 강의실·교무실·상담실·실습실·휴게실 용도로 쓰이는 특정소방대상물 : 해당 용도로 사용하는 바닥면적의 합계를 $1.9m^2$로 나누어 얻은 수

③ 강당, 문화 및 집회시설, 운동시설, 종교시설 : 해당 용도로 사용하는 바닥면적의 합계를 $4.6m^2$로 나누어 얻은 수

④ 바닥면적을 산정할 때에는 복도, 계단 및 화장실의 바닥면적을 포함하지 않는다.

해설 수용인원 산정방법

숙박 시설인 경우	침대 ○	침대 수+종업원 수
	침대 ×	$\dfrac{\text{바닥면적}[m^2]}{3m^2}$(반올림 수)+종업원 수
숙박 시설이 아닌 경우	강의실·교무실 ·상담실·실습 실·휴게실	$\dfrac{\text{바닥면적}[m^2]}{1.9m^2}$(반올림 수)
	강당, 문화 및 집회시설, 운동시설, 종교시설	$\dfrac{\text{바닥면적}[m^2]}{4.6m^2}$(반올림 수)+의자 수$\left(\dfrac{\text{의자길이}[m]}{0.45[m]}\right)$(반올림 수)
	그 밖	$\dfrac{\text{바닥면적}[m^2]}{3m^2}$(반올림 수)

353 지하층이나 무창층에 설치된 근린생활시설, 판매시설, 운수시설, 숙박시설, 위락시설, 의료시설, 노유자시설 또는 창고시설(물류터미널만 해당한다)로서 해당 용도로 사용되는 바닥면적의 합계가 몇 m^2 이상인 층에 제연설비를 설치하여야 하는가? [13 통합·경채]

① $100m^2$ ② $200m^2$ ③ $500m^2$ ④ $1,000m^2$

해설 제연설비 설치대상

제연설비를 설치하여야 하는 특정소방대상물은 다음의 어느 하나와 같다.

1) 문화 및 집회시설, 종교시설, 운동시설로서 무대부의 바닥면적이 $200m^2$ 이상 또는 문화 및 집회시설 중 영화상영관으로서 수용인원 100명 이상인 것

2) 지하층이나 무창층에 설치된 근린생활시설, 판매시설, 운수시설, 숙박시설, 위락시설, 의료시설, 노유자시설 또는 창고시설(물류터미널만 해당한다)로서 해당 용도로 사용되는 바닥면적의 합계가 1천m^2 이상인 층

3) 운수시설 중 시외버스정류장, 철도 및 도시철도 시설, 공항시설 및 항만시설의 대합실 또는 휴게시설로서 지하층 또는 무창층의 바닥면적이 1천㎡ 이상인 것

4) 지하가(터널은 제외한다)로서 연면적 1천㎡ 이상인 것

5) 지하가 중 예상 교통량, 경사도 등 터널의 특성을 고려하여 행정안전부령으로 정하는 터널

6) 특정소방대상물(갓복도형 아파트등는 제외한다)에 부설된 특별피난계단 또는 비상용 승강기의 승강장

354 다음 중 소방특별조사대상 선정위원회의 위원장은? [13 통합 · 경채]

① 대통령　　　　② 시 · 도지사　　　　③ 소방본부장　　　　④ 소방청장

해설 소방특별조사위원회의 구성 등

① 법 제4조제3항에 따른 소방특별조사위원회(이하 이 조 및 제7조의3부터 제7조의5까지에서 "위원회"라 한다)는 위원장 1명을 포함한 7명 이내의 위원으로 성별을 고려하여 구성하고, 위원장은 소방본부장이 된다.

② 위원회의 위원은 다음 각 호의 어느 하나에 해당하는 사람 중에서 소방본부장이 임명하거나 위촉한다.

　1. 과장급 직위 이상의 소방공무원

　2. 소방기술사

　3. 소방시설관리사

　4. 소방 관련 분야의 석사학위 이상을 취득한 사람

　5. 소방 관련 법인 또는 단체에서 소방 관련 업무에 5년 이상 종사한 사람

　6. 소방공무원 교육기관, 「고등교육법」 제2조의 학교 또는 연구소에서 소방과 관련한 교육 또는 연구에 5년 이상 종사한 사람

③ 위촉위원의 임기는 2년으로 하고, 한 차례만 연임할 수 있다.

④ 위원회에 출석한 위원에게는 예산의 범위에서 수당, 여비, 그 밖에 필요한 경비를 지급할 수 있다. 다만, 공무원인 위원이 그 소관 업무와 직접적으로 관련하여 위원회에 출석하는 경우는 그러하지 아니하다.

355 소방시설기준 적용의 특례에서 대통령령 또는 화재안전기준의 변경으로 강화된 기준을 적용해야 하는 것은? [13 통합 · 경채]

① 자동화재속보설비　　　　　　② 스프링클러설비

③ 자동화재탐지설비　　　　　　④ 간이스프링클러설비

해설 소방시설기준 적용의 특례

소방본부장이나 소방서장은 제9조제1항 전단에 따른 대통령령 또는 화재안전기준이 변경되어 그 기준이 강화되는 경우 기존의 특정소방대상물(건축물의 신축 · 개축 · 재축 · 이전 및 대수선 중인 특정소방대상물을 포함한다)의 소방시설에 대하여는 변경 전의 대통령령 또는 화재안전

기준을 적용한다. 다만, 다음 각 호의 어느 하나에 해당하는 소방시설의 경우에는 대통령령 또는 화재안전기준의 변경으로 강화된 기준을 적용한다.

1. 다음 소방시설 중 대통령령으로 정하는 것
    가. 소화기구
    나. 비상경보설비
    다. 자동화재속보설비
    라. 피난구조설비
2. 지하구 가운데 「국토의 계획 및 이용에 관한 법률」 제2조제9호에 따른 공동구에 설치하여야 하는 소방시설
3. 노유자(老幼者)시설, 의료시설에 설치하여야 하는 소방시설 중 대통령령으로 정하는 것
    • 노유자시설 : 자동화재탐지설비, 간이S/P설비, 단독경보형 감지기
    • 의료시설 : 자동화재탐지설비, 간이S/P설비, 자동화재속보설비, S/P설비

356 다음 중 방염대상물품 및 방염성능기준에 대한 설명으로 옳은 것은? [13 통합 · 경채]

① 버너의 불꽃을 제거한 때부터 불꽃을 올리며 연소하는 상태가 그칠 때까지 시간은 10초 이내일 것
② 버너의 불꽃을 제거한 때부터 불꽃을 올리지 아니하고 연소하는 상태가 그칠 때까지 시간은 30초 이내일 것
③ 탄화(炭化)한 면적은 40제곱센티미터 이내, 탄화한 길이는 30센티미터 이내일 것
④ 소방청장이 정하여 고시한 방법으로 발연량(發煙量)을 측정하는 경우 최대 연기밀도는 500 이하일 것

> **해설** 방염성능기준(대통령령)
>
> 1. 버너의 불꽃을 제거한 때부터 불꽃을 올리며 연소하는 상태가 그칠 때까지 시간은 20초 이내일 것[잔염시간 : 20초 이내]
> 2. 버너의 불꽃을 제거한 때부터 불꽃을 올리지 아니하고 연소하는 상태가 그칠 때까지 시간은 30초 이내일 것[잔진시간 : 30초 이내]
> 3. 탄화(炭化)한 면적은 50제곱센티미터 이내, 탄화한 길이는 20센티미터 이내일 것
> 4. 불꽃에 의하여 완전히 녹을 때까지 불꽃의 접촉횟수는 3회 이상일 것
> 5. 소방청장이 정하여 고시한 방법으로 발연량(發煙量)을 측정하는 경우 최대 연기밀도는 400 이하일 것

357 다음 중 방염성능기준 이상의 실내장식물 등을 설치하여야 하는 특정소방대상물이 아닌 것은? [13 통합 · 경채]

① 숙박시설

② 노유자시설

③ 의료시설 중 종합병원

④ 층수가 11층 이상인 모든 특정소방대상물

358 다음 보기의 빈칸에 들어갈 가장 알맞은 말을 순서대로 나열한 것은? [13 통합 · 경채]

소방본부장이나 소방서장이 지정하는 특정소방대상물의 관계인은 (   )(으)로 정하는 바에 따라 (   )(으)로 정하는 자를 공동 소방안전관리자로 선임하여야 한다.

① 행정안전부령, 대통령령   ② 대통령령, 행정안전부령

③ 행정안전부령, 시 · 도조례   ④ 시 · 도조례, 행정안전부령

해설 공동 소방안전관리

다음 각 호의 어느 하나에 해당하는 특정소방대상물로서 그 관리의 권원(權原)이 분리되어 있는 것 가운데 소방본부장이나 소방서장이 지정하는 특정소방대상물의 관계인은 행정안전부령으로 정하는 바에 따라 대통령령으로 정하는 자를 공동 소방안전관리자로 선임하여야 한다.

1. 고층 건축물(지하층을 제외한 층수가 11층 이상인 건축물만 해당한다)
2. 지하가(지하의 인공구조물 안에 설치된 상점 및 사무실, 그 밖에 이와 비슷한 시설이 연속하여 지하도에 접하여 설치된 것과 그 지하도를 합한 것을 말한다)
3. 그 밖에 대통령령으로 정하는 특정소방대상물
   1) 복합건축물로서 연면적이 5천제곱미터 이상인 것 또는 층수가 5층 이상인 것
   2) 판매시설 중 도매시장 및 소매시장
   3) 특정소방대상물 중 소방본부장 또는 소방서장이 지정하는 것

359 건축허가등의 동의를 요구하는 때에는 동의요구서에 각 서류를 첨부하여야 하는데, 이 중 설계도서와 관련이 없는 것은? [13 전북 · 공채]

① 건축물의 단면도 및 주단면 상세도(내장재료를 명시한 것에 한한다.)

② 소방시설(기계 · 전기분야의 시설을 말한다.)의 층별 평면도 및 층별 계통도(시설별 계산서를 포함한다.)

③ 창호도

④ 소방시설 설치계획표

건축허가 동의 시 제출서류

① 건축허가신청서 및 건축허가서 또는 건축·대수선·용도 변경신고서 등 건축허가등을 확인할 수 있는 서류의 사본

② 설계도서

   ㄱ. 건축물의 단면도 및 주단면 상세도(내장재료를 명시한 것에 한한다.)

     (⇨ 소방시설공사 착공신고대상에 해당되는 경우에 한한다.)

   ㄴ. 소방시설(기계·전기분야의 시설을 말한다.)의 층별 평면도 및 층별 계통도(시설별 계산서를 포함한다.)

   ㄷ. 창호도(⇨ 소방시설공사 착공신고대상에 해당되는 경우에 한한다.)

③ 소방시설 설치계획표

④ 임시소방시설 설치계획서

⑤ 소방시설설계업등록증과 소방시설을 설계한 기술인력자의 기술자격증

⑥ 소방시설 설계계약서 사본 1부

360 다음 소방시설 중 소화기구에 해당하지 않는 것은? [13 전북·공채]

① 호스릴옥내소화전설비 ② 투척용 소화용구

③ 간이소화용구 ④ 자동확산소화기

호스릴옥내소화전설비는 소화기구에 해당하지 않는다. 옥내소화전설비에 해당한다.

소화설비

물 또는 그 밖의 소화약제를 사용하여 소화하는 기계·기구 또는 설비로서 다음 각 목의 것

가. 소화기구

   1) 소화기

   2) 간이소화용구 : 에어로졸식 소화용구, 투척용 소화용구 및 소화약제 외의 것을 이용한 간이소화용구

   3) 자동확산소화기

나. 자동소화장치

   1) 주거용 주방자동소화장치

   2) 상업용 주방자동소화장치

   3) 캐비닛형 자동소화장치

   4) 가스자동소화장치

   5) 분말자동소화장치

   6) 고체에어로졸자동소화장치

다. 옥내소화전설비(호스릴옥내소화전설비를 포함한다)

라. 스프링클러설비등

   1) 스프링클러설비

   2) 간이스프링클러설비(캐비닛형 간이스프링클러설비를 포함한다)

   3) 화재조기진압용 스프링클러설비

마. 물분무등소화설비
   1) 물 분무 소화설비
   2) 미분무소화설비
   3) 포소화설비
   4) 이산화탄소소화설비
   5) 할론소화설비
   6) 할로겐화합물 및 불활성기체 소화설비
   7) 분말소화설비
   8) 강화액소화설비
   9) 고체에어로졸소화설비
바. 옥외소화전설비

361 소방본부장 또는 소방서장이 다중이용업소 · 의료시설 · 노유자시설 · 숙박시설 또는 장례식장에서 방염처리가 필요하다고 인정되는 경우에 방염처리된 제품을 사용하도록 권장하는 물품에 해당하지 않는 것은? [13 전북 · 공채]

① 침구류   ② 소파   ③ 의자   ④ 섬유판

해설 **방염성능기준 이상 권장물품의 종류**
소방본부장 또는 소방서장은 제1항에 따른 물품 외에 다중이용업소 · 의료시설 · 노유자시설 · 숙박시설 또는 장례식장에서 사용하는 침구류 · 소파 및 의자, 그리고 건축물 내부의 천장 또는 벽에 부착하거나 설치하는 가구류에 대하여 방염처리가 필요하다고 인정되는 경우에는 방염처리된 제품을 사용하도록 권장할 수 있다.

362 소방청장의 형식승인을 받아야 하는 소방용품이 아닌 것은? [13 전북 · 공채]

① 누전경보기 및 가스누설경보기
② 소화약제 외의 것을 이용한 간이소화용구
③ 피난사다리
④ 예비전원이 내장된 비상조명등

363 다음 중 근린생활시설에 해당하지 않는 것은 몇 개인가? [13 전북 · 공채]

슈퍼마켓, 휴게음식점, 의원, 사진관, 박물관, 도서관

① 1개   ② 2개   ③ 3개   ④ 4개

② 2개(박물관, 도서관)

— 근린생활시설

가. 슈퍼마켓과 일용품(식품, 잡화, 의류, 완구, 서적, 건축자재, 의약품, 의료기기 등) 등의 소매점으로서 같은 건축물(하나의 대지에 두 동 이상의 건축물이 있는 경우에는 이를 같은 건축물로 본다. 이하 같다)에 해당 용도로 쓰는 바닥면적의 합계가 1천㎡ 미만인 것

나. 휴게음식점, 제과점, 일반음식점, 기원(棋院), 노래연습장 및 단란주점(단란주점은 같은 건축물에 해당 용도로 쓰는 바닥면적의 합계가 150㎡ 미만인 것만 해당한다)

다. 이용원, 미용원, 목욕장 및 세탁소(공장이 부설된 것과 「대기환경보전법」, 「물환경보전법」 또는 「소음・진동관리법」에 따른 배출시설의 설치허가 또는 신고의 대상이 되는 것은 제외한다)

라. 의원, 치과의원, 한의원, 침술원, 접골원(接骨院), 조산원(「모자보건법」 제2조제11호에 따른 산후조리원을 포함한다) 및 안마원(「의료법」 제82조제4항에 따른 안마시술소를 포함한다)

마. 탁구장, 테니스장, 체육도장, 체력단련장, 에어로빅장, 볼링장, 당구장, 실내낚시터, 골프연습장, 물놀이형 시설(「관광진흥법」 제33조에 따른 안전성검사의 대상이 되는 물놀이형 시설을 말한다. 이하 같다), 그 밖에 이와 비슷한 것으로서 같은 건축물에 해당 용도로 쓰는 바닥면적의 합계가 500㎡ 미만인 것

바. 공연장(극장, 영화상영관, 연예장, 음악당, 서커스장, 「영화 및 비디오물의 진흥에 관한 법률」 제2조제16호 가목에 따른 비디오물감상실업의 시설, 같은 호 나목에 따른 비디오물소극장업의 시설, 그 밖에 이와 비슷한 것을 말한다. 이하 같다) 또는 종교집회장[교회, 성당, 사찰, 기도원, 수도원, 수녀원, 제실(祭室), 사당, 그 밖에 이와 비슷한 것을 말한다. 이하 같다]으로서 같은 건축물에 해당 용도로 쓰는 바닥면적의 합계가 300㎡ 미만인 것

사. 금융업소, 사무소, 부동산중개사무소, 결혼상담소 등 소개업소, 출판사, 서점, 그 밖에 이와 비슷한 것으로서 같은 건축물에 해당 용도로 쓰는 바닥면적의 합계가 500㎡ 미만인 것

아. 제조업소, 수리점, 그 밖에 이와 비슷한 것으로서 같은 건축물에 해당 용도로 쓰는 바닥면적의 합계가 500㎡ 미만이고, 「대기환경보전법」, 「물환경보전법」 또는 「소음・진동관리법」에 따른 배출시설의 설치허가 또는 신고의 대상이 아닌 것

자. 「게임산업진흥에 관한 법률」 제2조제6호의2에 따른 청소년게임제공업 및 일반게임제공업의 시설, 같은 조 제7호에 따른 인터넷컴퓨터게임시설제공업의 시설 및 같은 조 제8호에 따른 복합유통게임제공업의 시설로서 같은 건축물에 해당 용도로 쓰는 바닥면적의 합계가 500㎡ 미만인 것

차. 사진관, 표구점, 학원(같은 건축물에 해당 용도로 쓰는 바닥면적의 합계가 500㎡ 미만인 것만 해당하며, 자동차학원 및 무도학원은 제외한다), 독서실, 고시원(「다중이용업소의 안전관리에 관한 특별법」에 따른 다중이용업 중 고시원업의 시설로서 독립된 주거의 형태를 갖추지 않은 것으로서 같은 건축물에 해당 용도로 쓰는 바닥면적의 합계가 500㎡ 미만인 것을 말한다), 장의사, 동물병원, 총포판매사, 그 밖에 이와 비슷한 것

카. 의약품 판매소, 의료기기 판매소 및 자동차영업소로서 같은 건축물에 해당 용도로 쓰는 바닥면적의 합계가 1천㎡ 미만인 것

타. 삭제 〈2013.1.9〉

364 특정소방대상물에 대통령령으로 정하는 소방시설을 설치하려는 자는 지진이 발생할 경우 소방시설이 정상적으로 작동될 수 있도록 소방청장이 정하는 내진설계기준에 맞게 소방시설을 갖추어야 한다. 다음 중 내진설계를 적용하여야 하는 소방시설의 종류에 해당하지 않는 것은? [13 전북·공채]

① 소화기구
② 옥내소화전
③ 스프링클러설비
④ 물분무등소화설비

해설 내진설계 대상 : 옥내소화전설비, 스프링클러설비, 물분무등소화설비

365 대통령령으로 정하는 특정소방대상물에 실내장식 등의 목적으로 설치 또는 부착하는 물품으로서 대통령령으로 정하는 물품은 방염성능기준 이상의 것으로 설치하여야 하는데, 다음 중 방염성능기준이 옳지 않은 것은? [13 전북·공채]

① 버너의 불꽃을 제거한 때부터 불꽃을 올리며 연소하는 상태가 그칠 때까지 시간은 20초 이내일 것
② 버너의 불꽃을 제거한 때부터 불꽃을 올리지 아니하고 연소하는 상태가 그칠 때까지 시간은 30초 이내일 것
③ 불꽃에 의하여 완전히 녹을 때까지 불꽃의 접촉횟수는 2회 이상일 것
④ 탄화(炭化)한 면적은 50제곱센티미터 이내, 탄화한 길이는 20센티미터 이내일 것

해설 방염성능기준(대통령령)
1. 버너의 불꽃을 제거한 때부터 불꽃을 올리며 연소하는 상태가 그칠 때까지 시간은 20초 이내일 것[잔염시간 : 20초 이내]
2. 버너의 불꽃을 제거한 때부터 불꽃을 올리지 아니하고 연소하는 상태가 그칠 때까지 시간은 30초 이내일 것[잔진시간 : 30초 이내]
3. 탄화(炭化)한 면적은 50제곱센티미터 이내, 탄화한 길이는 20센티미터 이내일 것
4. 불꽃에 의하여 완전히 녹을 때까지 불꽃의 접촉횟수는 3회 이상일 것
5. 소방청장이 정하여 고시한 방법으로 발연량(發煙量)을 측정하는 경우 최대 연기밀도는 400 이하일 것

366 다음 중 소방시설 등의 종합정밀점검에 대한 설명으로 옳지 않은 것은?   [13 전북 · 공채]

① 스프링클러설비 또는 물분무등소화설비가 설치된 연면적 5,000m^2 이상인 특정소방대상물에 대하여 실시한다.

② 특급 소방안전관리대상물의 경우에는 반기에 1회 이상 실시한다.

③ 아파트의 경우 연면적 5,000m^2 이상이고 11층 이상인 것에만 실시한다. (현행 삭제)

④ 고시원, 산후조리원, 노래연습장업, 단란주점영업, 유흥주점영업, 영화상영관, 비디오물감상실업(비디오물소극장업 제외), 안마시술소 등 다중이용업의 영업장이 설치된 특정소방대상물로서 연면적이 3,000m^2 이상인 것에 실시한다.

해설 자체점검(보고서는 7일 이내에 제출)

	대상	횟수, 시기	점검자
작동기능점검	모든 특정소방대상물 [예외대상] • 특급 소방안전관리대상물 (종합점검 연 2회) • 소화기구만 설치 • 위험물 제조소 등	연 1회 1. 종합정밀점검 대상 × (1) 3급 이상(보고서 제출) : 안전관리대상물 사용승인 일이 속하는 달의 말일까지 (2) 3급 미만(보고서 제출 ×) : 연중 1회 2. 종합정밀점검 대상 ○ : 종합실시월로부터 6개월이 되 는 달의 말일까지	• 관계인 • 소방안전관리자 • 소방시설유지 관리업자
종합정밀점검	스프링클러설비가 설치된 특정소방대상물	• 연 1회(사용승인일이 속하는 달 의 말일까지) −학교 : 1~6월 → 6월 말일까지 • 특급소방안전관리대상물 : 연 2회(반기별 1회)(작동기능 점검은 제외)	• 소방안전관리자 (소방기술사, 소방시설관리사) • 소방시설유지 관리업자
	물분무등 소화설비 설치가 된 연면적 5,000m^2 이상		
	연면적 2,000m^2 이상 다중이용 업소(노 · 고 · 산 · 단 · 유 · 비 · 안 · 영 · 복)		
	옥내, 자탐설비가 설치된 연면 적 1,000m^2 이상 공공기관 (소방대 근무장소 제외)		
	제연설비가 설치된 터널		

367 다음 중 소방안전관리대상물의 관계인 및 소방안전관리대상물의 관계인이 선임하여야 하는 소방안전관리자의 연결이 옳지 않은 것은? [13 전북·공채]

① 특급 소방안전관리대상물의 관계인 – 특급 소방안전관리대상물의 소방안전관리에 대한 강습교육을 수료하고 소방청장이 실시하는 특급 소방안전관리대상물의 소방안전관리에 관한 시험에 합격한 사람

② 1급 소방안전관리대상물의 관계인 – 「고압가스 안전관리법」, 「액화석유가스의 안전관리 및 사업법」 또는 「도시가스사업법」에 따라 시험에 합격한 사람

③ 1급 소방안전관리대상물의 관계인 – 소방설비기사 또는 소방설비산업기사의 자격이 있는 사람

④ 2급 소방안전관리대상물의 관계인 – 전기공사산업기사 자격을 가진 사람

해설 1) 1급 소방안전관리대상물의 관계인은 다음 각 호의 어느 하나에 해당하는 사람 중에서 소방안전관리자를 선임하여야 한다. 다만, 제4호부터 제6호까지에 해당하는 사람은 안전관리자로 선임된 해당 소방안전관리대상물의 소방안전관리자로만 선임할 수 있다.
  1. 소방설비기사 또는 소방설비산업기사의 자격이 있는 사람
  2. 산업안전기사 또는 산업안전산업기사의 자격을 취득한 후 2년 이상 2급 소방안전관리대상물 또는 3급 소방안전관리대상물의 소방안전관리자로 근무한 실무경력이 있는 사람
  3. 소방공무원으로 7년 이상 근무한 경력이 있는 사람
  4. 위험물기능장·위험물산업기사 또는 위험물기능사 자격을 가진 사람으로서 안전관리자로 선임된 사람
  6. 전기안전관리자로 선임된 사람
  7. 소방청장이 실시하는 1급 소방안전관리대상물의 소방안전관리에 관한 시험에 합격한 사람

2) 2급 소방안전관리대상물의 관계인은 다음 각 호의 어느 하나에 해당하는 사람 중에서 소방안전관리자를 선임하여야 한다. 다만, 제3호에 해당하는 사람은 보안관리자 또는 보안감독자로 선임된 해당 소방안전관리대상물의 소방안전관리자로만 선임할 수 있다.
  1. 건축사·산업안전기사·산업안전산업기사·건축기사·건축산업기사·일반기계기사·전기기능장·전기기사·전기산업기사·전기공사기사 또는 전기공사산업기사 자격을 가진 사람
  2. 위험물기능장·위험물산업기사 또는 위험물기능사 자격을 가진 사람
  3. 광산보안기사 또는 광산보안산업기사 자격을 가진 사람으로서 광산안전관리직원(안전관리자 또는 안전감독자만 해당한다)으로 선임된 사람
  4. 소방공무원으로 3년 이상 근무한 경력이 있는 사람
  5. 소방청장이 실시하는 2급 소방안전관리대상물의 소방안전관리에 관한 시험에 합격한 사람

368 건축허가등을 할 때 미리 소방본부장 또는 소방서장의 동의를 받아야 하는 건축물 등의 범위에 해당하지 않는 것은? [13 전북 · 공채]

① 차고 · 주차장으로 사용되는 층 중 바닥면적이 200제곱미터 이상인 층이 있는 시설
② 관망탑
③ 바닥 면적이 400제곱미터 이상인 건축물
④ 지하층 또는 무창층이 있는 공연장으로서 바닥면적이 100제곱미터 이상인 층이 있는 것

해설 건축허가 동의 대상물의 범위(대통령령)
　　1. 연면적 400제곱미터 이상인 건축물
　　　　가. 학교시설 : 100제곱미터
　　　　나. 노유자시설(老幼者施設) 및 수련시설 : 200제곱미터
　　　　다. 정신의료기관 : 300제곱미터
　　　　라. 장애인 의료재활시설(이하 "의료재활시설"이라 한다) : 300제곱미터
　　1의2. 층수가 6층 이상인 건축물
　　2. 차고 · 주차장 또는 주차용도로 사용되는 시설로서 다음 각 목의 어느 하나에 해당하는 것
　　　　가. 차고 · 주차장으로 사용되는 바닥면적이 200제곱미터 이상인 층이 있는 건축물이나 주차시설
　　　　나. 승강기 등 기계장치에 의한 주차시설로서 자동차 20대 이상을 주차할 수 있는 시설
　　3. 항공기격납고, 관망탑, 항공관제탑, 방송용 송수신탑
　　4. 지하층 또는 무창층이 있는 건축물로서 바닥면적이 150제곱미터(공연장의 경우에는 100제곱미터) 이상인 층이 있는 것
　　5. 별표 2의 특정소방대상물 중 위험물 저장 및 처리시설, 지하구

369 다음 중 화재를 진압하거나 인명구조활동을 위하여 사용하는 소화활동설비에 해당하지 않는 것은? [13 전북 · 경채]

① 무선통신보조설비　　　　　　② 연결살수설비
③ 비상콘센트설비　　　　　　　④ 상수도소화용수설비

해설 소화활동설비 : 화재를 진압하거나 인명구조활동을 위하여 사용하는 설비로서 다음 각 목의 것
　　가. 제연설비　　　　　　　　나. 연결송수관설비
　　다. 연결살수설비　　　　　　라. 비상콘센트설비
　　마. 무선통신보조설비　　　　바. 연소방지설비

370 다음 중 소방특별조사에 대한 설명으로 옳지 않은 것은?　　　　[13 전북·경채]

① 소방청장, 소방본부장 또는 소방서장은 관할구역에 있는 소방대상물, 관계 지역 또는 관계인에 대하여 소방시설등이 이 법 또는 소방 관계 법령에 적합하게 설치·유지·관리되고 있는지, 소방대상물에 화재, 재난·재해 등의 발생 위험이 있는지 등을 확인하기 위하여 관계 공무원으로 하여금 소방안전관리에 관한 특별조사를 하게 할 수 있다.

② 소방청장, 소방본부장 또는 소방서장은 주관적 기준에 따라 소방특별조사의 대상을 선정할 수 있다.

③ 소방본부장은 소방특별조사의 대상을 객관적이고 공정하게 선정하기 위하여 필요하면 소방특별조사위원회를 구성하여 소방특별조사의 대상을 선정할 수 있다.

④ 소방특별조사대상 선정위원회는 위원장 1명을 포함한 7명 이내의 위원으로 구성하고, 위원장은 소방본부장이 된다.

> **해설** ② 소방청장, 소방본부장 또는 소방서장은 객관적이고 공정한 기준에 따라 소방특별조사의 대상을 선정하여야 하며, 소방본부장은 소방특별조사의 대상을 객관적이고 공정하게 선정하기 위하여 필요하면 소방특별조사위원회를 구성하여 소방특별조사의 대상을 선정할 수 있다.
>
> ── 제7조의2(소방특별조사위원회의 구성 등)
>   ① 법 제4조제3항에 따른 소방특별조사위원회(이하 이 조 및 제7조의3부터 제7조의5까지에서 "위원회"라 한다)는 위원장 1명을 포함한 7명 이내의 위원으로 성별을 고려하여 구성하고, 위원장은 소방본부장이 된다.

371 특정소방대상물의 관계인이 특정소방대상물의 규모·용도 및 수용인원 등을 고려하여 갖추어야 하는 소방시설등의 종류 중 제연설비를 설치하여야 하는 특정소방대상물에 해당하지 않는 것은?　　　　[13 전북·경채]

① 문화 및 집회시설, 종교시설, 운동시설로서 무대부의 바닥면적이 200m² 이상인 것

② 문화 및 집회시설 중 영화상영관으로서 수용인원 50명 이상인 것

③ 물류터미널의 창고시설로서 해당 용도로 사용되는 바닥면적의 합계가 1천m² 이상인 층

④ 터널을 제외한 지하가로서 연면적 1천m² 이상인 것

> **해설** 제연설비를 설치하여야 하는 특정소방대상물은 다음의 어느 하나와 같다.
>   1) 문화 및 집회시설, 종교시설, 운동시설로서 무대부의 바닥면적이 200m² 이상 또는 문화 및 집회시설 중 영화상영관으로서 **수용인원 100명 이상**인 것
>   2) 지하층이나 무창층에 설치된 근린생활시설, 판매시설, 운수시설, 숙박시설, 위락시설, 의료시설, 노유자시설 또는 창고시설(물류터미널만 해당한다)로서 해당 용도로 사용되는 바닥면적의 합계가 1천m² 이상인 층
>   3) 운수시설 중 시외버스정류장, 철도 및 도시철도 시설, 공항시설 및 항만시설의 대합실 또는

휴게시설로서 지하층 또는 무창층의 바닥면적이 1천m² 이상인 것
4) 지하가(터널은 제외한다)로서 연면적 1천m² 이상인 것
5) 지하가 중 예상 교통량, 경사도 등 터널의 특성을 고려하여 행정안전부령으로 정하는 터널
6) 특정소방대상물(갓복도형 아파트등는 제외한다)에 부설된 특별피난계단 또는 비상용 승강기의 승강장

372 다음 중 화재예방, 소방시설 설치 · 유지 및 안전관리에 관한 법률에 규정된 피난층의 정의로 옳은 것은? [13 전북 · 경채]

① 곧바로 지상으로 갈 수 있는 피난층이 있는 층
② 곧바로 지상으로 갈 수 있는 통로가 있는 층
③ 곧바로 지상으로 갈 수 있는 출입구가 있는 층
④ 곧바로 지상으로 갈 수 있는 비상구가 있는 층

해설 "피난층"이란 곧바로 지상으로 갈 수 있는 출입구가 있는 층을 말한다.

373 다음 중 특정소방대상물을 잘못 연결한 것은? [13 전북 · 경채]

① 오피스텔 – 업무시설
② 유스호스텔 – 수련시설
③ 항공관제탑 – 운수시설
④ 동 · 식물원 – 동 · 식물관련시설

해설 동 · 식물원 : 문화 및 집회시설

374 다음 중 소방안전관리대상물의 소방계획서에 포함되지 않아도 되는 것은? [13 전북 · 경채]

① 소방안전관리대상물의 위치 · 구조 · 연면적 · 용도 및 수용인원 등 일반 현황
② 완공된 소방시설의 성능시험계획
③ 화재예방을 위한 자체점검계획 및 진압대책
④ 소방시설 · 피난시설 및 소방안전시설의 점검 · 정비계획

375 특정소방대상물의 관계인이 특정소방대상물의 수용인원 등을 고려하여 갖추어야 하는 소방시설 등의 종류에 해당하지 않는 것은? [13 전북 · 경채]

① 휴대용비상조명등
② 스프링클러설비
③ 자동화재탐지설비
④ 간이스프링클러설비

간이스프링클러설비 설치대상에는 수용인원기준이 없다.

자동화재탐지설비

6) 노유자 생활시설
7) 6)에 해당하지 않는 노유자시설로서 연면적 400m² 이상인 노유자시설 및 숙박시설이 있는 수련시설로서 수용인원 100명 이상인

스프링클러설비

1) 문화 및 집회시설(동·식물원은 제외한다), 종교시설(주요구조부가 목조인 것은 제외한다), 운동시설(물놀이형 시설은 제외한다)로서 다음의 어느 하나에 해당하는 경우에는 모든 층
   가) 수용인원이 100명 이상인 것

피난구조설비

3) 공기호흡기를 설치하여야 하는 특정소방대상물은 다음의 어느 하나와 같다.
   가) 수용인원 100명 이상인 문화 및 집회시설 중 영화상영관
5) 휴대용 비상조명등을 설치하여야 하는 특정소방대상물은 다음의 어느 하나와 같다.
   가) 숙박시설
   나) 수용인원 100명 이상의 영화상영관, 판매시설 중 대규모점포, 철도 및 도시철도 시설 중 지하역사, 지하가 중 지하상가

376 다음 중 화재예방, 소방시설 설치·유지 및 안전관리에 관한 법률에 규정된 무창층에 대한 설명으로 옳지 않은 것은?   [13 전북·경채]

① 크기는 지름 30센티미터 이상의 원이 내접(內接)할 수 있는 크기일 것
② 해당 층의 바닥면으로부터 개구부 밑부분까지의 높이가 1.2미터 이내일 것
③ 도로 또는 차량이 진입할 수 있는 빈터를 향할 것
④ 화재 시 건축물로부터 쉽게 피난할 수 있도록 창살이나 그 밖의 장애물이 설치되지 아니할 것

크기는 지름 50센티미터 이상의 원이 내접(內接)할 수 있는 크기일 것

377 다음 중 소방청장이 그 권한을 시·도지사에게 위임 또는 위탁할 수 있는 것은?

[13 전북·경채]

① 방염성능검사 중 대통령령으로 정하는 검사
② 소방용품에 대한 수거·폐기 또는 교체 등의 명령에 대한 권한
③ 소방시설관리사증의 발급·재발급에 관한 업무
④ 소방용품의 우수품질인증

해설 법률/권한의 위임 · 위탁 등

① 이 법에 따른 소방청장 또는 시 · 도지사의 권한은 그 일부를 대통령령으로 정하는 바에 따라 시 · 도지사, 소방본부장 또는 소방서장에게 위임할 수 있다.

② 소방청장은 다음 각 호의 업무를 「소방산업의 진흥에 관한 법률」 제14조에 따른 한국소방산업기술원(이하 "기술원"이라 한다)에 위탁할 수 있다. 이 경우 소방청장은 기술원에 소방시설 및 소방용품에 관한 기술개발 · 연구 등에 필요한 경비의 일부를 보조할 수 있다.

1. 제13조에 따른 방염성능검사 중 대통령령으로 정하는 검사
2. 제36조제1항 · 제2항 및 제8항부터 제10항까지에 따른 소방용품의 형식승인
3. 제37조에 따른 형식승인의 변경승인
3의2. 제38조제1항에 따른 형식승인의 취소
4. 제39조제1항 · 제6항에 따른 성능인증 및 제39조의3에 따른 성능인증의 취소
5. 제39조의2에 따른 성능인증의 변경인증
6. 제40조에 따른 우수품질인증 및 그 취소

시행령/권한의 위임 · 위탁 등

① 법 제45조제1항에 따라 소방청장은 법 제36조제7항에 따른 소방용품에 대한 수거 · 폐기 또는 교체 등의 명령에 대한 권한을 시 · 도지사에게 위임한다.

② 법 제45조제2항에 따라 소방청장은 다음 각 호의 업무를 기술원에 위탁한다.

1. 법 제13조에 따른 방염성능검사 업무(합판 · 목재를 설치하는 현장에서 방염처리한 경우의 방염성능검사는 제외한다)
2. 법 제36조제1항 · 제2항 및 제8항부터 제10항까지의 규정에 따른 형식승인(시험시설의 심사를 포함한다)
3. 법 제37조에 따른 형식승인의 변경승인
4. 법 제38조제1항에 따른 형식승인의 취소(법 제44조제3호에 따른 청문을 포함한다)
5. 법 제39조제1항 및 제6항에 따른 성능인증
6. 법 제39조의2에 따른 성능인증의 변경인증
7. 법 제39조의3에 따른 성능인증의 취소(법 제44조제3호의2에 따른 청문을 포함한다)
8. 법 제40조에 따른 우수품질인증 및 그 취소(법 제44조제4호에 따른 청문을 포함한다)

③ 법 제45조제3항에 따라 소방청장은 법 제41조에 따른 소방안전관리에 대한 교육 업무를 「소방기본법」 제 40조에 따른 한국소방안전원에 위탁한다.

④ 법 제45조제4항에 따라 소방청장은 법 제36조제3항 및 제39조제2항에 따른 제품검사 업무를 기술원 또는 법 제42조에 따른 전문기관에 위탁한다.

⑤ 소방청장은 법 제45조제6항에 따라 다음 각 호의 업무를 소방청장의 허가를 받아 설립한 소방기술과 관련된 법인 또는 단체 중에서 해당 업무를 처리하는 데 필요한 관련 인력과 장비를 갖춘 법인 또는 단체에 위탁한다. 이 경우 소방청장은 위탁받는 기관의 명칭 · 주소 · 대표자 및 위탁 업무의 내용을 고시하여야 한다.

1. 법 제26조제4항 및 제5항에 따른 소방시설관리사증의 발급 · 재발급에 관한 업무
2. 법 제33조의2제1항에 따른 점검능력 평가 및 공시에 관한 업무
3. 법 제33조의2제4항에 따른 데이터베이스 구축에 관한 업무

378 다음 중 소방특별조사를 실시할 수 있는 경우에 해당하지 않는 것은?　　　　[13 전북 · 경채]

① 관계인이 실시하는 소방시설등, 소방안전시설, 피난시설 등에 대한 자체점검 등이 불성실하거나 불완전하다고 인정되는 경우

② 국가적 행사 등 주요 행사가 개최되는 장소 및 그 주변의 관계 지역에 대하여 소방안전관리 실태를 점검할 필요가 있는 경우

③ 화재가 자주 발생하였거나 발생할 우려가 뚜렷한 곳에 대한 점검이 필요한 경우

④ 다른 법률에 소방특별조사에 대한 규정이 없는 경우

> **해설** 소방특별조사 실시사유
> 1. 관계인이 이 법 또는 다른 법령에 따라 실시하는 소방시설등, 방화시설, 피난시설 등에 대한 자체점검 등이 불성실하거나 불완전하다고 인정되는 경우
> 2. 「소방기본법」 제13조에 따른 화재경계지구에 대한 소방특별조사 등 다른 법률에서 소방특별조사를 실시하도록 한 경우
> 3. 국가적 행사 등 주요 행사가 개최되는 장소 및 그 주변의 관계 지역에 대하여 소방안전관리 실태를 점검할 필요가 있는 경우
> 4. 화재가 자주 발생하였거나 발생할 우려가 뚜렷한 곳에 대한 점검이 필요한 경우
> 5. 재난예측정보, 기상예보 등을 분석한 결과 소방대상물에 화재, 재난 · 재해의 발생위험이 높다고 판단되는 경우
> 6. 제1호부터 제5호까지에서 규정한 경우 외에 화재, 재난 · 재해, 그 밖의 긴급한 상황이 발생할 경우 인명 또는 재산 피해의 우려가 현저하다고 판단되는 경우

379 소방특별조사 결과에 따른 조치명령으로 인하여 손실을 입은 자가 있는 경우 이 손실은 누가 보상해주어야 하는가?　　　　[13 전북 · 경채]

① 대통령　　　　　　　　　　　　② 행정안전부 장관
③ 소방청장　　　　　　　　　　　④ 관할 소방본부장 또는 소방서장

> **해설** 손실 보상
> **소방청장**, 특별시장 · 광역시장 · 특별자치시장 · 도지사 또는 특별자치도지사(이하 "시 · 도지사"라 한다)는 제5조제1항에 따른 명령으로 인하여 손실을 입은 자가 있는 경우에는 대통령령으로 정하는 바에 따라 보상하여야 한다.

380 소방용품의 형식승인 등에 대한 설명 중 옳지 않은 것은? [13 전북 · 경채]

① 대통령령으로 정하는 소방용품을 제조하거나 수입하려는 자는 소방청장의 형식승인을 받아야 한다.

② 형식승인을 받으려는 자는 행정안전부령으로 정하는 기준에 따라 형식승인을 위한 시험시설을 갖추고 소방청장의 심사를 받아야 한다.

③ 형식승인을 받은 자는 그 소방용품에 대하여 소방청장이 실시하는 제품검사를 받아야 한다.

④ 소방용품의 형상 · 구조 · 재질 · 성분 · 성능 등의 형식승인 및 제품검사의 기술기준 등에 관한 사항은 행정안전부장관이 정하여 고시한다.

해설 ① 대통령령으로 정하는 소방용품을 제조하거나 수입하려는 자는 소방청장의 형식승인을 받아야 한다. 다만, 연구개발 목적으로 제조하거나 수입하는 소방용품은 그러하지 아니하다.

② 형식승인을 받으려는 자는 행정안전부령으로 정하는 기준에 따라 형식승인을 위한 시험시설을 갖추고 소방청장의 심사를 받아야 한다. 다만, 소방용품을 수입하는 자가 판매를 목적으로 하지 아니하고 자신의 건축물에 직접 설치하거나 사용하려는 경우 등 행정안전부령으로 정하는 경우에는 시험시설을 갖추지 아니할 수 있다.

③ 형식승인을 받은 자는 그 소방용품에 대하여 소방청장이 실시하는 제품검사를 받아야 한다.

④ 소방용품의 형상 · 구조 · 재질 · 성분 · 성능 등 (이하 "형상등"이라 한다)의 형식승인 및 제품검사의 기술기준 등에 관한 사항은 소방청장이 정하여 고시한다.

381 소방안전관리자를 선임하여야 하는 특정소방대상물에 대한 설명으로 옳지 않은 것은? [13 경기 · 공채]

① 30층 이상(지하층은 제외한다)이거나 지상으로부터 높이가 120미터 이상인 특정소방대상물은 특급 소방안전관리대상물이다.

② 연면적이 20만제곱미터 이상인 특정소방대상물은 특급 소방안전관리대상물이다.

③ 보물 또는 국보로 지정된 목조건축물은 2급 소방안전관리대상물이다.

④ 지하구는 2급 소방안전관리대상물이다.

특급	① 50층 이상(지하층은 제외)이거나 지상으로부터 높이가 200미터 이상인 아파트 ② 연면적 20만m² 이상 ③ 지하층 포함 30층 이상(아파트는 제외) ④ 높이가 120미터 이상(아파트는 제외)	제외	• 공공기관 • 동·식물원 • 불연성 물품 창고 • 위험물 제조소 등 • 지하구
1급	① 30층 이상(지하층은 제외)이거나 지상으로부터 높이가 120미터 이상인 아파트 ② 연면적 1만5천제곱미터 이상인 것(아파트는 제외) ③ 층수가 11층 이상인 것(아파트는 제외) ④ 가연성 가스를 1천톤 이상 저장·취급하는 시설		
2급	① 옥내소화전설비, 스프링클러설비, 간이스프링클러설비 또는 물분무등소화설비(호스릴 방식 제외)를 설치하는 특정소방대상물 ② 가스제조설비를 갖추고 도시가스사업의 허가를 받아야 하는 시설 또는 가연성 가스를 100톤 이상 1천톤 미만 저장·취급하는 시설 ④ 지하구 ⑤ 공동주택(300세대 이상, 승강기·중앙난방시설·주상복합건축물로 150세대 이상 등) ⑥ 보물 또는 국보로 지정된 목조건축물	제외	• 공공기관
3급	특급·1급·2급 소방안전관리 대상물에 해당하지 아니하는 특정소방대상물로서 **자동화재탐지설비**를 설치하는 특정소방대상물	제외	• 공공기관
비고	건축물대장의 건축물현황도에 표시된 대지경계선 안의 지역 또는 인접한 2개 이상의 대지에 소방안전관리자를 두어야 하는 특정소방대상물이 둘 이상 있고, 그 관리에 관한 권원을 가진 자가 동일인인 경우에는 이를 하나의 특정소방대상물로 보되, 그 특정소방대상물이 특급, 1급, 2급, 3급 소방안전관리대상물 중 둘 이상에 해당하는 경우에는 그 중에서 급수가 높은 특정소방대상물로 본다.		

382 특정소방대상물에 대통령령으로 정하는 소방시설을 설치하려는 자는 지진이 발생할 경우 소방시설이 정상적으로 작동될 수 있도록 소방청장이 정하는 내진설계기준에 맞게 소방시설을 갖추어야 한다. 다음 중 내진설계를 적용하여야 하는 소방시설의 종류에 해당하지 않는 것은?

[13 경기·공채]

① 소화기구   ② 옥내소화전
③ 스프링클러설비   ④ 물분무등소화설비

해설 내진설계 대상 : 옥내소화전설비, 스프링클러설비, 물분무등소화설비

383 다음 소방특별조사에 대한 설명 중 옳은 것은? [13 경기·공채]

① 소방청장, 소방본부장 또는 소방서장은 관할구역에 있는 특정소방대상물에 화재, 재난·재해 등의 발생 위험이 있는지 등을 확인하기 위하여 관계인으로 하여금 소방안전관리에 관한 특별조사를 하게 할 수 있다.

② 소방청장은 소방특별조사를 할 때 필요하면 행정안전부령으로 정하는 바에 따라 중앙소방특별조사단을 편성하여 운영할 수 있다.

③ 소방청장, 소방본부장 또는 소방서장은 필요하면 소방기술사, 소방시설관리사, 그 밖에 소방·방재 분야에 관한 전문지식을 갖춘 사람을 소방특별조사에 참여하게 할 수 있다.

④ 소방청장, 소방본부장 또는 소방서장은 소방특별조사를 하려면 14일 전에 관계인에게 조사대상, 조사기간 및 조사사유 등을 서면으로 알려야 한다.

> **해설** ① 소방청장, 소방본부장 또는 소방서장은 관할구역에 있는 소방대상물, 관계 지역 또는 관계인에 대하여 소방시설등이 이 법 또는 소방 관계 법령에 적합하게 설치·유지·관리되고 있는지, 소방대상물에 화재, 재난·재해 등의 발생 위험이 있는지 등을 확인하기 위하여 **관계 공무원으로 하여금** 소방안전관리에 관한 특별조사(이하 "소방특별조사"라 한다)를 하게 할 수 있다.
> ② 소방청장은 소방특별조사를 할 때 필요하면 **대통령령**으로 정하는 바에 따라 중앙소방특별조사단을 편성하여 운영할 수 있다.
> ③ 소방청장, 소방본부장 또는 소방서장은 필요하면 소방기술사, 소방시설관리사, 그 밖에 소방·방재 분야에 관한 전문지식을 갖춘 사람을 소방특별조사에 참여하게 할 수 있다.
> ④ 소방청장, 소방본부장 또는 소방서장은 소방특별조사를 하려면 **7일 전**에 관계인에게 조사대상, 조사기간 및 조사사유 등을 서면으로 알려야 한다.

384 건축허가등의 동의 대상물의 범위 등에 해당하지 않은 것은? [13 경기·공채]

① 연면적이 400제곱미터 이상인 건축물
② 연면적이 300제곱미터 이상인 정신의료기관(입원실이 없는 정신건강의학과 의원은 제외)
③ 차고·주차장으로 사용되는 층 중 바닥면적이 200제곱미터 이상인 층이 있는 시설
④ 지하층 또는 무창층이 있는 건축물로서 바닥면적이 100제곱미터 이상인 층이 있는 것

> **해설** 건축허가 동의 대상물의 범위(대통령령)
> 1. 연면적 400제곱미터 이상인 건축물
>   가. 학교시설 : 100제곱미터
>   나. 노유자시설(老幼者施設) 및 수련시설 : 200제곱미터
>   다. 정신의료기관 : 300제곱미터
>   라. 장애인 의료재활시설(이하 "의료재활시설"이라 한다) : 300제곱미터
> 1의2. 층수가 6층 이상인 건축물

2. 차고 · 주차장 또는 주차용도로 사용되는 시설로서 다음 각 목의 어느 하나에 해당하는 것
   가. 차고 · 주차장으로 사용되는 바닥면적이 200제곱미터 이상인 층이 있는 건축물이나 주차시설
   나. 승강기 등 기계장치에 의한 주차시설로서 자동차 20대 이상을 주차할 수 있는 시설
3. 항공기격납고, 관망탑, 항공관제탑, 방송용 송수신탑
4. 지하층 또는 무창층이 있는 건축물로서 바닥면적이 150제곱미터(공연장의 경우에는 100제곱미터) 이상인 층이 있는 것
5. 별표 2의 특정소방대상물 중 위험물 저장 및 처리시설, 지하구

385 다음 중 방염성능기준이 옳지 않은 것은? [13 경기 · 공채]

① 버너의 불꽃을 제거한 때부터 불꽃을 올리며 연소하는 상태가 그칠 때까지 시간은 20초 이내일 것
② 버너의 불꽃을 제거한 때부터 불꽃을 올리지 아니하고 연소하는 상태가 그칠 때까지 시간은 30초 이내일 것
③ 불꽃에 의하여 완전히 녹을 때까지 불꽃의 접촉횟수는 2회 이상일 것
④ 소방청장이 정하여 고시한 방법으로 발연량(發煙量)을 측정하는 경우 최대 연기밀도는 400 이하일 것

해설 방염성능기준(대통령령)
1. 버너의 불꽃을 제거한 때부터 불꽃을 올리며 연소하는 상태가 그칠 때까지 시간은 20초 이내일 것[잔염시간 : 20초 이내]
2. 버너의 불꽃을 제거한 때부터 불꽃을 올리지 아니하고 연소하는 상태가 그칠 때까지 시간은 30초 이내일 것[잔진시간 : 30초 이내]
3. 탄화(炭化)한 면적은 50제곱센티미터 이내, 탄화한 길이는 20센티미터 이내일 것
4. 불꽃에 의하여 완전히 녹을 때까지 불꽃의 접촉횟수는 3회 이상일 것
5. 소방청장이 정하여 고시한 방법으로 발연량(發煙量)을 측정하는 경우 최대 연기밀도는 400 이하일 것

386 다음 중 소방시설관리업 등록을 하지 아니하고 영업을 한 자에 대한 벌칙은?

[13 경기 · 공채]

① 1년 이하의 징역 또는 1천만 원 이하의 벌금
② 3년 이하의 징역 또는 3천만 원 이하의 벌금
③ 5년 이하의 징역 또는 5천만 원 이하의 벌금
④ 500만 원 이하의 벌금

해설 소방시설관리업 등록을 하지 아니하고 영업을 한 사람 : 3년 이하의 징역 또는 3천만 원 이하의 벌금

387 다음 중 중앙소방기술심의위원회에서 심의하는 사항이 아닌 것은?   [13 경기 · 공채]

① 소방시설의 구조 및 원리 등에서 공법이 특수한 설계 및 시공에 관한 사항

② 소방시설의 설계 및 공사감리의 방법에 관한 사항

③ 소방시설공사의 하자를 판단하는 기준에 관한 사항

④ 소방시설에 하자가 있는지의 판단에 관한 사항

해설 중앙소방기술심의위원회 심의사항

    1) 화재안전기준에 관한 사항

    2) 소방시설의 구조 및 원리 등에서 공법이 특수한 설계 및 시공에 관한 사항

    3) 소방시설의 설계 및 공사감리의 방법에 관한 사항

    4) 소방시설공사의 하자를 판단하는 기준에 관한 사항

    5) 그 밖에 소방기술 등에 관하여 대통령령으로 정하는 사항

        1. 연면적 10만제곱미터 이상의 특정소방대상물에 설치된 소방시설의 설계 · 시공 · 감리의 하자 유무에 관한 사항

        2. 새로운 소방시설과 소방용품 등의 도입 여부에 관한 사항

        3. 그 밖에 소방기술과 관련하여 소방청장이 심의에 부치는 사항

---

388 다음 중 성능위주설계를 하여야 하는 특정소방대상물의 범위가 아닌 것은? [14 통합 · 공채]

① 연면적 20만제곱미터 이상인 특정소방대상물

② 영화상영관이 10개 이상인 특정소방대상물

③ 건축물의 높이가 100미터 이상인 특정소방대상물

④ 연면적 2만제곱미터 이상인 철도 및 도시철도시설

해설 성능위주설계 대상

    1. 연면적 20만제곱미터 이상인 특정소방대상물. 다만, 별표 2 제1호에 따른 공동주택 중 주택으로 쓰이는 층수가 5층 이상인 주택(이하 이 조에서 "아파트 등"이라 한다)은 제외한다.

    2. 다음 각 목의 어느 하나에 해당하는 특정소방대상물. 다만, 아파트 등은 제외한다.

        가. 건축물의 높이가 100미터 이상인 특정소방대상물

        나. 지하층을 포함한 층수가 30층 이상인 특정소방대상물

    3. 연면적 3만제곱미터 이상인 특정소방대상물로서 다음 각 목의 어느 하나에 해당하는 특정소방대상물

        가. 별표 2 제6호 나목의 철도 및 도시철도시설

        나. 별표 2 제6호 다목의 공항시설

    4. 하나의 건축물에 「영화 및 비디오물의 진흥에 관한 법률」 제2조제10호에 따른 영화상영관이 10개 이상인 특정소방대상물

---

389 화재위험도가 낮은 특정소방대상물 중 석재, 불연성 금속등 공장에 설치가 면제되는 소방시설은? [14 통합·공채]

① 옥외소화전 및 연결살수설비

② 옥외소화전 및 연결송수관설비

③ 자동화재탐지설비 및 연결살수설비

④ 연결송수관설비 및 연결살수설비

해설 소방시설을 설치하지 아니할 수 있는 특정소방대상물 및 소방시설의 범위(제18조 관련)

구분	특정소방대상물	소방시설
1. 화재위험도가 낮은 특정소방대상물	석재, 불연성 금속, 불연성 건축재료 등의 가공공장·기계조립공장·주물공장 또는 불연성 물품을 저장하는 창고	옥외소화전 및 연결살수설비
	「소방기본법」제2조제5호에 따른 소방대(消防隊)가 조직되어 24시간 근무하고 있는 청사 및 차고	옥내소화전설비, 스프링클러설비, 물분무등소화설비, 비상방송설비, 피난기구, 소화용수설비, 연결송수관설비, 연결살수설비
2. 화재안전기준을 적용하기 어려운 특정소방대상물	펄프공장의 작업장, 음료수 공장의 세정 또는 충전을 하는 작업장, 그 밖에 이와 비슷한 용도로 사용하는 것	스프링클러설비, 상수도소화용수설비 및 연결살수설비
	정수장, 수영장, 목욕장, 농예·축산·어류양식용 시설, 그 밖에 이와 비슷한 용도로 사용되는 것	자동화재탐지설비, 상수도소화용수설비 및 연결살수설비
3. 화재안전기준을 달리 적용하여야 하는 특수한 용도 또는 구조를 가진 특정소방대상물	원자력발전소, 핵폐기물처리시설	연결송수관설비 및 연결살수설비
4. 「위험물 안전관리법」제19조에 따른 자체소방대가 설치된 특정소방대상물	자체소방대가 설치된 위험물 제조소 등에 부속된 사무실	옥내소화전설비, 소화용수설비, 연결살수설비 및 연결송수관설비

390 같은 건축물에 해당 용도로 쓰는 바닥면적의 합계가 $500m^2$ 이상인 인터넷컴퓨터게임제공업은 다음 중 어디에 해당하는가? [14 통합·공채]

① 근린생활　　　　　　　② 위락시설

③ 판매시설　　　　　　　④ 수련시설

가. 도매시장 : 「농수산물 유통 및 가격안정에 관한 법률」 제2조제2호에 따른 농수산물도매시장, 같은 조 제5호에 따른 농수산물공판장, 그 밖에 이와 비슷한 것(그 안에 있는 근린생활시설을 포함한다)

나. 소매시장 : 시장, 「유통산업발전법」 제2조제3호에 따른 대규모 점포, 그 밖에 이와 비슷한 것(그 안에 있는 근린생활시설을 포함한다)

다. 전통시장 : 「전통시장 및 상점가 육성을 위한 특별법」 제2조제1호에 따른 전통시장(그 안에 있는 근린생활시설을 포함하며, 노점형 시장은 제외한다)

라. 상점 : 다음의 어느 하나에 해당하는 것(그 안에 있는 근린생활시설을 포함한다)

    1) 제2호 가목에 해당하는 용도로서 같은 건축물에 해당 용도로 쓰는 바닥면적 합계가 1천m² 이상인 것

    2) 제2호 자목에 해당하는 용도로서 같은 건축물에 해당 용도로 쓰는 바닥면적 합계가 500m² 이상인 것

━ 제2호 자목

자. 「게임산업진흥에 관한 법률」 제2조제6호의2에 따른 청소년게임제공업 및 일반게임제공업의 시설, 같은 조 제7호에 따른 인터넷컴퓨터게임시설제공업의 시설 및 같은 조 제8호에 따른 복합유통게임제공업의 시설로서 같은 건축물에 해당 용도로 쓰는 바닥면적의 합계가 500m² 미만인 것

391 특정소방대상물의 근무자 및 거주자에 대한 소방훈련과 교육에 대한 설명으로 옳지 않은 것은?
[14 통합 · 공채]

① 소방본부장 또는 소방서장은 화재경계지구 안의 소방대상물의 위치 · 구조 및 설비 등에 대한 소방특별조사를 연 1회만 실시하여야 한다.

② 소방서장은 특급 및 1급 소방안전관리대상물의 관계인으로 하여금 소방훈련을 소방기관과 합동으로 실시하게 할 수 있다.

③ 소방서장이 화재예방을 위하여 필요하다고 인정하여 2회의 범위 안에서 추가로 실시할 것을 요청하는 경우에는 소방훈련과 교육을 실시하여야 한다.

④ 소방안전관리대상물의 관계인은 소방훈련과 교육을 실시하였을 때에는 그 실시 결과를 소방훈련 · 교육 실시 결과 기록부에 기록하고, 이를 2년간 보관하여야 한다.

해설 제15조(특정소방대상물의 근무자 및 거주자에 대한 소방훈련과 교육)
특정소방대상물의 관계인은 법 제22조제3항의 규정에 의한 소방훈련과 교육을 연 1회 이상 실시하여야 한다. 다만, 소방서장이 화재예방을 위하여 필요하다고 인정하여 2회의 범위 안에서 추가로 실시할 것을 요청하는 경우에는 소방훈련과 교육을 실시하여야 한다.

정답 391 ①

392 다음 공동 소방안전관리자 선임 대상 특정소방대상물이 아닌 것은? [14 통합 · 공채]

① 지하층을 제외한 층수가 11층 이상의 건축물

② 지하가

③ 판매시설 중 도매시장 및 소매시장

④ 복합건축물로서 연면적이 3천5백제곱미터 이상인 것

해설 **공동 소방안전관리**

다음 각 호의 어느 하나에 해당하는 특정소방대상물로서 그 관리의 권원(權原)이 분리되어 있는 것 가운데 소방본부장이나 소방서장이 지정하는 특정소방대상물의 관계인은 행정안전부령으로 정하는 바에 따라 대통령령으로 정하는 자를 공동 소방안전관리자로 선임하여야 한다.

1. 고층 건축물(지하층을 제외한 층수가 11층 이상인 건축물만 해당한다)
2. 지하가(지하의 인공구조물 안에 설치된 상점 및 사무실, 그 밖에 이와 비슷한 시설이 연속하여 지하도에 접하여 설치된 것과 그 지하도를 합한 것을 말한다)
3. 그 밖에 대통령령으로 정하는 특정소방대상물
   1) 복합건축물로서 연면적이 5천제곱미터 이상인 것 또는 층수가 5층 이상인 것
   2) 판매시설 중 도매시장 및 소매시장
   3) 특정소방대상물 중 소방본부장 또는 소방서장이 지정하는 것

393 특정소방대상물에 대통령령으로 정하는 소방시설을 설치하려는 자는 지진이 발생할 경우 소방시설이 정상적으로 작동될 수 있도록 소방청장이 정하는 내진설계기준에 맞게 소방시설을 갖추어야 한다. 다음 중 내진설계를 적용하여야 하는 소방시설의 종류가 아닌 것은? [14 통합 · 경채]

① 옥내소화전   ② 스프링클러설비

③ 물분무등소화설비   ④ 분말자동소화장치

해설 내진설계 대상 : 옥내소화전설비, 스프링클러설비, 물분무등소화설비

394 소방시설기준 적용의 특례에서 대통령령 또는 화재안전기준이 변경되어 그 기준이 강화되는 경우 기존의 특정소방대상물의 소방시설에 대하여 강화된 변경기준을 적용하여야 하는 소방시설 및 특정소방대상물로 옳지 않은 것은? [14 통합 · 경채]

① 교육연구시설에 설치하는 비상경보설비

② 노유자시설에 설치하는 스프링클러설비

③ 업무시설에 설치하는 자동화재속보설비

④ 근린생활시설에 설치하는 소화기구

소방본부장이나 소방서장은 제9조제1항 전단에 따른 대통령령 또는 화재안전기준이 변경되어 그 기준이 강화되는 경우 기존의 특정소방대상물(건축물의 신축·개축·재축·이전 및 대수선 중인 특정소방대상물을 포함한다)의 소방시설에 대하여는 변경 전의 대통령령 또는 화재안전 기준을 적용한다. 다만, 다음 각 호의 어느 하나에 해당하는 소방시설의 경우에는 대통령령 또는 화재안전기준의 변경으로 강화된 기준을 적용한다.

1. 다음 소방시설 중 대통령령으로 정하는 것
   가. 소화기구
   나. 비상경보설비
   다. 자동화재속보설비
   라. 피난구조설비
2. 지하구 가운데 「국토의 계획 및 이용에 관한 법률」 제2조제9호에 따른 공동구에 설치하여야 하는 소방시설
3. 노유자(老幼者)시설, 의료시설에 설치하여야 하는 소방시설 중 대통령령으로 정하는 것
   • 노유자시설 : 자동화재탐지설비, 간이S/P설비, 단독경보형 감지기
   • 의료시설 : 자동화재탐지설비, 간이S/P설비, 자동화재속보설비, S/P설비

395 특정소방대상물의 관계인이 특정소방대상물의 규모·용도 및 수용인원 등을 고려하여 갖추어야 하는 소방시설등의 종류에 대한 설명 중 옳지 않은 것은? [14 통합·경채]

① 모든 터널에는 소화기구를 설치해야 한다.
② 지하가 중 터널로서 길이가 700m 이상인 특정소방대상물에는 자동화재탐지설비를 설치하여여 한다.
③ 지하가 중 터널로서 길이가 5백m 이상인 특정소방대상물에는 비상콘센트설비를 설치하여야 하다.
④ 지하가 중 터널로서 길이가 1천m 이상인 특정소방대상물에는 연결송수관설비를 설치하여야 한다.

해설 터널 길이에 따른 소방시설의 종류
① 500m 이상 : 비상경보설비, 비상조명등설비, 비상콘센트설비, 무선통신보조설비
② 1,000m 이상 : 옥내소화전설비, 자동화재탐지설비, 연결송수관설비
③ 모든 터널 : 소화기
④ 지하가 중 예상 교통량, 경사도 등 터널의 특성을 고려하여 행정안전부령으로 정하는 위험등급 이상에 해당하는 터널 : 물분무소화설비, 제연설비

정답 **395** ②

396 다음 소방시설 중 물분무등소화설비에 해당하지 않는 것은?   [14 통합·경채]

① 포소화설비

② 이산화탄소소화설비

③ 스프링클러설비

④ 강화액소화설비

해설 **물분무등소화설비**

   1) 물분무소화설비

   3) 포소화설비

   5) 할론소화설비

   7) 분말소화설비

   9) 고체에어로졸소화설비

   2) 미분무소화설비

   4) 이산화탄소소화설비

   6) 할로겐화합물 및 불활성기체 소화설비

   8) 강화액소화설비

397 소방청장이 실시하는 2급 소방안전관리대상물의 소방안전관리에 관한 시험에 합격한 사람 중 2급 소방안전관리대상물의 소방안전관리자로 선임될 수 있는 사람은?   [14 통합·경채]

① 대학에서 소방안전 관련 교과목을 5학점 이상 이수하고 졸업하거나 소방안전 관련 학과를 전공하고 졸업한 사람

② 경찰공무원으로 2년 이상 근무한 경력이 있는 사람

③ 소방본부 또는 소방서에서 6개월 이상 화재진압 또는 그 보조업무에 종사한 경력이 있는 사람

④ 의용소방대원으로 3년 이상 근무한 경력이 있는 사람

해설 ① 대학에서 소방안전 관련 교과목을 6학점 이상 이수하고 졸업한 사람

   ② 경찰공무원으로 3년 이상 근무한 경력이 있는 사람

   ③ 소방본부 또는 소방서에서 1년 이상 화재진압 또는 그 보조업무에 종사한 경력이 있는 사람

   ④ 경호공무원 또는 별정직공무원으로서 2년 이상 안전검측업무에 종사한 경력이 있는 사람

398 소방특별조사의 방법 및 절차에 대한 설명 중 옳지 않은 것은?   [14 통합·경채]

① 소방특별조사를 하려면 7일 전에 관계인에게 조사대상, 조사기간 및 조사사유 등을 서면으로 알려야 한다.

② 관계인이 질병, 장기출장 등으로 소방특별조사에 참여할 수 없는 경우 소방특별조사의 연기를 신청할 수 있다.

③ 소방특별조사의 연기를 승인한 경우라도 연기기간이 끝나기 전에 연기사유가 없어졌거나 긴급히 조사를 하여야 할 사유가 발생하였을 때에는 관계인에게 통보하고 소방특별조사를 할 수 있다.

④ 소방특별조사를 마친 때에는 그 조사결과를 관계인에게 서면 또는 구두로 통지하여야 한다.

해설 소방청장, 소방본부장 또는 소방서장은 소방특별조사를 마친 때에는 그 조사결과를 관계인에 게 서면으로 통지하여야 한다.

399 소방용품의 형식승인에 대한 설명 중 옳지 않은 것은? [14 통합 · 경채]

① 물분무헤드를 제조하려는 자는 소방청장의 형식승인을 받아야 한다.

② 소화설비를 구성하는 가스관선택밸브를 수입하거나 제조하려는 자는 소방청장의 형식승 인을 받아야 한다.

③ 소방청장은 한국소방산업기술원에 소방용품의 형식승인 및 성능인증검사를 위탁할 수 있다.

④ 소방청장은 외국의 공인기관으로부터 인정받은 신기술 제품은 형식승인을 위한 시험 중 일부를 생략하여 형식승인을 할 수 있다.

해설 ① 물분무헤드는 소방용품에 해당하지 않는다. (스프링클러헤드)

━ 소방용품(제6조 관련)
  1. 소화설비를 구성하는 제품 또는 기기
    가. 소화기구(소화약제 외의 것을 이용한 간이소화용구는 제외한다)
    나. 자동소화장치
    다. 소화설비를 구성하는 소화전, 관창(菅槍), 소방호스, 스프링클러헤드, 기동용 수압개폐 장치, 유수제어밸브 및 가스관선택밸브
  2. 경보설비를 구성하는 제품 또는 기기
    가. 누전경보기 및 가스누설경보기
    나. 경보설비를 구성하는 발신기, 수신기, 중계기, 감지기 및 음향장치(경종만 해당한다)
  3. 피난구조설비를 구성하는 제품 또는 기기
    가. 피난사다리, 구조대, 완강기(간이완강기 및 지지대를 포함한다)
    나. 공기호흡기(충전기를 포함한다)
    다. 피난구유도등, 통로유도등, 객석유도등 및 예비 전원이 내장된 비상조명등
  4. 소화용으로 사용하는 제품 또는 기기
    가. 소화약제(소화설비용만 해당한다)
    나. 방염제(방염액 · 방염도료 및 방염성물질을 말한다)
  5. 그 밖에 행정안전부령으로 정하는 소방 관련 제품 또는 기기

400 다음 특정소방대상물 중 간이스프링클러소화설비를 설치하여야 하는 대상이 아닌 것은?

[14 통합 · 경채]

① 근린생활시설로 사용하는 부분의 바닥면적 합계가 1천 m^2 이상인 것은 모든 층

② 숙박시설 중 생활형 숙박시설로서 해당 용도로 사용되는 바닥면적의 합계가 600m^2 이상인 것

③ 노유자시설로서 단독주택 또는 공동주택에 설치되는 시설

④ 교육연구시설 내에 합숙소로서 연면적 100m^2 이상인 것

해설 간이스프링클러설비를 설치하여야 하는 특정소방대상물은 다음의 어느 하나와 같다.

1) 근린생활시설 중 다음의 어느 하나에 해당하는 것
　가) 근린생활시설로 사용하는 부분의 바닥면적 합계가 1천m^2 이상인 것은 모든 층
　나) 의원, 치과의원 및 한의원으로서 입원실이 있는 시설
2) 교육연구시설 내에 합숙소로서 연면적 100m^2 이상인 것
3) 의료시설 중 다음의 어느 하나에 해당하는 시설
　가) 종합병원, 병원, 치과병원, 한방병원 및 요양병원(정신병원과 의료재활시설은 제외한다)으로 사용되는 바닥면적의 합계가 600m^2 미만인 시설
　나) 정신의료기관 또는 의료재활시설로 사용되는 바닥면적의 합계가 300m^2 이상 600m^2 미만인 시설
　다) 정신의료기관 또는 의료재활시설로 사용되는 바닥면적의 합계가 300m^2 미만이고, 창살(철재 · 플라스틱 또는 목재 등으로 사람의 탈출 등을 막기 위하여 설치한 것을 말하며, 화재 시 자동으로 열리는 구조로 되어 있는 창살은 제외한다)이 설치된 시설
4) 노유자시설로서 다음의 어느 하나에 해당하는 시설
　가) 제12조제1항제6호 각 목에 따른 시설(제12조제1항제6호 나목부터 바목까지의 시설 중 단독주택 또는 공동주택에 설치되는 시설은 제외하며, 이하 "노유자 생활시설"이라 한다)
　나) 가)에 해당하지 않는 노유자시설로 해당 시설로 사용하는 바닥면적의 합계가 300m^2 이상 600m^2 미만인 시설
　다) 가)에 해당하지 않는 노유자시설로 해당 시설로 사용하는 바닥면적의 합계가 300m^2 미만이고, 창살(철재 · 플라스틱 또는 목재 등으로 사람의 탈출 등을 막기 위하여 설치한 것을 말하며, 화재 시 자동으로 열리는 구조로 되어 있는 창살은 제외한다)이 설치된 시설
5) 건물을 임차하여 「출입국관리법」 제52조제2항에 따른 보호시설로 사용하는 부분
6) 숙박시설 중 생활형 숙박시설로서 해당 용도로 사용되는 바닥면적의 합계가 600m^2 이상인 것
7) 복합건축물(별표 2 제30호 나목의 복합건축물만 해당한다)로서 연면적 1천m^2 이상인 것은 모든 층

401 다음 중 하나의 특정소방대상물로 볼 수 없는 경우는? [14 통합·경채]

① 내화구조로 된 연결통로가 벽이 없는 구조로서 그 길이가 10m 이하인 경우

② 내화구조가 아닌 연결통로로 연결된 경우

③ 지하구로 연결된 경우

④ 지하보도, 지하상가, 지하가로 연결된 경우

해설 둘 이상의 특정소방대상물이 다음 각 목의 어느 하나에 해당되는 구조의 복도 또는 통로(이하 이 표에서 "연결통로"라 한다)로 연결된 경우에는 이를 하나의 소방대상물로 본다.

가. 내화구조로 된 연결통로가 다음의 어느 하나에 해당되는 경우

   1) 벽이 없는 구조로서 그 길이가 6m 이하인 경우

   2) 벽이 있는 구조로서 그 길이가 10m 이하인 경우. 다만, 벽 높이가 바닥에서 천장까지의 높이의 2분의 1 이상인 경우에는 벽이 있는 구조로 보고, 벽 높이가 바닥에서 천장까지의 높이의 2분의 1 미만인 경우에는 벽이 없는 구조로 본다.

나. 내화구조가 아닌 연결통로로 연결된 경우

다. 컨베이어로 연결되거나 플랜트설비의 배관 등으로 연결되어 있는 경우

라. 지하보도, 지하상가, 지하가로 연결된 경우

마. 방화셔터 또는 갑종 방화문이 설치되지 않은 피트로 연결된 경우

바. 지하구로 연결된 경우

402 특정소방대상물의 규모 등에 따라 갖추어야 하는 소방시설의 수용인원 산정에 대한 설명 중 옳지 않은 것은? [14 통합·경채]

① 숙박시설이 있는 특정소방대상물 : 해당 특정소방대상물의 종사자 수에 숙박시설 바닥면적의 합계를 3m²로 나누어 얻은 수를 합한 수

② 강당, 문화 및 집회시설, 운동시설, 종교시설 : 해당 용도로 사용하는 바닥면적의 합계를 4.6m²로 나누어 얻은 수

③ 바닥면적을 산정하는 때에는 복도, 계단 및 화장실의 바닥면적을 포함하지 않는다.

④ 계산결과 소수점 이하의 수는 삭제한다.

해설 수용인원 산정방법

숙박 시설인 경우	침대 ○	침대 수+종업원 수
	침대 ×	$\dfrac{\text{바닥면적}\,[\text{m}^2]}{3\text{m}^2}$(반올림 수) + 종업원 수

	강의실·교무실·상담실·실습실·휴게실	$\dfrac{바닥면적[\text{m}^2]}{1.9\text{m}^2}$(반올림 수)	
숙박시설이 아닌 경우	강당, 문화 및 집회시설, 운동시설, 종교시설	$\dfrac{바닥면적[\text{m}^2]}{4.6\text{m}^2}$(반올림 수)$+$ 의자 수$(\dfrac{의자길이[\text{m}]}{0.45[\text{m}]})$(반올림 수)	
	그 밖	$\dfrac{바닥면적[\text{m}^2]}{3\text{m}^2}$(반올림 수)	

403 건축허가등을 할 때 미리 소방본부장 또는 소방서장의 동의를 받아야 하는 건축물 등의 범위가 옳지 않은 것은? [14 전북·공채]

① 「정신보건법」에 따른 정신의료기관(입원실이 없는 정신건강의학과 의원은 제외) : 150 제곱미터
② 노유자시설(老幼者施設) 및 수련시설 : 200제곱미터
③ 「학교시설사업 촉진법」에 따라 건축등을 하려는 학교시설 : 100제곱미터
④ 승강기 등 기계장치에 의한 주차시설로서 자동차 20대 이상을 주차할 수 있는 시설

해설 건축허가 동의 대상물의 범위(대통령령)
1. 연면적 400제곱미터 이상인 건축물
   가. 학교시설 : 100제곱미터
   나. 노유자시설(老幼者施設) 및 수련시설 : 200제곱미터
   다. 정신의료기관 : 300제곱미터
   라. 장애인 의료재활시설(이하 "의료재활시설"이라 한다) : 300제곱미터
1의2. 층수가 6층 이상인 건축물
2. 차고·주차장 또는 주차용도로 사용되는 시설로서 다음 각 목의 어느 하나에 해당하는 것
   가. 차고·주차장으로 사용되는 바닥면적이 200제곱미터 이상인 층이 있는 건축물이나 주차시설
   나. 승강기 등 기계장치에 의한 주차시설로서 자동차 20대 이상을 주차할 수 있는 시설
3. 항공기격납고, 관망탑, 항공관제탑, 방송용 송수신탑
4. 지하층 또는 무창층이 있는 건축물로서 바닥면적이 150제곱미터(공연장의 경우에는 100제곱미터) 이상인 층이 있는 것
5. 별표 2의 특정소방대상물 중 위험물 저장 및 처리시설, 지하구

404 화재예방, 소방시설 설치 · 유지 및 안전관리에 관한 법률에서 분류하는 소방시설이 아닌 것은? [14 전북 · 공채]

① 소화설비　　　　　　　　　　② 비상구
③ 소화용수설비　　　　　　　　④ 소화활동설비

> **해설** "소방시설 등"이란 소방시설과 비상구(非常口), 그 밖에 소방 관련 시설로서 대통령령으로 정하는 것을 말한다.(방화문, 방화셔터)

405 다음 중 주택에 설치하는 소방시설은? [14 전북 · 공채]

① 소화기구 및 단독경보형 감지기　② 유도표지
③ 피난기구　　　　　　　　　　　④ 비상방송설비

> **해설** 주택에 설치하는 소방시설(대통령령)
> 1) 대상 : 단독주택, 공동주택(아파트 및 기숙사 제외)
> 2) 설치 소방시설 : 소화기 및 단독경보형 감지기
> 3) 주택용 소방시설의 설치기준 및 자율적인 안전관리등에 관한 사항 : 시도의 조례

406 다음 중 대통령령 또는 화재안전기준의 변경으로 강화된 기준을 적용하는 소방시설이 아닌 것은? [14 전북 · 공채]

① 비상경보설비 및 자동화재속보설비
② 자동화재탐지설비 및 피난구조설비
③ 지하구 가운데 공동구에 설치하여야 하는 제연설비
④ 노유자(老幼者)시설에 설치하는 간이스프링클러설비 및 자동화재탐지설비

> **해설** 제11조(소방시설기준 적용의 특례)
> ① 소방본부장이나 소방서장은 대통령령 또는 화재안전기준이 변경되어 그 기준이 강화되는 경우 기존의 특정소방대상물(건축물의 신축 · 개축 · 재축 · 이전 및 대수선 중인 특정소방대상물을 포함한다)의 소방시설에 대하여는 변경 전의 대통령령 또는 화재안전기준을 적용한다. 다만, 다음 각 호의 어느 하나에 해당하는 소방시설의 경우에는 대통령령 또는 화재안전기준의 변경으로 강화된 기준을 적용한다.
>   1. 다음 소방시설 중 대통령령으로 정하는 것
>   가. 소화기구
>   나. 비상경보설비
>   다. 자동화재속보설비
>   라. 피난구조설비

2. 다음 각 목의 지하구에 설치하여야 하는 소방시설[시행일 : 2020. 12. 10.]

    가. 「국토의 계획 및 이용에 관한 법률」 제2조제9호에 따른 공동구(소화기, 자동확산소화기, 자동화재탐지설비, 이상침수경보설비, 침입감지설비, 피난구조설비, 소화활동설비, 무선통신보조설비, 연소방지설비)

    나. 전력 또는 통신사업용 지하구

3. 노유자(老幼者)시설, 의료시설에 설치하여야 하는 소방시설 중 대통령령으로 정하는 것

    가. 노유자(老幼者)시설에 설치하는 간이스프링클러설비, 자동화재탐지설비 및 단독경보형 감지기

    나. 의료시설에 설치하는 간이스프링클러설비, 자동화재탐지설비, 자동화재속보설비 및 스프링클러설비

407 특정소방대상물의 관계인이 특정소방대상물의 규모·용도 및 수용인원 등을 고려하여 갖추어야 하는 소방시설의 종류 중 500제곱미터의 강당에 대한 수용인원의 산정으로 옳은 것은?

[14 전북·공채]

① 100명   ② 109명   ③ 119명   ④ 129명

해설 수용인원 산정

$$\frac{500m^2}{4.6m^2} = 108.69 = 109$$

숙박시설인 경우	침대 ○	침대 수+종업원 수
	침대 ×	$\frac{바닥면적[m^2]}{3m^2}$(반올림 수) + 종업원 수
숙박시설이 아닌 경우	강의실·교무실·상담실·실습실·휴게실	$\frac{바닥면적[m^2]}{1.9m^2}$(반올림 수)
	강당, 문화 및 집회시설, 운동시설, 종교시설	$\frac{바닥면적[m^2]}{4.6m^2}$(반올림 수) + 의자 수($\frac{의자길이[m]}{0.45[m]}$)(반올림 수)
	그 밖	$\frac{바닥면적[m^2]}{3m^2}$(반올림 수)

408 다음 중 방염성능기준 이상의 실내장식물 등을 설치하여야 하는 특정소방대상물이 아닌 것은? [14 전북·공채]

① 옥외에 있는 문화 및 집회시설

② 근린생활시설 중 체력단련장, 숙박시설, 방송통신시설 중 방송국 및 촬영소

③ 의료시설 중 종합병원, 요양병원 및 정신의료기관

④ 노유자시설 및 숙박이 가능한 수련시설

해설 **방염성능기준 이상의 실내장식물 등을 설치하여야 하는 특정소방대상물의 종류**
1. 근린생활시설 중 의원, 체력단련장, 공연장 및 종교집회장
2. 건축물의 옥내에 있는 시설로서 다음 각 목의 시설
   가. 문화 및 집회시설
   나. 종교시설
   다. 운동시설(수영장은 제외한다)
3. 의료시설
4. 교육연구시설 중 합숙소
5. 노유자시설
6. 숙박이 가능한 수련시설
7. 숙박시설
8. 방송통신시설 중 방송국 및 촬영소
9. 「다중이용업소의 안전관리에 관한 특별법」 제2조제1항제1호에 따른 다중이용업의 영업장
10. 제1호부터 제9호까지의 시설에 해당하지 아니하는 것으로서 층수(「건축법 시행령」 제119조제1항제9호에 따라 산정한 층수를 말한다. 이하 같다)가 11층 이상인 것(아파트는 제외한다)

409 소방시설법상 소방청장 또는 시·도지사가 어떠한 처분을 하기 위해 청문을 하여야 하는데, 이에 해당하지 않는 것은? [14 전북·공채]

① 방염업의 등록취소   ② 관리사 자격의 취소 및 정지

③ 관리업의 등록취소 및 영업정지   ④ 소방용품의 형식승인 취소

해설 **청문**
1) 청문실시권자 : 소방청장 또는 시·도지사
2) 청문사유 및 실시권자
   ① 관리업의 등록취소 및 영업정지 : 시·도지사
   ② 관리사 자격의 취소 및 정지 : 소방청장
   ③ 소방용품의 형식승인 취소 및 제품검사 중지 : 소방청장
   ④ 성능인증의 취소 : 소방청장
   ⑤ 우수품질인증의 취소 : 소방청장
   ⑥ 전문기관의 지정취소 및 업무정지 : 소방청장

410 다음 중 소방시설관리업에 대한 설명으로 옳지 않은 것은?　　　　　　　　[14 전북 · 공채]

① 소방시설관리업자는 등록한 사항 중 행정안전부령으로 정하는 중요사항이 변경되었을 때에는 행정안전부령으로 정하는 바에 따라 시 · 도지사에게 변경사항을 신고하여야 한다.

② 소방시설관리업자는 등록사항의 변경이 있는 때에는 변경일부터 30일 이내에 서류를 첨부하여 시 · 도지사에게 제출하여야 한다.

③ 소방시설관리업자는 명칭 · 상호 또는 영업소소재지를 변경하는 경우 소방시설관리업등록증 및 등록수첩을 시 · 도지사에게 제출하여야 한다.

④ 시 · 도지사는 변경신고를 받은 때에는 10일 이내에 소방시설관리업등록증 및 등록수첩을 새로 교부하여야 한다.

해설／관리업의 등록

　① 시 · 도지사에게 등록
　② 등록기준
　　1. 인력기준
　　　1) 주된 기술인력 : 소방시설관리사 1명 이상
　　　2) 보조 기술인력 : 2명 이상
　　　　가. 소방설비기사 또는 소방설비산업기사
　　　　나. 소방공무원으로 3년 이상 근무한 사람(소방기술 인정 자격수첩을 발급받은 사람)
　　　　다. 대학의 소방 관련학과를 졸업한 사람(소방기술 인정 자격수첩을 발급받은 사람)
　　　　라. 행정안전부령으로 정하는 소방기술과 관련된 자격 · 경력 및 학력이 있는 사람(소방기술 인정 자격수첩을 발급받은 사람)
　　2. 장비기준 – 삭제
　③ **최초 등록 시 15일 이내 발급**(서류보완 10일), 분실, 훼손 시 재발급신청 시 3일 이내 발급 변경신고 시 5일(타 시 · 도 7일) 이내 발급, 지위승계신고 시 10일 이내 발급
　④ 변경신고사항, 등록결격사유 : 공사업법과 동일

411 다음 중 소방시설관리업의 등록기준 중 제연설비의 장비기준에 해당하지 않는 것은?
　　　　　　　　　　　　　　　　　　　　　　　　　　　　　　　　　　[14 전북 · 공채]

① 방수차단계
② 풍속풍압계
③ 폐쇄력측정기
④ 차압계

[별표 2의2] 〈개정 2018. 9. 5.〉 소방시설별 점검장비(제18조제2항 관련)

소방시설	장비	규격
공통시설	방수압력측정계, 절연저항계, 전류전압측정계	
소화기구	저울	
옥내소화전설비 옥외소화전설비	소화전밸브압력계	
스프링클러설비 포소화설비	헤드결합렌치	
이산화탄소소화설비 분말소화설비 할론소화설비 할로겐화합물 및 불활성 기체 소화설비	검량계, 기동관누설시험기, 그 밖에 소화약제의 저장량을 측정할 수 있는 점검기구	
자동화재탐지설비 시각경보기	열감지기시험기, 연(煙)감지기시험기, 공기주입시험기, 감지기시험기 연결 폴대, 음량계	
누전경보기	누전계	누전전류 측정용
무선통신보조설비	무선기	통화시험용
제연설비	풍속풍압계, 폐쇄력측정기, 차압계	
통로유도등 비상조명등	조도계	최소눈금이 0.1럭스 이하인 것

[비고]
종합정밀점검의 경우에는 위 점검장비를 사용하여야 하며, 작동기능 점검의 경우에는 점검장비를 사용하지 않을 수 있다.

412 소방특별조사에 따른 조치명령을 받아 손실을 입었을 경우 대통령령으로 정하는 바에 따라 보상하여야 하는 데, 이에 대한 설명으로 옳은 것은? [15 전북·공채]

① 손실을 보상하는 경우에는 정부고시가격으로 보상하여야 한다.
② 손실 보상에 관하여는 관할지역의 소방본부장과 손실을 입은 자가 협의하여야 한다.
③ 보상금액에 관한 협의가 성립되지 아니한 경우에는 시·도지사는 그 보상금액을 지급하거나 공탁하고 이를 상대방에게 알려야 한다.
④ 보상금의 지급 또는 공탁의 통지에 불복하는 자는 지급 또는 공탁의 통지를 받은 날부터 7일 이내에 관할 토지수용위원회에 재결(裁決)을 신청할 수 있다.

손실 보상

① 법 제6조에 따라 시·도지사가 손실을 보상하는 경우에는 **시가(時價)**로 보상하여야 한다.

② 제1항에 따른 손실 보상에 관하여는 시·도지사와 손실을 입은 자가 협의하여야 한다.

③ 제2항에 따른 보상금액에 관한 협의가 성립되지 아니한 경우에는 시·도지사는 그 보상금액을 지급하거나 공탁하고 이를 상대방에게 알려야 한다.

④ 제3항에 따른 보상금의 지급 또는 공탁의 통지에 불복하는 자는 지급 또는 공탁의 통지를 받은 날부터 30일 이내에 관할 토지수용위원회에 재결(裁決)을 신청할 수 있다.

413 소방특별조사를 실시하는 경우에 해당하지 않는 것은? [15 전북·공채]

① 소방시설등, 소방안전시설, 피난시설 등에 대한 자체점검 등이 불성실하거나 불완전하다고 인정되는 경우

② 화재경계지구에 대한 소방특별조사 등 다른 법률에서 소방특별조사를 실시하도록 한 경우

③ 화재가 자주 발생하였거나 발생할 우려가 뚜렷한 곳에 대한 점검이 필요한 경우

④ 태풍, 홍수 등 재난이 발생하여 소방대상물을 관리하기가 매우 어려운 경우

소방특별조사 실시사유

1. 관계인이 이 법 또는 다른 법령에 따라 실시하는 소방시설등, 방화시설, 피난시설 등에 대한 자체점검 등이 불성실하거나 불완전하다고 인정되는 경우

2. 「소방기본법」 제13조에 따른 화재경계지구에 대한 소방특별조사 등 다른 법률에서 소방특별조사를 실시하도록 한 경우

3. 국가적 행사 등 주요 행사가 개최되는 장소 및 그 주변의 관계 지역에 대하여 소방안전관리 실태를 점검할 필요가 있는 경우

4. 화재가 자주 발생하였거나 발생할 우려가 뚜렷한 곳에 대한 점검이 필요한 경우

5. 재난예측정보, 기상예보 등을 분석한 결과 소방대상물에 화재, 재난·재해의 발생위험이 높다고 판단되는 경우

6. 제1호부터 제5호까지에서 규정한 경우 외에 화재, 재난·재해, 그 밖의 긴급한 상황이 발생할 경우 인명 또는 재산 피해의 우려가 현저하다고 판단되는 경우

414 다음 중 건축허가등의 동의 대상물의 범위가 옳은 것은? [15 전북·공채]

① 연면적이 300제곱미터 이상인 건축물

② 차고·주차장으로 사용되는 층 중 바닥면적이 200제곱미터 이상인 층이 있는 시설

③ 승강기 등 기계장치에 의한 주차시설로서 자동차 10대 이상을 주차할 수 있는 시설

④ 노유자시설(老幼者施設) 및 수련시설로서 연면적이 100제곱미터 이상인 건축물

해설 건축허가 동의 대상물의 범위(대통령령)

1. 연면적 400제곱미터 이상인 건축물
   가. 학교시설 : 100제곱미터
   나. 노유자시설(老幼者施設) 및 수련시설 : 200제곱미터
   다. 정신의료기관 : 300제곱미터
   라. 장애인 의료재활시설(이하 "의료재활시설"이라 한다) : 300제곱미터
1의2. 층수가 6층 이상인 건축물
2. 차고 · 주차장 또는 주차용도로 사용되는 시설로서 다음 각 목의 어느 하나에 해당하는 것
   가. 차고 · 주차장으로 사용되는 바닥면적이 200제곱미터 이상인 층이 있는 건축물이나 주차시설
   나. 승강기 등 기계장치에 의한 주차시설로서 자동차 20대 이상을 주차할 수 있는 시설
3. 항공기격납고, 관망탑, 항공관제탑, 방송용 송수신탑
4. 지하층 또는 무창층이 있는 건축물로서 바닥면적이 150제곱미터(공연장의 경우에는 100제곱미터) 이상인 층이 있는 것
5. 별표 2의 특정소방대상물 중 위험물 저장 및 처리시설, 지하구

415 특정소방대상물에 대통령령으로 정하는 소방시설을 설치하려는 자는 지진이 발생할 경우 소방시설이 정상적으로 작동될 수 있도록 소방청장이 정하는 내진설계기준에 맞게 소방시설을 갖추어야 한다. 다음 중 내진설계를 적용하여야 하는 소방시설의 종류에 해당하는 것은?

[15 전북 · 공채]

① 소화설비, 피난기구, 피난구조설비
② 소화용수설비, 경보설비, 소화활동설비
③ 소화기구, 피난기구, 피난구조설비
④ 옥내소화전, 스프링클러설비, 물분무등소화설비

해설 내진설계 대상 : 옥내소화전설비, 스프링클러설비, 물분무등소화설비

416 특정소방대상물의 관계인이 특정소방대상물의 규모 · 용도 및 수용인원 등을 고려하여 갖추어야 하는 소방시설등의 종류 중 간이스프링클러설비를 설치하여야 하는 특정소방대상물은?

[15 전북 · 공채]

① 근린생활시설로 사용하는 부분의 바닥면적 합계가 2천m^2 이상인 것으로 모든 층
② 교육연구시설 내에 합숙소로서 연면적 60m^2 이상인 것
③ 숙박시설 중 생활형 숙박시설로서 해당 용도로 사용되는 바닥면적의 합계가 600m^2 이상인 것
④ 정신의료기관 또는 의료재활시설로서 연면적이 300m^2 이상 600m^2 미만인 시설

정답 415 ④ 416 ③

해설 간이스프링클러설비를 설치하여야 하는 특정소방대상물은 다음의 어느 하나와 같다.

1) 근린생활시설 중 다음의 어느 하나에 해당하는 것

  가) 근린생활시설로 사용하는 부분의 바닥면적 합계가 1천m² 이상인 것은 모든 층

  나) 의원, 치과의원 및 한의원으로서 입원실이 있는 시설

2) 교육연구시설 내에 합숙소로서 연면적 100m² 이상인 것

3) 의료시설 중 다음의 어느 하나에 해당하는 시설

  가) 종합병원, 병원, 치과병원, 한방병원 및 요양병원(정신병원과 의료재활시설은 제외한다)으로 사용되는 바닥면적의 합계가 600m² 미만인 시설

  나) 정신의료기관 또는 의료재활시설로 사용되는 바닥면적의 합계가 300m² 이상 600m² 미만인 시설

  다) 정신의료기관 또는 의료재활시설로 사용되는 바닥면적의 합계가 300m² 미만이고, 창살(철재·플라스틱 또는 목재 등으로 사람의 탈출 등을 막기 위하여 설치한 것을 말하며, 화재 시 자동으로 열리는 구조로 되어 있는 창살은 제외한다)이 설치된 시설

4) 노유자시설로서 다음의 어느 하나에 해당하는 시설

  가) 제12조제1항제6호 각 목에 따른 시설(제12조제1항제6호 나목부터 바목까지의 시설 중 단독주택 또는 공동주택에 설치되는 시설은 제외하며, 이하 "노유자 생활시설"이라 한다)

  나) 가)에 해당하지 않는 노유자시설로 해당 시설로 사용하는 바닥면적의 합계가 300m² 이상 600m² 미만인 시설

  다) 가)에 해당하지 않는 노유자시설로 해당 시설로 사용하는 바닥면적의 합계가 300m² 미만이고, 창살(철재·플라스틱 또는 목재 등으로 사람의 탈출 등을 막기 위하여 설치한 것을 말하며, 화재 시 자동으로 열리는 구조로 되어 있는 창살은 제외한다)이 설치된 시설

5) 건물을 임차하여 「출입국관리법」 제52조제2항에 따른 보호시설로 사용하는 부분

6) 숙박시설 중 생활형 숙박시설로서 해당 용도로 사용되는 바닥면적의 합계가 600m² 이상인 것

7) 복합건축물(별표 2 제30호 나목의 복합건축물만 해당한다)로서 연면적 1천m² 이상인 것은 모든 층

417 다음 중 화재예방, 소방시설 설치·유지 및 안전관리에 관한 법률에서 규정하고 있는 특정소방대상물의 분류가 옳지 않은 것은?   [15 전북·공채]

① 업무시설 : 공공도서관, 마을회관, 변전소, 대피소

② 동물 및 식물 관련 시설 : 축사, 도축장, 종묘배양시설, 화초 및 분재 등의 온실

③ 문화 및 집회시설 : 근린생활시설에 속하는 공연장, 예식장, 박물관, 미술관

④ 교육연구시설 : 학교, 직업훈련소, 연구소, 도서관

해설 문화 및 집회시설

가. 공연장으로서 근린생활시설에 해당하지 않는 것

나. 집회장 : 예식장, 공회당, 회의장, 마권(馬券) 장외 발매소, 마권 전화투표소, 그 밖에 이와 비슷한 것으로서 근린생활시설에 해당하지 않는 것

다. 관람장 : 경마장, 경륜장, 경정장, 자동차 경기장, 그 밖에 이와 비슷한 것과 체육관 및 운동장으로서 관람석의 바닥면적의 합계가 1천m² 이상인 것

라. 전시장 : 박물관, 미술관, 과학관, 문화관, 체험관, 기념관, 산업전시장, 박람회장, 견본주
   택, 그 밖에 이와 비슷한 것
마. 동ㆍ식물원 : 동물원, 식물원, 수족관, 그 밖에 이와 비슷한 것

418 특정소방대상물의 관계인이 특정소방대상물의 규모ㆍ용도 및 수용인원 등을 고려하여 갖추어야 하는 소방시설등의 종류에서 지하가 중 터널로서 길이가 1천m 이상인 터널에 설치하여야 하는 소방시설에 해당하지 않는 것은? [15 전북ㆍ공채]

① 옥내소화전설비   ② 자동화재탐지설비
③ 연결송수관설비   ④ 연결살수설비

해설 터널 길이에 따른 소방시설의 종류

① 500m 이상 : 비상경보설비, 비상조명등설비, 비상콘센트설비, 무선통신보조설비
② 1,000m 이상 : 옥내소화전설비, 자동화재탐지설비, 연결송수관설비
③ 모든 터널 : 소화기
④ 지하가 중 예상 교통량, 경사도 등 터널의 특성을 고려하여 행정안전부령으로 정하는 위험등
   급 이상에 해당하는 터널 : 물분무소화설비, 제연설비

419 소방시설관리업의 등록기준 중 주된 기술인력기준으로 옳은 것은? [15 전북ㆍ공채]

① 소방시설관리사 1명 이상   ② 소방시설관리사 2명 이상
③ 소방설비기사 2명 이상   ④ 소방공무원으로 3년 이상 근무한 사람

해설 소방시설유지관리업의 등록

① 시ㆍ도지사에게 등록
② 등록기준
   1. 인력기준
      1) 주된 기술인력 : 소방시설관리사 1명 이상
      2) 보조 기술인력 : 2명 이상.
         가. 소방설비기사 또는 소방설비산업기사
         나. 소방공무원으로 3년 이상 근무한 사람(소방기술 인정 자격수첩을 발급받은 사람)
         다. 대학의 소방 관련학과를 졸업한 사람(소방기술 인정 자격수첩을 발급받은 사람)
         라. 행정안전부령으로 정하는 소방기술과 관련된 자격ㆍ경력 및 학력이 있는 사람(소
            방기술 인정 자격수첩을 발급받은 사람)
   2. 장비기준 –삭제
③ 최초 등록 시 15일 이내 발급(서류보완 10일), 분실, 훼손 시 재발급신청 시 3일 이내 발급변
   경신고 시 5일(타 시ㆍ도 7일) 이내 발급, 지위승계신고 시 10일 이내 발급
④ 변경신고사항, 등록결격사유 : 공사업법과 동일

420 소방안전관리보조자를 두어야 하는 특정소방대상물에 해당하는 것은?　　[15 전북·공채]

① 200세대 이상인 아파트

② 연면적이 1만5천제곱미터 이상인 특정소방대상물

③ 교육시설

④ 관계인이 24시간 상시 근무하고 있는 숙박시설(바닥면적 1,500m² 미만)

해설 소방안전관리 보조자를 두어야 하는 특정소방대상물

범위	소방안전관리보조자의 최소 선임기준	소방안전관리보조자를 선임하지 아니할 수 있는 경우
① 아파트(300세대 이상인 아파트만 해당)	1명 (다만, 초과되는 300세대마다 1명 이상을 추가로 선임하여야 한다.)	－
② 연면적이 1만5천m² 이상인 특정소 방대상물	1명 (다만, 초과되는 연면적 1만5천m² 마다 1명 이상을 추가로 선임하여 야 한다.)	
③ 공동주택 중 기숙사 ④ 의료시설 ⑤ 노유자시설 ⑥ 수련시설 ⑦ 숙박시설(숙박시설로 사용되는 바닥면적의 합계가 1천500m² 미만이고 관계인이 24시간 상시 근무하고 있는 숙박시설은 제외한다)	1명	해당 특정소방대상물이 소재하는 지역을 관할하는 소방서장이 야간이나 휴일에 해당 특정소방대상물이 이용되지 아니한다는 것을 확인한 경우

421 다음 중 공동 소방안전관리자를 선임하여야 하는 특정소방대상물은?　　[15 전북·공채]

① 지하구

② 지하층을 포함한 층수가 11층 이상인 고층 건축물

③ 복합건축물로서 층수가 5층 이상인 것

④ 높이가 21미터 이상인 건축물

해설 공동 소방안전관리

다음 각 호의 어느 하나에 해당하는 특정소방대상물로서 그 관리의 권원(權原)이 분리되어 있는 것 가운데 소방본부장이나 소방서장이 지정하는 특정소방대상물의 관계인은 행정안전부령으로 정하는 바에 따라 대통령령으로 정하는 자를 공동 소방안전관리자로 선임하여야 한다.

1. 고층 건축물(지하층을 제외한 층수가 11층 이상인 건축물만 해당한다)

2. 지하가(지하의 인공구조물 안에 설치된 상점 및 사무실, 그 밖에 이와 비슷한 시설이 연속하

여 지하도에 접하여 설치된 것과 그 지하도를 합한 것을 말한다)
3. 그 밖에 대통령령으로 정하는 특정소방대상물
   1) 복합건축물로서 연면적이 5천제곱미터 이상인 것 또는 층수가 5층 이상인 것
   2) 판매시설 중 도매시장 및 소매시장
   3) 특정소방대상물 중 소방본부장 또는 소방서장이 지정하는 것

422 다음 중 방염성능기준 이상의 실내장식물 등을 설치하여야 하는 특정소방대상물은?

[15 전북 · 공채]

① 건축물의 옥외에 있는 운동시설   ② 노유자시설
③ 11층 이상인 아파트   ④ 건축물의 옥내에 있는 수영장

해설 방염성능기준 이상의 실내장식물 등을 설치하여야 하는 특정소방대상물의 종류
1. 근린생활시설 중 의원, 체력단련장, 공연장 및 종교집회장
2. 건축물의 옥내에 있는 시설로서 다음 각 목의 시설
   가. 문화 및 집회시설
   나. 종교시설
   다. 운동시설(수영장은 제외한다)
3. 의료시설
4. 교육연구시설 중 합숙소
5. 노유자시설
6. 숙박이 가능한 수련시설
7. 숙박시설
8. 방송통신시설 중 방송국 및 촬영소
9. 「다중이용업소의 안전관리에 관한 특별법」 제2조제1항제1호에 따른 다중이용업의 영업장
10. 제1호부터 제9호까지의 시설에 해당하지 아니하는 것으로서 층수(「건축법 시행령」 제119조
    제1항제9호에 따라 산정한 층수를 말한다. 이하 같다)가 11층 이상인 것(아파트는 제외한다)

423 소방시설을 설치하지 아니할 수 있는 특정소방대상물 및 소방시설의 범위에 대한 설명으로 옳지 않은 것은?

[15 통합 · 공채]

① 주물공장은 옥외소화전설비 및 연결살수설비를 설치하지 아니할 수 있다.
② 펄프공장의 작업장은 화재위험도가 낮은 특정소방대상물에 해당하며 옥외소화전설비,
   상수도소화용수설비 및 연결살수설비를 설치하지 아니할 수 있다.
③ 정수장에는 자동화재탐지설비, 상수도소화용수설비 및 연결살수설비를 설치하지 아니할
   수 있다.
④ 원자력발전소, 핵폐기물처리시설에는 연결송수관설비 및 연결살수설비를 설치하지 아니
   할 수 있다.

소방시설을 설치하지 아니할 수 있는 특정소방대상물 및 소방시설의 범위(제18조 관련)

구분	특정소방대상물	소방시설
1. 화재위험도가 낮은 특정소방대상물	석재, 불연성 금속, 불연성 건축재료 등의 가공공장·기계조립공장·주물공장 또는 불연성 물품을 저장하는 창고	옥외소화전 및 연결살수설비
	「소방기본법」 제2조제5호에 따른 소방대(消防隊)가 조직되어 24시간 근무하고 있는 청사 및 차고	옥내소화전설비, 스프링클러설비, 물분무등소화설비, 비상방송설비, 피난기구, 소화용수설비, 연결송수관설비, 연결살수설비
2. 화재안전기준을 적용하기 어려운 특정소방대상물	펄프공장의 작업장, 음료수 공장의 세정 또는 충전을 하는 작업장, 그 밖에 이와 비슷한 용도로 사용하는 것	스프링클러설비, 상수도소화용수설비 및 연결살수설비
	정수장, 수영장, 목욕장, 농예·축산·어류양식용 시설, 그 밖에 이와 비슷한 용도로 사용되는 것	자동화재탐지설비, 상수도소화용수설비 및 연결살수설비
3. 화재안전기준을 달리 적용하여야 하는 특수한 용도 또는 구조를 가진 특정소방대상물	원자력발전소, 핵폐기물처리시설	연결송수관설비 및 연결살수설비
4. 「위험물 안전관리법」 제19조에 따른 자체소방대가 설치된 특정소방대상물	자체소방대가 설치된 위험물 제조소 등에 부속된 사무실	옥내소화전설비, 소화용수설비, 연결살수설비 및 연결송수관설비

424 둘 이상의 특정소방대상물이 복도 또는 통로로 연결된 경우에는 이를 하나의 소방대상물로 보는데, 이에 해당하지 않는 것은? [15 통합·공채]

① 방화셔터 또는 갑종 방화문이 설치되지 않은 피트로 연결된 경우

② 지하가와 연결되는 지하층에 지하층 또는 지하가에 설치된 방화문이 자동폐쇄장치·자동화재탐지설비 또는 자동소화설비와 연동하여 닫히는 구조이거나 그 윗부분에 드렌처설비가 설치된 경우

③ 컨베이어로 연결되거나 플랜트설비의 배관 등으로 연결되어 있는 경우

④ 지하보도, 지하상가, 지하가로 연결된 경우

해설 둘 이상의 특정소방대상물이 다음 각 목의 어느 하나에 해당되는 구조의 복도 또는 통로(이하이 표에서 "연결통로"라 한다)로 연결된 경우에는 이를 하나의 소방대상물로 본다.
가. 내화구조로 된 연결통로가 다음의 어느 하나에 해당되는 경우
   1) 벽이 없는 구조로서 그 길이가 6m 이하인 경우

2) 벽이 있는 구조로서 그 길이가 10m 이하인 경우. 다만, 벽 높이가 바닥에서 천장까지의 높이의 2분의 1 이상인 경우에는 벽이 있는 구조로 보고, 벽 높이가 바닥에서 천장까지의 높이의 2분의 1 미만인 경우에는 벽이 없는 구조로 본다.

나. 내화구조가 아닌 연결통로로 연결된 경우

다. 컨베이어로 연결되거나 플랜트설비의 배관 등으로 연결되어 있는 경우

라. 지하보도, 지하상가, 지하가로 연결된 경우

마. 방화셔터 또는 갑종 방화문이 설치되지 않은 피트로 연결된 경우

바. 지하구로 연결된 경우

425 다음 중 소화설비에 해당하지 않는 것은? [15 통합 · 공채]

① 주거용 주방자동소화장치

② 연소방지설비

③ 고체에어로졸 자동소화장치

④ 캐비닛형 자동소화장치

해설 소화설비 : 물 또는 그 밖의 소화약제를 사용하여 소화하는 기계 · 기구 또는 설비로서 다음 각 목의 것

가. 소화기구
  1) 소화기
  2) 간이소화용구 : 에어로졸식 소화용구, 투척용 소화용구 및 소화약제 외의 것을 이용한 간이소화용구
  3) 자동확산소화기
나. 자동소화장치
  1) 주거용 주방자동소화장치
  2) 상업용 주방자동소화장치
  3) 캐비닛형 자동소화장치
  4) 가스자동소화장치
  5) 분말자동소화장치
  6) 고체에어로졸 자동소화장치
다. 옥내소화전설비(호스릴옥내소화전설비를 포함한다)
라. 스프링클러설비등
  1) 스프링클러설비
  2) 간이스프링클러설비(캐비닛형 간이스프링클러설비를 포함한다)
  3) 화재조기진압용 스프링클러설비
마. 물분무등소화설비
  1) 물 분무 소화설비
  2) 미분무소화설비
  3) 포소화설비

4) 이산화탄소소화설비

5) 할론소화설비

6) 할로겐화합물 및 불활성 기체 소화설비

7) 분말소화설비

8) 강화액소화설비

9) 고체에어로졸 소화설비

바. 옥외소화전설비

426 특정소방대상물의 근무자 및 거주자에 대한 소방훈련 등에 대한 설명으로 옳지 않은 것은?

[15 통합·공채]

① 특정소방대상물 중 상시 근무하거나 거주하는 인원이 10명 이하인 특정소방대상물은 소방훈련을 하지 않아도 된다.

② 소방안전관리대상물의 관계인은 소방훈련과 교육을 실시하였을 때에는 그 실시 결과를 기록부에 기록하고, 이를 2년간 보관하여야 한다.

③ 특정소방대상물의 관계인은 소방훈련과 교육을 연 2회 이상 실시하여야 한다.

④ 소방서장은 특급 및 1급 소방안전관리대상물의 관계인으로 하여금 소방훈련을 소방기관과 합동으로 실시하게 할 수 있다.

해설) 근무자 및 거주자에 대한 소방훈련등

1) 대통령령으로 정하는 특정소방대상물의 관계인은 그 장소에 상시 근무하거나 거주하는 사람에게 소화·통보·피난 등의 훈련과 소방안전관리에 필요한 교육을 하여야 한다. 이 경우 피난훈련은 그 소방대상물에 출입하는 사람을 안전한 장소로 대피시키고 유도하는 훈련을 포함하여야 한다.

2) 대상 : 특정소방대상물 중 상시 근무하거나 거주하는 인원(숙박시설의 경우에는 상시 근무하는 인원)이 11명 이상인 경우(단, 10명 이하인 특정소방대상물은 제외)

3) 특정소방대상물의 관계인이 실시하는 소방훈련을 지도·감독 : 소방본부장이나 소방서장

4) 소방훈련과 교육의 횟수 및 방법 등

① 특정소방대상물의 관계인은 소방훈련과 교육을 연 1회 이상 실시하여야 한다. 다만, 소방서장이 화재예방을 위하여 필요하다고 인정하여 2회의 범위 안에서 추가로 실시할 것을 요청하는 경우에는 소방훈련과 교육을 실시하여야 한다.

② 소방서장은 특급 및 1급 소방안전관리대상물의 관계인으로 하여금 소방훈련을 소방기관과 합동으로 실시하게 할 수 있다.

③ 소방훈련을 실시하여야 하는 관계인은 소방훈련에 필요한 장비 및 교재 등을 갖추어야 한다.

④ 소방안전관리대상물의 관계인은 소방훈련과 교육을 실시하였을 때에는 그 실시 결과를 소방훈련·교육 실시 결과 기록부에 기록하고, 이를 소방훈련과 교육을 실시한 날의 다음날부터 2년간 보관하여야 한다.

정답 426 ③

427 다음 중 1급 소방안전관리대상물의 소방안전관리에 관한 시험("1급 소방안전관리자시험")에 응시할 수 없는 사람은? [15 통합·공채]

① 특급 소방안전관리대상물의 소방안전관리에 관한 강습교육을 수료한 후 2년이 경과하지 아니한 사람

② 1급 소방안전관리대상물의 소방안전관리에 관한 강습교육을 수료한 후 2년이 경과하지 아니한 사람

③ 소방행정학(소방학, 소방방재학을 포함한다) 분야에서 학사학위 이상을 취득한 사람

④ 소방안전공학(소방방재공학, 안전공학을 포함한다) 분야에서 석사학위 이상을 취득한 사람

해설 소방청장이 실시하는 1급 소방안전관리대상물의 소방안전관리에 관한 시험에 합격한 사람. 이 경우 해당 시험은 다음 각 목의 어느 하나에 해당하는 사람만 응시할 수 있다.

가. 대학에서 소방안전관리학과를 전공하고 졸업한 사람(법령에 따라 이와 같은 수준의 학력이 있다고 인정되는 사람을 포함한다)으로서 해당 학과를 졸업한 후 2년 이상 2급 소방안전관리대상물 또는 3급 소방안전관리대상물의 소방안전관리자로 근무한 실무경력이 있는 사람

나. 다음 1)부터 3)까지의 어느 하나에 해당하는 사람으로서 해당 요건을 갖춘 후 3년 이상 2급 소방안전관리대상물 또는 3급 소방안전관리대상물의 소방안전관리자로 근무한 실무경력이 있는 사람

　　1) 대학에서 소방안전 관련 교과목을 12학점 이상 이수하고 졸업한 사람

　　2) 법령에 따라 1)에 해당하는 사람과 같은 수준의 학력이 있다고 인정되는 사람으로서 해당 학력 취득 과정에서 소방안전 관련 교과목을 12학점 이상 이수한 사람

　　3) 대학에서 소방안전 관련 학과를 전공하고 졸업한 사람(법령에 따라 이와 같은 수준의 학력이 있다고 인정되는 사람을 포함한다)

다. **소방행정학(소방학, 소방방재학을 포함한다) 또는 소방안전공학(소방방재공학, 안전공학을 포함한다) 분야에서 석사학위 이상을 취득한 사람**

라. 가목 및 나목에 해당하는 경우 외에 5년 이상 2급 소방안전관리대상물의 소방안전관리자로 근무한 실무경력이 있는 사람

마. 법 제41조제1항제3호 및 이 영 제38조에 따라 **특급 소방안전관리대상물 또는 1급 소방안전관리대상물의 소방안전관리에 대한 강습교육을 수료한 사람**

바. 「공공기관의 소방안전관리에 관한 규정」 제5조제1항제2호 나목에 따른 강습교육을 수료한 사람

사. 2급 소방안전관리대상물의 소방안전관리자로 선임될 수 있는 자격이 있는 사람으로서 특급 또는 1급 소방안전관리대상물의 소방안전관리보조자로 5년 이상 근무한 실무경력이 있는 사람

아. 2급 소방안전관리대상물의 소방안전관리자로 선임될 수 있는 자격이 있는 사람으로서 2급 소방안전관리대상물의 소방안전관리보조자로 7년 이상 근무한 실무경력(특급 또는 1급 소방안전관리대상물의 소방안전관리보조자로 근무한 5년 미만의 실무경력이 있는 경우에는 이를 포함하여 합산한다)이 있는 사람

정답 **427** ③

428 성능위주설계를 하여야 하는 특정소방대상물의 범위에 해당하지 않는 것은?

① 연면적 20만제곱미터 이상인 특정소방대상물
② 건축물의 높이가 100미터 이상인 특정소방대상물(지하층을 제외한 층수가 30층 이상인 특정소방대상물)
③ 연면적 3만제곱미터 이상인 「소방시설 설치유지 및 안전관리에 관한 법률 시행령」 별표 2 제6호나목의 철도 및 도시철도 시설, 같은 호 다목의 공항시설
④ 하나의 건축물에 영화상영관이 10개 이상인 특정소방대상물

> **해설** 성능위주설계 대상
> 1. 연면적 20만제곱미터 이상인 특정소방대상물. 다만, 별표 2 제1호에 따른 공동주택 중 주택으로 쓰이는 층수가 5층 이상인 주택(이하 이 조에서 "아파트등"이라 한다)은 제외한다.
> 2. 다음 각 목의 어느 하나에 해당하는 특정소방대상물. 다만, 아파트등은 제외한다.
>   가. 건축물의 높이가 100미터 이상인 특정소방대상물
>   나. 지하층을 포함한 층수가 30층 이상인 특정소방대상물
> 3. 연면적 3만제곱미터 이상인 특정소방대상물로서 다음 각 목의 어느 하나에 해당하는 특정소방대상물
>   가. 별표 2 제6호 나목의 철도 및 도시철도 시설
>   나. 별표 2 제6호 다목의 공항시설
> 4. 하나의 건축물에 「영화 및 비디오물의 진흥에 관한 법률」 제2조제10호에 따른 영화상영관이 10개 이상인 특정소방대상물

---

429 특정소방대상물의 관계인이 특정소방대상물의 규모·용도에 따라 산정된 수용 인원에 대한 설명이 잘못된 것은?

① 바닥면적을 산정할 때에는 복도, 계단 및 화장실의 바닥면적을 포함하지 아니한다.
② 강의실은 바닥면적의 합계를 $1.9m^2$로 나누어 얻은 수
③ 강당은 바닥면적의 합계를 $3m^2$로 나누어 얻은 수
④ 계산 결과 소수점 이하의 수는 반올림한다.

> **해설** 강당은 바닥면적의 합계를 $4.6m^2$로 나누어 얻은 수

숙박 시설인 경우	침대 ○	침대 수+종업원 수
	침대 ×	$\dfrac{\text{바닥면적}[m^2]}{3m^2}$(반올림 수)+ 종업원 수
숙박 시설이 아닌 경우	강의실·교무실 ·상담실·실습 실·휴게실	$\dfrac{\text{바닥면적}[m^2]}{1.9m^2}$(반올림 수)

숙박 시설이 아닌 경우	강당, 문화 및 집회시설, 운동시설, 종교시설	$\dfrac{\text{바닥면적}[\text{m}^2]}{4.6\text{m}^2}$(반올림 수) + 의자 수$\left(\dfrac{\text{의자길이}[\text{m}]}{0.45[\text{m}]}\right)$(반올림 수)
	그 밖	$\dfrac{\text{바닥면적}[\text{m}^2]}{3\text{m}^2}$(반올림 수)

430 건축허가등을 할 때 미리 소방본부장 또는 소방서장의 동의를 받아야 하는 건축물에 해당하지 않는 것은? [15 경채]

① 노유자시설(老幼者施設) 및 수련시설 : 200제곱미터 이상

② 정신의료기관 : 200제곱미터 이상

③ 항공기격납고, 관망탑, 항공관제탑, 방송용 송수신탑

④ 차고 · 주차장으로 사용되는 층 중 바닥면적이 200제곱미터 이상인 층이 있는 시설

해설 건축허가 동의 대상물의 범위(대통령령)

1. 연면적 400제곱미터 이상인 건축물
   가. 학교시설 : 100제곱미터
   나. 노유자시설(老幼者施設) 및 수련시설 : 200제곱미터
   다. 정신의료기관 : 300제곱미터
   라. 장애인 의료재활시설(이하 "의료재활시설"이라 한다) : 300제곱미터

1의2. 층수가 6층 이상인 건축물

2. 차고 · 주차장 또는 주차용도로 사용되는 시설로서 다음 각 목의 어느 하나에 해당하는 것
   가. 차고 · 주차장으로 사용되는 바닥면적이 200제곱미터 이상인 층이 있는 건축물이나 주차시설
   나. 승강기 등 기계장치에 의한 주차시설로서 자동차 20대 이상을 주차할 수 있는 시설

3. 항공기격납고, 관망탑, 항공관제탑, 방송용 송수신탑

4. 지하층 또는 무창층이 있는 건축물로서 바닥면적이 150제곱미터(공연장의 경우에는 100제곱미터) 이상인 층이 있는 것

5. 별표 2의 특정소방대상물 중 위험물 저장 및 처리시설, 지하구

431 소방용품을 판매하거나 판매 목적으로 진열하거나 소방시설공사에 사용할 수 있는 것은? [15 경채]

① 형식승인을 받지 아니한 것

② 형상을 임의적으로 변경한 것

③ 소방용품의 성능을 검증받지 않은 것

④ 제품검사를 실시하지 아니하거나 합격표시를 하지 아니한 것

432 주택에 설치하는 소방시설에 대한 설명으로 옳지 않은 것은?　　　　　　　　[15 경채]

① 소화기구, 단독경보형 감지기를 설치할 수 있다.

② 소방시설의 설치기준에 관한 사항은 특별시·광역시·특별자치시·도 또는 특별자치도의 조례로 정한다.

③ 국가 및 지방자치단체는 소화기구와 단독경보형 감지기의 설치 및 국민의 자율적인 안전관리를 촉진하기 위하여 필요한 시책을 마련하여야 한다.

④ 단독주택과 아파트 및 기숙사를 포함한 공동주택에 설치한다.

해설 주택에 설치하는 소방시설

　1) 대상 : 단독주택 , 공동주택(아파트 및 기숙사 제외)

　2) 설치 소방시설 : 소화기 및 단독경보형 감지기

　3) 주택용 소방시설의 설치기준 및 자율적인 안전관리등에 관한 사항 : 시도의 조례

— 주택에 설치하는 소방시설

　① 다음 각 호의 주택의 소유자는 대통령령으로 정하는 소방시설을 설치하여야 한다.

　　1.「건축법」 제2조제2항제1호의 단독주택

　　2.「건축법」 제2조제2항제2호의 공동주택(아파트 및 기숙사는 제외한다)

　② 국가 및 지방자치단체는 제1항에 따라 주택에 설치하여야 하는 소방시설(이하 "주택용 소방시설"이라 한다)의 설치 및 국민의 자율적인 안전관리를 촉진하기 위하여 필요한 시책을 마련하여야 한다.

　③ 주택용 소방시설의 설치기준 및 자율적인 안전관리 등에 관한 사항은 특별시·광역시·특별자치시·도 또는 특별자치도의 조례로 정한다.

433 공동 소방안전관리자를 선임하여야 하는 건축물이 아닌 것은?　　　　　　　　[15 경채]

① 지하층을 포함한 층수가 11층 이상인 건축물

② 연면적이 5천제곱미터 이상인 복합건축물

③ 층수가 5층 이상인 복합건축물

④ 판매시설 중 도매시장 및 소매시장

해설 **공동 소방안전관리**

다음 각 호의 어느 하나에 해당하는 특정소방대상물로서 그 관리의 권원(權原)이 분리되어 있는 것 가운데 소방본부장이나 소방서장이 지정하는 특정소방대상물의 관계인은 행정안전부령으로 정하는 바에 따라 대통령령으로 정하는 자를 공동 소방안전관리자로 선임하여야 한다.

1. 고층 건축물(지하층을 제외한 층수가 11층 이상인 건축물만 해당한다)
2. 지하가(지하의 인공구조물 안에 설치된 상점 및 사무실, 그 밖에 이와 비슷한 시설이 연속하여 지하도에 접하여 설치된 것과 그 지하도를 합한 것을 말한다)
3. 그 밖에 대통령령으로 정하는 특정소방대상물
    1) 복합건축물로서 연면적이 5천제곱미터 이상인 것 또는 층수가 5층 이상인 것
    2) 판매시설 중 도매시장 및 소매시장
    3) 특정소방대상물 중 소방본부장 또는 소방서장이 지정하는 것

434 무창층의 개구부의 설치기준이 잘못된 것은? [15 경채]

① 크기는 지름 60센티미터 이상의 원이 내접(內接)할 수 있는 크기일 것
② 도로 또는 차량이 진입할 수 있는 빈터를 향할 것
③ 해당 층의 바닥면으로부터 개구부 밑부분까지의 높이가 1.2미터 이내일 것
④ 내부 또는 외부에서 쉽게 부수거나 열 수 있을 것

해설 "무창층"(無窓層)이란 지상층 중 다음 각 목의 요건을 모두 갖춘 개구부(건축물에서 채광·환기·통풍 또는 출입등을 위하여 만든 창·출입구, 그 밖에 이와 비슷한 것을 말한다)의 면적의 합계가 해당 층의 바닥면적(「건축법 시행령」 제119조제1항제3호에 따라 산정된 면적을 말한다. 이하 같다)의 30분의 1 이하가 되는 층을 말한다.
가. 크기는 지름 50센티미터 이상의 원이 내접(內接)할 수 있는 크기일 것
나. 해당 층의 바닥면으로부터 개구부 밑부분까지의 높이가 1.2미터 이내일 것
다. 도로 또는 차량이 진입할 수 있는 빈터를 향할 것
라. 화재 시 건축물로부터 쉽게 피난할 수 있도록 창살이나 그 밖의 장애물이 설치되지 아니할 것
마. 내부 또는 외부에서 쉽게 부수거나 열 수 있을 것

435 방염성능기준 이상의 실내장식물 등을 설치하여야 하는 특정소방대상물이 아닌 것은? [15 경채]

① 방송통신시설 중 방송국 및 촬영소
② 건축물의 옥내에 있는 운동시설(수영장 포함)
③ 다중이용업의 영업장
④ 의료시설, 노유자시설

방염성능기준 이상의 실내장식물 등을 설치하여야 하는 특정소방대상물의 종류

　　1. 근린생활시설 중 의원, 체력단련장, 공연장 및 종교집회장
　　2. 건축물의 옥내에 있는 시설로서 다음 각 목의 시설
　　　가. 문화 및 집회시설
　　　나. 종교시설
　　　다. 운동시설(수영장은 제외한다)
　　3. 의료시설
　　4. 교육연구시설 중 합숙소
　　5. 노유자시설
　　6. 숙박이 가능한 수련시설
　　7. 숙박시설
　　8. 방송통신시설 중 방송국 및 촬영소
　　9. 「다중이용업소의 안전관리에 관한 특별법」 제2조제1항제1호에 따른 다중이용업의 영업장
　　10. 제1호부터 제9호까지의 시설에 해당하지 아니하는 것으로서 층수(「건축법 시행령」 제119조
　　　제1항제9호에 따라 산정한 층수를 말한다. 이하 같다)가 11층 이상인 것(아파트는 제외한다)

436 소방특별조사에 대한 설명 중 가장 옳지 않은 것은?　　　　　　　　　　[15 경채]

① 소방청장, 소방본부장 또는 소방서장은 소방특별조사를 마친 때에는 그 조사결과를 관계
　 인에게 서면으로 통지하여야 한다.

② 소방본부장 및 소방서장은 소방시설의 위치, 구조, 설비에 대해 연 1회 이상 소방특별 조
　 사를 실시할 수 있다.

③ 소방본부장이나 소방서장은 대통령령으로 정하는 바에 따라 화재경계지구 안의 소방대상
　 물의 위치·구조 및 설비 등에 대하여 소방특별조사를 하여야 한다.

④ 소방청장, 소방본부장 또는 소방서장은 소방특별조사를 하려면 10일 전에 관계인에게 조
　 사대상, 조사기간 및 조사사유 등을 서면으로 알려야 한다.

소방청장, 소방본부장 또는 소방서장은 소방특별조사를 하려면 7일 전에 관계인에게 조사대상,
　　　조사기간 및 조사사유 등을 서면으로 알려야 한다. 다만, 다음 각 호의 어느 하나에 해당하는 경
　　　우에는 그러하지 아니하다.

437 다음 중 소방특별조사대상선정위원회의 위원이 아닌 사람은?　　　　　　[15 경채]

① 과장급 직위 이상의 소방공무원

② 소방시설관리사

③ 소방설비기사

④ 소방공무원 교육기관, 학교 또는 연구소에서 소방과 관련한 교육 또는 연구에 5년 이상
　 종사한 사람

소방특별조사위원회의 구성 등

① 법 제4조제3항에 따른 소방특별조사위원회(이하 이 조 및 제7조의3부터 제7조의5까지에서 "위원회"라 한다)는 위원장 1명을 포함한 7명 이내의 위원으로 성별을 고려하여 구성하고, 위원장은 소방본부장이 된다.

② 위원회의 위원은 다음 각 호의 어느 하나에 해당하는 사람 중에서 소방본부장이 임명하거나 위촉한다.

   1. 과장급 직위 이상의 소방공무원

   2. 소방기술사

   3. 소방시설관리사

   4. 소방 관련 분야의 석사학위 이상을 취득한 사람

   5. 소방 관련 법인 또는 단체에서 소방 관련 업무에 5년 이상 종사한 사람

   6. 소방공무원 교육기관, 「고등교육법」 제2조의 학교 또는 연구소에서 소방과 관련한 교육 또는 연구에 5년 이상 종사한 사람

③ 위촉위원의 임기는 2년으로 하고, 한 차례만 연임할 수 있다.

④ 위원회에 출석한 위원에게는 예산의 범위에서 수당, 여비, 그 밖에 필요한 경비를 지급할 수 있다. 다만, 공무원인 위원이 그 소관 업무와 직접적으로 관련하여 위원회에 출석하는 경우는 그러하지 아니하다.

---

438 소방시설등의 점검결과를 보고하지 아니한 경우 과태료는?   [15 경채]

① 30   ② 50   ③ 100   ④ 200

소방시설등의 점검결과를 보고하지 아니한 자 또는 거짓으로 보고한 자 : 200만 원 이하의 과태료

━ **제53조(과태료)**

① 다음 각 호의 어느 하나에 해당하는 자에게는 300만 원 이하의 과태료를 부과한다.

10. 소방시설등의 점검결과를 보고하지 아니한 자 또는 거짓으로 보고한 자

개별기준

위반행위	근거 법조문	과태료 금액(만 원)		
		1차 위반	2차 위반	3차 이상 위반
가. 법 제9조제1항 전단을 위반한 경우	법 제53조 제1항제1호			
1) 2) 및 3)의 규정을 제외하고 소방시설을 최근 1년 이내에 2회 이상 화재안전기준에 따라 관리·유지하지 않은 경우			100	
2) 소방시설을 다음에 해당하는 고장 상태 등으로 방치한 경우 가) 소화펌프를 고장 상태로 방치한 경우			200	

위반행위	근거 법조문	과태료 금액(만 원)		
		1차 위반	2차 위반	3차 이상 위반
나) 수신반, 동력(감시)제어반 또는 소방시설용 비상전원을 차단하거나, 고장난 상태로 방치하거나, 임의로 조작하여 자동으로 작동이 되지 않도록 한 경우				
다) 소방시설이 작동하는 경우 소화배관을 통하여 소화수가 방수되지 않는 상태 또는 소화약제가 방출되지 않는 상태로 방치한 경우				
3) 소방시설을 설치하지 않은 경우		300		
나. 법 제10조제1항을 위반하여 피난시설, 방화구획 또는 방화시설을 폐쇄·훼손·변경하는 등의 행위를 한 경우	법 제53조제1항 제2호	100	200	300
다. 법 제12조제1항을 위반한 경우(방염성능기준×)	법 제53조제2항 제1호	200		
라. 법 제20조제4항·제31조 또는 제32조제3항에 따른 신고를 하지 않거나 거짓으로 신고한 경우	법 제53조제2항 제3호			
1) 지연신고기간이 1개월 미만인 경우		30		
2) 지연신고기간이 1개월 이상 3개월 미만인 경우		50		
3) 지연신고기간이 3개월 이상이거나 신고를 하지 않은 경우		100		
4) 거짓으로 신고한 경우		200		
사. 법 제20조제1항을 위반하여 소방안전관리 업무를 수행하지 않은 경우	법 제53조제2항 제5호	50	100	200
아. 특정소방대상물의 관계인 또는 소방안전관리대상물의 소방안전관리자가 법 제20조제6항에 따른 소방안전관리 업무를 하지 않은 경우	법 제53조제2항 제6호	50	100	200
자. 법 제20조제7항을 위반하여 소방안전관리대상물의 관계인이 소방안전관리자에 대한 지도와 감독을 하지 않은 경우	법 제53조제2항 제7호	200		
차. 법 제21조의2제3항을 위반하여 피난유도 안내정보를 제공하지 아니한 경우	법 제53조제2항 제7호의2	50	100	200
카. 법 제22조제1항을 위반하여 소방훈련 및 교육을 하지 않은 경우	법 제53조제2항 제8호	50	100	200
타. 법 제24조제1항을 위반하여 소방안전관리 업무를 하지 않은 경우	법 제53조제2항 제9호	50	100	200
파. 법 제25조제2항을 위반하여 소방시설 등의 점검결과를 보고하지 않거나 거짓으로 보고한 경우	법 제53조제2항 제10호			

위반행위	근거 법조문	과태료 금액(만 원)		
		1차 위반	2차 위반	3차 이상 위반
1) 지연보고기간이 1개월 미만인 경우		30		
2) 지연보고기간이 1개월 이상 3개월 미만인 경우		50		
3) 지연보고기간이 3개월 이상 또는 보고하지 않은 경우		100		
4) 거짓으로 보고한 경우		200		
하. 관리업자가 법 제33조제2항을 위반하여 지위승계, 행정처분 또는 휴업·폐업의 사실을 특정소방대상물의 관계인에게 알리지 않거나 거짓으로 알린 경우	법 제53조제2항 제11호	200		
거. 관리업자가 법 제33조제3항을 위반하여 기술인력의 참여 없이 자체점검을 실시한 경우	법 제53조제2항제12호	200		
너. 관리업자가 법 제33조의2제2항에 따른 서류를 거짓으로 제출한 경우	법 제53조제2항 제12호의2	200		
더. 소방안전관리자 및 소방안전관리보조자가 법 제41조제1항제1호 또는 제2호를 위반하여 실무 교육을 받지 않은 경우	법 제53조제3항	50		
러. 법 제46조제1항에 따른 명령을 위반하여 보고 또는 자료제출을 하지 않거나 거짓으로 보고 또는 자료제출을 한 경우 또는 정당한 사유 없이 관계 공무원의 출입 또는 조사·검사를 거부·방해 또는 기피한 경우	법 제53조제2항 제13호	50	100	200

439 다음 중 스프링클러설비의 설치대상이 아닌 것은? [15 공채]

① 수용인원 100명 이상의 영화상영관

② 5,000제곱미터 이상의 판매시설

③ 의료시설 중 정신의료기관으로서 600제곱미터인 것

④ 교육연구시설 내 합숙소로서 100미터제곱 이상인 것

해설 스프링클러설비를 설치하여야 하는 특정소방대상물(위험물 저장 및 처리시설 중 가스시설 또는 지하구는 제외한다)은 다음의 어느 하나와 같다.

1) 문화 및 집회시설(동·식물원은 제외한다), 종교시설(주요구조부가 목조인 것은 제외한다), 운동시설(물놀이형 시설은 제외한다)로서 다음의 어느 하나에 해당하는 경우에는 모든 층
   가) 수용인원이 100명 이상인 것
   나) 영화상영관의 용도로 쓰이는 층의 바닥면적이 지하층 또는 무창층인 경우에는 500m² 이상, 그 밖의 층의 경우에는 1천m² 이상인 것
   다) 무대부가 지하층·무창층 또는 4층 이상의 층에 있는 경우에는 무대부의 면적이 300m² 이상인 것
   라) 무대부가 다) 외의 층에 있는 경우에는 무대부의 면적이 500m² 이상인 것

2) **판매시설**, 운수시설 및 창고시설(물류터미널에 한정한다)로서 바닥면적의 합계가 **5천m² 이상**이거나 수용인원이 500명 이상인 경우에는 모든 층

3) 층수가 6층 이상인 특정소방대상물의 경우에는 모든 층. 다만, 주택 관련 법령에 따라 기존의 아파트등을 리모델링하는 경우로서 건축물의 연면적 및 층높이가 변경되지 않는 경우에는 해당 아파트등의 사용검사 당시의 소방시설 적용기준을 적용한다.

4) 다음의 어느 하나에 해당하는 용도로 사용되는 시설의 바닥면적의 합계가 **600m² 이상인 것**은 모든 층
   가) **의료시설 중 정신의료기관**
   나) 의료시설 중 종합병원, 병원, 치과병원, 한방병원 및 요양병원(정신병원은 제외한다)
   다) 노유자시설
   라) 숙박이 가능한 수련시설

5) 창고시설(물류터미널은 제외한다)로서 바닥면적 합계가 5천m² 이상인 경우에는 모든 층

6) 천장 또는 반자(반자가 없는 경우에는 지붕의 옥내에 면하는 부분)의 높이가 10m를 넘는 랙식 창고(rack warehouse)(물건을 수납할 수 있는 선반이나 이와 비슷한 것을 갖춘 것을 말한다)로서 바닥면적의 합계가 1천5백m² 이상인 것

7) 1)부터 6)까지의 특정소방대상물에 해당하지 않는 특정소방대상물의 지하층·무창층(축사는 제외한다) 또는 층수가 4층 이상인 층으로서 바닥면적이 1천m² 이상인 층

8) 6)에 해당하지 않는 공장 또는 창고시설로서 다음의 어느 하나에 해당하는 시설
   가) 「소방기본법 시행령」 별표 2에서 정하는 수량의 1천 배 이상의 특수가연물을 저장·취급하는 시설
   나) 「원자력안전법 시행령」 제2조제1호에 따른 중·저준위방사성폐기물(이하 "중·저준위방사성폐기물"이라 한다)의 저장시설 중 소화수를 수집·처리하는 설비가 있는 저장시설

9) 지붕 또는 외벽이 불연재료가 아니거나 내화구조가 아닌 공장 또는 창고시설로서 다음의 어느 하나에 해당하는 것

가) 창고시설(물류터미널에 한정한다) 중 2)에 해당하지 않는 것으로서 바닥면적의 합계가 2천5백m² 이상이거나 수용인원이 250명 이상인 것

나) 창고시설(물류터미널은 제외한다) 중 5)에 해당하지 않는 것으로서 바닥면적의 합계가 2천5백m² 이상인 것

다) 랙식 창고시설 중 6)에 해당하지 않는 것으로서 바닥면적의 합계가 750m² 이상인 것

라) 공장 또는 창고시설 중 7)에 해당하지 않는 것으로서 지하층·무창층 또는 층수가 4층 이상인 것 중 바닥면적이 500m² 이상인 것

마) 공장 또는 창고시설 중 8)가)에 해당하지 않는 것으로서 「소방기본법 시행령」 별표 2에서 정하는 수량의 500배 이상의 특수가연물을 저장·취급하는 시설

10) 지하가(터널은 제외한다)로서 연면적 1천m² 이상인 것

11) 기숙사(교육연구시설·수련시설 내에 있는 학생 수용을 위한 것을 말한다) 또는 복합건축물로서 연면적 5천m² 이상인 경우에는 모든 층

12) 교정 및 군사시설 중 다음의 어느 하나에 해당하는 경우에는 해당 장소

가) 보호감호소, 교도소, 구치소 및 그 지소, 보호관찰소, 갱생보호시설, 치료감호시설, 소년원 및 소년분류심사원의 수용거실

나) 「출입국관리법」 제52조제2항에 따른 보호시설(외국인보호소의 경우에는 보호대상자의 생활공간으로 한정한다. 이하 같다)로 사용하는 부분. 다만, 보호시설이 임차건물에 있는 경우는 제외한다.

다) 「경찰관 직무집행법」 제9조에 따른 유치장

13) 1)부터 12)까지의 특정소방대상물에 부속된 보일러실 또는 연결통로 등

440 특정소방안전관리대상물에 대하여 유지 및 관리 등 소방안전관리 업무를 수행하여야 하는 대상자는? [15 공채]

① 특정소방대상물의 소방안전관리자
② 특정소방대상물의 관계인
③ 시·도 소방본부장
④ 소방서장

해설 특정소방대상물의 관계인은 그 특정소방대상물에 대하여 제6항에 따른 소방안전관리 업무를 수행하여야 한다.

441 다음 중 공동 소방안전관리자를 선임하여야 하는 대상이 아닌 것은? [15 공채]

① 고층 건축물(지하층을 제외한 11층 이상)
② 복합건축물로서 연면적 5,000미터제곱 이상
③ 지하구
④ 도·소매시장 및 소방본부장 또는 소방서장이 지정한 지역

공동 소방안전관리

다음 각 호의 어느 하나에 해당하는 특정소방대상물로서 그 관리의 권원(權原)이 분리되어 있는 것 가운데 소방본부장이나 소방서장이 지정하는 특정소방대상물의 관계인은 행정안전부령으로 정하는 바에 따라 대통령령으로 정하는 자를 공동 소방안전관리자로 선임하여야 한다.
1. 고층 건축물(지하층을 제외한 층수가 11층 이상인 건축물만 해당한다)
2. 지하가(지하의 인공구조물 안에 설치된 상점 및 사무실, 그 밖에 이와 비슷한 시설이 연속하여 지하도에 접하여 설치된 것과 그 지하도를 합한 것을 말한다)
3. 그 밖에 대통령령으로 정하는 특정소방대상물
   1) 복합건축물로서 연면적이 5천제곱미터 이상인 것 또는 층수가 5층 이상인 것
   2) 판매시설 중 도매시장 및 소매시장
   3) 특정소방대상물 중 소방본부장 또는 소방서장이 지정하는 것

442 다음 중 소방시설의 분류에 해당하지 않는 것은? [15 공채]

① 소화설비　　　② 경보설비　　　③ 인명구조설비　　　④ 소화활동설비

해설 소방시설 : 소화설비, 경보설비, 피난구조설비, 소화용수설비, 소화활동설비

443 소방안전관리자 또는 소방안전관리보조자를 선임하지 아니한 자에 대한 벌칙으로 옳은 것은? [15 공채]

① 100만 원 이하의 벌금　　　② 200만 원 이하의 벌금
③ 300만 원 이하의 벌금　　　④ 200만 원 이하의 과태료

해설 소방안전관리자 또는 소방안전관리보조자를 선임하지 아니한 자 : 300만 원 이하의 벌금

444 다음 중 소방본부장이나 소방서장이 대통령령 또는 화재안전기준이 변경되어 그 기준이 강화되는 경우에도 강화된 기준을 적용하지 않아도 되는 것은? [16 경채]

① 노유자시설에 설치하는 비상방송설비
② 의료시설에 설치하는 피난구조설비
③ 노유자시설에 설치하는 자동화재탐지설비
④ 의료시설에 설치하는 자동화재속보설비

해설 소방시설기준 적용의 특례

소방본부장이나 소방서장은 제9조제1항 전단에 따른 대통령령 또는 화재안전기준이 변경되어

그 기준이 강화되는 경우 기존의 특정소방대상물(건축물의 신축·개축·재축·이전 및 대수선 중인 특정소방대상물을 포함한다)의 소방시설에 대하여는 변경 전의 대통령령 또는 화재안전 기준을 적용한다. 다만, 다음 각 호의 어느 하나에 해당하는 소방시설의 경우에는 대통령령 또는 화재안전기준의 변경으로 강화된 기준을 적용한다.

1. 다음 소방시설 중 대통령령으로 정하는 것
    가. 소화기구
    나. 비상경보설비
    다. 자동화재속보설비
    라. 피난구조설비
2. 지하구 가운데 「국토의 계획 및 이용에 관한 법률」 제2조제9호에 따른 공동구에 설치하여야 하는 소방시설
3. 노유자(老幼者)시설, 의료시설에 설치하여야 하는 소방시설 중 대통령령으로 정하는 것
    • 노유자시설 : 자동화재탐지설비, 간이S/P설비, 단독경보형 감지기
    • 의료시설 : 자동화재탐지설비, 간이S/P설비, 자동화재속보설비, S/P설비

445 다음 중 방염대상물품에 해당하지 않는 것은? [16 경채]

① 카펫, 두께가 3밀리미터 미만인 벽지류(종이벽지를 포함한다.)
② 창문에 설치하는 커튼류(블라인드를 포함한다.)
③ 전시용 합판 또는 섬유판, 무대용 합판 또는 섬유판
④ 암막·무대막

해설 방염대상물품의 종류

1. 제조 또는 가공 공정에서 방염처리를 한 물품(합판·목재류의 경우에는 설치현장에서 방염 처리를 한 것을 포함한다)으로서 다음 각 목의 어느 하나에 해당하는 것
    가. 창문에 설치하는 커튼류(블라인드를 포함한다)
    나. 카펫, 두께가 2밀리미터 미만인 벽지류(종이벽지는 제외한다)
    다. 전시용 합판 또는 섬유판, 무대용 합판 또는 섬유판
    라. 암막·무대막(영화상영관에 설치하는 스크린과 골프 연습장업에 설치하는 스크린을 포함한다)
    마. 섬유류 또는 합성수지류 등을 원료로 하여 제작된 소파·의자(단란주점영업, 유흥주점 영업 및 노래연습장업의 영업장에 설치하는 것만 해당한다)
2. 건축물 내부의 천장이나 벽에 부착하거나 설치하는 것으로서 다음 각 목의 어느 하나에 해당 하는 것을 말한다. 다만, 가구류(옷장, 찬장, 식탁, 식탁용 의자, 사무용 책상, 사무용 의자 및 계산대, 그 밖에 이와 비슷한 것을 말한다)와 너비 10센티미터 이하인 반자돌림대 등과 「건축법」 제52조에 따른 내부마감재료는 제외한다.
    가. 종이류(두께 2밀리미터 이상인 것을 말한다)·합성수지류 또는 섬유류를 주원료로 한 물품
    나. 합판이나 목재

다. 공간을 구획하기 위하여 설치하는 간이 칸막이(접이식 등 이동 가능한 벽체나 천장 또는 반자가 실내에 접하는 부분까지 구획하지 아니하는 벽체를 말한다)

라. 흡음(吸音)이나 방음(防音)을 위하여 설치하는 흡음재(흡음용 커튼을 포함한다) 또는 방음재(방음용 커튼을 포함한다)

446 건축허가 등을 할 때 미리 소방본부장 또는 소방서장의 동의를 받아야 하는 건축물 등의 범위에 해당하지 않는 것은? [16 경채]

① 차고·주차장으로 사용되는 층 중 바닥면적이 200제곱미터 이상인 층이 있는 시설

② 승강기 등 기계장치에 의한 주차시설로서 자동차 20대 이상을 주차할 수 있는 시설

③ 항공기격납고, 관망탑, 항공관제탑, 방송용 송수신탑

④ 지하층 또는 무창층이 있는 건축물로서 바닥면적이 90제곱미터(공연장의 경우에는 100제곱미터) 이상인 층이 있는 것

해설 건축허가 동의 대상물의 범위(대통령령)

1. 연면적 400제곱미터 이상인 건축물
   가. 학교시설 : 100제곱미터
   나. 노유자시설(老幼者施設) 및 수련시설 : 200제곱미터
   다. **정신의료기관 : 300제곱미터**
   라. 장애인 의료재활시설(이하 "의료재활시설"이라 한다) : 300제곱미터
1의2. 층수가 6층 이상인 건축물
2. 차고·주차장 또는 주차용도로 사용되는 시설로서 다음 각 목의 어느 하나에 해당하는 것
   가. 차고·주차장으로 사용되는 바닥면적이 200제곱미터 이상인 층이 있는 건축물이나 주차시설
   나. 승강기 등 기계장치에 의한 주차시설로서 자동차 20대 이상을 주차할 수 있는 시설
3. 항공기격납고, 관망탑, 항공관제탑, 방송용 송수신탑
4. 지하층 또는 무창층이 있는 건축물로서 바닥면적이 150제곱미터(공연장의 경우에는 100제곱미터) 이상인 층이 있는 것
5. 별표 2의 특정소방대상물 중 위험물 저장 및 처리시설, 지하구

---

447 다음 중 소방청장 또 시·도지사가 반드시 청문을 하여야 하는 처분이 아닌 것은? [16 경채]

① 관리사 자격의 취소 및 정지

② 관리업의 등록취소 및 영업정지

③ 소방용품 성능인증 취소 및 제품인증 취소

④ 소방용품 전문기관의 지정취소 및 업무정지

해설 청문

1) 청문실시권자 : 소방청장 또는 시 · 도지사
2) 청문사유 및 실시권자
　① 관리업의 등록취소 및 영업정지 : 시 · 도지사
　② 관리사 자격의 취소 및 정지 : 소방청장
　③ 소방용품의 형식승인 취소 및 제품검사 중지 : 소방청장
　④ 성능인증의 취소 : 소방청장
　⑤ 우수품질인증의 취소 : 소방청장
　⑥ 전문기관의 지정취소 및 업무정지 : 소방청장

448 다음 중 소방안전관리자 및 소방안전관리보조자의 실무교육 등에 대한 설명으로 옳지 않은 것은? [16 경채]

① 안전원장은 소방안전관리자 및 소방안전관리보조자에 대한 실무교육을 6개월 이내에 그 후에는 2년마다 1회 이상 실시한다.
② 안전원장은 실무교육이 끝난 날부터 30일 이내에 소방본부장, 소방서장에게 알린다.
③ 소방본부장, 소방서장은 소방안전관리자 및 소방안전관리보조자 선임신고를 받은 경우 1개월 이내에 안전원장에게 통보한다.
④ 안전원장은 소방안전관리자 및 소방안전관리보조자에 대한 실무교육의 교육대상, 교육일정 등 실무교육에 필요한 계획을 수립하여 매년 소방청장의 승인을 얻어 교육 실시 15일 전까지 교육대상자에게 통보하여야 한다.

해설 소방안전관리자 및 소방안전관리보조자의 실무교육 등

① 안전원장은 법 제41조제1항에 따른 소방안전관리자 및 소방안전관리보조자에 대한 실무교육의 교육대상, 교육일정 등 실무교육에 필요한 계획을 수립하여 매년 소방청장의 승인을 얻어 교육 실시 30일 전까지 교육대상자에게 통보하여야 한다.
② 소방안전관리자는 그 선임된 날부터 6개월 이내에 법 제41조제1항에 따른 실무교육을 받아야 하며, 그 후에는 2년마다(최초 실무교육을 받은 날을 기준일로 하여 매 2년이 되는 해의 기준일과 같은 날 전까지를 말한다) 1회 이상 실무교육을 받아야 한다. 다만, 소방안전관리 강습교육 또는 실무교육을 받은 후 1년 이내에 소방안전관리자로 선임된 사람은 해당 강습교육 또는 실무교육을 받은 날에 실무교육을 받은 것으로 본다.
③ 소방안전관리보조자는 그 선임된 날부터 6개월(영 제23조제5항제4호에 따라 소방안전관리보조자로 지정된 사람의 경우 3개월을 말한다) 이내에 법 제41조에 따른 실무교육을 받아야 하며, 그 후에는 2년마다(최초 실무교육을 받은 날을 기준일로 하여 매 2년이 되는 해의 기준일과 같은 날 전까지를 말한다) 1회 이상 실무교육을 받아야 한다. 다만, 소방안전관리자 강습교육 또는 실무교육이나 소방안전관리보조자 실무교육을 받은 후 1년 이내에 소방안전 관리보조자로 선임된 사람은 해당 강습교육 또는 실무교육을 받은 날에 실무교육을 받은 것으로 본다.

④ 소방본부장 또는 소방서장은 제14조 및 제14조의2에 따라 소방안전관리자나 소방안전관리 보조자의 선임신고를 받은 경우에는 신고일부터 1개월 이내에 별지 제42호 서식에 따라 그 내용을 안전원장에게 통보하여야 한다.

449 작동기능점검 시 점검인력 1단위가 하루 동안 점검할 수 있는 특정소방대상물의 연면적은? [16 공채]

① 6,000m² 이하
② 9,000m² 이하
③ 10,000m² 이하
④ 12,000m² 이하

구분	종합정밀점검	작동기능점검
점검범위	• 화재안전기준 및 건축법 등 관련법령에서 정하는 기준에 적합 여부를 점검	• 소방시설등을 인위적으로 조작하여 정상적으로 작동하는지를 점검
방법	• 화재예방, 소방시설 설치유지 및 안전관리에 관한 법 시행령 제18조 2항에 따른 소방시설별 점검장비를 이용하여 점검	• 방수압력측정계, 절연저항계, 전류전압측정계, 열감지기시험기, 연기감지기시험기 등을 이용하여 점검
결과 제출	• 7일 이내	• 종합정밀점검 대상 : 7일 이내 • 소방안전관리자 선임 대상 : 7일 이내 • 그 외 대상 : 제출 제외
점검인원 배치기준	• 1단위(관리사 1인+보조 2인) 10,000m², 300세대 • 추가 1인 3,000m², 70세대	• 1단위(관리사 1인+보조 2인) 12,000m², 350세대 • 추가 1인 3,500m², 90세대

450 다음 중 청문의 대상이 아닌 것은? [16 공채]

① 관리사 자격의 취소 및 정지
② 관리업의 등록취소 및 영업정지
③ 소방용품의 성능검사 취소 및 우수품질 자격정지
④ 전문기관의 지정취소 및 업무정지

해설 **청문**
1) 청문실시권자 : 소방청장 또는 시 · 도지사
2) 청문사유 및 실시권자
   ① 관리업의 등록취소 및 영업정지 : 시 · 도지사
   ② 관리사 자격의 취소 및 정지 : 소방청장
   ③ 소방용품의 형식승인 취소 및 제품검사 중지 : 소방청장
   ④ 성능인증의 취소 : 소방청장
   ⑤ 우수품질인증의 취소 : 소방청장
   ⑥ 전문기관의 지정취소 및 업무정지 : 소방청장

451 다음 중 소방시설의 작동기능점검자는 누구인가? [16 공채]

① 소방설비기사   ② 소방시설관리업자

③ 감리업자   ④ 소방시설공사업자

해설 자체점검(보고서는 7일 이내에 제출)

대상		횟수, 시기	점검자

작동기능
점검
	모든 특정소방대상물
	[예외대상]
	• 특급 소방안전관리대상물
	(종합점검 연 2회)
	• 소화기구만 설치
	• 위험물 제조소 등
		연 1회
		1. 종합정밀점검 대상 ×
		  (1) 3급 이상(보고서 제출)
		    : 안전관리대상물 사용승인
		     일이 속하는 달의 말일까지
		  (2) 3급 미만(보고서 제출 ×)
		    : 연중 1회
		2. 종합정밀점검 대상 ○
		  : 종합실시월로부터 6개월이 되
		   는 달의 말일까지
			• 관계인
			• 소방안전관리자
			• 소방시설유지
			  관리업자

종합정밀
점검
	스프링클러설비가 설치된 특정
	소방대상물
		• 연 1회(사용승인일이 속하는 달
		  의 말일까지)
		  −학교 : 1~6월 → 6월 말일까지
		
		• 특급소방안전관리대상물
		  : 연 2회(반기별 1회)(작동기능
		   점검은 제외)
			• 소방안전관리자
			  (소방기술사, 소
			  방시설관리사)
			• 소방시설유지
			  관리업자

	물분무등 소화설비 설치가 된 연면적 5,000m² 이상		
	연면적 2,000m² 이상 다중이용 업소(노·고·산·단·유· 비·안·영·복)		
	옥내, 자탐설비가 설치된 연면 적 1,000m² 이상 공공기관 (소방대 근무장소 제외)		
	제연설비가 설치된 터널		

452 다음 중 1급 소방안전관리업무 강습과목이 아닌 것은? [16 공채]

① 소방관계법령   ② 재난 관련 법령 및 안전관리

③ 위험물 실습   ④ 구조 및 응급처치교육, 실기실습

해설 1급 강습과목
- 소방관계법령
- 건축관계법령
- 소방학개론
- 화기취급감독(위험물·전기·가스 안전관리 등)
- 종합방재실 운영

- 소방시설(소화설비, 경보설비, 피난구조설비, 소화용수설비, 소화활동설비)의 구조 · 점검 · 실습 · 평가
- 소방계획 수립 이론 · 실습 · 평가
- 작동기능점검표 작성 실습 · 평가
- 구조 및 응급처치 이론 · 실습 · 평가
- 소방안전 교육 및 훈련 이론 · 실습 · 평가
- 화재대응 및 피난 실습 · 평가
- 형성평가(시험)

453 다음 중 판매시설에 스프링클러설비를 하여야 하는 것은? [17 경채 상반기]

① 연면적 5천 제곱미터 이상 수용인원 300인 이상의 모든 층
② 바닥면적 5천 제곱미터 이상 수용인원 500인 이상의 모든 층
③ 연면적 1천 제곱미터 이상 수용인원 100인 이상의 모든 층
④ 바닥면적 1천 제곱미터 이상 수용인원 100인 이상의 모든 층

해설 판매시설, 운수시설 및 창고시설(물류터미널에 한정한다)로서 바닥면적의 합계가 5천m² 이상이거나 수용인원이 500명 이상인 경우에는 모든 층

454 다음 중 피난구조설비에 속하는 것은? [17 경채 상반기]

① 공기호흡기 ② 통합감시시설
③ 무선통신보조설비 ④ 연결살수설비

해설 **피난구조설비** : 화재가 발생할 경우 피난하기 위하여 사용하는 기구 또는 설비로서 다음 각 목의 것
가. 피난기구
   1) 피난사다리
   2) 구조대
   3) 완강기
   4) 그 밖에 법 제9조제1항에 따라 소방청장이 정하여 고시하는 화재안전기준(이하 "화재안전기준"이라 한다)으로 정하는 것
나. 인명구조기구
   1) 방열복, 방화복(안전헬멧, 보호장갑 및 안전화를 포함한다)
   2) 공기호흡기
   3) 인공소생기
다. 유도등
   1) 피난유도선
   2) 피난구유도등
   3) 통로유도등

        4) 객석유도등
        5) 유도표지
    라. 비상조명등 및 휴대용비상조명등

455 다음 중 특정소방대상물의 종류가 옳은 것은?   [17 경채 상반기]

① 교육연구시설 : 도서관, 직업훈련소

② 의료시설 : 치과의원, 격리병원, 요양병원

③ 운수시설 : 자동차검사장, 여객자동차터미널

④ 묘지 관련 시설 : 장례식장, 봉안당

해설 ② 치과의원은 근린생활시설
        ③ 자동차검사장은 항공기 및 자동차관련시설
        ④ 장례식장은 장례시설

━ 특정소방대상물의 종류
    ① 교육연구시설
        가. 학교
            1) 초등학교, 중학교, 고등학교, 특수학교, 그 밖에 이에 준하는 학교 : 「학교시설사업 촉
               진법」 제2조제1호 나목의 교사(校舍)(교실 · 도서실 등 교수 · 학습활동에 직접 또는
               간접적으로 필요한 시설물을 말하되, 병설유치원으로 사용되는 부분은 제외한다. 이
               하 같다), 체육관, 「학교급식법」 제6조에 따른 급식시설, 합숙소(학교의 운동부, 기능
               선수 등이 집단으로 숙식하는 장소를 말한다. 이하 같다)
            2) 대학, 대학교, 그 밖에 이에 준하는 각종 학교 : 교사 및 합숙소
        나. 교육원(연수원, 그 밖에 이와 비슷한 것을 포함한다)
        다. 직업훈련소
        라. 학원(근린생활시설에 해당하는 것과 자동차운전학원 · 정비학원 및 무도학원은 제외한다)
        마. 연구소(연구소에 준하는 시험소와 계량계측소를 포함한다)
        바. 도서관
    ② 의료시설
        가. 병원 : 종합병원, 병원, 치과병원, 한방병원, 요양병원
        나. 격리병원 : 전염병원, 마약진료소, 그 밖에 이와 비슷한 것
        다. 정신의료기관
        라. 「장애인복지법」 제58조제1항제4호에 따른 장애인 의료재활시설
    ③ 운수시설
        가. 여객자동차터미널
        나. 철도 및 도시철도 시설(정비창 등 관련 시설을 포함한다)
        다. 공항시설(항공관제탑을 포함한다)
        라. 항만시설 및 종합여객시설
    ④ 묘지 관련 시설

가. 화장시설

나. 봉안당(제4호 나목의 봉안당은 제외한다)

다. 묘지와 자연장지에 부수되는 건축물

라. 동물화장시설, 동물건조장(乾燥葬)시설 및 동물 전용의 납골시설

━ 장례시설

가. 장례식장[의료시설의 부수시설(「의료법」 제36조제1호에 따른 의료기관의 종류에 따른 시설을 말한다)은 제외한다]

나. 동물 전용의 장례식장

456 방염성능기준 이상의 실내장식물 등을 설치하여야 하는 특정소방대상물이 아닌 것은?

[17 경채 상반기]

① 문화 및 집회시설　　　　　　② 종합병원

③ 노유자시설　　　　　　　　　④ 운동시설(수영장)

해설 방염성능기준 이상의 실내장식물 등을 설치하여야 하는 특정소방대상물의 종류

1. 근린생활시설 중 의원, 체력단련장, 공연장 및 종교집회장
2. 건축물의 옥내에 있는 시설로서 다음 각 목의 시설

　가. 문화 및 집회시설

　나. 종교시설

　다. 운동시설(수영장은 제외한다)
3. 의료시설
4. 교육연구시설 중 합숙소
5. 노유자시설
6. 숙박이 가능한 수련시설
7. 숙박시설
8. 방송통신시설 중 방송국 및 촬영소
9. 「다중이용업소의 안전관리에 관한 특별법」 제2조제1항제1호에 따른 다중이용업의 영업장
10. 제1호부터 제9호까지의 시설에 해당하지 아니하는 것으로서 층수(「건축법 시행령」 제119조 제1항제9호에 따라 산정한 층수를 말한다. 이하 같다)가 11층 이상인 것(아파트는 제외한다)

457 공동 소방안전관리자를 선임해야 하는 특정소방대상물이 아닌 것은?　　[17 경채 상반기]

① 복합건축물로서 연면적이 5천 제곱미터 이상인 것 또는 층수가 5층 이상인 특정소방대상물

② 지하가

③ 지하층을 포함한 11층 이상 특정소방대상물

④ 소방본부장 또는 소방서장이 지정하는 특정소방대상물

해설 **공동 소방안전관리**

다음 각 호의 어느 하나에 해당하는 특정소방대상물로서 그 관리의 권원(權原)이 분리되어 있는 것 가운데 소방본부장이나 소방서장이 지정하는 특정소방대상물의 관계인은 행정안전부령으로 정하는 바에 따라 대통령령으로 정하는 자를 공동 소방안전관리자로 선임하여야 한다.

1. 고층 건축물(지하층을 제외한 층수가 11층 이상인 건축물만 해당한다)
2. 지하가(지하의 인공구조물 안에 설치된 상점 및 사무실, 그 밖에 이와 비슷한 시설이 연속하여 지하도에 접하여 설치된 것과 그 지하도를 합한 것을 말한다)
3. 그 밖에 대통령령으로 정하는 특정소방대상물
    1) 복합건축물로서 연면적이 5천제곱미터 이상인 것 또는 층수가 5층 이상인 것
    2) 판매시설 중 도매시장 및 소매시장
    3) 특정소방대상물 중 소방본부장 또는 소방서장이 지정하는 것

458 소방안전관리보조자를 두어야 하는 특정소방대상물이 아닌 것은?   [17 경채 상반기]

① 노유자시설
② 수련시설
③ 아파트 300세대
④ 연면적 1만 제곱미터 미만 특정소방대상물

해설 **소방안전관리 보조자를 두어야 하는 특정소방대상물**

범위	소방안전관리보조자의 최소 선임기준	소방안전관리보조자를 선임하지 아니할 수 있는 경우
① 아파트(300세대 이상인 아파트만 해당)	1명 (다만, 초과되는 300세대마다 1명 이상을 추가로 선임하여야 한다.)	—
② 연면적이 1만5천m² 이상인 특정소방대상물	1명 (다만, 초과되는 연면적 1만5천m²마다 1명 이상을 추가로 선임하여야 한다.)	—
③ 공동주택 중 기숙사 ④ 의료시설 ⑤ 노유자시설 ⑥ 수련시설 ⑦ 숙박시설(숙박시설로 사용되는 바닥면적의 합계가 1천500m² 미만이고 관계인이 24시간 상시 근무하고 있는 숙박시설은 제외한다)	1명	해당 특정소방대상물이 소재하는 지역을 관할하는 소방서장이 야간이나 휴일에 해당 특정소방대상물이 이용되지 아니한다는 것을 확인한 경우

459 소방특별조사에 대하여 틀린 것은? [17 경채 상반기]

① 소방청장, 소방본부장, 소방서장은 5일 전까지 조사사유, 조사대상, 조사기간 등을 관계인에게 서면으로 알려야 한다.

② 관계인이 이 법 또는 다른 법령에 따라 실시하는 소방시설 등, 방화시설, 피난시설 등에 대한 자체점검 등이 불성실하거나 불완전하다고 인정되는 경우 실시한다.

③ 소방본부장은 소방특별조사의 대상을 객관적이고 공정하게 선정하기 위하여 필요하면 소방특별조사위원회를 구성하여 소방특정조사의 대상을 선정할 수 있다.

④ 개인의 주거에 관하여는 관계인의 승낙이 있거나 화재발생의 우려가 뚜렷하여 긴급한 필요가 있는 때에 한정한다.

해설 소방특별조사

1) 소방특별조사권자 : 소방청장, 소방본부장, 소방서장
2) 소방특별조사 실시사유
   1. 관계인이 이 법 또는 다른 법령에 따라 실시하는 소방시설등, 방화시설, 피난시설 등에 대한 자체점검 등이 불성실하거나 불완전하다고 인정되는 경우
   2. 「소방기본법」 제13조에 따른 화재경계지구에 대한 소방특별조사 등 다른 법률에서 소방특별조사를 실시하도록 한 경우
   3. 국가적 행사 등 주요 행사가 개최되는 장소 및 그 주변의 관계 지역에 대하여 소방안전관리 실태를 점검할 필요가 있는 경우
   4. 화재가 자주 발생하였거나 발생할 우려가 뚜렷한 곳에 대한 점검이 필요한 경우
   5. 재난예측정보, 기상예보 등을 분석한 결과 소방대상물에 화재, 재난·재해의 발생 위험이 높다고 판단되는 경우
   6. 제1호부터 제5호까지에서 규정한 경우 외에 화재, 재난·재해, 그 밖의 긴급한 상황이 발생할 경우 인명 또는 재산 피해의 우려가 현저하다고 판단되는 경우
3) 소방특별조사 대상 선정권자 : 소방청장, 소방본부장, 소방서장
4) 소방특별조사위원회 구성권자 : 소방본부장
5) 소방특별조사위원회 구성
   ① 법 제4조제3항에 따른 소방특별조사위원회(이하 이 조 및 제7조의3부터 제7조의5까지에서 "위원회"라 한다)는 위원장 1명을 포함한 7명 이내의 위원으로 성별을 고려하여 구성하고, 위원장은 소방본부장이 된다.
   ② 위원회의 위원은 다음 각 호의 어느 하나에 해당하는 사람 중에서 소방본부장이 임명하거나 위촉한다.
      1. 과장급 직위 이상의 소방공무원
      2. 소방기술사
      3. 소방시설관리사
      4. 소방 관련 분야의 석사학위 이상을 취득한 사람
      5. 소방 관련 법인 또는 단체에서 소방 관련 업무에 5년 이상 종사한 사람
      6. 소방공무원 교육기관, 「고등교육법」 제2조의 학교 또는 연구소에서 소방과 관련한 교육 또는 연구에 5년 이상 종사한 사람

---

6) 중앙소방특별조사단 편성운영권자 : 소방청장

7) 소방특별조사 항목

1. 법 제20조 및 제24조에 따른 소방안전관리 업무 수행에 관한 사항
2. 법 제20조제6항제1호에 따라 작성한 소방계획서의 이행에 관한 사항
3. 법 제25조제1항에 따른 자체점검 및 정기적 점검 등에 관한 사항
4. 「소방기본법」 제12조에 따른 화재의 예방조치 등에 관한 사항
5. 「소방기본법」 제15조에 따른 불을 사용하는 설비 등의 관리와 특수가연물의 저장·취급에 관한 사항
6. 「다중이용업소의 안전관리에 관한 특별법」 제8조부터 제13조까지의 규정에 따른 안전관리에 관한 사항
7. 「위험물안전관리법」 제5조·제6조·제14조·제15조 및 제18조에 따른 안전관리에 관한 사항

8) **소방특별조사 통보 : 7일 전까지**(조사 3일 전 연기신청 가능)

9) 통보예외사항/해가 진 뒤나 뜨기 전 조사/개인주거 승낙 없이 조사할 수 있는 사항

1. 화재, 재난·재해가 발생할 우려가 뚜렷하여 긴급하게 조사할 필요가 있는 경우
2. 소방특별조사의 실시를 사전에 통지하면 조사목적을 달성할 수 없다고 인정되는 경우

10) 연기신청사유

1. 태풍, 홍수 등 재난(「재난 및 안전관리 기본법」 제3조제1호에 해당하는 재난을 말한다)이 발생하여 소방대상물을 관리하기가 매우 어려운 경우
2. 관계인이 질병, 장기출장 등으로 소방특별조사에 참여할 수 없는 경우
3. 권한 있는 기관에 자체점검기록부, 교육·훈련일지 등 소방특별조사에 필요한 장부·서류 등이 압수되거나 영치(領置)되어 있는 경우

11) 소방특별조사결과 조치명령권자 : 소방청장, 소방본부장, 소방서장

12) 조치명령 내용

관계인에게 그 소방대상물의 개수(改修)·이전·제거, 사용의 금지 또는 제한, 사용폐쇄, 공사의 정지 또는 중지, 그 밖의 필요한 조치를 명할 수 있다.

13) 조치명령으로 손실을 입은 자가 있는 경우 보상 : 소방청장, 시·도지사

---

460 다음 중 중앙소방기술심의위원회의 심의 내용으로 틀린 것은?　　　　　[17 경채 상반기]

① 화재안전기준에 관한 사항
② 소방시설의 구조 및 원리 등에서 공법이 특수한 설계 및 시공에 관한 사항
③ 소방시설의 설계 및 공사감리의 방법에 관한 사항
④ 소방시설에 하자가 있는지의 판단에 관한 사항

> **해설** 중앙소방기술심의위원회 심의사항
> 1) 화재안전기준에 관한 사항
> 2) 소방시설의 구조 및 원리 등에서 공법이 특수한 설계 및 시공에 관한 사항
> 3) 소방시설의 설계 및 공사감리의 방법에 관한 사항

4. 소방시설공사의 하자를 판단하는 기준에 관한 사항

5) 그 밖에 소방기술 등에 관하여 대통령령으로 정하는 사항

   1. 연면적 10만제곱미터 이상의 특정소방대상물에 설치된 소방시설의 설계·시공·감리의 하자 유무에 관한 사항

   2. 새로운 소방시설과 소방용품 등의 도입 여부에 관한 사항

   3. 그 밖에 소방기술과 관련하여 소방청장이 심의에 부치는 사항

461 수용인원 산정방법 내용 중 틀린 것은?   [17 공채 상반기]

① 침대가 있는 숙박시설은 해당 특정소방물의 종사자 수에 침대 수를 합한 수로 한다.

② 침대가 없는 숙박시설은 해당 특정소방대상물의 종사자 수에 숙박시설 바닥면적의 합계를 $3m^2$로 나누어 얻은 수를 합한 수로 한다.

③ 바닥면적을 산정할 때에는 복도, 계단 및 화장실의 바닥면적을 포함한다.

④ 계산 결과 소수점 이하의 수는 반올림한다.

해설 수용인원 산정방법

숙박 시설인 경우	침대 ○	침대 수+종업원 수	
	침대 ×	$\dfrac{\text{바닥면적}[m^2]}{3m^2}$(반올림 수) + 종업원 수	
숙박 시설이 아닌 경우	강의실·교무실·상담실·실습실·휴게실	$\dfrac{\text{바닥면적}[m^2]}{1.9m^2}$(반올림 수)	
	강당, 문화 및 집회시설, 운동시설, 종교시설	$\dfrac{\text{바닥면적}[m^2]}{4.6m^2}$(반올림 수) + 의자 수($\dfrac{\text{의자길이}[m]}{0.45[m]}$)(반올림 수)	
	그 밖	$\dfrac{\text{바닥면적}[m^2]}{3m^2}$(반올림 수)	

[비고]

1. 위 표에서 바닥면적을 산정할 때에는 복도(준불연재료 이상의 것을 사용하여 바닥에서 천장까지 벽으로 구획한 것을 말한다), 계단 및 화장실의 바닥면적을 포함하지 않는다.

2. 계산 결과 소수점 이하의 수는 반올림한다.

462 다음 중 건축허가 등의 동의 대상물에 해당하는 것은? [17 공채 상반기]

① 지하층 또는 무창층이 있는 건축물로서 바닥면적이 100m² 이상인 층이 있는 것

② 200m² 이상인 노유자, 수련시설

③ 바닥면적이 150m² 이상인 차고, 주차장

④ 200m² 이상인 정신의료기관

해설 건축허가 동의 대상물의 범위(대통령령)

1. 연면적 400제곱미터 이상인 건축물
   가. 학교시설 : 100제곱미터
   나. 노유자시설(老幼者施設) 및 수련시설 : 200제곱미터
   다. 정신의료기관 : 300제곱미터
   라. 장애인 의료재활시설(이하 "의료재활시설"이라 한다) : 300제곱미터
1의 2. 층수가 6층 이상인 건축물
2. 차고 · 주차장 또는 주차용도로 사용되는 시설로서 다음 각 목의 어느 하나에 해당하는 것
   가. 차고 · 주차장으로 사용되는 바닥면적이 200제곱미터 이상인 층이 있는 건축물이나 주차시설
   나. 승강기 등 기계장치에 의한 주차시설로서 자동차 20대 이상을 주차할 수 있는 시설
3. 항공기격납고, 관망탑, 항공관제탑, 방송용 송수신탑
4. 지하층 또는 무창층이 있는 건축물로서 바닥면적이 150제곱미터(공연장의 경우에는 100제곱미터) 이상인 층이 있는 것
5. 별표 2의 특정소방대상물 중 위험물 저장 및 처리시설, 지하구
6. 제1호에 해당하지 않는 노유자시설 중 다음 각 목의 어느 하나에 해당하는 시설. 다만, 나목부터 바목까지의 시설 중 「건축법 시행령」 별표 1의 단독주택 또는 공동주택에 설치되는 시설은 제외한다.
   가. 노인 관련 시설(「노인복지법」 제31조제3호 및 제5호에 따른 노인여가복지시설 및 노인보호전문기관은 제외한다)
   나. 「아동복지법」 제52조에 따른 아동복지시설(아동상담소, 아동전용시설 및 지역아동센터는 제외한다)
   다. 「장애인복지법」 제58조제1항제1호에 따른 장애인 거주시설
   라. 정신질환자 관련 시설
   마. 노숙인 관련 시설 중 노숙인자활시설, 노숙인재활시설 및 노숙인요양시설
   바. 결핵환자나 한센인이 24시간 생활하는 노유자시설
7. 「의료법」 제3조제2항제3호라목에 따른 요양병원(이하 "요양병원"이라 한다). 다만, 정신의료기관 중 정신병원(이하 "정신병원"이라 한다)과 의료재활시설은 제외한다.

463 다음 중 성능위주설계를 하여야 하는 특정소방대상물의 범위로 가장 옳은 것은?

[17 공채 하반기]

① 연면적 10만제곱미터인 특정소방대상물
② 지하층을 포함한 층수가 20층인 특정소방대상물
③ 연면적 3만제곱미터인 철도 및 도시철도 시설
④ 건축물의 높이가 120미터 이상인 아파트

해설 성능위주설계 대상

1. 연면적 20만제곱미터 이상인 특정소방대상물. 다만, 별표 2 제1호에 따른 공동주택 중 주택으로 쓰이는 층수가 5층 이상인 주택(이하 이 조에서 "아파트 등"이라 한다)은 제외한다.
2. 다음 각 목의 어느 하나에 해당하는 특정소방대상물. 다만, 아파트 등은 제외한다.
   가. 건축물의 높이가 100미터 이상인 특정소방대상물
   나. 지하층을 포함한 층수가 30층 이상인 특정소방대상물
3. 연면적 3만제곱미터 이상인 특정소방대상물로서 다음 각 목의 어느 하나에 해당하는 특정소방대상물
   가. 별표 2 제6호 나목의 철도 및 도시철도 시설
   나. 별표 2 제6호 다목의 공항시설
4. 하나의 건축물에 「영화 및 비디오물의 진흥에 관한 법률」 제2조제10호에 따른 영화상영관이 10개 이상인 특정소방대상물

464 다음 중 소방시설을 설치하지 아니할 수 있는 특정소방대상물 및 소방시설의 범위로 옳지 않은 것은?

[17 공채 하반기]

① 불연성 물품을 저장하는 창고 – 화재위험도가 낮은 특정소방대상물
② 농예·축산·어류양식용 시설 – 화재안전기준을 적용하기 어려운 특정소방대상물
③ 원자력 발전소 – 화재안전기준을 달리 적용하여야 하는 특수한 용도 또는 구조를 가진 특정소방대상물
④ 펄프공장의 작업장 – 화재위험도가 낮은 특정소방대상물

해설 소방시설을 설치하지 아니할 수 있는 특정소방대상물 및 소방시설의 범위(제18조 관련)

구분	특정소방대상물	소방시설
1. 화재위험도가 낮은 특정소방대상물	석재, 불연성 금속, 불연성 건축재료 등의 가공공장·기계조립공장·주물공장 또는 불연성 물품을 저장하는 창고	옥외소화전 및 연결살수설비
	「소방기본법」 제2조제5호에 따른 소방대(消防隊)가 조직되어 24시간 근무하고 있는 청사 및 차고	옥내소화전설비, 스프링클러설비, 물분무등소화설비, 비상방송설비, 피난기구, 소화용수설비, 연결송수관설비, 연결살수설비

정답 463 ③ 464 ④

구분	특정소방대상물	소방시설
2. 화재안전기준을 적용하기 어려운 특정소방대상물	펄프공장의 작업장, 음료수 공장의 세정 또는 충전을 하는 작업장, 그 밖에 이와 비슷한 용도로 사용하는 것	스프링클러설비, 상수도소화용수설비 및 연결살수설비
	정수장, 수영장, 목욕장, 농예·축산·어류양식용 시설, 그 밖에 이와 비슷한 용도로 사용되는 것	자동화재탐지설비, 상수도소화용수설비 및 연결살수설비
3. 화재안전기준을 달리 적용하여야 하는 특수한 용도 또는 구조를 가진 특정소방대상물	원자력발전소, 핵폐기물처리시설	연결송수관설비 및 연결살수설비
4. 「위험물 안전관리법」 제19조에 따른 자체소방대가 설치된 특정소방대상물	자체소방대가 설치된 위험물 제조소 등에 부속된 사무실	옥내소화전설비, 소화용수설비, 연결살수설비 및 연결송수관설비

465 다음 중 형식승인에 대한 설명이다. 빈 칸에 들어갈 단어로 옳은 것은? [17 공채 하반기]

형식승인을 받지 아니한 소방용품을 (가)하거나 (나) 목적으로 (다)하거나 소방시설공사에 (라) 할 수 없다.

(가) (나) (다) (라)

① 제조 – 제조 – 수입 – 사용

② 판매 – 판매 – 진열 – 사용

③ 사용 – 사용 – 수입 – 설치

④ 판매 – 진열 – 수입 – 설치

해설 소방용품의 형식승인, 성능인증 등
1) 대통령령으로 정하는 소방용품을 제조하거나 수입하려는 자는 소방청장의 형식승인을 받아야 한다. 다만, 연구개발 목적으로 제조하거나 수입하는 소방용품은 그러하지 아니하다.
2) 형식승인을 받으려는 자는 행정안전부령으로 정하는 바에 따라 형식승인을 위한 시험시설을 갖추고 소방청장의 심사를 받아야 한다.
3) 형식승인을 받은 자는 그 소방용품에 대하여 소방청장이 실시하는 제품검사를 받아야 한다. (사전제품검사, 사후제품검사)
4) 누구든지 다음 어느 하나에 해당하는 소방용품을 판매하거나 판매목적으로 진열하거나 공사에 사용할 수 없다.
① 형식승인을 받지 아니한 것
② 형상등을 임의로 변경한 것
③ 제품검사를 받지 아니한 것
④ 합격표시를 하지 아니한 것

5) 형식승인의 취소
 ① 형식승인을 취소하거나 6개월 이내의 기간을 정하여 제품검사의 중지를 명령권자 : 소방청장
 ② 형식승인 취소 및 제품검사 중지 사유

형식승인 취소	1. 거짓이나 그 밖의 부정한 방법으로 형식승인을 받은 경우 2. 거짓이나 그 밖의 부정한 방법으로 제품검사를 받은 경우 3. 변경승인을 받지 아니하거나 거짓이나 그 밖의 부정한 방법으로 변경승인을 받은 경우
제품검사 중지	1. 시험시설의 시설기준에 미달되는 경우 2. 기술기준에 미달되는 경우

 ③ 소방용품의 형식승인이 취소된 자는 그 취소된 날부터 2년 이내에는 형식승인이 취소된 동일 품목에 대하여 형식승인을 받을 수 없다.
6) 성능인증권자 : 소방청장 [형식승인과 동일]
7) 우수품질제품에 대한 인증권자 : 소방청장 [우수품질 인증 유효기간 : 5년]
8) 소방용품 수집검사권자 : 소방청장
9) 제품검사 전문기관 지정권자 : 소방청장

466 다음 중 화재안전정책기본계획 등의 수립, 시행 등에 대한 설명 중 옳지 않은 것은?

[17 공채 하반기]

① 국가는 화재안전 기반 확충을 위하여 화재안전정책에 관한 기본계획을 5년마다 수립, 시행하여야 한다.
② 소방청장은 화재안전정책에 관한 기본계획을 계획 시행 전년도 8월 31일까지 관계 중앙행정기관의 장과 협의를 마친 후 계획 시행 전년도 9월 30일까지 수립하여야 한다.
③ 기본계획에는 화재안전분야 전문인력의 육성, 지원 및 관리에 관한 사항이 포함된다.
④ 기본계획, 시행계획 및 세부시행계획 등의 수립, 시행에 관하여 필요한 사항은 행정안전부령으로 정한다.

해설 화재안전정책 기본계획 수립 · 시행
 1) 국가는 5년마다 화재안전정책에 관한 기본계획을 수립시행
 2) 소방청장은 관계중앙행정기관의 장과 협의하여 기본계획을 수립
 3) 기본계획 포함사항
  1. 화재안전정책의 기본목표 및 추진방향
  2. 화재안전을 위한 법령 · 제도의 마련 등 기반 조성에 관한 사항
  3. 화재예방을 위한 대국민 홍보 · 교육에 관한 사항
  4. 화재안전 관련 기술의 개발 · 보급에 관한 사항
  5. 화재안전분야 전문인력의 육성 · 지원 및 관리에 관한 사항
  6. 화재안전분야 국제경쟁력 향상에 관한 사항

정답 466 ④

7. 그 밖에 대통령령으로 정하는 화재안전 개선에 필요한 사항
4) 소방청장은 기본계획을 시행하기 위하여 매년 시행계획을 수립 · 시행

■ 제2조의3(화재안전정책기본계획 등의 수립 · 시행)

① 국가는 화재안전 기반 확충을 위하여 화재안전정책에 관한 기본계획(이하 "기본계획"이라 한다)을 5년마다 수립 · 시행하여야 한다.

② 기본계획은 대통령령으로 정하는 바에 따라 소방청장이 관계 중앙행정기관의 장과 협의하여 수립한다.

③ 기본계획에는 다음 각 호의 사항이 포함되어야 한다.
   1. 화재안전정책의 기본목표 및 추진방향
   2. 화재안전을 위한 법령 · 제도의 마련 등 기반 조성에 관한 사항
   3. 화재예방을 위한 대국민 홍보 · 교육에 관한 사항
   4. 화재안전 관련 기술의 개발 · 보급에 관한 사항
   5. 화재안전분야 전문인력의 육성 · 지원 및 관리에 관한 사항
   6. 화재안전분야 국제경쟁력 향상에 관한 사항
   7. 그 밖에 대통령령으로 정하는 화재안전 개선에 필요한 사항

④ 소방청장은 기본계획을 시행하기 위하여 매년 시행계획을 수립 · 시행하여야 한다.

⑤ 소방청장은 제1항 및 제4항에 따라 수립된 기본계획 및 시행계획을 관계 중앙행정기관의 장, 특별시장 · 광역시장 · 특별자치시장 · 도지사 · 특별자치도지사(이하 이 조에서 "시 · 도지사"라 한다)에게 통보한다.

⑥ 제5항에 따라 기본계획과 시행계획을 통보받은 관계 중앙행정기관의 장 또는 시 · 도지사는 소관 사무의 특성을 반영한 세부 시행계획을 수립하여 시행하여야 하고, 시행결과를 소방청장에게 통보하여야 한다.

⑦ 소방청장은 기본계획 및 시행계획을 수립하기 위하여 필요한 경우에는 관계 중앙행정기관의 장 또는 시 · 도지사에게 관련 자료의 제출을 요청할 수 있다. 이 경우 자료제출을 요청받은 관계 중앙행정기관의 장 또는 시 · 도지사는 특별한 사유가 없으면 이에 따라야 한다.

⑧ 기본계획, 시행계획 및 세부시행계획 등의 수립 · 시행에 관하여 필요한 사항은 대통령령으로 정한다.

■ 제6조의2(화재안전정책기본계획의 협의 및 수립)

소방청장은 법 제2조의3에 따른 화재안전정책에 관한 기본계획(이하 "기본계획"이라 한다)을 계획 시행 전년도 8월 31일까지 관계 중앙행정기관의 장과 협의를 마친 후 계획 시행 전년도 9월 30일까지 수립하여야 한다.

467 다음 중 소방시설관리사 또는 소방시설관리업에 대한 설명이다. 옳지 않은 것은?

[17 공채 하반기]

① 소방시설관리사가 되려는 사람은 소방청장이 실시하는 관리사시험에 합격하여야 한다.

② 소방공무원으로 5년 이상 근무한 경력이 있는 사람은 소방시설관리사 시험에 응시할 수 있다.

③ 기술 인력, 장비 등 관리업의 등록기준에 관하여 필요한 사항은 대통령령으로 정한다.

④ 관리업의 등록이 취소된 날부터 1년이 경과한 경우는 관리업을 등록할 수 있다.

해설 ④ 2년이 경과하여야 등록할 수 있다.

468 [화재예방, 소방시설 설치 · 유지 및 안전관리에 관한 법률]상 임시소방시설에 해당하지 않는 것은?

[18 공채 상반기]

① 간이소화장치　　　　　　　　② 스프링클러설비

③ 비상경보장치　　　　　　　　④ 간이피난유도선

해설 임시소방시설의 종류

가. 소화기

나. 간이소화장치 : 물을 방사(放射)하여 화재를 진화할 수 있는 장치로서 소방청장이 정하는 성능을 갖추고 있을 것

다. 비상경보장치 : 화재가 발생한 경우 주변에 있는 작업자에게 화재 사실을 알릴 수 있는 장치로서 소방청장이 정하는 성능을 갖추고 있을 것

라. 간이피난유도선 : 화재가 발생한 경우 피난구 방향을 안내할 수 있는 장치로서 소방청장이 정하는 성능을 갖추고 있을 것

469 「화재예방, 소방시설 설치 · 유지 및 안전관리에 관한 법률」상 자체점검 중 종합정밀점검 대상에 해당하는 것은?

[18 공채 상반기]

① 스프링클러설비가 설치된 연면적 4,000m² 이상인 특정소방대상물

② 연면적 5,000m² 이상이고 7층 이상인 아파트

③ 제연설비가 설치된 터널

④ 공공기관 중 연면적이 600m² 이상인 것으로서 자동화재탐지설비가 설치된 것

해설 자체점검(보고서는 7일 이내에 제출)

	대상	횟수, 시기	점검자
작동기능 점검	모든 특정소방대상물 [예외대상] • 특급 소방안전관리대상물 (종합점검 연 2회) • 소화기구만 설치 • 위험물 제조소 등	연 1회 1. 종합정밀점검 대상 × (1) 3급 이상(보고서 제출) : 안전관리대상물 사용승인 일이 속하는 달의 말일까지 (2) 3급 미만(보고서 제출 ×) : 연중 1회 2. 종합정밀점검 대상 ○ : 종합실시월로부터 6개월이 되는 달의 말일까지	• 관계인 • 소방안전관리자 • 소방시설유지 관리업자
종합정밀 점검	스프링클러설비가 설치된 특정 소방대상물	• 연 1회(사용승인일이 속하는 달의 말일까지) −학교 : 1~6월 → 6월 말일까지 • 특급소방안전관리대상물 : 연 2회(반기별 1회)(작동기능 점검은 제외)	• 소방안전관리자 (소방기술사, 소방시설관리사) • 소방시설유지 관리업자
	물분무등 소화설비 설치가 된 연면적 5,000m² 이상		
	연면적 2,000m² 이상 다중이용업소(노·고·산·단·유·비·안·영·복)		
	옥내, 자탐설비가 설치된 연면적 1,000m² 이상 공공기관 (소방대 근무장소 제외)		
	제연설비가 설치된 터널		

470 「화재예방, 소방시설 설치·유지 및 안전관리에 관한 법률」상 소방서장은 대통령령 또는 화재안전기준이 변경되어 그 기준이 강화되는 경우 기존의 특정소방대상물의 소방시설에 대하여는 변경 전의 대통령령 또는 화재안전기준을 적용한다. 다음 중 강화된 기준을 적용하여야 하는 것으로 옳은 것만 고른 것은? [18 공채 상반기]

ㄱ. 소화기구
ㄴ. 자동화재탐지설비
ㄷ. 노유자(老幼者)시설에 설치하는 스프링클러설비 및 자동화재탐지설비
ㄹ. 의료시설에 설치하는 스프링클러설비, 간이스프링클러설비, 자동화재탐지설비 및 자동화재속보설비

① ㄱ

② ㄴ, ㄷ

③ ㄱ, ㄹ

④ ㄱ, ㄴ, ㄹ

소방시설 기준 적용의 특례기준

1) 대통령령 또는 화재안전기준이 변경되어 그 기준이 강화되는 경우
   ① 원칙 : 기존의 특정소방대상물(건축물의 신축·개축·재축·이전 및 대수선 중인 특정
      소방대상물을 포함한다)의 소방시설에 대하여는 변경 전의 대통령령 또는 화재안전기준
      을 적용한다.
   ② 예외 : 다음의 경우 강화된 기준을 적용한다.
      1. 다음 소방시설 중 대통령령으로 정하는 것
         가. 소화기구
         나. 비상경보설비
         다. 자동화재속보설비
         라. 피난구조설비
      2. 지하구 가운데 공동구에 설치하여야 하는 소방시설
         (소화기, 자동확산소화기, 자동화재탐지설비, 이상침수경보설비, 침입감지설비, 피
         난구조설비, 소화활동설비, 무선통신보조설비, 연소방지설비)
      3. 노유자(老幼者)시설, 의료시설에 설치하여야 하는 소방시설 중 대통령령으로 정하는 것
         가. 노유자(老幼者)시설에 설치하는 간이스프링클러설비, 자동화재탐지설비 및 단독
            경보형 감지기
         나. 의료시설에 설치하는 스프링클러설비, 간이스프링클러설비, 자동화재탐지설비
            및 자동화재속보설비

---

471 「화재예방, 소방시설 설치·유지 및 안전관리에 관한 법률」상 소방서장이 지정하는 특정소
방대상물의 관계인은 공동 소방안전관리를 선임하여야 한다. 공동 소방안전관리 대상물로
볼 수 없는 것은? [18 공채 상반기]

① 고층 건축물(지하층을 포함한 층수가 13층 이상인 건축물만 해당한다.)
② 지하가(지하의 인공구조물 안에 설치된 상점 및 사무실, 그 밖에 이와 비슷한 시설이 연속
   하여 지하도에 접하여 설치된 것과 그 지하도를 합한 것을 말한다.)
③ 복합건축물로서 연면적이 5천제곱미터 이상인 것
④ 판매시설 중 도매시장 및 소매시장

공동 소방안전관리

다음 각 호의 어느 하나에 해당하는 특정소방대상물로서 그 관리의 권원(權原)이 분리되어 있는
것 가운데 소방본부장이나 소방서장이 지정하는 특정소방대상물의 관계인은 행정안전부령으
로 정하는 바에 따라 대통령령으로 정하는 자를 공동 소방안전관리자로 선임하여야 한다.
1. 고층 건축물(지하층을 제외한 층수가 11층 이상인 건축물만 해당한다)
2. 지하가(지하의 인공구조물 안에 설치된 상점 및 사무실, 그 밖에 이와 비슷한 시설이 연속하
   여 지하도에 접하여 설치된 것과 그 지하도를 합한 것을 말한다)
3. 그 밖에 대통령령으로 정하는 특정소방대상물

정답 **471** ①

1) 복합건축물로서 연면적이 5천제곱미터 이상인 것 또는 층수가 5층 이상인 것

2) 판매시설 중 도매시장 및 소매시장

3) 특정소방대상물 중 소방본부장 또는 소방서장이 지정하는 것

472 방염성능기준에 대한 설명이다. ( ) 안에 들어갈 말이 순서대로 바르게 나열된 것은?

1. 버너의 불꽃을 제거한 때부터 불꽃을 올리며 연소하는 상태가 그칠 때까지 시간은 (㉠)초 이내일 것
2. 버너의 불꽃을 제거한 때부터 불꽃을 올리지 아니하고 연소하는 상태가 그칠 때까지 시간은 (㉡)초 이내일 것
3. 탄화(炭化)한 면적은 (㉢)제곱센티미터 이내, 탄화한 길이는 (㉣)센티미터 이내일 것
4. 불꽃에 의하여 완전히 녹을 때까지 불꽃의 접촉횟수는 (㉤)회 이상일 것
5. 소방청장이 정하여 고시한 방법으로 발연량(發煙量)을 측정하는 경우 최대 연기밀도는 (㉥) 이하일 것

	㉠	㉡	㉢	㉣	㉤	㉥			㉠	㉡	㉢	㉣	㉤	㉥
①	20	50	30	20	5	200		②	30	20	50	30	3	300
③	20	30	50	20	3	400		④	30	30	50	20	5	500

해설 방염성능기준(대통령령)

1. 버너의 불꽃을 제거한 때부터 불꽃을 올리며 연소하는 상태가 그칠 때까지 시간은 20초 이내일 것[잔염시간 : 20초 이내]
2. 버너의 불꽃을 제거한 때부터 불꽃을 올리지 아니하고 연소하는 상태가 그칠 때까지 시간은 30초 이내일 것[잔진시간 : 30초 이내]
3. 탄화(炭化)한 면적은 50제곱센티미터 이내, 탄화한 길이는 20센티미터 이내일 것
4. 불꽃에 의하여 완전히 녹을 때까지 불꽃의 접촉횟수는 3회 이상일 것
5. 소방청장이 정하여 고시한 방법으로 발연량(發煙量)을 측정하는 경우 최대 연기밀도는 400 이하일 것

473 다음 중 대통령령으로 정하는 소방용품이 아닌 것은?

[18 경채 상반기]

① 소화설비 중 자동소화장치

② 경보설비 중 가스누설경보기 누전경보기

③ 피난구조설비 중 피난유도선

④ 방염도료

소방용품(제6조 관련)

1. 소화설비를 구성하는 제품 또는 기기
   가. 별표 1 제1호 가목의 소화기구(소화약제 외의 것을 이용한 간이소화용구는 제외한다)
   나. 별표 1 제1호 나목의 자동소화장치
   다. 소화설비를 구성하는 소화전, 관창(菅槍), 소방호스, 스프링클러헤드, 기동용 수압개폐장치, 유수제어밸브 및 가스관선택밸브
2. 경보설비를 구성하는 제품 또는 기기
   가. 누전경보기 및 가스누설경보기
   나. 경보설비를 구성하는 발신기, 수신기, 중계기, 감지기 및 음향장치(경종만 해당한다)
3. 피난구조설비를 구성하는 제품 또는 기기
   가. 피난사다리, 구조대, 완강기(간이완강기 및 지지대를 포함한다)
   나. 공기호흡기(충전기를 포함한다)
   다. 피난구유도등, 통로유도등, 객석유도등 및 예비전원이 내장된 비상조명등
4. 소화용으로 사용하는 제품 또는 기기
   가. 소화약제(별표 1 제1호 나목 2)와 3)의 자동소화장치와 같은 호 마목 3)부터 8)까지의 소화설비용만 해당한다)
   나. 방염제(방염액 · 방염도료 및 방염성물질을 말한다)
5. 그 밖에 행정안전부령으로 정하는 소방 관련 제품 또는 기기

474 다음 중 수용인원이 가장 적은 것은? [18 경채 상반기]

① 종사자 3명, 침대수 110개(2인용 90, 1인용 20)인 숙박시설
② 종사자 3명, 연면적 600m²인 침대가 없는 숙박시설
③ 바닥면적의 합계가 600m²인 강의실
④ 관람석이 없고 바닥면적의 합계가 900m²인 운동시설

수용인원 산정방법

숙박시설인 경우	침대 ○	침대 수+종업원 수
	침대 ×	$\dfrac{\text{바닥면적}[\text{m}^2]}{3\text{m}^2}$(반올림 수) + 종업원 수
숙박시설이 아닌 경우	강의실 · 교무실 · 상담실 · 실습실 · 휴게실	$\dfrac{\text{바닥면적}[\text{m}^2]}{1.9\text{m}^2}$(반올림 수)
	강당, 문화 및 집회시설, 운동시설, 종교시설	$\dfrac{\text{바닥면적}[\text{m}^2]}{4.6\text{m}^2}$(반올림 수) + 의자 수$\left(\dfrac{\text{의자길이}[\text{m}]}{0.45[\text{m}]}\right)$(반올림 수)
	그 밖	$\dfrac{\text{바닥면적}[\text{m}^2]}{3\text{m}^2}$(반올림 수)

475 다음 중 성능위주설계를 하여야 하는 특정소방대상물에 해당하는 것은?　　[18 경채 상반기]

① 100미터 이상의 아파트
② 지하 5층 지상 25층인 관광호텔
③ 하나의 건축물에 상영관이 9개인 영화관
④ 연면적 2만 철도제곱미터인 철도

> **해설** 성능위주설계
>
> 1) 성능위주설계를 할 수 있는 자의 자격, 기술인력 및 자격에 따른 설계의 범위와 그 밖에 필요한 사항은 대통령령으로 정한다.
> 2) 자격등 : 전문소방시설설계업을 등록한 자, 소방기술사 2명 이상
> 3) 성능위주설계대상(소방시설법)
>   1. 연면적 20만제곱미터 이상인 특정소방대상물. 다만, 별표 2 제1호에 따른 공동주택 중 주택으로 쓰이는 층수가 5층 이상인 주택(이하 이 조에서 "아파트등"이라 한다)은 제외한다.
>   2. 다음 각 목의 어느 하나에 해당하는 특정소방대상물. 다만, 아파트등은 제외한다.
>   가. 건축물의 높이가 100미터 이상인 특정소방대상물
>   나. 지하층을 포함한 층수가 30층 이상인 특정소방대상물
>   3. 연면적 3만제곱미터 이상인 특정소방대상물로서 다음 각 목의 어느 하나에 해당하는 특정소방대상물
>   가. 별표 2 제6호 나목의 철도 및 도시철도 시설
>   나. 별표 2 제6호 다목의 공항시설
>   4. 하나의 건축물에 「영화 및 비디오물의 진흥에 관한 법률」 제2조제10호에 따른 영화상영관이 10개 이상인 특정소방대상물

476 다음 중 방염대상물품이 아닌 것은?　　[18 경채 상반기]

① 영화상영관에 설치된 섬유류 또는 합성수지류 등을 원료로 하여 제작된 소파, 의자
② 창문에 설치하는 커튼류
③ 골프연습장업에 설치하는 스크린
④ 카펫, 두께가 2밀리미터 미만인 벽지류(종이 벽지는 제외한다.)

> **해설** 방염대상물품의 종류
>
> 1. 제조 또는 가공 공정에서 방염처리를 한 물품(합판·목재류의 경우에는 설치 현장에서 방염처리를 한 것을 포함한다)으로서 다음 각 목의 어느 하나에 해당하는 것
>   가. 창문에 설치하는 커튼류(블라인드를 포함한다)
>   나. 카펫, 두께가 2밀리미터 미만인 벽지류(종이벽지는 제외한다)
>   다. 전시용 합판 또는 섬유판, 무대용 합판 또는 섬유판
>   라. 암막·무대막(영화상영관에 설치하는 스크린과 골프 연습장업에 설치하는 스크린을 포함한다)

마. 섬유류 또는 합성수지류 등을 원료로 하여 제작된 소파·의자(단란주점영업, 유흥주점 영업 및 노래연습장업의 영업장에 설치하는 것만 해당한다)

2. 건축물 내부의 천장이나 벽에 부착하거나 설치하는 것으로서 다음 각 목의 어느 하나에 해당하는 것을 말한다. 다만, 가구류(옷장, 찬장, 식탁, 식탁용 의자, 사무용 책상, 사무용 의자 및 계산대, 그 밖에 이와 비슷한 것을 말한다)와 너비 10센티미터 이하인 반자돌림대 등과 「건축법」 제52조에 따른 내부마감재료는 제외한다.

가. 종이류(두께 2밀리미터 이상인 것을 말한다)·합성수지류 또는 섬유류를 주원료로 한 물품

나. 합판이나 목재

다. 공간을 구획하기 위하여 설치하는 간이 칸막이(접이식 등 이동 가능한 벽체나 천장 또는 반자가 실내에 접하는 부분까지 구획하지 아니하는 벽체를 말한다)

라. 흡음(吸音)이나 방음(防音)을 위하여 설치하는 흡음재(흡음용 커튼을 포함한다) 또는 방음재(방음용 커튼을 포함한다)

477 200제곱미터 미만의 노유자시설 중 건축허가등의 동의 대상물의 범위에 해당하는 것은?

[18 경채 상반기]

① 공동주택에 설치된 한센인이 24시간 생활하는 시설

② 단독주택에 설치된 장애인 거주시설

③ 공동주택에 설치된 정신질환자 관련 시설

④ 단독주택에 설치된 노인 관련 시설

> **해설** 제1호에 해당하지 않는 노유자시설 중 다음 각 목의 어느 하나에 해당하는 시설. 다만, 나목부터 바목까지의 시설 중 「건축법 시행령」 별표 1의 단독주택 또는 공동주택에 설치되는 시설은 제외한다.
>
> 가. 노인 관련 시설(「노인복지법」 제31조제3호 및 제5호에 따른 노인여가복지시설 및 노인보호전문기관은 제외한다)
>
> 나. 「아동복지법」 제52조에 따른 아동복지시설(아동상담소, 아동전용시설 및 지역아동센터는 제외한다)
>
> 다. 「장애인복지법」 제58조제1항제1호에 따른 장애인 거주시설
>
> 라. 정신질환자 관련 시설
>
> 마. 노숙인 관련 시설 중 노숙인자활시설, 노숙인재활시설 및 노숙인요양시설
>
> 바. 결핵환자나 한센인이 24시간 생활하는 노유자시설

478 특정소방대상물의 증축 또는 용도 변경 시의 소방시설기준 적용의 특례에 대한 설명 중 옳지 않은 것은? [18 경채 상반기]

① 특정소방대상물이 증축되는 경우에는 기존 부분을 포함한 특정소방대상물의 전체에 대하여 증축 당시의 소방시설의 설치에 관한 대통령령 또는 화재안전기준을 적용하여야 하는 것이 원칙이다.

② 기존 부분과 증축 부분이 내화구조(耐火耉造)로 된 바닥과 벽으로 구획된 경우 증축된 부분에 대해서만 증축 당시의 소방시설의 설치에 관한 대통령령 또는 화재안전기준을 적용한다.

③ 특정소방대상물이 용도 변경되는 경우에는 건물 전체 부분에 대해서 용도 변경 당시의 소방시설의 설치에 관한 대통령령 또는 화재안전기준을 적용한다.

④ 용도 변경으로 인하여 천장, 바닥, 벽 등에 고정되어 있는 가연성 물질의 양이 줄어드는 경우 전체에 대하여 용도 변경 전에 해당 특정소방대상물에 적용되던 소방시설의 설치에 관한 대통령령 또는 화재안전기준을 적용한다.

해설 증축되는 경우

① 원칙 : 소방본부장이나 소방서장은 기존의 특정소방대상물이 증축되는 경우에는 대통령령으로 정하는 바에 따라 증축 당시의 소방시설의 설치에 관한 대통령령 또는 화재안전기준을 적용한다.

② 예외 : 다음의 경우 기존 부분에 대하여는 증축 당시의 기준을 적용하지 아니한다.

1. 기존 부분과 증축 부분이 내화구조(耐火構造)로 된 바닥과 벽으로 구획된 경우
2. 기존 부분과 증축 부분이 「건축법 시행령」 제64조에 따른 갑종 방화문(국토교통부장관이 정하는 기준에 적합한 자동방화셔터를 포함한다)으로 구획되어 있는 경우
3. 자동차 생산공장 등 화재 위험이 낮은 특정소방대상물 내부에 연면적 33제곱미터 이하의 직원 휴게실을 증축하는 경우
4. 자동차 생산공장 등 화재위험이 낮은 특정소방대상물에 캐노피(3면 이상에 벽이 없는 구조의 캐노피를 말한다)를 설치하는 경우

— 용도가 변경되는 경우

① 원칙 : 소방본부장이나 소방서장은 기존의 특정소방대상물이 용도가 변경되는 경우에는 대통령령으로 정하는 바에 따라 용도 변경 당시의 소방시설의 설치에 관한 대통령령 또는 화재안전기준을 적용한다.

② 예외 : 다음의 경우 전체부분에 대하여는 용도 변경 당시의 기준을 적용하지 아니한다.(전체 그대로 둔다)

1. 특정소방대상물의 구조·설비가 화재연소 확대 요인이 적어지거나 피난 또는 화재진압 활동이 쉬워지도록 변경되는 경우
2. 문화 및 집회시설 중 공연장·집회장·관람장, 판매시설, 운수시설, 창고시설 중 물류터미널이 불특정 다수인이 이용하는 것이 아닌 일정한 근무자가 이용하는 용도로 변경되는 경우
3. 용도 변경으로 인하여 천장·바닥·벽 등에 고정되어 있는 가연성 물질의 양이 줄어드는

경우

4. 「다중이용업소의 안전관리에 관한 특별법」에 따른 다중이용업소, 문화 및 집회시설, 종교시설, 판매시설, 운수시설, 의료시설, 노유자시설, 수련시설, 운동시설, 숙박시설, 위락시설, 창고시설 중 물류터미널, 위험물 저장 및 처리시설 중 가스시설, 장례식장이 각각 이 호에 규정된 시설 외의 용도로 변경되는 경우

479 정수장, 수영장 등에 설치하지 않아도 되는 소방시설은? [18 경채 상반기]

① 옥내소화전설비 ② 옥외소화전설비
③ 연결살수설비 ④ 연결송수관설비

해설 소방시설을 설치하지 아니할 수 있는 특정소방대상물 및 소방시설의 범위(제18조 관련)

구분	특정소방대상물	소방시설
1. 화재위험도가 낮은 특정소방대상물	석재, 불연성 금속, 불연성 건축재료 등의 가공공장·기계조립공장·주물공장 또는 불연성 물품을 저장하는 창고	옥외소화전 및 연결살수설비
	「소방기본법」 제2조제5호에 따른 소방대(消防隊)가 조직되어 24시간 근무하고 있는 청사 및 차고	옥내소화전설비, 스프링클러설비, 물분무등소화설비, 비상방송설비, 피난기구, 소화용수설비, 연결송수관설비, 연결살수설비
2. 화재안전기준을 적용하기 어려운 특정소방대상물	펄프공장의 작업장, 음료수 공장의 세정 또는 충전을 하는 작업장, 그 밖에 이와 비슷한 용도로 사용하는 것	스프링클러설비, 상수도소화용수비 및 연결살수설비
	정수장, 수영장, 목욕장, 농예·축산·어류양식용 시설, 그 밖에 이와 비슷한 용도로 사용되는 것	자동화재탐지설비, 상수도소화용수설비 및 연결살수설비
3. 화재안전기준을 달리 적용하여야 하는 특수한 용도 또는 구조를 가진 특정소방대상물	원자력발전소, 핵폐기물처리시설	연결송수관설비 및 연결살수설비
4. 「위험물 안전관리법」 제19조에 따른 자체소방대가 설치된 특정소방대상물	자체소방대가 설치된 위험물 제조소 등에 부속된 사무실	옥내소화전설비, 소화용수설비, 연결살수설비 및 연결송수관설비

480 특정소방대상물의 관계인이 특정소방대상물의 규모, 용도 및 수용인원 등을 고려하여 갖추어야 하는 소방시설의 종류 중 인명구조기구를 모두 설치하여야 하는 특정소방대상물은?

[18 경채 상반기]

① 지하층을 포함하는 층수가 7층 이상인 관광호텔
② 판매시설 중 대규모 점포
③ 지하층을 포함하는 층수가 5층 이상인 병원
④ 운수시설 중 지하역사

> **해설** 인명구조기구를 설치하여야 하는 특정소방대상물은 다음의 어느 하나와 같다.
> 1) 방열복 또는 방화복(안전헬멧, 보호장갑 및 안전화를 포함한다), 인공소생기 및 공기호흡기를 설치하여야 하는 특정소방대상물 : 지하층을 포함하는 층수가 7층 이상인 관광호텔
> 2) 방열복 또는 방화복(안전헬멧, 보호장갑 및 안전화를 포함한다) 및 공기호흡기를 설치하여야 하는 특정소방대상물 : 지하층을 포함하는 층수가 5층 이상인 병원
> 3) 공기호흡기를 설치하여야 하는 특정소방대상물은 다음의 어느 하나와 같다.
>   가) 수용인원 100명 이상인 문화 및 집회시설 중 영화상영관
>   나) 판매시설 중 대규모 점포
>   다) 운수시설 중 지하역사
>   라) 지하가 중 지하상가
>   마) 제1호 바목 및 화재안전기준에 따라 이산화탄소소화설비(호스릴이산화탄소소화설비는 제외한다)를 설치하여야 하는 특정소방대상물

481 다음 중 하나의 소방대상물로 볼 수 없는 것은?

[18 경채 상반기]

① 내화구조가 아닌 연결통로로 연결된 경우
② 컨베이어로 연결되거나 플랜트설비의 배관 등으로 연결되어 있는 경우
③ 방화셔터 또는 갑종 방화문이 설치되지 않은 피트로 연결된 경우
④ 내화구조로 된 연결통로가 벽이 있는 구조로서 그 길이가 10m 이상인 경우

> **해설** 둘 이상의 특정소방대상물이 다음 각 목의 어느 하나에 해당되는 구조의 복도 또는 통로(이하이 표에서 "연결통로"라 한다)로 연결된 경우에는 이를 하나의 소방대상물로 본다.
> 가. 내화구조로 된 연결통로가 다음의 어느 하나에 해당되는 경우
>   1) 벽이 없는 구조로서 그 길이가 6m 이하인 경우
>   2) 벽이 있는 구조로서 그 길이가 10m 이하인 경우. 다만, 벽 높이가 바닥에서 천장까지의 높이의 2분의 1 이상인 경우에는 벽이 있는 구조로 보고, 벽 높이가 바닥에서 천장까지의 높이의 2분의 1 미만인 경우에는 벽이 없는 구조로 본다.
> 나. 내화구조가 아닌 연결통로로 연결된 경우
> 다. 컨베이어로 연결되거나 플랜트설비의 배관 등으로 연결되어 있는 경우
> 라. 지하보도, 지하상가, 지하가로 연결된 경우

마. 방화셔터 또는 갑종 방화문이 설치되지 않은 피트로 연결된 경우

바. 지하구로 연결된 경우

482 다음 중 대통령령으로 정하는 인화성(引火性) 물품을 취급하는 작업에 해당하지 않는 것은?

[18 경채 상반기]

① 행정안전부령이 정하여 고시하는 폭발성 부유분진을 발생시킬 수 있는 작업

② 전열기구, 가열전선 등 열을 발생시키는 기구를 취급하는 작업

③ 용접, 용단 등 불꽃을 발생시키거나 화기를 취급하는 작업

④ 인화성, 가연성, 폭발성 물질을 취급하거나 가연성 가스를 발생시키는 작업

> **해설** 임시소방시설을 설치하여야 하는 작업(대통령령으로 정하는 작업)
> 1. 인화성 · 가연성 · 폭발성 물질을 취급하거나 가연성 가스를 발생시키는 작업
> 2. 용접 · 용단 등 불꽃을 발생시키거나 화기(火氣)를 취급하는 작업
> 3. 전열기구, 가열전선 등 열을 발생시키는 기구를 취급하는 작업
> 4. 소방청장이 정하여 고시하는 폭발성 부유분진을 발생시킬 수 있는 작업
> 5. 그 밖에 제1호부터 제4호까지와 비슷한 작업으로 소방청장이 정하여 고시하는 작업

483 「화재예방, 소방시설 설치 · 유지 및 안전관리에 관한 법률」및 같은 법 시행령상 소방특별조사에 관한 설명으로 옳지 않은 것은?

[18 경채 하반기]

① 개인의 주거에 대한 소방특별조사는 관계인의 승낙이 있거나 화재발생의 우려가 뚜렷하여 긴급한 필요가 있는 때에 한정한다.

② 소방청장, 소방본부장 또는 소방서장은 소방특별조사를 하려면 7일 전에 관계인에게 조사대상, 조사기간 및 조사사유 등을 서면으로 알려야 한다.

③ 소방청장, 소방본부장 또는 소방서장은 소방특별조사의 대상을 객관적이고 공정하게 선정하기 위하여 필요하면 소방특별조사위원회를 구성하여 소방특별조사 대상을 선정할 수 있다.

④ 소방특별조사위원회는 위원장 1명을 포함한 7명 이내의 위원으로 성별을 고려하여 구성한다.

> **해설** 소방특별조사
> 1) 소방특별조사권자 : 소방청장, 소방본부장, 소방서장
> 2) 소방특별조사 실시사유
>   1. 관계인이 이 법 또는 다른 법령에 따라 실시하는 소방시설 등, 방화시설, 피난시설 등에 대한 자체점검 등이 불성실하거나 불완전하다고 인정되는 경우

2. 「소방기본법」 제13조에 따른 화재경계지구에 대한 소방특별조사 등 다른 법률에서 소방 특별조사를 실시하도록 한 경우
3. 국가적 행사 등 주요 행사가 개최되는 장소 및 그 주변의 관계 지역에 대하여 소방안전관리 실태를 점검할 필요가 있는 경우
4. 화재가 자주 발생하였거나 발생할 우려가 뚜렷한 곳에 대한 점검이 필요한 경우
5. 재난예측정보, 기상예보 등을 분석한 결과 소방대상물에 화재, 재난·재해의 발생 위험이 높다고 판단되는 경우
6. 제1호부터 제5호까지에서 규정한 경우 외에 화재, 재난·재해, 그 밖의 긴급한 상황이 발생할 경우 인명 또는 재산 피해의 우려가 현저하다고 판단되는 경우
3) 소방특별조사 대상 선정권자 : 소방청장, 소방본부장, 소방서장
4) 소방특별조사위원회 구성권자 : 소방본부장
5) 소방특별조사위원회 구성
① 법 제4조제3항에 따른 소방특별조사위원회(이하 이 조 및 제7조의3부터 제7조의5까지에서 "위원회"라 한다)는 위원장 1명을 포함한 7명 이내의 위원으로 성별을 고려하여 구성하고, 위원장은 소방본부장이 된다.
② 위원회의 위원은 다음 각 호의 어느 하나에 해당하는 사람 중에서 소방본부장이 임명하거나 위촉한다.
   1. 과장급 직위 이상의 소방공무원
   2. 소방기술사
   3. 소방시설관리사
   4. 소방 관련 분야의 석사학위 이상을 취득한 사람
   5. 소방 관련 법인 또는 단체에서 소방 관련 업무에 5년 이상 종사한 사람
   6. 소방공무원 교육기관, 「고등교육법」 제2조의 학교 또는 연구소에서 소방과 관련한 교육 또는 연구에 5년 이상 종사한 사람

484 「화재예방, 소방시설 설치·유지 및 안전관리에 관한 법률 시행령」상 건축허가등의 동의 대상물 중 화재위험작업 공사현장에 설치하여야 하는 임시소방시설의 종류와 설치기준으로 옳지 않은 것은? [18 경채 하반기]

① 가연성 가스를 발생시키는 화재위험작업현장에는 소화기를 설치하여야 한다.
② 바닥면적 150m² 이상인 지하층 또는 무창층의 화재위험 작업현장에는 간이소화장치를 설치하여야 한다.
③ 바닥면적 150m² 이상인 지하층 또는 무창층의 화재위험 작업현장에는 비상경보장치를 설치하여야 한다.
④ 바닥면적 150m² 이상인 지하층 또는 무창층의 화재위험 작업현장에는 간이피난유도선을 설치하여야 한다.

해설 임시소방시설

1) 임시소방시설을 설치하여야 하는 작업(대통령령으로 정하는 작업)

　가. 인화성 · 가연성 · 폭발성 물질을 취급하거나 가연성 가스를 발생시키는 작업

　나. 용접 · 용단 등 불꽃을 발생시키거나 화기(火氣)를 취급하는 작업

　다. 전열기구, 가열전선 등 열을 발생시키는 기구를 취급하는 작업

　라. 소방청장이 정하여 고시하는 폭발성 부유분진을 발생시킬 수 있는 작업

　마. 그 밖에 제1호부터 제4호까지와 비슷한 작업으로 소방청장이 정하여 고시하는 작업

2) 임시소방시설의 종류

　가. 소화기

　나. 간이소화장치 : 물을 방사(放射)하여 화재를 진화할 수 있는 장치로서 소방청장이 정하는 성능을 갖추고 있을 것

　다. 비상경보장치 : 화재가 발생한 경우 주변에 있는 작업자에게 화재사실을 알릴 수 있는 장치로서 소방청장이 정하는 성능을 갖추고 있을 것

　라. 간이피난유도선 : 화재가 발생한 경우 피난구 방향을 안내할 수 있는 장치로서 소방청장이 정하는 성능을 갖추고 있을 것

3) 임시소방시설을 설치하여야 하는 공사의 종류와 규모

　가. 소화기 : 건축허가 동의를 받아야 하는 특정소방대상물의 공사

　나. 간이소화장치 : 다음의 어느 하나에 해당하는 공사의 작업현장에 설치한다.

　　1) 연면적 3천m² 이상

　　2) 지하층, 무창층 또는 4층 이상의 층. 이 경우 해당 층의 바닥면적이 600m² 이상인 경우만 해당

　다. 비상경보장치 : 다음의 어느 하나에 해당하는 공사의 작업현장에 설치한다.

　　1) 연면적 400m² 이상

　　2) 지하층 또는 무창층. 이 경우 해당 층의 바닥면적이 150m² 이상인 경우만 해당한다.

　라. 간이피난유도선 : 바닥면적이 150m² 이상인 지하층 또는 무창층의 작업현장에 설치한다.

---

485 「화재예방, 소방시설 설치 · 유지 및 안전관리에 관한 법률 시행령」상 물분무등소화설비를 설치하여야 하는 특정소방대상물로 옳지 않은 것은?　　　　　　[18 경채 하반기]

① 항공기격납고

② 연면적 600m² 이상인 주차용 건축물

③ 특정소방대상물에 설치된 바닥면적 300m² 이상인 전산실

④ 20대 이상의 차량을 주차할 수 있는 기계장치에 의한 주차시설

해설 물분무등소화설비를 설치하여야 하는 특정소방대상물(위험물 저장 및 처리시설 중 가스시설 또는 지하구는 제외한다)은 다음의 어느 하나와 같다.

1) 항공기 및 자동차 관련 시설 중 항공기격납고

2) 차고, 주차용 건축물 또는 철골 조립식 주차시설. 이 경우 연면적 800m² 이상인 것만 해당한다.

3) 건축물 내부에 설치된 차고 또는 주차장으로서 차고 또는 주차의 용도로 사용되는 부분의 바

닥면적이 200m² 이상인 층

4) 기계장치에 의한 주차시설을 이용하여 20대 이상의 차량을 주차할 수 있는 것
5) 특정소방대상물에 설치된 전기실·발전실·변전실(가연성 절연유를 사용하지 않는 변압기·전류차단기 등의 전기기기와 가연성 피복을 사용하지 않은 전선 및 케이블만을 설치한 전기실·발전실 및 변전실은 제외한다)·축전지실·통신기기실 또는 전산실, 그 밖에 이와 비슷한 것으로서 바닥면적이 300m² 이상인 것[하나의 방화구획 내에 둘 이상의 실(室)이 설치되어 있는 경우에는 이를 하나의 실로 보아 바닥면적을 산정한다]. 다만, 내화구조로 된 공정제어실 내에 설치된 주조정실로서 양압시설이 설치되고 전기기기에 220볼트 이하인 저전압이 사용되며 종업원이 24시간 상주하는 곳은 제외한다.
6) 소화수를 수집·처리하는 설비가 설치되어 있지 않은 중·저준위 방사성폐기물의 저장시설. 다만, 이 경우에는 이산화탄소소화설비, 할론소화설비 또는 할로겐화합물 및 불활성 기체 소화설비를 설치하여야 한다.
7) 지하가 중 예상 교통량, 경사도 등 터널의 특성을 고려하여 행정안전부령으로 정하는 터널. 다만, 이 경우에는 물분무소화설비를 설치하여야 한다.
8) 「문화재보호법」 제2조제2항제1호 및 제2호에 따른 지정문화재 중 소방청장이 문화재청장과 협의하여 정하는 것

486 「화재예방, 소방시설 설치·유지 및 안전관리에 관한 법률」 및 같은 법 시행령상 중앙소방기술심의위원회의 심의사항에 관한 내용 중 옳지 않은 것은?　　　　　　　[18 경채 하반기]

① 화재안전기준, 공법이 특수한 설계 및 시공에 관한 사항
② 소방시설공사의 하자를 판단하는 기준에 관한 사항
③ 연면적 10만m² 이상의 특정소방대상물에 설치된 소방시설의 설계·시공·감리의 하자 유무에 관한 사항
④ 소방본부장 또는 소방서장이 심의에 부치는 사항

해설 중앙소방기술심의위원회
　① 설치 : 소방청
　② 구성 : 위원장 포함 60명 이내
　③ 위원장 : 소방청장이 위원 중 위촉
　④ 위원이 될 수 있는 자
　　1. 과장급 직위 이상의 소방공무원
　　2. 소방기술사
　　3. 소방시설관리사
　　4. 소방 관련 분야의 석사학위 이상을 취득한 사람
　　5. 소방 관련 법인 또는 단체에서 소방 관련 업무에 5년 이상 종사한 사람
　　6. 소방공무원 교육기관, 「고등교육법」 제2조의 학교 또는 연구소에서 소방과 관련한 교육 또는 연구에 5년 이상 종사한 사람
　⑤ 심의사항

정답　**486** ④

1. 화재안전기준에 관한 사항
2. 소방시설의 구조 및 원리 등에서 공법이 특수한 설계 및 시공에 관한 사항
3. 소방시설의 설계 및 공사감리의 방법에 관한 사항
4. 소방시설공사의 하자를 판단하는 기준에 관한 사항
5. 그 밖에 소방기술 등에 관하여 대통령령으로 정하는 사항
   가. 연면적 10만제곱미터 이상의 특정소방대상물에 설치된 소방시설의 설계·시공·감리의 하자 유무에 관한 사항
   나. 새로운 소방시설과 소방용품 등의 도입 여부에 관한 사항
   다. 그 밖에 소방기술과 관련하여 소방청장이 심의에 부치는 사항

487 「화재예방, 소방시설 설치·유지 및 안전관리에 관한 법률」 및 같은 법 시행령상 규정하고 있는 소방대상물의 방염에 대한 설명으로 옳지 않은 것은?　　　　　　[18 경채 하반기]

① 「건축법 시행령」에 따라 산정한 층수가 11층 이상인 특정소방대상물(아파트는 제외)은 방염성능기준 이상의 실내장식물 등을 설치하여야 한다.

② 창문에 설치하는 커튼류(블라인드 포함)는 제조 또는 가공 공정에서 방염처리를 한 물품에 해당된다.

③ 방염성능검사 합격표시를 위조하거나 변조하여 사용한 자는 300만 원 이하의 과태료에 처한다.

④ 대통령령에서 규정하는 방염성능기준 범위는 탄화한 면적의 경우 50cm^2 이내, 탄화한 길이는 20cm 이내이다.

> **해설** 방염성능검사 합격표시를 위조하거나 변조하여 사용한 자는 300만 원 이하의 벌금에 처한다.

488 「화재예방, 소방시설 설치·유지 및 안전관리에 관한 법률 시행령」상 '분말형태의 소화약제를 사용하는 소화기'의 내용연수로 옳은 것은?　　　　　　[18 경채 하반기]

① 10년　　　　　　　　　　　　② 15년
③ 20년　　　　　　　　　　　　④ 25년

> **해설** 내용연수 대상
> 1) 대상 : 분말형태의 소화약제를 사용하는 소화기
> 2) 내용연수 : 10년

489 「화재예방, 소방시설 설치·유지 및 안전관리에 관한 법률 시행령」상 피난구조설비 중 인명구조기구로 옳지 않은 것은? [18 경채 하반기]

① 구조대　　　　② 방열복　　　　③ 공기호흡기　　　　④ 인공소생기

해설 구조대는 피난기구이다.

— 인명구조기구의 종류
　1) 방열복, 방화복(안전헬멧, 보호장갑 및 안전화를 포함한다)
　2) 공기호흡기
　3) 인공소생기

490 「화재예방, 소방시설 설치·유지 및 안전관리에 관한 법률」 및 같은 법 시행령상 다음에서 설명하는 '대통령령으로 정하는 소방시설'로 옳은 것은? [18 경채 하반기]

> 제8조(주택에 설치하는 소방시설) 다음 각 호의 주택의 소유자는 대통령령으로 정하는 소방시설을 설치하여야 한다.
> 1. 「건축법」제2조제2항제1호의 단독주택
> 2. 「건축법」제2조제2항제2호의 공동주택(아파트 및 기숙사는 제외한다.)

① 소화기 및 시각경보기　　　　② 소화기 및 간이소화용구
③ 소화기 및 자동확산소화기　　　④ 소화기 및 단독경보형감지기

해설 주택에 설치하는 소방시설
　1) 대상 : 단독주택 , 공동주택(아파트 및 기숙사 제외)
　2) 설치 소방시설 : 소화기 및 단독경보형 감지기
　3) 주택용소방시설의 설치기준 및 자율적인 안전관리등에 관한 사항 : 시도의 조례

491 「화재예방, 소방시설 설치·유지 및 안전관리에 관한 법률 시행령」상 '유사한 소방시설의 설치 면제의 기준'에 대한 설명이다. ( ) 안의 내용으로 옳게 연결된 것은? [18 경채 하반기]

> 간이스프링클러를 설치하여야 하는 특정소방대상물에 (㉠), (㉡), 또는 미분무소화설비를 화재안전기준에 적합하게 설치한 경우에는 그 설비의 유효범위에서 설치가 면제된다.

	㉠	㉡
①	스프링클러설비	옥내소화전설비
②	포소화설비	물분무소화설비
③	스프링클러설비	물분무소화설비
④	포소화설비	옥내소화전설비

특정소방대상물의 소방시설 설치의 면제기준(제16조 관련)

설치가 면제되는 소방시설	설치 면제기준
1. 스프링클러설비	스프링클러설비를 설치하여야 하는 특정소방대상물에 물분무등소화설비를 화재안전기준에 적합하게 설치한 경우에는 그 설비의 유효범위(해당 소방시설이 화재를 감지·소화 또는 경보할 수 있는 부분을 말한다. 이하 같다)에서 설치가 면제된다.
2. 물분무등소화설비	물분무등소화설비를 설치하여야 하는 차고·주차장에 스프링클러설비를 화재안전기준에 적합하게 설치한 경우에는 그 설비의 유효범위에서 설치가 면제된다.
3. 간이스프링클러설비	간이스프링클러설비를 설치하여야 하는 특정소방대상물에 스프링클러설비, 물분무소화설비 또는 미분무소화설비를 화재안전기준에 적합하게 설치한 경우에는 그 설비의 유효범위에서 설치가 면제된다.
4. 비상경보설비 또는 단독경보형 감지기	비상경보설비 또는 단독경보형 감지기를 설치하여야 하는 특정소방대상물에 자동화재탐지설비를 화재안전기준에 적합하게 설치한 경우에는 그 설비의 유효범위에서 설치가 면제된다.
5. 비상경보설비	비상경보설비를 설치하여야 할 특정소방대상물에 단독경보형 감지기를 2개 이상의 단독경보형 감지기와 연동하여 설치하는 경우에는 그 설비의 유효범위에서 설치가 면제된다.
6. 비상방송설비	비상방송설비를 설치하여야 하는 특정소방대상물에 자동화재탐지설비 또는 비상경보설비와 같은 수준 이상의 음향을 발하는 장치를 부설한 방송설비를 화재안전기준에 적합하게 설치한 경우에는 그 설비의 유효범위에서 설치가 면제된다.
7. 피난구조설비	피난구조설비를 설치하여야 하는 특정소방대상물에 그 위치·구조 또는 설비의 상황에 따라 피난상 지장이 없다고 인정되는 경우에는 화재안전기준에서 정하는 바에 따라 설치가 면제된다.
8. 연결살수설비	가. 연결살수설비를 설치하여야 하는 특정소방대상물에 송수구를 부설한 스프링클러설비, 간이스프링클러설비, 물분무소화설비 또는 미분무소화설비를 화재안전기준에 적합하게 설치한 경우에는 그 설비의 유효범위에서 설치가 면제된다. 나. 가스 관계 법령에 따라 설치되는 물분무장치 등에 소방대가 사용할 수 있는 연결송수구가 설치되거나 물분무장치 등에 6시간 이상 공급할 수 있는 수원(水源)이 확보된 경우에는 설치가 면제된다.
9. 제연설비	가. 제연설비를 설치하여야 하는 특정소방대상물(별표 5 제5호 가목 6)은 제외한다)에 다음의 어느 하나에 해당하는 설비를 설치한 경우에는 설치가 면제된다. 1) 공기조화설비를 화재안전기준의 제연설비기준에 적합하게 설치하고 공기조화설비가 화재 시 제연설비기능으로 자동전환되는 구조로 설치되어 있는 경우

설치가 면제되는 소방시설	설치 면제기준
9. 제연설비	2) 직접 외부 공기와 통하는 배출구의 면적의 합계가 해당 제연구역 [제연경계(제연설비의 일부인 천장을 포함한다)에 의하여 구획된 건축물 내의 공간을 말한다] 바닥면적의 100분의 1 이상이고, 배출구부터 각 부분까지의 수평거리가 30m 이내이며, 공기유입구가 화재안전기준에 적합하게(외부 공기를 직접 자연 유입할 경우에 유입구의 크기는 배출구의 크기 이상이어야 한다) 설치되어 있는 경우 나. 별표 5 제5호 가목 6)에 따라 제연설비를 설치하여야 하는 특정소방대상물 중 노대(露臺)와 연결된 특별피난계단 또는 노대가 설치된 비상용 승강기의 승강장에는 설치가 면제된다.
10. 비상조명등	비상조명등을 설치하여야 하는 특정소방대상물에 피난구유도등 또는 통로유도등을 화재안전기준에 적합하게 설치한 경우에는 그 유도등의 유효범위에서 설치가 면제된다.
11. 누전경보기	누전경보기를 설치하여야 하는 특정소방대상물 또는 그 부분에 아크경보기(옥내 배전선로의 단선이나 선로 손상 등으로 인하여 발생하는 아크를 감지하고 경보하는 장치를 말한다) 또는 전기 관련 법령에 따른 지락차단장치를 설치한 경우에는 그 설비의 유효범위에서 설치가 면제된다.
12. 무선통신보조설비	무선통신보조설비를 설치하여야 하는 특정소방대상물에 이동통신 구내중계기 선로설비 또는 무선이동중계기(「전파법」 제58조의2에 따른 적합성 평가를 받은 제품만 해당한다) 등을 화재안전기준의 무선통신보조설비기준에 적합하게 설치한 경우에는 설치가 면제된다.
13. 상수도소화용수 설비	가. 상수도소화용수설비를 설치하여야 하는 특정소방대상물의 각 부분으로부터 수평거리 140m 이내에 공공의 소방을 위한 소화전이 화재안전기준에 적합하게 설치되어 있는 경우에는 설치가 면제된다. 나. 소방본부장 또는 소방서장이 상수도소화용수설비의 설치가 곤란하다고 인정하는 경우로서 화재안전기준에 적합한 소화수조 또는 저수조가 설치되어 있거나 이를 설치하는 경우에는 그 설비의 유효범위에서 설치가 면제된다.
14. 연소방지설비	연소방지설비를 설치하여야 하는 특정소방대상물에 스프링클러설비, 물분무소화설비 또는 미분무소화설비를 화재안전기준에 적합하게 설치한 경우에는 그 설비의 유효범위에서 설치가 면제된다.
15. 연결송수관설비	연결송수관설비를 설치하여야 하는 소방대상물에 옥외에 연결송수구 및 옥내에 방수구가 부설된 옥내소화전설비, 스프링클러설비, 간이스프링클러설비 또는 연결살수설비를 화재안전기준에 적합하게 설치한 경우에는 그 설비의 유효범위에서 설치가 면제된다. 다만, 지표면에서 최상층 방수구의 높이가 70m 이상인 경우에는 설치하여야 한다.
16. 자동화재탐지설비	자동화재탐지설비의 기능(감지 · 수신 · 경보기능을 말한다)과 성능을 가진 스프링클러설비 또는 물분무등소화설비를 화재안전기준에 적합하게 설치한 경우에는 그 설비의 유효범위에서 설치가 면제된다.

설치가 면제되는 소방시설	설치 면제기준
17. 옥외소화전설비	옥외소화전설비를 설치하여야 하는 보물 또는 국보로 지정된 목조문화재에 상수도소화용수설비를 옥외소화전설비의 화재안전기준에서 정하는 방수압력·방수량·옥외소화함 및 호스의 기준에 적합하게 설치한 경우에는 설치가 면제된다.
18. 옥내소화전설비	소방본부장 또는 소방서장이 옥내소화전설비의 설치가 곤란하다고 인정하는 경우로서 호스릴 방식의 미분무소화설비 또는 옥외소화전설비를 화재안전기준에 적합하게 설치한 경우에는 그 설비의 유효범위에서 설치가 면제된다.
19. 자동소화장치	자동소화장치(주거용 주방자동소화장치는 제외한다)를 설치하여야 하는 특정소방대상물에 물분무등소화설비를 화재안전기준에 적합하게 설치한 경우에는 그 설비의 유효범위에서 설치가 면제된다.

492 「화재예방, 소방시설 설치·유지 및 안전관리에 관한 법률 시행령」상 특정소방대상물의 분류로 옳지 않은 것은?   [18 경채 하반기]

① 근린생활시설 – 한의원, 치과의원

② 문화 및 집회시설 – 동물원, 식물원

③ 항공기 및 자동차 관련시설 – 항공기격납고

④ 숙박시설 – 「청소년활동 진흥법」에 따른 유스호스텔

해설 유스호스텔 : 수련시설

493 「화재예방, 소방시설 설치·유지 및 안전관리에 관한 법률 시행령」상 건축허가 등을 할 때 미리 소방본부장 또는 소방서장의 동의를 받아야 하는 건축물 등의 범위로 옳지 않은 것은?   [18 공채 하반기]

① 연면적이 100제곱미터 이상인 노유자시설 및 수련시설

② 지하층 또는 무창층이 있는 건축물로서 바닥면적이 150제곱미터(공연장의 경우에는 100제곱미터) 이상인 층이 있는 것

③ 차고·주차장으로 사용되는 바닥면적이 200제곱미터 이상인 층이 있는 건축물이나 주차시설

④ 결핵환자나 한센인이 24시간 생활하는 노유자시설(단독 주택 또는 공동주택에 설치되는 시설은 제외)

해설 건축허가 동의 대상물의 범위(대통령령)

1. 연면적 400제곱미터 이상인 건축물

    가. 학교시설 : 100제곱미터

    나. 노유자시설(老幼者施設) 및 수련시설 : 200제곱미터

    다. 정신의료기관 : 300제곱미터

    라. 장애인 의료재활시설(이하 "의료재활시설"이라 한다) : 300제곱미터

1의 2. 층수가 6층 이상인 건축물

2. 차고 · 주차장 또는 주차용도로 사용되는 시설로서 다음 각 목의 어느 하나에 해당하는 것

    가. 차고 · 주차장으로 사용되는 바닥면적이 200제곱미터 이상인 층이 있는 건축물이나 주차시설

    나. 승강기 등 기계장치에 의한 주차시설로서 자동차 20대 이상을 주차할 수 있는 시설

3. 항공기격납고, 관망탑, 항공관제탑, 방송용 송수신탑

4. 지하층 또는 무창층이 있는 건축물로서 바닥면적이 150제곱미터(공연장의 경우에는 100제곱미터) 이상인 층이 있는 것

5. 별표 2의 특정소방대상물 중 위험물 저장 및 처리시설, 지하구

6. 제1호에 해당하지 않는 노유자시설 중 다음 각 목의 어느 하나에 해당하는 시설. 다만, 나목부터 바목까지의 시설 중 「건축법 시행령」 별표 1의 단독주택 또는 공동주택에 설치되는 시설은 제외한다.

    가. 노인 관련 시설(「노인복지법」 제31조제3호 및 제5호에 따른 노인여가복지시설 및 노인보호전문기관은 제외한다)

    나. 「아동복지법」 제52조에 따른 아동복지시설(아동상담소, 아동전용시설 및 지역아동센터는 제외한다)

    다. 「장애인복지법」 제58조제1항제1호에 따른 장애인 거주시설

    라. 정신질환자 관련 시설

    마. 노숙인 관련 시설 중 노숙인자활시설, 노숙인재활시설 및 노숙인요양시설

    바. 결핵환자나 한센인이 24시간 생활하는 노유자시설

7. 「의료법」 제3조제2항제3호 라목에 따른 요양병원(이하 "요양병원"이라 한다). 다만, 정신의료기관 중 정신병원(이하 "정신병원"이라 한다)과 의료재활시설은 제외한다.

494 「화재예방, 소방시설 설치 · 유지 및 안전관리에 관한 법률」및 같은 법 시행령상 단독주택이나 공동주택(아파트 및 기숙사는 제외한다)의 소유자가 의무적으로 설치하여야 하는 소방시설로 옳은 것을 〈보기〉에서 있는 대로 고른 것은? [18 공채 하반기]

〈보 기〉

ㄱ. 소화기   ㄴ. 주거용 주방자동소화장치

ㄷ. 가스자동소화장치   ㄹ. 단독경보형 감지기

ㅁ. 가스누설경보기

① ㄱ, ㄹ   ② ㄴ, ㅁ

③ ㄱ, ㄴ, ㄹ   ④ ㄴ, ㄷ, ㅁ

주택에 설치하는 소방시설
1) 대상 : 단독주택 , 공동주택(아파트 및 기숙사 제외)
2) 설치 소방시설 : 소화기 및 단독경보형 감지기
3) 주택용 소방시설의 설치기준 및 자율적인 안전관리등에 관한 사항 : 시도의 조례

495 「화재예방, 소방시설 설치 · 유지 및 안전관리에 관한 법률 시행령」상 소방용품인 분말형태의 소화약제를 사용하는 소화기의 내용연수로 옳은 것은?　　　　　　　　　[18 공채 하반기]

① 10년　　　　　　　　　　　　② 15년
③ 20년　　　　　　　　　　　　④ 25년

내용연수 대상
1) 대상 : 분말형태의 소화약제를 사용하는 소화기
2) 내용연수 : 10년

496 특정소방대상물의 구분으로 옳은 것은?　　　　　　　　　　　　　[18 공채 하반기]

① 운동시설 – 관람석의 바닥면적의 합계가 1,000제곱미터 이상인 체육관
② 관광휴게시설 – 어린이회관
③ 교육연구시설 – 자동차운전학원
④ 동물 및 식물 관련 시설 – 식물원

① 관람석의 바닥면적의 합계가 1,000제곱미터 이상인 체육관 : 문화 및 집회시설
③ 자동차운전학원 : 항공기 및 자동차 관련 시설
④ 식물원 : 문화 및 집회시설

━ 관광 휴게시설
가. 야외음악당
나. 야외극장
다. 어린이회관
라. 관망탑
마. 휴게소
바. 공원 · 유원지 또는 관광지에 부수되는 건축물

497 「화재예방, 소방시설 설치·유지 및 안전관리에 관한 법률 시행령」상 방염성능기준 이상의 실내장식물 등을 설치하여야 하는 특정소방대상물로 옳지 않은 것은? [19 공채]

① 근린생활 중 숙박시설 ② 의료시설 중 요양병원
③ 노유자시설 ④ 운동시설 중 수영장

해설 방염성능기준 이상의 실내장식물 등을 설치하여야 하는 특정소방대상물의 종류
1. 근린생활시설 중 의원, 체력단련장, 공연장 및 종교집회장
2. 건축물의 옥내에 있는 시설로서 다음 각 목의 시설
   가. 문화 및 집회시설
   나. 종교시설
   다. 운동시설(수영장은 제외한다)
3. 의료시설
4. 교육연구시설 중 합숙소
5. 노유자시설
6. 숙박이 가능한 수련시설
7. 숙박시설
8. 방송통신시설 중 방송국 및 촬영소
9. 「다중이용업소의 안전관리에 관한 특별법」제2조제1항제1호에 따른 다중이용업의 영업장
10. 제1호부터 제9호까지의 시설에 해당하지 아니하는 것으로서 층수(「건축법 시행령」제119조 제1항제9호에 따라 산정한 층수를 말한다. 이하 같다)가 11층 이상인 것(아파트는 제외한다)

498 「화재예방, 소방시설 설치·유지 및 안전관리에 관한 법률 시행령」상 수용인원 산정방법으로 옳지 않은 것은? [19 공채]

① 침대가 있는 숙박시설은 해당 특정소방물의 종사자 수에 침대 수(2인용 침대는 2개로 산정)를 합한 수로 한다.
② 침대가 없는 숙박시설은 해당 특정소방대상물의 종사자 수에 바닥면적의 합계를 3m²로 나누어 얻은 수를 합한 수로 한다.
③ 강의실 용도로 쓰이는 특정소방대상물은 해당 용도로 사용하는 바닥면적의 합계를 1.9m² 로 나누어 얻은 수로 한다.
④ 문화 및 집회시설은 해당 용도로 사용하는 바닥면적의 합계를 3m²로 나누어 얻은 수로 한다.

해설 수용인원 산정방법

숙박시설인 경우	침대 O	침대 수 + 종업원 수
	침대 X	$\dfrac{\text{바닥면적}[m^2]}{3m^2}$(반올림 수) + 종업원 수
숙박시설이 아닌 경우	강의실·교무실·상담실·실습실·휴게실	$\dfrac{\text{바닥면적}[m^2]}{1.9m^2}$(반올림 수)
	강당, 문화 및 집회시설, 운동시설, 종교시설	$\dfrac{\text{바닥면적}[m^2]}{4.6m^2}$(반올림 수) + 의자 수 ($\dfrac{\text{의자길이}[m]}{0.45[m]}$)(반올림 수)
	그 밖	$\dfrac{\text{바닥면적}[m^2]}{3m^2}$(반올림 수)

499 「화재예방, 소방시설 설치·유지 및 안전관리에 관한 법률」상 소방시설관리사의 자격의 취소·정지 사유로 옳지 않은 것은? [19 공채]

① 동시에 둘 이상의 업체에 취업한 경우
② 등록사항의 변경신고를 하지 아니한 경우
③ 소방시설관리사증을 다른 자에게 빌려준 경우
④ 소방안전관리 업무를 하지 아니하거나 거짓으로 한 경우

해설 소방청장은 관리사가 다음 각 호의 어느 하나에 해당할 때에는 행정안전부령으로 정하는 바에 따라 그 자격을 취소하거나 2년 이내의 기간을 정하여 그 자격의 정지를 명할 수 있다. 다만, 제1호, 제4호, 제5호 또는 제7호에 해당하면 그 자격을 취소하여야 한다.
1. 거짓이나 그 밖의 부정한 방법으로 시험에 합격한 경우
2. 제20조제6항에 따른 소방안전관리 업무를 하지 아니하거나 거짓으로 한 경우
3. 제25조에 따른 점검을 하지 아니하거나 거짓으로 한 경우
4. 제26조제6항을 위반하여 소방시설관리사증을 다른 자에게 빌려준 경우
5. 제26조제7항을 위반하여 동시에 둘 이상의 업체에 취업한 경우
6. 제26조제8항을 위반하여 성실하게 자체점검 업무를 수행하지 아니한 경우
7. 제27조 각 호의 어느 하나에 따른 결격사유에 해당하게 된 경우

500 「화재예방, 소방시설 설치·유지 및 안전관리에 관한 법률 시행령」상 1급 소방안전관리대상물로 옳은 것은? [19 공채]

① 지하구
② 동·식물원
③ 가연성 가스를 1천 톤 이상 저장·취급하는 시설
④ 철강 등 불연성 물품을 저장·취급하는 창고

1급 소방안전관리대상물이란 특급 소방안전관리대상물을 제외한 다음 각 목의 어느 하나에 해당하는 것으로서 동·식물원, 철강 등 불연성 물품을 저장·취급하는 창고, 위험물 저장 및 처리 시설 중 위험물 제조소 등, 지하구를 제외한 것(이하 "1급 소방안전관리대상물"이라 한다)

가. 30층 이상(지하층은 제외한다)이거나 지상으로부터 높이가 120미터 이상인 아파트

나. 연면적 1만 5천 제곱미터 이상인 특정소방대상물(아파트는 제외한다)

다. 나목에 해당하지 아니하는 특정소방대상물로서 층수가 11층 이상인 특정소방대상물(아파트는 제외한다)

라. 가연성 가스를 1천 톤 이상 저장·취급하는 시설

501 「화재예방, 소방시설 설치·유지 및 안전관리에 관한 법률」상 화재안전정책기본계획 등의 수립 및 시행에 관한 내용으로 옳은 것은? [19 공채]

① 기본계획에는 화재안전분야 국제경쟁력 향상에 관한 사항이 포함되어야 한다.

② 소방본부장은 기본계획을 시행하기 위하여 5년마다 시행계획을 수립·시행하여야 한다.

③ 기본계획은 행정안전부령으로 정하는 바에 따라 소방본부장이 관계 중앙행정기관의 장과 협의하여 수립한다.

④ 국가는 화재안전기반 확충을 위하여 화재안전정책에 관한 기본계획을 10년마다 수립·시행하여야 한다.

해설 **화재안전정책의 기본목표 및 추진방향**

기본계획에는 다음 각 호의 사항이 포함되어야 한다.

1. 화재안전정책의 기본목표 및 추진방향
2. 화재안전을 위한 법령·제도의 마련 등 기반 조성에 관한 사항
3. 화재예방을 위한 대국민 홍보·교육에 관한 사항
4. 화재안전 관련 기술의 개발·보급에 관한 사항
5. 화재안전분야 전문인력의 육성·지원 및 관리에 관한 사항
6. 화재안전분야 국제경쟁력 향상에 관한 사항
7. 그 밖에 대통령령으로 정하는 화재안전 개선에 필요한 사항

③ 기본계획은 (대통령령)으로 정하는 바에 따라 (소방청장)이(가) 관계 중앙행정기관의 장과 협의하여 수립한다.

④ 국가는 화재안전 기반 확충을 위하여 화재안전정책에 관한 기본계획(이하 "기본계획"이라 한다)을 (5년)마다 수립·시행하여야 한다.

502 「화재예방, 소방시설 설치 · 유지 및 안전관리에 관한 법률」 및 같은 법 시행령상 지방소방기술심의위원회의 심의사항으로 옳은 것은?   [19 경채]

① 화재안전기준에 관한 사항

② 소방시설의 구조 및 원리 등에서 공법이 특수한 설계 및 시공에 관한 사항

③ 소방시설의 설계 및 공사감리의 방법에 관한 사항

④ 연면적 10만 제곱미터 미만의 특정소방대상물에 설치된 소방시설의 설계 · 시공 · 감리의 하자 유무에 관한 사항

해설 ※ 지방소방기술심의위원회

① 설치 : 시 · 도

② 구성 : 위원장 포함 5명 이상 9명 이하

③ 위원장 : 시 · 도지사가 위원 중 위촉

④ 위원이 될 수 있는 자

    1. 과장급 직위 이상의 소방공무원

    2. 소방기술사

    3. 소방시설관리사

    4. 소방 관련 분야의 석사학위 이상을 취득한 사람

    5. 소방 관련 법인 또는 단체에서 소방 관련 업무에 5년 이상 종사한 사람

    6. 소방공무원 교육기관, 「고등교육법」 제2조의 학교 또는 연구소에서 소방과 관련한 교육 또는 연구에 5년 이상 종사한 사람

⑤ 심의사항

    1. 소방시설에 하자가 있는지의 판단에 관한 사항

    2. 그 밖에 소방기술 등에 관하여 대통령령으로 정하는 사항

        1. 연면적 10만 제곱미터 미만의 특정소방대상물에 설치된 소방시설의 설계 · 시공 · 감리의 하자 유무에 관한 사항

        2. 소방본부장 또는 소방서장이 화재안전기준 또는 위험물 제조소 등의 시설기준의 적용에 관하여 기술검토를 요청하는 사항

        3. 그 밖에 소방기술과 관련하여 시 · 도지사가 심의에 부치는 사항

503 「화재예방, 소방시설 설치 · 유지 및 안전관리에 관한 법률 시행령」상 신축건축물로서 성능위주설계를 해야 할 특정소방대상물의 범위로 옳은 것은? [19 경채]

① 연면적 10만 제곱미터 이상인 특정소방대상물로서 기숙사

② 건축물의 높이가 100미터 이상인 특정소방대상물로서 아파트

③ 지하층을 포함한 층수가 20층 이상인 특정소방대상물로서 복합건축물

④ 연면적 3만 제곱미터 이상인 특정소방대상물로서 공항 시설

> **해설** 성능위주설계 대상
>
> 1) 대상
>   1. 연면적 20만 제곱미터 이상인 특정소방대상물. 다만, 별표 2 제1호에 따른 공동주택 중 주택으로 쓰이는 층수가 5층 이상인 주택(이하 이 조에서 "아파트 등"이라 한다)은 제외한다.
>   2. 다음 각 목의 어느 하나에 해당하는 특정소방대상물. 다만, 아파트 등은 제외한다.
>   가. 건축물의 높이가 100미터 이상인 특정소방대상물
>   나. 지하층을 포함한 층수가 30층 이상인 특정소방대상물
>   3. 연면적 3만 제곱미터 이상인 특정소방대상물로서 다음 각 목의 어느 하나에 해당하는 특정소방대상물
>   가. 별표 2 제6호나목의 철도 및 도시철도 시설
>   나. 별표 2 제6호다목의 공항시설
>   4. 하나의 건축물에 「영화 및 비디오물의 진흥에 관한 법률」 제2조제10호에 따른 영화상영관이 10개 이상인 특정소방대상물

504 「화재예방, 소방시설 설치 · 유지 및 안전관리에 관한 법률」 및 같은 법 시행령상 소방특별조사 결과에 따른 조치명령과 손실보상에 관한 설명으로 옳지 않은 것은? [19 경채]

① 시 · 도지사가 손실을 보상하는 경우에는 원가로 보상하여야 한다.

② 손실보상에 관하여는 시 · 도지사와 손실을 입은 자가 협의하여야 한다.

③ 보상금액에 관한 협의가 성립되지 아니한 경우에는 시 · 도지사는 그 보상금액을 지급하거나 공탁하고 이를 상대방에게 알려야 한다.

④ 보상금의 지급 또는 공탁의 통지에 불복하는 자는 지급 또는 공탁의 통지를 받은 날부터 30일 이내에 관할 토지수용위원회에 재결을 신청할 수 있다.

> **해설** 시가로 보상

505 「화재예방, 소방시설 설치 · 유지 및 안전관리에 관한 법률 시행령」상 무창층이 되기 위한 개구부의 요건 중 일부를 나타낸 것이다. ( ) 안의 내용으로 옳은 것은? [19 경채]

> ○ 크기는 지름 (가)센티미터 이상의 원이 (나)할 수 있는 크기일 것
> ○ 해당 층의 바닥면으로부터 개구부 (다)까지의 높이가 (라)미터 이내일 것

	(가)	(나)	(다)	(라)		(가)	(나)	(다)	(라)
①	50	내접	윗부분	1.2	②	50	내접	밑부분	1.2
③	50	외접	밑부분	1.5	④	60	내접	밑부분	1.2

해설 1.2m 이내

"무창층"(無窓層)이란 지상층 중 다음 각 목의 요건을 모두 갖춘 개구부(건축물에서 채광 · 환기 · 통풍 또는 출입 등을 위하여 만든 창 · 출입구, 그 밖에 이와 비슷한 것을 말한다)의 면적의 합계가 해당 층의 바닥면적(「건축법 시행령」 제119조제1항제3호에 따라 산정된 면적을 말한다. 이하 같다)의 30분의 1 이하가 되는 층을 말한다.
가. 크기는 지름 50센티미터 이상의 원이 내접(內接)할 수 있는 크기일 것
나. 해당 층의 바닥면으로부터 개구부 밑부분까지의 높이가 1.2미터 이내일 것
다. 도로 또는 차량이 진입할 수 있는 빈터를 향할 것
라. 화재 시 건축물로부터 쉽게 피난할 수 있도록 창살이나 그 밖의 장애물이 설치되지 아니할 것
마. 내부 또는 외부에서 쉽게 부수거나 열 수 있을 것

506 「화재예방, 소방시설 설치 · 유지 및 안전관리에 관한 법률 시행령」상 특정소방대상물 중 지하구에 관한 설명이다. ( ) 안의 내용으로 옳은 것은? [19 경채]

> ○ 전력 · 통신용의 전선이나 가스 · 냉난방용의 배관 또는 이와 비슷한 것을 집합수용하기 위하여 설치한 지하 인공구조물로서 사람이 점검 또는 보수를 하기 위하여 출입이 가능한 것 중 폭 (가) 이상이고 높이가 (나) 이상이며 길이가 (다) 이상(전력 또는 통신사업용인 것은 (라) 이상)인 것
> ○ 「국토의 계획 및 이용에 관한 법률」 제2조제9호에 따른 (마)

	(가)	(나)	(다)	(라)	(마)		(가)	(나)	(다)	(라)	(마)
①	1.5m	2m	50m	500m	공동구	②	1.5m	1.8m	30m	300m	지하가
③	1.8m	2m	50m	500m	공동구	④	1.8m	1.8m	50m	500m	지하가

507 「화재예방, 소방시설 설치 · 유지 및 안전관리에 관한 법률」 및 같은 법 시행령상 노유자시설 및 의료시설의 경우 강화된 소방시설기준의 적용대상이다. 이에 해당하는 소방설비의 연결이 옳지 않은 것은? [19 경채]

① 노유자시설에 설치하는 간이스프링클러설비

② 노유자시설에 설치하는 비상방송설비

③ 의료시설에 설치하는 스프링클러설비

④ 의료시설에 설치하는 자동화재탐지설비

해설 소방시설 기준 적용의 특례기준

1) 대통령령 또는 화재안전기준이 변경되어 그 기준이 강화되는 경우

① 원칙 : 기존의 특정소방대상물(건축물의 신축 · 개축 · 재축 · 이전 및 대수선 중인 특정소방대상물을 포함한다)의 소방시설에 대하여는 변경 전의 대통령령 또는 화재안전기준을 적용한다.

② 예외 : 다음의 경우 강화된 기준을 적용한다.

1. 다음 소방시설 중 대통령령으로 정하는 것
   가. 소화기구
   나. 비상경보설비
   다. 자동화재속보설비
   라. 피난구조설비

2. 지하구 가운데 공동구에 설치하여야 하는 소방시설
   [소화기, 자동확산소화기, 자동화재탐지설비, 이상침수경보설비, 침입감지설비, 피난구조설비, 소화활동설비, 무선통신보조설비, 연소방지설비]

3. 노유자(老幼者)시설, 의료시설에 설치하여야 하는 소방시설 중 대통령령으로 정하는 것
   가. 노유자(老幼者)시설에 설치하는 간이스프링클러설비, 자동화재탐지설비 및 단독경보형 감지기
   나. 의료시설에 설치하는 스프링클러설비, 간이스프링클러설비, 자동화재탐지설비 및 자동화재속보설비

---

508 「화재예방, 소방시설 설치 · 유지 및 안전관리에 관한 법률」상 과태료 부과대상으로 옳은 것은? [19 경채]

① 소방시설 · 피난시설 등이 법령에 위반된 것을 발견하였음에도 필요한 조치를 할 것을 요구하지 아니한 소방 안전관리자

② 특정소방대상물에 소방안전관리자 또는 소방안전관리 보조자를 선임하지 아니한 자

③ 특정소방대상물에 화재안전기준을 위반하여 소방시설을 설치 또는 유지 · 관리한 자

④ 방염성능검사에 합격하지 아니한 물품에 합격표시를 하거나 합격표시를 위조하거나 변조하여 사용한 자

정답 **507** ② **508** ③

해설 300만 원 이하의 벌금
1. 소방특별조사를 정당한 사유 없이 거부 · 방해 또는 기피한 자
2. 방염성능검사에 합격하지 아니한 물품에 합격표시를 하거나 합격표시를 위조하거나 변조하여 사용한 자
3. 방염처리업 등록자가 규정을 위반하여 거짓 시료를 제출한 자
4. 소방안전관리자 또는 소방안전관리보조자를 선임하지 아니한 자
5. 공동 소방안전관리자를 선임하지 아니한 자
6. 소방시설 · 피난시설 · 방화시설 및 방화구획 등이 법령에 위반된 것을 발견하였음에도 필요한 조치를 할 것을 요구하지 아니한 소방안전관리자
7. 시정을 요구한 소방안전관리자에게 불이익한 처우를 한 관계인
8. 소방시설관리업자가 점검기록표를 거짓으로 작성하거나 해당 특정소방대상물에 부착하지 아니한 자
9. 소방용품 제품검사에 합격하지 아니한 제품에 합격표시를 하거나 합격표시를 위조 또는 변조하여 사용한 자
10. 제품검사에 합격하지 아니한 소방용품에 성능인증을 받았다는 표시 또는 제품검사에 합격하였다는 표시를 하거나 성능인증을 받았다는 표시 또는 제품검사에 합격하였다는 표시를 위조 또는 변조하여 사용한 자
11. 업무를 수행하면서 알게 된 비밀을 이 법에서 정한 목적 외의 용도로 사용하거나 다른 사람 또는 기관에 제공하거나 누설한 사람

━ 300만 원 이하의 과태료
1. 화재안전기준을 위반하여 소방시설을 설치 또는 유지 · 관리한 자
2. 피난시설, 방화구획 또는 방화시설의 폐쇄 · 훼손 · 변경 등의 행위를 한 자

509 「화재예방, 소방시설 설치 · 유지 및 안전관리에 관한 법률」 및 같은 법 시행령상 소방특별조사에 관한 설명으로 옳지 않은 것은? [19 경채]

① 소방청장, 소방본부장 또는 소방서장은 관할구역에 있는 소방대상물, 관계 지역 또는 관계인에 대하여 소방시설 등이 이 법 또는 소방 관계 법령에 적합하게 설치 · 유지 · 관리되고 있는지, 소방대상물에 화재, 재난 · 재해 등의 발생 위험이 있는지 등을 확인하기 위하여 관계 공무원으로 하여금 소방특별조사를 하게 할 수 있다.

② 개인의 주거에 대하여는 관계인의 승낙이 있거나 화재발생의 우려가 뚜렷하여 긴급한 필요가 있는 때에 한정하여 소방특별조사를 실시할 수 있다.

③ 국가적 행사 등 주요 행사가 개최되는 장소 및 그 주변의 관계 지역에 대하여 소방안전관리 실태를 점검할 필요가 있는 경우 소방특별조사를 실시할 수 있다.

④ 소방특별조사위원회는 위원장 1명을 제외한 7명 이내의 위원으로 성별을 고려하여 구성한다.

해설 ④ 소방공무원 교육기관에서 소방과 관련한 연구에 3년 이상 종사한 사람 → 5년

※ 소방특별조사위원회 구성권자 : 소방본부장

※ 소방특별조사위원회 구성

① 법 제4조제3항에 따른 소방특별조사위원회(이하 이 조 및 제7조의3부터 제7조의5까지에서 "위원회"라 한다)는 위원장 1명을 포함한 7명 이내의 위원으로 성별을 고려하여 구성하고, 위원장은 소방본부장이 된다.

② 위원회의 위원은 다음 각 호의 어느 하나에 해당하는 사람 중에서 소방본부장이 임명하거나 위촉한다.

1. 과장급 직위 이상의 소방공무원

2. 소방기술사

3. 소방시설관리사

4. 소방 관련 분야의 석사학위 이상을 취득한 사람

5. 소방 관련 법인 또는 단체에서 소방 관련 업무에 5년 이상 종사한 사람

6. 소방공무원 교육기관, 「고등교육법」 제2조의 학교 또는 연구소에서 소방과 관련한 교육 또는 연구에 5년 이상 종사한 사람

510 「화재예방, 소방시설 설치·유지 및 안전관리에 관한 법률 시행령」상 건축허가 등의 동의대상물의 범위에 해당되는 것으로 옳은 것은? [19 경채]

ㄱ. 항공기격납고, 관망탑, 방송용 송수신탑

ㄴ. 「학교시설사업 촉진법」 제5조의2제1항에 따라 건축 등을 하려는 학교시설은 100제곱미터 이상인 건축물

ㄷ. 차고·주차장으로 사용되는 바닥면적이 150제곱미터 이상인 층이 있는 건축물이나 주차시설

ㄹ. 노유자시설 및 수련시설은 200제곱미터 이상인 건축물

① ㄱ, ㄴ, ㄷ

② ㄱ, ㄴ, ㄹ

③ ㄱ, ㄷ, ㄹ

④ ㄴ, ㄷ, ㄹ

해설 건축허가 동의 대상물의 범위(대통령령)

1. 연면적 400제곱미터 이상인 건축물

가. 학교시설 : 100제곱미터

나. 노유자시설(老幼者施設) 및 수련시설 : 200제곱미터

다. 정신의료기관 : 300제곱미터

라. 장애인 의료재활시설(이하 "의료재활시설"이라 한다) : 300제곱미터

1의2. 층수가 6층 이상인 건축물

2. 차고·주차장 또는 주차용도로 사용되는 시설로서 다음 각 목의 어느 하나에 해당하는 것

가. 차고·주차장으로 사용되는 바닥면적이 200제곱미터 이상인 층이 있는 건축물이나 주차시설

정답 510 ②

나. 승강기 등 기계장치에 의한 주차시설로서 자동차 20대 이상을 주차할 수 있는 시설

3. 항공기격납고, 관망탑, 항공관제탑, 방송용 송수신탑

4. 지하층 또는 무창층이 있는 건축물로서 바닥면적이 150제곱미터(공연장의 경우에는 100제곱미터) 이상인 층이 있는 것

5. 별표 2의 특정소방대상물 중 위험물 저장 및 처리 시설, 지하구

6. 제1호에 해당하지 않는 노유자시설 중 다음 각 목의 어느 하나에 해당하는 시설. 다만, 나목부터 바목까지의 시설 중 「건축법 시행령」 별표 1의 단독주택 또는 공동주택에 설치되는 시설은 제외한다.

   가. 노인 관련 시설(「노인복지법」 제31조제3호 및 제5호에 따른 노인여가복지시설 및 노인보호전문기관은 제외한다)

   나. 「아동복지법」 제52조에 따른 아동복지시설(아동상담소, 아동전용시설 및 지역아동센터는 제외한다)

   다. 「장애인복지법」 제58조제1항제1호에 따른 장애인 거주시설

   라. 정신질환자 관련 시설

   마. 노인인 관련 시설 중 노숙인자활시설, 노숙인재활시설 및 노숙인요양시설

   바. 결핵환자나 한센인이 24시간 생활하는 노유자시설

7. 「의료법」 제3조제2항제3호라목에 따른 요양병원(이하 "요양병원"이라 한다). 다만, 정신의료기관 중 정신병원(이하 "정신병원"이라 한다)과 의료재활시설은 제외한다.

511 「화재예방, 소방시설 설치 · 유지 및 안전관리에 관한 법률 시행령」상 밑줄 친 각 호에 해당되지 않는 것은?
[19 경채]

소방본부장 또는 소방서장은 특정소방대상물이 증축되는 경우에는 기존 부분을 포함한 특정소방대상물의 전체에 대하여 증축 당시의 소방시설의 설치에 관한 대통령령 또는 화재안전기준을 적용하여야 한다. 다만, 다음 각 호의 어느 하나에 해당하는 경우에는 기존 부분에 대해서는 증축 당시의 소방시설의 설치에 관한 대통령령 또는 화재안전기준을 적용하지 아니한다.

① 기존 부분과 증축 부분이 내화구조로 된 바닥과 벽으로 구획된 경우

② 기존 부분과 증축 부분이 「건축법 시행령」 제64조에 따른 갑종 방화문(국토교통부장관이 정하는 기준에 적합한 자동방화셔터를 포함한다)으로 구획되어 있는 경우

③ 자동차 생산공장 등 화재 위험이 낮은 특정소방대상물 내부에 연면적 100제곱미터 이하의 직원 휴게실을 증축하는 경우

④ 자동차 생산공장 등 화재 위험이 낮은 특정소방대상물에 캐노피(3면 이상에 벽이 없는 구조의 캐노피를 말한다)를 설치하는 경우

해설 증축되는 경우

① 원칙 : 소방본부장이나 소방서장은 기존의 특정소방대상물이 증축되는 경우에는 대통령령으로 정하는 바에 따라 증축 당시의 소방시설의 설치에 관한 대통령령 또는 화재안전기준을 적용한다.

② 예외 : 다음의 경우 기존부분에 대하여는 증축 당시의 기준을 적용하지 아니한다.
1. 기존 부분과 증축 부분이 내화구조(耐火構造)로 된 바닥과 벽으로 구획된 경우
2. 기존 부분과 증축 부분이 「건축법 시행령」 제64조에 따른 갑종 방화문(국토교통부장관이 정하는 기준에 적합한 자동방화셔터를 포함한다)으로 구획되어 있는 경우
3. 자동차 생산공장 등 화재 위험이 낮은 특정소방대상물 내부에 연면적 33제곱미터 이하의 직원 휴게실을 증축하는 경우
4. 자동차 생산공장 등 화재 위험이 낮은 특정소방대상물에 캐노피(3면 이상에 벽이 없는 구조의 캐노피를 말한다)를 설치하는 경우

512 「화재예방, 소방시설 설치 · 유지 및 안전관리에 관한 법률 시행령」상 피난구조설비로 옳지 않은 것은? [20 공채]

① 구조대　　　② 방열복　　　③ 시각경보기　　　④ 비상조명등

해설 시각경보기는 경보설비에 해당한다.

━ 피난구조설비
피난기구, 인명구조기구, 유도등, 유도표지, 피난유도선, 비상조명등, 휴대용비상조명등

513 「화재예방, 소방시설 설치 · 유지 및 안전관리에 관한 법률 시행령」상 소방안전관리보조자를 두어야 하는 특정소방 대상물에 대한 설명이다. (　) 안에 들어갈 용어로 옳은 것은? [20 공채]

> •「건축법 시행령」 별표 1 제2호가목에 따른 아파트((가)세대 이상인 아파트만 해당한다)
> • 아파트를 제외한 연면적이 (나) 이상인 특정소방대상물

	(가)	(나)		(가)	(나)
①	150	1만제곱미터	②	150	1만5천제곱미터
③	300	1만제곱미터	④	300	1만5천제곱미터

해설 소방안전관리보조자 선임대상물
1. 「건축법 시행령」 별표 1 제2호가목에 따른 아파트(300세대 이상인 아파트만 해당한다)
2. 제1호에 따른 아파트를 제외한 연면적이 1만5천제곱미터 이상인 특정소방대상물
3. 제1호 및 제2호에 따른 특정소방대상물을 제외한 특정소방대상물 중 다음 각 목의 어느 하나에 해당하는 특정소방대상물
　가. 공동주택 중 기숙사
　나. 의료시설
　다. 노유자시설
　라. 수련시설
　마. 숙박시설(숙박시설로 사용되는 바닥면적의 합계가 1천500제곱미터 미만이고 관계인이 24시간 상시 근무하고 있는 숙박시설은 제외한다)

정답 **512** ③　**513** ④

514 「화재예방, 소방시설 설치 · 유지 및 안전관리에 관한 법률 시행령」상 의료시설에 해당되는 특정소방대상물을 모두 고른 것은? [20 공채]

| ㄱ. 노인의료복지시설 | ㄴ. 정신의료기관 |
| ㄷ. 마약진료소 | ㄹ. 한방의원 |

① ㄱ, ㄷ   ② ㄱ, ㄹ

③ ㄴ, ㄷ   ④ ㄷ, ㄹ

해설 의료시설

    가. 병원 : 종합병원, 병원, 치과병원, 한방병원, 요양병원

    나. 격리병원 : 전염병원, 마약진료소, 그 밖에 이와 비슷한 것

    다. 정신의료기관

    라. 「장애인복지법」 제58조제1항제4호에 따른 장애인 의료재활시설

515 「화재예방, 소방시설 설치 · 유지 및 안전관리에 관한 법률 시행령」상 특정소방대상물이 증축되는 경우, 원칙적으로 소방시설기준 적용에 관한 설명으로 옳은 것은? [20 공채]

① 기존 부분을 포함한 특정소방대상물의 전체에 대하여 증축 전 소방시설의 설치에 관한 대통령령 또는 화재안전기준을 적용하여야 한다.

② 기존 부분은 증축 전에 적용되던 소방시설의 설치에 관한 대통령령 또는 화재안전기준을 적용하고 증축 부분은 증축 당시의 소방시설의 설치에 관한 대통령령 또는 화재안전기준을 적용하여야 한다.

③ 증축 부분은 증축 전에 적용되던 소방시설의 설치에 관한 대통령령 또는 화재안전기준을 적용하고 기존 부분은 증축 당시의 소방시설의 설치에 관한 대통령령 또는 화재안전기준을 적용하여야 한다.

④ 기존 부분을 포함한 특정소방대상물의 전체에 대하여 증축 당시의 소방시설의 설치에 관한 대통령령 또는 화재안전기준을 적용하여야 한다.

해설 원칙

    기준부분을 포함한 특정소방대상물 전체에 대하여 증축 당시의 소방시설의 설치에 관한 대통령령 또는 화재안전기준을 적용한다.

516 「화재예방, 소방시설 설치ㆍ유지 및 안전관리에 관한 법률 시행령」상 특정소방대상물의 관계인이 특정소방대상물의 규모ㆍ용도 및 수용인원 등을 고려하여 갖추어야 하는 소방시설의 종류 중 단독경보형 감지기를 설치하여야 하는 특정소방대상물로 옳은 것은?　　[20 공채]

① 연면적 500m²인 숙박시설

② 연면적 600m²인 유치원

③ 연면적 2,000m²인 기숙사

④ 교육연구시설 또는 수련시설 내에 있는 합숙소 또는 기숙사로서 연면적 3,000m²인 것

> **해설** 단독경보형 감지기 설치대상
> • 연면적 1천m² 미만의 아파트 등
> • 연면적 1천m² 미만의 기숙사
> • 교육연구시설 또는 수련시설 내에 있는 합숙소 또는 기숙사로서 연면적 2천m² 미만인 것
> • 연면적 600m² 미만의 숙박시설
> • 수용인원 100인 미만 수련시설(숙박시설이 있는 것만 해당한다)
> • 연면적 400m² 미만의 유치원

517 「화재예방, 소방시설 설치ㆍ유지 및 안전관리에 관한 법률 시행령」상 하자보수 대상 소방시설 중 하자보수보증기간이 다른 것은?　　[20 공채]

① 비상조명등　　　　　　　② 비상방송설비

③ 비상콘센트설비　　　　　④ 무선통신보조설비

> **해설** 제6조(하자보수 대상 소방시설과 하자보수 보증기간)
> 법 제15조제1항에 따라 하자를 보수하여야 하는 소방시설과 소방시설별 하자보수 보증기간은 다음 각 호의 구분과 같다.
> 1. 피난기구, 유도등, 유도표지, 비상경보설비, 비상조명등, 비상방송설비 및 무선통신보조설비 : 2년
> 2. 자동소화장치, 옥내소화전설비, 스프링클러설비, 간이스프링클러설비, 물분무등소화설비, 옥외소화전설비, 자동화재탐지설비, 상수도소화용수설비 및 소화활동설비(무선통신보조설비는 제외한다) : 3년

518 「화재예방, 소방시설 설치ㆍ유지 및 안전관리에 관한 법률」상 특정소방대상물(소방안전관리대상물은 제외한다) 관계인의 업무로 옳지 않은 것은?　　[20 경채]

① 소방계획서의 작성 및 시행

② 화기(화기) 취급의 감독

③ 소방시설이나 그 밖의 소방 관련 시설의 유지ㆍ관리

④ 피난시설, 방화구획 및 방화시설의 유지ㆍ관리

정답　**516** ①　　**517** ③　　**518** ①

소방시설법 제20조 특정소방대상물의 소방안전관리 6항

특정소방대상물(소방안전관리대상물은 제외한다)의 관계인과 소방안전관리대상물의 소방안전관리자의 업무는 다음 각 호와 같다. 다만, 제1호·제2호 및 제4호의 업무는 소방안전관리대상물의 경우에만 해당한다.

1. 제21조의2에 따른 피난계획에 관한 사항과 대통령령으로 정하는 사항이 포함된 소방계획서의 작성 및 시행
2. 자위소방대(自衛消防隊) 및 초기대응체계의 구성·운영·교육
3. 제10조에 따른 피난시설, 방화구획 및 방화시설의 유지·관리
4. 제22조에 따른 소방훈련 및 교육
5. 소방시설이나 그 밖의 소방 관련 시설의 유지·관리
6. 화기(火氣) 취급의 감독
7. 그 밖에 소방안전관리에 필요한 업무

519 「화재예방, 소방시설 설치·유지 및 안전관리에 관한 법률」상 성능위주설계를 하여야 하는 특정소방대상물의 범위에 해당되는 것은?(단, 신축하는 것만 해당한다.) [20 경채]

① 연면적 30만제곱미터의 아파트
② 연면적 2만5천제곱미터의 철도시설
③ 지하층을 포함한 층수가 30층인 복합건축물
④ 연면적 3만제곱미터, 높이 90미터, 지하층 포함 25층인 종합병원

성능위주설계

1) 대상
1. 연면적 20만제곱미터 이상인 특정소방대상물. 다만, 별표 2 제1호에 따른 공동주택 중 주택으로 쓰이는 층수가 5층 이상인 주택(이하 이 조에서 "아파트등"이라 한다)은 제외한다.
2. 다음 각 목의 어느 하나에 해당하는 특정소방대상물. 다만, 아파트등은 제외한다.
   가. 건축물의 높이가 100미터 이상인 특정소방대상물
   나. 지하층을 포함한 층수가 30층 이상인 특정소방대상물
3. 연면적 3만제곱미터 이상인 특정소방대상물로서 다음 각 목의 어느 하나에 해당하는 특정소방대상물
   가. 별표 2 제6호나목의 철도 및 도시철도 시설
   나. 별표 2 제6호다목의 공항시설
4. 하나의 건축물에 「영화 및 비디오물의 진흥에 관한 법률」 제2조제10호에 따른 영화상영관이 10개 이상인 특정소방대상물

520 「화재예방, 소방시설 설치·유지 및 안전관리에 관한 법률 시행령」상 방염성능기준에 대한 설명이다. ( ) 안에 들어갈 숫자로 옳은 것은? [20 경채]

> • 버너의 불꽃을 제거한 때부터 불꽃을 올리며 연소하는 상태가 그칠 때까지 시간은 (가)초 이내일 것
> • 버너의 불꽃을 제거한 때부터 불꽃을 올리지 아니하고 연소하는 상태가 그칠 때까지 시간은 (나)초 이내일 것

	(가)	(나)		(가)	(나)
①	10	30	②	10	50
③	20	30	④	20	50

해설 방염성능기준(대통령령)
1. 버너의 불꽃을 제거한 때부터 불꽃을 올리며 연소하는 상태가 그칠 때까지 시간은 20초 이내일 것[잔염시간 : 20초 이내]
2. 버너의 불꽃을 제거한 때부터 불꽃을 올리지 아니하고 연소하는 상태가 그칠 때까지 시간은 30초 이내일 것 [잔진시간 : 30초 이내]
3. 탄화(炭化)한 면적은 50제곱센티미터 이내, 탄화한 길이는 20센티미터 이내일 것
4. 불꽃에 의하여 완전히 녹을 때까지 불꽃의 접촉 횟수는 3회 이상일 것
5. 소방청장이 정하여 고시한 방법으로 발연량(發煙量)을 측정하는 경우 최대연기밀도는 400 이하일 것

521 「화재예방, 소방시설 설치·유지 및 안전관리에 관한 법률」상 방염성능검사에 합격하지 아니한 물품에 합격표시를 하거나 합격표시를 위조하거나 변조하여 사용한 자에 대한 벌칙의 기준으로 옳은 것은? [20 경채]

① 300만 원 이하의 벌금
② 1천만 원 이하의 벌금
③ 1년 이하의 징역 또는 1천만 원 이하의 벌금
④ 3년 이하의 징역 또는 3천만 원 이하의 벌금

해설 300만 원 이하의 벌금
1. 소방특별조사를 정당한 사유 없이 거부·방해 또는 기피한 자
2. 방염성능검사에 합격하지 아니한 물품에 합격표시를 하거나 합격표시를 위조하거나 변조하여 사용한 자
3. 방염처리업 등록자가 규정을 위반하여 거짓 시료를 제출한 자
4. 소방안전관리자 또는 소방안전관리보조자를 선임하지 아니한 자
5. 공동 소방안전관리자를 선임하지 아니한 자
6. 소방시설·피난시설·방화시설 및 방화구획 등이 법령에 위반된 것을 발견하였음에도 필요

한 조치를 할 것을 요구하지 아니한 소방안전관리자

7. 시정을 요구한 소방안전관리자에게 불이익한 처우를 한 관계인
8. 소방시설관리업자가 점검기록표를 거짓으로 작성하거나 해당 특정소방대상물에 부착하지 아니한 자
9. 소방용품 제품검사에 합격하지 아니한 제품에 합격표시를 하거나 합격표시를 위조 또는 변조하여 사용한 자
10. 제품검사에 합격하지 아니한 소방용품에 성능인증을 받았다는 표시 또는 제품검사에 합격하였다는 표시를 하거나 성능인증을 받았다는 표시 또는 제품검사에 합격하였다는 표시를 위조 또는 변조하여 사용한 자
11. 우수품질인증을 받지 아니한 제품에 우수품질인증 표시를 하거나 우수품질인증 표시를 위조하거나 변조하여 사용한 자

522 「화재예방, 소방시설 설치·유지 및 안전관리에 관한 법률 시행령」상 특정소방대상물의 소방시설 설치면제기준으로 옳지 않은 것은? [20 경채]

① 간이스프링클러설비를 설치하여야 하는 특정소방대상물에 분말소화설비를 화재안전기준에 적합하게 설치한 경우에는 그 설비의 유효범위에서 설치가 면제된다.
② 비상경보설비를 설치하여야 할 특정소방대상물에 단독경보형 감지기를 2개 이상의 단독경보형 감지기와 연동하여 설치하는 경우에는 그 설비의 유효범위에서 설치가 면제된다.
③ 비상조명등을 설치하여야 하는 특정소방대상물에 피난구유도등 또는 통로유도등을 화재안전기준에 적합하게 설치한 경우에는 그 유도등의 유효범위에서 설치가 면제된다.
④ 누전경보기를 설치하여야 하는 특정소방대상물 또는 그 부분에 아크경보기 또는 전기 관련 법령에 따른 지락차단장치를 설치한 경우에는 그 설비의 유효범위에서 설치가 면제된다.

해설 간이스프링클러설비를 설치하여야 하는 특정소방대상물에 스프링클러설비, 물분무소화설비 또는 미분무소화설비를 화재안전기준에 적합하게 설치한 경우에는 그 설비의 유효범위에서 설치가 면제된다.

523 「화재예방, 소방시설 설치·유지 및 안전관리에 관한 법률 시행령」상 방염성능기준 이상의 실내장식물 등을 설치하여야 하는 특정소방대상물을 모두 고른 것은? [20 경채]

ㄱ. 근린생활시설 중 의원
ㄴ. 방송통신시설 중 방송국 및 촬영소
ㄷ. 근린생활시설 중 체력단련장

① ㄱ   ② ㄱ, ㄴ
③ ㄴ, ㄷ   ④ ㄱ, ㄴ, ㄷ

방염성능기준 이상의 실내장식물 등을 설치하여야 하는 특정소방대상물의 종류
  1. 근린생활시설 중 의원, 체력단련장, 공연장 및 종교집회장
  2. 건축물의 옥내에 있는 시설로서 다음 각 목의 시설
     가. 문화 및 집회시설
     나. 종교시설
     다. 운동시설(수영장은 제외한다)
  3. 의료시설
  4. 교육연구시설 중 합숙소
  5. 노유자시설
  6. 숙박이 가능한 수련시설
  7. 숙박시설
  8. 방송통신시설 중 방송국 및 촬영소
  9. 다중이용업소
  10. 제1호부터 제9호까지의 시설에 해당하지 않는 것으로서 층수가 11층 이상인 것(아파트는 제외한다)

524
연면적 $2,500m^2$인 신축공사 작업현장의 바닥면적 $200m^2$인 지하층에서 용접작업을 하려고 한다. 「화재예방, 소방시설설치 · 유지 및 안전관리에 관한 법률 시행령」상 해당 작업현장에 설치하여야 할 임시소방시설로 옳지 않은 것은? [20 경채]

① 소화기 ② 간이소화장치
③ 비상경보장치 ④ 간이피난유도선

해설 임시소방시설을 설치하여야 하는 공사의 종류와 규모
  가. 소화기 : 제12조제1항에 따라 건축허가등을 할 때 소방본부장 또는 소방서장의 동의를 받아야 하는 특정소방대상물의 건축 · 대수선 · 용도변경 또는 설치 등을 위한 공사 중 제15조의5제1항 각 호에 따른 작업을 하는 현장(이하 "작업현장"이라 한다)에 설치한다.
  나. 간이소화장치 : 다음의 어느 하나에 해당하는 공사의 작업현장에 설치한다.
    1) 연면적 3천m^2 이상
    2) 지하층, 무창층 또는 4층 이상의 층. 이 경우 해당 층의 바닥면적이 $600m^2$ 이상인 경우만 해당한다.
  다. 비상경보장치 : 다음의 어느 하나에 해당하는 공사의 작업현장에 설치한다.
    1) 연면적 $400m^2$ 이상
    2) 지하층 또는 무창층. 이 경우 해당 층의 바닥면적이 $150m^2$ 이상인 경우만 해당한다.
  라. 간이피난유도선 : 바닥면적이 $150m^2$ 이상인 지하층 또는 무창층의 작업현장에 설치한다.

525 「화재예방, 소방시설 설치ㆍ유지 및 안전관리에 관한 법률」 및 같은 법 시행령상 건축허가등의 동의 등에 대한 설명으로 옳지 않은 것은? [20 경채]

① 건축허가등의 권한이 있는 행정기관은 건축허가등을 할 때 미리 그 건축물 등의 시공지 또는 소재지를 관할하는 소방본부장이나 소방서장의 동의를 받아야 한다.

② 건축허가등을 할 때에 소방본부장이나 소방서장의 동의를 받아야 하는 건축물 등의 범위는 행정안전부령으로 정한다.

③ 성능위주설계를 한 특정소방대상물은 소방본부장 또는 소방서장의 건축허가등의 동의대상에서 제외된다.

④ 관할 소방본부장이나 소방서장에게 건축허가등을 하거나 신고를 수리할 때 건축물의 내부구조를 알 수 있는 설계도면을 제출하여야 한다.

> **해설** 건축허가등을 할 때에 소방본부장이나 소방서장의 동의를 받아야 하는 건축물 등의 범위는 대통령령으로 정한다.

526 「화재예방, 소방시설 설치ㆍ유지 및 안전관리에 관한 법률」 및 같은 법 시행령상 특정소방대상물에 관한 내용으로 옳은 것은? [20 경채]

① "특정소방대상물"이란 소방시설을 설치하여야 하는 소방대상물로서 행정안전부령으로 정하는 것을 말한다.

② 전력용의 전선배관을 집합수용하기 위하여 설치한 지하 인공구조물로서 사람이 점검 또는 보수를 하기 위하여 폭 1.5m, 높이 1.8m, 길이 300m인 것은 지하구에 해당한다.

③ 하나의 건축물이 근린생활시설, 판매시설, 업무시설, 숙박시설 또는 위락시설의 용도와 주택의 용도로 함께 사용되는 것은 복합건축물에 해당한다.

④ 다중이용업 중 고시원업의 시설로서 독립된 주거의 형태를 갖추지 않은 것으로서 같은 건축물에 해당 용도로 쓰는 바닥면적의 합계가 450m²인 고시원은 숙박시설에 해당한다.

> **해설** ① 대통령령으로 정하는 것
> ② 지하구란 전력ㆍ통신용의 전선이나 가스ㆍ냉난방용의 배관 또는 이와 비슷한 것을 집합수용하기 위하여 설치한 지하 인공구조물로서 사람이 점검 또는 보수를 하기 위하여 출입이 가능한 것 중 폭 1.8m 이상이고 높이가 2m 이상이며 길이가 50m 이상[전력 또는 통신사업용인 것은 500m 이상]인 것
> ④ 500m² 미만 고시원은 근린생활시설, 500m² 이상인 경우 숙박시설이다.

527 「화재예방, 소방시설 설치·유지 및 안전관리에 관한 법률」 및 같은 법 시행령상 임시소방시설을 설치하여야 하는 공사와 임시소방시설의 설치기준으로 옳지 않은 것은? [20 경채]

① 특정소방대상물의 용도변경을 위한 공사를 시공하는 자는 공사 현장에서 인화성(引火性) 물품을 취급하는 작업을 하기 전에 설치 및 철거가 쉬운 임시소방시설을 설치하고 유지·관리하여야 한다.

② 옥내소화전이 설치된 특정소방대상물의 용도변경을 위한 내부 인테리어 변경공사를 시공하는 자는 간이소화장치를 설치해야만 한다.

③ 무창층으로서 바닥면적 150m²의 증축 작업현장에는 간이피난유도선을 설치해야 한다.

④ 소방서장은 용접·용단 등 불꽃을 발생시키거나 화기(火氣)를 취급하는 작업현장에 임시소방시설 또는 소방시설이 설치 또는 유지·관리되지 아니할 때에는 해당 시공자에게 필요한 조치를 하도록 명할 수 있다.

해설 임시소방시설과 기능 및 성능이 유사한 소방시설로서 임시소방시설을 설치한 것으로 보는 소방시설
- 간이소화장치를 설치한 것으로 보는 소방시설 : 옥내소화전 또는 소방청장이 정하여 고시하는 기준에 맞는 소화기[대형소화기를 작업지점으로부터 25m 이내 쉽게 보이는 장소에 6개 이상을 배치한 경우]
- 비상경보장치를 설치한 것으로 보는 소방시설 : 비상방송설비 또는 자동화재탐지설비
- 간이피난유도선을 설치한 것으로 보는 소방시설 : 피난유도선, 피난구유도등, 통로유도등 또는 는 비상조명등

정답 **527** ②

PART

04

Commentary of Fire Protection Law

위험물안전관리법
기출문제
(2007~2020)

위험물안전관리법

01 위험물 성질과 지정수량이 바르게 연결된 것은? [07 광주]

① 질산에스테르류 – 자기반응성 물질 – 20kg

② 황린 – 자연발화성 물질 – 20kg

③ 아염소산염류 – 산화성 고체 – 30kg

④ 칼륨 · 나트륨 – 금수성 물질 – 20kg

해설

종류	제1류 위험물		제2류 위험물		제3류 위험물		제4류 위험물		제5류 위험물		제6류 위험물	
	산화성 고체		가연성 고체		금수성 · 자연발화성		인화성 액체		자기연소성		산화성 액체	
위험 등급	품명(10)	지정수량(kg)	품명(7)	지정수량(kg)	품명(13)	지정수량(kg)	품명(7)	지정수량(L)	품명(9)	지정수량(kg)	품명(3)	지정수량(kg)
I	아염소산염류 염소산염류 과염소산염류 무기과산화물	50	–		칼륨 나트륨 알킬알루미늄 알킬리튬	10	특수인화물	50	유기과산화물 질산에스테르류	10	과산화수소 과염소산 질산	300
					황린	20						
II	요오드산염류 브롬산염류 질산염류	300	황화린 적린 유황	100	알칼리금속 알칼리토금속 유기금속화합물	50	제1석유류	비수용성 200 수용성 400	히드록실아민 히드록실아민염류	100	–	
							알코올류	400	니트로화합물 니트로소화합물 아조화합물 디아조화합물 히드라진 유도체	200		
III	과망간산염류 중크롬산염류	1,000	철분 마그네슘 금속분류	500	금속의 수소화물 금속의 인화물 칼슘의 탄화물 알루미늄의 탄화물 염소화규소화합물	300	제2석유류	비수용성 1,000 수용성 2,000	–		–	
							제3석유류	비수용성 2,000 수용성 4,000				
	무수크롬산 (삼산화크롬)	300	인화성 고체	1,000			제4석유류	6,000				
							동식물유류	10,000				

02 제4류 위험물을 취급하는 제조소 또는 일반취급소에서 자체소방대에 두는 화학소방자동차에 관한 설명 중 틀린 것은? [07 광주]

① 제조소 또는 일반취급소에서 제4류 위험물의 최대수량의 합이 12만 배 이상은 화학소방 차를 1대를 배치한다.

② 제조소 또는 일반취급소에서 제4류 위험물의 최대수량의 합이 20만 배 이상은 화학소방 차를 2대를 배치한다.

③ 제조소 또는 일반취급소에서 제4류 위험물의 최대수량의 합이 40만 배 이상은 화학소방 차를 3대를 배치한다.

④ 제조소 또는 일반취급소에서 제4류 위험물의 최대수량의 합이 50만 배 이상은 화학소방 차를 4대를 배치한다.

해설 자체소방대에 두는 화학소방자동차 및 인원

사업소의 구분	화학소방자동차	자체소방대원의 수
1. 제조소 또는 일반취급소에서 취급하는 제4류 위험물의 최대수량의 합이 지정수량의 12만 배 미만인 사업소	1대	5인
2. 제조소 또는 일반취급소에서 취급하는 제4류 위험물의 최대수량의 합이 지정수량의 12만 배 이상 24만 배 미만인 사업소	2대	10인
3. 제조소 또는 일반취급소에서 취급하는 제4류 위험물의 최대수량의 합이 지정수량의 24만 배 이상 48만 배 미만인 사업소	3대	15인
4. 제조소 또는 일반취급소에서 취급하는 제4류 위험물의 최대수량의 합이 지정수량의 48만 배 이상인 사업소	4대	20인

03 위험물 안전관리에 관한 법률에서 위험물 제조소 등의 폐지신고는 며칠 이내에 신고하는가? [07 광주]

① 7일 이내에 소방본부장 또는 소방서장에게 신고한다.

② 10일 이내에 소방본부장 또는 소방서장에게 신고한다.

③ 14일 이내에 시 · 도지사에게 신고한다.

④ 30일 이내에 시 · 도지사에게 신고한다.

해설 제11조(제조소등의 폐지)

제조소등의 관계인(소유자 · 점유자 또는 관리자를 말한다. 이하 같다)은 당해 제조소등의 용도를 폐지 한 때에는 행정안전부령이 정하는 바에 따라 제조소등의 용도를 폐지한 날부터 14일 이내에 시 · 도지사에게 신고하여야 한다.

정답 **02** ① **03** ③

① 법 제11조의 규정에 의하여 제조소등의 용도폐지신고를 하고자 하는 자는 별지 제29호서식의 신고서에 제조소등의 완공검사필증을 첨부하여 시·도지사 또는 소방서장에게 제출하여야 한다.

04 다음은 위험물안전관리법령에서 규정하고 있는 보유공지에 관한 사항이다. 바르지 않은 것은? [07 광주]

① 보유공지는 위험물의 위험성을 차단, 완화시킬 수 있는 가장 일차적인 공간이며 또한 화재 시 연소확대 방지 및 소방활동의 공간 확보에 그 취지가 있다.

② 보유공지에 영향을 주는 요인은 위험물의 양, 위험물의 종류, 제조소 등에 설치된 소방시설등이 있다.

③ 위험물 제조소 등 중 제조소, 옥내저장소, 옥외탱크저장소, 옥외저장소는 보유공지의 규정의 적용을 받는다.

④ 보유공지는 제조소 등의 주위에 설치하여야 하는 시설의 개념이며, 제조소 등에 위험물을 이송하기 위한 배관, 소화설비 배관 등의 주위에도 확보하여야 한다.

해설 보유공지

1. 위험물을 취급하는 건축물 그 밖의 시설(위험물을 이송하기 위한 배관 등 제외)의 주위에는 그 취급하는 위험물의 최대수량에 따라 다음 표에 의한 너비의 공지를 보유하여야 한다.

취급하는 위험물의 최대수량	공지의 너비
지정수량의 10배 이하	3m 이상
지정수량의 10배 초과	5m 이상

2. 제조소의 작업공정이 다른 작업장의 작업공정과 연속되어 있어, 제조소의 건축물 그 밖의 공작물의 주위에 공지를 두게 되면 그 제조소의 작업에 현저한 지장이 생길 우려가 있는 경우 당해 제조소와 다른 작업장 사이에 다음 각목의 기준에 따라 방화상 유효한 격벽을 설치한 때에는 당해 제조소와 다른 작업장 사이에 공지를 보유하지 아니할 수 있다.
① 방화벽은 내화구조로 할 것(다만, 제6류 위험물인 경우에는 불연재료로 할 수 있다.)
② 방화벽에 설치하는 출입구 및 창 등의 개구부는 가능한 한 최소로 하고, 출입구 및 창에는 자동폐쇄식의 갑종방화문을 설치할 것
③ 방화벽의 양단 및 상단이 외벽 또는 지붕으로부터 50cm 이상 돌출하도록 할 것

05 4류 위험물 중 인화점이 낮아 착화되기 쉬운 것은? [07 중앙]

① 아세톤, 휘발유   ② 등유, 경유

③ 중유, 클레오소트   ④ 기어유, 실린더유

① 제1석유류 : 아세톤, 휘발유 그 밖에 1기압에서 인화점이 섭씨 21도 미만인 것을 말한다.
② 제2석유류 : 등유, 경유 그 밖에 1기압에서 인화점이 섭씨 21도 이상 70도 미만인 것을 말한다. 다만, 도료류 그밖의 물품에 있어서 가연성 액체량이 40중량퍼센트 이하이면서 인화점이 섭씨 40도 이상인 동시에 연소점이 섭씨 60도 이상인 것은 제외한다.
③ 제3석유류 : 중유, 클레오소트유 그 밖에 1기압에서 인화점이 섭씨 70도 이상 섭씨 200도 미만인 것을 말한다. 다만, 도료류 그 밖의 물품은 가연성 액체량이 40중량퍼센트 이하인 것은 제외한다.
④ 제4석유류 : 기어유, 실린더유 그 밖에 1기압에서 인화점이 섭씨 200도 이상 섭씨 250도 미만의 것을 말한다. 다만 도료류 그 밖의 물품은 가연성 액체량이 40중량퍼센트 이하인 것은 제외한다.

06 시·도지사는 제조소 등에 대한 사용정지가 그 이용자에게 심한 불편을 주거나 그 밖에 공익을 해칠 우려가 있는 때에는 사용정지 처분에 갈음하여 2억 원 이하의 돈을 대신하는 것을 무엇이라 하는가? [07 중앙]

① 과태료 ② 과징금 ③ 벌금 ④ 과료

과징금 처분
1) 과징금 부과권자 : 시·도지사
2) 최대 2억 원

07 다음 중 위험물 지정수량이 틀린 것은? [07 중앙]

① 유황 – 100kg ② 특수인화물류 – 50리터
③ 질산 – 200kg ④ 황린 – 20kg

질산 : 300kg

08 다음 중 위험물관리법상 시·도 조례가 아닌 것은? [07 중앙]

① 위험물 제조소 등의 위치·구조·설비의 기준
② 관할 소방서장 승인을 받아 지정수량 이상의 위험물을 임시로 저장·취급하는 경우
③ 임시로 저장·취급하는 장소에서의 저장 또는 취급의 기준
④ 지정수량 미만인 위험물의 저장 또는 취급에 관한 기술상의 기준

① 행정안전부령
②, ③, ④ 시도의 조례

정답 **06** ② **07** ③ **08** ①

09 다음 중 시 · 도 조례로 규정할 수 있는 것은? [07 중앙]

① 소방체험관 설립 · 운영 ② 소방력에 관한 기준

③ 소방신호의 종류와 방법 ④ 위험물운반에 관한 기준

해설 ① 시도의 조례

②, ③, ④ 행정안전부령

10 다음 설명 중 올바르지 않은 것은? [07 중앙]

① 탱크안전성능검사에 있어서 소방본부장 또는 소방서장에게 완공검사를 받는다.

② 탱크안전성능검사에 있어서 암반탱크검사가 포함된다.

③ 탱크안전성능검사의 종류는 기초 · 지반검사, 충수 · 수압검사, 용접부검사, 암반탱크검사가 있다.

④ 탱크안전성능검사 신청은 완공검사를 받기 전에 시 · 도지사에게 한다.

해설 탱크안전성능검사

1) 탱크안전성능검사권자 : 시 · 도지사

① 탱크안전성능검사 신청 : 완공검사를 받기 전에 시 · 도지사에게 신청

② 탱크안전성능시험을 받고자 하는 자는 기술원 또는 탱크시험자에게 신청서 제출

※ 시행규칙(탱크안전성능검사의 신청 등)

1. 탱크안전성능검사를 받아야 하는 자는 신청서를 해당 위험물탱크의 설치장소를 관할하는 소방서장 또는기술원에 제출하여야 한다.

2. 다만, 설치장소에서 제작하지 아니하는 위험물탱크에 대한 탱크안전성능검사(충수 · 수압검사에 한한다)의 경우에는 신청서에 해당 위험물탱크의 구조명세서 1부를 첨부하여 해당 위험물탱크의 제작지를 관할하는 소방서장에게 신청할 수 있다.

3. 탱크안전성능시험을 받고자 하는 자는 신청서에 해당 위험물탱크의 구조명세서 1부를 첨부하여 기술원 또는 탱크시험자에게 신청할 수 있다.

4. 충수 · 수압검사를 면제받고자 하는 자는 탱크시험필증에 탱크시험성적서를 첨부하여 소방서장에게 제출하여야 한다.

2) 탱크안전성능검사의 종류

① 기초 · 지반검사

② 충수 · 수압검사

③ 용접부검사

④ 암반탱크검사

3) 탱크안전성능검사 종류 및 대상

① 기초 · 지반검사 : 옥외탱크저장소의 액체위험물탱크 중 그 용량이 100만 리터 이상인 탱크

② 충수(充水)·수압검사 : 액체위험물을 저장 또는 취급하는 탱크

　다만, 다음 각 목의 어느 하나에 해당하는 탱크는 제외한다.

　가. 제조소 또는 일반취급소에 설치된 탱크로서 용량이 지정수량 미만인 것

　나. 「고압가스 안전관리법」에 따른 특정설비에 관한 검사에 합격한 탱크

　다. 「산업안전보건법」에 따른 안전인증을 받은 탱크

③ 용접부검사 : 옥외탱크저장소의 액체위험물탱크 중 그 용량이 100만 리터 이상인 탱크

④ 암반탱크검사 : 액체위험물을 저장 또는 취급하는 암반 내의 공간을 이용한 탱크

4) 탱크안전성능검사의 전부 또는 일부 면제

① 시·도지사는 탱크안전성능시험자 또는 한국소방산업기술원으로부터 탱크안전성능시험을 받은 경우에는 탱크안전성능검사의 전부 또는 일부를 면제할 수 있다.

② 시·도지사가 면제할 수 있는 탱크안전성능검사는 충수·수압검사로 한다.

③ 위험물탱크에 대한 충수·수압검사를 면제받고자 하는 자는 "탱크시험자" 또는 기술원으로부터 충수·수압검사에 관한 탱크안전성능시험을 받아 완공검사를 받기 전(지하에 매설하는 위험물탱크에 있어서는 지하에 매설하기 전)에 당해 시험에 합격하였음을 증명하는 서류("탱크시험필증")를 시·도지사에게 제출하여야 한다.

5) 탱크안전성능검사의 신청시기

① 기초·지반검사 : 위험물탱크의 기초 및 지반에 관한 공사의 개시 전

② 충수·수압검사 : 위험물을 저장 또는 취급하는 탱크에 배관 그 밖의 부속설비를 부착하기 전

③ 용접부검사 : 탱크 본체에 관한 공사의 개시 전

④ 암반탱크검사 : 암반탱크의 본체에 관한 공사의 개시 전

11 위험물법 중 지정수량에 대한 설명으로 맞는 것은? [07 중앙]

① 제조소 등에서 최저수량의 위험물은 위험물관리법령에 따른다.

② 지정수량은 클수록 위험하다.

③ 군사목적으로 임시로 저장·취급하는 경우는 대통령령으로 한다.

④ 지정수량 미만이더라도 위험물은 위험물관리법령에 따른다.

해설 "지정수량"이라 함은 위험물의 종류별로 위험성을 고려하여 대통령령이 정하는 수량으로서 제6호의 규정에 의한 제조소 등의 설치허가 등에 있어서 최저의 기준이 되는 수량을 말한다.

③ 제조소 등이 아닌 장소에서 지정수량 이상의 위험물을 취급할 수 있는 경우

　⇨ 임시로 저장 또는 취급하는 장소에서의 저장 또는 취급의 기준과 임시로 저장 또는 취급하는 장소의 위치·구조 및 설비의 기준은 시·도의 조례로 정한다.

　　1) 시·도의 조례가 정하는 바에 따라 관할소방서장의 승인을 받아 지정수량 이상의 위험물을 90일 이내의 기간 동안 임시로 저장 또는 취급하는 경우

　　2) 군부대가 지정수량 이상의 위험물을 군사목적으로 임시로 저장 또는 취급하는 경우

④ 지정수량 미만인 위험물의 저장, 취급

　지정수량 미만인 위험물의 저장 또는 취급에 관한 기술상의 기준은 시·도의 조례로 정한다.

12 위험물안전관리법령에서 취급소 종류가 아닌 것은?　　　　　　　　　[07 서울]

　　① 이송취급소　　　　　　　　　② 판매취급소

　　③ 옥외 취급소　　　　　　　　　④ 주유취급소

해설 취급소의 구분 : 주유취급소, 일반취급소, 판매취급소, 이송취급소

13 위험물안전관리법에서 위험물 용어에 대한 설명 중 틀린 것은?　　　　[07 충북]

　　① 위험물이라 함은 인화성 또는 발화성 등의 성질을 가지는 것으로서 대통령령이 정하는 물품을 말한다.

　　② 제조소라 함은 위험물을 제조할 목적으로 지정 수량 이상의 위험물을 취급하기 위하여 허가를 받은 장소를 말한다.

　　③ 저장소라 함은 지정수량 이상의 위험물을 용기에 담아 취급하기 위한 대통령이 정하는 장소로서 규정에 따른 허가를 받은 장소를 말한다.

　　④ 판매취급소라 함은 점포에서 위험물을 용기에 담아 판매하기 위하여 지정수량의 20배 이하의 위험물을 취급하는 장소를 말한다.

해설 용어정의

　1. "위험물"이라 함은 인화성 또는 발화성 등의 성질을 가지는 것으로서 대통령령이 정하는 물품을 말한다.

　2. "지정수량"이라 함은 위험물의 종류별로 위험성을 고려하여 대통령령이 정하는 수량으로서 제6호의 규정에 의한 제조소 등의 설치허가 등에 있어서 최저의 기준이 되는 수량을 말한다.

　3. "제조소"라 함은 위험물을 제조할 목적으로 지정수량 이상의 위험물을 취급하기 위하여 제6조제1항의 규정에 따른 허가(동조 제3항의 규정에 따라 허가가 면제된 경우 및 제7조제2항의 규정에 따라 협의로써 허가를 받은 것으로 보는 경우를 포함한다. 이하 제4호 및 제5호에서 같다)를 받은 장소를 말한다.

　4. "저장소"라 함은 지정수량 이상의 위험물을 저장하기 위한 대통령령이 정하는 장소로서 제6조제1항의 규정에 따른 허가를 받은 장소를 말한다.

　5. "취급소"라 함은 지정수량 이상의 위험물을 제조외의 목적으로 취급하기 위한 대통령령이 정하는 장소로서 제6조제1항의 규정에 따른 허가를 받은 장소를 말한다.

　6. "제조소 등"이라 함은 제3호 내지 제5호의 제조소·저장소 및 취급소를 말한다.

━ 판매취급소의 기준

　1. 저장 또는 취급하는 위험물의 수량이 지정수량의 20배 이하인 판매취급소(이하 "제1종 판매취급소"라 한다)

　2. 저장 또는 취급하는 위험물의 수량이 지정수량의 40배 이하인 판매취급소(이하 "제2종 판매취급소"라 한다)

---

14 다음 중 위험물의 분류 중 틀린 것은? [07 충북]

① 1류−산화성 액체
② 2류−가연성 고체
③ 3류−자연발화성 및 금수성 물질
④ 5류−자기반응성 물질

해설

종류 위험 등급	제1류 위험물		제2류 위험물		제3류 위험물		제4류 위험물		제5류 위험물		제6류 위험물	
	산화성 고체		가연성 고체		금수성·자연발화성		인화성 액체		자기연소성		산화성 액체	
	품명(10)	지정 수량 (kg)	품명(7)	지정 수량 (kg)	품명(13)	지정 수량 (kg)	품명(7)	지정 수량 (L)	품명(9)	지정 수량 (kg)	품명(3)	지정 수량 (kg)
I	아염소산염류 염소산염류 과염소산염류 무기과산화물	50	–		칼륨 나트륨 알킬알루미늄 알킬리튬	10	특수인화물	50	유기과산화물 질산에스테르류	10	과산화수소 과염소산 질산	300
					황린	20						
II	요오드산염류 브롬산염류 질산염류	300	황화린 적린 유황	100	알칼리금속 알칼리토금속 유기금속화합물	50	제1석유류	비수용성 200 수용성 400	히드록실아민 히드록실아민염류	100	–	
							알코올류	400	니트로화합물 니트로소화합물 아조화합물 디아조화합물 히드라진 유도체	200		
III	과망간산염류 중크롬산염류	1,000	철분 마그네슘 금속분류	500	금속의 수소화물 금속의 인화물 칼슘의 탄화물 알루미늄의 탄화물 염소화규소화합물	300	제2석유류	비수용성 1,000 수용성 2,000				
							제3석유류	비수용성 2,000 수용성 4,000	–		–	
	무수크롬산 (삼산화크롬)	300	인화성 고체	1,000			제4석유류	6,000				
							동식물유류	10,000				

15 위험물 제조소 등의 설치자의 지위승계와 관련하여 옳지 않은 것은? [07 전남]

① 법인의 합병에 의하여 존속하는 법인 또는 신설 법인이 지위를 승계한다.
② 지위를 승계한 자는 30일 이내 시·도지사에게 신고하여야 한다.
③ 경매 등에 의해 제조소 등의 시설의 전부를 인수한 자는 그 설치자의 일부를 승계한다.
④ 법인인 제조소 등에서 설치자의 합병이 있는 때에는 그 상속인은 그 설치자의 지위를 승계한다.

해설 제조소 등 설치자의 지위승계

1) 지위승계자
　① 상속인
　② 제조소 등을 양수·인수한 자
　③ 합병 후 존속하는 법인이나 합병에 의하여 설립되는 법인

④ 민사집행법에 의한 경매, 「채무자 회생 및 파산에 관한 법률」에 의한 환가, 국세징수법·관세법 또는 「지방세징수법」에 따른 압류재산의 매각과 그 밖에 이에 준하는 절차에 따라 제조소 등의 시설의 전부를 인수한 자

2) 지위를 승계한 자는 승계한 날부터 30일 이내에 시·도지사에게 지위승계 신고를 하여야 한다.

16 위험물 제조 외의 목적으로 취급하기 위한 장소와 그에 따른 취급소의 구분으로 해당되지 않는 것은?   [07 전남]

① 일반취급소   ② 이동판매취급소

③ 주유취급소   ④ 판매취급소

해설 "취급소"라 함은 지정수량 이상의 위험물을 제조 외의 목적으로 취급하기 위해 대통령령이 정하는 장소로서 제6조제1항의 규정에 따른 허가를 받은 장소를 말한다.

취급소의 종류 : 일반취급소, 이송취급소, 주유취급소, 판매취급소

— 위험물안전관리법 시행령 [별표 2]

1) 지정수량 이상의 위험물을 저장하기 위한 장소와 그에 따른 저장소의 구분(제4조 관련)

지정수량 이상의 위험물을 저장하기 위한 장소	저장소의 구분
1. 옥내에 저장하는 장소. 다만, 제3호의 장소를 제외한다.	옥내저장소
2. 옥외에 있는 탱크에 위험물을 저장하는 장소	옥외탱크저장소
3. 옥내에 있는 탱크에 위험물을 저장하는 장소	옥내탱크저장소
4. 지하에 매설한 탱크에 위험물을 저장하는 장소	지하탱크저장소
5. 간이탱크에 위험물을 저장하는 장소	간이탱크저장소
6. 차량에 고정된 탱크에 위험물을 저장하는 장소	이동탱크저장소
7. 옥외에 다음 각목의 1에 해당하는 위험물을 저장하는 장소. 다만, 제2호의 장소를 제외한다. 　가. 제2류 위험물중 유황 또는 인화성고체(인화점이 섭씨 0도 이상인 것에 한한다) 　나. 제4류 위험물중 제1석유류(인화점이 섭씨 0도 이상인 것에 한한다)·알코올류·제2석유류·제3석유류·제4석유류 및 동식물유류 　다. 제6류 위험물 　라. 제2류 위험물 및 제4류 위험물중 특별시·광역시 또는 도의 조례에서 정하는 위험물 　마. 「국제해사기구에 관한 협약」에 의하여 설치된 국제해사기구가 채택한 「국제해상위험물규칙」(IMDG Code)에 적합한 용기에 수납된 위험물	옥외저장소
8. 암반 내의 공간을 이용한 탱크에 액체의 위험물을 저장하는 장소	암반탱크저장소

2) 위험물을 제조외의 목적으로 취급하기 위한 장소와 그에 따른 취급소의 구분(제5조 관련)

위험물을 제조외의 목적으로 취급하기 위한 장소	취급소의 구분
1. 고정된 주유설비에 의하여 자동차·항공기 또는 선박 등의 연료탱크에 직접 주유하기 위하여 위험물을 취급하는 장소(위험물을 용기에 옮겨 담거나 차량에 고정된 5천리터 이하의 탱크에 주입하기 위하여 고정된 급유설비를 병설한 장소를 포함한다)	주유취급소
2. 점포에서 위험물을 용기에 담아 판매하기 위하여 지정수량의 40배 이하의 위험물을 취급하는 장소	판매취급소
3. 배관 및 이에 부속된 설비에 의하여 위험물을 이송하는 장소.	이송취급소
4. 제1호 내지 제3호외의 장소(「석유 및 석유대체연료 사업법」제29조의 규정에 의한 가짜석유제품에 해당하는 위험물을 취급하는 경우의 장소를 제외한다)	일반취급소

17 다음은 위험물안전관리법에서 규정하고 있는 위험물탱크 안전성능검사와 관련된 사항이다. 가장 바른 것은? [07 전남]

① 제조소 등에 설치되는 탱크안전성능검사는 완공검사와 동시에 실시한다.

② 위험물탱크에 대한 충수·수압검사를 하고자 할 경우 당해 탱크에 배관 그 밖의 부속설비를 부착한 후 탱크 안전검사를 신청하여야 한다.

③ 용량이 100만 리터 이상인 옥외탱크의 경우에는 기초·지반검사와 용접부 검사를 실시한다.

④ 안전성능검사 중 용접부 검사는 탱크안전성능검사를 받아야 하는 모든 탱크에 있어서 실시하여야 한다.

해설 탱크안전성능검사

1) 탱크안전성능검사권자 : 시·도지사

① 탱크안전성능검사 신청 : 완공검사를 받기 전에 시·도지사에게 신청

② 탱크안전성능시험을 받고자 하는 자는 기술원 또는 탱크시험자에게 신청서 제출

※ 시행규칙(탱크안전성능검사의 신청 등)

1. 탱크안전성능검사를 받아야 하는 자는 신청서를 해당 위험물탱크의 설치장소를 관할하는 소방서장 또는기술원에 제출하여야 한다.

2. 다만, 설치장소에서 제작하지 아니하는 위험물탱크에 대한 탱크안전성능검사(충수·수압검사에 한한다)의 경우에는 신청서에 해당 위험물탱크의 구조명세서 1부를 첨부하여 해당 위험물탱크의 제작지를 관할하는 소방서장에게 신청할 수 있다.

3. 탱크안전성능시험을 받고자 하는 자는 신청서에 해당 위험물탱크의 구조명세서 1부를 첨부하여 기술원 또는 탱크시험자에게 신청할 수 있다.

4. 충수·수압검사를 면제받고자 하는 자는 탱크시험필증에 탱크시험성적서를 첨부하여 소방서장에게 제출하여야 한다.

2) 탱크안전성능검사의 종류

① 기초·지반검사

② 충수·수압검사

정답 **17** ③

③ 용접부검사
④ 암반탱크검사
3) 탱크안전성능검사 종류 및 대상
① 기초 · 지반검사 : 옥외탱크저장소의 액체위험물탱크 중 그 용량이 100만 리터 이상인 탱크
② 충수(充水) · 수압검사 : 액체위험물을 저장 또는 취급하는 탱크
다만, 다음 각 목의 어느 하나에 해당하는 탱크는 제외한다.
가. 제조소 또는 일반취급소에 설치된 탱크로서 용량이 지정수량 미만인 것
나. 「고압가스 안전관리법」에 따른 특정설비에 관한 검사에 합격한 탱크
다. 「산업안전보건법」에 따른 안전인증을 받은 탱크
③ 용접부검사 : 옥외탱크저장소의 액체위험물탱크 중 그 용량이 100만 리터 이상인 탱크
④ 암반탱크검사 : 액체위험물을 저장 또는 취급하는 암반 내의 공간을 이용한 탱크
4) 탱크안전성능검사의 전부 또는 일부 면제
① 시 · 도지사는 탱크안전성능시험자 또는 한국소방산업기술원으로부터 탱크안전성능시
험을 받은 경우에는 탱크안전성능검사의 전부 또는 일부를 면제할 수 있다.
② 시 · 도지사가 면제할 수 있는 탱크안전성능검사는 충수 · 수압검사로 한다.
③ 위험물탱크에 대한 충수 · 수압검사를 면제받고자 하는 자는 "탱크시험자" 또는 기술원
으로부터 충수 · 수압검사에 관한 탱크안전성능시험을 받아 완공검사를 받기 전(지하에
매설하는 위험물탱크에 있어서는 지하에 매설하기 전)에 당해 시험에 합격하였음을 증명
하는 서류("탱크시험필증")를 시 · 도지사에게 제출하여야 한다.
5) 탱크안전성능검사의 신청시기
① 기초 · 지반검사 : 위험물탱크의 기초 및 지반에 관한 공사의 개시 전
② 충수 · 수압검사 : 위험물을 저장 또는 취급하는 탱크에 배관 그 밖의 부속설비를 부착하
기 전
③ 용접부검사 : 탱크 본체에 관한 공사의 개시 전
④ 암반탱크검사 : 암반탱크의 본체에 관한 공사의 개시 전

18 다음은 위험물안전관리법 시행규칙에서 규정하고 있는 제조소의 안전거리에 관한 사항이다.
바르지 않은 것은?   [07 전남]

① 제조소와 학교 · 병원 · 극장 등과의 안전거리는 30m 이상이어야 한다.
② 제조소와 지정문화재와의 안전거리는 50m 이상이어야 한다.
③ 제조소와 공동주택 등 주거시설과의 안전거리는 10m 이상이어야 한다.
④ 제조소와 고압가스, 액화석유가스 또는 도시가스를 저장 · 취급하는 시설과의 안전거리
는 10m 이상이어야 한다.

해설 안전거리
제조소(제6류 위험물을 취급하는 제조소를 제외)는 건축물의 외벽 또는 이에 상당하는 공작물
의 외측으로부터 당해 제조소의 외벽 또는 이에 상당하는 공작물의 외측까지의 사이에 수평거
리를 두어야 한다. 다만, 불연재료로 된 방화상 유효한 담 또는 벽을 설치하는 경우에는 안전거
리를 단축할 수 있다.

1. 주거용 : 10m 이상
2. 학교 · 병원 · 극장 그 밖에 다수인을 수용하는 시설 : 30m 이상
   ① 학교
   ② 병원급 의료기관
   ③ 공연장, 영화상영관 및 그 밖에 이와 유사한 시설로서 3백 명 이상의 인원을 수용할 수 있는 것
   ④ 아동복지시설, 노인복지시설, 장애인복지시설, 한부모가족복지시설, 어린이집, 성매매피해자 등을 위한 지원시설, 정신보건시설, 「가정폭력방지 및 피해자보호 등에 관한 법률」에 따른 보호시설 및 그 밖에 이와 유사한 시설로서 20명 이상의 인원을 수용할 수 있는 것
3. 유형문화재와 기념물 중 지정문화재에 있어서는 50m 이상
4. 고압가스, 액화석유가스 또는 도시가스를 저장 또는 취급하는 시설 : 20m 이상
   ① 고압가스제조시설(용기에 충전하는 것을 포함한다) 또는 고압가스 사용시설로서 1일 30m³ 이상의 용적을 취급하는 시설이 있는 것
   ② 고압가스 저장시설
   ③ 액화산소를 소비하는 시설
   ④ 액화석유가스 제조시설 및 액화석유가스 저장시설
   ⑤ 도시가스 공급시설
5. 사용전압이 7,000V 초과 35,000V 이하의 특고압가공전선 : 3m 이상
6. 사용전압이 35,000V를 초과하는 특고압가공전선 : 5m 이상

19 위험물 제조소 등에 예방규정을 정하여야 할 대상으로 옳지 않은 것은? [07 전남]

① 지정수량의 5배 이상 위험물 제조소
② 지정수량의 100배 이상 옥외저장소
③ 지정수량의 200배 이상 옥외탱크저장소
④ 모든 암반탱크저장소, 이송취급소

해설 예방규정을 작성, 제출하여야 하는 대상
① 지정수량의 10배 이상의 위험물을 취급하는 제조소
② 지정수량의 100배 이상의 위험물을 저장하는 옥외저장소
③ 지정수량의 150배 이상의 위험물을 저장하는 옥내저장소
④ 지정수량의 200배 이상의 위험물을 저장하는 옥외탱크저장소
⑤ 암반탱크저장소
⑥ 이송취급소
⑦ 지정수량의 10배 이상의 위험물을 취급하는 일반취급소

20 위험물에 관한 사항 중 맞는 것은? [07 울산]

① 위험물 비중의 값이 클수록 위험성은 높다.

② 제2류 위험물은 금수성이며, 반응속도가 대단히 빠르다.

③ 위험물이라 함은 인화성이 있는 물품만을 말한다.

④ 저장소는 지정수량 미만의 위험물을 저장하기 위한 대통령령이 정하는 장소이다.

⑤ 제조소 등이란 대통령령이 정하는 저장소, 제조소, 취급소를 말한다.

해설 ① 위험물 비중의 값이 클수록 위험성은 낮다.

② 제2류 위험물 : 가연성 고체

③ "위험물"이라 함은 인화성 또는 발화성 등의 성질을 가지는 것으로서 대통령령이 정하는 물품을 말한다.

④ "저장소"라 함은 지정수량 이상의 위험물을 저장하기 위한 대통령령이 정하는 장소로서 제6조제1항의 규정에 따른 허가를 받은 장소를 말한다.

⑤ "제조소 등"이라 함은 제3호 내지 제5호의 제조소 · 저장소 및 취급소를 말한다.

21 위험물의 임시저장 최대일수는 며칠인가? [07 울산]

① 10일   ② 20일   ③ 30일

④ 90일   ⑤ 150일

해설 제조소 등이 아닌 장소에서 지정수량 이상의 위험물을 취급할 수 있는 경우

임시로 저장 또는 취급하는 장소에서의 저장 또는 취급의 기준과 임시로 저장 또는 취급하는 장소의 위치 · 구조 및 설비의 기준은 시 · 도의 조례로 정한다.

① 시 · 도의 조례가 정하는 바에 따라 관할소방서장의 승인을 받아 지정수량 이상의 위험물을 90일 이내의 기간 동안 임시로 저장 또는 취급하는 경우

② 군부대가 지정수량 이상의 위험물을 군사목적으로 임시로 저장 또는 취급하는 경우 시 · 도의 조례가 정하는 바에 따라 관할소방서장의 승인을 받아 지정수량 이상의 위험물을 90일 이내의 기간 동안 임시로 저장 또는 취급하는 경우

22 허가 또는 변경신고 없이 취급이 가능한 시설에 해당하지 않는 것은? [07 울산]

① 주택의 난방시설을 위한 저장소

② 아파트의 중앙난방시설을 위한 일반취급소

③ 농예용에 필요한 난방시설의 지정수량 배수가 10배인 저장소

④ 축산용에 필요한 난방시설의 지정수량 배수가 10배인 저장소

⑤ 김양식장의 건조시설을 위한 지정수량 10배인 저장소

제조소 등이 아닌 경우에 허가를 받지 아니하고 당해 제조소 등을 설치하거나 그 위치 구조 또는 설비를 변경할 수 있는 경우, 신고를 하지 아니하고 위험물의 품명, 수량 또는 지정수량의 배수를 변경할 수 있는 경우
① 주택의 난방시설(공동주택의 중앙난방시설을 제외한다)을 위한 저장소 또는 취급소
② 농예용 · 축산용 또는 수산용으로 필요한 난방시설 또는 건조시설을 위한 지정수량 20배 이하의 저장소

23 다음 중 위험물안전관리법에서 위험물의 저장, 취급 및 운반에 관한 적용을 받는 것은?

① 항공기   ② 트럭   ③ 철도
④ 궤도   ⑤ 선박

적용 제외
항공기 · 선박(선박법 제1조의2 제1항의 규정에 따른 선박을 말한다) · 철도 및 궤도에 의한 위험물의 저장 · 취급 및 운반에 있어서는 이를 적용하지 아니한다.

24 주유취급소에 대한 설명으로 옳지 않은 것은?
① 자동차 정비업장을 설치할 수 없다.
② 주유취급소 중 옥내주유취급소는 소화난이도등급 II, 일반주유취급소는 소화난이도 등급 I에 해당한다.
③ 주유취급소에는 황색 바탕에 흑색 문자로 "주유 중 엔진정지"라는 게시판을 설치하여야 한다.
④ 주유취급소에 자동차 등이 출입할 수 있도록 너비 15m, 길이 6m 이상의 공지를 보유하도록 한다.

주유취급소에는 주유 또는 그에 부대하는 업무를 위하여 사용되는 다음 건축물 또는 시설 외에는 다른 건축물 그 밖의 공작물을 설치할 수 없다.
① 주유 또는 등유 · 경유를 옮겨 담기 위한 작업장
② 주유취급소의 업무를 행하기 위한 사무소
③ 자동차 등의 점검 및 간이정비를 위한 작업장
④ 자동차 등의 세정을 위한 작업장
⑤ 주유취급소에 출입하는 사람을 대상으로 한 점포 · 휴게음식점 또는 전시장
⑥ 주유취급소의 관계자가 거주하는 주거시설
⑦ 전기자동차용 충전설비(전기를 동력원으로 하는 자동차에 직접 전기를 공급하는 설비를 말한다. 이하 같다)
⑧ 그 밖의 소방청장이 정하여 고시하는 건축물 또는 시설

정답 **23** ②   **24** ①

25 저장창고, 저장탱크, 제조소 및 기타에서 화재가 발생한 경우 또는 그 주변에 있는 건물에서 화재가 발생된 경우에 상호 연소확대를 방지하기 위한 공간이며 또한 화재진압 등 소방상의 제반 활동을 하기 위한 소방관계자의 현장활동을 위한 공간을 무엇이라고 하는가?

[07 경기]

① 안전공지
② 보유공지
③ 위험거리
④ 제한거리

26 다음 중 허가 없이 위치, 구조, 설비의 변경이 가능하지 않은 곳은?　　　[07 경기]

① 주택의 난방을 위한 시설로서 공동주택의 중앙난방시설을 포함한 저장소 또는 취급소
② 농예용으로 사용하는 지정수량 20배 이하의 보일러설비
③ 수산용으로 사용하는 지정수량 20배 이하의 건조시설
④ 축산용으로 사용하는 지정수량 20배 이하의 보일러설비

> **해설** 제조소 등이 아닌 경우에 허가를 받지 아니하고 당해 제조소 등을 설치하거나 그 위치 구조 또는 설비를 변경할 수 있는 경우, 신고를 하지 아니하고 위험물의 품명, 수량 또는 지정수량의 배수를 변경할 수 있는 경우
> ① 주택의 난방시설(공동주택의 중앙난방시설을 제외한다)을 위한 저장소 또는 취급소
> ② 농예용·축산용 또는 수산용으로 필요한 난방시설 또는 건조시설을 위한 지정수량 20배 이하의 저장소

27 다음 중 옥외탱크저장소에 설치하는 방유제에 대한 설명으로 옳지 않은 것은?　　[07 충남]

① 방유제의 높이는 0.5m 이상 3m 이하로 할 것
② 방유제 내의 면적은 80,000m² 이하로 할 것
③ 방유제 안의 탱크가 하나인 때에는 탱크용량의 40%로 한다.
④ 방유제 안에 탱크가 2기 이상인 때는 가장 큰 탱크용량의 110% 이상으로 할 것

> **해설** ① 방유제는 높이 0.5m 이상 3m 이하, 두께 0.2m 이상, 지하매설깊이가 1m 이상으로 할 것. 다만, 방유제와 옥외저장탱크 사이의 지반면 아래에 불침윤성(不浸潤性) 구조물을 설치하는 경우에는 지하매설깊이를 해당 불침윤성 구조물까지로 할 수 있다.
> ② 방유제 내의 면적은 8만m² 이하로 할 것
> ③ 방유제의 용량
> - 옥외탱크저장소 : 용량＝최대탱크용량의 110% 이상
> - 제조소 : 용량＝최대탱크용량의 50%+기타 탱크용량 합계의 10%
> ④ 2기 이상인 때에는 그 탱크 중 용량이 최대인 것의 용량의 110% 이상으로 할 것

정답　**25** ②　　**26** ①　　**27** ③

28 다음 중 자체소방대에 설치하는 사업소 대상에 관한 설명으로 옳지 않은 것은?　　[07 충남]

① 보일러로 위험물을 소비하는 일반취급소는 제외

② 지정수량 3,000배 이상의 제4류 위험물을 저장 · 취급하는 일반취급소

③ 지정수량 3,000배 이상의 제4류 위험물을 저장 · 취급하는 제조소

④ 지정수량 1,000배 이상의 제4류 위험물 저장소

해설 자체소방대에 두는 화학소방자동차 및 인원(제18조제3항 관련)

사업소의 구분	화학소방자동차	자체소방대원의 수
1. 제조소 또는 일반취급소에서 취급하는 제4류 위험물의 최대 수량의 합이 지정수량의 3천배 이상 12만배 미만인 사업소	1대	5인
2. 제조소 또는 일반취급소에서 취급하는 제4류 위험물의 최대 수량의 합이 지정수량의 12만배 이상 24만배 미만인 사업소	2대	10인
3. 제조소 또는 일반취급소에서 취급하는 제4류 위험물의 최대 수량의 합이 지정수량의 24만배 이상 48만배 미만인 사업소	3대	15인
4. 제조소 또는 일반취급소에서 취급하는 제4류 위험물의 최대 수량의 합이 지정수량의 48만배 이상인 사업소	4대	20인
5. 옥외탱크저장소에 저장하는 제4류 위험물의 최대수량이 지정수량의 50만배 이상인 사업소	2대	10인

[비고] 화학소방자동차에는 행정안전부령으로 정하는 소화능력 및 설비를 갖추어야 하고, 소화 활동에 필요한 소화약제 및 기구(방열복 등 개인장구를 포함한다)를 비치하여야 한다.

── 자체소방대의 설치 제외대상인 일반취급소

① 보일러, 버너 그 밖에 이와 유사한 장치로 위험물을 소비하는 일반취급소

② 이동저장탱크 그 밖에 이와 유사한 것에 위험물을 주입하는 일반취급소

③ 용기에 위험물을 옮겨 담는 일반취급소

④ 유압장치, 윤활유순환장치 그 밖에 이와 유사한 장치로 위험물을 취급하는 일반취급소

⑤ 「광산보안법」의 적용을 받는 일반취급소

29 다음 용어의 설명이 잘못된 것은?　　[07 부산]

① "위험물"이라 함은 인화성 또는 발화성 등의 성질을 가지는 것으로서 대통령령이 정하는 물품을 말한다.

② "지정수량"이라 함은 위험물의 종류별로 위험성을 고려하여 행정안전부령이 정하는 수량으로서 제조소 등의 설치허가 등에 있어서 최저의 기준이 되는 수량을 말한다.

③ "취급소"라 함은 지정수량 이상의 위험물을 제조 외의 목적으로 취급하기 위한 대통령령이 정하는 장소로서 제6조제1항의 규정에 따른 허가를 받은 장소를 말한다.

④ "제조소 등"이라 함은 제조소 · 저장소 및 취급소를 말한다.

용어정의

1. "위험물"이라 함은 인화성 또는 발화성 등의 성질을 가지는 것으로서 대통령령이 정하는 물품을 말한다.
2. "지정수량"이라 함은 위험물의 종류별로 위험성을 고려하여 **대통령령**이 정하는 수량으로서 제6호의 규정에 의한 제조소 등의 설치허가 등에 있어서 최저의 기준이 되는 수량을 말한다.
3. "제조소"라 함은 위험물을 제조할 목적으로 지정수량 이상의 위험물을 취급하기 위하여 제6조제1항의 규정에 따른 허가(동조 제3항의 규정에 따라 허가가 면제된 경우 및 제7조제2항의 규정에 따라 협의로써 허가를 받은 것으로 보는 경우를 포함한다. 이하 제4호 및 제5호에서 같다)를 받은 장소를 말한다.
4. "저장소"라 함은 지정수량 이상의 위험물을 저장하기 위한 대통령령이 정하는 장소로서 제6조제1항의 규정에 따른 허가를 받은 장소를 말한다.
5. "취급소"라 함은 지정수량 이상의 위험물을 제조 외의 목적으로 취급하기 위한 대통령령이 정하는 장소로서 제6조제1항의 규정에 따른 허가를 받은 장소를 말한다.
6. "제조소 등"이라 함은 제3호 내지 제5호의 제조소·저장소 및 취급소를 말한다.

30 다음 중 위험물 구별이 잘못된 것은?　　　　　　　　　　　　　　　　　　[07 부산]

① 1류 위험물 – 산화성 고체　　　　② 2류 위험물 – 가연성 고체

③ 4류 위험물 – 인화성 액체　　　　④ 6류 위험물 – 자기반응성 물질

31 다음 중 탱크안전성능검사가 아닌 것은?　　　　　　　　　　　　　　　　[08 서울]

① 기초·지반검사　　　　　　　　　② 탱크형상검사

③ 용접부 검사　　　　　　　　　　④ 암반탱크검사

탱크안전성능검사의 종류

　ㄱ 기초·지반검사　　　　　　ㄴ 충수·수압검사
　ㄷ 용접부 검사　　　　　　　ㄹ 암반탱크검사

32 위험물 예방규정을 정하여야 하는 제조소 등이 아닌 것은?　　　　　　　　[08 서울]

① 암반탱크 저장소

② 이송취급소

③ 지정수량 10배 이상의 위험물을 취급하는 제조소

④ 이동탱크 저장소

해설 예방규정을 작성, 제출하여야 하는 대상
① 지정수량의 10배 이상의 위험물을 취급하는 제조소
② 지정수량의 100배 이상의 위험물을 저장하는 옥외저장소
③ 지정수량의 150배 이상의 위험물을 저장하는 옥내저장소
④ 지정수량의 200배 이상의 위험물을 저장하는 옥외탱크저장소
⑤ 암반탱크저장소
⑥ 이송취급소
⑦ 지정수량의 10배 이상의 위험물을 취급하는 일반취급소

33 다음의 위험물 중 1류 위험물과 같은 성질은? [08 서울]

① 2류 위험물 ② 3류 위험물
③ 5류 위험물 ④ 6류 위험물

해설 **산소공급원**
- 1류 : 산화성 고체
- 6류 : 산화성 액체

— **가연물**
- 2류 : 가연성 고체
- 3류 : 자연발화성 물질, 금수성 물질
- 4류 : 인화성 액체

— **가연물 & 산소공급원**
- 5류 : 자기반응성 물질

34 다음 중 탱크안전성능검사의 종류가 아닌 것은? [08 광주]

① 기초 · 지반검사 ② 지하탱크검사
③ 용접부 검사 ④ 암반탱크검사

해설 **탱크안전성능검사의 종류**
㉠ 기초 · 지반검사
㉡ 충수 · 수압검사
㉢ 용접부 검사
㉣ 암반탱크검사

35 다음 중 관계인이 예방규정을 정하는 제조소 등이 아닌 것은?　　　　　[08 광주]

① 지정수량 10배 이상의 제조소

② 지정수량 100배 이상의 옥내저장소

③ 지정수량 150배 이상의 옥내저장소

④ 지정수량 200배 이상의 옥외탱크저장소

해설 **예방규정을 작성, 제출하여야 하는 대상**

① 지정수량의 10배 이상의 위험물을 취급하는 제조소

② 지정수량의 100배 이상의 위험물을 저장하는 옥외저장소

③ 지정수량의 150배 이상의 위험물을 저장하는 옥내저장소

④ 지정수량의 200배 이상의 위험물을 저장하는 옥외탱크저장소

⑤ 암반탱크저장소

⑥ 이송취급소

⑦ 지정수량의 10배 이상의 위험물을 취급하는 일반취급소

36 다음 중 벌금이 가장 무거운 것은?　　　　　[08 광주]

① 제조소 등이 아닌 장소에서 지정수량 이상의 위험물을 저장·취급한 자

② 무허가 장소에서 위험물에 대한 조치명령을 위반한 자

③ 제조소 등의 사용정지 명령을 위반한 자

④ 제조소 등의 위치·구조·설비의 수리, 개조, 이전 명령을 위반한 자

해설 **벌칙**

① 3년 이하의 징역 또는 3천만 원 이하의 벌금

②, ③, ④ 1,500만 원 이하의 벌금

벌칙	사유 및 대상자
1년 이상 10년 이하의 징역	제조소 등에서 위험물을 유출·방출 또는 확산시켜 사람의 생명·신체 또는 재산에 대하여 위험을 발생시킨 자
무기 또는 5년 이상의 징역	제조소 등에서 위험물을 유출·방출 또는 확산시켜 사람을 사망에 이르게 한 때
무기 또는 3년 이상의 징역	제조소 등에서 위험물을 유출·방출 또는 확산시켜 사람을 상해(傷害)에 이르게 한 때
10년 이하의 징역 또는 금고나 1억 원 이하의 벌금	업무상 과실로 제조소 등에서 위험물을 유출·방출 또는 확산시켜 사람을 사상(死傷)에 이르게 한 자
7년 이하의 금고 또는 7,000만 원 이하의 벌금	업무상 과실로 제조소 등에서 위험물을 유출·방출 또는 확산시켜 사람의 생명·신체 또는 재산에 대하여 위험을 발생시킨 자

벌칙	사유 및 대상자
3년 이하의 징역 또는 3,000만 원 이하의 벌금	저장소 또는 제조소 등이 아닌 장소에서 지정수량 이상의 위험물을 저장 또는 취급한 자
5년 이하의 징역 또는 1억 원 이하의 벌금	제조소 등의 설치허가를 받지 아니하고 제조소 등을 설치한 자
1년 이하의 징역 또는 1,000만 원 이하의 벌금	• 탱크시험자로 등록하지 아니하고 탱크시험자의 업무를 한 자 • 정기점검을 하지 아니하거나 점검기록을 허위로 작성한 관계인으로서 제조소 등의 허가를 받은 자 • 정기검사를 받지 아니한 관계인으로서 제조소 등의 허가를 받은 자 • 자체소방대를 두지 아니한 관계인으로서 제조소 등의 허가를 받은 자 • 운반용기 검사를 받지 않고 운반용기를 사용·유통한 자 • 관계공무원에 대하여 필요한 보고 또는 자료제출을 하지 아니하거나 허위로 보고 또는 자료 제출을 한 자 또는 관계공무원의 출입·검사 또는 수거를 거부·방해 또는 기피한 자 • 제조소 등에 대한 긴급 사용정지·제한명령을 위반한 자
1,500만 원 이하의 벌금	• 위험물의 저장 또는 취급에 관한 중요기준에 따르지 아니한 자 • 변경허가를 받지 아니하고 제조소 등을 변경한 자 • 제조소 등의 완공검사를 받지 아니하고 위험물을 저장·취급한 자 • 제조소 등의 사용정지명령을 위반한 자 • 수리·개조 또는 이전의 명령에 따르지 아니한 자 • 안전관리자를 선임하지 아니한 관계인으로서 제조소 등의 허가를 받은 자 • 대리자를 지정하지 아니한 관계인으로서 제조소 등의 허가를 받은 자 • 업무정지명령을 위반한 자 • 탱크안전성능시험 또는 점검에 관한 업무를 허위로 하거나 그 결과를 증명하는 서류를 허위로 교부한 자 • 예방규정을 제출하지 아니하거나 변경명령을 위반한 관계인으로서 제조소 등의 허가를 받은 자 • 정지지시를 거부하거나 국가기술자격증 또는 교육수료증의 제시를 거부 또는 기피한 자 • 탱크시험자에 대하여 필요한 보고 또는 자료 제출을 하지 아니하거나 허위의 보고 또는 자료제출을 한 자 및 관계공무원의 출입 또는 조사·검사를 거부·방해 또는 기피한 자 • 탱크시험자에 대한 감독상 명령에 따르지 아니한 자 • 무허가 장소의 위험물에 대한 조치명령에 따르지 아니한 자 • 저장·취급기준 준수명령 또는 응급조치명령을 위반한 자
1,000만 원 이하의 벌금	• 위험물의 취급에 관한 안전관리와 감독을 하지 아니한 자 • 안전관리자 또는 그 대리자가 참여하지 아니한 상태에서 위험물을 취급한 자 • 변경한 예방규정을 제출하지 아니한 관계인으로서 허가를 받은 자 • 위험물의 운반에 관한 중요기준에 따르지 아니한 자 • 국가기술자격자 또는 안전교육을 받지 않고 위험물을 운송하는 자 • 관계인의 정당한 업무를 방해하거나 출입·검사 등을 수행하면서 알게 된 비밀을 누설한 자

37 제조소 등의 설치허가를 받은 사람이 그 제조소 등의 용도를 폐지한 때에는 며칠 이내에 폐지 신고를 하여야 하는가? [08 광주]

① 7일   ② 10일   ③ 14일   ④ 20일

해설 제조소 등의 폐지

제조소 등의 관계인은 제조소 등의 용도를 폐지한 경우 폐지한 날부터 14일 이내에 시·도지사에게 신고하여야 한다.

38 다음은 위험물안전관리법 시행규칙에서 규정하고 있는 옥외저장소의 기준에 관한 사항이다. 바르지 않은 것은? [08 광주]

① 저장창고의 벽·기둥 및 바닥은 방화구조로 한다.
② 옥외저장소에 선반을 설치하는 경우에 선반의 높이는 6m를 초과하지 않아야 한다.
③ 지정수량 10배 이상의 저장창고에는 피뢰침을 설치해야 한다.
④ 옥외저장소의 보유공지의 너비는 저장 또는 취급하는 위험물의 최대수량이 기준이 되나 예외로 위험물의 종류에 따라 수량에 따른 보유공지를 단축할 수 있도록 하고 있다.

해설 옥외저장소의 기준

1. 옥외저장소 중 위험물을 용기에 수납하여 저장 또는 취급하는 것의 위치·구조 및 설비의 기술기준은 다음 각목과 같다.
   가. 옥외저장소는 별표 4 I의 규정에 준하여 안전거리를 둘 것
   나. 옥외저장소는 습기가 없고 배수가 잘 되는 장소에 설치할 것
   다. 위험물을 저장 또는 취급하는 장소의 주위에는 경계표시(울타리의 기능이 있는 것에 한 한다. 이와 같다)를 하여 명확하게 구분할 것
   라. 다목의 경계표시의 주위에는 그 저장 또는 취급하는 위험물의 최대수량에 따라 다음 표에 의한 너비의 공지를 보유할 것. 다만, 제4류 위험물 중 제4석유류와 제6류 위험물을 저장 또는 취급하는 옥외저장소의 보유공지는 다음 표에 의한 공지의 너비의 3분의 1 이상의 너비로 할 수 있다.
   마. 옥외저장소에는 별표 4 III제1호의 기준에 따라 보기 쉬운 곳에 "위험물 옥외저장소"라는 표시를 한 표지와 동표 III제2호의 기준에 따라 방화에 관하여 필요한 사항을 게시한 게시판을 설치하여야 한다.
   바. 옥외저장소에 선반을 설치하는 경우에는 다음의 기준에 의할 것
      1) 선반은 불연재료로 만들고 견고한 지반면에 고정할 것
      2) 선반은 당해 선반 및 그 부속설비의 자중·저장하는 위험물의 중량·풍하중·지진의 영향 등에 의하여 생기는 응력에 대하여 안전할 것
      3) 선반의 높이는 6m를 초과하지 아니할 것
      4) 선반에는 위험물을 수납한 용기가 쉽게 낙하하지 아니하는 조치를 강구할 것
   사. 과산화수소 또는 과염소산을 저장하는 옥외저장소에는 불연성 또는 난연성의 천막 등을 설치하여 햇빛을 가릴 것

아. 눈·비 등을 피하거나 차광 등을 위하여 옥외저장소에 캐노피 또는 지붕을 설치하는 경우에는 환기 및 소화활동에 지장을 주지 아니하는 구조로 할 것. 이 경우 기둥은 내화구조로 하고, 캐노피 또는 지붕을 불연재료로 하며, 벽을 설치하지 아니하여야 한다.

39 제조소 등의 위치·구조 또는 설비의 변경 없이 당해 제조소 등에서 저장하거나 취급하는 위험물의 품명, 수량 또는 지정수량 배수를 변경하고자 할 때는?   [08 인천]

① 변경하고자 하는 날의 1일 전까지 시·도지사에게 신고한다.
② 변경하고자 하는 날의 14일 전까지 시·도지사에게 신고한다.
③ 변경하고자 하는 날의 7일 전까지 소방본부장 및 소방서장에게 신고한다.
④ 변경하고자 하는 날의 14일 전까지 소방본부장 및 소방서장에게 신고한다.

해설 위험물시설의 설치 및 변경
1) 제조소 등을 설치하고자 하는 자는 시·도지사의 허가를 받아야 한다.
2) 제조소 등의 위치, 구조 또는 설비를 변경하고자 하는 자는 시·도지사의 허가를 받아야 한다.
3) 취급하는 위험물의 품명, 수량 또는 지정수량의 배수를 변경하고자 하는 자는 시·도지사에게 변경하고자 하는 날의 1일 전까지 시·도지사에게 신고하여야 한다.
4) 제조소 등이 아닌 경우에 허가를 받지 아니하고 당해 제조소 등을 설치하거나 그 위치 구조 또는 설비를 변경할 수 있는 경우, 신고를 하지 아니하고 위험물의 품명, 수량 또는 지정수량의 배수를 변경할 수 있는 경우
  ① 주택의 난방시설(공동주택의 중앙난방시설을 제외한다)을 위한 저장소 또는 취급소
  ② 농예용·축산용 또는 수산용으로 필요한 난방시설 또는 건조시설을 위한 지정수량 20배 이하의 저장소

40 자체소방대를 조직해야 하는 4류 위험물을 취급하는 제조소 및 일반취급소의 지정배수는?   [08 인천]

① 1천 배   ② 2천 배   ③ 3천 배   ④ 4천 배

해설 자체소방대를 설치해야 하는 제조소 등
제4류 위험물을 취급하는 지정수량 3천 배 이상의 제조소 또는 일반취급소

41 다음 중 위험물의 성상 분류로 옳은 것은?   [08 인천]
① 1류 – 가연성 고체   ② 2류 – 산화성 고체
③ 3류 – 자연발화성 및 금수성 물질   ④ 5류 – 산화성 액체

42 다음의 경우 지정수량 배수를 환산하면? [08 인천]

> • 1석유류(비수용성) 400리터
> • 2석유류(비수용성) 2,000리터
> • 3석유류(비수용성) 4,000리터

① 2배 ② 4배 ③ 6배 ④ 8배

해설 • 1석유류(비수용성) 지정수량 : 200리터
  • 2석유류(비수용성) 지정수량 : 1,000리터
  • 3석유류(비수용성) 지정수량 : 2,000리터
  따라서, 6배

43 지정수량 미만인 위험물의 저장 및 취급에 관한 기술상의 기준은 무엇의 적용을 받는가? [08 인천]

① 시 · 도 규칙 ② 시 · 도 조례
③ 위험물 규칙 ④ 위험물 조례

해설 지정수량 미만인 위험물의 저장 , 취급
  지정수량 미만인 위험물의 저장 또는 취급에 관한 기술상의 기준은 시 · 도의 조례로 정한다.

44 다음 위험물의 성질을 잘못 분류한 것은? [08 충북]

① 1류 – 산화성 고체 ② 2류 – 가연성 고체
③ 3류 – 자연발화성 및 금수성 물질 ④ 5류 – 인화성 액체

45 위험물안전관리법상 위험물 운송 시에 운송 책임자의 감독 · 지원 하에 운송하여야 하는 위험물에 해당되는 것은? [08 충북]

① 알킬리튬, 알킬알루미늄 ② 휘발유
③ 금속분 ④ 니트로글리세린

해설 시행령 제19조(운송책임자의 감독 · 지원을 받아 운송하여야 하는 위험물)
  법 제21조제2항에서 "대통령령이 정하는 위험물"이라 함은 다음 각호의 1에 해당하는 위험물을 말한다.
  1. 알킬알루미늄

2. 알킬리튬

3. 제1호 또는 제2호의 물질을 함유하는 위험물

━ 시행규칙 제52조(위험물의 운송기준)

① 법 제21조제2항의 규정에 의한 위험물 운송책임자는 다음 각호의 1에 해당하는 자로 한다.

1. 당해 위험물의 취급에 관한 국가기술자격을 취득하고 관련 업무에 1년 이상 종사한 경력이 있는 자

2. 법 제28조제1항의 규정에 의한 위험물의 운송에 관한 안전교육을 수료하고 관련 업무에 2년 이상 종사한 경력이 있는 자

② 법 제21조제2항의 규정에 의한 위험물 운송책임자의 감독 또는 지원의 방법과 법 제21조제3항의 규정에 의한 위험물의 운송시에 준수하여야 하는 사항은 별표 21과 같다.

━ 위험물 운송책임자의 감독 또는 지원의 방법과 위험물의 운송 시에 준수하여야 하는 사항(제52조제2항 관련) [별표 21]

1. 운송책임자의 감독 또는 지원의 방법은 다음 각목의 1과 같다.

가. 운송책임자가 이동탱크저장소에 동승하여 운송 중인 위험물의 안전확보에 관하여 운전자에게 필요한 감독 또는 지원을 하는 방법. 다만, 운전자가 운송책임자의 자격이 있는 경우에는 운송책임자의 자격이 없는 자가 동승할 수 있다.

나. 운송의 감독 또는 지원을 위하여 마련한 별도의 사무실에 운송책임자가 대기하면서 다음의 사항을 이행하는 방법

1) 운송경로를 미리 파악하고 관할소방관서 또는 관련업체(비상대응에 관한 협력을 얻을 수 있는 업체를 말한다)에 대한 연락체계를 갖추는 것

2) 이동탱크저장소의 운전자에 대하여 수시로 안전확보 상황을 확인하는 것

3) 비상시의 응급처치에 관하여 조언을 하는 것

4) 그 밖에 위험물의 운송중 안전확보에 관하여 필요한 정보를 제공하고 감독 또는 지원하는 것

2. 이동탱크저장소에 의한 위험물의 운송시에 준수하여야 하는 기준은 다음 각목과 같다.

가. 위험물운송자는 운송의 개시전에 이동저장탱크의 배출밸브 등의 밸브와 폐쇄장치, 맨홀 및 주입구의 뚜껑, 소화기 등의 점검을 충분히 실시할 것

나. 위험물운송자는 장거리(고속국도에 있어서는 340km 이상, 그 밖의 도로에 있어서는 200km 이상을 말한다)에 걸치는 운송을 하는 때에는 2명 이상의 운전자로 할 것. 다만, 다음의 1에 해당하는 경우에는 그러하지 아니하다.

1) 제1호가목의 규정에 의하여 운송책임자를 동승시킨 경우

2) 운송하는 위험물이 제2류 위험물·제3류 위험물(칼슘 또는 알루미늄의 탄화물과 이것만을 함유한 것에 한한다)또는 제4류 위험물(특수인화물을 제외한다)인 경우

3) 운송도중에 2시간 이내마다 20분 이상씩 휴식하는 경우

다. 위험물운송자는 이동탱크저장소를 휴식·고장 등으로 일시 정차시킬 때에는 안전한 장소를 택하고 당해 이동탱크저장소의 안전을 위한 감시를 할 수 있는 위치에 있는 등 운송하는 위험물의 안전확보에 주의할 것

라. 위험물운송자는 이동저장탱크로부터 위험물이 현저하게 새는 등 재해발생의 우려가 있는 경우에는 재난을 방지하기 위한 응급조치를 강구하는 동시에 소방관서 그 밖의 관계 기관에 통보할 것

46 다음 중 위험물안전관리법에서 규정하고 있는 관계인이 예방규정을 정하여야 하는 제조소 등에 해당되지 않는 것은? [08 중앙]

① 이송취급소

② 보일러에 사용되는 경유 5000리터를 취급하는 일반취급소

③ 지정수량의 150배 이상의 위험물을 저장하는 옥내저장소

④ 지정수량의 200배 이상의 위험물을 저장하는 옥외탱크 저장소

해설 예방규정을 작성, 제출하여야 하는 대상

① 지정수량의 10배 이상의 위험물을 취급하는 제조소

② 지정수량의 100배 이상의 위험물을 저장하는 옥외저장소

③ 지정수량의 150배 이상의 위험물을 저장하는 옥내저장소

④ 지정수량의 200배 이상의 위험물을 저장하는 옥외탱크저장소

⑤ 암반탱크저장소

⑥ 이송취급소

⑦ 지정수량의 10배 이상의 위험물을 취급하는 일반취급소

47 다음 중 제3류 위험물이 아닌 것은? [08 중앙]

① 알킬리튬　　　　　　　　② 중크롬산염류

③ 나트륨　　　　　　　　　④ 황린

해설 중크롬산염류 : 1류 위험물/1,000kg

		1. 칼륨　　　　　　　Ⅰ등급	10킬로그램
		2. 나트륨　　　　　　Ⅰ등급	10킬로그램
		3. 알킬알루미늄　　　Ⅰ등급	10킬로그램
		4. 알킬리튬　　　　　Ⅰ등급	10킬로그램
		5. 황린　　　　　　　Ⅰ등급	20킬로그램
제3류	자연발화성 물질 및 금수성물질	6. 알칼리금속(칼륨 및 나트륨을 제외한다) 및 알칼리토금속　　Ⅱ등급	50킬로그램
		7. 유기금속화합물(알킬알루미늄 및 알킬리튬을 제외한다)　　Ⅱ등급	50킬로그램
		8. 금속의 수소화물　Ⅲ등급	300킬로그램
		9. 금속의 인화물　　Ⅲ등급	300킬로그램
		10. 칼슘 또는 알루미늄의 탄화물　Ⅲ등급	300킬로그램

48 탱크성능시험에서 누설 및 변형에 대한 안정성에 관련된 부분까지 해당하는 것은?

[08 중앙]

① 기초 · 지반검사
② 용접부검사
③ 충수 · 수압검사
④ 암반탱크검사

해설 충수 · 수압검사에 관한 기준 등

① 영 별표 4 제2호에서 "행정안전부령으로 정하는 기준"이라 함은 다음 각호의 1에 해당하는 기준을 말한다.

1. 100만 리터 이상의 액체위험물탱크의 경우
별표 6 Ⅵ 제1호의 규정에 의한 기준[충수시험(물 외의 적당한 액체를 채워서 실시하는 시험을 포함한다. 이하 같다) 또는 수압시험에 관한 부분에 한한다]

2. 100만 리터 미만의 액체위험물탱크의 경우
별표 4 Ⅸ 제1호 가목, 별표 6 Ⅵ 제1호, 별표 7 Ⅰ 제1호 마목, 별표 8 Ⅰ 제6호 · Ⅱ 제1호 · 제4호 · 제6호 · Ⅲ, 별표 9 제6호, 별표 10 Ⅱ 제1호 · Ⅹ 제1호 가목, 별표 13 Ⅲ 제3호, 별표 16 Ⅰ 제1호의 규정에 의한 기준(충수시험 · 수압시험 및 그 밖의 탱크의 누설 · 변형에 대한 안전성에 관련된 탱크안전성능시험의 부분에 한한다)

② 법 제8조제2항의 규정에 의하여 기술원은 제18조제6항의 규정에 의한 이중벽탱크에 대하여 제1항제2호의 규정에 의한 수압검사를 법 제16조제1항의 규정에 의한 탱크안전성능시험자 (이하 "탱크시험자"라 한다)가 실시하는 수압시험의 과정 및 결과를 확인하는 방법으로 할 수 있다.

> **참고** 별표 16
> Ⅰ. 일반취급소의 기준
> 1. 별표 4 Ⅰ부터 Ⅹ까지의 규정은 일반취급소의 위치 · 구조 및 설비의 기술기준에 대하여 준용한다.

49 위험물 제조소 게시판의 색상으로 옳은 것은?

[08 중앙]

① 청색 바탕에 백색 문자로 한다.
② 적색 바탕에 백색 문자로 한다.
③ 백색 바탕에 흑색 문자로 한다.
④ 흑색 바탕에 백색 문자로 한다.

해설 제조소에는 보기 쉬운 곳에 "위험물 제조소"라는 표시를 한 표지를 설치하여야 한다.

① 표지는 한 변의 길이가 0.3m 이상, 다른 한 변의 길이가 0.6m 이상인 직사각형으로 할 것
② 표지의 바탕은 백색으로, 문자는 흑색으로 할 것

50 다음 위험물안전관리법에 관한 설명 중 옳지 않은 것은?　　　　　　[08 중앙]

① 제조소 등의 영업정지 및 취소 시 과징금은 모두 2억 원 이하로 한다.

② 탱크시험자의 등록기준은 기술능력, 시설 및 장비이다.

③ 자체소방대를 두어야 하는 위험물은 4류 위험물에 한정하고 있다.

④ 위험물탱크에 대한 충수·수압검사를 하고자 할 경우에는 당해 탱크에 배관 및 그 밖의 부속설비를 부착하기 전에 탱크안전성능검사를 신청하여야 한다.

해설 과징금 처분

시·도지사는 제12조 각 호의 어느 하나에 해당하는 경우로서 제조소 등에 대한 사용의 정지가 그 이용자에게 심한 불편을 주거나 그 밖에 공익을 해칠 우려가 있는 때에는 사용정지 처분에 갈음하여 2억 원 이하의 과징금을 부과할 수 있다.

① 과징금 처분
　1) 과징금 부과권자 : 시·도지사
　2) 최대 2억 원

② 탱크시험자가 되고자 하는 자는 기술능력, 시설, 장비를 갖추어 시·도지사에게 등록하여야 한다.

---

51 위험물 제조소와 학교와의 이격거리는?　　　　　　[08 중앙]

① 30m　　　　　② 50m　　　　　③ 70m　　　　　④ 100m

해설 안전거리

제조소(제6류 위험물을 취급하는 제조소를 제외)는 건축물의 외벽 또는 이에 상당하는 공작물의 외측으로부터 당해 제조소의 외벽 또는 이에 상당하는 공작물의 외측까지의 사이에 수평거리를 두어야 한다. 다만, 불연재료로 된 방화상 유효한 담 또는 벽을 설치하는 경우에는 안전거리를 단축할 수 있다.

1. 주거용 : 10m 이상
2. 학교·병원·극장 그 밖에 다수인을 수용하는 시설 : 30m 이상
　① 학교
　② 병원급 의료기관
　③ 공연장, 영화상영관 및 그 밖에 이와 유사한 시설로서 3백 명 이상의 인원을 수용할 수 있는 것
　④ 아동복지시설, 노인복지시설, 장애인복지시설, 한부모가족복지시설, 어린이집, 성매매피해자등을 위한 지원시설, 정신보건시설, 「가정폭력방지 및 피해자보호 등에 관한 법률」에 따른 보호시설 및 그 밖에 이와 유사한 시설로서 20명 이상의 인원을 수용할 수 있는 것
3. 유형문화재와 기념물 중 지정문화재에 있어서는 50m 이상
4. 고압가스, 액화석유가스 또는 도시가스를 저장 또는 취급하는 시설 : 20m 이상
　① 고압가스제조시설(용기에 충전하는 것을 포함한다) 또는 고압가스 사용시설로서 1일 30m³ 이상의 용적을 취급하는 시설이 있는 것

② 고압가스 저장시설

③ 액화산소를 소비하는 시설

④ 액화석유가스 제조시설 및 액화석유가스 저장시설

⑤ 도시가스 공급시설

5. 사용전압이 7,000V 초과 35,000V 이하의 특고압가공전선 : 3m 이상

6. 사용전압이 35,000V를 초과하는 특고압가공전선 : 5m 이상

52 위험물 제조소 표지의 바탕색과 문자색이 옳게 나열된 것은? [08 경남]

① 표지 – 백색, 문자 – 흑색

② 표지 – 흑색, 문자 – 백색

③ 표지 – 청색, 문자 – 적색

④ 표지 – 적색, 문자 – 청색

해설 제조소에는 보기 쉬운 곳에 "위험물 제조소"라는 표시를 한 표지를 설치하여야 한다.

① 표지는 한 변의 길이가 0.3m 이상, 다른 한 변의 길이가 0.6m 이상인 직사각형으로 할 것

② 표지의 바탕은 백색으로, 문자는 흑색으로 할 것

53 「위험물안전관리법」에서 규정하고 있는 위험물에 대한 설명 중 옳지 않은 것은? [08 경기]

① "위험물"이란 인화성·발화성을 가지는 모든 물품 또는 물질을 말한다.

② "지정수량"이라 함은 위험물의 종류별로 위험성을 고려하여 대통령령이 정하는 수량으로서 제 6호의 규정에 의한 제조소 등의 설치허가 등에 있어서 최저의 기준이 되는 수량을 말한다.

③ "제조소"라 함은 위험물을 제조할 목적으로 지정수량 이상의 위험물을 취급하기 위하여 규정에 따른 허가를 받은 장소를 말한다.

④ "취급소"라 함은 지정수량 이상의 위험물을 제조 외의 목적으로 취급하기 위한 대통령령이 정하는 장소로서 규정에 따른 허가를 받은 장소를 말한다.

해설 1. "위험물"이라 함은 인화성 또는 발화성 등의 성질을 가지는 것으로서 대통령령이 정하는 물품을 말한다.

2. "지정수량"이라 함은 위험물의 종류별로 위험성을 고려하여 대통령령이 정하는 수량으로서 제6호의 규정에 의한 제조소 등의 설치허가 등에 있어서 최저의 기준이 되는 수량을 말한다.

3. "제조소"라 함은 위험물을 제조할 목적으로 지정수량 이상의 위험물을 취급하기 위하여 제6조제1항의 규정에 따른 허가(동조 제3항의 규정에 따라 허가가 면제된 경우 및 제7조제2항의 규정에 따라 협의로써 허가를 받은 것으로 보는 경우를 포함한다. 이하 제4호 및 제5호에서 같다)를 받은 장소를 말한다.

4. "저장소"라 함은 지정수량 이상의 위험물을 저장하기 위한 대통령령이 정하는 장소로서 제6조제1항의 규정에 따른 허가를 받은 장소를 말한다.
5. "취급소"라 함은 지정수량 이상의 위험물을 제조 외의 목적으로 취급하기 위한 대통령령이 정하는 장소로서 제6조제1항의 규정에 따른 허가를 받은 장소를 말한다.
6. "제조소 등"이라 함은 제3호 내지 제5호의 제조소 · 저장소 및 취급소를 말한다.

54 다음 위험물의 특성을 바르게 연결한 것은? [08 경남]

① 제1류 위험물 – 가연성 고체
② 제2류 위험물 – 산화성 고체
③ 제3류 위험물 – 자기반응성 물질
④ 제6류 위험물 – 산화성 액체

55 다음 중 옥외탱크저장소에 반드시 필요한 내용으로 볼 수 없는 것은? [08 경기]

① 표지 및 게시판
② 보유공지 및 안전거리
③ 탱크의 구조
④ 건축물의 구조

해설 옥외탱크저장소의 위치, 구조 및 설비의 기준
1. 안전거리
2. 보유공지
3. 표지 및 게시판
4. 특정옥외저장탱크의 기초 및 지반
5. 준특정옥외저장탱크의 기초 및 지반
6. 외부구조 및 설비
7. 특정옥외저장탱크의 구조
8. 준특정옥외저장탱크의 구조
9. 방유제

56 다음 취급소의 대한 설명 중 옳지 않은 것은? [08 경기]

① 이송취급소 – 이동탱크로서 위험물을 다루는 취급소를 말한다.
② 주유취급소 – 고정된 주유설비에 의하여 자동차 · 항공기 또는 선박 등의 연료탱크에 주입하기 위한 위험물을 취급하기 위한 장소
③ 판매취급소 – 점포에서 위험물을 용기에 담아 판매하기 위하여 지정수량의 40배 이하를 취급하는 장소
④ 일반취급소 – 주유 · 판매 · 이송취급소를 제외한 취급소를 말한다.

위험물을 제조 외의 목적으로 취급하기 위한 장소	취급소의 구분
1. 고정된 주유설비(항공기에 주유하는 경우에는 차량에 설치된 주유설비를 포함한다)에 의하여 자동차 · 항공기 또는 선박 등의 연료탱크에 직접 주유하기 위하여 위험물(「석유 및 석유대체연료사업법」 제29조의 규정에 의한 가짜석유제품에 해당하는 물품을 제외한다. 이하 제2호에서 같다)을 취급하는 장소(위험물을 용기에 옮겨 담거나 차량에 고정된 3천리터 이하의 탱크에 주입하기 위하여 고정된 급유설비를 병설한 장소를 포함한다.)	주유취급소
2. 점포에서 위험물을 용기에 담아 판매하기 위하여 지정수량의 40배 이하의 위험물을 취급하는 장소	판매취급소
3. 배관 및 이에 부속된 설비에 의하여 위험물을 이송하는 장소. 다만, 다음 각목의 1에 해당하는 경우의 장소는 제외한다. 가. 「송유관 안전관리법」에 의한 송유관에 의하여 위험물을 이송하는 경우 나. 제조소 등에 관계된 시설(배관을 제외한다) 및 그 부지가 같은 사업소 안에 있고 당해 사업소 안에서만 위험물을 이송하는 경우 다. 사업소와 사업소의 사이에 도로(폭 2미터 이상의 일반교통에 이용되는 도로로서 자동차의 통행이 가능한 것을 말한다)만 있고 사업소와 사업소 사이의 이송배관이 그 도로를 횡단하는 경우 라. 사업소와 사업소 사이의 이송배관이 제3자(당해 사업소와 관련이 있거나 유사한 사업을 하는 자에 한한다)의 토지만을 통과하는 경우로서 당해 배관길이의 길이가 100미터 이하인 경우 마. 해상구조물에 설치된 배관(이송되는 위험물이 제4류 위험물 중 제1석유류인 경우에는 배관의 내경이 30센티미터 미만인 것에 한한다)으로서 당해 해상구조물에 설치된 배관이 길이가 30미터 이하인 경우	이송취급소
4. 제1호 내지 제3호 외의 장소(「석유 및 석유대체연료 사업법」 제29조의 규정에 의한 가짜석유제품에 해당하는 위험물을 취급하는 경우의 장소를 제외한다)	일반취급소

57 지정수량 이상의 위험물을 저장하기 위한 장소와 그에 따른 저장소의 구분에서 옥내탱크 저장소에 대한 설명으로 옳은 것은?   [08 경기]

① 위험물을 옥내에 보관하는 장소

② 간이탱크에 위험물을 저장하는 장소

③ 옥내에 있는 탱크에 위험물을 저장하는 장소

④ 옥외에 있는 탱크에 위험물을 저장하는 장소

정답 **57** ③

해설 지정수량 이상의 위험물을 저장하기 위한 장소와 그에 따른 저장소의 구분(시행령 별표2)

지정수량 이상의 위험물을 저장하기 위한 장소	저장소의 구분
1. 옥내(지붕과 기둥 또는 벽 등에 의하여 둘러싸인 곳을 말한다. 이하 같다)에 저장(위험물을 저장하는 데 따르는 취급을 포함한다. 이하 이 표에서 같다)하는 장소. 다만, 제3호의 장소를 제외한다.	옥내저장소
2. 옥외에 있는 탱크(제4호 내지 제6호 및 제8호에 규정된 탱크를 제외한다. 이하 제3호에서 같다)에 위험물을 저장하는 장소	옥외탱크저장소
3. 옥내에 있는 탱크에 위험물을 저장하는 장소	옥내탱크저장소
4. 지하에 매설한 탱크에 위험물을 저장하는 장소	지하탱크저장소
5. 간이탱크에 위험물을 저장하는 장소	간이탱크저장소
6. 차량(피견인자동차에 있어서는 앞차축을 갖지 아니하는 것으로서 당해 피견인자동차의 일부가 견인자동차에 적재되고 당해 피견인자동차와 그 적재물의 중량의 상당부분이 견인자동차에 의하여 지탱되는 구조의 것에 한한다)에 고정된 탱크에 위험물을 저장하는 장소	이동탱크저장소
7. 옥외에 다음 각목의 1에 해당하는 위험물을 저장하는 장소. 다만, 제2호의 장소를 제외한다. 가. 제2류 위험물 중 유황 또는 인화성고체(인화점이 섭씨 0도 이상인 것에 한한다) 나. 제4류 위험물 중 제1석유류(인화점이 섭씨 0도 이상인 것에 한한다)·알코올류·제2석유류·제3석유류·제4석유류 및 동식물유류 다. 제6류 위험물 라. 제2류 위험물 및 제4류 위험물 중 특별시·광역시 또는 도의 조례에서 정하는 위험물(「관세법」제154조의 규정에 의한 보세구역 안에 저장하는 경우에 한한다) 마. 「국제해사기구에 관한 협약」에 의하여 설치된 국제해사기구가 채택한 「국제해상위험물규칙」(IMDG Code)에 적합한 용기에 수납된 위험물	옥외저장소
8. 암반 내의 공간을 이용한 탱크에 액체의 위험물을 저장하는 장소	암반탱크저장소

58 다음 중 위험물안전관리법에서 규정한 내용과 기간이 옳은 것은? [08 경기]

① 제조소 등의 지위승계 신고 − 30일 이내
② 위험물의 임시 저장기간 − 60일 이내
③ 탱크시험자의 등록신고 − 20일 이내
④ 제조소 등의 용도폐지 신고기간 − 7일 이내

해설 ① 지위를 승계한 자는 승계한 날부터 30일 이내에 시·도지사에게 지위승계 신고를 하여야 한다.
② 제조소 등이 아닌 장소에서 지정수량 이상의 위험물을 취급할 수 있는 경우
⇨ 임시로 저장 또는 취급하는 장소에서의 저장 또는 취급의 기준과 임시로 저장 또는 취급하는 장소의 위치·구조 및 설비의 기준은 시·도의 조례로 정한다.

1) 시 · 도의 조례가 정하는 바에 따라 관할소방서장의 승인을 받아 지정수량 이상의 위험물을 90일 이내의 기간 동안 임시로 저장 또는 취급하는 경우

2) 군부대가 지정수량 이상의 위험물을 군사목적으로 임시로 저장 또는 취급하는 경우

③ 탱크시험자 등록의 경우 며칠 이내 등록기준은 없고, 최초 등록신청 시 15일 이내에 발급은 있음

④ 제조소 등의 폐지

제조소 등의 관계인은 제조소 등의 용도를 폐지한 경우 폐지한날부터 14일 이내에 시 · 도지사에게 신고하여야 한다.

59 다음 위험물의 분류가 잘못된 것은? [08 대구]

① 제1류 – 산화성 고체 – 무기과산화물, 알킬알루미늄
② 제2류 – 가연성 고체 – 황화린, 적린
③ 제3류 – 자연발화성 및 금수성 물질 – 칼륨, 나트륨
④ 제4류 – 인화성 액체 – 제4석유류, 동식물유류

해설 알킬알루미늄 : 3류 위험물

60 제조소 등의 예방규정에 관한 설명으로 옳지 않은 것은? [08 대구]

① 대통령령이 정하는 제조소 등의 관계인은 당해 제조소 등의 화재예방과 화재 등 재해발생 시의 비상조치를 위하여 행정안전부령이 정하는 바에 따라 예방규정을 정하여 당해 제조소 등의 사용을 시작하기 전에 소방서장에게 제출하여야 한다.
② 제조소 등의 관계인과 그 종업원은 예방규정을 충분히 잘 익히고 준수하여야 한다.
③ 시 · 도지사는 제출한 예방규정이 기준에 적합하지 아니하거나 화재예방이나 재해발생 시의 비상조치를 위하여 필요하다고 인정하는 때에는 이를 반려하거나 그 변경을 명할 수 있다.
④ 제조소 등의 관계인은 예방규정을 작성하여야 한다.

해설 제17조(예방규정)

① 대통령령이 정하는 제조소 등의 관계인은 당해 제조소 등의 화재예방과 화재 등 재해발생 시의 비상조치를 위하여 행정안전부령이 정하는 바에 따라 예방규정을 정하여 당해 제조소 등의 사용을 시작하기 전에 **시 · 도지사에게 제출**하여야 한다. 예방규정을 변경한 때에도 또한 같다.

② 시 · 도지사는 제1항의 규정에 따라 제출한 예방규정이 제5조제3항의 규정에 따른 기준에 적합하지 아니하거나 화재예방이나 재해발생 시의 비상조치를 위하여 필요하다고 인정하는 때에는 이를 반려하거나 그 변경을 명할 수 있다.

③ 제1항의 규정에 따른 제조소 등의 관계인과 그 종업원은 예방규정을 충분히 잘 익히고 준수하여야 한다.

61 다음 중 시 · 도지사의 업무내용이 아닌 것은? [08 대구]

① 화재경계지구의 지정
② 위험물운송자에 대한 안전교육
③ 소방체험관의 설립 및 운영
④ 소방응원협약

> **해설** 위험물운송자에 대한 안전교육
> 소방청장 · 안전관리자 · 탱크시험자 · 위험물운송자 등 위험물의 안전관리와 관련된 업무를 수행하는 자로서 대통령령이 정하는 자는 해당 업무에 관한 능력의 습득 또는 향상을 위하여 소방청장이 실시하는 교육을 받아야 한다.

62 주유취급소의 위치 · 구조 및 설비의 기준에 대한 설명 중 옳지 않은 것은? [08 대구]

① 주유취급소의 고정주유설비의 주위에는 주유를 받으려는 자동차 등이 출입할 수 있도록 너비 15m 이상, 길이 6m 이상의 콘크리트 등으로 포장한 공지를 보유하여야 한다.
② 공지의 바닥은 주위 지면보다 높게 하고, 그 표면을 적당하게 경사지게 하여 새어나온 기름 그 밖의 액체가 공지의 외부로 유출되지 아니하도록 배수구 · 집유설비 및 유분리 장치를 하여야 한다.
③ 주유취급소에는 보기 쉬운 곳에 "위험물 주유취급소"라는 표시를 한 표지, 방화에 관하여 필요한 사항을 게시한 게시판 및 황색 바탕에 흑색 문자로 "주유 중 엔진정지"라는 표시를 한 게시판을 설치하여야 한다.
④ 주유원의 간이대기실은 바퀴가 부착된 이동식이어야 한다.

> **해설** 시행규칙 별표 13[주유취급소의 위치 · 구조 및 설비의 기준]
> 주유원 간이대기실은 다음의 기준에 적합할 것
> 1) 불연재료로 할 것
> 2) 바퀴가 부착되지 아니한 고정식일 것
> 3) 차량의 출입 및 주유작업에 장애를 주지 아니하는 위치에 설치할 것
> 4) 바닥면적이 2.5m² 이하일 것. 다만, 주유공지 및 급유공지 외의 장소에 설치하는 것은 그러하지 아니하다.

63 위험물을 제조 외의 목적으로 취급하기 위한 장소와 그에 따른 취급소의 구분 중 취급소에 해당하지 않는 것은? [08 대구]

① 주유취급소
② 판매취급소
③ 이송취급소
④ 저장취급소

> **해설** 취급소 : 일반취급소, 판매취급소, 이송취급소, 주유취급소

64 위험물안전관리법에서 규정하는 제조소 등의 직접적인 목적이 아닌 것은?   [08 대구]

① 위험물의 판매
② 위험물의 제조
③ 위험물의 저장
④ 위험물의 취급

> **해설** "제조소"라 함은 위험물을 제조할 목적으로 지정수량 이상의 위험물을 취급하기 위하여 제6조 제1항의 규정에 따른 허가(동조 제3항의 규정에 따라 허가가 면제된 경우 및 제7조제2항의 규정에 따라 협의로써 허가를 받은 것으로 보는 경우를 포함한다. 이하 제4호 및 제5호에서 같다)를 받은 장소를 말한다. 제조소 등[제조 · 저장 · 취급]

65 위험물시설의 설치 및 변경, 안전관리에 대한 설명으로 옳지 않은 것은?   [08 부산]

① 제조소 등의 설치자의 지위를 승계한 자는 승계한 날로부터 30일 이내에 시 · 도지사에 게 신고하여야 한다.
② 제조소 등의 용도를 폐지한 때에는 폐지한 날부터 30일 이내에 시 · 도지사에게 신고하여야 한다.
③ 위험물안전관리자가 퇴직한 때에는 퇴직한 날부터 30일 이내에 다시 위험물안전관리자를 선임 하여야 한다.
④ 위험물안전관리자를 선임한 때에는 선임한 날부터 14일 이내에 소방본부장 또는 소방서장에게 신고하여야 한다.

> **해설**
> • 지위승계 신고 : 승계일로부터 30일 이내
> • 용도폐지 신고 : 폐지일로부터 14일 이내
> • 해임(퇴직) 시 선임일 : 해임일로부터 30일 이내
> • 선임 신고 : 선임일로부터 14일 이내

66 위험물의 운반 취급 때 위험물 관련 법규상의 적용을 받지 않는 것은?   [08 부산]

① 차량을 이용하여 위험물을 운반하는 경우
② 군사시설인 항공기에 급유하기 위하여 위험물을 저장 · 취급하는 경우
③ 항공기, 선박 등에 주유 및 급유하기 위한 위험물 제조소
④ 철도 및 궤도에 의한 위험물을 저장 · 취급 및 운반하는 경우

> **해설** 적용 제외
> 항공기 · 선박(선박법 제1조의2 제1항의 규정에 따른 선박을 말한다) · 철도 및 궤도에 의한 위험물의 저장 · 취급 및 운반에 있어서는 이를 적용하지 아니한다.

67 위험물의 운반 시 용기 · 적재방법 및 운반방법에 관하여는 화재 등의 위해예방과 응급조치상의 중요성을 감안하여 중요기준 및 세부기준은 다음 중 어느 기준에 따라야 하는가?

[08 부산]

① 행정안전부령   ② 대통령령   ③ 소방본부장   ④ 시 · 도조례

> **해설** 제조소 등에서의 위험물의 저장 또는 취급에 관한 기술상의 기준(행정안전부령)
> ① 중요기준 : 화재 등 위해의 예방과 응급조치에 있어서 큰 영향을 미치거나 그 기준을 위반하는 경우 직접적으로 화재를 일으킬 가능성이 큰 기준으로서 행정안전부령이 정하는 기준
> ② 세부기준 : 화재 등 위해의 예방과 응급조치에 있어서 중요기준보다 상대적으로 적은 영향을 미치거나 그 기준을 위반하는 경우 간접적으로 화재를 일으킬 수 있는 기준 및 위험물의 안전관리에 필요한 표시와 서류 · 기구 등의 비치에 관한 기준으로서 행정안전부령이 정하는 기준

68 다음 중 위험물의 유별 성질이 옳은 것은?

[08 부산]

① 1류 – 산화성 고체   ② 2류 – 가연성 액체
③ 5류 – 가연성 고체   ④ 6류 – 산화성 고체

69 다음 위험물 중 성질이 다른 것은?

[08 대전]

① 황린   ② 알킬리튬
③ 칼륨   ④ 나트륨

> **해설** ① 자연발화성
> ②, ③, ④ 금수성

70 위험물 제조소의 안전거리에 대한 설명 중 맞지 않는 것은?

[08 대전]

① 주거지역의 안전거리는 10m 이상이다.
② 학교지역의 안전거리는 20m 이상이다.
③ 지정문화재의 안전거리는 50m 이상이다.
④ 사용전압이 35,000V를 초과하는 곳은 5m 이상이다.

> **해설** 안전거리(학교 : 30m)

71 둘 이상의 위험물의 지정수량 산정에서 당해 위험물은 지정수량 이상의 위험물로 보는 것으로 옳은 것은? [08 대전]

① 둘 이상의 위험물을 2개를 각각 합으로 하여 1로 한다.

② 둘 이상의 위험물을 2개를 각각 합으로 하여 2로 본다.

③ 둘 이상의 위험물을 그 위험물의 지정수량으로 각각 나누어 얻은 수의 합계가 2분의 1 이상인 경우로 한다.

④ 둘 이상의 위험물을 그 위험물의 지정수량으로 각각 나누어 얻은 수의 합계가 1 이상인 경우로 한다.

> **해설** 둘 이상의 위험물을 같은 장소에서 저장 또는 취급하는 경우 당해 장소에서 저장 또는 취급하는 각 위험물의 수량을 그 위험물의 지정수량으로 각각 나누어 얻은 수의 합계가 1 이상인 경우 당해 위험물은 지정수량 이상의 위험물로 본다.

72 위험물안전관리자를 해임 후 다시 위험물관리자를 선임해야 하는 기간은? [08 경북]

① 7일　　　　　　　　　　　　② 14일

③ 20일　　　　　　　　　　　 ④ 30일

> **해설**
> • 지위승계 신고 : 승계일로부터 30일 이내
> • 용도폐지 신고 : 폐지일로부터 14일 이내
> • 해임(퇴직) 시 선임일 : 해임일로부터 30일 이내
> • 선임 신고 : 선임일로부터 14일 이내

73 위험물법령에서 관계인이 예방규정을 정하는 제조소 등의 기준으로 옳지 않은 것은? [08 경북]

① 지정수량 10배 이상의 제조소　　　② 지정수량 50배 이상의 옥외저장소

③ 지정수량 150배 이상의 옥내저장소　④ 지정수량 200배 이상의 옥외탱크저장소

> **해설** 예방규정을 작성, 제출하여야 하는 대상
> ① 지정수량의 10배 이상의 위험물을 취급하는 제조소
> ② 지정수량의 100배 이상의 위험물을 저장하는 옥외저장소
> ③ 지정수량의 150배 이상의 위험물을 저장하는 옥내저장소
> ④ 지정수량의 200배 이상의 위험물을 저장하는 옥외탱크저장소
> ⑤ 암반탱크저장소
> ⑥ 이송취급소
> ⑦ 지정수량의 10배 이상의 위험물을 취급하는 일반취급소

정답 **71** ④　**72** ④　**73** ②

74 다음 위험물 중 1류 위험물에 속하는 것은? [08 경북]

① 황린   ② 황화린   ③ 칼륨   ④ 무기과산화물

> **해설** ① 황린 : 3류 위험물
> ② 황화린 : 2류 위험물
> ③ 칼륨 : 3류 위험물

위험물			지정수량
유별	성질	품명	
제1류	산화성 고체	1. 아염소산염류 I 등급	50킬로그램
		2. 염소산염류 I 등급	50킬로그램
		3. 과염소산염류 I 등급	50킬로그램
		4. 무기과산화물 I 등급	50킬로그램
		5. 브롬산염류 II 등급	300킬로그램
		6. 질산염류 II 등급	300킬로그램
		7. 요오드산염류 II 등급	300킬로그램
		8. 과망간산염류 III 등급	1,000킬로그램
		9. 중크롬산염류 III 등급	1,000킬로그램

75 업무과실로 제조소 등에서 위험물을 유출, 방출, 확산시켜 사람 또는 재산에 위험을 발생시킨
자의 벌칙은? [08 경북]

① 1년 이상 10년 이하의 징역
② 7년 이하의 금고 또는 7천만 원 이하의 벌금
③ 10년 이하의 징역이나 1억 원 이하의 벌금
④ 무기 또는 3년 이상의 징역

> **해설** 벌칙

벌칙	사유 및 대상자
1년 이상 10년 이하의 징역	제조소 등에서 위험물을 유출·방출 또는 확산시켜 사람의 생명·신체 또는 재산에 대하여 위험을 발생시킨 자
무기 또는 5년 이상의 징역	제조소 등에서 위험물을 유출·방출 또는 확산시켜 사람을 사망에 이르게 한 때
무기 또는 3년 이상의 징역	제조소 등에서 위험물을 유출·방출 또는 확산시켜 사람을 상해(傷害)에 이르게 한 때
10년 이하의 징역 또는 금고나 1억 원 이하의 벌금	업무상 과실로 제조소 등에서 위험물을 유출·방출 또는 확산시켜 사람을 사상(死傷)에 이르게 한 자

벌칙	사유 및 대상자
7년 이하의 금고 또는 7,000만 원 이하의 벌금	업무상 과실로 제조소 등에서 위험물을 유출·방출 또는 확산시켜 사람의 생명·신체 또는 재산에 대하여 위험을 발생시킨 자
3년 이하의 징역 또는 3,000만 원 이하의 벌금	저장소 또는 제조소 등이 아닌 장소에서 지정수량 이상의 위험물을 저장 또는 취급한 자

76 다음 중 위험물의 지정수량의 단위가 다른 하나는? [08 경북]

① 제1류 위험물 ② 제3류 위험물 ③ 제4류 위험물 ④ 제6류 위험물

해설
• 제4류 위험물 : L
• 제1, 3, 6류 위험물 : kg

77 제조소(제6류 위험물을 취급하는 제조소를 제외한다)는 다음 각목의 규정에 의한 건축물의 외벽 또는 이에 상당하는 공작물의 외측으로부터 당해 제조소의 외벽 또는 이에 상당하는 공작물의 외측까지의 사이에 수평거리(안전거리)를 두어야 한다. 제조소의 안전거리로 옳지 않은 것은? [08 경북]

① 유형문화재와 기념물 중 지정문화재 : 10m 이상
② 「초·중등교육법」 제2조 및 「고등교육법」 제2조에 정하는 학교 : 30m 이상
③ 「고압가스 안전관리법」의 규정에 의하여 허가를 받거나 신고를 하여야 하는 고압가스 제조시설 : 20m 이상
④ 사용전압이 35,000V를 초과하는 특고압가공전선 : 5m 이상

해설 ① 유형문화재와 기념물 중 지정문화재 : 50m 이상

78 위험물안전관리법상 위험물 운송 시에 운송 책임자의 감독·지원 하에 운송하여야 하는 위험물에 해당되는 것은? [08 경기]

① 알킬리튬, 알킬알루미늄 ② 휘발유
③ 금속분 ④ 니트로글리세린

해설 위험물의 운송에 있어서 운송책임자의 감독 또는 지원을 받아 운송해야 할 위험물
• 알킬알루미늄
• 알킬리튬
• 알킬알루미늄 또는 알킬리튬의 물질을 함유하는 위험물

정답 **76** ③ **77** ① **78** ①

79 다음 중 위험물안전관리법에서 규정하고 있는 관계인이 예방규정을 정하여야 하는 제조소 등에 해당되지 않는 것은? [08 경기]

① 이송취급소

② 보일러에 사용되는 경유 10,000리터를 취급하는 일반취급소

③ 지정수량의 100배 이상의 위험물을 저장하는 옥내저장소

④ 지정수량의 200배 이상의 위험물을 저장하는 옥외탱크 저장소

> **해설** 예방규정을 작성, 제출하여야 하는 대상
> ① 지정수량의 10배 이상의 위험물을 취급하는 제조소
> ② 지정수량의 100배 이상의 위험물을 저장하는 옥외저장소
> ③ 지정수량의 150배 이상의 위험물을 저장하는 옥내저장소
> ④ 지정수량의 200배 이상의 위험물을 저장하는 옥외탱크저장소
> ⑤ 암반탱크저장소
> ⑥ 이송취급소
> ⑦ 지정수량의 10배 이상의 위험물을 취급하는 일반취급소

80 다음은 위험물안전관리법 시행규칙에서 규정하고 있는 주유취급소에 관한 기준 중 바른 것은? [08 경기]

① 주유취급소의 고정주유설비 주위에 설치하는 너비는 15m 이상 길이는 6m 이상의 주유공지를 설치하여야 하며 이는 현수식 고정주유설비에는 해당되지 않는다.

② 급유공지라 함은 고정급유설비의 호스기기 주위에 있어야 하는 공지로서 주유공지에 준하여 그 공간을 확보하여야 한다.

③ 주유취급소에는 캐노피를 설치하여야 하며 캐노피의 면적은 당해 주유취급소의 공지의 2분의 1을 초과할 수 없다.

④ 주유취급소에는 제조소에 준하여 표지 및 게시판을 설치하여야 하며 이 외에 황색 바탕에 흑색 문자로 "주유 중 엔진정지"라는 게시판을 설치하여야 한다.

> **해설** ①, ② 주유취급소의 고정주유설비(펌프기기 및 호스기기로 되어 위험물을 자동차등에 직접 주유하기 위한 설비로서 현수식의 것을 포함한다. 이하 같다)의 주위에는 주유를 받으려는 자동차 등이 출입할 수 있도록 너비 15m 이상, 길이 6m 이상의 콘크리트 등으로 포장한 공지(이하 "주유공지"라 한다)를 보유하여야 하고, 고정급유설비(펌프기기 및 호스기기로 되어 위험물을 용기에 옮겨 담거나 이동저장탱크에 주입하기 위한 설비로서 현수식의 것을 포함한다. 이하 같다)를 설치하는 경우에는 고정급유설비의 호스기기의 주위에 필요한 공지(이하 "급유공지"라 한다)를 보유하여야 한다.
> ③ 캐노피
> 주유취급소에 캐노피를 설치하는 경우에는 다음 각목의 기준에 의하여야 한다.

가. 배관이 캐노피 내부를 통과할 경우에는 1개 이상의 점검구를 설치할 것

나. 캐노피 외부의 점검이 곤란한 장소에 배관을 설치하는 경우에는 용접이음으로 할 것

다. 캐노피 외부의 배관이 일광열의 영향을 받을 우려가 있는 경우에는 단열재로 피복할 것

81 위험물 제조소 등의 완공검사자는 누구인가? [08 경기]

① 소방본부장
② 소방청장
③ 행정안전부장관
④ 시 · 도지사

해설 완공검사 권자 : 시 · 도지사

82 제조소 등의 완공검사의 신청 및 처리절차에 관한 사항으로 옳지 않은 것은? [08 경기]

① 완공검사를 받고자 하는 자가 시 · 도지사에게 신청

② 완공검사를 실시한 결과가 기술기준에 적합하다고 인정하는 때에 필증 교부

③ 필증의 분실 · 멸실 · 훼손 또는 파손한 경우 시 · 도지사 재교부

④ 분실 필증 발견 시 즉시 폐기

해설 시행령 10조(완공검사의 신청 등)

① 법 제9조의 규정에 의한 제조소 등에 대한 완공검사를 받고자 하는 자는 이를 시 · 도지사에게 신청하여야 한다.

② 제1항의 규정에 의한 신청을 받은 시 · 도지사는 제조소 등에 대하여 완공검사를 실시하고, 완공검사를 실시한 결과 당해 제조소 등이 법 제5조제4항의 규정에 의한 기술기준(탱크안전성능검사에 관련된 것을 제외한다)에 적합하다고 인정하는 때에는 완공검사필증을 교부하여야 한다.

③ 제2항의 완공검사필증을 교부받은 자는 완공검사필증을 잃어버리거나 멸실 · 훼손 또는 파손한 경우에는 이를 교부한 시 · 도지사에게 재교부를 신청할 수 있다.

④ 완공검사필증을 훼손 또는 파손하여 제3항의 규정에 의한 신청을 하는 경우에는 신청서에 당해 완공검사필증을 첨부하여 제출하여야 한다.

⑤ 제2항의 완공검사필증을 잃어버려 재교부를 받은 자는 잃어버린 완공검사필증을 발견하는 경우에는 이를 10일 이내에 완공검사필증을 재교부한 시 · 도지사에게 제출하여야 한다.

83 탱크시험자로 등록하거나 탱크시험자의 업무에 종사할 수 없는 자가 아닌 것은? [08 경기]

① 피성년후견인 또는 피한정후견인

② 금고 이상의 실형의 선고를 받고 그 집행이 종료되거나 집행이 면제된 날부터 2년이 경과한 자

③ 탱크시험자의 등록이 취소된 날부터 2년이 지나지 아니한 자

④ 금고 이상의 형의 집행유예 선고를 받고 그 유예기간 중에 있는 자

해설 다음 각 호의 어느 하나에 해당하는 자는 탱크시험자로 등록하거나 탱크시험자의 업무에 종사할 수 없다.
1. 피성년후견인 또는 피한정후견인
2. 금고 이상의 실형의 선고를 받고 그 집행이 종료(집행이 종료된 것으로 보는 경우를 포함한다)되거나 집행이 면제된 날부터 2년이 지나지 아니한 자
3. 금고 이상의 형의 집행유예 선고를 받고 그 유예기간 중에 있는 자
4. 탱크시험자의 등록이 취소(제1호에 해당하여 자격이 취소된 경우는 제외한다)된 날부터 2년이 지나지 아니한 자
5. 법인으로서 그 대표자가 제1호 내지 제5호의 1에 해당하는 경우

84 다음 중 산화성을 가진 위험물은? [08 전북]

① 제1류, 제5류, 제6류 위험물
② 제2류, 제4류, 제5류 위험물
③ 제1류, 제4류 위험물
④ 제3류, 제5류 위험물

85 다음 중 판매취급소의 위치, 구조 및 설비의 기준 중 위험물을 배합하는 실의 기준으로 옳지 않은 것은? [08 전북]

① 바닥면적은 6m² 이상 25m² 이하로 할 것

② 내화구조 또는 불연재료로 된 벽으로 구획하고, 출입구 문턱의 높이는 바닥면으로부터 0.1m 이상으로 할 것

③ 바닥은 위험물이 침투하지 아니하는 구조로 하여 적당한 경사를 두고 집유설비를 할 것

④ 출입구에는 수시로 열 수 있는 자동폐쇄식의 갑종방화문을 설치할 것

해설 위험물을 배합하는 실은 다음에 의할 것
1) 바닥면적은 6m² 이상 15m² 이하로 할 것
2) 내화구조 또는 불연재료로 된 벽으로 구획할 것
3) 바닥은 위험물이 침투하지 아니하는 구조로 하여 적당한 경사를 두고 집유설비를 할 것
4) 출입구에는 수시로 열 수 있는 자동폐쇄식의 갑종방화문을 설치할 것
5) 출입구 문턱의 높이는 바닥면으로부터 0.1m 이상으로 할 것
6) 내부에 체류한 가연성의 증기 또는 가연성의 미분을 지붕 위로 방출하는 설비를 할 것

86 다음 보기에 제시된 위험물의 지정수량은 몇 배 이상인가? [08 전북]

| • 경유 : 2,000L | • 등유 : 2,000L | • 중유 : 4,000L |

① 1배   ② 2배   ③ 3배   ④ 6배

해설
• 경유 지정수량 : 1,000리터
• 등유 지정수량 : 1,000리터
• 중유 지정수량 : 2,000리터

따라서, $\dfrac{2,000L}{1,000L} + \dfrac{2,000L}{1,000L} + \dfrac{4,000L}{2,000L} = 6$

87 관계인이 예방규정을 정하여야 할 제조소 등에 해당하지 않는 것은? [09 서울]

① 지정수량의 10배 이상의 위험물을 취급하는 제조소
② 지정수량의 100배 이상의 위험물을 저장하는 옥외저장소
③ 지정수량의 150배 이상의 위험물을 저장하는 옥내탱크저장소
④ 지정수량의 200배 이상의 위험물을 저장하는 옥외탱크저장소

해설 예방규정을 작성, 제출하여야 하는 대상
① 지정수량의 10배 이상의 위험물을 취급하는 제조소
② 지정수량의 100배 이상의 위험물을 저장하는 옥외저장소
③ 지정수량의 150배 이상의 위험물을 저장하는 옥내저장소
④ 지정수량의 200배 이상의 위험물을 저장하는 옥외탱크저장소
⑤ 암반탱크저장소
⑥ 이송취급소
⑦ 지정수량의 10배 이상의 위험물을 취급하는 일반취급소

88 다음 위험물의 '유별－성질－품명'이 바르게 연결된 것은? [09 서울]

① 제1류 위험물－가연성 고체－황화린, 적린, 유황, 철분, 금속분, 마그네슘
② 제2류 위험물－산화성 고체－아염소산염류, 염소산염류, 질산염류, 중크롬산염류
③ 제4류 위험물－인화성 액체－특수인화물, 석유류, 알코올류, 동식물유류
④ 제5류 위험물－산화성 액체－과염소산, 과산화수소, 질산

해설 ① 제1류 위험물－산화성 고체
② 제2류 위험물－가연성 고체
③ 제4류 위험물－인화성 액체
④ 제5류 위험물－자기반응성 물질

---

89 다음 중 탱크안전성능검사의 신청시기가 옳지 않은 것은? [09 서울]

① 기초 · 지반검사 : 위험물탱크의 기초 및 지반에 관한 공사의 개시 후
② 충수 · 수압검사 : 위험물을 저장 또는 취급하는 탱크에 배관 그 밖의 부속설비를 부착하기 전
③ 용접부검사 : 탱크 본체에 관한 공사의 개시 전
④ 암반탱크검사 : 암반탱크의 본체에 관한 공사의 개시 전

> **해설** 탱크안전성능검사의 신청시기
> ① 기초 · 지반검사 : 위험물탱크의 기초 및 지반에 관한 공사의 개시 전
> ② 충수 · 수압검사 : 위험물을 저장 또는 취급하는 탱크에 배관 그 밖의 부속설비를 부착하기 전
> ③ 용접부검사 : 탱크 본체에 관한 공사의 개시 전
> ④ 암반탱크검사 : 암반탱크의 본체에 관한 공사의 개시 전

90 지정수량 미만인 위험물의 저장 또는 취급에 관한 기술상의 기준은 무엇으로 정하는가? [09 서울]

① 시 · 도의 조례   ② 대통령령
③ 행정자치부령   ④ 소방청장령

> **해설** 지정수량 미만인 위험물의 저장, 취급
> 지정수량 미만인 위험물의 저장 또는 취급에 관한 기술상의 기준은 시 · 도의 조례로 정한다.

91 다음 중 위험물안전관리법에 의한 안전교육을 받아야 하는 안전교육 대상자가 아닌 자는? [09 경남]

① 위험물 제조소의 관계인
② 안전관리자로 선임된 자
③ 탱크시험자의 기술인력으로 종사하는 자
④ 위험물 운송자로 종사하는 자

> **해설** 안전교육대상자
> ① 안전관리자로 선임된 자
> ② 탱크시험자의 기술인력으로 종사하는 자
> ③ 위험물운송자로 종사하는 자

92 다음 중 위험물의 예방규정에 대한 설명으로 바르지 않은 것은? [09 경남]

① 대통령령이 정하는 제조소 등의 관계인은 당해 제조소 등의 화재예방과 화재 등 재해발생 시의 비상조치를 위하여 행정안전부령이 정하는 바에 따라 예방규정을 정하여 당해 제조소 등의 사용을 시작하기 전에 시·도지사에게 승인을 받아야 한다.

② 지정수량 200배 이상의 위험물을 저장하는 옥외탱크저장소는 관계인이 예방규정을 정하여야 하는 대상이다.

③ 예방규정을 제출하지 아니한 자는 1,500만 원 벌금에 해당한다.

④ 제조소 등의 관계인은 예방규정을 제정하거나 변경한 경우에는 예방규정제출서에 제정 또는 변경한 예방규정 1부를 첨부하여 시·도지사 또는 소방서장에게 제출하여야 한다.

해설 예방규정 등

1) 제조소 등의 관계인은 당해 제조소 등을 사용하기 전에 시·도지사에게 예방규정을 제출하여야 한다.

2) 예방규정을 작성, 제출하여야 하는 대상
  ① 지정수량의 10배 이상의 위험물을 취급하는 제조소
  ② 지정수량의 100배 이상의 위험물을 저장하는 옥외저장소
  ③ 지정수량의 150배 이상의 위험물을 저장하는 옥내저장소
  ④ 지정수량의 200배 이상의 위험물을 저장하는 옥외탱크저장소
  ⑤ 암반탱크저장소
  ⑥ 이송취급소
  ⑦ 지정수량의 10배 이상의 위험물을 취급하는 일반취급소
  ※ 다만, 제4류 위험물(특수인화물을 제외한다)만을 지정수량의 50배 이하로 취급하는 일반취급소(제1석유류·알코올류의 취급량이 지정수량의 10배 이하인 경우에 한한다)로서 다음 어느 하나에 해당하는 것을 제외한다.
    ㉠ 보일러·버너 또는 이와 비슷한 것으로서 위험물을 소비하는 장치로 이루어진 일반취급소
    ㉡ 위험물을 용기에 옮겨 담거나 차량에 고정된 탱크에 주입하는 일반취급소

3) 예방규정 작성사항
  ① 위험물의 안전관리업무를 담당하는 자의 직무 및 조직에 관한 사항
  ② 안전관리자가 여행·질병 등으로 인하여 그 직무를 수행할 수 없을 경우 그 직무의 대리자에 관한 사항
  ③ 영 제18조의 규정에 의하여 자체소방대를 설치하여야 하는 경우에는 자체소방대의 편성과 화학소방자동차의 배치에 관한 사항
  ④ 위험물의 안전에 관계된 작업에 종사하는 자에 대한 안전교육 및 훈련에 관한 사항
  ⑤ 위험물시설 및 작업장에 대한 안전순찰에 관한 사항
  ⑥ 위험물시설·소방시설 그 밖의 관련시설에 대한 점검 및 정비에 관한 사항
  ⑦ 위험물시설의 운전 또는 조작에 관한 사항
  ⑧ 위험물 취급작업의 기준에 관한 사항
  ⑨ 이송취급소에 있어서는 배관공사현장책임자의 조건 등 배관공사현장에 대한 감독체제에

정답 **92** ①

관한 사항과 배관 주위에 있는 이송취급소 시설 외의 공사를 하는 경우 배관의 안전확보에 관한 사항

⑩ 재난 그 밖의 비상시의 경우에 취하여야 하는 조치에 관한 사항

⑪ 위험물의 안전에 관한 기록에 관한 사항

⑫ 제조소 등의 위치·구조 및 설비를 명시한 서류와 도면의 정비에 관한 사항

⑬ 그 밖에 위험물의 안전관리에 관하여 필요한 사항

4) 제조소 등의 관계인은 예방규정을 제정하거나 변경한 경우에는 별지 제39호 서식의 예방규정제출서에 제정 또는 변경한 예방규정 1부를 첨부하여 시·도지사 또는 소방서장에게 제출하여야 한다.(예방규정을 제출하지 아니한 자 : 1,500만 원 이하의 벌금)

93 위험물시설의 설치 및 변경 등에 관한 설명으로 바르지 않은 것은?　　　　　　[09 경남]

① 주택의 난방시설(공동주택의 중앙난방시설을 제외한다)을 위한 저장소 또는 취급소는 시·도지사에게 신고를 하고 위험물의 품명·수량 또는 지정수량의 배수를 변경해야 한다.

② 농예용·축산용 또는 수산용으로 필요한 난방시설 또는 건조시설을 위한 지정수량 20배 이하의 저장소는 허가를 받지 아니하고 당해 제조소 등을 설치하거나 그 위치·구조 또는 설비를 변경할 수 있으며, 신고를 하지 아니하고 위험물의 품명·수량 또는 지정수량의 배수를 변경할 수 있다.

③ 제조소 등의 위치·구조 또는 설비 가운데 행정안전부령이 정하는 사항을 변경하고자 하는 때에도 시·도지사의 허가를 받아야 한다.

④ 제조소 등의 위치·구조 또는 설비의 변경 없이 당해 제조소 등에서 저장하거나 취급하는 위험물의 품명·수량 또는 지정 수량의 배수를 변경하고자 하는 자는 변경하고자 하는 날의 1일 전까지 행정안전부령이 정하는 바에 따라 시·도지사에게 신고하여야 한다.

해설 위험물시설의 설치 및 변경

1) 제조소 등을 설치하고자 하는 자는 시·도지사의 허가를 받아야 한다.

2) 제조소 등의 위치, 구조 또는 설비를 변경하고자 하는 자는 시·도지사의 허가를 받아야 한다.

3) 취급하는 위험물의 품명, 수량 또는 지정수량의 배수를 변경하고자 하는 자는 시·도지사에게 변경하고자 하는 날의 1일 전까지 시·도지사에게 신고하여야 한다.

4) 제조소 등이 아닌 경우에 허가를 받지 아니하고 당해 제조소 등을 설치하거나 그 위치 구조 또는 설비를 변경할 수 있는 경우, 신고를 하지 아니하고 위험물의 품명, 수량 또는 지정수량의 배수를 변경할 수 있는 경우

① 주택의 난방시설(공동주택의 중앙난방시설을 제외한다)을 위한 저장소 또는 취급소

② 농예용·축산용 또는 수산용으로 필요한 난방시설 또는 건조시설을 위한 지정수량 20배 이하의 저장소

정답 **93** ①

94 다음 중 용어의 정의로 바르지 않은 것은? [09 경남]

① "위험물"이라 함은 인화성 또는 발화성 등의 성질을 가지는 것으로서 대통령령이 정하는 물품을 말한다.

② "지정수량"이라 함은 위험물의 종류별로 위험성을 고려하여 정하는 수량으로서 제조소 등의 설치허가 등에 있어서 최저의 기준이 되는 수량을 말한다.

③ "취급소"라 함은 지정 수량 이상의 위험물을 저장하기 위한 대통령이 정하는 장소로서 규정에 따른 허가를 받은 장소를 말한다.

④ "제조소"라 함은 위험물을 제조할 목적으로 지정수량 이상의 위험물을 취급하기 위하여 제6조제1항의 규정에 따른 허가를 받은 장소를 말한다.

해설 1. "위험물"이라 함은 인화성 또는 발화성 등의 성질을 가지는 것으로서 대통령령이 정하는 물품을 말한다.
2. "지정수량"이라 함은 위험물의 종류별로 위험성을 고려하여 대통령령이 정하는 수량으로서 제6호의 규정에 의한 제조소 등의 설치허가 등에 있어서 최저의 기준이 되는 수량을 말한다.
3. "제조소"라 함은 위험물을 제조할 목적으로 지정수량 이상의 위험물을 취급하기 위하여 제6조제1항의 규정에 따른 허가(동조 제3항의 규정에 따라 허가가 면제된 경우 및 제7조제2항의 규정에 따라 협의로써 허가를 받은 것으로 보는 경우를 포함한다. 이하 제4호 및 제5호에서 같다)를 받은 장소를 말한다.
4. "저장소"라 함은 지정수량 이상의 위험물을 저장하기 위한 대통령령이 정하는 장소로서 제6조제1항의 규정에 따른 허가를 받은 장소를 말한다.
5. "취급소"라 함은 지정수량 이상의 위험물을 **제조 외의 목적으로** 취급하기 위한 대통령령이 정하는 장소로서 제6조제1항의 규정에 따른 허가를 받은 장소를 말한다.
6. "제조소 등"이라 함은 제3호 내지 제5호의 제조소 · 저장소 및 취급소를 말한다.

95 위험물안전관리자에 대한 설명으로 옳은 것은? [09 경남]

① 안전관리자를 선임한 제조소 등의 관계인은 그 안전관리자를 해임하거나 안전관리자가 퇴직한 때에는 해임하거나 퇴직한 날부터 14일 이내에 다시 안전관리자를 선임하여야 한다.

② 안전관리자를 선임 또는 해임하거나 안전관리자가 퇴직한 때에는 30일 이내에 행정안전부령이 정하는 바에 의하여 소방본부장 또는 소방서장에게 신고하여야 한다.

③ 대리자가 안전관리자의 직무를 대행하는 기간은 20일을 초과할 수 없다.

④ 허가를 받지 아니하고 당해 제조소 등을 설치하거나 그 위치 · 구조 또는 설비를 변경할 수 있으며, 신고를 하지 아니하고 위험물의 품명 · 수량 또는 지정수량의 배수를 변경할 수 있는 제조소 등과 이동탱크저장소(차량에 고정된 탱크에 위험물을 저장 또는 취급하는 저장소를 말한다)는 위험물안전관리자를 선임하지 않아도 된다.

① 30일 이내에 선임

② 14일 이내에 신고

③ 안전관리자 직무대행은 30일을 초과할 수 없다.

■ 제15조(위험물안전관리자)

① 제조소 등[제6조제3항의 규정에 따라 허가를 받지 아니하는 제조소 등과 이동탱크저장소(차량에 고정된 탱크에 위험물을 저장 또는 취급하는 저장소를 말한다)를 제외한다. 이하 이 조에서 같다]의 관계인은 위험물의 안전관리에 관한 직무를 수행하게 하기 위하여 제조소 등마다 대통령령이 정하는 위험물의 취급에 관한 자격이 있는 자(이하 "위험물취급자격자"라 한다)를 위험물안전관리자(이하 "안전관리자"라 한다)로 선임하여야 한다.

96 다음 중 위험물의 유별 성질을 바르게 연결한 것은? [09 경북]

① 제1류 위험물 – 가연성 고체

② 제2류 위험물 – 산화성 고체

③ 제5류 위험물 – 자기반응성 물질

④ 제6류 위험물 – 인화성 액체

97 인화성 또는 발화성 등의 성질을 가지는 것으로서 대통령령이 정하는 물품을 무엇이라고 하는가? [09 경북]

① 인화물 ② 위험물

③ 발화물 ④ 산화물

"위험물"이라 함은 인화성 또는 발화성 등의 성질을 가지는 것으로서 대통령령이 정하는 물품을 말한다.

98 위험물안전관리법에 규정된 취급소의 종류가 아닌 것은? [09 경북]

① 일반취급소 ② 주유취급소

③ 이송취급소 ④ 선박주유취급소

취급소 : 일반취급소, 주유취급소, 이송취급소, 판매취급소

99 다음 중 위험물안전관리법의 적용을 받지 않는 것은?　　　　　　　[09 경북]

① 제조소의 위치 · 구조 및 설비의 기준

② 저장소의 위치 · 구조 및 설비의 기준

③ 취급소의 위치 · 구조 및 설비의 기준

④ 항공기 · 철도 및 궤도에 의한 위험물의 저장 · 취급 및 운반

해설 적용 제외

항공기 · 선박(선박법 제1조의2 제1항의 규정에 따른 선박을 말한다) · 철도 및 궤도에 의한 위험물의 저장 · 취급 및 운반에 있어서는 이를 적용하지 아니한다.

100 지정수량 미만인 위험물의 저장 또는 취급에 관한 기술상의 기준은 무엇으로 정하는가?

　　　　　　　　　　　　　　　　　　　　　　　　　　　　[09 경북]

① 시 · 도의 조례　　　　　　　　② 대통령령

③ 행정안전부령　　　　　　　　④ 행정자치부령

해설 지정수량 미만인 위험물의 저장, 취급

지정수량 미만인 위험물의 저장 또는 취급에 관한 기술상의 기준은 시 · 도의 조례로 정한다.

101 주유취급소에 대한 설명 중 잘못된 것은?　　　　　　　　　　[09 대구]

① 황색 바탕에 흑색 문자로 "주유 중 엔진정지"라는 표시를 한 게시판을 설치하여야 한다.

② 주유취급소의 업무를 행하기 위한 사무소, 자동차 등의 점검 및 간이정비를 위한 작업장, 주유취급소에 출입하는 사람을 대상으로 한 점포 · 휴게음식점 또는 전시장 면적의 합은 1000m²를 초과할 수 없다.

③ 사무실 등의 창 및 출입구에 유리를 사용하는 경우에는 망입유리 또는 강화유리로 하되, 이 경우 강화유리의 두께는 창에는 8mm 이상, 출입구에는 12mm 이상으로 하여야 한다.

④ 주유취급소의 주위에는 자동차 등이 출입하는 쪽외의 부분에 높이 1m 이상의 내화구조 또는 불연재료의 담 또는 벽을 설치하되, 주유취급소의 인근에 연소의 우려가 있는 건축물이 있는 경우에는 소방청장이 정하여 고시하는 바에 따라 방화상 유효한 높이로 하여야 한다.

해설 ④ 주유취급소의 주위에는 자동차 등이 출입하는 쪽 외의 부분에 높이 2m 이상의 내화구조 또는 불연재료의 담 또는 벽을 설치하되, 주유취급소의 인근에 연소의 우려가 있는 건축물이 있는 경우에는 소방청장이 정하여 고시하는 바에 따라 방화상 유효한 높이로 하여야 한다.

정답　**99** ④　**100** ①　**101** ④

건축물 등의 제한

1. 주유취급소에는 주유 또는 그에 부대하는 업무를 위하여 사용되는 다음 각목의 건축물 또는 시설 외에는 다른 건축물 그 밖의 공작물을 설치할 수 없다.
   - 가. 주유 또는 등유·경유를 옮겨 담기 위한 작업장
   - 나. 주유취급소의 업무를 행하기 위한 사무소
   - 다. 자동차 등의 점검 및 간이정비를 위한 작업장
   - 라. 자동차 등의 세정을 위한 작업장
   - 마. 주유취급소에 출입하는 사람을 대상으로 한 점포·휴게음식점 또는 전시장
   - 바. 주유취급소의 관계자가 거주하는 주거시설
   - 사. 전기자동차용 충전설비
   - 아. 그 밖의 소방청장이 정하여 고시하는 건축물 또는 시설
2. 제1호 각목의 건축물 중 주유취급소의 직원 외의 자가 출입하는 나목·다목 및 마목의 용도에 제공하는 부분의 면적의 합은 1,000m²를 초과할 수 없다.

> **참고**
> 사무실 등의 창 및 출입구에 유리를 사용하는 경우에는 망입유리 또는 강화유리로 할 것. 이 경우 강화유리의 두께는 창에는 8mm 이상, 출입구에는 12mm 이상으로 하여야 한다.

---

102 제조소 등이 아닌 장소에서 지정수량 이상의 위험물을 임시로 저장 또는 취급할 경우 시·도의 조례가 정하는 바에 따라 누구의 승인을 받아 며칠 이내의 기간 동안 저장 또는 취급할 수 있는가?   [09 대구]

① 관할소방서장 - 90일 이내
② 관할소방서장 - 180일 이내
③ 시·도지사 - 90일 이내
④ 시·도지사 - 180일 이내

해설 제조소 등이 아닌 장소에서 지정수량 이상의 위험물을 취급할 수 있는 경우
임시로 저장 또는 취급하는 장소에서의 저장 또는 취급의 기준과 임시로 저장 또는 취급하는 장소의 위치·구조 및 설비의 기준은 시·도의 조례로 정한다.
① 시·도의 조례가 정하는 바에 따라 관할소방서장의 승인을 받아 지정수량 이상의 위험물을 90일 이내의 기간 동안 임시로 저장 또는 취급하는 경우
② 군부대가 지정수량 이상의 위험물을 군사목적으로 임시로 저장 또는 취급하는 경우

---

103 다음 중 위험물의 성질 및 품명이 올바르게 연결된 것은?   [09 대구]

① 가연성 고체 - 질산염류
② 가연성 고체 - 유황
③ 인화성 액체 - 유기과산화물
④ 산화성 액체 - 아조화합물

종류 위험 등급	제1류 위험물 산화성 고체		제2류 위험물 가연성 고체		제3류 위험물 금수성 · 자연발화성		제4류 위험물 인화성 액체		제5류 위험물 자기연소성		제6류 위험물 산화성 액체	
	품명(10)	지정 수량 (kg)	품명(7)	지정 수량 (kg)	품명(13)	지정 수량 (kg)	품명(7)	지정 수량 (L)	품명(9)	지정 수량 (kg)	품명(3)	지정 수량 (kg)
I	아염소산염류 염소산염류 과염소산염류 무기과산화물	50	–		칼륨 나트륨 알킬알루미늄 알킬리튬	10	특수인화물	50	유기과산화물 질산에스테르류	10	과산화수소 과염소산 질산	300
					황린	20						
II	요오드산염류 브롬산염류 질산염류	300	황화린 적린 유황	100	알칼리금속 알칼리토금속 유기금속화합물	50	제1석유류	비수용성 200 수용성 400	히드록실아민 히드록실아민염류	100	–	
							알코올류	400	니트로화합물 니트로소화합물 아조화합물 디아조화합물 히드라진 유도체	200		
III	과망간산염류 중크롬산염류	1,000	철분 마그네슘 금속분류	500	금속의 수소화물 금속의 인화물 칼슘의 탄화물 알루미늄의 탄화물 염소화규소화합물	300	제2석유류	비수용성 1,000 수용성 2,000	–		–	
							제3석유류	비수용성 2,000 수용성 4,000				
	무수크롬산 (삼산화크롬)	300	인화성 고체	1,000			제4석유류	6,000				
							동식물유류	10,000				

104 탱크시험자 자격을 취소해야 하는 경우가 아닌 것은? [09 대구]

① 탱크안전성능시험 또는 점검을 허위로 한 경우

② 허위 그 밖의 부정한 방법으로 등록을 한 경우

③ 등록증을 다른 자에게 빌려준 경우

④ 등록의 결격사유에 해당하게 된 경우

탱크시험자 등록취소 등

1) 등록취소

　① 허위 그 밖의 부정한 방법으로 등록을 한 경우

　② 등록의 결격사유에 해당하게 된 경우

　③ 등록증을 다른 자에게 빌려준 경우

2) 6월 이하의 업무정지

　① 등록기준에 미달하게 된 경우

　② 탱크안전성능시험 또는 점검을 허위로 하거나 이 법에 의한 기준에 맞지 아니하게 탱크안전
　　성능시험 또는 점검을 실시하는 경우 등 탱크시험자로서 적합하지 아니하다고 인정하는 경우

정답 **104** ①

105 다음 위험물의 유별-성질-품명에 대한 연결이 적절하지 않은 것은? [09 부산]

① 제1류-산화성 고체-아염소산염류, 무기과산화물, 중크롬산염류

② 제2류-가연성 고체-황화린, 적린, 마그네슘

③ 제3류-자연발화성 물질 및 금수성 물질-칼륨, 황린, 유기금속화합물

④ 제6류-자기반응성 물질-과염소산, 과산화수소, 질산

해설 제6류 : 산화성 액체-과염소산, 과산화수소, 질산/300kg

106 위험물안전관리법에 규정된 위험물의 정의로 옳은 것은? [09 부산]

① "위험물"이라 함은 인화성 또는 발화성 등의 성질을 가지는 것으로서 대통령령이 정하는 물품을 말한다.

② "위험물"이라 함은 위해를 미치는 고압가스 물품을 말한다.

③ "위험물"이라 함은 위해를 미치는 유독성 물품을 말한다.

④ "위험물"이라 함은 산화·환원성이 있는 각종 물품을 말한다.

해설 "위험물"이라 함은 인화성 또는 발화성 등의 성질을 가지는 것으로서 대통령령이 정하는 물품을 말한다.

107 주유취급소에는 보기 쉬운 곳에 "위험물 주유취급소"라는 표시를 한 표지 및 방화에 관하여 필요한 사항을 게시한 게시판 및 "주유 중 엔진정지"라는 표시를 한 게시판을 설치하여야 하는데, 그 바탕색과 글자색이 옳은 것은? [09 부산]

① 황색 바탕에 흑색 문자

② 적색 바탕에 백색 문자

③ 황색 바탕에 적색 문자

④ 청색 바탕에 흑색 문자

해설 주유취급소 "표지 및 게시판"

주유취급소에는 별표 4 Ⅲ 제1호의 기준에 준하여 보기 쉬운 곳에 "위험물 주유취급소"라는 표시를 한 표지, 동표 Ⅲ 제2호의 기준에 준하여 방화에 관하여 필요한 사항을 게시한 게시판 및 **황색 바탕에 흑색 문자**로 "주유 중 엔진정지"라는 표시를 한 게시판을 설치하여야 한다.

108 다음 중 위험물안전관리법에서 규정하는 도로가 아닌 것은? [09 전북]

① 「고속국도법」 제2조제2호의 규정에 의한 도로

② 「도로법」 제2조제1항제1호부터 제3호까지의 규정에 따른 도로

③ 「사도법」 제2조의 규정에 의한 사도

④ 일반교통에 이용되는 너비 2미터 이상의 도로로서 자동차의 통행이 가능한 것

해설 제2조(정의)

이 규칙에서 사용하는 용어의 뜻은 다음과 같다.

1. "고속국도"란 「도로법」 제10조제1호에 따른 고속국도를 말한다.
2. "도로"란 다음 각 목의 어느 하나에 해당하는 것을 말한다.
   가. 「도로법」 제2조제1호에 따른 도로
   나. 「항만법」 제2조제5호에 따른 항만시설 중 임항교통시설에 해당하는 도로
   다. 「사도법」 제2조의 규정에 의한 사도
   라. 그 밖에 일반교통에 이용되는 너비 2미터 이상의 도로로서 자동차의 통행이 가능한 것

109 시 · 도지사에게 허가를 받지 아니하고 당해 제조소 등을 설치하거나 그 위치 · 구조 또는 설비를 변경할 수 있으며, 신고를 하지 아니하고 위험물의 품명 · 수량 또는 지정수량의 배수를 변경할 수 있는 경우가 아닌 것은? [09 전북]

① 주택의 난방시설을 위한 저장소 또는 취급소

② 공동주택의 중앙난방시설을 위한 저장소 또는 취급소

③ 농예용 · 축산용 또는 수산용으로 필요한 난방시설

④ 건조시설을 위한 지정수량 20배 이하의 저장소

해설 제조소 등이 아닌 경우에 허가를 받지 아니하고 당해 제조소 등을 설치하거나 그 위치 구조 또는 설비를 변경할 수 있는 경우, 신고를 하지 아니하고 위험물의 품명, 수량 또는 지정수량의 배수를 변경할 수 있는 경우
① 주택의 난방시설(공동주택의 중앙난방시설을 제외한다)을 위한 저장소 또는 취급소
② 농예용 · 축산용 또는 수산용으로 필요한 난방시설 또는 건조시설을 위한 지정수량 20배 이하의 저장소

110 다음 중 지정수량 이상의 위험물을 저장하기 위한 장소와 그에 따른 저장소에 해당하지 않는 것은? [09 중앙]

① 지하탱크저장소　　　　　② 이동탱크저장소

③ 선박탱크저장소　　　　　④ 간이탱크저장소

정답 **108** ① **109** ② **110** ③

해설 저장소의 종류(8가지)

옥내저장소, 옥외저장소, 옥내탱크저장소, 옥외탱크저장소, 이동탱크저장소, 지하탱크저장소, 암반탱크저장소, 간이탱크저장소

111 제조소 또는 일반취급소에서 취급하는 4류 위험물의 최대수량의 합이 지정수량 24만 배 이상 48만 배 미만인 사업소의 자체소방대에 두는 화학소방자동차의 대수 및 자체소방대원의 수로 옳은 것은? [09 중앙]

① 화학소방자동차 1대, 자체소방대원 5인
② 화학소방자동차 2대, 자체소방대원 10인
③ 화학소방자동차 3대, 자체소방대원 15인
④ 화학소방자동차 4대, 자체소방대원 20인

해설 자체소방대에 두는 화학소방자동차 및 인원

사업소의 구분	화학소방자동차	자체소방대원의 수
1. 제조소 또는 일반취급소에서 취급하는 제4류 위험물의 최대수량의 합이 지정수량의 12만 배 미만인 사업소	1대	5인
2. 제조소 또는 일반취급소에서 취급하는 제4류 위험물의 최대수량의 합이 지정수량의 12만 배 이상 24만 배 미만인 사업소	2대	10인
3. 제조소 또는 일반취급소에서 취급하는 제4류 위험물의 최대수량의 합이 지정수량의 24만 배 이상 48만 배 미만인 사업소	3대	15인
4. 제조소 또는 일반취급소에서 취급하는 제4류 위험물의 최대수량의 합이 지정수량의 48만 배 이상인 사업소	4대	20인

112 시·도의 조례가 정하는 바에 따라 관할소방서장의 승인을 받아 지정수량 이상의 위험물을 임시로 저장 또는 취급하는 경우 며칠의 기간 동안 지정수량 이상의 위험물을 저장소가 아닌 장소에서 저장하거나 제조소 등이 아닌 장소에서 취급할 수 있는가? [09 중앙]

① 30일 이내
② 90일 이내
③ 120일 이내
④ 180일 이내

해설 제조소 등이 아닌 장소에서 지정수량 이상의 위험물을 취급할 수 있는 경우

임시로 저장 또는 취급하는 장소에서의 저장 또는 취급의 기준과 임시로 저장 또는 취급하는 장소의 위치·구조 및 설비의 기준은 시·도의 조례로 정한다.

① 시 · 도의 조례가 정하는 바에 따라 관할소방서장의 승인을 받아 지정수량 이상의 위험물을 90일 이내의 기간 동안 임시로 저장 또는 취급하는 경우
② 군부대가 지정수량 이상의 위험물을 군사목적으로 임시로 저장 또는 취급하는 경우

113 다음 위험물에 대한 설명 중 가장 옳은 것은? [09 중앙]

① "알코올류"는 1분자를 구성하는 산소원자의 수가 1개부터 3개까지인 포화 1가 알코올을 말한다.
② "1석유류"라 함은 아세톤, 휘발유 그 밖에 1기압에서 발화점이 섭씨 21도씨 미만인 것을 말한다.
③ "인화성 고체"라 함은 고형 알코올 그 밖에 1기압에서 인화점이 섭씨 40도 미만인 고체를 말한다.
④ 질산의 비중이 1.89 이상이어야 한다.

해설 ① "알코올류"라 함은 1분자를 구성하는 탄소원자의 수가 1개부터 3개까지인 포화1가 알코올(변성알코올을 포함한다)을 말한다. 다만, 다음 각목의 1에 해당하는 것은 제외한다.
가. 1분자를 구성하는 탄소원자의 수가 1개 내지 3개의 포화1가 알코올의 함유량이 60중량 퍼센트 미만인 수용액
나. 가연성 액체량이 60중량퍼센트 미만이고 인화점 및 연소점(태그개방식 인화점 측정기에 의한 연소점을 말한다. 이하 같다)이 에틸알코올 60중량퍼센트 수용액의 인화점 및 연소점을 초과하는 것
② "제1석유류"라 함은 아세톤, 휘발유 그 밖에 1기압에서 인화점이 섭씨 21도 미만인 것을 말한다.
③ "인화성 고체"라 함은 고형 알코올 그 밖에 1기압에서 인화점이 섭씨 40도 미만인 고체를 말한다.
④ 질산은 그 비중이 1.49 이상인 것에 한한다.

114 다음 중 운송책임자의 감독 · 지원을 받아 운송해야 하는 위험물에 해당하는 것은?

[09 중앙]

① 알킬리튬   ② 과산화수소
③ 칼슘   ④ 황화린

해설 위험물의 운송에 있어서 운송책임자의 감독 또는 지원을 받아 운송해야 할 위험물
• 알킬알루미늄
• 알킬리튬
• 알킬알루미늄 또는 알킬리튬의 물질을 함유하는 위험물

115 다음 보기의 빈칸에 들어갈 알맞은 말을 순서대로 바르게 배열한 것은?　　　[09 광주]

> ㉠ 제조소 등의 설치자의 지위를 승계한 자는 행정안전부령이 정하는 바에 따라 승계한 날부터 (　　)일 이내에 시·도지사에게 그 사실을 신고하여야 한다.
> ㉡ 제조소 등의 관계인은 당해 제조소 등의 용도를 폐지한 때에는 행정안전부령이 정하는 바에 따라 제조소 등의 용도를 폐지한 날부터 (　　)일 이내에 시·도지사에게 신고하여야 한다.

① 15, 14　　　　　　　　　② 30, 14
③ 30, 30　　　　　　　　　④ 15, 14

해설
· 지위를 승계한 자는 승계한 날부터 30일 이내에 시·도지사에게 지위승계 신고를 하여야 한다.
· 제조소 등의 폐지 : 제조소 등의 관계인은 제조소 등의 용도를 폐지한 경우 폐지한 날부터 14일 이내에 시·도지사에게 신고하여야 한다.

116 다음 위험물과 관련한 설명 중 옳지 않은 것은?　　　[09 광주]

① "위험물"이라 함은 인화성 또는 발화성 등의 성질을 가지는 것으로서 대통령령이 정하는 물품을 말한다.
② "지정수량"은 행정안전부령이 정하는 위험물 품목별 수량이다.
③ "제조소"라 함은 위험물을 제조할 목적으로 지정수량 이상의 위험물을 취급하기 위하여 규정에 따른 허가를 받은 장소를 말한다.
④ "취급소"라 함은 지정수량 이상의 위험물을 제조 외의 목적으로 취급하기 위한 대통령령이 정하는 장소를 말한다.

해설
1. "위험물"이라 함은 인화성 또는 발화성 등의 성질을 가지는 것으로서 대통령령이 정하는 물품을 말한다.
2. "지정수량"이라 함은 위험물의 종류별로 위험성을 고려하여 대통령령이 정하는 수량으로서 제6호의 규정에 의한 제조소 등의 설치허가 등에 있어서 최저의 기준이 되는 수량을 말한다.
3. "제조소"라 함은 위험물을 제조할 목적으로 지정수량 이상의 위험물을 취급하기 위하여 제6조제1항의 규정에 따른 허가(동조 제3항의 규정에 따라 허가가 면제된 경우 및 제7조제2항의 규정에 따라 협의로써 허가를 받은 것으로 보는 경우를 포함한다. 이하 제4호 및 제5호에서 같다)를 받은 장소를 말한다.
4. "저장소"라 함은 지정수량 이상의 위험물을 저장하기 위한 대통령령이 정하는 장소로서 제6조제1항의 규정에 따른 허가를 받은 장소를 말한다.
5. "취급소"라 함은 지정수량 이상의 위험물을 제조 외의 목적으로 취급하기 위한 대통령령이 정하는 장소로서 제6조제1항의 규정에 따른 허가를 받은 장소를 말한다.
6. "제조소 등"이라 함은 제3호 내지 제5호의 제조소·저장소 및 취급소를 말한다.

117 위험물 제조소 등에서 보유공지를 확보하지 않아도 되는 대상은? [09 광주]

① 옥외탱크저장소
② 옥외저장소
③ 옥내탱크저장소
④ 제조소

> **해설** 위험물 제조소 등 중 제조소, 옥내저장소, 옥외탱크저장소, 옥외저장소는 보유공지의 규정의 적용을 받으며, 보유공지를 확보하지 않아도 되는 대상은 옥내탱크저장소, 이동탱크저장소, 지하탱크저장소, 암반탱크저장소이다.

118 위험물안전관리법상 위험물 운송 시에 운송 책임자의 감독 · 지원 하에 운송하여야 하는 위험물에 해당되는 것은? [09 광주]

① 알킬리튬
② 휘발유
③ 금속분
④ 니트로글리세린

> **해설** 위험물의 운송에 있어서 운송책임자의 감독 또는 지원을 받아 운송해야 할 위험물
> • 알킬알루미늄
> • 알킬리튬
> • 알킬알루미늄 또는 알킬리튬의 물질을 함유하는 위험물

119 위험물의 유별 성질을 잘못 설명한 것은? [09 전남]

① 제2류 위험물 – 가연성 액체
② 제3류 위험물 – 자연발화성 및 금수성 물질
③ 제5류 위험물 – 자기반응성 물질
④ 제6류 위험물 – 산화성 액체

120 위험물 제조소의 위치 · 구조 및 설비에 대한 설명으로 옳은 것은? [09 전남]

① 채광설비는 불연재료로 하고, 연소의 우려가 없는 장소에 설치하되 채광면적을 최대로 할 것
② 급기구는 높은 곳에 설치하고 가는 눈의 구리망 등으로 인화방지망을 설치할 것
③ 점멸스위치는 출입구 바깥부분에 설치할 것
④ 환기는 강제배기방식으로 할 것

> **해설** ① 채광설비는 불연재료로 하고, 연소의 우려가 없는 장소에 설치하되 채광면적을 최소로 할 것
> ② 급기구는 낮은 곳에 설치하고, 가는 눈의 구리망 등으로 인화방지망을 설치할 것
> ③ 점멸스위치는 출입구 바깥부분에 설치할 것(다만, 스위치의 스파크로 인한 화재 · 폭발의 우려가 없을 경우에는 그러하지 아니하다.)
> ④ 환기는 자연배기방식으로 할 것

정답 117 ③ **118** ① **119** ① **120** ③

121 위험물안전관리법에서 규정하는 '위험물'의 정의로 옳은 것은? [09 전남]

① 인화성 또는 발화성 등의 성질을 가지는 것으로서 대통령령이 정하는 물품

② 위해를 미치는 고압가스 물품

③ 위해를 미치는 유독성 물품

④ 산화·환원성이 있는 각종 물품

해설 "위험물"이라 함은 인화성 또는 발화성 등의 성질을 가지는 것으로서 대통령령이 정하는 물품을 말한다.

122 위험물 제조소의 건축물의 구조를 잘못 설명한 것은? [09 전남]

① 벽·기둥·바닥·보·서까래 및 계단을 불연재료로 할 것

② 지하층이 없도록 할 것

③ 지붕은 폭발력이 위로 방출되지 않도록 무거운 불연재료로 덮을 것

④ 연소(延燒)의 우려가 있는 외벽은 출입구 외의 개구부가 없는 내화구조의 벽으로 할 것

해설 ①, ④ 벽·기둥·바닥·보·서까래 및 계단을 불연재료로 하고, 연소(延燒)의 우려가 있는 외벽(소방청장이 정하여 고시하는 것에 한한다. 이하 같다)은 출입구 외의 개구부가 없는 내화구조의 벽으로 하여야 한다.

② 지하층이 없도록 하여야 한다. 다만, 위험물을 취급하지 아니하는 지하층으로서 위험물의 취급장소에서 새어나온 위험물 또는 가연성 의 증기가 흘러 들어갈 우려가 없는 구조로 된 경우에는 그러하지 아니하다.

③ 지붕(작업공정상 제조기계시설 등이 2층 이상에 연결되어 설치된 경우에는 최상층의 지붕을 말한다)은 폭발력이 위로 방출될 정도의 가벼운 불연재료로 덮어야 한다. 다만, 위험물을 취급하는 건축물이 다음 각목의 1에 해당하는 경우에는 그 지붕을 내화구조로 할 수 있다.

123 다음 중 위험물 제조소의 설치허가의 취소와 사용정지 등의 사유가 아닌 것은? [09 전남]

① 변경허가를 받지 아니하고 제조소 등의 위치·구조 또는 설비를 변경한 때

② 시설관리안전원을 두지 않았을 때

③ 위험물안전관리자를 선임하지 아니한 때

④ 수리·개조 또는 이전의 명령을 위반한 때

해설 제12조(제조소 등 설치허가의 취소와 사용정지 등)

시·도지사는 제조소 등의 관계인이 다음 각 호의 어느 하나에 해당하는 때에는 행정안전부령이 정하는 바에 따라 제6조제1항의 규정에 따른 허가를 취소하거나 6월 이내의 기간을 정하여 제조소 등의 전부 또는 일부의 사용정지를 명할 수 있다.

1. 변경허가를 받지 아니하고 제조소 등의 위치·구조 또는 설비를 변경한 때
2. 완공검사를 받지 아니하고 제조소 등을 사용한 때
3. 수리·개조 또는 이전의 명령을 위반한 때
4. 위험물안전관리자를 선임하지 아니한 때
5. 대리자를 지정하지 아니한 때
6. 정기점검을 하지 아니한 때
7. 정기검사를 받지 아니한 때
8. 저장·취급기준 준수명령을 위반한 때

124 위험물의 품명과 그 지정수량의 연결이 옳은 것은? [09 제주]

① 무기과산화물 – 50kg ② 질산염류 – 30kg
③ 적린 – 500kg ④ 금속분 – 100kg

> **해설** ② 질산염류 – 300kg ③ 적린 – 100kg ④ 금속분 – 500kg

125 위험물안전관리법에서 정의하는 위험물의 성질과 지정법령이 바르게 연결된 것은?

[09 제주]

① 성질 : 착화성, 화염성 / 지정법령 : 대통령령
② 성질 : 인화성, 발화성 / 지정법령 : 행정안전부령
③ 성질 : 인화성, 발화성 / 지정법령 : 대통령령
④ 성질 : 착화성, 화염성 / 지정법령 : 행정안전부령

> **해설** "위험물"이라 함은 인화성 또는 발화성 등의 성질을 가지는 것으로서 대통령령이 정하는 물품을 말한다.

126 위험물을 제조할 목적으로 지정수량 이상의 위험물을 취급하기 위한 제조소 등의 관계인은 화재예방과 화재 등 재해발생 시의 비상조치를 위해 예방규정을 정하여야 한다. 이때 예방규정은 누구에게 제출하여야 하며 예방규정을 정하여야 하는 대상이 옳게 된 것은? [09 제주]

① 소방서장, 지정수량의 10배 이상의 위험물을 취급하는 제조소
② 시·도지사, 지정수량의 10배 이상의 위험물을 취급하는 제조소
③ 소방서장, 지정수량의 10배 이상의 위험물을 취급하는 저장소
④ 시·도지사, 지정수량의 10배 이상의 위험물을 취급하는 저장소

정답 **124** ① **125** ③ **126** ②

해설 예방규정등

1) 제조소 등의 관계인은 당해 제조소 등을 사용하기 전에 시·도지사에게 예방규정을 제출하여야 한다.
2) 예방규정을 작성, 제출하여야 하는 대상
① 지정수량의 10배 이상의 위험물을 취급하는 제조소
② 지정수량의 100배 이상의 위험물을 저장하는 옥외저장소
③ 지정수량의 150배 이상의 위험물을 저장하는 옥내저장소
④ 지정수량의 200배 이상의 위험물을 저장하는 옥외탱크저장소
⑤ 암반탱크저장소
⑥ 이송취급소
⑦ 지정수량의 10배 이상의 위험물을 취급하는 일반취급소
※ 다만, 제4류 위험물(특수인화물을 제외한다)만을 지정수량의 50배 이하로 취급하는 일반취급소(제1석유류·알코올류의 취급량이 지정수량의 10배 이하인 경우에 한한다)로서 다음 어느 하나에 해당하는 것을 제외한다.
㉠ 보일러·버너 또는 이와 비슷한 것으로서 위험물을 소비하는 장치로 이루어진 일반취급소
㉡ 위험물을 용기에 옮겨 담거나 차량에 고정된 탱크에 주입하는 일반취급소

127 다음은 위험물안전관리자의 선임과 신고에 대한 것이다. ( )에 들어갈 사항으로 옳게 된 것은? [09 제주]

㉠ 안전관리자를 선임한 제조소 등의 관계인은 그 안전관리자를 해임하거나 안전관리자가 퇴직한 때에는 해임하거나 퇴직한 날부터 ( )일 이내에 다시 안전관리자를 선임하여야 한다.
㉡ 제조소 등의 관계인은 안전관리자를 선임한 경우에는 선임한 날부터 ( )일 이내에 총리령으로 정하는 바에 따라 소방본부장 또는 소방서장에게 신고하여야 한다.

① ㉠ 60, ㉡ 30
② ㉠ 14, ㉡ 30
③ ㉠ 30, ㉡ 14
④ ㉠ 30, ㉡ 60

128 위험물을 저장 또는 취급하는 탱크의 용량 산정기준으로 알맞은 것은? [09 제주]

① 탱크용량=탱크의 내용적－공간용적
② 탱크용량=탱크의 공간용적－내용적
③ 탱크용량=탱크－탱크의 볼록한 부분이나 오목한 부분
④ 탱크용량=탱크의 내용적＋10%－탱크에 접속된 관 길이

해설 탱크용량=탱크의 내용적－공간용적(탱크내용적의 5~10%)

정답 **127** ③   **128** ①

기출문제 | **753**

129 다음 중 1인의 안전관리자를 중복하여 선임할 수 있는 저장소에 해당하지 않는 것은?

[09 강원]

① 10개 이하의 옥내·외저장소
② 20개 이하의 암반탱크저장소
③ 30개 이하의 옥외탱크저장소
④ 옥내탱크저장소 및 지하탱크저장소

해설 1인의 안전관리자를 중복하여 선임할 수 있는 경우

1) 보일러·버너 또는 이와 비슷한 것으로서 위험물을 소비하는 장치로 이루어진 7개 이하의 일반취급소와 그 일반취급소에 공급하기 위한 위험물을 저장하는 저장소(일반취급소 및 저장소가 모두 동일 구내에 있는 경우에 한한다.)를 동일인이 설치한 경우
2) 위험물을 차량에 고정된 탱크 또는 운반용기에 옮겨 담기 위한 5개 이하의 일반취급소[일반취급소간의 거리(보행거리)가 300미터 이내인 경우에 한한다]와 그 일반취급소에 공급하기 위한 위험물을 저장하는 저장소를 동일인이 설치한 경우
3) 동일 구내에 있거나 상호 100미터 이내의 거리에 있는 저장소로서 저장소의 규모, 저장하는 위험물의 종류 등을 고려하여 행정안전부령이 정하는 저장소를 동일인이 설치한 경우(행정안전부령으로 정하는 저장소)
   1. 10개 이하의 옥내저장소
   2. 30개 이하의 옥외탱크저장소
   3. 옥내탱크저장소
   4. 지하탱크저장소
   5. 간이탱크저장소
   6. 10개 이하의 옥외저장소
   7. 10개 이하의 암반탱크저장소
4) 다음 각목의 기준에 모두 적합한 5개 이하의 제조소 등을 동일인이 설치한 경우
   1. 각 제조소 등이 동일구내에 위치하거나 상호 100미터 이내의 거리에 있을 것
   2. 각 제조소 등에서 저장 또는 취급하는 위험물의 최대수량이 지정수량의 3천배 미만일 것. 다만, 저장소의경우에는 그러하지 아니하다.
5) 선박주유취급소의 고정주유설비에 공급하기 위한 위험물을 저장하는 저장소와 당해 선박주유취급소

130 다음 중 운송책임자의 감독·지원을 받아 운송하여야 하는 위험물은?

[09 강원]

① 칼륨, 나트륨
② 특수인화물
③ 알킬알루미늄, 알킬리튬
④ 유기과산화물

해설 위험물의 운송에 있어서 운송책임자의 감독 또는 지원을 받아 운송해야 할 위험물
   • 알킬알루미늄
   • 알킬리튬
   • 알킬알루미늄 또는 알킬리튬의 물질을 함유하는 위험물

131 다음 중 관계인이 예방규정을 정하여야 하는 제조소 등에 해당하지 않는 것은?　　[09 강원]

① 지정수량의 10배 이상의 위험물을 취급하는 제조소

② 암반탱크저장소

③ 이송취급소

④ 지하탱크저장소

> **해설** 예방규정을 작성, 제출하여야 하는 대상
> ① 지정수량의 10배 이상의 위험물을 취급하는 제조소
> ② 지정수량의 100배 이상의 위험물을 저장하는 옥외저장소
> ③ 지정수량의 150배 이상의 위험물을 저장하는 옥내저장소
> ④ 지정수량의 200배 이상의 위험물을 저장하는 옥외탱크저장소
> ⑤ 암반탱크저장소
> ⑥ 이송취급소
> ⑦ 지정수량의 10배 이상의 위험물을 취급하는 일반취급소

132 다음 중 위험물의 유별 성질 및 품명이 잘못 연결된 것은?　　[09 강원]

① 제1류 위험물－산화성 고체－아염소산염류, 요오드산염류

② 제2류 위험물－가연성 고체－황화린, 철분

③ 제4류 위험물－인화성 액체－특수인화물, 제4석유류

④ 제6류 위험물－자기반응성 물질－과염소산, 질산

> **해설** 제6류 위험물은 산화성 액체

133 다음 중 위험물안전관리법에서 규정하고 있는 제3류 위험물에 해당하지 않는 것은?
　　[09 강원]

① 알칼리토금속

② 유기금속화합물

③ 황화린

④ 칼슘 또는 알루미늄의 탄화물

> **해설** 황화린은 2류 위험물(가연성고체)

134 위험물안전관리법에서 규정하고 있는 제조소의 위치·구조 및 설비의 기준 중 안전거리의 규정을 적용받지 않는 것은? [09 충북]

① 공연장
② 아동복지시설
③ 초등학교
④ 교습학원

해설 안전거리

제조소(제6류 위험물을 취급하는 제조소를 제외)는 건축물의 외벽 또는 이에 상당하는 공작물의 외측으로부터 당해 제조소의 외벽 또는 이에 상당하는 공작물의 외측까지의 사이에 수평거리를 두어야 한다. 다만, 불연재료로 된 방화상 유효한 담 또는 벽을 설치하는 경우에는 안전거리를 단축할 수 있다.

1. 주거용 : 10m 이상
2. 학교·병원·극장 그 밖에 다수인을 수용하는 시설 : 30m 이상
   ① 학교
   ② 병원급 의료기관
   ③ 공연장, 영화상영관 및 그 밖에 이와 유사한 시설로서 3백명 이상의 인원을 수용할 수 있는 것
   ④ 아동복지시설, 노인복지시설, 장애인복지시설, 한부모가족복지시설, 어린이집, 성매매피해자등을 위한 지원시설, 정신보건시설, 「가정폭력방지 및 피해자보호 등에 관한 법률」에 따른 보호시설 및 그 밖에 이와 유사한 시설로서 20명 이상의 인원을 수용할 수 있는 것
3. 유형문화재와 기념물 중 지정문화재에 있어서는 50m 이상
4. 고압가스, 액화석유가스 또는 도시가스를 저장 또는 취급하는 시설 : 20m 이상
   ① 고압가스제조시설(용기에 충전하는 것을 포함한다) 또는 고압가스 사용시설로서 1일 30m³ 이상의 용적을 취급하는 시설이 있는 것
   ② 고압가스저장시설
   ③ 액화산소를 소비하는 시설
   ④ 액화석유가스제조시설 및 액화석유가스저장시설
   ⑤ 도시가스공급시설
5. 사용전압이 7,000V 초과 35,000V 이하의 특고압가공전선 : 3m 이상
6. 사용전압이 35,000V를 초과하는 특고압가공전선 : 5m 이상

135 위험물안전관리법상 제조소 등의 지위승계 시 신고기간 및 제조소 등의 용도폐지 신고기간을 가장 바르게 나열한 것은? [09 충북]

① 지위승계를 한 날로부터 15일 이내, 용도폐지를 하기 전 14일 이내
② 지위승계를 한 날로부터 30일 이내, 용도폐지를 한 날로부터 14일 이내
③ 지위승계를 한 날로부터 30일 이내, 용도폐지를 하기 전 30일 이내
④ 지위승계를 한 날로부터 15일 이내, 용도폐지를 한 날로부터 14일 이내

136 다음 중 「위험물안전관리법」에서 규정하고 있는 관계인이 예방규정을 정하여야 하는 제조소 등에 해당되지 않는 것은? [09 충북]

① 지정수량의 10배 이상의 위험물을 취급하는 제조소
② 지정수량의 100배 이상의 위험물을 저장하는 옥내저장소
③ 지정수량의 200배 이상의 위험물을 저장하는 옥외탱크저장소
④ 이송취급소

> **해설** 예방규정을 작성, 제출하여야 하는 대상
> ① 지정수량의 10배 이상의 위험물을 취급하는 제조소
> ② 지정수량의 100배 이상의 위험물을 저장하는 옥외저장소
> ③ 지정수량의 150배 이상의 위험물을 저장하는 옥내저장소
> ④ 지정수량의 200배 이상의 위험물을 저장하는 옥외탱크저장소
> ⑤ 암반탱크저장소
> ⑥ 이송취급소
> ⑦ 지정수량의 10배 이상의 위험물을 취급하는 일반취급소

137 다음 중 위험물안전관리법에서 규정하고 있는 제조소 등에 관한 설명으로 옳은 것은? [09 충북]

① 점포에서 위험물을 용기에 담아 판매하기 위하여 지정수량의 40배 이하의 위험물을 취급하는 장소를 판매취급소라 한다.
② 송유관안전관리법에 의한 송유관은 이송취급소에 해당한다.
③ 지정수량 이상의 위험물을 취급하여 최종 생산물이 위험물이 아닌 물건을 제조하기 위한 장소를 제조소라 한다.
④ 암반 내의 공간을 이용한 탱크에 고체의 위험물을 저장하는 장소를 암반탱크저장소라 한다.

> **해설** ② 송유관안전관리법에 의한 송유관은 제외된다.
> ③ 최종생산물이 위험물인 경우 제조소이다.
> ④ 액체위험물을 저장하는 장소

138 위험물안전관리법에서 규정하고 있는 지정수량 이상의 위험물을 저장하기 위한 장소가 아닌 것은? [09 충북]

① 옥내저장소　　　　　　　　② 옥외저장소
③ 옥내탱크저장소　　　　　　④ 일반취급소

139 다음은 위험물안전관리법에서 규정하고 있는 위험물 안전관리자에 관한 사항이다. 옳지 않은 것은?　　　　　　　　　　　　　　　　　　　　　　　　　　[09 충북]

① 안전관리자를 선임한 제조소 등의 관계인은 그 안전관리자를 해임하거나 안전관리자가 퇴직한 때에는 해임하거나 퇴직한 날부터 30일 이내에 다시 안전관리자를 선임하여야 한다.

② 대리자가 안전관리자의 직무를 대행하는 기간은 30일을 초과할 수 없다.

③ 규정에 의한 안전교육을 받은 자로서 제조소 등에서 위험물안전관리에 관한 업무에 6개월 이상 종사한 경력이 있는 자는 안전관리자의 대리자가 될 수 있다.

④ 안전관리자는 위험물을 취급하는 작업을 하는 때에는 작업자에게 안전관리에 관한 필요한 지시를 하는 등 행정안전부령이 정하는 바에 따라 위험물의 취급에 관한 안전관리와 감독을 하여야 하고, 제조소 등의 관계인과 그 종사자는 안전관리자의 위험물 안전관리에 관한 의견을 존중하고 그 권고에 따라야 한다.

> **해설** ④ 법 15조 6항 내용
> 안전관리자를 선임한 제조소 등의 관계인은 안전관리자가 여행·질병 그 밖의 사유로 인하여 일시적으로 직무를 수행할 수 없거나 안전관리자의 해임 또는 퇴직과 동시에 다른 안전관리자를 선임하지 못하는 경우에는 국가기술자격법에 따른 위험물의 취급에 관한 자격취득자 또는 위험물안전에 관한 기본지식과 경험이 있는 자로서 행정안전부령이 정하는 자를 대리자(代理者)로 지정하여 그 직무를 대행하게 하여야 한다. 이 경우 대리자가 안전관리자의 직무를 대행하는 기간은 30일을 초과할 수 없다.

> ━ 제54조(안전관리자의 대리자)
> 법 제15조제5항 전단에서 "행정안전부령이 정하는 자"란 다음 각 호의 어느 하나에 해당하는 사람을 말한다. 〈개정 2009. 3. 17., 2013. 3. 23., 2014. 11. 19., 2016. 1. 22., 2016. 8. 2., 2017. 7. 26.〉
> 1. 법 제28조제1항에 따른 안전교육을 받은 자
> 2. 삭제 〈2016. 8. 2.〉
> 3. 제조소 등의 위험물 안전관리업무에 있어서 안전관리자를 지휘·감독하는 직위에 있는 자

140 다음 중 관계인이 예방규정을 정하여야 하는 제조소 등에 해당하는 것은?　　　　[09 인천]

① 지정수량의 10배 이상의 위험물을 취급하는 제조소

② 이동탱크저장소

③ 지하탱크저장소

④ 지정수량의 100배 이상의 위험물을 저장하는 옥내저장소

> **해설** 예방규정을 작성, 제출하여야 하는 대상
> ① 지정수량의 10배 이상의 위험물을 취급하는 제조소
> ② 지정수량의 100배 이상의 위험물을 저장하는 옥외저장소

③ 지정수량의 150배 이상의 위험물을 저장하는 옥내저장소

④ 지정수량의 200배 이상의 위험물을 저장하는 옥외탱크저장소

⑤ 암반탱크저장소

⑥ 이송취급소

⑦ 지정수량의 10배 이상의 위험물을 취급하는 일반취급소

141 다음 중 정기점검 대상인 제조소 등은? [09 인천]

① 주유취급소

② 옥외탱크저장소

③ 위험물 취급탱크로서 지하에 매설된 탱크가 있는 제조소, 주유취급소 또는 일반취급소

④ 지정수량 이상의 제조소

해설 정기점검의 대상인 제조소 등

법 제18조제1항에서 "대통령령이 정하는 제조소 등"이라 함은 다음 각호의 1에 해당하는 제조소 등을 말한다.

1. 제15조 각호의 1에 해당하는 제조소 등[예방규정 적용대상]
2. 지하탱크저장소
3. 이동탱크저장소
4. 위험물을 취급하는 탱크로서 지하에 매설된 탱크가 있는 제조소 · 주유취급소 또는 일반취급소

142 유별을 달리하는 위험물을 혼재할 수 있는 경우는? [09 인천]

① 제1류 위험물 – 제6류 위험물   ② 제2류 위험물 – 제3류 위험물

③ 제3류 위험물 – 제5류 위험물   ④ 제4류 위험물 – 제6류 위험물

해설 유별을 달리하는 위험물의 혼재기준[1 – 6, 2 – 4 – 5, 3 – 4]

위험물의 구분	제1류	제2류	제3류	제4류	제5류	제6류
제1류		×	×	×	×	○
제2류	×		×	○	○	×
제3류	×	×		○	×	×
제4류	×	○	○		○	×
제5류	×	○	×	○		×
제6류	○	×	×	×	×	

[비고] 이 표는 지정수량의 10분의 1 이하의 위험물에 대하여는 적용하지 아니한다.

143 제조소(제6류 위험물을 취급하는 제조소를 제외한다)는 건축물의 외벽 또는 이에 상당하는 공작물의 외측으로부터 당해 제조소의 외벽 또는 이에 상당하는 공작물의 외측까지의 사이에 수평거리를 두어야 한다. 다음 중 위험물 제조소의 안전거리 기준이 옳은 것은?   [09 인천]

① 주거용으로 사용되는 시설 : 5m 이상

② 고압가스, 액화석유가스 또는 도시가스를 저장 또는 취급하는 시설 : 10m 이상

③ 학교, 병원, 극장 : 20m 이상

④ 유형문화재와 기념물 중 지정문화재 : 50m 이상

해설 안전거리

제조소(제6류 위험물을 취급하는 제조소를 제외)는 건축물의 외벽 또는 이에 상당하는 공작물의 외측으로부터 당해 제조소의 외벽 또는 이에 상당하는 공작물의 외측까지의 사이에 수평거리를 두어야 한다. 다만, 불연재료로 된 방화상 유효한 담 또는 벽을 설치하는 경우에는 안전거리를 단축할 수 있다.

1. 주거용 : 10m 이상
2. 학교·병원·극장 그 밖에 다수인을 수용하는 시설 : 30m 이상
   ① 학교
   ② 병원급 의료기관
   ③ 공연장, 영화상영관 및 그 밖에 이와 유사한 시설로서 3백명 이상의 인원을 수용할 수 있는 것
   ④ 아동복지시설, 노인복지시설, 장애인복지시설, 한부모가족복지시설, 어린이집, 성매매피해자등을 위한 지원시설, 정신보건시설, 「가정폭력방지 및 피해자보호 등에 관한 법률」에 따른 보호시설 및 그 밖에 이와 유사한 시설로서 20명 이상의 인원을 수용할 수 있는 것
3. 유형문화재와 기념물 중 지정문화재에 있어서는 50m 이상
4. 고압가스, 액화석유가스 또는 도시가스를 저장 또는 취급하는 시설 : 20m 이상
   ① 고압가스제조시설(용기에 충전하는 것을 포함한다) 또는 고압가스 사용시설로서 1일 30m³ 이상의 용적을 취급하는 시설이 있는 것
   ② 고압가스저장시설
   ③ 액화산소를 소비하는 시설
   ④ 액화석유가스제조시설 및 액화석유가스저장시설
   ⑤ 도시가스공급시설
5. 사용전압이 7,000V 초과 35,000V 이하의 특고압가공전선 : 3m 이상
6. 사용전압이 35,000V를 초과하는 특고압가공전선 : 5m 이상

144 다음 제4류 위험물의 품목 중 지정수량 단위가 가장 큰 것은?   [09 인천]

① 휘발유   ② 등유
③ 중유   ④ 동식물유류

145 다음 중 제3류 위험물이 아닌 것은? [09 인천]

① 칼륨 ② 나트륨
③ 유황 ④ 알킬알루미늄

해설 유황은 2류위험물

146 차량의 고정된 탱크에 위험물을 저장하는 장소를 무엇이라고 하는가? [09 인천]

① 이송취급소 ② 이동탱크저장소
③ 옥외탱크저장소 ④ 간이탱크저장소

147 다음 중 위험물의 유별 성질이 다른 것은? [09 대전]

① 무기과산화물 ② 유기과산화물
③ 니트로화합물 ④ 아조화합물

해설 ① 무기과산화물은 1류 위험물
②, ③, ④는 5류 위험물

148 주유취급소에 있는 게시판의 "주유 중 엔진정지"의 색상은? [09 대전]

① 흑색 바탕에 황색 문자
② 황색 바탕에 흑색 문자
③ 백색 바탕에 흑색 문자
④ 흑색 바탕에 백색 문자

149 위험물 안전교육을 받아야 하는 대상자로 옳지 않은 것은?   [09 대전]

① 안전관리자로 선임된 자

② 위험물탱크의 관계인

③ 탱크시험자의 기술인력으로 종사하는 자

④ 위험물운송자로 종사하는 자

> **해설** 안전교육대상자
> ① 안전관리자로 선임된 자
> ② 탱크시험자의 기술인력으로 종사하는 자
> ③ 위험물운송자로 종사하는 자

150 다음 위험물안전관리법에 규정된 용어의 정의가 가장 잘못된 것은?   [09 대전]

① "위험물"이라 함은 인화성 또는 발화성 등의 성질을 가지는 것으로서 대통령령이 정하는 물품을 말한다.

② "지정수량"이라 함은 위험물의 종류별로 위험성을 고려하여 대통령령이 정하는 수량으로서 제6호의 규정에 의한 제조소 등의 설치허가 등에 있어서 최저의 기준이 되는 수량을 말한다.

③ "취급소"라 함은 지정수량 이상의 위험물을 제조 외의 목적으로 취급하기 위한 대통령령이 정하는 장소로서 경찰청의 허가를 받은 장소를 말한다.

④ "저장소"라 함은 지정수량 이상의 위험물을 저장하기 위한 대통령령이 정하는 장소로서 규정에 따른 허가를 받은 장소를 말한다.

> **해설** "취급소"라 함은 지정수량 이상의 위험물을 제조 외의 목적으로 취급하기 위한 대통령령이 정하는 장소로서 제6조제1항의 규정에 따른 허가를 받은 장소를 말한다.
>
> — 제6조(위험물시설의 설치 및 변경 등)
> ① 제조소 등을 설치하고자 하는 자는 대통령령이 정하는 바에 따라 그 설치장소를 관할하는 특별시장·광역시장·특별자치시장·도지사 또는 특별자치도지사(이하 "시·도지사"라 한다)의 허가를 받아야 한다. 제조소 등의 위치·구조 또는 설비 가운데 행정안전부령이 정하는 사항을 변경하고자 하는 때에도 또한 같다. 〈개정 2008.2.29, 2013.3.23, 2014.11.19, 2014.12.30, 2017.7.26〉

151 다음 중 위험물안전관리자를 선임하지 않고 허가를 받은 자에 대한 벌칙은?   [09 대전]

① 1천만 원 이하의 벌금   ② 1,500만 원 이하의 벌금

③ 300만 원 이하의 벌금   ④ 2,000만 원 이하의 벌금

> **해설** 위험물안전관리자 미선임 1,500만 원 이하의 벌금

정답 **149** ②   **150** ③   **151** ②

152 다음 중 위험물의 성질이 가연성 고체가 아닌 것은? [09 경남 2회]

① 황화린   ② 황린

③ 적린   ④ 유황

153 제조소 등에서의 위험물의 저장 및 취급에 관한 기준 중 옥외저장탱크·옥내저장탱크 또는 지하저장탱크 중 압력탱크에 저장하는 아세트알데히드등 또는 디에틸에테르등의 온도는 몇 ℃ 이하로 유지하여야 하는가? [09 경남 2회]

① 60℃   ② 55℃

③ 50℃   ④ 40℃

해설 제조소 등에서의 위험물의 저장 및 취급에 관한 기준[시행규칙 별표 18]

알킬알루미늄등, 아세트알데히드등 및 디에틸에테르등(디에틸에테르 또는 이를 함유한 것을 말한다. 이하 같다)의 저장기준은 제1호 내지 제20호의 규정에 의하는 외에 다음 각목과 같다 (중요 기준).

가. 옥외저장탱크 또는 옥내저장탱크 중 압력탱크(최대상용압력이 대기압을 초과하는 탱크를 말한다. 이하 이 호에서 같다)에 있어서는 알킬알루미늄등의 취출에 의하여 당해 탱크 내의 압력이 상용압력 이하로 저하하지 아니하도록, 압력탱크 외의 탱크에 있어서는 알킬알루미늄등의 취출이나 온도의 저하에 의한 공기의 혼입을 방지할 수 있도록 불활성의 기체를 봉입할 것

나. 옥외저장탱크·옥내저장탱크 또는 이동저장탱크에 새롭게 알킬알루미늄등을 주입하는 때에는 미리 당해 탱크 안의 공기를 불활성 기체와 치환하여 둘 것

다. 이동저장탱크에 알킬알루미늄등을 저장하는 경우에는 20kPa 이하의 압력으로 불활성의 기체를 봉입하여 둘 것

라. 옥외저장탱크·옥내저장탱크 또는 지하저장탱크 중 압력탱크에 있어서는 아세트알데히드등의 취출에 의하여 당해 탱크 내의 압력이 상용압력 이하로 저하하지 아니하도록, 압력탱크 외의 탱크에 있어서는 아세트알데히드등의 취출이나 온도의 저하에 의한 공기의 혼입을 방지할 수 있도록 불활성 기체를 봉입할 것

마. 옥외저장탱크·옥내저장탱크·지하저장탱크 또는 이동저장탱크에 새롭게 아세트알데히드등을 주입하는 때에는 미리 당해 탱크 안의 공기를 불활성 기체와 치환하여 둘 것

바. 이동저장탱크에 아세트알데히드등을 저장하는 경우에는 항상 불활성의 기체를 봉입하여 둘 것

사. 옥외저장탱크·옥내저장탱크 또는 지하저장탱크 중 압력탱크 외의 탱크에 저장하는 디에틸에테르등 또는 아세트알데히드등의 온도는 산화프로필렌과 이를 함유한 것 또는 디에틸에테르등에 있어서는 30℃ 이하로, 아세트알데히드 또는 이를 함유한 것에 있어서는 15℃ 이하로 각각 유지할 것

아. 옥외저장탱크·옥내저장탱크 또는 지하저장탱크 중 압력탱크에 저장하는 아세트알데히드등 또는 디에틸에테르등의 온도는 40℃ 이하로 유지할 것

자. 보냉장치가 있는 이동저장탱크에 저장하는 아세트알데히드등 또는 디에틸에테르등의 온도는 당해 위험물의 비점 이하로 유지할 것

차. 보냉장치가 없는 이동저장탱크에 저장하는 아세트알데히드등 또는 디에틸에 테르등의 온도는 40℃ 이하로 유지할 것

154 제조소 등의 설치를 마쳤거나 그 위치·구조 또는 설비의 변경을 마친 때에는 당해 제조소 등 마다 시·도지사가 행하는 완공검사를 받아야 하는데, 다음 중 완공검사의 신청시기가 잘못 연결된 것은? [09 경남 2회]

① 지하탱크가 있는 제조소 등의 경우 : 당해 지하탱크를 매설하기 전
② 이동탱크저장소의 경우 : 이동저장탱크를 완공하고 내압시험을 실시하는 시기
③ 이송취급소의 경우 : 이송배관 공사의 전체 또는 일부를 완료한 후. 다만, 지하·하천 등에 매설하는 이송배관의 공사의 경우에는 이송배관을 매설하기 전
④ 전체 공사가 완료된 후에는 완공검사를 실시하기 곤란한 경우 : 배관을 지하에 설치하는 경우에는 시·도지사, 소방서장 또는 기술원이 지정하는 부분을 매몰하기 직전

해설 완공검사 신청시기
　⊙ 지하탱크가 있는 제조소 등의 경우 : 당해 지하탱크를 매설하기 전
　ⓛ **이동탱크저장소의 경우 : 이동저장탱크를 완공하고 상치장소를 확보한 후**
　ⓒ 이송취급소의 경우 : 이송배관 공사의 전체 또는 일부를 완료한 후. 다만, 지하·하천 등에 매설하는 이송배관의 공사의 경우에는 이송배관을 매설하기 전
　ⓔ 전체 공사가 완료된 후에는 완공검사를 실시하기 곤란한 경우
　　가. 위험물설비 또는 배관의 설치가 완료되어 기밀시험 또는 내압시험을 실시하는 시기
　　나. 배관을 지하에 설치하는 경우에는 시·도지사, 소방서장 또는 기술원이 지정하는 부분을 매몰하기 직전
　　다. 기술원이 지정하는 부분의 비파괴시험을 실시하는 시기
　ⓜ ⊙~ⓔ에 해당하지 아니하는 제조소 등의 경우 : 제조소 등의 공사를 완료한 후

155 안전관리자를 선임한 제조소 등의 관계인은 그 안전관리자를 해임하거나 안전관리자가 퇴직한 때에는 해임하거나 퇴직한 날부터 며칠 이내에 다시 안전관리자를 선임하여야 하는가? [09 경남 2회]

① 7일　　　　　　　　　　　② 14일
③ 15일　　　　　　　　　　④ 30일

156 다음 중 위험물안전관리법에 규정된 용어의 정의가 옳지 않은 것은? [09 경남 2회]

① "지정수량"이라 함은 위험물의 종류별로 위험성을 고려하여 대통령령이 정하는 수량으로서 제6호의 규정에 의한 제조 소등의 설치허가 등에 있어서 최저의 기준이 되는 수량을 말한다.

② "위험물"이라 함은 인화성 또는 발화성 등의 성질을 가지는 것으로서 대통령령이 정하는 물품을 말한다.

③ "제조소 등"이라 함은 제3호 내지 제5호의 제조소 · 저장소 및 취급소를 말한다.

④ "취급소"라 함은 지정수량 이상의 위험물을 저장 외의 목적으로 취급하기 위한 대통령령이 정하는 장소로서 규정에 따른 허가를 받은 장소를 말한다.

> **해설** "취급소"라 함은 지정수량 이상의 위험물을 제조 외의 목적으로 취급하기 위한 대통령령이 정하는 장소로서 제6조제1항의 규정에 따른 허가를 받은 장소를 말한다.

157 둘 이상의 위험물을 같은 장소에서 저장 또는 취급하는 경우에 있어서 지정수량 이상의 위험물로 보는 경우는? [09 전북 2회]

① 당해 장소에서 저장 또는 취급하는 각 위험물의 수량을 그 위험물의 지정수량으로 각각 나누어 얻은 수의 합계가 1 이상인 경우

② 당해 장소에서 저장 또는 취급하는 각 위험물의 수량을 그 위험물의 지정수량으로 각각 나누어 얻은 수의 합계가 1 미만인 경우

③ 당해 장소에서 저장 또는 취급하는 각 위험물의 수량을 그 위험물의 지정수량으로 각각 나누어 얻은 수의 합계가 0.5 이상인 경우

④ 당해 장소에서 저장 또는 취급하는 각 위험물의 수량을 그 위험물의 지정수량으로 각각 나누어 얻은 수의 합계가 0.5 미만인 경우

> **해설** 둘 이상의 위험물을 같은 장소에서 저장 또는 취급하는 경우 당해 장소에서 저장 또는 취급하는 각 위험물의 수량을 그 위험물의 지정수량으로 각각 나누어 얻은 수의 합계가 1 이상인 경우 당해 위험물은 지정수량 이상의 위험물로 본다.

158 다음 중 위험물안전관리법에 규정된 취급소의 종류가 아닌 것은? [09 전북 2회]

① 일반취급소   ② 관리취급소
③ 판매취급소   ④ 이송취급소

159 다음 중 위험물안전관리법에 규정된 제1석유류가 아닌 것은? [09 경북 2회]

① 휘발유
② 벤젠
③ 톨루엔
④ 이황화탄소

> **해설** 이황화탄소는 특수인화물
> 디에틸에테르＋이황화탄소 특수인화물 대표물질

160 위험물의 종류별로 위험성을 고려하여 대통령령이 정하는 수량으로서 제6호의 규정에 의한 제조소 등의 설치허가 등에 있어서 최저의 기준이 되는 수량을 무엇이라고 하는가? [09 경북 2회]

① 위험수량
② 제조수량
③ 지정수량
④ 안전수량

161 지정수량 미만인 위험물의 저장 또는 취급에 관한 기술상의 기준은 무엇으로 정하는가? [09 경북 2회]

① 특별시 · 광역시 · 특별자치시 · 도 및 특별자치도의 조례
② 대통령령
③ 행정안전부령
④ 위험물안전관리법

> **해설** 지정수량 미만의 경우 시도의 조례에 따른다.

162 다음 중 위험물안전관리법에 규정된 제조소 등이 아닌 것은? [09 경북 2회]

① 제조소
② 저장소
③ 보관소
④ 취급소

163 위험물취급자격자의 자격 중 위험물을 관리할 때 유별에 관계없이 모든 위험물을 취급할 수 있는 사람은? [10 충남]

① 소방기술사의 자격을 취득한 사람
② 위험물기능장, 위험물산업기사, 위험물기능사의 자격을 취득한 사람
③ 소방시설관리사의 자격을 취득한 사람
④ 소방처장이 실시하는 안전관리자교육을 이수한 사람

정답 **159** ④ **160** ③ **161** ① **162** ③ **163** ②

164 특정옥외탱크저장소의 설치허가에 따른 완공검사필증을 발급받은 날부터 몇 년 이내에 정기 검사를 받아야 하는가? [10 충남]

① 3년   ② 5년

③ 11년   ④ 12년

해설 정기검사

① 정기검사자 : 소방본부장 또는 소방서장

② 정기검사의 대상 : 액체위험물을 저장 또는 취급하는 50만리터 이상의 옥외탱크저장소 (준특정옥외탱크저장소－50만리터 이상, 특정옥외탱크저장소－100만리터 이상)

③ 정기검사의 시기

㉠ 특정옥외탱크저장소의 설치허가에 따른 완공검사필증을 발급받은 날부터 12년

㉡ 최근의 정기검사를 받은 날부터 11년

㉢ 정기검사를 받아야 하는 특정옥외탱크저장소의 관계인은 정기검사를 구조안전점검을 실시하는 때에 함께 받을 수 있다.

㉣ 재난 그 밖의 비상사태의 발생, 안전유지상의 필요 또는 사용상황 등의 변경으로 해당 시기에 정기검사를 실시하는 것이 적당하지 아니하다고 인정되는 때에는 소방서장의 직권 또는 관계인의 신청에 따라 소방서장이 따로 지정하는 시기에 정기검사를 받을 수 있다.

④ 정기검사의 방법

㉠ 정기검사는 특정옥외탱크저장소의 위치 · 구조 및 설비의 특성을 감안하여 안전성 확인에 적합한 검사방법으로 실시하여야 한다.

㉡ 특정옥외탱크저장소의 관계인이 구조안전점검 시에 기술원에서 미리 점검한 후에 정기검사를 신청하는 때에는 그 사항에 대한 정기검사는 전체의 검사범위 중 임의의 부위를 발췌하여 검사하는 방법으로 실시한다.

㉢ 특정옥외탱크저장소의 변경허가에 따른 탱크안전성능검사의 기회에 정기검사를 같이 실시하는 경우에 있어서 검사범위가 중복되는 때에는 당해 검사범위에 대한 어느 하나의 검사를 생략한다.

㉣ 검사방법과 판정기준 그 밖의 정기검사의 실시에 관하여 필요한 사항은 소방청장이 정하여 고시한다.

⑤ 정기검사의 기록보관

정기검사를 받은 제조소 등의 관계인과 정기검사를 실시한 기술원은 정기검사필증 등 정기검사에 관한 서류를 당해제조소 등에 대한 차기 정기검사 시까지 보관하여야 한다.

165 다음 중 위험물의 성질이 다른 것은? [10 충남]

① 질산염류   ② 과염소산

③ 무기과산화물   ④ 염소산염류

해설 ①, ③, ④ 제1류 위험물

② 과염소산은 제6류 위험물

166 다음 중 위험물안전관리법에 규정된 취급소의 종류가 아닌 것은? [10 충남]

① 일반취급소   ② 특수취급소   ③ 판매취급소   ④ 이송취급소

167 유별을 달리하는 위험물의 혼재기준에 의할 때 제4류 위험물과 혼재할 수 없는 것은? [10 충남]

① 제1류, 제6류   ② 제2류, 제3류
③ 제3류, 제5류   ④ 제2류, 제5류

> **해설** 유별을 달리하는 위험물의 혼재기준[1 - 6, 2 - 4 - 5, 3 - 4]

위험물의 구분	제1류	제2류	제3류	제4류	제5류	제6류
제1류		×	×	×	×	○
제2류	×		×	○	○	×
제3류	×	×		○	×	×
제4류	×	○	○		○	×
제5류	×	○	×	○		×
제6류	○	×	×	×	×	

[비고] 이 표는 지정수량의 10분의 1 이하의 위험물에 대하여는 적용하지 아니한다.

168 동일한 사업소에서 대통령령이 정하는 수량 이상의 위험물을 저장 또는 취급하는 경우 당해 사업소의 관계인이 설치해야 하는 것은? [10 경기]

① 의용소방대   ② 자체소방대
③ 자위소방대   ④ 의무소방대

169 위험물안전관리자에 대한 설명 중 옳지 않은 것은? [10 경기]

① 다수의 제조소 등을 동일인이 설치한 경우에는 관계인은 1인의 안전관리자를 중복하여 선임할 수 없다.
② 안전관리자가 선임한 때에는 14일 이내에 소방 본부장, 소방서장에게 신고하여야 한다.
③ 안전관리자를 해임하거나 안전관리자가 퇴직한 때에는 해임하거나 퇴직한 날부터 30일 이내에 다시 선임하여야 한다.
④ 안전관리자가 직무를 수행할 수 없거나 다른 안전관리자를 선임하지 못하는 경우 경험있는 자를 대리자로 지정하여 직무를 대행하게 하여야 한다.

1인의 안전관리자를 중복하여 선임할 수 있는 경우
  1) 보일러 · 버너 또는 이와 비슷한 것으로서 위험물을 소비하는 장치로 이루어진 7개 이하의 일반취급소와 그 일반취급소에 공급하기 위한 위험물을 저장하는 저장소(일반취급소 및 저장소가 모두 동일 구내에 있는 경우에 한한다.)를 동일인이 설치한 경우
  2) 위험물을 차량에 고정된 탱크 또는 운반용기에 옮겨 담기 위한 5개 이하의 일반취급소[일반취급소 간의 거리(보행거리)가 300미터 이내인 경우에 한한다]와 그 일반취급소에 공급하기 위한 위험물을 저장하는 저장소를 동일인이 설치한 경우
  3) 동일 구내에 있거나 상호 100미터 이내의 거리에 있는 저장소로서 저장소의 규모, 저장하는 위험물의 종류 등을 고려하여 행정안전부령이 정하는 저장소를 동일인이 설치한 경우(행정안전부령으로 정하는 저장소)
      1. 10개 이하의 옥내저장소
      2. 30개 이하의 옥외탱크저장소
      3. 옥내탱크저장소
      4. 지하탱크저장소
      5. 간이탱크저장소
      6. 10개 이하의 옥외저장소
      7. 10개 이하의 암반탱크저장소
  4) 다음 각목의 기준에 모두 적합한 5개 이하의 제조소 등을 동일인이 설치한 경우
      1. 각 제조소 등이 동일 구내에 위치하거나 상호 100미터 이내의 거리에 있을 것
      2. 각 제조소 등에서 저장 또는 취급하는 위험물의 최대수량이 지정수량의 3천 배 미만일 것. 다만, 저장소의 경우에는 그러하지 아니하다.
  5) 선박주유취급소의 고정주유설비에 공급하기 위한 위험물을 저장하는 저장소와 당해 선박주유취급소

170 제조소 등의 용도를 폐지한 때에는 며칠 이내 시 · 도지사에게 신고하여야 하는가?

[10 경기]

① 7일 이내 ② 14일 이내
③ 10일 이내 ④ 30일 이내

제조소 등의 폐지
  제조소 등의 관계인은 제조소 등의 용도를 폐지한 경우 폐지한 날부터 14일 이내에 시 · 도지사에게 신고하여야 한다.

171 위험물 저장 및 취급의 제한에 대한 설명 중 옳지 않은 것은?　　　　[10 경기]

① 지정수량 이상 위험물을 저장소가 아닌 장소에서 저장하거나 제조소 등이 아닌 장소에서 50일 동안 임시저장시 관할 소방서장의 승인을 받을 필요가 없다.

② 군부대가 지정수량 이상의 위험물을 군사목적으로 임시로 저장 또는 취급할 수 있다.

③ 제조소 등에서의 위험물의 저장 또는 취급에 관하여는 행정안전부령에 의한 중요기준 및 세부기준에 따라야 한다.

④ 지정수량 이상의 위험물을 저장소가 아닌 장소에서 저장하거나 제조소 등이 아닌 장소에서 취급하여서는 아니 된다.

> **해설** 제조소 등이 아닌 장소에서 지정수량 이상의 위험물을 취급할 수 있는 경우
>
> 임시로 저장 또는 취급하는 장소에서의 저장 또는 취급의 기준과 임시로 저장 또는 취급하는 장소의 위치 · 구조 및 설비의 기준은 시 · 도의 조례로 정한다.
>
> ① 시 · 도의 조례가 정하는 바에 따라 관할소방서장의 승인을 받아 지정수량 이상의 위험물을 90일 이내의 기간 동안 임시로 저장 또는 취급하는 경우
>
> ② 군부대가 지정수량 이상의 위험물을 군사목적으로 임시로 저장 또는 취급하는 경우

172 위험물안전관리기본법에 규정된 위험물의 용어 정의로 옳은 것은?　　　　[10 경기]

① 인화성 또는 발화성 등의 성질을 가지는 것으로서 대통령령이 정하는 물품

② 인화성 또는 발화성 등의 성질을 가지는 것으로서 행정안전부령이 정하는 물품

③ 인화성 또는 폭발성 등의 성질을 가지는 것으로서 대통령령이 정하는 물품

④ 인화성 또는 폭발성 등의 성질을 가지는 것으로서 행정안전부령이 정하는 물품

173 위험물을 제조할 목적으로 지정수량 이상의 위험물을 취급하기 위하여 허가를 받은 장소는?

　　　　[10 경기]

① 제조소　　　　② 취급소　　　　③ 저장소　　　　④ 제조소 등

174 다음 중 위험물안전관리법에 규정된 위험물의 정의에 해당하는 위험물은?　　　　[10 부산]

① 가연성 또는 발화성 등의 성질을 가지는 것

② 인화성 또는 발화성 등의 성질을 가지는 것

③ 자연발화성 또는 금수성 등의 성질을 가지는 것

④ 가연성 또는 인화성 등의 성질을 가지는 것

정답 **171** ①　　**172** ①　　**173** ①　　**174** ②

175 위험물 안전교육을 받아야 하는 대상자로 옳지 않은 것은? [10 부산]

① 안전관리자로 선임된 자

② 대리자 및 보조자

③ 탱크시험자의 기술인력으로 종사하는 자

④ 위험물운송자로 종사하는 자

> **해설** 안전교육대상자
>
> ① 안전관리자로 선임된 자
>
> ② 탱크시험자의 기술인력으로 종사하는 자
>
> ③ 위험물운송자로 종사하는 자

176 주유취급소의 위치·구조 및 설비의 기준이 옳지 않은 것은? [10 부산]

① 주유취급소의 고정주유설비의 주위에는 주유를 받으려는 자동차 등이 출입할 수 있도록 너비 15m 이상, 길이 6m 이상의 콘크리트 등으로 포장한 공지를 보유하여야

② 고정주유설비와 고정급유설비의 사이에는 4m 이상의 거리를 유지하게 설치하여야 한다.

③ 적색 바탕에 황색 문자로 "주유 중 엔진정지"라는 표시를 한 게시판을 설치하여야 한다.

④ 주유원 간이대기실은 바닥면적이 2.5m² 이하로 하여야 한다.

> **해설** 황색 바탕에 흑색 문자 "주유 중 엔진정지"
>
> ※ 주유원 간이대기실은 다음의 기준에 적합할 것
>
> 1) 불연재료로 할 것
>
> 2) 바퀴가 부착되지 아니한 고정식일 것
>
> 3) 차량의 출입 및 주유작업에 장애를 주지 아니하는 위치에 설치할 것
>
> 4) 바닥면적이 2.5m² 이하일 것. 다만, 주유공지 및 급유공지 외의 장소에 설치하는 것은 그러하지 아니하다.

177 위험물별 주의사항 게시판 내용과 다른 것은? [10 부산]

① 제2류 위험물 – 가연성 고체 – 화기주의

② 제2류 위험물 – 인화성 고체 – 화기엄금

③ 제3류 위험물 – 자연발화성 물질 – 물기엄금

④ 제4류 위험물 – 인화성 액체 – 화기엄금

㉠ 제1류 위험물 중 알칼리금속의 과산화물 또는 이를 함유한 것에 있어서는 "화기 · 충격주의", "물기엄금" 및 "가연물접촉주의", 그 밖의 것에 있어서는 "화기 · 충격주의" 및 "가연물접촉주의"

㉡ 제2류 위험물 중 철분 · 금속분 · 마그네슘 또는 이들 중 어느 하나 이상을 함유한 것에 있어서는 "화기주의" 및 "물기엄금", 인화성 고체에 있어서는 "화기엄금", 그 밖의 것에 있어서는 "화기주의"

㉢ 제3류 위험물 중 자연발화성 물질에 있어서는 "화기엄금" 및 "공기접촉엄금", 금수성 물질에 있어서는 "물기엄금"

㉣ 제4류 위험물에 있어서는 "화기엄금"

㉤ 제5류 위험물에 있어서는 "화기엄금" 및 "충격주의"

㉥ 제6류 위험물에 있어서는 "가연물 접촉주의"

178 다음 석유류의 지정품목이 틀린 것은? [10 부산]

① 제3석유류는 등유, 경유이다.

② 제1석유류 중 휘발유의 지정수량은 200리터이다

③ 제2류위험물 중 유황은 순도가 60% 이상인 것이다.

④ 4류위험물은 동 · 식물유류가 포함된다.

등유, 경유는 2석유류, 3석유류는 중유, 클레오소트유

179 다음 중 위험물을 저장 또는 취급하는 탱크의 용적 산정기준은? [10 경북]

① 내용적 - 공간용적 = 산정용적

② 공간용적 - 산정용적 = 공간용적

③ 공간용적 - 내용적 = 산정용적

④ 산정용적 - 공간용적 = 내용적

탱크의 용량계산
위험물을 저장 또는 취급하는 탱크의 용량은 탱크의 내용적에서 공간용적을 뺀 용적으로 한다.

180 다음 중 「위험물안전관리법」에서 규정하고 있는 취급소에 해당하지 않는 것은? [10 경북]

① 저장탱크취급소　　　　　② 주유취급소

③ 판매취급소　　　　　　　④ 일반취급소

181 다음 위험물의 유별 성질이 올바르게 짝지어진 것은? [10 경북]

① 제1류 위험물 – 산화성 액체

② 제2류 위험물 – 가연성 액체

③ 제3류 위험물 – 자연발화성 물질 및 금수성 물질

④ 제4류 위험물 – 인화성 고체

182 제조소 등의 관계인은 당해 제조소 등의 용도를 폐지한 때에는 행정안전부령이 정하는 바에 따라 제조소 등의 용도를 폐지한 날부터 며칠 이내에 시·도지사에게 신고하여야 하는가? [10 경북]

① 7일

② 14일

③ 21일

④ 30일

183 다음 중 위험물의 유별 품명이 잘못 연결된 것은? [10 대구]

① 제1류 위험물 – 무기과산화물

② 제2류 위험물 – 인화성 고체

③ 제3류 위험물 – 칼륨 및 칼슘

④ 제5류 위험물 – 질산나트륨

> **해설** 질산나트륨은 1류 위험물이다(질산염류).

184 다음 중 정기점검의 대상인 제조소 등의 기준은? [10 대구]

① 지정수량 150배 이상의 위험물을 저장하는 옥내저장소

② 지정수량 50배 이상의 위험물을 저장하는 옥외저장소

③ 지정수량 100배 이상의 액체위험물을 저장하는 옥내저장소

④ 100만 리터 이상의 액체위험물을 저장하는 옥외탱크저장소

> **해설** 정기점검의 대상인 제조소 등
> 법 제18조제1항에서 "대통령령이 정하는 제조소 등"이라 함은 다음 각호의 1에 해당하는 제조소 등을 말한다.
> 1. 제15조 각호의 1에 해당하는 제조소 등[예방규정 적용대상]
> 2. 지하탱크저장소
> 3. 이동탱크저장소

4. 위험물을 취급하는 탱크로서 지하에 매설된 탱크가 있는 제조소·주유취급소 또는 일반취급소 예방규정을 작성, 제출하여야 하는 대상
　　① 지정수량의 10배 이상의 위험물을 취급하는 제조소
　　② 지정수량의 100배 이상의 위험물을 저장하는 옥외저장소
　　③ 지정수량의 150배 이상의 위험물을 저장하는 옥내저장소
　　④ 지정수량의 200배 이상의 위험물을 저장하는 옥외탱크저장소
　　⑤ 암반탱크저장소
　　⑥ 이송취급소
　　⑦ 지정수량의 10배 이상의 위험물을 취급하는 일반취급소

※ ④번이 대상일 수 있으나 기준은 아님

185 다음 제조소의 위치·구조 및 설비의 기준 중 안전거리 기준이 잘못된 것은?　　　[10 대구]

① 주거용으로 사용되는 것에 있어서는 10m 이상
② 고압가스, 액화석유가스 또는 도시가스를 저장 또는 취급하는 시설 중 고압가스저장시설의 경우에 있어서는 20m 이상
③ 학교 및 병원급 의료기관의 경우에 있어서는 20m 이상
④ 유형문화재와 기념물 중 지정문화재에 있어서는 50m 이상

해설 학교 및 병원 : 30m

186 주유취급소에 있는 게시판의 "주유 중 엔진정지"의 색상은?　　　[10 대구]

① 흑색 바탕에 황색 문자
② 황색 바탕에 흑색 문자
③ 백색 바탕에 흑색 문자
④ 흑색 바탕에 백색 문자

187 다음 중 1인의 안전관리자를 중복하여 선임할 수 있는 저장소 등에 해당하지 않는 것은?　　　[10 중앙]

① 30개 이하의 옥외저장소
② 30개 이하의 옥내탱크저장소
③ 30개 이하의 지하탱크저장소
④ 30개 이하의 간이탱크저장소

해설 1인의 안전관리자를 중복하여 선임할 수 있는 경우

1) 보일러·버너 또는 이와 비슷한 것으로서 위험물을 소비하는 장치로 이루어진 7개 이하의 일반취급소와 그 일반취급소에 공급하기 위한 위험물을 저장하는 저장소(일반취급소 및 저장소가 모두 동일 구내에 있는 경우에 한한다.)를 동일인이 설치한 경우

2) 위험물을 차량에 고정된 탱크 또는 운반용기에 옮겨 담기 위한 5개 이하의 일반취급소[일반취급소간의 거리(보행거리)가 300미터 이내인 경우에 한한다]와 그 일반취급소에 공급하기 위한 위험물을 저장하는 저장소를 동일인이 설치한 경우

3) 동일 구내에 있거나 상호 100미터 이내의 거리에 있는 저장소로서 저장소의 규모, 저장하는 위험물의 종류 등을 고려하여 행정안전부령이 정하는 저장소를 동일인이 설치한 경우(행정안전부령으로 정하는 저장소)
   1. 10개 이하의 옥내저장소
   2. 30개 이하의 옥외탱크저장소
   3. 옥내탱크저장소 ┐
   4. 지하탱크저장소 │ ※ 동일 구내에 있거나 100미터 이내이면 개수에 관계없음
   5. 간이탱크저장소 ┘
   6. 10개 이하의 옥외저장소
   7. 10개 이하의 암반탱크저장소

4) 다음 각목의 기준에 모두 적합한 5개 이하의 제조소 등을 동일인이 설치한 경우
   1. 각 제조소 등이 동일구내에 위치하거나 상호 100미터 이내의 거리에 있을 것
   2. 각 제조소 등에서 저장 또는 취급하는 위험물의 최대수량이 지정수량의 3천배 미만일 것. 다만, 저장소의경우에는 그러하지 아니하다.

5) 선박주유취급소의 고정주유설비에 공급하기 위한 위험물을 저장하는 저장소와 당해 선박주유취급소

188 위험물 제조소에는 보기 쉬운 곳에 다음 각목의 기준에 따라 방화에 관하여 필요한 사항을 게시한 게시판을 설치하여야 하는데, 다음 중 저장 또는 취급하는 위험물에 따른 주의사항으로 옳은 것은? [10 중앙]

① 제2류 위험물 – 화기주의
② 제4류 위험물 – 물기주의
③ 제5류 위험물 – 물기엄금
④ 제6류 위험물 – 화기엄금

해설 ㉠ 제1류 위험물 중 알칼리금속의 과산화물 또는 이를 함유한 것에 있어서는 "화기·충격주의", "물기엄금" 및 "가연물접촉주의", 그 밖의 것에 있어서는 "화기·충격주의" 및 "가연물접촉주의"
   ㉡ 제2류 위험물 중 철분·금속분·마그네슘 또는 이들 중 어느 하나 이상을 함유한 것에 있어서는 "화기주의" 및 "물기엄금", 인화성 고체에 있어서는 "화기엄금", 그 밖의 것에 있어서는 "화기주의"
   ㉢ 제3류 위험물 중 자연발화성 물질에 있어서는 "화기엄금" 및 "공기접촉엄금", 금수성 물질에 있어서는 "물기엄금"

ㄹ 제4류 위험물에 있어서는 "화기엄금"

ㅁ 제5류 위험물에 있어서는 "화기엄금" 및 "충격주의"

ㅂ 제6류 위험물에 있어서는 "가연물접촉주의"

189 위험물 제조소의 위치·구조 및 설비의 기준 중 정전기 제거설비의 설치방법에 해당하지 않는 것은? [10 중앙]

① 접지에 의한 방법

② 공기 중의 상대습도를 70% 이상으로 하는 방법

③ 공기를 이온화하는 방법

④ 배풍기 강제배기 방법

해설 **정전기 제거설비**

가. 접지에 의한 방법

나. 공기 중의 상대습도를 70% 이상으로 하는 방법

다. 공기를 이온화하는 방법

190 다음 주유취급소의 위치·구조 및 설비의 기준 중 주유취급소에 설치할 수 있는 시설이 아닌 것은? [10 중앙]

① 볼링장 및 다수가 이용할 수 있는 체육시설

② 주유취급소의 업무를 행하기 위한 사무소

③ 자동차 등의 점검 및 간이정비를 위한 작업장

④ 자동차 등의 세정을 위한 작업장

해설 주유취급소에는 주유 또는 그에 부대하는 업무를 위하여 사용되는 다음 건축물 또는 시설 외에는 다른 건축물 그밖의 공작물을 설치할 수 없다.

① 주유 또는 등유·경유를 옮겨 담기 위한 작업장

② 주유취급소의 업무를 행하기 위한 사무소

③ 자동차 등의 점검 및 간이정비를 위한 작업장

④ 자동차 등의 세정을 위한 작업장

⑤ 주유취급소에 출입하는 사람을 대상으로 한 점포·휴게음식점 또는 전시장

⑥ 주유취급소의 관계자가 거주하는 주거시설

⑦ 전기자동차용 충전설비(전기를 동력원으로 하는 자동차에 직접 전기를 공급하는 설비를 말한다. 이하 같다)

⑧ 그 밖의 소방청장이 정하여 고시하는 건축물 또는 시설

정답 **189** ④ **190** ①

191 위험물의 저장 및 취급의 제한에 대한 설명으로 옳지 않은 것은? [10 중앙]

① 지정수량 미만인 위험물의 저장 또는 취급에 관한 기술상의 기준은 특별시 · 광역시 · 특별자치시 · 도 및 특별자치도의 조례로 정한다.

② 지정수량 이상의 위험물을 저장소가 아닌 장소에서 저장하거나 제조소 등이 아닌 장소에서 취급하여서는 아니 된다.

③ 위험물안전관리법은 항공기 · 선박 · 철도 및 궤도에 의한 위험물의 저장 · 취급 및 운반에 있어서는 이를 적용하지 아니한다.

④ 군부대가 지정수량 이상의 위험물을 군사목적으로 임시로 저장 또는 취급하는 경우 제조소 등이 아닌 장소에서 지정수량 이상의 위험물을 취급할 수 있으며, 이 경우 임시로 저장 또는 취급하는 장소에서의 저장 또는 취급의 기준과 임시로 저장 또는 취급하는 장소의 위치 · 구조 및 설비의 기준은 시 · 도의 조례로 정하는 바에 따라 관할 소방서장의 승인을 받아야 한다.

해설 제5조(위험물의 저장 및 취급의 제한)

① 지정수량 이상의 위험물을 저장소가 아닌 장소에서 저장하거나 제조소등이 아닌 장소에서 취급하여서는 아니된다. [저장소 제조소 × 지정수량 이상 취급 : 3년 이하 징역 3천만 원 이하 벌금]

② 제1항의 규정에 불구하고 다음 각 호의 어느 하나에 해당하는 경우에는 제조소등이 아닌 장소에서 지정수량 이상의 위험물을 취급할 수 있다. 이 경우 임시로 저장 또는 취급하는 장소에서의 저장 또는 취급의 기준과 임시로 저장 또는 취급하는 장소의 위치 · 구조 및 설비의 기준은 시 · 도의 조례로 정한다. [제2항 후단 위반 : 200만 원 이하 과태료를 정할 수 있다]

  1. 시 · 도의 조례가 정하는 바에 따라 관할소방서장의 승인을 받아 지정수량 이상의 위험물을 90일 이내의 기간동안 임시로 저장 또는 취급하는 경우
(반복 승인×. 90일 초과 계속사용은 조례 승인이 아닌 이 법의 허가를 받아야 한다) [승인 × : 과태료 200만 원]

  2. 군부대가 지정수량 이상의 위험물을 군사목적으로 임시로 저장 또는 취급하는 경우

요약 참고

1. 용어정의

위험물	인화성 또는 발화성 등의 성질을 가지는 것으로서 대통령령이 정하는 물품을 말한다.
지정수량	대통령령이 정하는 수량으로서 제조소등의 설치허가 등에 있어서 최저의 기준이 되는 수량을 말한다.
제조소 등	제조소 · 저장소 및 취급소를 말한다.

※ 위험물 종류 및 지정수량[영별표1]

2. 적용제외

이 법은 항공기 · 선박(선박법 제1조의2의 규정에 따른 선박을 말한다) · 철도 및 궤도에 의한 위험물의 저장 · 취급 및 운반에 있어서는 이를 적용하지 아니한다.

3. 지정수량 미만인 위험물의 저장 또는 취급에 관한 기준

　시·도 조례로 정한다.

4. 위험물의 저장 및 취급의 제한

　① 지정수량 이상의 위험물은 제조소등의 장소에서 저장·취급하여야 한다.

　② 제조소등이 아닌 장소에서 지정수량 이상의 위험물을 취급할 수 있는 경우

　　㉠ 관할소방서장의 승인을 받아 지정수량 이상의 위험물을 90일 이내의 기간 동안 임시로 저장 또는 취급하는 경우

　　㉡ 군부대가 지정수량 이상의 위험물을 군사목적으로 임시로 저장 또는 취급하는 경우

192 다음 위험물에 대한 설명 중 옳지 않은 것은? [10 중앙]

① 히드록실아민염류는 제1류 위험물이며 산화성 고체이다.

② 황화린은 제2류 위험물이며 가연성 고체이다.

③ 알킬알루미늄은 제3류 위험물로서 자연발화성 및 금수성 물질이다.

④ 알코올류는 제4류 위험물이며 인화성 액체이다.

해설 히드록실아민염류는 제5류 위험물이며 자기반응성 물질이다.

193 다음 중 주유취급소에 설치할 수 없는 시설은? [10 광주]

① 주유취급소에 출입하는 사람을 대상으로 한 점포

② 주유취급소에 출입하는 사람을 대상으로 한 일반음식점

③ 주유취급소에 출입하는 사람을 대상으로 한 전시장

④ 주유취급소의 업무를 행하기 위한 사무소

해설 190번 문제 해설 참조

194 동일 구내에 있거나 상호 100m 이내의 거리에 있는 저장소로서 1인의 안전관리자를 중복 선임할 수 있는 저장소가 아닌 것은? [10 충북]

① 100개 이하의 옥내저장소

② 10개 이하의 옥외저장소

③ 10개 이하의 암반탱크저장소

④ 30개 이하의 옥외탱크저장소

해설 187번 문제 해설 참조

정답 **192** ① **193** ② **194** ①

195 위험물시설의 설치 및 변경신고에 관한 사항으로 옳지 <u>않은</u> 것은?   [10 충북]

① 제조소 등을 설치하고자 하는 자는 시·도지사의 허가를 받아야 한다.

② 위험물의 품명, 수량, 지정수량, 배수변경의 경우 1일 전까지 시·도지사에게 신고하여야 한다.

③ 주택의 난방시설을 위한 저장소, 취급소는 허가 및 신고 제외 대상이다.

④ 농예용, 축산용은 지정수량 11배 이하의 저장소는 허가 및 신고 제외 대상이다.

> **해설** 제조소 등이 아닌 경우에 허가를 받지 아니하고 당해 제조소 등을 설치하거나 그 위치 구조 또는 설비를 변경할 수 있는 경우, 신고를 하지 아니하고 위험물의 품명, 수량 또는 지정수량의 배수를 변경할 수 있는 경우
> ① 주택의 난방시설(공동주택의 중앙난방시설을 제외한다)을 위한 저장소 또는 취급소
> ② 농예용·축산용 또는 수산용으로 필요한 난방시설 또는 건조시설을 위한 지정수량 20배 이하의 저장소

196 다음 중 위험물안전관리법에 규정된 용어의 정의가 옳지 <u>않은</u> 것은?   [10 충북]

① "위험물"이라 함은 인화성 또는 발화성 등의 성질을 가지는 것으로서 대통령령이 정하는 물품을 말한다.

② "지정수량"이라 함은 위험물의 종류별로 위험성을 고려하여 대통령령이 정하는 수량으로서 제6호의 규정에 의한 제조소 등의 설치허가 등에 있어서 최저의 기준이 되는 수량을 말한다.

③ "제조소"라 함은 위험물을 제조할 목적으로 지정수량 이상의 위험물을 취급하기 위하여 허가를 받은 장소를 말한다.

④ "제조소 등"이라 함은 제조소·저장소 및 판매소를 말한다.

197 다음 중 위험물안전관리자에 대한 설명이 옳지 <u>않은</u> 것은?   [10 서울]

① 안전관리자의 퇴직과 동시에 다른 안전관리자를 선임하지 못하는 경우에는 30일을 초과하지 않는 범위에서 안전교육을 받은 자로서 제조소 등에서 위험물안전관리에 관한 업무에 1년 이상 종사한 경력이 있는 자를 대리자(代理者)로 지정하여 그 직무를 대행하게 하여야 한다.

② 제조소 등의 종류 및 규모에 따라 선임하여야 하는 안전관리자의 자격 중 제조소에는 제4류 위험물 또는 제6류 위험물을 취급할 수 있는 안전관리자를 선임하여야 한다.

정답 **195** ④   **196** ④   **197** ①

③ 소방공무원으로 근무한 경력이 3년 이상인 자는 제4류 위험물을 취급할 수 있는 자격이 있다.

④ 위험물기능장, 위험물산업기사, 위험물기능사의 자격을 취득한 사람은 모든 위험물을 취급할 수 있는 자격이 있다.

해설 위험물안전관리자

⑤ 제1항의 규정에 따라 안전관리자를 선임한 제조소등의 관계인은 안전관리자가 여행·질병 그 밖의 사유로 인하여 일시적으로 직무를 수행할 수 없거나 안전관리자의 해임 또는 퇴직과 동시에 다른 안전관리자를 선임하지 못하는 경우에는 국가기술자격법에 따른 위험물의 취급에 관한 자격취득자 또는 위험물안전에 관한 기본지식과 경험이 있는 자로서 행정안전부령이 정하는 자를 대리자(代理者)로 지정하여 그 직무를 대행하게 하여야 한다. 이 경우 대리자가 안전관리자의 직무를 대행하는 기간은 30일을 초과할 수 없다. [대리자 지정× 허가를 받은자 : 1천5백만 원 이하 벌금]

시행규칙 제54조(안전관리자의 대리자)

법 제15조제5항 전단에서 "행정안전부령이 정하는 자"란 다음 각 호의 어느 하나에 해당하는 사람을 말한다.

1. 법 제28조제1항에 따른 안전교육을 받은 자
2. 삭제 〈2016. 8. 2.〉
3. 제조소등의 위험물 안전관리업무에 있어서 안전관리자를 지휘·감독하는 직위에 있는 자

198 유별을 달리하는 위험물을 혼재할 수 있는 경우는? [10 서울]

① 제1류 위험물 – 제6류 위험물
② 제2류 위험물 – 제3류 위험물
③ 제3류 위험물 – 재5류 위험물
④ 제4류 위험물 – 제6류 위험물

해설 유별을 달리하는 위험물의 혼재기준[1-6, 2-4-5, 3-4]

위험물의 구분	제1류	제2류	제3류	제4류	제5류	제6류
제1류		×	×	×	×	○
제2류	×		×	○	○	×
제3류	×	×		○	×	×
제4류	×	○	○		○	×
제5류	×	○	×	○		×
제6류	○	×	×	×	×	

[비고] 이 표는 지정수량의 10분의 1 이하의 위험물에 대하여는 적용하지 아니한다.

199 다음 중 위험물안전관리법에 규정된 위험물의 유별 성질이 옳지 않은 것은?　　[10 서울]

① 제1류 위험물 – 산화성 고체　　② 제3류 위험물 – 가연성 고체

③ 제4류 위험물 – 인화성 액체　　④ 제6류 위험물 – 산화성 액체

> **해설** 제3류 위험물 : 자연발화성 및 금수성 물질

200 다음 중 운송책임자의 감독 · 지원을 받아 운송하여야 하는 위험물은?　　[10 서울]

① 염소산염류　　② 알킬알루미늄

③ 마그네슘　　④ 유기과산화물

> **해설** 위험물의 운송에 있어서 운송책임자의 감독 또는 지원을 받아 운송해야 할 위험물
> ㉠ 알킬알루미늄
> ㉡ 알킬리튬
> ㉢ 알킬알루미늄 또는 알킬리튬의 물질을 함유하는 위험물

201 위험물 제조소의 채광 · 조명 · 환기설비 기준으로 옳지 않은 것은?　　[10 경남]

① 제조소의 환기는 강제배기방식으로 한다.

② 채광설비는 불연재료로 하고 채광면적은 최소로 한다.

③ 가연성 가스 등이 체류할 우려가 있는 장소의 조명등은 방폭등으로 해야 한다.

④ 조명설비의 전선은 내화 · 내열전선으로 하고 점멸스위치는 출입구 바깥부분에 설치한다.

> **해설** 채광 · 조명 및 환기설비
> 1. 위험물을 취급하는 건축물에는 다음 각목의 기준에 의하여 위험물을 취급하는 데 필요한 채광 · 조명 및 환기의 설비를 설치하여야 한다.
>   가. 채광설비는 불연재료로 하고, 연소의 우려가 없는 장소에 설치하되 채광면적을 최소로 할 것
>   나. 조명설비는 다음의 기준에 적합하게 설치할 것
>   1) 가연성 가스 등이 체류할 우려가 있는 장소의 조명등은 방폭등으로 할 것
>   2) 전선은 내화 · 내열전선으로 할 것
>   3) 점멸스위치는 출입구 바깥부분에 설치할 것. 다만, 스위치의 스파크로 인한 화재 · 폭발의 우려가 없을 경우에는 그러하지 아니하다.
>   다. 환기설비는 다음의 기준에 의할 것
>   1) 환기는 자연배기방식으로 할 것
>   2) 급기구는 당해 급기구가 설치된 실의 바닥면적 $150m^2$마다 1개 이상으로 하되, 급기구의 크기는 $800cm^2$ 이상으로 할 것. 다만 바닥면적이 $150m^2$ 미만인 경우에는 다음의 크기로 하여야 한다.

바닥면적	급기구의 면적
60m^2 미만	150cm^2 이상
60m^2 이상 90m^2 미만	300cm^2 이상
90m^2 이상 120m^2 미만	450cm^2 이상
120m^2 이상 150m^2 미만	600cm^2 이상

　　　3) 급기구는 낮은 곳에 설치하고 가는 눈의 구리망 등으로 인화방지망을 설치할 것

　　　4) 환기구는 지붕 위 또는 지상 2m 이상의 높이에 회전식 고정벤틸레이터 또는 루프팬방식으로 설치할 것

　　2. 배출설비가 설치되어 유효하게 환기가 되는 건축물에는 환기설비를 하지 아니할 수 있고, 조명설비가 설치되어 유효하게 조도가 확보되는 건축물에는 채광설비를 하지 아니할 수 있다.

202 관계인이 예방규정을 정하여야 하는 제조소 등이 아닌 것은?　　　　　　　　　[10 전남]

　　① 지정수량의 100배 이상의 위험물을 저장하는 옥내저장소

　　② 지정수량의 200배 이상의 위험물을 저장하는 옥외탱크저장소

　　③ 지정수량의 10배 이상의 위험물을 취급하는 제조소

　　④ 이송취급소, 암반탱크 저장소

　해설) 예방규정을 작성, 제출하여야 하는 대상

　　　① 지정수량의 10배 이상의 위험물을 취급하는 제조소

　　　② 지정수량의 100배 이상의 위험물을 저장하는 옥외저장소

　　　③ 지정수량의 150배 이상의 위험물을 저장하는 옥내저장소

　　　④ 지정수량의 200배 이상의 위험물을 저장하는 옥외탱크저장소

　　　⑤ 암반탱크저장소

　　　⑥ 이송취급소

　　　⑦ 지정수량의 10배 이상의 위험물을 취급하는 일반취급소

203 다음 중 위험물의 품명 및 성질과 지정수량이 바르게 연결된 것은?　　　　　　[10 전남]

　　① 과염소산 - 산화성 액체 - 300kg

　　② 철분 - 자연발화성 물질 및 금수성 물질 - 500kg

　　③ 아조화합물 - 자기반응성 물질 - 100kg

　　④ 염소산염류 - 산화성 고체 - 300kg

　해설) ② 철분 : 가연성 고체, 500kg

　　　③ 아조화합물 : 자기반응성 물질, 200kg

　　　④ 염소산염류 : 산화성 고체, 50kg

204 위험물안전관리자의 재선임기간과 신고기간은 각각 며칠 이내인가? [10 전남]

① 30일, 14일 ② 14일, 30일 ③ 14일, 14일 ④ 30일, 30일

205 주유취급소에 있는 고정주유설비의 주위에는 주유를 받으려는 자동차 등이 출입할 수 있도록
너비 몇 m 이상, 길이 몇 m 이상의 콘크리트 등으로 포장한 공지를 보유하여야 하는가?

[10 전북]

① 16m, 5m ② 15m, 6m ③ 8m, 15m ④ 12m, 6m

해설 주유공지 및 급유공지

1. 주유취급소의 고정주유설비의 주위에는 주유를 받으려는 자동차 등이 출입할 수 있도록 너
비 15m 이상, 길이 6m 이상의 콘크리트 등으로 포장한 공지를 보유하여야 하고, 고정급유
설비(위험물을 용기에 옮겨 담거나 이동저장탱크에 주입하기 위한 설비)를 설치하는 경우에
는 고정급유설비의 호스기기의 주위에 필요한 공지를 보유하여야 한다.
2. 제1호의 규정에 의한 공지의 바닥은 주위 지면보다 높게 하고, 그 표면을 적당하게 경사지게
하여 새어나온 기름 그 밖의 액체가 공지의 외부로 유출되지 아니하도록 배수구 · 집유설비
및 유분리장치를 하여야 한다.

— 탱크

주유취급소에는 다음 각목의 탱크 외에는 위험물을 저장 또는 취급하는 탱크를 설치할 수 없다.
다만, 이동탱크저장소의 상치장소를 주유공지 또는 급유공지 외의 장소에 확보하여 이동탱크
저장소를 설치하는 경우에는 그러하지 아니하다.

탱크	탱크 용량
자동차 등에 주유하기 위한 고정주유설비에 직접 접속하는 전용탱크	50,000l 이하
고정급유설비에 직접 접속하는 전용탱크	50,000l 이하
보일러 등에 직접 접속하는 전용탱크	10,000l 이하
자동차 등을 점검 · 정비하는 작업장 등에서 사용하는 폐유 · 윤활유 등의 위험물을 저장하는 탱크(폐유탱크등)	2,000l 이하
고정주유설비 또는 고정급유설비에 직접 접속하는 3기 이하의 간이탱크.	–
고속국도주유취급소	60,000l까지

— 고정주유설비 등

주유관 선단에서의 최대토출량

종류	토출량
제1석유류	50l/min 이하
경유	180l/min 이하
등유	80l/min 이하

※ 이동저장탱크에 주입하기 위한 고정급유설비의 펌프기기는 최대토출량이 분당 300l 이하인 것으로
할 수 있으며, 분당 토출량이 200l 이상인 것의 경우에는 주유설비에 관계된 모든 배관의 안지름을
40mm 이상으로 하여야 한다.

206 위험물 제조소 건축물 구조와 보유공지에 대한 설명 중 옳지 않은 것은? [10 전북]

① 지붕은 폭발력이 위로 방출될 정도의 가벼운 불연재료로 덮어야 한다.

② 상대온도가 70% 이상 가열된 곳에 건조설비를 설치한다.

③ 출입구 및 비상구에는 갑종방화문 또는 을종방화문을 설치하되 연소 우려가 있는 외벽에 설치하는 출입구에는 수시로 열 수 있는 자동폐쇄식의 갑종방화문을 설치할 것

④ 제조소의 작업공정이 다른 작업장의 작업공정과 연속되어 있어 제조소의 건축물 그 밖의 공작물의 주위에 공지를 두게 되는 경우 그 제조소의 작업에 현저한 지장이 생길 우려가 있고, 당해 제조소와 다른 작업장 사이에 기준에 따라 방화상 유효한 격벽을 설치한 경우에는 공지를 보유하지 아니할 수 있다.

[해설] 제조소 설치기준 중 건조설비

1) 가열건조설비 : 위험물을 가열 또는 건조하는 설비는 직접 불을 사용하지 아니하는 구조로 하여야 한다. 다만, 당해 설비가 방화상 안전한 장소에 설치되어 있거나 화재를 방지할 수 있는 부대설비를 한 때에는 그러하지 아니하다.

2) 위험물 제조소 건축물의 구조 : 위험물을 취급하는 건축물의 구조는 다음 각호의 기준에 의하여야 한다.

1. 지하층이 없도록 하여야 한다. 다만, 위험물을 취급하지 아니하는 지하층으로서 위험물의 취급장소에서 새어나온 위험물 또는 가연성 의 증기가 흘러 들어갈 우려가 없는 구조로 된 경우에는 그러하지 아니하다.

2. 벽·기둥·바닥·보·서까래 및 계단을 불연재료로 하고, 연소(延燒)의 우려가 있는 외벽(소방청장이 정하여 고시하는 것에 한한다. 이하 같다)은 출입구 외의 개구부가 없는 내화구조의 벽으로 하여야 한다. 이 경우 제6류 위험물을 취급하는 건축물에 있어서 위험물이 스며들 우려가 있는 부분에 대하여는 아스팔트 그 밖에 부식되지 아니하는 재료로 피복하여야 한다.

3. 지붕(작업공정상 제조기계시설 등이 2층 이상에 연결되어 설치된 경우에는 최상층의 지붕을 말한다)은 폭발력이 위로 방출될 정도의 가벼운 불연재료로 덮어야 한다. 다만, 위험물을 취급하는 건축물이 다음 각목의 1에 해당하는 경우에는 그 지붕을 내화구조로 할 수 있다.

가. 제2류 위험물(분상의 것과 인화성 고체를 제외한다), 제4류 위험물 중 제4석유류·동식물유류 또는 제6류 위험물을 취급하는 건축물인 경우

나. 다음의 기준에 적합한 밀폐형 구조의 건축물인 경우

1) 발생할 수 있는 내부의 과압(過壓) 또는 부압(負壓)에 견딜 수 있는 철근콘크리트 조일 것

2) 외부화재에 90분 이상 견딜 수 있는 구조일 것

4. 출입구와 「산업안전보건기준에 관한 규칙」 제17조에 따라 설치하여야 하는 비상구에는 갑종방화문 또는 을종방화문을 설치하되, 연소의 우려가 있는 외벽에 설치하는 출입구에는 수시로 열 수 있는 자동폐쇄식의 갑종방화문을 설치하여야 한다.

5. 위험물을 취급하는 건축물의 창 및 출입구에 유리를 이용하는 경우에는 망입유리로 하여야 한다.

6. 액체의 위험물을 취급하는 건축물의 바닥은 위험물이 스며들지 못하는 재료를 사용하고, 적당한 경사를 두어 그 최저부에 집유설비를 하여야 한다.

207 옥외저장탱크에 저장 또는 취급하는 위험물의 최대수량이 500배를 초과하여 600배일 경우 보유공지는 몇 미터 이상인가?　　　　　　　　　　　　　　　　　　　　　　[10 전북]

① 3m 이상　　　　② 5m 이상　　　　③ 9m 이상　　　　④ 12m 이상

해설 **보유공지**

옥외저장탱크(위험물을 이송하기 위한 배관 그 밖에 이에 준하는 공작물을 제외한다)의 주위에는 그 저장 또는 취급하는 위험물의 최대수량에 따라 옥외저장탱크의 측면으로부터 다음 표에 의한 너비의 공지를 보유하여야 한다.

저장 또는 취급하는 위험물의 최대수량	공지의 너비
지정수량의 500배 이하	3m 이상
지정수량의 500배 초과 1,000배 이하	5m 이상
지정수량의 1,000배 초과 2,000배 이하	9m 이상
지정수량의 2,000배 초과 3,000배 이하	12m 이상
지정수량의 3,000배 초과 4,000배 이하	15m 이상
지정수량의 4,000배 초과	당해 탱크의 수평 단면의 최대지름(횡형인 경우에는 긴 변)과 높이 중 큰 것과 같은 거리 이상. 다만, 30m 초과의 경우에는 30m 이상으로 할 수 있고, 15m 미만의 경우에는 15m 이상으로 하여야 한다.

208 지정수량 이상의 위험물을 저장소가 아닌 장소에서 저장하거나 제조소 등이 아닌 장소에서 취급하여서는 아니 된다. 그러나 시·도의 조례가 정하는 바에 따라 관할소방서장의 승인을 받아 지정수량 이상의 위험물을 임시로 저장 또는 취급할 수 있는데, 며칠 이내의 기간 동안 취급할 수 있는가?　　　　　　　　　　　　　　　　　　　　　　　　　　[10 전북]

① 30일　　　　② 50일　　　　③ 90일　　　　④ 120일

해설 **제조소 등이 아닌 장소에서 지정수량 이상의 위험물을 취급할 수 있는 경우**

임시로 저장 또는 취급하는 장소에서의 저장 또는 취급의 기준과 임시로 저장 또는 취급하는 장소의 위치·구조 및 설비의 기준은 시·도의 조례로 정한다.

① 시·도의 조례가 정하는 바에 따라 관할소방서장의 승인을 받아 지정수량 이상의 위험물을 90일 이내의 기간 동안 임시로 저장 또는 취급하는 경우

② 군부대가 지정수량 이상의 위험물을 군사목적으로 임시로 저장 또는 취급하는 경우

209 위험물취급자격자와 취급할 수 있는 위험물이 바르게 연결되지 않은 것은? [10 강원]

① 위험물기능장 – 제1류 위험물에서 제6류 위험물까지의 모든 위험물

② 위험물산업기사 – 제1류 위험물에서 제6류 위험물까지의 모든 위험물

③ 안전관리자교육 이수자 – 제4류 위험물 및 제6류 위험물

④ 소방공무원으로 3년 이상 근무한 경력이 있는 자 – 제4류 위험물

> **해설** 위험물취급자격자의 자격(제11조제1항 관련)

위험물취급자격자의 구분	취급할 수 있는 위험물
1. 「국가기술자격법」에 따라 위험물기능장, 위험물산업기사, 위험물기능사의 자격을 취득한 사람	별표 1의 모든 위험물
2. 안전관리자교육이수자	별표 1의 위험물 중 제4류 위험물
3. 소방공무원 경력자(소방공무원으로 근무한 경력이 3년 이상인 자를 말한다. 이하 별표 6에서 같다)	별표 1의 위험물 중 제4류 위험물

210 다음 중 위험물안전관리법에 규정된 위험물 용어 관련 설명이 옳지 않은 것은? [10 강원]

① "인화성 고체"라 함은 고형알코올 그 밖에 1기압에서 인화점이 섭씨 40도 미만인 고체를 말한다.

② "알코올류"라 함은 1분자를 구성하는 탄소원자의 수가 1개부터 3개까지인 포화1가 알코올(변성알코올을 포함한다)을 말한다.

③ 유황은 순도가 60중량퍼센트 이하인 것을 말한다. 이 경우 순도 측정에 있어서 불순물은 활석 등 불연성 물질과 수분에 한한다.

④ "산화성 액체"라 함은 액체로서 산화력의 잠재적인 위험성을 판단하기 위하여 고시로 정하는 시험에서 고시로 정하는 성질과 상태를 나타내는 것을 말한다.

> **해설** 유황은 순도가 60중량퍼센트 이상인 것을 말한다. 이 경우 순도측정에 있어서 불순물은 활석 등 불연성 물질과 수분에 한한다.

211 다음 중 위험물의 성질이 잘못 연결된 것은? [10 강원]

① 제1류 위험물 – 산화성 고체   ② 제2류 위험물 – 가연성 고체

③ 제4류 위험물 – 인화성 액체   ④ 제6류 위험물 – 자기반응성 물질

212 다음 중 관계인이 예방규정을 정하여야 하는 제조소 등에 해당하지 않는 것은? [10 강원]

① 지정수량 10배 이상의 위험물을 취급하는 제조소

② 지정수량 150배 이상의 위험물을 취급하는 옥내저장소

③ 지정수량 150배 이상의 위험물을 취급하는 옥내탱크저장소

④ 지정수량 220배 이상의 위험물을 취급하는 옥외탱크저장소

> **해설** 예방규정을 작성, 제출하여야 하는 대상
> ① 지정수량의 10배 이상의 위험물을 취급하는 제조소
> ② 지정수량의 100배 이상의 위험물을 저장하는 옥외저장소
> ③ 지정수량의 150배 이상의 위험물을 저장하는 옥내저장소
> ④ 지정수량의 200배 이상의 위험물을 저장하는 옥외탱크저장소
> ⑤ 암반탱크저장소
> ⑥ 이송취급소
> ⑦ 지정수량의 10배 이상의 위험물을 취급하는 일반취급소
> ※ 옥내탱크저장소는 예방규정대상(×)

213 다음 위험물 중 운송책임자의 감독, 지원을 받아 운송하여야 하는 것은? [10 강원]

① 특수인화물   ② 알킬알루미늄

③ 유기과산화물   ④ 칼륨, 나트륨

> **해설** 위험물의 운송에 있어서 운송책임자의 감독 또는 지원을 받아 운송해야 할 위험물
> • 알킬알루미늄
> • 알킬리튬
> • 알킬알루미늄 또는 알킬리튬의 물질을 함유하는 위험물

214 위험물을 운송하는 자가 운송책임자의 감독 · 지원을 받아 운송하여야 하는 위험물에 해당하지 않는 것은? [11 부산]

① 알킬알루미늄   ② 알킬리튬

③ 알킬알루미늄을 함유하는 위험물   ④ 유기과산화물

> **해설** 위험물의 운송에 있어서 운송책임자의 감독 또는 지원을 받아 운송해야 할 위험물
> • 알킬알루미늄
> • 알킬리튬
> • 알킬알루미늄 또는 알킬리튬의 물질을 함유하는 위험물

215 다음 중 위험물안전관리법에 규정된 위험물의 성질 및 품명이 잘못 연결된 것은? [11 부산]

① 산화성 고체 – 질산
② 가연성 고체 – 황화린
③ 자연발화성 물질 및 금수성 물질 – 황린
④ 인화성 액체 – 특수인화물

> **해설** 질산은 산화성 액체

216 다음 보기의 빈칸에 들어갈 알맞은 말을 바르게 나열한 것은? [11 부산]

> 주유취급소에는 보기 쉬운 곳에 "위험물 주유취급소"라는 표시를 한 표지, 방화에 관하여 필요한 사항을 게시한 게시판 및 (　) 바탕에 (　) 문자로 "주유 중 엔진정지"라는 표시를 한 게시판을 설치하여야 한다.

① 황색 – 흑색
② 적색 – 황색
③ 적색 – 흑색
④ 흑색 – 황색

217 다음 중 위험물탱크안전성능검사의 범위에 해당하지 않는 것은? [11 부산]

① 기초 · 지반검사
② 충수 · 수압검사
③ 재질 · 강도검사
④ 용접부 검사

> **해설** 탱크안전성능검사의 종류
> ㉠ 기초 · 지반검사
> ㉡ 충수 · 수압검사
> ㉢ 용접부 검사
> ㉣ 암반탱크검사

218 다음 중 관계인이 예방규정을 정하여야 하는 제조소 등에 해당하지 않는 것은? [11 부산]

① 지정수량의 10배 이상의 위험물을 취급하는 제조소
② 지정수량의 100배 이상의 위험물을 저장하는 옥외저장소
③ 지정수량의 200배 이상의 위험물을 저장하는 지하탱크저장소
④ 지정수량의 200배 이상의 위험물을 저장하는 옥외탱크저장소

> **해설** 지하탱크저장소는 예방규정대상(×)

정답　**215** ①　**216** ①　**217** ③　**218** ③

219 다음 중 위험물안전관리법에서 규정하고 있는 위험물의 정의로 옳은 것은?   [11 울산]

① 인화성 또는 발화성 등의 성질을 가지는 것으로서 대통령령이 정하는 물품을 말한다.
② 인화성 또는 폭발성 등의 성질을 가지는 것으로서 대통령령이 정하는 물품을 말한다.
③ 인화성 또는 점화성 등의 성질을 가지는 것으로서 대통령령이 정하는 물품을 말한다.
④ 인화성 또는 화학성 등의 성질을 가지는 것으로서 대통령령이 정하는 물품을 말한다.

220 다음 중 운송책임자의 감독 · 지원을 받아 운송하여야 하는 위험물이 아닌 것은? [11 울산]

① 알킬알루미늄
② 알킬리금속
③ 알킬리튬
④ 알킬알루미늄 및 알킬리튬을 함유하는 위험물

221 다음 중 위험물 및 위험물의 성질이 잘못 연결된 것은?   [11 울산]

① 제1류 위험물 – 산화성 액체   ② 제2류 위험물 – 가연성 고체
③ 제4류 위험물 – 인화성 액체   ④ 제5류 위험물 – 자기반응성 물질

222 제조소의 위치 · 구조 및 설비의 기준 중 정전기 제거설비 설치방법으로 옳지 않은 것은?
   [11 울산]

① 접지에 의한 방법
② 공기 중의 상대습도를 70% 이상으로 하는 방법
③ 공기를 이온화하는 방법
④ 종단저항에 의한 방법

223 지정수량 미만인 위험물의 저장 또는 취급에 관한 기술상의 기준은 무엇으로 정하는가?
   [11 서울 1회]

① 대통령령   ② 행정안전부령
③ 행정자치부령   ④ 시 · 도의 조례

224 관계인이 예방규정을 정하여야 하는 제조소 등에 해당하지 않는 것은?   [11 서울 1회]

① 지정수량의 5배 이상의 위험물을 취급하는 제조소
② 지정수량의 100배 이상의 위험물을 저장하는 옥외저장소
③ 지정수량의 150배 이상의 위험물을 저장하는 옥내저장소
④ 지정수량의 200배 이상의 위험물을 저장하는 옥외탱크저장소

225 다음 중 운송책임자의 감독 · 지원을 받아 운송하여야 하는 위험물에 해당하는 것은?
    [11 서울 1회]

① 아염소산염류   ② 니트로글리세린
③ 알칼리금속   ④ 알킬알루미늄

226 위험물안전관리법에 규정되어 있는 특수인화물에 대한 설명 중 옳지 않은 것은?
    [11 서울 1회]

① 제4류 위험물이다.
② "특수인화물"이라 함은 이황화탄소, 디에틸에테르 그 밖에 1기압에서 발화점이 섭씨 100도 이하인 것 또는 인화점이 섭씨 영하 20도 이하이고 비점이 섭씨 40도 이하인 것을 말한다.
③ 지정수량은 50리터이다.
④ 특수인화물이 위험한 이유는 인화점이 높기 때문이다.

> **해설** 특수인화물의 인화점이 가장 낮다.

227 다음 중 지정수량 이상의 위험물을 저장하기 위한 장소와 그에 따른 저장소의 구분에 의할 때 옥외저장소에 저장할 수 없는 것은?   [11 중앙]

① 유황   ② 인화성 고체
③ 질산   ④ 특수인화물

> **해설** 옥외저장소 저장가능 위험물의 종류
> 가. 제2류 위험물 중 유황 또는 인화성 고체(인화점이 섭씨 0도 이상인 것에 한한다)
> 나. 제4류 위험물 중 제1석유류(인화점이 섭씨 0도 이상인 것에 한한다) · 알코올류 · 제2석유류 · 제3석유류 · 제4석유류 및 동식물유류

정답   **224** ①   **225** ④   **226** ④   **227** ④

다. 제6류 위험물

라. 제2류 위험물 및 제4류 위험물 중 특별시·광역시 또는 도의 조례에서 정하는 위험물(「관세법」제154조의 규정에 의한 보세구역 안에 저장하는 경우에 한한다)

마. 「국제해사기구에 관한 협약」에 의하여 설치된 국제해사기구가 채택한 「국제해상위험물규칙」(IMDG Code)에 적합한 용기에 수납된 위험물

228 탱크안전성능검사의 대상이 되는 탱크 중 기초·지반검사의 대상인 것은?　　　　[11 중앙]

① 옥외탱크저장소의 액체위험물탱크 중 그 용량이 100만리터 이상인 탱크

② 옥외탱크저장소의 고체위험물탱크 중 그 용량이 100만리터 이상인 탱크

③ 옥외탱크저장소의 액체위험물탱크 중 그 용량이 200만리터 이상인 탱크

④ 옥외탱크저장소의 고체위험물탱크 중 그 용량이 200만리터 이상인 탱크

해설 탱크안전성능검사 종류 및 대상

㉠ 기초·지반검사 : 옥외탱크저장소의 액체위험물탱크 중 그 용량이 100만리터 이상인 탱크

㉡ 충수(充水)·수압검사 : 액체위험물을 저장 또는 취급하는 탱크

　　다만, 다음 각 목의 어느 하나에 해당하는 탱크는 제외한다.

　　가. 제조소 또는 일반취급소에 설치된 탱크로서 용량이 지정수량 미만인 것

　　나. 「고압가스 안전관리법」에 따른 특정설비에 관한 검사에 합격한 탱크

　　다. 「산업안전보건법」에 따른 안전인증을 받은 탱크

㉢ 용접부 검사 : 옥외탱크저장소의 액체위험물탱크 중 그 용량이 100만리터 이상인 탱크

㉣ 암반탱크검사 : 액체위험물을 저장 또는 취급하는 암반 내의 공간을 이용한 탱크

229 위험물안전관리법상 위험물을 제조할 목적으로 지정수량 이상의 위험물을 취급하기 위하여 허가를 받은 장소는?　　　　[11 중앙]

① 취급소　　　　　　　　　　　　② 저장소

③ 제조소　　　　　　　　　　　　④ 일반취급소

230 다음 중 제2류 위험물인 가연성 고체에 해당하는 것은?　　　　[11 중앙]

① 적린, 황린　　　　　　　　　　② 철분, 금속분

③ 마그네슘, 칼슘　　　　　　　　④ 황화린, 황린

제2류	가연성 고체	1. 황화린	Ⅱ등급	100킬로그램
		2. 적린	Ⅱ등급	100킬로그램
		3. 유황	Ⅱ등급	100킬로그램
		4. 철분	Ⅲ등급	500킬로그램
		5. 금속분	Ⅲ등급	500킬로그램
		6. 마그네슘	Ⅲ등급	500킬로그램
		7. 그 밖에 행정안전부령으로 정하는 것 8. 제1호 내지 제7호의 1에 해당하는 어느 하나 이상을 함유한 것		100킬로그램 또는 500킬로그램
		9. 인화성고체 Ⅲ등급		1,000킬로그램

231 다음 중 주유취급소에 "주유 중 엔진정지"라는 표시를 하여 설치하도록 하고 있는 게시판에 대한 설명으로 옳은 것은? [11 중앙]

① 게시판은 한 변의 길이가 0.3m 이상, 다른 한 변의 길이가 1.5m 이상인 직사각형으로 할 것
② 게시판은 한 변의 길이가 1.5m 이상, 다른 한 변의 길이가 2.6m 이상인 직사각형으로 할 것
③ 게시판은 백색 바탕에 황색 문자로 할 것
④ 게시판은 황색 바탕에 흑색 문자로 할 것

해설 게시판은 한 변의 길이가 0.3m 이상, 다른 한 변의 길이가 0.6m 이상인 직사각형으로 하고 황색 바탕에 흑색 문자로 할 것

232 위험물안전관리법상 제조소의 위치·구조 및 설비의 기준 중 구조에 대한 설명으로 옳지 않은 것은? [11 중앙]

① 지하층이 없도록 하여야 한다.
② 지붕은 폭발력이 위로 방출될 정도의 가벼운 불연재료로 덮어야 한다.
③ 연소의 우려가 있는 외벽에 설치하는 출입구에는 수시로 열 수 있는 자동폐쇄식의 갑종방화문 또는 을종방화문을 설치하여야 한다.
④ 위험물을 취급하는 건축물의 창 및 출입구에 유리를 이용하는 경우에는 망입유리로 하여야 한다.

해설 **위험물 제조소 건축물의 구조**
위험물을 취급하는 건축물의 구조는 다음 각호의 기준에 의하여야 한다.
1. 지하층이 없도록 하여야 한다. 다만, 위험물을 취급하지 아니하는 지하층으로서 위험물의 취급장소에서 새어나온 위험물 또는 가연성 의 증기가 흘러 들어갈 우려가 없는 구조로 된 경우

에는 그러하지 아니하다.

2. 벽·기둥·바닥·보·서까래 및 계단을 불연재료로 하고, 연소(延燒)의 우려가 있는 외벽(소방청장이 정하여 고시하는 것에 한한다. 이하 같다)은 출입구 외의 개구부가 없는 내화구조의 벽으로 하여야 한다. 이 경우 제6류 위험물을 취급하는 건축물에 있어서 위험물이 스며들 우려가 있는 부분에 대하여는 아스팔트 그 밖에 부식되지 아니하는 재료로 피복하여야 한다.

3. 지붕(작업공정상 제조기계시설 등이 2층 이상에 연결되어 설치된 경우에는 최상층의 지붕을 말한다)은 폭발력이 위로 방출될 정도의 가벼운 불연재료로 덮어야 한다. 다만, 위험물을 취급하는 건축물이 다음 각목의 1에 해당하는 경우에는 그 지붕을 내화구조로 할 수 있다.

  가. 제2류 위험물(분상의 것과 인화성 고체를 제외한다), 제4류 위험물 중 제4석유류·동식물유류 또는 제6류 위험물을 취급하는 건축물인 경우

  나. 다음의 기준에 적합한 밀폐형 구조의 건축물인 경우
    1) 발생할 수 있는 내부의 과압(過壓) 또는 부압(負壓)에 견딜 수 있는 철근콘크리트조일 것
    2) 외부화재에 90분 이상 견딜 수 있는 구조일 것

4. 출입구와 「산업안전보건기준에 관한 규칙」 제17조에 따라 설치하여야 하는 비상구에는 갑종방화문 또는 을종방화문을 설치하되, 연소의 우려가 있는 외벽에 설치하는 출입구에는 수시로 열 수 있는 자동폐쇄식의 갑종방화문을 설치하여야 한다.

5. 위험물을 취급하는 건축물의 창 및 출입구에 유리를 이용하는 경우에는 망입유리로 하여야 한다.

6. 액체의 위험물을 취급하는 건축물의 바닥은 위험물이 스며들지 못하는 재료를 사용하고, 적당한 경사를 두어 그 최저부에 집유설비를 하여야 한다.

233 다음 중 위험물안전관리법상 과태료의 부과권자가 아닌 사람은?　　　　　[11 통합시·도]

① 소방서장　　　　② 시·도지사　　　　③ 소방본부장　　　　④ 소방청장

해설 위험물안전관리법 39조 2항
제1항의 규정에 따른 과태료는 대통령령이 정하는 바에 따라 시·도지사, 소방본부장 또는 소방서장(이하 "부과권자"라 한다)이 부과·징수한다.

234 다음 중 위험물의 저장·취급 및 운반에 있어서 「위험물안전관리법」의 적용을 받는 것은?
　　　　　　　　　　　　　　　　　　　　　　　　　　　　　　　　　[11 통합시·도]

① 차량　　　　② 선박　　　　③ 항공기　　　　④ 철도

해설 위험물안전관리법 제3조(적용 제외)
이 법은 항공기·선박(선박법 제1조의2 제1항의 규정에 따른 선박을 말한다)·철도 및 궤도에 의한 위험물의 저장·취급 및 운반에 있어서는 이를 적용하지 아니한다.

235 다음 중 허가를 받지 아니하고 제조소 등을 설치하거나 그 위치 · 구조 또는 설비를 변경할 수 있으며, 신고를 하지 아니하고 위험물의 품명 · 수량 또는 지정수량의 배수를 변경할 수 있는 경우는? [11 통합시 · 도]

① 농예용 · 축산용 또는 수산용으로 필요한 난방시설 또는 건조시설을 위한 지정수량 20배 이하의 저장소

② 농예용 · 축산용 또는 수산용으로 필요한 난방시설 또는 건조시설을 위한 지정수량 30배 이하의 저장소

③ 공동주택의 중앙난방시설을 위한 저장소

④ 공동주택의 중앙난방시설을 위한을 위한 저장소 또는 취급소

> **해설** 제조소 등이 아닌 경우에 허가를 받지 아니하고 당해 제조소 등을 설치하거나 그 위치 구조 또는 설비를 변경할 수 있는 경우, 신고를 하지 아니하고 위험물의 품명, 수량 또는 지정수량의 배수를 변경할 수 있는 경우
> ① 주택의 난방시설(공동주택의 중앙난방시설을 제외한다)을 위한 저장소 또는 취급소
> ② 농예용 · 축산용 또는 수산용으로 필요한 난방시설 또는 건조시설을 위한 지정수량 20배 이하의 저장소

236 안전관리자 · 탱크시험자 · 위험물운송자 등 위험물의 안전관리와 관련된 업무를 수행하는 자로서 대통령령이 정하는 자는 해당 업무에 관한 능력의 습득 또는 향상을 위하여 소방청장이 실시하는 교육을 받아야 한다. 다음 중 이에 해당하는 사람이 아닌 것은? [11 통합시 · 도]

① 안전관리자로 선임된 자   ② 탱크시험자의 기술인력으로 종사하는 자
③ 위험물운송자로 종사하는 자   ④ 자체소방대원

> **해설** 안전교육대상자
> ① 안전관리자로 선임된 자
> ② 탱크시험자의 기술인력으로 종사하는 자
> ③ 위험물운송자로 종사하는 자

237 다음 중 주유취급소의 위치 · 구조 및 설비의 기준이 옳지 않은 것은? [11 전남]

① 고정주유설비와 고정급유설비의 사이에는 4m 이상의 거리를 유지할 것

② 주유원 간이대기실은 바닥면적이 $2.5m^2$ 이하일 것

③ 고속국도의 도로변에 설치된 주유취급소에 있어서는 탱크의 용량을 $60,000l$까지 할 수 있다.

정답 **235** ① **236** ④ **237** ④

④ 주유취급소의 고정주유설비의 주위에는 주유를 받으려는 자동차 등이 출입할 수 있도록 너비 10m 이상, 길이 3m 이상의 콘크리트 등으로 포장한 공지를 보유하여야 한다.

해설 주유취급소의 고정주유설비(펌프기기 및 호스기기로 되어 위험물을 자동차등에 직접 주유하기 위한 설비로서 현수식의 것을 포함한다. 이하 같다)의 주위에는 주유를 받으려는 자동차 등이 출입할 수 있도록 너비 15m 이상, 길이 6m 이상의 콘크리트 등으로 포장한 공지(이하 "주유공지"라 한다)를 보유하여야 하고, 고정급유설비(펌프기기 및 호스기기로 되어 위험물을 용기에 옮겨 담거나 이동저장탱크에 주입하기 위한 설비로서 현수식의 것을 포함한다. 이하 같다)를 설치하는 경우에는 고정급유설비의 호스기기의 주위에 필요한 공지(이하 "급유공지"라 한다)를 보유하여야 한다.

■ **주유취급소 탱크용량**
가. 자동차 등에 주유하기 위한 고정주유설비에 직접 접속하는 전용탱크로서 50,000*l* 이하의 것
나. 고정급유설비에 직접 접속하는 전용탱크로서 50,000*l* 이하의 것
다. 보일러 등에 직접 접속하는 전용탱크로서 10,000*l* 이하의 것
라. 자동차 등을 점검·정비하는 작업장 등(주유취급소 안에 설치된 것에 한한다)에서 사용하는 폐유·윤활유 등의 위험물을 저장하는 탱크로서 용량(2 이상 설치하는 경우에는 각 용량의 합계를 말한다)이 2,000*l* 이하인 탱크(이하 "폐유탱크등"이라 한다.)

238 다음 보기의 빈칸에 들어갈 알맞은 말을 순서대로 바르게 배열한 것은?　　　　　[11 전남]

> 주유취급소에는 보기 쉬운 곳에 "위험물 주유취급소"라는 표시를 한 표지, 방화에 관하여 필요한 사항을 게시한 게시판 및 (　) 바탕에 (　) 문자로 "주유 중 엔진정지"라는 표시를 한 게시판을 설치하여야 한다.

① 황색 – 흑색　　　　　　　　② 흑색 – 황색
③ 백색 – 흑색　　　　　　　　④ 흑색 – 백색

239 탱크안전성능검사를 받아야 하는 자는 신청서(전자문서로 된 신청서를 포함한다)를 해당 위험물탱크의 설치장소를 관할하는 소방서장 또는 기술원에 제출하여야 하는데, 다음 중 탱크안전성능검사의 신청시기가 옳지 않은 것은?　　　　　[11 전남]

① 기초·지반검사 : 위험물탱크의 기초 및 지반에 관한 공사의 개시 전
② 충수·수압검사 : 위험물을 저장 또는 취급하는 탱크에 배관 그 밖의 부속설비를 부착하기 전
③ 유류탱크검사 : 탱크 본체에 관한 공사의 개시 전
④ 암반탱크검사 : 암반탱크의 본체에 관한 공사의 개시 전

해설 탱크안전성능검사의 신청시기
① 기초 · 지반검사 : 위험물탱크의 기초 및 지반에 관한 공사의 개시 전
② 충수 · 수압검사 : 위험물을 저장 또는 취급하는 탱크에 배관 그 밖의 부속설비를 부착하기 전
③ 용접부 검사 : 탱크 본체에 관한 공사의 개시 전
④ 암반탱크검사 : 암반탱크의 본체에 관한 공사의 개시 전

240 다음 중 고정된 주유설비에 의하여 자동차 · 항공기 또는 선박 등의 연료탱크에 직접 주유하기 위하여 위험물을 취급하는 장소는? [11 전남]

① 판매취급소　　② 주유취급소　　③ 이송취급소　　④ 일반취급소

241 위험물 및 지정수량 중 제5류 위험물인 히드라진 유도체의 지정수량은? [11 전남]

① 100킬로그램　　　　　　　② 200킬로그램
③ 300킬로그램　　　　　　　④ 400킬로그램

해설 제5류 위험물

위험등급	품명	지정수량	위험등급	품명	지정수량
I	질산에스테르류 유기과산화물	10kg	II	니트로화합물 니트로소화합물 아조화합물 디아조화합물 히드라진 유도체	200kg
				히드록실아민 히드록실아민염류	100kg
			I, II	그 밖에 행정안전부령으로 정하는 것	10kg, 100kg 또는 200kg

※ 그 밖에 행정안전부령으로 정하는 것 : 금속의 아지화합물, 질산구아니딘

242 다음 중 제4류 위험물인 동식물유류의 인화점으로 옳은 것은? [11 전남]

① 1기압에서 인화점이 섭씨 500도 미만인 것
② 1기압에서 인화점이 섭씨 350도 미만인 것
③ 1기압에서 인화점이 섭씨 300도 미만인 것
④ 1기압에서 인화점이 섭씨 250도 미만인 것

"동식물유류"라 함은 동물의 지육 등 또는 식물의 종자나 과육으로부터 추출한 것으로서 1기압에서 인화점이 섭씨 250도 미만인 것을 말한다. 다만, 법 제20조제1항의 규정에 의하여 행정안전부령으로 정하는 용기기준과 수납·저장기준에 따라 수납되어 저장·보관되고 용기의 외부에 물품의 통칭명, 수량 및 화기엄금(화기엄금과 동일한 의미를 갖는 표시를 포함한다)의 표시가 있는 경우를 제외한다.

243 다음 중 위험물안전관리법에서 규정하고 있는 제5류 위험물이 아닌 것은? [11 전남]

① 니트로화합물   ② 히드라진유도체

③ 알킬알루미늄   ④ 히드록실아민염류

알킬알루미늄은 금수성 물질이다(제3류, 지정수량 10kg).

244 다음 중 위험물안전관리법에 규정된 용어의 정의로 옳지 않은 것은? [11 전남]

① "위험물"이라 함은 어떠한 환경 및 조건이더라도 위험한 물질을 말한다.

② "제조소"라 함은 위험물을 제조할 목적으로 지정수량 이상의 위험물을 취급하기 위하여 제6조제1항의 규정에 따른 허가를 받은 장소를 말한다.

③ "저장소"라 함은 지정수량 이상의 위험물을 저장하기 위한 대통령령이 정하는 장소로서 제6조제1항의 규정에 따른 허가를 받은 장소를 말한다.

④ "지정수량"이라 함은 위험물의 종류별로 위험성을 고려하여 대통령령이 정하는 수량으로서 제6호의 규정에 의한 제조소 등의 설치허가 등에 있어서 최저의 기준이 되는 수량을 말한다.

"위험물"이라 함은 인화성 또는 발화성 등의 성질을 가지는 것으로서 대통령령이 정하는 물품을 말한다.

245 관계인이 예방규정을 정하여야 하는 제조소 등에 해당하지 않는 것은? [11 전남]

① 지정수량의 10배 이상의 위험물을 취급하는 제조소

② 지정수량의 100배 이상의 위험물을 저장하는 옥내탱크저장소

③ 지정수량의 150배 이상의 위험물을 저장하는 옥내저장소

④ 지정수량의 200배 이상의 위험물을 저장하는 옥외탱크저장소

해설 예방규정을 작성, 제출하여야 하는 대상
① 지정수량의 10배 이상의 위험물을 취급하는 제조소
② 지정수량의 100배 이상의 위험물을 저장하는 옥외저장소
③ 지정수량의 150배 이상의 위험물을 저장하는 옥내저장소
④ 지정수량의 200배 이상의 위험물을 저장하는 옥외탱크저장소
⑤ 암반탱크저장소
⑥ 이송취급소
⑦ 지정수량의 10배 이상의 위험물을 취급하는 일반취급소
※ 옥내탱크저장소 예방규정대상(×)

246 다음 중 지하탱크저장소의 위치 · 구조 및 설비의 기준에 대한 설명이 옳지 않은 것은?

[13 통합 · 공채]

① 탱크전용실은 지하의 가장 가까운 벽 · 피트 · 가스관 등의 시설물 및 대지경계선으로부터 0.1m 이상 떨어진 곳에 설치하여야 한다.
② 지하저장탱크와 탱크전용실의 안쪽과의 사이는 0.1m 이상의 간격을 유지하도록 하여야 한다.
③ 탱크의 주위에 마른 모래 또는 습기 등에 의하여 응고되지 아니하는 입자 지름 10mm 이하의 마른 자갈분을 채워야 한다.
④ 지하저장탱크의 윗부분은 지면으로부터 0.6m 이상 아래에 있어야 한다.

해설 지하탱크저장소의 위치 · 구조 및 설비의 기준(제32조 관련)
1. 위험물을 저장 또는 취급하는 지하탱크는 지면하에 설치된 탱크전용실에 설치하여야 한다. 다만, 제4류 위험물의 지하저장탱크가 다음 가목 내지 마목의 기준에 적합한 때에는 그러하지 아니하다.
   가. 당해 탱크를 지하철 · 지하가 또는 지하터널로부터 수평거리 10m 이내의 장소 또는 지하건축물내의 장소에 설치하지 아니할 것
   나. 당해 탱크를 그 수평투영의 세로 및 가로보다 각각 0.6m 이상 크고 두께가 0.3m 이상인 철근콘크리트조의 뚜껑으로 덮을 것
   다. 뚜껑에 걸리는 중량이 직접 당해 탱크에 걸리지 아니하는 구조일 것
   라. 당해 탱크를 견고한 기초 위에 고정할 것
   마. 당해 탱크를 지하의 가장 가까운 벽 · 피트 · 가스관 등의 시설물 및 대지경계선으로부터 0.6m 이상 떨어진 곳에 매설할 것
2. 탱크전용실은 지하의 가장 가까운 벽 · 피트 · 가스관 등의 시설물 및 대지경계선으로부터 0.1m 이상 떨어진 곳에 설치하고, 지하저장탱크와 탱크전용실의 안쪽과의 사이는 0.1m 이상의 간격을 유지하도록 하며, 당해 탱크의 주위에 마른 모래 또는 습기 등에 의하여 응고되지 아니하는 입자지름 5mm 이하의 마른 자갈분을 채워야 한다.
3. 지하저장탱크의 윗부분은 지면으로부터 0.6m 이상 아래에 있어야 한다.

정답 246 ③

4. 지하저장탱크를 2 이상 인접해 설치하는 경우에는 그 상호간에 1m(당해 2 이상의 지하저장 탱크의 용량의 합계가 지정수량의 100배 이하인 때에는 0.5m) 이상의 간격을 유지하여야 한다. 다만, 그 사이에 탱크전용실의 벽이나 두께 20㎝ 이상의 콘크리트 구조물이 있는 경우 에는 그러하지 아니하다.

247 위험물안전관리법에서 규정하고 있는 제2류 위험물 중 철분·금속분·마그네슘 또는 이들 중 어느 하나 이상을 함유한 것에 대한 주의사항으로 옳은 것은?　　　　[13 통합·공채]

① "화기주의" 및 "물기엄금"　　　　　　② "화기엄금" 및 "물기엄금"

③ "충격주의" 및 "화기엄금"　　　　　　④ "물기주의" 및 "화기엄금"

해설
- ㉠ 제1류 위험물 중 알칼리금속의 과산화물 또는 이를 함유한 것에 있어서는 "화기·충격주 의", "물기엄금" 및 "가연물접촉주의", 그 밖의 것에 있어서는 "화기·충격주의" 및 "가연물 접촉주의"
- ㉡ 제2류 위험물 중 철분·금속분·마그네슘 또는 이들 중 어느 하나 이상을 함유한 것에 있어 서는 "화기주의" 및 "물기엄금", 인화성 고체에 있어서는 "화기엄금", 그 밖의 것에 있어서는 "화기주의"
- ㉢ 제3류 위험물 중 자연발화성 물질에 있어서는 "화기엄금" 및 "공기접촉엄금", 금수성 물질에 있어서는 "물기엄금"
- ㉣ 제4류 위험물에 있어서는 "화기엄금"
- ㉤ 제5류 위험물에 있어서는 "화기엄금" 및 "충격주의"
- ㉥ 제6류 위험물에 있어서는 "가연물접촉주의"

248 다음 중 화학소방자동차에 갖추어야 하는 소화능력 및 설비의 기준으로 옳지 않은 것은?　　　　[13 통합·공채]

① 포수용액 방사차 : 포수용액의 방사능력이 매분 2,000ℓ 이상일 것

② 분말 방사차 : 분말의 방사능력이 매초 35kg 이상일 것

③ 제독차 : 가성소오다 및 규조토를 각각 5kg 이상 비치할 것

④ 이산화탄소 방사차 : 이산화탄소의 방사능력이 매초 40kg 이상일 것

[별표 23] 화학소방자동차에 갖추어야 하는 소화능력 및 설비의 기준(제75조제1항 관련)

화학소방자동차의 구분	소화능력 및 설비의 기준
포수용액 방사차	포수용액의 방사능력이 매분 2,000*l* 이상일 것
	소화약액탱크 및 소화약액혼합장치를 비치할 것
	10만*l* 이상의 포수용액을 방사할 수 있는 양의 소화약제를 비치할 것
분말 방사차	분말의 방사능력이 매초 35kg 이상일 것
	분말탱크 및 가압용가스설비를 비치할 것
	1,400kg 이상의 분말을 비치할 것
할로겐화합물 방사차	할로겐화합물의 방사능력이 매초 40kg 이상일 것
	할로겐화합물탱크 및 가압용가스설비를 비치할 것
	1,000kg 이상의 할로겐화합물을 비치할 것
이산화탄소 방사차	이산화탄소의 방사능력이 매초 40kg 이상일 것
	이산화탄소저장용기를 비치할 것
	3,000kg 이상의 이산화탄소를 비치할 것
제독차	가성소다 및 규조토를 각각 50kg 이상 비치할 것

249 옥외저장탱크 중 압력탱크(최대상용압력이 부압 또는 정압 5kPa을 초과하는 탱크를 말한다) 외의 탱크(제4류 위험물의 옥외저장탱크에 한한다)에 설치하는 통기관에 대한 설명 중 옳지 않은 것은? [13 통합·공채]

① 밸브 없는 통기관의 직경은 20mm 이상일 것
② 밸브 없는 통기관의 선단은 수평면보다 45도 이상 구부려 빗물 등의 침투를 막는 구조로 할 것
③ 밸브 없는 통기관은 가는 눈의 구리망 등으로 인화방지장치를 할 것
④ 대기밸브부착 통기관은 5kPa 이하의 압력차이로 작동할 수 있을 것

가. 밸브 없는 통기관
　　1) 직경은 30mm 이상일 것
　　2) 선단은 수평면보다 45도 이상 구부려 빗물 등의 침투를 막는 구조로 할 것
　　3) 가는 눈의 구리망 등으로 인화방지장치를 할 것. 다만, 인화점 70℃ 이상의 위험물만을 해당 위험물의 인화점 미만의 온도로 저장 또는 취급하는 탱크에 설치하는 통기관에 있어서는 그러하지 아니하다.
　　4) 가연성 의 증기를 회수하기 위한 밸브를 통기관에 설치하는 경우에 있어서는 당해 통기관의 밸브는 저장탱크에 위험물을 주입하는 경우를 제외하고는 항상 개방되어 있는 구조로 하는 한편, 폐쇄하였을 경우에 있어서는 10kPa 이하의 압력에서 개방되는 구조로 할 것. 이 경우 개방된 부분의 유효단면적은 777.15mm² 이상이어야 한다.

정답 **249** ①

나. 대기밸브 부착 통기관
1) 5kPa 이하의 압력차이로 작동할 수 있을 것
2) 가목 3)의 기준에 적합할 것

250 다음 중 화학소방자동차에 갖추어야 하는 소화능력 및 설비의 기준으로 옳지 않은 것은?

[13 전북 · 공채]

① 포수용액 방사차 : 포수용액의 방사능력이 매분 2,000*l* 이상일 것
② 분말 방사차 : 분말의 방사능력이 매초 35kg 이상일 것
③ 제독차 : 가성소오다 및 규조토를 각각 5kg 이상 비치할 것
④ 이산화탄소 방사차 : 이산화탄소의 방사능력이 매초 40kg 이상일 것

해설 [별표 23] 화학소방자동차에 갖추어야 하는 소화능력 및 설비의 기준(제75조제1항 관련)

화학소방자동차의 구분	소화능력 및 설비의 기준
포수용액 방사차	포수용액의 방사능력이 매분 2,000*l* 이상일 것
	소화약액탱크 및 소화약액혼합장치를 비치할 것
	10만*l* 이상의 포수용액을 방사할 수 있는 양의 소화약제를 비치할 것
분말 방사차	분말의 방사능력이 매초 35kg 이상일 것
	분말탱크 및 가압용가스설비를 비치할 것
	1,400kg 이상의 분말을 비치할 것
할로겐화합물 방사차	할로겐화합물의 방사능력이 매초 40kg 이상일 것
	할로겐화합물탱크 및 가압용가스설비를 비치할 것
	1,000kg 이상의 할로겐화합물을 비치할 것
이산화탄소 방사차	이산화탄소의 방사능력이 매초 40kg 이상일 것
	이산화탄소저장용기를 비치할 것
	3,000kg 이상의 이산화탄소를 비치할 것
제독차	가성소오다 및 규조토를 각각 50kg 이상 비치할 것

251 다음 중 옥외저장소의 위치 · 구조 및 설비의 기준이 옳지 않은 것은?   [13 전북 · 공채]

① 위험물이 지정수량의 10배 이하일 경우 공지의 너비는 3m 이상 보유할 것
② 위험물이 지정수량의 10배 초과 20배 이하일 경우 공지의 너비는 4m 이상 보유할 것
③ 옥외저장소에 선반을 설치하는 경우 선반은 불연재료로 만들고 견고한 지반면에 고정할 것
④ 옥외저장소에 선반을 설치하는 경우 선반의 높이는 6m를 초과하지 아니할 것

옥외저장소 보유공기기준

저장 또는 취급하는 위험물의 최대수량	공지의 너비
지정수량의 10배 이하	3m 이상
지정수량의 10배 초과 20배 이하	5m 이상
지정수량의 20배 초과 50배 이하	9m 이상
지정수량의 50배 초과 200배 이하	12m 이상
지정수량의 200배 초과	15m 이상

252 다음 중 위험물 및 지정수량이 바르게 연결된 것은? [13 전북·공채]

① 과염소산염류－1,000킬로그램　　② 유황－50킬로그램

③ 질산－300킬로그램　　④ 칼슘－10킬로그램

① 과염소산염류－50킬로그램

② 유황－100킬로그램

④ 칼슘－300킬로그램(3류위험물 칼슘 또는 알루미늄탄화물)

253 다음 중 황린은 「위험물안전관리법」에 의할 때 몇 류 위험물에 해당하는가? [13 전북·공채]

① 제1류 위험물　　② 제2류 위험물

③ 제3류 위험물　　④ 제4류 위험물

254 다량의 위험물을 저장·취급하는 제조소 등으로서 대통령령이 정하는 제조소 등이 있는 동일한 사업소에서 대통령령이 정하는 수량 이상의 위험물을 저장 또는 취급하는 경우 당해 사업소의 관계인은 대통령령이 정하는 바에 따라 당해 사업소에 자체소방대를 설치하여야 하는데, 다음 중 자체소방대를 설치하여야 하는 사업소에 해당하지 않는 것은? [13 전북·공채]

① 지정수량의 3천배 이상의 위험물을 취급하는 제조소

② 지정수량의 3천배 이상의 위험물을 취급하는 일반취급소

③ 지정수량의 4천배 이상의 위험물을 취급하는 제조소

④ 지정수량의 4천배 이상의 위험물을 취급하는 저장소

자체소방대를 설치해야 하는 제조소 등

제4류 위험물을 취급하는 지정수량 3천 배 이상의 제조소 또는 일반취급소

255 다음 위험물시설의 설치 및 변경 등에 대한 설명 중 옳지 않은 것은?   [13 경기·공채]

① 제조소 등을 설치하고자 하는 자는 대통령령이 정하는 바에 따라 그 설치장소를 관할하는 특별시장·광역시장·특별자치시장·도지사 또는 특별자치도지사의 허가를 받아야 한다.

② 제조소 등의 위치·구조 또는 설비의 변경 없이 당해 제조소 등에서 저장하거나 취급하는 위험물의 품명·수량 또는 지정수량의 배수를 변경하고자 하는 자는 변경하고자 하는 날의 1일 전까지 행정안전부령이 정하는 바에 따라 시·도지사에게 신고하여야 한다.

③ 주택의 난방시설(공동주택의 중앙난방시설을 제외한다)을 위한 저장소 또는 취급소는 허가를 받지 아니하고 당해 제조소 등을 설치하거나 그 위치·구조 또는 설비를 변경할 수 있다.

④ 농예용·축산용 또는 수산용으로 필요한 난방시설 또는 건조시설을 위한 지정수량 30배 이하의 저장소는 신고를 하지 아니하고 위험물의 품명·수량 또는 지정수량의 배수를 변경할 수 있다.

> **해설** 제조소 등이 아닌 경우에 허가를 받지 아니하고 당해 제조소 등을 설치하거나 그 위치 구조 또는 설비를 변경할 수 있는 경우, 신고를 하지 아니하고 위험물의 품명, 수량 또는 지정수량의 배수를 변경할 수 있는 경우
> ① 주택의 난방시설(공동주택의 중앙난방시설을 제외한다)을 위한 저장소 또는 취급소
> ② 농예용·축산용 또는 수산용으로 필요한 난방시설 또는 건조시설을 위한 지정수량 20배 이하의 저장소

256 다음 중 「위험물안전관리법」에 규정된 벌칙에 대한 설명으로 옳지 않은 것은?   [13 통합]

① 과징금의 최대 금액은 3천만 원이다.

② 제조소 등의 완공검사를 받지 아니하고 위험물을 저장·취급한 자는 1,500만 원 이하의 벌금에 처한다.

③ 안전관리자를 선임하지 아니한 관계인으로서 규정에 따른 허가를 받은 자는 1,500만 원 이하의 벌금에 처한다.

④ 위험물의 취급에 관한 안전관리와 감독을 하지 아니한 자는 1,000만 원 이하의 벌금에 처한다.

> **해설** 위험물 과징금 최대 2억 원

257 관계인이 예방규정을 정하여야 하는 제조소 등에 해당하지 않는 것은? [13 통합]

① 지정수량의 10배 이상의 위험물을 취급하는 제조소
② 지정수량의 100배 이상의 위험물을 저장하는 옥외저장소
③ 지정수량의 150배 이상의 위험물을 저장하는 옥내탱크저장소
④ 암반탱크저장소

258 다음 중 위험물안전관리자에 대한 설명으로 옳지 않은 것은? [13 통합]

① 제조소 등의 관계인은 위험물의 안전관리에 관한 직무를 수행하게 하기 위하여 제조소 등마다 대통령령이 정하는 위험물의 취급에 관한 자격이 있는 자를 위험물안전관리자로 선임하여야 한다.
② 다수의 제조소 등을 동일인이 설치한 경우에는 관계인은 대통령령이 정하는 바에 따라 1인의 안전관리자를 중복하여 선임할 수 있다.
③ 안전관리자를 선임한 제조소 등의 관계인은 안전관리자가 여행·질병 그 밖의 사유로 인하여 일시적으로 직무를 수행할 수 없거나 안전관리자의 해임 또는 퇴직과 동시에 다른 안전관리자를 선임하지 못하는 경우에는 국가기술자격법에 따른 위험물의 취급에 관한 자격취득자 또는 위험물안전에 관한 기본지식과 경험이 있는 자로서 행정안전부령이 정하는 자를 대리자(代理者)로 지정하여 그 직무를 대행하게 하여야 한다. 이 경우 대리자가 안전관리자의 직무를 대행하는 기간은 20일을 초과할 수 없다.
④ 제조소 등의 종류 및 규모에 따라 선임하여야 하는 안전관리자의 자격은 대통령령으로 정한다.

> **해설** ③ 직무대행기간은 30일을 초과할 수 없다.

259 다음 중 「위험물안전관리법」에 규정된 위험물에 대한 설명으로 옳지 않은 것은? [13 통합]

① "인화성 고체"라 함은 고형알코올 그 밖에 1기압에서 인화점이 섭씨 50도 미만인 고체를 말한다.
② "가연성 고체"라 함은 고체로서 화염에 의한 발화의 위험성 또는 인화의 위험성을 판단하기 위하여 고시로 정하는 시험에서 고시로 정하는 성질과 상태를 나타내는 것을 말한다.
③ 마그네슘의 경우 직경 2밀리미터 이상의 막대 모양의 것은 제외한다.
④ "동식물유류"라 함은 동물의 지육 등 또는 식물의 종자나 과육으로부터 추출한 것으로서 1기압에서 인화점이 섭씨 250도 미만인 것을 말한다.

> **해설** "인화성 고체"라 함은 고형알코올 그 밖에 1기압에서 인화점이 섭씨 40도 미만인 고체를 말한다.

정답 **257** ③ **258** ③ **259** ①

260 지정수량 이상의 위험물을 90일 이내의 기간 동안 임시로 저장 또는 취급하는 경우에 대한 설명으로 옳은 것은? [14 통합 · 공채]

① 관할소방서장의 허가를 받아야 한다.

② 관할소방서장의 승인을 받아야 한다.

③ 관할소방서장에서 신고하여야 한다.

④ 임시로 저장 또는 취급하는 장소의 위치 · 구조 및 설비의 기준은 대통령령으로 정한다.

해설 위험물법 제5조(위험물의 저장 및 취급의 제한)
① 지정수량 이상의 위험물을 저장소가 아닌 장소에서 저장하거나 제조소 등이 아닌 장소에서 취급하여서는 아니 된다.

② 제1항의 규정에 불구하고 다음 각호의 1에 해당하는 경우에는 제조소 등이 아닌 장소에서 지정수량 이상의 위험물을 취급할 수 있다. 이 경우 임시로 저장 또는 취급하는 장소에서의 저장 또는 취급의 기준과 임시로 저장 또는 취급하는 장소의 위치 · 구조 및 설비의 기준은 시 · 도의 조례로 정한다.
1. 시 · 도의 조례가 정하는 바에 따라 관할소방서장의 승인을 받아 지정수량 이상의 위험물을 90일 이내의 기간 동안 임시로 저장 또는 취급하는 경우
2. 군부대가 지정수량 이상의 위험물을 군사목적으로 임시로 저장 또는 취급하는 경우

261 「위험물안전관리법」에서 정하는 위험물의 성질이 아닌 것은? [14 통합 · 공채]

① 산화성 액체　　　　　　　　② 인화성 액체

③ 가연성 액체　　　　　　　　④ 자기반응성 물질

262 다음 3류 위험물 중 지정수량이 다른 것은? [14 통합 · 공채]

① 칼륨　　　　　　　　　　　② 나트륨

③ 알킬알루미늄　　　　　　　④ 알칼리금속

해설 칼륨, 나트륨, 알킬알루미늄은 모두 10kg, 알칼리금속, 알칼리토금속은 50kg이다.

263 다음 중 위험물 제조소 등의 완공검사의 신청시기로 옳은 것은? [14 통합 · 공채]

① 배관을 지하에 설치하는 경우에는 소방청장이 지정하는 부분을 매몰하기 직전

② 이동탱크저장소의 경우 : 이동저장탱크를 착공하고 상치장소를 확보한 후

③ 지하탱크가 있는 제조소 등의 경우 : 당해 지하탱크를 매설하기 전

④ 이송취급소의 경우 : 이송배관 공사의 전체 또는 일부를 착공한 후

위험물안전관리법 제20조(완공검사의 신청시기)

법 제9조제1항의 규정에 의한 제조소 등의 완공검사 신청시기는 다음 각호의 구분에 의한다.

1. 지하탱크가 있는 제조소 등의 경우 : 당해 지하탱크를 매설하기 전
2. 이동탱크저장소의 경우 : 이동저장탱크를 완공하고 상치장소를 확보한 후
3. 이송취급소의 경우 : 이송배관 공사의 전체 또는 일부를 완료한 후. 다만, 지하ㆍ하천 등에 매설하는 이송배관의 공사의 경우에는 이송배관을 매설하기 전
4. 전체 공사가 완료된 후에는 완공검사를 실시하기 곤란한 경우 : 다음 각목에서 정하는 시기
   가. 위험물설비 또는 배관의 설치가 완료되어 기밀시험 또는 내압시험을 실시하는 시기
   나. 배관을 지하에 설치하는 경우에는 시ㆍ도지사, 소방서장 또는 기술원이 지정하는 부분을 매몰하기 직전
   다. 기술원이 지정하는 부분의 비파괴시험을 실시하는 시기
5. 제1호 내지 제4호에 해당하지 아니하는 제조소 등의 경우 : 제조소 등의 공사를 완료한 후

---

264 위험물 제조소의 위치ㆍ구조 및 설비의 기준에 대한 설명으로 옳은 것은? [14 통합ㆍ공채]

① 유형문화재와 기념물 중 지정문화재에 있어서는 30m 이상의 안전거리를 확보하여야 한다.

② 지정수량의 10배를 초과하는 경우 공지의 너비는 3m 이상을 확보하여야 한다.

③ 도로는 보유공지를 확보하지 않아도 된다.

④ 이동탱크저장소는 안전거리 및 보유공지의 적용을 받는다.

---

① 지정문화재 안전거리 : 50m

② 지정수량 10배 초과 시 5m 이상의 보유공지 확보, 지정수량 10배 이하 시 3m 이상의 보유공지 확보

④ 이동탱크저장소는 안전거리 및 보유공지 기준이 없다.

---

265 위험물의 운반용기 외부에 표시하는 주의사항이 잘못된 것은? [15 공채 상반기]

① 제4류 위험물 – 화기주의

② 제3류 위험물 중 금수성 물질 – 물기엄금

③ 제2류 위험물 중 인화성 고체 – 화기엄금

④ 제5류 위험물 – 화기엄금, 충격주의

수납하는 위험물에 따라 다음의 규정에 의한 주의사항

1) 제1류 위험물 중 알칼리금속의 과산화물 또는 이를 함유한 것에 있어서는 "화기ㆍ충격주의", "물기엄금" 및 "가연물접촉주의", 그 밖의 것에 있어서는 "화기ㆍ충격주의" 및 "가연물접촉주의"

2) 제2류 위험물 중 철분ㆍ금속분ㆍ마그네슘 또는 이들 중 어느 하나 이상을 함유한 것에 있어

서는 "화기주의" 및 "물기엄금", 인화성 고체에 있어서는 "화기엄금", 그 밖의 것에 있어서는 "화기주의"

3) 제3류 위험물 중 자연발화성 물질에 있어서는 "화기엄금" 및 "공기접촉엄금", 금수성 물질에 있어서는 "물기엄금"

4) 제4류 위험물에 있어서는 "화기엄금"

5) 제5류 위험물에 있어서는 "화기엄금" 및 "충격주의"

6) 제6류 위험물에 있어서는 "가연물접촉주의"

266 위험물안전관리법상 위험물에 대한 설명으로 옳지 않은 것은? [15 공채 상반기]

① 유황은 순도가 60중량퍼센트 이상인 것을 말한다. 이 경우 순도측정에 있어서 불순물은 활석 등 불연성 물질과 수분에 한한다.

② 마그네슘은 2밀리미터의 체를 통과하지 아니하는 덩어리 상태의 것을 말한다.

③ "철분"이라 함은 철의 분말로서 53마이크로미터의 표준체를 통과하는 것이 50중량퍼센트 미만인 것은 제외한다.

④ "알코올류"라 함은 1분자를 구성하는 탄소원자의 수가 1개부터 3개까지인 포화1가 알코올(변성알코올을 포함한다)을 말한다.

해설 용어정의

① 유황은 순도가 60중량퍼센트 이상인 것을 말한다. 이 경우 순도 측정에 있어서 불순물은 활석 등 불연성 물질과 수분에 한한다.

② 마그네슘 및 제2류 제8호의 물품 중 마그네슘을 함유한 것에 있어서는 다음 각목의 1에 해당하는 것은 제외한다.

가. 2밀리미터의 체를 통과하지 아니하는 덩어리 상태의 것

나. 직경 2밀리미터 이상의 막대 모양의 것

③ "철분"이라 함은 철의 분말로서 53마이크로미터의 표준체를 통과하는 것이 50중량퍼센트 미만인 것은 제외한다.

④ "알코올류"라 함은 1분자를 구성하는 탄소원자의 수가 1개부터 3개까지인 포화1가 알코올(변성알코올을 포함한다)을 말한다. 다만, 다음 각목의 1에 해당하는 것은 제외한다.

가. 1분자를 구성하는 탄소원자의 수가 1개 내지 3개의 포화1가 알코올의 함유량이 60중량퍼센트 미만인 수용액

나. 가연성 액체량이 60중량퍼센트 미만이고 인화점 및 연소점(태그개방식 인화점측정기에 의한 연소점을 말한다. 이하 같다)이 에틸알코올 60중량퍼센트 수용액의 인화점 및 연소점을 초과하는 것

정답 **266** ②

267 관계인이 예방규정을 정하여야 하는 제조소 등에 해당하지 않는 것은?　　[15 공채 상반기]

① 지정수량의 10배 이상의 위험물을 취급하는 제조소

② 지정수량의 100배 이상의 위험물을 저장하는 옥내저장소

③ 지정수량의 200배 이상의 위험물을 저장하는 옥외탱크저장소

④ 암반탱크저장소

> **해설** 위험물안전관리법 시행령 제15조(관계인이 예방규정을 정하여야 하는 제조소 등)
> 법 제17조제1항에서 "대통령령이 정하는 제조소 등"이라 함은 다음 각호의 1에 해당하는 제조소 등을 말한다.
> 1. 지정수량의 10배 이상의 위험물을 취급하는 제조소
> 2. 지정수량의 100배 이상의 위험물을 저장하는 옥외저장소
> 3. 지정수량의 150배 이상의 위험물을 저장하는 옥내저장소
> 4. 지정수량의 200배 이상의 위험물을 저장하는 옥외탱크저장소
> 5. 암반탱크저장소
> 6. 이송취급소
> 7. 지정수량의 10배 이상의 위험물을 취급하는 일반취급소. 다만, 제4류 위험물(특수인화물을 제외한다)만을 지정수량의 50배 이하로 취급하는 일반취급소(제1석유류 · 알코올류의 취급량이 지정수량의 10배 이하인 경우에 한한다)로서 다음 각목의 어느 하나에 해당하는 것을 제외한다.
>   가. 보일러 · 버너 또는 이와 비슷한 것으로서 위험물을 소비하는 장치로 이루어진 일반취급소
>   나. 위험물을 용기에 옮겨 담거나 차량에 고정된 탱크에 주입하는 일반취급소

268 이동탱크저장소에 의하여 위험물을 운송하는 경우 운송책임자의 감독 · 지원을 받아 운송하여야 하는 위험물은?　　[15 공채 상반기]

① 아세트알데히드　　　　　　② 알킬알루미늄

③ 산화프로필렌　　　　　　　④ 질산메틸

> **해설** 위험물안전관리법 시행령 제19조(운송책임자의 감독 · 지원을 받아 운송하여야 하는 위험물)
> 법 제21조제2항에서 "대통령령이 정하는 위험물"이라 함은 다음 각호의 1에 해당하는 위험물을 말한다.
> 1. 알킬알루미늄
> 2. 알킬리튬
> 3. 제1호 또는 제2호의 물질을 함유하는 위험물

269 위험물 제조소의 위치·구조 및 설비 중 채광, 조명, 환기설비에 대한 설명으로 옳지 않은 것은? [15 공채 상반기]

① 채광설비는 불연재료로 하고, 연소의 우려가 없는 장소에 설치하되 채광면적을 최대로 할 것
② 급기구는 낮은 곳에 설치하고 가는 눈의 구리망 등으로 인화방지망을 설치할 것
③ 점멸스위치는 출입구 바깥부분에 설치할 것
④ 환기는 자연배기방식으로 할 것

> **해설** 채광·조명 및 환기설비
> 1. 위험물을 취급하는 건축물에는 다음 각목의 기준에 의하여 위험물을 취급하는 데 필요한 채광·조명 및 환기의 설비를 설치하여야 한다.
>   가. 채광설비는 불연재료로 하고, 연소의 우려가 없는 장소에 설치하되 채광면적을 최소로 할 것
>   나. 조명설비는 다음의 기준에 적합하게 설치할 것
>   1) 가연성 가스 등이 체류할 우려가 있는 장소의 조명등은 방폭등으로 할 것
>   2) 전선은 내화·내열전선으로 할 것
>   3) 점멸스위치는 출입구 바깥부분에 설치할 것. 다만, 스위치의 스파크로 인한 화재·폭발의 우려가 없을 경우에는 그러하지 아니하다.
>   다. 환기설비는 다음의 기준에 의할 것
>   1) 환기는 자연배기방식으로 할 것
>   2) 급기구는 당해 급기구가 설치된 실의 바닥면적 150m²마다 1개 이상으로 하되, 급기구의 크기는 800cm² 이상으로 할 것. 다만 바닥면적이 150m² 미만인 경우에는 다음의 크기로 하여야 한다.
>
> | 바닥면적 | 급기구의 면적 |
> |---|---|
> | 60m² 미만 | 150cm² 이상 |
> | 60m² 이상 90m² 미만 | 300cm² 이상 |
> | 90m² 이상 120m² 미만 | 450cm² 이상 |
> | 120m² 이상 150m² 미만 | 600cm² 이상 |
>
>   3) 급기구는 낮은 곳에 설치하고 가는 눈의 구리망 등으로 인화방지망을 설치할 것
>   4) 환기구는 지붕 위 또는 지상 2m 이상의 높이에 회전식 고정벤틸레이터 또는 루프팬 방식으로 설치할 것
> 2. 배출설비가 설치되어 유효하게 환기가 되는 건축물에는 환기설비를 하지 아니할 수 있고, 조명설비가 설치되어 유효하게 조도가 확보되는 건축물에는 채광설비를 하지 아니할 수 있다.

270 위험물 제조소의 환기설비 설치기준이 아닌 것은? [15 공채 하반기]

① 환기구 높이는 지붕 위 또는 지상 2미터 이상으로 한다.
② 급기구 설치는 바닥면적 150제곱미터 당 1개 이상으로 설치한다.
③ 환기는 자연배기 방식으로 한다.
④ 급기구는 높은 곳에 설치하고 가는 눈의 구리망 등으로 인화방지망을 설치한다.

해설 269번 문제 해설 참조

271 위험물 제조소 등에 대한 완공검사를 받고자 하는 자는 이를 시·도지사에게 신청하여야 하는데 이동탱크저장소의 경우 완공검사 신청시기로 옳은 것은? [15 공채 하반기]

① 제조소 등의 공사를 완료한 후
② 위험물을 적재하기 전
③ 상치장소를 확보한 후
④ 위험물탱크 설치 완공 전

해설 **완공검사 신청시기**
㉠ 지하탱크가 있는 제조소 등의 경우 : 당해 지하탱크를 매설하기 전
㉡ 이동탱크저장소의 경우 : 이동저장탱크를 완공하고 상치장소를 확보한 후
㉢ 이송취급소의 경우 : 이송배관 공사의 전체 또는 일부를 완료한 후. 다만, 지하·하천 등에 매설하는 이송배관의 공사의 경우에는 이송배관을 매설하기 전
㉣ 전체 공사가 완료된 후에는 완공검사를 실시하기 곤란한 경우
　가. 위험물설비 또는 배관의 설치가 완료되어 기밀시험 또는 내압시험을 실시하는 시기
　나. 배관을 지하에 설치하는 경우에는 시·도지사, 소방서장 또는 기술원이 지정하는 부분을 매몰하기 직전
　다. 기술원이 지정하는 부분의 비파괴시험을 실시하는 시기
㉤ ㉠~㉣에 해당하지 아니하는 제조소 등의 경우 : 제조소 등의 공사를 완료한 후

272 수납하는 제5류 위험물의 운반용기의 외부에 표시하여야 하는 주의사항으로 옳은 것은? [15 공채 하반기]

① 화기주의
② 화기엄금 및 물기엄금
③ 화기엄금 및 충격주의
④ 접촉주의

해설 **위험물 운반용기의 외부 표시**
위험물은 그 운반용기의 외부에 다음 각목에 정하는 바에 따라 위험물의 품명, 수량 등을 표시하여 적재하여야 한다. 다만, UN의 위험물 운송에 관한 권고(RTDG ; Recommendations on the Transport of Dangerous Goods)에서 정한 기준 또는 소방청장이 정하여 고시하는 기준에 적합한 표시를 한 경우에는 그러하지 아니하다.
가. 위험물의 품명·위험등급·화학명 및 수용성("수용성" 표시는 제4류 위험물로서 수용성인 것에 한한다)
나. 위험물의 수량
다. 수납하는 위험물에 따라 다음의 규정에 의한 주의사항
　1) 제1류 위험물 중 알칼리금속의 과산화물 또는 이를 함유한 것에 있어서는 "화기·충격주의", "물기엄금" 및 "가연물접촉주의", 그 밖의 것에 있어서는 "화기·충격주의" 및 "가연

물접촉주의"

2) 제2류 위험물 중 철분 · 금속분 · 마그네슘 또는 이들 중 어느 하나 이상을 함유한 것에 있어서는 "화기주의" 및 "물기엄금", 인화성 고체에 있어서는 "화기엄금", 그 밖의 것에 있어서는 "화기주의"

3) 제3류 위험물 중 자연발화성 물질에 있어서는 "화기엄금" 및 "공기접촉엄금", 금수성 물질에 있어서는 "물기엄금"

4) 제4류 위험물에 있어서는 "화기엄금"

5) 제5류 위험물에 있어서는 "화기엄금" 및 "충격주의"

6) 제6류 위험물에 있어서는 "가연물접촉주의"

273 다음 보기에서 1류 위험물의 개수는 몇 개인가? [15 공채 하반기]

| ㉠ 과요오드산염류 | ㉡ 요오드산염류 | ㉢ 요오드산 | ㉣ 과요오드산 | ㉤ 과염소산 |

① 1개
② 2개
③ 3개
④ 4개

해설 위험물의 종류 및 위험등급

종류	제1류 위험물		제2류 위험물		제3류 위험물		제4류 위험물		제5류 위험물		제6류 위험물	
	산화성 고체		가연성 고체		금수성 · 자연발화성		인화성 액체		자기연소성		산화성 액체	
위험 등급	품명(10)	지정 수량 (kg)	품명(7)	지정 수량 (kg)	품명(13)	지정 수량 (kg)	품명(7)	지정 수량 (L)	품명(9)	지정 수량 (kg)	품명(3)	지정 수량 (kg)
Ⅰ	아염소산염류 염소산염류 과염소산염류 무기과산화물	50	–		칼륨 나트륨 알킬알루미늄 알킬리튬	10	특수인화물	50	유기과산화물 질산에스테르류	10	과산화수소 과염소산 질산	300
					황린	20						
Ⅱ	요오드산염류 브롬산염류 질산염류	300	황화린 적린 유황	100	알칼리금속 알칼리토금속 유기금속화합물	50	제1석유류	비수용성 200 수용성 400	히드록실아민 히드록실아민염류	100	–	
							알코올류	400	니트로화합물 니트로소화합물 아조화합물 디아조화합물 히드라진 유도체	200		

종류	제1류 위험물		제2류 위험물		제3류 위험물		제4류 위험물		제5류 위험물		제6류 위험물	
	산화성 고체		가연성 고체		금수성·자연발화성		인화성 액체		자기연소성		산화성 액체	
위험등급	품명(10)	지정수량(kg)	품명(7)	지정수량(kg)	품명(13)	지정수량(kg)	품명(7)	지정수량(L)	품명(9)	지정수량(kg)	품명(3)	지정수량(kg)
Ⅲ	과망간산염류 중크롬산염류	1,000	철분 마그네슘 금속분류	500	금속의 수소화물 금속의 인화물 칼슘의 탄화물 알루미늄의 탄화물 염소화규소화합물	300	제2석유류	비수용성 1,000 수용성 2,000				
							제3석유류	비수용성 2,000 수용성 4,000	–	–	–	–
	무수크롬산 (삼산화크롬)	300	인화성 고체	1,000			제4석유류	6,000				
							동식물유류	10,000				

274 지정수량 이상의 위험물을 저장하기 위한 장소에서 옥외저장소에 저장하는 위험물로 옳지 않은 것은? [15 공채 하반기]

① 제1류 위험물 중 질산염류
② 제2류 위험물 중 유황
③ 제4류 위험물 중 경유
④ 제6류 위험물 중 질산

해설 옥외저장소 저장가능 위험물의 종류

가. 제2류 위험물 중 유황 또는 인화성 고체(인화점이 섭씨 0도 이상인 것에 한한다)
나. 제4류 위험물 중 제1석유류(인화점이 섭씨 0도 이상인 것에 한한다)·알코올류·제2석유류·제3석유류·제4석유류 및 동식물유류
다. 제6류 위험물
라. 제2류 위험물 및 제4류 위험물 중 특별시·광역시 또는 도의 조례에서 정하는 위험물(「관세법」제154조의 규정에 의한 보세구역 안에 저장하는 경우에 한한다)
마. 「국제해사기구에 관한 협약」에 의하여 설치된 국제해사기구가 채택한 「국제해상위험물 규칙」(IMDG Code)에 적합한 용기에 수납된 위험물

275 제조소에서 위험물을 취급하는 건축물의 주위에는 그 취급하는 위험물의 최대수량에 따라 공지를 보유하여야 한다. 취급하는 위험물의 최대수량이 지정수량의 10배 이하인 경우 공지의 너비는? [15 공채 하반기]

① 1m 이상
② 1.5m 이상
③ 2m 이상
④ 3m 이상

위험물을 취급하는 건축물 그 밖의 시설(위험물을 이송하기 위한 배관 등 제외)의 주위에는 그 취급하는 위험물의 최대수량에 따라 다음 표에 의한 너비의 공지를 보유하여야 한다.

취급하는 위험물의 최대수량	공지의 너비
지정수량의 10배 이하	3m 이상
지정수량의 10배 초과	5m 이상

276 제조소 등의 위치·구조 또는 설비의 변경 없이 당해 제조소 등에서 저장하거나 취급하는 위험물의 품명·수량 또는 지정수량의 배수를 변경하고자 하는 자는 변경하고자 하는 날의 며칠 전까지 행정안전부령이 정하는 바에 따라 누구에게 신고하여야 하는가? [16 공채]

① 1일, 소방청장   ② 1일, 시·도지사
③ 3일, 소방청장   ④ 3일, 시·도지사

해설 **위험물시설의 설치 및 변경**
1) 제조소 등을 설치하고자 하는 자는 시·도지사의 허가를 받아야 한다.
2) 제조소 등의 위치, 구조 또는 설비를 변경하고자 하는 자는 시·도지사의 허가를 받아야 한다.
3) 취급하는 위험물의 품명, 수량 또는 지정수량의 배수를 변경하고자 하는 자는 시·도지사에게 변경하고자 하는 날의 1일 전까지 시·도지사에게 신고하여야 한다.
4) 제조소 등이 아닌 경우에 허가를 받지 아니하고 당해 제조소 등을 설치하거나 그 위치 구조 또는 설비를 변경할 수 있는 경우, 신고를 하지 아니하고 위험물의 품명, 수량 또는 지정수량의 배수를 변경할 수 있는 경우
   ① 주택의 난방시설(공동주택의 중앙난방시설을 제외한다)을 위한 저장소 또는 취급소
   ② 농예용·축산용 또는 수산용으로 필요한 난방시설 또는 건조시설을 위한 지정수량 20배 이하의 저장소

277 옥외탱크저장소의 방유제의 설치기준으로 옳지 않은 것은? [16 공채]

① 방유제의 용량은 방유제 안에 설치된 탱크가 하나인 때에는 그 탱크 용량의 110% 이상으로 할 것
② 방유제 내의 면적은 8만m² 이하로 할 것
③ 방유제는 높이 0.5m 이상 3m 이하, 두께 0.2m 이상, 지하매설깊이 1m 이상으로 할 것
④ 높이가 1m를 넘는 방유제 및 간막이 둑의 안팎에는 방유제 내에 출입하기 위한 계단 또는 경사로를 약 500m마다 설치할 것

해설 인인화성액체위험물(이황화탄소를 제외한다)의 옥외탱크저장소의 탱크 주위에는 다음 각목의 기준에 의하여 방유제를 설치하여야 한다.

가. 방유제의 용량은 방유제 안에 설치된 탱크가 하나인 때에는 그 탱크 용량의 110% 이상, 2기 이상인 때에는 그 탱크 중 용량이 최대인 것의 용량의 110% 이상으로 할 것. 이 경우 방유제의 용량은 당해 방유제의 내용적에서 용량이 최대인 탱크 외의 탱크의 방유제 높이 이하 부분의 용적, 당해 방유제 내에 있는 모든 탱크의 지반면 이상 부분의 기초의 체적, 간막이 둑의 체적 및 당해 방유제 내에 있는 배관 등의 체적을 뺀 것으로 한다.

나. 방유제는 높이 0.5m 이상 3m 이하, 두께 0.2m 이상, 지하매설깊이 1m 이상으로 할 것. 다만, 방유제와 옥외저장탱크 사이의 지반면 아래에 불침윤성(不浸潤性) 구조물을 설치하는 경우에는 지하 매설깊이를 해당 불침윤성 구조물까지로 할 수 있다.

다. 방유제 내의 면적은 8만m^2 이하로 할 것

라. 방유제 내에 설치하는 옥외저장탱크의 수는 10(방유제내에 설치하는 모든 옥외저장탱크의 용량이 20만l 이하이고, 당해 옥외저장탱크에 저장 또는 취급하는 위험물의 인화점이 70℃ 이상 200℃ 미만인 경우에는 20) 이하로 할 것. 다만, 인화점이 200℃ 이상인 위험물을 저장 또는 취급하는 옥외저장탱크에 있어서는 그러하지 아니하다.

마. 방유제 외면의 2분의 1 이상은 자동차 등이 통행할 수 있는 3m 이상의 노면폭을 확보한 구내도로(옥외저장탱크가 있는 부지내의 도로를 말한다. 이하 같다)에 직접 접하도록 할 것. 다만, 방유제 내에 설치하는 옥외저장탱크의 용량합계가 20만l 이하인 경우에는 소화활동에 지장이 없다고 인정되는 3m 이상의 노면폭을 확보한 도로 또는 공지에 접하는 것으로 할 수 있다.

바. 방유제는 옥외저장탱크의 지름에 따라 그 탱크의 옆판으로부터 다음에 정하는 거리를 유지할 것. 다만, 인화점이 200℃ 이상인 위험물을 저장 또는 취급하는 것에 있어서는 그러하지 아니하다.
   1) 지름이 15m 미만인 경우에는 탱크 높이의 3분의 1 이상
   2) 지름이 15m 이상인 경우에는 탱크 높이의 2분의 1 이상

사. 방유제는 철근콘크리트로 하고, 방유제와 옥외저장탱크 사이의 지표면은 불연성과 불침윤성 있는 구조(철근콘크리트 등)로 할 것. 다만, 누출된 위험물을 수용할 수 있는 전용유조(專用油槽) 및 펌프 등의 설비를 갖춘 경우에는 방유제와 옥외저장탱크 사이의 지표면을 흙으로 할 수 있다.

아. 용량이 1,000만l 이상인 옥외저장탱크의 주위에 설치하는 방유제에는 다음의 규정에 따라 당해 탱크마다 간막이 둑을 설치할 것
   1) 간막이 둑의 높이는 0.3m(방유제 내에 설치되는 옥외저장탱크의 용량의 합계가 2억l를 넘는 방유제에 있어서는 1m) 이상으로 하되, 방유제의 높이보다 0.2m 이상 낮게 할 것
   2) 간막이 둑은 흙 또는 철근콘크리트로 할 것
   3) 간막이 둑의 용량은 간막이 둑 안에 설치된 탱크의 용량의 10% 이상일 것

자. 방유제 내에는 당해 방유제 내에 설치하는 옥외저장탱크를 위한 배관(당해 옥외저장탱크의 소화설비를 위한 배관을 포함한다), 조명설비 및 계기시스템과 이들에 부속하는 설비 그 밖의 안전확보에 지장이 없는 부속설비 외에는 다른 설비를 설치하지 아니할 것

차. 방유제 또는 간막이 둑에는 해당 방유제를 관통하는 배관을 설치하지 아니할 것. 다만, 위험물을 이송하는 배관의 경우에는 배관이 관통하는 지점의 좌우방향으로 각 1m 이상까지의 방유제 또는 간막이 둑의 외면에 두께 0.1m 이상, 지하매설깊이 0.1m 이상의 구조물을 설치하여 방유제 또는 간막이 둑을 이중구조로 하고, 그 사이에 토사를 채운 후, 관통하는 부분을 완충재 등으로 마감하는 방식으로 설치할 수 있다.

카. 방유제에는 그 내부에 고인 물을 외부로 배출하기 위한 배수구를 설치하고 이를 개폐하는 밸브 등을 방유제의 외부에 설치할 것

타. 용량이 100만l 이상인 위험물을 저장하는 옥외저장탱크에 있어서는 카목의 밸브 등에 그 개폐상황을 쉽게 확인할 수 있는 장치를 설치할 것

파. 높이가 1m를 넘는 방유제 및 간막이 둑의 안팎에는 방유제 내에 출입하기 위한 계단 또는 경사로를 약 50m마다 설치할 것

하. 용량이 50만리터 이상인 옥외탱크저장소가 해안 또는 강변에 설치되어 방유제 외부로 누출된 위험물이 바다 또는 강으로 유입될 우려가 있는 경우에는 해당 옥외탱크저장소가 설치된 부지 내에 전용유조(專用油槽) 등 누출위험물 수용설비를 설치할 것

278 주유취급소의 위치·구조 및 설비의 기준에 대한 설명이 옳지 않은 것은?   [16 공채]

① 공지의 너비는 15m 이상, 길이는 6m 이상의 콘크리트 등으로 포장하여야 한다.

② 공지의 바닥은 주위 지면보다 낮게 하여야 한다.

③ 주유취급소에는 보기 쉬운 곳에 "위험물 주유취급소"라는 표시를 한 표지를 설치하여야 한다.

④ 주유취급소에는 방화에 관하여 필요한 사항을 게시한 게시판 및 황색 바탕에 흑색 문자로 "주유 중 엔진정지"라는 표시를 한 게시판을 설치하여야 한다.

해설 주유취급소의 위치·구조 및 설비의 기준(제37조 관련)

Ⅰ. 주유공지 및 급유공지

1. 주유취급소의 고정주유설비(펌프기기 및 호스기기로 되어 위험물을 자동차등에 직접 주유하기 위한 설비로서 현수식의 것을 포함한다. 이하 같다)의 주위에는 주유를 받으려는 자동차 등이 출입할 수 있도록 너비 15m 이상, 길이 6m 이상의 콘크리트 등으로 포장한 공지(이하 "주유공지"라 한다)를 보유하여야 하고, 고정급유설비(펌프기기 및 호스기기로 되어 위험물을 용기에 옮겨 담거나 이동저장탱크에 주입하기 위한 설비로서 현수식의 것을 포함한다. 이하 같다)를 설치하는 경우에는 고정급유설비의 호스기기의 주위에 필요한 공지(이하 "급유공지"라 한다)를 보유하여야 한다.

2. 제1호의 규정에 의한 공지의 바닥은 주위 지면보다 높게 하고, 그 표면을 적당하게 경사지게 하여 새어나온 기름 그 밖의 액체가 공지의 외부로 유출되지 아니하도록 배수구·집유설비 및 유분리장치를 하여야 한다.

Ⅱ. 표지 및 게시판

주유취급소에는 별표 4 Ⅲ제1호의 기준에 준하여 보기 쉬운 곳에 "위험물 주유취급소"라는 표시를 한 표지, 동표 Ⅲ제2호의 기준에 준하여 방화에 관하여 필요한 사항을 게시한 게시판 및 황색 바탕에 흑색 문자로 "주유 중 엔진정지"라는 표시를 한 게시판을 설치하여야 한다.

정답 278 ②

279 관계인이 예방규정을 정하여야 하는 제조소 등에 해당하지 않는 것은?　　　　　[16 공채]

① 지정수량의 10배 이상의 위험물을 취급하는 제조소

② 지정수량의 100배 이상의 위험물을 저장하는 옥외저장소

③ 지정수량의 150배 이상의 위험물을 저장하는 옥내저장소

④ 지정수량의 200배 이상의 위험물을 저장하는 암반탱크저장소

해설 관계인이 예방규정을 정하여야 하는 제조소 등

1. 지정수량의 10배 이상의 위험물을 취급하는 제조소
2. 지정수량의 100배 이상의 위험물을 저장하는 옥외저장소
3. 지정수량의 150배 이상의 위험물을 저장하는 옥내저장소
4. 지정수량의 200배 이상의 위험물을 저장하는 옥외탱크저장소
5. 암반탱크저장소
6. 이송취급소
7. 지정수량의 10배 이상의 위험물을 취급하는 일반취급소. 다만, 제4류 위험물(특수인화물을 제외한다)만을 지정수량의 50배 이하로 취급하는 일반취급소(제1석유류 · 알코올류의 취급량이 지정수량의 10배 이하인 경우에 한한다)로서 다음 각목의 어느 하나에 해당하는 것을 제외한다.

　가. 보일러 · 버너 또는 이와 비슷한 것으로서 위험물을 소비하는 장치로 이루어진 일반취급소
　나. 위험물을 용기에 옮겨 담거나 차량에 고정된 탱크에 주입하는 일반취급소

---

280 위험물의 지정수량을 바르게 연결한 것은?　　　　　[17 공채 상반기]

① 무기과산화물 – 10kg

② 철분 – 100kg

③ 특수인화물 – 100리터

④ 질산에스테르류 – 10kg

해설 위험물의 종류 및 위험등급

종류	제1류 위험물		제2류 위험물		제3류 위험물		제4류 위험물		제5류 위험물		제6류 위험물	
	산화성 고체		가연성 고체		금수성 · 자연발화성		인화성 액체		자기연소성		산화성 액체	
위험 등급	품명(10)	지정 수량 (kg)	품명(7)	지정 수량 (kg)	품명(13)	지정 수량 (kg)	품명(7)	지정 수량 (L)	품명(9)	지정 수량 (kg)	품명(3)	지정 수량 (kg)
I	아염소산염류 염소산염류 과염소산염류 무기과산화물	50	–		칼륨 나트륨 알킬알루미늄 알킬리튬	10	특수인화물	50	유기과산화물 질산에스테르류	10	과산화수소 과염소산 질산	300
					황린	20						

종류	제1류 위험물		제2류 위험물		제3류 위험물		제4류 위험물		제5류 위험물		제6류 위험물	
	산화성 고체		가연성 고체		금수성 · 자연발화성		인화성 액체		자기연소성		산화성 액체	
위험 등급	품명(10)	지정 수량 (kg)	품명(7)	지정 수량 (kg)	품명(13)	지정 수량 (kg)	품명(7)	지정 수량 (L)	품명(9)	지정 수량 (kg)	품명(3)	지정 수량 (kg)
Ⅱ	요오드산염류 브롬산염류 질산염류	300	황화린 적린 유황	100	알칼리금속 알칼리토금속 유기금속화합물	50	제1석유류	비수용성 200 수용성 400	히드록실아민 히드록실아민염류	100		−
							알코올류	400	니트로화합물 니트로소화합물 아조화합물 디아조화합물 히드라진 유도체	200		
Ⅲ	과망간산염류 중크롬산염류	1,000	철분 마그네슘 금속분류	500	금속의 수소화물 금속의 인화물 칼슘의 탄화물 알루미늄의 탄화물 염소화규소화합물	300	제2석유류	비수용성 1,000 수용성 2,000		−		−
							제3석유류	비수용성 2,000 수용성 4,000				
	무수크롬산 (삼산화크롬)	300	인화성 고체	1,000			제4석유류	6,000				
							동식물유류	10,000				

281 다음 중 판매취급소에 대한 설명 중 옳은 것은? [17 공채 상반기]

① 제1종 판매취급소는 제2종 판매취급소보다 더 강화된 기준을 적용할 것

② 제2종 판매취급소는 건축물의 1층에 설치할 것

③ 제1종 판매취급소의 용도로 사용하는 부분의 창 또는 출입구에 유리를 이용하는 경우에는 강화유리로 할 것

④ 제2종 판매취급소의 용도로 사용하는 부분은 벽 · 기둥 · 바닥 및 보를 불연재료로 할 것

> **해설** 판매취급소의 위치 · 구조 및 설비의 기준
>
> Ⅰ. 판매취급소의 기준
>
> 1. 저장 또는 취급하는 위험물의 수량이 지정수량의 20배 이하인 판매취급소(이하 "제1종 판매취급소"라 한다)의 위치 · 구조 및 설비의 기준은 다음 각목과 같다.
>
> 가. 제1종 판매취급소는 건축물의 1층에 설치할 것
>
> 나. 제1종 판매취급소에는 별표 4 Ⅲ제1호의 기준에 따라 보기 쉬운 곳에 "위험물 판매취급소(제1종)"라는 표시를 한 표지와 동표 Ⅲ제2호의 기준에 따라 방화에 관하여 필요한 사항을 게시한 게시판을 설치하여야 한다.
>
> 다. 제1종 판매취급소의 용도로 사용되는 건축물의 부분은 내화구조 또는 불연재료로 하고, 판매취급소로 사용되는 부분과 다른 부분과의 격벽은 내화구조로 할 것

라. 제1종 판매취급소의 용도로 사용하는 건축물의 부분은 보를 불연재료로 하고, 천장을 설치하는 경우에는 천장을 불연재료로 할 것

마. 제1종 판매취급소의 용도로 사용하는 부분에 상층이 있는 경우에 있어서는 그 상층의 바닥을 내화구조로 하고, 상층이 없는 경우에 있어서는 지붕을 내화구조 또는 불연재료로 할 것

바. 제1종 판매취급소의 용도로 사용하는 부분의 창 및 출입구에는 갑종방화문 또는 을종방화문을 설치할 것

사. 제1종 판매취급소의 용도로 사용하는 부분의 창 또는 출입구에 유리를 이용하는 경우에는 망입유리로 할 것

아. 제1종 판매취급소의 용도로 사용하는 건축물에 설치하는 전기설비는 전기사업법에 의한 전기설비기술기준에 의할 것

자. 위험물을 배합하는 실은 다음에 의할 것

   1) 바닥면적은 $6m^2$ 이상 $15m^2$ 이하로 할 것

   2) 내화구조 또는 불연재료로 된 벽으로 구획할 것

   3) 바닥은 위험물이 침투하지 아니하는 구조로 하여 적당한 경사를 두고 집유설비를 할 것

   4) 출입구에는 수시로 열 수 있는 자동폐쇄식의 갑종방화문을 설치할 것

   5) 출입구 문턱의 높이는 바닥면으로부터 0.1m 이상으로 할 것

   6) 내부에 체류한 가연성의 증기 또는 가연성의 미분을 지붕 위로 방출하는 설비를 할 것

2. 저장 또는 취급하는 위험물의 수량이 지정수량의 40배 이하인 판매취급소(이하 "제2종 판매취급소"라 한다)의 위치·구조 및 설비의 기준은 제1호 가목·나목 및 사목 내지 자목의 규정을 준용하는 외에 다음 각목의 기준에 의한다.

가. 제2종 판매취급소의 용도로 사용하는 부분은 벽·기둥·바닥 및 보를 내화구조로 하고, 천장이 있는 경우에는 이를 불연재료로 하며, 판매취급소로 사용되는 부분과 다른 부분과의 격벽은 내화구조로 할 것

나. 제2종 판매취급소의 용도로 사용하는 부분에 상층이 있는 경우에 있어서는 상층의 바닥을 내화구조로 하는 동시에 상층으로의 연소를 방지하기 위한 조치를 강구하고, 상층이 없는 경우에는 지붕을 내화구조로 할 것

다. 제2종 판매취급소의 용도로 사용하는 부분 중 연소의 우려가 없는 부분에 한하여 창을 두되, 당해 창에는 갑종방화문 또는 을종방화문을 설치할 것

라. 제2종 판매취급소의 용도로 사용하는 부분의 출입구에는 갑종방화문 또는 을종방화문을 설치할 것. 다만, 당해 부분 중 연소의 우려가 있는 벽 또는 창의 부분에 설치하는 출입구에는 수시로 열 수 있는 자동폐쇄식의 갑종방화문을 설치하여야 한다.

282 위험물안전관리자에 대한 설명 중 옳지 않은 것은? [17 공채 상반기]

① 안전관리자를 선임한 경우에는 소방본부장 또는 소방서장에게 신고하여야 한다.

② 위험물의 취급에 관한 자격취득자는 경력이 없어도 대리자로 지정할 수 있다.

③ 대리자가 위험물의 취급에 관한 자격증을 취득하지 못했을 경우 전기·기계자격증으로 대체하면 된다.

④ 위험물안전관리자가 일시적으로 직무를 수행할수 없어 대리자(代理者)를 지정하였을 경우에는 소방본부장·소방서장에게 신고하지 않아도 된다.

해설 위험물안전관리자

① 위험물안전관리자 선임권자 : 제조소 등의 관계인

② 위험물의 취급에 관한 자격이 있는 자

위험물취급자격자의 자격(제11조제1항 관련)

위험물취급자격자의 구분	취급할 수 있는 위험물
1. 「국가기술자격법」에 따라 위험물기능장, 위험물산업기사, 위험물기능사의 자격을 취득한 사람	별표 1의 모든 위험물
2. 안전관리자교육이수자(법 28조제1항에 따라 소방청장이 실시하는 안전관리자교육을 이수한 자를 말한다. 이하 별표 6에서 같다)	별표 1의 위험물 중 제4류 위험물
3. 소방공무원 경력자(소방공무원으로 근무한 경력이 3년 이상인 자를 말한다. 이하 별표 6에서 같다)	별표 1의 위험물 중 제4류 위험물

③ 제조소 등에서 저장·취급하는 위험물이 「화학물질관리법」에 따른 유독물질에 해당하는 경우 당해 제조소 등을 설치한 자는 다른 법률에 의하여 안전관리업무를 하는 자로 선임된 자 가운데 대통령령이 정하는 자를 안전관리자로 선임할 수 있다.

④ 제조소 등의 관계인은 안전관리자가 해임, 퇴직한 날부터 30일 이내에 선임하여 선임한 날부터 14일 이내에 **소방본부장 또는 소방서장**에게 신고하여야 한다.

⑤ 안전관리자 선임신고 시 제출해야 할 서류

　　1. 위험물안전관리업무대행계약서(안전관리대행기관에 한한다)

　　2. 위험물안전관리교육 수료증(안전관리자 강습교육을 받은 자에 한한다)

　　3. 위험물안전관리자를 겸직할 수 있는 관련 안전관리자로 선임된 사실을 증명할 수 있는 서류

　　4. 소방공무원 경력증명서(소방공무원 경력자에 한한다)

⑥ 제조소 등의 관계인은 안전관리자의 해임, 퇴직한 사실을 소방본부장 또는 소방서장에게 확인받을 수 있다.

⑦ 위험물안전관리 직무 대리자 지정

　　1. 위험물안전관리 직무 대리자 지정권자 : 제조소 등의 관계인

　　2. 직무 대리자 지정사유

　　　　가. 선임된 안전관리자가 여행·질병 그 밖의 사유로 인하여 일시적으로 직무를 수행할 수 없는 경우

　　　　나. 안전관리자의 해임 또는 퇴직과 동시에 다른 안전관리자를 선임하지 못하는 경우

3. 직무 대리자 자격조건
　　가. 국가기술자격법에 따른 위험물의 취급에 관한 자격취득자
　　나. 안전교육을 받은 자
　　다. 제조소 등의 위험물 안전관리업무에 있어서 안전관리자를 지휘·감독하는 직위에 있는 자
4. 직무 대리자의 직무 대행기간 : 30일을 초과할 수 없다.
⑧ 안전관리자의 업무와 의무
1. 위험물을 취급하는 작업을 하는 때에는 작업자에게 안전관리에 관한 필요한 지시
2. 위험물의 취급에 관한 안전관리와 감독
3. 제조소 등의 관계인과 그 종사자는 안전관리자의 위험물 안전관리에 관한 의견을 존중하고 그 권고에 따라야 한다.

283 다음 주유취급소에 대한 설명 중 옳은 것은? [17 공채 상반기]

① 주유를 받으려는 자동차 등이 출입할 수 있도록 너비 10m 이상, 길이 5m 이상의 콘크리트 등으로 포장한 공지를 보유하여야 한다.
② 고정주유설비 또는 고정급유설비의 주유관의 길이는 5m 이내로 하고 그 선단에는 축적된 정전기를 유효하게 제거할 수 있는 장치를 설치하여야 한다.
③ 주유취급소의 주위에는 자동차등이 출입하는 쪽 외의 부분에 높이 1m 이상의 내화구조 또는 불연재료의 담 또는 벽을 설치하여야 한다.
④ 흑색 바탕에 황색 문자로 "주유 중 엔진정지"라는 표시를 한 게시판을 설치하여야 한다.

해설 주유취급소의 위치·구조 및 설비의 기준(제37조 관련)
Ⅰ. 주유공지 및 급유공지
1. 주유취급소의 고정주유설비(펌프기기 및 호스기기로 되어 위험물을 자동차등에 직접 주유하기 위한 설비로서 현수식의 것을 포함한다. 이하 같다)의 주위에는 **주유를 받으려는 자동차 등이 출입할 수 있도록 너비 15m 이상, 길이 6m 이상의 콘크리트 등으로 포장한 공지(이하 "주유공지"라 한다)**를 보유하여야 하고, 고정급유설비(펌프기기 및 호스기기로 되어 위험물을 용기에 옮겨 담거나 이동저장탱크에 주입하기 위한 설비로서 현수식의 것을 포함한다. 이하 같다)를 설치하는 경우에는 고정급유설비의 호스기기의 주위에 필요한 공지(이하 "급유공지"라 한다)를 보유하여야 한다.
2. 제1호의 규정에 의한 공지의 바닥은 주위 지면보다 높게 하고, 그 표면을 적당하게 경사지게 하여 새어나온 기름 그 밖의 액체가 공지의 외부로 유출되지 아니하도록 배수구·집유설비 및 유분리장치를 하여야 한다.
Ⅱ. 표지 및 게시판
주유취급소에는 별표 4 Ⅲ제1호의 기준에 준하여 보기 쉬운 곳에 "위험물 주유취급소"라는 표시를 한 표지, 동표 Ⅲ제2호의 기준에 준하여 방화에 관하여 필요한 사항을 게시한 게시판 및 **황색 바탕에 흑색 문자로 "주유 중 엔진정지"라는 표시를 한 게시판**을 설치하여야 한다.

Ⅶ. 담 또는 벽

1. 주유취급소의 주위에는 자동차 등이 출입하는 쪽 외의 부분에 높이 2m 이상의 내화구조 또는 불연재료의 담 또는 벽을 설치하되, 주유취급소의 인근에 연소의 우려가 있는 건축물이 있는 경우에는 소방청장이 정하여 고시하는 바에 따라 방화상 유효한 높이로 하여야 한다.

2. 제1호에도 불구하고 다음 각 목의 기준에 모두 적합한 경우에는 담 또는 벽의 일부분에 방화상 유효한 구조의 유리를 부착할 수 있다.

　　가. 유리를 부착하는 위치는 주입구, 고정주유설비 및 고정급유설비로부터 4m 이상 이격될 것

　　나. 유리를 부착하는 방법은 다음의 기준에 모두 적합할 것

　　　　1) 주유취급소 내의 지반면으로부터 70cm를 초과하는 부분에 한하여 유리를 부착할 것

　　　　2) 하나의 유리판의 가로의 길이는 2m 이내일 것

　　　　3) 유리판의 테두리를 금속제의 구조물에 견고하게 고정하고 해당 구조물을 담 또는 벽에 견고하게 부착할 것

　　　　4) 유리의 구조는 접합유리(두장의 유리를 두께 0.76mm 이상의 폴리비닐부티랄 필름으로 접합한 구조를 말한다)로 하되, 「유리구획 부분의 내화시험방법(KS F 2845)」에 따라 시험하여 비차열 30분 이상의 방화성능이 인정될 것

　　다. 유리를 부착하는 범위는 전체의 담 또는 벽의 길이의 10분의 2를 초과하지 아니할 것

Ⅳ. 고정주유설비 등

1. 주유취급소에는 자동차 등의 연료탱크에 직접 주유하기 위한 고정주유설비를 설치하여야 한다.

2. 주유취급소의 고정주유설비 또는 고정급유설비는 Ⅲ제1호 가목·나목 또는 마목의 규정에 의한 탱크 중 하나의 탱크만으로부터 위험물을 공급받을 수 있도록 하고, 다음 각목의 기준에 적합한 구조로 하여야 한다.

　　가. 펌프기기는 주유관 선단에서의 최대토출량이 제1석유류의 경우에는 분당 50l 이하, 경유의 경우에는 분당 180l 이하, 등유의 경우에는 분당 80l 이하인 것으로 할 것. 다만, 이동저장탱크에 주입하기 위한 고정급유설비의 펌프기기는 최대토출량이 분당 300l 이하인 것으로 할 수 있으며, 분당 토출량이 200l 이상인 것의 경우에는 주유설비에 관계된 모든 배관의 안지름을 40mm 이상으로 하여야 한다.

　　나. 이동저장탱크의 상부를 통하여 주입하는 고정급유설비의 주유관에는 당해 탱크의 밑부분에 달하는 주입관을 설치하고, 그 토출량이 분당 80l를 초과하는 것은 이동저장탱크에 주입하는 용도로만 사용할 것

　　다. 고정주유설비 또는 고정급유설비는 난연성 재료로 만들어진 외장을 설치할 것. 다만, Ⅸ의 규정에 의한 기준에 적합한 펌프실에 설치하는 펌프기기 또는 액중펌프에 있어서는 그러하지 아니하다.

　　라. 고정주유설비 또는 고정급유설비의 본체 또는 노즐 손잡이에 주유작업자의 인체에 축적되는 정전기를 유효하게 제거할 수 있는 장치를 설치할 것

3. 고정주유설비 또는 고정급유설비의 주유관의 길이(선단의 개폐밸브를 포함한다)는 5m(현수식의 경우에는 지면 위 0.5m의 수평면에 수직으로 내려 만나는 점을 중심으로 반경 3m) 이내로 하고 그 선단에는 축적된 정전기를 유효하게 제거할 수 있는 장치를 설치하여야 한다.

4. 고정주유설비 또는 고정급유설비는 다음 각목의 기준에 적합한 위치에 설치하여야 한다.
  가. 고정주유설비의 중심선을 기점으로 하여 도로경계선까지 4m 이상, 부지경계선·담
     및 건축물의 벽까지 2m(개구부가 없는 벽까지는 1m) 이상의 거리를 유지하고, 고정급
     유설비의 중심선을 기점으로 하여 도로경계선까지 4m 이상, 부지경계선 및 담까지
     1m 이상, 건축물의 벽까지 2m(개구부가 없는 벽까지는 1m) 이상의 거리를 유지할 것
  나. 고정주유설비와 고정급유설비의 사이에는 4m 이상의 거리를 유지할 것

284 위험물 제조소 등의 예방규정을 두어야 하는 시설로 옳지 않은 것은? [17 공채 상반기]

① 지정수량의 10배 이상의 위험물을 취급하는 일반취급소
② 지정수량의 50배 이상의 위험물을 저장하는 옥외저장소
③ 지정수량의 150배 이상의 위험물을 저장하는 옥내저장소
④ 지정수량의 200배 이상의 위험물을 저장하는 옥외탱크저장소

해설 관계인이 예방규정을 정하여야 하는 제조소 등
1. 지정수량의 10배 이상의 위험물을 취급하는 제조소
2. 지정수량의 100배 이상의 위험물을 저장하는 옥외저장소
3. 지정수량의 150배 이상의 위험물을 저장하는 옥내저장소
4. 지정수량의 200배 이상의 위험물을 저장하는 옥외탱크저장소
5. 암반탱크저장소
6. 이송취급소
7. 지정수량의 10배 이상의 위험물을 취급하는 일반취급소. 다만, 제4류 위험물(특수인화물을
   제외한다)만을 지정수량의 50배 이하로 취급하는 일반취급소(제1석유류·알코올류의 취급
   량이 지정수량의 10배 이하인 경우에 한한다)로서 다음 각목의 어느 하나에 해당하는 것을
   제외한다.
   가. 보일러·버너 또는 이와 비슷한 것으로서 위험물을 소비하는 장치로 이루어진 일반

285 다음은 위험물안전관리법의 목적에 대한 설명이다. 빈칸에 들어갈 단어로 옳은 것은?
[17 공채 하반기]

이 법은 위험물의 (가)·(나) 및 (다)와 이에 따른 안전관리에 관한 사항을 규정함으로써 위험
물로 인한 위해를 방지하여 공공의 안전을 확보함을 목적으로 한다.

	(가)	(나)	(다)		(가)	(나)	(다)
①	저장	취급	운반	②	제조	취급	운반
③	제조	저장	이송	④	저장	취급	이송

이 법은 위험물의 **저장 · 취급** 및 운반과 이에 따른 안전관리에 관한 사항을 규정함으로써 위험물로 인한 위해를 방지하여 공공의 안전을 확보함을 목적으로 한다.

286 다음 중 복합용도 건축물의 옥내저장소의 기준에 대한 설명으로 옳지 않은 것은?

[17 공채 하반기]

① 옥내저장소의 용도에 사용되는 부분의 바닥면적은 $75m^2$ 이하로 하여야 한다.

② 옥내저장소의 용도에 사용되는 부분의 바닥은 지면보다 높게 설치하고 그 층고를 6m 미만으로 하여야 한다.

③ 옥내저장소의 용도에 사용되는 부분의 출입구에는 수시로 열 수 있는 자동폐쇄방식의 갑종방화문 또는 을종방화문을 설치하여야 한다.

④ 옥내저장소의 용도에 사용되는 부분에는 창을 설치하지 아니하여야 한다.

해설 **복합용도 건축물의 옥내저장소의 기준**

옥내저장소 중 지정수량의 20배 이하의 것(옥내저장소외의 용도로 사용하는 부분이 있는 건축물에 설치하는 것에 한한다)의 위치 · 구조 및 설비의 기술기준은 Ⅰ제3호, 제11호 내지 제17호의 규정에 의하는 외에 다음 각호의 기준에 의하여야 한다.

1. 옥내저장소는 벽 · 기둥 · 바닥 및 보가 내화구조인 건축물의 1층 또는 2층의 어느 하나의 층에 설치하여야 한다.
2. 옥내저장소의 용도에 사용되는 부분의 바닥은 지면보다 높게 설치하고 그 층고를 6m 미만으로 하여야 한다.
3. 옥내저장소의 용도에 사용되는 부분의 바닥면적은 $75m^2$ 이하로 하여야 한다.
4. 옥내저장소의 용도에 사용되는 부분은 벽 · 기둥 · 바닥 · 보 및 지붕(상층이 있는 경우에는 상층의 바닥)을 내화구조로 하고, 출입구 외의 개구부가 없는 두께 70mm 이상의 철근콘크리트조 또는 이와 동등 이상의 강도가 있는 구조의 바닥 또는 벽으로 당해 건축물의 다른 부분과 구획되도록 하여야 한다.
5. 옥내저장소의 용도에 사용되는 부분의 출입구에는 수시로 열 수 있는 자동폐쇄방식의 갑종방화문을 설치하여야 한다.
6. 옥내저장소의 용도에 사용되는 부분에는 창을 설치하지 아니하여야 한다.
7. 옥내저장소의 용도에 사용되는 부분의 환기설비 및 배출설비에는 방화상 유효한 댐퍼 등을 설치하여야 한다.

287 다음 중 고객이 직접 주유하는 주유취급소에 대한 설명으로 옳지 않은 것은?

[17 공채 하반기]

① 주유노즐은 자동차 등의 연료탱크가 가득 찬 경우 수동으로 정지시키는 구조이어야 한다.

② 주유호스는 200kg 중 이하의 하중에 의하여 파단(破斷) 또는 이탈되어야 하고, 파단 또는 이탈된 부분으로부터의 위험물 누출을 방지할 수 있는 구조이어야 한다.

③ 휘발유와 경유 상호 간의 오인에 의한 주유를 방지할 수 있는 구조이어야 한다.

④ 1회의 연속주유량 및 주유시간의 상한을 미리 설정할 수 있는 구조이어야 한다.

해설 고객이 직접 주유하는 주유취급소의 특례

1. 고객이 직접 자동차 등의 연료탱크 또는 용기에 위험물을 주입하는 고정주유설비 또는 고정급유설비(이하 "셀프용 고정주유설비" 또는 "셀프용 고정급유설비"라 한다)를 설치하는 주유취급소의 특례는 제2호 내지 제5호와 같다.

2. 셀프용 고정주유설비의 기준은 다음의 각목과 같다.
   가. 주유호스의 선단부에 수동개폐장치를 부착한 주유노즐을 설치할 것. 다만, 수동개폐장치를 개방한 상태로 고정시키는 장치가 부착된 경우에는 다음의 기준에 적합하여야 한다.
      1) 주유작업을 개시함에 있어서 주유노즐의 수동개폐장치가 개방상태에 있는 때에는 당해 수동개폐장치를 일단 폐쇄시켜야만 다시 주유를 개시할 수 있는 구조로 할 것
      2) 주유노즐이 자동차 등의 주유구로부터 이탈된 경우 주유를 자동적으로 정지시키는 구조일 것
   나. 주유노즐은 자동차 등의 연료탱크가 가득 찬 경우 자동적으로 정지시키는 구조일 것
   다. 주유호스는 200kg 중 이하의 하중에 의하여 파단(破斷) 또는 이탈되어야 하고, 파단 또는 이탈된 부분으로부터의 위험물 누출을 방지할 수 있는 구조일 것
   라. 휘발유와 경유 상호간의 오인에 의한 주유를 방지할 수 있는 구조일 것
   마. 1회의 연속주유량 및 주유시간의 상한을 미리 설정할 수 있는 구조일 것. 이 경우 주유량의 상한은 휘발유는 100*l* 이하, 경유는 200*l* 이하로 하며, 주유시간의 상한은 4분 이하로 한다.

3. 셀프용 고정급유설비의 기준은 다음 각목과 같다.
   가. 급유호스의 선단부에 수동개폐장치를 부착한 급유노즐을 설치할 것
   나. 급유노즐은 용기가 가득찬 경우에 자동적으로 정지시키는 구조일 것
   다. 1회의 연속급유량 및 급유시간의 상한을 미리 설정할 수 있는 구조일 것 이 경우 급유량의 상한은 100*l* 이하, 급유시간의 상한은 6분 이하로 한다.

4. 셀프용 고정주유설비 또는 셀프용 고정급유설비의 주위에는 다음 각목에 의하여 표시를 하여야 한다.
   가. 셀프용 고정주유설비 또는 셀프용 고정급유설비의 주위의 보기 쉬운 곳에 고객이 직접 주유할 수 있다.는 의미의 표시를 하고 자동차의 정차위치 또는 용기를 놓는 위치를 표시할 것
   나. 주유호스 등의 직근에 호스기기 등의 사용방법 및 위험물의 품목을 표시할 것
   다. 셀프용 고정주유설비 또는 셀프용 고정급유설비와 셀프용이 아닌 고정주유설비 또는 고정급유설비를 함께 설치하는 경우에는 셀프용이 아닌 것의 주위에 고객이 직접 사용할 수 없다는 의미의 표시를 할 것

정답 **287** ①

5. 고객에 의한 주유작업을 감시·제어하고 고객에 대한 필요한 지시를 하기 위한 감시대와 필요한 설비를 다음 각목의 기준에 의하여 설치하여야 한다.

　가. 감시대는 모든 셀프용 고정주유설비 또는 셀프용 고정급유설비에서의 고객의 취급작업을 직접 볼 수 있는 위치에 설치할 것

　나. 주유 중인 자동차 등에 의하여 고객의 취급작업을 직접 볼 수 없는 부분이 있는 경우에는 당해 부분의 감시를 위한 카메라를 설치할 것

　다. 감시대에는 모든 셀프용 고정주유설비 또는 셀프용 고정급유설비로의 위험물 공급을 정지시킬 수 있는 제어장치를 설치할 것

　라. 감시대에는 고객에게 필요한 지시를 할 수 있는 방송설비를 설치할 것

288 위험물안전관리법상 정기점검 대상으로 옳지 않은 것은? [17 공채 하반기]

① 80배 옥외저장소
② 암반탱크저장소
③ 이동탱크저장소
④ 210배 옥외탱크저장소

해설 정기점검의 대상인 제조소 등

법 제18조제1항에서 "대통령령이 정하는 제조소 등"이라 함은 다음 각호의 1에 해당하는 제조소 등을 말한다.

1. 제15조 각호의 1에 해당하는 제조소 등
2. 지하탱크저장소
3. 이동탱크저장소
4. 위험물을 취급하는 탱크로서 지하에 매설된 탱크가 있는 제조소·주유취급소 또는 일반취급소

─ 제15조(관계인이 예방규정을 정하여야 하는 제조소 등)

1. 지정수량의 10배 이상의 위험물을 취급하는 제조소
2. 지정수량의 100배 이상의 위험물을 저장하는 옥외저장소
3. 지정수량의 150배 이상의 위험물을 저장하는 옥내저장소
4. 지정수량의 200배 이상의 위험물을 저장하는 옥외탱크저장소
5. 암반탱크저장소
6. 이송취급소
7. 지정수량의 10배 이상의 위험물을 취급하는 일반취급소. 다만, 제4류 위험물(특수인화물을 제외한다)만을 지정수량의 50배 이하로 취급하는 일반취급소(제1석유류·알코올류의 취급량이 지정수량의 10배 이하인 경우에 한한다)로서 다음 각목의 어느 하나에 해당하는 것을 제외한다.

　가. 보일러·버너 또는 이와 비슷한 것으로서 위험물을 소비하는 장치로 이루어진 일반취급소
　나. 위험물을 용기에 옮겨 담거나 차량에 고정된 탱크에 주입하는 일반취급소

289 소방공무원으로서 근무한 경력이 5년인 사람이 위험물취급자격자로서 취급할 수 있는 위험물의 종류로 옳은 것은?

[17 공채 하반기]

① 1류 위험물   ② 2류 위험물   ③ 3류 위험물   ④ 4류 위험물

해설 위험물취급자격자의 자격(제11조제1항 관련)

위험물취급자격자의 구분	취급할 수 있는 위험물
1. 「국가기술자격법」에 따라 위험물기능장, 위험물산업기사, 위험물기능사의 자격을 취득한 사람	별표 1의 모든 위험물
2. 안전관리자교육이수자(법 28조제1항에 따라 소방청장이 실시하는 안전관리자교육을 이수한 자를 말한다. 이하 별표 6에서 같다)	별표 1의 위험물 중 제4류 위험물
3. 소방공무원 경력자(소방공무원으로 근무한 경력이 3년 이상인 자를 말한다. 이하 별표 6에서 같다)	별표 1의 위험물 중 제4류 위험물

290 「위험물 안전관리법」상 위험물시설의 설치 및 변경에 관한 내용으로 옳지 않은 것은?

[18 공채 상반기]

① 제조소 등을 설치하고자 하는 자는 그 설치장소를 관할하는 시·도지사의 허가를 받아야 한다.

② 제조소 등의 위치·구조 또는 설비를 변경하고자 하는 때에는 그 설치장소를 관할하는 시·도지사에게 신고하여야 한다.

③ 지정수량의 배수를 변경하고자 하는 자는 변경하고자 하는 날의 1일 전까지 시·도지사에게 신고하여야 한다.

④ 농예용으로 필요한 난방시설을 위한 지정수량 10배 이하의 저장소는 허가를 받지 아니하고 설치할 수 있다.

해설 위험물시설의 설치 및 변경

1) 제조소 등을 설치하고자 하는 자는 시·도지사의 허가를 받아야 한다.

2) 제조소 등의 위치, 구조 또는 설비를 변경하고자 하는 자는 시·도지사의 허가를 받아야 한다.

3) 취급하는 위험물의 품명, 수량 또는 지정수량의 배수를 변경하고자 하는 자는 시·도지사에게 변경하고자 하는 날의 1일 전까지 시·도지사에게 신고하여야 한다.

4) 제조소 등이 아닌 경우에 허가를 받지 아니하고 당해 제조소 등을 설치하거나 그 위치 구조 또는 설비를 변경할 수 있는 경우, 신고를 하지 아니하고 위험물의 품명, 수량 또는 지정수량의 배수를 변경할 수 있는 경우

    ① 주택의 난방시설(공동주택의 중앙난방시설을 제외한다)을 위한 저장소 또는 취급소

    ② 농예용·축산용 또는 수산용으로 필요한 난방시설 또는 건조시설을 위한 지정수량 20배 이하의 저장소

291 「위험물 안전관리법」상 지하저장탱크의 주위에는 당해 탱크로부터의 액체위험물의 누설을 검사하기 위한 관을 설치하여야 한다. 옳지 않은 것은? [18 공채 상반기]

① 이중관으로 할 것. 다만, 소공이 없는 상부는 단관으로 할 수 있다.

② 재료는 금속관 또는 경질합성수지관으로 할 것

③ 관은 탱크전용실의 바닥 또는 탱크의 기초까지 닿게 할 것

④ 상부는 물이 침투하지 아니하는 구조로 하고, 뚜껑은 검사 후에 쉽게 열 수 없도록 할 것

해설 당해 탱크로부터의 액체위험물의 누설을 검사하기 위한 관(누설검사관)

1) 4개소 이상 적당한 위치에 설치하여야 한다.

2) 이중관으로 할 것. 다만, 소공이 없는 상부는 단관으로 할 수 있다.

3) 재료는 금속관 또는 경질합성수지관으로 할 것

4) 관은 탱크전용실의 바닥 또는 탱크의 기초까지 닿게 할 것

5) 관의 밑부분으로부터 탱크의 중심 높이까지의 부분에는 소공이 뚫려 있을 것. 다만, 지하수위가 높은 장소에 있어서는 지하수위 높이까지의 부분에 소공이 뚫려 있어야 한다.

6) 상부는 물이 침투하지 아니하는 구조로 하고, 뚜껑은 검사 시에 쉽게 열 수 있도록 할 것

292 「위험물 안전관리법」상 제조소 등의 설치허가를 받은 자가 제조소 등의 설치를 마쳤거나 그 위치·구조 또는 설비의 변경을 마친 때에는 당해 제조소 등마다 시·도지사가 행하는 완공검사를 받아야 한다. 완공검사 신청시기로 옳지 않은 것은? [18 공채 상반기]

① 지하탱크가 있는 제조소 등의 경우 당해 지하탱크를 매설하기 전

② 이동탱크저장소의 경우 상치장소를 확보하기 전 이동저장탱크를 완공한 후

③ 이송취급소의 경우 이송배관 공사의 전체 또는 일부를 완료한 후. 다만, 지하·하천 등에 매설하는 이송배관의 공사의 경우에는 이송배관을 매설하기 전

④ 전체 공사가 완료된 후에는 완공검사를 실시하기 곤란한 경우 위험물설비 또는 배관의 설치가 완료되어 기밀시험 또는 내압시험을 실시하는 시기

해설 완공검사 신청시기

㉠ 지하탱크가 있는 제조소 등의 경우 : 당해 지하탱크를 매설하기 전

㉡ 이동탱크저장소의 경우 : 이동저장탱크를 완공하고 상치장소를 확보한 후

㉢ 이송취급소의 경우 : 이송배관 공사의 전체 또는 일부를 완료한 후. 다만, 지하·하천 등에 매설하는 이송배관의 공사의 경우에는 이송배관을 매설하기 전

㉣ 전체 공사가 완료된 후에는 완공검사를 실시하기 곤란한 경우

  가. 위험물설비 또는 배관의 설치가 완료되어 기밀시험 또는 내압시험을 실시하는 시기

  나. 배관을 지하에 설치하는 경우에는 시·도지사, 소방서장 또는 기술원이 지정하는 부분을 매몰하기 직전

  다. 기술원이 지정하는 부분의 비파괴시험을 실시하는 시기

㉤ ㉠~㉣에 해당하지 아니하는 제조소 등의 경우 : 제조소 등의 공사를 완료한 후

293 「위험물 안전관리법」상 정기점검 대상에 해당하지 않는 것은? [18 공채 상반기]

① 암반탱크저장소　　　　　　　② 지하탱크저장소

③ 이동탱크저장소　　　　　　　④ 간이탱크저장소

해설 정기점검의 대상인 제조소 등

법 제18조제1항에서 "대통령령이 정하는 제조소 등"이라 함은 다음 각호의 1에 해당하는 제조소 등을 말한다.

1. 제15조 각호의 1에 해당하는 제조소 등
2. 지하탱크저장소
3. 이동탱크저장소
4. 위험물을 취급하는 탱크로서 지하에 매설된 탱크가 있는 제조소 · 주유취급소 또는 일반취급소

━ 제15조(관계인이 예방규정을 정하여야 하는 제조소 등)

1. 지정수량의 10배 이상의 위험물을 취급하는 제조소
2. 지정수량의 100배 이상의 위험물을 저장하는 옥외저장소
3. 지정수량의 150배 이상의 위험물을 저장하는 옥내저장소
4. 지정수량의 200배 이상의 위험물을 저장하는 옥외탱크저장소
5. 암반탱크저장소
6. 이송취급소
7. 지정수량의 10배 이상의 위험물을 취급하는 일반취급소. 다만, 제4류 위험물(특수인화물을 제외한다)만을 지정수량의 50배 이하로 취급하는 일반취급소(제1석유류 · 알코올류의 취급량이 지정수량의 10배 이하인 경우에 한한다)로서 다음 각목의 어느 하나에 해당하는 것을 제외한다.

　　가. 보일러 · 버너 또는 이와 비슷한 것으로서 위험물을 소비하는 장치로 이루어진 일반취급소
　　나. 위험물을 용기에 옮겨 담거나 차량에 고정된 탱크에 주입하는 일반취급소

294 「위험물 안전관리법」상 다수의 제조소 등을 동일인이 설치한 경우 관계인은 1인의 안전관리자를 중복하여 선임할 수 있다. 다음 중 1인의 안전관리자를 중복하여 선임할 수 있는 경우를 옳게 고른 것은? [18 공채 상반기]

　ㄱ. 보일러를 이용하여 위험물을 소비하는 장치로 이루어진 5개 이하의 일반취급소
　ㄴ. 동일구 내에 있는 11개 이하의 옥내저장소
　ㄷ. 동일구 내에 있는 11개 이하의 옥외저장소
　ㄹ. 동일구 내에 있는 31개 이하의 옥외탱크저장소

① ㄱ　　　　　　　　　　　　② ㄱ, ㄴ

③ ㄱ, ㄴ, ㄷ　　　　　　　　　④ ㄱ, ㄴ, ㄷ, ㄹ

해설 1인의 안전관리자를 중복하여 선임할 수 있는 경우

1) 보일러·버너 또는 이와 비슷한 것으로서 위험물을 소비하는 장치로 이루어진 7개 이하의 일반취급소와 그 일반취급소에 공급하기 위한 위험물을 저장하는 저장소(일반취급소 및 저장소가 모두 동일 구내에 있는 경우에 한한다.)를 동일인이 설치한 경우

2) 위험물을 차량에 고정된 탱크 또는 운반용기에 옮겨 담기 위한 5개 이하의 일반취급소[일반취급소간의 거리(보행거리)가 300미터 이내인 경우에 한한다]와 그 일반취급소에 공급하기 위한 위험물을 저장하는 저장소를 동일인이 설치한 경우

3) 동일 구내에 있거나 상호 100미터 이내의 거리에 있는 저장소로서 저장소의 규모, 저장하는 위험물의 종류 등을 고려하여 행정안전부령이 정하는 저장소를 동일인이 설치한 경우(행정안전부령으로 정하는 저장소)
   1. 10개 이하의 옥내저장소
   2. 30개 이하의 옥외탱크저장소
   3. 옥내탱크저장소
   4. 지하탱크저장소
   5. 간이탱크저장소
   6. 10개 이하의 옥외저장소
   7. 10개 이하의 암반탱크저장소

4) 다음 각목의 기준에 모두 적합한 5개 이하의 제조소 등을 동일인이 설치한 경우
   1. 각 제조소 등이 동일 구내에 위치하거나 상호 100미터 이내의 거리에 있을 것
   2. 각 제조소 등에서 저장 또는 취급하는 위험물의 최대수량이 지정수량의 3천배 미만일 것. 다만, 저장소의경우에는 그러하지 아니하다.

5) 선박주유취급소의 고정주유설비에 공급하기 위한 위험물을 저장하는 저장소와 당해 선박주유취급소

295 「위험물안전관리법 시행령」상 용어에 대한 설명으로 옳지 않은 것은? [18 공채 하반기]

① 특수인화물 : 이황화탄소, 디에틸에테르 그 밖에 1기압에서 발화점이 섭씨 100도 이하인 것 또는 인화점이 섭씨 영하 20도 이하이고 비점이 섭씨 40도 이하인 것

② 제1석유류 : 아세톤, 휘발유 그 밖에 1기압에서 인화점이 섭씨 70도 미만인 것

③ 제3석유류 : 중유, 클레오소트유 그 밖에 1기압에서 인화점이 섭씨 70도 이상 섭씨 200도 미만인 것

④ 동식물유류 : 동물의 지육 등 또는 식물의 종자나 과육으로부터 추출한 것으로서 1기압에서 인화점이 섭씨 250도 미만인 것

해설 "제1석유류"라 함은 아세톤, 휘발유 그 밖에 1기압에서 인화점이 섭씨 21도 미만인 것을 말한다.

296 「위험물안전관리법 시행령」상 관계인이 예방규정을 정하여야 하는 제조소 등으로 옳지 않은 것은? [18 공채 하반기]

① 지정수량의 10배 이상의 위험물을 취급하는 제조소

② 지정수량의 50배 이상의 위험물을 저장하는 옥외저장소

③ 지정수량의 150배 이상의 위험물을 저장하는 옥내저장소

④ 암반탱크저장소

> **해설** 예방규정을 작성, 제출하여야 하는 대상
> ① 지정수량의 10배 이상의 위험물을 취급하는 제조소
> ② 지정수량의 100배 이상의 위험물을 저장하는 옥외저장소
> ③ 지정수량의 150배 이상의 위험물을 저장하는 옥내저장소
> ④ 지정수량의 200배 이상의 위험물을 저장하는 옥외탱크저장소
> ⑤ 암반탱크저장소
> ⑥ 이송취급소
> ⑦ 지정수량의 10배 이상의 위험물을 취급하는 일반취급소

297 「위험물안전관리법 시행령」상 운송책임자의 감독 또는 지원을 받아 운송하여야 하는 위험물로 옳은 것은? [18 공채 하반기]

① 알킬알루미늄, 알킬리튬   ② 마그네슘, 염소류

③ 적린, 금속분   ④ 유황, 황산

> **해설** 위험물의 운송에 있어서 운송책임자의 감독 또는 지원을 받아 운송해야 할 위험물
> ㉠ 알킬알루미늄
> ㉡ 알킬리튬
> ㉢ 알킬알루미늄 또는 알킬리튬의 물질을 함유하는 위험물

298 위험물의 누출·화재·폭발 등의 사고가 발생한 경우 사고의 원인 및 피해 등을 조사하여야 하는 자로 옳지 않은 것은? [18 공채 하반기]

① 시·도지사   ② 소방청장

③ 소방본부장   ④ 소방서장

> **해설** 위험물안전관리법 제22조의2(위험물 누출 등의 사고 조사)
> ① 소방청장, 소방본부장 또는 소방서장은 위험물의 누출·화재·폭발 등의 사고가 발생한 경우 사고의 원인 및 피해 등을 조사하여야 한다.

정답 **296** ②   **297** ①   **298** ①

299 다음은 자체소방대에 두는 화학소방자동차와 자체소방대원의 수에 관한 규정이다. 빈칸에 들어갈 숫자가 바르게 짝지어진 것은? [18 공채 하반기]

> 제조소 또는 일반취급소에서 취급하는 제4류 위험물의 최대수량의 합이 지정수량의 24만 배 이상 48만 배 미만인 사업소에는 화학소방자동차 (㉠)대와 자체소방대원(㉡)인을 두어야 한다.

	㉠	㉡		㉠	㉡
①	2	10	②	2	15
③	3	10	④	3	15

해설 자체소방대를 설치하는 사업소의 관계인은 자체소방대에 화학소방자동차 및 자체소방대원을 두어야 한다.

— 자체소방대에 두는 화학소방자동차 및 인원

사업소의 구분	화학소방자동차	자체소방대원의 수
1. 제조소 또는 일반취급소에서 취급하는 제4류 위험물의 최대수량의 합이 지정수량의 12만 배 미만인 사업소	1대	5인
2. 제조소 또는 일반취급소에서 취급하는 제4류 위험물의 최대수량의 합이 지정수량의 12만 배 이상 24만 배 미만인 사업소	2대	10인
3. 제조소 또는 일반취급소에서 취급하는 제4류 위험물의 최대수량의 합이 지정수량의 24만 배 이상 48만 배 미만인 사업소	3대	15인
4. 제조소 또는 일반취급소에서 취급하는 제4류 위험물의 최대수량의 합이 지정수량의 48만 배 이상인 사업소	4대	20인

300 「위험물안전관리법 시행규칙」상 고인화점위험물을 상온에서 취급하는 경우 제조소의 시설기준 중 일부 완화된 시설기준을 적용할 수 있는데, 고인화점위험물의 정의로 옳은 것은? [19 공채]

① 인화점이 250℃ 이상인 인화성 액체
② 인화점이 100℃ 이상인 제4류 위험물
③ 인화점이 70℃ 이상 200℃ 미만인 제4류 위험물
④ 인화점이 70℃ 이상이고 가연성 액체량이 40중량퍼센트 이상인 제4류 위험물

해설 위험물안전관리법 시행규칙 별표4 제조소의 위치구조 및 설비기준
고인화점 위험물의 제조소의 특례
인화점이 100℃ 이상인 제4류 위험물(이하 "고인화점위험물"이라 한다)만을 100℃ 미만의 온도에서 취급하는 제조소로서 그 위치 및 구조가 다음 각호의 기준에 모두 적합한 제조소에 대하

여는 Ⅰ, Ⅱ, Ⅳ제1호, Ⅳ제3호 내지 제5호, Ⅷ제6호·제7호 및 Ⅸ제1호나목2)에 의하여 준용되는 별표 6 Ⅸ제1호 나목의 규정을 적용하지 아니한다.

301 「위험물안전관리법 시행규칙」상 제조소의 위치·구조 및 설비의 기준에 대한 설명으로 옳지 않은 것은? [19 공채]

① 환기설비는 자연배기 방식으로 하여야 한다.
② 제6류 위험물을 취급하는 제조소는 안전거리 적용제외 대상이다.
③ "위험물 제조소"라는 표시를 한 표지의 바탕은 흑색으로, 문자는 백색으로 하여야 한다.
④ 제5류 위험물을 저장 또는 취급하는 제조소에는 "화기 엄금"을 표시한 게시판을 설치하여야 한다.

> **해설** 제조소에는 보기 쉬운 곳에 "위험물 제조소"라는 표시를 한 표지를 설치하여야 한다.
> ① 표지는 한 변의 길이가 0.3m 이상, 다른 한 변의 길이가 0.6m 이상인 직사각형으로 할 것
> ② 표지의 바탕은 백색으로, 문자는 흑색으로 할 것

302 「위험물안전관리법 시행규칙」상 옥외저장탱크의 위치·구조 및 설비 기준에 대한 설명으로 옳지 않은 것은? [19 공채]

① 옥외저장탱크는 위험물의 폭발 등에 의하여 탱크 내의 압력이 비정상적으로 상승하는 경우에 내부의 가스 또는 증기를 상부로 방출할 수 있는 구조로 하여야 한다.
② 이황화탄소의 옥외저장탱크는 벽 및 바닥의 두께가 0.2m 이상이고 누수가 되지 아니하는 철근콘크리트의 수조에 넣어 보관하여야 한다.
③ 옥외저장탱크의 배수관은 탱크의 밑판에 설치하여야 한다. 다만, 탱크와 배수관과의 결합부분이 지진 등에 의하여 손상을 받을 우려가 없는 방법으로 배수관을 설치하는 경우에는 탱크의 옆판에 설치할 수 있다.
④ 제3류 위험물 중 금수성물질(고체에 한한다)의 옥외저장 탱크에는 방수성의 불연재료로 만든 피복설비를 설치하여야 한다.

> **해설** 위험물안전관리법 시행규칙 별표 6 옥외탱크저장소의 위치구조 및 설비기준
> 옥외저장탱크의 배수관은 탱크의 옆판에 설치하여야 한다. 다만, 탱크와 배수관과의 결합부분이 지진 등에 의하여 손상을 받을 우려가 없는 방법으로 배수관을 설치하는 경우에는 탱크의 밑판에 설치할 수 있다.

303 「위험물안전관리법 시행령」상 위험물의 지정수량이 가장 큰 것은? [19 공채]

① 브롬산염류
② 아염소산염류
③ 과염소산염류
④ 중크롬산염류

> **해설** ① 브롬산염류 : 300kg
> ② 아염소산염류 : 50kg
> ③ 과염소산염류 : 50kg
> ④ 중크롬산염류 : 1,000kg

304 「위험물안전관리법」상 신고를 하지 아니하고 위험물의 품명ㆍ수량 또는 지정수량의 배수를 변경할 수 있는 경우로 옳은 것은? [19 공채]

① 농예용으로 필요한 건조시설을 위한 지정수량 20배 이하의 취급소
② 축산용으로 필요한 난방시설을 위한 지정수량 20배 이하의 저장소
③ 수산용으로 필요한 건조시설을 위한 지정수량 30배 이하의 저장소
④ 공동주택의 중앙난방시설을 위한 지정수량 30배 이하의 취급소

> **해설** 신고를 하지 아니하고 위험물의 품명, 수량 또는 지정수량의 배수를 변경할 수 있는 경우
> ① 주택의 난방시설(공동주택의 중앙난방시설을 제외한다)을 위한 저장소 또는 취급소
> ② 농예용ㆍ축산용 또는 수산용으로 필요한 난방시설 또는 건조시설을 위한 지정수량 20배 이하의 저장소

305 「위험물안전관리법」상 위험물안전관리자의 선임 등에 관한 사항이다. (   ) 안에 들어갈 숫자로 옳은 것은? [20 공채]

> • 위험물안전관리자를 선임한 제조소등의 관계인은 그 위험물안전관리자를 해임하거나 위험물안전관리자가 퇴직한 때에는 해임하거나 퇴직한 날부터 (가)일 이내에 다시 위험물안전관리자를 선임하여야 한다.
> • 제조소등의 관계인은 위험물안전관리자를 선임한 경우에는 선임한 날부터 (나)일 이내에 행정안전부령으로 정하는 바에 따라 소방본부장 또는 소방서장에게 신고하여야 한다.

	(가)	(나)		(가)	(나)
①	15	14	②	15	30
③	30	14	④	30	30

> **해설** • 지위승계신고 : 30일 이내
> • 용도폐지신고 : 14일 이내
> • 해임(퇴직) 시 선임 : 30일 이내
> • 선임신고 : 14일 이내

306 「위험물안전관리법」상 벌칙 기준이 다른 것은? [20 공채]

① 제조소등의 사용정지명령을 위반한 자

② 변경허가를 받지 아니하고 제조소등을 변경한 자

③ 위험물의 저장 또는 취급에 관한 중요기준에 따르지 아니한 자

④ 위험물안전관리자 또는 그 대리자가 참여하지 아니한 상태에서 위험물을 취급한 자

> **해설** ① 사용정지명령을 위반한 자 : 1,500만 원 이하의 벌금
> ② 변경허가를 받지 아니하고 변경한 자 : 1,500만 원 이하의 벌금
> ③ 위험물의 저장 또는 취급에 관한 중요기준에 따르지 아니한 자 : 1,500만 원 이하의 벌금
> ④ 위험물안전관리자 또는 대리자가 참여하지 아니한 상태에서 위험물을 취급한 자 : 1,000만 원 이하의 벌금

307 「위험물안전관리법」상 위험물에 대한 정의이다. (   ) 안에 들어갈 용어로 옳은 것은? [20 공채]

"위험물"이라 함은 (가) 또는 (나) 등의 성질을 가지는 것으로서 (다)이 정하는 물품을 말한다.

	(가)	(나)	(다)
①	인화성	가연성	대통령령
②	인화성	발화성	대통령령
③	휘발성	가연성	행정안전부령
④	인화성	휘발성	행정안전부령

> **해설** 이 법에서 사용하는 용어의 정의는 다음과 같다.
> 1. "위험물"이라 함은 인화성 또는 발화성 등의 성질을 가지는 것으로서 대통령령이 정하는 물품을 말한다.

308 「위험물안전관리법」상 용어의 정의에 관한 내용으로 옳지 않은 것은? [20 공채]

① "취급소"라 함은 지정수량 이상의 위험물을 제조 외의 목적으로 취급하기 위한 대통령령이 정하는 장소로서 「위험물안전관리법」에 따른 허가를 받은 장소를 말한다.

② "지정수량"이라 함은 위험물의 종류별로 위험성을 고려하여 대통령령이 정하는 수량으로서 제조소등의 설치허가 등에 있어서 최대의 기준이 되는 수량을 말한다.

③ "제조소등"이라 함은 제조소 · 저장소 및 취급소를 말한다.

④ "저장소"라 함은 지정수량 이상의 위험물을 저장하기 위하여 대통령령이 정하는 장소로서 「위험물안전관리법」에 따른 허가를 받은 장소를 말한다.

해설 용어정의

2. "지정수량"이라 함은 위험물의 종류별로 위험성을 고려하여 대통령령이 정하는 수량으로서
제6호의 규정에 의한 제조소 등의 설치허가 등에 있어서 최저의 기준이 되는 수량을 말한다.

309 「위험물안전관리법 시행규칙」상 위험물제조소등(이동탱크저장소를 제외한다)에 설치하는
경보설비로 옳지 않은 것은? [20 공채]

① 확성장치 ② 비상방송설비

③ 비상경보설비 ④ 자동화재속보설비

해설 위험물제조소등에는 지정수량의 10배 이상이면 자동화재탐지설비, 비상경보설비, 비상방송설비,
확성장치 중 1종 이상을 설치하여야 한다.

부록

Commentary of Fire Protection Law

단원별 기출문제
(2021)

소방기본법

01 「소방기본법」및 같은 법 시행령상 화재의 예방조치 등으로 옳지 않은 것은?　　[21 공채]

① 소방본부장 또는 소방서장은 보관기간이 종료되는 때에는 보관하고 있는 위험물 또는 물건을 매각하여야 한다.

② 위험물 또는 물건의 보관기간은 소방본부 또는 소방서의 게시판에 공고하는 기간의 종료일 다음 날부터 7일로 한다.

③ 위험물 또는 물건을 보관하는 경우에는 그 날부터 14일 동안 소방본부 또는 소방서의 게시판에 그 사실을 공고하여야 한다.

④ 시·도지사는 폐기된 위험물의 소유자가 보상을 요구하는 경우에는 보상금액에 대하여 소유자와 협의를 거쳐 이를 보상하여야 한다.

해설 소방기본법 제12조(화재의 예방조치 등)

① 소방본부장이나 소방서장은 화재의 예방상 위험하다고 인정되는 행위를 하는 사람이나 소화(消火) 활동에 지장이 있다고 인정되는 물건의 소유자·관리자 또는 점유자에게 다음 각 호의 명령을 할 수 있다.

1. 불장난, 모닥불, 흡연, 화기(火氣) 취급, 풍등 등 소형 열기구 날리기, 그 밖에 화재예방상 위험하다고 인정되는 행위의 금지 또는 제한
2. 타고 남은 불 또는 화기가 있을 우려가 있는 재의 처리
3. 함부로 버려두거나 그냥 둔 위험물, 그 밖에 불에 탈 수 있는 물건을 옮기거나 치우게 하는 등의 조치

② 소방본부장이나 소방서장은 제1항제3호에 해당하는 경우로서 그 위험물 또는 물건의 소유자·관리자 또는 점유자의 주소와 성명을 알 수 없어서 필요한 명령을 할 수 없을 때에는 소속 공무원으로 하여금 그 위험물 또는 물건을 옮기거나 치우게 할 수 있다.

③ 소방본부장이나 소방서장은 제2항에 따라 옮기거나 치운 위험물 또는 물건을 보관하여야 한다.

④ 소방본부장이나 소방서장은 제3항에 따라 위험물 또는 물건을 보관하는 경우에는 그 날부터 14일 동안 소방본부 또는 소방서의 게시판에 그 사실을 공고하여야 한다.

⑤ 제3항에 따라 소방본부장이나 소방서장이 보관하는 위험물 또는 물건의 보관기간 및 보관기간 경과 후 처리 등에 대하여는 대통령령으로 정한다.

— 소방기본법 시행령 제3조(위험물 또는 물건의 보관기간 및 보관기간 경과후 처리 등)

① 법 제12조 제5항의 규정에 의한 위험물 또는 물건의 보관기간은 법 제12조 제4항의 규정에 의하여 소방본부 또는 소방서의 게시판에 공고하는 기간의 종료일 다음 날부터 7일로 한다.

② 소방본부장 또는 소방서장은 제1항에 따른 보관기간이 종료되는 때에는 보관하고 있는 위험물

또는 물건을 매각해야 한다. 다만, 보관하고 있는 위험물 또는 물건이 부패·파손 또는 이와 유사한 사유로 정해진 용도에 계속 사용할 수 없는 경우에는 폐기할 수 있다. 〈개정 2021. 1. 5.〉

③ 소방본부장 또는 소방서장은 보관하던 위험물 또는 물건을 제2항의 규정에 의하여 매각한 경우에는 지체없이 「국가재정법」에 의하여 세입조치를 하여야 한다. 〈개정 2005. 10. 20., 2006. 12. 29.〉

④ 소방본부장 또는 소방서장은 제2항의 규정에 의하여 매각되거나 폐기된 위험물 또는 물건의 소유자가 보상을 요구하는 경우에는 보상금액에 대하여 소유자와 협의를 거쳐 이를 보상하여야 한다.

02 「소방기본법 시행규칙」상 소방용수시설의 설치기준으로 옳은 것은? [21 공채]

① 소방용호스와 연결하는 소화전의 연결금속구의 구경은 40밀리미터로 할 것

② 공업지역인 경우 소방대상물과 수평거리를 100미터 이하가 되도록 할 것

③ 저수조에 물을 공급하는 방법은 상수도에 연결하여 수동으로 급수되는 구조일 것

④ 급수탑의 개폐밸브는 지상에서 0.8미터 이상 1.5미터 이하의 위치에 설치하도록 할 것

해설 소방용수시설의 설치기준(제6조제2항관련)

1. 공통기준
   가. 국토의계획및이용에관한법률 제36조제1항제1호의 규정에 의한 주거지역·상업지역 및 공업지역에 설치하는 경우 : 소방대상물과의 수평거리를 100미터 이하가 되도록 할 것
   나. 가목 외의 지역에 설치하는 경우 : 소방대상물과의 수평거리를 140미터 이하가 되도록 할 것

2. 소방용수시설별 설치기준
   가. 소화전의 설치기준 : 상수도와 연결하여 지하식 또는 지상식의 구조로 하고, 소방용호스와 연결하는 소화전의 연결금속구의 구경은 65밀리미터로 할 것
   나. 급수탑의 설치기준 : 급수배관의 구경은 100밀리미터 이상으로 하고, 개폐밸브는 지상에서 1.5미터 이상 1.7미터 이하의 위치에 설치하도록 할 것
   다. 저수조의 설치기준
      (1) 지면으로부터의 낙차가 4.5미터 이하일 것
      (2) 흡수부분의 수심이 0.5미터 이상일 것
      (3) 소방펌프자동차가 쉽게 접근할 수 있도록 할 것
      (4) 흡수에 지장이 없도록 토사 및 쓰레기 등을 제거할 수 있는 설비를 갖출 것
      (5) 흡수관의 투입구가 사각형의 경우에는 한 변의 길이가 60센티미터 이상, 원형의 경우에는 지름이 60센티미터 이상일 것
      (6) 저수조에 물을 공급하는 방법은 상수도에 연결하여 자동으로 급수되는 구조일 것

03 「소방기본법」상 119종합상황실의 설치 및 운영목적에 대한 내용으로 옳지 않은 것은?

[21 공채]

① 상황관리
② 대응계획 실행 및 평가
③ 현장 지휘 및 조정·통제
④ 정보의 수집·분석과 판단·전파

해설 소방기본법 시행규칙 제3조(종합상황실의 실장의 업무 등)

① 종합상황실의 실장[종합상황실에 근무하는 자 중 최고직위에 있는 자(최고직위에 있는 자가 2인 이상인 경우에는 선임자)를 말한다. 이하 같다]은 다음 각 호의 업무를 행하고, 그에 관한 내용을 기록·관리하여야 한다.

1. 화재, 재난·재해 그 밖에 구조·구급이 필요한 상황(이하 "재난상황"이라 한다)의 발생의 신고접수
2. 접수된 재난상황을 검토하여 가까운 소방서에 인력 및 장비의 동원을 요청하는 등의 사고수습
3. 하급소방기관에 대한 출동지령 또는 동급 이상의 소방기관 및 유관기관에 대한 지원요청
4. 재난상황의 전파 및 보고
5. 재난상황이 발생한 현장에 대한 지휘 및 피해현황의 파악
6. 재난상황의 수습에 필요한 정보수집 및 제공

04 「소방기본법」상 한국소방안전원이 수행하는 업무에 대한 내용으로 옳지 않은 것은?

[21 공채]

① 소방기술과 안전관리에 관한 인허가 업무
② 소방기술과 안전관리에 관한 각종 간행물 발간
③ 소방기술과 안전관리에 관한 교육 및 조사·연구
④ 화재 예방과 안전관리의식 고취를 위한 대국민 홍보

해설 소방기본법 제41조(안전원의 업무) 안전원은 다음 각 호의 업무를 수행한다. 〈개정 2017. 12. 26.〉

1. 소방기술과 안전관리에 관한 교육 및 조사·연구
2. 소방기술과 안전관리에 관한 각종 간행물 발간
3. 화재 예방과 안전관리의식 고취를 위한 대국민 홍보
4. 소방업무에 관하여 행정기관이 위탁하는 업무
5. 소방안전에 관한 국제협력
6. 그 밖에 회원에 대한 기술지원 등 정관으로 정하는 사항

05 「소방기본법」상 소방활동 종사 명령에 대한 설명으로 옳지 않은 것은?   [21 공채]

① 소방본부장 또는 소방서장은 화재 현장에서 소방활동 종사 명령을 할 수 있다.

② 소방활동 종사 명령은 관할구역에 사는 사람 또는 그 현장에 있는 사람을 대상으로 할 수
있다.

③ 소방활동에 종사한 사람은 소방본부장 또는 소방서장으로부터 소방활동의 비용을 지급받
을 수 있다.

④ 소방본부장 또는 소방서장은 소방활동에 필요한 보호장구를 지급하는 등 안전을 위한 조
치를 하여야 한다.

> **해설** 소방기본법 제24조(소방활동 종사 명령)
> ① 소방본부장, 소방서장 또는 소방대장은 화재, 재난ㆍ재해, 그 밖의 위급한 상황이 발생한 현
> 장에서 소방활동을 위하여 필요할 때에는 그 관할구역에 사는 사람 또는 그 현장에 있는 사
> 람으로 하여금 사람을 구출하는 일 또는 불을 끄거나 불이 번지지 아니하도록 하는 일을 하
> 게 할 수 있다. 이 경우 소방본부장, 소방서장 또는 소방대장은 소방활동에 필요한 보호장구
> 를 지급하는 등 안전을 위한 조치를 하여야 한다.
> ② 삭제 〈2017. 12. 26.〉
> ③ 제1항에 따른 명령에 따라 소방활동에 종사한 사람은 시ㆍ도지사로부터 소방활동의 비용을 지급
> 받을 수 있다. 다만, 다음 각 호의 어느 하나에 해당하는 사람의 경우에는 그러하지 아니하다.
> 1. 소방대상물에 화재, 재난ㆍ재해, 그 밖의 위급한 상황이 발생한 경우 그 관계인
> 2. 고의 또는 과실로 화재 또는 구조ㆍ구급 활동이 필요한 상황을 발생시킨 사람
> 3. 화재 또는 구조ㆍ구급 현장에서 물건을 가져간 사람

06 「소방기본법」상 소방업무의 응원에 대한 내용으로 옳지 않은 것은?   [21 경채]

① 소방업무의 응원을 위하여 파견된 소방대원은 응원을 요청한 소방본부장 또는 소방서장
의 지휘에 따라야 한다.

② 소방업무의 응원 요청을 받은 소방본부장 또는 소방서장은 정당한 사유 없이 그 요청을
거절하여서는 아니된다.

③ 소방본부장이나 소방서장은 소방활동을 할 때에 긴급한 경우에는 이웃한 소방본부장 또
는 소방서장에게 소방업무의 응원(應援)을 요청할 수 있다.

④ 소방청장은 소방업무의 응원을 요청하는 경우를 대비하여 출동 대상지역 및 규모와 필요
한 경비의 부담 등에 관하여 필요한 사항을 행정안전부령으로 정하는 바에 따라 시ㆍ도지
사와 협의하여 미리 규약(規約)으로 정하여야 한다.

소방기본법 제11조(소방업무의 응원)

① 소방본부장이나 소방서장은 소방활동을 할 때에 긴급한 경우에는 이웃한 소방본부장 또는 소방서장에게 소방업무의 응원(應援)을 요청할 수 있다.

② 제1항에 따라 소방업무의 응원 요청을 받은 소방본부장 또는 소방서장은 정당한 사유 없이 그 요청을 거절하여서는 아니 된다.

③ 제1항에 따라 소방업무의 응원을 위하여 파견된 소방대원은 응원을 요청한 소방본부장 또는 소방서장의 지휘에 따라야 한다.

④ 시 · 도지사는 제1항에 따라 소방업무의 응원을 요청하는 경우를 대비하여 출동 대상지역 및 규모와 필요한 경비의 부담 등에 관하여 필요한 사항을 행정안전부령으로 정하는 바에 따라 이웃하는 시 · 도지사와 협의하여 미리 규약(規約)으로 정하여야 한다.

07 「소방기본법 시행령」상 화재경계지구에 대한 내용으로 옳지 않은 것은? [21 경채]

① 시 · 도지사는 소방특별조사의 결과 등을 대통령령으로 정하는 화재경계지구 관리대장에 작성하고 관리하여야 한다.

② 소방본부장 또는 소방서장은 화재경계지구 안의 관계인에 대하여 소방상 필요한 훈련 및 교육을 연 1회 이상 실시할 수 있다.

③ 소방본부장 또는 소방서장은 화재경계지구 안의 소방대상물의 위치 · 구조 및 설비 등에 대한 소방특별조사를 연1회 이상 실시하여야 한다.

④ 소방본부장 또는 소방서장은 소방상 필요한 훈련 및 교육을 실시하고자 하는 때에는 화재경계지구 안의 관계인에게 훈련 또는 교육 10일 전까지 그 사실을 통보하여야 한다.

소방기본법 시행령 제4조(화재경계지구의 관리)

① 삭제 〈2018. 3. 20.〉

② 소방본부장 또는 소방서장은 법 제13조 제3항에 따라 화재경계지구 안의 소방대상물의 위치 · 구조 및 설비 등에 대한 소방특별조사를 연 1회 이상 실시하여야 한다. 〈개정 2012. 1. 31., 2018. 3. 20.〉

③ 소방본부장 또는 소방서장은 법 제13조 제5항에 따라 화재경계지구 안의 관계인에 대하여 소방상 필요한 훈련 및 교육을 연 1회 이상 실시할 수 있다. 〈개정 2009. 5. 21., 2018. 3. 20.〉

④ 소방본부장 또는 소방서장은 제3항의 규정에 의한 소방상 필요한 훈련 및 교육을 실시하고자 하는 때에는 화재경계지구 안의 관계인에게 훈련 또는 교육 10일 전까지 그 사실을 통보하여야 한다.

⑤ 시 · 도지사는 법 제13조 제6항에 따라 다음 각 호의 사항을 행정안전부령으로 정하는 화재경계지구 관리대장에 작성하고 관리하여야 한다. 〈신설 2018. 3. 20.〉

1. 화재경계지구의 지정 현황
2. 소방특별조사의 결과
3. 소방설비의 설치 명령 현황

4. 소방교육의 실시 현황

5. 소방훈련의 실시 현황

6. 그 밖에 화재예방 및 경계에 필요한 사항

08 「소방기본법 시행령」상 손실보상에 대한 내용으로 옳지 않은 것은? [21 경채]

① 손실보상심의위원회 위원의 임기는 2년으로 하며, 한 차례만 연임할 수 있다.

② 손실보상심의위원회는 위원장 1명을 포함하여 7명 이상 9명 이하의 위원으로 구성한다.

③ 소방청장등은 보상금을 지급하기로 결정한 경우에는 특별한 사유가 없으면 통지한 날부터 30일 이내에 보상금을 지급하여야 한다.

④ 소방청장등은 손실보상심의위원회의 심사·의결을 거쳐 특별한 사유가 없으면 보상금 지급 청구서를 받은 날부터 60일 이내에 보상금 지급 여부 및 보상금액을 결정하여야 한다.

해설 소방기본법 시행령 제12조(손실보상의 지급절차 및 방법)

① 법 제49조의2 제1항에 따라 소방기관 또는 소방대의 적법한 소방업무 또는 소방활동으로 인하여 발생한 손실을 보상받으려는 자는 행정안전부령으로 정하는 보상금 지급 청구서에 손실내용과 손실금액을 증명할 수 있는 서류를 첨부하여 소방청장 또는 시·도지사(이하 "소방청장등"이라 한다)에게 제출하여야 한다. 이 경우 소방청장등은 손실보상금의 산정을 위하여 필요하면 손실보상을 청구한 자에게 증빙·보완 자료의 제출을 요구할 수 있다.

② 소방청장등은 제13조에 따른 손실보상심의위원회의 심사·의결을 거쳐 특별한 사유가 없으면 보상금 지급 청구서를 받은 날부터 60일 이내에 보상금 지급 여부 및 보상금액을 결정하여야 한다.

③ 소방청장등은 다음 각 호의 어느 하나에 해당하는 경우에는 그 청구를 각하(却下)하는 결정을 하여야 한다.

1. 청구인이 같은 청구 원인으로 보상금 청구를 하여 보상금 지급 여부 결정을 받은 경우. 다만, 기각 결정을 받은 청구인이 손실을 증명할 수 있는 새로운 증거가 발견되었음을 소명(疎明)하는 경우는 제외한다.

2. 손실보상 청구가 요건과 절차를 갖추지 못한 경우. 다만, 그 잘못된 부분을 시정할 수 있는 경우는 제외한다.

④ 소방청장등은 제2항 또는 제3항에 따른 결정일부터 10일 이내에 행정안전부령으로 정하는 바에 따라 결정 내용을 청구인에게 통지하고, 보상금을 지급하기로 결정한 경우에는 특별한 사유가 없으면 통지한 날부터 30일 이내에 보상금을 지급하여야 한다.

— 소방기본법 시행령 제13조(손실보상심의위원회의 설치 및 구성)

① 소방청장등은 법 제49조의2 제3항에 따라 손실보상청구 사건을 심사·의결하기 위하여 각각 손실보상심의위원회 (이하 "보상위원회"라 한다)를 둔다.

② 보상위원회는 위원장 1명을 포함하여 5명 이상 7명 이하의 위원으로 구성한다.

③ 보상위원회의 위원은 다음 각 호의 어느 하나에 해당하는 사람 중에서 소방청장등이 위촉하거나 임명한다. 이 경우 위원의 과반수는 성별을 고려하여 소방공무원이 아닌 사람으로 하여야 한다.

1. 소속 소방공무원

2. 판사ㆍ검사 또는 변호사로 5년 이상 근무한 사람

3. 「고등교육법」 제2조에 따른 학교에서 법학 또는 행정학을 가르치는 부교수 이상으로 5년 이상 재직한 사람

4. 「보험업법」 제186조에 따른 손해사정사

5. 소방안전 또는 의학 분야에 관한 학식과 경험이 풍부한 사람

④ 제3항에 따라 위촉되는 위원의 임기는 2년으로 하며, 한 차례만 연임할 수 있다.

⑤ 보상위원회의 사무를 처리하기 위하여 보상위원회에 간사 1명을 두되, 간사는 소속 소방공무원 중에서 소방청장 등이 지명한다

09 「소방기본법 시행령」상 특수가연물의 품명과 수량으로 옳지 않은 것은?　　　[21 경채]

① 넝마 및 종이부스러기 : 400킬로그램 이상

② 가연성고체류 : 3,000킬로그램 이상

③ 석탄ㆍ목탄류 : 10,000킬로그램 이상

④ 가연성액체류 : 2세제곱미터 이상

해설 특수가연물(제6조관련)

품명		수량
면화류		200킬로그램 이상
나무껍질 및 대팻밥		400킬로그램 이상
넝마 및 종이부스러기		1,000킬로그램 이상
사류(絲類)		1,000킬로그램 이상
볏짚류		1,000킬로그램 이상
가연성고체류		3,000킬로그램 이상
석탄ㆍ목탄류		10,000킬로그램 이상
가연성액체류		2세제곱미터 이상
목재가공품 및 나무부스러기		10세제곱미터 이상
합성수지류	발포시킨 것	20세제곱미터 이상
	그 밖의 것	3,000킬로그램 이상

10 「소방기본법 시행령」상 소방자동차 전용구역에 대한 내용으로 옳은 것은?　　　[21 경채]

① 「건축법 시행령」상의 모든 아파트는 소방자동차 전용구역 설치 대상이다.

② 「주차장법」 제19조에 따른 부설주차장의 주차구획 내에 주차하는 것은 전용구역 방해행위에 해당한다.

③ 전용구역 노면표지 도료의 색채는 황색을 기본으로하되, 문자(P, 소방차 전용)는 백색으로 표시한다.

④ 소방자동차 전용구역 설치 대상인 공동주택의 건축주는 각 동별 전면과 후면에 소방자동차 전용구역을 각 1개소 이상 예외 없이 설치하여야 한다.

해설 제7조의12(소방자동차 전용구역 설치 대상)

법 제21조의2 제1항에서 "대통령령으로 정하는 공동주택"이란 다음 각 호의 주택을 말한다.

1. 「건축법 시행령」 별표 1 제2호가목의 아파트 중 세대수가 100세대 이상인 아파트
2. 「건축법 시행령」 별표 1 제2호라목의 기숙사 중 3층 이상의 기숙사

━ 제7조의13(소방자동차 전용구역의 설치 기준·방법)

① 제7조의12에 따른 공동주택의 건축주는 소방자동차가 접근하기 쉽고 소방활동이 원활하게 수행될 수 있도록 각 동별 전면 또는 후면에 소방자동차 전용구역(이하 "전용구역"이라 한다)을 1개소 이상 설치하여야 한다. 다만, 하나의 전용구역에서 여러 동에 접근하여 소방활동이 가능한 경우로서 소방청장이 정하는 경우에는 각 동별로 설치하지 아니할 수 있다.

② 전용구역의 설치 방법은 별표 2의5와 같다.

━ 제7조의14(전용구역 방해행위의 기준)

법 제21조의2 제2항에 따른 방해행위의 기준은 다음 각 호와 같다.

1. 전용구역에 물건 등을 쌓거나 주차하는 행위
2. 전용구역의 앞면, 뒷면 또는 양 측면에 물건 등을 쌓거나 주차하는 행위. 다만, 「주차장법」 제19조에 따른 부설 주차장의 주차구획 내에 주차하는 경우는 제외한다.
3. 전용구역 진입로에 물건 등을 쌓거나 주차하여 전용구역으로의 진입을 가로막는 행위
4. 전용구역 노면표지를 지우거나 훼손하는 행위
5. 그 밖의 방법으로 소방자동차가 전용구역에 주차하는 것을 방해하거나 전용구역으로 진입하는 것을 방해하는 행위

━ 소방기본법 시행령 [별표 2의5] 〈신설 2018. 8. 7.〉

전용구역의 설치 방법(제7조의13제2항 관련)

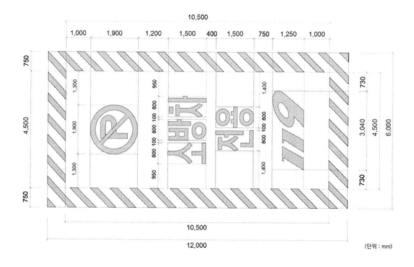

[비고]
1. 전용구역 노면표지의 외곽선은 빗금무늬로 표시하되, 빗금은 두께를 30센티미터로 하여 50센티미터 간격으로 표시한다.
2. 전용구역 노면표지 도료의 색채는 황색을 기본으로 하되, 문자(P, 소방차 전용)는 백색으로 표시한다.

11 「소방기본법」상 소방활동 종사 명령에 따라 소방활동에 종사한 사람은 시·도지사로부터 소방활동 비용을 지급받을 수 있다. 소방활동 비용을 지급받을 수 있는 사람으로 옳은 것은?
[21 경채]

① 과실로 화재를 발생시킨 사람
② 화재 현장에서 물건을 가져간 사람
③ 소방대상물에 화재가 발생한 경우 그 관계인
④ 화재 현장에서 불이 번지지 아니하도록 하는 일을 명령받은 사람

해설 소방기본법 제24조(소방활동 종사 명령)
① 소방본부장, 소방서장 또는 소방대장은 화재, 재난·재해, 그 밖의 위급한 상황이 발생한 현장에서 소방활동을 위하여 필요할 때에는 그 관할구역에 사는 사람 또는 그 현장에 있는 사람으로 하여금 사람을 구출하는 일 또는 불을 끄거나 불이 번지지 아니하도록 하는 일을 하게 할 수 있다. 이 경우 소방본부장, 소방서장 또는 소방대장은 소방활동에 필요한 보호장구를 지급하는 등 안전을 위한 조치를 하여야 한다.
② 삭제 〈2017. 12. 26.〉
③ 제1항에 따른 명령에 따라 소방활동에 종사한 사람은 시·도지사로부터 소방활동의 비용을 지급받을 수 있다. 다만, 다음 각 호의 어느 하나에 해당하는 사람의 경우에는 그러하지 아니하다.
1. 소방대상물에 화재, 재난·재해, 그 밖의 위급한 상황이 발생한 경우 그 관계인
2. 고의 또는 과실로 화재 또는 구조·구급 활동이 필요한 상황을 발생시킨 사람
3. 화재 또는 구조·구급 현장에서 물건을 가져간 사람

12 「소방기본법 시행령」상 보일러 등의 위치·구조 및 관리와 화재예방을 위하여 불의 사용에 있어서 지켜야 하는 사항으로 옳은 것은?
[21 경채]

① 전기시설에서 전류가 통하는 전선에는 누전차단기를 설치하여야 한다.
② 「공연법」 제2조제4호의 규정에 의한 공연장에서 이동식 난로는 절대 사용하여서는 아니된다.

③ 보일러를 실내에 설치하는 경우에는 콘크리트바닥 또는 금속 외의 난연재료로 된 바닥 위에 설치하여야 한다.

④ 수소가스를 넣는 기구에서 수소가스를 넣을 때에는 기구 안에 수소가스 또는 공기를 제거한 후 감압기를 사용하여야 한다.

해설

종류	내용
보일러	1. 가연성 벽·바닥 또는 천장과 접촉하는 증기기관 또는 연통의 부분은 규조토·석면 등 난연성 단열재로 덮어씌워야 한다. 2. 경유·등유 등 액체연료를 사용하는 경우에는 다음 각목의 사항을 지켜야 한다. 　가. 연료탱크는 보일러본체로부터 수평거리 1미터 이상의 간격을 두어 설치할 것 　나. 연료탱크에는 화재 등 긴급상황이 발생하는 경우 연료를 차단할 수 있는 개폐밸브를 연료탱크로부터 0.5미터 이내에 설치할 것 　다. 연료탱크 또는 연료를 공급하는 배관에는 여과장치를 설치할 것 　라. 사용이 허용된 연료 외의 것을 사용하지 아니할 것 　마. 연료탱크에는 불연재료(「건축법 시행령」 제2조제10호의 규정에 의한 것을 말한다. 이하 이 표에서 같다)로 된 받침대를 설치하여 연료탱크가 넘어지지 아니하도록 할 것 3. 기체연료를 사용하는 경우에는 다음 각목에 의한다. 　가. 보일러를 설치하는 장소에는 환기구를 설치하는 등 가연성가스가 머무르지 아니하도록 할 것 　나. 연료를 공급하는 배관은 금속관으로 할 것 　다. 화재 등 긴급시 연료를 차단할 수 있는 개폐밸브를 연료용기 등으로부터 0.5미터 이내에 설치할 것 　라. 보일러가 설치된 장소에는 가스누설경보기를 설치할 것 4. 보일러와 벽·천장 사이의 거리는 0.6미터 이상 되도록 하여야 한다. 5. **보일러를 실내에 설치하는 경우에는 콘크리트바닥 또는 금속 외의 불연재료로 된 바닥 위에 설치하여야 한다.**
난로	1. 연통은 천장으로부터 0.6미터 이상 떨어지고, 건물 밖으로 0.6미터 이상 나오게 설치하여야 한다. 2. 가연성 벽·바닥 또는 천장과 접촉하는 연통의 부분은 규조토·석면 등 난연성 단열재로 덮어씌워야 한다. 3. 이동식난로는 다음 각목의 장소에서 사용하여서는 아니된다. 다만, 난로가 쓰러지지 아니하도록 받침대를 두어 고정시키거나 쓰러지는 경우 즉시 소화되고 연료의 누출을 차단할 수 있는 장치가 부착된 경우에는 그러하지 아니하다. 　가. 「다중이용업소의 안전관리에 관한 특별법」 제2조제1항제1호에 따른 다중이용업의 영업소 　나. 「학원의 설립·운영 및 과외교습에 관한 법률」 제2조제1호의 규정에 의한 학원 　다. 「학원의 설립·운영 및 과외교습에 관한 법률 시행령」 제2조제1항제4호의 규정에 의한 독서실 　라. 「공중위생관리법」 제2조제1항제2호·제3호 및 제6호의 규정에 의한 숙박업·목욕장업·세탁업의 영업장

종류	내용
난로	마. 「의료법」 제3조제2항의 규정에 의한 종합병원·병원·치과병원·한방병원·요양병원·의원·치과의원·한의원 및 조산원 바. 「식품위생법 시행령」 제21조제8호에 따른 휴게음식점영업, 일반음식점영업, 단란주점영업, 유흥주점영업 및 제과점영업의 영업장 사. 「영화 및 비디오물의 진흥에 관한 법률」 제2조제10호에 따른 영화상영관 **아. 「공연법」 제2조제4호의 규정에 의한 공연장** 자. 「박물관 및 미술관 진흥법」 제2조제1호 및 제2호의 규정에 의한 박물관 및 미술관 차. 「유통산업발전법」 제2조제6호의 규정에 의한 상점가 카. 「건축법」 제20조에 따른 가설건축물 타. 역·터미널
건조설비	1. 건조설비와 벽·천장 사이의 거리는 0.5미터 이상 되도록 하여야 한다. 2. 건조물품이 열원과 직접 접촉하지 아니하도록 하여야 한다. 3. 실내에 설치하는 경우에 벽·천장 또는 바닥은 불연재료로 하여야 한다.
수소가스를 넣는 기구	1. 연통 그 밖의 화기를 사용하는 시설의 부근에서 띄우거나 머물게 하여서는 아니된다. 2. 건축물의 지붕에서 띄워서는 아니된다. 다만, 지붕이 불연재료로 된 평지붕으로서 그 넓이가 기구 지름의 2배 이상인 경우에는 그러지 아니하다. 3. 다음 각목의 장소에서 운반하거나 취급하여서는 아니된다. 　가. 공연장 : 극장·영화관·연예장·음악당·서커스장 그 밖의 이와 비슷한 것 　나. 집회장 : 회의장·공회장·예식장 그 밖의 이와 비슷한 것 　다. 관람장 : 운동경기관람장(운동시설에 해당하는 것을 제외한다)·경마장·자동차경주장 그 밖의 이와 비슷한 것 　라. 전시장 : 박물관·미술관·과학관·기념관·산업전시장·박람회장 그 밖의 이와 비슷한 것 **4. 수소가스를 넣거나 빼는 때에는 다음 각목의 사항을 지켜야 한다.** 　가. 통풍이 잘 되는 옥외의 장소에서 할 것 　나. 조작자 외의 사람이 접근하지 아니하도록 할 것 　다. 전기시설이 부착된 경우에는 전원을 차단하고 할 것 　라. 마찰 또는 충격을 주는 행위를 하지 말 것 　**마. 수소가스를 넣을 때에는 기구 안에 수소가스 또는 공기를 제거한 후 감압기를 사용할 것** 5. 수소가스는 용량의 90퍼센트 이상을 유지하여야 한다. 6. 띄우거나 머물게 하는 때에는 감시인을 두어야 한다. 다만, 건축물 옥상에서 띄우거나 머물게 하는 경우에는 그러하지 아니하다. 7. 띄우는 각도는 지표면에 대하여 45도 이하로 유지하고 바람이 초속 7미터 이상 부는 때에는 띄워서는 아니된다.
불꽃을 사용하는 용접·용단기구	용접 또는 용단 작업장에서는 다음 각 호의 사항을 지켜야 한다. 다만, 「산업안전보건법」 제38조의 적용을 받는 사업장의 경우에는 적용하지 아니한다. 1. 용접 또는 용단 작업자로부터 반경 5m 이내에 소화기를 갖추어 둘 것 2. 용접 또는 용단 작업장 주변 반경 10m 이내에는 가연물을 쌓아두거나 놓아두지 말 것. 다만, 가연물의 제거가 곤란하여 방지포 등으로 방호조치를 한 경우는 제외한다.

종류	내용
전기시설	1. 전류가 통하는 전선에는 과전류차단기를 설치하여야 한다. 2. 전선 및 접속기구는 내열성이 있는 것으로 하여야 한다.
노 · 화덕설비	1. 실내에 설치하는 경우에는 흙바닥 또는 금속 외의 불연재료로 된 바닥이나 흙바닥에 설치하여야 한다. 2. 노 또는 화덕을 설치하는 장소의 벽 · 천장은 불연재료로 된 것이어야 한다. 3. 노 또는 화덕의 주위에는 녹는 물질이 확산되지 아니하도록 높이 0.1미터 이상의 턱을 설치하여야 한다. 4. 시간당 열량이 30만킬로칼로리 이상인 노를 설치하는 경우에는 다음 각목의 사항을 지켜야 한다. 　가. 주요구조부(「건축법」 제2조제1항제7호에 따른 것을 말한다. 이하 이 표에서 같다)는 불연재료로 할 것 　나. 창문과 출입구는 「건축법 시행령」 제64조의 규정에 의한 갑종방화문 또는 을종방화문으로 설치할 것 　다. 노 주위에는 1미터 이상 공간을 확보할 것
음식조리를 위하여 설치하는 설비	일반음식점에서 조리를 위하여 불을 사용하는 설비를 설치하는 경우에는 다음 각목의 사항을 지켜야 한다. 　가. 주방설비에 부속된 배출덕트(공기 배출통로)는 0.5밀리미터 이상의 아연도금강판 또는 이와 동등 이상의 내식성 불연재료로 설치할 것 　나. 주방시설에는 동물 또는 식물의 기름을 제거할 수 있는 필터 등을 설치할 것 　다. 열을 발생하는 조리기구는 반자 또는 선반으로부터 0.6미터 이상 떨어지게 할 것 　라. 열을 발생하는 조리기구로부터 0.15미터 이내의 거리에 있는 가연성 주요구조부는 석면판 또는 단열성이 있는 불연재료로 덮어 씌울 것

13 「소방기본법」상 소방기관의 설치에 대한 내용으로 옳지 않은 것은?　　　　[21 경채]

① 시 · 도에서 소방업무를 수행하기 위하여 시 · 도지사 직속으로 소방본부를 둔다.

② 시 · 도의 소방업무를 수행하는 소방기관의 설치에 필요한 사항은 행정안전부령으로 정한다.

③ 소방업무를 수행하는 소방본부장 또는 소방서장은 그 소재지를 관할하는 시 · 도지사의 지휘와 감독을 받는다.

④ 소방청장은 화재 예방 및 대형 재난 등 필요한 경우 시 · 도 소방본부장 및 소방서장을 지휘 · 감독할 수 있다.

해설 **소방기본법 제3조(소방기관의 설치 등)**

① 시 · 도의 화재 예방 · 경계 · 진압 및 조사, 소방안전교육 · 홍보와 화재, 재난 · 재해, 그 밖의 위급한 상황에서의 구조 · 구급 등의 업무(이하 "소방업무"라 한다)를 수행하는 소방기관의 설치에 필요한 사항은 대통령령으로 정한다.

② 소방업무를 수행하는 소방본부장 또는 소방서장은 그 소재지를 관할하는 특별시장·광역시장·특별자치시장·도지사 또는 특별자치도지사(이하 "시·도지사"라 한다)의 지휘와 감독을 받는다. 〈개정 2014. 12. 30.〉

③ 제2항에도 불구하고 소방청장은 화재 예방 및 대형 재난 등 필요한 경우 시·도 소방본부장 및 소방서장을 지휘·감독할 수 있다. 〈신설 2019. 12. 10.〉

④ 시·도에서 소방업무를 수행하기 위하여 시·도지사 직속으로 소방본부를 둔다.

14 「소방기본법」상 소방 관련 시설 등의 설립 또는 설치에 관한 법적 근거로 옳은 것은?

[21 경채]

① 소방체험관 : 대통령령
② 119종합상황실 : 대통령령
③ 소방박물관 : 행정안전부령
④ 비상소화장치 : 시·도 조례

해설 제4조(119종합상황실의 설치와 운영)

① 소방청장, 소방본부장 및 소방서장은 화재, 재난·재해, 그 밖에 구조·구급이 필요한 상황이 발생하였을 때에 신속한 소방활동(소방업무를 위한 모든 활동을 말한다. 이하 같다)을 위한 정보의 수집·분석과 판단·전파, 상황관리, 현장 지휘 및 조정·통제 등의 업무를 수행하기 위하여 119종합상황실을 설치·운영하여야 한다.

② 제1항에 따른 119종합상황실의 설치·운영에 필요한 사항은 행정안전부령으로 정한다

— 제5조(소방박물관 등의 설립과 운영)

① 소방의 역사와 안전문화를 발전시키고 국민의 안전의식을 높이기 위하여 소방청장은 소방박물관을, 시·도지사는 소방체험관을 설립하여 운영할 수 있다.

② 제1항에 따른 소방박물관의 설립과 운영에 필요한 사항은 행정안전부령으로 정하고, 소방체험관의 설립과 운영에 필요한 사항은 행정안전부령으로 정하는 기준에 따라 시·도의 조례로 정한다.

— 제10조(소방용수시설의 설치 및 관리 등)

① 시·도지사는 소방활동에 필요한 소화전(消火栓)·급수탑(給水塔)·저수조(貯水槽)를 설치하고 유지·관리하여야 한다. 다만, 「수도법」 제45조에 따라 소화전을 설치하는 일반수도사업자는 관할 소방서장과 사전협의를 거친 후 소화전을 설치하여야 하며, 설치 사실을 관할 소방서장에게 통지하고, 그 소화전을 유지·관리하여야 한다.

② 시·도지사는 제21조 제1항에 따른 소방자동차의 진입이 곤란한 지역 등 화재발생 시에 초기 대응이 필요한 지역으로서 대통령령으로 정하는 지역에 소방호스 또는 호스 릴 등을 소방용수시설에 연결하여 화재를 진압하는 시설이나 장치(이하 "비상소화장치"라 한다)를 설치하고 유지·관리할 수 있다.

③ 제1항에 따른 소방용수시설과 제2항에 따른 비상소화장치의 설치기준은 행정안전부령으로 정한다.

15 「소방기본법」 및 같은 법 시행령상 소방장비 등에 대한 국고보조의 내용으로 옳지 않은 것은? [21 경채]

① 보조 대상사업의 범위와 기준보조율은 대통령령으로 정한다.

② 소방활동장비 및 설비의 종류와 규격은 행정안전부령으로 정한다.

③ 국가는 소방장비의 구입 등 시·도의 소방업무에 필요한 경비의 전부를 보조한다.

④ 국고보조 대상사업에 해당하는 소방활동장비로는 소방자동차, 소방헬리콥터 및 소방정 등이 있다.

해설 소방기본법 제9조(소방장비 등에 대한 국고보조)

① 국가는 소방장비의 구입 등 시·도의 소방업무에 필요한 경비의 일부를 보조한다.

② 제1항에 따른 보조 대상사업의 범위와 기준보조율은 대통령령으로 정한다.

━ 소방기본법 시행령 제2조(국고보조 대상사업의 범위와 기준보조율)

① 법 제9조 제2항에 따른 국고보조 대상사업의 범위는 다음 각 호와 같다.

　　1. 다음 각 목의 소방활동장비와 설비의 구입 및 설치

　　　가. 소방자동차

　　　나. 소방헬리콥터 및 소방정

　　　다. 소방전용통신설비 및 전산설비

　　　라. 그 밖에 방화복 등 소방활동에 필요한 소방장비

　　2. 소방관서용 청사의 건축(「건축법」 제2조 제1항 제8호에 따른 건축을 말한다)

② 제1항제1호에 따른 소방활동장비 및 설비의 종류와 규격은 행정안전부령으로 정한다.

③ 제1항에 따른 국고보조 대상사업의 기준보조율은 「보조금 관리에 관한 법률 시행령」에서 정하는 바에 따른다.

소방시설공사업법

01 「소방시설공사업법」및 같은 법 시행령, 시행규칙상 공사감리에 관한 내용으로 옳은 것은?

[21 공채]

① 감리업자가 감리원을 배치하였을 때에는 소방본부장 또는 소방서장의 동의를 받아야 한다.

② 소방본부장 또는 소방서장은 특정소방대상물에 대해서 감리업자를 공사감리자로 지정하여야 한다.

③ 지하층을 포함한 층수가 16층 이상으로서 300세대 이상인 아파트에 대한 소방시설 공사는 상주공사감리 대상이다.

④ 상주공사감리 대상인 경우 소방시설용 배관을 설치하거나 매립하는 때부터 완공검사증명서를 발급받을 때까지 소방공사감리현장에 감리원을 배치하여야 한다.

> **해설** 소방시설공사업법 제17조(공사감리자의 지정 등)
> ① 대통령령으로 정하는 특정소방대상물의 관계인이 특정소방대상물에 대하여 자동화재탐지설비, 옥내소화전설비 등 대통령령으로 정하는 소방시설을 시공할 때에는 소방시설공사의 감리를 위하여 감리업자를 공사감리자로 지정하여야 한다. 다만, 제11조 제1항 단서와 제12조 제1항 후단에 따라 설계·시공하는 소방시설공사의 경우에는 그 설계업자를 공사감리자로 지정할 수 있다. 〈개정 2015. 7. 20.〉
> ② 관계인은 제1항에 따라 공사감리자를 지정하였을 때에는 행정안전부령으로 정하는 바에 따라 소방본부장이나소방서장에게 신고하여야 한다. 공사감리자를 변경하였을 때에도 또한 같다.

> ── 소방공사업법 시행규칙 제16조(감리원의 세부 배치 기준 등)
> ① 법 제18조 제3항에 따른 감리원의 세부적인 배치 기준은 다음 각 호의 구분에 따른다.
>   1. 영 별표 3에 따른 상주 공사감리 대상인 경우
>   가. 기계분야의 감리원 자격을 취득한 사람과 전기분야의 감리원 자격을 취득한 사람 각 1명 이상을 감리원으로나. 배치할 것. 다만, 기계분야 및 전기분야의 감리원 자격을 함께 취득한 사람이 있는 경우에는 그에 해당 나. 하는 사람 1명 이상을 배치할 수 있다.
>   나. 소방시설용 배관(전선관을 포함한다. 이하 같다)을 설치하거나 매립하는 때부터 소방시설 완공검사증명서를나. 발급받을 때까지 소방공사감리현장에 감리원을 배치할 것

정답 **01** ④

■ 소방공사 감리의 종류, 방법 및 대상(제9조 관련)

종류	대상	방법
상주 감리	1. 연면적 3만제곱미터 이상의 특정소방대상물(아파트는 제외한다)에 대한 소방시설의 공사 2. **지하층을 포함한 층수가 16층 이상으로서 500세대 이상인 아파트에 대한 소방시설의 공사**	1. 감리원은 행정안전부령으로 정하는 기간 동안 공사 현장에 상주하여 법 제16조제1항 각 호에 따른 업무를 수행하고 감리일지에 기록해야 한다. 다만, 법 제16조제1항제9호에 따른 업무는 행정안전부령으로 정하는 기간 동안 공사가 이루어지는 경우만 해당한다. 2. 감리원이 행정안전부령으로 정하는 기간 중 부득이한 사유로 1일 이상 현장을 이탈하는 경우에는 감리일지 등에 기록하여 발주청 또는 발주자의 확인을 받아야 한다. 이 경우 감리업자는 감리원의 업무를 대행할 사람을 감리현장에 배치하여 감리업무에 지장이 없도록 해야 한다. 3. 감리업자는 감리원이 행정안전부령으로 정하는 기간 중 법에 따른 교육이나 「민방위기본법」 또는 「예비군법」에 따른 교육을 받는 경우나 「근로기준법」에 따른 유급휴가로 현장을 이탈하게 되는 경우에는 감리업무에 지장이 없도록 감리원의 업무를 대행할 사람을 감리현장에 배치해야 한다. 이 경우 감리원은 새로 배치되는 업무대행자에게 업무 인수·인계 등의 필요한 조치를 해야 한다.
일반 감리	상주 공사감리에 해당하지 않는 소방시설의 공사	1. 감리원은 공사 현장에 배치되어 법 제16조제1항 각 호에 따른 업무를 수행한다. 다만, 법 제16조제1항제9호에 따른 업무는 행정안전부령으로 정하는 기간 동안 공사가 이루어지는 경우만 해당한다. 2. 감리원은 행정안전부령으로 정하는 기간 중에는 주 1회 이상 공사 현장에 배치되어 제1호의 업무를 수행하고 감리일지에 기록해야 한다. 3. 감리업자는 감리원이 부득이한 사유로 14일 이내의 범위에서 제2호의 업무를 수행할 수 없는 경우에는 업무대행자를 지정하여 그 업무를 수행하게 해야 한다. 4. 제3호에 따라 지정된 업무대행자는 주 2회 이상 공사 현장에 배치되어 제1호의 업무를 수행하며, 그 업무수행 내용을 감리원에게 통보하고 감리일지에 기록해야 한다.

02 「소방시설공사업법」에 규정한 내용으로 옳지 않은 것은? [21 공채]

① 특정소방대상물의 관계인 또는 발주자는 소방시설공사 등을 도급할 때에는 해당 소방시설업자에게 도급하여야 한다.

② 소방본부장이나 소방서장은 완공검사나 부분완공검사를 하였을 때에는 완공검사증명서나 부분완공검사증명서를 발급하여야 한다.

③ 관계인은 하자보수기간에 소방시설의 하자가 발생하였을 때에는 공사업자에게 그 사실을 알려야 하며, 통보를 받은 공사업자는 7일 이내에 하자를 보수하거나 보수 일정을 기록한 하자보수계획을 관계인에게 서면으로 알려야 한다.

④ 소방시설업의 등록을 한 후 정당한 사유 없이 1년이 지날 때까지 영업을 시작하지 아니하거나 계속하여 1년 이상 휴업함으로써 그 이용자에게 불편을 줄 때에는 영업정지처분을 갈음하여 3천만 원 이하의 과징금을 부과 할 수 있다.

해설 **소방시설공사업법 제21조(소방시설공사등의 도급)**

① 특정소방대상물의 관계인 또는 발주자는 소방시설공사등을 도급할 때에는 해당 소방시설업자에게 도급하여야 한다.

② 소방시설공사는 다른 업종의 공사와 분리하여 도급하여야 한다. 다만, 공사의 성질상 또는 기술관리상 분리하여 도급하는 것이 곤란한 경우로서 대통령령으로 정하는 경우에는 다른 업종의 공사와 분리하지 아니하고 도급할 수 있다.

소방시설공사업법 제14조(완공검사)

① 공사업자는 소방시설공사를 완공하면 소방본부장 또는 소방서장의 완공검사를 받아야 한다. 다만, 제17조 제1항에 따라 공사감리자가 지정되어 있는 경우에는 공사감리 결과보고서로 완공검사를 갈음하되, 대통령령으로 정하는 특정소방대상물의 경우에는 소방본부장이나 소방서장이 소방시설공사가 공사감리 결과보고서대로 완공되었는지를 현장에서 확인할 수 있다.

② 공사업자가 소방대상물 일부분의 소방시설공사를 마친 경우로서 전체 시설이 준공되기 전에 부분적으로 사용할 필요가 있는 경우에는 그 일부분에 대하여 소방본부장이나 소방서장에게 완공검사(이하 "부분완공검사"라 한다)를 신청할 수 있다. 이 경우 소방본부장이나 소방서장은 그 일부분의 공사가 완공되었는지를 확인하여야 한다.

③ 소방본부장이나 소방서장은 제1항에 따른 완공검사나 제2항에 따른 부분완공검사를 하였을 때에는 완공검사증명서나 부분완공검사증명서를 발급하여야 한다.

소방시설공사업법 제15조(공사의 하자보수 등)

① 공사업자는 소방시설공사 결과 자동화재탐지설비 등 대통령령으로 정하는 소방시설에 하자가 있을 때에는 대통령령으로 정하는 기간 동안 그 하자를 보수하여야 한다. 〈개정 2015. 7. 20.〉

② 삭제 〈2015. 7. 20.〉

③ 관계인은 제1항에 따른 기간에 소방시설의 하자가 발생하였을 때에는 공사업자에게 그 사실을 알려야 하며, 통보를 받은 공사업자는 3일 이내에 하자를 보수하거나 보수 일정을 기록한 하자보수계획을 관계인에게 서면으로 알려야 한다.

══ 소방시설공사업법 제9조(등록취소와 영업정지 등)

① 시·도지사는 소방시설업자가 다음 각 호의 어느 하나에 해당하면 행정안전부령으로 정하는 바에 따라 그 등록을 취소하거나 6개월 이내의 기간을 정하여 시정이나 그 영업의 정지를 명할 수 있다. 다만, 제1호·제3호 또는 제7호에 해당하는 경우에는 그 등록을 취소하여야 한다.

1. 거짓이나 그 밖의 부정한 방법으로 등록한 경우

4. 등록을 한 후 정당한 사유 없이 1년이 지날 때까지 영업을 시작하지 아니하거나 계속하여 1년 이상 휴업 한 때

위반사항	근거법령	행정처분 기준		
		1차	2차	3차
라. 등록을 한 후 정당한 사유 없이 1년이 지날 때까지 영업을 시작하지 아니하거나 계속하여 1년 이상 휴업한 때	법 제9조	경고 (시정명령)	등록취소	

---

03 「소방시설공사업법 시행규칙」상 소방기술과 관련된 자격·학력 및 경력의 인정범위에 관한 내용으로 옳은 것은? [21 공채]

① 소방공무원으로서 3년간 근무한 경력이 있는 사람은 중급감리원의 업무를 수행할 수 있다.

② 학사학위를 취득한 후 소방 관련 업무를 10년간 수행한 사람은 특급기술자 업무를 수행할 수 있다.

③ 소방시설관리사 자격을 취득한 후 소방 관련 업무를 3년간 수행한 사람은 특급기술자 업무를 수행할 수 있다.

④ 소방설비기사 기계분야 자격을 취득한 후 소방 관련 업무를 8년간 수행한 사람은 해당분야 특급감리원의 업무를 수행할 수 있다.

해설 소방공사감리원의 기술등급 자격

구분	기계분야	전기분야
특급 감리원	• 소방기술사 자격을 취득한 사람	
	• 소방설비기사 기계분야 자격을 취득한 후 8년 이상 소방 관련 업무를 수행한 사람 • 소방설비산업기사 기계분야 자격을 취득한 후 12년 이상 소방 관련 업무를 수행한 사람	• 소방설비기사 전기분야 자격을 취득한 후 8년 이상 소방 관련 업무를 수행한 사람 • 소방설비산업기사 전기분야 자격을 취득한 후 12년 이상 소방 관련 업무를 수행한 사람
고급 감리원	• 소방설비기사 기계분야 자격을 취득한 후 5년 이상 소방 관련 업무를 수행한 사람 • 소방설비산업기사 기계분야 자격을 취득한 후 8년 이상 소방 관련 업무를 수행한 사람	• 소방설비기사 전기분야 자격을 취득한 후 5년 이상 소방 관련 업무를 수행한 사람 • 소방설비산업기사 전기분야 자격을 취득한 후 8년 이상 소방 관련 업무를 수행한 사람

정답 **03** ④

구분	기계분야	전기분야
중급 감리원	• 소방설비기사 기계분야 자격을 취득한 후 3년 이상 소방 관련 업무를 수행한 사람 • 소방설비산업기사 기계분야 자격을 취득한 후 6년 이상 소방 관련 업무를 수행한 사람	• 소방설비기사 전기분야 자격을 취득한 후 3년 이상 소방 관련 업무를 수행한 사람 • 소방설비산업기사 전기분야 자격을 취득한 후 6년 이상 소방 관련 업무를 수행한 사람
초급 감리원	• 제1호나목1)에 해당하는 학과 학사학위를 취득한 후 1년 이상 소방 관련 업무를 수행한 사람 • 「고등교육법」 제2조제1호부터 제6호까지의 규정 중 어느 하나에 해당하는 학교에서 제1호나목1)에 해당하는 학과 전문학사학위를 취득한 후 3년 이상 소방 관련 업무를 수행한 사람 • 소방공무원으로서 3년 이상 근무한 경력이 있는 사람 • 5년 이상 소방 관련 업무를 수행한 사람	
	• 소방설비기사 기계분야 자격을 취득한 후 1년 이상 소방 관련 업무를 수행한 사람 • 소방설비산업기사 기계분야 자격을 취득한 후 2년 이상 소방 관련 업무를 수행한 사람 • 제1호나목3)부터 6)까지의 규정 중 어느 하나에 해당하는 학과 학사학위를 취득한 후 1년 이상 소방 관련 업무를 수행한 사람 • 「고등교육법」 제2조제1호부터 제6호까지의 규정 중 어느 하나에 해당하는 학교에서 제1호나목3)부터 6)까지의 규정에 해당하는 학과 전문학사학위를 취득한 후 3년 이상 소방 관련 업무를 수행한 사람	• 소방설비기사 전기분야 자격을 취득한 후 1년 이상 소방 관련 업무를 수행한 사람 • 소방설비산업기사 전기분야 자격을 취득한 후 2년 이상 소방 관련 업무를 수행한 사람 • 제1호나목2)에 해당하는 학과 학사학위를 취득한 후 1년 이상 소방 관련 업무를 수행한 사람 • 「고등교육법」 제2조제1호부터 제6호까지의 규정 중 어느 하나에 해당하는 학교에서 제1호나목2)에 해당하는 학과 전문학사학위를 취득한 후 3년 이상 소방 관련 업무를 수행한 사람

소방공사기술자의 기술등급 자격 중 특급기술자

등급	기계분야	전기분야
특급 기술자	• 소방기술사 • 소방시설관리사 자격을 취득한 후 5년 이상 소방 관련 업무를 수행한 사람	
	• 건축사, 건축기계설비기술사, 건설기계기술사, 공조냉동기계기술사, 화공기술사, 가스기술사 자격을 취득한 후 5년 이상 소방 관련 업무를 수행한 사람	• 건축전기설비기술사 자격을 취득한 후 5년 이상 소방 관련 업무를 수행한 사람
	• 소방설비기사 기계분야의 자격을 취득한 후 8년 이상 소방 관련 업무를 수행한 사람 • 소방설비산업기사 기계분야의 자격을 취득한 후 11년 이상 소방 관련 업무를 수행한 사람	• 소방설비기사 전기분야의 자격을 취득한 후 8년 이상 소방 관련 업무를 수행한 사람 • 소방설비산업기사 전기분야의 자격을 취득한 후 11년 이상 소방 관련 업무를 수행한 사람
	• 건축기사, 건축설비기사, 건설기계설비기사, 일반기계기사, 공조냉동기계기사, 화공기사, 가스기능장, 가스기사, 산업안전기사, 위험물기능장 자격을 취득한 후 13년 이상 소방 관련 업무를 수행한 사람	• 전기기능장, 전기기사, 전기공사기사 자격을 취득한 후 13년 이상 소방 관련 업무를 수행한 사람

등 급	학력 · 경력자	경력자
특 급 기술자	• 박사학위를 취득한 후 3년 이상 소방 관련 업무를 수행한 사람 • 석사학위를 취득한 후 9년 이상 소방 관련 업무를 수행한 사람 • 학사학위를 취득한 후 12년 이상 소방 관련 업무를 수행한 사람 • 전문학사학위를 취득한 후 15년 이상 소방 관련 업무를 수행한 사람	

04 「소방시설공사업법」상 소방공사감리업자의 업무범위로 옳지 않은 것은?　　　[21 공채]

① 완공된 소방시설등의 성능시험

② 소방시설등의 설치계획표의 적법성 검토

③ 소방시설등 설계 변경 사항의 적합성 검토

④ 설계업자가 작성한 시공 상세 도면의 적합성 검토

해설 소방시설공사업법 제16조(감리)

① 제4조 제1항에 따라 소방공사감리업을 등록한 자(이하 "감리업자"라 한다)는 소방공사를 감리할 때 다음 각 호의 업무를 수행하여야 한다.

1. 소방시설등의 설치계획표의 적법성 검토
2. 소방시설등 설계도서의 적합성(적법성과 기술상의 합리성을 말한다. 이하 같다) 검토
3. 소방시설등 설계 변경 사항의 적합성 검토
4. 「화재예방, 소방시설 설치 · 유지 및 안전관리에 관한 법률」 제2조 제1항 제4호의 소방용품의 위치 · 규격 및 사용 자재의 적합성 검토
5. 공사업자가 한 소방시설등의 시공이 설계도서와 화재안전기준에 맞는지에 대한 지도 · 감독
6. 완공된 소방시설등의 성능시험
7. 공사업자가 작성한 시공 상세 도면의 적합성 검토
8. 피난시설 및 방화시설의 적법성 검토
9. 실내장식물의 불연화(不燃化)와 방염 물품의 적법성 검토

05 「소방시설공사업법」 및 같은 법 시행령상 소방공사업자는 소방기술자를 소방공사 현장에 배치하는 것이 원칙이지만, 발주자가 서면으로 승낙하는 경우에는 해당 공사가 중단된 기간 동안 소방기술자를 공사 현장에 배치하지 않을 수 있도록 되어 있는 예외사항이 있다. 다음 중 예외사항으로 옳지 않은 것은?   [21 공채]

① 발주자가 공사 중단을 요청하는 경우

② 소방공사감리원이 공사 중단을 요청하는 경우

③ 민원 또는 계절적 요인 등으로 해당 공정의 공사가 일정기간 중단된 경우

④ 예산 부족 등 발주자의 책임 있는 사유 또는 천재지변 등 불가항력으로 공사가 일정 기간 중단된 경우

해설 소방기술자의 배치기간

가. 공사업자는 제1호에 따른 소방기술자를 소방시설공사의 착공일부터 소방시설 완공검사증명서 발급일까지 배치한다.

나. 공사업자는 가목에도 불구하고 시공관리, 품질 및 안전에 지장이 없는 경우로서 다음의 어느 하나에 해당하여 발주자가 서면으로 승낙하는 경우에는 해당 공사가 중단된 기간 동안 소방기술자를 공사 현장에 배치하지 않을 수 있다.

  1) 민원 또는 계절적 요인 등으로 해당 공정의 공사가 일정 기간 중단된 경우

  2) 예산의 부족 등 발주자(하도급의 경우에는 수급인을 포함한다. 이하 이 목에서 같다)의 책임 있는 사유 또는 천재지변 등 불가항력으로 공사가 일정기간 중단된 경우

  3) 발주자가 공사의 중단을 요청하는 경우

화재예방, 소방시설 설치유지 및 안전관리에 관한 법률

01 「화재예방, 소방시설 설치·유지 및 안전관리에 관한 법률」 및 같은 법 시행령상 공동소방안전관리자 선임대상 특정소방대상물로 옳지 않은 것은? [21 공채]

① 판매시설 중 도매시장 및 소매시장

② 복합건축물로서 층수가 5층 이상인 것

③ 복합건축물로서 연면적 3천5백 제곱미터 이상인 것

④ 고층건축물(지하층을 제외한 층수가 11층 이상인 건축물만 해당한다.)

> **해설** 화재예방, 소방시설 설치·유지 및 안전관리에 관한 법률 시행령 제25조
> (공동 소방안전관리자 선임대상 특정소방대상물)법 제21조 제3호에서 "대통령령으로 정하는 특정소방대상물"이란 다음 각 호의 어느 하나에 해당하는 특정소방대상물을 말한다.
> 1. 별표 2에 따른 복합건축물로서 연면적이 5천제곱미터 이상인 것 또는 층수가 5층 이상인 것
> 2. 별표 2에 따른 판매시설 중 도매시장 및 소매시장
> 3. 제22조 제1항에 따른 특정소방대상물 중 소방본부장 또는 소방서장이 지정하는 것

02 「화재예방, 소방시설 설치·유지 및 안전관리에 관한 법률 시행령」상 소방용품 중 경보설비를 구성하는 제품 또는 기기로 옳지 않은 것은? [21 공채]

① 수신기   ② 감지기

③ 누전차단기   ④ 가스누설경보기

> **해설** **소방시설(제3조 관련)**
> 경보설비 : 화재발생 사실을 통보하는 기계·기구 또는 설비로서 다음 각 목의 것
> 가. 단독경보형 감지기
> 나. 비상경보설비
>   1) 비상벨설비
>   2) 자동식사이렌설비
> 다. 시각경보기
> 라. 자동화재탐지설비
> 마. 비상방송설비

정답 01 ③   **02** ③

바. 자동화재속보설비

사. 통합감시시설

아. 누전경보기

자. 가스누설경보기

─ 소방용품(제6조 관련)

2. 경보설비를 구성하는 제품 또는 기기

가. 누전경보기 및 가스누설경보기

나. 경보설비를 구성하는 발신기, 수신기, 중계기, 감지기 및 음향장치(경종만 해당한다)

03 「화재예방, 소방시설 설치·유지 및 안전관리에 관한 법률 시행령」상 간이스프링클러설비를 설치하여야 하는 특정소방대상물로 옳지 않은 것은?　　　　　　　　　　　　　　　[21 공채]

① 교육연구시설 내에 합숙소로서 연면적 100m² 이상인 것

② 근린생활시설 중 의원, 치과의원 및 한의원으로서 입원실이 있는 시설

③ 근린생활시설 중 근린생활시설로 사용하는 부분의 바닥면적 합계가 1천m² 이상인 것은 모든 층

④ 숙박시설 중 생활형 숙박시설로서 해당 용도로 사용되는 바닥면적의 합계가 500m² 이상인 것

해설 간이스프링클러설비를 설치하여야 하는 특정소방대상물은 다음의 어느 하나와 같다.

1) 근린생활시설 중 다음의 어느 하나에 해당하는 것

가) 근린생활시설로 사용하는 부분의 바닥면적 합계가 1천m² 이상인 것은 모든 층

나) 의원, 치과의원 및 한의원으로서 입원실이 있는 시설

2) 교육연구시설 내에 합숙소로서 연면적 100m² 이상인 것

3) 의료시설 중 다음의 어느 하나에 해당하는 시설

가) 종합병원, 병원, 치과병원, 한방병원 및 요양병원(정신병원과 의료재활시설은 제외한다)으로 사용되는 바닥면적의 합계가 600m² 미만인 시설

나) 정신의료기관 또는 의료재활시설로 사용되는 바닥면적의 합계가 300m² 이상 600m² 미만인 시설

다) 정신의료기관 또는 의료재활시설로 사용되는 바닥면적의 합계가 300m² 미만이고, 창살(철재·플라스틱 또는 목재 등으로 사람의 탈출 등을 막기 위하여 설치한 것을 말하며, 화재 시 자동으로 열리는 구조로 되어 있는 창살은 제외한다)이 설치된 시설

4) 노유자시설로서 다음의 어느 하나에 해당하는 시설

가) 제12조제1항제6호 각 목에 따른 시설(제12조제1항제6호가목2) 및 같은 호 나목부터 바목까지의 시설 중 단독주택 또는 공동주택에 설치되는 시설은 제외하며, 이하 "노유자생활시설"이라 한다)

나) 가)에 해당하지 않는 노유자시설로 해당 시설로 사용하는 바닥면적의 합계가 300m² 이상 600m² 미만인 시설

다) 가)에 해당하지 않는 노유자시설로 해당 시설로 사용하는 바닥면적의 합계가 300m² 미만이

고, 창살(철재·플라스틱 또는 목재 등으로 사람의 탈출 등을 막기 위하여 설치한 것을 말하며, 화재 시 자동으로 열리는 구조로 되어 있는 창살은 제외한다)이 설치된 시설

5) 건물을 임차하여 「출입국관리법」 제52조제2항에 따른 보호시설로 사용하는 부분

6) 숙박시설 중 생활형 숙박시설로서 해당 용도로 사용되는 바닥면적의 합계가 600m² 이상인 것

7) 복합건축물(별표 2 제30호나목의 복합건축물만 해당한다)로서 연면적 1천m² 이상인 것은 모든 층

04 「화재예방, 소방시설 설치·유지 및 안전관리에 관한 법률 시행규칙」상 종합정밀점검에 대한 설명으로 옳은 것은? [21 공채]

① 소방시설관리업자만 할 수 있다.

② 소방시설 등의 작동기능점검은 포함하지 않는다.

③ 건축물의 사용승인일이 속하는 다음 달에 실시한다.

④ 스프링클러설비가 설치된 특정소방대상물은 종합정밀점검을 받아야 한다.

해설 소방시설등의 자체점검의 구분과 그 대상, 점검자의 자격, 점검 방법·횟수 및 시기

1. 소방시설등에 대한 자체점검은 다음 각 목과 같이 구분한다.

　가. 작동기능점검 : 소방시설 등을 인위적으로 조작하여 정상적으로 작동하는지를 점검하는 것

　나. 종합정밀점검 : 소방시설 등의 작동기능점검을 포함하여 소방시설 등의 설비별 주요 구성부품의 구조기준이 법 제9조제1항에 따라 소방청장이 정하여 고시하는 화재안전기준 및 「건축법」 등 관련 법령에서 정하는 기준에 적합한지 여부를 점검하는 것을 말한다.

3. 종합정밀점검은 다음의 구분에 따라 실시한다.

　가. 종합정밀점검은 다음의 어느 하나에 해당하는 특정소방대상물을 대상으로 한다.

　　1) 스프링클러설비가 설치된 특정소방대상물

　　2) 물분무등소화설비[호스릴(Hose Reel) 방식의 물분무등소화설비만을 설치한 경우는 제외한다]가 설치된 연면적 5,000m² 이상인 특정소방대상물(위험물 제조소등은 제외한다)

　　3) 「다중이용업소의 안전관리에 관한 특별법 시행령」 제2조제1호나목, 같은 조 제2호(비디오물소극장업은 제외한다)·제6호·제7호·제7호의2 및 제7호의5의 다중이용업의 영업장이 설치된 특정소방대상물로서 연면적이 2,000m² 이상인 것

　　4) 제연설비가 설치된 터널

　　5) 「공공기관의 소방안전관리에 관한 규정」 제2조에 따른 공공기관 중 연면적(터널·지하구의 경우 그 길이와 평균폭을 곱하여 계산된 값을 말한다)이 1,000m² 이상인 것으로서 옥내소화전설비 또는 자동화재탐지설비가 설치된 것. 다만, 「소방기본법」 제2조제5호에 따른 소방대가 근무하는 공공기관은 제외한다.

　나. 종합정밀점검은 소방시설관리업자 또는 소방안전관리자로 선임된 소방시설관리사 및 소방기술사가 실시할 수 있다. 이 경우 별표 2에 따른 점검인력 배치기준을 따라야 한다.

　마. 종합정밀점검의 점검시기는 다음 기준에 의한다.

　　1) 건축물의 사용승인일이 속하는 달에 실시한다.

05 「화재예방, 소방시설 설치·유지 및 안전관리에 관한 법률 시행규칙」상 소방안전관리대상물의 관계인이 피난시설의 위치, 피난경로 또는 대피요령이 포함된 피난유도 안내정보를 근무자 또는 거주자에게 정기적으로 제공해야 하는 방법으로 옳지 않은 것은?　　　　[21 공채]

① 연 1회 피난안내 교육을 실시하는 방법

② 분기별 1회 이상 피난안내방송을 실시하는 방법

③ 피난안내도를 층마다 보기 쉬운 위치에 게시하는 방법

④ 엘리베이터, 출입구 등 시청이 용이한 지역에 피난안내영상을 제공하는 방법

> **해설** 화재예방, 소방시설 설치·유지 및 안전관리에 관한 법률 시행규칙제 14조의5(피난유도 안내정보의 제공)
> ① 법 제21조의2 제3항에 따른 피난유도 안내정보 제공은 다음 각 호의 어느 하나에 해당하는 방법으로 하여야 한다.
>   1. 연 2회 피난안내 교육을 실시하는 방법
>   2. 분기별 1회 이상 피난안내방송을 실시하는 방법
>   3. 피난안내도를 층마다 보기 쉬운 위치에 게시하는 방법
>   4. 엘리베이터, 출입구 등 시청이 용이한 지역에 피난안내영상을 제공하는 방법

06 「화재예방, 소방시설 설치·유지 및 안전관리에 관한 법률 시행령」상 피난구조설비 중 공기호흡기를 설치하여야 하는 특정소방대상물로 옳지 않은 것은?　　　　[21 경채]

① 지하가 중 지하상가

② 운수시설 중 지하역사

③ 판매시설 중 대규모점포

④ 호스릴이산화탄소소화설비를 설치하여야 하는 특정소방대상물

> **해설** 공기호흡기를 설치하여야 하는 특정소방대상물은 다음의 어느 하나와 같다.
> 가) 수용인원 100명 이상인 문화 및 집회시설 중 영화상영관
> 나) 판매시설 중 대규모점포
> 다) 운수시설 중 지하역사
> 라) 지하가 중 지하상가
> 마) 제1호바목 및 화재안전기준에 따라 이산화탄소소화설비(호스릴이산화탄소소화설비는 제외한다)를 설치하여야 하는 특정소방대상물

07 「화재예방, 소방시설 설치ㆍ유지 및 안전관리에 관한 법률」상 청문 사유로 옳지 않은 것은?

[21 경채]

① 성능인증의 취소
② 전문기관의 지정취소 및 업무정지
③ 소방용품의 형식승인 취소 및 제품검사 중지
④ 소방시설 설계업 및 방염업의 등록취소 및 영업정지

> **해설** 화재예방, 소방시설 설치ㆍ유지 및 안전관리에 관한 법률
> 제44조(청문) 소방청장 또는 시ㆍ도지사는 다음 각 호의 어느 하나에 해당하는 처분을 하려면 청문을 하여야 한다.
>   1. 제28조에 따른 관리사 자격의 취소 및 정지
>   2. 제34조 제1항에 따른 관리업의 등록취소 및 영업정지
>   3. 제38조에 따른 소방용품의 형식승인 취소 및 제품검사 중지
>   3의2. 제39조의3에 따른 성능인증의 취소
>   4. 제40조 제5항에 따른 우수품질인증의 취소
>   5. 제43조에 따른 전문기관의 지정취소 및 업무정지

08 「화재예방, 소방시설 설치ㆍ유지 및 안전관리에 관한 법률」상 소방시설관리업의 등록을 반드시 취소하여야 하는 사유로 옳지 않은 것은?

[21 경채]

① 자체점검 등을 하지 아니한 경우
② 소방시설관리업자가 피성년후견인인 경우
③ 거짓이나 그 밖의 부정한 방법으로 등록한 경우
④ 다른 자에게 등록증이나 등록수첩을 빌려준 경우

> **해설** 화재예방, 소방시설 설치ㆍ유지 및 안전관리에 관한 법률 제34조(등록의 취소와 영업정지 등)
>   ① 시ㆍ도지사는 관리업자가 다음 각 호의 어느 하나에 해당할 때에는 행정안전부령으로 정하는 바에 따라 그 등록을 취소하거나 6개월 이내의 기간을 정하여 이의 시정이나 그 영업의 정지를 명할 수 있다. 다만, 제1호ㆍ제4호 또는 제7호에 해당할 때에는 등록을 취소하여야 한다.
>   1. 거짓이나 그 밖의 부정한 방법으로 등록을 한 경우
>   2. 제25조 제1항에 따른 점검을 하지 아니하거나 거짓으로 한 경우
>   3. 제29조 제2항에 따른 등록기준에 미달하게 된 경우
>   4. 제30조 각 호의 어느 하나의 등록의 결격사유에 해당하게 된 경우. 다만, 제30조 제5호에 해당하는 법인으로서 결격사유에 해당하게 된 날부터 2개월 이내에 그 임원을 결격사유가 없는 임원으로 바꾸어 선임한 경우는 제외한다.
>   5. 삭제 〈2014. 1. 7.〉
>   6. 삭제 〈2014. 1. 7.〉
>   7. 제33조 제1항을 위반하여 다른 자에게 등록증이나 등록수첩을 빌려준 경우

8. 삭제 〈2014. 1. 7.〉
9. 삭제 〈2014. 1. 7.〉
10. 삭제 〈2014. 1. 7.〉

② 제32조에 따라 관리업자의 지위를 승계한 상속인이 제30조 각 호의 어느 하나에 해당하는 경우에는 상속을 개시한 날부터 6개월 동안은 제1항제4호를 적용하지 아니한다.

09 「화재예방, 소방시설 설치·유지 및 안전관리에 관한 법률 시행령」상 특정소방대상물 중 근린생활시설로 옳지 <u>않은</u> 것은? [21 경채]

① 같은 건축물에 금융업소로 쓰는 바닥면적의 합계가 200제곱미터인 것
② 같은 건축물에 단란주점으로 쓰는 바닥면적의 합계가 300제곱미터인 것
③ 같은 건축물에 골프연습장으로 쓰는 바닥면적의 합계가 450제곱미터인 것
④ 같은 건축물에 미용원으로 쓰는 바닥면적의 합계가 800제곱미터인 것

해설 근린생활시설

가. 슈퍼마켓과 일용품(식품, 잡화, 의류, 완구, 서적, 건축자재, 의약품, 의료기기 등) 등의 소매점으로서 같은 건축물(하나의 대지에 두 동 이상의 건축물이 있는 경우에는 이를 같은 건축물로 본다. 이하 같다)에 해당 용도로 쓰는 바닥면적의 합계가 1천m² 미만인 것

나. 휴게음식점, 제과점, 일반음식점, 기원(棋院), 노래연습장 및 단란주점(단란주점은 같은 건축물에 해당 용도로 쓰는 바닥면적의 합계가 150m² 미만인 것만 해당한다)

다. 이용원, 미용원, 목욕장 및 세탁소(공장이 부설된 것과 「대기환경보전법」, 「물환경보전법」 또는 「소음·진동관리법」에 따른 배출시설의 설치허가 또는 신고의 대상이 되는 것은 제외한다)

라. 의원, 치과의원, 한의원, 침술원, 접골원(接骨院), 조산원(「모자보건법」 제2조제11호에 따른 산후조리원을 포함한다) 및 안마원(「의료법」 제82조제4항에 따른 안마시술소를 포함한다)

마. 탁구장, 테니스장, 체육도장, 체력단련장, 에어로빅장, 볼링장, 당구장, 실내낚시터, 골프연습장, 물놀이형 시설(「관광진흥법」 제33조에 따른 안전성검사의 대상이 되는 물놀이형 시설을 말한다. 이하 같다), 그 밖에 이와 비슷한 것으로서 같은 건축물에 해당 용도로 쓰는 바닥면적의 합계가 500m² 미만인 것

바. 공연장(극장, 영화상영관, 연예장, 음악당, 서커스장, 「영화 및 비디오물의 진흥에 관한 법률」 제2조제16호가목에 따른 비디오물감상실업의 시설, 같은 호 나목에 따른 비디오물소극장업의 시설, 그 밖에 이와 비슷한 것을 말한다. 이하 같다) 또는 종교집회장[교회, 성당, 사찰, 기도원, 수도원, 수녀원, 제실(祭室), 사당, 그 밖에 이와 비슷한 것을 말한다. 이하 같다]으로서 같은 건축물에 해당 용도로 쓰는 바닥면적의 합계가 300m² 미만인 것

사. 금융업소, 사무소, 부동산중개사무소, 결혼상담소 등 소개업소, 출판사, 서점, 그 밖에 이와 비슷한 것으로서 같은 건축물에 해당 용도로 쓰는 바닥면적의 합계가 500m² 미만인 것

아. 제조업소, 수리점, 그 밖에 이와 비슷한 것으로서 같은 건축물에 해당 용도로 쓰는 바닥면적의 합계가 500m² 미만이고, 「대기환경보전법」, 「물환경보전법」 또는 「소음·진동관리법」에 따

정답 09 ②

른 배출시설의 설치허가 또는 신고의 대상이 아닌 것

자. 「게임산업진흥에 관한 법률」 제2조제6호의2에 따른 청소년게임제공업 및 일반게임제공업의 시설, 같은 조 제7호에 따른 인터넷컴퓨터게임시설제공업의 시설 및 같은 조 제8호에 따른 복합유통게임제공업의 시설로서 같은 건축물에 해당 용도로 쓰는 바닥면적의 합계가 500m² 미만인 것

차. 사진관, 표구점, 학원(같은 건축물에 해당 용도로 쓰는 바닥면적의 합계가 500m² 미만인 것만 해당하며, 자동차학원 및 무도학원은 제외한다), 독서실, 고시원(「다중이용업소의 안전관리에 관한 특별법」에 따른 다중이용업 중 고시원업의 시설로서 독립된 주거의 형태를 갖추지 않은 것으로서 같은 건축물에 해당 용도로 쓰는 바닥면적의 합계가 500m² 미만인 것을 말한다), 장의사, 동물병원, 총포판매사, 그 밖에 이와 비슷한 것

카. 의약품 판매소, 의료기기 판매소 및 자동차영업소로서 같은 건축물에 해당 용도로 쓰는 바닥면적의 합계가 1천m² 미만인 것

10 「화재예방, 소방시설 설치·유지 및 안전관리에 관한 법률 시행령」상 성능위주설계를 하여야 하는 특정소방 대상물로 옳은 것은?(단, 신축하는 것만 해당한다.)　　　　　　[21 경채]

① 높이 120미터인 아파트

② 연면적 2만제곱미터인 철도역사

③ 연면적 10만제곱미터인 특정소방대상물(단, 아파트 등은 제외)

④ 하나의 건축물에 「영화 및 비디오물의 진흥에 관한 법률」 제2조제10호에 따른 영화상영관이 10개인 특정소방 대상물

해설 화재예방, 소방시설 설치·유지 및 안전관리에 관한 법률 시행령

제15조의3(성능위주설계를 하여야 하는 특정소방대상물의 범위)법 제9조의3 제1항에서 "대통령령으로 정하는 특정소방대상물"이란 다음 각 호의 어느 하나에 해당하는 특정소방대상물(신축하는 것만 해당한다)을 말한다.

1. 연면적 20만제곱미터 이상인 특정소방대상물. 다만, 별표 2 제1호에 따른 공동주택 중 주택으로 쓰이는 층수가 5층 이상인 주택(이하 이 조에서 "아파트등"이라 한다)은 제외한다.

2. 다음 각 목의 어느 하나에 해당하는 특정소방대상물. 다만, 아파트등은 제외한다.

　가. 건축물의 높이가 100미터 이상인 특정소방대상물

　나. 지하층을 포함한 층수가 30층 이상인 특정소방대상물

3. 연면적 3만제곱미터 이상인 특정소방대상물로서 다음 각 목의 어느 하나에 해당하는 특정소방대상물

　가. 별표 2 제6호나목의 철도 및 도시철도 시설

　나. 별표 2 제6호다목의 공항시설

4. 하나의 건축물에 「영화 및 비디오물의 진흥에 관한 법률」 제2조 제10호에 따른 **영화상영관이 10개 이상인 특정소방대상물**

정답　**10** ④

11 「화재예방, 소방시설 설치·유지 및 안전관리에 관한 법률 시행령」상 〈보기〉는 둘 이상의 특정소방대상물이 내화구조로 된 연결통로로 연결된 경우 이를 하나의 소방대상물로 보는 기준에 대한 설명이다. ( ) 안에 들어갈 내용으로 옳은 것은? [21 경채]

> • 벽이 없는 구조로서 그 길이가 (가) 이하인 경우
> • 벽이 있는 구조로서 그 길이가 (나) 이하인 경우. 다만, 벽 높이가 바닥에서 천장까지의 높이의 (다) 이상인 경우에는 벽이 있는 구조로 보고, 벽 높이가 바닥에서 천장까지의 높이의 (다) 미만인 경우에는 벽이 없는 구조로 본다.

	(가)	(나)	(다)		(가)	(나)	(다)
①	6m	10m	2분의 1	②	7m	12m	3분의 1
③	8m	10m	2분의 1	④	9m	12m	3분의 1

해설 둘 이상의 특정소방대상물이 다음 각 목의 어느 하나에 해당되는 구조의 복도 또는 통로(이하 이 표에서 "연결통로"라 한다)로 연결된 경우에는 이를 하나의 소방대상물로 본다.
　가. 내화구조로 된 연결통로가 다음의 어느 하나에 해당되는 경우
　　　1) 벽이 없는 구조로서 그 길이가 6m 이하인 경우
　　　2) 벽이 있는 구조로서 그 길이가 10m 이하인 경우. 다만, 벽 높이가 바닥에서 천장까지의 높이의 2분의 1 이상인 경우에는 벽이 있는 구조로 보고, 벽 높이가 바닥에서 천장까지의 높이의 2분의 1 미만인 경우에는 벽이 없는 구조로 본다.
　나. 내화구조가 아닌 연결통로로 연결된 경우
　다. 컨베이어로 연결되거나 플랜트설비의 배관 등으로 연결되어 있는 경우
　라. 지하보도, 지하상가, 지하가로 연결된 경우
　마. 방화셔터 또는 갑종 방화문이 설치되지 않은 피트로 연결된 경우
　바. 지하구로 연결된 경우

12 「화재예방, 소방시설 설치·유지 및 안전관리에 관한 법률 시행령」상 간이스프링클러를 설치하여야 하는 특정 소방대상물로 옳지 않은 것은? [21 경채]

① 한의원으로서 입원실이 있는 시설
② 교육연구시설 내에 합숙소로서 연면적 100m² 이상인 것
③ 생활형 숙박시설로서 해당 용도로 사용되는 바닥면적의 합계가 300m² 이상인 것
④ 건물을 임차하여 「출입국관리법」 제52조제2항에 따른 보호시설로 사용하는 부분

해설 간이스프링클러설비를 설치하여야 하는 특정소방대상물은 다음의 어느 하나와 같다.
　1) 근린생활시설 중 다음의 어느 하나에 해당하는 것
　　　가) 근린생활시설로 사용하는 부분의 바닥면적 합계가 1천m² 이상인 것은 모든 층
　　　나) 의원, 치과의원 및 한의원으로서 입원실이 있는 시설
　2) 교육연구시설 내에 합숙소로서 연면적 100m² 이상인 것
　3) 의료시설 중 다음의 어느 하나에 해당하는 시설

가) 종합병원, 병원, 치과병원, 한방병원 및 요양병원(정신병원과 의료재활시설은 제외한다)으로 사용되는 바닥면적의 합계가 600m² 미만인 시설

나) 정신의료기관 또는 의료재활시설로 사용되는 바닥면적의 합계가 300m² 이상 600m² 미만인 시설

다) 정신의료기관 또는 의료재활시설로 사용되는 바닥면적의 합계가 300m² 미만이고, 창살(철재 · 플라스틱 또는 목재 등으로 사람의 탈출 등을 막기 위하여 설치한 것을 말하며, 화재 시 자동으로 열리는 구조로 되어 있는 창살은 제외한다)이 설치된 시설

4) 노유자시설로서 다음의 어느 하나에 해당하는 시설

가) 제12조제1항제6호 각 목에 따른 시설(제12조제1항제6호가목2) 및 같은 호 나목부터 바목까지의 시설 중 단독주택 또는 공동주택에 설치되는 시설은 제외하며, 이하 "노유자 생활시설"이라 한다)

나) 가)에 해당하지 않는 노유자시설로 해당 시설로 사용하는 바닥면적의 합계가 300m² 이상 600m² 미만인 시설

다) 가)에 해당하지 않는 노유자시설로 해당 시설로 사용하는 바닥면적의 합계가 300m² 미만이고, 창살(철재 · 플라스틱 또는 목재 등으로 사람의 탈출 등을 막기 위하여 설치한 것을 말하며, 화재 시 자동으로 열리는 구조로 되어 있는 창살은 제외한다)이 설치된 시설

5) 건물을 임차하여 「출입국관리법」 제52조제2항에 따른 보호시설로 사용하는 부분

6) 숙박시설 중 생활형 숙박시설로서 해당 용도로 사용되는 바닥면적의 합계가 600m² 이상인 것

7) 복합건축물(별표 2 제30호나목의 복합건축물만 해당한다)로서 연면적 1천m² 이상인 것은 모든 층

13 「화재예방, 소방시설 설치 · 유지 및 안전관리에 관한 법률」상 소방안전 특별관리시설물로 옳지 않은 것은? [21 경채]

① 「위험물안전관리법」 제2조제1항제3호의 제조소

② 「전통시장 및 상점가 육성을 위한 특별법」 제2조제1호의 전통시장으로서 대통령령으로 정하는 전통시장

③ 「영화 및 비디오물의 진흥에 관한 법률」 제2조제10호의 영화상영관 중 수용인원 1,000명 이상인 영화상영관

④ 「문화재보호법」 제2조제3항의 지정문화재인 시설(시설이 아닌 지정문화재를 보호하거나 소장하고 있는 시설을 포함한다)

해설 화재예방, 소방시설 설치 · 유지 및 안전관리에 관한 법률 제20조의2(소방안전 특별관리시설물의 안전관리)

① 소방청장은 화재 등 재난이 발생할 경우 사회 · 경제적으로 피해가 큰 다음 각 호의 시설(이하 이 조에서 "소방안전 특별관리시설물"이라 한다)에 대하여 소방안전 특별관리를 하여야 한다.

　1. 「공항시설법」 제2조 제7호의 공항시설

정답 **13** ①

2. 「철도산업발전기본법」 제3조 제2호의 철도시설
3. 「도시철도법」 제2조 제3호의 도시철도시설
4. 「항만법」 제2조 제5호의 항만시설
5. 「문화재보호법」 제2조 제3항의 지정문화재인 시설(시설이 아닌 지정문화재를 보호하거나 소장하고 있는 시설을 포함한다)
6. 「산업기술단지 지원에 관한 특례법」 제2조 제1호의 산업기술단지
7. 「산업입지 및 개발에 관한 법률」 제2조 제8호의 산업단지
8. 「초고층 및 지하연계 복합건축물 재난관리에 관한 특별법」 제2조 제1호 및 제2호의 초고층 건축물 및 지하연계 복합건축물
9. 「영화 및 비디오물의 진흥에 관한 법률」 제2조 제10호의 영화상영관 중 수용인원 1,000명 이상인 영화상영관
10. 전력용 및 통신용 지하구
11. 「한국석유공사법」 제10조 제1항 제3호의 석유비축시설
12. 「한국가스공사법」 제11조 제1항 제2호의 천연가스 인수기지 및 공급망
13. 「전통시장 및 상점가 육성을 위한 특별법」 제2조 제1호의 전통시장으로서 대통령령으로 정하는 전통시장
14. 그 밖에 대통령령으로 정하는 시설물

14 「화재예방, 소방시설 설치·유지 및 안전관리에 관한 법률」 및 같은 법 시행령 상 특정소방대상물로서 그 관리의 권원(權原)이 분리되어 있는 것 가운데 소방본부장이나 소방서장이 공동소방안전관리자를 선임하도록 지정할 수 있는 대상물로 옳지 않은 것은?　　　[21 경채]

① 판매시설 중 전통시장
② 복합건축물로서 연면적이 5천제곱미터 이상인 것
③ 고층 건축물(지하층을 제외한 층수가 11층 이상인 건축물만 해당)
④ 지하가(지하의 인공구조물 안에 설치된 상점 및 사무실, 그 밖에 이와 비슷한 시설이 연속하여 지하도에 접하여 설치된 것과 그 지하도를 합한 것을 말한다)

해설 화재예방, 소방시설 설치·유지 및 안전관리에 관한 법률
제21조(공동 소방안전관리) 다음 각 호의 어느 하나에 해당하는 특정소방대상물로서 그 관리의 권원(權原)이 분리되어 있는 것 가운데 소방본부장이나 소방서장이 지정하는 특정소방대상물의 관계인은 행정안전부령으로 정하는 바에 따라 대통령령으로 정하는 자를 공동 소방안전관리자로 선임하여야 한다.
1. 고층 건축물(지하층을 제외한 층수가 11층 이상인 건축물만 해당한다)
2. 지하가(지하의 인공구조물 안에 설치된 상점 및 사무실, 그 밖에 이와 비슷한 시설이 연속하여 지하도에 접하여 설치된 것과 그 지하도를 합한 것을 말한다)
3. 그 밖에 대통령령으로 정하는 특정소방대상물

정답 **14** ①

화재예방, 소방시설 설치 · 유지 및 안전관리에 관한 법률 시행령

제25조(공동 소방안전관리자 선임대상 특정소방대상물)법 제21조 제3호에서 "대통령령으로 정하는 특정소방대상물"이란 다음 각 호의 어느 하나에 해당하는 특정소방대상물을 말한다.

1. 별표 2에 따른 복합건축물로서 연면적이 5천제곱미터 이상인 것 또는 층수가 5층 이상인 것
2. 별표 2에 따른 판매시설 중 도매시장 및 소매시장
3. 제22조 제1항에 따른 특정소방대상물 중 소방본부장 또는 소방서장이 지정하는 것

15

「화재예방, 소방시설 설치 · 유지 및 안전관리에 관한 법률」상 특정소방대상물별로 설치하여야 하는 소방시설의 정비 등에 대한 설명이다. (   ) 안에 들어갈 내용으로 옳은 것은?

[21 경채]

- 제9조제1항에 따라 대통령령으로 소방시설을 정할 때에는 특정소방대상물의 (가) 등을 고려하여야 한다.
- 소방청장은 건축 환경 및 화재위험특성 변화사항을 효과적으로 반영할 수 있도록 소방시설 규정을 (나) 이상 정비하여야 한다.

	(가)	(나)
①	규모 · 용도 및 수용인원	3년에 1회
②	위치 · 구조 및 수용인원	4년에 1회
③	규모 · 용도 및 가연물의 종류 및 양	5년에 1회
④	위치 · 구조 및 가연물의 종류 및 양	10년에 1회

해설 화재예방, 소방시설 설치 · 유지 및 안전관리에 관한 법률

제9조의4(특정소방대상물별로 설치하여야 하는 소방시설의 정비 등)

① 제9조 제1항에 따라 대통령령으로 소방시설을 정할 때에는 특정소방대상물의 규모 · 용도 및 수용인원 등을 고려하여야 한다.

② 소방청장은 건축 환경 및 화재위험특성 변화사항을 효과적으로 반영할 수 있도록 제1항에 따른 소방시설 규정을 3년에 1회 이상 정비하여야 한다.

③ 소방청장은 건축 환경 및 화재위험특성 변화 추세를 체계적으로 연구하여 제2항에 따른 정비를 위한 개선방안을 마련하여야 한다.

④ 제3항에 따른 연구의 수행 등에 필요한 사항은 행정안전부령으로 정한다.

위험물안전관리법

01 「위험물안전관리법 시행규칙」상 옥외탱크저장소의 위치 · 구조 및 설비의 기준에 관한 내용이다. 빈칸에 들어갈 숫자로 옳은 것은? [21 공채]

> 가. 지정수량의 650배를 저장하는 옥외탱크저장소의 보유공지는 (ㄱ) m 이상이다.
> 나. 펌프설비의 주위에는 너비 (ㄴ) m 이상의 공지를 보유해야 한다. 다만, 방화상 유효한 격벽을 설치하는 경우와 제6류 위험물 또는 지정수량의 (ㄷ) 배 이하 위험물의 옥외저장탱크의 펌프설비에 있어서는 그러하지 아니하다.

	ㄱ	ㄴ	ㄷ			ㄱ	ㄴ	ㄷ
①	3	3	20		②	3	5	10
③	5	3	10		④	5	5	20

해설 Ⅱ. 보유공지

저장 또는 취급하는 위험물의 최대수량	공지의 너비
지정수량의 500배 이하	3m 이상
지정수량의 500배 초과 1,000배 이하	5m 이상
지정수량의 1,000배 초과 2,000배 이하	9m 이상
지정수량의 2,000배 초과 3,000배 이하	12m 이상
지정수량의 3,000배 초과 4,000배 이하	15m 이상
지정수량의 4,000배 초과	당해 탱크의 수평단면의 최대지름(횡형인 경우에는 긴 변)과 높이 중 큰 것과 같은 거리 이상. 다만, 30m 초과의 경우에는 30m 이상으로 할 수 있고, 15m 미만의 경우에는 15m 이상으로 하여야 한다.

10. 옥외저장탱크의 펌프설비(펌프 및 이에 부속하는 전동기를 말하며, 당해 펌프 및 전동기를 위한 건축물 그 밖의 공작물을 설치하는 경우에는 당해 공작물을 포함한다. 이하 같다)는 다음 각목에 의하여야 한다.
   가. 펌프설비의 주위에는 너비 3m 이상의 공지를 보유할 것. 다만, 방화상 유효한 격벽을 설치하는 경우와 제6류 위험물 또는 지정수량의 10배 이하 위험물의 옥외저장탱크의 펌프설비에 있어서는 그러하지 아니하다.
   나. 펌프설비로부터 옥외저장탱크까지의 사이에는 당해 옥외저장탱크의 보유공지 너비의 3분의 1 이상의 거리를 유지할 것
   다. 펌프설비는 견고한 기초 위에 고정할 것
   라. 펌프 및 이에 부속하는 전동기를 위한 건축물 그 밖의 공작물(이하 "펌프실"이라 한다)

의 벽·기둥·바닥 및 보는 불연재료로 할 것

마. 펌프실의 지붕을 폭발력이 위로 방출될 정도의 가벼운 불연재료로 할 것

바. 펌프실의 창 및 출입구에는 갑종방화문 또는 을종방화문을 설치할 것

사. 펌프실의 창 및 출입구에 유리를 이용하는 경우에는 망입유리로 할 것

아. 펌프실의 바닥의 주위에는 높이 0.2m 이상의 턱을 만들고 바닥은 콘크리트 등 위험물이 스며들지 아니하는 재료로 적당히 경사지게 하여 그 최저부에는 집유설비를 설치할 것

자. 펌프실에는 위험물을 취급하는데 필요한 채광, 조명 및 환기의 설비를 설치할 것

차. 가연성 증기가 체류할 우려가 있는 펌프실에는 그 증기를 옥외의 높은 곳으로 배출하는 설비를 설치할 것

카. 펌프실외의 장소에 설치하는 펌프설비에는 그 직하의 지반면의 주위에 높이 0.15m 이상의 턱을 만들고 당해 지반면은 콘크리트 등 위험물이 스며들지 아니하는 재료로 적당히 경사지게 하여 그 최저부에는 집유설비를 할 것. 이 경우 제4류 위험물(온도 20℃의 물 100g에 용해되는 양이 1g 미만인 것에 한한다)을 취급하는 펌프설비에 있어서는 당해 위험물이 직접 배수구에 유입하지 아니하도록 집유설비에 유분리장치를 설치하여야 한다.

02 「위험물안전관리법 시행규칙」상 제조소의 환기설비의 기준에 대한 설명으로 옳지 않은 것은? [21 공채]

① 환기는 기계배기방식으로 할 것

② 환기구는 지상 2m 이상의 높이에 루푸팬방식으로 설치할 것

③ 바닥면적이 90m²일 경우 급기구의 면적은 450cm² 이상으로 할 것

④ 급기구는 낮은 곳에 설치하고 가는 눈의 구리망 등으로 인화방지망을 설치할 것

해설 채광·조명 및 환기설비

1. 위험물을 취급하는 건축물에는 다음 각목의 기준에 의하여 위험물을 취급하는데 필요한 채광·조명 및 환기의 설비를 설치하여야 한다.

가. 채광설비는 불연재료로 하고, 연소의 우려가 없는 장소에 설치하되 채광면적을 최소로 할 것

나. 조명설비는 다음의 기준에 적합하게 설치할 것

1) 가연성가스 등이 체류할 우려가 있는 장소의 조명등은 방폭등으로 할 것

2) 전선은 내화·내열전선으로 할 것

3) 점멸스위치는 출입구 바깥부분에 설치할 것. 다만, 스위치의 스파크로 인한 화재·폭발의 우려가 없을 경우에는 그러하지 아니하다.

다. 환기설비는 다음의 기준에 의할 것

1) 환기는 자연배기방식으로 할 것

2) 급기구는 당해 급기구가 설치된 실의 바닥면적 150m²마다 1개 이상으로 하되, 급기구의 크기는 800cm² 이상으로 할 것. 다만 바닥면적이 150m² 미만인 경우에는 다음의 크기로 하여야 한다.

정답 **02** ①

바닥면적	급기구의 면적
60m² 미만	150cm² 이상
60m² 이상 90m² 미만	300cm² 이상
90m² 이상 120m² 미만	450cm² 이상
120m² 이상 150m² 미만	600cm² 이상

      3) 급기구는 낮은 곳에 설치하고 가는 눈의 구리망 등으로 인화방지망을 설치할 것

      4) 환기구는 지붕위 또는 지상 2m 이상의 높이에 회전식 고정벤티레이터 또는 루푸팬방식
으로 설치할 것

  2. 배출설비가 설치되어 유효하게 환기가 되는 건축물에는 환기설비를 하지 아니 할 수 있고,
조명설비가 설치되어 유효하게 조도가 확보되는 건축물에는 채광설비를 하지 아니할 수 있다.

03 「위험물안전관리법 시행령」 및 같은 법 시행규칙상 위험물의 성질과 품명이 옳지 않은 것은?

[21 공채]

① 가연성 고체 : 적린, 금속분

② 산화성 액체 : 과염소산, 질산

③ 산화성 고체 : 요오드산염류, 과요오드산

④ 자연발화성 및 금수성 물질 : 황린, 아조화합물

해설

유별	성질	위험물	지정수량
		품명	
제1류	산화성고체	1. 아염소산염류	50킬로그램
		2. 염소산염류	50킬로그램
		3. 과염소산염류	50킬로그램
		4. 무기과산화물	50킬로그램
		5. 브롬산염류	300킬로그램
		6. 질산염류	300킬로그램
		7. 요오드산염류	300킬로그램
		8. 과망간산염류	1,000킬로그램
		9. 중크롬산염류	1,000킬로그램
제2류	가연성고체	1. 황화린	100킬로그램
		2. 적린	100킬로그램
		3. 유황	100킬로그램
		4. 철분	500킬로그램
		5. 금속분	500킬로그램
		6. 마그네슘	500킬로그램
		7. 인화성고체	1,000킬로그램

위험물			지정수량
유별	성질	품명	
제3류	자연발화성 물질 및 금수성물질	1. 칼륨	10킬로그램
		2. 나트륨	10킬로그램
		3. 알킬알루미늄	10킬로그램
		4. 알킬리튬	10킬로그램
		5. 황린	20킬로그램
		6. 알칼리금속(칼륨 및 나트륨을 제외한다) 및 알칼리 토금속	50킬로그램
		7. 유기금속화합물(알킬알루미늄 및 알킬리튬을 제외 한다)	50킬로그램
		8. 금속의 수소화물	300킬로그램
		9. 금속의 인화물	300킬로그램
		10. 칼슘 또는 알루미늄의 탄화물	300킬로그램
제4류	인화성액체	1. 특수인화물		50리터
		2. 제1석유류	비수용성액체	200리터
			수용성액체	400리터
		3. 알코올류		400리터
		4. 제2석유류	비수용성액체	1,000리터
			수용성액체	2,000리터
		5. 제3석유류	비수용성액체	2,000리터
			수용성액체	4,000리터
		6. 제4석유류		6,000리터
		7. 동식물유류		10,000리터
제5류	자기반응성물질	1. 유기과산화물	10킬로그램
		2. 질산에스테르류	10킬로그램
		3. 니트로화합물	200킬로그램
		4. 니트로소화합물	200킬로그램
		5. **아조화합물**	200킬로그램
		6. 디아조화합물	200킬로그램
		7. 히드라진 유도체	200킬로그램
		8. 히드록실아민	100킬로그램
		9. 히드록실아민염류	100킬로그램
제6류	산화성액체	1. 과염소산	300킬로그램
		2. 과산화수소	300킬로그램
		3. 질산	300킬로그램

04 「위험물안전관리법 시행령」상 정기점검 대상인 저장소로 옳지 않은 것은? [21 공채]

① 옥내탱크저장소 ② 지하탱크저장소
③ 이동탱크저장소 ④ 암반탱크저장소

해설 제16조(정기점검의 대상인 제조소등)

법 제18조 제1항에서 "대통령령이 정하는 제조소등"이라 함은 다음 각호의 1에 해당하는 제조소등을 말한다.

1. 제15조 각호의 1에 해당하는 제조소등
2. **지하탱크저장소**
3. **이동탱크저장소**
4. 위험물을 취급하는 탱크로서 지하에 매설된 탱크가 있는 제조소 · 주유취급소 또는 일반취급소

제15조(관계인이 예방규정을 정하여야 하는 제조소등)

법 제17조 제1항에서 "대통령령이 정하는 제조소등"이라 함은 다음 각호의 1에 해당하는 제조소등을 말한다.

1. 지정수량의 10배 이상의 위험물을 취급하는 제조소
2. 지정수량의 100배 이상의 위험물을 저장하는 옥외저장소
3. **지정수량의 150배 이상의 위험물을 저장하는 옥내저장소**
4. 지정수량의 200배 이상의 위험물을 저장하는 옥외탱크저장소
5. 암반탱크저장소
6. 이송취급소
7. 지정수량의 10배 이상의 위험물을 취급하는 일반취급소

---

05 「위험물안전관리법 시행규칙」상 제조소등에 설치하는 소방시설 설치에 대한 내용으로 옳지 않은 것은? [21 공채]

① 제조소등에는 화재발생시 소화가 곤란한 정도에 따라 그 소화에 적응성이 있는 소화설비를 설치하여야 한다.
② 제조소등에는 화재발생시 소방공무원이 화재를 진압하거나 인명구조 활동을 할 수 있도록 소화활동설비를 설치하여야 한다.
③ 주유취급소 중 건축물의 2층 이상의 부분을 점포 · 휴게 음식점 또는 전시장의 용도로 사용하는 것과 옥내주유 취급소에는 피난설비를 설치하여야 한다.
④ 지정수량의 10배 이상의 위험물을 저장 또는 취급하는 제조소등(이동탱크저장소 제외)에는 화재발생시 이를 알릴 수 있는 경보설비를 설치하여야 한다.

해설 제41조(소화설비의 기준)

① 법 제5조 제4항의 규정에 의하여 제조소등에는 화재발생시 소화가 곤란한 정도에 따라 그 소화에 적응성이 있는 소화설비를 설치하여야 한다.

━ 제42조(경보설비의 기준)

① 법 제5조 제4항의 규정에 의하여 영 별표 1의 규정에 의한 지정수량의 10배 이상의 위험물을 저장 또는 취급하는 제조소등(이동탱크저장소를 제외한다)에는 화재발생시 이를 알릴 수 있는 경보설비를 설치하여야 한다.

━ 제43조(피난설비의 기준)

① 법 제5조 제4항의 규정에 의하여 주유취급소 중 건축물의 2층 이상의 부분을 점포·휴게음식점 또는 전시장의 용도로 사용하는 것과 옥내주유취급소에는 피난설비를 설치하여야 한다.